חומש זה יוצא לאור עולם
לזכרו הטהור ולעילוי נשמתו של

ר׳ מרדכי דוד כ״ץ זצ״ל

בן הרב אפרים אריה לייביש הכהן
ומרת גולדה לבית הלפרן

נלב״ע ביום כ׳ תמוז תשע״ו לפ״ק

איש מורם מעם ומנהיג דגול, רודף צדקה וחסד
סמל ודוגמה לאהבת התורה ולומדיה ואהבת ארץ ישראל.

הקים עולם של תורה בארץ הקודש, במכסיקו ובארה״ב.

הקים בית לתפארת, אוהב ומסור היה בלב ונפש לבני משפחתו
ההולכים לאורו וממשיכים בדרכו.

This Chumash has been published
in loving memory and as a blessing for the soul of

R' Mordechai David Katz *z"l*

son of Rabbi Ephraim Aryeh Leibush HaKohen and
Mrs. Golda (Halpern)

who passed away on 20 Tammuz 5776

An exemplary man and esteemed leader
who pursued righteousness and kindness;
an outstanding example of one who loves Torah and
its scholars and the Land of Israel.

He established a kingdom of Torah in Israel, Mexico and the USA.

He raised a magnificent family
and was lovingly devoted with all his heart and soul to his family members
who continue his legacy down the path that he paved for them.

תנצב״ה

"נר ה' נשמת אדם"

חומש זה
מונצח לזיכרון עולם
לעילוי נשמת ההורים היקרים הבלתי נשכחים

הר"ר אפרים אריה לייביש הכהן ז"ל
ב"ר מרדכי דוד וחיי שרה ז"ל
נלב"ע כ"ב סיון תשנ"ז

וזוגתו מרת **גולדה (לבית הלפרן)** ע"ה
ב"ר צבי ומחצ'ה ז"ל
נלב"ע ב' אב תשכ"ח

הר"ר אהרון הכהן קנר ז"ל
ב"ר צבי משה קנר ולאנצ'ה ז"ל
נלב"ע כ"ו אלול תשמ"ב

וזוגתו מרת **בטי (לבית ראור)** ע"ה
ב"ר אליעזר ובשה ז"ל
נלב"ע ל' אב תשמ"ה

תנצב"ה

ונתתי יד ושם בחומותי

עדינה כץ שתחי׳

הרעיה והשותפה הנאמנה לאבי המשפחה

ר׳ מרדכי דוד כ״ץ זצ״ל

שזכה לראות מהדורה זו של החומש ערב פטירתו

מברכת את כל צאצאיהם שיחיו, בהצלחה, בבריאות ובאריכות ימים

צבי וציפי כץ וכל יוצאי חלציהם

רחל ויוסף ולטן וכל יוצאי חלציהם

שרה ותנחום פורטנוי וכל יוצאי חלציהם

אריאלה ואלי גוגנהיים וכל יוצאי חלציהם

ויקוים בהם הכתוב:

וַאֲנִי זֹאת בְּרִיתִי אוֹתָם אָמַר יהוה רוּחִי אֲשֶׁר עָלֶיךָ וּדְבָרַי אֲשֶׁר־שַׂמְתִּי בְּפִיךָ
לֹא־יָמוּשׁוּ מִפִּיךָ וּמִפִּי זַרְעֲךָ וּמִפִּי זֶרַע זַרְעֲךָ אָמַר יהוה מֵעַתָּה וְעַד־עוֹלָם:

(ישעיהו נט; כא)

אמן ואמן וכן יהי רצון

"I will give them a place and a name in My walls..." Isaiah 56:5

Adina Katz

wife and beloved partner of the head of the family

R׳ Mordechai David Katz *z"l*

who merited to see this edition of Chumash before he passed away

blesses all of their descendants with success, health and long life.

Zvi and Tzippy Katz *and family*

Rachel and Yosef Velten *and family*

Sara and Tanchum Portnoy *and family*

Ariela and Elie Gugenheim *and family*

and they should merit to see the words of Isaiah fulfilled through them (ישעיהו נט, כא):

וַאֲנִי זֹאת בְּרִיתִי אוֹתָם אָמַר יהוה רוּחִי אֲשֶׁר עָלֶיךָ וּדְבָרַי אֲשֶׁר־שַׂמְתִּי בְּפִיךָ
לֹא־יָמוּשׁוּ מִפִּיךָ וּמִפִּי זַרְעֲךָ וּמִפִּי זֶרַע זַרְעֲךָ אָמַר יהוה מֵעַתָּה וְעַד־עוֹלָם:

מהדורת כץ

התנ"ך המבואר

על ידי הרב עדין אבן־ישראל

שטיינזלץ

ספר שמות

המכון הישראלי לפרסומים תלמודיים ירושלים

קורן ירושלים

מהדורת כץ

התנ"ך המבואר

על ידי הרב עדין אבן־ישראל (שטיינזלץ)

ספר שמות

מהדורה שנייה © 2023
הוצאת קורן ירושלים
ת"ד 4044 ירושלים 91040
טל': 02-6330533 פקס: 02-6330534

www.korenpub.co.il

מסת"ב ISBN 978-965-301-973-7

ביצירת הביאור של כרך זה השתתפו:

עורכים ראשיים: שרה פרידלנד בן ארזה והרב יוסף בן ארזה

עורך: הרב מאיר קליין

ראליה וריכוז תמונות: הרב דניאל אליאב

מרכז המערכת: הרב מאיר הנגבי

עימוד: חיה זיידבנד

איסוף תמונות ועיבודן: רזיה ריצ׳מן

איורים: אמונה ש״ץ

ייעוץ גרפי: הרב מאיר הנגבי, אליאב סטולמן
אליהו משגב

בהכנת החומש ופירוש רש״י השתתפו:

הרב דוד פוקס
הרב חנן בניהו
הרב ינון חן
הרב כרמיאל כהן
אפרת גרוס

תוכן העניינים

יג הקדמה קצרה למהדורת 'התנ"ך המבואר'

טו טיבו של החיבור

יח מבוא לחומש שמות

שמות

שמות

3 ראשית השעבוד במצרים

11 ראשית קורותיו של משה

21 זעקת ישראל מעוררת גאולה

21 ההתגלות בסנה

37 יציאת משה ממדין למצרים

41 משה ואהרן במצרים – לפני פרעה ולפני עמם

וארא

49 השליחות המחודשת במצרים

59 המופת שקדם למכות

61 מכת דם

65 מכת צפרדע

69 מכת כינים

71 מכת ערוב

75 מכת דבר

75 מכת שחין

77 מכת ברד

בא

85 מכת ארבה

91 מכת חושך

93 לקראת מכת בכורות ודברי סיכום

97 מצוות הקשורות ליציאת מצרים

109 מכת בכורות וגירוש ישראל ממצרים

115 הלכות שנאמרו לדורות לשמירת זכרה של יציאת מצרים

בשלח

123 תחילת המסע במדבר

125 ישראל בים סוף

141 שירת הים

151 מסעות ראשונים לאחר ים סוף: מדבר שור, מרה ואילים

155 השלָו והמן

יתרו

167 מסה ומריבה

169 מלחמת עמלק

173 ביקור יתרו ועצתו

183 מעמד הר סיני

193 עשרת הדיברות

201 העם במעמד הר סיני

203 ציוויים נוספים

משפטים

207 משפטים וחוקים

247 הבטחה ודרישה הקשורות לישיבה בארץ ולדרך אליה

251 ברית סיני

תרומה

259 הציוויים על הקמת המשכן וכליו והקדשת הכהנים

- קריאה לתרומה
- הציווי על הארון
- הציווי על השולחן
- הציווי על המנורה
- הציווי על יריעות הגג של המשכן
- הציווי על דפנות המשכן
- הציווי על מזבח העולה
- הציווי על החצר

תצוה

- הציווי על הדלקת נר התמיד
- הציווי על בגדי אהרן ובניו
- הציווי על קרבנות המילואים
- הציווי על קרבן התמיד
- הציווי על מזבח הקטורת

כי תשא

- הציווי על מחצית השקל
- הציווי על הכיור
- הציוויים על שמן המשחה והקטורת
- העוסקים במלאכה

355 הציווי על השבת

357 מעשה העגל ותוצאותיו

379 ההתגלות בנקרת הצור וחידוש הברית

391 כתיבת דברי הברית והורדתם לארץ

ויקהל

395 מצוות השבת

395 קריאת משה לתרומת העם

399 ביצוע המשכן, הקמתו וקידוש הכהנים

- היענות העם
- האומנים המבצעים ושפע התרומה
- עשיית יריעות הגג של המשכן
- עשיית דפנות המשכן

פקודי

עשיית הארון

עשיית השולחן

עשיית המנורה

עשיית מזבח הקטורת

עשיית מזבח העולה והכיור

עשיית החצר

פקודי המשכן

עשיית בגדי הכהונה

סיכום והבאת המשכן אל משה

הקמת המשכן וקידוש הכהנים

447 כבוד ה׳ מלא את המשכן

הפטרות

450 הפטרת שמות

466 הפטרת וארא

474 הפטרת בא

486 הפטרת בשלח

502 הפטרת יתרו

508 הפטרת משפטים

520 הפטרת תרומה

526 הפטרת תצוה

532 הפטרת כי תשא

544 הפטרת ויקהל

552 הפטרת פקודי

560 הפטרת שבת ערב ראש חדש

566 הפטרת שבת ראש חדש

574 הפטרת פרשת שקלים

580 הפטרת פרשת זכור

590 הפטרת פרשת פרה

594 הפטרת פרשת החודש

603 מקורות והערות

הקדמה קצרה למהדורת 'התנ"ך המבואר'

יודעים המעיינים ואפילו הקורא הפשוט שיצירת פירוש חדש למקרא היא מעשה לא פשוט הזקוק לשפע ברכות שמים מעל ולמאמצים רבים מתחת. בכתיבת פירוש למקרא, ולתורה בפרט, כרוכים שני קשיים מהותיים. הקושי האחד נתון בעצם היומרה להתייחס לטקסט העליון ביותר והמקודש ביותר שבגדר הנמצא ולהיצמד אליו בצורה כלשהי. הקושי השני נובע מכך שכבר נכתבו למקרא במשך 3,000 שנה פירושים רבים מאוד, והפירושים הללו נוצרו על ידי אנשים גדולים מכל ההיסטוריה שלנו; ומי יכול להתיימר להצטרף אל חבורה קדושה זו, ואפילו רק להיאחז בשוליה?!

את מפתח הכניסה למעשה נכבד זה אפשר למצוא בדברים שאמר רש"י לנכדו הרשב"ם (שכתב גם הוא פירוש לתורה), שאילו היה בכוחו, היה כותב עוד פירוש לפי "הפשטות המתחדשים בכל יום".[1] בכל דור ובכל יום עשוי להיפתח אור חדש או זווית ראייה חדשה. אכן, לא רק פירושים וחידושים מתחדשים בעולם, בכל דור מתעוררות שאלות חדשות בקרב לומדי התנ"ך, הן מתוך מה שמעסיק את הלומד באופן אישי הן מתוך עניינים האופייניים לתקופתו ולזמנו. כך אפשר לראות בדברי המפרשים הגדולים שכתבו במשך הדורות כי שאלות שעסק בהן האחד אינן מסוג השאלות שהטרידו את חברו. גם היום יש, תודה לא-ל, לומדים ומעיינים בתנ"ך ושאלות חדשות באמתחותיהם המצריכות תשומת לב, עיון והסבר חדשים. כל אלה מאירים את דברי תורת הנצח במגוון הסתכלויות המולידות "פשטות המתחדשים בכל יום".

הביאור שלפנינו מבקש לפרש את התורה במישור הפשט. לכאורה זהו המישור הפשוט ביותר, אך לאמתו של דבר הוא הקשה ביותר. הפירושים על דרך הרמז, הדרש או הסוד פתוחים יותר. המפרשים בדרכים אלו הם

1. פירוש הרשב"ם בראשית לז,ב.

בני חורין לקשר בין הפסוקים שלפניהם לבין דברים אחרים המצויים במרחבי הרמז, הדרש או הסוד, והם כבולים פחות למלות התורה שבכתב ולמושגיה. לעומת זאת, בהגדרתו של הפשט ובדרכי יישומו התחבטו רבים. שכן פירוש פשוטו של מקרא צריך להיות אחוז באופן הדוק במשמעות המילולית והדקדוקית של המלים ולא להניח ידו גם מהקשרן התחבירי והענייני. אכן, בעיית היחס שבין 'פשוטו' ל'משמעו', אין לה פתרון מלא.[2] קושי עקרוני יותר הוא שבכתיבתו של פירוש על דרך הפשט מנסה המבאר לעמוד על דעתו של המחבר, ואולם לתודעה האינסופית של נותן התורה אין חקר ואין תכלית.[3]

לביאור זה הוצמדו מראי מקומות המפנים למפרשים רבים, אולם אין הוא לקט מן המפרשים הללו. הוא לא נוצר בדרך זו, ואינו מתכוון להיות לקט או מבחר פירושים שנכתבו במשך הדורות. מראי המקומות מובאים כאן כדי להראות שיש לביאור ביסוס במקורות אחרים, או על כל פנים 'חברה'. אכן, אין תכליתו של הביאור הזה להציג חידושים מהפכניים; אדרבא, עיקר עניינו הוא לשמש ביאור שקוף. מגמתו היא להיות כה בלתי מורגש, עד שהקורא–הלומד לא יבחין בקיומה של מחיצה בינו לבין הכתובים. מעשה ההנגשה הזה מבקש לאפשר לתורה לדבר בעצמה, לנביאים לנבא את נבואתם ולחכמים ללמד את חכמתם. כדי שלא להפריע לקולם של הפסוקים להישמע, מנוסח הביאור בקיצור, כך שלא יהיה בגדר שריון מכביד ומסתיר אלא מעטה קל שאיננו ניכר.

במעמד הר סיני שמעו כל ישראל קוֹל גָּדוֹל וְלֹא יָסָף,[4] וחכמים ביארו כי קול גדול זה לא פסק.[5] תקוותי שמפעל זה יעזור לאנשים לשמוע את הקול המידבר מן התורה גם בעולם העסוק והרעשני שלנו.

הרב עדין אבן ישראל (שטיינזלץ)

2. ראו למשל הקדמתו של רבי אברהם אבן עזרא לפירושו.
3. ראו הקדמת פירוש הרמב"ן לתורה.
4. דברים ה,יח.
5. אונקלוס; סנהדרין יז ע"א.

טיבו של החיבור

ביאור התנ"ך שלפנינו בא להקל על הקורא בן זמננו, לגשר על פערי השפה, תפיסת העולם והתרבות שבינו לבין התורה שבכתב, להבהיר במידת האפשר עמימויות, ולענות על תמיהות וקשיים, מודעים וסמויים, בהבנתה.

לחיבור שני חלקים המשלימים זה את זה אך אינם זוקקים זה את זה: **ביאור** צמוד המשולב במלות המקרא, ו**הרחבות פרשניות וראליות** נפרדות בתחתיתו.

הביאור מחולק ליחידות ענייניות, חלוקה שאינה עולה בקנה אחד עם חלוקת הפרקים המקובלת. כל עניין תָּחום לעצמו, מוגדר בכותרת ופותח במבוא קצר. אין לראות בתבנית המופיעה כאן חלוקה פסוקה של המקרא, אלא מעין הצעת הגשה כחלק מהביאור, לנוחות הקורא והתמצאותו. מוצעת כאן גם תת-חלוקה לפסקאות בתוך כל עניין, וכן פתיחת כל דיבור בשיחה בשורה נפרדת.[6]

בביאור מתפרשים לשון הכתוב והקשרי המשפטים ברובד הפשוט ביותר, מתוך חתירה לקיצור ולהקלה על שטף הקריאה במקרא. כיוון שכך אין הפירוש צמוד לשיטה פרשנית אחת או לפירושים ידועים ומקובלים דווקא. למרות מגמה זו במקרים בודדים מוזכרים גם פירושים חלופיים, כאשר יש יותר מפירוש פשוט אחד. אף כאשר המסורת ההלכתית מפרשת את המקרא בדרך שונה, יוזכר הדבר וינומק בקיצור בביאור עצמו או בהפניות המצוינות בו, כדי לדבוק בפשט העולה מן הכתוב עצמו וגם לעמוד על פירוש הכתוב כפי שנלמד בתורה שבעל פה.

יש לציין כי גם כשהדברים כתובים בלשון סתמית ופסקנית, הפירוש אינו מתיימר לקבוע כי זהו הפשט ואין בלתו. אין בכך אלא הצעה – לעתים

6. בטקסט המשלב בין פסוקי המקרא לבין הביאור מתקיימות זו בצד זו שתי מערכות פיסוק – סימני הפיסוק שנבחרו לפסוק עצמו, וסימני הפיסוק המתייחסים למהלך הביאור. משום כך ומסיבות דידקטיות רבים בו סימני פיסוק, גם שלא לפי כללי האקדמיה ללשון העברית הנוהגים היום.

חדשה – המתיישבת על פשוטו של מקרא ועל לב הקורא. מטעמים דידקטיים לא נפרשו כאן השיקולים הפרשניים העומדים מאחורי הבחירה לבאר כך ולא אחרת.

בצדו הימני של כל מַפְתֵּחַ מופיע רצף הפסוקים המנוקד והמפוסק בטעמי המקרא כבתנ"ך קורן, ובצדו השמאלי מופיעות שנית כל מלות הפסוקים,[7] וביניהן משובצים דברי הביאור הצמוד. כך יוכל הלומד לשוב תמיד לעיין בהקשר הרצוף של מילות התנ"ך, והקריאה בביאור לא תחליף את קריאת המקור.

ההרחבות כוללות חומרי רקע, מקבילות פנים-מקראיות, פירושים חלופיים, העשרה בדברי מדרש ומחשבת ישראל לדורותיה, תעודות חיצוניות והערות לשוניות. בצדם של אלו מופיע חומר ראלי מילולי וחזותי לגבי מקומות, עמים, צמחים ועצמים המוזכרים במקרא – בהתאם לידע המדעי המעודכן ביותר. חומרים אלו מופיעים בצד הכותרת 'העולם'.

בסוף הספר מצוינים **מקורות** והפניות המסומנים בביאור. המקורות, שנכתבו על ידי העורכים, מתייחסים בדרך כלל לפסוקים ולביאוריהם במקומות אחרים במקרא, לדברי חז"ל בתלמודים ובמדרשים, פרשנים מקראיים, ספרי מחשבה, שאלות-ותשובות של חכמים ראשונים ועוד. כאשר המקור אינו זהה לגמרי לכתוב בביאור, הוא צוין כהפניה בלבד ("ראו....") ולא כמקור סתמי.

רצף הפסוקים של התנ"ך המובא במהדורה זו הוא הנוסח המדוקדק שנבחן היטב בהוצאת 'קורן'.[8] המהדורה יכולה להתאים ללימוד אישי, ללימוד של חבורת לומדים ולבית-הכנסת. בנוסח זה יצוינו בתורה שלוש חלוקות עתיקות: החלוקה לפרשות השבוע, החלוקה לפרשות הפתוחות והסתומות והחלוקה לסדרים המסומנת בשוליים החיצוניים של העמוד. כמו כן צוינה בתורה החלוקה לעליות בשחרית של שבת, ועליות מנחה

7. בתוך הביאור הובא הנוסח המקראי כקריאתו. כלומר, הקרי הוכנס במקום הכתיב, ושמות הוי"ה מסומנים בדרך כלל: 'ה'', או 'ה' אלוהים' כשהצירוף הוא 'אדוני ה'', בהתאם לצורת הקריאה המקובלת.
מכיוון שבביאור ניטעים שברי הפסוק בתוך הקשר טקסטואלי חדש, יש שהניקוד המקורי אינו מופיע בשלמותו בעקבות אילוצי התחביר החדש. כמו כן הוסרו במקומות אחדים המקפים כאשר צירוף מקראי מוקף נשבר במילות הביאור.

8. לשם דיוק הקריאה הובחן כאן השווא הנע מן השווא הנח. סימנו של השווא הנע בולט יותר, למשל: נַפְשְׁךָ. כדי לבדל את הקמץ הקטן מן הקמץ הגדול סומן הקמץ הקטן באמצעות סימן גדול, דוגמת **חָכְמָה**.
עוד על שיטת הניקוד של תנ"ך קורן ראו באתר ההוצאה: http://korenpub.com/koren/isrnis/about-information/witt-hniqvd.html

של שבת ושני וחמישי סומנו בסימן ◂. את פסוקי התורה מלווה פירוש רש"י, שהתקבל בכל הדורות כפירוש הקלאסי של התורה. הפירוש הועמד לפי עדי הנוסח הטובים ואף נוקד לנוחות הקורא. בסוף כל חומש הובאו ההפטרות המבוארות תוך התייחסות לקשר בין ההפטרה לבין השבת שבה היא נקראת.

מחשבה ועבודה רבות הושקעו בעיצוב הנאה והנוח ביותר. עיצוב זה הוא פרי שיתוף הפעולה בין מסורת העיצוב המוקפד של הוצאת קורן לבין הניסיון הרב שנצבר במכון לפרסומים תלמודיים. תודתנו לר' מאיר הנגבי שריכז את הפרויקט בתבונה, בעדינות וביעילות. ייזכר לברכה ר' חנוך בן ארזה ע"ה, אוהב תורה ושוחר ספר, אביהם של שניים מהעורכים, שרוחו והכבוד שחלק למלים שרו עליהם בעת העבודה על החיבור.

סגנון הכתיבה ישראלי–עכשווי. על אף המגמה הכללית לשמר ככל האפשר את שגב המקרא, נושבת על פני החיבור גם רוח מרעננת ורלוונטית לדורנו.

העורכים

מבוא לחומש שמות

ספר שמות הוא ספר הגאולה וההתגלות. עיקר הספר מתחולל במשך כשנתיים – מעת הקדשתו של משה רבנו לגאול את ישראל, כשנה לפני יציאת מצרים, ועד הקמת המשכן, כשנה אחריה.

הספר בנוי מארבעה חלקים שאינם שווים בגודלם, ואשר לכל אחד מהם נודעת חשיבות הן בספר עצמו והן במה שנשאר ונזכר ממנו לדורות.

החלק הראשון והקצר: **גלות מצרים**, על השעבוד והייסורים שהיו כרוכים בה.

החלק השני: **גאולת מצרים**, הכוללת מסע עונשים גדול שעורך ה׳ במצרים ובכל אשר להם – מעשר המכות ועד מפלתם הניצחת בקריעת ים סוף.

גאולת מצרים אינה מהפכה אנושית, אלא היא מראה את גדולת פעולות ה׳ בעולם. אין היא אלא הקדמה לחלק השלישי: **מעמד הר סיני**, שבו התגלה אלוקים לעמו ונתן לו את תורתו.

חלקו האחרון של הספר: **בניין המשכן** על כל פרטיו ממשיך את אשר אירע בסיני. התגלות השיא החד־פעמית הפכה באמצעות אוהל מועד למקום מפגש מתמשך בין אלוקים לבין משה ועם ישראל.

הדמות האנושית העומדת במרכזו של ספר שמות, ולמעשה גם במרכזם של ספרי התורה הבאים, היא דמותו של משה רבנו. בספר שמות מתוארת ראשית חייו והתגלותו, ובהמשך מתגלה דמותו במלוא עצמתה ותפארתה. גם אם סיפור תולדותיו של משה לא הגיע בשום מקום לכלל ביוגרפיה שלמה, הוא האדם היחידי בתנ״ך שמסופר עליו בפירוט רב כל כך, החל מהולדתו וימי ילדותו, דרך המבנה הכללי של חייו ועד פטירתו.

סיפור הגאולה שבספר שמות מבליט באופנים שונים את רעיון בחירת ישראל. אמנם מכות מצרים וקריעת ים סוף הן עונש על חטאי מצרים, אך מודגש בהן שחיבתו היתרה של אלוקים לעמו הנבחר היא שמזכה את ישראל בחסות מיוחדת. בתורה אין הסבר לבחירת ישראל מעבר לנאמנותו

של אלוקים לברית שכרת עם אבות האומה. במצרים לא הראו ישראל סימנים לקדושה או למעלה יתרה, ובכל זאת חוזרת ונשנית בחירתו של ה' להבחין בינם לבין הגוי שישבו בקרבו, אף על פי שישראל עצמם טרם הפנימו שהם בחירי אלוקים.[1] בסיכום יציאת מצרים נאמר כי באותו יום יָצְאוּ כָּל צִבְאוֹת ה' מֵאֶרֶץ מִצְרָיִם,[2] אך ישראל לא היו מודעים למעמדם זה באותה עת.

ללא ספק, ההתגלות בהר סיני היא נקודת השיא של המקרא כולו. כבר בספר בראשית הופיעו בני אדם מסוימים שה' התגלה להם, והתגלויות נדירות כאלה יופיעו גם בשאר ספרי המקרא, אך אלה הן כפתיחת חלון מלמעלה למטה. מי שזכה בהן רואה, כביכול, את דמותו של ה' מעבר להסתר. לעומת זאת, ההתגלות במעמד הר סיני מתבטאת בירידתו הסמלית של ה' מטה, על הר סיני. בראשיתה היא מושתתת על הסכמתם של ישראל, ובהמשכה – על כריתת הברית בין העם כולו לבין ה'. ההתגלות בסיני אינה מבטאת רק קשר עם הנשגב והטרנסצנדנטי, אלא גם התקשרות שלמה עם נוכחותו של ה' כפי שהיא שוכנת בתוך העולם, עם האימננטיות האלוקית.

התגלות זו מקבלת את צורתה הדתית והרגשית המתמשכת במשכן. המשכן משמש מקום להנחת לוחות הברית שהוריד משה לישראל מהר סיני, ומכאן שמו 'משכן העדות';[3] המשכן הוא גם מוקד לעבודה, לתפילה ולגילוי מיוחד של הדיבור האלוקי. אולם בעיקרו של דבר הוא הביטוי לשריית שכינתו של ה' למטה. על כן נאמר עליו: וְעָשׂוּ לִי מִקְדָּשׁ וְשָׁכַנְתִּי בְּתוֹכָם – "ולא אמר 'בתוכו'",[4] שכן הוא מבטא באופן מובהק וניכר לעין את נוכחותו המתמשכת, החווייתית והיומיומית של ה' בקרב עמו.

1. ראו תיאורו השירי הקשה של יחזקאל בפרקים טז ו–כ.
2. להלן יב,מא.
3. להלן לח,כא.
4. להלן כח,ח; וראו אור החיים ואלשיך.

שמות

שמות א וְאֵלֶּה שְׁמוֹת בְּנֵי יִשְׂרָאֵל הַבָּאִים מִצְרָיְמָה אֵת יַעֲקֹב א א
אִישׁ וּבֵיתוֹ בָּאוּ: רְאוּבֵן שִׁמְעוֹן לֵוִי וִיהוּדָה: יִשָּׂשכָר ב ג
זְבוּלֻן וּבִנְיָמִן: דָּן וְנַפְתָּלִי גָּד וְאָשֵׁר: וַיְהִי כָּל־נֶפֶשׁ ד ה
יֹצְאֵי יֶרֶךְ־יַעֲקֹב שִׁבְעִים נָפֶשׁ וְיוֹסֵף הָיָה בְמִצְרָיִם:
וַיָּמָת יוֹסֵף וְכָל־אֶחָיו וְכֹל הַדּוֹר הַהוּא: וּבְנֵי יִשְׂרָאֵל ו ז
פָּרוּ וַיִּשְׁרְצוּ וַיִּרְבּוּ וַיַּעַצְמוּ בִּמְאֹד מְאֹד וַתִּמָּלֵא
הָאָרֶץ אֹתָם:

· וַיָּקָם מֶלֶךְ־חָדָשׁ עַל־מִצְרָיִם אֲשֶׁר לֹא־יָדַע אֶת־ ח
יוֹסֵף: וַיֹּאמֶר אֶל־עַמּוֹ הִנֵּה עַם בְּנֵי יִשְׂרָאֵל רַב וְעָצוּם ט

רש"י | פרק א

א| וְאֵלֶּה שְׁמוֹת בְּנֵי יִשְׂרָאֵל. אַף עַל פִּי שֶׁמְּנָאָם בְּחַיֵּיהֶם בִּשְׁמוֹתָם חָזַר וּמְנָאָם בְּמִיתָתָם, לְהוֹדִיעַ חִבָּתָם שֶׁנִּמְשְׁלוּ לַכּוֹכָבִים שֶׁמּוֹצִיאָם וּמַכְנִיסָם בְּמִסְפָּר וּבִשְׁמוֹתָם, שֶׁנֶּאֱמַר: "הַמּוֹצִיא בְמִסְפָּר צְבָאָם לְכֻלָּם בְּשֵׁם יִקְרָא" (ישעיה מ, כו):

ה| וְיוֹסֵף הָיָה בְמִצְרָיִם. וַהֲלֹא הוּא וּבָנָיו הָיוּ בִּכְלַל שִׁבְעִים, וּמַה בָּא לְלַמְּדֵנוּ? וְכִי לֹא הָיִינוּ יוֹדְעִים שֶׁהוּא הָיָה בְּמִצְרַיִם? אֶלָּא לְהוֹדִיעֲךָ צִדְקָתוֹ שֶׁל יוֹסֵף, הוּא יוֹסֵף הָרוֹעֶה אֶת צֹאן אָבִיו, הוּא יוֹסֵף כְּשֶׁהָיָה בְּמִצְרַיִם וְנַעֲשָׂה מֶלֶךְ, וְעוֹמֵד בְּצִדְקוֹ:

ז| וַיִּשְׁרְצוּ. שֶׁהָיוּ יוֹלְדוֹת שִׁשָּׁה בְּכֶרֶס אֶחָד:

ח| וַיָּקָם מֶלֶךְ חָדָשׁ. רַב וּשְׁמוּאֵל, חַד אָמַר חָדָשׁ מַמָּשׁ, וְחַד אָמַר שֶׁנִּתְחַדְּשׁוּ גְּזֵרוֹתָיו: אֲשֶׁר לֹא יָדַע. עָשָׂה עַצְמוֹ כְּאִלּוּ לֹא יְדָעוֹ:

העולם | מֶלֶךְ חָדָשׁ אין ודאות לגבי זהותו של פרעה ששלט במצרים בעת השעבוד – תחותמס השלישי (1479–1426 לפנה"ס), מגדולי פרעוני השושלת ה־18 במצרים, או רעמסס השני מהשושלת ה־19 (1290–1224 לפנה"ס), שהיה המלך הגדול בין פרעוני

ראשית השעבוד במצרים

פרק א

ספר שמות אינו ממשיך את ספר בראשית באופן רצוף. הוא נפתח כמעט בנקודה שבה הסתיים קודמו. מעט מן העניינים האחרונים שסופרו בספר בראשית יחזרו בתחילת ספר שמות, משום שהם רלוונטיים להמשך השתלשלות העניינים.

בפרקיו האחרונים של ספר בראשית גלתה משפחת יעקב מכנען למצרים, שבה תתרבה המשפחה ותהיה לעם. עם התחלפות השלטון במצרים תהפוך גלותם הגיאוגרפית של בני ישראל ממקומם לחיים קשים תחת שעבוד עריץ וגזרות אכזריות.

ביאור

פרק א א **וְאֵלֶּה שְׁמוֹת בְּנֵי יִשְׂרָאֵל**, יעקב **הַבָּאִים מִצְרָיְמָה, אֵת**,
עם **יַעֲקֹב, אִישׁ וּבֵיתוֹ בָּאוּ:** ב **רְאוּבֵן שִׁמְעוֹן לֵוִי וִיהוּדָה**, ג **יִשָּׂשכָר**
זְבוּלֻן וּבִנְיָמִן, ד **דָּן וְנַפְתָּלִי, גָּד וְאָשֵׁר.** ה **וַיְהִי כָּל נֶפֶשׁ יֹצְאֵי יֶרֶךְ יַעֲקֹב**
שִׁבְעִים נָפֶשׁ, **וְ**עמם נמנה גם **יוֹסֵף**, שלא בא אתם מארץ כנען, אלא
הָיָה כבר **בְמִצְרָיִם** עם משפחתו. במניין המדויק של שבעים נכלל
גם יעקב עצמו.[1]

ו **וַיָּמָת יוֹסֵף**, כפי שסופר בפסוק האחרון בספר בראשית, **וְכָל אֶחָיו**
וְכֹל הַדּוֹר הַהוּא של בני יעקב עצמם, ושל ילדיהם שחלקם נולדו
עוד בכנען. ז **וּבְנֵי יִשְׂרָאֵל**, ההופכים כאן מבניו של האיש ישראל
למעין שבט, **פָּרוּ וַיִּשְׁרְצוּ**. פועל זה מתאים יותר להתרבותם של בעלי
חיים, ועל כן נדרש בו שנשות ישראל במצרים היו יולדות ילדים
מרובים בבת אחת, שלא כדרכם של בני אדם.[2] **וַיִּרְבּוּ**, מספרם גדל
וַיַּעַצְמוּ בִּמְאֹד מְאֹד, נוכחותם התעצמה. תוך זמן קצר הפכו שבעים
נפש לשבט גדול. **וַתִּמָּלֵא הָאָרֶץ אֹתָם**. מן ההמשך נראה שלא כולם
ישבו בבידוד מן המצרים בגושן, והיו מהם שחיו בשכנות למצרים
באזורים אחרים.[3]

ח **וַיָּקָם מֶלֶךְ חָדָשׁ**, משושלת חדשה[4] **עַל מִצְרָיִם אֲשֶׁר לֹא יָדַע אֶת**
יוֹסֵף. מסתבר ששמע על דמותו של יוסף, על קורותיו ועל המהפכה
שחולל במצרים, אך היה אדיש לעניינו ולגורל שבטו.[5] ט **וַיֹּאמֶר**
המלך הזה **אֶל עַמּוֹ: הִנֵּה עַם בְּנֵי יִשְׂרָאֵל רַב וְעָצוּם מִמֶּנּוּ**. העם
הזה מתרבה במהירות, והוא הופך לסכנה דמוגרפית לקיומנו.

העולם

מצרים בכל ההיסטוריה, והיו לו מפעלי בנייה רבים וביניהם העיר פר־רעמסס (בית רעמסס) במצרים התחתונה. השם רעמסס אינו מופיע בממצאים הארכיאולוגיים וההיסטוריים לפני המאה ה־13 לפנה"ס, ולפניה לא ידועים פרעונים בשם הזה.

מִמֶּֽנּוּ׃ הָ֥בָה נִֽתְחַכְּמָ֖ה ל֑וֹ פֶּן־יִרְבֶּ֗ה וְהָיָ֞ה כִּֽי־תִקְרֶ֤אנָה י
מִלְחָמָה֙ וְנוֹסַ֤ף גַּם־הוּא֙ עַל־שֹׂ֣נְאֵ֔ינוּ וְנִלְחַם־בָּ֖נוּ
וְעָלָ֥ה מִן־הָאָֽרֶץ׃ וַיָּשִׂ֤ימוּ עָלָיו֙ שָׂרֵ֣י מִסִּ֔ים לְמַ֥עַן יא
עַנֹּת֖וֹ בְּסִבְלֹתָ֑ם וַיִּ֜בֶן עָרֵ֤י מִסְכְּנוֹת֙ לְפַרְעֹ֔ה אֶת־
פִּתֹ֖ם וְאֶת־רַעַמְסֵֽס׃ וְכַאֲשֶׁר֙ יְעַנּ֣וּ אֹת֔וֹ כֵּ֥ן יִרְבֶּ֖ה וְכֵ֣ן יב
יִפְרֹ֑ץ וַיָּקֻ֕צוּ מִפְּנֵ֖י בְּנֵ֥י יִשְׂרָאֵֽל׃ • וַיַּעֲבִ֧דוּ מִצְרַ֛יִם יג
אֶת־בְּנֵ֥י יִשְׂרָאֵ֖ל בְּפָֽרֶךְ׃ וַיְמָרְר֨וּ אֶת־חַיֵּיהֶ֜ם בַּעֲבֹדָ֣ה יד
קָשָׁ֗ה בְּחֹ֨מֶר֙ וּבִלְבֵנִ֔ים וּבְכָל־עֲבֹדָ֖ה בַּשָּׂדֶ֑ה אֵ֚ת כָּל־

רש"י

י | **הָבָה נִתְחַכְּמָה לוֹ.** כָּל 'הָבָה' לְשׁוֹן הֲכָנָה וְהַזְמָנָה לְדָבָר הוּא, הָכִינוּ עַצְמְכֶם לְכָךְ: **נִתְחַכְּמָה לוֹ.** לָעָם, נִתְחַכֵּם מַה לַּעֲשׂוֹת לוֹ. וְרַבּוֹתֵינוּ דָּרְשׁוּ, נִתְחַכֵּם לְמוֹשִׁיעָן שֶׁל יִשְׂרָאֵל, נְדוּנֵם בַּמַּיִם, שֶׁכְּבָר נִשְׁבַּע שֶׁלֹּא יָבִיא מַבּוּל לָעוֹלָם: **וְעָלָה מִן הָאָרֶץ.** עַל כָּרְחֵנוּ. וְרַבּוֹתֵינוּ דָּרְשׁוּ, כְּאָדָם שֶׁמְּקַלֵּל עַצְמוֹ וְתוֹלֶה קִלְלָתוֹ בַּחֲבֵרוֹ, וַהֲרֵי הוּא כְּאִלּוּ כָּתַב: 'וְעָלִינוּ מִן הָאָרֶץ' וְהֵם יִירָשׁוּהָ:

יא | **עָלָיו.** עַל הָעָם: **מִסִּים.** לְשׁוֹן מַס, שָׂרִים שֶׁגּוֹבִין מֵהֶם הַמַּס. וּמַהוּ הַמַּס? שֶׁיִּבְנוּ עָרֵי מִסְכְּנוֹת לְפַרְעֹה: **לְמַעַן עַנֹּתוֹ בְּסִבְלֹתָם.** שֶׁל מִצְרַיִם: **עָרֵי מִסְכְּנוֹת.** כְּתַרְגּוּמוֹ. וְכֵן: "לֵךְ בֹּא אֶל הַסֹּכֵן הַזֶּה" (ישעיה כב, טו) – גִּזְבָּר הַמְּמֻנֶּה עַל הָאוֹצָרוֹת: **אֶת פִּתֹם וְאֶת רַעַמְסֵס.** שֶׁלֹּא הָיוּ רְאוּיוֹת מִתְּחִלָּה לְכָךְ וַעֲשָׂאוּם חֲזָקוֹת וּבְצוּרוֹת לְאוֹצָר:

יב | **וְכַאֲשֶׁר יְעַנּוּ אֹתוֹ.** בְּכָל מַה שֶּׁהֵם נוֹתְנִין לֵב לְעַנּוֹת כֵּן לֵב הַקָּדוֹשׁ בָּרוּךְ הוּא לְהַרְבּוֹת וּלְהַפְרִיץ: **כֵּן יִרְבֶּה.** כֵּן רָבָה וְכֵן פּוֹרֵץ. וּמִדְרָשׁוֹ, רוּחַ הַקֹּדֶשׁ אוֹמֶרֶת כֵּן: אַתֶּם אוֹמְרִים "פֶּן יִרְבֶּה" וַאֲנִי אוֹמֵר "כֵּן יִרְבֶּה": **וַיָּקֻצוּ.** קָצוּ בְּחַיֵּיהֶם. וְרַבּוֹתֵינוּ דָּרְשׁוּ, כְּקוֹצִים הָיוּ בְּעֵינֵיהֶם:

יג | **בְּפָרֶךְ.** בַּעֲבוֹדָה קָשָׁה הַמְפָרֶכֶת וּמְשַׁבֶּרֶת אֶת הַגּוּף:

עשיית לבנים
ציור קיר מקבר תחותמס השלישי מעמק המלכים לוקסור, המאה ה-15 לפנה"ס

ביאור

י **הָבָה נִתְחַכְּמָה לוֹ**, עלינו למצוא דרך להגביל את התרבותו **פֶּן יִרְבֶּה,**
וְהָיָה כִּי תִקְרֶאנָה, אם תפרוץ **מִלְחָמָה** בגבולנו הצפוני, **וְנוֹסַף גַּם הוּא**
עַל שֹׂנְאֵינוּ, וְנִלְחַם בָּנוּ, וְעָלָה מִן הָאָרֶץ. בני ישראל יעזבו את ארצנו,
וכך יידלדל כוח העבודה במצרים.[6] אפשרות פרשנית אחרת – פרעה
אומר בלשון נקייה: כשעם זה יצטרף לאויבינו, אנחנו נעלה, כלומר
נסולק, מן הארץ.[7]

יא על כן – **וַיָּשִׂימוּ** המצרים **עָלָיו שָׂרֵי מִסִּים**, מס עובד **לְמַעַן עַנֹּתוֹ**
בְּסִבְלֹתָם. במשטר הריכוזי שרווח במצרים המלך הוא שקבע הכול.
פרעה העמיד ממונים וגייס עברים רבים לעבודות ציבוריות לטובת
מצרים. הוא קיווה כי החיים הקשים יגרמו להתמעטותם של בני
ישראל ולשבירת רוחם. **וַיִּבֶן עָרֵי מִסְכְּנוֹת**, ערי אוצרות, ערים שנועדו
לשמש מחסנים מלכותיים **לְפַרְעֹה** – **אֶת** העיר **פִּתֹם וְאֶת** העיר
רַעַמְסֵס. יב **וְכַאֲשֶׁר יְעַנּוּ אֹתוֹ – כֵּן יִרְבֶּה וְכֵן יִפְרֹץ.** אף על פי שחייהם
היו קשים יותר, מספרם הלך וגדל. כיוון שישראל לא הסתגרו בתחום
מושב מוגבל, המצרים צפו בהתרבותם – **וַיָּקֻצוּ**, המצרים חשו מיאוס
מִפְּנֵי בְּנֵי יִשְׂרָאֵל.

ההתרבות שהמצרים ביקשו לדכא בהטלת מס השעבוד, רק גדלה.
המצרים רצו אפוא להרחיב ולהעמיק את הקושי. יג **וַיַּעֲבִדוּ מִצְרַיִם**
אֶת בְּנֵי יִשְׂרָאֵל בְּפָרֶךְ, בעבודה קשה השוברת את העובדים. ייתכן
שכדי לשבר את רוחם לא סופקו להם האמצעים הטכנולוגיים שכבר
היו בשימוש במצרים באותה עת. יד **וַיְמָרְרוּ אֶת חַיֵּיהֶם בַּעֲבֹדָה קָשָׁה,**
בְּחֹמֶר וּבִלְבֵנִים. את הבניינים המונומנטליים של מצרים בנו מאבן

הרחבות

'פן ירבה והיה כי תקראנה מלחמה ונוסף גם הוא על שנאינו' גם אם עם גדול וזר זה אינו נלחם בעמו באותה עת, מלך מצרים חשש שבעתיד הוא יוכל בנקל להפוך לגיס חמישי. בשל מספרם העצום של בני ישראל הוא ראה צורך לרסנם. המלך לא בטח בהם למרות שגרו במצרים שנים רבות. אפשר לראות בחשדנות שמגלה המלך כלפי נאמנותם של ישראל, עוד קודם שהפכו לעם ממשי, את התיעוד הראשון לאנטישמיות.

'וישימו עליו שרי מסים' לא ברור כיצד החל שעבודם של בני ישראל. שלטונו של פרעה היה מוחלט, ובאופן רשמי כל תושבי מצרים היו עבדיו הודות ליוסף. כיוון שכך, גם העברים נחשבו עבדי פרעה, ובתור זרים קל היה יותר לשעבדם בפועל. תחילה השתמש בהם פרעה ככוח עבודה זול אף על פי שלא היה זקוק בהכרח לעבודתם. כבר באותה עת הייתה מצרים מדינה מפותחת. היו בה ערים ובניינים לרוב, מעבר למונומנטים או למבני הזיכרון המוכרים מן החפירות הארכיאולוגיות ומן התעודות. כמדינה המצויה בתנופת פיתוח מתמדת, שימשה הבנייה תירוץ משכנע והזדמנות הולמת לשעבודו של העם הזר, גם אם לא היה צורך מיוחד בכמות גדולה של פועלים חדשים.

טו עֲבֹדָתָם אֲשֶׁר־עָבְדוּ בָהֶם בְּפָרֶךְ: וַיֹּאמֶר מֶלֶךְ מִצְרַיִם
לַמְיַלְּדֹת הָעִבְרִיֹּת אֲשֶׁר שֵׁם הָאַחַת שִׁפְרָה וְשֵׁם
טז הַשֵּׁנִית פּוּעָה: וַיֹּאמֶר בְּיַלֶּדְכֶן אֶת־הָעִבְרִיּוֹת וּרְאִיתֶן
עַל־הָאָבְנָיִם אִם־בֵּן הוּא וַהֲמִתֶּן אֹתוֹ וְאִם־בַּת
יז הִוא וָחָיָה: וַתִּירֶאןָ הַמְיַלְּדֹת אֶת־הָאֱלֹהִים וְלֹא
עָשׂוּ כַּאֲשֶׁר דִּבֶּר אֲלֵיהֶן מֶלֶךְ מִצְרָיִם וַתְּחַיֶּיןָ אֶת־

רש"י

טו **לַמְיַלְּדֹת.** הוּא לְשׁוֹן מוֹלִידוֹת, אֶלָּא שֶׁיֵּשׁ לָשׁוֹן קַל וְיֵשׁ לָשׁוֹן כָּבֵד, כְּמוֹ: שׁוֹבֵר וּמְשַׁבֵּר, דּוֹבֵר וּמְדַבֵּר, כָּךְ מוֹלִיד וּמְיַלֵּד: **שִׁפְרָה.** יוֹכֶבֶד, עַל שֵׁם שֶׁמְּשַׁפֶּרֶת אֶת הַוָּלָד: **פּוּעָה.** מִרְיָם, שֶׁפּוֹעָה וּמְדַבֶּרֶת וְהוֹגָה לַוָּלָד כְּדֶרֶךְ הַנָּשִׁים הַמְפַיְּסוֹת תִּינוֹק הַבּוֹכֶה. "פּוֹעָה" – לְשׁוֹן צְעָקָה, כְּמוֹ: "כַּיּוֹלֵדָה אֶפְעֶה" (ישעיה מב, יד):

טז **בְּיַלֶּדְכֶן.** כְּמוֹ בְּהוֹלִידְכֶן: **עַל הָאָבְנָיִם.** מוֹשַׁב הָאִשָּׁה הַיּוֹלֶדֶת, וּבְמָקוֹם אַחֵר קוֹרֵהוּ 'מַשְׁבֵּר' (שם לז, ג), וְכָמוֹהוּ: "עֹשֶׂה מְלָאכָה עַל הָאָבְנָיִם" (ירמיה יח, ג) – מוֹשַׁב כְּלִי אֻמָּנוּת יוֹצֵר חֶרֶשׂ: **אִם בֵּן הוּא וְגוֹ'.** לֹא הָיָה מַקְפִּיד אֶלָּא עַל הַזְּכָרִים, שֶׁאָמְרוּ לוֹ אִצְטַגְנִינָיו שֶׁעֲתִידוֹת לֵילֵד בֵּן הַמּוֹשִׁיעַ אוֹתָם: **וָחָיָה.** וְתִחְיֶה:

יז **וַתְּחַיֶּיןָ אֶת הַיְלָדִים.** מְסַפְּקוֹת לָהֶם מָזוֹן. תַּרְגּוּם הָרִאשׁוֹן "וְקַיֵּימָא" וְהַשֵּׁנִי (בפסוק הבא) "וְקַיֵּימְתִּין". לְפִי שֶׁלָּשׁוֹן עָבָר לִנְקֵבוֹת רַבּוֹת, תֵּבָה זוֹ וְכַיּוֹצֵא בָּהּ מְשַׁמֶּשֶׁת לְשׁוֹן פָּעֲלוּ וּלְשׁוֹן פְּעַלְתֶּן, כְּגוֹן: "וַתֹּאמַרְןָ אִישׁ מִצְרִי" (להלן ב, יט) לְשׁוֹן עָבָר, כְּמוֹ 'וַיֹּאמְרוּ' לִזְכָרִים. "וַתְּדַבֵּרְנָה בְּפִיכֶם" (ירמיה מד, כה) לְשׁוֹן דִּבַּרְתֶּם כְּמוֹ 'וַתְּדַבְּרוּ' לִזְכָרִים. וְכֵן: "וַתְּחַלֶּלְנָה אֹתִי אֶל עַמִּי" (יחזקאל יג, יט) לְשׁוֹן עָבָר, חִלַּלְתֶּן, כְּמוֹ 'וַתְּחַלְּלוּ' לִזְכָרִים:

העולם

הָאָבְנָיִם מתעודות מצריות ובבליות עולה כי בעת העתיקה נשים ילדו תוך כדי ישיבה על מושב של שתי אבנים או לבנים גדולות שסיפקו להן תמיכה. בממצא הארכיאולוגי מדנדרה שבמצרים העליונה מצויר כיסא מיוחד ללידה. מאוחר יותר, בתקופת המשנה, מופיע הביטוי 'משבר של חיה' (כלים כג,ד), שהוא כיסא היולדת שהמושב שלו קצר במיוחד, או שיש במרכזו חלל המאפשר למיילדת לסייע ליולדת בשעת יציאת הוולד.

הרחבות

המיילדות העבריות שפרה ופועה לא היו המיילדות היחידות. הרי אין די בשתי מיילדות ליילד את נשיו של עם המונה מאות ואלפי אנשים (ראב"ע). נראה ששתי הנשים הללו היו מעין מנהיגות האיגוד המקצועי של המיילדות. פרעה פנה אליהן בהיותן המיילדות הראשיות של העברים. רוב המפרשים הבינו שמשמעות הביטוי הַמְיַלְּדֹת הָעִבְרִיֹּת הוא הנשים העבריות שתפקידן ליילד ולטפל ביולדות ובוולדותיהן (סוטה יא ע"ב; רש"י וראב"ע על אתר). אולם היו שפירשו ביטוי זה כמיילדות מצריות שיילדו את העבריות. הסבר זה אינו תואם כל כך את שמותיהן בעלי הצליל העברי, (ראו ר"י בכור שור וכלי יקר), אם כי אין בשמותיהם כדי להוכיח באופן מובהק את עבריותן. השמות שפרה ופועה מופיעים בתעודות

ביאור

שנחצבה בעיקר בדרומה, ואת הבניינים השימושיים והפשוטים, בין שהיו בתי מגורים ובין שהיו מחסנים גדולים, בנו מִלבנים, שכן במצרים יש די אדמה מתאימה ליצירתן. ומעבר לעבודות הבנייה שעשו ישירות לצורכי המלך, עבדו **בְּכָל עֲבֹדָה בַּשָּׂדֶה**, בשדותיה של הממלכה ובשדות הפרטיים כדי לספק מזון לעצמם או לאחרים, **אֵת**, עם **כָּל עֲבֹדָתָם אֲשֶׁר עָבְדוּ בָהֶם בְּפָרֶךְ**. ההדגשה החוזרת על העבודה המפרכת עשויה לרמוז ללחץ הזמן שנכפה עליהם או לכפיית עבודה שאינה מתאימה לכוחם או לכשרונם של העובדים, לשם שבירת גופם ורוחם.[8]

גם עבודת הפרך ומירור החיים לא פתרה את בעיית ריבויים של העברים.
טו **וַיֹּאמֶר מֶלֶךְ מִצְרַיִם לַמְיַלְּדֹת הָעִבְרִיֹּת**, האחראיות על מעשה היילוד, **אֲשֶׁר שֵׁם הָאַחַת שִׁפְרָה, וְשֵׁם הַשֵּׁנִית פּוּעָה**. שמותיהן נזכרים כאן כי יתברר שהן לא היו רק כלים ביד פרעה, אלא הייתה להן אישיות ודעה משלהן.
טז **וַיֹּאמֶר: בְּיַלֶּדְכֶן אֶת הָעִבְרִיּוֹת, וּרְאִיתֶן עַל הָאָבְנָיִם**, מושב האשה היולדת – **אִם** מתברר לכן שהיילוד **בֵּן הוּא – וַהֲמִתֶּן אֹתוֹ**, הרגו אותו, **וְאִם בַּת הִיא – וָחָיָה**, אפשרו לה להמשיך לחיות. פרעה הניח שללא בנים עבריים בנות ישראל ייטמעו במצרים, וישראל יחדלו לשמור על קיומם כעם לעצמו.

יז **וַתִּירֶאןָ הַמְיַלְּדֹת אֶת הָאֱלֹהִים**, וְעל כן **לֹא עָשׂוּ כַּאֲשֶׁר דִּבֶּר אֲלֵיהֶן מֶלֶךְ מִצְרָיִם**, ובמקום למלא אחר פקודת המלך – **וַתְּחַיֶּיןָ אֶת הַיְלָדִים**.

הרחבות

שמיות (מאוגרית ומספירה שבסוריה): 'פעת' נזכר בתעודות מאוגרית (עלילות אקהת) כשם שֵׁמי שפירושו ילדה או נערה, ו'שפרה' מופיע בתעודה בארמית ובתעודה מצרית מהמאה ה–16 לפנה"ס כשם שפחה ממוצא שמי.

'האבנים' הם הכלי שעליו הקדר מייצר כלי חרס באמצעות גלגל (ירמיה יח,ג), אולם המושג משמש גם לציון מקום כריעתה של האשה היולדת שהיה עשוי שתי אבנים. השם משמש בשתי המשמעויות הללו, משום שדומה ישיבתו המפושקת של הקדר על האבניים לישיבתה של היולדת, (ראו סוטה יא ע"ב), ואולי גם משום שבשני המקרים האבניים הם מקום של 'בנייה'. גם בדברי ירמיהו הנביא נמצא קשר בין יצירת הוולד ויצירת כלי חרס (ירמיה יח,א–ו). ולהבדיל, נמצא קשר כזה גם בציורים שנמצאו במצרים העתיקה.

'אם בן הוא והמִתֶּן אֹתוֹ' נראה שבשלב זה פרעה לא היה מסוגל או לא היה מעוניין לפרסם ברבים את גזרת המתת הילדים. על כן הסתפק בהוראה על פה למיילדות לעשות זאת. (ראו ראב"ע). פרעה פנה אליהן, מאחר שהניח שכיוון שהן הראשונות הרואות את התינוקות, יהיה להן קל לבצע את זממו. גם מתשובתן של המיילדות עולה בבירור, שפרעה נמנע מלצוות במפורש על המיילדות להרוג תינוקות בפומבי, אלא ביקש לגרום להמתתם בסתר (על פי ר"י בכור שור ועקדת יצחק).

שני

יח הַיְלָדִים: וַיִּקְרָא מֶלֶךְ־מִצְרַיִם לַמְיַלְּדֹת וַיֹּאמֶר
לָהֶן מַדּוּעַ עֲשִׂיתֶן הַדָּבָר הַזֶּה וַתְּחַיֶּיןָ אֶת־הַיְלָדִים:
יט וַתֹּאמַרְןָ הַמְיַלְּדֹת אֶל־פַּרְעֹה כִּי לֹא כַנָּשִׁים הַמִּצְרִיֹּת
הָעִבְרִיֹּת כִּי־חָיוֹת הֵנָּה בְּטֶרֶם תָּבוֹא אֲלֵהֶן הַמְיַלֶּדֶת
כ וְיָלָדוּ: וַיֵּיטֶב אֱלֹהִים לַמְיַלְּדֹת וַיִּרֶב הָעָם וַיַּעַצְמוּ
כא מְאֹד: וַיְהִי כִּי־יָרְאוּ הַמְיַלְּדֹת אֶת־הָאֱלֹהִים וַיַּעַשׂ
כב לָהֶם בָּתִּים: וַיְצַו פַּרְעֹה לְכָל־עַמּוֹ לֵאמֹר כָּל־הַבֵּן
הַיִּלּוֹד הַיְאֹרָה תַּשְׁלִיכֻהוּ וְכָל־הַבַּת תְּחַיּוּן:

רש"י

יט | **כִּי חָיוֹת הֵנָּה.** בְּקִיאוֹת כִּמְיַלְּדוֹת, תַּרְגּוּם מְיַלְּדוֹת 'חַיָּתָא'. וְרַבּוֹתֵינוּ דָּרְשׁוּ, הֲרֵי הֵן מְשׁוּלוֹת כְּחַיּוֹת הַשָּׂדֶה שֶׁאֵינָן צְרִיכוֹת מְיַלֶּדֶת: "גּוּר אַרְיֵה" (בראשית מט, ט), "זְאֵב יִטְרָף" (שם, כז), "בְּכוֹר שׁוֹרוֹ" (דברים לג, יז), "אַיָּלָה שְׁלֻחָה" (בראשית מט, כא). וּמִי שֶׁלֹּא נִכְתַּב בּוֹ, הֲרֵי הַכָּתוּב כּוֹלְלָן: "מָה אִמְּךָ לְבִיָּא" (יחזקאל יט, ב):

כ-כא | **וַיֵּיטֶב.** הֵיטִיב לָהֶן. וְזֶה חִלּוּק בְּתֵבָה שֶׁיְּסוֹדָהּ שְׁתֵּי אוֹתִיּוֹת וְנָתַן לָהּ וָי"ו יוּ"ד בְּרֹאשָׁהּ, כְּשֶׁהִיא בָּאָה לְדַבֵּר לְשׁוֹן וַיַּפְעִיל הוּא נָקוּד אֶת הַיּוּ"ד בְּצֵירֵי שֶׁהוּא קָמַץ קָטָן, כְּגוֹן: "וַיֵּיטֶב אֱלֹהִים לַמְיַלְּדֹת"; "וַיֶּרֶב בְּבַת יְהוּדָה" (איכה ב, ה), הִרְבָּה תַּאֲנִיָּה; וְכֵן "וַיֶּגֶל הַשְּׁאֵרִית" (דברי הימים ב' לו, כ) דִּנְבוּזַרְאֲדָן, הֶגְלָה אֶת הַשְּׁאֵרִית; "וַיֶּפֶן זָנָב אֶל זָנָב" (שופטים טו, ד) – הִפְנָה הַזְּנָבוֹת זוֹ לָזוֹ. כָּל אֵלּוּ לְשׁוֹן הִפְעִיל אֶת אֲחֵרִים. וּכְשֶׁהוּא מְדַבֵּר בִּלְשׁוֹן וַיִּפְעַל הוּא נָקוּד הַיּוּ"ד בְּחִירִיק, כְּגוֹן: "וַיִּיטַב בְּעֵינָיו" (ויקרא י, כ) – לְשׁוֹן הוּטַב; וְכֵן "וַיִּרֶב הָעָם" (להלן פסוק כ) – רָבָה הָעָם; "וַיִּגֶל יְהוּדָה" (מלכים ב' כה, כא) – גָּלָה יְהוּדָה; "וַיִּפֶן כֹּה וָכֹה" (להלן ב, יב) – פָּנָה לְכָאן וּלְכָאן. וְאַל תְּשִׁיבֵנִי: וַיֵּלֶךְ, וַיֵּשֶׁב, וַיֵּרֶד, וַיֵּצֵא, לְפִי שֶׁאֵינָן מִגִּזְרָתָן שֶׁל אֵלּוּ, שֶׁהֲרֵי הַיּוּ"ד יְסוֹד בָּהֶן: יָרַד, יָצָא, יָלַךְ, יָשַׁב, הַיּוּ"ד אוֹת שְׁלִישִׁית בּוֹ: **וַיֵּיטֶב אֱלֹהִים לַמְיַלְּדֹת.** מַהוּ הַטּוֹבָה? "וַיַּעַשׂ לָהֶם בָּתִּים" – בָּתֵּי כְּהֻנָּה וּלְוִיָּה וּמַלְכוּת, שֶׁקְּרוּיִין בָּתִּים: "לִבְנוֹת אֶת בֵּית ה' וְאֶת בֵּית הַמֶּלֶךְ" (מלכים א' ט, א); כְּהֻנָּה וּלְוִיָּה מִיּוֹכֶבֶד, וּמַלְכוּת מִמִּרְיָם, כִּדְאִיתָא בְּמַסֶּכֶת סוֹטָה (דף יא ע"ב):

כב | **לְכָל עַמּוֹ.** אַף עֲלֵיהֶם גָּזַר. יוֹם שֶׁנּוֹלַד מֹשֶׁה אָמְרוּ לוֹ אִצְטַגְנִינָיו: הַיּוֹם נוֹלָד וְאֵין אָנוּ יוֹדְעִים אִם מִמִּצְרַיִם אִם מִיִּשְׂרָאֵל, וְרוֹאִין אָנוּ שֶׁסּוֹפוֹ לִלְקוֹת בַּמַּיִם, לְפִיכָךְ גָּזַר אוֹתוֹ הַיּוֹם אַף עַל הַמִּצְרִים, שֶׁנֶּאֱמַר: "כָּל הַבֵּן הַיִּלּוֹד" וְלֹא נֶאֱמַר 'הַיִּלּוֹד לָעִבְרִים'. וְהֵם לֹא הָיוּ יוֹדְעִים שֶׁסּוֹפוֹ לִלְקוֹת עַל מֵי מְרִיבָה:

הרחבות

'ויעש להם בתים' בהשראת פסוק זה זיהו חכמים את המיילדות עם נשים ידועות: יוכבד – אמו של משה, ומרים – אחותו (סוטה יא ע"ב). מיוכבד יצא בית הכהונה, וממרים יצאו ראשי שבט יהודה, שמהם קם בית המלוכה של דוד המלך.

ביאור | הן לא רק יילדו אותם, אלא אף טיפלו בילדים שהיו נתונים בסכנה.[9]

יח **וַיִּקְרָא מֶלֶךְ מִצְרַיִם לַמְיַלְּדֹת, וַיֹּאמֶר לָהֶן: מַדּוּעַ עֲשִׂיתֶן הַדָּבָר הַזֶּה,**
וַתְּחַיֶּיןָ אֶת הַיְלָדִים? לא דווח לי שהילדים מתים בהמוניהם, ומכאן
שלא מילאתן את פקודתי.

המיילדות לא יכלו לטעון כנגד המלך שפקודתו אינה מוסרית
או אינה חוקית. יט בשל מעמדו הרם הן נקטו תירוץ – **וַתֹּאמַרְןָ**
הַמְיַלְּדֹת אֶל פַּרְעֹה: כִּי לֹא כַנָּשִׁים הַמִּצְרִיֹּת הָעִבְרִיֹּת, הנשים העבריות
שונות מן הנשים המצריות המוכָּרות לך – **כִּי חָיוֹת הֵנָּה**. הן מלאות
חיוניות. הנשים המצריות מפונקות וחלושות, ולכן פעמים רבות הן
עייפות ואינן מצויות בהכרה מלאה בעת הלידה. לעומתן, הנשים
העבריות ערניות ופעילות, **וּבְטֶרֶם תָּבוֹא אֲלֵהֶן הַמְיַלֶּדֶת – וְיָלָדוּ**,
ועל כן איננו יכולות לעשות דבר. הוולדות מגיעים לידינו רק לאחר
שאמותיהם ראו אותם.

כ במצרים המלך לא היה רק שליט בלתי מוגבל, אלא נחשב בעיני
עמו כאל או כחצי אל אפילו בחייו. על כן הסירוב לציית להוראתו
היה חריג ביותר. כשכר על אומץ לבן – **וַיֵּיטֶב אֱלֹהִים לַמְיַלְּדֹת.**
וַיִּרֶב הָעָם וַיַּעַצְמוּ מְאֹד. מספרם של הילדים לא התמעט, ולא זו
בלבד – הוא גדל עוד ועוד. כא **וַיְהִי כִּי יָרְאוּ הַמְיַלְּדֹת אֶת הָאֱלֹהִים –**
וַיַּעַשׂ לָהֶם בָּתִּים. משפחותיהן הפכו למשפחות גדולות, נכבדות
ומיוחסות.[10]

כב כיוון שפרעה לא הצליח לעשות את מה שביקש באמצעות
המיילדות – **וַיְצַו פַּרְעֹה** ישירות **לְכָל עַמּוֹ לֵאמֹר: כָּל הַבֵּן הַיִּלּוֹד**
לעברים – **הַיְאֹרָה תַּשְׁלִיכֻהוּ, וְכָל הַבַּת תְּחַיּוּן.** בין שהדבר הוסדר
ומוסד בבירוקרטיה המצרית, ובין שההוראה הופנתה לכל המוצא
ילד קטן בין העברים – כל תינוק עברי נדון להטבעה מידית ביאור.

הרחבות | **'ויצו פרעה לכל עמו לאמר כל הבן הילוד היאורה תשליכֻהו'** גם פקודה זו לא הייתה בגדר הוראה רשמית המתירה את דמם של ילדי העברים במצרים, ולא נוסחה כפקודת הריגה ישירה (רמב"ן).

ב א ב וַיֵּלֶךְ אִישׁ מִבֵּית לֵוִי וַיִּקַּח אֶת־בַּת־לֵוִי׃ וַתַּהַר הָאִשָּׁה
וַתֵּלֶד בֵּן וַתֵּרֶא אֹתוֹ כִּי־טוֹב הוּא וַתִּצְפְּנֵהוּ שְׁלֹשָׁה
ג יְרָחִים׃ וְלֹא־יָכְלָה עוֹד הַצְּפִינוֹ וַתִּקַּח־לוֹ תֵּבַת גֹּמֶא
וַתַּחְמְרָה בַחֵמָר וּבַזָּפֶת וַתָּשֶׂם בָּהּ אֶת־הַיֶּלֶד וַתָּשֶׂם
ד בַּסּוּף עַל־שְׂפַת הַיְאֹר׃ וַתֵּתַצַּב אֲחֹתוֹ מֵרָחֹק לְדֵעָה
ה מַה־יֵּעָשֶׂה לוֹ׃ וַתֵּרֶד בַּת־פַּרְעֹה לִרְחֹץ עַל־הַיְאֹר
וְנַעֲרֹתֶיהָ הֹלְכֹת עַל־יַד הַיְאֹר וַתֵּרֶא אֶת־הַתֵּבָה

רש"י | פרק ב

א| **וַיִּקַּח אֶת בַּת לֵוִי.** פָּרוּשׁ הָיָה מִמֶּנָּה מִפְּנֵי גְּזֵרַת פַּרְעֹה וְהֶחֱזִירָהּ וְעָשָׂה בָּהּ לִקּוּחִין שְׁנִיִּים. וְאַף הִיא נֶהֶפְכָה לִהְיוֹת נַעֲרָה. וּבַת מֵאָה וּשְׁלֹשִׁים שָׁנָה הָיְתָה; שֶׁנּוֹלְדָה בְּבוֹאָם לְמִצְרַיִם בֵּין הַחוֹמוֹת, וּמָאתַיִם וְעֶשֶׂר נִשְׁתַּהוּ שָׁם, וּכְשֶׁיָּצְאוּ הָיָה מֹשֶׁה בֶּן שְׁמוֹנִים שָׁנָה – כְּשֶׁנִּתְעַבְּרָה מִמֶּנּוּ הָיְתָה בַּת מֵאָה וּשְׁלֹשִׁים, וְקוֹרֵא אוֹתָהּ 'בַּת לֵוִי':

ב| **כִּי טוֹב הוּא.** כְּשֶׁנּוֹלַד נִתְמַלֵּא הַבַּיִת כֻּלּוֹ אוֹרָה:

ג| **וְלֹא יָכְלָה עוֹד הַצְּפִינוֹ.** שֶׁמָּנוּ לָהּ הַמִּצְרִים מִיּוֹם שֶׁהֶחֱזִירָהּ, וְהִיא יְלָדַתּוּ לְשִׁשָּׁה חֳדָשִׁים וְיוֹם אֶחָד, שֶׁהַיּוֹלֶדֶת לְשִׁבְעָה יוֹלֶדֶת לִמְקֻטָּעִין, וְהֵם בָּדְקוּ אַחֲרֶיהָ לְסוֹף תִּשְׁעָה: **גֹּמֶא.** גֶּמִי בִּלְשׁוֹן מִשְׁנָה, וּבְלַעַז יונ"ק, וְדָבָר רַךְ הוּא וְעוֹמֵד בִּפְנֵי רַךְ וּבִפְנֵי קָשֶׁה: **בַחֵמָר וּבַזָּפֶת.** זֶפֶת מִבַּחוּץ וְטִיט מִבִּפְנִים, כְּדֵי שֶׁלֹּא יָרִיחַ אוֹתוֹ צַדִּיק רֵיחַ רַע שֶׁל זֶפֶת: **וַתָּשֶׂם בַּסּוּף.** הוּא לְשׁוֹן אֲגַם, רוסי"ל בְּלַעַז, וְדוֹמֶה לוֹ: "קָנֶה וָסוּף קָמֵלוּ" (ישעיה יט, ו):

ה| **לִרְחֹץ עַל הַיְאֹר.** סָרֵס הַמִּקְרָא וּפָרְשֵׁהוּ, וַתֵּרֶד בַּת פַּרְעֹה עַל הַיְאוֹר לִרְחֹץ בּוֹ: **עַל יַד הַיְאֹר.** אֵצֶל הַיְאוֹר, כְּמוֹ: "רְאוּ חֶלְקַת יוֹאָב אֶל יָדִי" (שמואל

גומא

ראשית קורותיו של משה

פרק ב פס׳ א–כב

על רקע הידרדרות מצבם של ישראל עד כדי גזרת הריגת בניהם, מתאר הכתוב את קורותיו של מי שעתיד להושיעם.

הולדתו של משה נעוצה בבחירה בהולדה ובחיים חרף הנסיבות הקשות. באופן פרדוכסלי מי שיגאל את ישראל ממצרים יגדל בביתו של מי שביקש לגזור עליהם כליה. את כוחו להושיע את אחיו הנאנקים בסבלותיהם אולי ישאב הן מן הביוגרפיה שלו – מן העובדה שהוא עצמו גדל כבן חורין,[11] והן מתכונתו האישית – אדם שלבו פתוח ורגיש כלפי הנאנקים בסבלותיהם.

ביאור | פרק ב א **וַיֵּלֶךְ אִישׁ מִבֵּית**, משבט **לֵוִי, וַיִּקַּח אֶת בַּת לֵוִי**, בת ראש
השבט. ב **וַתַּהַר הָאִשָּׁה וַתֵּלֶד בֵּן. וַתֵּרֶא אֹתוֹ כִּי טוֹב הוּא**. כבר עם לידתו נראה הילד מיוחד או מושלם.[12] **וַתִּצְפְּנֵהוּ**, אמו הסתירה אותו בעקבות הגזרה על הבנים **שְׁלֹשָׁה יְרָחִים**, חודשים. ג משעבר זמן
וְלֹא יָכְלָה עוֹד הַצְּפִינוֹ, להחביאו, משום שכשגדל קולו התחזק והיה עלול להסגירו באוזני סוכני המלך או באוזני מלשינים אחרים, ועל כן נשקפה לו סכנת חיים. כיוון שהאשה לא נכנעה לגזרה, היא עשתה מעשה חריג ומורכב – **וַתִּקַּח לוֹ תֵּבַת גֹּמֶא**, תיבה העשויה מקליעתם של קנים הצומחים ביאור. ולשם איטומה ממים – **וַתַּחְמְרָה בַחֵמָר וּבַזָּפֶת**. ציפתה אותה בפנים בחמר ובחוץ בזפת,[13] **וַתָּשֶׂם בָּהּ אֶת הַיֶּלֶד. וַתָּשֶׂם בַּסּוּף**, בין קני הסוף הגדלים **עַל שְׂפַת הַיְאֹר**.

ד **וַתֵּתַצַּב אֲחֹתוֹ** הגדולה, שהייתה צעירה מאוד.[14] **מֵרָחֹק, לְדֵעָה מַה יֵּעָשֶׂה לוֹ**. היא לא יכלה לעשות דבר כנגד הגזרה, אך היא עקבה כדי לדעת מה יקרה לילד. אולי מפני ייחודו של התינוק הזה ציפו ממנו לגדולות, והיא ביקשה לראות אם הציפיות יתממשו.

ה באותו זמן – **וַתֵּרֶד בַּת פַּרְעֹה** מארמונה, **לִרְחֹץ עַל הַיְאֹר, וְנַעֲרֹתֶיהָ**, משרתותיה **הֹלְכֹת עַל יַד הַיְאֹר** לרחוץ במימיו, או ללוות ולשרת את בת המלך. **וַתֵּרֶא** בת פרעה **אֶת הַתֵּבָה בְּתוֹךְ הַסּוּף**. המראה היה

הרחבות | ׳וילך איש מבית לוי ויקח את בת לוי ותהר האשה ותלד בן׳ בהמשך יתבררו זהויותיהם – עמרם שנשא את דודתו, יוכבד. לאחר מתן תורה נאסר זיווג כזה. כיוון שהכתוב ממוקד בלידת משה, לא נזכרים בו שני הילדים שנולדו להם קודם שנולד משה, (כפי שיתברר להלן ו,כ. ראו ראב״ע).

העולם | **גֹּמֶא** (שם מדעי: Cyperus papyrus), מין קנה הגדל בנהרות. גובהו מגיע עד 4–5 מטרים. השתמשו בו לקליעת סלים, להכנת מחצלות, חבלים וסנדלים ולבניית סירות.

בְּת֥וֹךְ הַסּ֔וּף וַתִּשְׁלַ֥ח אֶת־אֲמָתָ֖הּ וַתִּקָּחֶֽהָ׃ וַתִּפְתַּח֙ ו
וַתִּרְאֵ֣הוּ אֶת־הַיֶּ֔לֶד וְהִנֵּה־נַ֖עַר בֹּכֶ֑ה וַתַּחְמֹ֣ל עָלָ֔יו
וַתֹּ֕אמֶר מִיַּלְדֵ֥י הָֽעִבְרִ֖ים זֶֽה׃ וַתֹּ֣אמֶר אֲחֹתוֹ֮ אֶל־בַּת־ ז
פַּרְעֹה֒ הַאֵלֵ֗ךְ וְקָרָ֤אתִי לָךְ֙ אִשָּׁ֣ה מֵינֶ֔קֶת מִ֖ן הָֽעִבְרִיֹּ֑ת
וְתֵינִ֥ק לָ֖ךְ אֶת־הַיָּֽלֶד׃ וַתֹּֽאמֶר־לָ֥הּ בַּת־פַּרְעֹ֖ה לֵ֑כִי ח
וַתֵּ֙לֶךְ֙ הָֽעַלְמָ֔ה וַתִּקְרָ֖א אֶת־אֵ֥ם הַיָּֽלֶד׃ וַתֹּ֧אמֶר לָ֣הּ ט
בַּת־פַּרְעֹ֗ה הֵילִ֜יכִי אֶת־הַיֶּ֤לֶד הַזֶּה֙ וְהֵינִקִ֣הוּ לִ֔י וַאֲנִ֖י
אֶתֵּ֣ן אֶת־שְׂכָרֵ֑ךְ וַתִּקַּ֧ח הָאִשָּׁ֛ה הַיֶּ֖לֶד וַתְּנִיקֵֽהוּ׃ וַיִּגְדַּ֣ל י

רש"י

כ׳ יח, לט, וְהוּא לְשׁוֹן יָד מַמָּשׁ, שֶׁיַּד הָאָדָם סְמוּכָה לוֹ. וְרַבּוֹתֵינוּ אָמְרוּ, ״הֹלְכֹת״ לְשׁוֹן מִיתָה, הוֹלְכוֹת לָמוּת לְפִי שֶׁמִּחוּ בָּהּ. וְהַכָּתוּב מְסַיְּעָן, כִּי לָמָּה לָנוּ לִכְתֹּב: ״וְנַעֲרֹתֶיהָ הֹלְכֹת״?: **אֶת אֲמָתָהּ.** אֶת שִׁפְחָתָהּ. וְרַבּוֹתֵינוּ דָּרְשׁוּ לְשׁוֹן יָד, אֲבָל לְפִי דִּקְדּוּק לְשׁוֹן הַקֹּדֶשׁ הָיָה לוֹ לְהִנָּקֵד ׳אַמָּתָהּ׳ מֵ״ם דְּגוּשָׁה, וְהֵם דָּרְשׁוּ ״אֶת אֲמָתָהּ״ – אֶת יָדָהּ, וְנִשְׁתַּרְבְּבָה אַמָּתָהּ אַמּוֹת הַרְבֵּה:

ו| **וַתִּפְתַּח וַתִּרְאֵהוּ.** אֶת מִי רָאֲתָה? ״אֶת הַיֶּלֶד״, זֶהוּ פְּשׁוּטוֹ. וּמִדְרָשׁוֹ, שֶׁרָאֲתָה עִמּוֹ שְׁכִינָה: **וְהִנֵּה נַעַר בֹּכֶה.** קוֹלוֹ כְּנַעַר:

ז| **מִן הָעִבְרִיֹּת.** שֶׁהֶחֱזִירַתּוּ עַל מִצְרִיּוֹת הַרְבֵּה לִינֹק וְלֹא יָנַק, לְפִי שֶׁהָיָה עָתִיד לְדַבֵּר עִם הַשְּׁכִינָה:

ח| **וַתֵּלֶךְ הָעַלְמָה.** הָלְכָה בִּזְרִיזוּת וַעֲלָמוּת כְּעֶלֶם:

ט| **הֵילִיכִי.** נִתְנַבְּאָה וְלֹא יָדְעָה מַה נִּתְנַבְּאָה, הֵי שֶׁלִּיכִי:

הרחבות

בת פרעה ומשה לא ידוע בת כמה הייתה בת פרעה, אך מן הסתם הייתה בוגרת דיה. ייתכן שהעניין שגילתה בילד נבע מרחמיה כלפיו. אולי הגיעה לאוזניה השמועה על גזרתו של אביה, אבל כאמור, נראה שלא היה זה חוק גלוי וממשי, אלא ביטוי רצונו של המלך בלבד. אולי דווקא בהיותה בתו של המלך הייתה מנותקת; היא ישבה בארמון בלא לדעת בדיוק מה מתרחש מחוץ לכתליו. בכל זאת הכירה את המציאות מספיק כדי להבחין שהילד הבוכה בתיבה הוא עברי, כפי שיסופר מיד, וכי נשקפת לו סכנה, ומשום כך חמלה עליו. אפשרות אחרת היא שעצם מציאתו

ביאור

חריג, ועל כן – **וַתִּשְׁלַח אֶת אֲמָתָהּ,** המשרתת שלה,[15] **וַתִּקָּחֶהָ** – את התיבה. ו **וַתִּפְתַּח** בת פרעה את התיבה **וַתִּרְאֵהוּ אֶת הַיֶּלֶד** שבתיבה, **וְהִנֵּה נַעַר,** בן קטן[16] **בֹּכֶה,** משום שהיה רעב או מסיבה אחרת. **וַתַּחְמֹל עָלָיו וַתֹּאמֶר: מִיַּלְדֵי הָעִבְרִים זֶה.** אולי שיערה כי אשה מצרית לא הייתה משאירה תינוק במקום כזה, ואולי זיהתה שהוא עברי בשל תווי פניו או צבע עורו.

ז מן הסתם נוצרה מהומה סביב התינוק. אחותו, שעמדה עד כה מרחוק, ראתה את התקהלות הבנות סביב התיבה, והתקרבה אליהן. **וַתֹּאמֶר אֲחֹתוֹ אֶל בַּת פַּרְעֹה: הַאֵלֵךְ וְקָרָאתִי לָךְ אִשָּׁה מֵינֶקֶת מִן הָעִבְרִיֹּת, וְתֵינִק לָךְ אֶת הַיָּלֶד?** כנראה בת פרעה החזיקה את הילד על ידיה, אך לא יכלה להשתיק את בכיו. הוא היה קטן מכדי להזינו באוכל, והיא לא יכלה להיניק אותו. אם רצתה להשאיר עמה את הילד, הרי הייתה צריכה למצוא מינקת. אחותו הציעה מינקת עברייה, לאו דווקא משום שהילד עברי, אלא משום שהעבריות הן כוח עבודה זול, במיוחד לאור העובדה שהרבה ילודים הומתו על ידי המצרים, ועל כן בוודאי ישמחו בעבודה זו.

ח בת פרעה הייתה אדישה לזהותה של המינקת – **וַתֹּאמֶר לָהּ בַּת פַּרְעֹה: לֵכִי.**

וַתֵּלֶךְ הָעַלְמָה הצעירה, שגם אם מזהים אותה עם מרים, לא ידוע ההפרש המדויק בין גילה לבין גיליהם של אחיה. **וַתִּקְרָא אֶת אֵם הַיָּלֶד.** המעשה המתבקש מכל הבחינות, שכן אמו עכשיו מסוגלת להיניק, ובת פרעה אינה מכירה אותה.

ט **וַתֹּאמֶר לָהּ בַּת פַּרְעֹה: הֵילִיכִי,** הוליכי, קחי **אֶת הַיֶּלֶד הַזֶּה, וְהֵינִקִהוּ לִי, וַאֲנִי אֶתֵּן אֶת שְׂכָרֵךְ.** אם הילד קיבלה אותו לידיה, כילד שבת פרעה מעוניינת בו – וכך היה מוגן מגזרת פרעה. היא תטפל בו כמו קודם לכן, ואף תקבל שכר הנקה. **וַתִּקַּח הָאִשָּׁה הַיֶּלֶד וַתְּנִיקֵהוּ.**

הרחבות

של ילד היא שעוררה אותה, בלא קשר למוצאו, והיא חשה כאילו נשלח אליה התינוק משמים באופן מכוון.

בְּנֵי בִּתְיָה בַת פַּרְעֹה מפורטים בפסוק סתום מדברי הימים א' (ד,יח). חכמים זיהו אותה עם בת פרעה, ושיבחו אותה (מגילה יג ע"א). איננו יודעים אם היו לה ילדים נוספים; ואם כן, מה היה יחסה אליהם. גם אם היו לה ילדים אחרים, היא התקשרה במיוחד לילד הזה. בת פרעה חשה שמאחר שהיא זו שגילתה אותו, אליה הוא נשלח. בלי קשר לאישיותו המיוחדת שתתגלה מאוחר יותר, מבחינתה הוא היה ילד פלא מעצם הווייתו.

הַיֶּלֶד וַתְּבִאֵהוּ לְבַת־פַּרְעֹה וַיְהִי־לָהּ לְבֵן וַתִּקְרָא שְׁמוֹ
שלישי מֹשֶׁה וַתֹּאמֶר כִּי מִן־הַמַּיִם מְשִׁיתִהוּ: וַיְהִי | בַּיָּמִים יא
הָהֵם וַיִּגְדַּל מֹשֶׁה וַיֵּצֵא אֶל־אֶחָיו וַיַּרְא בְּסִבְלֹתָם וַיַּרְא
אִישׁ מִצְרִי מַכֶּה אִישׁ־עִבְרִי מֵאֶחָיו: וַיִּפֶן כֹּה וָכֹה יב
וַיַּרְא כִּי אֵין אִישׁ וַיַּךְ אֶת־הַמִּצְרִי וַיִּטְמְנֵהוּ בַּחוֹל:
וַיֵּצֵא בַּיּוֹם הַשֵּׁנִי וְהִנֵּה שְׁנֵי־אֲנָשִׁים עִבְרִים נִצִּים יג

רש"י

י | **מְשִׁיתִהוּ.** "שְׁלִתִיהּ", הוּא לְשׁוֹן הוֹצָאָה בִּלְשׁוֹן אֲרַמִּי: "כְּמִשְׁחַל בִּינִיתָא מֵחֲלָבָא" (ברכות ח ע"א). וּבִלְשׁוֹן עִבְרִי "מְשִׁיתִהוּ" לְשׁוֹן הֲסִירוֹתִיו, כְּמוֹ: "לֹא יָמוּשׁ" (יהושע א, ח), "לֹא מָשׁוּ" (במדבר יד, מד); כָּךְ חִבְּרוֹ מְנַחֵם. וַאֲנִי אוֹמֵר שֶׁאֵינוֹ מִמַּחְבֶּרֶת מָשׁ וְיָמוּשׁ, אֶלָּא מִגִּזְרַת מָשָׁה, וּלְשׁוֹן הוֹצָאָה הוּא; וְכֵן: "יַמְשֵׁנִי מִמַּיִם רַבִּים" (שמואל ב' כב, יז). שֶׁאִלּוּ הָיָה מִמַּחְבֶּרֶת מָשׁ, לֹא יִתָּכֵן לוֹמַר 'מְשִׁיתִיהוּ', אֶלָּא 'הֲמִישׁוֹתִיהוּ', כַּאֲשֶׁר יֵאָמֵר מִן קָם 'הֲקִימוֹתִי', וּמִן שָׁב 'הֲשִׁיבוֹתִי', וּמִן בָּא 'הֲבִיאוֹתִי'; אוֹ 'מַשְׁתִּיהוּ', כְּמוֹ: "וּמַשְׁתִּי אֶת עֲוֹן הָאָרֶץ" (זכריה ג, ט). אֲבָל 'מָשִׁיתִי' אֵינוֹ אֶלָּא מִגִּזְרַת תֵּבָה שֶׁפֹּעַל שֶׁלָּהּ מְיֻסָּד בְּהֵ"א בְּסוֹף הַתֵּבָה, כְּגוֹן: מָשָׁה, בָּנָה, עָשָׂה, צִוָּה, פָּנָה, כְּשֶׁיָּבוֹא לוֹמַר בָּהֶם פָּעַלְתִּי תָּבֹא הַיּוּ"ד בִּמְקוֹם הֵ"א, כְּמוֹ: עָשִׂיתִי, בָּנִיתִי, פָּנִיתִי, צִוִּיתִי:

יא | **וַיִּגְדַּל מֹשֶׁה.** וַהֲלֹא כְּבָר כָּתַב (לעיל פסוק י) "וַיִּגְדַּל הַיֶּלֶד"? אָמַר רַבִּי יְהוּדָה בְּרַבִּי אִלְעַאי, הָרִאשׁוֹן לְקוֹמָה וְהַשֵּׁנִי לִגְדֻלָּה, שֶׁמִּנָּהוּ פַּרְעֹה עַל בֵּיתוֹ: **וַיַּרְא בְּסִבְלֹתָם.** נָתַן עֵינָיו וְלִבּוֹ לִהְיוֹת מֵצֵר עֲלֵיהֶם: **אִישׁ מִצְרִי.** נוֹגֵשׂ הָיָה, מְמֻנֶּה עַל שׁוֹטְרֵי יִשְׂרָאֵל, וְהָיָה מַעֲמִידָם מִקְּרוֹת הַגֶּבֶר לִמְלַאכְתָּם: **מַכֶּה אִישׁ עִבְרִי.** מַלְקֵהוּ וְרוֹדֵהוּ; וּבַעְלָהּ שֶׁל שְׁלוֹמִית בַּת דִּבְרִי הָיָה, וְנָתַן עֵינָיו בָּהּ, וּבַלַּיְלָה הֶעֱמִידוֹ וְהוֹצִיאוֹ מִבֵּיתוֹ וְהוּא חָזַר וְנִכְנַס לַבַּיִת וּבָא עַל אִשְׁתּוֹ, כִּסְבוּרָה שֶׁהוּא בַּעְלָהּ. וְחָזַר הָאִישׁ לְבֵיתוֹ וְהִרְגִּישׁ בַּדָּבָר, וּכְשֶׁרָאָה אוֹתוֹ מִצְרִי שֶׁהִרְגִּישׁ בַּדָּבָר הָיָה מַכֵּהוּ וְרוֹדֵהוּ כָּל הַיּוֹם:

יב | **וַיִּפֶן כֹּה וָכֹה.** רָאָה מֶה עָשָׂה לוֹ בַּבַּיִת וּמֶה עָשָׂה לוֹ בַּשָּׂדֶה. וּלְפִי פְשׁוּטוֹ כְּמַשְׁמָעוֹ: **וַיַּרְא כִּי אֵין אִישׁ.** עָתִיד לָצֵאת מִמֶּנּוּ שֶׁיִּתְגַּיֵּר:

יג | **שְׁנֵי אֲנָשִׁים עִבְרִים.** דָּתָן וַאֲבִירָם, הֵם

הרחבות

'ותקרא שמו משה ותאמר כי מן המים משיתהו' מן הסתם בלידתו ניתן למשה שם אחר, (ראו מגילה יג ע"א), אך במשך חייו נקרא בשם שנתנה לו בת פרעה. (ראו מגילה יג ע"א; ויקרא רבה א,ג).

תמוה שבת פרעה קראה לילד בשם עברי, ומעבר לכך – שאף מדרש השם שאמרה היה על דרך העברית: מֹשֶׁה... כִּי מִן הַמַּיִם מְשִׁיתִהוּ. על כן היו שאמרו כי השם משה אינו אלא צורה עברית של שם מצרי שפירושו מים, או שבת פרעה קראה לו בשם ששורשו היה 'משה', ושמשמעו במצרית 'ילד המים' או 'זרע היאור', כלומר בנם של מי היאור, שהיו מקודשים בעיני המצרים ושהיו מקור חייהם. נראה שמשחק המלים בעברית דומה, אלא שבעברית הוא מתייחס למלה מְשִׁיתִהוּ, ואילו במקור המצרי, קראה לו בת פרעה על שם המים – כִּי מִן הַמַּיִם מְשִׁיתִהוּ.

'ויגדל משה ויצא אל אחיו' באופן פרדוקסלי מלך מצרים, שביקש להשמיד את כל ילדי

ביאור

י וַיִּגְדַּל הַיֶּלֶד, וכשנגמל יכלה גם אשה שאינה מינקת לטפל
בו – וַתְּבִאֵהוּ לְבַת פַּרְעֹה, וַיְהִי לָהּ הילד הזה לְבֵן. היא התקשרה
אליו ואימצה אותו. וַתִּקְרָא שְׁמוֹ מֹשֶׁה, וַתֹּאמֶר, והסבירה את השם:
כִּי מִן הַמַּיִם מְשִׁיתִהוּ.

אף על פי שמשה גדל אצל בת פרעה, כבן האצולה המצרית הגבוהה,
הוא ידע שמוצאו עברי. יא וַיְהִי בַּיָּמִים הָהֵם וַיִּגְדַּל מֹשֶׁה, כנראה
בשנות העשרה שלו,[17] וַיֵּצֵא אֶל אֶחָיו, מתוך סקרנות ומתוך הזדהות,
שכן ביקש להכיר את קבוצת המוצא שלו, העברים, שמפאת מעמדם
הנחות לא הגיעו לחצרו של מלך מצרים. וַיַּרְא בְּסִבְלֹתָם. בסבל
שסבלו. וַיַּרְא אִישׁ מִצְרִי מַכֶּה אִישׁ עִבְרִי מֵאֶחָיו העבריים, שעתה
משה הזדהה עמם. יב וַיִּפֶן כֹּה וָכֹה, משה פנה לכאן ולכאן, וַיַּרְא
כִּי אֵין אִישׁ. המקום נראה לו מבודד – אם כי כנראה לא בדק היטב,
כמו שנראה להלן – וַיַּךְ אֶת הַמִּצְרִי, והרג אותו בדרך נס או הודות
לחוסן רוחו וגופו.[18] לאחר מכן – וַיִּטְמְנֵהוּ, קבר אותו בַּחוֹל, וחשב
שבכך נגמר העניין.

יג משה חזר הביתה – וַיֵּצֵא שוב בַּיּוֹם הַשֵּׁנִי אל אחיו, שאותם עדיין
לא הכיר היטב, אלא רק חש כי הם משפחתו. וְהִנֵּה שְׁנֵי אֲנָשִׁים
עִבְרִים נִצִּים, מתקוטטים. כנראה הם לא רק העליבו זה את זה;

הרחבות

העברים, הוא שגידל בביתו שלו ילד עברי. הילד, שגדל בארמון כאחד מבני המשפחה, לא ידע בבהירות לאיזו משפחה השתייך. אולי זכר דבר-מה עמום, אך יש להניח שכשאמו גידלה אותו, ואף מאוחר יותר, אם הצליחה לשמור אתו על קשר בהיותו בבית פרעה, היא לא סיפרה לו שהוא בנה. את זהותו המדויקת עליו לגלות בעצמו. במובן זה עבר משה את מה שעובר כל נער מתבגר – אבל בצורה דרמטית הרבה יותר: היה עליו למצוא את זהותו ולברר את השתייכותו.

כדרכו של הסיפור המקראי, בלא תיאורים רגשיים החושפים ישירות את חוויותיו של משה, עולה מן העלילה שלמרות שמשה גדל בין המצרים ובתוך בית המלך, הוא חש קשור אל אחיו שבחוץ. אף שלא הכירם ובקושי ידע לדבר בשפתם – מלבד אולי זיכרונות עמומים של הלשון הזאת מתקופת ינקותו – הרגיש שאלה הם אחיו.

'איש מצרי מכה איש עברי' לפי אחד המדרשים, הכאה זו באה לאחר שהמצרי אנס את אשתו של אותו עברי. (ראו שמות רבה א,כח; רש"י על אתר). לאמתו של דבר, אין צורך בחיפוש אחר סיבות מסוימות להתעללותו של מצרי בעברי שהרי העברים היו משועבדים, והמצרים חשו חופשיים להתעלל בהם כרצונם. על כן האיש העברי לא ניסה להתגונן.

'ויך את המצרי ויטמנהו בחול' מעשהו של משה אופייני לדמותו. כיוון שגדל בבית המלך, חש שהסמכות בידו. ומעבר לכך, הוא נחן ברגישות עמוקה לצדק. שנאתו לעוול, שתחזור ותתגלה גם בהמשך חייו, באה כאן לביטויה הראשון: ההתעללות השרירותית עוררה את כעסו, ומתוך כך פעל. עם זאת, משה לא נהג בפזיזות. הוא ידע שהכאת איש עברי אינה יכולה להוות עילה לתביעה משפטית במצרים, ועל כן נזהר והתאמץ להסתיר מעשיו.

יד וַיֹּאמֶר לָרָשָׁע לָמָּה תַכֶּה רֵעֶךָ׃ וַיֹּאמֶר מִי שָׂמְךָ לְאִישׁ
שַׂר וְשֹׁפֵט עָלֵינוּ הַלְהָרְגֵנִי אַתָּה אֹמֵר כַּאֲשֶׁר הָרַגְתָּ
אֶת־הַמִּצְרִי וַיִּירָא מֹשֶׁה וַיֹּאמַר אָכֵן נוֹדַע הַדָּבָר׃
טו וַיִּשְׁמַע פַּרְעֹה אֶת־הַדָּבָר הַזֶּה וַיְבַקֵּשׁ לַהֲרֹג אֶת־
מֹשֶׁה וַיִּבְרַח מֹשֶׁה מִפְּנֵי פַרְעֹה וַיֵּשֶׁב בְּאֶרֶץ־מִדְיָן
טז וַיֵּשֶׁב עַל־הַבְּאֵר׃ וּלְכֹהֵן מִדְיָן שֶׁבַע בָּנוֹת וַתָּבֹאנָה

רש"י

שֶׁהוֹתִירוּ מִן הַמָּן: **נִצִּים.** מְרִיבִים: **לָמָּה תַכֶּה.** אַף עַל פִּי שֶׁלֹּא הִכָּהוּ נִקְרָא רָשָׁע בַּהֲרָמַת יָד: **רֵעֶךָ.** רָשָׁע כְּמוֹתְךָ:

יד **מִי שָׂמְךָ לְאִישׁ.** וַהֲרֵי עוֹדְךָ נַעַר: **הַלְהָרְגֵנִי אַתָּה אֹמֵר.** מִכָּאן אָנוּ לְמֵדִים שֶׁהֲרָגוֹ בַּשֵּׁם הַמְּפֹרָשׁ: **וַיִּירָא מֹשֶׁה.** כִּפְשׁוּטוֹ. וּמִדְרָשׁוֹ, דָּאַג לוֹ עַל שֶׁרָאָה בְּיִשְׂרָאֵל רְשָׁעִים דֵּילָטוֹרִין, אָמַר: מֵעַתָּה שֶׁמָּא אֵינָם רְאוּיִין לְהִגָּאֵל: **אָכֵן נוֹדַע הַדָּבָר.** כְּמַשְׁמָעוֹ. וּמִדְרָשׁוֹ, נוֹדַע לִי הַדָּבָר שֶׁהָיִיתִי תָּמֵהַּ עָלָיו, מֶה חָטְאוּ יִשְׂרָאֵל מִכָּל שִׁבְעִים אֻמּוֹת לִהְיוֹת נִרְדִּים בַּעֲבוֹדַת פֶּרֶךְ, אֲבָל רוֹאֶה אֲנִי שֶׁהֵם רְאוּיִים לְכָךְ:

טו **וַיִּשְׁמַע פַּרְעֹה.** הֵם הִלְשִׁינוּ עָלָיו: **וַיְבַקֵּשׁ לַהֲרֹג אֶת מֹשֶׁה.** מְסָרוֹ לְקוֹסְטִינָר לְהָרְגוֹ, וְלֹא שָׁלְטָה בּוֹ הַחֶרֶב, הוּא שֶׁאָמַר מֹשֶׁה: "וַיַּצִּלֵנִי מֵחֶרֶב פַּרְעֹה" (להלן יח, ד): **וַיֵּשֶׁב עַל הַבְּאֵר.** לָמַד מִיַּעֲקֹב שֶׁנִּזְדַּוֵּג לוֹ זִוּוּגוֹ מִן הַבְּאֵר:

טז **וּלְכֹהֵן מִדְיָן.** רַב שֶׁבָּהֶן, וּפֵרַשׁ לוֹ מֵעֲבוֹדָה זָרָה וְנִדּוּהוּ מֵאֶצְלָם: **אֶת**

הרחבות

'ויירא משה ויאמר אכן נודע הדבר' משה פנה כה וכה ולא ראה אדם, אך ייתכן שבסביבה נכחו אנשים נוספים, אלא שכאשר ראו את המצרי מכה את העברי, התחבאו וצפו במתרחש ממקום מחבואם. לחלופין, עד אחד לאירוע בוודאי נשאר – העברי המוכה. אדם זה נותר אולי פצוע, אך יצא חי מן התקרית. אפשר שהוא שסיפר עליה לאחרים. (ראו עקדת יצחק ואברבנאל). מן הסתם מתוך כוונות טובות דיווח בהתרגשות על הנס שאירע לו כשהופיע העברי–המצרי מחצר המלך והרג את המצרי שהתנפל עליו. סביר שבקרב העבדים המוכים וחסרי ההגנה התפשט הסיפור בקלות ובמהירות, וכך הגיע אל העברי המכה. ברם, בפיו של אדם אלים זה כבר לא התלווה אל הסיפור כל רגש של התפעלות, הערצה או כבוד כלפי משה.

ואולי משה ירא משום שנודע לו דבר אחר: אם ביום הראשון הציל איש מאחיו שהיה מדוכא ומוכה על ידי מצרי אלים, הרי שעתה עמד מול תגרה בין שני עברים.

ביאור

לפחות אחד מהם הכה את חברו, **וַיֹּאמֶר לָרָשָׁע**, למכֶּה, למתנפל: **לָמָּה תַכֶּה רֵעֶךָ**?!

יד **וַיֹּאמֶר** המכֶּה: **מִי שָׂמְךָ**, מינה אותך **לְאִישׁ שַׂר וְשֹׁפֵט עָלֵינוּ**, שאתה מוצא לנכון לשפוט אותי?! מכיוון שאין לך שררה ומעמד של שופט – מה אתה יכול לעשות לי?! אכן, אני מודע לכוחך – **הַלְהָרְגֵנִי אַתָּה אֹמֵר**, מתכוון, **כַּאֲשֶׁר הָרַגְתָּ אֶת הַמִּצְרִי**?!

וַיִּירָא מֹשֶׁה וַיֹּאמַר: אָכֵן נוֹדַע הַדָּבָר. משה חשש מפני שידע שלא נהג לפי החוק, ונדמה היה לו שאיש לא ראה את מעשיו, והנה מתברר שהדבר נודע.

טו **וַיִּשְׁמַע פַּרְעֹה אֶת הַדָּבָר הַזֶּה.** אותו עברי אולי הפסיק להכות את רעהו, אך לא שתק, ודבר המעשה הגיע לאוזני פרעה. לא ידוע כיצד התייחס פרעה לאסופי שהביאה בתו אל ביתו. ייתכן שהיה סובלני כלפיו, כסובלנותו של הורה כלפי גור חתולים שמביא ילדו מן השוק. על כן כששמע שהילד שגידל בביתו, הסתבך בעניינים כאלו – **וַיְבַקֵּשׁ לַהֲרֹג אֶת מֹשֶׁה.** הוא ביקש להשמידו, כפי שאולי היה הורה מגיב כלפי חיית המחמד של בנו לאחר שהתברר כי החלה להזיק לסביבתה. **וַיִּבְרַח מֹשֶׁה מִפְּנֵי פַרְעֹה, וַיֵּשֶׁב בְּאֶרֶץ מִדְיָן**, השוכנת במדבריות חצי–האי ערב, כנען או עבר הירדן הדרומי. כיוון שהיה זר גמור במקום – **וַיֵּשֶׁב עַל הַבְּאֵר**, שהיא מקום מפגש לא פורמלי.

טז **וּלְכֹהֵן** הדת של **מִדְיָן שֶׁבַע בָּנוֹת**, שהיו רועות את צאנו, מכיוון שלא

העולם

אֶרֶץ מִדְיָן אין זיהוי ודאי לגבי תחומה. היו ששיערו שכללה את כל דרום הנגב, מצפון לאילת ואת הרכסים שממזרח לערבה. אחרים זיהו אותה עם אזור צפון חיג'אז, שבו שכנה עיר ששמה מדין (כיום אלבדע, כ–120 ק"מ מדרום לאילת).

הרחבות

עתה התחוור למשה שגם העברים עצמם אינם חפים מאלימות ומפשע. לא פשוט לו להיווכח בפנים הללו של אחיו. ביתר שאת יכול היה ללמוד זאת מהדברים שהפנה אליו האיש המכה. אפשר שלשאלתו: הַלְהָרְגֵנִי אַתָּה אֹמֵר כַּאֲשֶׁר הָרַגְתָּ אֶת הַמִּצְרִי, נלווה גם איום מרומז: אותי לא תוכל להרוג כך. יש מי שרואה את מעשיך, והוא ידאג לטפל בך. (ראו שמות רבה א,ל).

'וישב בארץ מדין' המדיינים היו שבטים נוודים שעסקו במסחר. הם חיו באזורים מסוימים ביישוב קבוע למחצה, מזרחה לארץ כנען. כשמשה נמלט מהשלטונות המצריים, הוא ברח אל נוודי המדבר, שאצלם לא ניתן משקל רב לחוק – לא לצווי השלטון שלהם, ובוודאי שלא לפקודות מטעם מדינות אחרות.

נראה כי בין בריחתו של משה ממצרים עד לבואו למדין עבר זמן רב. במקורות שונים מופיעים סיפורים אגדיים בדבר קורותיו של משה במשך כל הימים הללו.

וַתִּדְלֶנָה וַתְּמַלֶּאנָה אֶת־הָרְהָטִים לְהַשְׁקוֹת צֹאן
יז אֲבִיהֶן: וַיָּבֹאוּ הָרֹעִים וַיְגָרְשׁוּם וַיָּקָם מֹשֶׁה וַיּוֹשִׁעָן
יח וַיַּשְׁקְ אֶת־צֹאנָם: וַתָּבֹאנָה אֶל־רְעוּאֵל אֲבִיהֶן וַיֹּאמֶר
יט מַדּוּעַ מִהַרְתֶּן בֹּא הַיּוֹם: וַתֹּאמַרְןָ אִישׁ מִצְרִי הִצִּילָנוּ
מִיַּד הָרֹעִים וְגַם־דָּלֹה דָלָה לָנוּ וַיַּשְׁקְ אֶת־הַצֹּאן:
כ וַיֹּאמֶר אֶל־בְּנֹתָיו וְאַיּוֹ לָמָּה זֶּה עֲזַבְתֶּן אֶת־הָאִישׁ
כא קִרְאֶןָ לוֹ וְיֹאכַל לָחֶם: וַיּוֹאֶל מֹשֶׁה לָשֶׁבֶת אֶת־הָאִישׁ
כב וַיִּתֵּן אֶת־צִפֹּרָה בִתּוֹ לְמֹשֶׁה: וַתֵּלֶד בֵּן וַיִּקְרָא אֶת־
שְׁמוֹ גֵּרְשֹׁם כִּי אָמַר גֵּר הָיִיתִי בְּאֶרֶץ נָכְרִיָּה:

רש״י

הָרְהָטִים. אֶת בְּרֵכוֹת מְרוּצוֹת הַמַּיִם הָעֲשׂוּיוֹת בָּאָרֶץ:

יז| וַיְגָרְשׁוּם. מִפְּנֵי הַנִּדּוּי:

כ| לָמָּה זֶּה עֲזַבְתֶּן. הִכִּיר בּוֹ שֶׁהוּא מִזַּרְעוֹ שֶׁל יַעֲקֹב, שֶׁהַמַּיִם עוֹלִים לִקְרָאתוֹ: וְיֹאכַל לָחֶם. שֶׁמָּא יִשָּׂא אַחַת מִכֶּם; כְּמָה דְּאַתְּ אָמַר: "כִּי אִם הַלֶּחֶם אֲשֶׁר הוּא אוֹכֵל" (בראשית לט, ו):

כא| וַיּוֹאֶל. כְּתַרְגּוּמוֹ. וְדוֹמֶה לוֹ: "הוֹאֶל נָא וְלִין" (שופטים יט, ו), "וְלוּ הוֹאַלְנוּ" (יהושע ז, ז), "הוֹאַלְתִּי לְדַבֵּר" (בראשית יח, לא). וּמִדְרָשׁוֹ, לְשׁוֹן אָלָה, נִשְׁבַּע לוֹ שֶׁלֹּא יָזוּז מִמִּדְיָן כִּי אִם בִּרְשׁוּתוֹ:

רהט

הרחבות

רעואל היו שזיהו אותו עם יתרו, שיופיע להלן כחותן משה וככהן מדין. (ראו להלן ג,א; ד,יח; מכילתא יתרו א; שמות רבה א,לב). לפי זיהוי זה, השמות השונים הולמים תקופות שונות בחייו. אמנם השם רעואל נשמע עברי, אך אין בכך כדי לרמוז על מוצא שמו בהכרח; כיוון שהמדיינים הם מצאצאי אברהם אבינו (ראו בראשית כה,ב), קיים דמיון בין שמותיהם לשמות בני משפחת יעקב. (ראו בראשית כה,ד). אחרים פירשו כי רעואל היה אביו של יתרו, כלומר סבן של הרועות הללו. (ראו יונתן, ראב״ע, רמב״ן ורשב״ם. ובעניין זה אמרו בספרי בהעלותך

ביאור

היה עשיר, **וַתָּבֹאנָה וַתִּדְלֶנָה** מים מן הבאר **וַתְּמַלֶּאנָה אֶת הָרְהָטִים,** השקתות שמהן הצאן שותה, **לְהַשְׁקוֹת צֹאן אֲבִיהֶן.**

יז **וַיָּבֹאוּ הָרֹעִים וַיְגָרְשׁוּם. וַיָּקָם מֹשֶׁה וַיּוֹשִׁעָן.** שוב התגלתה רגישותו הגבוהה של משה כלפי עוול. למרות שלא הכיר את הבנות הללו כלל, הגיב לעוולה שנעשתה לעיניו.[19] ולא רק הושיע אותן, אלא גם – **וַיַּשְׁקְ אֶת צֹאנָם.** חרף היותו זר גמור השתדל לסייע ככל שהיה יכול.

יח הבנות הללו לא ניהלו שיחה ארוכה עם משה – **וַתָּבֹאנָה אֶל רְעוּאֵל אֲבִיהֶן.**

וַיֹּאמֶר: מַדּוּעַ מִהַרְתֶּן בֹּא הַיּוֹם? משאלתו ניכר כי גירוש הבנות בידי הרועים לא היה מאורע חד-פעמי. בדרך כלל היו מאחרות לשוב לביתן, משום שהיו ממתינות עד לאחר שהרועים השקו את צאנם. אביהן כנראה לא יכול היה לעשות הרבה למענן.

יט **וַתֹּאמַרְןָ: אִישׁ מִצְרִי.** כנראה דיבר אתן מצרית או שהיה לבוש בבגדים מצריים. בתור מדייניות, לא יכלו לעמוד על ההבדלים הדקים בינו לבין מי שנולד לעם המצרי. מכל מקום האיש הזר **הִצִּילָנוּ מִיַּד הָרֹעִים,** ויתר על כן, **גַם דָּלֹה דָלָה לָנוּ, וַיַּשְׁקְ אֶת הַצֹּאן.**

כ **וַיֹּאמֶר** רעואל **אֶל בְּנֹתָיו: וְאַיּוֹ?** היכן הוא? לאחר שהזר נלחם בעבורכן וסייע לכן בהשקיית הצאן, **לָמָּה זֶּה עֲזַבְתֶּן אֶת הָאִישׁ?! קִרְאֶן לוֹ וְיֹאכַל לָחֶם.** בוודאי הוא ממתין ליד הבאר לפתוח בשיחה עם אדם. לפחות הזמינו אותו לאכול עמנו.

כא **וַיּוֹאֶל,** החליט[20] או רצה,[21] **מֹשֶׁה לָשֶׁבֶת אֶת,** עם **הָאִישׁ,** שהרי
קיבלו אותו יפה, ואולי גם משום אישיותם של המארחים.[22] מסתבר
שהיו למארח גם סיבות נוספות לקבלת משה – **וַיִּתֵּן אֶת צִפֹּרָה בִתּוֹ**
לְמֹשֶׁה. כב **וַתֵּלֶד בֵּן, וַיִּקְרָא אֶת שְׁמוֹ גֵּרְשֹׁם כִּי אָמַר: גֵּר הָיִיתִי בְּאֶרֶץ**
נָכְרִיָּה – כלומר גר שָׁם.[23]

הרחבות

כ: "מלמד שהתינוקות קוראים לאבי אביהן אבא").

היו ששיערו שרעואל כהן מדין היה גם מנהיג פוליטי, אך מן המסופר בפסוק יז נראה שמעמדו בקהילה לא היה תקיף. חכמים שיערו כי אמונותיו חרגו מן המקובל בקהילתו, או שחדל להיות כהן משום שפקפק באמונה הרווחת. (ראו שמות רבה א,לב; רש"י על אתר). כהן כזה לא היה רצוי במקום מגוריו. במקום להתפרנס מן הכהונה, התפרנס עתה מצאנו, כשאר הנוודים. (ראו חזקוני).

כג וַיְהִי בַיָּמִים הָרַבִּים הָהֵם וַיָּמָת מֶלֶךְ מִצְרַיִם וַיֵּאָנְחוּ
בְנֵי־יִשְׂרָאֵל מִן־הָעֲבֹדָה וַיִּזְעָקוּ וַתַּעַל שַׁוְעָתָם
כד אֶל־הָאֱלֹהִים מִן־הָעֲבֹדָה: וַיִּשְׁמַע אֱלֹהִים אֶת־
נַאֲקָתָם וַיִּזְכֹּר אֱלֹהִים אֶת־בְּרִיתוֹ אֶת־אַבְרָהָם אֶת־
כה יִצְחָק וְאֶת־יַעֲקֹב: וַיַּרְא אֱלֹהִים אֶת־בְּנֵי יִשְׂרָאֵל
רביעי ב וַיֵּדַע אֱלֹהִים: ג א וּמֹשֶׁה הָיָה רֹעֶה אֶת־צֹאן
יִתְרוֹ חֹתְנוֹ כֹּהֵן מִדְיָן וַיִּנְהַג אֶת־הַצֹּאן אַחַר הַמִּדְבָּר
ב וַיָּבֹא אֶל־הַר הָאֱלֹהִים חֹרֵבָה: וַיֵּרָא מַלְאַךְ יהוה

רש"י

כג| **וַיָּמָת מֶלֶךְ מִצְרַיִם.** נִצְטָרַע, וְהָיָה שׁוֹחֵט תִּינוֹקוֹת יִשְׂרָאֵל וְרוֹחֵץ בְּדָמָם:

כד| **נַאֲקָתָם.** צַעֲקָתָם, וְכֵן: "מֵעִיר מְתִים יִנְאָקוּ" (איוב כד, יב): **אֶת בְּרִיתוֹ אֶת אַבְרָהָם.** עִם אַבְרָהָם:

כה| **וַיֵּדַע אֱלֹהִים.** נָתַן עֲלֵיהֶם לֵב וְלֹא הֶעֱלִים עֵינָיו:

פרק ג

א| **אַחַר הַמִּדְבָּר.** לְהִתְרַחֵק מִן הַגָּזֵל שֶׁלֹּא יִרְעוּ בִּשְׂדוֹת אֲחֵרִים: **אֶל הַר הָאֱלֹהִים.** עַל שֵׁם הֶעָתִיד:

הרחבות

'וימת מלך מצרים ויאנחו... ויזעקו ותעל שַׁוְעתם' כל עוד המלך חי בני ישראל עבדו בפרך והוכו, אך היו נתונים בתוך סדר מסוים. היו במצרים שופטים והיו שוטרים שחלקם היו עבריים, כך שהייתה לבני ישראל אוטונומיה מסוימת, והם השלימו עם חייהם הקשים. עם מותו של המלך עברו הצרות את גבול הסבל שלהם, ולראשונה החלו לבכות ולהתפלל. צעקתם זו היא שהיפכה את המצב.

'וינהג את הצאן אחר המדבר' מִדְבָּר אינו זהה לציה או לישימון. בשל טיב אדמתו וכמות המשקעים היורדים בו אין המדבר מתאים לגידולים חקלאיים, אך בכל זאת יש בו לאחר הגשמים מרעה רב. אחת ממשמעויותיו של השורש ד,ב,ר היא הובלה והנהגה. (המלים וַיִּנְהַג אֶת הַצֹּאן מתורגמות בתרגום המיוחס ליונתן – וּדְבַר יַת עָנָא. ראו גם ראב"ע ורד"ק תהלים מז,ד). משמעותו המילולית של מִדְבָּר היא אפוא המקום שאליו מוליכים את הצאן לרעות (ראו מלבי"ם ביאור המלים הושע ב,ה ותהלים ח,מ).

'הר האלהים חֹרבה' ייתכן ששני כינוייו של הר סיני – הַר הָאֱלֹהִים וחֹרֵב – ניתנו לו רק מאוחר יותר. (ראו שמות רבה ב,ד; רש"י על אתר. אכן ביחס לשם 'חורב' אין הדבר מוסכם. ראו פרקי דרבי אליעזר מא וראב"ע על אתר; שו"ת ר' אברהם בן הרמב"ם, לו). משה הגיע להר כלשהו, שלא היה בולט במיוחד. עמים שונים מציירים את הר סיני כהר גבוה מאוד ומזהים אותו עם הרים הבולטים בגובהם. אולם מסורת חכמינו מתארת אותו כהר נמוך ביותר, כהתנשאות כלשהי של האדמה, שבקושי עשויה להיקרא הר (במדבר רבה יג,ג). אף מן הסיפור הזה נראה כי מדובר בגבעה שהצאן יכול לרעות בה.

זעקת ישראל מעוררת גאולה

פרק ב פס׳ כג–כה

משה ברח ממצרים כאשר היה צעיר, והוא ישוב אליה בצו ה׳ כאדם בוגר. מלבד ההתרחשות על הבאר במדין ונשיאת צפורה לאשה, אין המקרא מספר על חייו ונדודיו של משה בפרק הזמן הארוך שעבר.

פסוקים בודדים מייחדת התורה להחמרת מצבם של אחיו במצרים. עניין קצר זה מפרט את קולות הכאב של בני ישראל, שבעקבותיהם מתעוררת הגאולה שמשה יישלח לקדם בעניין שלאחריו.

ביאור

כג **וַיְהִי בַיָּמִים הָרַבִּים הָהֵם וַיָּמָת מֶלֶךְ מִצְרַיִם**, כנראה המלך שבתו
גידלה את משה. כיוון שהעבודה נעשתה מטעם המלכות ולצרכיה,
מותו של המלך היה יכול לעורר אצל העברים תקווה לרווחה
כלשהי, אך אירע ההיפך[24] - **וַיֵּאָנְחוּ בְנֵי יִשְׂרָאֵל מִן הָעֲבֹדָה, וַיִּזְעָקוּ
וַתַּעַל שַׁוְעָתָם**, צעקתם **אֶל הָאֱלֹהִים מִן הָעֲבֹדָה.**

כד **וַיִּשְׁמַע אֱלֹהִים אֶת נַאֲקָתָם**, אנחתם, **וַיִּזְכֹּר אֱלֹהִים אֶת בְּרִיתוֹ אֶת**,
עם **אַבְרָהָם אֶת יִצְחָק וְאֶת יַעֲקֹב**, אבותיהם. כה **וַיַּרְא אֱלֹהִים אֶת
בְּנֵי יִשְׂרָאֵל, וַיֵּדַע אֱלֹהִים**, התקשר והתקרב אליהם.[25]

ההתגלות בסנה

פרק ג – פרק ד פס׳ יז

משה, אשר גדל בבית מלך מצרים, ושלפי אגדות מסוימות הספיק אף למלוך במדינות אחרות, נשא רועָה והפך לרועה צאן. בהיותו מבודד מאדם במדבר זכה להתגלות האלוקית הראשונה ובה נקרא לצאת מיחידותו ולשוב אל עמו. והפעם – לא יְצפה בסבלותם בלבד, אלא יהיה מנהיגם ומושיעם. הוא ישוב למצרים לא כאדם פרטי, ואף לא כשליח אישי אל פרעה; עליו לייצג את עמו כדי להוציאם ממצרים. דרכו של העם אל חרותו ארוכה. דרך נפתלת זו מיועדת, בין היתר, להראות את כוחו של אלוקים בפני העמים.

פרק ג א **וּמֹשֶׁה הָיָה רֹעֶה אֶת צֹאן יִתְרוֹ חֹתְנוֹ כֹּהֵן מִדְיָן**. נראה
שהעיסוק ברעיית צאן מצא חן בעיניו שכן הוא אִפשר לו להגות
במחשבותיו, להתפלל ולדבוק באלוקיו. **וַיִּנְהַג אֶת הַצֹּאן אַחַר הַמִּדְבָּר**,
משום שהמדבר הוא שטח הפקר, וכך לא יפגע הצאן ברכושו של
איש; ועוד, במדבר לא צפויים אויבים. בתוך הילוכו שם - **וַיָּבֹא אֶל
הַר הָאֱלֹהִים חֹרֵבָה**, לחורב. ב **וַיֵּרָא מַלְאַךְ ה׳ אֵלָיו בְּלַבַּת**, בלהבת

אֵלָיו בְּלַבַּת־אֵשׁ מִתּוֹךְ הַסְּנֶה וַיַּרְא וְהִנֵּה הַסְּנֶה
בֹּעֵר בָּאֵשׁ וְהַסְּנֶה אֵינֶנּוּ אֻכָּל׃ וַיֹּאמֶר מֹשֶׁה אָסֻרָה־ ג
נָּא וְאֶרְאֶה אֶת־הַמַּרְאֶה הַגָּדֹל הַזֶּה מַדּוּעַ לֹא־
יִבְעַר הַסְּנֶה׃ וַיַּרְא יְהוָה כִּי סָר לִרְאוֹת וַיִּקְרָא אֵלָיו ד
אֱלֹהִים מִתּוֹךְ הַסְּנֶה וַיֹּאמֶר מֹשֶׁה מֹשֶׁה וַיֹּאמֶר הִנֵּנִי׃
וַיֹּאמֶר אַל־תִּקְרַב הֲלֹם שַׁל־נְעָלֶיךָ מֵעַל רַגְלֶיךָ כִּי ה
הַמָּקוֹם אֲשֶׁר אַתָּה עוֹמֵד עָלָיו אַדְמַת־קֹדֶשׁ הוּא׃
וַיֹּאמֶר אָנֹכִי אֱלֹהֵי אָבִיךָ אֱלֹהֵי אַבְרָהָם אֱלֹהֵי יִצְחָק ו
וֵאלֹהֵי יַעֲקֹב וַיַּסְתֵּר מֹשֶׁה פָּנָיו כִּי יָרֵא מֵהַבִּיט אֶל־

רש"י

ב) **בְּלַבַּת אֵשׁ.** בְּשַׁלְהֶבֶת אֵשׁ, לִבּוֹ שֶׁל אֵשׁ כְּמוֹ: "לֵב הַשָּׁמַיִם" (דברים ד, יא), "בְּלֵב הָאֵלָה" (שמואל ב' יח, יד). וְאַל תִּתְמַהּ עַל הַתָּי"ו, יֵשׁ לָנוּ כַּיּוֹצֵא בּוֹ: "מָה אֲמֻלָה לִבָּתֵךְ" (יחזקאל טז, ל). **מִתּוֹךְ הַסְּנֶה.** וְלֹא אִילָן אַחֵר, מִשּׁוּם "עִמּוֹ אָנֹכִי בְצָרָה" (תהלים צא, טו). **אֻכָּל.** נֶאֱכָל, כְּמוֹ "לֹא עֻבַּד בָּהּ" (דברים כא, ג), "אֲשֶׁר לֻקַּח מִשָּׁם" (בראשית ג, כג).

ג) **אָסֻרָה.** מִכָּאן לְהִתְקָרֵב שָׁם.

ה) **שַׁל.** שְׁלֹף וְהוֹצֵא, כְּמוֹ: "וְנָשַׁל הַבַּרְזֶל" (דברים יט, ה), "כִּי יִשַּׁל זֵיתֶךָ" (דברים כח, מ). **אַדְמַת קֹדֶשׁ הוּא.** הַמָּקוֹם.

הרחבות

'והנה הסנה בֹּעֵר באש' אמנם לעתים צמח מתחיל לבעור באופן ספונטני במדבר בשל עצם כלשהו המרכז את קרני השמש, אך הדבר נדיר, ובפרט בסנה. משה רואה כאן את להבת האש, אבל ייחודו של המראה הוא בכך שהאש הבוערת בסנה אינה אוכלת אותו.

ביאור

אֵשׁ מִתּוֹךְ הַסְּנֶה, וַיַּרְא וְהִנֵּה הַסְּנֶה בֹּעֵר בָּאֵשׁ, המלאך התגלה לו בתור להבת אש, **וְהַסְּנֶה אֵינֶנּוּ אֻכָּל.**

ג **וַיֹּאמֶר מֹשֶׁה** בלבו: **אָסֻרָה נָּא וְאֶרְאֶה אֶת הַמַּרְאֶה הַגָּדֹל**, החריג והמוזר **הַזֶּה**, שהרי להבת האש שראה משה הייתה שונה מהאש המוכרת בעולם הזה, המאכלת חומרים דליקים. משה לא ראה מלאך בשלב זה, אלא רק מראה אש[26] ורצה לברר **מַדּוּעַ לֹא יִבְעַר, כָּלֶה הַסְּנֶה.**

ד **וַיַּרְא ה׳ כִּי סָר**, התקרב **לִרְאוֹת, וַיִּקְרָא אֵלָיו אֱלֹהִים מִתּוֹךְ הַסְּנֶה, וַיֹּאמֶר: מֹשֶׁה מֹשֶׁה.**

וַיֹּאמֶר, למרות שלא ידע מיהו הקורא: **הִנֵּנִי.**

ה **וַיֹּאמֶר: אַל תִּקְרַב הֲלֹם**. אל תתקרב לכאן. **שַׁל**, חלוץ **נְעָלֶיךָ מֵעַל רַגְלֶיךָ, כִּי הַמָּקוֹם אֲשֶׁר אַתָּה עוֹמֵד עָלָיו אַדְמַת קֹדֶשׁ הוּא**, מקום השראת השכינה. עליך לעמוד ביראת הכבוד הראויה, המתבטאת בהסרת הנעליים.[27]

ו משה התקרב יחף, ואז שמע קול שהזדהה לפניו – **וַיֹּאמֶר: אָנֹכִי אֱלֹהֵי אָבִיךָ**, עמרם, אבל אינני רק אלוקי אביך הסמוך – **אֱלֹהֵי אַבְרָהָם, אֱלֹהֵי יִצְחָק וֵאלֹהֵי יַעֲקֹב. וַיַּסְתֵּר מֹשֶׁה פָּנָיו, כִּי יָרֵא מֵהַבִּיט אֶל הָאֱלֹהִים**. כשנוכח לדעת שה׳ הוא המתגלה אליו, חדל מלהביט אל הלהבה מתוך יראת כבוד כלפי אלוקים[28] או מתוך פחד מוות.[29]

פטל ('סנה'?)

העולם

סְנֶה זוהה עם עצים קוצניים, כגון השיטה (שם מדעי: Acacia) והשיזף המצוי (שם מדעי: Ziziphus spina-christ) הגדלים בנחלי סיני; ועם צמחים שפרותיהם או פרחיהם אדומים או כתומים, כגון רנוג השיטים (שם מדעי: Loranthus acaciae), הטופל האדום (שם מדעי: Cynomorium coccineum) ויחנוק המדבר (שם מדעי: Cistanche tubulosa). נראה שבתרגומים ובמדרשים הוא מזוהה עם הפטל (שם מדעי: Rubus sanguineus), צמח קוצני הגדל בנחלי סיני שפֵּרותיו אדומים. (ראו שמות רבה ב,ט; שבת סז ע״א; רס״ג על אתר).

ז הָאֱלֹהִים: וַיֹּאמֶר יְהוָה רָאֹה רָאִיתִי אֶת־עֳנִי עַמִּי
אֲשֶׁר בְּמִצְרָיִם וְאֶת־צַעֲקָתָם שָׁמַעְתִּי מִפְּנֵי נֹגְשָׂיו
ח כִּי יָדַעְתִּי אֶת־מַכְאֹבָיו: וָאֵרֵד לְהַצִּילוֹ | מִיַּד מִצְרַיִם
וּלְהַעֲלֹתוֹ מִן־הָאָרֶץ הַהִוא אֶל־אֶרֶץ טוֹבָה וּרְחָבָה
אֶל־אֶרֶץ זָבַת חָלָב וּדְבָשׁ אֶל־מְקוֹם הַכְּנַעֲנִי וְהַחִתִּי
ט וְהָאֱמֹרִי וְהַפְּרִזִּי וְהַחִוִּי וְהַיְבוּסִי: וְעַתָּה הִנֵּה צַעֲקַת
בְּנֵי־יִשְׂרָאֵל בָּאָה אֵלָי וְגַם־רָאִיתִי אֶת־הַלַּחַץ אֲשֶׁר
י מִצְרַיִם לֹחֲצִים אֹתָם: וְעַתָּה לְכָה וְאֶשְׁלָחֲךָ אֶל־
יא פַּרְעֹה וְהוֹצֵא אֶת־עַמִּי בְנֵי־יִשְׂרָאֵל מִמִּצְרָיִם: וַיֹּאמֶר
מֹשֶׁה אֶל־הָאֱלֹהִים מִי אָנֹכִי כִּי אֵלֵךְ אֶל־פַּרְעֹה וְכִי
יב אוֹצִיא אֶת־בְּנֵי יִשְׂרָאֵל מִמִּצְרָיִם: וַיֹּאמֶר כִּי־אֶהְיֶה
עִמָּךְ וְזֶה־לְּךָ הָאוֹת כִּי אָנֹכִי שְׁלַחְתִּיךָ בְּהוֹצִיאֲךָ אֶת־
הָעָם מִמִּצְרַיִם תַּעַבְדוּן אֶת־הָאֱלֹהִים עַל הָהָר הַזֶּה:

רש"י

י) וְעַתָּה לְכָה וְאֶשְׁלָחֲךָ אֶל פַּרְעֹה. וְאִם תֹּאמַר, מַה תּוֹעִיל? "וְהוֹצֵא אֶת עַמִּי", יוֹעִילוּ דְּבָרֶיךָ וְתוֹצִיאֵם:

יא) מִי אָנֹכִי. מָה אֲנִי חָשׁוּב לְדַבֵּר עִם הַמְּלָכִים? וְכִי אוֹצִיא אֶת בְּנֵי יִשְׂרָאֵל. וְאַף אִם חָשׁוּב אֲנִי, מַה זָּכוּ יִשְׂרָאֵל שֶׁיֵּעָשֶׂה לָהֶם נֵס וְאוֹצִיאֵם מִמִּצְרַיִם?

יב) וַיֹּאמֶר כִּי אֶהְיֶה עִמָּךְ. הֵשִׁיבוֹ עַל רִאשׁוֹן רִאשׁוֹן וְעַל אַחֲרוֹן אַחֲרוֹן: שֶׁאָמַרְתָּ "מִי אָנֹכִי כִּי אֵלֵךְ אֶל פַּרְעֹה" – לֹא שֶׁלְּךָ הִיא כִּי אִם מִשֶּׁלִּי, "כִּי אֶהְיֶה עִמָּךְ"; "וְזֶה" הַמַּרְאֶה אֲשֶׁר רָאִיתָ בַּסְּנֶה, "לְךָ הָאוֹת כִּי אָנֹכִי שְׁלַחְתִּיךָ" וּכְדַאי אֲנִי לְהַצִּיל, כַּאֲשֶׁר רָאִיתָ הַסְּנֶה עוֹשֶׂה שְׁלִיחוּתִי וְאֵינֶנּוּ אֻכָּל כָּךְ תֵּלֵךְ בִּשְׁלִיחוּתִי וְאֵינְךָ נִזּוֹק. וְשֶׁשָּׁאַלְתָּ: מַה זְּכוּת יֵשׁ לְיִשְׂרָאֵל שֶׁיֵּצְאוּ מִמִּצְרַיִם? דָּבָר גָּדוֹל יֵשׁ לִי עַל הוֹצָאָה זוֹ, שֶׁהֲרֵי עֲתִידִים לְקַבֵּל הַתּוֹרָה עַל הָהָר הַזֶּה לְסוֹף שְׁלֹשָׁה חֳדָשִׁים. דָּבָר אַחֵר, "כִּי אֶהְיֶה עִמָּךְ", "וְזֶה" שֶׁתַּצְלִיחַ בִּשְׁלִיחוּתְךָ, "לְךָ הָאוֹת" עַל הַהַבְטָחָה אַחֶרֶת שֶׁאֲנִי מַבְטִיחֲךָ, שֶׁכְּשֶׁתּוֹצִיאֵם מִמִּצְרַיִם תַּעַבְדוּן אוֹתִי עַל הָהָר הַזֶּה, שֶׁתְּקַבְּלוּ הַתּוֹרָה עָלָיו, וְהִיא הַזְּכוּת הָעוֹמֶדֶת לְיִשְׂרָאֵל. וּדְגְמַת לָשׁוֹן זֶה מָצִינוּ בִּישַׁעְיָה (לז, ל): "וְזֶה לְּךָ הָאוֹת אָכוֹל הַשָּׁנָה סָפִיחַ" וְגוֹ', מַפֶּלֶת סַנְחֵרִיב תִּהְיֶה לְךָ אוֹת עַל הַהַבְטָחָה אַחֶרֶת, שֶׁאַרְצְכֶם חֲרֵבָה מִפֵּרוֹת וַאֲנִי אֲבָרֵךְ הַסְּפִיחִים:

ביאור

ז **וַיֹּאמֶר ה׳: רָאֹה רָאִיתִי אֶת עֳנִי**, עינוי, סבל **עַמִּי אֲשֶׁר בְּמִצְרָיִם,**
וְאֶת צַעֲקָתָם שָׁמַעְתִּי מִפְּנֵי נֹגְשָׂיו המתעללים בו. **כִּי יָדַעְתִּי אֶת**
מַכְאֹבָיו. ח **וָאֵרֵד,** התגליתי בעולם הן כדי **לְהַצִּילוֹ מִיַּד מִצְרַיִם** והן
כדי **לְהַעֲלֹתוֹ מִן הָאָרֶץ הַהִוא,** ארץ מצרים, **אֶל אֶרֶץ טוֹבָה וּרְחָבָה, אֶל**
אֶרֶץ זָבַת חָלָב וּדְבָשׁ. אין זו בריחה, אלא מעבר למקום טוב הרבה
יותר – **אֶל מְקוֹם הַכְּנַעֲנִי וְהַחִתִּי וְהָאֱמֹרִי וְהַפְּרִזִּי וְהַחִוִּי וְהַיְבוּסִי.**
ט **וְעַתָּה הִנֵּה צַעֲקַת בְּנֵי יִשְׂרָאֵל בָּאָה אֵלָי, וְגַם רָאִיתִי אֶת הַלַּחַץ אֲשֶׁר**
מִצְרַיִם לֹחֲצִים אֹתָם. ברצוני להצילם, אך אני זקוק לשליח – י **וְעַתָּה,**
לְכָה וְאֶשְׁלָחֲךָ אֶל פַּרְעֹה, וְאתה, **הוֹצֵא אֶת עַמִּי בְנֵי יִשְׂרָאֵל מִמִּצְרָיִם.**

יא **וַיֹּאמֶר מֹשֶׁה אֶל הָאֱלֹהִים: מִי אָנֹכִי כִּי אֵלֵךְ אֶל פַּרְעֹה, וְכִי אוֹצִיא**
אֶת בְּנֵי יִשְׂרָאֵל מִמִּצְרָיִם?!

יב **וַיֹּאמֶר ה׳: כִּי אֶהְיֶה עִמָּךְ.** אין אתה מתבקש לפעול בכוחך הפרטי.
אינך אלא שליח. **וְזֶה לְּךָ הָאוֹת,** הסימן **כִּי אָנֹכִי שְׁלַחְתִּיךָ.** אמנם לאחר
מכן משה יקבל סימנים נוספים, אך הסימן העיקרי היה שתוך זמן
לא רב הוא יֵדע בוודאות ששליחותו איננה דמיון או משאלת לב
גרידא – **בְּהוֹצִיאֲךָ אֶת הָעָם מִמִּצְרַיִם, תַּעַבְדוּן אֶת הָאֱלֹהִים עַל הָהָר**

הרחבות

'כי ידעתי את מכאוביו' אלוקים מכיר לא רק את כאביו הגלויים של עמו, בהכאתם ובנגישתם של העבדים העבריים, אלא אף את צרותיו הנסתרות הוא יודע. השעבוד הזה, שלא הונחה על ידי חוקים מוגדרים, כלל גם מכאובים שהיו כרוכים בערעור המשפחה – בפירוד בין איש ואשתו ובין הורים לילדיהם.

'מי אנכי' רבים הצביעו על כך שההשגחה העליונה גלגלה את הנסיבות כך שמשה לא יפנים סממני עבדות כלשהם, אלא יהיה היחידי מכל עמו שגדל באותה תקופה כבן חורין. קרקע גידולו זו, בתוך בית המלוכה, היא שהעניקה לו את העוז להיאבק למען היושר והצדק. ובכל זאת הוא לא ייחס לעצמו מעלה יתרה. התורה אף תעיד עליו בהמשך שהוא עָנָו מְאֹד מִכֹּל הָאָדָם אֲשֶׁר עַל פְּנֵי הָאֲדָמָה (במדבר יב,ג). לאורך חייו חש משה מחויבות עמוקה לעמו ולאלוקים. על כן כונה פעמים רבות עֶבֶד ה׳ [דברים לד,ה; יהושע א,א; מלכים ב׳ יח,יב ועוד. פעם אחת הוא נקרא מֹשֶׁה עַמּוֹ (ישעיה סג,יא), כינוי חריג הרומז לביטול אישיותו הפרטית בעבור העם]. מסיבה זו שב ושאל כבר בראשיתו: מִי אָנֹכִי, שכן חש זרות כלפי תפקידים מכובדים של ייצוג והנהגה.

'זה לך האות' החזון הנבואי מפקיע את האדם מחייו הרגילים ומשגרת התודעה שלו. במהלכו נמצא החוזה במקום אחר. את עומק חווייתו אי אפשר לתאר, ואף לא ניתן להפריך, אך חשובה מכך היא שאלת האובייקטיביות של החזון. החוויה לעתים קשורה למצבי נפש או חלום פרטי של החוזה, ועל כן גם מי שקיבל מסר ברור בהתגלות שחווה, לא יודע תמיד מה תוקפו של מסר זה. מכאן נובעת חשיבותו של האות לאישוש אמתותה של הנבואה.

'בהוציאך את העם ממצרים תעבדון את האלהים על ההר הזה' האות שמקבל משה חריג שכן אין הוא סימן שניתן מראש; הוא צפוי להתקיים רק בסופה של הדרך. לפי דברי ה׳, האות שבאמצעותו יהיה

וַיֹּאמֶר מֹשֶׁה אֶל־הָאֱלֹהִים הִנֵּה אָנֹכִי בָא אֶל־בְּנֵי יג
יִשְׂרָאֵל וְאָמַרְתִּי לָהֶם אֱלֹהֵי אֲבוֹתֵיכֶם שְׁלָחַנִי
אֲלֵיכֶם וְאָמְרוּ־לִי מַה־שְּׁמוֹ מָה אֹמַר אֲלֵהֶם: וַיֹּאמֶר יד
אֱלֹהִים אֶל־מֹשֶׁה אֶהְיֶה אֲשֶׁר אֶהְיֶה וַיֹּאמֶר כֹּה
תֹאמַר לִבְנֵי יִשְׂרָאֵל אֶהְיֶה שְׁלָחַנִי אֲלֵיכֶם: וַיֹּאמֶר טו
עוֹד אֱלֹהִים אֶל־מֹשֶׁה כֹּה תֹאמַר אֶל־בְּנֵי יִשְׂרָאֵל
יְהוָה אֱלֹהֵי אֲבֹתֵיכֶם אֱלֹהֵי אַבְרָהָם אֱלֹהֵי יִצְחָק

רש"י

יד-טו **אֶהְיֶה אֲשֶׁר אֶהְיֶה.** "אֶהְיֶה" עִמָּם בְּצָרָה זוֹ, "אֲשֶׁר אֶהְיֶה" עִמָּם בְּשִׁעְבּוּד שְׁאָר מַלְכֻיּוֹת. אָמַר לְפָנָיו: רִבּוֹנוֹ שֶׁל עוֹלָם, מָה אֲנִי מַזְכִּיר לָהֶם צָרָה אַחֶרֶת? דַּיָּם בְּצָרָה זוֹ! אָמַר לוֹ: יָפֶה אָמַרְתָּ, "כֹּה תֹאמַר" וְגוֹ': **זֶה שְּׁמִי לְעֹלָם.** חָסֵר וָי"ו, לוֹמַר הַעֲלִימֵהוּ שֶׁלֹּא יִקָּרֵא כִּכְתָבוֹ: **וְזֶה זִכְרִי.** לִמְּדוֹ הֵיאַךְ נִקְרָא. וְכֵן דָּוִד הוּא אוֹמֵר: "ה' שִׁמְךָ לְעוֹלָם ה' זִכְרְךָ לְדֹר וָדֹר" (תהלים קלה, יג).

הרחבות

בטוח שה' הוא ששלחו למשימה, הוא עצם הצלחתו לבצע את השליחות, עצם הגשמת הנבואה. עם זאת, התפקיד המוטל על משה מתייחד בכך שאין בו רק שליחות ומסר בלבד, אלא מצורפת אליו גם הבטחה. לעומת פנייתו של ה' לנביאים אחרים, שנשלחו להביא לידיעת העם מסר אלוקי, אך לא הובטח להם שהנבואה שבפיהם אכן תתבצע, שליחותו של משה כללה מראשיתה גם אות הקשור להבטחת המימוש. כבר בזמן שהתפקיד הוטל עליו, הובטח לו ששליחותו תתממש כשכל עמו יעבוד את ה' על ההר הזה.

'מה שמו' שאלת שמו של אלוקים איננה רק שאלה מעשית שנועדה לסייע למשה בתקשורת עם ישראל. עברו מאות שנים של גלות ועבדות במצרים, וגם אם בני ישראל שמרו את לשונם ואת מנהגיהם (ראו שמות רבה א,כח), הידע שנשתמר בזיכרונם על עברם לא היה כה עמוק. אמנם ייתכן שלא ברור להם אם לאלוקי אבותיהם יש שם, ומהו שם זה, אך מסתבר שלא זו תהיה שאלתם הראשונה של אנשים מדוכאים, בעת שיקבלו בשורה כזו. נראה כי מבחינתו של משה זוהי שאלה ראשונה במעלה. הוא עצמו רוצה לדעת תחילה מהו שם ה', אף שלא יהיה זקוק לידיעה זו לצורך הנהגתו המידית של העם.

'אהיה' לעתים נושאת צורת העתיד הדקדוקית במקרא גם משמעות של הווה מתמשך. (ראו רש"י בראשית כד,מה, רש"י במדבר ט,טו ורש"י איוב א,ה). אֶהְיֶה איננו בהכרח שמו של מי שיהיה בעתיד, אלא של מי שקיים תמיד, שקיומו ונוכחותו תמידיים. (ראו ר"י בכור שור). אמנם שם זה אינו נמנה רשמית עם שמות הקודש לכל הדעות, (ראו רמב"ם הלכות יסודי התורה ו,א-ב וכסף משנה שם), ועם זאת, בכל ספרות הסוד של היהדות מראשיתה הוא נחשב לשם קדוש. (ראו זוהר ח"ג יא,א. וראו עוד שבועות לה ע"א; טור יורה דעה רעו).

בעמים אחרים מתייחסים שמות שונים לאלים לפי תפקידיהם ופעולותיהם בעולם, וגם, להבדיל, כמה משמות הקודש היהודיים כרוכים באפיון אלוקים מבחינה זו או אחרת. לעומת זאת, השם הזה אינו מצומצם לכדי תפקיד או מופע כלשהו של ה'. משמעותו

ביאור

הַזֶּה. תגיעו לאותו הר שעליו אתה עומד עתה, ושוב אתגלה בפניך, אלא שאז תהיה ההתגלות ברורה ופומבית יותר. אז ינכח כאן העם כולו, והוא יבוא לכאן לעבוד אותי.

יג וַיֹּאמֶר מֹשֶׁה אֶל הָאֱלֹהִים: הִנֵּה אָנֹכִי בָא אֶל בְּנֵי יִשְׂרָאֵל, וְאָמַרְתִּי לָהֶם: "אֱלֹהֵי אֲבוֹתֵיכֶם שְׁלָחַנִי אֲלֵיכֶם", וְאָמְרוּ לִי: "מַה שְּׁמוֹ?" – מָה אֹמַר אֲלֵהֶם?

יד וַיֹּאמֶר אֱלֹהִים אֶל מֹשֶׁה: אֶהְיֶה אֲשֶׁר אֶהְיֶה. ביטול השאלה – אין לידיעת שמי כל חשיבות,[30] או: הבטחה – תמיד אהיה,[31] או: 'אהיה' הוא שמי.[32]

וַיֹּאמֶר שוב אלוקים: כֹּה תֹאמַר לִבְנֵי יִשְׂרָאֵל. כאשר תדבר עם בני ישראל, אל תפתח בציטוט ההכרזתי והמאיים: אֶהְיֶה אֲשֶׁר אֶהְיֶה. ביטוי זה עלול לעורר בהם פחד משום שאל ההבטחה שאהיה אתם תמיד, יכול להתלוות גם גוון מאיים, שהרי הופעותיו של ה' אינן תמיד רכות ומבשרות הקלה. על כן עדיף שתאמר לישראל: אֶהְיֶה שְׁלָחַנִי אֲלֵיכֶם. כאן ברור ש'אהיה' הוא שמו של ה'. לאחר תשובתו הראשונה של אלוקים, שכללה את כל המציאות – אֶהְיֶה אֲשֶׁר אֶהְיֶה, כלומר אני הוא המצוי בכל מצב וזמן, הופיעה תשובתו השנייה, המסתפקת במלה אֶהְיֶה בלבד – שמשמעה – ההוויה המתמדת.

טו וַיֹּאמֶר עוֹד אֱלֹהִים אֶל מֹשֶׁה: כֹּה תֹאמַר אֶל בְּנֵי יִשְׂרָאֵל, עתה יוזכר שם נוסף: ה' אֱלֹהֵי אֲבֹתֵיכֶם, אֱלֹהֵי אַבְרָהָם, אֱלֹהֵי יִצְחָק וֵאלֹהֵי יַעֲקֹב

הרחבות

הפשוטה היא: אני הוא ההוויה עצמה. משה צווה להעביר את ישראל אל ההכרה באחדותו של אלוקים. הקדוש ברוך הוא אינו דמות ראשית ב'פנתיאון'; אין הוא מתגלה כאן בתור היוצר או השופט בלבד, כפי שהתגלה באמצעות שמותיו האחרים (למשל השם 'אלוקים' מורה על כוח ושלטון). משה הצטווה לומר לבני ישראל שכאן אין מדובר בהיבט זה או אחר של האלוהות – אלוקי אבותיהם הוא ההוויה עצמה. (ראו מורה נבוכים ח"א סג; גבורות ה' כה).

השם י-ה-ו-ה שם זה, המכונה גם 'שם ההוויה', דומה בצורתו לשם הקודם. המעבר אליו מן השם 'אהיה' עשוי לגלם מעבר מלשון מדבר, ללשון נסתר – מעין 'יהיה'. (ראו ראב"ע 'הארוך' ורשב"ם). חילופי האותיות י' ב–ו' מופיעים הן בכמה מלים מהשורש ה,י,ה, הן בשורשים אחרים (כמו ח,י,ה-ח,ו,ה; י,ל,ד-ו,ל,ד. ראו רש"י בראשית ג,כ; רד"ק שמואל ב' ו,כג). לפי פירוש זה, כאשר אלוקים מדבר הוא משתמש בגוף ראשון – 'אהיה', ואילו כשאחרים מדברים עליו מן הראוי שיקראו לו בגוף שלישי – 'יהיה'.

היו שהדגישו בשם זה את הקיום התמידי והמוחלט, והיו שהדגישו בו את היצירה וההתהוות. למרות הניסיונות הרבים להבין את המשמעויות העמוקות הגנוזות בו נותר השם מסתורי ועלום.

וֵאלֹהֵי יַעֲקֹב שְׁלָחַנִי אֲלֵיכֶם זֶה־שְּׁמִי לְעֹלָם וְזֶה זִכְרִי
חמישי טז לְדֹר דֹּר: לֵךְ וְאָסַפְתָּ אֶת־זִקְנֵי יִשְׂרָאֵל וְאָמַרְתָּ
אֲלֵהֶם יְהוָה אֱלֹהֵי אֲבֹתֵיכֶם נִרְאָה אֵלַי אֱלֹהֵי
אַבְרָהָם יִצְחָק וְיַעֲקֹב לֵאמֹר פָּקֹד פָּקַדְתִּי אֶתְכֶם
יז וְאֶת־הֶעָשׂוּי לָכֶם בְּמִצְרָיִם: וָאֹמַר אַעֲלֶה אֶתְכֶם
מֵעֳנִי מִצְרַיִם אֶל־אֶרֶץ הַכְּנַעֲנִי וְהַחִתִּי וְהָאֱמֹרִי
וְהַפְּרִזִּי וְהַחִוִּי וְהַיְבוּסִי אֶל־אֶרֶץ זָבַת חָלָב וּדְבָשׁ:
יח וְשָׁמְעוּ לְקֹלֶךָ וּבָאתָ אַתָּה וְזִקְנֵי יִשְׂרָאֵל אֶל־מֶלֶךְ
מִצְרַיִם וַאֲמַרְתֶּם אֵלָיו יְהוָה אֱלֹהֵי הָעִבְרִיִּים נִקְרָה
עָלֵינוּ וְעַתָּה נֵלֲכָה־נָּא דֶּרֶךְ שְׁלֹשֶׁת יָמִים בַּמִּדְבָּר
יט וְנִזְבְּחָה לַיהוָה אֱלֹהֵינוּ: וַאֲנִי יָדַעְתִּי כִּי לֹא־יִתֵּן
כ אֶתְכֶם מֶלֶךְ מִצְרַיִם לַהֲלֹךְ וְלֹא בְּיָד חֲזָקָה: וְשָׁלַחְתִּי
אֶת־יָדִי וְהִכֵּיתִי אֶת־מִצְרַיִם בְּכֹל נִפְלְאֹתַי אֲשֶׁר

רש"י

טז **אֶת זִקְנֵי יִשְׂרָאֵל.** מְיֻחָדִים לִישִׁיבָה. וְאִם תֹּאמַר זְקֵנִים סְתָם, הֵיאַךְ אֶפְשָׁר לוֹ לֶאֱסֹף זְקֵנִים שֶׁל שִׁשִּׁים רִבּוֹא?

יח **וְשָׁמְעוּ לְקֹלֶךָ.** מִכֵּיוָן שֶׁתֹּאמַר לָהֶם לָשׁוֹן זֶה יִשְׁמְעוּ לְקוֹלֶךָ, שֶׁכְּבָר סִימָן זֶה מָסוּר בְּיָדָם מִיַּעֲקֹב וּמִיּוֹסֵף שֶׁבְּלָשׁוֹן זֶה הֵם נִגְאָלִים; יַעֲקֹב אָמַר לָהֶם: "וֵאלֹהִים פָּקֹד יִפְקֹד אֶתְכֶם" (בראשית נ, כד), יוֹסֵף אָמַר לָהֶם: "פָּקֹד יִפְקֹד אֱלֹהִים אֶתְכֶם" (שם פסוק כה): **נִקְרָה עָלֵינוּ.** לְשׁוֹן מִקְרֶה, וְכֵן: "וַיִּקָּר אֱלֹהִים" (במדבר כג, ד); "וְאָנֹכִי אִקָּרֶה כֹּה" (שם פסוק טו) – אֶהְיֶה נִקְרֶה מֵאִתּוֹ הֲלֹם:

יט **לֹא יִתֵּן אֶתְכֶם מֶלֶךְ מִצְרַיִם לַהֲלֹךְ.** אִם אֵין אֲנִי מַרְאֶה לוֹ יָדִי הַחֲזָקָה; כְּלוֹמַר, כָּל עוֹד שֶׁאֵין אֲנִי מוֹדִיעוֹ יָדִי הַחֲזָקָה לֹא יִתֵּן אֶתְכֶם לַהֲלֹךְ: **לֹא יִתֵּן.** "לָא יִשְׁבּוֹק", כְּמוֹ: "עַל כֵּן לֹא נְתַתִּיךָ" (בראשית כ, ו), "וְלֹא נְתָנוֹ אֱלֹהִים לְהָרַע עִמָּדִי" (שם לא, ז), וְכֻלָּן לְשׁוֹן נְתִינָה הֵם. וְיֵשׁ מְפָרְשִׁים, "וְלֹא בְּיָד חֲזָקָה", וְלֹא בִּשְׁבִיל שֶׁיָּדוֹ חֲזָקָה, כִּי מֵאָז אֶשְׁלַח אֶת יָדִי "וְהִכֵּיתִי אֶת מִצְרַיִם" וְגוֹ' (פסוק כ), וּמְתַרְגְּמִין אוֹתוֹ: "וְלָא מִן קֳדָם דְּחֵילֵיהּ תַּקִּיף". מִשְּׁמוֹ שֶׁל רַבִּי יַעֲקֹב בְּרַבִּי מְנַחֵם נֶאֱמַר לִי:

ביאור

הוא **שְׁלָחַנִי אֲלֵיכֶם. זֶה**, ה׳, שם הוויה, הוא **שְּׁמִי לְעֹלָם, וְזֶה זִכְרִי לְדֹר**
דֹּר. בו תשתמשו מכאן והלאה, ואין שם מקודש ממנו. טז עד כאן
השיב ה׳ למשה על השאלה: ״מָה אֹמַר אֲלֵהֶם״. עתה יורה לו על
שליחותו העתידית – **לֵךְ וְאָסַפְתָּ אֶת זִקְנֵי יִשְׂרָאֵל, וְאָמַרְתָּ אֲלֵהֶם:**
ה׳ שהוא **אֱלֹהֵי אֲבֹתֵיכֶם נִרְאָה אֵלַי**, שהוא גם **אֱלֹהֵי אַבְרָהָם יִצְחָק**
וְיַעֲקֹב, לֵאמֹר: פָּקֹד פָּקַדְתִּי, זכרתי, או: הבאתי בחשבון **אֶתְכֶם**, ולא
עצם קיומכם בלבד עלה בפקידתי, אלא גם **אֶת הֶעָשׂוּי לָכֶם**, מה
שקורה לכם, סבלכם **בְּמִצְרָיִם**. יז **וָאֹמַר: אַעֲלֶה אֶתְכֶם מֵעֳנִי מִצְרַיִם**
אֶל אֶרֶץ הַכְּנַעֲנִי וְהַחִתִּי וְהָאֱמֹרִי וְהַפְּרִזִּי וְהַחִוִּי וְהַיְבוּסִי, אֶל אֶרֶץ זָבַת
חָלָב וּדְבָשׁ.

יח נוכח היסוסיו של משה, ה׳ הבטיח לו – **וְשָׁמְעוּ לְקֹלֶךָ. וּבָאתָ**
אַתָּה וְזִקְנֵי יִשְׂרָאֵל אֶל מֶלֶךְ מִצְרַיִם וַאֲמַרְתֶּם אֵלָיו: ה׳ – וכיוון שאין
הוא מכיר את ה׳, עליך להסביר לו – **אֱלֹהֵי הָעִבְרִיִּים נִקְרָה עָלֵינוּ**,
התגלה אלינו, הזדמן לנו ומָסר לנו מֶסר – **וְעַתָּה נֵלְכָה נָּא דֶּרֶךְ שְׁלֹשֶׁת**
יָמִים בַּמִּדְבָּר, וְנִזְבְּחָה לַה׳ אֱלֹהֵינוּ. יט **וַאֲנִי יָדַעְתִּי, כִּי לֹא יִתֵּן אֶתְכֶם**
מֶלֶךְ מִצְרַיִם לַהֲלֹךְ, וְלֹא, אם לא[33] – **בְּיָד חֲזָקָה** אגרום לו לעשות
זאת. כ **וְשָׁלַחְתִּי אֶת יָדִי, וְהִכֵּיתִי אֶת מִצְרַיִם בְּכֹל נִפְלְאֹתַי אֲשֶׁר**

הרחבות

׳נלכה נא דרך שלשת ימים במדבר ונזבחה לה׳ אלהינו׳ אף על פי שמשה נשלח להוציא את העם ממצרים, הבקשה שנשלח להציג לפני פרעה עתה – צנועה יותר. בהמשך יסרב פרעה לאפשר לישראל לצאת אפילו למסע קצר כזה, ואם יסכים – יסייג את הסכמתו מאוד; כאשר ייכנע בסופו של דבר, כניעתו תהיה בלתי מותנית, ובלא שיֵדע כלל לאן מועדות פניהם ואם ישובו. מתוך כך מתעוררת השאלה אם הדרישה המצומצמת שניסח משה במפורש כאן, לא הייתה אלא תחבולה שנועדה להסתיר מפרעה את כוונתם האמתית של ישראל – השחרור המלא ממצרים? לאו דווקא. מסע בן שלושה ימים במדבר הוא יציאה אל מחוץ לטריטוריה של מצרים. אף ההכרזה שמסע זה נועד לזבח לאלוהיהם, יש בה כדי להצהיר על עצמאות דתית הנושאת גם משמעות פוליטית: ישראל אינם כפופים עוד למלך מצרים, והם יוצאים לפגוש את אלוקיהם, ולאחר מכן – ילכו באשר יורה להם ה׳. פרעה יכול לקוות שה׳ יורה להם לשוב למצרים, אך אם אלוקיהם ישלח אותם להמשיך במסעם במדבר או לפנות למקום זה או אחר – לשם ישימו פעמיהם. (ראו עוד אור החיים ורבנו בחיי פס׳ יח; רשב״ם פס׳ יא; דרשות הר״ן, סוף יא).

׳בכל נפלאתי אשר אעשה בקרבו׳ המכות אינן מכוונות לשכנע את האיש פרעה בלבד. אילו רצה אלוקים רק להשפיע על פקודותיו של פרעה, הרי שיכול היה לפגוע בו באופן פרטי. המכות נועדו לגלות את שמו של ה׳ בעולם – הן לעיני ישראל והן לעיני המצרים (להלן ז,ה; י,א–ב). סירובו של מלך מצרים לשחרר את ישראל אינו אלא אמתלה לגילוי זה. הנפלאות הללו אינן רק חלק מההיסטוריה של עם ישראל; הן אף חלק מן הזיכרון הקולקטיבי שלו ומאמונתו. על כן נזכרות מכות מצרים – ולא רק יציאת מצרים – בשירת ההלל הגדול ובמקומות נוספים בספר תהלים (עח,מג–נא; קה,כו–לח; קלו,י).

אֶעֱשֶׂה בְּקִרְבּוֹ וְאַחֲרֵי־כֵן יְשַׁלַּח אֶתְכֶם׃ וְנָתַתִּי אֶת־ כא
חֵן הָעָם־הַזֶּה בְּעֵינֵי מִצְרָיִם וְהָיָה כִּי תֵלֵכוּן לֹא
תֵלְכוּ רֵיקָם׃ וְשָׁאֲלָה אִשָּׁה מִשְּׁכֶנְתָּהּ וּמִגָּרַת בֵּיתָהּ כב
כְּלֵי־כֶסֶף וּכְלֵי זָהָב וּשְׂמָלֹת וְשַׂמְתֶּם עַל־בְּנֵיכֶם וְעַל־
ד בְּנֹתֵיכֶם וְנִצַּלְתֶּם אֶת־מִצְרָיִם׃ וַיַּעַן מֹשֶׁה וַיֹּאמֶר וְהֵן א
לֹא־יַאֲמִינוּ לִי וְלֹא יִשְׁמְעוּ בְּקֹלִי כִּי יֹאמְרוּ לֹא־נִרְאָה
מַה־זֶּה אֵלֶיךָ יהוה׃ וַיֹּאמֶר אֵלָיו יהוה מזה בְיָדֶךָ וַיֹּאמֶר ב
מַטֶּה׃ וַיֹּאמֶר הַשְׁלִיכֵהוּ אַרְצָה וַיַּשְׁלִכֵהוּ אַרְצָה ג
וַיְהִי לְנָחָשׁ וַיָּנָס מֹשֶׁה מִפָּנָיו׃ וַיֹּאמֶר יהוה אֶל־מֹשֶׁה ד
שְׁלַח יָדְךָ וֶאֱחֹז בִּזְנָבוֹ וַיִּשְׁלַח יָדוֹ וַיַּחֲזֶק־בּוֹ וַיְהִי

רש"י

כב) ומגרת ביתה. מאותה שהיא גרה אתה בבית: ונצלתם. כתרגומו: "ותרוקנון", וכן: "וינצלו את מצרים" (להלן יב, לו), "ויתנצלו בני ישראל את עדים" (להלן לג, ו), והנו"ן בו יסוד. ומנחם חברו במחברת צד"י עם "ויצל אלהים את מקנה אביכם" (בראשית לא, ט), "אשר הציל אלהים מאבינו" (שם טז), ולא יאמנו דבריו, כי אם לא היתה הנו"ן יסוד והיא נקודה בחיריק, לא תהא משמשת בלשון ופעלתם אלא בלשון ונפעלתם, כמו: "ונסחתם מעל האדמה" (דברים כח, סג), "ונתתם ביד אויב" (ויקרא כו, כה), "ונגפתם לפני אויביכם" (שם פסוק יז), "ונתכתם בתוכה" (יחזקאל כב, כא), "ואמרתם נצלנו" (ירמיה ז, י), לשון נפעלנו. וכל נו"ן שהיא באה בתיבה לפרקים ונופלת ממנה, כנו"ן של נוגף, נושא, נותן, נושך, כשהיא מדברת לשון ופעלתם תנקד בשבא בחטף, כגון: "ונשאתם את אביכם" (בראשית מה, יט), "ונתתם להם את ארץ הגלעד" (במדבר לב, כט), "ונמלתם את בשר ערלתכם" (בראשית יז, יא). לכך אני אומר שזאת, הנקודה בחיריק, מן היסוד היא, ויסוד שם דבר 'נצול', והוא מן הלשונות הכבדים, כמו דבור, כפור, למוד, כשידבר בלשון ופעלתם ינקד בחיריק, כמו: "ודברתם אל הסלע" (במדבר כ, ח), "וכפרתם את הבית" (יחזקאל מה, כ), "ולמדתם אתם את בניכם" (דברים יא, יט):

פרק ד

ב) מזה בידך. לכך נכתב תיבה אחת, לדרש: מזה שבידך אתה חיב ללקות, שחשדת בכשרים. ופשוטו, כאדם שאומר לחברו: מודה אתה שזו שלפניך אבן היא? אמר לו: הן. אמר לו: הריני עושה אותה עץ:

ג) ויהי לנחש. רמז לו שספר לשון הרע על ישראל ותפש אמנותו של נחש:

ד) ויחזק בו. לשון אחיזה הוא, והרבה יש במקרא: "ויחזיקו האנשים בידו" (בראשית יט, טז), "והחזיקה במבשיו" (דברים כה, יא), "והחזקתי בזקנו" (שמואל א' יז, לה), כל לשון חזוק הדבוק לבי"ת לשון אחיזה הוא:

ביאור

אֶעֱשֶׂה בְּקִרְבּוֹ, וְאַחֲרֵי כֵן, לאחר המכות הללו יְשַׁלַּח אֶתְכֶם. כא וְנָתַתִּי
אֶת חֵן הָעָם הַזֶּה בְּעֵינֵי מִצְרָיִם, וממילא – וְהָיָה כִּי תֵלֵכוּן – לֹא תֵלְכוּ
רֵיקָם, בידיים ריקות. כב וְשָׁאֲלָה, על מנת להחזיר,[34] או: ולקחה[35]
אִשָּׁה מִשְּׁכֶנְתָּהּ וּמִגָּרַת בֵּיתָהּ כְּלֵי כֶסֶף וּכְלֵי זָהָב וּשְׂמָלֹת. בהשאלת
הכלים והבגדים או בנתינתם יתבטא הכבוד שעתידים המצרים לרחוש כלפי בני ישראל. וְשַׂמְתֶּם עַל בְּנֵיכֶם וְעַל בְּנֹתֵיכֶם את כל מה שתקבלו משכנותיכם, וְנִצַּלְתֶּם אֶת מִצְרָיִם, כמו שהבטיח ה' לאברהם שבניו יצאו ברכוש גדול.[36]

פרק ד א משה עדיין היסס – וַיַּעַן מֹשֶׁה וַיֹּאמֶר: וְהֵן, ואולי, ואם,[37] או:
והרי לֹא יַאֲמִינוּ לִי וְלֹא יִשְׁמְעוּ בְּקֹלִי, כִּי יֹאמְרוּ: "לֹא נִרְאָה אֵלֶיךָ ה'".

ב וַיֹּאמֶר אֵלָיו ה': מַה הדבר הַזֶּה שאתה אוחז בְיָדֶךָ?

וַיֹּאמֶר משה: מַטֶּה.

ג וַיֹּאמֶר ה': הַשְׁלִיכֵהוּ אַרְצָה.

וַיַּשְׁלִיכֵהוּ אַרְצָה, וַיְהִי המטה לְנָחָשׁ. וַיָּנָס, ברח מֹשֶׁה מִפָּנָיו – מפני הנחש.

ד וַיֹּאמֶר ה' אֶל מֹשֶׁה: שְׁלַח יָדְךָ וֶאֱחֹז בִּזְנָבוֹ.

הרחבות

'ונתתי את חן העם הזה בעיני מצרים' מכמה מקומות בסיפורי יוסף בספר בראשית עלה שהמצרים בזו לעברים ונמנעו לאכול אתם מסיבות דתיות וחברתיות. (ראו בראשית מג,לב). ליחסם המתנשא של המצרים כלפי העברים נמצא אישוש רב בתעודות המצריות המוכרות כיום. השנאה כלפי העברים הגיעה בוודאי לממדים קיצוניים יותר כאשר העברים הפכו עבדים. לא היה צורך בהוראה מפורשת כדי להכותם ולהתעלל בהם. ה' מגלה כאן כי כשיכה את מצרים יתהפכו היוצרות, וכל גישתם של המצרים כלפי עם ישראל תשתנה. בעקבות המופתים הללו התנשאותם של המצרים תהפוך לפחד, ולא זו בלבד אלא שהם יתחילו להתייחס אל ישראל בתור העם הנבחר. בלבושים שונים מופיע רעיון דומה בספר ישעיה – מי שאינו אלא עבד לאומים, ואינו עם בהווה, יצמח ויתפתח עד שיהיה המושל הנישא. (ראו למשל ישעיה נג).

'משכנתה ומגרת ביתה' מכאן נראה שהמצרים והעברים חיו בשכנות, לפחות בחלק מאזורי מצרים, שכן המצרים משאילים לבני ישראל חפצי ערך. מן הסתם, הגברים העברים היו מרוחקים יותר מן המצרים, אך הנשים העבריות שחיו בקרב המצריות ולא היו משועבדות במרחק, יצרו קשרים עם שכנותיהן.

ה לְמַטֵּה בְּכַפּוֹ: לְמַעַן יַאֲמִינוּ כִּי־נִרְאָה אֵלֶיךָ יְהוָה
אֱלֹהֵי אֲבֹתָם אֱלֹהֵי אַבְרָהָם אֱלֹהֵי יִצְחָק וֵאלֹהֵי
ו יַעֲקֹב: וַיֹּאמֶר יְהוָה לוֹ עוֹד הָבֵא־נָא יָדְךָ בְּחֵיקֶךָ
וַיָּבֵא יָדוֹ בְּחֵיקוֹ וַיּוֹצִאָהּ וְהִנֵּה יָדוֹ מְצֹרַעַת כַּשָּׁלֶג:
ז וַיֹּאמֶר הָשֵׁב יָדְךָ אֶל־חֵיקֶךָ וַיָּשֶׁב יָדוֹ אֶל־חֵיקוֹ
ח וַיּוֹצִאָהּ מֵחֵיקוֹ וְהִנֵּה־שָׁבָה כִּבְשָׂרוֹ: וְהָיָה אִם־לֹא
יַאֲמִינוּ לָךְ וְלֹא יִשְׁמְעוּ לְקֹל הָאֹת הָרִאשׁוֹן וְהֶאֱמִינוּ
ט לְקֹל הָאֹת הָאַחֲרוֹן: וְהָיָה אִם־לֹא יַאֲמִינוּ גַּם לִשְׁנֵי
הָאֹתוֹת הָאֵלֶּה וְלֹא יִשְׁמְעוּן לְקֹלֶךָ וְלָקַחְתָּ מִמֵּימֵי
הַיְאֹר וְשָׁפַכְתָּ הַיַּבָּשָׁה וְהָיוּ הַמַּיִם אֲשֶׁר תִּקַּח מִן־
י הַיְאֹר וְהָיוּ לְדָם בַּיַּבָּשֶׁת: וַיֹּאמֶר מֹשֶׁה אֶל־יְהוָה בִּי
אֲדֹנָי לֹא אִישׁ דְּבָרִים אָנֹכִי גַּם מִתְּמוֹל גַּם מִשִּׁלְשֹׁם

רש"י

ו | מְצֹרַעַת כַּשָּׁלֶג. דֶּרֶךְ צָרַעַת לִהְיוֹת לְבָנָה, "אִם בַּהֶרֶת לְבָנָה הִוא" (ויקרא יג, ד). אַף בְּאוֹת זֶה רָמַז לוֹ שֶׁלָּשׁוֹן הָרָע סִפֵּר בְּאָמְרוֹ: "לֹא יַאֲמִינוּ לִי" (לעיל פסוק א), לְפִיכָךְ הִלְקָהוּ בְּצָרַעַת, כְּמוֹ שֶׁלָּקְתָה מִרְיָם עַל לָשׁוֹן הָרָע:

ז | וַיּוֹצִאָהּ מֵחֵיקוֹ וְהִנֵּה שָׁבָה כִּבְשָׂרוֹ. מִכָּאן שֶׁמִּדָּה טוֹבָה מְמַהֶרֶת לָבֹא מִמִּדַּת פֻּרְעָנוּת, שֶׁהֲרֵי בָּרִאשׁוֹנָה לֹא נֶאֱמַר 'מֵחֵיקוֹ':

ח | וְהֶאֱמִינוּ לְקֹל הָאֹת הָאַחֲרוֹן. מִשֶּׁתֹּאמַר לָהֶם: בִּשְׁבִילְכֶם לָקִיתִי עַל שֶׁסִּפַּרְתִּי עֲלֵיכֶם לָשׁוֹן הָרָע, יַאֲמִינוּ לָךְ, שֶׁכְּבָר לָמְדוּ בְּכָךְ שֶׁהַמִּזְדַּוְּגִים לָהֶם לוֹקִים בִּנְגָעִים, כְּגוֹן פַּרְעֹה וַאֲבִימֶלֶךְ בִּשְׁבִיל שָׂרָה:

ט | וְהָיוּ הַמַּיִם וְגוֹ'. וְהָיוּ וְהָיוּ, שְׁתֵּי פְעָמִים. נִרְאֶה בְּעֵינַי, אִלּוּ נֶאֱמַר: 'וְהָיוּ הַמַּיִם אֲשֶׁר תִּקַּח מִן הַיְאֹר לְדָם בַּיַּבֶּשֶׁת' שׁוֹמֵעַ אֲנִי שֶׁבְּיָדוֹ הֵם נֶהְפָּכִים לְדָם, וְאַף כְּשֶׁיֵּרְדוּ לָאָרֶץ יִהְיוּ בַּהֲוָיָתָן, אֲבָל עַכְשָׁיו מְלַמְּדֵנוּ שֶׁלֹּא יִהְיוּ דָם עַד שֶׁיִּהְיוּ בַּיַּבֶּשֶׁת:

י | גַּם מִתְּמוֹל וְגוֹ'. לָמַדְנוּ שֶׁשִּׁבְעַת יָמִים הָיָה הַקָּדוֹשׁ בָּרוּךְ הוּא מְפַתֶּה אֶת מֹשֶׁה בַּסְּנֶה לֵילֵךְ בִּשְׁלִיחוּתוֹ: מִתְּמוֹל, שִׁלְשֹׁם, מֵאָז דַּבֶּרְךָ – הֲרֵי שְׁלֹשָׁה, וּשְׁלֹשָׁה גַּמִּין רִבּוּיִין הֵם הֲרֵי שִׁשָּׁה, וְהוּא הָיָה עוֹמֵד בַּיּוֹם הַשְּׁבִיעִי כְּשֶׁאָמַר לוֹ זֹאת עַד "שְׁלַח נָא בְּיַד תִּשְׁלָח" (להלן פסוק יג), עַד שֶׁחָרָה בוֹ וְקִבֵּל עָלָיו. וְכָל זֶה, שֶׁלֹּא הָיָה רוֹצֶה לִטֹּל גְּדֻלָּה עַל אַהֲרֹן אָחִיו שֶׁהָיָה גָּדוֹל הֵימֶנּוּ, וְנָבִיא הָיָה, שֶׁנֶּאֱמַר: "הֲנִגְלֹה נִגְלֵיתִי אֶל בֵּית אָבִיךָ בִּהְיוֹתָם בְּמִצְרַיִם" (שמואל א' ב,

ביאור

וַיִּשְׁלַח יָדוֹ וַיַּחֲזֶק בּוֹ, **וַיְהִי** הנחש **לְמַטֶּה בְּכַפּוֹ.** ה זהו אות ומופת
שמשה יוכל להראות לאנשים שאליהם ילך - **לְמַעַן יַאֲמִינוּ כִּי נִרְאָה**
אֵלֶיךָ ה׳ אֱלֹהֵי אֲבֹתָם, אֱלֹהֵי אַבְרָהָם אֱלֹהֵי יִצְחָק וֵאלֹהֵי יַעֲקֹב.

ו **וַיֹּאמֶר ה׳ לוֹ עוֹד: הָבֵא נָא יָדְךָ בְּחֵיקֶךָ**, מתחת לבגד.

וַיָּבֵא יָדוֹ בְּחֵיקוֹ, וַיּוֹצִאָהּ מחיקו, **וְהִנֵּה יָדוֹ מְצֹרַעַת כַּשָּׁלֶג.**

ז **וַיֹּאמֶר ה׳: הָשֵׁב יָדְךָ אֶל חֵיקֶךָ.**

וַיָּשֶׁב יָדוֹ אֶל חֵיקוֹ, וַיּוֹצִאָהּ מֵחֵיקוֹ, וְהִנֵּה שָׁבָה כִּבְשָׂרוֹ, בשר היד הפך
שוב לבשר רגיל, והצרעת נעלמה.

ח ה׳ הוסיף ואמר לו: **וְהָיָה אִם לֹא יַאֲמִינוּ לָךְ, וְלֹא יִשְׁמְעוּ לְקֹל הָאֹת**
הָרִאשׁוֹן, אות המטה ההופך לנחש וחוזר להיות מטה – **וְהֶאֱמִינוּ לְקֹל**
הָאֹת הָאַחֲרוֹן, היד המצטרעת והנרפאת. ט **וְהָיָה אִם לֹא יַאֲמִינוּ גַּם**
לִשְׁנֵי הָאֹתוֹת הָאֵלֶּה וְלֹא יִשְׁמְעוּן לְקֹלֶךָ, וְלָקַחְתָּ מִמֵּימֵי הַיְאֹר וְשָׁפַכְתָּ
הַיַּבָּשָׁה. וְהָיוּ הַמַּיִם אֲשֶׁר תִּקַּח מִן הַיְאֹר, וְהָיוּ לְדָם בַּיַּבָּשֶׁת. את שני
האותות הראשונים הראה לו ה׳ במקום שבו עמד. כיוון שלא היו
שם מים, לא נוסה שם המופת השלישי, אך ה׳ הבטיח לו שאף הוא
יתקיים אם משה יזדקק לו.

י משה עדיין לא היה בטוח בעצמו ובתפקידו - **וַיֹּאמֶר מֹשֶׁה אֶל**
ה׳: בִּי אֲדֹנָי! לֹא אִישׁ דְּבָרִים אָנֹכִי. אינני יודע לדבר היטב, **גַּם מִתְּמוֹל,**

גַּם מֵאָז דַּבֶּרְךָ אֶל־עַבְדֶּךָ כִּי כְבַד־פֶּה וּכְבַד לָשׁוֹן
אָנֹכִי׃ וַיֹּאמֶר יְהוָה אֵלָיו מִי שָׂם פֶּה לָאָדָם אוֹ מִי־ יא
יָשׂוּם אִלֵּם אוֹ חֵרֵשׁ אוֹ פִקֵּחַ אוֹ עִוֵּר הֲלֹא אָנֹכִי
יְהוָה׃ וְעַתָּה לֵךְ וְאָנֹכִי אֶהְיֶה עִם־פִּיךָ וְהוֹרֵיתִיךָ יב
אֲשֶׁר תְּדַבֵּר׃ וַיֹּאמֶר בִּי אֲדֹנָי שְׁלַח־נָא בְּיַד־תִּשְׁלָח׃ יג
וַיִּחַר־אַף יְהוָה בְּמֹשֶׁה וַיֹּאמֶר הֲלֹא אַהֲרֹן אָחִיךָ יד
הַלֵּוִי יָדַעְתִּי כִּי־דַבֵּר יְדַבֵּר הוּא וְגַם הִנֵּה־הוּא יֹצֵא
לִקְרָאתֶךָ וְרָאֲךָ וְשָׂמַח בְּלִבּוֹ׃ וְדִבַּרְתָּ אֵלָיו וְשַׂמְתָּ טו
אֶת־הַדְּבָרִים בְּפִיו וְאָנֹכִי אֶהְיֶה עִם־פִּיךָ וְעִם־פִּיהוּ
וְהוֹרֵיתִי אֶתְכֶם אֵת אֲשֶׁר תַּעֲשׂוּן׃ וְדִבֶּר־הוּא לְךָ טז
אֶל־הָעָם וְהָיָה הוּא יִהְיֶה־לְּךָ לְפֶה וְאַתָּה תִּהְיֶה־

רש"י

כז), הוא אהרן. וכן ביחזקאל: "ואודע להם בארץ מצרים וגו' ואמר אלהם איש שקוצי עיניו השליכו" (יחזקאל כ, ה-ז), ואותה נבואה לאהרן נאמרה: כבד פה. בכבדות אני מדבר, ובלשון לעז בלב"ה:

יא) מי שם פה וגו'. מי למדך לדבר כשהיית נדון לפני פרעה על המצרי? או מי ישום אלם. מי עשה פרעה אלם שלא נתאמץ במצות הריגתך, ואת משרתיו חרשים שלא שמעו במצותו עליך, ולאספקלטורין ההורגים מי עשאם עורים שלא ראו כשברחת מן הבימה ונמלטת? הלא אנכי. ששמי "ה'", עשיתי כל זאת:

יג) ביד תשלח. ביד מי שאתה רגיל לשלח, והוא אהרן. דבר אחר, ביד אחר שתרצה לשלח, אין סופי להכניסם לארץ ולהיות גואלם לעתיד, יש לך שלוחים הרבה:

יד) ויחר אף. רבי יהושע בן קרחה אומר: כל חרון אף שבתורה עושה רושם, וזה לא נאמר בו רושם, ולא מצינו שבא עונש על ידי אותו חרון. אמר לו רבי יוסי: אף בזו נאמר בו רושם: "הלא אהרן אחיך הלוי", שהיה עתיד להיות לוי ולא כהן, והכהונה הייתי אומר לצאת ממך, מעתה לא יהיה כן, אלא הוא יהיה כהן ואתה לוי, שנאמר: "ומשה איש האלהים בניו יקראו על שבט הלוי" (דברי הימים א' כג, יד): הנה הוא יצא לקראתך. כשתלך למצרים: וראך ושמח בלבו. לא כשאתה סבור שיהא מקפיד עליך שאתה עולה לגדולה. ומשם זכה אהרן לעדי החשן הנתון על הלב:

טז) ודבר הוא לך. בשבילך ידבר אל העם. וזה יוכיח על כל לך ולי ולו ולכם ולהם הסמוכים לדבור, שכלם לשון על הם: יהיה לך לפה. למליץ, לפי שאתה כבד פה: לאלהים. לרב ולשר:

ביאור

מאתמול **גַּם מִשִּׁלְשֹׁם גַּם מֵאָז דַּבֶּרְךָ אֶל עַבְדֶּךָ**. אילו שינית את תכונותי, כך שמכאן ואילך איטיב לדבר, היה מתאים שאלך, אך הנה גם לאחר שנגלית אלי, עדיין דיבורי עילג[38] **כִּי כְבַד פֶּה וּכְבַד לָשׁוֹן אָנֹכִי**. לא ברור אם בעייתו של משה הייתה גמגום, קושי בהגיית עיצורים מסוימים או מגבלות אחרות במבטא המכבידות על התקשורת.[39]

יא **וַיֹּאמֶר ה׳ אֵלָיו: מִי שָׂם**, מיהו שנותן **פֶּה לָאָדָם? אוֹ מִי יָשׂוּם אִלֵּם**
אוֹ חֵרֵשׁ אוֹ פִקֵּחַ אוֹ עִוֵּר? הֲלֹא אָנֹכִי ה׳! כיוון שבידי כל יכולותיו
ותכונותיו של האדם, אין אתה צריך לחשוש ממגבלות הדיבור שלך.
אם תצטרך לדבר – אתן לך את הכוח לעשות זאת. יב **וְעַתָּה לֵךְ**,
וְאָנֹכִי אֶהְיֶה עִם פִּיךָ וְהוֹרֵיתִיךָ אֲשֶׁר תְּדַבֵּר. אלווה את שליחותך.

יג **וַיֹּאמֶר** משה: **בִּי**, בבקשה[40] **אֲדֹנָי, שְׁלַח נָא בְּיַד** מי **שֶׁתִּשְׁלָח**, ובלבד שלא יהא זה אני. למרות כל ההבטחות הללו, משה לא רצה בשליחות כלל.

יד **וַיִּחַר אַף ה׳ בְּמֹשֶׁה**, ה׳ כעס על משה **וַיֹּאמֶר: הֲלֹא אַהֲרֹן אָחִיךָ**
הַלֵּוִי, יָדַעְתִּי כִּי דַבֵּר יְדַבֵּר הוּא. אני יודע שהוא יכול לדבר ושהוא
בעל כושר הנהגה. **וְגַם הִנֵּה הוּא יֹצֵא לִקְרָאתֶךָ**. אדאג לכך שהוא
יצא לקראתך, **וְרָאֲךָ**, הוא יראה אותך, אחיו הקטן שעליו הוטלה
ההנהגה, והוא לא רק ינהג באדיבות כלפיך, **וְשָׂמַח** אפילו **בְּלִבּוֹ**
בגדולה שניתנה לך. טו **וְדִבַּרְתָּ אֵלָיו** – אל אהרן **וְשַׂמְתָּ אֶת הַדְּבָרִים**
שעליך לדבר, **בְּפִיו. וְאָנֹכִי אֶהְיֶה עִם פִּיךָ וְעִם פִּיהוּ, וְהוֹרֵיתִי אֶתְכֶם**
אֵת אֲשֶׁר תַּעֲשׂוּן. כדי להתגבר על כובד הפה וכובד הלשון שלך
אתה תקבל מפי את ההוראות ותדבר אל אהרן, ואהרן יהיה הדובר
באוזני אחרים. טז **וְדִבֶּר הוּא לְךָ**, בשבילך **אֶל הָעָם. וְהָיָה הוּא יִהְיֶה**
לְּךָ לְפֶה, הוא ידבר בעבורך, **וְאַתָּה תִּהְיֶה לּוֹ לֵאלֹהִים**, למנהיג, שהרי
הוא יהיה כמכשיר הדיבור בלבד, ולא ידבר את דבריו שלו אלא את

הרחבות

׳וְדִבֶּר הוא לך אל העם׳ משה לא היה מעוניין בתפקיד ובמינוי לא משום שחשש, אלא מפני שחשב שאין הוא ראוי, כפי שמעידה עליו התורה במקום אחר: וְהָאִישׁ מֹשֶׁה עָנָו מְאֹד מִכֹּל הָאָדָם אֲשֶׁר עַל פְּנֵי הָאֲדָמָה (במדבר יב,ג). כיוון שמשה לא חש גדולה בעצמו, הוא העדיף שכל אדם זולתו יקבל אותה. נמצא כי למעשה ענוותו היא שגרמה לכך שהוא היה הנביא היחיד שלא דיבר ישירות אל העם; ומבחינה זו דיבורו היה דומה לדבר האלוקים, ואיש אחר – אהרן – היה לנביאו של משה, כלומר דיבר בעבורו (ראב״ע שמות ז,א).

לוֹ לֵאלֹהִים: וְאֶת־הַמַּטֶּה הַזֶּה תִּקַּח בְּיָדֶךָ אֲשֶׁר יז
תַּעֲשֶׂה־בּוֹ אֶת־הָאֹתֹת:
ששי ג וַיֵּלֶךְ מֹשֶׁה וַיָּשָׁב ׀ אֶל־יֶתֶר חֹתְנוֹ וַיֹּאמֶר לוֹ אֵלְכָה־ יח
נָּא וְאָשׁוּבָה אֶל־אַחַי אֲשֶׁר־בְּמִצְרַיִם וְאֶרְאֶה הַעוֹדָם
חַיִּים וַיֹּאמֶר יִתְרוֹ לְמֹשֶׁה לֵךְ לְשָׁלוֹם: וַיֹּאמֶר יהוה יט
אֶל־מֹשֶׁה בְּמִדְיָן לֵךְ שֻׁב מִצְרָיִם כִּי־מֵתוּ כָּל־הָאֲנָשִׁים
הַמְבַקְשִׁים אֶת־נַפְשֶׁךָ: וַיִּקַּח מֹשֶׁה אֶת־אִשְׁתּוֹ וְאֶת־ כ
בָּנָיו וַיַּרְכִּבֵם עַל־הַחֲמֹר וַיָּשָׁב אַרְצָה מִצְרָיִם וַיִּקַּח
מֹשֶׁה אֶת־מַטֵּה הָאֱלֹהִים בְּיָדוֹ: וַיֹּאמֶר יהוה אֶל־ כא
מֹשֶׁה בְּלֶכְתְּךָ לָשׁוּב מִצְרַיְמָה רְאֵה כָּל־הַמֹּפְתִים
אֲשֶׁר־שַׂמְתִּי בְיָדֶךָ וַעֲשִׂיתָם לִפְנֵי פַרְעֹה וַאֲנִי אֲחַזֵּק

רש"י

יח| **וַיָּשָׁב אֶל יֶתֶר חֹתְנוֹ.** לִטֹּל רְשׁוּת, שֶׁהֲרֵי נִשְׁבַּע לוֹ. וְשִׁבְעָה שֵׁמוֹת הָיוּ לוֹ: רְעוּאֵל, יֶתֶר, יִתְרוֹ, קֵינִי, חוֹבָב, חֶבֶר, פּוּטִיאֵל:

יט| **כִּי מֵתוּ כָּל הָאֲנָשִׁים.** מִי הֵם? דָּתָן וַאֲבִירָם; חַיִּים הָיוּ, אֶלָּא שֶׁיָּרְדוּ מִנִּכְסֵיהֶם, וְהֶעָנִי חָשׁוּב כְּמֵת:

כ| **עַל הַחֲמֹר.** חֲמוֹר הַמְיֻחָד. הוּא הַחֲמוֹר שֶׁחָבַשׁ אַבְרָהָם לַעֲקֵדַת יִצְחָק, וְהוּא שֶׁעָתִיד מֶלֶךְ הַמָּשִׁיחַ לְהִגָּלוֹת עָלָיו, שֶׁנֶּאֱמַר: "עָנִי וְרֹכֵב עַל חֲמוֹר" (זכריה ט, ט):

וַיָּשָׁב אַרְצָה מִצְרַיִם וַיִּקַּח מֹשֶׁה אֶת מַטֵּה. אֵין מֻקְדָּם וּמְאֻחָר מְדֻקְדָּקִים בַּמִּקְרָא:

כא| **בְּלֶכְתְּךָ לָשׁוּב מִצְרַיְמָה וְגוֹ'.** דַּע שֶׁעַל מְנָת כֵּן תֵּלֵךְ, שֶׁתְּהֵא גִּבּוֹר בִּשְׁלִיחוּתִי לַעֲשׂוֹת כָּל מוֹפְתַי לִפְנֵי פַרְעֹה וְלֹא תִירָא מִמֶּנּוּ: **אֲשֶׁר שַׂמְתִּי בְיָדֶךָ.** לֹא עַל שָׁלֹשׁ אוֹתוֹת הָאֲמוּרוֹת לְמַעְלָה, שֶׁהֲרֵי לֹא לִפְנֵי פַרְעֹה צִוָּה לַעֲשׂוֹתָם אֶלָּא לִפְנֵי יִשְׂרָאֵל שֶׁיַּאֲמִינוּ לוֹ, וְלֹא מָצִינוּ שֶׁעֲשָׂאָם לְפָנָיו, אֶלָּא מוֹפְתִים שֶׁאֲנִי עָתִיד לָשׂוּם בְּיָדְךָ בְּמִצְרַיִם, כְּמוֹ: "כִּי יְדַבֵּר אֲלֵכֶם פַּרְעֹה" וְגוֹ' (להלן ז, ט). וְאַל תִּתְמַהּ עַל חָסֵר כָּתַב:

דבריק. יז **וְאֶת הַמַּטֶּה הַזֶּה תִּקַּח בְּיָדֶךָ, אֲשֶׁר תַּעֲשֶׂה בּוֹ אֶת הָאֹתֹת,**
אות הנחש שהראיתי לך, ואותות נוספים שאצווה עליך לעשות
בהמשך.

יציאת משה ממדין למצרים

פרק ד פס׳ יח–כו

נוכח דברי ה׳ משה לא יכול היה לעמוד עוד בסירובו. את מסעו למצרים תחמו שתי שיחות: עם חותנו, שיחה שבה נטל רשות מיתרו לצאת ממדין, ועם אהרן, האמור לסייע לו בהבאת דבר האלוקים אל פרעה ואל עמו כשייכנס למצרים. בתווך, בחניית המשפחה במלון, חל משבר. סכנה ריחפה על חיי משה, והוא ניצל ממנה בזכות תושייתה של אשתו.

לקראת יציאת משה לדרך חשף ה׳ בפניו עד כמה חריף העימות הצפוי לו. את המאבק בינו לבין מצרים תיאר ה׳ באוזניו כמאבק על הבן הבכור – אלוקים מבקש לגאול באמצעות משה את בנו בכורו, ישראל; ובעקבות סירוביו העקשניים של פרעה יומתו בנו הבכור ובכורי מצרים כולם. מעניין שאף פרשת המשבר המאיים על משה ומשפחתו בדרך כרוכה במערכת היחסים הקרובה שבין אב ובנו.

יח **וַיֵּלֶךְ מֹשֶׁה וַיָּשָׁב אֶל יֶתֶר,** יתרו **חֹתְנוֹ, וַיֹּאמֶר לוֹ:** עברו שנים רבות
מאז ברחתי. **אֵלְכָה נָּא וְאָשׁוּבָה אֶל אַחַי אֲשֶׁר בְּמִצְרַיִם, וְאֶרְאֶה הַעוֹדָם**
חַיִּים. משה נימק את שיבתו למצרים במניעים אישיים ולא סיפר
לחותנו על שליחותו לגאול את עמו. אולי חשש לספר זאת, אולי
לא רצה לפרסם דברים אלו קודם שיעלה בידיו למלא את תפקידו,
ושמא חשב שיתרו לא יאמין ליומרה זו.
וַיֹּאמֶר יִתְרוֹ לְמֹשֶׁה: לֵךְ לְשָׁלוֹם.

יט ובאשר לעיכובו של משה מלשוב מצרימה – הרי שם הואשם
ברצח – **וַיֹּאמֶר ה׳ אֶל מֹשֶׁה בְּמִדְיָן** בהיותו עם יתרו: **לֵךְ שֻׁב מִצְרָיִם,**
כִּי מֵתוּ כָּל הָאֲנָשִׁים הַמְבַקְשִׁים אֶת נַפְשֶׁךָ. פני הדברים השתנו, ואתה
יכול לחזור למצרים בלי חשש.

כ **וַיִּקַּח מֹשֶׁה אֶת אִשְׁתּוֹ וְאֶת בָּנָיו, וַיַּרְכִּבֵם עַל הַחֲמֹר, וַיָּשָׁב** משה,
כנראה בצעידתו בצד החמור, **אַרְצָה מִצְרָיִם. וַיִּקַּח מֹשֶׁה אֶת מַטֵּה**
הָאֱלֹהִים בְּיָדוֹ.

לאחר התיאור הכללי מפורטים האירועים הנלווים ליציאה
למצרים: כא **וַיֹּאמֶר ה׳ אֶל מֹשֶׁה: בְּלֶכְתְּךָ לָשׁוּב מִצְרַיְמָה, רְאֵה כָּל**
הַמֹּפְתִים אֲשֶׁר שַׂמְתִּי בְיָדֶךָ, האותות שנתתי לך אינם מיועדים רק
לישראל, אלא – **וַעֲשִׂיתָם לִפְנֵי פַרְעֹה.** ועם זאת, דע לך **שֶׁאֲנִי אֲחַזֵּק אֶת**

אֶת־לִבּוֹ וְלֹא יְשַׁלַּח אֶת־הָעָם: וְאָמַרְתָּ אֶל־פַּרְעֹה כב
כֹּה אָמַר יהוה בְּנִי בְכֹרִי יִשְׂרָאֵל: וָאֹמַר אֵלֶיךָ שַׁלַּח כג
אֶת־בְּנִי וְיַעַבְדֵנִי וַתְּמָאֵן לְשַׁלְּחוֹ הִנֵּה אָנֹכִי הֹרֵג
אֶת־בִּנְךָ בְּכֹרֶךָ: וַיְהִי בַדֶּרֶךְ בַּמָּלוֹן וַיִּפְגְּשֵׁהוּ יהוה כד
וַיְבַקֵּשׁ הֲמִיתוֹ: וַתִּקַּח צִפֹּרָה צֹר וַתִּכְרֹת אֶת־עָרְלַת כה
בְּנָהּ וַתַּגַּע לְרַגְלָיו וַתֹּאמֶר כִּי חֲתַן־דָּמִים אַתָּה לִי:
וַיִּרֶף מִמֶּנּוּ אָז אָמְרָה חֲתַן דָּמִים לַמּוּלֹת: כו

רש"י "אֲשֶׁר שַׂמְתִּי", שֶׁכֵּן מַשְׁמָעוֹ: כְּשֶׁתְּדַבֵּר עִמּוֹ כְּבָר שַׂמְתִּים בְּיָדֶךָ:

כב] **וְאָמַרְתָּ אֶל פַּרְעֹה.** כְּשֶׁתִּשְׁמַע שֶׁלִּבּוֹ חָזָק וִימָאֵן לְשַׁלֵּחַ אֱמֹר לוֹ כֵּן: **בְּנִי בְכֹרִי.** לְשׁוֹן גְּדֻלָּה, כְּמוֹ: "אַף אֲנִי בְּכוֹר אֶתְּנֵהוּ" (תהלים פט, כח) זֶהוּ פְּשׁוּטוֹ. וּמִדְרָשׁוֹ, כָּאן חָתַם הַקָּדוֹשׁ בָּרוּךְ הוּא עַל מְכִירַת הַבְּכוֹרָה שֶׁלָּקַח יַעֲקֹב מֵעֵשָׂו:

כג] **וָאֹמַר אֵלֶיךָ.** בִּשְׁלִיחוּתוֹ שֶׁל מָקוֹם: "שַׁלַּח אֶת בְּנִי": **הִנֵּה אָנֹכִי הֹרֵג וְגוֹ'.** הִיא מַכָּה אַחֲרוֹנָה, וּבָהּ הִתְרָהוּ תְּחִלָּה מִפְּנֵי שֶׁהִיא קָשָׁה. וְזֶה הוּא שֶׁאָמַר אִיּוֹב: "הֶן אֵל יַשְׂגִּיב בְּכֹחוֹ" (איוב לו, כב), לְפִיכָךְ "מִי כָמֹהוּ מוֹרֶה" – בָּשָׂר וָדָם הַמְבַקֵּשׁ לְהִנָּקֵם מֵחֲבֵרוֹ מַעֲלִים אֶת דְּבָרָיו, שֶׁלֹּא יְבַקֵּשׁ הַצָּלָה. אֲבָל הַקָּדוֹשׁ בָּרוּךְ הוּא יַשְׂגִּיב בְּכֹחוֹ וְאֵין יְכֹלֶת לְהִמָּלֵט מִיָּדוֹ כִּי אִם בְּשׁוּבוֹ אֵלָיו, לְפִיכָךְ הוּא מוֹרֵהוּ וּמַתְרֶה בּוֹ לָשׁוּב:

כד] **וַיְהִי.** מֹשֶׁה, "בַּדֶּרֶךְ בַּמָּלוֹן": **וַיְבַקֵּשׁ הֲמִיתוֹ.** לְפִי שֶׁלֹּא מָל אֶת אֱלִיעֶזֶר בְּנוֹ, וְעַל שֶׁנִּתְרַשֵּׁל נֶעֱנַשׁ מִיתָה. תַּנְיָא, אָמַר רַבִּי יוֹסֵי: חַס וְשָׁלוֹם, לֹא נִתְרַשֵּׁל, אֶלָּא אָמַר: אָמוּל וְאֵצֵא לַדֶּרֶךְ – סַכָּנָה הִיא לַתִּינוֹק עַד שְׁלֹשָׁה יָמִים! אָמוּל וְאֶשְׁהֶה שְׁלֹשָׁה יָמִים – הַקָּדוֹשׁ בָּרוּךְ הוּא צִוַּנִי: "לֵךְ שֻׁב מִצְרָיִם"! וּמִפְּנֵי מָה נֶעֱנַשׁ? לְפִי שֶׁנִּתְעַסֵּק בַּמָּלוֹן תְּחִלָּה. בְּמַסֶּכֶת נְדָרִים (לא ע"ב). וְהָיָה הַמַּלְאָךְ נַעֲשֶׂה כְּמִין נָחָשׁ וּבוֹלְעוֹ מֵרֹאשׁוֹ וְעַד יְרֵכָיו וְחוֹזֵר וּבוֹלְעוֹ מֵרַגְלָיו וְעַד אוֹתוֹ מָקוֹם, הֵבִינָה צִפּוֹרָה שֶׁבִּשְׁבִיל הַמִּילָה הוּא:

כה] **וַתַּגַּע לְרַגְלָיו.** הִשְׁלִיכַתּוּ לִפְנֵי רַגְלָיו שֶׁל מֹשֶׁה: **וַתֹּאמֶר.** עַל בְּנָהּ: "כִּי חֲתַן דָּמִים אַתָּה לִי" – אַתָּה הָיִיתָ גּוֹרֵם לִהְיוֹת הֶחָתָן שֶׁלִּי נִרְצָח עָלֶיךָ, הוֹרֵג אִישִׁי אַתָּה לִי:

כו] **וַיִּרֶף.** הַמַּלְאָךְ "מִמֶּנּוּ", "אָז" הֵבִינָה שֶׁעַל הַמִּילָה בָּא לְהָרְגוֹ, "אָמְרָה: חֲתַן דָּמִים לַמּוּלֹת" – חֲתָנִי הָיָה נִרְצָח עַל דְּבַר הַמִּילָה: **לַמּוּלֹת.** עַל דְּבַר הַמּוּלוֹת, שֵׁם דָּבָר הוּא, וְהַלָּמֶ"ד מְשַׁמֶּשֶׁת בִּלְשׁוֹן 'עַל', כְּמוֹ: "וְאָמַר פַּרְעֹה לִבְנֵי יִשְׂרָאֵל" (להלן יד, ג). וְאוּנְקְלוֹס תִּרְגֵּם 'דָּמִים', עַל דַּם הַמִּילָה:

העולם צֹר סלע קשה בעל מראה זגוגי העשוי מסיליקה (SiO_2) ושכיח בנגב. בעבר סיתתו והשחיזו אותו והשתמשו בו כסכין, כפי שמתואר כאן וכן בספר יהושע (ה,ג): וַיַּעַשׂ לוֹ יְהוֹשֻׁעַ חַרְבוֹת צֻרִים וַיָּמָל אֶת בְּנֵי יִשְׂרָאֵל.

ביאור

לִבּוֹ, וְלֹא יְשַׁלַּח אֶת הָעָם למרות הדברים שתשמיע באוזניו והמופתים
שתראה לו. כב וְאָמַרְתָּ אֶל פַּרְעֹה אמירה כללית – כֹּה אָמַר ה׳: בְּנִי
בְכֹרִי יִשְׂרָאֵל. ישראל הם כבן בכור לפני ה׳. כג וָאֹמַר אֵלֶיךָ: שַׁלַּח
אֶת בְּנִי וְיַעַבְדֵנִי במדבר, וַתְּמָאֵן, ואתה סירבת לְשַׁלְּחוֹ – הִנֵּה אָנֹכִי
הֹרֵג אֶת בִּנְךָ בְּכֹרֶךָ. כיוון שלא שחררת את בני, אהרוג את בנך.

כד וַיְהִי בַדֶּרֶךְ בַּמָּלוֹן, במקום הלינה שבו נחו בדרכם למצרים, וַיִּפְגְּשֵׁהוּ
מלאך ה׳ וַיְבַקֵּשׁ לַהֲמִיתוֹ. משה היה נתון במצב קשה מאוד. ייתכן
שנראה כגוסס. כה צפורה, אשת משה, הייתה בטוחה שהעיכוב
או הקטרוג שהופיע בדרכם נבע מהתנהגותם הלקויה. משום כך –
וַתִּקַּח צִפֹּרָה אבן צֹר, וַתִּכְרֹת אֶת עָרְלַת בְּנָהּ, שטרם נימול מפני
שהיה קטן מדי, או מפני שיצאו לדרך וחששו לקחת אל המסע ילד
חולה,[41] או בשל הסכם שנעשה בין משה ומשפחת יתרו אילו ילדים
יימולו, כמנהג העברים, ואילו ילדים לא יימולו, כמנהגו של יתרו.[42]
וַתַּגַּע לְרַגְלָיו, צפורה הניחה את הערלה ליד רגלי המלאך, משה או
הילד,[43] וַתֹּאמֶר לילד: כִּי חֲתַן דָּמִים אַתָּה לִי. יש לי חיבור חדש אתך
עתה, מאחר שמלתי אותך. אפשרות אחרת: צפורה פנתה אל משה,
וכינתה אותו חֲתַן דָּמִים, שכן הוא נושע, וחטאו נתכפר בזכות דם
המילה, ובכך התחדשה הברית ביניהם.[44]

כו וַיִּרֶף מִמֶּנּוּ, המלאך הרפה ממשה, לאחר שצפורה מלה את הילד.
אָז אָמְרָה צפורה: חֲתַן דָּמִים לַמּוּלֹת.

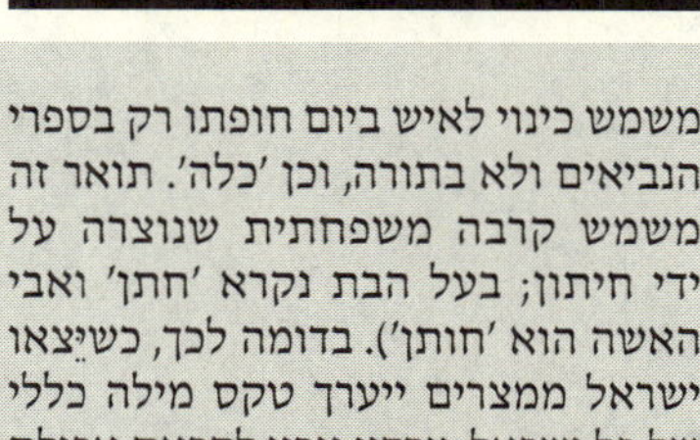

אבן צוֹר

הרחבות

'הנה אנכי הרג את בנך בכרך' מסר זה גם יחתום את המהלך שאת צעדיו הראשונים יעשה משה בקרוב מול פרעה. הדברים הללו רומזים למכה האחרונה שיכה ה׳ במצרים, מכת בכורות (רש"י ועוד).

'חתן דמים למולת' הילד, או משה, מכונה בעקבות ברית המילה 'חתן', משום שהמילה היא שמחה ומעין חתונה, שכן תמיד באה עמה ברית והתקשרות. ('חתן' משמש כינוי לאיש ביום חופתו רק בספרי הנביאים ולא בתורה, וכן 'כלה'. תואר זה משמש קרבה משפחתית שנוצרה על ידי חיתון; בעל הבת נקרא 'חתן' ואבי האשה הוא 'חותן'). בדומה לכך, כשיֵצאו ישראל ממצרים ייערך טקס מילה כללי של כל ישראל, עבדיו וגריו לקראת אכילת קרבן הפסח. גם שם יהיה בכך מעין פדיון והתקשרות עם ה׳. (ראו להלן יב, מג–נ).

וַיֹּאמֶר יְהוָה אֶל־אַהֲרֹן לֵךְ לִקְרַאת מֹשֶׁה הַמִּדְבָּרָה כז
וַיֵּלֶךְ וַיִּפְגְּשֵׁהוּ בְּהַר הָאֱלֹהִים וַיִּשַּׁק־לוֹ׃ וַיַּגֵּד מֹשֶׁה כח
לְאַהֲרֹן אֵת כָּל־דִּבְרֵי יְהוָה אֲשֶׁר שְׁלָחוֹ וְאֵת כָּל־
הָאֹתֹת אֲשֶׁר צִוָּהוּ׃ וַיֵּלֶךְ מֹשֶׁה וְאַהֲרֹן וַיַּאַסְפוּ אֶת־ כט
כָּל־זִקְנֵי בְּנֵי יִשְׂרָאֵל׃ וַיְדַבֵּר אַהֲרֹן אֵת כָּל־הַדְּבָרִים ל
אֲשֶׁר־דִּבֶּר יְהוָה אֶל־מֹשֶׁה וַיַּעַשׂ הָאֹתֹת לְעֵינֵי הָעָם׃
וַיַּאֲמֵן הָעָם וַיִּשְׁמְעוּ כִּי־פָקַד יְהוָה אֶת־בְּנֵי יִשְׂרָאֵל לא
שביעי וְכִי רָאָה אֶת־עָנְיָם וַיִּקְּדוּ וַיִּשְׁתַּחֲווּ׃ וְאַחַר בָּאוּ מֹשֶׁה א ה
וְאַהֲרֹן וַיֹּאמְרוּ אֶל־פַּרְעֹה כֹּה־אָמַר יְהוָה אֱלֹהֵי
יִשְׂרָאֵל שַׁלַּח אֶת־עַמִּי וְיָחֹגּוּ לִי בַּמִּדְבָּר׃ וַיֹּאמֶר פַּרְעֹה ב
מִי יְהוָה אֲשֶׁר אֶשְׁמַע בְּקֹלוֹ לְשַׁלַּח אֶת־יִשְׂרָאֵל
לֹא יָדַעְתִּי אֶת־יְהוָה וְגַם אֶת־יִשְׂרָאֵל לֹא אֲשַׁלֵּחַ׃

פרק ה

רש"י | א) וְאַחַר בָּאוּ מֹשֶׁה וְאַהֲרֹן וְגוֹ׳. אֲבָל הַזְּקֵנִים נִשְׁמְטוּ אֶחָד אֶחָד מֵאַחַר מֹשֶׁה וְאַהֲרֹן עַד שֶׁנִּשְׁמְטוּ כֻּלָּם קֹדֶם שֶׁהִגִּיעוּ לַפַּלָטִין, לְפִי שֶׁיָּרְאוּ לָלֶכֶת. וּבְסִינַי נִפְרַע לָהֶם: "וְנִגַּשׁ מֹשֶׁה לְבַדּוֹ וְהֵם לֹא יִגָּשׁוּ" (להלן כד, ב), הֶחֱזִירָם לַאֲחוֹרֵיהֶם:

משה ואהרן במצרים – לפני פרעה ולפני עמם

פרק ד פס׳ כז – פרק ו פס׳ א

את השליחות שקיבל משה בהיותו בהר האלוקים, הוא מתחיל לממש בליוויו ובסיועו של אהרן. משה ואהרן עומדים מול שלושה גורמים: זקני הנהגת העם, פרעה ושוטרי בני ישראל – מנהלי העבודה העברים, שהיו הראשונים שסבלו בעקבות הופעתם של משה ואהרן. בסוף העניין משה ואהרן יפנו את הדי טענותיהם הקשות של השוטרים אל ה׳. ה׳ ישוב ויבטיח שמצוקת העם במצרים תיפתר, אך עד אז נדרש אורך רוח.

ביאור

כז **וַיֹּאמֶר ה׳ אֶל אַהֲרֹן: לֵךְ לִקְרַאת מֹשֶׁה הַמִּדְבָּרָה**, למדבר. **וַיֵּלֶךְ**
וַיִּפְגְּשֵׁהוּ בְּהַר הָאֱלֹהִים. מכאן שהר סיני, הר חורב, עמד בין ארץ
מדין – שאולי הייתה סמוכה לארץ כנען וקרובה לירדן, לבין מצרים.[45]
וַיִּשַּׁק אהרן **לוֹ** – למשה וקיבל את פניו באהבה. כח **וַיַּגֵּד מֹשֶׁה לְאַהֲרֹן**
אֵת כָּל דִּבְרֵי ה׳ אֲשֶׁר שְׁלָחוֹ, וְאֵת כָּל הָאֹתֹת אֲשֶׁר צִוָּהוּ, שכן עכשיו
היו צריכים לבצע יחדיו את השליחות.

כט **וַיֵּלֶךְ מֹשֶׁה וְאַהֲרֹן, וַיַּאַסְפוּ אֶת כָּל זִקְנֵי**, מנהיגי **בְּנֵי יִשְׂרָאֵל**. ל **וַיְדַבֵּר**
אליהם **אַהֲרֹן**, שהוא המוכר להם, והוא גם מי שיודע לדבר, **אֵת כָּל**
הַדְּבָרִים אֲשֶׁר דִּבֶּר ה׳ אֶל מֹשֶׁה. וַיַּעַשׂ אהרן את **הָאֹתֹת** שקיבל משה
כסימנים לאימות נבואתו, **לְעֵינֵי הָעָם**.

לא **וַיַּאֲמֵן הָעָם, וַיִּשְׁמְעוּ כִּי פָקַד**, זכר **ה׳ אֶת בְּנֵי יִשְׂרָאֵל, וְכִי רָאָה אֶת**
עָנְיָם, סבלם. חששותיו של משה שייתקל בספקנות נוכח הבטחה
זו, התבדו. אמנם בני ישראל לא הכירו את משה, אך הם האמינו
בו בשל אישיותו או בזכות האותות. **וַיִּקְּדוּ וַיִּשְׁתַּחֲוּוּ** לה׳ כתודה על
כך שהגיע זמן גאולתם.

פרק ה א **וְאַחַר** ששליחותם של משה ואהרן זכתה באמון העם
ובהכרת מנהיגיו הנוכחיים, והם חשו שייפו את כוחם להמשך
פעולתם, **בָּאוּ מֹשֶׁה וְאַהֲרֹן וַיֹּאמְרוּ אֶל פַּרְעֹה**, הן מכוח המסר האלוקי,
הן כמייצגי בני ישראל והן מכוח עצמם: **כֹּה אָמַר ה׳ אֱלֹהֵי יִשְׂרָאֵל:**
שַׁלַּח אֶת עַמִּי, וְיָחֹגּוּ לִי בַּמִּדְבָּר.

ב **וַיֹּאמֶר פַּרְעֹה: מִי ה׳ אֲשֶׁר אֶשְׁמַע בְּקֹלוֹ לְשַׁלַּח אֶת יִשְׂרָאֵל?** אינני
מכיר את שמו של האל הזה. לא שמעתי עליו מעולם.[46] **לֹא יָדַעְתִּי**
אֶת ה׳, ועל כן **גַּם אֶת יִשְׂרָאֵל לֹא אֲשַׁלֵּחַ**, שהרי אין אלו אלא דברי
הבל שאתם בודים מלבכם.

וַיֹּאמְרוּ אֱלֹהֵי הָעִבְרִים נִקְרָא עָלֵינוּ נֵלְכָה־נָּא דֶּרֶךְ ג
שְׁלֹשֶׁת יָמִים בַּמִּדְבָּר וְנִזְבְּחָה לַיהוָה אֱלֹהֵינוּ פֶּן־
יִפְגָּעֵנוּ בַּדֶּבֶר אוֹ בֶחָרֶב: וַיֹּאמֶר אֲלֵהֶם מֶלֶךְ מִצְרַיִם ד
לָמָּה מֹשֶׁה וְאַהֲרֹן תַּפְרִיעוּ אֶת־הָעָם מִמַּעֲשָׂיו לְכוּ
לְסִבְלֹתֵיכֶם: וַיֹּאמֶר פַּרְעֹה הֵן־רַבִּים עַתָּה עַם־הָאָרֶץ ה
וְהִשְׁבַּתֶּם אֹתָם מִסִּבְלֹתָם: וַיְצַו פַּרְעֹה בַּיּוֹם הַהוּא ו
אֶת־הַנֹּגְשִׂים בָּעָם וְאֶת־שֹׁטְרָיו לֵאמֹר: לֹא תֹאסִפוּן ז
לָתֵת תֶּבֶן לָעָם לִלְבֹּן הַלְּבֵנִים כִּתְמוֹל שִׁלְשֹׁם הֵם יֵלְכוּ
וְקֹשְׁשׁוּ לָהֶם תֶּבֶן: וְאֶת־מַתְכֹּנֶת הַלְּבֵנִים אֲשֶׁר הֵם ח
עֹשִׂים תְּמוֹל שִׁלְשֹׁם תָּשִׂימוּ עֲלֵיהֶם לֹא תִגְרְעוּ מִמֶּנּוּ
כִּי־נִרְפִּים הֵם עַל־כֵּן הֵם צֹעֲקִים לֵאמֹר נֵלְכָה נִזְבְּחָה

רש״י

ג) פֶּן יִפְגָּעֵנוּ. ״פֶּן יִפְגָּעֲךָ״ הָיָה לָהֶם לוֹמַר, אֶלָּא שֶׁחָלְקוּ כָּבוֹד לַמַּלְכוּת. פְּגִיעָה זוֹ לְשׁוֹן מִקְרֵה מָוֶת הוּא:

ד) תַּפְרִיעוּ אֶת הָעָם מִמַּעֲשָׂיו. תַּבְדִּילוּ וְתַרְחִיקוּ אוֹתָם מִמְּלַאכְתָּם, שֶׁשּׁוֹמְעִין לָכֶם וּסְבוּרִים לָנוּחַ מִן הַמְּלָאכָה. וְכֵן: ״פְּרָעֵהוּ אַל תַּעֲבָר בּוֹ״ (משלי ד, טו) – רַחֲקֵהוּ. וְכֵן: ״וַתִּפְרְעוּ כָל עֲצָתִי״ (שם א, כה). ״כִּי פָרֻעַ הוּא״ (להלן לב, כה) – נִרְחָק וְנִתְעָב: לְכוּ לְסִבְלֹתֵיכֶם. לְכוּ לִמְלַאכְתְּכֶם שֶׁיֵּשׁ לָכֶם לַעֲשׂוֹת בְּבָתֵּיכֶם. אֲבָל מְלֶאכֶת שִׁעְבּוּד מִצְרַיִם לֹא הָיְתָה עַל שִׁבְטוֹ שֶׁל לֵוִי, וְתֵדַע לְךָ, שֶׁהֲרֵי מֹשֶׁה וְאַהֲרֹן יוֹצְאִים וּבָאִים:

ה) הֵן רַבִּים עַתָּה עַם הָאָרֶץ. שֶׁהָעֲבוֹדָה מֻטֶּלֶת עֲלֵיהֶם, וְאַתֶּם מַשְׁבִּיתִים אוֹתָם מִסִּבְלוֹתָם, הֶפְסֵד גָּדוֹל הוּא זֶה:

ו) הַנֹּגְשִׂים. מִצְרִיִּים הָיוּ וְהַשּׁוֹטְרִים הָיוּ יִשְׂרָאֵל. הַנּוֹגֵשׂ מְמֻנֶּה עַל כַּמָּה שׁוֹטְרִים, וְהַשּׁוֹטֵר מְמֻנֶּה לִרְדּוֹת בְּעוֹשֵׂי הַמְּלָאכָה:

ז) תֶּבֶן. אשטובל״א, הָיוּ גּוֹבְלִין אוֹתוֹ עִם הַטִּיט: לְבֵנִים. טיוול״ש, שֶׁעוֹשִׂים מִטִּיט וּמְיַבְּשִׁין אוֹתָן בַּחַמָּה, וְיֵשׁ שֶׁשּׂוֹרְפִין אוֹתָן בְּכִבְשָׁן: כִּתְמוֹל שִׁלְשֹׁם. כַּאֲשֶׁר הֱיִיתֶם עוֹשִׂים עַד הֵנָּה: וְקֹשְׁשׁוּ. וְלָקְטוּ:

ח) וְאֶת מַתְכֹּנֶת הַלְּבֵנִים. סְכוּם חֶשְׁבּוֹן הַלְּבֵנִים שֶׁהָיָה כָּל אֶחָד עוֹשֶׂה לְיוֹם כְּשֶׁהָיָה הַתֶּבֶן נִתָּן לָהֶם, אוֹתוֹ סְכוּם ״תָּשִׂימוּ עֲלֵיהֶם״ גַּם עַתָּה, לְמַעַן תִּכְבַּד הָעֲבוֹדָה עֲלֵיהֶם: כִּי נִרְפִּים. מִן הָעֲבוֹדָה הֵם, לְכָךְ לִבָּם פּוֹנֶה אֶל הַבַּטָּלָה וְ״צֹעֲקִים לֵאמֹר נֵלְכָה״ וְגוֹ׳: מַתְכֹּנֶת. ״וְתֹכֶן לְבֵנִים״ (להלן פסוק יח), ״וְלוֹ נִתְכְּנוּ עֲלִלוֹת״ (שמואל א׳ ב, ג), וְ״אֶת הַכֶּסֶף הַמְתֻכָּן״ (מלכים ב׳ יב, יב), כֻּלָּם לְשׁוֹן חֶשְׁבּוֹן הֵם: נִרְפִּים. הַמְּלָאכָה רְפוּיָה בְּיָדָם וַעֲזוּבָה מֵהֶם וְהֵם נִרְפִּים מִמֶּנָּה, רטריי״ש בְּלַעַז:

ביאור

ג **וַיֹּאמְרוּ** משה ואהרן: אם אינך מכיר אותו בשמו, נסביר לך מיהו – ה׳ הוא **אֱלֹהֵי הָעִבְרִים** והוא **נִקְרָא עָלֵינוּ**, פגש אותנו, ומהתגלותו עלתה ההוראה שעלינו לצאת לעבדו. על כן – **נֵלֲכָה נָּא דֶּרֶךְ שְׁלֹשֶׁת יָמִים בַּמִּדְבָּר וְנִזְבְּחָה לַה׳ אֱלֹהֵינוּ פֶּן יִפְגָּעֵנוּ בַּדֶּבֶר אוֹ בֶחָרֶב**. מלבם הוסיפו שאם לא ישמעו בקולו – ייענשו.

ד **וַיֹּאמֶר אֲלֵהֶם מֶלֶךְ מִצְרַיִם: לָמָּה, מֹשֶׁה וְאַהֲרֹן, תַּפְרִיעוּ אֶת הָעָם מִמַּעֲשָׂיו** בכך שאתם מחדירים לראשיהם של העבדים רעיונות בדבר פולחן זר?! **לְכוּ לְסִבְלֹתֵיכֶם**, לעבודותיכם ולעסקיכם. אל תציעו הצעות ואל תעסקו בפוליטיקה.

ה **וַיֹּאמֶר פַּרְעֹה: הֵן רַבִּים עַתָּה עַם הָאָרֶץ**, העברים, **וְהִשְׁבַּתֶּם אֹתָם** בדבריכם **מִסִּבְלֹתָם**, מעבודתם. אנו זקוקים לעבודה, ואיננו פנויים לענייני חגים וחגיגות.

ומכאן עובר פרעה לנקוט צעד מעשי: ו **וַיְצַו פַּרְעֹה בַּיּוֹם הַהוּא אֶת**
הַנֹּגְשִׂים בָּעָם, הממונים מטעמו על עבודת העברים, **וְאֶת שֹׁטְרָיו**,
מנהלי העבודה מבני ישראל, **לֵאמֹר:** ז **לֹא תֹאסִפוּן**, תוסיפו **לָתֵת**
תֶּבֶן לָעָם לִלְבֹּן הַלְּבֵנִים כִּתְמוֹל שִׁלְשֹׁם. לשם הכנת לבנים לשים
חומר ומערבבים בו תבן כדי להקשיחו. לבסוף שורפים את הלבנים
או מייבשים אותן כדי להקשותן. התבן – הקש הנותר בשדה אחרי
קצירת התבואה – חיוני לייצור הלבנים, אך הוא מצוי לרוב וכמעט
חסר ערך. על כן היו העבדים מקבלים אותו מן המוכן. כעת גזר
פרעה שהתבן לא יינתן עוד לעברים. **הֵם יֵלְכוּ וְקֹשְׁשׁוּ לָהֶם**, יאספו
לעצמם **תֶּבֶן** מן השדות. ח למרות שעתה יוקדש חלק מזמנם
לאיסוף התבן – **וְאֶת מַתְכֹּנֶת**, מכסת, מספר **הַלְּבֵנִים אֲשֶׁר הֵם עֹשִׂים**
תְּמוֹל שִׁלְשֹׁם, מכסת העבודה שהוטלה עליהם עד כה, **תָּשִׂימוּ** תטילו
עֲלֵיהֶם, לֹא תִגְרְעוּ מִמֶּנּוּ – ממספר הלבנים שייצרו עד כה, **כִּי נִרְפִּים**,
עצלים **הֵם. עַל כֵּן הֵם צֹעֲקִים לֵאמֹר: "נֵלְכָה נִזְבְּחָה לֵאלֹהֵינוּ"**. כיוון

הרחבות

'ויאמר אלהם מלך מצרים למה משה ואהרן' פרעה מטיף מוסר למשה ואהרן, אך אינו מאיים עליהם באופן תקיף, כפי שיכול היה לעשות. ייתכן שמענה מרוכך–יחסית זה של פרעה נבע מכך שזכר את חסדו למשה, שגדל בביתו. לחלופין, ייתכן שהתייחס ביראת כבוד כלפי משה ואהרן, שהיו אנשים זקנים. (ראו רמב״ן).

'לא תאספון לתת להם תבן... תכבד העבֹדה על האנשים' מדוע פרעה לא הורה על ייצור לבנים רבות יותר, אלא על עצירת

ט לֵאלֹהֵינוּ: תִּכְבַּד הָעֲבֹדָה עַל־הָאֲנָשִׁים וְיַעֲשׂוּ־בָהּ
י וְאַל־יִשְׁעוּ בְּדִבְרֵי־שָׁקֶר: וַיֵּצְאוּ נֹגְשֵׂי הָעָם וְשֹׁטְרָיו
וַיֹּאמְרוּ אֶל־הָעָם לֵאמֹר כֹּה אָמַר פַּרְעֹה אֵינֶנִּי נֹתֵן
יא לָכֶם תֶּבֶן: אַתֶּם לְכוּ קְחוּ לָכֶם תֶּבֶן מֵאֲשֶׁר תִּמְצָאוּ
יב כִּי אֵין נִגְרָע מֵעֲבֹדַתְכֶם דָּבָר: וַיָּפֶץ הָעָם בְּכָל־אֶרֶץ
יג מִצְרָיִם לְקֹשֵׁשׁ קַשׁ לַתֶּבֶן: וְהַנֹּגְשִׂים אָצִים לֵאמֹר
כַּלּוּ מַעֲשֵׂיכֶם דְּבַר־יוֹם בְּיוֹמוֹ כַּאֲשֶׁר בִּהְיוֹת הַתֶּבֶן:
יד וַיֻּכּוּ שֹׁטְרֵי בְּנֵי יִשְׂרָאֵל אֲשֶׁר־שָׂמוּ עֲלֵהֶם נֹגְשֵׂי פַרְעֹה
לֵאמֹר מַדּוּעַ לֹא כִלִּיתֶם חָקְכֶם לִלְבֹּן כִּתְמוֹל שִׁלְשֹׁם

רש"י

ט | וְאַל יִשְׁעוּ בְּדִבְרֵי שָׁקֶר. וְאַל יֶהְגּוּ וִידַבְּרוּ תָּמִיד בְּדִבְרֵי רוּחַ לֵאמֹר: "נֵלְכָה נִזְבְּחָה". וְדוֹמֶה לוֹ: "וְאֶשְׁעָה בְחֻקֶּיךָ תָמִיד" (תהלים קיט, קיז); "לְמָשָׁל וְלִשְׁנִינָה" (דברים כח, לז) – "וּלְשׁוּעִי"; "וַיְסַפֵּר" (להלן יח, ח) – "וְאֶשְׁתַּעִי". וְאִי אֶפְשָׁר לוֹמַר 'יִשְׁעוּ' לְשׁוֹן "וַיִּשַׁע ה' אֶל הֶבֶל... וְאֶל קַיִן וְאֶל מִנְחָתוֹ לֹא שָׁעָה" (בראשית ד, ד-ה) וּלְפָרֵשׁ 'אַל יִשְׁעוּ' – אַל יִפְנוּ, שֶׁאִם כֵּן הָיָה לוֹ לִכְתֹּב: 'וְאַל יִשְׁעוּ אֶל דִּבְרֵי שָׁקֶר' אוֹ 'לְדִבְרֵי שָׁקֶר' כִּי כֵן גִּזְרַת כֻּלָּם: "יִשְׁעֶה הָאָדָם עַל עֹשֵׂהוּ" (ישעיה יז, ז), "וְלֹא שָׁעוּ עַל קְדוֹשׁ יִשְׂרָאֵל" (שם לא, א), "וְלֹא יִשְׁעֶה אֶל הַמִּזְבְּחוֹת" (שם יז, ח), וְלֹא מָצָאתִי שִׁמּוּשׁ שֶׁל בֵּי"ת סְמוּכָה לְאַחֲרֵיהֶם. אֲבָל אַחַר לְשׁוֹן דִּבּוּר כְּמִתְעַסֵּק לְדַבֵּר בְּדָבָר נוֹפֵל לְשׁוֹן שִׁמּוּשׁ בֵּי"ת, כְּגוֹן: "הַנִּדְבָּרִים בָּךְ" (יחזקאל לג, ל), "וַתְּדַבֵּר מִרְיָם וְאַהֲרֹן בְּמֹשֶׁה" (במדבר יב, א), "הַמַּלְאָךְ הַדֹּבֵר בִּי" (זכריה ד, א), "לְדַבֵּר בָּם" (דברים יא, יט), "וְאֲדַבְּרָה בְעֵדֹתֶיךָ" (תהלים קיט, מו). אַף כָּאן, "אַל יִשְׁעוּ בְּדִבְרֵי שָׁקֶר" – אַל יִהְיוּ נִדְבָּרִים בְּדִבְרֵי שָׁוְא וַהֲבַאי:

יא | אַתֶּם לְכוּ קְחוּ לָכֶם תֶּבֶן. וּצְרִיכִים אַתֶּם לֵילֵךְ בִּזְרִיזוּת "כִּי אֵין נִגְרָע" דָּבָר מִכָּל סְכוּם לְבֵנִים שֶׁהֱיִיתֶם עוֹשִׂים לְיוֹם בִּהְיוֹת הַתֶּבֶן נִתָּן לָכֶם מְזֻמָּן מִבֵּית הַמֶּלֶךְ:

יב | לְקֹשֵׁשׁ קַשׁ לַתֶּבֶן. לֶאֱסֹף אֲסִיפָה, לְלַקֵּט לֶקֶט לְצֹרֶךְ תֶּבֶן הַטִּיט: קַשׁ. לְשׁוֹן לִקּוּט, עַל שֵׁם שֶׁדָּבָר הַמִּתְפַּזֵּר הוּא וְצָרִיךְ לְקוֹשְׁשׁוֹ הוּא קָרוּי 'קַשׁ' בִּשְׁאָר מְקוֹמוֹת:

יג | אָצִים. דּוֹחֲקִים: דְּבַר יוֹם בְּיוֹמוֹ. חֶשְׁבּוֹן שֶׁל כָּל יוֹם כַּלּוּ בְּיוֹמוֹ, כַּאֲשֶׁר עֲשִׂיתֶם בִּהְיוֹת הַתֶּבֶן מוּכָן:

יד | וַיֻּכּוּ שֹׁטְרֵי בְּנֵי יִשְׂרָאֵל. הַשּׁוֹטְרִים יִשְׂרְאֵלִים הָיוּ וְחָסִים עַל חַבְרֵיהֶם מִלְּדָחֳקָם, וּכְשֶׁהָיוּ מַשְׁלִימִים הַלְּבֵנִים לַנּוֹגְשִׂים שֶׁהֵם מִצְרִיִּים וְהָיָה חָסֵר מִן הַסְּכוּם, הָיוּ מַלְקִין אוֹתָם עַל שֶׁלֹּא דָּחֲקוּ אֶת עוֹשֵׂי הַמְּלָאכָה. לְפִיכָךְ זָכוּ אוֹתָן שׁוֹטְרִים לִהְיוֹת סַנְהֶדְרִין וְנֶאֱצַל מִן הָרוּחַ אֲשֶׁר עַל מֹשֶׁה וְהוּשַׂם עֲלֵיהֶם, שֶׁנֶּאֱמַר "אֶסְפָה לִּי שִׁבְעִים אִישׁ מִזִּקְנֵי יִשְׂרָאֵל", מֵאוֹתָן שֶׁיָּדַעְתָּ הַטּוֹבָה שֶׁעָשׂוּ בְּמִצְרַיִם "כִּי הֵם זִקְנֵי הָעָם וְשֹׁטְרָיו" (במדבר יא, טז): וַיֻּכּוּ שֹׁטְרֵי בְּנֵי יִשְׂרָאֵל. אֲשֶׁר שָׂמוּ נֹגְשֵׂי פַרְעֹה אוֹתָם לְשׁוֹטְרִים עֲלֵיהֶם: לֵאמֹר מַדּוּעַ וְגוֹ'. לָמָּה "וַיֻּכּוּ"? שֶׁהָיוּ

ביאור

שפרעה אינו מכיר את האל הזה, ומכיוון שהעברים לא נהגו בפולחן
זה מעולם, הוא לא ראה בדברי משה ואהרן אלא דברי הבל המושכים
את לב העברים העצלים והמשביתים אותם ממלאכתם. ט **תִּכְבַּד**
הָעֲבֹדָה עַל הָאֲנָשִׁים באמצעות השארת מכסת העבודה בעינה בלא
אספקת התבן, **וְיַעֲשׂוּ בָהּ**, וכיוון שלא יהיה להם פנאי, **אַל יִשְׁעוּ**,
יעסקו **בְּדִבְרֵי שָׁקֶר**.

י **וַיֵּצְאוּ נֹגְשֵׂי הָעָם וְשֹׁטְרָיו, וַיֹּאמְרוּ אֶל הָעָם לֵאמֹר – כֹּה אָמַר פַּרְעֹה:**
"אֵינֶנִּי נֹתֵן לָכֶם תֶּבֶן. יא **אַתֶּם לְכוּ קְחוּ לָכֶם תֶּבֶן מֵאֲשֶׁר תִּמְצָאוּ כִּי,**
כאשר **אֵין נִגְרָע** ממכסת **עֲבֹדַתְכֶם דָּבָר"**.

יב **וַיָּפֶץ**, התפזר **הָעָם בְּכָל** שדות **אֶרֶץ מִצְרָיִם לְקֹשֵׁשׁ**, לאסוף **קַשׁ**
לַעשותו **תֶּבֶן**, שהוא קש מחותך. יג **וְהַנֹּגְשִׂים אָצִים**, ממהרים, או:
דוחקים בהם למהר[47] **לֵאמֹר: כַּלּוּ**, סיימו **מַעֲשֵׂיכֶם דְּבַר יוֹם בְּיוֹמוֹ,**
כַּאֲשֶׁר בִּהְיוֹת הַתֶּבֶן. הם דרשו מהעם להזדרז כך שתפוקתם תשתווה
לתפוקתם הקודמת.

יד **וַיֻּכּוּ שֹׁטְרֵי בְּנֵי יִשְׂרָאֵל אֲשֶׁר שָׂמוּ עֲלֵהֶם נֹגְשֵׂי פַרְעֹה**. השוטרים
היו אנשי מעלה הגונים בעלי מעמד בקהל ישראל,[48] אשר מונו
כמנהלי עבודה זוטרים. לא הייתה להם סמכות של ממש, אך הם
היו אחראים לעבודה כלפי הנוגשים, וכאשר לא סופקה המכסה –
הוכו. **לֵאמֹר: מַדּוּעַ לֹא כִלִּיתֶם חָקְכֶם**, הקצבה המוטלת על העם
לִלְבֹּן כִּתְמוֹל שִׁלְשֹׁם, גַּם תְּמוֹל גַּם הַיּוֹם?

מימין: תבן

משמאל: לבנים ובהן תבן

הרחבות

אספקת התבן? ייתכן שבכך ביקש לחסוך את הטרחה שבאיסוף התבן. מלבד זאת, כיוון שאת הלבנים מייצרים לצורך בניינים, יש להתאים את קצב הכנתן לקצב עבודת פועלי הבניין ולמספרם. עודף לבנים היה עלול לגרום לבעיות. מאחר שפרעה לא היה מעוניין בהגדלת התפוקה, אלא בלחיצת העברים, הכנעתם ושבירת רוחם, הוא העדיף להכביד את העבודה באופן זה.

גַּם־תְּמ֖וֹל גַּם־הַיּֽוֹם׃ וַיָּבֹ֗אוּ שֹֽׁטְרֵי֙ בְּנֵ֣י יִשְׂרָאֵ֔ל וַֽיִּצְעֲק֥וּ טו
אֶל־פַּרְעֹ֖ה לֵאמֹ֑ר לָ֧מָּה תַעֲשֶׂ֛ה כֹ֖ה לַעֲבָדֶֽיךָ׃ תֶּ֗בֶן אֵ֤ין טז
נִתָּן֙ לַעֲבָדֶ֔יךָ וּלְבֵנִ֛ים אֹמְרִ֥ים לָ֖נוּ עֲשׂ֑וּ וְהִנֵּ֧ה עֲבָדֶ֛יךָ
מֻכִּ֖ים וְחָטָ֥את עַמֶּֽךָ׃ וַיֹּ֛אמֶר נִרְפִּ֥ים אַתֶּ֖ם נִרְפִּ֑ים עַל־ יז
כֵּן֙ אַתֶּ֣ם אֹֽמְרִ֔ים נֵלְכָ֖ה נִזְבְּחָ֥ה לַֽיהוָֽה׃ וְעַתָּה֙ לְכ֣וּ יח
עִבְד֔וּ וְתֶ֖בֶן לֹא־יִנָּתֵ֣ן לָכֶ֑ם וְתֹ֥כֶן לְבֵנִ֖ים תִּתֵּֽנוּ׃ וַיִּרְא֞וּ יט
שֹׁטְרֵ֧י בְנֵֽי־יִשְׂרָאֵ֛ל אֹתָ֖ם בְּרָ֣ע לֵאמֹ֑ר לֹא־תִגְרְע֥וּ
מִלִּבְנֵיכֶ֖ם דְּבַר־י֥וֹם בְּיוֹמֽוֹ׃ וַֽיִּפְגְּעוּ֙ אֶת־מֹשֶׁ֣ה וְאֶֽת־ כ
אַהֲרֹ֔ן נִצָּבִ֖ים לִקְרָאתָ֑ם בְּצֵאתָ֖ם מֵאֵ֥ת פַּרְעֹֽה׃ וַיֹּאמְר֣וּ כא
אֲלֵהֶ֔ם יֵ֧רֶא יְהוָ֛ה עֲלֵיכֶ֖ם וְיִשְׁפֹּ֑ט אֲשֶׁ֧ר הִבְאַשְׁתֶּ֣ם
אֶת־רֵיחֵ֗נוּ בְּעֵינֵ֤י פַרְעֹה֙ וּבְעֵינֵ֣י עֲבָדָ֔יו לָֽתֶת־חֶ֥רֶב
מפטיר בְּיָדָ֖ם לְהָרְגֵֽנוּ׃ וַיָּ֧שָׁב מֹשֶׁ֛ה אֶל־יְהוָ֖ה וַיֹּאמַ֑ר אֲדֹנָ֗י כב

רש"י

אוֹמְרִים לָהֶם: מַדּוּעַ לֹא כִלִּיתֶם גַּם תְּמוֹל גַּם הַיּוֹם חֹק הַקָּצוּב עֲלֵיכֶם לִלְבֹּן כִּתְמוֹל הַשְּׁלִישִׁי, שֶׁהוּא יוֹם שֶׁלִּפְנֵי אֶתְמוֹל, וְהוּא הָיָה כִּהְיוֹת הַתֶּבֶן נִתָּן לָהֶם. וַיֻּכּוּ. לְשׁוֹן וַיְּפֻעֲלוּ, הֻכּוּ מִיַּד אֲחֵרִים, הַנּוֹגְשִׂים הִכּוּם:

טז **וּלְבֵנִים אוֹמְרִים לָנוּ.** הַנּוֹגְשִׂים, "עֲשׂוּ" כַּמִּנְיָן הָרִאשׁוֹן: **וְחָטָאת עַמֶּךָ.** אִלּוּ הָיָה נָקוּד פַּתָּח הָיִיתִי אוֹמֵר שֶׁהוּא דָּבוּק – וְדָבָר זֶה חַטַּאת עַמְּךָ הוּא. עַכְשָׁיו שֶׁהוּא קָמָץ, שֵׁם דָּבָר הוּא, וְכָךְ פֵּרוּשׁוֹ, וְדָבָר זֶה מֵבִיא חַטָּאת עַל עַמֶּךָ, כְּאִלּוּ כָתוּב: 'וְחַטָּאת לְעַמֶּךָ', כְּמוֹ: "כְּבוֹאָנָה בֵּית לֶחֶם" (רות א, יט) שֶׁהוּא כְּמוֹ לְבֵית לֶחֶם, וְכֵן הַרְבֵּה:

יח **וְתֹכֶן לְבֵנִים.** חֶשְׁבּוֹן הַלְּבֵנִים, וְכֵן: "אֶת הַכֶּסֶף הַמְתֻכָּן" (מלכים ב' יב, יב) הַמָּנוּי, כְּמוֹ שֶׁאָמוּר בָּעִנְיָן: "וַיָּצֻרוּ וַיִּמְנוּ אֶת הַכֶּסֶף" (שם יא):

יט **וַיִּרְאוּ שֹׁטְרֵי בְנֵי יִשְׂרָאֵל.** אֶת חַבְרֵיהֶם הַנִּרְדִּים עַל יָדָם, "בְּרָע" – רָאוּ אוֹתָם בְּרָעָה וְצָרָה הַמּוֹצֵאת אוֹתָם בְּהַכְבִּידָם הָעֲבוֹדָה עֲלֵיהֶם "לֵאמֹר: לֹא תִגְרְעוּ" וְגוֹ':

כ **וַיִּפְגְּעוּ.** אֲנָשִׁים מִיִּשְׂרָאֵל, "אֶת מֹשֶׁה וְאֶת אַהֲרֹן" וְגוֹ'. וְרַבּוֹתֵינוּ אָמְרוּ, כָּל 'נִצִּים' וְ'נִצָּבִים' דָּתָן וַאֲבִירָם הָיוּ, שֶׁנֶּאֱמַר בָּהֶם: "יָצְאוּ נִצָּבִים" (במדבר טז, כז):

ביאור

טו **וַיָּבֹאוּ שֹׁטְרֵי בְּנֵי יִשְׂרָאֵל, וַיִּצְעֲקוּ אֶל פַּרְעֹה לֵאמֹר: לָמָּה תַעֲשֶׂה כֹה**
לַעֲבָדֶיךָ?! טז מצד אחד, **תֶּבֶן אֵין נִתָּן לַעֲבָדֶיךָ**, ומצד שני, **לְבֵנִים**
אֹמְרִים לָנוּ "עֲשׂוּ!" וְהִנֵּה עֲבָדֶיךָ - אנחנו **מֻכִּים, וְחָטָאת**, חסרון
הלבנים ממילא ייפול על **עַמֶּךָ**, ולא הועלת כלום בגזרתך.

אף על פי שלא היה בדברי השוטרים שמץ מרד בפרעה, פרעה
חשש שדבריהם מונָעים, בין היתר, מן התקוות שנטעו משה ואהרן
בעם. יז כיוון שתלה את היקלטותן של התקוות הללו בקרב ישראל
בכך שהיו בטלים מדי ממלאכה, החליט פרעה להכביד עוד את
עולו - **וַיֹּאמֶר** פרעה: **נִרְפִּים אַתֶּם, נִרְפִּים. עַל כֵּן אַתֶּם אֹמְרִים: "נֵלְכָה**
נִזְבְּחָה לַה'". יח **וְעַתָּה לְכוּ עִבְדוּ, וְתֶבֶן לֹא יִנָּתֵן לָכֶם, וְתֹכֶן**, מספר
הַלְּבֵנִים תִּתֵּנוּ.

יט **וַיִּרְאוּ שֹׁטְרֵי בְנֵי יִשְׂרָאֵל אֹתָם**, את עצמם, **בְּ**מצב **רָע, לֵאמֹר: לֹא**
תִגְרְעוּ מִלִּבְנֵיכֶם דְּבַר יוֹם בְּיוֹמוֹ. לא נמצא מוצא לשוטרים. הם הוכו
בשל אחריותם לסיפוק כמות לבנים שהעם אינו מסוגל לייצר, ולא
יכלו לחמוק מכך. כ **וַיִּפְגְּעוּ**, השוטרים פגשו **אֶת מֹשֶׁה וְאֶת אַהֲרֹן**
נִצָּבִים, עומדים **לִקְרָאתָם בְּצֵאתָם מֵאֵת פַּרְעֹה**, ביציאה מארמון פרעה
או בדרך. כא **וַיֹּאמְרוּ** השוטרים **אֲלֵהֶם: יֵרֶא ה' עֲלֵיכֶם וְיִשְׁפֹּט** אתכם,
על **אֲשֶׁר הִבְאַשְׁתֶּם**, הסרחתם **אֶת רֵיחֵנוּ**, פגמתם בשמנו הטוב
בְּעֵינֵי פַרְעֹה וּבְעֵינֵי עֲבָדָיו, ועתה יש להם אמתלה כלפינו, שיש בה
כדי **לָתֶת חֶרֶב בְּיָדָם לְהָרְגֵנוּ.** השוטרים הבינו שהכבדת השעבוד לא
נבעה מצרכים כלכליים אמתיים של פרעה אלא מרצונו לדכא את
רעיונות המרד החדשים שעוררו משה ואהרן.

כאן לראשונה פנה משה אל ה' ביזמתו: כב **וַיָּשָׁב מֹשֶׁה אֶל ה' וַיֹּאמַר:** ›

לָמָה הֲרֵעֹתָה לָעָם הַזֶּה לָמָּה זֶּה שְׁלַחְתָּנִי׃ וּמֵאָז כג
בָּאתִי אֶל־פַּרְעֹה לְדַבֵּר בִּשְׁמֶךָ הֵרַע לָעָם הַזֶּה וְהַצֵּל
לֹא־הִצַּלְתָּ אֶת־עַמֶּךָ׃ וַיֹּאמֶר יְהוָה אֶל־מֹשֶׁה עַתָּה א ו
תִרְאֶה אֲשֶׁר אֶעֱשֶׂה לְפַרְעֹה כִּי בְיָד חֲזָקָה יְשַׁלְּחֵם
וּבְיָד חֲזָקָה יְגָרְשֵׁם מֵאַרְצוֹ׃
וארא ד וַיְדַבֵּר אֱלֹהִים אֶל־מֹשֶׁה וַיֹּאמֶר אֵלָיו אֲנִי יְהוָה׃ וָאֵרָא ב ג
אֶל־אַבְרָהָם אֶל־יִצְחָק וְאֶל־יַעֲקֹב בְּאֵל שַׁדָּי וּשְׁמִי
יְהוָה לֹא נוֹדַעְתִּי לָהֶם׃ וְגַם הֲקִמֹתִי אֶת־בְּרִיתִי אִתָּם ד
לָתֵת לָהֶם אֶת־אֶרֶץ כְּנָעַן אֵת אֶרֶץ מְגֻרֵיהֶם אֲשֶׁר־

רש״י

כב| **לָמָה הֲרֵעֹתָה לָעָם הַזֶּה.** וְאִם תֹּאמַר, מָה אִכְפַּת לְךָ? קוֹבֵל אֲנִי עַל שֶׁשְּׁלַחְתַּנִי:

כג| **הֵרַע.** לְשׁוֹן הִפְעִיל הוּא, הִרְבָּה רָעָה עֲלֵיהֶם. וְתַרְגּוּמוֹ "אַבְאֵישׁ":

פרק ו

א| **עַתָּה תִרְאֶה וְגוֹ'.** הִרְהַרְתָּ עַל מִדּוֹתַי, לֹא כְאַבְרָהָם שֶׁאָמַרְתִּי לוֹ: "כִּי בְיִצְחָק יִקָּרֵא לְךָ זָרַע" (בראשית כא, יב) וְאַחַר כָּךְ אָמַרְתִּי לוֹ: "הַעֲלֵהוּ... לְעֹלָה" (שם כב, ב) וְלֹא הִרְהֵר אַחֲרַי. לְפִיכָךְ – "עַתָּה תִרְאֶה", הֶעָשׂוּי לְפַרְעֹה תִרְאֶה, וְלֹא הֶעָשׂוּי לְמַלְכֵי שִׁבְעָה אֻמּוֹת כְּשֶׁאֲבִיאֵם לָאָרֶץ: **כִּי בְיָד חֲזָקָה יְשַׁלְּחֵם.** מִפְּנֵי יָדִי שֶׁתֶּחֱזַק עָלָיו יְשַׁלְּחֵם: **וּבְיָד חֲזָקָה יְגָרְשֵׁם מֵאַרְצוֹ.** עַל כָּרְחָם שֶׁל יִשְׂרָאֵל יְגָרְשֵׁם וְלֹא יַסְפִּיקוּ לַעֲשׂוֹת לָהֶם צֵדָה, וְכֵן הוּא אוֹמֵר: "וַתֶּחֱזַק מִצְרַיִם עַל הָעָם" וְגוֹ' (להלן יב, לג):

ב| **וַיְדַבֵּר אֱלֹהִים אֶל מֹשֶׁה.** דִּבֵּר אִתּוֹ מִשְׁפָּט עַל שֶׁהִקְשָׁה לְדַבֵּר וְלוֹמַר: "לָמָה הֲרֵעֹתָה לָעָם הַזֶּה" (לעיל ה, כב): **וַיֹּאמֶר אֵלָיו אֲנִי ה'.** נֶאֱמָן לְשַׁלֵּם שָׂכָר טוֹב לַמִּתְהַלְּכִים לְפָנַי. וְלֹא לְחִנָּם שְׁלַחְתִּיךָ כִּי אִם לְקַיֵּם דְּבָרַי לְאָבוֹת הָרִאשׁוֹנִים. וּבַלָּשׁוֹן הַזֶּה מָצִינוּ שֶׁהוּא נִדְרָשׁ בְּכַמָּה מְקוֹמוֹת: "אֲנִי ה'" נֶאֱמָן לְפָרַע, כְּשֶׁהוּא אָמוּר אֵצֶל עֹנֶשׁ כְּגוֹן: "וְחִלַּלְתָּ אֶת שֵׁם אֱלֹהֶיךָ אֲנִי ה'" (ויקרא יט, יב); וּכְשֶׁהוּא אָמוּר אֵצֶל קִיּוּם מִצְוֹת כְּגוֹן: "וּשְׁמַרְתֶּם מִצְוֹתַי וַעֲשִׂיתֶם אֹתָם אֲנִי ה'" (שם כב, לא) נֶאֱמָן לִתֵּן שָׂכָר:

ג| **וָאֵרָא.** אֶל הָאָבוֹת: **בְּאֵל שַׁדָּי.** הִבְטַחְתִּים הַבְטָחוֹת וּבְכֻלָּן אָמַרְתִּי לָהֶם: "אֲנִי אֵל שַׁדַּי": **וּשְׁמִי ה' לֹא נוֹדַעְתִּי לָהֶם.** 'לֹא הוֹדַעְתִּי' אֵין כְּתִיב כָּאן אֶלָּא "לֹא נוֹדַעְתִּי", לֹא נִכַּרְתִּי לָהֶם בְּמִדַּת אֲמִתּוּת שֶׁלִּי שֶׁעָלֶיהָ נִקְרָא שְׁמִי ה', נֶאֱמָן לְאַמֵּת דְּבָרַי, שֶׁהֲרֵי הִבְטַחְתִּים וְלֹא קִיַּמְתִּי:

ד| **וְגַם הֲקִמֹתִי אֶת בְּרִיתִי וְגוֹ'.** וְגַם כְּשֶׁנִּרְאֵיתִי לָהֶם בְּאֵל שַׁדַּי הִצַּבְתִּי וְהֶעֱמַדְתִּי בְּרִית בֵּינִי וּבֵינֵיהֶם "לָתֵת לָהֶם אֶת אֶרֶץ כְּנָעַן" – לְאַבְרָהָם בְּפָרָשַׁת מִילָה נֶאֱמַר: "אֲנִי אֵל שַׁדַּי וְגוֹ' וְנָתַתִּי לְךָ וּלְזַרְעֲךָ אַחֲרֶיךָ אֵת אֶרֶץ מְגֻרֶיךָ" (בראשית יז, א-ח); לְיִצְחָק: "כִּי לְךָ וּלְזַרְעֲךָ אֶתֵּן אֶת כָּל הָאֲרָצֹת הָאֵל וַהֲקִמֹתִי אֶת הַשְּׁבֻעָה אֲשֶׁר נִשְׁבַּעְתִּי לְאַבְרָהָם" (שם כו, ג), וְאוֹתָהּ שְׁבוּעָה שֶׁנִּשְׁבַּעְתִּי לְאַבְרָהָם בְּאֵל שַׁדַּי נֶאֶמְרָה;

ביאור

אֲדֹנָי, לָמָה הֲרֵעֹתָה לָעָם הַזֶּה?! לָמָּה זֶּה שְׁלַחְתָּנִי?! כג וּמֵאָז בָּאתִי אֶל
פַּרְעֹה לְדַבֵּר בִּשְׁמֶךָ, הֵרַע פרעה לָעָם הַזֶּה, וְהַצֵּל לֹא הִצַּלְתָּ אֶת עַמֶּךָ.
באתי לגאול את ישראל, והנה הכנסתי אותם למצוקה קשה יותר.
ה׳ לא ביקר את טענתו הקשה של משה, שנאמרה בכאב כן.[49] פרק
ו א **וַיֹּאמֶר ה׳ אֶל מֹשֶׁה: עַתָּה תִרְאֶה** את **אֲשֶׁר אֶעֱשֶׂה לְפַרְעֹה, כִּי**
פרעה לא רק יאפשר להם לצאת; אף **בְּיָד חֲזָקָה יְשַׁלְּחֵם, וּבְיָד חֲזָקָה**
יְגָרְשֵׁם מֵאַרְצוֹ. הוא ידרוש מהם בכוח לצאת ממצרים.[50]

פרשת וארא

השליחות המחודשת במצרים

פרק ו פס׳ ב – פרק ז פס׳ ז

בסוף העניין הקודם הגיב ה׳ לפנייתו החריפה של משה כלפי השתלשלות שליחותו, אשר החמירה את מצוקתם של ישראל במצרים באופן מידי. בעניין שלפנינו ה׳ יוזם את הדיבור אל משה, כפי שעשה בהתגלות הראשונה, ליד הסנה. עתה, במצרים, הוא חוזר על עיקר המסר שהשמיע למשה בהר האלוקים ועל שליחותו הן אל ישראל והן אל פרעה תוך הדגשת המשמעויות הנשגבות הכרוכות במהלך הצפוי.

הרצף הסיפורי נקטע לקראת סוף העניין ברשימת היוחסין הממקמת את משה ואהרן בהקשר הגנאלוגי של העם המתהווה. אחרי רשימת התולדות הזו שב הכתוב לצטט את דברי השליחות של ה׳ באוזני משה, את החששות שביטא משה ואת תשובתו המורכבת של ה׳, המדגישה שוב את צירוף תמיכתו של אהרן, ועם זאת אינה מסתירה את דרך החתחתים הצפויה להם מול עקשות לבו של פרעה.

ב **וַיְדַבֵּר אֱלֹהִים אֶל מֹשֶׁה וַיֹּאמֶר אֵלָיו: אֲנִי ה׳,** שהופעתי לפניך ליד
הסנה. ג **וָאֵרָא,** התגליתי **אֶל אַבְרָהָם, אֶל יִצְחָק וְאֶל יַעֲקֹב,** אך שלא
כמו בהתגלותי אליך, אליהם נראיתי **בְּ**שם **אֵל שַׁדָּי.** כך הודעתי את
עצמי להם, וכך הם קראו לי.[1] **וּשְׁמִי ה׳ לֹא נוֹדַעְתִּי לָהֶם.** ההתגלות
לאבות לא הייתה באותה מדרגה עליונה של ההתגלות אליך, משה.[2]
אמנם שם הוויה (י–ה–ו–ה), השם המפורש, נזכר גם בספר בראשית,
אך ייתכן בהחלט שלאבות הוא לא היה ידוע ומושג, והוא נזכר שָׁם
בתור שם שנתגלה לאחר מכן.[3] ד **וְ**עם זאת, **גַּם הֲקִמֹתִי אֶת בְּרִיתִי**
אִתָּם, שֶׁבה הבטחתי **לָתֵת לָהֶם אֶת אֶרֶץ כְּנָעַן, אֵת אֶרֶץ מְגֻרֵיהֶם אֲשֶׁר**

הרחבות

'וארא אל אברהם אל יצחק ואל יעקב... וגם הקמתי את בריתי אתם' ה׳ מציין את האבות לא רק כדי להזכיר את הברית אתם, אלא גם כדי להעיר למשה: לאבות, שזכו בהתגלות חשופה פחות מזו שבה זכית אתה, הובטחה הארץ, אך ההבטחה לא התממשה בימיהם. והנה הם לא באו בטרוניה, ואילו אתה, משאינך נוכח בהצלחה המידית של שליחותך, אתה בא בטענות?! (שמות רבה ו,ד).

גָּרוּ בָהּ׃ וְגַם ׀ אֲנִי שָׁמַעְתִּי אֶת־נַאֲקַת בְּנֵי יִשְׂרָאֵל ה
אֲשֶׁר מִצְרַיִם מַעֲבִדִים אֹתָם וָאֶזְכֹּר אֶת־בְּרִיתִי׃ לָכֵן ו
אֱמֹר לִבְנֵי־יִשְׂרָאֵל אֲנִי יהוה וְהוֹצֵאתִי אֶתְכֶם מִתַּחַת
סִבְלֹת מִצְרַיִם וְהִצַּלְתִּי אֶתְכֶם מֵעֲבֹדָתָם וְגָאַלְתִּי
אֶתְכֶם בִּזְרוֹעַ נְטוּיָה וּבִשְׁפָטִים גְּדֹלִים׃ וְלָקַחְתִּי ז
אֶתְכֶם לִי לְעָם וְהָיִיתִי לָכֶם לֵאלֹהִים וִידַעְתֶּם כִּי
אֲנִי יהוה אֱלֹהֵיכֶם הַמּוֹצִיא אֶתְכֶם מִתַּחַת סִבְלוֹת
מִצְרָיִם׃ וְהֵבֵאתִי אֶתְכֶם אֶל־הָאָרֶץ אֲשֶׁר נָשָׂאתִי ח
אֶת־יָדִי לָתֵת אֹתָהּ לְאַבְרָהָם לְיִצְחָק וּלְיַעֲקֹב וְנָתַתִּי
אֹתָהּ לָכֶם מוֹרָשָׁה אֲנִי יהוה׃ וַיְדַבֵּר מֹשֶׁה כֵּן אֶל־בְּנֵי ט
יִשְׂרָאֵל וְלֹא שָׁמְעוּ אֶל־מֹשֶׁה מִקֹּצֶר רוּחַ וּמֵעֲבֹדָה
קָשָׁה׃

רש"י

לְיַעֲקֹב: "אֲנִי אֵל שַׁדַּי פְּרֵה וּרְבֵה וְגוֹ' וְאֶת הָאָרֶץ אֲשֶׁר" וְגוֹ' (שם לה, יא-יב). הֲרֵי שֶׁנִּדְבַּרְתִּי לָהֶם וְלֹא קִיַּמְתִּי:

ה) וְגַם אֲנִי. כְּמוֹ שֶׁהִצַּבְתִּי וְהֶעֱמַדְתִּי הַבְּרִית יֵשׁ עָלַי לְקַיֵּם, לְפִיכָךְ "שָׁמַעְתִּי אֶת נַאֲקַת בְּנֵי יִשְׂרָאֵל" הַנֶּאֱנָקִים, "אֲשֶׁר מִצְרַיִם מַעֲבִדִים אֹתָם, וָאֶזְכֹּר" אוֹתוֹ הַבְּרִית, כִּי בַּבְּרִית בֵּין הַבְּתָרִים אָמַרְתִּי לוֹ: "וְגַם אֶת הַגּוֹי אֲשֶׁר יַעֲבֹדוּ דָּן אָנֹכִי" (שם טו, יד):

ו) לָכֵן. עַל פִּי אוֹתָהּ הַשְּׁבוּעָה: אֱמֹר לִבְנֵי יִשְׂרָאֵל אֲנִי ה'. הַנֶּאֱמָן בְּהַבְטָחָתִי: וְהוֹצֵאתִי אֶתְכֶם. כִּי כֵן הִבְטַחְתִּי: "וְאַחֲרֵי כֵן יֵצְאוּ בִּרְכֻשׁ גָּדוֹל" (שם): סִבְלֹת. טֹרַח מַשָּׂא מִצְרַיִם:

ח) נָשָׂאתִי אֶת יָדִי. הֲרִימוֹתִיהָ לִשָּׁבַע בְּכִסְאִי:

ט) וְלֹא שָׁמְעוּ אֶל מֹשֶׁה. לֹא קִבְּלוּ תַּנְחוּמִין: מִקֹּצֶר רוּחַ. כָּל מִי שֶׁהוּא מֵצַר, רוּחוֹ וּנְשִׁימָתוֹ קְצָרָה וְאֵינוֹ יָכוֹל לְהַאֲרִיךְ בִּנְשִׁימָתוֹ.

קָרוֹב לְעִנְיָן זֶה שָׁמַעְתִּי בְּפָרָשָׁה זוֹ מֵרַבִּי בָּרוּךְ בְּרַבִּי אֱלִיעֶזֶר, וְהֵבִיא לִי רְאָיָה מִמִּקְרָא זֶה: "בַּפַּעַם הַזֹּאת אוֹדִיעֵם אֶת יָדִי וְאֶת גְּבוּרָתִי וְיָדְעוּ כִּי שְׁמִי ה'" (ירמיה טז, כא); לָמַדְנוּ כְּשֶׁהַקָּדוֹשׁ בָּרוּךְ הוּא מְאַמֵּן אֶת דְּבָרָיו, אֲפִלּוּ לְפֻרְעָנוּת, מוֹדִיעַ שֶׁשְּׁמוֹ ה', וְכָל שֶׁכֵּן הָאֲמָנָה לְטוֹבָה. וְרַבּוֹתֵינוּ דְּרָשׁוּהוּ לְעִנְיָן שֶׁל מַעְלָה שֶׁאָמַר מֹשֶׁה: "לָמָה הֲרֵעֹתָה" (לעיל ה, כב), אָמַר לוֹ הַקָּדוֹשׁ בָּרוּךְ הוּא: חֲבַל עַל דְּאָבְדִין וְלָא מִשְׁתַּכְּחִין! יֵשׁ לִי לְהִתְאוֹנֵן עַל מִיתַת הָאָבוֹת, הַרְבֵּה פְּעָמִים נִגְלֵיתִי עֲלֵיהֶם בְּאֵל שַׁדַּי וְלֹא אָמְרוּ לִי מַה שְּׁמֶךָ, וְאַתָּה אָמַרְתָּ: "מַה שְּׁמוֹ, מָה אֹמַר אֲלֵיהֶם" (לעיל ג, יג): וְגַם הֲקִמֹתִי וְגוֹ'. וּכְשֶׁבִּקֵּשׁ אַבְרָהָם לִקְבֹּר אֶת שָׂרָה לֹא

ביאור

גָּרוּ בָהּ. ה וְגַם אֲנִי שָׁמַעְתִּי אֶת נַאֲקַת, צעקת, אנחת **בְּנֵי יִשְׂרָאֵל, אֲשֶׁר מִצְרַיִם מַעֲבִדִים אֹתָם, וָאֶזְכֹּר אֶת בְּרִיתִי** עם האבות. ו **לָכֵן אֱמֹר לִבְנֵי יִשְׂרָאֵל: אֲנִי** הוא **ה'**, אני הנמצא, הפועל ובעל הכוח, ואני מבטיח לכם: **וְהוֹצֵאתִי אֶתְכֶם מִתַּחַת סִבְלֹת**, הנטל הכבד של **מִצְרַיִם, וְהִצַּלְתִּי אֶתְכֶם מֵעֲבֹדָתָם**. לא תהיו להם עוד עבדים. ולא זו בלבד, אלא – **וְגָאַלְתִּי אֶתְכֶם** מארץ מצרים **בִּזְרוֹעַ נְטוּיָה**, בכוח גדול **וּבִשְׁפָטִים גְּדֹלִים**, בעונשים חמורים שיבואו על המצרים. בשל עצמתו יהיה התהליך בולט לעין. ז **וְלָקַחְתִּי אֶתְכֶם לִי לְעָם**, להיות עַמי שלי, **וְהָיִיתִי לָכֶם לֵאלֹהִים. וִידַעְתֶּם כִּי אֲנִי ה' אֱלֹהֵיכֶם, הַמּוֹצִיא אֶתְכֶם מִתַּחַת סִבְלוֹת מִצְרָיִם**. לא נוצרתם ואינכם מתנהלים בדרך הטבעית שבה נוצרים ומתנהלים עמים אחרים. כשתצאו כעם שלם מתחת שלטונה וסבלותיה של מצרים, תיווכחו לדעת שה' אלוקיכם הוא הבוחר בכם. ח **וְהֵבֵאתִי אֶתְכֶם אֶל הָאָרֶץ אֲשֶׁר נָשָׂאתִי אֶת יָדִי**, נשבעתי[4] **לָתֵת אֹתָהּ לְאַבְרָהָם לְיִצְחָק וּלְיַעֲקֹב, וְנָתַתִּי אֹתָהּ לָכֶם מוֹרָשָׁה**, ארץ שתירשו אותה לעולם. **אֲנִי ה'**.

משה מילא אחר מצוות ה': ט **וַיְדַבֵּר מֹשֶׁה כֵּן**, את הדברים הללו **אֶל בְּנֵי יִשְׂרָאֵל. וְלֹא שָׁמְעוּ אֶל מֹשֶׁה**, דבריו לא עשו עליהם רושם **מִ**פאת **קֹצֶר רוּחַ**, חוסר סבלנות **וּמֵעֲבֹדָה קָשָׁה**.

ענישת עבד במצרים
ציור קיר
המאה ה-16-15 לפנה"ס

הרחבות

'ולקחתי אתכם לי לעם' עד כה נראה היה כאילו שליחותו של משה מכוונת לחלץ את ישראל מעבדותם ומסבלם. כאן מופיע לראשונה היבט נוסף של השליחות: בגאולת בני ישראל ה' מקיים את ההבטחה לאבות, ובכך הוא מבטא את בחירתו בהם. ה' הוא אלוקי כל הארץ, שכל העמים כפופים לו, אך שמו יתייחד על ישראל, עמו הנבחר; והשתמעויותיה של בחירה זו מחייבות אותם (ראו עוד יחזקאל כ,ה–ז).

'ולא שמעו אל משה' ישראל היו עם של עבדים, ולכן לא הייתה הווייתם הלאומית ברורה להם עצמם. הכרת עצמם כקולקטיב כללה את הידיעה שהם משתייכים למשפחה אחת, מצד אחד, ואת הגזרות המרחפות על ראשיהם בתוקף צו המלך, מצד שני. הגאולה שמשה דיבר עליה, הייתה רחוקה מעולמם עד מאוד. נוכח עול העבודה שהוכבד על צווארם עוד ועוד, לא מצאו בנפשם כוחות להקשיב ולהתייחס לחזונות העתיד המופלגים הללו.

וַיְדַבֵּר יְהוָה אֶל־מֹשֶׁה לֵּאמֹר: בֹּא דַבֵּר אֶל־פַּרְעֹה יא
מֶלֶךְ מִצְרָיִם וִישַׁלַּח אֶת־בְּנֵי־יִשְׂרָאֵל מֵאַרְצוֹ: וַיְדַבֵּר יב
מֹשֶׁה לִפְנֵי יְהוָה לֵאמֹר הֵן בְּנֵי־יִשְׂרָאֵל לֹא־שָׁמְעוּ
אֵלַי וְאֵיךְ יִשְׁמָעֵנִי פַרְעֹה וַאֲנִי עֲרַל שְׂפָתָיִם:
וַיְדַבֵּר יְהוָה אֶל־מֹשֶׁה וְאֶל־אַהֲרֹן וַיְצַוֵּם אֶל־בְּנֵי יג
יִשְׂרָאֵל וְאֶל־פַּרְעֹה מֶלֶךְ מִצְרָיִם לְהוֹצִיא אֶת־בְּנֵי־
שני יִשְׂרָאֵל מֵאֶרֶץ מִצְרָיִם: אֵלֶּה רָאשֵׁי בֵית־ יד
אֲבֹתָם בְּנֵי רְאוּבֵן בְּכֹר יִשְׂרָאֵל חֲנוֹךְ וּפַלּוּא חֶצְרֹן

רש"י

מָנָא קֶבֶר עַד שֶׁקָּנָה בְּדָמִים מְרֻבִּים; וְכֵן יִצְחָק – עוֹרְרוּ עָלָיו עַל הַבְּאֵרוֹת אֲשֶׁר חָפַר; וְכֵן יַעֲקֹב – "וַיִּקֶן אֶת חֶלְקַת הַשָּׂדֶה" (בראשית לג, יט) לִנְטוֹת אָהֳלוֹ; וְלֹא הִרְהֲרוּ אַחַר מִדּוֹתַי, וְאַתָּה אָמַרְתָּ: "לָמָה הֲרֵעֹתָה". וְאֵין הַמִּדְרָשׁ מִתְיַשֵּׁב אַחַר הַמִּקְרָא מִפְּנֵי כַּמָּה דְבָרִים: אַחַת, שֶׁלֹּא נֶאֱמַר: 'וּשְׁמִי ה' לֹא שָׁאֲלוּ לִי'. וְאִם תֹּאמַר, לֹא הוֹדִיעָם שֶׁכָּךְ שְׁמוֹ; הֲרֵי תְּחִלָּה כְּשֶׁנִּגְלָה לְאַבְרָהָם בֵּין הַבְּתָרִים נֶאֱמַר: "אֲנִי ה' אֲשֶׁר הוֹצֵאתִיךָ מֵאוּר כַּשְׂדִּים" (שם טו, ז)! וְעוֹד, הֵיאַךְ הַסְּמִיכָה נִמְשֶׁכֶת בִּדְבָרִים שֶׁהוּא סוֹמֵךְ לְכָאן: 'וְגַם אֲנִי שָׁמַעְתִּי וְגוֹ', לָכֵן אֱמֹר לִבְנֵי יִשְׂרָאֵל'? לְכָךְ אֲנִי אוֹמֵר יִתְיַשֵּׁב הַמִּקְרָא עַל פְּשׁוּטוֹ דָּבוּר עַל אָפְנָיו וְהַדְּרָשָׁה תִּדָּרֵשׁ, שֶׁנֶּאֱמַר: "הֲלוֹא כֹה דְבָרִי כָּאֵשׁ נְאֻם ה' וּכְפַטִּישׁ יְפֹצֵץ סָלַע" (ירמיה כג, כט), מִתְחַלֵּק לְכַמָּה נִצּוֹצוֹת:

יב | **עֲרַל שְׂפָתָיִם.** אֲטוּם שְׂפָתַיִם. וְכֵן כָּל לְשׁוֹן עָרְלָה אֲנִי אוֹמֵר שֶׁהוּא אֹטֶם: "עֲרֵלָה אָזְנָם" (שם ו, י) – אֲטוּמָה מִשְּׁמֹעַ; "עַרְלֵי לֵב" (שם ט, כה) – אֲטוּמִים מֵהָבִין; "שְׁתֵה גַם אַתָּה וְהֵעָרֵל" (חבקוק ב, טז) – וְהֵאָטֵם מִשִּׁכְרוּת כּוֹס הַקְּלָלָה; "עָרְלַת בָּשָׂר", שֶׁהַגִּיד אָטוּם וּמְכֻסֶּה בָּהּ; "וַעֲרַלְתֶּם עָרְלָתוֹ" (ויקרא יט, כג) – עֲשׂוּ לוֹ אֹטֶם וְכִסּוּי אִסּוּר שֶׁיַּבְדִּיל בִּפְנֵי אֲכִילָתוֹ; "שָׁלֹשׁ שָׁנִים יִהְיֶה לָכֶם עֲרֵלִים" (שם) – אָטוּם וּמְכֻסֶּה וּמֻבְדָּל מֵאֳכְלוֹ: **וְאֵיךְ יִשְׁמָעֵנִי פַרְעֹה.** זֶה אֶחָד מֵעֲשָׂרָה קַל וָחֹמֶר שֶׁבַּתּוֹרָה:

יג | **וַיְדַבֵּר ה' אֶל מֹשֶׁה וְאֶל אַהֲרֹן.** לְפִי שֶׁאָמַר מֹשֶׁה: "וַאֲנִי עֲרַל שְׂפָתָיִם" צֵרַף הַקָּדוֹשׁ בָּרוּךְ הוּא אֶת אַהֲרֹן עִמּוֹ לִהְיוֹת לוֹ לְמֵלִיץ: **וַיְצַוֵּם אֶל בְּנֵי יִשְׂרָאֵל.** צִוָּם עֲלֵיהֶם לְהַנְהִיגָם בְּנַחַת וְלִסְבֹּל אוֹתָם: **וְאֶל פַּרְעֹה מֶלֶךְ מִצְרָיִם.** צִוָּם עָלָיו לַחְלֹק לוֹ כָּבוֹד בְּדִבְרֵיהֶם, זֶה מִדְרָשׁוֹ. וּפְשׁוּטוֹ, צִוָּם עַל דְּבַר יִשְׂרָאֵל וְעַל שְׁלִיחוּתוֹ אֶל פַּרְעֹה. וּדְבַר הַצִּוּוּי מַהוּ, מְפֹרָשׁ בְּפָרָשָׁה שְׁנִיָּה לְאַחַר סֵדֶר הַיַּחַס (להלן פסוק כט), אֶלָּא מִתּוֹךְ שֶׁהִזְכִּיר מֹשֶׁה וְאַהֲרֹן, הִפְסִיק הָעִנְיָן בְּ"אֵלֶּה רָאשֵׁי בֵית אֲבֹתָם" לְלַמְּדֵנוּ הֵיאַךְ נוֹלְדוּ מֹשֶׁה וְאַהֲרֹן וּמִמִּי נִתְיַחֲסוּ:

יד | **אֵלֶּה רָאשֵׁי בֵית אֲבֹתָם.** מִתּוֹךְ שֶׁהֻזְקַק לְיַחֵס שִׁבְטוֹ שֶׁל לֵוִי עַד מֹשֶׁה וְאַהֲרֹן בִּשְׁבִיל מֹשֶׁה וְאַהֲרֹן, הִתְחִיל לְיַחֲסָם דֶּרֶךְ תּוֹלְדוֹתָם מֵרְאוּבֵן. וּבַפְּסִיקְתָּא הַגְּדוֹלָה (פסיקתא ז) רָאִיתִי, לְפִי שֶׁקִּנְתְּרָם יַעֲקֹב אֲבִיהֶם לִשְׁלֹשָׁה שְׁבָטִים הַלָּלוּ בִּשְׁעַת

ביאור | ונבואה אחרת,[5] שאף בה יש מן החזרה על ההתגלות בסנה: י **וַיְדַבֵּר**
ה׳ אֶל מֹשֶׁה לֵּאמֹר: יא **בֹּא** שנית **דַבֵּר אֶל פַּרְעֹה מֶלֶךְ מִצְרָיִם, וִישַׁלַּח**
אֶת בְּנֵי יִשְׂרָאֵל מֵאַרְצוֹ.

יב **וַיְדַבֵּר מֹשֶׁה לִפְנֵי ה׳ לֵאמֹר: הֵן בְּנֵי יִשְׂרָאֵל**, שלהם בישרתי טובות,
לֹא שָׁמְעוּ אֵלַי, וְאֵיךְ יִשְׁמָעֵנִי פַרְעֹה, שאליו אני בא בתביעות, **וַ**הרי
אֲנִי עֲרַל שְׂפָתָיִם, כבד פה. ולא יעלה בידי לשכנעו בדיבורי?!

ה׳ לא ענה למשה על שאלתו במישרין, אך שב וצירף אליו את
אהרן אחיו כפי שעשה בסוף ההתגלות ליד הסנה. יג **וַיְדַבֵּר ה׳ אֶל**
מֹשֶׁה וְאֶל אַהֲרֹן, וַיְצַוֵּם, מינה אותם לדבר **אֶל בְּנֵי יִשְׂרָאֵל וְאֶל פַּרְעֹה**
מֶלֶךְ מִצְרָיִם, ושתי השליחויות נועדו **לְהוֹצִיא אֶת בְּנֵי יִשְׂרָאֵל מֵאֶרֶץ**
מִצְרָיִם.

עד כה תוארה ההכנה לפעולותיו של משה – קרקע גידולו, מסעו
למדין, ומינויו לתפקידו הן ליד הסנה הן בתוך ארץ מצרים. קודם
שיתואר ביצועה של השליחות הזאת, עורך הכתוב סיכום גנאלוגי,
הממקם את משה בתוך בית ישראל, המשפחה שהופכת לעם
במצרים. יד **אֵלֶּה רָאשֵׁי בֵית אֲבֹתָם** שבמצרים – ולא כולם. זו
תהיה רשימה חלקית, לפי סדר הולדת השבטים, שתיקטע לאחר
הצגתם של צאצאי לוי, שבטם של משה ואהרן:[6]

בְּנֵי רְאוּבֵן בְּכֹר יִשְׂרָאֵל: חֲנוֹךְ וּפַלּוּא, חֶצְרוֹן וְכַרְמִי. אֵלֶּה מִשְׁפְּחֹת רְאוּבֵן.

וְכַרְמִי אֵלֶּה מִשְׁפְּחֹת רְאוּבֵן: וּבְנֵי שִׁמְעוֹן יְמוּאֵל טו
וְיָמִין וְאֹהַד וְיָכִין וְצֹחַר וְשָׁאוּל בֶּן־הַכְּנַעֲנִית אֵלֶּה
מִשְׁפְּחֹת שִׁמְעוֹן: וְאֵלֶּה שְׁמוֹת בְּנֵי־לֵוִי לְתֹלְדֹתָם טז
גֵּרְשׁוֹן וּקְהָת וּמְרָרִי וּשְׁנֵי חַיֵּי לֵוִי שֶׁבַע וּשְׁלֹשִׁים וּמְאַת
שָׁנָה: בְּנֵי גֵרְשׁוֹן לִבְנִי וְשִׁמְעִי לְמִשְׁפְּחֹתָם: וּבְנֵי קְהָת יז יח
עַמְרָם וְיִצְהָר וְחֶבְרוֹן וְעֻזִּיאֵל וּשְׁנֵי חַיֵּי קְהָת שָׁלֹשׁ
וּשְׁלֹשִׁים וּמְאַת שָׁנָה: וּבְנֵי מְרָרִי מַחְלִי וּמוּשִׁי אֵלֶּה יט
מִשְׁפְּחֹת הַלֵּוִי לְתֹלְדֹתָם: וַיִּקַּח עַמְרָם אֶת־יוֹכֶבֶד כ
דֹּדָתוֹ לוֹ לְאִשָּׁה וַתֵּלֶד לוֹ אֶת־אַהֲרֹן וְאֶת־מֹשֶׁה
וּשְׁנֵי חַיֵּי עַמְרָם שֶׁבַע וּשְׁלֹשִׁים וּמְאַת שָׁנָה: וּבְנֵי כא
יִצְהָר קֹרַח וָנֶפֶג וְזִכְרִי: וּבְנֵי עֻזִּיאֵל מִישָׁאֵל וְאֶלְצָפָן כב
וְסִתְרִי: וַיִּקַּח אַהֲרֹן אֶת־אֱלִישֶׁבַע בַּת־עַמִּינָדָב אֲחוֹת כג
נַחְשׁוֹן לוֹ לְאִשָּׁה וַתֵּלֶד לוֹ אֶת־נָדָב וְאֶת־אֲבִיהוּא
אֶת־אֶלְעָזָר וְאֶת־אִיתָמָר: וּבְנֵי קֹרַח אַסִּיר וְאֶלְקָנָה כד
וַאֲבִיאָסָף אֵלֶּה מִשְׁפְּחֹת הַקָּרְחִי: וְאֶלְעָזָר בֶּן־אַהֲרֹן כה

רש"י

מוֹתוֹ, חָזַר הַכָּתוּב לְיַחֲסָם כָּאן לְבַדָּם, לוֹמַר שֶׁחֲשׁוּבִים הֵם:

טז) **וּשְׁנֵי חַיֵּי לֵוִי וְגוֹ'.** לָמָּה נִמְנוּ שְׁנוֹתָיו שֶׁל לֵוִי? לְהוֹדִיעַ כַּמָּה יְמֵי הַשִּׁעְבּוּד, שֶׁכָּל זְמַן שֶׁאֶחָד מִן הַשְּׁבָטִים קַיָּם לֹא הָיָה שִׁעְבּוּד, שֶׁנֶּאֱמַר: "וַיָּמָת יוֹסֵף וְכָל אֶחָיו" (לעיל א, ו) וְאַחַר כָּךְ: "וַיָּקָם מֶלֶךְ חָדָשׁ" (שם ח), וְלֵוִי הֶאֱרִיךְ יָמִים עַל כֻּלָּם:

יח) **וּשְׁנֵי חַיֵּי קְהָת... וּשְׁנֵי חַיֵּי עַמְרָם וְגוֹ'.** מֵחֶשְׁבּוֹן זֶה אָנוּ לְמֵדִים עַל מוֹשַׁב בְּנֵי יִשְׂרָאֵל אַרְבַּע מֵאוֹת שָׁנָה שֶׁאָמַר הַכָּתוּב (בראשית טו, יג; ועיין להלן יב, מ), שֶׁלֹּא בְּאֶרֶץ מִצְרַיִם לְבַדָּהּ הָיוּ, אֶלָּא מִיּוֹם שֶׁנּוֹלַד יִצְחָק. שֶׁהֲרֵי קְהָת מִיּוֹרְדֵי מִצְרַיִם הָיָה, חֲשֹׁב כָּל שְׁנוֹתָיו וּשְׁנוֹת עַמְרָם וּשְׁמוֹנִים שֶׁל מֹשֶׁה, לֹא תִמְצָאֵם אַרְבַּע מֵאוֹת שָׁנָה, וְהַרְבֵּה שָׁנִים נִבְלָעִים לַבָּנִים בִּשְׁנֵי הָאָבוֹת:

כ) **יוֹכֶבֶד דֹּדָתוֹ.** "אֲחָת אֲבוּהִי", בַּת לֵוִי, אֲחוֹת קְהָת:

ביאור

טו **וּבְנֵי שִׁמְעוֹן: יְמוּאֵל וְיָמִין וְאֹהַד וְיָכִין וְצֹחַר וְשָׁאוּל**, שכנראה היה חריג בהיותו **בֶּן הַכְּנַעֲנִית. אֵלֶּה מִשְׁפְּחֹת שִׁמְעוֹן.**

עתה הופכת רשימת היוחסין מפורטת יותר, מפני שהיא מתקרבת
אל משה ואהרן.
טז **וְאֵלֶּה שְׁמוֹת בְּנֵי לֵוִי לְתֹלְדֹתָם: גֵּרְשׁוֹן וּקְהָת וּמְרָרִי.**
במסגרת ההתמקדות בלוי הכתוב מוסיף פרט שלא הופיע לגבי שאר בני יעקב שנמנו כאן: **וּשְׁנֵי חַיֵּי לֵוִי – שֶׁבַע וּשְׁלֹשִׁים וּמְאַת שָׁנָה.** מבין שבטי ישראל הוזכרו מניין שנותיו של יוסף – שהיה הראש והמנהיג,[7] ועתה – מניין שנותיו של לוי, כיוון שהיה אבי השושלת המיוחדת של משה ואהרן.
יז **בְּנֵי גֵרְשׁוֹן: לִבְנִי וְשִׁמְעִי לְמִשְׁפְּחֹתָם.**
יח **וּבְנֵי קְהָת: עַמְרָם וְיִצְהָר וְחֶבְרוֹן וְעֻזִּיאֵל. וּשְׁנֵי חַיֵּי קְהָת**, שאף הן נמנות כאן בשל חשיבותו, כסבם של משה ואהרן – **שָׁלֹשׁ וּשְׁלֹשִׁים וּמְאַת שָׁנָה.**
יט **וּבְנֵי מְרָרִי: מַחְלִי וּמוּשִׁי. אֵלֶּה מִשְׁפְּחֹת הַלֵּוִי לְתֹלְדֹתָם.**

כ **וַיִּקַּח עַמְרָם אֶת יוֹכֶבֶד דֹּדָתוֹ**, בתו של לוי **לוֹ לְאִשָּׁה** – מעשה שהיה מותר בחוק שקדם לנתינת התורה, **וַתֵּלֶד לוֹ אֶת אַהֲרֹן וְאֶת מֹשֶׁה** ואת מרים – שהייתה מבוגרת משניהם, אך לא נזכרה משום שכאן מדובר במסגרות המשפחה הגדולות של שבטים ובתי אב, שבהן ההתייחסות נקבעת לפי הזכרים. **וּשְׁנֵי חַיֵּי עַמְרָם – שֶׁבַע וּשְׁלֹשִׁים וּמְאַת שָׁנָה**, כשנות חייו של לוי.

לאחר שהוזכרו משה ואהרן, נמשך פירוט היוחסין הקרובים אליהם
בלבד:
כא **וּבְנֵי יִצְהָר** בן קהת: **קֹרַח** – שייזכר כדמות בעייתית
בסיפור שיארע במדבר,[8] **וָנֶפֶג וְזִכְרִי.**
כב **וּבְנֵי עֻזִּיאֵל** בן קהת: **מִישָׁאֵל
וְאֶלְצָפָן וְסִתְרִי**, שאף הם ייזכרו בהמשך.[9]
כג **וַיִּקַּח אַהֲרֹן אֶת אֱלִישֶׁבַע בַּת עַמִּינָדָב, אֲחוֹת נַחְשׁוֹן, לוֹ לְאִשָּׁה.** גם נחשון יופיע לאחר מכן בתור נשיא שבט יהודה.[10] העובדה שאהרן נשא את אחותו של ראש השבט החשוב מצביעה על מעמדו הנכבד בעם. **וַתֵּלֶד לוֹ** אלישבע **אֶת נָדָב וְאֶת אֲבִיהוּא, אֶת אֶלְעָזָר וְאֶת אִיתָמָר.**
כד **וּבְנֵי
קֹרַח: אַסִּיר וְאֶלְקָנָה וַאֲבִיאָסָף. אֵלֶּה מִשְׁפְּחֹת הַקָּרְחִי**, שייזכרו בספר

לָקַח־לוֹ מִבְּנוֹת פּוּטִיאֵל לוֹ לְאִשָּׁה וַתֵּלֶד לוֹ אֶת־
פִּינְחָס אֵלֶּה רָאשֵׁי אֲבוֹת הַלְוִיִּם לְמִשְׁפְּחֹתָם׃ הוּא כו
אַהֲרֹן וּמֹשֶׁה אֲשֶׁר אָמַר יהוה לָהֶם הוֹצִיאוּ אֶת־בְּנֵי
יִשְׂרָאֵל מֵאֶרֶץ מִצְרַיִם עַל־צִבְאֹתָם׃ הֵם הַמְדַבְּרִים כז
אֶל־פַּרְעֹה מֶלֶךְ־מִצְרַיִם לְהוֹצִיא אֶת־בְּנֵי־יִשְׂרָאֵל
מִמִּצְרָיִם הוּא מֹשֶׁה וְאַהֲרֹן׃ וַיְהִי בְּיוֹם דִּבֶּר יהוה כח
שלישי אֶל־מֹשֶׁה בְּאֶרֶץ מִצְרָיִם׃ וַיְדַבֵּר יהוה כט
אֶל־מֹשֶׁה לֵּאמֹר אֲנִי יהוה דַּבֵּר אֶל־פַּרְעֹה מֶלֶךְ
מִצְרַיִם אֵת כָּל־אֲשֶׁר אֲנִי דֹּבֵר אֵלֶיךָ׃ וַיֹּאמֶר מֹשֶׁה ל
לִפְנֵי יהוה הֵן אֲנִי עֲרַל שְׂפָתַיִם וְאֵיךְ יִשְׁמַע אֵלַי
פַּרְעֹה׃
וַיֹּאמֶר יהוה אֶל־מֹשֶׁה רְאֵה נְתַתִּיךָ אֱלֹהִים לְפַרְעֹה א ז
וְאַהֲרֹן אָחִיךָ יִהְיֶה נְבִיאֶךָ׃ אַתָּה תְדַבֵּר אֵת כָּל־ ב

רש"י

כה) מבנות פוטיאל. מזרע יתרו שפטם עגלים לעבודה זרה, ומזרע יוסף שפטפט ביצרו:

כו) הוא אהרן ומשה. אלו שהזכרו למעלה שילדה יוכבד לעמרם, "הוא אהרן ומשה אשר אמר ה'" וגו'. יש מקומות שמקדים אהרן למשה ויש מקומות שמקדים משה לאהרן, לומר ששקולים שניהם כאחד: על צבאתם. בצבאותם, כל צבאם לשבטיהם. יש 'על' שאינו אלא במקום אות אחת: "ועל חרבך תחיה" (בראשית כז, מ) כמו בחרבך; "עמדתם על חרבכם" (יחזקאל לג, כו) בחרבכם:

כז) הם המדברים וגו'. הם שנצטוו הם שקימו: הוא משה ואהרן. הם בשליחותם ובצדקתם מתחלה ועד סוף:

כח) ויהי ביום דבר וגו'. מחבר למקרא של אחריו:

כט) וידבר ה'. הוא הדבור עצמו האמור למעלה, אלא מתוך שהפסיקו הענין בשביל ליחסם, חזר עליו להתחיל בו: אני ה'. כדאי אני לשלחך ולקים דברי שליחותי:

פרק ז

א) נתתיך אלהים לפרעה. שופט ורודה, לרדותו במכות ויסורין: יהיה נביאך. כתרגומו: "מתרגמנך". וכן כל לשון

במדבר.[11] כה **וְאֶלְעָזָר בֶּן אַהֲרֹן לָקַח לוֹ מִבְּנוֹת פּוּטִיאֵל**, שזהותו
אינה ידועה ממקומות אחרים. היו שזיהו אותו עם יתרו, שהיו לו
שמות רבים, והיו שייחסוהו למשפחות יוסף,[12] **לוֹ לְאִשָּׁה. וַתֵּלֶד לוֹ
אֶת פִּינְחָס**, שימלא תפקיד משמעותי להלן.[13] מן הסתם גם איתמר
נשא אשה, אך אין הדבר נזכר כאן משום שאינו משמעותי להמשך
המסופר. **אֵלֶּה רָאשֵׁי אֲבוֹת הַלְוִיִּם לְמִשְׁפְּחֹתָם.**

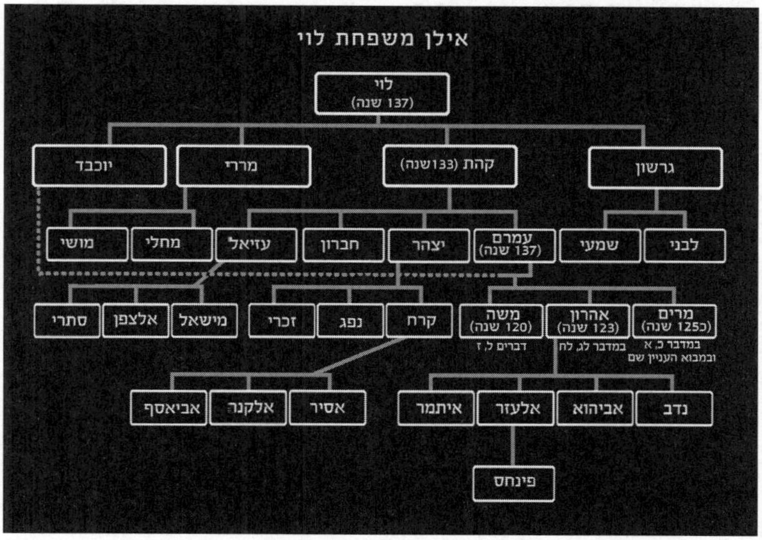

מן הרשימה שב הכתוב לעיקר הסיפור – אהרן ומשה שנזכרו כבני
עמרם. כו **הוּא אַהֲרֹן וּמֹשֶׁה אֲשֶׁר אָמַר ה' לָהֶם: הוֹצִיאוּ אֶת בְּנֵי
יִשְׂרָאֵל מֵאֶרֶץ מִצְרַיִם** לא ביציאת בודדים או חטיבות מן העם, אלא
עַל צִבְאֹתָם, כלל שבטי העם. כז **הֵם הַמְדַבְּרִים אֶל פַּרְעֹה מֶלֶךְ מִצְרַיִם
לְהוֹצִיא אֶת בְּנֵי יִשְׂרָאֵל מִמִּצְרָיִם, הוּא מֹשֶׁה וְאַהֲרֹן.**

לאחר המידע על רקעם השבטי והמשפחתי, חוזר סוף העניין אל
האמור לפני הצגתה של רשימה זו.[14] כח **וַיְהִי בְּיוֹם דִּבֶּר ה' אֶל מֹשֶׁה
בְּאֶרֶץ מִצְרָיִם,** כט **וַיְדַבֵּר ה' אֶל מֹשֶׁה לֵּאמֹר: אֲנִי ה'. דַּבֵּר אֶל פַּרְעֹה
מֶלֶךְ מִצְרַיִם אֵת כָּל אֲשֶׁר אֲנִי דֹּבֵר אֵלֶיךָ.**

ל **וַיֹּאמֶר מֹשֶׁה לִפְנֵי ה': הֵן אֲנִי עֲרַל שְׂפָתַיִם, וְאֵיךְ יִשְׁמַע אֵלַי פַּרְעֹה?!**

פרק ז א **וַיֹּאמֶר ה' אֶל מֹשֶׁה: רְאֵה, נְתַתִּיךָ אֱלֹהִים**, דמות בעלת כוח
ועצמה,[15] או: דמות אלוהית[16] **לְפַרְעֹה, וְאַהֲרֹן אָחִיךָ יִהְיֶה נְבִיאֶךָ,**

אֲשֶׁר אֲצַוֶּךָּ וְאַהֲרֹן אָחִיךָ יְדַבֵּר אֶל־פַּרְעֹה וְשִׁלַּח
ג אֶת־בְּנֵי־יִשְׂרָאֵל מֵאַרְצוֹ׃ וַאֲנִי אַקְשֶׁה אֶת־לֵב פַּרְעֹה
וְהִרְבֵּיתִי אֶת־אֹתֹתַי וְאֶת־מוֹפְתַי בְּאֶרֶץ מִצְרָיִם׃
ד וְלֹא־יִשְׁמַע אֲלֵכֶם פַּרְעֹה וְנָתַתִּי אֶת־יָדִי בְּמִצְרָיִם
וְהוֹצֵאתִי אֶת־צִבְאֹתַי אֶת־עַמִּי בְנֵי־יִשְׂרָאֵל מֵאֶרֶץ
ה מִצְרַיִם בִּשְׁפָטִים גְּדֹלִים׃ וְיָדְעוּ מִצְרַיִם כִּי־אֲנִי יהוה
בִּנְטֹתִי אֶת־יָדִי עַל־מִצְרָיִם וְהוֹצֵאתִי אֶת־בְּנֵי־יִשְׂרָאֵל
ו מִתּוֹכָם׃ וַיַּעַשׂ מֹשֶׁה וְאַהֲרֹן כַּאֲשֶׁר צִוָּה יהוה אֹתָם
ז כֵּן עָשׂוּ׃ וּמֹשֶׁה בֶּן־שְׁמֹנִים שָׁנָה וְאַהֲרֹן בֶּן־שָׁלֹשׁ
וּשְׁמֹנִים שָׁנָה בְּדַבְּרָם אֶל־פַּרְעֹה׃
רביעי ה ח ט וַיֹּאמֶר יהוה אֶל־מֹשֶׁה וְאֶל־אַהֲרֹן לֵאמֹר׃ כִּי יְדַבֵּר
אֲלֵכֶם פַּרְעֹה לֵאמֹר תְּנוּ לָכֶם מוֹפֵת וְאָמַרְתָּ אֶל־
אַהֲרֹן קַח אֶת־מַטְּךָ וְהַשְׁלֵךְ לִפְנֵי־פַרְעֹה יְהִי לְתַנִּין׃

רש"י

נְבוּאָה, אָדָם הַמַּכְרִיז וּמַשְׁמִיעַ לָעָם דִּבְרֵי תוֹכָחוֹת, וְהוּא מִגִּזְרַת "נִיב שְׂפָתָיִם" (ישעיה נז, יט), "יָנוּב חָכְמָה" (משלי י, לא), "וַיְכַל מֵהִתְנַבּוֹת" דִּשְׁמוּאֵל (שמואל א' י, יג), וּבְלַעַז קוֹרִין לוֹ פרידיקי"ר:

ב] אַתָּה תְדַבֵּר. פַּעַם אַחַת כָּל שְׁלִיחוּת וּשְׁלִיחוּת כְּפִי שֶׁשְּׁמַעְתָּ מִפִּי, וְאַהֲרֹן אָחִיךָ יַמְלִיצֶנּוּ וִיטְעִימֶנּוּ בְּאָזְנֵי פַּרְעֹה:

ג] וַאֲנִי אַקְשֶׁה. מֵאַחַר שֶׁהִרְשִׁיעַ וְהִתְרִיס כְּנֶגְדִּי, וְגָלוּי לְפָנַי שֶׁאֵין נַחַת רוּחַ בָּאֻמּוֹת לָתֵת לֵב שָׁלֵם לָשׁוּב, טוֹב לִי שֶׁיִּתְקַשֶּׁה לִבּוֹ לְמַעַן הַרְבּוֹת בּוֹ אוֹתוֹתַי וְתַכִּירוּ אַתֶּם גְּבוּרוֹתַי. וְכֵן מִדָּתוֹ שֶׁל הַקָּדוֹשׁ בָּרוּךְ הוּא, מֵבִיא פֻּרְעָנוּת עַל הָאֻמּוֹת כְּדֵי שֶׁיִּשְׁמְעוּ יִשְׂרָאֵל וְיִירְאוּ, שֶׁנֶּאֱמַר: "הִכְרַתִּי גוֹיִם נָשַׁמּוּ פִּנּוֹתָם... אָמַרְתִּי אַךְ תִּירְאִי אוֹתִי תִּקְחִי מוּסָר" (צפניה ג, ו-ז). וְאַף עַל פִּי כֵן, בְּחָמֵשׁ מַכּוֹת הָרִאשׁוֹנוֹת לֹא נֶאֱמַר: "וַיְחַזֵּק ה' אֶת לֵב פַּרְעֹה", אֶלָּא: "וַיֶּחֱזַק לֵב פַּרְעֹה":

ד] אֶת יָדִי. יָד מַמָּשׁ, לְהַכּוֹת בָּהֶם:

ט] מוֹפֵת. אוֹת, לְהוֹדִיעַ שֶׁיֵּשׁ צֹרֶךְ בְּמִי שֶׁשּׁוֹלֵחַ אֶתְכֶם: לְתַנִּין. נָחָשׁ:

הרחבות

מופת המטה למרות הדמיון בין המופת הזה לבין האות הראשון שהראה ה' למשה בהתגלותו בהר האלוקים (לעיל ד,ג), קיימים כמה הבדלים ביניהם: א. עתה חל הנס במטהו של אהרן ולא במטה משה; ב. האות ההוא נועד לעיניהם של הספקנים

ביאור | ישמש כשליחך. ב **אַתָּה תְדַבֵּר אֵת כָּל אֲשֶׁר אֲצַוֶּךָּ, וְאַהֲרֹן אָחִיךָ**
יְדַבֵּר אֶל פַּרְעֹה, ובסופו של דבר – **וְשִׁלַּח אֶת בְּנֵי יִשְׂרָאֵל מֵאַרְצוֹ.**
ג ואולם קודם לכן **אֲנִי אַקְשֶׁה אֶת לֵב פַּרְעֹה**, ואתן לו כוח לסבול
את העונשים הקשים – **וְהִרְבֵּיתִי אֶת אֹתֹתַי וְאֶת מוֹפְתַי בְּאֶרֶץ מִצְרָיִם**,
ובאמצעותם יתגלה כוחי בעולם. ד **וְלֹא יִשְׁמַע אֲלֵכֶם פַּרְעֹה**, על כן –
וְנָתַתִּי אֶת יָדִי הקשה **בְּמִצְרָיִם**, יבואו על ארצו מכות ועונשים שונים,
וְהוֹצֵאתִי אֶת צִבְאֹתַי, אֶת עַמִּי בְנֵי יִשְׂרָאֵל, מֵאֶרֶץ מִצְרַיִם בִּשְׁפָטִים,
במכות ובעונשים **גְּדֹלִים.** ה **וְיָדְעוּ מִצְרַיִם כִּי אֲנִי ה׳ בִּנְטֹתִי אֶת יָדִי**,
בהפנותי ידי **עַל מִצְרָיִם** להכותה, **וְהוֹצֵאתִי אֶת בְּנֵי יִשְׂרָאֵל מִתּוֹכָם.**

ו **וַיַּעַשׂ מֹשֶׁה וְאַהֲרֹן כַּאֲשֶׁר צִוָּה ה׳ אֹתָם, כֵּן עָשׂוּ** בדיוק. מכאן והלאה
הם היו בעיקר סבילים. משה ואהרן קיבלו הוראות מה׳ וביצעו
אותן כשליחים בלבד.

כאן מופיעה הערה היסטורית: ז **וּמֹשֶׁה – בֶּן שְׁמֹנִים שָׁנָה, וְאַהֲרֹן –**
בֶּן שָׁלֹשׁ וּשְׁמֹנִים שָׁנָה בְּדַבְּרָם אֶל פַּרְעֹה. גם באותם ימים, שבהם
תוחלת החיים הייתה לעתים ארוכה יותר, הם נחשבו אנשים שאינם
צעירים. משה ואהרן התחילו את שליחותם הציבורית בגילים שבהם
אדם אחר עשוי לסיים את חייו הפעילים.[17]

המופת שקדם למכות

פרק ז פס׳ ח–יג

קודם שה׳ יפליא את מכותיו בפרעה ובמצרים, הוא מצייד את משה ואת אהרן במופת שאותו יציגו לפני פרעה. מופת זה דומה במובנים אחדים לאות הראשון שהראה ה׳ למשה ליד הסנה בחורב.

ח **וַיֹּאמֶר ה׳ אֶל מֹשֶׁה וְאֶל אַהֲרֹן לֵאמֹר:** ט **כִּי**, כאשר **יְדַבֵּר אֲלֵכֶם**
פַּרְעֹה כשתבואו אליו, **לֵאמֹר: ״תְּנוּ לָכֶם מוֹפֵת״**, הוכחה לאימות
דבריכם שאתם שלוחים אלוקיים, **וְאָמַרְתָּ אֶל אַהֲרֹן: קַח אֶת מַטְּךָ**
וְהַשְׁלֵךְ לִפְנֵי פַרְעֹה, ומטך **יְהִי**, יהפוך **לְתַנִּין.**

הרחבות | מישראל, ואילו את המופת שכאן הם אמורים להציג לפני פרעה; ג. ליד הסנה במדבר הפך המטה ליצור המדברי – הנחש, ואילו כאן, במצרים היושבת על היאור, הפך המטה לתנין. ייתכן שהנחש הומר בתנין במופת שהוצג לפרעה, משום שהתנין ייצג

י ויבא משה ואהרן אל־פרעה ויעשו־כן כאשר
צוה יהוה וישלך אהרן את־מטהו לפני פרעה
יא ולפני עבדיו ויהי לתנין: ויקרא גם־פרעה לחכמים
ולמכשפים ויעשו גם־הם חרטמי מצרים בלהטיהם
יב כן: וישליכו איש מטהו ויהיו לתנינם ויבלע מטה־
יג אהרן את־מטתם: ויחזק לב פרעה ולא שמע אלהם
יד כאשר דבר יהוה: ויאמר יהוה אל־
טו משה כבד לב פרעה מאן לשלח העם: לך אל־
פרעה בבקר הנה יצא המימה ונצבת לקראתו
על־שפת היאר והמטה אשר־נהפך לנחש תקח
טז בידך: ואמרת אליו יהוה אלהי העברים שלחני
אליך לאמר שלח את־עמי ויעבדני במדבר והנה

רש"י

יא] **בלהטיהם.** "בלחשיהון", ואין לו דמיון במקרא. ויש לדמות לו: "להט החרב המתהפכת" (בראשית ג, כד), דומה שהיא מתהפכת על ידי לחש:

יב] **ויבלע מטה אהרן.** מאחר שחזר ונעשה מטה בלע את כלן:

יד] **כבד.** תרגומו "יקיר" ולא 'חתיקר', מפני שהוא שם דבר, כמו: "כי כבד ממך הדבר" (להלן יח, יח):

טו] **הנה יצא המימה.** לנקביו, שהיה עושה עצמו אלוה ואומר שאינו צריך לנקביו, ומשכים ויוצא לנילוס ועושה שם צרכיו:

הרחבות

את פרעה. לפי יחזקאל (כט,ג) פרעה מלך מצרים ראה את עצמו בתור התנים הגדול הרבץ בתוך יאריו אשר אמר לי יארי ואני עשיתני. ואולם אפשר לראות בתנין מלה נרדפת לנחש, (השוו אונקלוס על אתר, יונתן ורש"י; וראו ראב"ע פס' י), או מלה המסמנת נחש גדול מאוד. (ראו דברים לב,לג ורש"י שם; עמוס ט,ג; תהלים צא,יג ומצודת ציון שם; ישעיה כז,א ובהפניות שם).

'ויחזק לב פרעה' באות משמים או במאורע על־טבעי לא היה כדי לשנות את דעתו של פרעה. גם אם כישוריהם של משה ואהרן טובים כשל חרטומיו, או אפילו טובים מהם, יכול היה פרעה לייחס זאת לתחבולה, לכישוף או לעניין אחר שבו אין הוא מתמצא, שכן הוא לא עוסק בכך. באותם ימים נתפס הכישוף כמקצוע מן המקצועות, והתייחסו אליו כפי שמתייחסים בימינו למדעי הטבע ולטכנולוגיה – כתחומי דעת המאפשרים לאנשים להשתמש כרצונם בכוחות הטבועים בעולם. בעיני פרעה לא היה בכך כדי להעיד על שליחות עליונה כלשהי, אלא על כוחם של אנשים אלו לתמרן במציאות כאוות נפשם.

ביאור

י וַיָּבֹא מֹשֶׁה וְאַהֲרֹן אֶל פַּרְעֹה וַיַּעֲשׂוּ כֵן כַּאֲשֶׁר צִוָּה ה׳. וַיַּשְׁלֵךְ אַהֲרֹן
אֶת מַטֵּהוּ לִפְנֵי פַרְעֹה וְלִפְנֵי עֲבָדָיו, וַיְהִי לְתַנִּין.

יא **וַיִּקְרָא גַּם פַּרְעֹה**, כחיקוי למשה, שהורה לאהרן לעשות המופת,
קרא גם הוא[18] **לַחֲכָמִים וְלַמְכַשְּׁפִים** שבחצר המלוכה, **וַיַּעֲשׂוּ גַם הֵם,**
חַרְטֻמֵּי, מכשפי[19] **מִצְרַיִם, בְּלַהֲטֵיהֶם**, בכשפיהם, או: בתחבולותיהם
ובמעשים שיש בהם אחיזת עיניים, **כֵּן** – יב **וַיַּשְׁלִיכוּ** גם הם **אִישׁ**
מַטֵּהוּ, וַיִּהְיוּ לְתַנִּינִם. אולם אחר כך **וַיִּבְלַע מַטֵּה אַהֲרֹן אֶת מַטֹּתָם.**
המטה-התנין של אהרן בלע את המטות-התנינים של חרטומי
פרעה.[20]

יג המופת לא הרשים את פרעה, אולי משום שחרטומיו הצליחו
לחקות את המופת של משה ואהרן – **וַיֶּחֱזַק לֵב פַּרְעֹה וְלֹא שָׁמַע**
אֲלֵהֶם, כַּאֲשֶׁר, כפי **שדִּבֶּר ה׳** מראש – שמלך מצרים לא ייכנע במהרה.

מכת דם

פרק ז פס׳ יד-כד

לאחר המופת המקומי הקטן שהראו משה ואהרן לפרעה ולסובבים אותו, מתחילה עתה סדרת מכות שהיקפן רחב – הן חלות בכל ארץ מצרים. כל מכה תכלול שני יסודות: א. מופת – הוכחה לכוחו של ה׳ לגבור על חוקי הטבע, לשם הודעת שמו ויכולתו של ה׳. ב. נזק למצרים – פגיעה קשה בתושביה כדי ללחוץ עליהם ועל מלכם להוציא את ישראל.

המכה הראשונה, מכת דם, תשנה את כל מימי מצרים לא רק בצבעם אלא בכל תכונותיהם. הפגיעה ביאור, מקור חיותם של המצרים, חריפה ודרמטית מאוד. השלכותיה עשויות להיות מעשיות, כלכליות, פוליטיות ודתיות.

ייתכן שפרעה אמר למשה ואהרן במפורש שאין הוא מקבל את
דבריהם, וייתכן שלא דחה אותם באופן גלוי, אלא נהג בגינוני
אדיבות סתומים. יד משום כך ה׳ ביאר את הדברים – **וַיֹּאמֶר ה׳**
אֶל מֹשֶׁה: כָּבֵד לֵב פַּרְעֹה, פרעה אטום מלשמוע, **מֵאֵן**, סירב **לְשַׁלַּח**
הָעָם. טו אשר על כן – **לֵךְ אֶל פַּרְעֹה בַּבֹּקֶר, הִנֵּה יֹצֵא הַמַּיְמָה** לרחוץ,
להתפנות, לטייל או: לערוך פולחן במי היאור.[21] **וְנִצַּבְתָּ לִקְרָאתוֹ עַל**
שְׂפַת הַיְאֹר, וְאת הַמַּטֶּה אֲשֶׁר נֶהְפַּךְ לְנָחָשׁ, תִּקַּח בְּיָדֶךָ. טז **וְאָמַרְתָּ**
אֵלָיו: ה׳ אֱלֹהֵי הָעִבְרִים שְׁלָחַנִי אֵלֶיךָ לֵאמֹר: ״שַׁלַּח אֶת עַמִּי, וְיַעַבְדֻנִי

לֹא־שָׁמַעְתָּ עַד־כֹּה׃ כֹּה אָמַר יהוה בְּזֹאת תֵּדַע יז
כִּי אֲנִי יהוה הִנֵּה אָנֹכִי מַכֶּה ׀ בַּמַּטֶּה אֲשֶׁר־בְּיָדִי
עַל־הַמַּיִם אֲשֶׁר בַּיְאֹר וְנֶהֶפְכוּ לְדָם׃ וְהַדָּגָה אֲשֶׁר־ יח
בַּיְאֹר תָּמוּת וּבָאַשׁ הַיְאֹר וְנִלְאוּ מִצְרַיִם לִשְׁתּוֹת
מַיִם מִן־הַיְאֹר׃ וַיֹּאמֶר יהוה אֶל־מֹשֶׁה יט
אֱמֹר אֶל־אַהֲרֹן קַח מַטְּךָ וּנְטֵה־יָדְךָ עַל־מֵימֵי
מִצְרַיִם עַל־נַהֲרֹתָם ׀ עַל־יְאֹרֵיהֶם וְעַל־אַגְמֵיהֶם וְעַל
כָּל־מִקְוֵה מֵימֵיהֶם וְיִהְיוּ־דָם וְהָיָה דָם בְּכָל־אֶרֶץ
מִצְרַיִם וּבָעֵצִים וּבָאֲבָנִים׃ וַיַּעֲשׂוּ־כֵן מֹשֶׁה וְאַהֲרֹן כ
כַּאֲשֶׁר ׀ צִוָּה יהוה וַיָּרֶם בַּמַּטֶּה וַיַּךְ אֶת־הַמַּיִם אֲשֶׁר
בַּיְאֹר לְעֵינֵי פַרְעֹה וּלְעֵינֵי עֲבָדָיו וַיֵּהָפְכוּ כָּל־הַמַּיִם
אֲשֶׁר־בַּיְאֹר לְדָם׃ וְהַדָּגָה אֲשֶׁר־בַּיְאֹר מֵתָה וַיִּבְאַשׁ כא
הַיְאֹר וְלֹא־יָכְלוּ מִצְרַיִם לִשְׁתּוֹת מַיִם מִן־הַיְאֹר וַיְהִי
הַדָּם בְּכָל־אֶרֶץ מִצְרָיִם׃ וַיַּעֲשׂוּ־כֵן חַרְטֻמֵּי מִצְרַיִם כב

רש"י

טז) **עד כה.** עד הנה. ומדרשו, עד שתשמע ממני מכת בכורות שאפתח בה ב"כה אמר ה' כחצות הלילה" וגו' (להלן יא, ד).

יז) **ונהפכו לדם.** לפי שאין גשמים יורדים במצרים ונילוס עולה ומשקה את הארץ ומצרים עובדים לנילוס, לפיכך הלקה את יראתם ואחר כך הלקה אותם.

יח) **ונלאו מצרים.** לבקש רפואה למי היאור שיהיו ראויין לשתות.

יט) **אמר אל אהרן.** לפי שהגן היאור על משה כשנשלך לתוכו, לפיכך לא לקה על ידו לא בדם ולא בצפרדעים, ולקה על ידי אהרן: **נהרתם.** הם נהרות המושכים כעין נהרות שלנו: **יאריהם.** הם נגרים ובריכות העשוים בידי אדם משפת הנהר לשדות, ונילוס מימיו מתברכים ועולה דרך היאורים ומשקה השדות: **אגמיהם.** קבוצת מים שאינן נובעין ואין מושכין אלא עומדין במקום אחד, וקורין לו אשטנ"ק: **בכל ארץ מצרים.** אף במרחצאות ובאמבטאות שבבתים: **ובעצים ובאבנים.** מים שבכלי עץ ובכלי אבן:

ביאור

בַּמִּדְבָּר. וְהִנֵּה לֹא שָׁמַעְתָּ עַד כֹּה.
יז כֹּה אָמַר ה': בְּזֹאת תֵּדַע כִּי אֲנִי
ה' – הִנֵּה אָנֹכִי מַכֶּה בַּמַּטֶּה אֲשֶׁר בְּיָדִי עַל הַמַּיִם אֲשֶׁר בַּיְאֹר, וְנֶהֶפְכוּ
לְדָם.
יח ולכן הַדָּגָה, הדגים, אֲשֶׁר בַּיְאֹר תָּמוּת, משום שאין היא
יכולה לחיות בדם, וּבָאַשׁ, ויסריח הַיְאֹר, מריקבון הדגים הרבים. די
בריח בלבד להפוך את מי הנילוס לבלתי ראויים לשתייה. וְנִלְאוּ,
ולא יהיו מסוגלים מִצְרַיִם לִשְׁתּוֹת מַיִם מִן הַיְאֹר".

יט וַיֹּאמֶר ה' אֶל מֹשֶׁה: אֱמֹר אֶל אַהֲרֹן, שליחך לביצוע המכה הזאת:
קַח מַטְּךָ וּנְטֵה יָדְךָ עַל מֵימֵי מִצְרַיִם. בתנועת הרמת ידך והפנייתה
לכיוון המים, תבטא את כוונתך שפעולת המטה תשפיע על כל מימי
מצרים: עַל נַהֲרֹתָם, עַל יְאֹרֵיהֶם, תעלות המים הראשיות שנמשכו
מהנילוס וְעַל אַגְמֵיהֶם וְעַל כָּל מִקְוֵה מֵימֵיהֶם, בורות ומאגרים אחרים,
וכל אלה יִהְיוּ לְדָם. וְהָיָה דָם בְּכָל אֶרֶץ מִצְרַיִם וּבָעֵצִים וּבָאֲבָנִים,
במים שליד העצים והאבנים, כגון בגנים,[22] או: במים שבכלי העץ
ובכלי האבן.[23] מכת הדם לא חלה על הנהר בלבד, אלא על כל מימי
מצרים שעל פני האדמה.

כ וַיַּעֲשׂוּ כֵן מֹשֶׁה וְאַהֲרֹן, כַּאֲשֶׁר צִוָּה ה'. וַיָּרֶם אהרן בַּמַּטֶּה וַיַּךְ אֶת
הַמַּיִם אֲשֶׁר בַּיְאֹר, לְעֵינֵי פַרְעֹה וּלְעֵינֵי עֲבָדָיו. וַיֵּהָפְכוּ כָּל הַמַּיִם אֲשֶׁר
בַּיְאֹר לְדָם.
כא ואכן, הַדָּגָה אֲשֶׁר בַּיְאֹר מֵתָה וַיִּבְאַשׁ הַיְאֹר, וְלֹא
יָכְלוּ מִצְרַיִם לִשְׁתּוֹת מַיִם מִן הַיְאֹר. וַיְהִי הַדָּם בְּכָל מקום שהיו בו
מים בְּאֶרֶץ מִצְרָיִם.

כב וַיַּעֲשׂוּ כֵן, והפכו מים[24] לדם חַרְטֻמֵּי מִצְרַיִם, המלומדים והמומחים

נהרותם ויאוריהם - מערכת השקיית מים במצרים

בְּלָטֵיהֶם וַיֶּחֱזַק לֵב־פַּרְעֹה וְלֹא־שָׁמַע אֲלֵהֶם כַּאֲשֶׁר
דִּבֶּר יהוה: וַיִּפֶן פַּרְעֹה וַיָּבֹא אֶל־בֵּיתוֹ וְלֹא־שָׁת לִבּוֹ כג
גַּם־לָזֹאת: וַיַּחְפְּרוּ כָל־מִצְרַיִם סְבִיבֹת הַיְאֹר מַיִם כד
לִשְׁתּוֹת כִּי לֹא יָכְלוּ לִשְׁתֹּת מִמֵּימֵי הַיְאֹר: וַיִּמָּלֵא כה
שִׁבְעַת יָמִים אַחֲרֵי הַכּוֹת־יהוה אֶת־הַיְאֹר:
וַיֹּאמֶר יהוה אֶל־מֹשֶׁה בֹּא אֶל־פַּרְעֹה וְאָמַרְתָּ כו
אֵלָיו כֹּה אָמַר יהוה שַׁלַּח אֶת־עַמִּי וְיַעַבְדֻנִי: וְאִם־ כז
מָאֵן אַתָּה לְשַׁלֵּחַ הִנֵּה אָנֹכִי נֹגֵף אֶת־כָּל־גְּבוּלְךָ
בַּצְפַרְדְּעִים: וְשָׁרַץ הַיְאֹר צְפַרְדְּעִים וְעָלוּ וּבָאוּ כח
בְּבֵיתֶךָ וּבַחֲדַר מִשְׁכָּבְךָ וְעַל־מִטָּתֶךָ וּבְבֵית עֲבָדֶיךָ
וּבְעַמֶּךָ וּבְתַנּוּרֶיךָ וּבְמִשְׁאֲרוֹתֶיךָ: וּבְכָה וּבְעַמְּךָ כט
וּבְכָל־עֲבָדֶיךָ יַעֲלוּ הַצְפַרְדְּעִים: וַיֹּאמֶר יהוה אֶל־ א ח

רש"י

כב| **בְּלָטֵיהֶם.** לַחַשׁ שֶׁאוֹמְרִין אוֹתוֹ בַּלָּט וּבַחֲשַׁאי. רַבּוֹתֵינוּ אָמְרוּ: 'בְּלָטֵיהֶם' – מַעֲשֵׂה שֵׁדִים, 'בְּלַהֲטֵיהֶם' – מַעֲשֵׂה כְשָׁפִים: **וַיֶּחֱזַק לֵב פַּרְעֹה.** לוֹמַר עַל יְדֵי מְכַשְּׁפוּת אַתֶּם עוֹשִׂים כֵּן; תֶּבֶן אַתֶּם מַכְנִיסִים לְעָפְרַיִם, עִיר שֶׁכֻּלָּהּ תֶּבֶן?! אַף אַתֶּם מְבִיאִין מְכַשְּׁפוּת לְמִצְרַיִם שֶׁכֻּלָּהּ כְּשָׁפִים?!:

כג| **גַּם לָזֹאת.** לְמוֹפֵת הַמַּטֶּה שֶׁנֶּהְפַּךְ לְתַנִּין, וְלֹא לָזֶה שֶׁל דָּם:

כה| **וַיִּמָּלֵא.** מִנְיַן שִׁבְעַת יָמִים שֶׁלֹּא שָׁב הַיְאוֹר לְקַדְמוּתוֹ, שֶׁהָיְתָה הַמַּכָּה מְשַׁמֶּשֶׁת רְבִיעַ חֹדֶשׁ, וּשְׁלֹשָׁה חֲלָקִים הָיָה מֵעִיד וּמַתְרֶה בָּהֶם:

כז| **וְאִם מָאֵן אַתָּה.** וְאִם סַרְבָן אַתָּה. 'מָאֵן' כְּמוֹ מְמָאֵן, מְסָרֵב, אֶלָּא שֶׁכִּנּוּי הָאָדָם עַל שֵׁם הַמִּפְעָל, כְּמוֹ: "שָׁלֵו" (איוב טז, יב), "וְשֹׁקֵט" (ירמיה מח, יא), "סַר וְזָעֵף" (מלכים א' כ, מג): **נֹגֵף אֶת כָּל גְּבוּלְךָ.** מַכֶּה. וְכֵן כָּל לְשׁוֹן מַגֵּפָה אֵינוֹ לְשׁוֹן מִיתָה אֶלָּא לְשׁוֹן מַכָּה, וְכֵן: "וְנָגְפוּ אִשָּׁה הָרָה" (להלן כא, כב) אֵינוֹ מִיתָה, וְכֵן: "וּבְטֶרֶם יִתְנַגְּפוּ רַגְלֵיכֶם" (ירמיה יג, טז), "פֶּן תִּגֹּף בָּאֶבֶן רַגְלֶךָ" (תהלים צא, יב), "וּלְאֶבֶן נֶגֶף" (ישעיה ח, יד):

כח| **וְעָלוּ.** מִן הַיְאוֹר: **בְּבֵיתֶךָ.** וְאַחַר כָּךְ "בְּבֵית עֲבָדֶיךָ", הוּא הִתְחִיל בָּעֵצָה תְּחִלָּה – "וַיֹּאמֶר אֶל עַמּוֹ" (לעיל א, ט) וּמִמֶּנּוּ הִתְחִילָה הַפֻּרְעָנוּת:

כט| **וּבְכָה וּבְעַמְּךָ.** בְּתוֹךְ מֵעֵיהֶם נִכְנָסִין וּמְקַרְקְרִין:

ביאור

שהקיפו את פרעה בְּלָטֵיהֶם, בלהטיהם – בכשפיהם או בתחבולותיהם.
על כן – וַיֶּחֱזַק לֵב פַּרְעֹה, וְלֹא שָׁמַע אֲלֵהֶם, כַּאֲשֶׁר דִּבֶּר ה׳. כג וַיִּפֶן
פַּרְעֹה מהיאור וַיָּבֹא אֶל בֵּיתוֹ וְלֹא שָׁת, שם לִבּוֹ גַּם לָזֹאת.

כד וַיַּחְפְּרוּ כָל מִצְרַיִם סְבִיבֹת הַיְאֹר כדי לשאוב מַיִם נקיים שלא הוכו
במכת הדם לִשְׁתּוֹת, כִּי לֹא יָכְלוּ לִשְׁתֹּת מִמֵּימֵי הַיְאֹר.

מכת צפרדע

פרק ז פס׳ כה – פרק ח פס׳ יא

מכת צפרדע היא מפגע מאוד לא נעים ומטריד, והקולות הנלווים אליה אינם מאפשרים להסיח ממנה את הדעת כלל. עם זאת, אין זו עדיין מכה קטלנית, ואין בה כדי לסכן את שלום תושבי מצרים.

כה וַיִּמָּלֵא שִׁבְעַת יָמִים אַחֲרֵי הַכּוֹת ה׳, שהתחיל להכות אֶת הַיְאֹר.
המכה ארכה שבוע,[25] ובכל זאת פרעה לא חזר בו. כו וַיֹּאמֶר ה׳ אֶל
מֹשֶׁה: בֹּא אֶל פַּרְעֹה, וְאָמַרְתָּ אֵלָיו שוב: כֹּה אָמַר ה׳: שַׁלַּח אֶת עַמִּי
וְיַעַבְדֻנִי. כז וְאִם מָאֵן ממאן, מסרב,[26] או: אם אדם סרבן[27] אַתָּה
לְשַׁלֵּחַ, הִנֵּה אָנֹכִי נֹגֵף, מכה אֶת כָּל גְּבוּלְךָ בַּצְפַרְדְּעִים. כח וְשָׁרַץ
הַיְאֹר, יתמלא כולו צְפַרְדְּעִים. בשל מספרן הרב הן לא יישארו ביאור בלבד, אלא יתפשטו בכל מקום: וְעָלוּ וּבָאוּ בְּבֵיתֶךָ, אך לא יתרכזו שם במקום אחד, אלא יתפזרו בכל הבית, כולל בַחֲדַר מִשְׁכָּבְךָ, וְעַל מִטָּתֶךָ וּבְבֵית עֲבָדֶיךָ וּבְעַמֶּךָ, וּבְתַנּוּרֶיךָ וּבְמִשְׁאֲרוֹתֶיךָ, בכלי הבצק
שלך. כט הצפרדעים לא ייכנסו רק לבתי בני האדם, למאכליהם
ולכליהם – וּבְכָה, ובך וּבְעַמְּךָ וּבְכָל עֲבָדֶיךָ יַעֲלוּ הַצְפַרְדְּעִים. הן יטפסו גם על בני אדם. אם לא תיזהרו, הן ייכנסו אף לפיותיכם.[28] לא יהיה להן כל מעצור.

הרחבות

׳ויפן פרעה ויבא אל ביתו ולא שת לבו׳ ייתכן שפרעה לא התרשם משום שלא נפגע אישית מן המכה; אולי הצליח להבטיח לעצמו מים טובים בדרך כלשהי, אולי מסביבות היאור. ואולי תוקפו של המופת ירד בעיניו כאשר חרטומיו הצליחו לבצע מופת דומה.

הדרישה החוזרת שַׁלַּח אֶת עַמִּי וְיַעַבְדֻנִי מבהירה שוב ושוב שאין מדובר בשחרורו של העם בלבד, אלא ביציאה שמטרתה עבודת אלוקים. מסר זה משמעותי לבני ישראל לא פחות משהוא משמעותי לפרעה. עליהם לדעת שה׳ הוא שישחרר אותם ממצרים, ולא המצרים, והוא שיגאל אותם מסבלותיהם כדי שיעבדוהו.

׳ועלו ובאו בביתך... ובתנוריך ובמשארותיך׳ מתיאור זה נראה כי אין אלו צפרדעים שונות מן המוכרות בטבע שהרי הן פונות גם אל התנורים ואל המשארות.

מֹשֶׁה אֱמֹר אֶל־אַהֲרֹן נְטֵה אֶת־יָדְךָ בְּמַטֶּךָ עַל־
הַנְּהָרֹת עַל־הַיְאֹרִים וְעַל־הָאֲגַמִּים וְהַעַל אֶת־
הַצְפַרְדְּעִים עַל־אֶרֶץ מִצְרָיִם: וַיֵּט אַהֲרֹן אֶת־יָדוֹ ב
עַל מֵימֵי מִצְרָיִם וַתַּעַל הַצְפַרְדֵּעַ וַתְּכַס אֶת־אֶרֶץ
מִצְרָיִם: וַיַּעֲשׂוּ־כֵן הַחַרְטֻמִּים בְּלָטֵיהֶם וַיַּעֲלוּ אֶת־ ג
הַצְפַרְדְּעִים עַל־אֶרֶץ מִצְרָיִם: וַיִּקְרָא פַרְעֹה לְמֹשֶׁה ד
וּלְאַהֲרֹן וַיֹּאמֶר הַעְתִּירוּ אֶל־יהוה וְיָסֵר הַצְפַרְדְּעִים
מִמֶּנִּי וּמֵעַמִּי וַאֲשַׁלְּחָה אֶת־הָעָם וְיִזְבְּחוּ לַיהוה:
וַיֹּאמֶר מֹשֶׁה לְפַרְעֹה הִתְפָּאֵר עָלַי לְמָתַי ׀ אַעְתִּיר לְךָ ה
וְלַעֲבָדֶיךָ וּלְעַמְּךָ לְהַכְרִית הַצְפַרְדְּעִים מִמְּךָ וּמִבָּתֶּיךָ
רַק בַּיְאֹר תִּשָּׁאַרְנָה: וַיֹּאמֶר לְמָחָר וַיֹּאמֶר כִּדְבָרְךָ ו
חמישי לְמַעַן תֵּדַע כִּי־אֵין כַּיהוה אֱלֹהֵינוּ: וְסָרוּ הַצְפַרְדְּעִים ז
מִמְּךָ וּמִבָּתֶּיךָ וּמֵעֲבָדֶיךָ וּמֵעַמֶּךָ רַק בַּיְאֹר תִּשָּׁאַרְנָה:

רש"י | פרק ח

ב | וַתַּעַל הַצְפַרְדֵּעַ. צְפַרְדֵּעַ אַחַת הָיְתָה וְהָיוּ מַכִּין אוֹתָהּ וְהִיא מַתֶּזֶת נְחִילִים נְחִילִים, זֶהוּ מִדְרָשׁוֹ. וּפְשׁוּטוֹ יֵשׁ לוֹמַר, שֶׁרוּץ הַצְּפַרְדְּעִים קוֹרֵא לְשׁוֹן יְחִידוּת. וְכֵן: "וַתְּהִי הַכִּנָּם" (להלן פסוק יד) הָרְחִישָׁה, פדוליר"א בְּלַעַז, וְאַף "וַתַּעַל הַצְּפַרְדֵּעַ" גרינולייר"א בְּלַעַז:

ה | הִתְפָּאֵר עָלַי. כְּמוֹ: "הֲיִתְפָּאֵר הַגַּרְזֶן עַל הַחֹצֵב בּוֹ" (ישעיה י, טו), מִשְׁתַּבֵּחַ לוֹמַר: אֲנִי גָּדוֹל מִמְּךָ. ונטי"ר בְּלַעַז. וְכֵן "הִתְפָּאֵר עָלַי", הִשְׁתַּבֵּחַ לְהִתְחַכֵּם וְלִשְׁאֹל דָּבָר גָּדוֹל וְלוֹמַר שֶׁלֹּא אוּכַל לַעֲשׂוֹתוֹ: לְמָתַי אַעְתִּיר לְךָ. אֵת אֲשֶׁר אַעְתִּיר לְךָ הַיּוֹם עַל הַכְרָתַת הַצְּפַרְדְּעִים, לְמָתַי תִּרְצֶה שֶׁיִּכָּרְתוּ, וְתִרְאֶה אִם אֲשַׁלִּים דְּבָרַי לַמּוֹעֵד שֶׁתִּקְבַּע לִי. אִלּוּ נֶאֱמַר 'מָתַי אַעְתִּיר', הָיָה מַשְׁמַע: מָתַי אֶתְפַּלֵּל? עַכְשָׁיו שֶׁנֶּאֱמַר 'לְמָתַי', אֲנִי הַיּוֹם אֶתְפַּלֵּל עָלֶיךָ שֶׁיִּכָּרְתוּ הַצְּפַרְדְּעִים לַזְּמַן שֶׁתִּקְבַּע לִי, אֱמֹר לְאֵיזֶה יוֹם תִּרְצֶה שֶׁיִּכָּרְתוּ. "אַעְתִּיר", "הַעְתִּירוּ", "וְהַעְתַּרְתִּי", וְלֹא נֶאֱמַר: 'אֶעְתַּר', 'עִתְרוּ', 'וְעָתַרְתִּי', מִפְּנֵי שֶׁכָּל לְשׁוֹן 'עֶתֶר' הַרְבּוֹת פֶּלֶל הוּא, וְכַאֲשֶׁר יֵאָמֵר: הַרְבּוּ, אַרְבֶּה, וְהִרְבֵּיתִי, לְשׁוֹן מַפְעִיל, כֵּן יֵאָמֵר: הַעְתִּירוּ, אַעְתִּיר, אַעְתִּיר דְּבָרִים, וְאָב לְכֻלָּם: "וְהַעְתַּרְתֶּם עָלַי דִּבְרֵיכֶם" (יחזקאל לה, יג), הִרְבֵּיתֶם:

ו | וַיֹּאמֶר לְמָחָר. הִתְפַּלֵּל הַיּוֹם שֶׁיִּכָּרְתוּ לְמָחָר:

ביאור

פרק ח א וַיֹּאמֶר ה׳ אֶל מֹשֶׁה: אֱמֹר אֶל אַהֲרֹן: נְטֵה, הרם והטה אֶת יָדְךָ בְּמַטֶּךָ עַל, לכיוון הַנְּהָרֹת, עַל הַיְאֹרִים וְעַל הָאֲגַמִּים וְהַעַל, והעלה אֶת הַצְפַרְדְּעִים, פעולה זו תגרום לצפרדעים לעלות עַל אֶרֶץ מִצְרָיִם.

ב וַיֵּט אַהֲרֹן אֶת יָדוֹ עַל מֵימֵי מִצְרָיִם, וַתַּעַל הַצְפַרְדֵּעַ, ועלו הצפרדעים, ומשום ריבויין - וַתְּכַס, הן כיסו אֶת כל אֶרֶץ מִצְרָיִם.

ג וַיַּעֲשׂוּ כֵן גם הַחַרְטֻמִּים בְּלָטֵיהֶם, וַיַּעֲלוּ אֶת הַצְפַרְדְּעִים עַל אֶרֶץ מִצְרָיִם. הם לא הועילו לפרעה. במקום למצוא דרך להיפטר מהצפרדעים הם הביאו צפרדעים נוספות.

ד וַיִּקְרָא פַרְעֹה לְמֹשֶׁה וּלְאַהֲרֹן, וַיֹּאמֶר: הַעְתִּירוּ, התפללו אֶל ה׳ וְיָסֵר הַצְפַרְדְּעִים מִמֶּנִּי וּמֵעַמִּי, וַאֲשַׁלְּחָה אֶת הָעָם וְיִזְבְּחוּ לַה׳. כאן לראשונה נשמעת כניעה מסוימת מצד פרעה.

ה וַיֹּאמֶר מֹשֶׁה לְפַרְעֹה: הִתְפָּאֵר עָלַי. נתונה בידך ההזדמנות להשתבח שהכנעת אותי,[29] נסה אותי – לְמָתַי אַעְתִּיר, אתפלל לְךָ וְלַעֲבָדֶיךָ וּלְעַמְּךָ, למענכם לְהַכְרִית הַצְפַרְדְּעִים מִמְּךָ וּמִבָּתֶּיךָ? קבע אתה את הזמן שבו יישמדו או יצאו הצפרדעים, וכך יקרה. רַק בַּיְאֹר תִּשָּׁאַרְנָה. משה רצה להראות לפרעה מי מושל במכה הזאת. יכולתם של משה ואהרן להכחיד את הצפרדעים בכל זמן שיבחרו תגביר את הפחד מפניהם.

ו וַיֹּאמֶר פרעה: לְמָחָר.

וַיֹּאמֶר משה: כִּדְבָרְךָ כן יהיה, לְמַעַן תֵּדַע כִּי אֵין כַּה׳ אֱלֹהֵינוּ. ז וְסָרוּ הַצְפַרְדְּעִים מִמְּךָ וּמִבָּתֶּיךָ וּמֵעֲבָדֶיךָ וּמֵעַמֶּךָ, רַק בַּיְאֹר תִּשָּׁאַרְנָה מכאן ואילך. שם אין הן מזיקות לאיש, אך יוכלו לשמש כתזכורת וכאיום שהן עלולות לחזור בכל עת.

הרחבות

׳למחר׳ מדוע פרעה לא ביקש שהמכה המטרידה הזאת תסתלק מיד? מסתבר שבכך ניסה לבדוק אם הדבר אכן תלוי בכוחם של משה ואהרן, או שמא הם עוקבים אחרי מאורעות הצפויים לבוא שלא מכוחם. פרעה משער שמשה הציע הצעה זו באותו יום, משום שבאופן טבעי המכה אמורה להסתיים אז, ומשה הניח שפרעה ירצה לסלקם מיד. כדי להעמיד את דבריהם במבחן הוא דוחה באופן שרירותי את סיום המכה למחרת. (ראו ראב״ע ורמב״ן).

ח וַיֵּצֵא מֹשֶׁה וְאַהֲרֹן מֵעִם פַּרְעֹה וַיִּצְעַק מֹשֶׁה אֶל־
ט יהוה עַל־דְּבַר הַצְפַרְדְּעִים אֲשֶׁר־שָׂם לְפַרְעֹה: וַיַּעַשׂ
יהוה כִּדְבַר מֹשֶׁה וַיָּמֻתוּ הַצְפַרְדְּעִים מִן־הַבָּתִּים מִן־
י הַחֲצֵרֹת וּמִן־הַשָּׂדֹת: וַיִּצְבְּרוּ אֹתָם חֳמָרִם חֳמָרִם
יא וַתִּבְאַשׁ הָאָרֶץ: וַיַּרְא פַּרְעֹה כִּי הָיְתָה הָרְוָחָה
וְהַכְבֵּד אֶת־לִבּוֹ וְלֹא שָׁמַע אֲלֵהֶם כַּאֲשֶׁר דִּבֶּר
יב יהוה: וַיֹּאמֶר יהוה אֶל־מֹשֶׁה אֱמֹר אֶל־
אַהֲרֹן נְטֵה אֶת־מַטְּךָ וְהַךְ אֶת־עֲפַר הָאָרֶץ וְהָיָה
יג לְכִנִּם בְּכָל־אֶרֶץ מִצְרָיִם: וַיַּעֲשׂוּ־כֵן וַיֵּט אַהֲרֹן אֶת־
יָדוֹ בְמַטֵּהוּ וַיַּךְ אֶת־עֲפַר הָאָרֶץ וַתְּהִי הַכִּנָּם בָּאָדָם
וּבַבְּהֵמָה כָּל־עֲפַר הָאָרֶץ הָיָה כִנִּים בְּכָל־אֶרֶץ
יד מִצְרָיִם: וַיַּעֲשׂוּ־כֵן הַחַרְטֻמִּים בְּלָטֵיהֶם לְהוֹצִיא
אֶת־הַכִּנִּים וְלֹא יָכֹלוּ וַתְּהִי הַכִּנָּם בָּאָדָם וּבַבְּהֵמָה:

רש"י

ח] וַיֵּצֵא... וַיִּצְעַק. מִיָּד, שֶׁיִּכָּרְתוּ לְמָחָר:

י] חֳמָרִם חֳמָרִם. צִבּוּרִים צִבּוּרִים, כְּתַרְגּוּמוֹ "דְּגוֹרִין", גַּלִּין:

יא] וְהַכְבֵּד אֶת לִבּוֹ. לְשׁוֹן פָּעוֹל הוּא, "הָלֹךְ הָלַךְ" (ירמיה מא, ו), וְכֵן: "וְהַכּוֹת אֶת מוֹאָב" (מלכים ב׳ ג, כד), "וְשָׁאוֹל לוֹ בֵּאלֹהִים" (שמואל א׳ כב, יג), "הַכֵּה וּפָצֹעַ" (מלכים א׳ כ, לז). כַּאֲשֶׁר דִּבֶּר ה׳. וְהֵיכָן דִּבֶּר? "וְלֹא יִשְׁמַע אֲלֵכֶם פַּרְעֹה" (לעיל ז, ד):

יב] אֱמֹר אֶל אַהֲרֹן. לֹא הָיָה הֶעָפָר כְּדַי לִלְקוֹת עַל יְדֵי מֹשֶׁה, לְפִי שֶׁהֵגֵן עָלָיו כְּשֶׁהָרַג אֶת הַמִּצְרִי וַיִּטְמְנֵהוּ בַּחוֹל (לעיל ב, יב), וְלָקָה עַל יְדֵי אַהֲרֹן:

יג] וַתְּהִי הַכִּנָּם. הָרְחִישָׁה, פדולייר"ש בְּלַעַ"ז:

יד] לְהוֹצִיא אֶת הַכִּנִּים. לְבָרְאתָם מִמָּקוֹם אַחֵר: וְלֹא יָכֹלוּ. שֶׁאֵין הַשֵּׁד שׁוֹלֵט עַל בְּרִיָּה פְּחוּתָה מִכִּשְׂעוֹרָה:

העולם

כִּנִּים נראה שאין אלו הכינים המוכרות לנו, אלא מין חרקים השוכנים בעפר. היו שזיהו אותן עם יתושים המתפתחים בחומרים אורגניים בחופים לחים ובמים; היו שראו בהן זבובי חול קטנים עוקצניים העלולים להעביר לאדם טפילים חד־תאיים, או שטענו שהן מין קרציות. ואולי הוא שם כולל לחרקים מחרקים שונים (בכור שור).

ח **וַיֵּצֵא מֹשֶׁה וְאַהֲרֹן מֵעִם פַּרְעֹה. וַיִּצְעַק מֹשֶׁה אֶל ה' עַל דְּבַר הַצְפַרְדְּעִים** ביאור
אֲשֶׁר שָׂם לְפַרְעֹה. משה התחנן וצעק מפני שהאות של התאריך
המדויק לפקיעת המכה מצריך בקשה מיוחדת.

ט **וַיַּעַשׂ ה' כִּדְבַר מֹשֶׁה. וַיָּמֻתוּ הַצְפַרְדְּעִים מִן הַבָּתִּים, מִן הַחֲצֵרֹת וּמִן**
הַשָּׂדֹת. י **וַיִּצְבְּרוּ אֹתָם חֳמָרִם חֳמָרִם,** ערמות ערמות. **וַתִּבְאַשׁ הָאָרֶץ**
מסירחונם של הצפרדעים המתות.

יא אולם – **וַיַּרְא פַּרְעֹה כִּי הָיְתָה הָרְוָחָה,** משנסתלקו הצפרדעים,
וְהַכְבֵּד אֶת לִבּוֹ, וְלֹא שָׁמַע אֲלֵהֶם – כַּאֲשֶׁר דִּבֶּר ה' אף על פי שהפעם
ביקש ממשה להתפלל בעבורו.

מכת כינים

פרק ח פס' יב–טו

אף המכה השלישית, מכת הכינים, אינה מסוכנת, אך היא מציקה ואף מכאיבה.

יב **וַיֹּאמֶר ה' אֶל מֹשֶׁה: אֱמֹר אֶל אַהֲרֹן: נְטֵה אֶת מַטְּךָ וְהַךְ אֶת עֲפַר**
הָאָרֶץ, וְהָיָה העפר **לְכִנִּם בְּכָל אֶרֶץ מִצְרָיִם.**

יג **וַיַּעֲשׂוּ** משה ואהרן **כֵן, וַיֵּט אַהֲרֹן אֶת יָדוֹ בְמַטֵּהוּ וַיַּךְ אֶת עֲפַר הָאָרֶץ,**
וַתְּהִי הַכִּנָּם, שריצתם של הכינים **בָּאָדָם וּבַבְּהֵמָה. כָּל עֲפַר הָאָרֶץ**
הָיָה כִנִּים בְּכָל אֶרֶץ מִצְרָיִם.

יד **וַיַּעֲשׂוּ כֵן הַחַרְטֻמִּים בְּלָטֵיהֶם,** בכשפיהם או בתחבולותיהם **לְהוֹצִיא**
אֶת הַכִּנִּים. החרטומים שעמדו ליד פרעה, ניסו לבטל את הרושם
שעשו מופתיהם של משה ואהרן. הם ביקשו להראות שמעשים
אלו מצויים עדיין בתחומי יכולתם. **וְלֹא יָכֹלוּ** לסלק את הכינים,

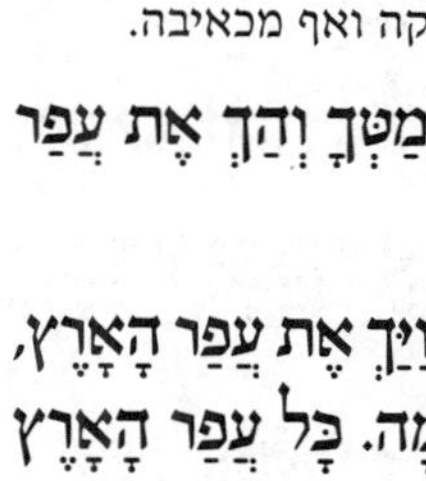
כינה

וַיֹּאמְרוּ הַחַרְטֻמִּם אֶל־פַּרְעֹה אֶצְבַּע אֱלֹהִים הִוא טו
וַיֶּחֱזַק לֵב־פַּרְעֹה וְלֹא־שָׁמַע אֲלֵהֶם כַּאֲשֶׁר דִּבֶּר
ו יְהוָה׃ וַיֹּאמֶר יְהוָה אֶל־מֹשֶׁה הַשְׁכֵּם טז
בַּבֹּקֶר וְהִתְיַצֵּב לִפְנֵי פַרְעֹה הִנֵּה יוֹצֵא הַמָּיְמָה וְאָמַרְתָּ
אֵלָיו כֹּה אָמַר יְהוָה שַׁלַּח עַמִּי וְיַעַבְדֻנִי׃ כִּי אִם־אֵינְךָ יז
מְשַׁלֵּחַ אֶת־עַמִּי הִנְנִי מַשְׁלִיחַ בְּךָ וּבַעֲבָדֶיךָ וּבְעַמְּךָ
וּבְבָתֶּיךָ אֶת־הֶעָרֹב וּמָלְאוּ בָּתֵּי מִצְרַיִם אֶת־הֶעָרֹב
וְגַם הָאֲדָמָה אֲשֶׁר־הֵם עָלֶיהָ׃ וְהִפְלֵיתִי בַיּוֹם הַהוּא יח
אֶת־אֶרֶץ גֹּשֶׁן אֲשֶׁר עַמִּי עֹמֵד עָלֶיהָ לְבִלְתִּי הֱיוֹת־שָׁם
ששי עָרֹב לְמַעַן תֵּדַע כִּי אֲנִי יְהוָה בְּקֶרֶב הָאָרֶץ׃ וְשַׂמְתִּי יט
פְדֻת בֵּין עַמִּי וּבֵין עַמֶּךָ לְמָחָר יִהְיֶה הָאֹת הַזֶּה׃
וַיַּעַשׂ יְהוָה כֵּן וַיָּבֹא עָרֹב כָּבֵד בֵּיתָה פַרְעֹה וּבֵית כ
עֲבָדָיו וּבְכָל־אֶרֶץ מִצְרַיִם תִּשָּׁחֵת הָאָרֶץ מִפְּנֵי הֶעָרֹב׃

רש"י

טו) אֶצְבַּע אֱלֹהִים הִוא. מַכָּה זוֹ אֵינָהּ עַל יְדֵי כְשָׁפִים, מֵאֵת הַמָּקוֹם הִיא: כַּאֲשֶׁר דִּבֶּר ה'. "וְלֹא יִשְׁמַע אֲלֵכֶם פַּרְעֹה" (לעיל ז, ד):

יז) מַשְׁלִיחַ בְּךָ. מְגָרֶה בְּךָ, וְכֵן: "וְשֶׁן בְּהֵמוֹת אֲשַׁלַּח בָּם" (דברים לב, כד) לְשׁוֹן שִׁסּוּי, אינטיצייר בְּלַעַז: אֶת הֶעָרֹב. כָּל מִינֵי חַיּוֹת רָעוֹת וּנְחָשִׁים וְעַקְרַבִּים בְּעִרְבּוּבְיָא, וְהָיוּ מַשְׁחִיתִים בָּהֶם. וְיֵשׁ טַעַם בַּדָּבָר בְּאַגָּדָה בְּכָל מַכָּה וּמַכָּה לָמָּה זוֹ וְלָמָּה זוֹ: בְּטַכְסִיסֵי מִלְחֲמוֹת מְלָכִים בָּא עֲלֵיהֶם, כְּסֵדֶר מַלְכוּת כְּשֶׁצָּרָה עַל עִיר; בַּתְּחִלָּה מְקַלְקֵל מַעְיְנוֹתֶיהָ, וְאַחַר כָּךְ תּוֹקֵעַ עֲלֵיהֶם וּמְרִיעִים בְּשׁוֹפָרוֹת לְיָרְאָם וּלְבַהֲלָם, וְכֵן הַצְפַרְדְּעִים מְקַרְקְרִים וְהוֹמִים וְכוּ', כִּדְאִיתָא בְּמִדְרַשׁ רַבִּי תַּנְחוּמָא (בא ד):

יח) וְהִפְלֵיתִי. וְהִפְרַשְׁתִּי, וְכֵן: "וְהִפְלָה ה'" (להלן ט, ד), וְכֵן: "לֹא נִפְלֵאת הִוא מִמְּךָ" (דברים ל, יא), לֹא מֻבְדֶּלֶת וּמֻפְרֶשֶׁת הִיא מִמְּךָ: לְמַעַן תֵּדַע כִּי אֲנִי ה' בְּקֶרֶב הָאָרֶץ. אַף עַל פִּי שֶׁשְּׁכִינָתִי בַּשָּׁמַיִם גְּזֵרָתִי מִתְקַיֶּמֶת בַּתַּחְתּוֹנִים:

יט) וְשַׂמְתִּי פְדֻת. שֶׁיַּבְדִּיל "בֵּין עַמִּי וּבֵין עַמֶּךָ":

כ) תִּשָּׁחֵת הָאָרֶץ. נִשְׁחֶתֶת הָאָרֶץ, "אִתְחַבַּלַת אַרְעָא":

ביאור | **וַתְּהִי הַכִּנָּם בָּאָדָם וּבַבְּהֵמָה.** טו **וַיֹּאמְרוּ הַחַרְטֻמִּים אֶל פַּרְעֹה: אֶצְבַּע
אֱלֹהִים הִוא.** אלוהים גרם להתרחשות זו, אך אין זה אות משמים.
גם אם אין זה אירוע פשוט, הוא עדיין נתון בתוך גדרי הטבע.[30] דברי
החרטומים התקבלו על דעתו של פרעה, והוא לא נרתע כשנוכח
במגבלותיהם להסיר את הכינים. אולי ניחם עצמו בכך שחרטומים
מוכשרים יותר היו מסוגלים להוציא את הכינים ממצרים.
וַיֶּחֱזַק לֵב פַּרְעֹה וְלֹא שָׁמַע אֲלֵהֶם – כַּאֲשֶׁר דִּבֶּר ה׳, ולא שילח את
ישראל.

מכת ערוב

פרק ח פס׳ טז–כח

בכל אחת משתי המכות הקודמות הוכו המצרים בבעלי חיים ממין אחד: כינים, ולפניהן צפרדעים. בשתיהן מחוללי המכה היו בעלי חיים קטנים ומטרידים. המכה שלפנינו מפחידה הרבה יותר – תערובת של חיות מזיקות מכל המינים ומכל הגדלים תפלוש למקומות מושבותיהם של המצרים. בין שאלה חיות טורפות ממש, ובין שמדובר בחיות שנעשו טורפות רק בשעת המכה, בעלי החיים הללו מאיימים, ויש בהם חיות המסוגלות להרוג בני אדם.

טז **וַיֹּאמֶר ה׳ אֶל מֹשֶׁה: הַשְׁכֵּם בַּבֹּקֶר וְהִתְיַצֵּב לִפְנֵי פַרְעֹה, הִנֵּה יוֹצֵא
הַמָּיְמָה,** גם כאן, לשם ניקוי הגוף, התרעננות או לשם פולחן.[31] **וְאָמַרְתָּ
אֵלָיו: כֹּה אָמַר ה׳: שַׁלַּח עַמִּי וְיַעַבְדֻנִי,** יז **כִּי אִם אֵינְךָ מְשַׁלֵּחַ אֶת עַמִּי,
הִנְנִי מַשְׁלִיחַ בְּךָ וּבַעֲבָדֶיךָ וּבְעַמְּךָ וּבְבָתֶּיךָ אֶת הֶעָרֹב,** תערובת של
בעלי חיים,[32] **וּמָלְאוּ בָּתֵּי מִצְרַיִם אֶת הֶעָרֹב, וְגַם הָאֲדָמָה אֲשֶׁר הֵם
עָלֶיהָ.** יח **וְהִפְלֵיתִי,** אבדיל **בַיּוֹם הַהוּא אֶת אֶרֶץ גֹּשֶׁן, אֲשֶׁר עַמִּי עֹמֵד
עָלֶיהָ, לְבִלְתִּי הֱיוֹת שָׁם עָרֹב.** מכה זו לא תפגע בארץ גושן למרות
שהיא מחוז סמוך. **לְמַעַן תֵּדַע כִּי אֲנִי ה׳ בְּקֶרֶב הָאָרֶץ,** שולט ומשגיח
בה. הבדלת אזור היהודים תוכיח שהמכה אינה מכוונת כנגד כל
יושבי הארץ אלא כנגד פרעה ועמו. יט **וְשַׂמְתִּי פְדֻת,** הבדל,[33] או:
הצלה[34] **בֵּין עַמִּי וּבֵין עַמֶּךָ. לְמָחָר יִהְיֶה הָאֹת הַזֶּה.**

כ **וַיַּעַשׂ ה׳ כֵּן** למחרת, **וַיָּבֹא עָרֹב כָּבֵד בֵּיתָה פַרְעֹה וּבֵית עֲבָדָיו,** הערוב
הגיע בתחילה לביתו של המלך, ומשם התפשט בשאר הבתים –
וּבְכָל אֶרֶץ מִצְרַיִם תִּשָּׁחֵת הָאָרֶץ מִפְּנֵי הֶעָרֹב. החיות הרעות הסתובבו
משולחות רסן וזרעו נזקים ופחד בארץ.

כא וַיִּקְרָ֣א פַרְעֹ֔ה אֶל־מֹשֶׁ֖ה וּֽלְאַהֲרֹ֑ן וַיֹּ֗אמֶר לְכ֛וּ זִבְח֥וּ
כב לֵאלֹהֵיכֶ֖ם בָּאָֽרֶץ׃ וַיֹּ֣אמֶר מֹשֶׁ֗ה לֹ֤א נָכוֹן֙ לַעֲשׂ֣וֹת
כֵּ֔ן כִּ֚י תּוֹעֲבַ֣ת מִצְרַ֔יִם נִזְבַּ֖ח לַיהוָ֣ה אֱלֹהֵ֑ינוּ הֵ֣ן נִזְבַּ֞ח
כג אֶת־תּוֹעֲבַ֥ת מִצְרַ֛יִם לְעֵינֵיהֶ֖ם וְלֹ֥א יִסְקְלֻֽנוּ׃ דֶּ֚רֶךְ
שְׁלֹ֣שֶׁת יָמִ֔ים נֵלֵ֖ךְ בַּמִּדְבָּ֑ר וְזָבַ֙חְנוּ֙ לַיהוָ֣ה אֱלֹהֵ֔ינוּ
כד כַּאֲשֶׁ֖ר יֹאמַ֥ר אֵלֵֽינוּ׃ וַיֹּ֣אמֶר פַּרְעֹ֗ה אָנֹכִ֞י אֲשַׁלַּ֤ח
אֶתְכֶם֙ וּזְבַחְתֶּ֞ם לַיהוָ֤ה אֱלֹהֵיכֶם֙ בַּמִּדְבָּ֔ר רַ֛ק הַרְחֵ֥ק
כה לֹֽא־תַרְחִ֖יקוּ לָלֶ֑כֶת הַעְתִּ֖ירוּ בַּעֲדִֽי׃ וַיֹּ֣אמֶר מֹשֶׁ֗ה
הִנֵּ֨ה אָנֹכִ֜י יוֹצֵ֣א מֵעִמָּךְ֮ וְהַעְתַּרְתִּ֣י אֶל־יְהוָה֒ וְסָ֣ר
הֶעָרֹ֗ב מִפַּרְעֹ֛ה מֵעֲבָדָ֥יו וּמֵעַמּ֖וֹ מָחָ֑ר רַ֗ק אַל־יֹסֵ֤ף
פַּרְעֹה֙ הָתֵ֔ל לְבִלְתִּי֙ שַׁלַּ֣ח אֶת־הָעָ֔ם לִזְבֹּ֖חַ לַיהוָֽה׃
כו כז וַיֵּצֵ֥א מֹשֶׁ֖ה מֵעִ֣ם פַּרְעֹ֑ה וַיֶּעְתַּ֖ר אֶל־יְהוָֽה׃ וַיַּ֤עַשׂ יְהוָה֙
כִּדְבַ֣ר מֹשֶׁ֔ה וַיָּ֙סַר֙ הֶעָרֹ֔ב מִפַּרְעֹ֖ה מֵעֲבָדָ֣יו וּמֵעַמּ֑וֹ לֹ֥א
כח נִשְׁאַ֖ר אֶחָֽד׃ וַיַּכְבֵּ֤ד פַּרְעֹה֙ אֶת־לִבּ֔וֹ גַּ֖ם בַּפַּ֣עַם הַזֹּ֑את
וְלֹ֥א שִׁלַּ֖ח אֶת־הָעָֽם׃

רש"י

כא) **זִבְחוּ לֵאלֹהֵיכֶם בָּאָרֶץ.** בִּמְקוֹמְכֶם, וְלֹא תֵּלְכוּ בַּמִּדְבָּר:

כב) **תּוֹעֲבַת מִצְרַיִם.** יִרְאַת מִצְרַיִם, כְּמוֹ: "וּלְמִלְכֹּם תּוֹעֲבַת בְּנֵי עַמּוֹן" (מלכים ב׳ כג, יג), וְאֵצֶל יִשְׂרָאֵל קוֹרֵא אוֹתָהּ תּוֹעֵבָה. וְעוֹד יֵשׁ לוֹמַר בְּלָשׁוֹן אַחֵר, "תּוֹעֲבַת מִצְרַיִם", דָּבָר שֶׁנָּאוּי הוּא לְמִצְרַיִם זְבִיחָה שֶׁאָנוּ זוֹבְחִים, שֶׁהֲרֵי יִרְאָתָם אָנוּ זוֹבְחִים: **וְלֹא יִסְקְלֻנוּ.** בִּתְמִיָּה:

כה) **הָתֵל.** כְּמוֹ לְהָתֵל:

כו-כז) **וַיָּסַר הֶעָרֹב.** וְלֹא מֵתוּ כְּמוֹ שֶׁמֵּתוּ הַצְפַרְדְּעִים, שֶׁאִם מֵתוּ הָיָה לָהֶם הֲנָאָה בָּעוֹרוֹת: **וַיֶּעְתַּר אֶל ה׳.** נִתְאַמֵּץ בִּתְפִלָּה. וְכֵן אִם בָּא לוֹמַר 'וַיַּעְתִּיר' הָיָה יָכוֹל לוֹמַר, וּמַשְׁמָע וַיַּרְבֶּה תְּפִלָּה. וּכְשֶׁהוּא אוֹמֵר בִּלְשׁוֹן וַיִּפְעַל, מַשְׁמָע וַיַּרְבֶּה לְהִתְפַּלֵּל:

כח) **גַּם בַּפַּעַם הַזֹּאת.** אַף עַל פִּי שֶׁאָמַר "אָנֹכִי אֲשַׁלַּח אֶתְכֶם" (לעיל פסוק כד) לֹא קִיֵּם הַבְטָחָתוֹ:

ביאור

כא המכות הראשונות לא עוררו את פרעה לשנות את דרכיו, ואילו
מכת ערוב מביאה אותו לשלב חדש: הוא הסכים לדון בדרישתם
של משה ואהרן. **וַיִּקְרָא פַרְעֹה אֶל מֹשֶׁה וּלְאַהֲרֹן, וַיֹּאמֶר: לְכוּ זִבְחוּ**
לֵאלֹהֵיכֶם בָּאָרֶץ, במצרים. הוא העניק להם חופש דת להקריב
קרבנות לאלוהיהם בארצו.

כב **וַיֹּאמֶר מֹשֶׁה** לפרעה: **לֹא נָכוֹן**, ראוי **לַעֲשׂוֹת כֵּן, כִּי** את **תּוֹעֲבַת**,
אלוהי[35] **מִצְרַיִם נִזְבַּח לַה׳ אֱלֹהֵינוּ.** קרבנותינו הם אלילי מצרים.
הֵן, האם **נִזְבַּח אֶת תּוֹעֲבַת מִצְרַיִם לְעֵינֵיהֶם, וְלֹא יִסְקְלֻנוּ?!** הייתכן
שנחלל במעשינו את כבוד אלוהיהם של המצרים, והם לא יגיבו
בסקילתנו?! כג **דֶּרֶךְ שְׁלֹשֶׁת יָמִים נֵלֵךְ בַּמִּדְבָּר**, נתרחק מן המצרים,
וְזָבַחְנוּ לַה׳ אֱלֹהֵינוּ, כַּאֲשֶׁר יֹאמַר אֵלֵינוּ, על פי חוקיו.

כד **וַיֹּאמֶר פַּרְעֹה: אָנֹכִי אֲשַׁלַּח אֶתְכֶם, וּזְבַחְתֶּם לַה׳ אֱלֹהֵיכֶם בַּמִּדְבָּר,**
רַק הַרְחֵק לֹא תַרְחִיקוּ לָלֶכֶת. הַעְתִּירוּ, התפללו ובקשו **בַּעֲדִי** שהערוב
יוסר.

כה **וַיֹּאמֶר מֹשֶׁה: הִנֵּה אָנֹכִי יוֹצֵא מֵעִמָּךְ וְהַעְתַּרְתִּי אֶל ה׳**, וכתוצאה
מכך - **וְסָר הֶעָרֹב מִפַּרְעֹה מֵעֲבָדָיו וּמֵעַמּוֹ מָחָר, רַק אַל יֹסֵף פַּרְעֹה**
הָתֵל לְבִלְתִּי שַׁלַּח אֶת הָעָם לִזְבֹּחַ לַה׳. מכיוון שפרעה לא קיים בעבר
את הבטחותיו,[36] משה הזהיר אותו שהפעם עליו לעמוד בדיבורו.

כו **וַיֵּצֵא מֹשֶׁה מֵעִם פַּרְעֹה**, משום שארמונו לא היה מקום ראוי
לתפילה, **וַיֶּעְתַּר אֶל ה׳.**

כז **וַיַּעַשׂ ה׳ כִּדְבַר מֹשֶׁה. וַיָּסַר הֶעָרֹב מִפַּרְעֹה מֵעֲבָדָיו וּמֵעַמּוֹ, לֹא נִשְׁאַר**
אֶחָד.

כח **וַיַּכְבֵּד פַּרְעֹה אֶת לִבּוֹ גַּם בַּפַּעַם הַזֹּאת, וְלֹא שִׁלַּח אֶת הָעָם** למרות
הבטחתו.

הרחבות

׳ויאמר פרעה אנכי אשלח אתכם... ויכבד פרעה את לבו גם בפעם הזאת׳ במכה זו פחד פרעה ממשה וחש מאוים, ועל כן ניסה ללכת לקראת משה, אך לא עשה זאת בלב שלם. הוא ניסה לפתות, לרמות ולדחות את ההכרעה כדי להרוויח זמן עד שיעברו הפורענויות שפקדו את ממלכתו. גם תחת אימת בעלי החיים הגדולים פרעה לא הפנים את תפיסת העולם של משה ולא קיבל על עצמו את עול מלכותו של אלוקי העברים.

ט א וַיֹּאמֶר יהוה אֶל־מֹשֶׁה בֹּא אֶל־פַּרְעֹה וְדִבַּרְתָּ אֵלָיו
כֹּה־אָמַר יהוה אֱלֹהֵי הָעִבְרִים שַׁלַּח אֶת־עַמִּי
ב וְיַעַבְדֻנִי: כִּי אִם־מָאֵן אַתָּה לְשַׁלֵּחַ וְעוֹדְךָ מַחֲזִיק בָּם:
ג הִנֵּה יַד־יהוה הוֹיָה בְּמִקְנְךָ אֲשֶׁר בַּשָּׂדֶה בַּסּוּסִים
בַּחֲמֹרִים בַּגְּמַלִּים בַּבָּקָר וּבַצֹּאן דֶּבֶר כָּבֵד מְאֹד:
ד וְהִפְלָה יהוה בֵּין מִקְנֵה יִשְׂרָאֵל וּבֵין מִקְנֵה מִצְרָיִם
ה וְלֹא יָמוּת מִכָּל־לִבְנֵי יִשְׂרָאֵל דָּבָר: וַיָּשֶׂם יהוה מוֹעֵד
ו לֵאמֹר מָחָר יַעֲשֶׂה יהוה הַדָּבָר הַזֶּה בָּאָרֶץ: וַיַּעַשׂ
יהוה אֶת־הַדָּבָר הַזֶּה מִמָּחֳרָת וַיָּמָת כֹּל מִקְנֵה
ז מִצְרָיִם וּמִמִּקְנֵה בְנֵי־יִשְׂרָאֵל לֹא־מֵת אֶחָד: וַיִּשְׁלַח
פַּרְעֹה וְהִנֵּה לֹא־מֵת מִמִּקְנֵה יִשְׂרָאֵל עַד־אֶחָד
וַיִּכְבַּד לֵב פַּרְעֹה וְלֹא שִׁלַּח אֶת־הָעָם:
ח וַיֹּאמֶר יהוה אֶל־מֹשֶׁה וְאֶל־אַהֲרֹן קְחוּ לָכֶם מְלֹא

רש"י | פרק ט

ב] **מַחֲזִיק בָּם.** אוֹחֵז בָּם, כְּמוֹ: "וְהֶחֱזִיקָה בִּמְבֻשָׁיו" (דברים כה, יא):

ג] **הִנֵּה יַד ה' הוֹיָה.** לְשׁוֹן הֹוֶה, כִּי כֵן יֵאָמֵר בִּלְשׁוֹן נְקֵבָה עַל שֶׁעָבַר 'הָיְתָה' וְעַל הֶעָתִיד 'תִּהְיֶה' וְעַל הָעוֹמֵד 'הוֹיָה', כְּמוֹ: עוֹשָׂה, רוֹצָה, רוֹעָה:

ד] **וְהִפְלָה.** וְהִבְדִּיל:

הרחבות | **הצורה החריגה הוֹיָה** מזכירה בצלילה את מלות הקריאה 'הוי', 'הוה', ו'אויה', ועל כן היא נושאת גוון של אֵבל ואסון. (ראו מלכים א' יג,ל; ישעיה א,ד; מז,יא ועוד; וראו תהלים קכ,ה).

העולם | **דֶּבֶר** מחלה הפוגעת בבקר. אין זו מחלת הדֶּבֶר (Bubonic plague) המוכרת היום, הפוגעת בעיקר בבני אדם. יש הסוברים שזוהי מחלת הגחלת (אנתרקס) הפוגעת קשות בבקר. בדברי הנביאים ירמיהו ויחזקאל שלוש הרעות הקשות הפוקדות את האנושות הן דבר, מלחמה ורעב. ייתכן שהדֶּבֶר בתנ"ך ובלשון חכמים הוא שם כללי למחלות רבות, או לכל מחלה ההופכת למגפה (ראו תענית יט ע"א).

מכת דבר

פרק ט פס׳ א–ז

לאחר שהוכתה מצרים בחיות בר שהופיעו במקומות היישוב והזיקו לבני האדם ולרכושם, נפגעות במכה שלפנינו החיות המבויתות. משה ואהרן מצווים להתרות על בוא המכה הזאת, אך אין הם מעורבים כלל בהבאתה בפועל.

ביאור | פרק ט א **וַיֹּאמֶר ה׳ אֶל מֹשֶׁה: בֹּא אֶל פַּרְעֹה, וְדִבַּרְתָּ אֵלָיו: כֹּה אָמַר**
ה׳ אֱלֹהֵי הָעִבְרִים: שַׁלַּח אֶת עַמִּי וְיַעַבְדֻנִי. ב **כִּי אִם מָאֵן**, מסרב **אַתָּה**
לְשַׁלֵּחַ, וְעוֹדְךָ מַחֲזִיק בָּם, ג **הִנֵּה יַד ה׳**, החזקה והמסוגלת לפגוע
הוֹיָה, הווה, כבר עתה **בְּמִקְנְךָ אֲשֶׁר בַּשָּׂדֶה – בַּסּוּסִים, בַּחֲמֹרִים,**
בַּגְּמַלִּים, בַּבָּקָר וּבַצֹּאן – דֶּבֶר כָּבֵד מְאֹד, מחלה קשה הפוגעת בחיות
הבית. ד **וְהִפְלָה ה׳ בֵּין מִקְנֵה יִשְׂרָאֵל וּבֵין מִקְנֵה מִצְרָיִם, וְלֹא יָמוּת**
מִכָּל הבהמות השייכות **לִבְנֵי יִשְׂרָאֵל דָּבָר.** ה לשם הבהירות – **וַיָּשֶׂם**
ה׳ מוֹעֵד, זמן, **לֵאמֹר: מָחָר יַעֲשֶׂה ה׳ הַדָּבָר הַזֶּה בָּאָרֶץ.** משה הזהיר
את פרעה מן המכה העתידה להתרחש, וציפה להמשך סרבנותו.
על כן לא נשא ונתן אתו ולא המתין לתגובתו.

ו **וַיַּעַשׂ ה׳ אֶת הַדָּבָר הַזֶּה מִמָּחֳרָת. וַיָּמָת כֹּל מִקְנֵה מִצְרָיִם**, אבל **מִמִּקְנֵה**
בְנֵי יִשְׂרָאֵל לֹא מֵת אֶחָד. ז **וַיִּשְׁלַח פַּרְעֹה** לבדוק, **וְהִנֵּה לֹא מֵת מִמִּקְנֵה**
יִשְׂרָאֵל עַד אֶחָד. עובדה זו הייתה אמורה להוכיח לחלוטין כי יד ה׳
היא המכה אותו, ושאין מדובר במחלה טבעית. אולם, **וַיִּכְבַּד לֵב פַּרְעֹה,**
מן הסתם שוב תלה את הדבר במעשה כשפים, **וְלֹא שִׁלַּח אֶת הָעָם.**

מכת שחין

פרק ט פס׳ ח–יב

כמו למכות השלישית והתשיעית, הכינים והחושך, גם למכה השישית, השחין, לא קדמה התראה. כך נוצר ריתמוס המראה על מבנה ברצף המכות ומארגן אותן בסדרות של שלוש.[37]

מבחינה אחרת מחולקות המכות לשתי סדרות של חמש מכות. בחמש המכות הראשונות פרעה מתעקש ומסרב לאפשר לישראל לצאת מתוך בחירתו החפשית. הוא המכביד והמקשה את לבו שלו. ברוב המכות שבמחצית השנייה, החל מן המכה הזאת, ה׳ הוא המחזק את לבו בעל כורחו. ייתכן שאילו הייתה בידו הבחירה, היה נכנע מלפני ה׳ ומשלח את העם, אך אפשרות זו נמנעת ממנו.[38]

ח **וַיֹּאמֶר ה׳ אֶל מֹשֶׁה וְאֶל אַהֲרֹן: קְחוּ לָכֶם מְלֹא חָפְנֵיכֶם**, מַלאו את

חָפְנֵיכֶם פִּיחַ כִּבְשָׁן וּזְרָקוֹ מֹשֶׁה הַשָּׁמַיְמָה לְעֵינֵי
פַרְעֹה: וְהָיָה לְאָבָק עַל כָּל־אֶרֶץ מִצְרָיִם וְהָיָה ט
עַל־הָאָדָם וְעַל־הַבְּהֵמָה לִשְׁחִין פֹּרֵחַ אֲבַעְבֻּעֹת
בְּכָל־אֶרֶץ מִצְרָיִם: וַיִּקְחוּ אֶת־פִּיחַ הַכִּבְשָׁן וַיַּעַמְדוּ י
לִפְנֵי פַרְעֹה וַיִּזְרֹק אֹתוֹ מֹשֶׁה הַשָּׁמָיְמָה וַיְהִי
שְׁחִין אֲבַעְבֻּעֹת פֹּרֵחַ בָּאָדָם וּבַבְּהֵמָה: וְלֹא־יָכְלוּ יא
הַחַרְטֻמִּים לַעֲמֹד לִפְנֵי מֹשֶׁה מִפְּנֵי הַשְּׁחִין כִּי־הָיָה
הַשְּׁחִין בַּחַרְטֻמִּם וּבְכָל־מִצְרָיִם: וַיְחַזֵּק יהוה אֶת־ יב
לֵב פַּרְעֹה וְלֹא שָׁמַע אֲלֵהֶם כַּאֲשֶׁר דִּבֶּר יהוה אֶל־
מֹשֶׁה: וַיֹּאמֶר יהוה אֶל־מֹשֶׁה הַשְׁכֵּם יג
בַּבֹּקֶר וְהִתְיַצֵּב לִפְנֵי פַרְעֹה וְאָמַרְתָּ אֵלָיו כֹּה־אָמַר
יהוה אֱלֹהֵי הָעִבְרִים שַׁלַּח אֶת־עַמִּי וְיַעַבְדֻנִי: כִּי ׀ יד
בַּפַּעַם הַזֹּאת אֲנִי שֹׁלֵחַ אֶת־כָּל־מַגֵּפֹתַי אֶל־לִבְּךָ

רש"י

ח| **מְלֹא חָפְנֵיכֶם.** ילוֹינ"ש בְּלַעַז: **פִּיחַ כִּבְשָׁן.** דָּבָר הַנִּפָּח מִן הַגֶּחָלִים עֲמוּמִים הַנִּשְׂרָפִים בַּכִּבְשָׁן, וּבְלַעַז חוֹלב"ש. 'פִּיחַ' לְשׁוֹן הֲפָחָה, שֶׁהָרוּחַ מְפִיחָן וּמַפְרִיחָן: **וּזְרָקוֹ מֹשֶׁה.** וְכָל דָּבָר הַנִּזְרָק בְּכֹחַ אֵינוֹ נִזְרָק אֶלָּא בְּיָד אַחַת, הֲרֵי נִסִּים הַרְבֵּה: אֶחָד, שֶׁהֶחֱזִיק קָמְצוֹ שֶׁל מֹשֶׁה מְלֹא חָפְנַיִם שֶׁלּוֹ וְשֶׁל אַהֲרֹן; וְאֶחָד, שֶׁהָלַךְ הָאָבָק עַל כָּל אֶרֶץ מִצְרָיִם:

ט| **פֹּרֵחַ אֲבַעְבֻּעֹת.** כְּתַרְגּוּמוֹ: "לִשְׁחִין סְגֵי אֲבַעְבּוּעִין" שֶׁעַל יָדוֹ צוֹמְחִין בָּהֶן בּוּעוֹת: **שְׁחִין.** לְשׁוֹן חֲמִימוּת, וְהַרְבֵּה יֵשׁ בִּלְשׁוֹן מִשְׁנָה: "שָׁנָה שְׁחוּנָה" (יומא נג ע"ב):

י| **בָּאָדָם וּבַבְּהֵמָה.** וְאִם תֹּאמַר, מֵאַיִן הָיוּ לָהֶם הַבְּהֵמוֹת, וַהֲלֹא כְּבָר נֶאֱמַר: "וַיָּמָת כֹּל מִקְנֵה מִצְרָיִם" (לעיל פסוק ו)? לֹא נִגְזְרָה גְּזֵרָה אֶלָּא עַל אוֹתָן שֶׁבַּשָּׂדוֹת בִּלְבַד, שֶׁנֶּאֱמַר: "בְּמִקְנְךָ אֲשֶׁר בַּשָּׂדֶה" (לעיל פסוק ג), וְהַיָּרֵא אֶת דְּבַר ה' הִכְנִיס אֶת מִקְנֵהוּ אֶל הַבָּתִּים. וְכֵן שְׁנוּיָה בִּמְכִילְתָּא אֵצֶל "וַיִּקַּח שֵׁשׁ מֵאוֹת רֶכֶב בָּחוּר" (להלן יד, ז):

יד| **אֶת כָּל מַגֵּפֹתַי.** לָמַדְנוּ מִכָּאן שֶׁמַּכַּת בְּכוֹרוֹת שְׁקוּלָה כְּנֶגֶד כָּל הַמַּכּוֹת:

העולם

שְׁחִין השורש ש,ח,ן מוכר ברוב הלשונות השמיות במשמעויות הקשורות לחום. את השחין מזהים במחקר עם מספר מחלות עור הגורמות תחושת חום וגרד קשה, כמו האורטיקריה (Urticaria), המכונה היום חרלת או סרפדת, ואשר מופיעה כפריחה

ביאור | שתי הידיים הצמודות של כל אחד מכם **פִּיחַ כִּבְשָׁן**, אפר תנור,
וּזְרָקוֹ מֹשֶׁה הַשָּׁמַיְמָה לְעֵינֵי פַרְעֹה. ט **וְהָיָה** הפיח **לְאָבָק עַל כָּל אֶרֶץ**
מִצְרָיִם. כאשר מפזרים כמות כזאת של פיח אפילו במקום קטן –
הפיח נמוג ואינו ניכר כלל לעין; ואילו כאן הוא יתפשט בכל הארץ.
וְהָיָה עַל הָאָדָם וְעַל הַבְּהֵמָה לשחין **פֹּרֵחַ אֲבַעְבֻּעֹת**, מחלת עור **בְּכָל**
אֶרֶץ מִצְרָיִם.

י **וַיִּקְחוּ אֶת פִּיחַ הַכִּבְשָׁן וַיַּעַמְדוּ לִפְנֵי פַרְעֹה. וַיִּזְרֹק אֹתוֹ מֹשֶׁה הַשָּׁמָיְמָה,**
וַיְהִי שְׁחִין אֲבַעְבֻּעֹת פֹּרֵחַ בָּאָדָם וּבַבְּהֵמָה.

יא לא רק שהחרטומים לא היו מסוגלים לעשות דבר כנגד המכה –
וְלֹא יָכְלוּ הַחַרְטֻמִּים אפילו **לַעֲמֹד לִפְנֵי מֹשֶׁה מִפְּנֵי הַשְּׁחִין כִּי הָיָה**
הַשְּׁחִין בַּחֲרְטֻמִּם, ועל כן התביישו במראה גופם, חשו אי נוחות
בעורם המגורה או שעסקו בגירוד, **וּבְכָל מִצְרָיִם.**

יב פרעה ראה בסבלם של החרטומים, ושמא אף הוא עצמו נדבק
בשחין. אולי היה חוזר בו כי כבר לא היה בו עצמו הכוח להתעקש,
אלא – **וַיְחַזֵּק ה' אֶת לֵב פַּרְעֹה, וְלֹא שָׁמַע אֲלֵהֶם כַּאֲשֶׁר דִּבֶּר ה' אֶל**
מֹשֶׁה.

מכת ברד

פרק ט פס' יג–לה

בהתראה שלפני מכת ברד ה' מדגיש כי המכות אינן מיועדות רק להפעלת לחץ על פרעה. בראש ובראשונה הן מכוונות לטעת בלב פרעה ובלבות עבדיו ועמו את ההכרה בדבר עליונותו ויחידותו של ה'.

הברד שבו הכה ה' את פרעה, היה הרסני במיוחד. את הזדעקותו של פרעה נוכח הברד אפשר לתלות לא רק בנזקי הברד אלא גם בחריגותו במצרים – ארץ מדברית היונקת את מימיה מלמטה, מן הנילוס. אפילו ירידתו של גשם היא אירוע נדיר במצרים, ועל ירידת ברד לא נשמע באזור זה.

יג **וַיֹּאמֶר ה' אֶל מֹשֶׁה: הַשְׁכֵּם בַּבֹּקֶר וְהִתְיַצֵּב לִפְנֵי פַרְעֹה, וְאָמַרְתָּ אֵלָיו:**
כֹּה אָמַר ה' אֱלֹהֵי הָעִבְרִים: שַׁלַּח אֶת עַמִּי וְיַעַבְדֻנִי, יד **כִּי בַּפַּעַם הַזֹּאת**

העולם | פתאומית של נגעים אדומים ומגרדים על פני העור; האבעבועות השחורות (Smallpox), שסימניה חום גבוה ופריחה מיוחדת ועכורה; והבילהרציה (Bilharzia), המצויה במצרים והגורמת תחילה לתפרחת בעור ולאחר מכן לחום גבוה.

וּבַעֲבָדֶיךָ וּבְעַמֶּךָ בַּעֲבוּר תֵּדַע כִּי אֵין כָּמֹנִי בְּכָל־
הָאָרֶץ: כִּי עַתָּה שָׁלַחְתִּי אֶת־יָדִי וָאַךְ אוֹתְךָ וְאֶת־ טו
עַמְּךָ בַּדָּבֶר וַתִּכָּחֵד מִן־הָאָרֶץ: וְאוּלָם בַּעֲבוּר זֹאת טז
הֶעֱמַדְתִּיךָ בַּעֲבוּר הַרְאֹתְךָ אֶת־כֹּחִי וּלְמַעַן סַפֵּר
שביעי שְׁמִי בְּכָל־הָאָרֶץ: עוֹדְךָ מִסְתּוֹלֵל בְּעַמִּי לְבִלְתִּי יז
שַׁלְּחָם: הִנְנִי מַמְטִיר כָּעֵת מָחָר בָּרָד כָּבֵד מְאֹד יח
אֲשֶׁר לֹא־הָיָה כָמֹהוּ בְּמִצְרַיִם לְמִן־הַיּוֹם הִוָּסְדָה
וְעַד־עָתָּה: וְעַתָּה שְׁלַח הָעֵז אֶת־מִקְנְךָ וְאֵת כָּל־ יט
אֲשֶׁר לְךָ בַּשָּׂדֶה כָּל־הָאָדָם וְהַבְּהֵמָה אֲשֶׁר־יִמָּצֵא
בַשָּׂדֶה וְלֹא יֵאָסֵף הַבַּיְתָה וְיָרַד עֲלֵהֶם הַבָּרָד וָמֵתוּ:
הַיָּרֵא אֶת־דְּבַר יהוה מֵעַבְדֵי פַּרְעֹה הֵנִיס אֶת־ כ
עֲבָדָיו וְאֶת־מִקְנֵהוּ אֶל־הַבָּתִּים: וַאֲשֶׁר לֹא־שָׂם כא
לִבּוֹ אֶל־דְּבַר יהוה וַיַּעֲזֹב אֶת־עֲבָדָיו וְאֶת־מִקְנֵהוּ
בַּשָּׂדֶה:

רש"י

טו) **כִּי עַתָּה שָׁלַחְתִּי אֶת יָדִי וְגוֹ'.** כִּי אִלּוּ רָאִיתִי כְּשֶׁהָיְתָה יָדִי בְּמִקְנְךָ שֶׁהִכֵּיתִים בַּדֶּבֶר, שְׁלַחְתִּיהָ וְהִכֵּיתִי אוֹתְךָ וְאֶת עַמְּךָ עִם הַבְּהֵמוֹת וְנִכְחַדְתֶּם מִן הָאָרֶץ, אֲבָל "בַּעֲבוּר זֹאת הֶעֱמַדְתִּיךָ" וְגוֹ':

יז) **עוֹדְךָ מִסְתּוֹלֵל בְּעַמִּי.** כְּתַרְגּוּמוֹ: "כְּבֵישַׁת בֵּיהּ בְּעַמִּי" וְהוּא מִגִּזְרַת 'מְסִלָּה' (במדבר כ, יט) דְּמִתַּרְגְּמִינַן: "אֹרַח כְּבִישָׁא", וּבְלַעַז קלקי"ר. וּכְבָר פֵּרַשְׁתִּי בְּסוֹף "וַיְהִי מִקֵּץ" (בראשית מג, טז), כָּל תֵּבָה שֶׁתְּחִלַּת יְסוֹדָהּ סָמֶ"ךְ וְהִיא בָּאָה לְדַבֵּר בִּלְשׁוֹן מִתְפַּעֵל נוֹתֵן הַתָּי"ו שֶׁל שִׁמּוּשׁ בְּאֶמְצַע אוֹתִיּוֹת שֶׁל עִקָּר, כְּגוֹן זוֹ, וּכְגוֹן: "וְיִסְתַּבֵּל הֶחָגָב" (קהלת יב, ה) מִגִּזְרַת 'סֵבֶל' (מלכים א' ה, כט); "כִּי תִשְׂתָּרֵר עָלֵינוּ" (במדבר טז, יג) מִגִּזְרַת 'שַׂר וְנָגִיד' (דברי הימים ב' לב, כא); "מִשְׂתַּכַּל הֲוֵית" (דניאל ז, ח):

יח) **כָּעֵת מָחָר.** כָּעֵת הַזֹּאת לְמָחָר. שָׂרַט לוֹ שְׂרִיטָה בַּכֹּתֶל, לְמָחָר כְּשֶׁתַּגִּיעַ חַמָּה לְכָאן יֵרֵד הַבָּרָד: **הִוָּסְדָה.** שֶׁנִּתְיַסְּדָה. וְכָל תֵּבָה שֶׁתְּחִלַּת יְסוֹדָהּ יוּ"ד כְּגוֹן: יָסַד, יָלַד, יָדַע, יָסַר, כְּשֶׁהִיא מִתְפַּעֶלֶת תָּבֹא הַוָּי"ו בִּמְקוֹם הַיּוּ"ד כְּמוֹ: "הִוָּסְדָה", "הִוָּלְדָהּ" (הושע ב, ה), "וַיִּוָּדַע" (אסתר ב, כב), "וַיִּוָּלֵד לְיוֹסֵף" (בראשית מו, כ), "בִּדְבָרִים לֹא יִוָּסֶר עָבֶד" (משלי כט, יט):

יט) **שְׁלַח הָעֵז.** כְּתַרְגּוּמוֹ: "שְׁלַח כְּנוֹשׁ". וְכֵן: "יֹשְׁבֵי הַגֵּבִים הֵעִיזוּ" (ישעיה י, לא). "הָעִזוּ בְּנֵי בִנְיָמִן" (ירמיה ו, א): **וְלֹא יֵאָסֵף הַבַּיְתָה.** לְשׁוֹן הַכְנָסָה הוּא:

כ) **הֵנִיס.** הִבְרִיחַ:

ביאור

אֲנִי שֹׁלֵחַ אֶת כָּל מַגֵּפֹתַי אֶל לִבְּךָ וּבַעֲבָדֶיךָ וּבְעַמֶּךָ, בַּעֲבוּר תֵּדַע כִּי
אֵין כָּמֹנִי בְּכָל הָאָרֶץ. טו כִּי עַתָּה כבר שָׁלַחְתִּי אֶת יָדִי, וָאַךְ, והכיתי
אוֹתְךָ וְאֶת עַמְּךָ בַּדָּבֶר, וַתִּכָּחֵד מִן הָאָרֶץ. הַדֶּבֶר היה מסוגל להדביק
גם בני אדם, ואתה וצבאך הייתם עלולים להישמד במכה זו, ואז איש
לא היה נותר להתנגד להוצאת ישראל ממצרים ולהכרה במלכות
ה׳. טז וְאוּלָם בַּעֲבוּר זֹאת הֶעֱמַדְתִּיךָ, קיימתי אותך, השארתי אותך
בחיים - בַּעֲבוּר הַרְאֹתְךָ אֶת כֹּחִי, וּלְמַעַן סַפֵּר שְׁמִי, כדי שתיוודע
ממשלתי בְּכָל הָאָרֶץ. יז עוֹדְךָ מִסְתּוֹלֵל, מתעלל בְּעַמִּי לְבִלְתִּי שַׁלְּחָם
בהצהרותיך שבהן ביטאת הסכמה עקרונית לשלחם, אך ביצוע הדבר
נמנע בעטיים של עיכובים טכניים ובירוקרטיים. יח הִנְנִי מַמְטִיר
כָּעֵת מָחָר בָּרָד כָּבֵד מְאֹד, אֲשֶׁר לֹא הָיָה כָמֹהוּ בְּמִצְרַיִם לְמִן הַיּוֹם
הִוָּסְדָה, מאז נוסדה וְעַד עָתָּה. יט וְעַתָּה שְׁלַח הָעֵז, קַבֵּץ אֶת מִקְנְךָ
ששרד ממכת הדבר או שהובא מאזור אחר, כגון מגושן שהייתה
ארץ מרעה ובה ישבו ישראל.[39] וְאֵת כָּל אֲשֶׁר לְךָ בַּשָּׂדֶה. כָּל הָאָדָם
וְהַבְּהֵמָה אֲשֶׁר יִמָּצֵא בַשָּׂדֶה וְלֹא יֵאָסֵף הַבַּיְתָה, וְיָרַד עֲלֵהֶם הַבָּרָד,
וָמֵתוּ. כוח נפילתו של הברד ימית את האנשים ואת בהמותיהם.
מכיוון שמשה לא היה מעוניין בהריגתם אלא בהבאת המופת שיראה
את כוח ה׳ ואת גדולתו, הוא יעץ להם להיכנס אל מקומות מסתור.

כ ואכן הַיָּרֵא אֶת דְּבַר ה׳ מֵעַבְדֵי פַּרְעֹה, הֵנִיס, הבריח, הציל אֶת
עֲבָדָיו וְאֶת מִקְנֵהוּ אֶל הַבָּתִּים. חלק מעבדי פרעה קיבלו את דברי
משה ויראו את ה׳, ועל כן התגוננו; כא וַאֲשֶׁר לֹא שָׂם לִבּוֹ אֶל דְּבַר
ה׳ – וַיַּעֲזֹב אֶת עֲבָדָיו וְאֶת מִקְנֵהוּ בַּשָּׂדֶה.

העולם

בָּרָד באקלים המדברי השורר במצרים הטמפרטורה הממוצעת בחורף אינה יורדת מתחת ל־ 15C°, וכמות המשקעים במצרים זעומה (100–180 מ״מ בשנה), ואף קורה שבמשך מספר שנים רצופות הגשמים אינם יורדים בה כלל. להיווצרותו של ברד נדרש צירוף של ענני גשם, המכונים קומולונימבוס, לחות גבוהה וטמפרטורה של קיפאון - תנאים שאינם קיימים במצרים כלל. עם זאת לעתים נדירות ביותר פוגעת במצרים התופעה המטאורולוגית המכונה 'אפיק ים סוף פעיל' - ירידה קיצונית של הטמפרטורה והיווצרות שברי ענן מקומיים, סופות רעמים וברד.

וַיֹּאמֶר יְהוָה אֶל־מֹשֶׁה נְטֵה אֶת־יָדְךָ עַל־הַשָּׁמַיִם כב
וִיהִי בָרָד בְּכָל־אֶרֶץ מִצְרָיִם עַל־הָאָדָם וְעַל־הַבְּהֵמָה
וְעַל כָּל־עֵשֶׂב הַשָּׂדֶה בְּאֶרֶץ מִצְרָיִם: וַיֵּט מֹשֶׁה אֶת־ כג
מַטֵּהוּ עַל־הַשָּׁמַיִם וַיהוָה נָתַן קֹלֹת וּבָרָד וַתִּהֲלַךְ־
אֵשׁ אָרְצָה וַיַּמְטֵר יְהוָה בָּרָד עַל־אֶרֶץ מִצְרָיִם: וַיְהִי כד
בָרָד וְאֵשׁ מִתְלַקַּחַת בְּתוֹךְ הַבָּרָד כָּבֵד מְאֹד אֲשֶׁר
לֹא־הָיָה כָמֹהוּ בְּכָל־אֶרֶץ מִצְרַיִם מֵאָז הָיְתָה לְגוֹי:
וַיַּךְ הַבָּרָד בְּכָל־אֶרֶץ מִצְרַיִם אֵת כָּל־אֲשֶׁר בַּשָּׂדֶה כה
מֵאָדָם וְעַד־בְּהֵמָה וְאֵת כָּל־עֵשֶׂב הַשָּׂדֶה הִכָּה
הַבָּרָד וְאֶת־כָּל־עֵץ הַשָּׂדֶה שִׁבֵּר: רַק בְּאֶרֶץ גֹּשֶׁן כו
אֲשֶׁר־שָׁם בְּנֵי יִשְׂרָאֵל לֹא הָיָה בָּרָד: וַיִּשְׁלַח פַּרְעֹה כז
וַיִּקְרָא לְמֹשֶׁה וּלְאַהֲרֹן וַיֹּאמֶר אֲלֵהֶם חָטָאתִי הַפָּעַם
יְהוָה הַצַּדִּיק וַאֲנִי וְעַמִּי הָרְשָׁעִים: הַעְתִּירוּ אֶל־ כח
יְהוָה וְרַב מִהְיֹת קֹלֹת אֱלֹהִים וּבָרָד וַאֲשַׁלְּחָה אֶתְכֶם
וְלֹא תֹסִפוּן לַעֲמֹד: וַיֹּאמֶר אֵלָיו מֹשֶׁה כְּצֵאתִי אֶת־ כט
הָעִיר אֶפְרֹשׂ אֶת־כַּפַּי אֶל־יְהוָה הַקֹּלוֹת יֶחְדָּלוּן
וְהַבָּרָד לֹא יִהְיֶה־עוֹד לְמַעַן תֵּדַע כִּי לַיהוָה הָאָרֶץ:

רש"י

כב) עַל הַשָּׁמַיִם. לְצַד הַשָּׁמַיִם. וּמִדְרַשׁ אַגָּדָה, הִגְבִּיהוֹ הַקָּדוֹשׁ בָּרוּךְ הוּא לְמֹשֶׁה לְמַעְלָה מִן הַשָּׁמַיִם:

כד) מִתְלַקַּחַת בְּתוֹךְ הַבָּרָד. נֵס בְּתוֹךְ נֵס, הָאֵשׁ וְהַבָּרָד מְעֹרָבִין, וְהַבָּרָד מַיִם הוּא, וְלַעֲשׂוֹת רְצוֹן קוֹנָם עָשׂוּ שָׁלוֹם בֵּינֵיהֶם:

כח) וְרַב. דַּי לוֹ כַּמָּה שֶׁהוֹרִיד כְּבָר:

כט) כְּצֵאתִי אֶת הָעִיר. מִן הָעִיר. אֲבָל

ביאור

כב **וַיֹּאמֶר ה' אֶל מֹשֶׁה: נְטֵה אֶת יָדְךָ עַל הַשָּׁמַיִם, וִיהִי בָרָד בְּכָל אֶרֶץ**
מִצְרָיִם – עַל הָאָדָם וְעַל הַבְּהֵמָה וְעַל כָּל עֵשֶׂב הַשָּׂדֶה בְּאֶרֶץ מִצְרָיִם.

כג **וַיֵּט מֹשֶׁה אֶת מַטֵּהוּ עַל**, כלפי **הַשָּׁמַיִם, וַה' נָתַן קֹלֹת**, רעמים **וּבָרָד**,
וכתוצאה מן הברקים שליוו את הברד – **וַתִּהֲלַךְ**, ירדה מן השמים
אֵשׁ אָרְצָה, וַיַּמְטֵר ה' בָּרָד עַל אֶרֶץ מִצְרָיִם. כד **וַיְהִי בָרָד וְאֵשׁ מִתְלַקַּחַת**
בְּתוֹךְ הַבָּרָד, כָּבֵד מְאֹד, אֲשֶׁר לֹא הָיָה כָמֹהוּ בְּכָל אֶרֶץ מִצְרַיִם מֵאָז
הָיְתָה לְגוֹי, לאומה. במצרים, שתרבותה תועדה כבר בשנים קדמוניות,
לא נרשם אירוע כזה. כה **וַיַּךְ הַבָּרָד בְּכָל אֶרֶץ מִצְרַיִם אֵת כָּל אֲשֶׁר**
בַּשָּׂדֶה, מֵאָדָם וְעַד בְּהֵמָה, וְאֵת כָּל עֵשֶׂב הַשָּׂדֶה הִכָּה הַבָּרָד, וְאֶת כָּל עֵץ
הַשָּׂדֶה שִׁבֵּר. כו **רַק בְּאֶרֶץ גֹּשֶׁן – אֲשֶׁר שָׁם בְּנֵי יִשְׂרָאֵל, לֹא הָיָה בָּרָד.**

כז **וַיִּשְׁלַח פַּרְעֹה, וַיִּקְרָא לְמֹשֶׁה וּלְאַהֲרֹן**, ייתכן שהפעם נבהל במיוחד,
בשל מקורו העליון של הברד, ואולי גם מחמת עצמת הרעמים.
כנראה לא שמע קולות כאלה בחייו, מה עוד שהם לִוו בברד העלול
להיות קטלני. **וַיֹּאמֶר אֲלֵהֶם: חָטָאתִי הַפָּעַם.** כלומר **ה' הַצַּדִּיק, וַאֲנִי**
וְעַמִּי הָרְשָׁעִים, הנוהגים שלא כראוי. כח **הַעְתִּירוּ אֶל ה'**, הפצירו[40]
בה', **וְרַב מִהְיֹת קֹלֹת אֱלֹהִים וּבָרָד**, ודי יהיה בקולות שנשמעו כבר
ובברד שירד עד כה, **וַאֲשַׁלְּחָה אֶתְכֶם, וְלֹא תֹסִפוּן לַעֲמֹד.**

כט **וַיֹּאמֶר אֵלָיו מֹשֶׁה: כְּצֵאתִי אֶת**, מן **הָעִיר אֶפְרֹשׂ אֶת כַּפַּי אֶל ה'**
להתפלל, כי אינני מתפלל בתוך מרכז הממלכה. או–אז **הַקֹּלוֹת**
יֶחְדָּלוּן, וְהַבָּרָד לֹא יִהְיֶה עוֹד לְמַעַן תֵּדַע כִּי לַה' שייכת **הָאָרֶץ.** ל **וְאַתָּה**

הרחבות

'נטה את ידך על השמים ויהי ברד' נראה שמשה ביצע את הפעולות הסמליות להבאת המכות, כמו נטיית היד או המטה, בנוכחותו של פרעה. גם נביאים מאוחרים יותר ביצעו לרוב פעולה סמלית כאמצעי המחולל את המופת. (ראו למשל מלכים ב' יג,טז–יז; ירמיה נא,סג). מעשים אלו נועדו לקשור את חומריות העולם הזה עם מציאות בלתי חומרית של העולם שמעבר לו. (ראו רמב"ן בראשית יב,ו. ראו עוד הרחבה לישעיה כ,ב ובמבוא לירמיה יג).

וְאַתָּה וַעֲבָדֶיךָ יָדַעְתִּי כִּי טֶרֶם תִּירְאוּן מִפְּנֵי יְהוָה ל
אֱלֹהִים: וְהַפִּשְׁתָּה וְהַשְּׂעֹרָה נֻכָּתָה כִּי הַשְּׂעֹרָה לא
אָבִיב וְהַפִּשְׁתָּה גִּבְעֹל: וְהַחִטָּה וְהַכֻּסֶּמֶת לֹא נֻכּוּ לב
מפטיר כִּי אֲפִילֹת הֵנָּה: וַיֵּצֵא מֹשֶׁה מֵעִם פַּרְעֹה אֶת־הָעִיר לג
וַיִּפְרֹשׂ כַּפָּיו אֶל־יְהוָה וַיַּחְדְּלוּ הַקֹּלוֹת וְהַבָּרָד וּמָטָר
לֹא־נִתַּךְ אָרְצָה: וַיַּרְא פַּרְעֹה כִּי־חָדַל הַמָּטָר וְהַבָּרָד לד
וְהַקֹּלֹת וַיֹּסֶף לַחֲטֹא וַיַּכְבֵּד לִבּוֹ הוּא וַעֲבָדָיו: וַיֶּחֱזַק לה
לֵב פַּרְעֹה וְלֹא שִׁלַּח אֶת־בְּנֵי יִשְׂרָאֵל כַּאֲשֶׁר דִּבֶּר
יְהוָה בְּיַד־מֹשֶׁה:

רש"י | בְּתוֹךְ הָעִיר לֹא הִתְפַּלֵּל לְפִי שֶׁהָיְתָה מְלֵאָה גִּלּוּלִים:

ל) **טֶרֶם תִּירְאוּן.** עֲדַיִן לֹא תִּירְאוּן. וְכֵן כָּל טֶרֶם שֶׁבַּמִּקְרָא 'עֲדַיִן לֹא' הוּא וְאֵינוֹ לְשׁוֹן קֹדֶם. "טֶרֶם יִשְׁכָּבוּ" (בראשית יט, ד) – "עַד לֹא שְׁכִיבוּ"; "טֶרֶם יִצְמָח" (שם ב, ה) – "עַד לָא צְמַח". אַף זֶה כֵּן הוּא, יָדַעְתִּי כִּי עֲדַיִן אֵינְכֶם יְרֵאִים, וּמִשֶּׁתִּהְיֶה הָרְוָחָה תַּעַמְדוּ בְּקִלְקוּלְכֶם:

לא) **וְהַפִּשְׁתָּה וְהַשְּׂעֹרָה נֻכָּתָה.** נִשְׁבְּרָה, לְשׁוֹן: "פַּרְעֹה נְכֹה" (מלכים ב' כג, כט), "נְכָאִים" (ישעיה טז, ז), וְכֵן "לֹא נֻכּוּ" (להלן פסוק לב). וְלֹא יִתָּכֵן לְפָרְשָׁם לְשׁוֹן הַכָּאָה, שֶׁאֵין נוּ"ן בִּמְקוֹם הֵ"א לְפָרֵשׁ 'נֻכָּתָה' כְּמוֹ 'הֻכָּתָה', 'נֻכּוּ' כְּמוֹ 'הֻכּוּ', אֶלָּא הַנּוּ"ן שֹׁרֶשׁ בַּתֵּבָה, וַהֲרֵי הוּא מִגִּזְרַת "וְשֻׁפּוּ עַצְמֹתָיו" (איוב לג, כא): **כִּי הַשְּׂעֹרָה אָבִיב.** כְּבָר בִּכְּרָה וְעוֹמֶדֶת בְּקַשֶּׁיהָ וְנִשְׁתַּבְּרוּ וְנָפְלוּ. וְכֵן הַפִּשְׁתָּה גָּדְלָה כְּבָר וְהִקְשָׁה לַעֲמֹד בִּגְבְעוֹלֶיהָ: **הַשְּׂעֹרָה אָבִיב.** עָמְדָה בְּאִבֶּיהָ, לְשׁוֹן "בְּאִבֵּי הַנָּחַל" (שיר השירים ו, יא):

לב) **כִּי אֲפִילֹת הֵנָּה.** מְאֻחָרוֹת, וַעֲדַיִן הָיוּ רַכּוֹת וִיכוֹלוֹת לַעֲמֹד בִּפְנֵי קָשֶׁה. וְאַף עַל פִּי שֶׁנֶּאֱמַר: "וְאֵת כָּל עֵשֶׂב הַשָּׂדֶה הִכָּה הַבָּרָד" (לעיל פסוק כה), יֵשׁ לְיַשֵּׁב פְּשׁוּטוֹ שֶׁל מִקְרָא בָּעֲשָׂבִים הָעוֹמְדִים בְּקָלְחָם הָרְאוּיִם לִלְקוֹת בַּבָּרָד. וּבְמִדְרַשׁ רַבִּי תַּנְחוּמָא (פרק ז) יֵשׁ מֵרַבּוֹתֵינוּ שֶׁנֶּחְלְקוּ עַל זֹאת, וְדָרְשׁוּ "כִּי אֲפִילֹת", פִּלְאֵי פְלָאוֹת נַעֲשׂוּ לָהֶם שֶׁלֹּא לָקוּ:

לג) **לֹא נִתַּךְ.** לֹא הִגִּיעַ, וְאַף אוֹתָן שֶׁהָיוּ בָּאֲוִיר לֹא הִגִּיעוּ לָאָרֶץ. וְדוֹמֶה לוֹ: "וַתִּתַּךְ עָלֵינוּ הָאָלָה וְהַשְּׁבֻעָה" (דניאל ט, יא), דְּעֶזְרָא, וַתַּגִּיעַ עָלֵינוּ. וּמְנַחֵם בֶּן סָרוּק חִבְּרוֹ בְּחֵלֶק "כְּהִתּוּךְ כֶּסֶף" (יחזקאל כב, כב), לְשׁוֹן יְצִיקַת מַתֶּכֶת, וְרוֹאֶה אֲנִי אֶת דְּבָרָיו; כְּתַרְגּוּמוֹ "וַיִּצֹק" – "וְאַתֵּיךְ" (להלן לח, ה), "לָצֶקֶת" (שם כז) – "לְאַתָּכָא". אַף זֶה "לֹא נִתַּךְ", לֹא הוּצַק לָאָרֶץ:

ביאור

וַעֲבָדֶיךָ – יָדַעְתִּי כִּי טֶרֶם תִּירְאוּן מִפְּנֵי ה׳ אֱלֹהִים, ולא התכוונתם
בכנות להודאתכם ברשעותכם.

לא וְהַפִּשְׁתָּה וְהַשְּׂעֹרָה שהיו בשדות באותה עת נֻכָּתָה, הוכו על ידי
הברד כִּי הַשְּׂעֹרָה הייתה אָבִיב, בשלב הבשלות, וְהַפִּשְׁתָּה הייתה
גִּבְעֹל. צמחו בה כבר גבעולים, וכבר לא הייתה צמח רך. על כן
נשברה. לב ולעומתן הַחִטָּה וְהַכֻּסֶּמֶת לֹא נֻכּוּ, כִּי אֲפִילֹת הֵנָּה. הן
צומחות בתקופה מאוחרת יותר. לכן לא ניזוקו מן הברד. הערה זו
חשובה משום שהיא מסבירה כי גם לאחר מכת ברד הקשה נותרו
גידולים, שעתידים ללקות במכה הבאה.

לג וַיֵּצֵא מֹשֶׁה מֵעִם פַּרְעֹה אֶת הָעִיר וַיִּפְרֹשׂ כַּפָּיו אֶל ה׳. וַיַּחְדְּלוּ הַקֹּלוֹת
וְהַבָּרָד, וּמָטָר לֹא נִתַּךְ אָרְצָה.

לד וַיַּרְא פַּרְעֹה כִּי חָדַל הַמָּטָר וְהַבָּרָד וְהַקֹּלֹת, וַיֹּסֶף לַחֲטֹא וַיַּכְבֵּד לִבּוֹ הוּא
וַעֲבָדָיו. לאחר שהגיעה הרווחה, פרעה הרגיע את עצמו, שהמהומה
הזאת לא הייתה אלא תופעת טבע מאיימת שחלפה. לה וַיֶּחֱזַק לֵב
פַּרְעֹה וְלֹא שִׁלַּח אֶת בְּנֵי יִשְׂרָאֵל, כַּאֲשֶׁר דִּבֶּר ה׳ בְּיַד מֹשֶׁה.

ברד

בא ז ויאמר יהוה אל־משה בא אל־פרעה כי־אני א
הכבדתי את־לבו ואת־לב עבדיו למען שתי אתתי
אלה בקרבו: ולמען תספר באזני בנך ובן־בנך את ב
אשר התעללתי במצרים ואת־אתתי אשר־שמתי
בם וידעתם כי־אני יהוה: ויבא משה ואהרן אל־ ג
פרעה ויאמרו אליו כה־אמר יהוה אלהי העברים
עד־מתי מאנת לענת מפני שלח עמי ויעבדני:
כי אם־מאן אתה לשלח את־עמי הנני מביא ד
מחר ארבה בגבלך: וכסה את־עין הארץ ולא ה
יוכל לראת את־הארץ ואכל ׀ את־יתר הפלטה
הנשארת לכם מן־הברד ואכל את־כל־העץ הצמח
לכם מן־השדה: ומלאו בתיך ובתי כל־עבדיך ובתי ו

רש"י | פרק י

א| ויאמר ה׳ אל משה בא אל פרעה. והתרה בו: שתי. שומי, שחשית חני:

ב| התעללתי. שחקתי, כמו: "כי התעללת בי" (במדבר כב, כט), "הלוא כאשר התעולל בהם" (שמואל א׳ ו, ו) האמור במצרים. ואינו לשון פעל ומעללים, שאם כן היה לו לכתב 'עוללתי', כמו: "ועולל למו כאשר עוללת לי" (איכה א, כב), "אשר עולל לי" (שם יב):

ג| לענת. כתרגומו: "לאתכנעא", והוא מגזרת 'עני', מאנת להיות עני ושפל מפני:

ה| את עין הארץ. את מראה הארץ: ולא יוכל. הרואה "לראות את הארץ", ולשון קצרה דבר:

הרחבות | 'ולמען תספר באזני בנך ובן בנך' מכות מצרים הן חלק מהזיכרון הקולקטיבי שנוצר עם ישראל. זכרון משמר את ההכרה שכוחו של ה׳ נתון בתוך העולם ובא לידי ביטוי בשורת מופתים מתמשכת בעלת כיוון ומטרה. על כן לא נפתרו שעבוד מצרים ומצוקת הגלות בה בהפגנה נסית חד־פעמית.

מכת ארבה

פרק י פס׳ א–כ

במכה השמינית, מכת ארבה, מחריף אופיו של השיח בין משה לבין פרעה. משה אומר את דבר ה׳ ומסתלק מן הארמון בלי שינסה להקשיב לתגובת פרעה. בעקבות התנהלותו התקיפה של משה, בעקבות תוכנה של ההתראה או שמא בעקבות פקיעת כושר הסבל של מצרים, מעיזים עבדי פרעה למחות בפניו על המצב ולדרוש את שחרור העברים ממצרים. ואכן לראשונה פרעה קורא למשה ואהרן אליו ביזמתו. אולם גם ניסיון זה כושל.

ביאור

פרק י א **וַיֹּאמֶר ה׳ אֶל מֹשֶׁה: בֹּא אֶל פַּרְעֹה, כִּי אֲנִי הִכְבַּדְתִּי אֶת לִבּוֹ**
וְאֶת לֵב עֲבָדָיו, כך שיעמוד בסירובו **לְמַעַן שִׁתִי**, כדי שאשים את **אֹתֹתַי**
אֵלֶּה בְּקִרְבּוֹ, כדי שאוכל להודיע את כוחי באמצעותו. ב **וּלְמַעַן**
תְּסַפֵּר בְּאָזְנֵי בִנְךָ וּבֶן בִּנְךָ אֵת אֲשֶׁר הִתְעַלַּלְתִּי בְּמִצְרַיִם, בכך שלא
הבאתי עליהם את מכת המחץ הגדולה מיד אלא הכיתי אותם שוב
ושוב, ובכך שחיזקתי את לבו של פרעה, **וְאֶת אֹתֹתַי אֲשֶׁר שַׂמְתִּי בָם.**
וִידַעְתֶּם כִּי אֲנִי ה׳.

ג **וַיָּבֹא מֹשֶׁה וְאַהֲרֹן אֶל פַּרְעֹה, וַיֹּאמְרוּ אֵלָיו: כֹּה אָמַר ה׳ אֱלֹהֵי הָעִבְרִים:**
עַד מָתַי מֵאַנְתָּ לֵעָנֹת מִפָּנָי, להישמע לי, לקבל את מרותי?! **שַׁלַּח**
עַמִּי וְיַעַבְדֻנִי. ד **כִּי אִם מָאֵן אַתָּה לְשַׁלֵּחַ אֶת עַמִּי – הִנְנִי מֵבִיא מָחָר**
אַרְבֶּה בִּגְבֻלֶךָ. ה **וְכִסָּה** הנחיל העצום של הארבה **אֶת עֵין הָאָרֶץ,**
את פני האדמה, **וְלֹא יוּכַל** אדם **לִרְאֹת אֶת הָאָרֶץ** אלא יראה ארבה
בלבד בכל מקום. **וְאָכַל** הארבה **אֶת יֶתֶר הַפְּלֵטָה הַנִּשְׁאֶרֶת לָכֶם מִן**
הַבָּרָד, הצמחים הרכים ששרדו לאחר מכת ברד.[1] **וְאָכַל אֶת כָּל הָעֵץ**
הַצֹּמֵחַ לָכֶם מִן הַשָּׂדֶה. אף לא כל העצים נהרסו לחלוטין בברד. מה
שנותר בהם יאכל הארבה. ו **וּמָלְאוּ בָתֶּיךָ וּבָתֵּי כָל עֲבָדֶיךָ וּבָתֵּי כָל**

ארבה

העולם

אַרְבֶּה מזוהה עם הארבה המדברי (שם מדעי: Schistocerca gregaria) - חרק מעופף המתפתח במזרח אפריקה ומוצאו בסודן. חגבים אלו חיים בדרך כלל כפרטים בודדים, ובתנאים מסוימים הם הופכים לארבה - הם מתרבים בכמויות עצומות, וחלים בהם שינויים פיסיולוגיים בצבע ובגודל (אורכם עשוי להגיע עד 7 ס״מ) וכן שינויים התנהגותיים הנגזרים מאורח החיים החברתי בלהקה. בעזרת הרוח הארבה נע בנחילים עצומים. במסעות החיפוש שלו אחר מזון הוא יוצא מדרום סודן ואתיופיה ומופיע בארצות השוכנות לאורך הים האדום ואף בסיני ובארץ ישראל. בדרכו הוא מכסה שטח של מאות קילומטרים רבועים ומחסל בדרכו כל יבול.

כָּל־מִצְרַיִם אֲשֶׁר לֹא־רָאוּ אֲבֹתֶיךָ וַאֲבוֹת אֲבֹתֶיךָ
מִיּוֹם הֱיוֹתָם עַל־הָאֲדָמָה עַד הַיּוֹם הַזֶּה וַיִּפֶן וַיֵּצֵא
מֵעִם פַּרְעֹה: וַיֹּאמְרוּ עַבְדֵי פַרְעֹה אֵלָיו עַד־מָתַי ז
יִהְיֶה זֶה לָנוּ לְמוֹקֵשׁ שַׁלַּח אֶת־הָאֲנָשִׁים וְיַעַבְדוּ אֶת־
יהוה אֱלֹהֵיהֶם הֲטֶרֶם תֵּדַע כִּי אָבְדָה מִצְרָיִם: וַיּוּשַׁב ח
אֶת־מֹשֶׁה וְאֶת־אַהֲרֹן אֶל־פַּרְעֹה וַיֹּאמֶר אֲלֵהֶם לְכוּ
עִבְדוּ אֶת־יהוה אֱלֹהֵיכֶם מִי וָמִי הַהֹלְכִים: וַיֹּאמֶר ט
מֹשֶׁה בִּנְעָרֵינוּ וּבִזְקֵנֵינוּ נֵלֵךְ בְּבָנֵינוּ וּבִבְנוֹתֵנוּ בְּצֹאנֵנוּ
וּבִבְקָרֵנוּ נֵלֵךְ כִּי חַג־יהוה לָנוּ: וַיֹּאמֶר אֲלֵהֶם יְהִי כֵן י
יהוה עִמָּכֶם כַּאֲשֶׁר אֲשַׁלַּח אֶתְכֶם וְאֶת־טַפְּכֶם רְאוּ
כִּי רָעָה נֶגֶד פְּנֵיכֶם: לֹא כֵן לְכוּ־נָא הַגְּבָרִים וְעִבְדוּ יא
אֶת־יהוה כִּי אֹתָהּ אַתֶּם מְבַקְשִׁים וַיְגָרֶשׁ אֹתָם
שני מֵאֵת פְּנֵי פַרְעֹה: וַיֹּאמֶר יהוה אֶל־מֹשֶׁה יב
נְטֵה יָדְךָ עַל־אֶרֶץ מִצְרַיִם בָּאַרְבֶּה וְיַעַל עַל־אֶרֶץ

רש"י

ז| הֲטֶרֶם תֵּדַע. הַעוֹד לֹא יָדַעְתָּ "כִּי אָבְדָה מִצְרָיִם":

ח| וַיּוּשַׁב. הוּשְׁבוּ עַל יְדֵי שָׁלִיחַ, שֶׁשְּׁלָחוּ אַחֲרֵיהֶם וֶהֱשִׁיבוּם אֶל פַּרְעֹה:

י| כַּאֲשֶׁר אֲשַׁלַּח אֶתְכֶם וְאֶת טַפְּכֶם. אַף כִּי אֲשַׁלַּח גַּם אֶת הַצֹּאן וְאֶת הַבָּקָר כַּאֲשֶׁר אֲמַרְתֶּם: רְאוּ כִּי רָעָה נֶגֶד פְּנֵיכֶם. כְּתַרְגּוּמוֹ. וּמִדְרַשׁ אַגָּדָה שָׁמַעְתִּי, כּוֹכָב אֶחָד יֵשׁ שֶׁשְּׁמוֹ רָעָה, אָמַר לָהֶם פַּרְעֹה: רוֹאֶה אֲנִי בְּאִיצְטַגְנִינוּת שֶׁלִּי אוֹתוֹ כּוֹכָב עוֹלֶה לִקְרַאתְכֶם בַּמִּדְבָּר וְהוּא סִימָן דָּם וַהֲרִיגָה. וּכְשֶׁחָטְאוּ יִשְׂרָאֵל בָּעֵגֶל וּבִקֵּשׁ הַקָּדוֹשׁ בָּרוּךְ הוּא לְהָרְגָם, אָמַר מֹשֶׁה בִּתְפִלָּתוֹ: "לָמָּה יֹאמְרוּ מִצְרַיִם לֵאמֹר בְּרָעָה הוֹצִיאָם" (להלן לב, יב), זוֹ הִיא שֶׁאָמַר לָהֶם: "רְאוּ כִּי רָעָה נֶגֶד פְּנֵיכֶם". מִיָּד – "וַיִּנָּחֶם ה' עַל הָרָעָה" (שם יד) וְהָפַךְ אֶת הַדָּם לְדַם מִילָה שֶׁמָּל יְהוֹשֻׁעַ אוֹתָם. וְזֶהוּ שֶׁנֶּאֱמַר: "הַיּוֹם גַּלּוֹתִי אֶת חֶרְפַּת מִצְרַיִם מֵעֲלֵיכֶם" (יהושע ה, ט) שֶׁהָיוּ אוֹמְרִים לָכֶם: דָּם אָנוּ רוֹאִין עֲלֵיכֶם בַּמִּדְבָּר:

יא| לֹא כֵן. כַּאֲשֶׁר אֲמַרְתֶּם לְהוֹלִיךְ הַטַּף עִמָּכֶם, אֶלָּא לְכוּ הַגְּבָרִים וְעִבְדוּ אֶת ה' כִּי אוֹתָהּ בִּקַּשְׁתֶּם עַד הֵנָּה, "נִזְבְּחָה לֵאלֹהֵינוּ" (לעיל ה, ח), וְאֵין דֶּרֶךְ הַטַּף לִזְבֹּחַ: וַיְגָרֶשׁ אֹתָם. הֲרֵי זֶה לָשׁוֹן קָצָר וְלֹא פֵּרֵשׁ מִי הַמְגָרֵשׁ:

יב| בָּאַרְבֶּה. בִּשְׁבִיל מַכַּת הָאַרְבֶּה:

ביאור | מִצְרַיִם ארבה כבד מאוד, **אֲשֶׁר לֹא רָאוּ אֲבֹתֶיךָ וַאֲבוֹת אֲבֹתֶיךָ מִיּוֹם הֱיוֹתָם עַל הָאֲדָמָה עַד הַיּוֹם הַזֶּה.**

וַיִּפֶן וַיֵּצֵא מֵעִם פַּרְעֹה מבלי להמתין לתשובתו. יציאתו המופגנת ביטאה את התרסתו כלפי פרעה ואת התמורה שחלה ביחסי הכוחות ביניהם.

ז **וַיֹּאמְרוּ עַבְדֵי פַרְעֹה אֵלָיו: עַד מָתַי יִהְיֶה זֶה,** משה **לָנוּ לְמוֹקֵשׁ,** למכשול?! בכל פעם הוא מביא עלינו צרות חדשות.[2] **שַׁלַּח אֶת הָאֲנָשִׁים, וְיַעַבְדוּ אֶת ה׳ אֱלֹהֵיהֶם. הֲטֶרֶם תֵּדַע כִּי אָבְדָה מִצְרָיִם?!** אתה יושב בארמונך, ואילו אנחנו מסתובבים בקרב עמנו; הממלכה עוברת מכה אחרי מכה, ואין בכוחה לסבול זאת עוד.

ח **וַיּוּשַׁב אֶת מֹשֶׁה וְאֶת אַהֲרֹן אֶל פַּרְעֹה.** שליחים נשלחו להשיבם אל פרעה. **וַיֹּאמֶר אֲלֵהֶם** פרעה: **לְכוּ עִבְדוּ אֶת ה׳ אֱלֹהֵיכֶם.** ולאחר הסכמתי העקרונית הבה נברר את הפרטים: **מִי וָמִי הַהֹלְכִים?**

ט **וַיֹּאמֶר מֹשֶׁה: בִּנְעָרֵינוּ וּבִזְקֵנֵינוּ נֵלֵךְ. בְּבָנֵינוּ וּבִבְנוֹתֵנוּ, בְּצֹאנֵנוּ וּבִבְקָרֵנוּ נֵלֵךְ.** לא נשאיר כאן צעיר או זקן, זכר או נקבה, אדם או בהמה **כִּי חַג ה׳ לָנוּ.** בכך רמז משה שהליכתם תבטא את עצמאותם, וכי אין הוא מבטיח שישובו.

י **וַיֹּאמֶר אֲלֵהֶם** פרעה בכעס ובלגלוג: **יְהִי כֵן, ה׳ עִמָּכֶם, כַּאֲשֶׁר אֲשַׁלַּח אֶתְכֶם וְאֶת טַפְּכֶם.** שכך יעזור לכם ה׳, כפי שנדמה לכם שאשלח אתכם. בנעימה לגלגנית הוא אומר להם כי הדבר אינו בא בחשבון ולא יצא אל הפועל – **רְאוּ כִּי רָעָה נֶגֶד פְּנֵיכֶם.** לא תצאו לחגוג אלא לבקש לעצמכם צרות. יא ואם אתם עומדים בבקשתכם – **לֹא כֵן. לְכוּ נָא הַגְּבָרִים וְעִבְדוּ אֶת ה׳, כִּי אֹתָהּ,** את העבודה החד-פעמית **אַתֶּם מְבַקְשִׁים,** והרי הנשים, הילדים – ובוודאי הצאן והבקר כולו – אינם צריכים להשתתף בה. **וַיְגָרֶשׁ אֹתָם מֵאֵת פְּנֵי פַרְעֹה.**

יב **וַיֹּאמֶר ה׳ אֶל מֹשֶׁה: נְטֵה יָדְךָ עַל אֶרֶץ מִצְרַיִם בָּאַרְבֶּה,** בשביל להביא את מכת הארבה,[3] או: נטה ידך והַאחז בה ארבה, או: שים ארבה

הרחבות | **׳ויגרש אתם מאת פני פרעה׳** בין כה וכה משה ואהרן היו יוצאים מעם פרעה משום שלא צפוי כאן משא ומתן. משה ואהרן שבים ומציגים אותה עמדה, ואין בדעתם וברשותם להיענות להצעותיו של פרעה. על כן אין לראות בגירושם אלא מחווה נגדית של בוז מצד מלך מצרים, שבה הוא מגיב על יציאתו ההפגנתית של משה.

מִצְרָיִם וְיֹאכַל אֶת־כָּל־עֵשֶׂב הָאָרֶץ אֵת כָּל־אֲשֶׁר
יג הִשְׁאִיר הַבָּרָד: וַיֵּט מֹשֶׁה אֶת־מַטֵּהוּ עַל־אֶרֶץ
מִצְרַיִם וַיהוָה נִהַג רוּחַ־קָדִים בָּאָרֶץ כָּל־הַיּוֹם הַהוּא
וְכָל־הַלָּיְלָה הַבֹּקֶר הָיָה וְרוּחַ הַקָּדִים נָשָׂא אֶת־
יד הָאַרְבֶּה: וַיַּעַל הָאַרְבֶּה עַל כָּל־אֶרֶץ מִצְרַיִם וַיָּנַח
בְּכֹל גְּבוּל מִצְרָיִם כָּבֵד מְאֹד לְפָנָיו לֹא־הָיָה כֵן אַרְבֶּה
טו כָּמֹהוּ וְאַחֲרָיו לֹא יִהְיֶה־כֵּן: וַיְכַס אֶת־עֵין כָּל־הָאָרֶץ
וַתֶּחְשַׁךְ הָאָרֶץ וַיֹּאכַל אֶת־כָּל־עֵשֶׂב הָאָרֶץ וְאֵת
כָּל־פְּרִי הָעֵץ אֲשֶׁר הוֹתִיר הַבָּרָד וְלֹא־נוֹתַר כָּל־יֶרֶק
טז בָּעֵץ וּבְעֵשֶׂב הַשָּׂדֶה בְּכָל־אֶרֶץ מִצְרָיִם: וַיְמַהֵר
פַּרְעֹה לִקְרֹא לְמֹשֶׁה וּלְאַהֲרֹן וַיֹּאמֶר חָטָאתִי לַיהוָה
יז אֱלֹהֵיכֶם וְלָכֶם: וְעַתָּה שָׂא נָא חַטָּאתִי אַךְ הַפַּעַם
וְהַעְתִּירוּ לַיהוָה אֱלֹהֵיכֶם וְיָסֵר מֵעָלַי רַק אֶת־הַמָּוֶת
יח יט הַזֶּה: וַיֵּצֵא מֵעִם פַּרְעֹה וַיֶּעְתַּר אֶל־יְהוָה: וַיַּהֲפֹךְ
יְהוָה רוּחַ־יָם חָזָק מְאֹד וַיִּשָּׂא אֶת־הָאַרְבֶּה וַיִּתְקָעֵהוּ
יָמָּה סּוּף לֹא נִשְׁאַר אַרְבֶּה אֶחָד בְּכֹל גְּבוּל מִצְרָיִם:
כ וַיְחַזֵּק יְהוָה אֶת־לֵב פַּרְעֹה וְלֹא שִׁלַּח אֶת־בְּנֵי
יִשְׂרָאֵל:

רש"י

יד) **וְאַחֲרָיו לֹא יִהְיֶה כֵּן.** וְאוֹתוֹ שֶׁהָיָה בִּימֵי יוֹאֵל שֶׁנֶּאֱמַר: "כָּמֹהוּ לֹא נִהְיָה מִן הָעוֹלָם" (יואל ב, ב) לָמַדְנוּ שֶׁהָיָה כָּבֵד מִשֶּׁל מֹשֶׁה – עַל יְדֵי מִינִין הַרְבֵּה שֶׁהָיוּ יַחַד: אַרְבֶּה, יֶלֶק, חָסִיל, גָּזָם; אֲבָל שֶׁל מֹשֶׁה מִין אֶחָד, וְכָמוֹהוּ לֹא נִהְיָה וְלֹא יִהְיֶה:

טו) **כָּל יֶרֶק.** עָלֶה יָרֹק, ווירדור"א בְּלַעַז:

יט) **לֹא נִשְׁאַר אַרְבֶּה אֶחָד.** אַף הַמְּלוּחִים שֶׁמָּלְחוּ מֵהֶן:

ביאור

במטך,[4] כמו במעשים סמליים אחרים שעושה משה המסמנים את
המכה העומדת לבוא.[5] **וְיַעַל** הארבה **עַל אֶרֶץ מִצְרָיִם, וְיֹאכַל אֶת כָּל
עֵשֶׂב הָאָרֶץ, אֵת כָּל אֲשֶׁר הִשְׁאִיר הַבָּרָד.**

יג **וַיֵּט מֹשֶׁה אֶת מַטֵּהוּ עַל אֶרֶץ מִצְרַיִם, וַה׳ נִהַג רוּחַ קָדִים**, מזרחית
**בָּאָרֶץ כָּל הַיּוֹם הַהוּא וְכָל הַלָּיְלָה. הַבֹּקֶר הָיָה, וְרוּחַ הַקָּדִים נָשָׂא אֶת
הָאַרְבֶּה**, שכן מקורו בצדה המזרחי של מצרים. יד **וַיַּעַל הָאַרְבֶּה עַל
כָּל אֶרֶץ מִצְרַיִם, וַיָּנַח בְּכֹל גְּבוּל מִצְרָיִם, כָּבֵד מְאֹד – לְפָנָיו לֹא הָיָה כֵן
אַרְבֶּה כָּמֹהוּ, וְאַחֲרָיו לֹא יִהְיֶה כֵּן.** טו **וַיְכַס אֶת עֵין**, מראה **כָּל הָאָרֶץ,
וַתֶּחְשַׁךְ הָאָרֶץ**, הקרקע כוסתה בארבה.[6] פירוש אחר: במעופו החשיך
נחיל הארבה הצפוף את שדה הראייה של הארץ משום שכיסה את
השמש.[7] **וַיֹּאכַל אֶת כָּל עֵשֶׂב הָאָרֶץ וְאֵת כָּל פְּרִי הָעֵץ אֲשֶׁר הוֹתִיר
הַבָּרָד, וְלֹא נוֹתַר כָּל יֶרֶק בָּעֵץ וּבְעֵשֶׂב הַשָּׂדֶה בְּכָל אֶרֶץ מִצְרָיִם.**

טז **וַיְמַהֵר פַּרְעֹה לִקְרֹא לְמֹשֶׁה וּלְאַהֲרֹן וַיֹּאמֶר: חָטָאתִי לַה׳ אֱלֹהֵיכֶם
וְלָכֶם.** הפעם התנצל מפורשות גם על התנהגותו הגסה כלפיהם ועל
גירושם. יז **וְעַתָּה שָׂא נָא חַטָּאתִי**, סלחו לי, **אַךְ**, רק **הַפַּעַם, וְהַעְתִּירוּ
לַה׳ אֱלֹהֵיכֶם, וְיָסֵר מֵעָלַי רַק אֶת הַמָּוֶת הַזֶּה.** מכת הארבה עלולה
להמית את הכול כי היא פוגעת קשות בכל הגידולים החקלאיים.

יח **וַיֵּצֵא** משה **מֵעִם פַּרְעֹה וַיֶּעְתַּר אֶל ה׳** שהארבה יסתלק.

יט לעומת הרוח המזרחית שהביאה את הארבה למצרים, השיב
ה׳ רוח אחרת לסלקו ממנה – **וַיַּהֲפֹךְ ה׳ רוּחַ יָם**, מצד מערב **חָזָק
מְאֹד, וַיִּשָּׂא אֶת הָאַרְבֶּה וַיִּתְקָעֵהוּ יָמָּה סּוּף. לֹא נִשְׁאַר אַרְבֶּה אֶחָד
בְּכֹל גְּבוּל מִצְרָיִם.**

כ לאחר הודאתו של פרעה שחטא ושגה, לאחר התנצלויותיו, ולאחר
שכבר ידע בלי ספק שמשה מסוגל למשול באירועים הדרמטיים
הללו – **וַיְחַזֵּק ה׳ אֶת לֵב פַּרְעֹה, וְלֹא שִׁלַּח אֶת בְּנֵי יִשְׂרָאֵל.**

הרחבות

[1]לפניו לא היה כן ארבה כמוהו ואחריו לא יהיה כן אמנם הנביא יואל יתאר מגפת ארבה קשה, שעליה הוא אומר: יוֹם חֹשֶׁךְ וַאֲפֵלָה יוֹם עָנָן וַעֲרָפֶל כְּשַׁחַר פָּרֻשׂ עַל הֶהָרִים עַם רַב וְעָצוּם כָּמֹהוּ לֹא נִהְיָה מִן הָעוֹלָם וְאַחֲרָיו לֹא יוֹסֵף עַד שְׁנֵי דּוֹר וָדוֹר (יואל ב,ב), אלא שהבחינו בין שתי המגפות מבחינת מיני הארבה שאפיינו כל אחת מהן. (ראו רש״י ורמב״ן); ושמא כאן מדובר במצרים, ואילו בספר יואל בארץ ישראל (ר״י בכור שור פס׳ יט).

וַיֹּאמֶר יְהוָה אֶל־מֹשֶׁה נְטֵה יָדְךָ עַל־הַשָּׁמַיִם וִיהִי כא
חֹשֶׁךְ עַל־אֶרֶץ מִצְרָיִם וְיָמֵשׁ חֹשֶׁךְ׃ וַיֵּט מֹשֶׁה אֶת־ כב
יָדוֹ עַל־הַשָּׁמָיִם וַיְהִי חֹשֶׁךְ־אֲפֵלָה בְּכָל־אֶרֶץ מִצְרַיִם
שְׁלֹשֶׁת יָמִים׃ לֹא־רָאוּ אִישׁ אֶת־אָחִיו וְלֹא־קָמוּ כג
אִישׁ מִתַּחְתָּיו שְׁלֹשֶׁת יָמִים וּלְכָל־בְּנֵי יִשְׂרָאֵל הָיָה
שלישי אוֹר בְּמוֹשְׁבֹתָם׃ וַיִּקְרָא פַרְעֹה אֶל־מֹשֶׁה וַיֹּאמֶר לְכוּ כד
עִבְדוּ אֶת־יְהוָה רַק צֹאנְכֶם וּבְקַרְכֶם יֻצָּג גַּם־טַפְּכֶם
יֵלֵךְ עִמָּכֶם׃ וַיֹּאמֶר מֹשֶׁה גַּם־אַתָּה תִּתֵּן בְּיָדֵנוּ זְבָחִים כה
וְעֹלֹת וְעָשִׂינוּ לַיהוָה אֱלֹהֵינוּ׃ וְגַם־מִקְנֵנוּ יֵלֵךְ עִמָּנוּ כו
לֹא תִשָּׁאֵר פַּרְסָה כִּי מִמֶּנּוּ נִקַּח לַעֲבֹד אֶת־יְהוָה
אֱלֹהֵינוּ וַאֲנַחְנוּ לֹא־נֵדַע מַה־נַּעֲבֹד אֶת־יְהוָה עַד־

רש"י

כא| **וְיָמֵשׁ חֹשֶׁךְ.** ויחשיך עליהם חשך יותר מחשכו של לילה, וחשך של לילה יאמיש ויחשיך עוד: **וְיָמֵשׁ.** כמו 'ויאמש'. יש לנו תיבות הרבה חסרות אל"ף, לפי שאין הברת האל"ף נכרת כל כך אין הכתוב מקפיד על חסרונה, כגון: "ולא יהל שם ערבי" (ישעיה יג, כ) כמו 'לא יאהיל', לא יטה אהלו. וכן: "ותזרני חיל" (שמואל ב' כב, מ) כמו 'ותאזרני'. ואונקלוס תרגם לשון הסרה, כמו: "לא ימיש" (להלן יג, כב) – "בתר דיעדי קבל ליליא", כשיגיע סמוך לאור היום. אבל אין הדבור מיושב על הוי"ו של 'וימש', לפי שהוא כתוב אחר "ויהי חשך". ומדרש אגדה פותרו לשון "ממשש בצהרים" (דברים כח, כט), שהיה כפול ומכפל ועב עד שהיה בו ממש:

כב| **שְׁלֹשֶׁת יָמִים.** שלוש של ימים, טרציינ"א בלע"ז. וכן 'שבעת ימים' בכל מקום, שטיינ"א של ימים: **וַיְהִי חֹשֶׁךְ אֲפֵלָה... שְׁלֹשֶׁת יָמִים.** חשך של אופל ש"לא ראו איש את אחיו" אותן שלשת ימים, ועוד שלשת ימים אחרים חשך מכפל על זה ש"לא קמו איש מתחתיו", יושב אין יכול לעמד ועומד אין יכול לישב. ולמה הביא עליהם חשך? שהיו בישראל באותו הדור רשעים ולא היו רוצים לצאת, ומתו בשלשת ימי אפלה, כדי שלא יראו מצרים במפלתם ויאמרו: אף הם לוקים כמונו. ועוד, שחפשו ישראל וראו את כליהם, וכשיצאו והיו שואלים מהן והיו אומרים: אין בידינו כלום, אומר לו: אני ראיתיו בביתך ובמקום פלוני הוא:

כד| **יֻצָּג.** יהא מצג במקומו:

כה| **גַּם אַתָּה תִּתֵּן.** לא דיך שמקננו ילך עמנו, אלא אף משלך תתן:

כו| **פַּרְסָה.** פרסת רגל, פלנט"א בלע"ז: **לֹא נֵדַע מַה נַּעֲבֹד.** כמה תכבד העבודה, שמא ישאל יותר ממה שיש בידינו:

מכת חושך

פרק י פס׳ כא-כט

כבר במכת ארבה חשכה ארץ מצרים. במכה התשיעית, מכת חושך, מגיעה אפלה דחוסה ביותר, שאינה מאפשרת למצרים אפילו לנוע ממקומם. אפשר לראות בה הקדמה למכת בכורות שתבוא בעקבותיה, שהרי ללא ראייה וללא תנועה יכלו המצרים כולם לטעום כבר בה משהו מטעמו של מוות.

ביאור
כא **וַיֹּאמֶר ה׳ אֶל מֹשֶׁה: נְטֵה יָדְךָ עַל הַשָּׁמַיִם, וִיהִי חֹשֶׁךְ עַל אֶרֶץ מִצְרָיִם,**
וְיָמֵשׁ חֹשֶׁךְ, החושך מש, זז ממקומו והגיע אל המקום הזה,[8] או:
השתרר חושך משיש, בעל ממשות, ולא רק היעדר אור.[9]

כב **וַיֵּט מֹשֶׁה אֶת יָדוֹ עַל הַשָּׁמָיִם, וַיְהִי חֹשֶׁךְ אֲפֵלָה**, חושך מוחלט
בְּכָל אֶרֶץ מִצְרַיִם שְׁלֹשֶׁת יָמִים. כג **לֹא רָאוּ אִישׁ אֶת אָחִיו וְלֹא קָמוּ**
אִישׁ מִתַּחְתָּיו בשל עוביו ותוקפו של החושך לא יכלו לזוז ממקומם
שְׁלֹשֶׁת יָמִים. ועם זאת **לְכָל בְּנֵי יִשְׂרָאֵל הָיָה אוֹר בְּמוֹשְׁבֹתָם.** החושך
לא הגיע לגבולם.[10]

כד **וַיִּקְרָא פַרְעֹה אֶל מֹשֶׁה, וַיֹּאמֶר: לְכוּ עִבְדוּ אֶת ה׳** כולכם, **רַק צֹאנְכֶם**
וּבְקַרְכֶם יֻצָּג, יישאר פה כעירבון. **גַּם טַפְּכֶם יֵלֵךְ עִמָּכֶם.** הפעם אאפשר
גם לגברים, גם לנשים וגם לילדים לצאת.

כה **וַיֹּאמֶר מֹשֶׁה:** אין בכוונתנו להשאיר את צאננו, ולא זו בלבד אלא
שאנחנו מצפים ש**גַּם אַתָּה תִּתֵּן בְּיָדֵנוּ** בהמות כדי לזבוח בהן **זְבָחִים**
וְעֹלֹת, וְעָשִׂינוּ לַה׳ אֱלֹהֵינוּ. כו **וְגַם מִקְנֵנוּ יֵלֵךְ עִמָּנוּ, לֹא תִשָּׁאֵר פַּרְסָה,**
פרסת רגל של בהמה משלנו במצרים. **כִּי מִמֶּנּוּ**, מבקרנו ומצאננו
נִקַּח לַעֲבֹד אֶת ה׳ אֱלֹהֵינוּ. וַאֲנַחְנוּ לֹא נֵדַע בַּמֶּה נַּעֲבֹד אֶת ה׳ – באיזה
אופן, באילו כמויות, ובאיזה מין ממיני בעלי החיים - **עַד בֹּאֵנוּ שָׁמָּה.**
רק כאשר נגיע למדבר, ה׳ יתגלה אלינו ויורה לנו את דרכי עבודתו.

בָּאנוּ שָׁמָּה: וַיְחַזֵּק יְהוָה אֶת־לֵב פַּרְעֹה וְלֹא אָבָה כז
לְשַׁלְּחָם: וַיֹּאמֶר־לוֹ פַרְעֹה לֵךְ מֵעָלָי הִשָּׁמֶר לְךָ אַל־ כח
תֹּסֶף רְאוֹת פָּנַי כִּי בְּיוֹם רְאֹתְךָ פָנַי תָּמוּת: וַיֹּאמֶר כט
מֹשֶׁה כֵּן דִּבַּרְתָּ לֹא־אֹסִף עוֹד רְאוֹת פָּנֶיךָ:

ח וַיֹּאמֶר יְהוָה אֶל־מֹשֶׁה עוֹד נֶגַע אֶחָד אָבִיא עַל־ א יא
פַּרְעֹה וְעַל־מִצְרַיִם אַחֲרֵי־כֵן יְשַׁלַּח אֶתְכֶם מִזֶּה
כְּשַׁלְּחוֹ כָּלָה גָּרֵשׁ יְגָרֵשׁ אֶתְכֶם מִזֶּה: דַּבֶּר־נָא בְּאָזְנֵי ב
הָעָם וְיִשְׁאֲלוּ אִישׁ ׀ מֵאֵת רֵעֵהוּ וְאִשָּׁה מֵאֵת רְעוּתָהּ
כְּלֵי־כֶסֶף וּכְלֵי זָהָב: וַיִּתֵּן יְהוָה אֶת־חֵן הָעָם בְּעֵינֵי ג
מִצְרָיִם גַּם ׀ הָאִישׁ מֹשֶׁה גָּדוֹל מְאֹד בְּאֶרֶץ מִצְרַיִם
רביעי בְּעֵינֵי עַבְדֵי־פַרְעֹה וּבְעֵינֵי הָעָם: וַיֹּאמֶר ד

רש״י

כט] כֵּן דִּבַּרְתָּ. יָפֶה דִּבַּרְתָּ וּבִזְמַנּוֹ דִּבַּרְתָּ, אֱמֶת שֶׁ״לֹּא אֹסִף עוֹד רְאוֹת פָּנֶיךָ״.

פרק יא

א] כָּלָה. ״גְּמִירָא״, כָּלִיל, כֻּלְּכֶם יְשַׁלַּח:

ב] דַּבֶּר נָא. אֵין ׳נָא׳ אֶלָּא לְשׁוֹן בַּקָּשָׁה; בְּבַקָּשָׁה מִמְּךָ הַזְהִירֵם עַל כָּךְ, שֶׁלֹּא יֹאמַר אוֹתוֹ צַדִּיק, ״וַעֲבָדוּם וְעִנּוּ אֹתָם״ (בראשית טו, יג) קִיֵּם בָּהֶם, ״וְאַחֲרֵי כֵן יֵצְאוּ בִּרְכֻשׁ גָּדוֹל״ (שם יד) לֹא קִיֵּם בָּהֶם:

כו **וַיְחַזֵּק ה' אֶת לֵב פַּרְעֹה, וְלֹא אָבָה**, רצה **לְשַׁלְּחָם**, למרות אימת החושך הקשה. כח **וַיֹּאמֶר לוֹ** - למשה **פַּרְעֹה: לֵךְ מֵעָלָי! הִשָּׁמֶר לְךָ – אַל תֹּסֶף רְאוֹת פָּנַי, כִּי בְּיוֹם רְאֹתְךָ פָנַי תָּמוּת.** שוב גירש פרעה את משה, אך הפעם חתם את הגירוש באיום על חייו של משה אם יעז להגיע אליו שוב. | ביאור

כט כיוון שמשה כבר שמע את העתיד להתרחש, כפי שיסופר בעניין הבא, הוא יודע שהוא כבר לא יצטרך ליזום את הגעתו אל ארמונו של פרעה. על כן הוא מאשר את דבריו – **וַיֹּאמֶר מֹשֶׁה: כֵּן**, נכון **דִּבַּרְתָּ, לֹא אֹסִף עוֹד רְאוֹת פָּנֶיךָ.**

לקראת מכת בכורות ודברי סיכום

פרק יא פס' א–י

משה עדיין לא יצא מעם פרעה. המשך השיחה ביניהם יובא בעוד פסוקים אחדים. בתווך יחצוץ עניין קצר שאירע עוד קודם לכן – הודעת ה' למשה שעתידה לבוא על פרעה עוד מכה בודדת אחת, ואחריה יגורשו ישראל ממצרים. פסקה זו לא הופיעה במקומה הכרונולוגי, לאחר מכת חושך וקודם שבא משה אל בית פרעה, כדי לקיים את הרצף הסיפורי שבתודעתו של פרעה – בין המכה לבין תגובתו אליה. הפסקה הזו מובאת כאן משום שהיא נצרכת כדי להבהיר מהיכן נטל משה את ביטחונו לומר לפרעה: לֹא אֹסִף עוֹד רְאוֹת פָּנֶיךָ.

פרק יא א **וַיֹּאמֶר ה' אֶל מֹשֶׁה** אחרי מכת חושך: **עוֹד נֶגַע אֶחָד אָבִיא עַל פַּרְעֹה וְעַל מִצְרַיִם. אַחֲרֵי כֵן** בוודאי **יְשַׁלַּח אֶתְכֶם מִזֶּה**, מכאן. **כְּשַׁלְּחוֹ**, כאשר הוא ישלח אתכם, **כָּלָה גָּרֵשׁ יְגָרֵשׁ אֶתְכֶם** יגרש את כולכם **מִזֶּה.** ב אשר על כן, עליכם להתכונן לבאות. **דַּבֶּר נָא בְּאָזְנֵי הָעָם, וְיִשְׁאֲלוּ אִישׁ מֵאֵת רֵעֵהוּ** המצרי **וְאִשָּׁה מֵאֵת רְעוּתָהּ** המצרית **כְּלֵי כֶסֶף וּכְלֵי זָהָב.** אף על פי שהעברים היו משועבדים, הם לא נודו מן החברה המצרית. ה' ציווה עליהם או ביקש מהם לשאול ממכריהם המצרים חפצים יקרים. ג אפשר היה לצפות שהמצרים יכעסו מאוד על העברים, שבעטיים באו עליהם המכות הללו, אך בפועל – **וַיִּתֵּן ה' אֶת חֵן הָעָם בְּעֵינֵי מִצְרָיִם.** חל שינוי במעמדם של העברים. ממושאים להתעללות ולגערות הפכו בני ישראל למי שהמצרים מבקשים את קרבתם, שכן נוכחו לדעת שמאחוריהם עומד כוח גדול. **גַּם הָאִישׁ מֹשֶׁה** כבר לא היה אורח שהגיע למצרים אלא הפך להיות **גָּדוֹל מְאֹד בְּאֶרֶץ מִצְרַיִם, בְּעֵינֵי עַבְדֵי פַרְעֹה וּבְעֵינֵי הָעָם.**

מֹשֶׁה כֹּה אָמַר יְהוָה כַּחֲצֹת הַלַּיְלָה אֲנִי יוֹצֵא בְּתוֹךְ
ה מִצְרָיִם: וּמֵת כָּל־בְּכוֹר בְּאֶרֶץ מִצְרַיִם מִבְּכוֹר פַּרְעֹה
הַיֹּשֵׁב עַל־כִּסְאוֹ עַד בְּכוֹר הַשִּׁפְחָה אֲשֶׁר אַחַר
ו הָרֵחָיִם וְכֹל בְּכוֹר בְּהֵמָה: וְהָיְתָה צְעָקָה גְדֹלָה
בְּכָל־אֶרֶץ מִצְרָיִם אֲשֶׁר כָּמֹהוּ לֹא נִהְיָתָה וְכָמֹהוּ
ז לֹא תֹסִף: וּלְכֹל ׀ בְּנֵי יִשְׂרָאֵל לֹא יֶחֱרַץ־כֶּלֶב לְשֹׁנוֹ
לְמֵאִישׁ וְעַד־בְּהֵמָה לְמַעַן תֵּדְעוּן אֲשֶׁר יַפְלֶה יְהוָה
ח בֵּין מִצְרַיִם וּבֵין יִשְׂרָאֵל: וְיָרְדוּ כָל־עֲבָדֶיךָ אֵלֶּה
אֵלַי וְהִשְׁתַּחֲווּ־לִי לֵאמֹר צֵא אַתָּה וְכָל־הָעָם אֲשֶׁר־
בְּרַגְלֶיךָ וְאַחֲרֵי־כֵן אֵצֵא וַיֵּצֵא מֵעִם־פַּרְעֹה בָּחֳרִי־
ט אָף: וַיֹּאמֶר יְהוָה אֶל־מֹשֶׁה לֹא־יִשְׁמַע

רש"י

ד] וַיֹּאמֶר מֹשֶׁה כֹּה אָמַר ה'. בְּעָמְדוֹ לִפְנֵי פַרְעֹה נֶאֶמְרָה לוֹ, שֶׁהֲרֵי מִשֶּׁיָּצָא מִלְּפָנָיו לֹא הוֹסִיף רְאוֹת פָּנָיו: כַּחֲצֹת הַלַּיְלָה. כְּהֵחָלֵק הַלַּיְלָה, 'כַּחֲצֹת' כְּמוֹ: "כַּעֲלוֹת" (יהושע ד, יח, ועוד), "כִּכְלוֹת" (דברים כ, ט, ועוד) "בַּחֲרוֹת אַפָּם בָּנוּ" (תהלים קכד, ג). זֶהוּ פְּשׁוּטוֹ לְיַשְּׁבוֹ עַל אָפְנָיו, שֶׁאֵין 'חֲצוֹת' שֵׁם דָּבָר שֶׁל חֵצִי. וְרַבּוֹתֵינוּ דְּרָשׁוּהוּ כְּמוֹ 'כַּחֲצִי הַלַּיְלָה', וְאָמְרוּ שֶׁאָמַר מֹשֶׁה 'כַּחֲצֹת' דְּמַשְׁמַע סָמוּךְ לוֹ אוֹ לְפָנָיו אוֹ לְאַחֲרָיו, וְלֹא אָמַר 'בַּחֲצוֹת', שֶׁמָּא יִטְעוּ אִצְטַגְנִינֵי פַרְעֹה וְיֹאמְרוּ: מֹשֶׁה בַּדַּאי הוּא:

ה] עַד בְּכוֹר הַשְּׁבִי (להלן יב, כט). לָמָּה לָקוּ הַשְּׁבוּיִים? כְּדֵי שֶׁלֹּא יֹאמְרוּ, יִרְאָתָם תָּבְעָה עֶלְבּוֹנָם וְהֵבִיאָה פֻּרְעָנוּת עַל מִצְרַיִם: מִבְּכוֹר פַּרְעֹה... עַד בְּכוֹר הַשִּׁפְחָה. כָּל הַפְּחוּתִים מִבְּכוֹר פַּרְעֹה וַחֲשׁוּבִים מִבְּכוֹר הַשִּׁפְחָה הָיוּ בַּכְּלָל. וְלָמָּה לָקוּ בְּנֵי הַשְּׁפָחוֹת? שֶׁאַף הֵם הָיוּ מִשְׁתַּעְבְּדִים בָּהֶם וּשְׂמֵחִים בְּצָרָתָם: וְכֹל בְּכוֹר בְּהֵמָה. לְפִי שֶׁהָיוּ עוֹבְדִין לָהּ – כְּשֶׁהַקָּדוֹשׁ בָּרוּךְ הוּא נִפְרָע מִן הָאֻמָּה נִפְרָע מֵאֱלֹהֶיהָ:

ז] לֹא יֶחֱרַץ כֶּלֶב לְשֹׁנוֹ. אוֹמֵר אֲנִי שֶׁהוּא לְשׁוֹן שִׁנּוּן, לֹא יְשַׁנֵּן. וְכֵן: "לֹא חָרַץ לִבְנֵי יִשְׂרָאֵל לְאִישׁ אֶת לְשֹׁנוֹ" (יהושע י, כא) – לֹא שִׁנֵּן; "אָז תֶּחֱרָץ" (שמואל ב' ה, כד) – תִּשְׁתַּנֵּן; "לְמוֹרַג חָרוּץ" (ישעיה מא, טו) – שָׁנוּן; "מַחְשְׁבוֹת חָרוּץ" (משלי כא, ה) – אָדָם חָרִיף וְשָׁנוּן; "וְיַד חָרוּצִים תַּעֲשִׁיר" (שם י, ד) – חֲרִיפִים, סוֹחֲרִים שְׁנוּנִים: אֲשֶׁר יַפְלֶה. יַבְדִּיל:

ח] וְיָרְדוּ כָל עֲבָדֶיךָ. חָלַק כָּבוֹד לַמַּלְכוּת, שֶׁהֲרֵי סוֹף שֶׁיָּרַד פַּרְעֹה בְּעַצְמוֹ אֵלָיו בַּלַּיְלָה, "וַיֹּאמֶר קוּמוּ צְּאוּ מִתּוֹךְ עַמִּי" (להלן יב, לא), וְלֹא אָמַר לוֹ מֹשֶׁה מִתְּחִלָּה: 'וְיָרַדְתָּ אֵלַי וְהִשְׁתַּחֲוִיתָ לִי': אֲשֶׁר בְּרַגְלֶיךָ. הַהוֹלְכִים אַחַר עֲצָתְךָ וְהִלּוּכְךָ: וְאַחֲרֵי כֵן אֵצֵא. עִם כָּל הָעָם מֵאַרְצְךָ: וַיֵּצֵא מֵעִם פַּרְעֹה. כְּשֶׁגָּמַר דְּבָרָיו יָצָא מִלְּפָנָיו: בָּחֳרִי אָף. עַל שֶׁאָמַר לוֹ: "אַל תֹּסֶף רְאוֹת פָּנַי" (לעיל י, כח).

ביאור

לאחר קטיעת הרצף חוזרת התורה לספר על המשך השיחה
שהתרחשה בביתו של פרעה. פרעה אמנם גירש את משה, אך
משה המשיך לדבר אל פרעה, קודם שהוא פנה ללכת. ד **וַיֹּאמֶר**
מֹשֶׁה לפרעה: **כֹּה אָמַר ה׳: כַּחֲצֹת**, בזמן חצות[11] **הַלַּיְלָה אֲנִי יוֹצֵא**,
אתגלה **בְּתוֹךְ מִצְרָיִם** ואכה אותה. ה **וּמֵת כָּל בְּכוֹר בְּאֶרֶץ מִצְרַיִם** –
מִבְּכוֹר פַּרְעֹה הנעלה והחשוב ביותר במדינה, **הַיֹּשֵׁב עַל כִּסְאוֹ**, כיסא
המלוכה, **עַד בְּכוֹר הַשִּׁפְחָה** הנחות ביותר, **אֲשֶׁר** אמו עובדת בעבודה
הפשוטה של טחינה **אַחַר הָרֵחָיִם, וְכֹל בְּכוֹר בְּהֵמָה.** ו **וְהָיְתָה צְעָקָה**
גְדֹלָה בְּכָל אֶרֶץ מִצְרָיִם, אֲשֶׁר כָּמֹהוּ לֹא נִהְיָתָה וְכָמֹהוּ לֹא תֹסִף. האסון
יכה את כל הארץ כולה. המוות יגיע לכל בית. ז **וּלְכֹל בְּנֵי יִשְׂרָאֵל**
לֹא יֶחֱרַץ, יוציא **כֶּלֶב** את **לְשֹׁנוֹ, לְמֵאִישׁ וְעַד בְּהֵמָה.** הכלבים לא
יעזו לנבוח לא על בני ישראל ואף לא על בהמותיהם, **לְמַעַן תֵּדְעוּן**
אֲשֶׁר יַפְלֶה, יבחין ה׳ **בֵּין מִצְרַיִם וּבֵין יִשְׂרָאֵל**, כך שאפילו הכלבים
יכבדו את ישראל. ח **וְיָרְדוּ כָל עֲבָדֶיךָ אֵלֶּה** הנמצאים פה סביבך,
אֵלַי, וְהִשְׁתַּחֲווּ לִי. לֵאמֹר: ״צֵא אַתָּה וְכָל הָעָם אֲשֶׁר בְּרַגְלֶיךָ, ההולך
בעקבותיך״.[12] **וְאַחֲרֵי כֵן**, אחרי שיבואו ויבקשו זאת, **אֵצֵא** ממצרים.
וַיֵּצֵא מֵעִם פַּרְעֹה בָּחֳרִי אָף, בכעס גלוי.

המהלך המתאר את מכות מצרים נחתם כאן מלבד המכה האחרונה,
אשר תופרד מן הרצף גם במצוות מיוחדות שבהן יצטוו ישראל
בעניין הבא. על כן מופיע פה סיכום תמציתי: ט **וַיֹּאמֶר ה׳ אֶל מֹשֶׁה,**

הרחבות

׳וירדו כל עבדיך אלה אלי׳ חכמים העירו שמשה התכוון לכך שפרעה עצמו יבוא אל משה להתחנן בפניו, כפי שאכן יקרה (להלן יב,לא), אך הקפיד להתנסח בנימוס כלפי המלך ועל כן תיאר את עבדי פרעה במעמד המשפיל הצפוי (זבחים קב ע״א; שמות רבה ז,ג).

אֲלֵיכֶם פַּרְעֹה לְמַעַן רְבוֹת מוֹפְתַי בְּאֶרֶץ מִצְרָיִם׃
וּמֹשֶׁה וְאַהֲרֹן עָשׂוּ אֶת־כָּל־הַמֹּפְתִים הָאֵלֶּה לִפְנֵי י
פַרְעֹה וַיְחַזֵּק יהוה אֶת־לֵב פַּרְעֹה וְלֹא־שִׁלַּח אֶת־
בְּנֵי־יִשְׂרָאֵל מֵאַרְצוֹ׃ וַיֹּאמֶר יהוה אֶל־ א יב
מֹשֶׁה וְאֶל־אַהֲרֹן בְּאֶרֶץ מִצְרַיִם לֵאמֹר׃ הַחֹדֶשׁ הַזֶּה ב
לָכֶם רֹאשׁ חֳדָשִׁים רִאשׁוֹן הוּא לָכֶם לְחָדְשֵׁי הַשָּׁנָה׃
דַּבְּרוּ אֶל־כָּל־עֲדַת יִשְׂרָאֵל לֵאמֹר בֶּעָשֹׂר לַחֹדֶשׁ ג
הַזֶּה וְיִקְחוּ לָהֶם אִישׁ שֶׂה לְבֵית־אָבֹת שֶׂה לַבָּיִת׃
וְאִם־יִמְעַט הַבַּיִת מִהְיוֹת מִשֶּׂה וְלָקַח הוּא וּשְׁכֵנוֹ ד

רש"י

ט| **לְמַעַן רְבוֹת מוֹפְתַי.** מַכַּת בְּכוֹרוֹת וּקְרִיעַת יַם סוּף וּלְנַעֵר אֶת מִצְרַיִם:

י| **וּמֹשֶׁה וְאַהֲרֹן עָשׂוּ וְגוֹ'.** כְּבָר כָּתַב לָנוּ זֹאת בְּכָל הַמּוֹפְתִים, וְלֹא שְׁנָאָהּ כָּאן אֶלָּא בִּשְׁבִיל לְסָמְכָהּ לַפָּרָשָׁה שֶׁל אַחֲרֶיהָ: "וַיֹּאמֶר ה' אֶל מֹשֶׁה וְאֶל אַהֲרֹן", שֶׁבִּשְׁבִיל שֶׁאַהֲרֹן עָשָׂה וְטָרַח בַּמּוֹפְתִים כְּמֹשֶׁה, חָלַק לוֹ כָּבוֹד זֶה בְּמִצְוָה רִאשׁוֹנָה שֶׁכְּלָלוֹ עִם מֹשֶׁה בַּדִּבּוּר:

פרק יב

א| **בְּאֶרֶץ מִצְרַיִם.** חוּץ לַכְּרַךְ. אוֹ אֵינוֹ אֶלָּא בְּתוֹךְ הַכְּרַךְ? תַּלְמוּד לוֹמַר: "כְּצֵאתִי אֶת הָעִיר" וְגוֹ' (לעיל ט, כט). וּמָה תְּפִלָּה קַלָּה לֹא הִתְפַּלֵּל בְּתוֹךְ הַכְּרַךְ, דִּבּוּר חָמוּר לֹא כָּל שֶׁכֵּן? וּמִפְּנֵי מָה לֹא נִדְבַּר עִמּוֹ בְּתוֹךְ הַכְּרַךְ? לְפִי שֶׁהָיְתָה מְלֵאָה גִּלּוּלִים:

ב| **הַחֹדֶשׁ הַזֶּה.** הֶרְאָהוּ לְבָנָה בְּחִדּוּשָׁהּ וְאָמַר לוֹ: כְּשֶׁהַיָּרֵחַ מִתְחַדֵּשׁ יִהְיֶה לְךָ רֹאשׁ חֹדֶשׁ. וְאֵין מִקְרָא יוֹצֵא מִידֵי פְּשׁוּטוֹ, עַל חֹדֶשׁ נִיסָן אָמַר לוֹ, זֶה יִהְיֶה רֹאשׁ לְסֵדֶר מִנְיַן הֶחֳדָשִׁים, שֶׁיְּהֵא אִיָּר קָרוּי שֵׁנִי, סִיוָן שְׁלִישִׁי: **הַזֶּה.** נִתְקַשָּׁה מֹשֶׁה עַל מוֹלַד הַלְּבָנָה בְּאֵיזוֹ שִׁעוּר תֵּרָאֶה וְתִהְיֶה רְאוּיָה לְקַדֵּשׁ, וְהֶרְאָה לוֹ בְּאֶצְבַּע אֶת הַלְּבָנָה בָּרָקִיעַ וְאָמַר לוֹ: כָּזֶה רְאֵה וְקַדֵּשׁ. וְכֵיצַד הֶרְאָהוּ? וַהֲלֹא לֹא הָיָה נִדְבָּר עִמּוֹ אֶלָּא בַּיּוֹם, שֶׁנֶּאֱמַר: "וַיְהִי בְּיוֹם דִּבֶּר ה'" (לעיל ו, כח), "בְּיוֹם צַוֹּתוֹ" (ויקרא ז, לח), "מִן הַיּוֹם אֲשֶׁר צִוָּה ה' וָהָלְאָה" (במדבר טו, כג)? אֶלָּא סָמוּךְ לִשְׁקִיעַת הַחַמָּה נֶאֶמְרָה לוֹ פָּרָשָׁה זוֹ וְהֶרְאָהוּ עִם חֲשֵׁכָה:

ג| **דַּבְּרוּ אֶל כָּל עֲדַת.** וְכִי אַהֲרֹן מְדַבֵּר? וַהֲלֹא כְּבָר נֶאֱמַר: "אַתָּה תְדַבֵּר" (לעיל ז, ב)! אֶלָּא חוֹלְקִין כָּבוֹד זֶה לָזֶה וְאוֹמְרִים זֶה לָזֶה: לַמְּדֵנִי, וְהַדִּבּוּר יוֹצֵא מִבֵּין שְׁנֵיהֶם כְּאִלּוּ שְׁנֵיהֶם מְדַבְּרִים: **דַּבְּרוּ אֶל כָּל עֲדַת יִשְׂרָאֵל לֵאמֹר בֶּעָשֹׂר לַחֹדֶשׁ.** דַּבְּרוּ הַיּוֹם בְּרֹאשׁ חֹדֶשׁ שֶׁיִּקָּחוּהוּ בֶּעָשׂוֹר לַחֹדֶשׁ: **הַזֶּה.** פֶּסַח מִצְרַיִם מִקָּחוֹ בֶּעָשׂוֹר וְלֹא פֶּסַח דּוֹרוֹת: **שֶׂה לְבֵית אָבֹת.** לְמִשְׁפָּחָה אַחַת. הֲרֵי שֶׁהָיוּ מְרֻבִּין יָכוֹל שֶׂה אֶחָד לְכֻלָּן? תַּלְמוּד לוֹמַר: "שֶׂה לַבָּיִת":

ד| **וְאִם יִמְעַט הַבַּיִת מִהְיוֹת מִשֶּׂה.** וְאִם יִהְיוּ מוּעָטִין מִהְיוֹת מִשֶּׂה אֶחָד, שֶׁאֵין יְכוֹלִין לְאָכְלוֹ וְיָבֹא לִידֵי נוֹתָר – "וְלָקַח

ביאור | עוד לפני המכות:[13] **לֹא יִשְׁמַע אֲלֵיכֶם פַּרְעֹה** חרף האזהרה המאיימת,
הנוגעת לבנו הבכור של פרעה, **לְמַעַן רְבוֹת**, כדי להרבות את **מוֹפְתַי
בְּאֶרֶץ מִצְרָיִם.** י **וּמֹשֶׁה וְאַהֲרֹן עָשׂוּ אֶת כָּל הַמֹּפְתִים הָאֵלֶּה לִפְנֵי פַרְעֹה.
וַיְחַזֵּק ה׳ אֶת לֵב פַּרְעֹה, וְלֹא שִׁלַּח אֶת בְּנֵי יִשְׂרָאֵל מֵאַרְצוֹ.**

מצוות הקשורות ליציאת מצרים

פרק יב פס׳ א–כח

עד כאן תוארה השתלשלותם של המאורעות: סופרו קורות חייו של משה ושליחותו ובהרחבה מנה הכתוב את המכות שבהן נגף ה׳ את מצרים, ואת השיחות החוזרות עם פרעה. לפנינו העניין הראשון שאין עומד במרכזו סיפור אלא חוק.

פרק יב א **וַיֹּאמֶר ה׳ אֶל מֹשֶׁה וְאֶל אַהֲרֹן בְּאֶרֶץ מִצְרַיִם לֵאמֹר:** ב **הַחֹדֶשׁ
הַזֶּה** הנוכחי - ולהלן יתברר שזהו חודש ניסן - יהיה **לָכֶם רֹאשׁ
חֳדָשִׁים**, כלומר **רִאשׁוֹן הוּא לָכֶם לְחָדְשֵׁי הַשָּׁנָה.**
הציווי על ראש החודש נאמר למשה ולאהרן משום שהם המופקדים
על קביעת החודשים והשנים.[14] ג ביתר המצוות עליהם לפנות אל
העם - **דַּבְּרוּ אֶל כָּל עֲדַת יִשְׂרָאֵל לֵאמֹר: בֶּעָשֹׂר**, ביום העשירי **לַחֹדֶשׁ
הַזֶּה וְיִקְחוּ לָהֶם אִישׁ שֶׂה**, בן צאן צעיר - כבש או עז - **לְבֵית אָבֹת**,
לכל משפחה, כלומר **שֶׂה לַבָּיִת.** ד **וְאִם יִמְעַט הַבַּיִת מִהְיוֹת מִשֶּׂה**,
אם המשפחה קטנה מכדי לאכול שה שלם, **וְלָקַח הוּא וּשְׁכֵנוֹ הַקָּרֹב**

הרחבות

ישראל בזמן המכות לא ידוע מה היה מצבם של בני ישראל בזמן המכות; האם הנוגשים המצרים המשיכו לשעבד את העם, או שהייתה זו תקופה של אנרכיה ללא שעבוד ועינוי. (ראו ראש השנה יא ע״א ותוספות שם). מכל מקום, המכות בוודאי רופפו את השלטון המצרי ואת מעמדו של המלך, ובמקביל עלתה קרנם של ישראל בעיני המצרים.

׳החֹדש הזה לכם ראש חֳדשים׳ לפי הפירוש האמור שתי צלעות הפסוק מוסרות אותו תוכן במלים שונות כתקבולת שירית, ועניינו לתחום את השנים כך שספירת החודשים תתחיל בחודש ניסן. (ראו משנה ראש השנה א,א וגמרא שם י ע״ב–יא ע״א).

חז״ל דרשו את הצלע הראשונה של הפסוק לפי משמעות אחרת של המלה ׳חודש׳ - חידוש הירח. (יום מולד הירח נקרא במקרא ׳חודש׳ - ראו למשל במדבר כט,ו; שמואל א׳ כ,לד; מלכים ב׳ ד,כג והערה לשמות יט,א. נראה שבבסיס הדרש עומדת ההנחה שגם היָרח עצמו, לפחות בחידושו, נקרא ׳חודש׳ - כשם שהשמש נקראת ׳יום׳ בכמה מקומות. וכך הוא השימוש בלשון חכמים. ראו למשל משנה ראש השנה א,ז). והכינוי הרומז הַזֶּה אינו מציין את התאריך שבהווה אלא מתייחס לדבר–מה שניכר לעינם של משה ואהרן (תנחומא שמיני יא; רש״י על אתר). ה׳ הראה למשה ואהרן את הירח המתחדש כדגם שעל פיו יקודש החודש לעתיד. מכאן למדו חז״ל שקביעת מועדו של ראש החודש תיעשה על פי ראיית הירח ׳החדש׳.

הַקָּרֹב אֶל־בֵּיתוֹ בְּמִכְסַת נְפָשֹׁת אִישׁ לְפִי אָכְלוֹ תָּכֹסּוּ
עַל־הַשֶּׂה: שֶׂה תָמִים זָכָר בֶּן־שָׁנָה יִהְיֶה לָכֶם מִן־ ה
הַכְּבָשִׂים וּמִן־הָעִזִּים תִּקָּחוּ: וְהָיָה לָכֶם לְמִשְׁמֶרֶת עַד ו
אַרְבָּעָה עָשָׂר יוֹם לַחֹדֶשׁ הַזֶּה וְשָׁחֲטוּ אֹתוֹ כֹּל קְהַל
עֲדַת־יִשְׂרָאֵל בֵּין הָעַרְבָּיִם: וְלָקְחוּ מִן־הַדָּם וְנָתְנוּ ז
עַל־שְׁתֵּי הַמְּזוּזֹת וְעַל־הַמַּשְׁקוֹף עַל הַבָּתִּים אֲשֶׁר־

רש"י

הוא ושכנו" וגו', זהו משמעו לפשוטו. ועוד יש בו מדרש, ללמד שאחר שנמנו עליו יכולין להתמעט ולמשוך ידיהם הימנו ולהמנות על שה אחר, אך אם באו למשוך ידיהם ולהתמעט – "מהיות משה" יתמעטו, בעוד השה קיים, בהיותו בחיים, ולא משנשחט: **במכסת.** חשבון, וכן: "מכסת הערכך" (ויקרא כז, כג): **לפי אכלו.** הראוי לאכילה, פרט לחולה ולזקן שאינו יכול לאכול כזית: **תכסו.** "תתמנון":

ה] **תמים.** בלא מום: **בן שנה.** כל שנתו קרוי 'בן שנה', כלומר שנולד בשנה זו: **מן הכבשים ומן העזים.** או מזה או מזה, שאף עז קרוי 'שה', שנאמר: "ושה עזים" (דברים יד, ד):

ו] **והיה לכם למשמרת.** זהו לשון בקור, שטעון בקור ממום ארבעה ימים קודם שחיטה. ומפני מה הקדים לקיחתו לשחיטתו ארבעה ימים, מה שלא צוה כן בפסח דורות? היה רבי מתיא בן חרש אומר: הרי הוא אומר: "ואעבר עליך ואראך והנה עתך עת דדים" (יחזקאל טז, ח), הגיעה שבועה שנשבעתי לאברהם שאגאל את בניו, ולא היו בידם מצוות להתעסק בהם כדי שיגאלו, שנאמר: "ואת ערם ועריה" (שם ז), ונתן להם שתי מצוות, דם פסח ודם מילה, שמלו באותו הלילה, שנאמר: "מתבוססת בדמיך" (שם ו) בשני דמים, ואומר: "גם את בדם בריתך שלחתי אסיריך מבור אין מים בו" (זכריה ט, יא); ושהיו שטופים בעבודה זרה, אמר להם: "משכו וקחו לכם" (להלן פסוק כא), משכו ידיכם מעבודה זרה וקחו לכם צאן של מצוה: **ושחטו אתו וגו'.** וכי כלן שוחטין? אלא מכאן ששלוחו של אדם כמותו: **קהל עדת ישראל.** קהל ועדה וישראל. מכאן אמרו: פסחי צבור נשחטים בשלש כתות זו אחר זו. נכנסה כת ראשונה ננעלו דלתות העזרה וכו', כדאיתא בפסחים (דף סד ע"א): **בין הערבים.** משש שעות ולמעלה קרוי 'בין הערבים', שהשמש נוטה לבית מבואו לערב. ולשון 'בין הערבים' נראה בעיני, אותן שעות שבין עריבת היום לעריבת הלילה, עריבת היום בתחלת שבע שעות מכי ינטו צללי ערב, ועריבת הלילה בתחלת הלילה. 'ערב' לשון נשף וחשך, כמו: "ערבה כל שמחה" (ישעיה כד, יא):

ז] **ולקחו מן הדם.** זו קבלת הדם. יכול ביד? תלמוד לומר: "אשר בסף" (להלן פסוק כב): **המזוזת.** הם הזקופות, אחת מכאן לפתח ואחת מכאן: **המשקוף.** הוא העליון, שהדלת שוקף עליו כשסוגרין אותו, לינט"ל בלעז. ולשון 'שקיפה' – חבטה, כמו: "קול עלה נדף" (ויקרא כו, לו) – "דשקיף". "חבורה" (להלן כא, כה) – משקופי: **על הבתים אשר יאכלו אתו בהם.** ולא

ביאור

אֶל בֵּיתוֹ שה משותף, **בְּמִכְסַת נְפָשֹׁת**, בהתאם לסכום הנפשות. **אִישׁ לְפִי אָכְלוֹ תָּכֹסּוּ**, תימנו, תקבעו את המכסה **עַל הַשֶּׂה**. כיוון שהשה הוא קרבן שייאכל, מכסת הנפשות נקבעת לפי האפשרות המעשית לאכלו. משום כך לא ייחשבו במניין הסועדים תינוקות קטנים, זקנים המוגבלים באכילתם או חולים שאינם מסוגלים לאכול.[15] ה **שֶׂה תָמִים**, בלא מום, **זָכָר בֶּן שָׁנָה**, בתוך שנתו הראשונה **יִהְיֶה לָכֶם, מִן הַכְּבָשִׂים וּמִן הָעִזִּים תִּקָּחוּ**. ו לאחר שתקחו אותו ביום העשירי לחודש – **וְהָיָה לָכֶם לְמִשְׁמֶרֶת, עַד אַרְבָּעָה עָשָׂר יוֹם לַחֹדֶשׁ הַזֶּה. וְשָׁחֲטוּ אֹתוֹ** לקרבן **כֹּל קְהַל עֲדַת יִשְׂרָאֵל בֵּין הָעַרְבָּיִם**, אחר הצהריים. ז **וְלָקְחוּ מִן הַדָּם** של השה הנשחט **וְנָתְנוּ עַל שְׁתֵּי הַמְּזוּזֹת**, דפנות הסף של הבית מימין ומשמאל, **וְעַל הַמַּשְׁקוֹף**, הקורה העליונה שמעל למזוזות, **עַל הַבָּתִּים אֲשֶׁר יֹאכְלוּ אֹתוֹ בָּהֶם**. אם שתי משפחות או יותר יתכנסו בבית אחד לאכילת השה או יאכלו אותו

נתינת הדם על המזוזות והמשקוף

הרחבות

שה הפסח הוא קרבן שנאכל על ידי בעליו, בדומה למה שיכונה מאוחר יותר 'קרבן שלמים'. הקרבתו של קרבן כזה במקדש הייתה כרוכה בהעלאת חלק ממנו על גבי המזבח, ואילו כאן נאכל כל הכבש כולו על ידי בעליו. על כן חשובה מאוד הזאת הדם, המגלמת בהקשר זה את ההקרבה. בזמן המקדש ייזרק הדם על המזבח. לפי שעה אין לעם ישראל לא מקדש, לא כלי קודש ולא מזבחות, ובתיהם הם המשמשים להם מעין מזבח. (ראו פסחים סו ע"א).

'בין הערבים' כמו במלה 'צהריים', גם צורת המלה עַרְבָּיִם היא צורת הריבוי הזוגי. בין הערביים הוא הזמן שבין הצהריים ללילה. חלק מהמפרשים מעירים, שהמושג 'ערב' קשור לצד מערב, שבו שוקעת השמש. בין הערביים הוא פרק הזמן שמתחילת נטייתה של השמש מערבה עד סוף שקיעתה בו. משמעו המילולי של הביטוי הוא בין שני הערבים: בין הערב שבו מתחיל היום לנטות לסופו, לבין הערב של שקיעת החמה הגמורה. (ראו שבת לד ע"ב; רש"י, ראב"ע ורמב"ן על אתר).

ח יֹאכְלוּ אֹתוֹ בָּהֶם׃ וְאָכְלוּ אֶת־הַבָּשָׂר בַּלַּיְלָה הַזֶּה
ט צְלִי־אֵשׁ וּמַצּוֹת עַל־מְרֹרִים יֹאכְלֻהוּ׃ אַל־תֹּאכְלוּ
מִמֶּנּוּ נָא וּבָשֵׁל מְבֻשָּׁל בַּמָּיִם כִּי אִם־צְלִי־אֵשׁ רֹאשׁוֹ
י עַל־כְּרָעָיו וְעַל־קִרְבּוֹ׃ וְלֹא־תוֹתִירוּ מִמֶּנּוּ עַד־בֹּקֶר
יא וְהַנֹּתָר מִמֶּנּוּ עַד־בֹּקֶר בָּאֵשׁ תִּשְׂרֹפוּ׃ וְכָכָה תֹּאכְלוּ
אֹתוֹ מָתְנֵיכֶם חֲגֻרִים נַעֲלֵיכֶם בְּרַגְלֵיכֶם וּמַקֶּלְכֶם
בְּיֶדְכֶם וַאֲכַלְתֶּם אֹתוֹ בְּחִפָּזוֹן פֶּסַח הוּא לַיהוָה׃
יב וְעָבַרְתִּי בְאֶרֶץ־מִצְרַיִם בַּלַּיְלָה הַזֶּה וְהִכֵּיתִי כָל־
בְּכוֹר בְּאֶרֶץ מִצְרַיִם מֵאָדָם וְעַד־בְּהֵמָה וּבְכָל־אֱלֹהֵי

רש"י

עַל מַשְׁקוֹף וּמְזוּזוֹת שֶׁבְּבֵית הַתֶּבֶן וּבֵית הַבָּקָר, שֶׁאֵין דָּרִין בְּתוֹכוֹ:

ח| **אֶת הַבָּשָׂר.** וְלֹא גִּידִים וַעֲצָמוֹת: **עַל מְרֹרִים.** כָּל עֵשֶׂב מַר נִקְרָא 'מָרוֹר'. וְצִוָּם לֶאֱכֹל מַר זֵכֶר לְ"וַיְמָרְרוּ אֶת חַיֵּיהֶם" (לעיל א, יד):

ט| **אַל תֹּאכְלוּ מִמֶּנּוּ נָא.** שֶׁאֵינוֹ צָלוּי כָּל צָרְכּוֹ קוֹרְאוֹ 'נָא' בִּלְשׁוֹן עֲרָבִי: **וּבָשֵׁל מְבֻשָּׁל.** כָּל זֶה בְּאַזְהָרַת "אַל תֹּאכְלוּ": **בַּמָּיִם.** מִנַּיִן לִשְׁאָר מַשְׁקִים? תַּלְמוּד לוֹמַר: "וּבָשֵׁל מְבֻשָּׁל" מִכָּל מָקוֹם: **כִּי אִם צְלִי אֵשׁ.** לְמַעְלָה גָּזַר עָלָיו בְּמִצְוַת עֲשֵׂה, וְכָאן הוֹסִיף עָלָיו לֹא תַעֲשֶׂה: "אַל תֹּאכְלוּ מִמֶּנּוּ... כִּי אִם צְלִי אֵשׁ": **רֹאשׁוֹ עַל כְּרָעָיו.** צוֹלֵהוּ כֻּלּוֹ כְּאֶחָד עִם רֹאשׁוֹ וְעִם כְּרָעָיו וְעִם קִרְבּוֹ, וּבְנֵי מֵעָיו נוֹתֵן לְתוֹכוֹ לְאַחַר הֲדָחָתָן. וּלְשׁוֹן: "עַל כְּרָעָיו וְעַל קִרְבּוֹ" כִּלְשׁוֹן "עַל צִבְאֹתָם" (לעיל ו, כו) כְּמוֹ בְּצִבְאֹתָם, כְּמוֹת שֶׁהֵן, אַף זֶה כְּמוֹת שֶׁהוּא, כָּל בְּשָׂרוֹ מֻשְׁלָם:

י| **וְהַנֹּתָר מִמֶּנּוּ עַד בֹּקֶר.** מַה תַּלְמוּד לוֹמַר "עַד בֹּקֶר" פַּעַם שְׁנִיָּה? לִתֵּן בֹּקֶר עַל בֹּקֶר, שֶׁהַבֹּקֶר מַשְׁמָעוֹ הָנֵץ הַחַמָּה, וּבָא הַכָּתוּב לְהַקְדִּים שֶׁאָסוּר בַּאֲכִילָה מֵעֲלוֹת הַשַּׁחַר; זֶהוּ לְפִי מַשְׁמָעוֹ. וְעוֹד מִדְרָשׁ אַחֵר, לִמֵּד שֶׁאֵינוֹ נִשְׂרָף בְּיוֹם טוֹב אֶלָּא מִמָּחֳרָת, וְכָךְ תִּדְרְשֶׁנּוּ: "וְהַנּוֹתָר מִמֶּנּוּ" בַּבֹּקֶר רִאשׁוֹן "עַד בֹּקֶר" שֵׁנִי תַּעֲמֹד וְתִשְׂרְפֶנּוּ:

יא| **מָתְנֵיכֶם חֲגֻרִים.** מְזֻמָּנִים לַדֶּרֶךְ: **בְּחִפָּזוֹן.** לְשׁוֹן בֶּהָלָה וּמְהִירוּת, כְּמוֹ: "וַיְהִי דָוִד נֶחְפָּז לָלֶכֶת" (שמואל א' כג, כו), "אֲשֶׁר הִשְׁלִיכוּ אֲרָם בְּחָפְזָם" (מלכים ב' ז, טו): **פֶּסַח הוּא לַה'.** הַקָּרְבָּן קָרוּי 'פֶּסַח' עַל שֵׁם הַפְּסִיחָה, וְאַתֶּם עֲשׂוּ כָּל עֲבוֹדוֹתָיו לְשֵׁם שָׁמַיִם:

יב| **וְעָבַרְתִּי.** כְּמֶלֶךְ הָעוֹבֵר מִמָּקוֹם לְמָקוֹם וּבְהַעֲבָרָה אַחַת וּבְרֶגַע אֶחָד כֻּלָּן לוֹקִין: **כָּל בְּכוֹר בְּאֶרֶץ מִצְרַיִם.** אַף בְּכוֹרוֹת אֲחֵרִים וְהֵם בְּמִצְרַיִם. וּמִנַּיִן אַף בְּכוֹרֵי מִצְרַיִם שֶׁבִּמְקוֹמוֹת אֲחֵרִים? תַּלְמוּד לוֹמַר: "לְמַכֵּה מִצְרַיִם בִּבְכוֹרֵיהֶם" (תהלים קלו, י): **מֵאָדָם וְעַד בְּהֵמָה.** מִי שֶׁהִתְחִיל בַּעֲבֵרָה תְּחִלָּה מִמֶּנּוּ מַתְחֶלֶת הַפֻּרְעָנוּת: **וּבְכָל אֱלֹהֵי מִצְרַיִם.** שֶׁל עֵץ נִרְקֶבֶת וְשֶׁל מַתֶּכֶת

ביאור

כחבורות נפרדות בשני בתים, יש להזות את דמו בבתים שבהם הוא
ייאכל.[16] ח **וְאָכְלוּ** כל ישראל **אֶת הַבָּשָׂר בַּלַּיְלָה הַזֶּה צְלִי אֵשׁ**, בשר
צלוי **וּמַצּוֹת, עַל מְרֹרִים** עם עלים או קלחים מרים – **יֹאכְלֻהוּ.** ט **אַל
תֹּאכְלוּ מִמֶּנּוּ נָא**, צלוי למחצה, וגם לא **בָּשֵׁל מְבֻשָּׁל בַּמָּיִם, כִּי אִם צְלִי
אֵשׁ – רֹאשׁוֹ עַל כְּרָעָיו וְעַל קִרְבּוֹ**. השה ייצלה כולו בבת אחת. י **וְלֹא
תוֹתִירוּ**, תשאירו **מִמֶּנּוּ עַד בֹּקֶר**. עליכם לסיים את אכילתו בלילה.
וְהַנֹּתָר, אם בכל זאת יישאר **מִמֶּנּוּ עַד בֹּקֶר – בָּאֵשׁ תִּשְׂרֹפוּ.**

יא למרות שהאכילה תיעשה כדרכם של בני חורין - **וְכָכָה תֹּאכְלוּ
אֹתוֹ: מָתְנֵיכֶם חֲגֻרִים, נַעֲלֵיכֶם בְּרַגְלֵיכֶם**. אנשים רבים, במיוחד עובדי
אדמה פשוטים, נהגו ללכת יחפים. נעילת הנעליים העידה על כוונה
לצאת לדרך. **וּמַקֶּלְכֶם** לצורך ההליכה יהיה **בְּיֶדְכֶם. וַאֲכַלְתֶּם אֹתוֹ
בְּחִפָּזוֹן, פֶּסַח הוּא לַה׳.**

עתה הוא מודיע לישראל את העתיד להתרחש: יב **וְעָבַרְתִּי בְאֶרֶץ
מִצְרַיִם בַּלַּיְלָה הַזֶּה, וְהִכֵּיתִי כָל בְּכוֹר בְּאֶרֶץ מִצְרַיִם – מֵאָדָם וְעַד בְּהֵמָה.**

הרחבות

הוראות אכילת הפסח כביטוי לחירות יש לאכול את הפסח בשלמותו, בלא לחתכו לפרוסות, כשם שנוהגים לאכול בשר צייד. הן האיסור לשייר ממנו לבוקר, הן אכילתו כצלי אש, הן אכילתו בצד מרורים מבטאים את מנהגיהם של בני חורין; מי שחסים על הבשר ומבקשים לשמרו, יעדיפו לבשלו, לעומת אצילים ומלכים, הנוהגים לאכלו צלוי. האיסור לשבור את עצמות השה (פס׳ מו) מורה שלא ינהגו בו מנהג חיסכון ודקדוק, אלא יאכלוהו מתוך הרחבה. (ראו ספר החינוך טז). אף אכילתו עם המרורים, צמחי התיבול שמתלווה אליהם טעם מריר מעט, הוא מנהג המבטא רווחה. (ראו ראב״ע).

׳פסח הוא לה׳׳ היו שפירשו את המלה ׳פסח׳ מלשון דילוג. וכיוצא בזה, פיסח הוא מי שאינו הולך ישר אלא בדילוג (רש״י ובכור שור. ראו ישעיה לה,ו; מלכים א׳ יח,כא). פסח הוא אפוא קרבן הצלה, קרבן של קפיצה ושל דילוג; ה׳ דילג על ישראל בעונשים ובמגפות שבהם הכה את מצרים. אחרים הסבירו שפסח הוא מתן חסד, עזרה או חנינה (יונתן על אתר ואונקלוס פס׳ יג. וראו ישעיה לא,ה; ר״י אבן ג׳אנח מלכים א׳ יח,כא כו). מאזכורי המלה במקרא קשה לברר את משמעה המדויק. שני פירושיה - הרחוקים זה מזה מבחינת משמעות הלשון - עשויים להתיישב כאן זה עם זה.

יג מִצְרַיִם אֶעֱשֶׂה שְׁפָטִים אֲנִי יְהוָה׃ וְהָיָה הַדָּם לָכֶם
לְאֹת עַל הַבָּתִּים אֲשֶׁר אַתֶּם שָׁם וְרָאִיתִי אֶת־הַדָּם
וּפָסַחְתִּי עֲלֵכֶם וְלֹא־יִהְיֶה בָכֶם נֶגֶף לְמַשְׁחִית בְּהַכֹּתִי
יד בְּאֶרֶץ מִצְרָיִם׃ וְהָיָה הַיּוֹם הַזֶּה לָכֶם לְזִכָּרוֹן וְחַגֹּתֶם
טו אֹתוֹ חַג לַיהוָה לְדֹרֹתֵיכֶם חֻקַּת עוֹלָם תְּחָגֻּהוּ׃ שִׁבְעַת
יָמִים מַצּוֹת תֹּאכֵלוּ אַךְ בַּיּוֹם הָרִאשׁוֹן תַּשְׁבִּיתוּ שְּׂאֹר
מִבָּתֵּיכֶם כִּי ׀ כָּל־אֹכֵל חָמֵץ וְנִכְרְתָה הַנֶּפֶשׁ הַהִוא

רש"י | נִמֶּסֶת וְנִתֶּכֶת לָאָרֶץ: **אֶעֱשֶׂה שְׁפָטִים אֲנִי ה'.** אֲנִי בְּעַצְמִי וְלֹא עַל יְדֵי שָׁלִיחַ:

יג) **וְהָיָה הַדָּם לָכֶם לְאֹת.** לָכֶם לְאוֹת וְלֹא לַאֲחֵרִים לְאוֹת. מִכָּאן שֶׁלֹּא נָתְנוּ הַדָּם אֶלָּא מִבִּפְנִים: **וְרָאִיתִי אֶת הַדָּם.** הַכֹּל גָּלוּי לְפָנָיו, אֶלָּא אָמַר הַקָּדוֹשׁ בָּרוּךְ הוּא: נוֹתֵן אֲנִי אֶת עֵינַי לִרְאוֹת שֶׁאַתֶּם עֲסוּקִים בְּמִצְוֹתַי וּפוֹסֵחַ אֲנִי עֲלֵיכֶם: **וּפָסַחְתִּי.** וְחָמַלְתִּי, וְדוֹמֶה לוֹ: "פָּסוֹחַ וְהִמְלִיט" (ישעיה לא, ה). וַאֲנִי אוֹמֵר כָּל פְּסִיחָה לְשׁוֹן דִּלּוּג וּקְפִיצָה, "וּפָסַחְתִּי" – מְדַלֵּג הָיָה מִבָּתֵּי יִשְׂרָאֵל לְבָתֵּי מִצְרַיִם, שֶׁהָיוּ שְׁרוּיִם זֶה בְּתוֹךְ זֶה. וְכֵן: "פֹּסְחִים עַל שְׁתֵּי הַסְּעִפִּים" (מלכים א' יח, כא). וְכֵן כָּל הַפִּסְחִים הוֹלְכִים כְּקוֹפְצִים. וְכֵן: "פָּסוֹחַ וְהִמְלִיט", מְדַלְּגוֹ וּמְמַלְּטוֹ מִבֵּין הַמּוּמָתִים: **וְלֹא יִהְיֶה בָכֶם נֶגֶף.** אֲבָל הֹוֶה הוּא בַּמִּצְרִים. הֲרֵי שֶׁהָיָה מִצְרִי בְּבֵיתוֹ שֶׁל יִשְׂרָאֵל, יָכוֹל יִמָּלֵט? תַּלְמוּד לוֹמַר: "וְלֹא יִהְיֶה בָכֶם נֶגֶף", אֲבָל הֹוֶה בַּמִּצְרִים שֶׁבְּבָתֵּיכֶם. הֲרֵי שֶׁהָיָה יִשְׂרָאֵל בְּבֵיתוֹ שֶׁל מִצְרִי, שׁוֹמֵעַ אֲנִי יִלְקֶה כְּמוֹתוֹ? תַּלְמוּד לוֹמַר: "וְלֹא יִהְיֶה בָכֶם נֶגֶף":

יד) **לְזִכָּרוֹן.** לְדוֹרוֹת: **וְחַגֹּתֶם אֹתוֹ.** יוֹם שֶׁהוּא לְךָ לְזִכָּרוֹן אַתָּה חוֹגְגוֹ. וַעֲדַיִן לֹא שָׁמַעְנוּ אֵי זֶהוּ יוֹם הַזִּכָּרוֹן, תַּלְמוּד לוֹמַר: "זָכוֹר אֶת הַיּוֹם הַזֶּה אֲשֶׁר יְצָאתֶם" (להלן יג, ג), לִמַּדְנוּ שֶׁיּוֹם הַיְּצִיאָה הוּא יוֹם שֶׁל זִכָּרוֹן. וְאֵי זֶה יוֹם יָצְאוּ? תַּלְמוּד לוֹמַר: "מִמָּחֳרַת הַפֶּסַח יָצְאוּ" (במדבר לג, ג), הֱוֵי אוֹמֵר יוֹם חֲמִשָּׁה עָשָׂר בְּנִיסָן הוּא שֶׁל יוֹם טוֹב, שֶׁהֲרֵי לֵיל חֲמִשָּׁה עָשָׂר אָכְלוּ אֶת הַפֶּסַח וְלַבֹּקֶר יָצְאוּ: **לְדֹרֹתֵיכֶם.** שׁוֹמֵעַ אֲנִי מִעוּט דּוֹרוֹת שְׁנַיִם, תַּלְמוּד לוֹמַר: "חֻקַּת עוֹלָם תְּחָגֻּהוּ":

טו) **שִׁבְעַת יָמִים.** שִׁבְעָה שֶׁל יָמִים: **שִׁבְעַת יָמִים מַצּוֹת תֹּאכֵלוּ.** וּבְמָקוֹם אַחֵר הוּא אוֹמֵר: "שֵׁשֶׁת יָמִים תֹּאכַל מַצּוֹת" (דברים טז, ח), לִמְּדָנוּ עַל שְׁבִיעִי שֶׁאֵינוֹ חוֹבָה לֶאֱכֹל מַצָּה, וּבִלְבַד שֶׁלֹּא יֹאכַל חָמֵץ. מִנַּיִן אַף שִׁשָּׁה רְשׁוּת? זוֹ מִדָּה בַּתּוֹרָה: דָּבָר שֶׁהָיָה בַּכְּלָל וְיָצָא מִן הַכְּלָל לְלַמֵּד, לֹא לְלַמֵּד עַל עַצְמוֹ בִּלְבַד יָצָא אֶלָּא לְלַמֵּד עַל הַכְּלָל כֻּלּוֹ יָצָא, מַה שְּׁבִיעִי רְשׁוּת אַף שִׁשָּׁה רְשׁוּת. יָכוֹל אַף לַיְלָה הָרִאשׁוֹן רְשׁוּת? תַּלְמוּד לוֹמַר: "בָּעֶרֶב תֹּאכְלוּ מַצֹּת" (להלן פסוק יח), הַכָּתוּב קְבָעוֹ חוֹבָה: **אַךְ בַּיּוֹם הָרִאשׁוֹן תַּשְׁבִּיתוּ שְּׂאֹר.** מֵעֶרֶב יוֹם טוֹב, וְקָרוּי רִאשׁוֹן שֶׁהוּא לִפְנֵי הַשִּׁבְעָה, וּמָצִינוּ מֻקְדָּם קָרוּי רִאשׁוֹן, "הֲרִאישׁוֹן אָדָם תִּוָּלֵד" (איוב טו, ז), הֲלִפְנֵי אָדָם נוֹלַדְתָּ. אוֹ אֵינוֹ אֶלָּא רִאשׁוֹן שֶׁל שִׁבְעָה? תַּלְמוּד לוֹמַר: "לֹא תִשְׁחַט עַל חָמֵץ" (להלן לד, כה), לֹא תִשְׁחַט הַפֶּסַח וַעֲדַיִן חָמֵץ קַיָּם: **הַנֶּפֶשׁ הַהִוא.** כְּשֶׁהִיא בְּנַפְשָׁהּ וּבְדַעְתָּהּ,

ביאור

וּבְכָל אֱלֹהֵי מִצְרַיִם אֶעֱשֶׂה שְׁפָטִים, עונשים גדולים. **אֲנִי ה'.** יג **וְהָיָה
הַדָּם** שתשימו על הפתחים **לָכֶם לְאֹת עַל הַבָּתִּים אֲשֶׁר אַתֶּם שָׁם**,
לסימן שאתם שוהים בהם באותה שעה. **וְרָאִיתִי אֶת הַדָּם וּפָסַחְתִּי**,
אדלג. או: אחוס **עֲלֵכֶם** שלא תוכו. **וְלֹא יִהְיֶה בָכֶם נֶגֶף לְמַשְׁחִית**,
לפגוע **בְּהַכֹּתִי**, בזמן שאכה **בְּאֶרֶץ מִצְרָיִם.**

עד כה נצטוו ישראל במה שעליהם לעשות באותם ימים מועטים
עד ארבעה-עשר בניסן. עתה ה' מודיע להם כי יום זה יצוין גם
בעתיד: יד **וְהָיָה הַיּוֹם הַזֶּה לָכֶם לְזִכָּרוֹן, וְחַגֹּתֶם אֹתוֹ חַג לַה' לְדֹרֹתֵיכֶם,
חֻקַּת עוֹלָם תְּחָגֻּהוּ.** טו הימים הללו יצוינו מדי שנה באופן הבא:
שִׁבְעַת יָמִים מַצּוֹת תֹּאכֵלוּ, וכאן לא ניתן הסבר לציווי זה. **אַךְ בַּיּוֹם
הָרִאשׁוֹן תַּשְׁבִּיתוּ**, עליכם לבער, לכלות **שְּׂאֹר**, מחמצת **מִבָּתֵּיכֶם. כִּי
כָּל אֹכֵל חָמֵץ – וְנִכְרְתָה הַנֶּפֶשׁ הַהִוא מִיִּשְׂרָאֵל, מִיּוֹם הָרִאשֹׁן עַד יוֹם**

מצוות קרבן הפסח הנוהגות לדורות

שתי מצוות 'עשה':

- **וְשָׁחֲטוּ אֹתוֹ כֹּל קְהַל עֲדַת יִשְׂרָאֵל בֵּין הָעַרְבָּיִם** (פס' ו)
- **וְאָכְלוּ אֶת הַבָּשָׂר בַּלַּיְלָה הַזֶּה צְלִי אֵשׁ וּמַצּוֹת, עַל מְרֹרִים יֹאכְלֻהוּ** (פס' ח)

שבע מצוות 'לא תעשה':

- **אַל תֹּאכְלוּ מִמֶּנּוּ נָא וּבָשֵׁל מְבֻשָּׁל בַּמָּיִם** (פס' ט)
- **וְלֹא תוֹתִירוּ מִמֶּנּוּ עַד בֹּקֶר** (פס' י)
- **כָּל בֶּן נֵכָר לֹא יֹאכַל בּוֹ** (פס' מג)
- **תּוֹשָׁב וְשָׂכִיר** (נכרי) **לֹא יֹאכַל בּוֹ** (פס' מה)
- **לֹא תוֹצִיא מִן הַבַּיִת מִן הַבָּשָׂר חוּצָה** (פס' מו)
- **וְעֶצֶם לֹא תִשְׁבְּרוּ בוֹ** (שם)
- **וְכָל עָרֵל** (אף ישראל) **לֹא יֹאכַל בּוֹ** (פס' מח)

הרחבות

חמץ ומצה החמץ טעים ונחשב כאכיל ומשוכלל יותר מן המצה, והוא מייצג את הלחם התרבותי, שכן הכנתו דורשת תוספת שמרים או חומר מתסיס אחר. המצה, לעומתו, היא לחם בסיסי, המכיל קמח ומים בלבד. ימי חג הפסח מבטאים את ראשיתו של העם. הראשוניות והפשטות הללו מגולמים במצה הבסיסית.

גם כמעט כל מנחות התבואה שיובאו מאוחר יותר אל המשכן והמקדש ייעשו ללא חמץ. נראה כי כמו בחג הפסח גם במקדש מסמל הדבר פשטות וראשוניות.

מִיִּשְׂרָאֵ֔ל מִיּ֥וֹם הָרִאשֹׁ֖ן עַד־י֥וֹם הַשְּׁבִעִֽי׃ טז וּבַיּ֤וֹם
הָרִאשׁוֹן֙ מִקְרָא־קֹ֔דֶשׁ וּבַיּוֹם֙ הַשְּׁבִיעִ֔י מִקְרָא־קֹ֖דֶשׁ
יִהְיֶ֣ה לָכֶ֑ם כָּל־מְלָאכָה֙ לֹא־יֵעָשֶׂ֣ה בָהֶ֔ם אַ֚ךְ אֲשֶׁ֣ר
יֵאָכֵ֣ל לְכָל־נֶ֔פֶשׁ ה֥וּא לְבַדּ֖וֹ יֵעָשֶׂ֥ה לָכֶֽם׃ יז וּשְׁמַרְתֶּם֮
אֶת־הַמַּצּוֹת֒ כִּ֗י בְּעֶ֙צֶם֙ הַיּ֣וֹם הַזֶּ֔ה הוֹצֵ֥אתִי אֶת־
צִבְאוֹתֵיכֶ֖ם מֵאֶ֣רֶץ מִצְרָ֑יִם וּשְׁמַרְתֶּ֞ם אֶת־הַיּ֥וֹם הַזֶּ֛ה
לְדֹרֹתֵיכֶ֖ם חֻקַּ֥ת עוֹלָֽם׃ יח בָּרִאשֹׁ֡ן בְּאַרְבָּעָה֩ עָשָׂ֨ר י֤וֹם
לַחֹ֙דֶשׁ֙ בָּעֶ֔רֶב תֹּאכְל֖וּ מַצֹּ֑ת עַ֠ד י֣וֹם הָאֶחָ֧ד וְעֶשְׂרִ֛ים
לַחֹ֖דֶשׁ בָּעָֽרֶב׃ יט שִׁבְעַ֣ת יָמִ֔ים שְׂאֹ֕ר לֹ֥א יִמָּצֵ֖א בְּבָתֵּיכֶ֑ם
כִּ֣י ׀ כָּל־אֹכֵ֣ל מַחְמֶ֗צֶת וְנִכְרְתָ֞ה הַנֶּ֤פֶשׁ הַהִוא֙ מֵעֲדַ֣ת

רש"י

פְּרָט לְאָנוּס: **מִיִּשְׂרָאֵל.** שׁוֹמֵעַ אֲנִי תִּכָּרֵת מִיִּשְׂרָאֵל וְתֵלֵךְ לָהּ לְעַם אַחֵר? תַּלְמוּד לוֹמַר בְּמָקוֹם אַחֵר: "מִלְּפָנַי" (ויקרא כב, ג), בְּכָל מָקוֹם שֶׁהוּא רְשׁוּתִי:

טז **מִקְרָא קֹדֶשׁ.** 'מִקְרָא' שֵׁם דָּבָר, קְרָא אוֹתוֹ קֹדֶשׁ לַאֲכִילָה וּשְׁתִיָּה וּכְסוּת: **לֹא יֵעָשֶׂה בָהֶם.** אֲפִלּוּ עַל יְדֵי אֲחֵרִים: **הוּא לְבַדּוֹ.** הוּא וְלֹא מַכְשִׁירָיו שֶׁאֶפְשָׁר לַעֲשׂוֹתָן מֵעֶרֶב יוֹם טוֹב: **לְכָל נֶפֶשׁ.** אַף לִבְהֵמָה. יָכוֹל אַף לְגוֹיִם? תַּלְמוּד לוֹמַר: "אַךְ":

יז **וּשְׁמַרְתֶּם אֶת הַמַּצּוֹת.** שֶׁלֹּא יָבֹאוּ לִידֵי חִמּוּץ. מִכָּאן אָמְרוּ: תָּפַח, תִּלְטֹשׁ בְּצוֹנֵן. רַבִּי יֹאשִׁיָּה אוֹמֵר: אַל תְּהִי קוֹרֵא "אֶת הַמַּצּוֹת" אֶלָּא 'אֶת הַמִּצְוֹת', כְּדֶרֶךְ שֶׁאֵין מַחְמִיצִין אֶת הַמַּצָּה כָּךְ אֵין מַחְמִיצִין אֶת הַמִּצְוָה, אֶלָּא אִם בָּאָה לְיָדְךָ עֲשֵׂה אוֹתָהּ מִיָּד: **וּשְׁמַרְתֶּם אֶת הַיּוֹם הַזֶּה.** מִמְּלָאכָה: **לְדֹרֹתֵיכֶם חֻקַּת עוֹלָם.** לְפִי שֶׁלֹּא נֶאֱמַר 'דּוֹרוֹת' וְ'חֻקַּת עוֹלָם' עַל הַמְּלָאכָה אֶלָּא עַל הַחֲגִיגָה (לעיל פסוק יד), לְכָךְ חָזַר וּשְׁנָאוֹ כָּאן, שֶׁלֹּא תֹּאמַר: אַזְהָרַת "כָּל מְלָאכָה לֹא יֵעָשֶׂה" (לעיל פסוק טז) לֹא לְדוֹרוֹת נֶאֶמְרָה אֶלָּא לְאוֹתוֹ הַדּוֹר:

יח **עַד יוֹם הָאֶחָד וְעֶשְׂרִים.** לָמָּה נֶאֱמַר? וַהֲלֹא כְּבָר נֶאֱמַר: "שִׁבְעַת יָמִים" (לעיל פסוק טו)? לְפִי שֶׁנֶּאֱמַר "יָמִים", לֵילוֹת מִנַּיִן? תַּלְמוּד לוֹמַר: "עַד יוֹם הָאֶחָד וְעֶשְׂרִים" וְגוֹ':

יט **לֹא יִמָּצֵא בְּבָתֵּיכֶם.** מִנַּיִן לִגְבוּלִין? תַּלְמוּד לוֹמַר: "בְּכָל גְּבֻלֶךָ" (להלן יג, ז). מַה תַּלְמוּד לוֹמַר בָּתִּים? מַה בֵּיתְךָ בִּרְשׁוּתְךָ אַף גְּבוּלְךָ שֶׁבִּרְשׁוּתְךָ, יָצָא חֲמֵצוֹ שֶׁל נָכְרִי שֶׁהוּא אֵצֶל יִשְׂרָאֵל וְלֹא קִבֵּל עָלָיו אַחֲרָיוּת: **כִּי כָּל אֹכֵל מַחְמֶצֶת.** לַעֲנֹשׁ כָּרֵת עַל הַשְּׂאוֹר. וַהֲלֹא כְּבָר עָנַשׁ עַל הֶחָמֵץ? אֶלָּא שֶׁלֹּא תֹּאמַר: חָמֵץ שֶׁרָאוּי לַאֲכִילָה עָנַשׁ עָלָיו, שְׂאוֹר שֶׁאֵינוֹ רָאוּי לַאֲכִילָה לֹא יֵעָנֵשׁ עָלָיו; וְאִם עָנַשׁ עַל הַשְּׂאוֹר וְלֹא עָנַשׁ עַל הֶחָמֵץ, הָיִיתִי אוֹמֵר: שְׂאוֹר שֶׁהוּא מְחַמֵּץ אֲחֵרִים עָנַשׁ עָלָיו, חָמֵץ

ביאור

הַשְּׁבִעִי של החג, כולל שני הימים הללו. טז **וּבַיּוֹם הָרִאשׁוֹן** מימי
החג שייחגג בשנים הבאות, **מִקְרָא קֹדֶשׁ**, התכנסות לצורך עיסוק
שבקדושה[17] **וּבַיּוֹם הַשְּׁבִיעִי – מִקְרָא קֹדֶשׁ יִהְיֶה לָכֶם**. ומעבר לכך, **כָּל
מְלָאכָה לֹא יֵעָשֶׂה בָהֶם**. ואף על פי שאין עושים בימים אלו מלאכה,
אַךְ אֲשֶׁר יֵאָכֵל לְכָל נֶפֶשׁ – הוּא לְבַדּוֹ יֵעָשֶׂה לָכֶם. מותר לעשות את
המלאכות לצורך התקנת האוכל – השחיטה, הבישול, האפייה וכיוצא
בהן.[18] יז **וּשְׁמַרְתֶּם אֶת הַמַּצּוֹת** שלא יחמיצו כלל, **כִּי בְּעֶצֶם הַיּוֹם הַזֶּה**
שבו יחול החג **הוֹצֵאתִי אֶת צִבְאוֹתֵיכֶם**, מחנותיכם **מֵאֶרֶץ מִצְרָיִם.
וּשְׁמַרְתֶּם אֶת הַיּוֹם הַזֶּה לְדֹרֹתֵיכֶם חֻקַּת עוֹלָם**. עניינו של האירוע הזה
ילווה אתכם גם בעתיד. יח **בּ**חודש **הָרִאשֹׁן**, חודש ניסן, **בְּאַרְבָּעָה
עָשָׂר יוֹם לַחֹדֶשׁ, בָּעֶרֶב**, בלילה **תֹּאכְלוּ מַצֹּת** עם הקרבן שנשחט
באותו יום בין הערביים, כאמור. **עַד יוֹם הָאֶחָד וְעֶשְׂרִים לַחֹדֶשׁ
בָּעָרֶב**. יט באותם **שִׁבְעַת יָמִים**, לא רק שתאכלו מצות ולא תאכלו
חמץ, אלא גם **שְׂאֹר**, החלק המוחמץ ביותר בבצק, שבו משתמשים
כדי לגרום לעיסה אחרת להחמיץ, **לֹא יִמָּצֵא בְּבָתֵּיכֶם, כִּי כָּל אֹכֵל
מַחְמֶצֶת**,שאור, המחמיץ את הבצק[19] – **וְנִכְרְתָה הַנֶּפֶשׁ הַהִוא מֵעֲדַת**

מצוות חמץ ומצה

שתי מצוות 'עשה':

- אַךְ בַּיּוֹם הָרִאשׁוֹן תַּשְׁבִּיתוּ שְּׂאֹר מִבָּתֵּיכֶם (פס' טו)
- בָּרִאשֹׁן בְּאַרְבָּעָה עָשָׂר יוֹם לַחֹדֶשׁ בָּעֶרֶב תֹּאכְלוּ מַצֹּת (פס' יח)

ארבע מצוות 'לא תעשה':

- שִׁבְעַת יָמִים שְׂאֹר לֹא יִמָּצֵא בְּבָתֵּיכֶם (פס' יט)
- כָּל מַחְמֶצֶת לֹא תֹאכֵלוּ (פס' כ)
- וְלֹא יֵאָכֵל חָמֵץ (יג,ג)
- וְלֹא יֵרָאֶה לְךָ חָמֵץ, וְלֹא יֵרָאֶה לְךָ שְׂאֹר בְּכָל גְּבֻלֶךָ (יג,ז)

הרחבות

'כל מלאכה לא יֵעשה בהם' בכל פולחן קיימים 'מקראי קודש', כלומר התאספויות ציבוריות לשם קיום טקס, תפילה או חגיגה. על רקע העולם התרבותי דאז מתחדש כאן רעיון השביתה ממלאכה, ההימנעות מעשייה מסודרת ומאורגנת.

יִשְׂרָאֵל בַּגֵּר וּבְאֶזְרַח הָאָרֶץ: כָּל־מַחְמֶצֶת לֹא כ
תֹאכֵלוּ בְּכֹל מוֹשְׁבֹתֵיכֶם תֹּאכְלוּ מַצּוֹת:
חמישי וַיִּקְרָא מֹשֶׁה לְכָל־זִקְנֵי יִשְׂרָאֵל וַיֹּאמֶר אֲלֵהֶם מִשְׁכוּ כא
וּקְחוּ לָכֶם צֹאן לְמִשְׁפְּחֹתֵיכֶם וְשַׁחֲטוּ הַפָּסַח:
וּלְקַחְתֶּם אֲגֻדַּת אֵזוֹב וּטְבַלְתֶּם בַּדָּם אֲשֶׁר־בַּסַּף כב
וְהִגַּעְתֶּם אֶל־הַמַּשְׁקוֹף וְאֶל־שְׁתֵּי הַמְּזוּזֹת מִן־הַדָּם
אֲשֶׁר בַּסָּף וְאַתֶּם לֹא תֵצְאוּ אִישׁ מִפֶּתַח־בֵּיתוֹ עַד־
בֹּקֶר: וְעָבַר יהוה לִנְגֹּף אֶת־מִצְרַיִם וְרָאָה אֶת־הַדָּם כג
עַל־הַמַּשְׁקוֹף וְעַל שְׁתֵּי הַמְּזוּזֹת וּפָסַח יהוה עַל־
הַפֶּתַח וְלֹא יִתֵּן הַמַּשְׁחִית לָבֹא אֶל־בָּתֵּיכֶם לִנְגֹּף:
וּשְׁמַרְתֶּם אֶת־הַדָּבָר הַזֶּה לְחָק־לְךָ וּלְבָנֶיךָ עַד־ כד

רש"י

שֶׁאֵינוֹ מְחַמֵּץ אֲחֵרִים לֹא יֵעָנֵשׁ עָלָיו – לְכָךְ נֶאֶמְרוּ שְׁנֵיהֶם: **בַּגֵּר וּבְאֶזְרַח הָאָרֶץ.** לְפִי שֶׁהַנֵּס נַעֲשָׂה לְיִשְׂרָאֵל הֻצְרַךְ לְרַבּוֹת אֶת הַגֵּרִים:

כ) **מַחְמֶצֶת לֹא תֹאכֵלוּ.** אַזְהָרָה עַל אֲכִילַת שְׂאוֹר: **כָּל מַחְמֶצֶת.** לְהָבִיא אֶת תַּעֲרֻבְתּוֹ: **בְּכֹל מוֹשְׁבֹתֵיכֶם תֹּאכְלוּ מַצּוֹת.** זֶה בָּא לְלַמֵּד שֶׁתְּהֵא רְאוּיָה לְהֵאָכֵל בְּכָל מוֹשְׁבוֹתֵיכֶם, פְּרָט לְמַעֲשֵׂר שֵׁנִי וְחַלּוֹת תּוֹדָה:

כא) **מִשְׁכוּ.** מִי שֶׁיֵּשׁ לוֹ צֹאן יִמְשֹׁךְ מִשֶּׁלּוֹ: **וּקְחוּ.** מִי שֶׁאֵין לוֹ יִקַּח מִן הַשּׁוּק: **לְמִשְׁפְּחֹתֵיכֶם.** "שֶׂה לְבֵית אָבֹת" (לעיל פסוק ג).

כב) **אֵזוֹב.** מִין יָרָק שֶׁיֵּשׁ לוֹ גִּבְעוֹלִין: **אֲגֻדַּת אֵזוֹב.** שְׁלֹשָׁה קְלָחִין קְרוּיִין אֲגֻדָּה: **אֲשֶׁר בַּסַּף.** בַּכְּלִי, כְּמוֹ: "סִפּוֹת כֶּסֶף" (מלכים ב' יב, יד): **מִן הַדָּם אֲשֶׁר בַּסַּף.** לָמָּה חָזַר וּשְׁנָאוֹ? שֶׁלֹּא תֹאמַר טְבִילָה אַחַת לְשָׁלֹשׁ הַמַּתָּנוֹת, לְכָךְ נֶאֱמַר עוֹד: "אֲשֶׁר בַּסָּף", שֶׁתְּהֵא כָּל נְתִינָה וּנְתִינָה "מִן הַדָּם אֲשֶׁר בַּסָּף", עַל כָּל הַגָּעָה טְבִילָה: **וְאַתֶּם לֹא תֵצְאוּ וגו'.** מַגִּיד שֶׁמֵּאַחַר שֶׁנִּתְּנָה רְשׁוּת לַמַּשְׁחִית לְחַבֵּל אֵינוֹ מַבְחִין בֵּין צַדִּיק לְרָשָׁע. וְלַיְלָה רְשׁוּת לַמְחַבְּלִים הוּא, שֶׁנֶּאֱמַר: "בּוֹ תִרְמֹשׂ כָּל חַיְתוֹ יָעַר" (תהלים קד, כ):

כג) **וּפָסַח.** וְחָמַל, וְיֵשׁ לוֹמַר וְדִלֵּג: **וְלֹא יִתֵּן הַמַּשְׁחִית.** וְלֹא יִתֵּן לוֹ יְכֹלֶת לָבֹא, כְּמוֹ: "וְלֹא נְתָנוֹ אֱלֹהִים לְהָרַע עִמָּדִי" (בראשית לא, ז).

ביאור

יִשְׂרָאֵל, בין שהיא בַּגֵּר ובין בְּאֶזְרַח הָאָרֶץ. כ כָּל מַחְמֶצֶת, שם עצם
מופשט המציין כל דבר המכיל חמץ[20] לֹא תֹאכֵלוּ. בְּכֹל מוֹשְׁבֹתֵיכֶם
תֹּאכְלוּ מַצּוֹת בימי חג הפסח.

עד כאן דיבר ה׳ למשה. כא וַיִּקְרָא מֹשֶׁה לְכָל זִקְנֵי יִשְׂרָאֵל, וַיֹּאמֶר
אֲלֵהֶם: עליכם להתכונן. מִשְׁכוּ וּקְחוּ לָכֶם צֹאן לְמִשְׁפְּחֹתֵיכֶם וְשַׁחֲטוּ
הַפָּסַח. כב וּלְקַחְתֶּם אֲגֻדַּת צרור של צמח הָאֵזוֹב, וּטְבַלְתֶּם בַּדָּם אֲשֶׁר
בַּסַּף, כלי לאיסוף.[21] וְהִגַּעְתֶּם אֶל הַמַּשְׁקוֹף וְאֶל שְׁתֵּי הַמְּזוּזֹת מִן הַדָּם
אֲשֶׁר בַּסָּף. באמצעות אגודת האזוב תביאו למגעו של הדם במשקוף
ובשתי המזוזות. וְאַתֶּם לֹא תֵצְאוּ אִישׁ מִפֶּתַח בֵּיתוֹ עַד בֹּקֶר, משום
שבלילה הזה מרחפת גזרת השמדה על מצרים – כג וְעָבַר ה׳ לִנְגֹּף
אֶת מִצְרַיִם, וְרָאָה אֶת הַדָּם עַל הַמַּשְׁקוֹף וְעַל שְׁתֵּי הַמְּזוּזֹת, וּפָסַח ה׳ עַל
הַפֶּתַח שלכם, וְלֹא יִתֵּן הַמַּשְׁחִית לָבֹא אֶל בָּתֵּיכֶם לִנְגֹּף. כד וּשְׁמַרְתֶּם
אֶת הַדָּבָר הַזֶּה לְחָק לְךָ וּלְבָנֶיךָ עַד עוֹלָם. יש מפרטי הדינים שנזכרו כאן, כגון חגירת המתניים ונעילת הנעליים, שהתייחסו רק ליום הפסח הראשון, שבו יצאו ממצרים, אבל עצם ציון חג הפסח נשאר לדורות.

אזוב מצוי

העולם

אֵזוֹב מזוהה עם האזוב המצוי (שם מדעי: Majorana syriacaao), שיח ממשפחת השפתניים שגובהו כ־40 ס״מ הגדל במסלע של גיר וקירטון ובשטחי בתה, כלומר צמחייה נמוכה. האזוב הוא מרכיב מרכזי בתבלין הזעתר ונחשב כבעל סגולות מרפא. בתנ״ך הוא משמש לטיהור טמאי מת ולטהרת מצורעים ונזכר כסמל לנמיכות ושפלות (מלכים א׳ ה, יג).

הרחבות

׳ולא יתן המשחית לבא אל בתיכם לנגף׳ הכוח המשחית שיעבור במצרים באותו לילה לוקה בעיוורון מסוים. רק ה׳ הוא המבחין בין מי שאמור להיפגע לבין מי שצריך להינצל, בין הבכור לבין מי שאינו בכור. רק הוא שימנע מן המשחית לפגוע בבני ישראל. (ראו בכור שור פס׳ ז וחזקוני על אתר.)

עוֹלָם׃ וְהָיָ֞ה כִּֽי־תָבֹ֣אוּ אֶל־הָאָ֗רֶץ אֲשֶׁ֨ר יִתֵּ֧ן יְהוָ֛ה כה
לָכֶ֖ם כַּאֲשֶׁ֣ר דִּבֵּ֑ר וּשְׁמַרְתֶּ֖ם אֶת־הָעֲבֹדָ֥ה הַזֹּֽאת׃
וְהָיָ֕ה כִּֽי־יֹאמְר֥וּ אֲלֵיכֶ֖ם בְּנֵיכֶ֑ם מָ֛ה הָעֲבֹדָ֥ה הַזֹּ֖את כו
לָכֶֽם׃ וַאֲמַרְתֶּ֡ם זֶֽבַח־פֶּ֨סַח ה֜וּא לַֽיהוָ֗ה אֲשֶׁ֣ר פָּ֠סַח כז
עַל־בָּתֵּ֤י בְנֵֽי־יִשְׂרָאֵל֙ בְּמִצְרַ֔יִם בְּנָגְפּ֥וֹ אֶת־מִצְרַ֖יִם
וְאֶת־בָּתֵּ֣ינוּ הִצִּ֑יל וַיִּקֹּ֥ד הָעָ֖ם וַיִּֽשְׁתַּחֲוֽוּ׃ וַיֵּלְכ֥וּ וַיַּעֲשׂ֖וּ כח
בְּנֵ֣י יִשְׂרָאֵ֑ל כַּאֲשֶׁ֨ר צִוָּ֧ה יְהוָ֛ה אֶת־מֹשֶׁ֥ה וְאַהֲרֹ֖ן כֵּ֥ן
ששי ט עָשֽׂוּ׃ וַיְהִ֣י ׀ בַּחֲצִ֣י הַלַּ֗יְלָה וַֽיהוָה֮ הִכָּ֣ה כט
כָל־בְּכוֹר֮ בְּאֶ֣רֶץ מִצְרַ֒יִם֒ מִבְּכֹ֤ר פַּרְעֹה֙ הַיֹּשֵׁ֣ב עַל־
כִּסְא֔וֹ עַ֚ד בְּכ֣וֹר הַשְּׁבִ֔י אֲשֶׁ֖ר בְּבֵ֣ית הַבּ֑וֹר וְכֹ֖ל בְּכ֥וֹר
בְּהֵמָֽה׃ וַיָּ֨קָם פַּרְעֹ֜ה לַ֗יְלָה ה֤וּא וְכָל־עֲבָדָיו֙ וְכָל־ ל
מִצְרַ֔יִם וַתְּהִ֛י צְעָקָ֥ה גְדֹלָ֖ה בְּמִצְרָ֑יִם כִּֽי־אֵ֣ין בַּ֔יִת

רש"י

כה) **כַּאֲשֶׁר דִּבֵּר.** וְהֵיכָן דִּבֵּר? "וְהֵבֵאתִי אֶתְכֶם אֶל הָאָרֶץ" וְגוֹ' (לעיל ו, ח):

כז) **וַיִּקֹּד הָעָם.** עַל בְּשׂוֹרַת הַגְּאֻלָּה וּבִיאַת הָאָרֶץ וּבְשׂוֹרַת הַבָּנִים שֶׁיִּהְיוּ לָהֶם וְיִשְׁתַּחֲווּ:

כח) **וַיֵּלְכוּ וַיַּעֲשׂוּ בְּנֵי יִשְׂרָאֵל.** וְכִי כְּבָר עָשׂוּ? וַהֲלֹא מֵרֹאשׁ חֹדֶשׁ נֶאֱמַר לָהֶם! אֶלָּא מִכֵּיוָן שֶׁקִּבְּלוּ עֲלֵיהֶם מַעֲלֶה עֲלֵיהֶם הַכָּתוּב כְּאִלּוּ עָשׂוּ: **וַיֵּלְכוּ וַיַּעֲשׂוּ.** אַף הַהֲלִיכָה מָנָה הַכָּתוּב, לִתֵּן שָׂכָר לַהֲלִיכָה וְשָׂכָר לַעֲשִׂיָּה: **כַּאֲשֶׁר צִוָּה ה' אֶת מֹשֶׁה וְאַהֲרֹן.** לְהַגִּיד שִׁבְחָן שֶׁל יִשְׂרָאֵל שֶׁלֹּא הִפִּילוּ דָּבָר מִכָּל מִצְוַת מֹשֶׁה וְאַהֲרֹן. וּמַהוּ "כֵּן עָשׂוּ"? אַף מֹשֶׁה וְאַהֲרֹן כֵּן עָשׂוּ:

כט) **וַה'.** כָּל מָקוֹם שֶׁנֶּאֱמַר "וַה'" – הוּא וּבֵית דִּינוֹ, שֶׁהַוָּי"ו לְשׁוֹן תּוֹסֶפֶת הוּא, כְּמוֹ: פְּלוֹנִי וּפְלוֹנִי: **הִכָּה כָל בְּכוֹר.** אַף שֶׁל אֻמָּה אַחֶרֶת וְהוּא בְּמִצְרַיִם: **מִבְּכֹר פַּרְעֹה.** אַף פַּרְעֹה בְּכוֹר הָיָה וְנִשְׁתַּיֵּר מִן הַבְּכוֹרוֹת, וְעָלָיו הוּא אוֹמֵר: "בַּעֲבוּר הַרְאֹתְךָ אֶת כֹּחִי" (לעיל ט, טז) – בַּיַּם סוּף: **עַד בְּכוֹר הַשְּׁבִי.** שֶׁהָיוּ שְׂמֵחִין לְאֵידָם שֶׁל יִשְׂרָאֵל. וְעוֹד, שֶׁלֹּא יֹאמְרוּ: יִרְאָתֵנוּ הֵבִיאָה הַפֻּרְעָנוּת. וּבְכוֹר הַשִּׁפְחָה בִּכְלָל הָיָה, שֶׁהֲרֵי מָנָה מִן הֶחָשׁוּב שֶׁבְּכֻלָּן עַד הַפָּחוּת, וּבְכוֹר הַשִּׁפְחָה חָשׁוּב מִבְּכוֹר הַשְּׁבִי:

ל) **וַיָּקָם פַּרְעֹה.** מִמִּטָּתוֹ: **לַיְלָה.** וְלֹא כְּדֶרֶךְ הַמְּלָכִים בְּשָׁלֹשׁ שָׁעוֹת בַּיּוֹם: **הוּא.** תְּחִלָּה וְאַחַר כָּךְ "עֲבָדָיו", מְלַמֵּד שֶׁהָיָה הוּא מְחַזֵּר עַל בָּתֵּי עֲבָדָיו וּמַעֲמִידָן: **כִּי אֵין בַּיִת**

ביאור

כה **וְהָיָה כִּי תָבֹאוּ אֶל הָאָרֶץ אֲשֶׁר יִתֵּן ה׳ לָכֶם כַּאֲשֶׁר דִּבֵּר**, כפי שהבטיח,
וּשְׁמַרְתֶּם אֶת הָעֲבֹדָה הַזֹּאת, הקפידו לקיימה גם הלאה.
כו **וְהָיָה כִּי
יֹאמְרוּ אֲלֵיכֶם בְּנֵיכֶם: ״מָה הָעֲבֹדָה הַזֹּאת לָכֶם?״** לשם מה הפולחן
והמעשים המורכבים שאתם עושים?

כז **וַאֲמַרְתֶּם: ״זֶבַח**, קרבן **פֶּסַח הוּא לַה׳, אֲשֶׁר פָּסַח עַל בָּתֵּי בְנֵי יִשְׂרָאֵל
בְּמִצְרַיִם בְּנָגְפּוֹ**, כאשר הכה **אֶת מִצְרַיִם, וְאֶת בָּתֵּינוּ הִצִּיל״**. מאז ועד
היום אנחנו חוגגים את הצלתנו באמצעות קרבן זה.

וַיִּקֹּד הָעָם כאשר שמע את הדברים, **וַיִּשְׁתַּחֲווּ**, ובכך ביטאו הן את הסכמתם לציית להוראות ולבצען, הן את תודתם על בשורת השחרור, שהרי עד כה לא שמעו תאריך מדויק שבו הם עתידים לצאת בפועל ממקום עבודתם.[22]

כח **וַיֵּלְכוּ וַיַּעֲשׂוּ בְּנֵי יִשְׂרָאֵל כַּאֲשֶׁר צִוָּה ה׳ אֶת מֹשֶׁה וְאַהֲרֹן, כֵּן עָשׂוּ**
את כל פרטי המצווה ודקדוקיה.

מכת בכורות וגירוש ישראל ממצרים

פרק יב פס׳ כט–מב

ליל מכת בכורות הוא השיא שאליו הובילו העניינים הקודמים. מכת המוות בבכורות מצרים פגעה בכל בית בשעה שישראל ישבו ספונים בבתיהם ואכלו את הזבח למשפחותיהם. התרחשות לילית זו הבעיתה את מצרים וגרמה לגירושם הבהול של ישראל ממנה. לאחר מהלך אטי ומדורג של שעבוד מתמשך ושל מכות, בלילה זה מתרחש הכול בחיפזון ובדחיסות.

לאחר התיאור הצמוד של התרחשויות אלו, מופיעים פסוקי סיכום החותמים את המוצאות את ישראל במצרים.

כט **וַיְהִי בַּחֲצִי הַלַּיְלָה, וַה׳ הִכָּה כָל בְּכוֹר בְּאֶרֶץ מִצְרַיִם, מִבְּכֹר פַּרְעֹה
הַיֹּשֵׁב עַל כִּסְאוֹ**, הנסיך, המכובד ביותר, **עַד בְּכוֹר הַשְּׁבִי**, בכור
המשפחה השבויה **אֲשֶׁר בְּבֵית הַבּוֹר**, בבית הסוהר, המבוזה ביותר,
וְכֹל בְּכוֹר בְּהֵמָה.

ל **וַיָּקָם פַּרְעֹה לַיְלָה, הוּא וְכָל עֲבָדָיו וְכָל מִצְרַיִם, וַתְּהִי צְעָקָה גְדֹלָה
בְּמִצְרָיִם**, הזעקות עטפו את כל המדינה אף על פי שמצרים הוכתה

אֲשֶׁר אֵין־שָׁם מֵת׃ וַיִּקְרָא לְמֹשֶׁה וּלְאַהֲרֹן לַיְלָה לא
וַיֹּאמֶר קוּמוּ צְּאוּ מִתּוֹךְ עַמִּי גַּם־אַתֶּם גַּם־בְּנֵי
יִשְׂרָאֵל וּלְכוּ עִבְדוּ אֶת־יְהוָה כְּדַבֶּרְכֶם׃ גַּם־צֹאנְכֶם לב
גַּם־בְּקַרְכֶם קְחוּ כַּאֲשֶׁר דִּבַּרְתֶּם וָלֵכוּ וּבֵרַכְתֶּם גַּם־
אֹתִי׃ וַתֶּחֱזַק מִצְרַיִם עַל־הָעָם לְמַהֵר לְשַׁלְּחָם מִן־ לג
הָאָרֶץ כִּי אָמְרוּ כֻּלָּנוּ מֵתִים׃ וַיִּשָּׂא הָעָם אֶת־בְּצֵקוֹ לד
טֶרֶם יֶחְמָץ מִשְׁאֲרֹתָם צְרֻרֹת בְּשִׂמְלֹתָם עַל־שִׁכְמָם׃
וּבְנֵי־יִשְׂרָאֵל עָשׂוּ כִּדְבַר מֹשֶׁה וַיִּשְׁאֲלוּ מִמִּצְרַיִם לה
כְּלֵי־כֶסֶף וּכְלֵי זָהָב וּשְׂמָלֹת׃ וַיהוָה נָתַן אֶת־חֵן הָעָם לו
בְּעֵינֵי מִצְרַיִם וַיַּשְׁאִלוּם וַיְנַצְּלוּ אֶת־מִצְרָיִם׃
וַיִּסְעוּ בְנֵי־יִשְׂרָאֵל מֵרַעְמְסֵס סֻכֹּתָה כְּשֵׁשׁ־מֵאוֹת לז

רש"י

אֲשֶׁר אֵין שָׁם מֵת. יֵשׁ שָׁם בְּכוֹר – מֵת, אֵין שָׁם בְּכוֹר – גָּדוֹל שֶׁבַּבַּיִת קָרוּי בְּכוֹר, שֶׁנֶּאֱמַר "אַף אָנִי בְּכוֹר אֶתְּנֵהוּ" (תהלים פט, כח). דָּבָר אַחֵר, מִצְרִיּוֹת מְזַנּוֹת תַּחַת בַּעְלֵיהֶן וְיוֹלְדוֹת מֵרַוָּקִים פְּנוּיִים וְהָיוּ לָהֶם בְּכוֹרוֹת הַרְבֵּה, פְּעָמִים הֵם חֲמִשָּׁה לְאִשָּׁה אַחַת, כָּל אֶחָד בְּכוֹר לְאָבִיו:

לא-לב) וַיִּקְרָא לְמֹשֶׁה וּלְאַהֲרֹן לַיְלָה. מַגִּיד שֶׁהָיָה מְחַזֵּר עַל פִּתְחֵי הָעִיר וְצוֹעֵק: הֵיכָן מֹשֶׁה שָׁרוּי? הֵיכָן אַהֲרֹן שָׁרוּי? גַּם אַתֶּם. הַגְּבָרִים: גַּם בְּנֵי יִשְׂרָאֵל. הַטַּף: וּלְכוּ עִבְדוּ אֶת ה' כְּדַבֶּרְכֶם. הַכֹּל כְּמוֹ שֶׁאֲמַרְתֶּם וְלֹא כְּמוֹ שֶׁאָמַרְתִּי אֲנִי. בָּטֵל "לֹא אֲשַׁלֵּחַ" (לעיל ה, ב), בָּטֵל "מִי וָמִי הַהֹלְכִים" (לעיל י, ח), בָּטֵל "רַק צֹאנְכֶם וּבְקַרְכֶם יֻצָּג" (לעיל י, כד) – "גַּם צֹאנְכֶם גַּם בְּקַרְכֶם קְחוּ"; וּמַהוּ "כַּאֲשֶׁר דִּבַּרְתֶּם"? "גַּם אַתָּה תִּתֵּן בְּיָדֵנוּ זְבָחִים וְעֹלֹת" (לעיל י, כה) – "קְחוּ כַּאֲשֶׁר דִּבַּרְתֶּם": וּבֵרַכְתֶּם גַּם אֹתִי. הִתְפַּלְּלוּ עָלַי שֶׁלֹּא אָמוּת, שֶׁאֲנִי בְּכוֹר:

לג) כֻּלָּנוּ מֵתִים. אָמְרוּ: לֹא כִּגְזֵרַת מֹשֶׁה הוּא, שֶׁהֲרֵי אָמַר: "וּמֵת כָּל בְּכוֹר" (לעיל יא, ה) וְכָאן אַף הַפְּשׁוּטִים מֵתִים, חֲמִשָּׁה אוֹ עֲשָׂרָה בְּבַיִת אֶחָד:

לד) טֶרֶם יֶחְמָץ. הַמִּצְרִים לֹא הִנִּיחוּם לִשְׁהוֹת כְּדֵי חִמּוּץ: מִשְׁאֲרֹתָם. שְׁיָרֵי מַצָּה וּמָרוֹר: עַל שִׁכְמָם. אַף עַל פִּי שֶׁבְּהֵמוֹת הַרְבֵּה הוֹלִיכוּ עִמָּהֶם, מְחַבְּבִים הָיוּ אֶת הַמִּצְוָה:

לה) כִּדְבַר מֹשֶׁה. שֶׁאָמַר לָהֶם בְּמִצְרַיִם: "וְיִשְׁאֲלוּ אִישׁ מֵאֵת רֵעֵהוּ" (לעיל יא, ב): וּשְׂמָלֹת. אַף הֵן הָיוּ חֲשׁוּבוֹת לָהֶם מִן הַכֶּסֶף וּמִן הַזָּהָב, וְהַמְאֻחָר בַּפָּסוּק חָשׁוּב:

לו) וַיַּשְׁאִלוּם. אַף מַה שֶּׁלֹּא הָיוּ שׁוֹאֲלִים מֵהֶם הָיוּ נוֹתְנִים לָהֶם, אַתָּה אוֹמֵר אֶחָד, טֹל שְׁנַיִם וָלֵךְ: וַיְנַצְּלוּ. "וְרוֹקִינוּ":

לז) מֵרַעְמְסֵס סֻכֹּתָה. מֵאָה וְעֶשְׂרִים

ביאור

באמצע הלילה, **כִּי אֵין בַּיִת אֲשֶׁר אֵין שָׁם מֵת.** לא **וַיִּקְרָא לְמֹשֶׁה**
וּלְאַהֲרֹן באמצע **הַלַּיְלָה, וַיֹּאמֶר: קוּמוּ, צְּאוּ מִתּוֹךְ עַמִּי, גַּם אַתֶּם גַּם בְּנֵי**
יִשְׂרָאֵל, וּלְכוּ עִבְדוּ אֶת ה' כְּדַבֶּרְכֶם, כפי שביקשתם. לב **גַּם צֹאנְכֶם**
גַּם בְּקַרְכֶם קְחוּ, כַּאֲשֶׁר דִּבַּרְתֶּם – וָלֵכוּ, וּבֵרַכְתֶּם גַּם אֹתִי. אינני יכול
אלא לבקש שבתוך תפילותיכם תתפללו גם עלי.

לג **וַתֶּחֱזַק מִצְרַיִם עַל הָעָם, לְמַהֵר לְשַׁלְּחָם מִן הָאָרֶץ.** המצרים הבינו
שהמכה באה עליהם משום שכבלו את ישראל לארצם. עתה, תחת
אימת המוות, הם דחקו בישראל בכוח שיעזבו מיד את ארצם. **כִּי**
אָמְרוּ: כֻּלָּנוּ מֵתִים. כנראה לא הבחינו שהמכה פוגעת בבכורות בלבד
משום שלא תמיד הבכור ניכר. מן הסתם היו בתים שחיו בהם
בכורות אחדים: בין שאף האב בכור, ובין שמדובר בבכורותיהן של
אמהות אחדות, ואולי מתו גם הבכורות לאבותיהם שאינם פטרי
רחם או גם כל שהיה החשוב ביותר באותו בית.[23]

לד מחמת החיפזון – **וַיִּשָּׂא הָעָם אֶת בְּצֵקוֹ טֶרֶם יֶחְמָץ, מִשְׁאֲרֹתָם,**
הכלים שבהם הכינו את הבצק, **צְרֻרֹת בְּשִׂמְלֹתָם עַל שִׁכְמָם.** הם לא
יכלו להשאיר אותן להתפחה, ומכיוון שהכילו בצק אי אפשר היה
לארוז אותן עם שאר הכלים. על כן החזיקו אותן בצרור על השֶכם.

לה עוד קודם לכן – **וּבְנֵי יִשְׂרָאֵל עָשׂוּ כִּדְבַר מֹשֶׁה, וַיִּשְׁאֲלוּ מִמִּצְרַיִם כְּלֵי**
כֶסֶף וּכְלֵי זָהָב וּשְׂמָלֹת, ובגדים. לו **וַה' נָתַן אֶת חֵן הָעָם בְּעֵינֵי מִצְרַיִם**
וַיַּשְׁאִלוּם, וַיְנַצְּלוּ אֶת מִצְרָיִם. ישראל הוציאו ממצרים כל מה שיכלו.

לז **וַיִּסְעוּ בְנֵי יִשְׂרָאֵל מֵרַעְמְסֵס,** מקום ריכוזם של ישראל, שבו בנו
המצרים את הערים הגדולות, **סֻכֹּתָה,** אל המקום הקרוי סוכות.

הרחבות

'וברכתם גם אתי' היו שטענו שפרעה עצמו היה בכור, והוא ביקש שיברכוהו משום שפחד שמא תפגע בו המגפה מיד (רש"י). גם אם אין מפרשים כך, פרעה, שידע את פגיעתן הקשה של המכות בארצו, ניסה לנצל את מעמדו ולבקש ממשה ואהרן שלכל הפחות יזכירוהו בתפילותיהם, שהרי בסופו של דבר הוא אִפשר להם לצאת בשלום.

אֶלֶף רַגְלִי הַגְּבָרִים לְבַד מִטָּף: וְגַם־עֵרֶב רַב עָלָה לח
אִתָּם וְצֹאן וּבָקָר מִקְנֶה כָּבֵד מְאֹד: וַיֹּאפוּ אֶת־ לט
הַבָּצֵק אֲשֶׁר הוֹצִיאוּ מִמִּצְרַיִם עֻגֹת מַצּוֹת כִּי לֹא
חָמֵץ כִּי־גֹרְשׁוּ מִמִּצְרַיִם וְלֹא יָכְלוּ לְהִתְמַהְמֵהַּ וְגַם־
צֵדָה לֹא־עָשׂוּ לָהֶם: וּמוֹשַׁב בְּנֵי יִשְׂרָאֵל אֲשֶׁר יָשְׁבוּ מ
בְּמִצְרָיִם שְׁלֹשִׁים שָׁנָה וְאַרְבַּע מֵאוֹת שָׁנָה: וַיְהִי מא
מִקֵּץ שְׁלֹשִׁים שָׁנָה וְאַרְבַּע מֵאוֹת שָׁנָה וַיְהִי בְּעֶצֶם
הַיּוֹם הַזֶּה יָצְאוּ כָּל־צִבְאוֹת יהוה מֵאֶרֶץ מִצְרָיִם:

רש"י

מִיל הָיוּ, וּבָאוּ שָׁם לְפִי שָׁעָה, שֶׁנֶּאֱמַר: "וָאֶשָּׂא אֶתְכֶם עַל כַּנְפֵי נְשָׁרִים" (להלן יט, ד): הַגְּבָרִים. מִבֶּן עֶשְׂרִים וָמַעְלָה:

לח) עֵרֶב רַב. תַּעֲרֹבֶת אֻמּוֹת שֶׁל גֵּרִים:

לט) עֻגֹת מַצּוֹת. חֲרָרָה שֶׁל מַצָּה. בָּצֵק שֶׁלֹּא הֶחֱמִיץ קָרוּי מַצָּה: וְגַם צֵדָה לֹא עָשׂוּ לָהֶם. לַדֶּרֶךְ. מַגִּיד שִׁבְחָן שֶׁל יִשְׂרָאֵל, שֶׁלֹּא אָמְרוּ: הֵיאַךְ נֵצֵא לַמִּדְבָּר בְּלֹא צֵידָה? אֶלָּא הֶאֱמִינוּ וְהָלְכוּ. הוּא שֶׁמְּפֹרָשׁ בַּקַּבָּלָה: "זָכַרְתִּי לָךְ חֶסֶד נְעוּרַיִךְ אַהֲבַת כְּלוּלֹתָיִךְ לֶכְתֵּךְ אַחֲרַי בַּמִּדְבָּר בְּאֶרֶץ לֹא זְרוּעָה" (ירמיה ב, ב), מַה שָּׂכָר מְפֹרָשׁ אַחֲרָיו? "קֹדֶשׁ יִשְׂרָאֵל לַה'" וְגוֹ' (שם ג):

מ) אֲשֶׁר יָשְׁבוּ בְּמִצְרָיִם. אַחַר שְׁאָר הַיְּשִׁיבוֹת שֶׁיָּשְׁבוּ גֵּרִים בְּאֶרֶץ לֹא לָהֶם: שְׁלֹשִׁים שָׁנָה וְאַרְבַּע מֵאוֹת שָׁנָה. בֵּין הַכֹּל, מִשֶּׁנּוֹלַד יִצְחָק עַד עַכְשָׁיו הָיוּ אַרְבַּע מֵאוֹת שָׁנָה. מִשֶּׁהָיָה לוֹ זֶרַע לְאַבְרָהָם נִתְקַיֵּם: "כִּי גֵר יִהְיֶה זַרְעֲךָ" (בראשית טו, יג), וּשְׁלֹשִׁים שָׁנָה הָיוּ מִשֶּׁנִּגְזְרָה גְּזֵרַת בֵּין הַבְּתָרִים עַד שֶׁנּוֹלַד יִצְחָק. וְאִי אֶפְשָׁר לוֹמַר בְּאֶרֶץ מִצְרַיִם לְבַדָּהּ, שֶׁהֲרֵי קְהָת מִן הַבָּאִים עִם יַעֲקֹב הָיָה, צֵא וַחֲשֹׁב כָּל שְׁנוֹתָיו וְכָל שְׁנוֹת עַמְרָם בְּנוֹ וּשְׁמוֹנִים שֶׁל מֹשֶׁה, לֹא תִּמְצָאֵם כָּל כָּךְ. וְעַל כָּרְחֲךָ הַרְבֵּה שָׁנִים הָיוּ לִקְהָת עַד שֶׁלֹּא יָרַד לְמִצְרַיִם, וְהַרְבֵּה מִשְּׁנוֹת עַמְרָם נִבְלָעִים בִּשְׁנוֹת קְהָת, וְהַרְבֵּה מִשְּׁמוֹנִים שֶׁל מֹשֶׁה נִבְלָעִים בִּשְׁנוֹת עַמְרָם, הֲרֵי שֶׁלֹּא תִּמְצָא אַרְבַּע מֵאוֹת לְבִיאַת מִצְרַיִם; וְהֻזְקַקְתָּ לוֹמַר עַל כָּרְחֲךָ שֶׁאַף שְׁאָר הַיְּשִׁיבוֹת נִקְרְאוּ גֵּרוּת, וַאֲפִלּוּ בְּחֶבְרוֹן, שֶׁנֶּאֱמַר: "אֲשֶׁר גָּר שָׁם אַבְרָהָם וְיִצְחָק" (בראשית לה, כז), וְאוֹמֵר: "אֵת אֶרֶץ מְגֻרֵיהֶם אֲשֶׁר גָּרוּ בָהּ" (לעיל ו, ד). לְפִיכָךְ אַתָּה צָרִיךְ לוֹמַר "כִּי גֵר יִהְיֶה זַרְעֲךָ" – מִשֶּׁהָיָה לוֹ זֶרַע. וּכְשֶׁתִּמְנֶה אַרְבַּע מֵאוֹת שָׁנָה מִשֶּׁנּוֹלַד יִצְחָק, תִּמְצָא מִבִּיאָתָן לְמִצְרַיִם עַד יְצִיאָתָן מָאתַיִם וָעֶשֶׂר שָׁנִים. וְזֶה אֶחָד מִן הַדְּבָרִים שֶׁשִּׁנּוּ לְתַלְמַי הַמֶּלֶךְ:

מא) וַיְהִי מִקֵּץ שְׁלֹשִׁים שָׁנָה... וַיְהִי בְּעֶצֶם הַיּוֹם הַזֶּה. מַגִּיד שֶׁכֵּיוָן שֶׁהִגִּיעַ הַקֵּץ לֹא עִכְּבָן הַמָּקוֹם כְּהֶרֶף עַיִן. בַּחֲמִשָּׁה עָשָׂר בְּנִיסָן בָּאוּ מַלְאֲכֵי הַשָּׁרֵת אֵצֶל אַבְרָהָם לְבַשְּׂרוֹ, בַּחֲמִשָּׁה עָשָׂר בְּנִיסָן נוֹלַד יִצְחָק, בַּחֲמִשָּׁה עָשָׂר בְּנִיסָן נִגְזְרָה גְּזֵרַת בֵּין הַבְּתָרִים:

ביאור

ישראל מנו **כְּשֵׁשׁ מֵאוֹת אֶלֶף רַגְלִי, הַגְּבָרִים לְבַד מִטָּף.** מספר זה לא
כלל את הילדים הקטנים, את הנשים ואת הזקנים.[24] לח **וְגַם עֵרֶב**
רַב, תערובת גדולה של אנשים **עָלָה אִתָּם.** כיוון ששערי מצרים
נפתחו, הגבולות התרופפו והחוקים בוטלו, הצטרפו לישראל אנשים
נוספים שביקשו לנצל את ההזדמנות. **וְצֹאן וּבָקָר** היה ברשותם,
מִקְנֶה כָּבֵד מְאֹד.

לט **וַיֹּאפוּ אֶת הַבָּצֵק אֲשֶׁר הוֹצִיאוּ מִמִּצְרַיִם,** ועשו ממנו **עֻגֹת מַצּוֹת כִּי**
לֹא חָמֵץ, החמיץ **כִּי גֹרְשׁוּ מִמִּצְרַיִם וְלֹא יָכְלוּ לְהִתְמַהְמֵהַּ,** להתעכב עד
להחמצת הבצק. אף על פי שידעו על כך מראש, ההתרחשויות היו
פתאומיות. יתר על כן, עמד לרשותם זמן קצוב, שבו אף היו צריכים
להכין את הבשר ואת המצות לאכילה באותו לילה. ובמגבלות
השעה **גַם צֵדָה** הנדרשת למסע ארוך **לֹא עָשׂוּ לָהֶם.**

כאן מגיע סיכום היסטורי: מ **וּמוֹשַׁב בְּנֵי יִשְׂרָאֵל אֲשֶׁר יָשְׁבוּ בְּמִצְרָיִם**
היה **שְׁלֹשִׁים שָׁנָה וְאַרְבַּע מֵאוֹת שָׁנָה.** מא **וַיְהִי מִקֵּץ שְׁלֹשִׁים שָׁנָה**
וְאַרְבַּע מֵאוֹת שָׁנָה, וַיְהִי בְּעֶצֶם הַיּוֹם הַזֶּה שנזכר קודם – היום הראשון
של חג הפסח – **יָצְאוּ כָּל צִבְאוֹת ה' מֵאֶרֶץ מִצְרָיִם.** יוצאי מצרים לא
היו קבוצה סתמית. העם המתהווה כאן הוא צבאו של ה'. רעיון

הרחבות

'ערב רב עלה אתם' ייתכן שאף אנשים אלה היו משועבדים למצרים. ידוע כי היו במצרים עבדים שמוצאם לא היה מישראל. הרי הוזכר לעיל (פס' כג) במפורש בְּכוֹר הַשְּׁבִי, שלקה במכת בכורות. עבדים אלו ניצלו את ההזדמנות לצאת לחופשי עם בני ישראל. ואכן, מוכָּרים בהיסטוריה אנשים או עמים שניצלו התקוממות, מרידה או נדידה של קבוצות אחרות לצורכיהם שלהם.

אפשרות אחרת היא שאותם נספחים היו בני חורין, שבחרו להצטרף לישראל, משום שראו לנגד עיניהם תהליך היווצרותו של עם חדש ותרבות חדשה ותלו בכך תקוות חדשות גם בעבורם.

'ומושב בני ישראל אשר ישבו במצרים שלשים שנה וארבע מאות שנה' אורך חייהם של קהת בן לוי, שנמנה עם הבאים למצרים, של עמרם בנו ושל משה בן בנו פורטו בכתוב במפורש (בראשית מו,יא; שמות ו,יח כ; דברים לד,ז). גם אם מצרפים את כל שנות החיים הללו אין מגיעים אפילו לארבע מאות שנה; והרי סכום שנים זה כולל את שנותיו של קהת בכנען, את ארבעים שנות הנהגתו של משה במדבר לאחר היציאה ואף את השנים שבהן חפפו חייו של כל אב לחיי בנו. לפיכך פירשו חכמים שהמניין הכתוב כאן מתייחס לשנים שחלפו מברית בין הבתרים, שבה הודיע ה' לאברהם על גלות זו ועל הגאולה ממנה: גֵר יִהְיֶה זַרְעֲךָ בְּאֶרֶץ לֹא לָהֶם (בראשית טו,יג). מן העת שדבר זה נאמר לאברהם אבינו ועד יציאת מצרים נמנות ארבע מאות ושלושים שנות גרות, שאמנם לא כולן עברו על זרעו של אברהם במצרים ולא בכולן שועבד, אך כללית תקופה זו התאפיינה בטלטלות ובנדודים ולא בישיבה של קבע. אם מצרפים את כל חישובי הזמן הידועים מאז אותה ברית, יתאים החשבון לאמור כאן (רש"י ויונתן. והיו שֶׁמנו ארבע מאות ושלושים שנה משעת יציאתו של אברהם אבינו מחרן. ראו ר"י בכור שור).

מב לֵיל שִׁמֻּרִים הוּא לַיהוָה לְהוֹצִיאָם מֵאֶרֶץ מִצְרָיִם
הוּא־הַלַּיְלָה הַזֶּה לַיהוָה שִׁמֻּרִים לְכָל־בְּנֵי יִשְׂרָאֵל
לְדֹרֹתָם:
מג וַיֹּאמֶר יְהוָה אֶל־מֹשֶׁה וְאַהֲרֹן זֹאת חֻקַּת הַפָּסַח כָּל־
מד בֶּן־נֵכָר לֹא־יֹאכַל בּוֹ: וְכָל־עֶבֶד אִישׁ מִקְנַת־כָּסֶף
מה וּמַלְתָּה אֹתוֹ אָז יֹאכַל בּוֹ: תּוֹשָׁב וְשָׂכִיר לֹא־יֹאכַל
מו בּוֹ: בְּבַיִת אֶחָד יֵאָכֵל לֹא־תוֹצִיא מִן־הַבַּיִת מִן־הַבָּשָׂר

רש"י

מב| **לֵיל שִׁמֻּרִים.** שֶׁהָיָה הַקָּדוֹשׁ בָּרוּךְ הוּא שׁוֹמֵר וּמְצַפֶּה לוֹ לְקַיֵּם הַבְטָחָתוֹ "לְהוֹצִיאָם מֵאֶרֶץ מִצְרַיִם": **הוּא הַלַּיְלָה הַזֶּה לַה'.** הוּא הַלַּיְלָה שֶׁאָמַר לְאַבְרָהָם: בַּלַּיְלָה הַזֶּה אֲנִי גּוֹאֵל אֶת בָּנֶיךָ: **שִׁמֻּרִים לְכָל בְּנֵי יִשְׂרָאֵל לְדֹרֹתָם.** מְשֻׁמָּר וּבָא מִן הַמַּזִּיקִין, כְּעִנְיָן שֶׁנֶּאֱמַר: "וְלֹא יִתֵּן הַמַּשְׁחִית" וְגוֹ' (לעיל פסוק כג):

מג| **זֹאת חֻקַּת הַפָּסַח.** בְּאַרְבָּעָה עָשָׂר בְּנִיסָן נֶאֶמְרָה לָהֶם פָּרָשָׁה זוֹ: **כָּל בֶּן נֵכָר.** שֶׁנִּתְנַכְּרוּ מַעֲשָׂיו לְאָבִיו שֶׁבַּשָּׁמַיִם, וְאֶחָד הַגּוֹי וְאֶחָד יִשְׂרָאֵל מְשֻׁמָּד בְּמַשְׁמָע:

מד| **וּמַלְתָּה אֹתוֹ אָז יֹאכַל בּוֹ.** רַבּוֹ; מַגִּיד שֶׁמִּילַת עֲבָדָיו מְעַכַּבְתּוֹ מִלֶּאֱכֹל בַּפֶּסַח, דִּבְרֵי רַבִּי יְהוֹשֻׁעַ. רַבִּי אֱלִיעֶזֶר אוֹמֵר: אֵין מִילַת עֲבָדָיו מְעַכַּבְתּוֹ מִלֶּאֱכֹל בַּפֶּסַח, אִם כֵּן מַה תַּלְמוּד לוֹמַר: "אָז יֹאכַל בּוֹ"? הָעֶבֶד:

מה| **תּוֹשָׁב.** זֶה גֵּר תּוֹשָׁב: **וְשָׂכִיר.** זֶה הַגּוֹי. וּמַה תַּלְמוּד לוֹמַר? וַהֲלֹא עֲרֵלִים הֵם, וְנֶאֱמַר: "וְכָל עָרֵל לֹא יֹאכַל בּוֹ" (להלן פסוק מח)! אֶלָּא כְּגוֹן עַרְבִי מָהוּל וְגִבְעוֹנִי מָהוּל וְהוּא תּוֹשָׁב אוֹ שָׂכִיר:

מו| **בְּבַיִת אֶחָד יֵאָכֵל.** בַּחֲבוּרָה אַחַת, שֶׁלֹּא יֵעָשׂוּ הַנִּמְנִין עָלָיו שְׁתֵּי חֲבוּרוֹת וְיַחַלְקוּהוּ. אַתָּה אוֹמֵר בַּחֲבוּרָה אַחַת, אוֹ אֵינוֹ אֶלָּא "בְּבַיִת אֶחָד" כְּמַשְׁמָעוֹ, וּלְלַמֵּד שֶׁאִם הִתְחִילוּ וְהָיוּ אוֹכְלִים בֶּחָצֵר וְיָרְדוּ גְשָׁמִים שֶׁלֹּא יִכָּנְסוּ לַבַּיִת? תַּלְמוּד לוֹמַר: "עַל הַבָּתִּים אֲשֶׁר יֹאכְלוּ אֹתוֹ בָּהֶם" (לעיל פסוק ז), מִכָּאן שֶׁהָאוֹכֵל אוֹכֵל בִּשְׁנֵי מְקוֹמוֹת: **לֹא תוֹצִיא מִן הַבַּיִת.** מִן הַחֲבוּרָה: וְעֶצֶם

ביאור

זה יתברר ויתפרט יותר בסיפור מתן תורה. מב **לֵיל שִׁמֻּרִים הוּא**
לַה', ללילה הזה ה' המתין[25] כדי **לְהוֹצִיאָם מֵאֶרֶץ מִצְרָיִם, הוּא הַלַּיְלָה**
הַזֶּה לַה'. לא היה זה רק ליל הצלתם של ישראל, ה' ייעד אותו
מראש והמתין לו שכן משמעותו חורגת ממה שנראה לעין.[26] לאחר
ההתרחשות הזאת יהפוך הלילה גם **שִׁמֻּרִים לְכָל בְּנֵי יִשְׂרָאֵל**. ישראל
יזכרו ויחוגו את אשר אירע בו וינחילו את הזיכרון הזה **לְדֹרֹתָם**.

הלכות שנאמרו לדורות לשמירת זכרה של יציאת מצרים

פרק יב פס' מג – פרק יג פס' טז

המצוות שישראל לדורותיהם יקיימו כדי לשמר את זכר האירוע הדרמטי של יציאת מצרים מכונות 'עדות'. הן כוללות הלכות הקשורות לאכילת קרבן הפסח מדי שנה, הלכות הקשורות לחג הפסח כולו, לעיתויו ולמצוות הגדה בפה והנצחה בכתב; הלכות הקשורות לקדושת בכור האדם ובכור הבהמה ומצוות תפילין.

כבר סמוך לאירועים עצמם הורה ה' למשה ואהרן את פרטי הלכות הפסח, המתייחסים הן לפסח מצרים, הן לפסח שייעשה בדורות הבאים. לפחות הפסוקים המדברים בהלכות פסח נאמרו עוד קודם מכת בכורות,[27] אך אולי גם הפסוקים העוסקים בשאר העדות הללו נאמרו קודם לכן. ייתכן שהופעתן של הפרשיות ההלכתיות הנוגעות לדורות כאן, אף שנצטוו עליהן קודם לכן, באה למנוע את עיכובו של סיפור העלילה.

עם זאת, מעניין שהמצוות הללו, לפחות חלקן, ניתנו בפועל עוד קודם שהתרחש האירוע שאת זכרו הן באות להנציח בתודעת העם. נראה שיש בכך כדי למלא את בני ישראל באמונה בוודאותה של יציאתם ממצרים, ואף להכשיר את לבותיהם כך שיתבוננו בגודל השעה מפרספקטיבה רחבה יותר, ואולי גם כדי לקשר את היציאה בעבודת ה' המתלווה אליה.

מג **וַיֹּאמֶר ה' אֶל מֹשֶׁה וְאַהֲרֹן: זֹאת חֻקַּת**, דין קרבן **הַפָּסַח**. מעבר
להדרכות המעשיות שהוזכרו לעיל, שרבות מהן יפות לשעתן בלבד,
כאן באות הוראות כלליות הנוגעות לדורות: **כָּל בֶּן נֵכָר**, בן עם זר
לֹא יֹאכַל בּוֹ, למרות שעִם ישראל יצאו, כאמור, גם ערב רב שאינם
מבני ישראל. מד **וְכָל עֶבֶד אִישׁ מִקְנַת כָּסֶף**, עבד שנקנה בכסף,
וּמַלְתָּה, ומלת **אֹתוֹ, אָז יֹאכַל בּוֹ**. רק מי שנימול יוכל לאכול את
קרבן הפסח.[28] מה **תּוֹשָׁב** נכרי שיחיה בקרבכם, אך איננו אזרח,
וְשָׂכִיר נכרי, שנשכר לעבודה[29] **לֹא יֹאכַל בּוֹ** אף על פי שהוא קשור
לבית ונחשב כחלק מבני הבית. מו **בְּבַיִת אֶחָד יֵאָכֵל** הפסח. **לֹא**

חוּצָה וְעֶצֶם לֹא תִשְׁבְּרוּ־בוֹ׃ כָּל־עֲדַת יִשְׂרָאֵל יַעֲשׂוּ מז
אֹתוֹ׃ וְכִי־יָגוּר אִתְּךָ גֵּר וְעָשָׂה פֶסַח לַיהוָה הִמּוֹל לוֹ מח
כָל־זָכָר וְאָז יִקְרַב לַעֲשֹׂתוֹ וְהָיָה כְּאֶזְרַח הָאָרֶץ וְכָל־
עָרֵל לֹא־יֹאכַל בּוֹ׃ תּוֹרָה אַחַת יִהְיֶה לָאֶזְרָח וְלַגֵּר מט
הַגָּר בְּתוֹכְכֶם׃ וַיַּעֲשׂוּ כָּל־בְּנֵי יִשְׂרָאֵל כַּאֲשֶׁר צִוָּה נ
יְהוָה אֶת־מֹשֶׁה וְאֶת־אַהֲרֹן כֵּן עָשׂוּ׃ וַיְהִי נא
בְּעֶצֶם הַיּוֹם הַזֶּה הוֹצִיא יְהוָה אֶת־בְּנֵי יִשְׂרָאֵל מֵאֶרֶץ
מִצְרַיִם עַל־צִבְאֹתָם׃

שביעי וַיְדַבֵּר יְהוָה אֶל־מֹשֶׁה לֵּאמֹר׃ קַדֶּשׁ־לִי כָל־בְּכוֹר א ב יג
פֶּטֶר כָּל־רֶחֶם בִּבְנֵי יִשְׂרָאֵל בָּאָדָם וּבַבְּהֵמָה לִי
הוּא׃ וַיֹּאמֶר מֹשֶׁה אֶל־הָעָם זָכוֹר אֶת־הַיּוֹם הַזֶּה ג י
אֲשֶׁר יְצָאתֶם מִמִּצְרַיִם מִבֵּית עֲבָדִים כִּי בְּחֹזֶק יָד
הוֹצִיא יְהוָה אֶתְכֶם מִזֶּה וְלֹא יֵאָכֵל חָמֵץ׃ הַיּוֹם ד

רש״י

לֹא תִשְׁבְּרוּ בוֹ. הָרָאוּי לַאֲכִילָה, כְּגוֹן שֶׁיֵּשׁ עָלָיו כְּזַיִת בָּשָׂר, יֵשׁ בּוֹ מִשּׁוּם שְׁבִירַת עֶצֶם, אֵין עָלָיו כְּזַיִת בָּשָׂר אֵין בּוֹ מִשּׁוּם שְׁבִירַת עֶצֶם:

מז| **כָּל עֲדַת יִשְׂרָאֵל יַעֲשׂוּ אֹתוֹ.** לָמָּה נֶאֱמַר? לְפִי שֶׁהוּא אוֹמֵר בְּפֶסַח מִצְרַיִם: ״שֶׂה לְבֵית אָבֹת״ (לעיל פסוק ג) שֶׁנִּמְנוּ עָלָיו לְמִשְׁפָּחוֹת, יָכוֹל אַף פֶּסַח דּוֹרוֹת כֵּן? תַּלְמוּד לוֹמַר: ״כָּל עֲדַת יִשְׂרָאֵל יַעֲשׂוּ אֹתוֹ״:

מח| **וְעָשָׂה פֶסַח.** יָכוֹל כָּל הַמִּתְגַּיֵּר יַעֲשֶׂה פֶּסַח מִיָּד? תַּלְמוּד לוֹמַר: ״וְהָיָה כְּאֶזְרַח הָאָרֶץ״, מָה אֶזְרָח בְּאַרְבָּעָה עָשָׂר אַף גֵּר בְּאַרְבָּעָה עָשָׂר: **וְכָל עָרֵל לֹא יֹאכַל בּוֹ.** לְהָבִיא אֶת שֶׁמֵּתוּ אֶחָיו מֵחֲמַת מִילָה, שֶׁאֵינוֹ מְשֻׁמָּד לַעֲרֵלוּת וְאֵינוֹ לָמֵד מִ״כֵּן נֵכָר לֹא יֹאכַל בּוֹ״ (לעיל פסוק מג):

מט| **תּוֹרָה אַחַת וְגוֹ׳.** לְהַשְׁווֹת גֵּר לְאֶזְרָח אַף לִשְׁאָר מִצְוֹת שֶׁבַּתּוֹרָה:

פרק יג

ב| **פֶּטֶר כָּל רֶחֶם.** שֶׁפָּתַח אֶת הָרֶחֶם תְּחִלָּה, כְּמוֹ: ״פּוֹטֵר מַיִם רֵאשִׁית מָדוֹן״ (משלי יז, יד), וְכֵן: ״יַפְטִירוּ בְשָׂפָה״ (תהלים כב, ח) – יַפְתִּיחוּ שְׂפָתַיִם: **לִי הוּא.** לְעַצְמִי קְנִיתִים עַל יְדֵי שֶׁהִכֵּיתִי בְּכוֹרֵי מִצְרַיִם:

ג| **זָכוֹר אֶת הַיּוֹם הַזֶּה.** לָמֵד שֶׁמַּזְכִּירִין יְצִיאַת מִצְרַיִם בְּכָל יוֹם:

ביאור | **תּוֹצִיא מִן הַבַּיִת מִן הַבָּשָׂר חוּצָה.** כולו קדוש כקרבן ואינו נאכל
אלא בתחום מסוים. **וְעֶצֶם לֹא תִשְׁבְּרוּ בוֹ** כדרך אכילת רווחה של
מלכים.[30] מז **כָּל עֲדַת יִשְׂרָאֵל יַעֲשׂוּ אֹתוֹ.** מח **וְכִי יָגוּר אִתְּךָ גֵּר**, שאיננו
תושב ושכיר, אלא אדם שהגיע ממקום אחר אך מעוניין להתגייר
ולהתאחות עם עם ישראל ולעבוד את ה׳, **וְעָשָׂה פֶסַח לַה׳** – **הִמּוֹל**
לוֹ תחילה **כָל זָכָר**. אחת מדרישות הסף מן הגר היא הכניסה בברית
המילה של בני ביתו הזכרים, **וְאָז יִקְרַב לַעֲשֹׂתוֹ**, את קרבן הפסח,
וְהָיָה, אז ייחשב **כְּאֶזְרַח הָאָרֶץ. וְכָל עָרֵל לֹא יֹאכַל בּוֹ**, כולל מי שנולד
לישראל אך לא נימול. מט בעניין זה **תּוֹרָה אַחַת יִהְיֶה לָאֶזְרָח וְלַגֵּר**
הַגָּר בְּתוֹכְכֶם. נ **וַיַּעֲשׂוּ כָּל בְּנֵי יִשְׂרָאֵל כַּאֲשֶׁר צִוָּה ה׳ אֶת מֹשֶׁה וְאֶת**
אַהֲרֹן, כֵּן בדיוק **עָשׂוּ** בליל אכילת הפסח.[31]

נא **וַיְהִי בְּעֶצֶם הַיּוֹם הַזֶּה** שלאחר אותו הלילה **הוֹצִיא ה׳ אֶת בְּנֵי**
יִשְׂרָאֵל מֵאֶרֶץ מִצְרַיִם עַל צִבְאֹתָם.

ומכאן למצווה המתקשרת לציון יציאתם של ישראל מצרים
בלילה שבו הוכו בכורות מצרים: פרק יג א **וַיְדַבֵּר ה׳ אֶל מֹשֶׁה**
לֵּאמֹר: ב **קַדֶּשׁ לִי כָל בְּכוֹר, פֶּטֶר**, שנולד בפתיחה הראשונה של
כָּל רֶחֶם בִּבְנֵי יִשְׂרָאֵל, בָּאָדָם וּבַבְּהֵמָה, לִי הוּא. קידושו יבטא את
השתייכותו לי.

זו הייתה ההוראה הכללית שקיבל משה. בדבריו אל העם הוא מפרט
דברים נוספים, קודם שהוא מגיע לקידוש הבכורות. ג **וַיֹּאמֶר מֹשֶׁה**
אֶל הָעָם: זָכוֹר אֶת הַיּוֹם הַזֶּה אֲשֶׁר יְצָאתֶם מִמִּצְרַיִם, מִבֵּית עֲבָדִים, מן
המקום שהיה מקום עבודות. ולא יצאתם משם כבורחים, **כִּי**, אלא
בְּחֹזֶק יָד, בתוקף, **הוֹצִיא ה׳ אֶתְכֶם מִזֶּה, וְלֹא יֵאָכֵל חָמֵץ** בזמן יציאת
מצרים ובזמנים שבהם יציינו את זכרה בדורות הבאים.

הרחבות

הגדרת הבכור במלים פֶּטֶר כָּל רֶחֶם משמעה שהבכורה ניתנת ליילוד הראשון לאמו. על כן הגדרה זו עשויה להלום הן את האדם הן את בעלי חיים. בהלכה התעוררו דיונים באשר לפרטיה, במקרים של הפלות, של עוברים שמתו ברחם אמם או הוצאו ממנו באופן מלאכותי, באדם ובבהמה, שבעקבותיהם לא ברור מיהו הוולד הנחשב ראשון. בפועל ההלכה מביאה בחשבון גורמים נוספים מעבר לקריטריון של היציאה הראשונה מן הרחם. (ראו מכילתא דרשב״י יג,יב; בכורות יט; רמב״ם הלכות בכורים יא,יד–טז).

אַתֶּ֖ם יֹצְאִ֑ים בְּחֹ֖דֶשׁ הָאָבִֽיב׃ וְהָיָ֣ה כִֽי־יְבִיאֲךָ֣ יְהֹוָ֡ה ה
אֶל־אֶ֣רֶץ הַֽכְּנַעֲנִ֡י וְהַֽחִתִּ֜י וְהָאֱמֹרִ֣י וְהַֽחִוִּ֣י וְהַיְבוּסִ֗י
אֲשֶׁ֨ר נִשְׁבַּ֤ע לַאֲבֹתֶ֙יךָ֙ לָ֣תֶת לָ֔ךְ אֶ֛רֶץ זָבַ֥ת חָלָ֖ב וּדְבָ֑שׁ
וְעָבַדְתָּ֛ אֶת־הָעֲבֹדָ֥ה הַזֹּ֖את בַּחֹ֥דֶשׁ הַזֶּֽה׃ שִׁבְעַ֥ת ו
יָמִ֖ים תֹּאכַ֣ל מַצֹּ֑ת וּבַיּוֹם֙ הַשְּׁבִיעִ֔י חַ֖ג לַיהֹוָֽה׃ מַצּוֹת֙ ז
יֵֽאָכֵ֔ל אֵ֖ת שִׁבְעַ֣ת הַיָּמִ֑ים וְלֹא־יֵרָאֶ֨ה לְךָ֜ חָמֵ֗ץ וְלֹא־
יֵרָאֶ֥ה לְךָ֛ שְׂאֹ֖ר בְּכָל־גְּבֻלֶֽךָ׃ וְהִגַּדְתָּ֣ לְבִנְךָ֔ בַּיּ֥וֹם ח
הַה֖וּא לֵאמֹ֑ר בַּעֲב֣וּר זֶ֗ה עָשָׂ֤ה יְהֹוָה֙ לִ֔י בְּצֵאתִ֖י
מִמִּצְרָֽיִם׃ וְהָיָה֩ לְךָ֨ לְא֜וֹת עַל־יָדְךָ֗ וּלְזִכָּרוֹן֙ בֵּ֣ין עֵינֶ֔יךָ ט
לְמַ֗עַן תִּהְיֶ֛ה תּוֹרַ֥ת יְהֹוָ֖ה בְּפִ֑יךָ כִּ֚י בְּיָ֣ד חֲזָקָ֔ה הוֹצִֽאֲךָ֥

רש"י

ד) **בְּחֹדֶשׁ הָאָבִיב.** וְכִי לֹא הָיִינוּ יוֹדְעִין בְּאֵי זֶה חֹדֶשׁ? אֶלָּא כָּךְ אָמַר לָהֶם: רְאוּ חֶסֶד שֶׁגְּמַלְכֶם, שֶׁהוֹצִיא אֶתְכֶם בְּחֹדֶשׁ שֶׁהוּא כָּשֵׁר לָצֵאת, לֹא חַמָּה וְלֹא צִנָּה וְלֹא גְּשָׁמִים. וְכֵן הוּא אוֹמֵר: "מוֹצִיא אֲסִירִים בַּכּוֹשָׁרוֹת" (תהלים סח, ז), חֹדֶשׁ שֶׁהוּא כָּשֵׁר לָצֵאת:

ה) **אֶל אֶרֶץ הַכְּנַעֲנִי וְגוֹ'.** אַף עַל פִּי שֶׁלֹּא מָנָה אֶלָּא חֲמִשָּׁה עֲמָמִים, כָּל שִׁבְעָה גוֹיִם בְּמַשְׁמָע, שֶׁכֻּלָּן בִּכְלַל כְּנַעֲנִי הֵם, וְאַחַת מִמִּשְׁפְּחוֹת כְּנַעַן הָיְתָה שֶׁלֹּא נִקְרָא לָהּ שֵׁם אֶלָּא 'כְּנַעֲנִי'. **נִשְׁבַּע לַאֲבֹתֶיךָ.** בְּאַבְרָהָם הוּא אוֹמֵר: "בַּיּוֹם הַהוּא כָּרַת ה' אֶת אַבְרָם" וְגוֹ' (בראשית טו, יח), וּבְיִצְחָק הוּא אוֹמֵר: "גּוּר בָּאָרֶץ הַזֹּאת" וְגוֹ' (שם כו, ג), וּבְיַעֲקֹב הוּא אוֹמֵר: "הָאָרֶץ אֲשֶׁר אַתָּה שֹׁכֵב עָלֶיהָ" וְגוֹ' (שם כח, יג). **זָבַת חָלָב וּדְבָשׁ.** חָלָב זָב מִן הָעִזִּים, וְהַדְּבַשׁ זָב מִן הַתְּמָרִים וּמִן הַתְּאֵנִים: **אֶת הָעֲבֹדָה הַזֹּאת.** שֶׁל פֶּסַח. וַהֲלֹא כְּבָר נֶאֱמַר לְמַעְלָה: "וְהָיָה כִּי תָבֹאוּ אֶל הָאָרֶץ" וְגוֹ' (לעיל יב, כה), וְלָמָּה חָזַר וּשְׁנָאָהּ? בִּשְׁבִיל דָּבָר שֶׁנִּתְחַדֵּשׁ בָּהּ: בְּפָרָשָׁה רִאשׁוֹנָה נֶאֱמַר: "וְהָיָה כִּי יֹאמְרוּ אֲלֵיכֶם בְּנֵיכֶם מָה הָעֲבֹדָה הַזֹּאת לָכֶם" (שם יב, כו), בְּבֵן רָשָׁע הַכָּתוּב מְדַבֵּר שֶׁהוֹצִיא עַצְמוֹ מִן הַכְּלָל, וְכָאן: "וְהִגַּדְתָּ לְבִנְךָ" (להלן פסוק ח), בְּבֵן שֶׁאֵינוֹ יוֹדֵעַ לִשְׁאֹל, וְהַכָּתוּב מְלַמֶּדְךָ שֶׁתִּפְתַּח לוֹ אַתָּה בְּדִבְרֵי אַגָּדָה הַמּוֹשְׁכִין אֶת הַלֵּב:

ח) **בַּעֲבוּר זֶה.** בַּעֲבוּר שֶׁאֲקַיֵּם מִצְוֹתָיו כְּגוֹן פֶּסַח מַצָּה וּמָרוֹר הַלָּלוּ: **עָשָׂה ה' לִי.** רֶמֶז תְּשׁוּבָה לְבֵן רָשָׁע, לוֹמַר: "עָשָׂה ה' לִי", וְלֹא לְךָ, שֶׁאִלּוּ הָיִיתָ שָׁם לֹא הָיִיתָ כְּדַאי לִגָּאֵל:

ט) **וְהָיָה לְךָ לְאוֹת.** יְצִיאַת מִצְרַיִם תִּהְיֶה לְךָ לְאוֹת עַל יָדְךָ וּבֵין עֵינֶיךָ, שֶׁתִּכְתֹּב פָּרָשִׁיּוֹת הַלָּלוּ וְתִקְשְׁרֵם בָּרֹאשׁ וּבַזְּרוֹעַ: **עַל יָדְךָ.** שְׂמֹאל, לְפִיכָךְ 'יָדְכָה' מָלֵא בְּפָרָשָׁה שְׁנִיָּה (להלן פסוק טז) לִדְרֹשׁ בּוֹ, יָד שֶׁהִיא כֵּהָה:

ביאור

ד **הַיּוֹם**, בתקופה זו[32] **אַתֶּם יֹצְאִים, בְּחֹדֶשׁ הָאָבִיב**. אין בכך רק הסבת תשומת לבם לתקופת השנה, אלא קביעה נורמטיבית, מעין הקביעות ההלכתיות שנאמרו לפניה ולאחריה, המרמזת שלעולם יחול חג הפסח בחודש האביב.[33] ה לא רק כאן ועכשיו תחגגו את חג הפסח. **וְהָיָה כִי יְבִיאֲךָ ה׳ אֶל אֶרֶץ הַכְּנַעֲנִי וְהַחִתִּי וְהָאֱמֹרִי וְהַחִוִּי וְהַיְבוּסִי אֲשֶׁר נִשְׁבַּע לַאֲבֹתֶיךָ לָתֶת לָךְ**, שהיא **אֶרֶץ זָבַת חָלָב וּדְבָשׁ – וְעָבַדְתָּ אֶת הָעֲבֹדָה הַזֹּאת**, עבודת קרבן הפסח שעשית אותה במצרים, **בַּחֹדֶשׁ הַזֶּה** – חודש האביב. ו **שִׁבְעַת יָמִים תֹּאכַל מַצֹּת, וּבַיּוֹם הַשְּׁבִיעִי – חַג לַה׳**. ז **מַצּוֹת**, ולא חמץ **יֵאָכֵל אֵת שִׁבְעַת הַיָּמִים**, אינך חייב לאכול מצות בכל שבעת הימים, כפי שאפשר היה ללמוד מן הפסוק הקודם, אלא את המצות בלבד תוכל לאכול, ואילו החמץ אסור באכילה באותם ימים.[34] יתר על כן, לא רק אכילת חמץ אסורה, אפילו – **וְלֹא יֵרָאֶה לְךָ חָמֵץ, וְלֹא יֵרָאֶה לְךָ שְׂאֹר בְּכָל גְּבֻלֶךָ**.

ח **וְהִגַּדְתָּ לְבִנְךָ בַּיּוֹם הַהוּא**, שבו תציין את היציאה ממצרים, **לֵאמֹר**: "**בַּעֲבוּר זֶה** – כדי שאשמור את הזיכרון ואקיים את המעשים, **עָשָׂה ה׳ לִי** את כל אותם המופתים **בְּצֵאתִי מִמִּצְרָיִם**".

ט **וְהָיָה לְךָ** סיפור יציאת מצרים **לְאוֹת עַל יָדְךָ וּלְזִכָּרוֹן בֵּין עֵינֶיךָ**. כתוב את הסיפור על חפץ שאותו תצמיד לידיך ובין עיניך לשם זכירת הסיפור. **לְמַעַן תִּהְיֶה תּוֹרַת ה׳ בְּפִיךָ**, וכדי לזכור **כִּי בְּיָד חֲזָקָה הוֹצִאֲךָ ה׳ מִמִּצְרָיִם**.

הרחבות

'היום אתם יצאים בחדש האביב... ועבדת את העבדה הזאת בחדש הזה' בעקבות הוראה זו, שתתפרש יותר בהמשך (כג,טו), נוצר הלוח העברי. אף על פי שבעיקרו לוח זה מתנהל לפי חודשי הלבנה, הוא מתחשב גם במהלך השמש כדי שחודש היציאה ממצרים יישאר לעולם באביב (ראו ראש השנה כא ע"א; ראב"ע על אתר). לשם ההתאמה בין שנת החמה לשנת הלבנה יש צורך בהוספת חודש עיבור; ולפי המסורת – אדר שני, שהוא סוף מחזור חודשי השנה המתחיל מניסן.

'והגדת לבנך' החובה לשמר את הזיכרון ולהעבירו מדור לדור באמצעות סיפור גאולתנו ממצרים לבנינו היא הבסיס להגדה של פסח.

'והיה לך לאות על ידך ולזכרון בין עיניך' ביטוי זה חוזר שוב בהמשך העניין, והוא מופיע במקומות נוספים בתורה (דברים ו,ח; יא,יח). היו שרצו לפרשו כביטוי פיוטי, שמשמעו שהדברים הללו ייזכרו וייחרטו בתודעתך כאילו הם נתונים בקביעות על היד ובין העיניים. כנגד דעה זו יצאו מפרשים שונים בחריפות, (ראו רשב"ם, והשוו ראב"ע הארוך ורש"י), בטענה שהתורה בעיקרה איננה מדברת במליצות, אלא מורה כיצד לנהוג בפועל. מפסוק זה בהיקרויותיו השונות נלמדה מצוות תפילין. תפילין של יד ותפילין של ראש, שצורתן והתכנים הכתובים בהן נמסרו לדורות במסורת, והן משמשות סימן ותזכורת ליציאת מצרים.

יְהוָ֖ה מִמִּצְרָֽיִם׃ וְשָׁמַרְתָּ֛ אֶת־הַחֻקָּ֥ה הַזֹּ֖את לְמוֹעֲדָ֑הּ י
מִיָּמִ֖ים יָמִֽימָה׃
יא וְהָיָ֞ה כִּֽי־יְבִֽאֲךָ֤ יְהוָה֙ אֶל־אֶ֣רֶץ הַֽכְּנַעֲנִ֔י כַּאֲשֶׁ֛ר נִשְׁבַּ֥ע
יב לְךָ֖ וְלַאֲבֹתֶ֑יךָ וּנְתָנָ֖הּ לָֽךְ׃ וְהַעֲבַרְתָּ֥ כָל־פֶּֽטֶר־רֶ֖חֶם
לַֽיהוָ֑ה וְכָל־פֶּ֣טֶר ׀ שֶׁ֣גֶר בְּהֵמָ֗ה אֲשֶׁ֨ר יִהְיֶ֥ה לְךָ֛ הַזְּכָרִ֖ים
יג לַֽיהוָֽה׃ וְכָל־פֶּ֤טֶר חֲמֹר֙ תִּפְדֶּ֣ה בְשֶׂ֔ה וְאִם־לֹ֥א תִפְדֶּ֖ה
יד וַעֲרַפְתּ֑וֹ וְכֹ֨ל בְּכ֥וֹר אָדָ֛ם בְּבָנֶ֖יךָ תִּפְדֶּֽה׃ וְהָיָ֞ה כִּֽי־ מפטיר
יִשְׁאָלְךָ֥ בִנְךָ֛ מָחָ֖ר לֵאמֹ֣ר מַה־זֹּ֑את וְאָמַרְתָּ֣ אֵלָ֔יו

רש"י

י] **מִיָּמִים יָמִימָה.** מִשָּׁנָה לְשָׁנָה:

יא] **נִשְׁבַּע לְךָ.** וְהֵיכָן נִשְׁבַּע לְךָ? "וְהֵבֵאתִי אֶתְכֶם אֶל הָאָרֶץ אֲשֶׁר נָשָׂאתִי" וְגוֹ' (לעיל ו, ח): **וּנְתָנָהּ לָךְ.** תְּהֵא בְעֵינֶיךָ כְּאִלּוּ נְתָנָהּ לְךָ בּוֹ בַּיּוֹם וְאַל תְּהִי בְעֵינֶיךָ כִּירֻשַּׁת אָבוֹת:

יב] **וְהַעֲבַרְתָּ.** אֵין "וְהַעֲבַרְתָּ" אֶלָּא לְשׁוֹן הַפְרָשָׁה, וְכֵן הוּא אוֹמֵר: "וְהַעֲבַרְתֶּם אֶת נַחֲלָתוֹ לְבִתּוֹ" (במדבר כז, ח): **שֶׁגֶר בְּהֵמָה.** נֵפֶל שֶׁשִּׁגְּרַתּוּ אִמּוֹ וְשִׁלְּחַתּוּ בְּלֹא עִתּוֹ, וְלִמֶּדְךָ הַכָּתוּב שֶׁהוּא קָדוֹשׁ בִּבְכוֹרָה לִפְטֹר אֶת הַבָּא אַחֲרָיו. וְאַף שֶׁאֵינוֹ נֵפֶל קָרוּי 'שֶׁגֶר', כְּמוֹ: "שְׁגַר אֲלָפֶיךָ" (דברים ז, יג), אֲבָל זֶה לֹא בָּא אֶלָּא לְלַמֵּד עַל הַנֵּפֶל, שֶׁהֲרֵי כְּבָר כָּתַב "כָּל פֶּטֶר רֶחֶם". וְאִם תֹּאמַר, אַף בְּכוֹר בְּהֵמָה טְמֵאָה בַּמַּשְׁמָע, בָּא וּפֵרֵשׁ בְּמָקוֹם אַחֵר: "בִּבְקָרְךָ וּבְצֹאנֶךָ" (שם טו, יט). לָשׁוֹן אַחֵר יֵשׁ לְפָרֵשׁ, "וְהַעֲבַרְתָּ כָל פֶּטֶר רֶחֶם" – בִּבְכוֹר אָדָם הַכָּתוּב מְדַבֵּר:

יג] **פֶּטֶר חֲמֹר.** וְלֹא פֶּטֶר שְׁאָר בְּהֵמָה טְמֵאָה, וּגְזֵרַת הַכָּתוּב הִיא, לְפִי שֶׁנִּמְשְׁלוּ בְּכוֹרֵי מִצְרַיִם לַחֲמוֹרִים. וְעוֹד, שֶׁסִּיְּעוּ אֶת יִשְׂרָאֵל בִּיצִיאָתָן מִמִּצְרַיִם, שֶׁאֵין לְךָ אֶחָד מִיִּשְׂרָאֵל שֶׁלֹּא נָשָׂא עִמּוֹ הַרְבֵּה חֲמוֹרִים טְעוּנִים מִכַּסְפָּהּ וּמִזְּהָבָהּ שֶׁל מִצְרַיִם: **תִּפְדֶּה בְשֶׂה.** נוֹתֵן שֶׂה לַכֹּהֵן וּפֶטֶר חֲמוֹר מֻתָּר בַּהֲנָאָה, וְהַשֶּׂה חֻלִּין בְּיַד כֹּהֵן: **וַעֲרַפְתּוֹ.** עוֹרְפוֹ בְּקוֹפִיץ מֵאֲחוֹרָיו וְהוֹרְגוֹ. הוּא הִפְסִיד מָמוֹנוֹ שֶׁל כֹּהֵן לְפִיכָךְ יֻפְסַד מָמוֹנוֹ: **וְכֹל בְּכוֹר אָדָם בְּבָנֶיךָ תִּפְדֶּה.** חָמֵשׁ סְלָעִים פִּדְיוֹנוֹ קָצוּב בְּמָקוֹם אַחֵר (במדבר יח, טז):

יד] **כִּי יִשְׁאָלְךָ בִנְךָ מָחָר.** יֵשׁ 'מָחָר' שֶׁהוּא עַכְשָׁיו וְיֵשׁ 'מָחָר' שֶׁהוּא לְאַחַר זְמַן, כְּגוֹן זֶה וּכְגוֹן: "מָחָר יֹאמְרוּ בְנֵיכֶם לְבָנֵינוּ" (יהושע כב, כד) דִּבְנֵי גָד וּבְנֵי רְאוּבֵן: **מַה זֹּאת.** זֶה תִּינוֹק טִפֵּשׁ שֶׁאֵינוֹ יוֹדֵעַ לְהַעֲמִיק שְׁאֵלָתוֹ וְסוֹתֵם וְשׁוֹאֵל: "מַה זֹּאת". וּבְמָקוֹם אַחֵר הוּא אוֹמֵר: "מָה הָעֵדֹת וְהַחֻקִּים וְהַמִּשְׁפָּטִים" וְגוֹ' (דברים ו, כ), הֲרֵי זוֹ שְׁאֵלַת בֵּן חָכָם. דִּבְּרָה תוֹרָה כְּנֶגֶד אַרְבָּעָה בָנִים: רָשָׁע, וְשֶׁאֵינוֹ מֵבִין לִשְׁאֹל, וְהַשּׁוֹאֵל דֶּרֶךְ סְתוּמָה, וְהַשּׁוֹאֵל דֶּרֶךְ חָכְמָה:

ביאור

י מעבר לתזכורות הנהוגות במשך השנה כולה, לגבי הפסח – **וְשָׁמַרְתָּ**
אֶת הַחֻקָּה הַזֹּאת לְמוֹעֲדָהּ בזמנה **מִיָּמִים יָמִימָה**, שנה אחר שנה.[35]

יא לאחר שמשה הרחיב לגבי המעשים שנועדו להזכיר את יציאת
מצרים – ציון הימים באכילת מצות ולא חמץ, קביעתם בחודש
האביב, ההוראות להשבית בו חמץ ולספר בו את סיפור האירועים
על פה, ונוסף לכך, מצוות הנחתם של אות וזיכרון כתובים על
היד ועל הראש – הוא חוזר לגופו של הציווי שה׳ הורה לו להודיע
לישראל: **וְהָיָה כִּי יְבִאֲךָ ה׳ אֶל אֶרֶץ הַכְּנַעֲנִי, כַּאֲשֶׁר נִשְׁבַּע לְךָ וְלַאֲבֹתֶיךָ,**
וּנְתָנָהּ לָךְ, יב **וְהַעֲבַרְתָּ**, הפרש **כָל פֶּטֶר רֶחֶם**, הראשון שיצא מן הרחם
לַה׳, וְכָל פֶּטֶר שֶׁגֶר בְּהֵמָה, ראשוני הוולדות המשוגרים מגוף הבהמה
החוצה **אֲשֶׁר יִהְיֶה לְךָ, הַזְּכָרִים** יהיו קודש **לַה׳**.

יג **וְכָל פֶּטֶר חֲמֹר תִּפְדֶּה בְשֶׂה.** אף בכור החמור קדוש, אך אין להקדישו
או להשתמש בו כמו שהוא; יש להמיר אותו בשה – שאותו ייתנו
לכהני ה׳, כפי שיתפרש לאחר זמן. **וְאִם לֹא תִפְדֶּה** את פטר החמור –
וַעֲרַפְתּוֹ. לא ברור מדוע יסרב אדם לפדות את חמורו; ייתכן שהוא
כועס על הכהן שבקרבתו, אולי אינו רוצה או אינו יכול לפדות אותו
בשה מסיבות אחרות. **וְכֹל בְּכוֹר אָדָם בְּבָנֶיךָ**, שאף הוא אינו קרב
על המזבח – **תִּפְדֶּה.**

יד **וְהָיָה כִּי יִשְׁאָלְךָ בִנְךָ מָחָר לֵאמֹר: "מַה זֹּאת?"** מדוע אתם עושים
כך בפטר הבהמה, בפטר החמור או בבכור האדם?

עריפת חמור במצרים
ציור
המאה ה-10לפנה"ס

הרחבות

'והעברת כל פטר רחם לה'' מאוחר יותר יינתנו הבכורות לכהנים, אך בשלב זה עדיין אין משכן וגם אין כהנים, והבנים הבכורים הם ככהני ה'. התורה אינה מבארת כאן מהי משמעותה המעשית של הקדשת בכורות הבהמה לה'.

'וכל פטר חמר תפדה בשה ואם לא תפדה וערפתו' התורה אינה מבארת מדוע פודים דווקא את בכור החמור. החמור לא היה מאלילי מצרים, אך הוא ייצג בתרבות המצרית את האליל סת, שהיה מֵאלי המדבר, החושך ומקור החורבן, והמצרים פחדו ממנו. נראה מהכתוב כי האפשרות המועדפת לכתחילה היא הפדיון, והעריפה איננה אלא תוצאת ההימנעות מהפדיון (ראו משנה בכורות א,ז).

בְּחֹזֶק יָד הוֹצִיאָנוּ יְהוָה מִמִּצְרַיִם מִבֵּית עֲבָדִים׃
טו וַיְהִי כִּי־הִקְשָׁה פַרְעֹה לְשַׁלְּחֵנוּ וַיַּהֲרֹג יְהוָה כָּל־בְּכוֹר
בְּאֶרֶץ מִצְרַיִם מִבְּכֹר אָדָם וְעַד־בְּכוֹר בְּהֵמָה עַל־כֵּן
אֲנִי זֹבֵחַ לַיהוָה כָּל־פֶּטֶר רֶחֶם הַזְּכָרִים וְכָל־בְּכוֹר בָּנַי
טז אֶפְדֶּה׃ וְהָיָה לְאוֹת עַל־יָדְכָה וּלְטוֹטָפֹת בֵּין עֵינֶיךָ
כִּי בְּחֹזֶק יָד הוֹצִיאָנוּ יְהוָה מִמִּצְרָיִם׃

בשלח

יז וַיְהִי בְּשַׁלַּח פַּרְעֹה אֶת־הָעָם וְלֹא־נָחָם אֱלֹהִים דֶּרֶךְ
אֶרֶץ פְּלִשְׁתִּים כִּי קָרוֹב הוּא כִּי ׀ אָמַר אֱלֹהִים פֶּן־
יח יִנָּחֵם הָעָם בִּרְאֹתָם מִלְחָמָה וְשָׁבוּ מִצְרָיְמָה׃ וַיַּסֵּב
אֱלֹהִים ׀ אֶת־הָעָם דֶּרֶךְ הַמִּדְבָּר יַם־סוּף וַחֲמֻשִׁים

רש"י

טז) **ולטוטפת.** תפלין, ועל שם שהם ארבעה בתים קרויים 'טוטפת', 'טט' בכתפי שתים 'פת' באפריקי שתים. ומנחם חברו עם "והטף אל דרום" (יחזקאל כא, ב), "אל תטפו" (מיכה ב, ו), לשון דבור, כמו: "ולזכרון בין עיניך" (לעיל פסוק ט), שהרואה אותם קשורים בין העינים יזכר הנס וידבר בו:

יז) **ויהי בשלח פרעה. ולא נחם.** נהגם, כמו: "לך נחה את העם" (להלן לב, לד), "בהתהלכך תנחה אתך" (משלי ו, כב): **כי קרוב הוא.** ונוח לשוב באותו הדרך למצרים. ומדרשי אגדה יש הרבה: **בראתם מלחמה.** כגון מלחמת "וירד העמלקי והכנעני" וגו' (במדבר יד, מה), אם הלכו דרך ישר היו חוזרים. מה אם כשהקיפם דרך מעקם אמרו: "נתנה ראש ונשובה מצרימה" (שם פסוק ד), אם הוליכם בפשוטה על אחת כמה וכמה: **פן ינחם.** יחשבו מחשבה על שיצאו ויתנו לב לשוב:

יח) **ויסב.** הסבם מן הדרך הפשוטה לדרך העקמה: **ים סוף.** כמו לים סוף. ו'סוף' הוא לשון אגם שגדלים בו קנים, וכן: "ותשם בסוף" (לעיל ב, ג), "קנה וסוף קמלו" (ישעיה יט, ו): **וחמשים.** אין 'חמשים' אלא מזינים, וכן הוא אומר: "ואתם תעברו חמשים" (יהושע א, יד). וכן תרגם אונקלוס "מזרזין", כמו: "וירק את חניכיו" (בראשית יד, יד), "וזריז". דבר אחר, "וחמשים", מחמשים, אחד מחמשה יצאו וארבעה חלקים מתו בשלשת ימי אפלה:

הרחבות

'והיה לאות על ידכה ולטוטפת בין עיניך' נראה כי חשיבות התפילין אינה טמונה רק בפרשייה הכתובה המונחת ב'בתים'. אין הן רק אמצעי לזכירה, תבניתן נתפסת כסמל מלכותי, סמל אצולה, אות ייצוגי שיש בו כדי לעורר כבוד. (בלשון חכמים שימשה מלה זו כשם קישוט המונח על המצח, מקום הנחת התפילין. ראו שבת נז ע"ב). למרבה הפלא, בכתרו של פרעה מלך מצרים היה אלמנט הדומה למדי לתפילין של ראש. תפילי הראש המגלמים כתר מלכות שניתן לכל ישראל, מצביעים

ביאור | **וְאָמַרְתָּ אֵלָיו:** "**בְּחֹזֶק יָד**, בכוח ובתוקף **הוֹצִיאָנוּ ה' מִמִּצְרַיִם, מִבֵּית עֲבָדִים.** טו **וַיְהִי כִּי הִקְשָׁה פַרְעֹה לְשַׁלְּחֵנוּ, וַיַּהֲרֹג ה' כָּל בְּכוֹר בְּאֶרֶץ מִצְרַיִם, מִבְּכֹר אָדָם וְעַד בְּכוֹר בְּהֵמָה**, ורק זו הייתה הדרך שבה הסכים פרעה לשלחנו. כיוון שכך, ה' לקח לרשותו את כל הבכורות. **עַל כֵּן אֲנִי זֹבֵחַ לַה' כָּל פֶּטֶר רֶחֶם הַזְּכָרִים, וְכָל בְּכוֹר בָּנַי אֶפְדֶּה.** את הבכורות שלקח ה' לעצמו, אני נותן לו".

טז **וְהָיָה** גם נושא זה **לְאוֹת עַל יָדְכָה**, ידך, **וּלְטוֹטָפֹת**, מלה עמומה, שאולי מקורה לועזי. לפי המסורת שבעל-פה אלו התפילין.[36] **בֵּין עֵינֶיךָ, כִּי בְּחֹזֶק יָד הוֹצִיאָנוּ ה' מִמִּצְרָיִם**, משום שאנו בחיריו ובנו הוא רוצה. עניין זה ייזכר הן על ידי מתן הבכורות, הן באמצעות הנחת התפילין, המסמלים את הקשר בינינו ובין ה'.

פרשת בשלח

תחילת המסע במדבר

פרק יג פס' יז–כב

המצוות הופיעו לפני סיפור מכת בכורות ויציאת מצרים ואחריהן, כעטיפה המטביעה את זכרם של האירועים הגדולים בתודעת העם לדורותיו. מהן שבה התורה וממשיכה לספר את קורות העם בתחילת מסעו במדבר. בעניין קצר זה מתוארות תחנותיו הראשונות של המסע וכן דברים הקשורים למסלול הכללי שלו ולאופן שבו התנהל. כמו כן מדובר כאן במימוש ההבטחה שניתנה ליוסף בדבר העלאת עצמותיו ממצרים.

יז **וַיְהִי בְּשַׁלַּח פַּרְעֹה אֶת הָעָם, וְלֹא נָחָם**, הנחה אותם **אֱלֹהִים** ללכת **דֶּרֶךְ אֶרֶץ פְּלִשְׁתִּים**, לאורך חוף הים התיכון, שם ישבו הפלשתים, אף[1] **כִּי קָרוֹב הוּא, כִּי אָמַר אֱלֹהִים: פֶּן יִנָּחֵם**, יתחרט **הָעָם בִּרְאֹתָם מִלְחָמָה**, אמנם הפלשתים לא היו עם גדול, אך הם היו מלומדי מלחמה ותקיפים. אילו עברו ישראל בארצם, הייתה עלולה לפרוץ מלחמה קשה, ונוכח אתגרים קשים אלו - **וְשָׁבוּ** ישראל **מִצְרָיְמָה.** יח לפיכך - **וַיַּסֵּב**, סובב **אֱלֹהִים אֶת הָעָם דֶּרֶךְ הַמִּדְבָּר, דרך יַם סוּף.** במקום לפנות צפונה, לאורך דרך הים, הוא כיוון אותם

הרחבות | על מעמדו של ישראל כנסיך, כבנו בכורו של אלוקים (לעיל ד,כב). אף לתפילה הניתנת לאות על היד יש משמעות סמלית, המבטאת מצד אחד עוז ומצד אחר שעבוד לקדוש ברוך הוא. (ראו ברכות ו ע"א).

שני החלקים האחרונים בעניין הזה, שבהם הופיע הציווי על התפילין (פסוקים א–י ופסוקים יא–טז), הם שתיים מתוך ארבע הפרשיות הכתובות על קלף בתוך התפילין.

עָלוּ בְנֵי־יִשְׂרָאֵל מֵאֶרֶץ מִצְרָיִם: וַיִּקַּח מֹשֶׁה אֶת־ יט
עַצְמוֹת יוֹסֵף עִמּוֹ כִּי הַשְׁבֵּעַ הִשְׁבִּיעַ אֶת־בְּנֵי יִשְׂרָאֵל
לֵאמֹר פָּקֹד יִפְקֹד אֱלֹהִים אֶתְכֶם וְהַעֲלִיתֶם אֶת־
עַצְמֹתַי מִזֶּה אִתְּכֶם: וַיִּסְעוּ מִסֻּכֹּת וַיַּחֲנוּ בְאֵתָם כ
בִּקְצֵה הַמִּדְבָּר: וַיהוָה הֹלֵךְ לִפְנֵיהֶם יוֹמָם בְּעַמּוּד כא
עָנָן לַנְחֹתָם הַדֶּרֶךְ וְלַיְלָה בְּעַמּוּד אֵשׁ לְהָאִיר לָהֶם
לָלֶכֶת יוֹמָם וָלָיְלָה: לֹא־יָמִישׁ עַמּוּד הֶעָנָן יוֹמָם כב
וְעַמּוּד הָאֵשׁ לָיְלָה לִפְנֵי הָעָם:
וַיְדַבֵּר יְהוָה אֶל־מֹשֶׁה לֵּאמֹר: דַּבֵּר אֶל־בְּנֵי יִשְׂרָאֵל א ב יד

רש"י

יט) **הַשְׁבֵּעַ הִשְׁבִּיעַ.** הִשְׁבִּיעָם שֶׁיַּשְׁבִּיעוּ לִבְנֵיהֶם. וְלָמָּה לֹא הִשְׁבִּיעַ לְבָנָיו שֶׁיִּשָּׂאוּהוּ לְאֶרֶץ כְּנַעַן מִיָּד כְּמוֹ שֶׁהִשְׁבִּיעַ יַעֲקֹב? אָמַר יוֹסֵף: אֲנִי שַׁלִּיט הָיִיתִי בְּמִצְרַיִם וְהָיָה סִפֵּק בְּיָדִי לַעֲשׂוֹת, אֲבָל בָּנַי לֹא יַנִּיחוּם מִצְרִים לַעֲשׂוֹת, לְכָךְ הִשְׁבִּיעָם לִכְשֶׁיִּגָּאֲלוּ וְיֵצְאוּ מִשָּׁם שֶׁיִּשָּׂאוּהוּ: **וְהַעֲלִיתֶם אֶת עַצְמֹתַי מִזֶּה אִתְּכֶם.** לְאֶחָיו הִשְׁבִּיעַ כֵּן, לָמַדְנוּ שֶׁאַף עַצְמוֹת כָּל הַשְּׁבָטִים הֶעֱלוּ עִמָּהֶם, שֶׁנֶּאֱמַר "אִתְּכֶם":

כ) **וַיִּסְעוּ מִסֻּכֹּת.** בַּיּוֹם הַשֵּׁנִי, שֶׁהֲרֵי בָּרִאשׁוֹן בָּאוּ מֵרַעְמְסֵס לְסֻכּוֹת (לעיל יב, לז):

כא) **לַנְחֹתָם הַדֶּרֶךְ.** נָקוּד פַּתָּח, שֶׁהוּא כְּמוֹ לְהַנְחוֹתָם, כְּמוֹ: "לַרְאֹתְכֶם בַּדֶּרֶךְ אֲשֶׁר תֵּלְכוּ בָהּ" (דברים א, לג) שֶׁהוּא כְּמוֹ לְהַרְאוֹתְכֶם, אַף כָּאן לְהַנְחוֹתָם עַל יְדֵי שָׁלִיחַ. וּמִי הוּא הַשָּׁלִיחַ? עַמּוּד הֶעָנָן, וְהַקָּדוֹשׁ בָּרוּךְ הוּא בִּכְבוֹדוֹ מוֹלִיכוֹ לִפְנֵיהֶם, וּמִכָּל מָקוֹם אֶת עַמּוּד הֶעָנָן הֵכִין לְהַנְחוֹתָם עַל יָדוֹ, שֶׁהֲרֵי עַל יְדֵי עַמּוּד הֶעָנָן הֵם הוֹלְכִים. עַמּוּד הֶעָנָן אֵינוֹ לְאוֹרָה אֶלָּא לְהוֹרוֹתָם הַדֶּרֶךְ:

כב) **לֹא יָמִישׁ.** הַקָּדוֹשׁ בָּרוּךְ הוּא אֶת "עַמּוּד הֶעָנָן יוֹמָם וְעַמּוּד הָאֵשׁ לָיְלָה", מַגִּיד שֶׁעַמּוּד הֶעָנָן מַשְׁלִים לְעַמּוּד הָאֵשׁ וְעַמּוּד הָאֵשׁ מַשְׁלִים לְעַמּוּד הֶעָנָן, שֶׁעַד שֶׁלֹּא יִשְׁקַע זֶה עוֹלֶה זֶה:

ביאור | לדרום-מזרח. ואמנם **חֲמֻשִׁים**, מצוידים בנשק **עָלוּ בְנֵי יִשְׂרָאֵל מֵאֶרֶץ מִצְרָיִם**. ישראל הניחו שייאלצו להילחם,[2] אך אלוקים חשב כי העם עדיין אינו מסוגל לעמוד בקרב ממשי בשלב זה. לכן התווה להם מסלול שיעקוף את פלשתים.

יט **וַיִּקַּח מֹשֶׁה** בדרכו **אֶת עַצְמוֹת יוֹסֵף עִמּוֹ, כִּי הַשְׁבֵּעַ הִשְׁבִּיעַ** יוסף **אֶת בְּנֵי יִשְׂרָאֵל**, בניו של יעקב,[3] או: כלל צאצאיו, בני הקבוצה המכונה 'ישראל', **לֵאמֹר**: כאשר **פָּקֹד יִפְקֹד** יזכור ויגאל **אֱלֹהִים אֶתְכֶם**, הריני מבקש מכם: **וְהַעֲלִיתֶם אֶת עַצְמֹתַי מִזֶּה**, ממצרים **אִתְּכֶם**.

כ **וַיִּסְעוּ** ישראל **מִסֻּכֹּת**, שם פרטי של מקום, או: מקום שבו היו סוכות, **וַיַּחֲנוּ בְאֵתָם**, שם מקום שהיה **בִּקְצֵה הַמִּדְבָּר**. עד כה צעדו במקומות פוריים שעדיין השתייכו למצרים או לגושן. עתה הגיעו לתחילת האזור השומם. כא כדי להתמצא במדבר – ומלאך[4] **ה' הֹלֵךְ לִפְנֵיהֶם**, לפני בני ישראל **יוֹמָם**, ביום **בְּעַמּוּד עָנָן**, בענן שצורתו כעמוד, **לַנְחֹתָם**, להנחותם את **הַדֶּרֶךְ**. הם צעדו בעקבות הענן, המסמל באופן כלשהו את כבוד ה'. ו**בלַיְלָה** הוא הולך אתם **בְּעַמּוּד אֵשׁ לְהָאִיר לָהֶם, לָלֶכֶת יוֹמָם וָלָיְלָה**. לא ברור אם בפועל נסעו ממקומם בלילה. על כל פנים, לאפשרות של צעידה לילית יועדה האש העומדת כעמוד לפני העם.[5] כב **לֹא יָמִישׁ**, יזוז **עַמּוּד הֶעָנָן יוֹמָם וְעַמּוּד הָאֵשׁ לָיְלָה לִפְנֵי הָעָם**. בני ישראל לא ידעו לאן הם הולכים, ושני העמודים הללו ייצגו את הדרכתו של ה' בדרכם במדבר.

ישראל בים סוף

פרק יד

בזמן שבו נגף ה' את מצרים במכותיו, ישראל נותרו בשולי הדברים בלבד. איש איש ישב במקומו, ולא חזה במו עיניו במעשי המופתים שעשה משה בשם ה'. רק בעמדם על ים סוף ישראל צפו במאורעות המתרחשים לנגד עיניהם באופן הדרמטי ביותר. יתר על כן, לעומת המכות שירדו על המצרים במרחב ארצם, האירועים שהתרחשו על ים סוף נעשים באופן מידי, מהיר ודחוס. זהו רגע מכונן גם באשר למעמדו של משה כמנהיג וכגואל בעיני העם.

פרק יד א **וַיְדַבֵּר ה' אֶל מֹשֶׁה לֵּאמֹר:** ב **דַּבֵּר אֶל בְּנֵי יִשְׂרָאֵל וְיָשֻׁבוּ**

וְיָשֻׁבוּ וְיַחֲנוּ לִפְנֵי פִּי הַחִירֹת בֵּין מִגְדֹּל וּבֵין הַיָּם לִפְנֵי
בַּעַל צְפֹן נִכְחוֹ תַחֲנוּ עַל־הַיָּם: וְאָמַר פַּרְעֹה לִבְנֵי ג
יִשְׂרָאֵל נְבֻכִים הֵם בָּאָרֶץ סָגַר עֲלֵיהֶם הַמִּדְבָּר:
וְחִזַּקְתִּי אֶת־לֵב־פַּרְעֹה וְרָדַף אַחֲרֵיהֶם וְאִכָּבְדָה ד
בְּפַרְעֹה וּבְכָל־חֵילוֹ וְיָדְעוּ מִצְרַיִם כִּי־אֲנִי יְהוָה

רש"י | פרק יד

ב | **וְיָשֻׁבוּ.** לַאֲחוֹרֵיהֶם, לְצַד מִצְרַיִם הָיוּ מְקָרְבִין כָּל יוֹם הַשְּׁלִישִׁי, כְּדֵי לְהַטְעוֹת אֶת פַּרְעֹה שֶׁיֹּאמַר תּוֹעִים הֵם בַּדֶּרֶךְ, כְּמוֹ שֶׁנֶּאֱמַר: "וְאָמַר פַּרְעֹה לִבְנֵי יִשְׂרָאֵל" וְגוֹ' (להלן פסוק ג): **וְיַחֲנוּ לִפְנֵי פִּי הַחִירֹת.** הוּא פִּיתוֹם, וְעַכְשָׁיו נִקְרֵאת 'פִּי הַחִירֹת' עַל שֵׁם שֶׁנַּעֲשׂוּ שָׁם בְּנֵי חוֹרִין. וְהֵם שְׁנֵי סְלָעִים גְּבוֹהִים זְקוּפִים, וְהַגַּיְא שֶׁבֵּינֵיהֶם קָרוּי פִּי הַסְּלָעִים: **לִפְנֵי בַּעַל צְפֹן.** הוּא נִשְׁאַר מִכָּל אֱלֹהֵי מִצְרַיִם כְּדֵי לְהַטְעוֹתָן שֶׁיֹּאמְרוּ: קָשָׁה יִרְאָתָן. וְעָלָיו פֵּרֵשׁ אִיּוֹב: "מַשְׂגִּיא לַגּוֹיִם וַיְאַבְּדֵם" (איוב יב, כג):

ג | **וְאָמַר פַּרְעֹה.** כְּשֶׁיִּשְׁמַע שֶׁהֵם שָׁבִים לַאֲחוֹרֵיהֶם: **לִבְנֵי יִשְׂרָאֵל.** עַל בְּנֵי יִשְׂרָאֵל. וְכֵן: "ה' יִלָּחֵם לָכֶם" (להלן פסוק יד) – עֲלֵיכֶם; "אִמְרִי לִי אָחִי הוּא" (בראשית כ, יג) – אִמְרִי עָלַי: **נְבֻכִים הֵם.** כְּלוּאִים וּמְשֻׁקָּעִים, וּבְלַעַז סירי"ר. כְּמוֹ: "נִבְכֵי יָם" (איוב לח, טז), "בְּעֵמֶק הַבָּכָא" (תהלים פד, ז), "מִבְּכִי נְהָרוֹת" (איוב כח, יא). "נְבֻכִים הֵם" – כְּלוּאִים הֵם בַּמִּדְבָּר, שֶׁאֵינָן יוֹדְעִין לָצֵאת מִמֶּנּוּ וּלְהֵיכָן יֵלְכוּ:

ד | **וְאִכָּבְדָה בְּפַרְעֹה.** כְּשֶׁהַקָּדוֹשׁ בָּרוּךְ הוּא מִתְנַקֵּם בָּרְשָׁעִים שְׁמוֹ מִתְגַּדֵּל וּמִתְכַּבֵּד. וְכֵן הוּא אוֹמֵר: "וְנִשְׁפַּטְתִּי אִתּוֹ" וְגוֹ' וְאַחַר כָּךְ: "וְהִתְגַּדִּלְתִּי וְהִתְקַדִּשְׁתִּי וְנוֹדַעְתִּי" וְגוֹ' (יחזקאל לח, כב-כג), וְאוֹמֵר: "שָׁמָּה שִׁבַּר רִשְׁפֵי קָשֶׁת" וְאַחַר כָּךְ: "נוֹדָע בִּיהוּדָה אֱלֹהִים" (תהלים עו, ב-ד), וְאוֹמֵר: "נוֹדַע ה' מִשְׁפָּט עָשָׂה" (שם ט, יז): **בְּפַרְעֹה וּבְכָל חֵילוֹ.** הוּא הִתְחִיל

העולם

פִּי הַחִירֹת פי(ר) הוא מקדש במצרית. שם זה מופיע בשמות מקומות אחרים במצרים, כמו פיתום, פיבסת. ייתכן שחירות הוא חתחור, אחד מאלי מצרים, או חרת, אלה שמית שעבדו לה במצרים. לפי דעה זו מקומו של פי החירות אינו ידוע.

לפי דעה אחרת, השם, שמקורו שמי, מציין את פי הערוץ או התעלה. (khiritu – תעלה באוגריתית ואכדית), ועל כן יכולים להתאים לתיאור שני מקומות: אזור העיר סואץ (ג'בל עתקה), שבו מצוי פתחו של ערוץ סמוך לים סוף, או סמוך למוצא של אחת מתעלות הנילוס, אולי הזרוע המזרחית (הפלוסית) של הנילוס, שנקראה 'שיחור' (ישעיה כג,ג) על שם האליל המצרי חור.

בַּעַל צְפֹן שמו של אל כנעני שנזכר בחוזה מצרי מהמאה השישית לפנה"ס בצד אלי תחפנחס. זהו גם שם מקום מקדשו הקדום בג'בל אקרע בלבנון, הסמוך לאוגרית. היו ששיערו, ללא ביסוס ארכיאולוגי, כי בַּעַל צְפֹן המוזכר כאן הוא מקדש דומה הממוקם בתל הגבוה Mons Casios (הר קסיוס), במרכז הלשון היבשתית של ימת ברדוויל, שלפי עדויות היסטוריות (סטרבון), יורדי ים פיניקים בנו בו מקדש לבעל או לאחד מגלגוליו. עם זאת, יש להביא בחשבון את התופעה של שמות משותפים למקומות שונים – שמות מקומות הסמוכים לגבול מצרים חוזרים ומופיעים גם בשמות יישובים בארץ ישראל ומצפון לה, כגון סוכות וגושן.

ביאור

לכיוון מצרים **וְיַחֲנוּ לִפְנֵי פִּי הַחִירֹת**, מקום שהיה מפורסם בשעתו.
השם פִּי הוא במצרית. **בֵּין מִגְדֹּל וּבֵין הַיָּם** - ים סוף **לִפְנֵי** האליל
בַּעַל צְפֹן. **נִכְחוֹ**, מולו **תַחֲנוּ עַל הַיָּם**. בדרכם לכנען לא היו ישראל
צריכים לחצות את ים סוף. מעברו המזרחי של הנילוס הייתה הדרך
לארץ פתוחה בפניהם, גם אם ים סוף הגיע צפונה יותר מכפי שהוא
היום. אף על פי כן הורה ה׳ למשה לסטות מכיוון הליכתם ולחנות
על הים. ג **וְאָמַר**, ואז יאמר **פַּרְעֹה לִבְנֵי יִשְׂרָאֵל**, על בני ישראל:
״**נְבֻכִים**, תועים **הֵם בָּאָרֶץ**. הם איבדו את דרכם, ועתה חוזרים על
עקבותיהם. **סָגַר עֲלֵיהֶם הַמִּדְבָּר** ואינו מניח להם לצאת״. ד **וְחִזַּקְתִּי
אֶת לֵב פַּרְעֹה**. אחרי המכות, האבדן והשממה שלקה בהם, יתחזק
עתה בפעם האחרונה - **וְרָדַף אַחֲרֵיהֶם**, ואז **אִכָּבְדָה**, אהיה מכובד
בְּאמצעות **פַרְעֹה וּבְ**אמצעות **כָל חֵילוֹ**, **וְיָדְעוּ מִצְרַיִם כִּי אֲנִי ה׳** משום
שיתרחש דבר פלאי יותר ממכות מצרים.

סֻכֹּת, מגדֹל ובעל צפֹן

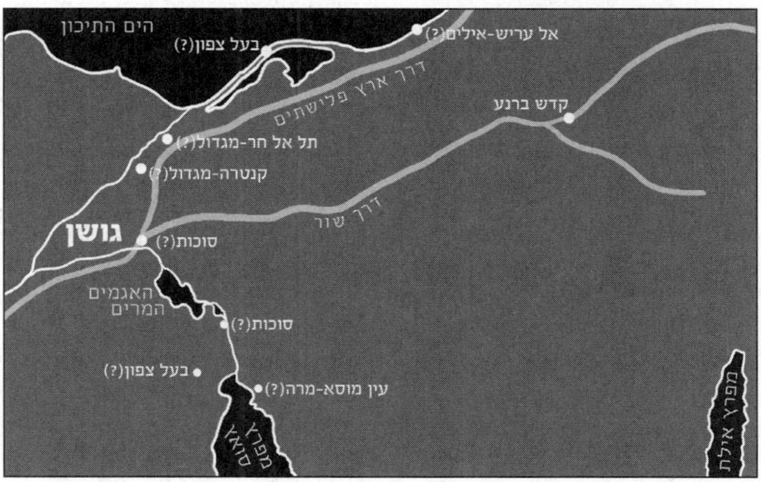

הרחבות

׳**בעל צפֹן**׳ אפשר לזהותו עם סֵת, אל המדבר, החושך ומקור החורבן. אליל זה השתייך לפולחן המצרי רק באופן חלקי. במשך דורות רבים לא ידעו המצרים כיצד עליהם להתייחס לאלוקי ישראל, והיכן עליהם להציבו במערכת האלים שלהם. הם ראו בו אל מקומי השייך לישראל, ולמרות מכות מצרים עדיין נותרו בתפיסתם הפגאנית. חניית ישראל לפני בעל צפון עשויה לחזק בתודעת פרעה את ההנחה, שישראל קשורים לפולחן אֵל השממה והאבדון. ושמא פרעה יפרש זאת, כאילו אותו אל אכזרי מזניח עתה את ישראל. או לחלופין תובע את עלבונם של המצרים (ראו מכילתא בשלח א).

וַיַּעֲשׂוּ־כֵן׃ · וַיֻּגַּד לְמֶלֶךְ מִצְרַיִם כִּי בָרַח הָעָם וַיֵּהָפֵךְ ה
לְבַב פַּרְעֹה וַעֲבָדָיו אֶל־הָעָם וַיֹּאמְרוּ מַה־זֹּאת
עָשִׂינוּ כִּי־שִׁלַּחְנוּ אֶת־יִשְׂרָאֵל מֵעָבְדֵנוּ׃ וַיֶּאְסֹר אֶת־ ו
רִכְבּוֹ וְאֶת־עַמּוֹ לָקַח עִמּוֹ׃ וַיִּקַּח שֵׁשׁ־מֵאוֹת רֶכֶב ז
בָּחוּר וְכֹל רֶכֶב מִצְרָיִם וְשָׁלִשִׁם עַל־כֻּלּוֹ׃ וַיְחַזֵּק ח
יְהוָה אֶת־לֵב פַּרְעֹה מֶלֶךְ מִצְרַיִם וַיִּרְדֹּף אַחֲרֵי בְּנֵי

רש"י

בעבדה וממנו התחיל הפרענות: **ויעשו כן.** להגיד שבחן ששמעו לקול משה, ולא אמרו: היאך נתקרב אל רודפינו? אנו צריכים לברוח! אלא אמרו: אין לנו אלא דברי בן עמרם:

ה **ויגד למלך מצרים.** איקטורין שלח עמהם, וכיון שהגיעו לשלשת ימים שקבעו לילך ולשוב וראו שאינן חוזרין למצרים, באו והגידו לפרעה ביום הרביעי. ובחמישי ובששי רדפו אחריהם, ליל שביעי ירדו לים, בשחרית אמרו שירה, והוא יום שביעי של פסח. לכך אנו קורין השירה ביום השביעי: **ויהפך.** נהפך ממה שהיה, שהרי אמר להם: "קומו צאו מתוך עמי" (לעיל יב, לא), ונהפך לב עבדיו, שהרי לשעבר היו אומרים לו: "עד מתי יהיה זה לנו למוקש" (לעיל י, ז) ועכשיו נהפכו לרדוף אחריהם בשביל ממונם שהשאילום: **מעבדנו.** מעבד אותנו:

ו **ויאסר את רכבו.** הוא בעצמו: **ואת עמו לקח עמו.** משכם בדברים: לקינו ונטלו ממוננו ושלחנום; בואו עמי ואני לא אתנהג כשאר מלכים, דרך מלכים עבדיו קודמין לו במלחמה, ואני אקדים לפניכם, שנאמר: "ופרעה הקריב" (להלן פסוק י), הקריב עצמו ומהר לפני חילותיו; דרך מלכים לטול בזה בראש כמו שיבחר, אני אשוה עמכם בחלק, שנאמר: "אחלק שלל" (להלן טו, ט):

ז **בחור.** נבחרים. 'בחור' לשון יחיד, כל רכב ורכב שבמנין זה היה בחור: **וכל רכב מצרים.** ועמהם כל שאר הרכב. ומהיכן היו הבהמות הללו? אם תאמר משל מצרים, הרי נאמר: "וימת כל מקנה מצרים" (לעיל ט, ו)! ואם משל ישראל, והלא נאמר: "וגם מקננו ילך עמנו" (לעיל י, כו)! משל מי היו? מ"הירא את דבר ה'" (לעיל ט, כ). מכאן היה רבי שמעון אומר: כשר שבגוים הרג, טוב שבנחשים רצץ את מוחו: **ושלשם על כלו.** שרי צבאות, כתרגומו:

ח **ויחזק ה' את לב פרעה.** שהיה תולה

הרחבות

'ויגד למלך מצרים כי ברח העם' קרוב לוודאי שפרעה שלח אנשים ללוות את ישראל – אם כמלווים רשמיים, אם כמרגלי חרש – כדי לקבל מידע על המתרחש. כך נודע לו שבני ישראל לא יצאו כעבדים שזכו בחופשה זמנית, אלא מתוך גאוות מנצחים ותחושת עצמאות (על פי מכילתא).

'ושלשם על כלו' המצרים הקדמוניים היו רותמים את סוסיהם על צווארם,

ביאור

וַיַּעֲשׂוּ ישראל כֵן.

ה ומצדו של פרעה - **וַיֻּגַּד לְמֶלֶךְ מִצְרַיִם כִּי בָרַח הָעָם.** הרי עברו כבר שלושת הימים שאותם הגדירו מראש; אף לא נראה שפניהם מועדות ליעד מסוים. **וַיֵּהָפֵךְ לְבַב פַּרְעֹה וַעֲבָדָיו אֶל הָעָם וַיֹּאמְרוּ: מַה זֹּאת עָשִׂינוּ כִּי שִׁלַּחְנוּ אֶת יִשְׂרָאֵל מֵעָבְדֵנוּ?!** עם עבדים שלם מילא תפקיד משמעותי בכלכלתנו והיה חלק ממרקם החיים שלנו. לא התכוונו לשלחם לחפשי, אלא להעניק להם חופשה בלבד.

ו **וַיֶּאְסֹר אֶת רִכְבּוֹ.** פרעה הורה לרתום את סוסיו למרכבתו הפרטית, **וְאֶת עַמּוֹ,** חייליו **לָקַח עִמּוֹ.** ז **וַיִּקַּח שֵׁשׁ מֵאוֹת רֶכֶב בָּחוּר,** מובחר, רכבי המלחמה הטובים ביותר. זה היה גדוד העילית המצרי, שגודלו כאוגדת טנקים לפחות. **וְכֹל** שאר **רֶכֶב מִצְרָיִם,** שהיה לו תפקיד דומיננטי בכוחה הצבאי של מצרים, **וְשָׁלִשִׁם עַל כֻּלּוֹ.** לכל רכב הצטרף איש מלחמה שלישי, מעבר לרכָּב, שבידו היו המושכות, והלוחם, שהחזיק בנשק (בעיקר הקשת, כפי שרואים בציורים המצריים).

ח **וַיְחַזֵּק ה׳ אֶת לֵב פַּרְעֹה מֶלֶךְ מִצְרַיִם, וַיִּרְדֹּף אַחֲרֵי בְּנֵי יִשְׂרָאֵל, וּבְנֵי**

רכב מצרים

הרחבות

ועדיין לא ידעו לרתום את סוסיהם על חזותיהם כך שינוצל מלוא כוחם. משום כך, תוספת אדם על הרכב הכבידה על תנועתו, ואולי לא הייתה נוחה לפעולה צבאית. אולם באופן זה הרכב נראה מאיים הרבה יותר. מכאן עולה שפרעה לא התכוון למלחמה, אלא לפעולת עונשין כבדה כלפי ישראל; הוא ביקש להפחידם כדי לגרום להם לחזור, ואכן הצליח להטיל עליהם אימה.

שני יִשְׂרָאֵ֑ל וּבְנֵ֣י יִשְׂרָאֵ֔ל יֹצְאִ֖ים בְּיָ֥ד רָמָֽה׃ וַיִּרְדְּפ֨וּ ט
מִצְרַ֜יִם אַחֲרֵיהֶ֗ם וַיַּשִּׂ֤יגוּ אוֹתָם֙ חֹנִ֣ים עַל־הַיָּ֔ם כָּל־
ס֚וּס רֶ֣כֶב פַּרְעֹ֔ה וּפָרָשָׁ֖יו וְחֵיל֑וֹ עַל־פִּי֙ הַֽחִירֹ֔ת לִפְנֵ֖י
בַּ֥עַל צְפֹֽן׃ וּפַרְעֹ֖ה הִקְרִ֑יב וַיִּשְׂא֩וּ בְנֵי־יִשְׂרָאֵ֨ל אֶת־ י
עֵינֵיהֶ֜ם וְהִנֵּ֧ה מִצְרַ֣יִם ׀ נֹסֵ֣עַ אַחֲרֵיהֶ֗ם וַיִּֽירְאוּ֙ מְאֹ֔ד
וַיִּצְעֲק֥וּ בְנֵֽי־יִשְׂרָאֵ֖ל אֶל־יְהוָֽה׃ וַיֹּֽאמְרוּ֮ אֶל־מֹשֶׁה֒ יא
הֲֽמִבְּלִ֤י אֵין־קְבָרִים֙ בְּמִצְרַ֔יִם לְקַחְתָּ֖נוּ לָמ֣וּת בַּמִּדְבָּ֑ר
מַה־זֹּאת֙ עָשִׂ֣יתָ לָּ֔נוּ לְהוֹצִיאָ֖נוּ מִמִּצְרָֽיִם׃ הֲלֹא־זֶ֣ה יב
הַדָּבָ֗ר אֲשֶׁר֩ דִּבַּ֨רְנוּ אֵלֶ֤יךָ בְמִצְרַ֙יִם֙ לֵאמֹ֔ר חֲדַ֥ל מִמֶּ֖נּוּ
וְנַֽעַבְדָ֣ה אֶת־מִצְרָ֑יִם כִּ֣י ט֥וֹב לָ֙נוּ֙ עֲבֹ֣ד אֶת־מִצְרַ֔יִם
מִמֻּתֵ֖נוּ בַּמִּדְבָּֽר׃ וַיֹּ֨אמֶר מֹשֶׁ֣ה אֶל־הָעָם֮ אַל־תִּירָאוּ֒ יג
הִֽתְיַצְּב֗וּ וּרְאוּ֙ אֶת־יְשׁוּעַ֣ת יְהוָ֔ה אֲשֶׁר־יַעֲשֶׂ֥ה לָכֶ֖ם
הַיּ֑וֹם כִּ֗י אֲשֶׁ֨ר רְאִיתֶ֤ם אֶת־מִצְרַ֙יִם֙ הַיּ֔וֹם לֹ֥א תֹסִ֛פוּ

רש"י | אַף לִרְדֹּף אַף לָאו, וְחִזֵּק אֶת לִבּוֹ לִרְדֹּף: בְּיָד רָמָה. בִּגְבוּרָה גְּבוֹהָה וּמְפֻרְסֶמֶת:

י | וּפַרְעֹה הִקְרִיב. הָיָה לוֹ לִכְתֹּב: 'וּפַרְעֹה קָרַב', מַהוּ "הִקְרִיב"? הִקְרִיב עַצְמוֹ וְנִתְאַמֵּץ לְקַדֵּם לִפְנֵיהֶם כְּמוֹ שֶׁהִתְנָה עִמָּהֶם: נֹסֵעַ אַחֲרֵיהֶם. בְּלֵב אֶחָד כְּאִישׁ אֶחָד. דָּבָר אַחֵר, "וְהִנֵּה מִצְרַיִם נֹסֵעַ אַחֲרֵיהֶם", רָאוּ שַׂר שֶׁל מִצְרַיִם נוֹסֵעַ מִן הַשָּׁמַיִם לַעֲזֹר לְמִצְרַיִם. תַּנְחוּמָא (יג): וַיִּצְעֲקוּ. תָּפְשׂוּ אֻמָּנוּת אֲבוֹתָם; בְּאַבְרָהָם הוּא אוֹמֵר: "אֶל הַמָּקוֹם אֲשֶׁר עָמַד שָׁם" (בראשית יט, כז), בְּיִצְחָק: "לָשׂוּחַ בַּשָּׂדֶה" (שם כד, סג), בְּיַעֲקֹב: "וַיִּפְגַּע בַּמָּקוֹם" (שם כח, יא):

יא | הֲמִבְּלִי אֵין קְבָרִים. וְכִי מֵחֲמַת חֶסְרוֹן קְבָרִים, שֶׁאֵין קְבָרִים בְּמִצְרַיִם לִקָּבֵר שָׁם, לְקַחְתָּנוּ מִשָּׁם? שִׁיפוֹ"ר פְלִינְצָ"א דִינוֹ"ן פוֹסִי"שׂ בְּלַעַז:

יב | אֲשֶׁר דִּבַּרְנוּ אֵלֶיךָ בְמִצְרַיִם. וְהֵיכָן דִּבְּרוּ? "יֵרֶא ה' עֲלֵיכֶם וְיִשְׁפֹּט" (לעיל ה, כא): מִמֻּתֵנוּ. מֵאֲשֶׁר נָמוּת. וְאִם הָיָה נָקוּד מְלָאפוּם הָיָה נִבְאָר 'מִמִּיתָתֵנוּ', עַכְשָׁיו שֶׁנָּקוּד בְּשׁוּרֶק נִבְאָר 'מֵאֲשֶׁר נָמוּת'. וְכֵן: "מִי יִתֵּן מוּתֵנוּ" (להלן טז, ג), שֶׁנָּמוּת, וְכֵן: "מִי יִתֵּן מוּתִי" דְּאַבְשָׁלוֹם (שמואל ב' יט, א), שֶׁאָמוּת, כְּמוֹ: "לְיוֹם קוּמִי לְעַד" (צפניה ג, ח), "עַד שׁוּבִי בְשָׁלוֹם" (דברי הימים ב' יח, כו), שֶׁאָקוּם, שֶׁאָשׁוּב:

יג | כִּי אֲשֶׁר רְאִיתֶם אֶת מִצְרַיִם וְגוֹ'. מַה שֶּׁרְאִיתֶם אוֹתָם אֵינוּ אֶלָּא הַיּוֹם, הַיּוֹם הוּא שֶׁרְאִיתֶם אוֹתָם וְלֹא תּוֹסִיפוּ עוֹד:

ביאור

יִשְׂרָאֵל יֹצְאִים בְּיָד רָמָה, לא כנמלטים.

ט **וַיִּרְדְּפוּ מִצְרַיִם אַחֲרֵיהֶם וַיַּשִּׂיגוּ אוֹתָם חֹנִים עַל הַיָּם, כָּל סוּס רֶכֶב**
פַּרְעֹה וּפָרָשָׁיו וְחֵילוֹ, עַל פִּי הַחִירֹת לִפְנֵי בַּעַל צְפֹן.

י **וּפַרְעֹה הִקְרִיב**, התקרב למחנה ישראל. **וַיִּשְׂאוּ בְנֵי יִשְׂרָאֵל אֶת**
עֵינֵיהֶם, וְהִנֵּה צבא **מִצְרַיִם נֹסֵעַ אַחֲרֵיהֶם. וַיִּירְאוּ מְאֹד.** הם נבהלו
מאוד בראותם צבא של מדינה שלמה מתקדם לקראתם. חרף כל
האבדות שהיו לצבא המצרי בדֶּבר ובשאר המכות, עדיין נותרו להם
מספיק בהמות. **וַיִּצְעֲקוּ בְנֵי יִשְׂרָאֵל אֶל ה׳.**

אחרי שצעקו אל ה׳, יא **וַיֹּאמְרוּ אֶל מֹשֶׁה: הַמִבְּלִי אֵין קְבָרִים**
בְּמִצְרַיִם, לְקַחְתָּנוּ לָמוּת בַּמִּדְבָּר?! אם אנו עומדים למות כאן – הרי
יכולנו למות בבית, ולא היה טעם בטרחה הזאת. **מַה זֹּאת עָשִׂיתָ לָּנוּ**
לְהוֹצִיאָנוּ מִמִּצְרָיִם?! – גם הם תמהים ומתחרטים באותו מטבע של
פרעה ששילחם.[6] יב **הֲלֹא זֶה הַדָּבָר אֲשֶׁר דִּבַּרְנוּ אֵלֶיךָ בְמִצְרַיִם לֵאמֹר:**
״**חֲדַל מִמֶּנּוּ** להסית אותנו להזות בהזיות בלתי מציאותיות – לצאת
ממצרים, ללכת לארץ טובה ורחבה. **וְנַעַבְדָה אֶת מִצְרָיִם, כִּי טוֹב לָנוּ**
עֲבֹד אֶת מִצְרַיִם מִמֻּתֵנוּ בַּמִּדְבָּר. כבר במצרים אמרנו לך להניח לנו
בעבודתנו ולא להחדיר לראשינו רעיונות שאינם ניתנים ליישום;
והנה אתה רואה שחלומותיך מתבדים״.

יג **וַיֹּאמֶר מֹשֶׁה אֶל הָעָם: אַל תִּירָאוּ! הִתְיַצְּבוּ וּרְאוּ אֶת יְשׁוּעַת ה׳ אֲשֶׁר**
יַעֲשֶׂה לָכֶם הַיּוֹם. כִּי אֲשֶׁר רְאִיתֶם אֶת מִצְרַיִם הַיּוֹם, אתם אמנם רואים

הרחבות

'וייראו מאד' בני ישראל שיצאו ממצרים היו עם גדול לאין ערוך מן הצבא המצרי כולו. גם לפי החישובים הנדיבים ביותר, היו הגברים בלבד מבני ישראל רבים פי כמה מאנשי הצבא המצרי. אולם ליוצאי מצרים, שלא היו אלא פועלים פשוטים, לא היה כל ניסיון צבאי. ומעבר לכך, בהיותם עבדים מלידה, בניהם ונכדיהם של עבדים במשך דורות, הם חוו את המצב במנטליות של עבד. נוכח הופעתם של האדונים תקפה אותם בהלה ואימה (ראב"ע הארוך וחזקוני). יש לזכור כי הופעתם של המצרים הייתה גאה, מפוארת ומרשימה במיוחד. (כינויה של מצרים בפי ישעיהו היה רַהַב, ובפי ירמיהו עֶגְלָה יְפֵה־פִיָּה. ישעיה ל,ז וירמיה מו,כ). נוכח הצבא המצרי שהגיע ברכבו ובפרשיו, חשו העברים חסרי אונים. ייתכן שהם לא ידעו כיצד להשתמש בנשק שבו התחמשו, ועל כן תקף אותם פחד גדול.

'הלא זה הדבר אשר דברנו אליך במצרים לאמר חדל ממנו' הכתוב לא סיפר על שיחות מעין אלו בפרקים שבהם דובר בחיי ישראל במצרים, אך מן הסתם היו שטענו טענות כאלה. העמדה המעדיפה חיי עבדות על פני מוות, שאותה השמיעו יוצאי מצרים, הפוכה מתפיסתם של אנשי מצדה, על פי סיפור יוספוס, שהעדיפו ליטול את נפשם ולא להיכנע תחת הלגיון הרומאי ולהפוך לעבדים. כמי שהורגלו בעבודות, נמשכו ישראל אל המצב הכנוע, והאתגרים הכרוכים בחופש איימו עליהם מאוד.

לִרְאֹתָ֥ם ע֖וֹד עַד־עוֹלָֽם׃ יְהוָ֖ה יִלָּחֵ֣ם לָכֶ֑ם וְאַתֶּ֖ם יד
תַּחֲרִשֽׁוּן׃
שלישי יא וַיֹּ֤אמֶר יְהוָה֙ אֶל־מֹשֶׁ֔ה מַה־תִּצְעַ֖ק אֵלָ֑י דַּבֵּ֥ר אֶל־ טו
בְּנֵֽי־יִשְׂרָאֵ֖ל וְיִסָּֽעוּ׃ וְאַתָּ֞ה הָרֵ֣ם אֶֽת־מַטְּךָ֗ וּנְטֵ֥ה טז
אֶת־יָדְךָ֛ עַל־הַיָּ֖ם וּבְקָעֵ֑הוּ וְיָבֹ֧אוּ בְנֵֽי־יִשְׂרָאֵ֛ל בְּת֥וֹךְ
הַיָּ֖ם בַּיַּבָּשָֽׁה׃ וַאֲנִ֗י הִנְנִ֤י מְחַזֵּק֙ אֶת־לֵ֣ב מִצְרַ֔יִם וְיָבֹ֖אוּ יז
אַחֲרֵיהֶ֑ם וְאִכָּבְדָ֤ה בְּפַרְעֹה֙ וּבְכָל־חֵיל֔וֹ בְּרִכְבּ֖וֹ
וּבְפָרָשָֽׁיו׃ וְיָדְע֥וּ מִצְרַ֖יִם כִּֽי־אֲנִ֣י יְהוָ֑ה בְּהִכָּבְדִ֣י יח
בְּפַרְעֹ֔ה בְּרִכְבּ֖וֹ וּבְפָרָשָֽׁיו׃ וַיִּסַּ֞ע מַלְאַ֣ךְ הָאֱלֹהִ֗ים יט
הַהֹלֵךְ֙ לִפְנֵי֙ מַחֲנֵ֣ה יִשְׂרָאֵ֔ל וַיֵּ֖לֶךְ מֵאַחֲרֵיהֶ֑ם וַיִּסַּ֞ע
עַמּ֤וּד הֶֽעָנָן֙ מִפְּנֵיהֶ֔ם וַֽיַּעֲמֹ֖ד מֵאַחֲרֵיהֶֽם׃ וַיָּבֹ֞א בֵּ֣ין ׀ כ
מַחֲנֵ֣ה מִצְרַ֗יִם וּבֵין֙ מַחֲנֵ֣ה יִשְׂרָאֵ֔ל וַיְהִ֤י הֶֽעָנָן֙ וְהַחֹ֔שֶׁךְ

רש"י

יד **יִלָּחֵם לָכֶם.** בִּשְׁבִילְכֶם. וְכֵן: "כִּי ה' נִלְחָם לָהֶם" (להלן פסוק כה), וְכֵן: "אִם לָאֵל תְּרִיבוּן" (איוב יג, ח), וְכֵן: "וַאֲשֶׁר דִּבֶּר לִי" (בראשית כד, ז), וְכֵן: "הַאַתֶּם תְּרִיבוּן לַבַּעַל" (שופטים ו, לא).

טו **מַה תִּצְעַק אֵלָי.** לָמְדָנוּ שֶׁהָיָה מֹשֶׁה עוֹמֵד וּמִתְפַּלֵּל, אָמַר לוֹ הַקָּדוֹשׁ בָּרוּךְ הוּא: לֹא עֵת עַתָּה לְהַאֲרִיךְ שֶׁיִּשְׂרָאֵל נְתוּנִין בְּצָרָה. דָּבָר אַחֵר, "מַה תִּצְעַק אֵלָי", עָלַי הַדָּבָר וְלֹא עָלֶיךָ, כְּמוֹ שֶׁנֶּאֱמַר לְהַלָּן: "עַל בָּנַי וְעַל פֹּעַל יָדַי תְּצַוֻּנִי" (ישעיה מה, יא). **דַּבֵּר אֶל בְּנֵי יִשְׂרָאֵל וְיִסָּעוּ.** אֵין לָהֶם אֶלָּא לִסַּע, שֶׁאֵין הַיָּם עוֹמֵד בִּפְנֵיהֶם, כְּדַאי זְכוּת אֲבוֹתֵיהֶם וְהָאֱמוּנָה שֶׁהֶאֱמִינוּ בִי וְיָצְאוּ, לִקְרֹעַ לָהֶם אֶת הַיָּם:

יט-כ **וַיֵּלֶךְ מֵאַחֲרֵיהֶם.** לְהַבְדִּיל בֵּין מַחֲנֵה מִצְרַיִם וּבֵין מַחֲנֵה יִשְׂרָאֵל וּלְקַבֵּל חִצִּים וּבַלִּיסְטְרָאוֹת שֶׁל מִצְרַיִם. בְּכָל מָקוֹם הוּא אוֹמֵר: "מַלְאַךְ ה'" וְכָאן: "מַלְאַךְ הָאֱלֹהִים", אֵין 'אֱלֹהִים' בְּכָל מָקוֹם אֶלָּא דַּיָּן, מְלַמֵּד שֶׁהָיוּ יִשְׂרָאֵל נְתוּנִין בַּדִּין בְּאוֹתָהּ שָׁעָה אִם לְהִנָּצֵל אִם לְהֵאָבֵד עִם מִצְרַיִם. **וַיָּבֹא בֵּין מַחֲנֵה מִצְרַיִם.** מָשָׁל לִמְהַלֵּךְ בַּדֶּרֶךְ וּבְנוֹ מְהַלֵּךְ לְפָנָיו, בָּאוּ לִסְטִים לִשְׁבּוֹתוֹ, נְטָלוֹ מִלְּפָנָיו נְתָנוֹ לְאַחֲרָיו. בָּא זְאֵב מֵאַחֲרָיו, נְתָנוֹ לְפָנָיו. בָּאוּ לִסְטִים לְפָנָיו וּזְאֵבִים מֵאַחֲרָיו, נְתָנוֹ עַל זְרוֹעוֹ וְנִלְחַם בָּהֶם. כָּךְ: "וְאָנֹכִי תִרְגַּלְתִּי לְאֶפְרַיִם קָחָם עַל זְרוֹעֹתָיו" (הושע יא, ג). **וַיִּסַּע עַמּוּד הֶעָנָן.** כְּשֶׁחָשְׁכָה וְהִשְׁלִים עַמּוּד הֶעָנָן אֶת הַמַּחֲנֶה לְעַמּוּד הָאֵשׁ, לֹא נִסְתַּלֵּק הֶעָנָן כְּמוֹ שֶׁהָיָה רָגִיל לְהִסְתַּלֵּק עַרְבִית לְגַמְרֵי, אֶלָּא נָסַע וְהָלַךְ לוֹ מֵאַחֲרֵיהֶם לְהַחֲשִׁיךְ לְמִצְרַיִם: **וַיְהִי הֶעָנָן וְהַחֹשֶׁךְ.** לְמִצְרַיִם: **וַיָּאֶר.** עַמּוּד הָאֵשׁ "אֶת הַלַּיְלָה" לְיִשְׂרָאֵל, וְהוֹלֵךְ לִפְנֵיהֶם כְּדַרְכּוֹ לָלֶכֶת כָּל הַלַּיְלָה.

ביאור

אותם כעת, אבל **לֹא תֹסִפוּ לִרְאֹתָם עוֹד עַד עוֹלָם.** ישועת ה׳ תחסל
את איומם מעליכם. יד **ה׳ יִלָּחֵם לָכֶם,** בשבילכם, **ו**עליכם לא מוטל
לעשות דבר, אלא **אַתֶּם תַּחֲרִשׁוּן,** תשתקו.

טו **וַיֹּאמֶר ה׳ אֶל מֹשֶׁה: מַה תִּצְעַק אֵלָי?** אין זה זמן מתאים להאריך
בתפילה; יש לפעול.[7] **דַּבֵּר אֶל בְּנֵי יִשְׂרָאֵל – וְיִסָּעוּ.** נראה היה שלא
נמצא לישראל מוצא - אחורנית לא יכלו לנסוע, משום שמשם
התקרב אליהם המחנה המצרי; אולי יכלו לברוח לצדדים, וייתכן
שחלקם חשבו לעשות זאת ואולם קרוב לוודאי שהצבא המצרי
ישיגם; ה׳ פקד עליהם לנסוע קדימה, לתוך הים. טז **וְאַתָּה הָרֵם**
אֶת מַטְּךָ וּנְטֵה אֶת יָדְךָ עַל הַיָּם וּבְקָעֵהוּ. ובכך תגרום להיבקעותו,
וְיָבֹאוּ בְנֵי יִשְׂרָאֵל בְּתוֹךְ הַיָּם בַּיַּבָּשָׁה. תחילה ישראל יצעדו אל
תוך הים, אך הוא יהפוך ליבשה. יז **וַאֲנִי הִנְנִי מְחַזֵּק אֶת לֵב מִצְרַיִם**
וְיָבֹאוּ אַחֲרֵיהֶם. אילו היו המצרים שוקלים את צעדיהם באופן
רציונלי, הם היו נזהרים ולא צועדים בים בעקבות ישראל, שהרי
כבר נפגעו במכות הנסיות הסלקטיביות. רק מכיוון שאחזק את
לבם, הם ייכנסו לים. **וְאִכָּבְדָה,** אתכבד במפלתו של **פַּרְעֹה וּבְכָל**
חֵילוֹ, בְּרִכְבּוֹ וּבְפָרָשָׁיו. יח **וְיָדְעוּ מִצְרַיִם כִּי אֲנִי ה׳ בְּהִכָּבְדִי בְּפַרְעֹה,**
בְּרִכְבּוֹ וּבְפָרָשָׁיו. כאן רוכז כל הכוח המצרי, וכשאשבור אותו, יגדל
כבודי בעיני המצרים שיישארו בחיים וישמעו על כך.

יט **וַיִּסַּע מַלְאַךְ הָאֱלֹהִים הַהֹלֵךְ לִפְנֵי מַחֲנֵה יִשְׂרָאֵל וַיֵּלֶךְ מֵאַחֲרֵיהֶם** –
וַיִּסַּע עַמּוּד הֶעָנָן, שביום גילם את מלאך האלוקים, והיה מצוי תמיד
בקדמת המחנה, **מִפְּנֵיהֶם, וַיַּעֲמֹד מֵאַחֲרֵיהֶם,** בסוף המחנה. כ **וַיָּבֹא**
הענן **בֵּין מַחֲנֵה מִצְרַיִם וּבֵין מַחֲנֵה יִשְׂרָאֵל. וַיְהִי הֶעָנָן וְהַחֹשֶׁךְ** בתווך,

הרחבות

׳לא תסִיפו לראֹתם עוד עד עולם׳ אכן במשך דורות רבים לא היה כל איום מצרי על ישראל.

תגובות ישראל למצבם מן הכתובים עולות תגובות שונות למצבם הקשה של ישראל. נראה כי אלו היו תגובותיהם של בני קבוצות שונות בעם ישראל: היו שמיד התעמתו עם משה. אמנם באופק נראתה התקרבותו של הצבא המצרי, אך הם מצאו לנכון לריב עם משה ולהאשימו: אתה הוצאת אותנו; אתה מוביל אותנו להיהרג במדבר בביזיון; והרי אמרנו לך עוד במצרים וכדומה. אחרים פנו אל ה׳ בצעקה ובתפילה מתוך המצוקה. היו מי שעמדו נבוכים וסבילים, וכנגדם אולי היו מי שביקשו לארגן התנגדות צבאית, אך בשלב זה של קיומם, כשלא היו אלא יחידה שבטית-לאומית שזה עתה הוסרו מכבלי השעבוד, לא היה להם כל סיכוי להשיב מלחמה שערה כנגד רכב מצרים ופרשיו. (ראו מכילתא בשלח ב, יונתן ורמב״ן).

וַיָּאֶר אֶת־הַלָּיְלָה וְלֹא־קָרַב זֶה אֶל־זֶה כָּל־הַלָּיְלָה׃
וַיֵּט מֹשֶׁה אֶת־יָדוֹ עַל־הַיָּם וַיּוֹלֶךְ יהוה ׀ אֶת־הַיָּם כא
בְּרוּחַ קָדִים עַזָּה כָּל־הַלַּיְלָה וַיָּשֶׂם אֶת־הַיָּם לֶחָרָבָה
וַיִּבָּקְעוּ הַמָּיִם׃ וַיָּבֹאוּ בְנֵי־יִשְׂרָאֵל בְּתוֹךְ הַיָּם בַּיַּבָּשָׁה כב
וְהַמַּיִם לָהֶם חוֹמָה מִימִינָם וּמִשְּׂמֹאלָם׃ וַיִּרְדְּפוּ כג
מִצְרַיִם וַיָּבֹאוּ אַחֲרֵיהֶם כֹּל סוּס פַּרְעֹה רִכְבּוֹ וּפָרָשָׁיו
אֶל־תּוֹךְ הַיָּם׃ וַיְהִי בְּאַשְׁמֹרֶת הַבֹּקֶר וַיַּשְׁקֵף יהוה כד
אֶל־מַחֲנֵה מִצְרַיִם בְּעַמּוּד אֵשׁ וְעָנָן וַיָּהָם אֵת מַחֲנֵה
מִצְרָיִם׃ וַיָּסַר אֵת אֹפַן מַרְכְּבֹתָיו וַיְנַהֲגֵהוּ בִּכְבֵדֻת כה
וַיֹּאמֶר מִצְרַיִם אָנוּסָה מִפְּנֵי יִשְׂרָאֵל כִּי יהוה נִלְחָם
לָהֶם בְּמִצְרָיִם׃

רש״י

וְהַחֹשֶׁךְ שֶׁל עֲרָפֶל לְצַד מִצְרַיִם: **וְלֹא קָרַב זֶה אֶל זֶה.** מַחֲנֶה אֶל מַחֲנֶה:

כא] **בְּרוּחַ קָדִים עַזָּה.** בְּרוּחַ קָדִים שֶׁהִיא עַזָּה שֶׁבָּרוּחוֹת, הִיא הָרוּחַ שֶׁהַקָּדוֹשׁ בָּרוּךְ הוּא נִפְרָע בָּהּ מִן הָרְשָׁעִים, שֶׁנֶּאֱמַר: "כְּרוּחַ קָדִים אֲפִיצֵם" (ירמיה יח, יז), "יָבֹא קָדִים רוּחַ ה'" (הושע יג, טו), "רוּחַ הַקָּדִים שְׁבָרֵךְ בְּלֵב יַמִּים" (יחזקאל כז, כו), "הָגָה בְּרוּחוֹ הַקָּשָׁה בְּיוֹם קָדִים" (ישעיה כז, ח): **וַיִּבָּקְעוּ הַמָּיִם.** כָּל מַיִם שֶׁבָּעוֹלָם:

כג] **כֹּל סוּס פַּרְעֹה.** וְכִי סוּס אֶחָד הָיָה?! מַגִּיד שֶׁאֵין כֻּלָּם חֲשׁוּבִין לִפְנֵי הַמָּקוֹם אֶלָּא כְּסוּס אֶחָד:

כד] **בְּאַשְׁמֹרֶת הַבֹּקֶר.** שְׁלֹשֶׁת חֶלְקֵי הַלַּיְלָה קְרוּיִין אַשְׁמוּרוֹת, וְאוֹתָהּ שֶׁלִּפְנֵי הַיּוֹם קוֹרֵא "אַשְׁמֹרֶת הַבֹּקֶר". וְאוֹמֵר אֲנִי, שֶׁהוּא חִלּוּק לְמִשְׁמְרוֹת שִׁיר מַלְאֲכֵי הַשָּׁרֵת כַּת אַחַר כַּת לִשְׁלֹשָׁה חֲלָקִים, לְכָךְ קְרוּי אַשְׁמֹרֶת, וְזֶהוּ שֶׁתִּרְגֵּם אוּנְקְלוֹס: "מַטְּרַת": **וַיַּשְׁקֵף.** וַיַּבֵּט, כְּלוֹמַר פָּנָה אֲלֵיהֶם לְהַשְׁחִיתָם. וְתַרְגּוּמוֹ: "וְאִסְתְּכֵי" אַף הוּא לְשׁוֹן הַבָּטָה, כְּמוֹ: "שְׂדֵה צֹפִים" (במדבר כג, יד), "חֲקַל סְכוּתָא": **בְּעַמּוּד אֵשׁ וְעָנָן.** עַמּוּד עָנָן יוֹרֵד וְעוֹשֶׂה אוֹתוֹ כְּטִיט, וְעַמּוּד אֵשׁ מַרְתִּיחוֹ, וְטַלְפֵי סוּסֵיהֶם מִשְׁתַּמְטוֹת: **וַיָּהָם.** לְשׁוֹן מְהוּמָה, אשטורדי"ישון בְּלַעַז. עִרְבְּבָם, נָטַל סִגְנִיּוֹת שֶׁלָּהֶם. וְשָׁנִינוּ בְּפִרְקֵי רַבִּי אֱלִיעֶזֶר בְּנוֹ שֶׁל רַבִּי יוֹסֵי הַגְּלִילִי, כָּל מָקוֹם שֶׁנֶּאֱמַר 'מְהוּמָה' הַרְעָשַׁת קוֹל הוּא, וְזֶה חָבֵר לְכֻלָּן: "וַיַּרְעֵם ה' בְּקוֹל גָּדוֹל... עַל פְּלִשְׁתִּים וַיְהֻמֵּם" (שמואל א' ז, י):

כה] **וַיָּסַר אֵת אֹפַן מַרְכְּבֹתָיו.** מִכֹּחַ הָאֵשׁ נִשְׂרְפוּ הַגַּלְגַּלִּים, וְהַמֶּרְכָּבוֹת נִגְרָרוֹת, וְהַיּוֹשְׁבִים בָּהֶם נָעִים וְאֵיבְרֵיהֶן מִתְפָּרְקִים: **וַיְנַהֲגֵהוּ בִּכְבֵדֻת.** בְּהַנְהָגָה שֶׁהִיא כְּבֵדָה וְקָשָׁה לָהֶם. בְּמִדָּה שֶׁמָּדְדוּ, "וַיַּכְבֵּד לִבּוֹ הוּא וַעֲבָדָיו" (לעיל ט, לד), אַף כָּאן, "וַיְנַהֲגֵהוּ בִּכְבֵדֻת": **נִלְחָם לָהֶם בְּמִצְרָיִם.** בְּמִצְרִיִּים.

ביאור

בין המחנות, וַיָּאֶר אֶת הַלָּיְלָה. ייתכן שבתוך עמוד הענן היה עמוד
האש, או שעמוד הענן הפך להיות עמוד אש, וכך האיר את הלילה.
מצד אחד, העמוד החשיך והסתיר את ישראל מעיני המצרים; ומצד
שני, הוא האיר.[8] וְלֹא קָרַב זֶה אֶל זֶה, המחנה המצרי אל מחנה ישראל
כָּל הַלָּיְלָה, בשל הערפל הסמיך ששרר ביניהם. כא וַיֵּט מֹשֶׁה אֶת
יָדוֹ עַל הַיָּם, וַיּוֹלֶךְ ה׳ אֶת הַיָּם בְּרוּחַ קָדִים, מזרחית עַזָּה כָּל הַלַּיְלָה.
וַיָּשֶׂם אֶת הַיָּם לֶחָרָבָה, באמצעות הרוח יובש הים, וַיִּבָּקְעוּ הַמָּיִם.

כב וַיָּבֹאוּ בְנֵי יִשְׂרָאֵל בְּתוֹךְ הַיָּם, בקרקעיתו, אך עברו בַּיַּבָּשָׁה, במקום
יבש. וְהַמַּיִם לָהֶם חוֹמָה מִימִינָם וּמִשְּׂמֹאלָם. הים לא נעלם, אלא נוצר
בתוכו מעבר, ואולי כמה מעברים. אמנם אף בעתות שפל אפשר
למצוא לפעמים שורות של יבשה בין לשונות הים, אלא שכאן
נמשכו המים כלפי מעלה, וכשישראל עברו ביבשה המים ניצבו
כחומה משני צדיהם.

כג וַיִּרְדְּפוּ מִצְרַיִם וַיָּבֹאוּ אַחֲרֵיהֶם. קרוב לוודאי שלקראת הבוקר עמוד
הענן ועמוד האש הסתלקו, המצרים ראו את ישראל הנכנסים לים,
ושבו לרדוף אחריהם. כֹּל סוּס פַּרְעֹה רִכְבּוֹ וּפָרָשָׁיו, חיל הפרשים
והמרכבות רכבו אֶל תּוֹךְ הַיָּם.

כד וַיְהִי בְּאַשְׁמֹרֶת הַבֹּקֶר, בשליש האחרון של הלילה[9] וַיַּשְׁקֵף ה׳ אֶל
מַחֲנֵה מִצְרַיִם ופגע בהם בְּאמצעות עַמּוּד אֵשׁ וְעָנָן, שהתקרבו לעבר
המחנה, וַיָּהָם אֵת מַחֲנֵה, ה׳ חולל מהומה במחנה מִצְרָיִם. כה וַיָּסַר
אֵת אֹפַן מַרְכְּבֹתָיו. עמוד האש ועמוד הענן גרמו להפרדת גלגלים
ממרכבותיהם. גם אם לא כל הגלגלים נשרו, המרכבות נטו על צדן,
והסוסים לא יכלו למשוך אותן. כך נוצרה מהומה גדולה. וַיְנַהֲגֵהוּ
בִּכְבֵדֻת. ללא גלגלים משיכת המרכבות נעשתה בכבדות רבה. כך
המצרים לא יכלו לנוע, ובוודאי לא להילחם. וַיֹּאמֶר מִצְרַיִם: אָנוּסָה,
הבה נברח מִפְּנֵי יִשְׂרָאֵל, כִּי ה׳ נִלְחָם לָהֶם בְּמִצְרָיִם. עכשיו אין ספק

הרחבות

צירופי אותיות בשלושת הפסוקים יט-כא מתוארת ראשיתו של מהלך נסי חריג. אמנם הם מספרים באירועים שקדמו לקריעת ים סוף, אך מדורי דורות נמסר שבהם מרומז שמו הגדול של ה׳. שבעים ושתיים אותיות מרכיבות כל אחד מן הפסוקים הללו. אותיותיהם, בסדר מיוחד, מרכיבות את השם הקדוש הכולל שבעים ושתיים מלים סתומות, אשר נרמז גם בתפילות מימי הבית השני. השם הגדול והמיוחד הזה טמון באופן נסתר בסיפור קריעת הים. (ראו סוכה מה ע״א ורש״י שם; מדרש שכל טוב שמות יד,כא).

רביעי וַיֹּ֤אמֶר יְהוָה֙ אֶל־מֹשֶׁ֔ה נְטֵ֥ה אֶת־יָדְךָ֖ עַל־הַיָּ֑ם וְיָשֻׁ֤בוּ כו
הַמַּ֙יִם֙ עַל־מִצְרַ֔יִם עַל־רִכְבּ֖וֹ וְעַל־פָּרָשָֽׁיו׃ וַיֵּט֩ מֹשֶׁ֨ה כז
אֶת־יָד֜וֹ עַל־הַיָּ֗ם וַיָּ֨שָׁב הַיָּ֜ם לִפְנ֥וֹת בֹּ֙קֶר֙ לְאֵ֣יתָנ֔וֹ
וּמִצְרַ֖יִם נָסִ֣ים לִקְרָאת֑וֹ וַיְנַעֵ֧ר יְהוָ֛ה אֶת־מִצְרַ֖יִם
בְּת֥וֹךְ הַיָּֽם׃ וַיָּשֻׁ֣בוּ הַמַּ֗יִם וַיְכַסּ֤וּ אֶת־הָרֶ֙כֶב֙ וְאֶת־ כח
הַפָּ֣רָשִׁ֔ים לְכֹל֙ חֵ֣יל פַּרְעֹ֔ה הַבָּאִ֥ים אַחֲרֵיהֶ֖ם בַּיָּ֑ם לֹֽא־

רש"י | דָּבָר אַחֵר "בְּמִצְרַיִם", בְּאֶרֶץ מִצְרַיִם; שֶׁכְּשֵׁם שֶׁאֵלּוּ לוֹקִים עַל הַיָּם כָּךְ לוֹקִים אוֹתָם שֶׁנִּשְׁאֲרוּ בְּמִצְרַיִם:

כו | **וְיָשֻׁבוּ הַמַּיִם.** שֶׁזְּקוּפִים וְעוֹמְדִים כְּחוֹמָה, יָשׁוּבוּ לִמְקוֹמָם וִיכַסּוּ "עַל מִצְרַיִם":

כז | **לִפְנוֹת בֹּקֶר.** לְעֵת שֶׁהַבֹּקֶר פּוֹנֶה לָבֹא: **לְאֵיתָנוֹ.** לְתָקְפּוֹ הָרִאשׁוֹן: **נָסִים לִקְרָאתוֹ.** שֶׁהָיוּ מְהֻמָּמִים וּמְטֹרָפִים וְרָצִים לִקְרַאת הַמַּיִם: **וַיְנַעֵר ה'.** כְּאָדָם שֶׁמְּנַעֵר אֶת הַקְּדֵרָה וְהוֹפֵךְ הָעֶלְיוֹן לְמַטָּה וְהַתַּחְתּוֹן לְמַעְלָה, כָּךְ הָיוּ עוֹלִין וְיוֹרְדִין וּמִשְׁתַּבְּרִין בַּיָּם. וְנָתַן הַקָּדוֹשׁ בָּרוּךְ הוּא בָּהֶם חִיּוּת לְקַבֵּל הַיִּסּוּרִין. "וְשַׁנֵּיק", הוּא לְשׁוֹן טֵרוּף בְּלָשׁוֹן אֲרַמִּי, וְהַרְבֵּה יֵשׁ בְּמִדְרְשֵׁי אַגָּדָה:

כח | **וַיְכַסּוּ אֶת הָרֶכֶב... לְכֹל חֵיל פַּרְעֹה.** כֵּן דֶּרֶךְ הַמִּקְרָאוֹת לִכְתֹּב לָמֶ"ד יְתֵרָה, כְּמוֹ: "לְכָל כֵּלָיו תַּעֲשֶׂה נְחֹשֶׁת" (להלן כז, ג), וְכֵן: "לְכֹל כְּלֵי הַמִּשְׁכָּן בְּכֹל עֲבֹדָתוֹ" (שם שם, יט), "וִיתֵדֹתָם וּמֵיתְרֵיהֶם לְכָל כְּלֵיהֶם" (במדבר ד, לב), וְאֵינָהּ אֶלָּא תִּקּוּן לָשׁוֹן:

הרחבות | **ההליכה בים סוף** כאמור, מתוך הסיפור כלל לא ברור אם ישראל חצו את הים מצדו המערבי לצדו המזרחי. לפי המסורת הם לא חצו את הים אלא הסתובבו בתוך הים ויצאו ממנו באותו צד שממנו נכנסו. (ראו תוספות לערכין טו ע"א; רד"ק שופטים יא,טז).

ביאור

כי כוח עליון עומד לימינם. מכיוון שהמקום מוזר, מסוכן ואולי
טובעני, כדאי שנימלט מכאן.

כו **וַיֹּאמֶר ה׳ אֶל מֹשֶׁה: נְטֵה אֶת יָדְךָ עַל הַיָּם** שוב, **וְיָשֻׁבוּ הַמַּיִם עַל
מִצְרַיִם, עַל רִכְבּוֹ וְעַל פָּרָשָׁיו.**

כז **וַיֵּט מֹשֶׁה אֶת יָדוֹ עַל הַיָּם**, שכביכול שבת והפך ליבשה בלבד במשך
כמה שעות, **וַיָּשָׁב הַיָּם לִפְנוֹת בֹּקֶר לְאֵיתָנוֹ**, לתוקפו הראשון.[10] מאחר
שמי הים ניצבו משני צדיו של המסלול היבש, עתה הם זרמו לתוך
דרכם של המצרים הנמלטים מהאזור היבש, המסתורי והמפחיד
לכיוון החוף, וכך אירע **שמִצְרַיִם נָסִים לִקְרָאתוֹ**, לקראת הים. **וַיְנַעֵר
ה׳ אֶת מִצְרַיִם בְּתוֹךְ הַיָּם.** כח **וַיָּשֻׁבוּ הַמַּיִם** למקומם, **וַיְכַסּוּ אֶת
הָרֶכֶב וְאֶת הַפָּרָשִׁים לְכֹל חֵיל פַּרְעֹה הַבָּאִים אַחֲרֵיהֶם בַּיָּם.** חומות
המים התמוטטו על המצרים בעצמה רבה ששטפה את כל מחנה

דעות מרכזיות על מקום חצית ים סוף (מסומנות בחץ)

העולם

מקום חציית ים סוף במחקר קיימות מספר תאוריות ביחס למסלול יציאת מצרים ומסעות בני ישראל במדבר. התאוריה הצפונית, שעל פיה ים סוף נחצה בימת ברדוויל, וממנה נסעו צפונה לכיוון אל־עריש, ופנו דרומה לכיוון קדש ברנע; תאוריה שלפיה נחצה הים באזור האגמים המרים, וישראל נסעו במרכז סיני על דרך שור או על הדרך הנקראת אלחאג׳ בפי המוסלמים; והתאוריה הדרומית, שעל פיה חצו ישראל את ים סוף מדרום לעיר סואץ, ונסעו דרך דרום סיני. לפי כל התאוריות הנזכרות דרך היבשה הייתה פתוחה ולא היה כל הכרח לחצות ים.

כט נִשְׁאַר בָּהֶם עַד־אֶחָד׃ וּבְנֵי יִשְׂרָאֵל הָלְכוּ בַיַּבָּשָׁה
בְּתוֹךְ הַיָּם וְהַמַּיִם לָהֶם חֹמָה מִימִינָם וּמִשְּׂמֹאלָם׃
ל וַיּוֹשַׁע יהוה בַּיּוֹם הַהוּא אֶת־יִשְׂרָאֵל מִיַּד מִצְרָיִם
לא וַיַּרְא יִשְׂרָאֵל אֶת־מִצְרַיִם מֵת עַל־שְׂפַת הַיָּם׃ וַיַּרְא
יִשְׂרָאֵל אֶת־הַיָּד הַגְּדֹלָה אֲשֶׁר עָשָׂה יהוה בְּמִצְרַיִם
וַיִּירְאוּ הָעָם אֶת־יהוה וַיַּאֲמִינוּ בַּיהוה וּבְמֹשֶׁה
עַבְדּוֹ׃

רש"י

ל) **וַיַּרְא יִשְׂרָאֵל אֶת מִצְרַיִם מֵת.** שֶׁפְּלָטָן הַיָּם עַל שְׂפָתוֹ, כְּדֵי שֶׁלֹּא יֹאמְרוּ יִשְׂרָאֵל: כְּשֵׁם שֶׁאָנוּ עוֹלִים מִצַּד זֶה כָּךְ הֵם עוֹלִין מִצַּד אַחֵר רָחוֹק מִמֶּנּוּ וְיִרְדְּפוּ אַחֲרֵינוּ:

לא) **אֶת הַיָּד הַגְּדֹלָה.** אֶת הַגְּבוּרָה הַגְּדוֹלָה שֶׁעָשְׂתָה יָדוֹ שֶׁל הַקָּדוֹשׁ בָּרוּךְ הוּא. וְהַרְבֵּה לְשׁוֹנוֹת נוֹפְלִין עַל לְשׁוֹן 'יָד' וְכֻלָּן לְשׁוֹן יָד מַמָּשׁ הֵן, וְהַמְפָרֵשׁ יְתַקֵּן הַלָּשׁוֹן אַחַר עִנְיַן הַדִּבּוּר:

הרחבות

'וירא ישראל את מצרים מת' ייתכן שהצירוף מִצְרַיִם מֵת מורה על המנהיגות המצרית, ואפילו על מלך מצרים, המייצג את מהות העם המצרי כולו. (ראו לעיל יד,י). לחלופין, ייתכן שהאומה המצרית כולה, על הנהגתה וצבאה, היא שטבעה בים. (ראו לעיל ג,כ; במדבר כ,יח ורמב"ן שם).

זכר קריעת ים סוף בבית כנסת עתיק על קיר בית-הכנסת בדורא-אירופוס שבסוריה מהמאה ה-3 לסה"נ מתוארת קריעת ים סוף בשני ציורים רצופים (ראו תמונה). מימין משה נוטה את ידו על הים והמצרים טובעים בו, ומשמאל משה מנהיג את שירת הים, ולידו נראים ישראל - נשק בידי העומדים בשורה הראשונה (לעיל יג,יח:

ביאור | מצרים. **לֹא נִשְׁאַר בָּהֶם עַד אֶחָד.** הרכבים, הפרשים והחיִל נעלמו. כולם טבעו במים סוערים ביותר, בתנועת מים שאינה כדרך הטבע.

כט ובשעה שטבעו המצרים - **וּבְנֵי יִשְׂרָאֵל הָלְכוּ בַיַּבָּשָׁה בְּתוֹךְ הַיָּם, וְהַמַּיִם לָהֶם חֹמָה מִימִינָם וּמִשְּׂמֹאלָם.** מסתבר שחומה זו היא שהדריכה אותם והורתה להם לאן ללכת.

ל **וַיּוֹשַׁע ה' בַּיּוֹם הַהוּא אֶת יִשְׂרָאֵל מִיַּד מִצְרָיִם. וַיַּרְא יִשְׂרָאֵל אֶת**
מִצְרַיִם מֵת עַל שְׂפַת הַיָּם. ישראל חזו בגוויות הרבות של הצבא
המצרי שנפלטו אל החוף. לא **וַיַּרְא יִשְׂרָאֵל אֶת הַיָּד**, הגבורה **הַגְּדֹלָה**
אֲשֶׁר עָשָׂה ה' בְּמִצְרַיִם. עתה נוכחו באופן חד-משמעי בנסיו של
ה' - השינויים בזרימתם הטבעית של המים, גורל המצרים וגאולתם
שלהם. **וַיִּירְאוּ הָעָם אֶת ה',** פחדו מה', **וַיַּאֲמִינוּ בַּה' וּבְמֹשֶׁה עַבְדּוֹ,**
שכן ראו במו עיניהם שמשה פעל לפי רצונו של ה', וה' שינה את
פעולות מערכות הטבע לפי פעולתו של משה.

קריעת ים סוף
תמשיח מבית-הכנסת
בדורא-אירופוס
המאה ה-3 לסה"נ

הרחבות

וַחֲמֻשִׁים עָלוּ בְנֵי יִשְׂרָאֵל מֵאֶרֶץ מִצְרָיִם), ודגלים בידי 12 (!) העומדים מאחוריהם ומעליהם. בתחתית התמונה נראים דגים בים ששב לאיתנו. הקווים האופקיים שמאחורי משה מייצגים את השבילים שבהם עברו ישראל בים. (ראו מכילתא בשלח ד; אבות דרבי נתן לג).

שתי הידיים המופיעות מעל שני חלקי הציור מסמלות את כוחו כפול הפנים של ה' - בדינו כלפי המצרים ובחסדו כלפי ישראל, כפי שנאמר במדרש: "אמרו ישראל להקדוש ברוך הוא: יהי שלום על אותן שתי ידיך - אחת שהייתה מצלת אותנו מן הים, ואחת שהייתה מנערת המצרים, שנאמר (להלן טו,ו) יְמִינְךָ ה' נֶאְדָּרִי בַּכֹּחַ יְמִינְךָ ה' תִּרְעַץ אוֹיֵב" (שמות רבה כב,ב).

טו א אָז יָשִׁיר־מֹשֶׁה וּבְנֵי יִשְׂרָאֵל אֶת־הַשִּׁירָה הַזֹּאת לַיהוָה וַיֹּאמְרוּ
לֵאמֹר אָשִׁירָה לַיהוָה כִּי־גָאֹה גָּאָה סוּס
וְרֹכְבוֹ רָמָה בַיָּם:
ב עָזִּי וְזִמְרָת יָהּ וַיְהִי־לִי

רש"י | פרק טו

א| **אָז יָשִׁיר מֹשֶׁה.** אָז כְּשֶׁרָאָה הַנֵּס עָלָה בְלִבּוֹ שֶׁיָּשִׁיר שִׁירָה. וְכֵן: "אָז יְדַבֵּר יְהוֹשֻׁעַ" (יהושע י, יב), וְכֵן: "וּבַיִת יַעֲשֶׂה לְבַת פַּרְעֹה" (מלכים א׳ ז, ח), חָשַׁב בְּלִבּוֹ שֶׁיַּעֲשֶׂה לָּהּ, אַף כָּאן, "יָשִׁיר", אָמַר לוֹ לִבּוֹ שֶׁיָּשִׁיר, וְכֵן עָשָׂה: "וַיֹּאמְרוּ לֵאמֹר אָשִׁירָה לַה'". וְכֵן בִּיהוֹשֻׁעַ כְּשֶׁרָאָה הַנֵּס אָמַר לוֹ לִבּוֹ שֶׁיְּדַבֵּר, וְכֵן עָשָׂה: "וַיֹּאמֶר לְעֵינֵי יִשְׂרָאֵל" (יהושע שם). וְכֵן שִׁירַת הַבְּאֵר שֶׁפָּתַח בָּהּ: "אָז יָשִׁיר יִשְׂרָאֵל", פֵּרֵשׁ אַחֲרָיו: "עֲלִי בְאֵר עֱנוּ לָהּ" (במדבר כא, יז); "אָז יִבְנֶה שְׁלֹמֹה בָּמָה" (מלכים א׳ יא, ז) פֵּרְשׁוּ בוֹ חַכְמֵי יִשְׂרָאֵל שֶׁבִּקֵּשׁ לִבְנוֹת וְלֹא בָנָה. לָמַדְנוּ שֶׁהַיּו"ד עַל שֵׁם הַמַּחֲשָׁבָה נֶאֶמְרָה. זֶהוּ לְיַשֵּׁב פְּשׁוּטוֹ. אֲבָל מִדְרָשׁוֹ, אָמְרוּ רַבּוֹתֵינוּ זִכְרוֹנָם לִבְרָכָה, מִכָּאן רֶמֶז לִתְחִיַּת הַמֵּתִים מִן הַתּוֹרָה, וְכֵן בְּכֻלָּן, חוּץ מִשֶּׁל שְׁלֹמֹה שֶׁפֵּרְשׁוּהוּ בִּקֵּשׁ לִבְנוֹת וְלֹא בָנָה. וְאֵין לוֹמַר וּלְיַשֵּׁב לָשׁוֹן הַזֶּה כִּשְׁאָר דְּבָרִים הַנִּכְתָּבִים בִּלְשׁוֹן עָתִיד וְהֵן מִיָּד, כְּגוֹן: "כָּכָה יַעֲשֶׂה אִיּוֹב" (איוב א, ה), "עַל פִּי ה' יַחֲנוּ" (במדבר ט, כ), "וְיֵשׁ אֲשֶׁר יִהְיֶה הֶעָנָן" (שם), לְפִי שֶׁהֵן דָּבָר הַהֹוֶה תָמִיד וְנוֹפֵל בּוֹ בֵּין לְשׁוֹן עָתִיד בֵּין לְשׁוֹן עָבָר, אֲבָל זֶה שֶׁלֹּא הָיָה אֶלָּא לְשָׁעָה אֵינִי יָכוֹל לְיַשְּׁבוֹ בַּלָּשׁוֹן הַזֶּה: **כִּי גָאֹה גָּאָה.** כְּתַרְגּוּמוֹ. דָּבָר אַחֵר, "כִּי גָאֹה גָּאָה", עַל כָּל הַשִּׁירוֹת וְכָל מַה שֶּׁאֲקַלֵּס בּוֹ עוֹד יֵשׁ תּוֹסָפוֹת, וְלֹא כְּמִדַּת מֶלֶךְ בָּשָׂר וָדָם שֶׁמְּקַלְּסִין אוֹתוֹ וְאֵין בּוֹ: **סוּס וְרֹכְבוֹ.** שְׁנֵיהֶם קְשׁוּרִים זֶה בָּזֶה, וְהַמַּיִם מַעֲלִין אוֹתָן לָרוּם וְיוֹרְדִין לָעֹמֶק וְאֵינָן נִפְרָדִין: **רָמָה.** הִשְׁלִיךְ, וְכֵן: "וּרְמִיו לְגוֹא אַתּוּן נוּרָא" (דניאל ג, כא). וּמִדְרַשׁ אַגָּדָה, כָּתוּב אֶחָד אוֹמֵר "רָמָה" וְכָתוּב אֶחָד אוֹמֵר "יָרָה", מְלַמֵּד שֶׁהָיוּ עוֹלִין לָרוּם וְיוֹרְדִין לַתְּהוֹם, כְּמוֹ: "מִי יָרָה אֶבֶן פִּנָּתָהּ" (איוב לח, ו) מִלְמַעְלָה לְמַטָּה:

ב| **עָזִּי וְזִמְרָת יָהּ.** אוּנְקְלוֹס תִּרְגֵּם "עָזִּי" כְּמוֹ 'עֻזִּי', "וְזִמְרָת" כְּמוֹ 'וְזִמְרָתִי'. וַאֲנִי תָמֵהַּ עַל לְשׁוֹן הַמִּקְרָא, שֶׁאֵין לְךָ כָּמוֹהוּ בִּנְקֻדָּתוֹ בַּמִּקְרָא אֶלָּא בִּשְׁלֹשָׁה מְקוֹמוֹת שֶׁהוּא סָמוּךְ אֵצֶל "וְזִמְרָת", וְכָל שְׁאָר מְקוֹמוֹת נָקוּד שׁוּרֻק, "ה' עֻזִּי וּמָעֻזִּי" (ירמיה טז, יט), "עֻזּוֹ אֵלֶיךָ אֶשְׁמֹרָה" (תהלים נט, י). וְכֵן כָּל תֵּבָה בַּת שְׁתֵּי אוֹתִיּוֹת הַנְּקוּדָה מְלָאפוּם, כְּשֶׁהִיא מָאֳרֶכֶת בְּאוֹת שְׁלִישִׁית וְאֵין הַשְּׁנִיָּה בִּשְׁבָא בַּחֲטָף, הָרִאשׁוֹנָה נְקוּדָה בְּשׁוּרֻק, כְּגוֹן: עֹז עֻזִּי, רֹק רֻקִּי, חֹק חֻקִּי, עֹל עֻלּוֹ, "יָסוּר... עֻלּוֹ" (ישעיה יד, כה), כֹּל כֻּלּוֹ, "וְשָׁלִשִׁם עַל כֻּלּוֹ" (לעיל יד, ז). וְאֵלּוּ שְׁלֹשָׁה "עָזִּי וְזִמְרָת" שֶׁל כָּאן וְשֶׁל יְשַׁעְיָה (יב, ב) וְשֶׁל תְּהִלִּים (קיח, יד) נְקוּדִים בַּחֲטַף קָמַץ; וְעוֹד, אֵין בְּאֶחָד מֵהֶם כָּתוּב 'וְזִמְרָתִי' אֶלָּא "וְזִמְרָת", וְכֻלָּם סָמוּךְ לָהֶם: "וַיְהִי לִי לִישׁוּעָה". לָכֵךְ אֲנִי אוֹמֵר לְיַשֵּׁב לְשׁוֹן הַמִּקְרָא, שֶׁאֵין "עָזִּי" כְּמוֹ 'עֻזִּי' וְלֹא "וְזִמְרָת" כְּמוֹ 'וְזִמְרָתִי', אֶלָּא "עָזִּי" שֵׁם דָּבָר הוּא, כְּמוֹ: "הַיֹּשְׁבִי בַּשָּׁמָיִם" (שם קכג, א), "שֹׁכְנִי בְחַגְוֵי סֶלַע" (עובדיה א, ג), "שֹׁכְנִי סְנֶה" (דברים לג, טז). וְזֶהוּ הַשֶּׁבַח: עֹז וְזִמְרָת יָהּ הוּא הָיָה לִי לִישׁוּעָה. וְ"זִמְרָת" דָּבוּק הוּא לְתֵבַת ה', כְּמוֹ "לְעֶזְרַת ה'" (שופטים ה, כג), "בְּעֶבְרַת ה'" (ישעיה ט, יח), "עַל דִּבְרַת בְּנֵי הָאָדָם" (קהלת ג, יח). וּלְשׁוֹן "וְזִמְרָת" לְשׁוֹן "לֹא תִזְמֹר" (ויקרא כה, ד), "זְמִיר עָרִיצִים" (ישעיה כה, ה), כִּסּוּחַ וּכְרִיתָה, עֻזּוֹ וְנִקְמָתוֹ שֶׁל אֱלֹהֵינוּ הָיָה לָנוּ לִישׁוּעָה. וְאַל תִּתְמַהּ עַל לְשׁוֹן "וַיְהִי" שֶׁלֹּא נֶאֱמַר 'הָיָה', שֶׁיֵּשׁ לָנוּ מִקְרָאוֹת מְדַבְּרִים בְּלָשׁוֹן זֶה, וְזֶה דֻּגְמָתוֹ: "אֶת קִירוֹת הַבַּיִת סָבִיב לַהֵיכָל וְלַדְּבִיר

שירת הים

פרק טו פס׳ א–כא

השירה שנאמרת לאחר נס קריעת ים-סוף חותמת פרק בהיסטוריה של עם ישראל. עם טביעת חיל פרעה באה אל סיומה תקופה של מאות שנים, שבהן ישבו ישראל בקרב העם המצרי והושפעו ממנו. עתה הם אומרים את דברם שלהם, שכן הם בעלי זהות עצמאית ובעלי בשורה מחודשת. בפתיחת פיותיהם בשירה מקורית משותפת זו מתחוללת גם התגבשותם לכדי עם אחד.

לכאורה זוהי שירת ניצחון מובהקת, שהרי מופיעים בה השמחה, הגבורה ומפלת האויבים ואף חזון לעתיד (שאמור היה להתממש תוך זמן קצר, לולא גזרת הנדודים במדבר שנגזרה בהמשך). אולם לעומת שירי הניצחון המקובלים, המעריצים את הגיבורים האנושיים שנלחמו ללא חת, בשירת הים בני האדם פסיבים, כניצבים בסרט, והגיבור היחיד הוא ה׳. לפני הכניסה לים נאמר: ה׳ יִלָּחֵם לָכֶם, וְאַתֶּם תַּחֲרִישׁוּן. בשירה זו מבטאים משה ובני ישראל את הכרתם שאכן כך התרחשו הדברים: ה׳ הוא שלחם, לו הניצחון והתפארה, ועל חסדו הם מודים.

צורות לשון עתיקות הנדירות בפרוזה המקראית חוזרות ונשנות בשירה, כגון הצורות המארכות: עָזִּי, שמשמעו המקורי הוא עוז (ולאו דווקא שלי), נֶאְדָּרִי – נאדר[11] וכינויי המושא החבורים: יְכַסְיֻמוּ, יֹאכְלֵמוֹ,[12] כִּסָּמוֹ, תִּמְלָאֵמוֹ, תּוֹרִישֵׁמוֹ, יֹאחֲזֵמוֹ, תְּבִאֵמוֹ וְתִטָּעֵמוֹ.

זוהי השירה הגדולה הראשונה בתורה. מעבר להודאה הנסיבתית שבמרכזה, נרמזים בה גם דברים שמעבר לזמנם ולמקומם.

פרק טו א **אָז יָשִׁיר מֹשֶׁה וּבְנֵי יִשְׂרָאֵל אֶת הַשִּׁירָה הַזֹּאת לַה׳**. נראה | ביאור
שמשה הוא שהוביל את השירה: משה שר שורה, והעם חזר ושר אחריו אותה שורה.[13] **וַיֹּאמְרוּ לֵאמֹר: אָשִׁירָה לַה׳ כִּי גָאֹה גָּאָה**, ה׳ התעלה, התנשא והראה את כוחו, כאשר **סוּס וְרֹכְבוֹ רָמָה**, השליך[14] **בַיָּם**.

ב **עָזִּי וְזִמְרָת יָהּ**. ביטוי סתום זה יופיע עוד פעמיים במקרא.[15] הוצעו לו פירושים אחדים: עוז וזמרה של ה׳; שירת תהילה על עוזו של ה׳; עוז שהתבטא בזמירה, כלומר בחיתוך, קיצוץ וכריתה

לִישׁוּעָה זֶה אֵלִי וְאַנְוֵהוּ אֱלֹהֵי
אָבִי וַאֲרֹמְמֶנְהוּ׃ יְהוָה אִישׁ מִלְחָמָה יְהוָה ג
שְׁמוֹ׃ מַרְכְּבֹת פַּרְעֹה וְחֵילוֹ יָרָה בַיָּם וּמִבְחַר ד
שָׁלִשָׁיו טֻבְּעוּ בְיַם־סוּף׃ תְּהֹמֹת יְכַסְיֻמוּ יָרְדוּ בִמְצוֹלֹת כְּמוֹ־ ה
אָבֶן׃ יְמִינְךָ יְהוָה נֶאְדָּרִי בַּכֹּחַ יְמִינְךָ ו

רש"י | וַיַּעַשׂ צְלָעוֹת סָבִיב" (מלכים א' ו, ה), הָיָה לוֹ לוֹמַר: 'עָשָׂה צְלָעוֹת סָבִיב'; וְכֵן בְּדִבְרֵי הַיָּמִים (ב י, יז): "וּבְנֵי יִשְׂרָאֵל הַיֹּשְׁבִים בְּעָרֵי יְהוּדָה וַיִּמְלֹךְ עֲלֵיהֶם רְחַבְעָם", הָיָה לוֹ לוֹמַר: 'מָלַךְ עֲלֵיהֶם רְחַבְעָם'; "מִבִּלְתִּי יְכֹלֶת ה' וְגוֹ' וַיִּשְׁחָטֵם" (במדבר יד, טז), הָיָה לוֹ לוֹמַר: 'שְׁחָטָם'; "וְהָאֲנָשִׁים אֲשֶׁר שָׁלַח מֹשֶׁה... וַיָּמֻתוּ" (שם לו-לז), 'מֵתוּ' הָיָה לוֹ לוֹמַר; "וַאֲשֶׁר לֹא שָׂם לִבּוֹ אֶל דְּבַר ה' וַיַּעֲזֹב" (לעיל ט, כא), הָיָה לוֹ לוֹמַר: 'עָזַב': **זֶה אֵלִי.** בִּכְבוֹדוֹ נִגְלָה עֲלֵיהֶם וְהָיוּ מַרְאִין אוֹתוֹ בְּאֶצְבַּע, רָאֲתָה שִׁפְחָה עַל הַיָּם מַה שֶּׁלֹּא רָאוּ נְבִיאִים: **וְאַנְוֵהוּ.** אוּנְקְלוֹס תִּרְגֵּם לְשׁוֹן נָוֶה, "נָוֶה שַׁאֲנָן" (ישעיה לג, כ), "לִנְוֵה צֹאן" (שם סה, י). דָּבָר אַחֵר, "וְאַנְוֵהוּ", לְשׁוֹן נוֹי, אֲסַפֵּר נוֹיוֹ וְשִׁבְחוֹ לְבָאֵי עוֹלָם, כְּגוֹן: "מַה דּוֹדֵךְ מִדּוֹד" (שיר השירים ה, ט), "דּוֹדִי צַח וְאָדוֹם" (שם פסוק י) וְכָל הָעִנְיָן: **אֱלֹהֵי אָבִי.** הוּא זֶה, "וַאֲרֹמְמֶנְהוּ": **אֱלֹהֵי אָבִי.** לֹא אֲנִי תְּחִלַּת הַקְּדֻשָּׁה, מֻחְזֶקֶת וְעוֹמֶדֶת לִי הַקְּדֻשָּׁה וֶאֱלָהוּתוֹ עָלַי מִימֵי אֲבוֹתַי:

ג] **ה' אִישׁ מִלְחָמָה.** בַּעַל מִלְחָמוֹת, כְּמוֹ: "אִישׁ נָעֳמִי" (רות א, ג), וְכָל 'אִישׁ' וְ'אִישֵׁךְ' מְתֻרְגָּמִין בַּעַל. וְכֵן: "וְחָזַקְתָּ וְהָיִיתָ לְאִישׁ" (מלכים א' ב, ב), לְגִבּוֹר: **ה' שְׁמוֹ.** מִלְחֲמוֹתָיו לֹא בִּכְלֵי זַיִן אֶלָּא בִּשְׁמוֹ הוּא נִלְחָם, "וְאָנֹכִי בָא אֵלֶיךָ בְּשֵׁם ה' צְבָאוֹת" (שמואל א' יז, מה). דָּבָר אַחֵר, "ה' שְׁמוֹ", אַף בְּשָׁעָה שֶׁהוּא נִלְחָם וְנוֹקֵם מֵאוֹיְבָיו, אוֹחֵז הוּא בְּמִדָּתוֹ לְרַחֵם עַל קְרוּאָיו וְלָזוּן אֶת כָּל בָּאֵי עוֹלָם, וְלֹא כְּמִדַּת מַלְכֵי אֲדָמָה כְּשֶׁהוּא עָסוּק בְּמִלְחָמָה פּוֹנֶה עַצְמוֹ מִכָּל עֲסָקִים וְאֵין בּוֹ כֹּחַ לַעֲשׂוֹת זוֹ וָזוֹ:

ד] **יָרָה בַיָּם.** "שָׁדִי בְיַמָּא", "שָׁדִי" לְשׁוֹן יְרִיָּה. וְכֵן הוּא אוֹמֵר: "אוֹ יָרֹה יִיָּרֶה" (להלן יט, יג), "אוֹ אִשְׁתְּדָאָה יִשְׁתְּדֵי", וְהַתָּי"ו מְשַׁמֶּשֶׁת בְּאֵלּוּ בִּמְקוֹם יִתְפַּעֵל: **וּמִבְחַר.** שֵׁם דָּבָר, כְּמוֹ: "מֶרְכָּב" (ויקרא טו, ט), "מִשְׁכָּב" (שם ד), "מִקְרָא קֹדֶשׁ" (לעיל יב, טז): **טֻבְּעוּ.** אֵין טְבִיעָה אֶלָּא בִּמְקוֹם טִיט, כְּמוֹ: "טָבַעְתִּי בִּיוֵן מְצוּלָה" (תהלים סט, ג), "וַיִּטְבַּע יִרְמְיָהוּ בַּטִּיט" (ירמיה לח, ו), מְלַמֵּד שֶׁנַּעֲשָׂה הַיָּם טִיט, לִגְמֹל לָהֶם כְּמִדָּתָם שֶׁשִּׁעְבְּדוּ אֶת יִשְׂרָאֵל בְּחֹמֶר וּבִלְבֵנִים:

ה] **יְכַסְיֻמוּ.** כְּמוֹ 'יְכַסּוּם'. וְהַיּוּ"ד הָאֶמְצָעִית יְתֵרָה בּוֹ וְדֶרֶךְ מִקְרָאוֹת בְּכָךְ, כְּמוֹ: "וּבְקָרְךָ וְצֹאנְךָ יִרְבְּיֻן" (דברים ח, יג), "יִרְוְיֻן מִדֶּשֶׁן בֵּיתֶךָ" (תהלים לו, ט), וְהַיּוּ"ד רִאשׁוֹנָה שֶׁמְּשַׁמְּשָׁה לְשׁוֹן עָתִיד, כָּךְ פָּרְשֵׁהוּ: טֻבְּעוּ בְּיַם סוּף כְּדֵי שֶׁיַּחְזְרוּ הַמַּיִם וִיכַסּוּ אוֹתָן. "יְכַסְיֻמוּ" אֵין דּוֹמֶה לוֹ בַּמִּקְרָא בִּנְקֻדָּתוֹ, וְדַרְכּוֹ לִהְיוֹת נָקוּד 'יְכַסְיֻמוֹ' מְלָאפוּם: **כְּמוֹ אָבֶן.** וּבְמָקוֹם אַחֵר "צָלֲלוּ כַּעוֹפֶרֶת" (להלן פסוק י), וּבְמָקוֹם אַחֵר "יֹאכְלֵמוֹ כַּקַּשׁ" (להלן פסוק ז). הָרְשָׁעִים כַּקַּשׁ הוֹלְכִים וּמִטָּרְפִין עוֹלִין וְיוֹרְדִין, בֵּינוֹנִים כָּאֶבֶן, וְהַכְּשֵׁרִים כַּעוֹפֶרֶת שֶׁנָּחוּ מִיָּד:

ו] **יְמִינְךָ יְמִינְךָ.** שְׁתֵּי פְעָמִים, כְּשֶׁיִּשְׂרָאֵל עוֹשִׂין רְצוֹנוֹ שֶׁל מָקוֹם הַשְּׂמֹאל נַעֲשֵׂית יָמִין: **יְמִינְךָ ה' נֶאְדָּרִי בַּכֹּחַ.** לְהַצִּיל אֶת יִשְׂרָאֵל, וִימִינְךָ הַשֵּׁנִית "תִּרְעַץ אוֹיֵב":

ביאור

שעשה ה׳ באויביו;[16] כוחי ושירי שייכים לה׳. [17]וַיְהִי לִי לִישׁוּעָה.
זֶה אֵלִי – וְאַנְוֵהוּ, אקשט ואפאר אותו,[18] אֱלֹהֵי אָבִי – וַאֲרֹמְמֶנְהוּ,
אנשא ואשבח אותו. ג **ה׳ כְּאִישׁ מִלְחָמָה**, נהג ערך למעננו מלחמה.
ה׳ שְׁמוֹ. הוא נלחם ולא אחר. שמו התגלה במלחמתו. ד **מַרְכְּבֹת**
פַּרְעֹה וְחֵילוֹ ה׳ **יָרָה**, זרק **בַיָּם**, **וּמִבְחַר שָׁלִשָׁיו** – של פרעה **טֻבְּעוּ בְיַם**
סוּף. ה **תְּהֹמֹת יְכַסְיֻמוּ**, יכסו אותם – את חיל פרעה. זוהי צורה
שירית ארכאית של הפועל. המצרים **יָרְדוּ** וטבעו **בִמְצוֹלֹת**, בתהומות
הים **כְּמוֹ אָבֶן**. מן השירה עולה שהמצרים טבעו במים סוערים, אשר
הטביעו אותם בעצמה רבה. הם נזרקו וניטלטלו בתוכם. ו **יְמִינְךָ**,
יכולתך, עצמתך, **ה׳**, **נֶאְדָּרִי**, אדיר, חזק **בַּכֹּחַ**. ה׳, יכולתך – כוחה

הרחבות

ה׳ איש מלחמה ה׳ שמו אחת ממשמעויותיו של שם ה׳ קשורה לכוח, לגבורה ואפילו להרס. בדרך כלל מקשרים את שם י–ה–ו–ה לשורש הָוָה או היה, כלומר למובן של הוויה ומציאות, אך שורש זה מציין גם משמעות הפוכה מהתהוות – חורבן ושבר, כמו בפסוק: הֹוָה עַל הֹוָה תָּבוֹא, וּשְׁמֻעָה אֶל שְׁמוּעָה תִּהְיֶה, וּבִקְשׁוּ חָזוֹן מִנָּבִיא, וְתוֹרָה תֹּאבַד מִכֹּהֵן, וְעֵצָה – מִזְּקֵנִים (יחזקאל ז,כו). לפי פירוש זה יתפרש שם ה׳ גם במשמעות הקרובה למלחמה או להמטת אסון.

יְהוָה תִּרְעַץ אוֹיֵב׃ וּבְרֹב גְּאוֹנְךָ תַּהֲרֹס ז
קָמֶיךָ תְּשַׁלַּח חֲרֹנְךָ יֹאכְלֵמוֹ כַּקַּשׁ׃ וּבְרוּחַ ח
אַפֶּיךָ נֶעֶרְמוּ מַיִם נִצְּבוּ כְמוֹ־נֵד
נֹזְלִים קָפְאוּ תְהֹמֹת בְּלֶב־יָם׃ אָמַר ט
אוֹיֵב אֶרְדֹּף אַשִּׂיג אֲחַלֵּק שָׁלָל תִּמְלָאֵמוֹ

רש"י

נֶאְדָּרִי. כְּמוֹ: "רַבָּתִי עָם" (איכה א, א), "שָׂרָתִי בַּמְּדִינוֹת" (שם), "גְּנֻבְתִי יוֹם" (בראשית לא, לט): תִּרְעַץ אוֹיֵב. תָּמִיד הִיא רוֹעֶצֶת וּמְשַׁבֶּרֶת הָאוֹיֵב, וְדוֹמֶה לוֹ: "וַיִּרְעֲצוּ וַיְרֹצְצוּ אֶת בְּנֵי יִשְׂרָאֵל", בְּשׁוֹפְטִים (י, ח):

ז] תַּהֲרֹס קָמֶיךָ. תָּמִיד אַתָּה הוֹרֵס קָמֶיךָ הַקָּמִים נֶגְדֶּךָ. וּמִי הֵם הַקָּמִים כְּנֶגְדּוֹ? אֵלּוּ הַקָּמִים עַל יִשְׂרָאֵל. וְכֵן הוּא אוֹמֵר: "כִּי הִנֵּה אוֹיְבֶיךָ יֶהֱמָיוּן" (תהלים פג, ג), וּמַה הִיא הַהֶמְיָה? "עַל עַמְּךָ יַעֲרִימוּ סוֹד" (שם ד), וְעַל זֶה קוֹרֵא אוֹתָם אוֹיְבָיו:

ח] וּבְרוּחַ אַפֶּיךָ. הַיּוֹצֵא מִשְּׁנֵי נְחִירַיִם שֶׁל אַף. דִּבֵּר הַכָּתוּב כִּבְיָכוֹל בַּשְּׁכִינָה דֻּגְמַת מֶלֶךְ בָּשָׂר וָדָם, כְּדֵי לְהַשְׁמִיעַ אֹזֶן הַבְּרִיּוֹת כְּפִי הַהֹוֶה שֶׁיּוּכְלוּ לְהָבִין דָּבָר. כְּשֶׁאָדָם כּוֹעֵס יוֹצֵא רוּחַ מִנְּחִירָיו, וְכֵן: "עָלָה עָשָׁן בְּאַפּוֹ" (שם יח, ט), וְכֵן: "וּמֵרוּחַ אַפּוֹ יִכְלוּ" (איוב ד, ט). וְזֶהוּ שֶׁאָמַר: "לְמַעַן שְׁמִי אַאֲרִיךְ אַפִּי" (ישעיה מח, ט), כְּשֶׁזַּעְפּוֹ נָחָה נְשִׁימָתוֹ אֲרֻכָּה וּכְשֶׁהוּא כּוֹעֵס נְשִׁימָתוֹ קְצָרָה, "וּתְהִלָּתִי אֶחֱטָם לָךְ" (שם), וּלְמַעַן תְּהִלָּתִי אָשִׂים חֲטָם בְּאַפִּי לִסְתֹּם נְחִירַי בִּפְנֵי הָאַף וְהָרוּחַ שֶׁלֹּא יֵצְאוּ "לָךְ", בִּשְׁבִילְךָ. "אֶחֱטָם" כְּמוֹ 'נָאקָה בַּחֲטָם' בְּמַסֶּכֶת שַׁבָּת (דף נא ע"ב), כָּךְ נִרְאֶה בְּעֵינַי. וְכָל אַף וְחָרוֹן שֶׁבַּמִּקְרָא אֲנִי אוֹמֵר כֵּן: "חָרָה אַף" (ישעיה ה, כה) כְּמוֹ: "וְעַצְמִי חָרָה מִנִּי חֹרֶב" (איוב ל, ל) לְשׁוֹן שְׂרֵפָה וּמוֹקֵד, שֶׁהַנְּחִירַיִם מִתְחַמְּמִים וְנֶחֱרִים בְּעֵת הַקֶּצֶף, וְחָרוֹן מִגִּזְרַת חָרָה כְּמוֹ רָצוֹן מִגִּזְרַת רָצָה, וְכֵן חֵמָה לְשׁוֹן חֲמִימוּת, עַל כֵּן הוּא אוֹמֵר: "וַחֲמָתוֹ בָּעֲרָה בוֹ" (אסתר א, יב), וּבְנוֹחַ הַחֵמָה אוֹמֵר: "נִתְקָרְרָה דַּעְתּוֹ" (יבמות סג ע"א): נֶעֶרְמוּ מַיִם. אוּנְקְלוֹס תִּרְגֵּם לְשׁוֹן עַרְמִימוּת. וּלְשׁוֹן אַחֲוֹת הַמִּקְרָא כְּמוֹ: "עֲרֵמַת חִטִּים" (שיר השירים ז, ג), וְ"נִצְּבוּ כְמוֹ נֵד" יוֹכִיחַ: נֶעֶרְמוּ. מִמּוֹקֵד רוּחַ שֶׁיָּצָא מֵאַפְּךָ יָבְשׁוּ הַמַּיִם וְהֵם נַעֲשׂוּ כְּמִין גַּלִּים וּכְרִיּוֹת שֶׁל עֲרֵמָה שֶׁהֵם גְּבוֹהִים: כְּמוֹ נֵד. כְּתַרְגּוּמוֹ, "כְּשׁוּר", כְּחוֹמָה: נֵד. לְשׁוֹן צִבּוּר וְכִנּוּס, כְּמוֹ: "נֵד קָצִיר בְּיוֹם נַחֲלָה" (ישעיה יז, יא), "כֹּנֵס כַּנֵּד" (תהלים לג, ז), לֹא כָתַב 'כֹּנֵס כַּנֹּאד' אֶלָּא "כַּנֵּד", וְאִלּוּ הָיָה "כַּנֵּד" כְּמוֹ 'כַּנֹּאד' וְ'כֹנֵס' לְשׁוֹן הַכְנָסָה, הָיָה לוֹ לִכְתֹּב 'מַכְנִיס כְּבַנֹּאד מֵי הַיָּם'. אֶלָּא 'כֹּנֵס' לְשׁוֹן אוֹסֵף וְצוֹבֵר הוּא, וְכֵן: "קָמוּ נֵד אֶחָד" (יהושע ג, טז), "וַיַּעַמְדוּ נֵד אֶחָד" (שם פסוק יג), וְאֵין לְשׁוֹן קִימָה וַעֲמִידָה בְּנֹאדוֹת אֶלָּא בְּחוֹמוֹת וְצִבּוּרִים. וְלֹא מָצִינוּ 'נֹאד' נָקוּד אֶלָּא בְּמַלְאָפוּם, כְּמוֹ: "שִׂימָה דִמְעָתִי בְנֹאדֶךָ" (תהלים נו, ט), "אֶת נֹאוד הֶחָלָב" (שופטים ד, יט): קָפְאוּ. כְּמוֹ: "וְכַגְּבִינָה תַּקְפִּיאֵנִי" (איוב י, י), שֶׁהִקְשׁוּ וְנַעֲשׂוּ כַּאֲבָנִים, וְהַמַּיִם זוֹרְקִים אֶת הַמִּצְרִים עַל הָאֶבֶן בְּכֹחַ וְנִלְחָמִים בָּם בְּכָל מִינֵי קֹשִׁי: בְּלֶב יָם. בְּחֹזֶק הַיָּם. וְדֶרֶךְ הַמִּקְרָאוֹת לְדַבֵּר כֵּן: "עַד לֵב הַשָּׁמַיִם" (דברים ד, יא), "בְּלֵב הָאֵלָה" (שמואל ב' יח, יד), לְשׁוֹן עִקָּרוֹ וְתָקְפּוֹ שֶׁל דָּבָר:

ט] אָמַר אוֹיֵב. לְעַמּוֹ כְּשֶׁפִּתָּם בִּדְבָרִים, אֶרְדֹּף וְאַשִּׂיגֵם וַאֲחַלֵּק שְׁלָלָם עִם שָׂרַי וַעֲבָדַי: תִּמְלָאֵמוֹ. תִּמָּלֵא מֵהֶם: נַפְשִׁי. רוּחִי וּרְצוֹנִי. וְאַל תִּתְמַהּ עַל תֵּבָה הַמְדַבֶּרֶת

ביאור

אדיר.[19] **יְמִינְךָ, ה׳, תִּרְעַץ**, תשבור **אוֹיֵב**. אפשרות פרשנית אחרת: ימינך, ה׳ הנאדר בכוח, היא שתשבור את האויב.[20] ז **וּבְרֹב גְּאוֹנְךָ**, ובהתעלותך והפגנת גדולתך **תַּהֲרֹס קָמֶיךָ**, הקמים כנגדך, שונאיך. **תְּשַׁלַּח** כנגדם את **חֲרֹנְךָ**, כעסך, המדומה פעמים רבות לאש,[21] והוא **יֹאכְלֵמוֹ**, יאכל אותם **כַּ**שם שאש מכלה **קַשׁ**.

ח **וּבְרוּחַ אַפֶּיךָ**, כעסך. ביטוי זה רומז לרוח הקדים העזה שהוליך ה׳ כל הלילה,[22] **נֶעֶרְמוּ מַיִם** הפכו המים ערמות ערמות,[23] וחרגו מטבעם. **נִצְּבוּ כְמוֹ נֵד**, תל **נֹזְלִים**. הנוזלים נעמדו כמו תל, כעמוד. **קָפְאוּ**, נקרשו והתקשו כחומה[24] **תְהֹמֹת בְּלֶב יָם**.

ט **אָמַר אוֹיֵב: "אֶרְדֹּף, אַשִּׂיג** את ישראל, **אֲחַלֵּק שָׁלָל**, אחרי שאנצח אותם". הוא לא שיער שלפניו מלחמה של ממש, אלא יצא למרדף של שוד וענישה כלפי הנמלטים. **"תִּמְלָאֵמוֹ**, תִּמָּלא אותם **נַפְשִׁי**,

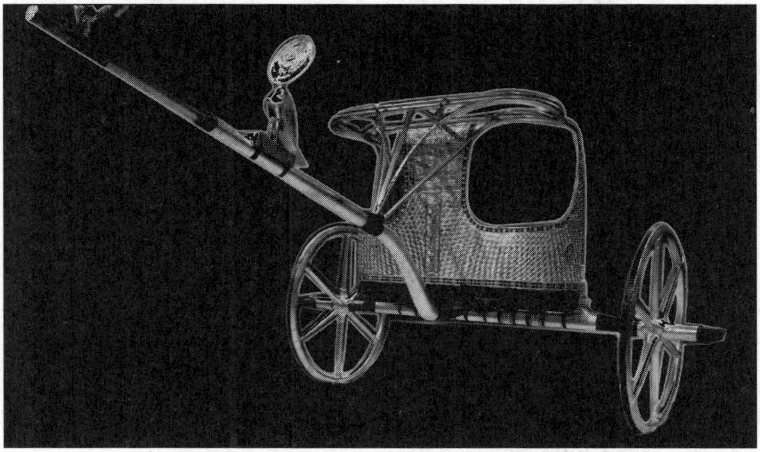
מרכבת הזהב של פרעה תות ענח׳ אמון

נַפְשִׁ֔י אָרִ֣יק חַרְבִּ֔י תּוֹרִישֵׁ֖מוֹ יָדִֽי׃ נָשַׁ֥פְתָּ י
בְרוּחֲךָ֖ כִּסָּ֣מוֹ יָ֑ם צָֽלְלוּ֙ כַּֽעוֹפֶ֔רֶת בְּמַ֖יִם
אַדִּירִֽים׃ מִֽי־כָמֹ֤כָה בָּֽאֵלִם֙ יְהוָ֔ה מִ֥י יא
כָּמֹ֖כָה נֶאְדָּ֣ר בַּקֹּ֑דֶשׁ נוֹרָ֥א תְהִלֹּ֖ת עֹ֥שֵׂה
פֶֽלֶא׃ נָטִ֙יתָ֙ יְמִ֣ינְךָ֔ תִּבְלָעֵ֖מוֹ אָֽרֶץ׃ נָחִ֥יתָ יב יג
בְחַסְדְּךָ֖ עַם־ז֣וּ גָּאָ֑לְתָּ נֵהַ֥לְתָּ בְעָזְּךָ֖ אֶל־נְוֵ֥ה
קָדְשֶֽׁךָ׃ שָֽׁמְע֥וּ עַמִּ֖ים יִרְגָּז֑וּן חִ֣יל יד
אָחַ֔ז יֹשְׁבֵ֖י פְּלָֽשֶׁת׃ אָ֤ז נִבְהֲלוּ֙ אַלּוּפֵ֣י טו
אֱד֔וֹם אֵילֵ֣י מוֹאָ֔ב יֹֽאחֲזֵ֖מוֹ רָ֑עַד נָמֹ֕גוּ

רש"י

בִּשְׁתַּיִם, "תִּמְלָאֵמוֹ" תִּמָּלֵא מֵהֶם, יֵשׁ הַרְבֵּה כַּלָּשׁוֹן הַזֶּה: "כִּי אֶרֶץ הַנֶּגֶב נְתַתָּנִי" (שופטים א, טו) כְּמוֹ נָתַתָּ לִי; "וְלֹא יָכְלוּ דַּבְּרוֹ לְשָׁלֹם" (בראשית לז, ד) כְּמוֹ דַּבֵּר עִמּוֹ; "בָּנַי יְצָאֻנִי" (ירמיה י, כ) כְּמוֹ יָצְאוּ מִמֶּנִּי; "מִסְפַּר צְעָדַי אַגִּידֶנּוּ" (איוב לא, לז) כְּמוֹ אַגִּיד לוֹ; אַף כָּאן "תִּמְלָאֵמוֹ" תִּמָּלֵא נַפְשִׁי מֵהֶם: **אָרִיק חַרְבִּי.** אֶשְׁלֹף. וְעַל שֵׁם שֶׁהוּא מֵרִיק אֶת הַתַּעַר בִּשְׁלִיפָתוֹ וּבִשְׁאָר רֵיק נוֹפֵל בּוֹ לְשׁוֹן הֲרָקָה, כְּמוֹ: "מְרִיקִים שַׂקֵּיהֶם" (בראשית מב, לה), "וְכֵלָיו יָרִיקוּ" (ירמיה מח, יב). וְאַל תֹּאמַר, אֵין לְשׁוֹן רֵיקוּת נוֹפֵל עַל הַיּוֹצֵא אֶלָּא עַל הַתִּיק וְעַל הַשַּׂק וְעַל הַכְּלִי שֶׁיָּצָא מִמֶּנָּה, אֲבָל לֹא עַל הַחֶרֶב וְעַל הַיַּיִן, וְלִדְחֹק וּלְפָרֵשׁ "אָרִיק חַרְבִּי" כִּלְשׁוֹן "וַיָּרֶק אֶת חֲנִיכָיו" (בראשית יד, יד), אֶזְדַּיֵּן בְּחַרְבִּי – מָצִינוּ הַלָּשׁוֹן מוּסָב אַף עַל הַיּוֹצֵא, "שֶׁמֶן תּוּרַק" (שיר השירים א, ג), "וְלֹא הוּרַק מִכְּלִי אֶל כֶּלִי" (ירמיה מח, יא), 'לֹא הוּרַק הַכְּלִי' אֵין כָּתוּב כָּאן אֶלָּא "לֹא הוּרַק הַיַּיִן מִכְּלִי אֶל כְּלִי", מָצִינוּ הַלָּשׁוֹן מוּסָב עַל הַיַּיִן, וְכֵן: "וְהֵרִיקוּ חַרְבוֹתָם עַל יְפִי חָכְמָתֶךָ" (יחזקאל כח, ז) דְּבִירָם: **תּוֹרִישֵׁמוֹ.** לְשׁוֹן רֵישׁוּת וְדַלּוּת, כְּמוֹ: "מוֹרִישׁ וּמַעֲשִׁיר" (שמואל א׳ ב, ז):

י] **נָשַׁפְתָּ.** לְשׁוֹן הֲפָחָה, וְכֵן "וְגַם נָשַׁף בָּהֶם" (ישעיה מ, כד): **צָלְלוּ.** שָׁקְעוּ, עָמְקוּ, לְשׁוֹן "מְצוּלָה": **כַּעוֹפֶרֶת.** אֲבָר, פלו"ם בְּלַעַז:

יא] **בָּאֵלִם.** בַּחֲזָקִים, כְּמוֹ: "וְאֶת אֵילֵי הָאָרֶץ לָקָח" (יחזקאל יז, יג), "אֱיָלוּתִי לְעֶזְרָתִי חוּשָׁה" (תהלים כב, כ): **נוֹרָא תְהִלֹּת.** יָרְאוּי מִלְּהַגִּיד תְּהִלּוֹתֶיךָ פֶּן יִמְעֲטוּ, עַל כֵּן: "לְךָ דֻמִיָּה תְהִלָּה" (שם סה, ב):

יב] **נָטִיתָ יְמִינְךָ.** כְּשֶׁהַקָּדוֹשׁ בָּרוּךְ הוּא נוֹטֶה יָדוֹ הָרְשָׁעִים כָּלִים וְנוֹפְלִים, לְפִי שֶׁהַכֹּל נָתוּן בְּיָדוֹ וְנוֹפְלִים בְּהַטָּיָתָהּ, וְכֵן הוּא אוֹמֵר: "וַה' יַטֶּה יָדוֹ וְכָשַׁל עוֹזֵר וְנָפַל עָזֻר" (ישעיה לא, ג). מָשָׁל לִכְלֵי זְכוּכִית הַנְּתוּנִים בְּיַד אָדָם, מַטֶּה יָדוֹ מְעַט וְהֵם נוֹפְלִים וּמִשְׁתַּבְּרִים: **תִּבְלָעֵמוֹ אָרֶץ.** מִכָּאן שֶׁזָּכוּ לִקְבוּרָה, בִּשְׂכַר שֶׁאָמְרוּ: "ה' הַצַּדִּיק" (לעיל ט, כז):

יג] **נֵהַלְתָּ.** לְשׁוֹן מְנַהֵל. וְאוּנְקְלוֹס תִּרְגֵּם לְשׁוֹן נוֹשֵׂא וְסוֹבֵל, וְלֹא דִּקְדֵּק לְפָרֵשׁ אַחַר לָשׁוֹן הָעִבְרִית:

יד] **יִרְגָּזוּן.** מִתְרַגְּזִין: **יֹשְׁבֵי פְּלָשֶׁת.** מִפְּנֵי שֶׁהָרְגוּ אֶת בְּנֵי אֶפְרַיִם שֶׁמִּהֲרוּ אֶת הַקֵּץ וְיָצְאוּ בִּזְרוֹעַ, כִּמְפֹרָשׁ בְּדִבְרֵי הַיָּמִים (א׳ ז, כא): "וַהֲרָגוּם אַנְשֵׁי גַת":

טו] **אַלּוּפֵי אֱדוֹם אֵילֵי מוֹאָב.** וַהֲלֹא לֹא הָיָה לָהֶם לִירֹא כְּלוּם, שֶׁהֲרֵי לֹא עֲלֵיהֶם הוֹלְכִים? אֶלָּא מִפְּנֵי אֲנִינוּת

ביאור | אבלע אותם. **אָרִיק**, אשלוף מנדנה את **חַרְבִּי**, ואז **תּוֹרִישֵׁמוֹ**, תשבור ותסלק,[25] או: תרושש אותם **יָדִי**". י אולם אתה **נָשַׁפְתָּ בְרוּחֲךָ**, **כִּסָּמוֹ**, כיסה אותם **הַיָּם**, והם **צָלֲלוּ כַּעוֹפֶרֶת בְּמַיִם אַדִּירִים**.

יא **מִי כָמֹכָה בָּאֵלִם**, בין בעלי הכוח, **ה'**?! **מִי כָּמֹכָה נֶאְדָּר בַּקֹּדֶשׁ**, אדיר בקדושתו?! **נוֹרָא**, נשגב[26] **תְהִלֹּת**, נשגב בתהילה, או: מי שגם בתהילתו יש צד של יראה.[27] **עֹשֵׂה פֶלֶא**. ואחד הפלאים שעשית הוא מה שאירע עתה: יב **נָטִיתָ יְמִינְךָ** על האויבים, **תִּבְלָעֵמוֹ**, בלעה אותם **אָרֶץ**.

עד כה דובר בשבירת האויב, במפלתו ובטביעתו בים. מכאן נסובה השירה אל הצד השני, שיש בו פן רך יותר. יג **נָחִיתָ**, הובלת **בְחַסְדְּךָ** את **הָעַם זוּ**, אשר **גָּאָלְתָּ**. וכאן – נבואה לעתיד: **נֵהַלְתָּ**, תוליך אותם **בְעָזְּךָ**, בכוחך עד שיגיעו **אֶל נְוֵה קָדְשֶׁךָ**, בארץ ישראל.

מכיוון שהוזכרה הצעידה לכנען, מתוארים הדהודיהם הדרמטיים של יציאת מצרים וקריעת ים סוף באוזני העמים הסובבים: יד כאשר **שָׁמְעוּ הָעַמִּים** על הנסים הללו, **יִרְגָּזוּן**, הדבר ערער את שלוותם. **חִיל**, פחד **אָחַז** את **יֹשְׁבֵי פְּלָשֶׁת**, כי הפלשתים לא ידעו שישראל לא יעברו בגבולם. טו **אָז נִבְהֲלוּ אַלּוּפֵי אֱדוֹם**, שמא ישראל יעברו בגבולם, כפי שאכן אירע לבסוף. אף **אֵילֵי**, ראשיהם ומנהיגיהם[28] של **מוֹאָב** – **יֹאחֲזֵמוֹ**, יאחז אותם **רָעַד**. **נָמֹגוּ**, נמסו מפחד **כֹּל יֹשְׁבֵי**

הרחבות | **'צללו כעופרת'** עופרת הייתה המתכת המצויה הכבדה ביותר. אמנם זהב כבד ממנה, אך ישראל לא רצו לחלוק בשירתם כל כבוד למצרים, ועל כן מצרים אינם מדומים כאן לזהב, המתכת היקרה ביותר. אפשר שהחיילים, הפרשים ובוודאי רוכבי המרכבות נשאו עליהם שריונות, אשר הכבידו על שחייתם במים.

כָּל יֹשְׁבֵי כְנָעַן׃ תִּפֹּל עֲלֵיהֶם אֵימָתָה טז
וָפַחַד בִּגְדֹל זְרוֹעֲךָ יִדְּמוּ כָּאָבֶן עַד־
יַעֲבֹר עַמְּךָ יְהוָה עַד־יַעֲבֹר עַם־זוּ
קָנִיתָ׃ תְּבִאֵמוֹ וְתִטָּעֵמוֹ בְּהַר נַחֲלָתְךָ מָכוֹן יז
לְשִׁבְתְּךָ פָּעַלְתָּ יְהוָה מִקְּדָשׁ אֲדֹנָי כּוֹנְנוּ
יָדֶיךָ׃ יְהוָה ׀ יִמְלֹךְ לְעֹלָם וָעֶד׃ כִּי יח יט
בָא סוּס פַּרְעֹה בְּרִכְבּוֹ וּבְפָרָשָׁיו בַּיָּם וַיָּשֶׁב יְהוָה עֲלֵהֶם אֶת־מֵי
הַיָּם וּבְנֵי יִשְׂרָאֵל הָלְכוּ בַיַּבָּשָׁה בְּתוֹךְ הַיָּם׃

רש"י

שֶׁהָיוּ מִתְחוֹנְנִים וּמִתְעַטְּרִים עַל כְּבוֹדָם שֶׁל יִשְׂרָאֵל: נָמֹגוּ. נָמַסּוּ, כְּמוֹ: "בִּרְבִיבִים תְּמֹגְגֶנָּה" (תהלים סה, יא), אָמְרוּ: עָלֵינוּ הֵם בָּאִים לְכַלּוֹתֵנוּ וְלִירַשׁ אֶת אַרְצֵנוּ:

טז| **תִּפֹּל עֲלֵיהֶם אֵימָתָה.** עַל הָרְחוֹקִים: **וָפַחַד.** עַל הַקְּרוֹבִים, כְּעִנְיָן שֶׁנֶּאֱמַר: "כִּי שָׁמַעְנוּ אֵת אֲשֶׁר הוֹבִישׁ" וְגוֹ' (יהושע ב, י): **עַד יַעֲבֹר... עַד יַעֲבֹר.** כְּתַרְגּוּמוֹ: **קָנִיתָ.** חִבַּבְתָּ מִשְּׁאָר אֻמּוֹת, כְּחֵפֶץ הַקָּנוּי בְּדָמִים יְקָרִים שֶׁחָבִיב עַל הָאָדָם:

יז-יח| **תְּבִאֵמוֹ.** נִתְנַבֵּא מֹשֶׁה שֶׁלֹּא יִכָּנֵס לָאָרֶץ, לְכָךְ לֹא נֶאֱמַר 'תְּבִיאֵנוּ': **מָכוֹן לְשִׁבְתְּךָ.** מִקְדָּשׁ שֶׁל מַטָּה מְכֻוָּן כְּנֶגֶד כִּסֵּא שֶׁל מַעְלָה אֲשֶׁר "פָּעַלְתָּ": **מִקְּדָשׁ.** הַטַּעַם עָלָיו זָקֵף גָּדוֹל לְהַפְרִידוֹ מִתֵּבַת הַשֵּׁם שֶׁלְּאַחֲרָיו, הַמִּקְדָּשׁ אֲשֶׁר כּוֹנְנוּ יָדֶיךָ ה'. חָבִיב בֵּית הַמִּקְדָּשׁ, שֶׁהָעוֹלָם נִבְרָא בְּיָד אַחַת, שֶׁנֶּאֱמַר "אַף יָדִי יָסְדָה אֶרֶץ" (ישעיה מח, יג), וּמִקְדָּשׁ בִּשְׁתֵּי יָדַיִם. וְאֵימָתַי יִבָּנֶה בִּשְׁתֵּי יָדַיִם? בִּזְמַן שֶׁ"ה' יִמְלֹךְ לְעֹלָם וָעֶד", לֶעָתִיד לָבֹא שֶׁכָּל הַמְּלוּכָה שֶׁלּוֹ, וּ"לְעֹלָם וָעֶד" לְשׁוֹן עוֹלָמִית הוּא וְהַוָּי"ו בּוֹ יְסוֹד, לְפִיכָךְ הִיא פְּתוּחָה, אֲבָל "וְאָנֹכִי הַיּוֹדֵעַ וָעֵד" (ירמיה כט, כג) שֶׁהַוָּי"ו בּוֹ שִׁמּוּשׁ, קְמוּצָה הִיא:

יט| **כִּי בָא סוּס פַּרְעֹה.** כַּאֲשֶׁר בָּא סוּס פַּרְעֹה וְגוֹ':

ביאור | כְּנָעַן, שידעו שארצם היא יעדו של העם היוצא ממצרים. טז תִּפֹּל
עֲלֵיהֶם אֵימָתָה, אימה וָפַחַד, בִּגְדֹל זְרוֹעֲךָ, כאשר כוחך הראה את
גדולתו - יִדְּמוּ כָּאָבֶן מפחד. עַד שיַעֲבֹר ויגיע אל מקומו עַמְּךָ, ה׳,
עַד יַעֲבֹר עַם זוּ, אשר קָנִיתָ, העם שהוא קניינך.[29] יז בסופו של דבר
תְּבִאֵמוֹ וְתִטָּעֵמוֹ, תביא את ישראל ותיטע אותם בְּהַר נַחֲלָתְךָ, מָכוֹן,
מקום לְשִׁבְתְּךָ אשר פָּעַלְתָּ, ה׳. מִקְּדָשׁ – אֲדֹנָי, כּוֹנְנוּ יָדֶיךָ, והוא כבר
מוכן כביכול. זהו הייעוד שאליו מכוון העם. הוא ייכנס לכנען, ינחל
אותה ויבנה בה את מקדש ה׳.

יח ה׳ יִמְלֹךְ, מולך לְעֹלָם וָעֶד, לנצח נצחים.

כאן מגיע מעין סיכום השירה בלשון פרוזאית יותר: יט כִּי בָא סוּס
פַּרְעֹה בְּרִכְבּוֹ וּבְפָרָשָׁיו בַּיָּם, וַיָּשֶׁב ה׳ עֲלֵהֶם אֶת מֵי הַיָּם להטביעם.
וּבְנֵי יִשְׂרָאֵל הָלְכוּ בַיַּבָּשָׁה בְּתוֹךְ הַיָּם. ישראל לא עברו במקום שהיה
בעבר ים, ובתקופת יציאת מצרים הפך למי אפסיים הניתנים למעבר,
אלא באותה עת היה שם ים ממשי, שהפך בצו ה׳ בלבד ליבשה
לרגל מעברם של ישראל.

הרחבות

׳ה׳ ימלך לעלם ועד׳ שירת הים לא התמקדה בקריעת ים סוף בלבד. הדיהן של יציאת מצרים, בקיעת הים ומפלת העם המצרי בתוכו הגיעו למרחוק. שמועות אלו הוסיפו להפחיד את עמי האזור גם לאחר דורות, וזכר האירועים הללו הוטבע עמוק גם בתודעת העם. (ראו למשל יהושע ב,ט-י; ט,ט; שמואל א׳ ד,ח; ו,ו). על כן כללה שירה זו גם אמירות על-זמניות וגם משהו מן החזון העתידי.

וַתִּקַּח מִרְיָם הַנְּבִיאָה אֲחוֹת אַהֲרֹן אֶת־הַתֹּף בְּיָדָהּ כ
וַתֵּצֶאןָ כָל־הַנָּשִׁים אַחֲרֶיהָ בְּתֻפִּים וּבִמְחֹלֹת: וַתַּעַן כא
לָהֶם מִרְיָם שִׁירוּ לַיהוה כִּי־גָאֹה גָּאָה סוּס וְרֹכְבוֹ
רָמָה בַיָּם: וַיַּסַּע מֹשֶׁה אֶת־יִשְׂרָאֵל מִיַּם־ כב
סוּף וַיֵּצְאוּ אֶל־מִדְבַּר־שׁוּר וַיֵּלְכוּ שְׁלֹשֶׁת־יָמִים
בַּמִּדְבָּר וְלֹא־מָצְאוּ מָיִם: וַיָּבֹאוּ מָרָתָה וְלֹא יָכְלוּ כג
לִשְׁתֹּת מַיִם מִמָּרָה כִּי מָרִים הֵם עַל־כֵּן קָרָא־שְׁמָהּ
מָרָה: וַיִּלֹּנוּ הָעָם עַל־מֹשֶׁה לֵּאמֹר מַה־נִּשְׁתֶּה: כד

רש"י

כ) **וַתִּקַּח מִרְיָם הַנְּבִיאָה.** הֵיכָן נִתְנַבְּאָה? כְּשֶׁהִיא "אֲחוֹת אַהֲרֹן" קֹדֶם שֶׁנּוֹלַד מֹשֶׁה. אָמְרָה: עֲתִידָה אִמִּי שֶׁתֵּלֵד בֵּן וְכוּ׳ כִּדְאִיתָא בְּסוֹטָה (דף יב ע"ב). דָּבָר אַחֵר, "אֲחוֹת אַהֲרֹן", לְפִי שֶׁמָּסַר נַפְשׁוֹ עָלֶיהָ כְּשֶׁנִּצְטָרְעָה נִקְרֵאת עַל שְׁמוֹ: **אֶת הַתֹּף.** כְּלִי שֶׁל מִינֵי זֶמֶר: **בְּתֻפִּים וּבִמְחֹלֹת.** מֻבְטָחוֹת הָיוּ צַדְקָנִיּוֹת שֶׁבַּדּוֹר שֶׁהַקָּדוֹשׁ בָּרוּךְ הוּא עוֹשֶׂה לָהֶם נִסִּים, וְהוֹצִיאוּ תֻּפִּים מִמִּצְרַיִם:

כא) **וַתַּעַן לָהֶם מִרְיָם.** מֹשֶׁה אָמַר שִׁירָה לָאֲנָשִׁים, הוּא אוֹמֵר וְהֵם עוֹנִין אַחֲרָיו, וּמִרְיָם אָמְרָה שִׁירָה לַנָּשִׁים:

כב) **וַיַּסַּע מֹשֶׁה.** הִסִּיעָן בְּעַל כָּרְחָם, שֶׁעִטְּרוּ מִצְרַיִם אֶת סוּסֵיהֶם בְּתַכְשִׁיטֵי זָהָב וָכֶסֶף וַאֲבָנִים טוֹבוֹת, וְהָיוּ יִשְׂרָאֵל מוֹצְאִין אוֹתָן בַּיָּם. וּגְדוֹלָה הָיְתָה בִּזַּת הַיָּם מִבִּזַּת מִצְרַיִם, שֶׁנֶּאֱמַר: "תּוֹרֵי זָהָב נַעֲשֶׂה לָּךְ עִם נְקֻדּוֹת הַכָּסֶף" (שיר השירים א, יא), לְפִיכָךְ הֻצְרַךְ לְהַסִּיעָן בְּעַל כָּרְחָם:

כג) **וַיָּבֹאוּ מָרָתָה.** כְּמוֹ 'לְמָרָה', הֵ"א בְּסוֹף תֵּבָה בִּמְקוֹם לָמֶ"ד בִּתְחִלָּתָהּ, וְהַתָּי"ו הִיא בִּמְקוֹם הֵ"א הַנִּשְׁרֶשֶׁת בְּתֵבַת מָרָה, וּבִסְמִיכָתָהּ, כְּשֶׁהִיא נִדְבֶּקֶת לַהֵ"א שֶׁהוּא מוֹסִיף בִּמְקוֹם הַלָּמֶ"ד, תֵּהָפֵךְ הֵ"א שֶׁל שֹׁרֶשׁ לְתָי"ו. וְכֵן כָּל הֵ"א שֶׁהִיא שֹׁרֶשׁ בִּנְקֵבָה תֵּהָפֵךְ לְתָי"ו בִּסְמִיכָתָהּ, כְּמוֹ: "חֵמָה אֵין לִי" (ישעיה כז, ד), "וַחֲמָתוֹ בָּעֲרָה בוֹ" (אסתר א, יב), הֲרֵי הֵ"א שֶׁל שֹׁרֶשׁ נֶהֶפְכָה לְתָי"ו מִפְּנֵי שֶׁנִּסְמְכָה עַל הַוָּי"ו הַנּוֹסֶפֶת. וְכֵן: "עֶבֶד וְאָמָה" (ויקרא כה, מד), "הִנֵּה אֲמָתִי בִלְהָה" (בראשית ל, ג); "לְנֶפֶשׁ חַיָּה" (שם ב, ז), "וְזִהֲמַתּוּ חַיָּתוֹ לָחֶם" (איוב לג, כ); "בֵּין הָרָמָה" (שופטים ד, ה), "וּתְשֻׁבָתוֹ הָרָמָתָה" (שמואל א׳ ז, יז):

כד) **וַיִּלֹּנוּ.** לְשׁוֹן נִפְעֲלוּ הוּא. וְכֵן הַתַּרְגּוּם לְשׁוֹן נִפְעֲלוּ הוּא, "וְאִתְרַעֲמוּ". וְכֵן דֶּרֶךְ לְשׁוֹן תְּלוּנָה לְהָסֵב הַדִּבּוּר אֶל הָאָדָם: מִתְלוֹנֵן, מִתְרוֹעֵם, וְלֹא יֹאמַר: לוֹנֵן, רוֹעֵם. וְכֵן יֹאמַר הַלּוֹעֵז דקומפלינש"ט ש"יי, מֵסֵב הַדִּבּוּר אֵלָיו בְּאָמְרוֹ ש"יי:

הרחבות

'**מרים הנביאה אחות אהרן**' בכמה מקומות נקראת הבת על שם האח הבכור במשפחה (בראשית כח,ט; לו,ג; שמות ו,כג. לפעמים גם הבן מכונה תוך זיקה לאחיו הבכור. דברי הימים א׳ ב,מב. ראו רשב"ם, ר"י בכור שור ורמב"ן על אתר).

ביאור

כ **וַתִּקַּח מִרְיָם הַנְּבִיאָה אֲחוֹת אַהֲרֹן אֶת הַתֹּף בְּיָדָהּ, וַתֵּצֶאןָ כָל הַנָּשִׁים**
אַחֲרֶיהָ בְּתֻפִּים וּבִמְחֹלֹת, בריקודים, או: בכלי נגינה חלולים או
עגולים.[30] כא **וַתַּעַן לָהֶם**, שרה איתן שירת מענה,[31] **מִרְיָם**. הנשים
שרו ורקדו לעצמן. מרים אמרה להן את החרוז הראשון: **שִׁירוּ לַה'**
כִּי גָאֹה גָּאָה, סוּס וְרֹכְבוֹ רָמָה בַיָּם. וכולן שרו אחריה.

מסעות ראשונים לאחר ים סוף: מדבר שור, מרה ואילים

פרק טו פס' כב–כז

המצוקות הפיזיות של ישראל במדבר היו צפויות. בעניין זה עולה מצוקת השתייה, ובזה שאחריו – מצוקת המזון. בתחנה זו, שבה ינוסו באתגר הצימאון, ילמדו גם משהו מחוקי ה'.

כב **וַיַּסַּע מֹשֶׁה אֶת יִשְׂרָאֵל מִיַּם סוּף, וַיֵּצְאוּ אֶל מִדְבַּר שׁוּר** שבגבולות
סיני. מהזכרתו של מדבר שור במסעותיה של הגר,[32] מסתבר שהוא
אינו רחוק מאוד מכנען. **וַיֵּלְכוּ שְׁלֹשֶׁת יָמִים בַּמִּדְבָּר וְלֹא מָצְאוּ מָיִם**
לשתות. כג **וַיָּבֹאוּ מָרָתָה**, למקום ששמו מרה, שאולי שוכן ליד אגם
מים מרים בקרבת הנילוס. שם היו מים, ובכל זאת ישראל **לֹא יָכְלוּ**
לִשְׁתֹּת מַיִם מִמָּרָה, כִּי מָרִים הֵם, עַל כֵּן קָרָא שְׁמָהּ מָרָה.

כד **וַיִּלֹּנוּ הָעָם עַל מֹשֶׁה לֵּאמֹר: מַה נִּשְׁתֶּה?** הרי כבר שלושה ימים
אינו מוצאים מים במדבר, והנה, כשכבר הגענו למקום מים – אין
הם ראויים לשתייה.

העולם

מִדְבַּר שׁוּר המדבר הסמוך למצרים ממזרח, לפי הפסוק שׁוּר אֲשֶׁר עַל פְּנֵי מִצְרַיִם (בראשית כה,יח; שמואל א' טו,ז). חצתה אותו דרך שור (בראשית טז,ז), אשר עברה מבאר שבע דרך קדש ברנע ומרכז סיני אל אזור האגמים המרים במצרים. שׁוּר במקרא הוא חומה, כמו: בָּנוֹת צָעֲדָה עֲלֵי שׁוּר (בראשית מט,כב), וזו גם משמעות המלה בארמית. ייתכן שהמקום נקרא כך בגלל שרשרת המצודות המצריות שהגנה כחומה על מצרים מפני פלישות מסיני. משמעות השם יכולה להשתלשל גם מענייני ראייה והשקפה, כמו: תָּשׁוּרִי מֵרֹאשׁ אֲמָנָה מֵרֹאשׁ שְׂנִיר וְחֶרְמוֹן (שיר השירים ד,ח), שכן המדבר והדרך העוברת בו נצפים מפסגותיהם של הרים.

מָרָה ישנם שני זיהויים של מעיינות מרים רוויי גפרית: המעיינות שמדרום־מזרח לעיר סואץ שאולי בהם השתמר השם המופיע כאן – ביר אל־מורה, כ־14 ק"מ מדרום־מזרח לעיר סואץ, או מעיינות עין חווארה מדרום לוואדי אמרה, כ־70 ק"מ מדרום־מזרח לסואץ, וכשמונה ק"מ מצפון לעין ע'רנדל.

כה וַיִּצְעַק אֶל־יהוה וַיּוֹרֵהוּ יהוה עֵץ וַיַּשְׁלֵךְ אֶל־הַמַּיִם
וַיִּמְתְּקוּ הַמָּיִם שָׁם שָׂם לוֹ חֹק וּמִשְׁפָּט וְשָׁם נִסָּהוּ׃
כו וַיֹּאמֶר אִם־שָׁמוֹעַ תִּשְׁמַע לְקוֹל ׀ יהוה אֱלֹהֶיךָ
וְהַיָּשָׁר בְּעֵינָיו תַּעֲשֶׂה וְהַאֲזַנְתָּ לְמִצְוֺתָיו וְשָׁמַרְתָּ
כָּל־חֻקָּיו כָּל־הַמַּחֲלָה אֲשֶׁר־שַׂמְתִּי בְמִצְרַיִם לֹא־
חמישי אָשִׂים עָלֶיךָ כִּי אֲנִי יהוה רֹפְאֶךָ׃ כז וַיָּבֹאוּ
אֵילִמָה וְשָׁם שְׁתֵּים עֶשְׂרֵה עֵינֹת מַיִם וְשִׁבְעִים
תְּמָרִים וַיַּחֲנוּ־שָׁם עַל־הַמָּיִם׃ טז א וַיִּסְעוּ מֵאֵילִם וַיָּבֹאוּ

רש"י

כה| **שָׂם שָׂם לוֹ.** בְּמָרָה נָתַן לָהֶם מִקְצָת פָּרָשִׁיּוֹת שֶׁל תּוֹרָה שֶׁיִּתְעַסְּקוּ בָּהֶם: שַׁבָּת וּפָרָה אֲדֻמָּה וְדִינִין: **וְשָׁם נִסָּהוּ.** לָעָם, וְרָאָה קְשִׁי עָרְפּוֹ שֶׁלֹּא נִמְלְכוּ בְּמֹשֶׁה בְּלָשׁוֹן יָפָה: בַּקֵּשׁ עָלֵינוּ שֶׁיִּהְיוּ לָנוּ מַיִם לִשְׁתּוֹת, אֶלָּא נִתְלוֹנְנוּ:

כו| **אִם שָׁמוֹעַ תִּשְׁמַע.** זוֹ קַבָּלָה שֶׁיְּקַבְּלוּ עֲלֵיהֶם: **תַּעֲשֶׂה.** הִיא עֲשִׂיָּה: **וְהַאֲזַנְתָּ.** תַּטֶּה אָזְנַיִם לְדַקְדֵּק בָּהֶם: **כָּל חֻקָּיו.** דְּבָרִים שֶׁאֵינָן אֶלָּא גְּזֵרַת מֶלֶךְ בְּלֹא שׁוּם טַעַם, וְיֵצֶר הָרָע מְקַנְטֵר עֲלֵיהֶם, מָה אִסּוּר בְּאֵלּוּ? לָמָּה נֶאֶסְרוּ? כְּגוֹן לְבִישַׁת כִּלְאַיִם וַאֲכִילַת חֲזִיר וּפָרָה אֲדֻמָּה וְכַיּוֹצֵא בָּהֶם: **לֹא אָשִׂים עָלֶיךָ.** וְאִם אָשִׂים הֲרֵי הוּא כְּלֹא הוּשְׂמָה, "כִּי אֲנִי ה' רֹפְאֶךָ". וּלְפִי פְּשׁוּטוֹ, "כִּי אֲנִי ה' רֹפְאֶךָ" הַמְלַמֶּדְךָ תּוֹרָה וּמִצְוֹת לְמַעַן תִּנָּצֵל מֵהֶם, כָּרוֹפֵא הַזֶּה הָאוֹמֵר לָאָדָם: אַל תֹּאכַל דָּבָר זֶה פֶּן יְבִיאֲךָ לִידֵי חֹלִי זֶה. וְכֵן הוּא אוֹמֵר: "רִפְאוּת תְּהִי לְשָׁרֶּךָ" (משלי ג, ח):

כז| **שְׁתֵּים עֶשְׂרֵה עֵינֹת מַיִם.** כְּנֶגֶד שְׁנֵים עָשָׂר שְׁבָטִים נִזְדַּמְּנוּ לָהֶם: **וְשִׁבְעִים תְּמָרִים.** כְּנֶגֶד שִׁבְעִים זְקֵנִים:

הרחבות

'ויורהו ה' עץ וישלך אל המים וימתקו המים' המתקת המים באמצעות עץ נראית נס גמור, אך מן המלים וַיּוֹרֵהוּ ה' עֵץ עולה שזיהויו של העץ המסוים היה חשוב, והשינוי לא התחולל במים כשהם לעצמם. משה לא היה מומחה בבוטניקה, וה' הוא שלימד אותו על העץ הזה ועל תכונותיו שבאמצעותן נפתרה בעיית המים המרים. (ראו רמב"ן והעמק דבר על אתר; ר"י בכור שור על אתר ולעיל ט,י).

'שתים עשרה עינת מים ושבעים תמרים' מסתבר שמספריהם של המעיינות ושל עצי התמר נזכרים כאן משום שישראל ראו בהם משמעות סמלית בעבורם. שתים-עשרה עינות מים כנגד שנים-עשר שבטי ישראל, ושבעים תמרים כנגד המספר הבסיסי של הנפשות שהגיעו למצרים (מכילתא ויסע א; וראו בראשית רבה מט,ב ורש"י על אתר).

ביאור

כה **וַיִּצְעַק** משה **אֶל ה'. וַיּוֹרֵהוּ**, לימד אותו ה' את סגולותיו של **עֵץ**
מסוים, **וַיַּשְׁלֵךְ אֶל הַמַּיִם – וַיִּמְתְּקוּ הַמָּיִם** בגלל העץ שהוכנס בהם.
נראה שהעם התעכב עוד במרה, שכן **שָׂם שָׂם** ה' **לוֹ חֹק וּמִשְׁפָּט**. עד
כה נדרשו ישראל לציית להוראות הנקודתיות הקשורות ליציאת
מצרים ולחוקת הפסח. עתה היו כבר מסוגלים לקבל חוקים נוספים.
לכן במרה ניתנו להם מקצת מצוות ומשפטים שאת ענייניהם פירטו
חכמים על פי המסורת.[33] **וְשָׁם נִסָּהוּ** בעניינם של המים המרים.
במקרה זה עמדו ישראל בניסיון ויצאו ממנו מחושלים.

כו **וַיֹּאמֶר ה': אִם שָׁמוֹעַ תִּשְׁמַע לְקוֹל ה' אֱלֹהֶיךָ וְהַיָּשָׁר בְּעֵינָיו תַּעֲשֶׂה**
וְהַאֲזַנְתָּ לְמִצְוֹתָיו, וְשָׁמַרְתָּ כָּל חֻקָּיו – כָּל הַמַּחֲלָה, המכות והנגעים
אֲשֶׁר שַׂמְתִּי בְמִצְרַיִם, לֹא אָשִׂים עָלֶיךָ, כִּי אֲנִי ה' רֹפְאֶךָ, ואמנע מכם
כל מחלה.

כז ישראל יצאו ממרה **וַיָּבֹאוּ אֵילִמָה**, לאילים, **וְשָׁם שְׁתֵּים עֶשְׂרֵה**
עֵינֹת, מעיינות **מַיִם וְשִׁבְעִים תְּמָרִים, וַיַּחֲנוּ שָׁם עַל הַמָּיִם**. שם נחו
לאחר תלאותיהם.

מרה ואילים

העולם

אֵילִים במחקר זוהתה עם ארבעה אתרים שונים: עין מוסא, נווה מדבר ששטחו כ־700 מ"ר, 8 ק"מ מדרום לסואץ; עין גרנדל, נווה המדבר הגדול ביותר בסיני, כ־110 ק"מ מדרום לסואץ; וכן עם אתרים צפוניים יותר – אל־עריש ואבו עגילה.

כל־עדת בני־ישראל אל־מדבר־סין אשר בין־
אילם ובין סיני בחמשה עשר יום לחדש השני
וַיִּלּוֹנוּ לצאתם מארץ מצרים: וילינו כל־עדת בני־ישראל ב
על־משה ועל־אהרן במדבר: ויאמרו אלהם בני ג
ישראל מי־יתן מותנו ביד־יהוה בארץ מצרים
בשבתנו על־סיר הבשר באכלנו לחם לשבע כי־
הוצאתם אתנו אל־המדבר הזה להמית את־כל־
יב הקהל הזה ברעב: ויאמר יהוה אל־ ד

רש״י פרק טז

א| **בַּחֲמִשָּׁה עָשָׂר יוֹם.** נִתְפָּרֵשׁ הַיּוֹם שֶׁל חֲנִיָּה זוֹ לְפִי שֶׁבּוֹ בַּיּוֹם כָּלְתָה הַחֲרָרָה שֶׁהוֹצִיאוּ מִמִּצְרַיִם וְהֻצְרְכוּ לַמָּן, לְלַמֶּדְךָ שֶׁאָכְלוּ מִשְּׁיָרֵי הַבָּצֵק שִׁשִּׁים וְאַחַת סְעוּדוֹת, וְיָרַד לָהֶם מָן בְּשִׁשָּׁה עָשָׂר בְּאִיָּר, וְיוֹם אֶחָד בְּשַׁבָּת הָיָה, כִּדְאִיתָא בְּמַסֶּכֶת שַׁבָּת (דף פז ע״ב):

ב| **וַיִּלּוֹנוּ.** לְפִי שֶׁכָּלָה הַלֶּחֶם:

ג| **מִי יִתֵּן מוּתֵנוּ.** שֶׁנָּמוּת. וְאֵינוֹ שֵׁם דָּבָר כְּמוֹ ׳מוֹתֵנוּ׳, אֶלָּא כְּמוֹ: עֲשׂוֹתֵנוּ, חֲנוֹתֵנוּ, שׁוּבֵנוּ – לַעֲשׂוֹת אֲנַחְנוּ, לַחֲנוֹת אֲנַחְנוּ, לָמוּת אֲנַחְנוּ. ״לְוַי דְּמִיתְנָא״ – לוּ מַתְנוּ, הַלְוַאי וְהָיִינוּ מֵתִים:

הרחבות

׳בשבתנו על סיר הבשר באכלנו לחם לשבע׳ מסתבר כי מי שהיו משועבדים בעבודת פרך לא נהנו משפע כלכלי הדומה למה שהם מתארים כאן. נראה אפוא כי דבריהם אלו נובעים ממצוקתם ומחוסר הביטחון שלהם. תוך זמן קצר בני ישראל יצרו לעצמם זיכרונות נוסטלגיים משופרים, שלא שיקפו נאמנה את אשר אירע בפועל.

הַשְּׂלָו וְהַמָּן

פרק טז

תחנתם הקודמת של ישראל האירה להם פנים. בהגיעם אל מקום שבעים תמרים ושתים־עשרה עינות מים הם חשו כאילו המקום חיכה להם. בתחנתם הבאה, במדבר סין, יציק לישראל הרעב. המן, מזונם השמימי שיינתן להם כאן, ימשיך ויזין אותם במשך כל מסעם.

בצד מתנת המזון, תינתן לישראל כאן גם מתנת השבת.

ביאור | פרק טז א **וַיִּסְעוּ מֵאֵילִם, וַיָּבֹאוּ כָּל עֲדַת בְּנֵי יִשְׂרָאֵל אֶל מִדְבַּר סִין**
אֲשֶׁר בֵּין אֵילִם וּבֵין סִינָי בַּחֲמִשָּׁה עָשָׂר יוֹם לַחֹדֶשׁ הַשֵּׁנִי לְצֵאתָם
מֵאֶרֶץ מִצְרָיִם, הוא חודש אייר. ב **וַיִּלּוֹנוּ**, התלוננו **כָּל עֲדַת בְּנֵי**
יִשְׂרָאֵל עַל מֹשֶׁה וְעַל אַהֲרֹן בַּמִּדְבָּר. מן הסתם היו עמם מעט תבואה,
בקר וצאן, אך כיוון שעבר חודש מאז יצאו ממצרים, חלק מהמזון
שהיה בידיהם כלה. ג **וַיֹּאמְרוּ אֲלֵהֶם בְּנֵי יִשְׂרָאֵל: מִי יִתֵּן מוּתֵנוּ בְיַד**
ה' בְּאֶרֶץ מִצְרַיִם, מפני ששם יכולנו לפחות לאכול - **בְּשִׁבְתֵּנוּ עַל**
סִיר הַבָּשָׂר, בְּאָכְלֵנוּ לֶחֶם לָשֹׂבַע, כִּי הוֹצֵאתֶם אֹתָנוּ אֶל הַמִּדְבָּר הַזֶּה
לְהָמִית אֶת כָּל הַקָּהָל הַזֶּה בָּרָעָב.

מדבר סין/צין
הזיהויים השונים

העולם | **מִדְבַּר סִין/צִין** לפי המתואר כאן הוא משתרע בֵּין אֵילִם וּבֵין סִינָי. במקום אחר נראה שבו שכנה קדש ברנע (ראו במדבר כ,א). יש חוקרים הממקמים אותו במזרחו של חצי־האי סיני, מצפון לעין קודיראת (קדש ברנע); יש הטוענים שמקומו בין עקבה ונחל ג'ראיה, בדרום־מזרח רמת א־תיה; יש הקובעים כי מקומו בצפון הערבה, ואף בתחומי אדום – על פי יהושע (טו,א): גְּבוּל אֱדוֹם מִדְבַּר צִן נֶגְבָּה מִקְצֵה תֵימָן. ייתכן שמשמעות השם סין/צין היא חוד של צמח, בעיקר של ענפי הדקל, והוא מרמז על נווי מדבר שבהם מצויים עצי תמר, דוגמת אילים וקדש ברנע.

מֹשֶׁה הִנְנִי מַמְטִיר לָכֶם לֶחֶם מִן־הַשָּׁמָיִם וְיָצָא
הָעָם וְלָקְטוּ דְּבַר־יוֹם בְּיוֹמוֹ לְמַעַן אֲנַסֶּנּוּ הֲיֵלֵךְ
בְּתוֹרָתִי אִם־לֹא: וְהָיָה בַּיּוֹם הַשִּׁשִּׁי וְהֵכִינוּ אֵת אֲשֶׁר־ ה
יָבִיאוּ וְהָיָה מִשְׁנֶה עַל אֲשֶׁר־יִלְקְטוּ יוֹם | יוֹם: וַיֹּאמֶר ו
מֹשֶׁה וְאַהֲרֹן אֶל־כָּל־בְּנֵי יִשְׂרָאֵל עֶרֶב וִידַעְתֶּם כִּי
יְהוָה הוֹצִיא אֶתְכֶם מֵאֶרֶץ מִצְרָיִם: וּבֹקֶר וּרְאִיתֶם ז
אֶת־כְּבוֹד יְהוָה בְּשָׁמְעוֹ אֶת־תְּלֻנֹּתֵיכֶם עַל־יְהוָה
וְנַחְנוּ מָה כִּי תלונו עָלֵינוּ: וַיֹּאמֶר מֹשֶׁה בְּתֵת יְהוָה ח תַּלִּינוּ
לָכֶם בָּעֶרֶב בָּשָׂר לֶאֱכֹל וְלֶחֶם בַּבֹּקֶר לִשְׂבֹּעַ בִּשְׁמֹעַ

רש"י

ד | דְּבַר יוֹם בְּיוֹמוֹ. צֹרֶךְ אֲכִילַת יוֹם יִלְקְטוּ בְּיוֹמוֹ, וְלֹא יִלְקְטוּ הַיּוֹם לְצֹרֶךְ מָחָר: לְמַעַן אֲנַסֶּנּוּ. כִּי אֲנַסֶּנּוּ "הֲיֵלֵךְ בְּתוֹרָתִי", אִם יִשְׁמְרוּ מִצְוֹת הַתְּלוּיוֹת בּוֹ, שֶׁלֹּא יוֹתִירוּ מִמֶּנּוּ וְלֹא יֵצְאוּ בְּשַׁבָּת לִלְקֹט:

ה | וְהָיָה מִשְׁנֶה. לַיּוֹם וְלַמָּחֳרָת: מִשְׁנֶה. עַל שֶׁהָיוּ רְגִילִים לִלְקֹט יוֹם יוֹם שֶׁל שְׁאָר יְמוֹת הַשָּׁבוּעַ:

ו | עֶרֶב. כְּמוֹ לָעֶרֶב: וִידַעְתֶּם כִּי ה' הוֹצִיא אֶתְכֶם מֵאֶרֶץ מִצְרָיִם. לְפִי שֶׁאֲמַרְתֶּם לָנוּ: "כִּי הוֹצֵאתֶם אֹתָנוּ" (לעיל פסוק ג), תֵּדְעוּ כִּי לֹא אֲנַחְנוּ הַמּוֹצִיאִים אֶלָּא ה' הוֹצִיא אֶתְכֶם, שֶׁיָּגִיז לָכֶם אֶת הַשְּׂלָו:

ז | וּבֹקֶר וּרְאִיתֶם. לֹא עַל הַכָּבוֹד שֶׁנֶּאֱמַר: "וְהִנֵּה כְּבוֹד ה' נִרְאָה בֶּעָנָן" (להלן פסוק י) נֶאֱמַר, אֶלָּא כָּךְ אָמַר לָהֶם: עֶרֶב וִידַעְתֶּם כִּי הַיְכֹלֶת בְּיָדוֹ לִתֵּן תַּאֲוַתְכֶם, וּבָשָׂר יִתֵּן, אַךְ לֹא בְּפָנִים מְאִירוֹת יִתְּנֶנָּה לָכֶם, כִּי שֶׁלֹּא כַּהֹגֶן שְׁאַלְתֶּם אוֹתוֹ, וּמִכָּרֵס מְלֵאָה. וְהַלֶּחֶם שֶׁשְּׁאַלְתֶּם לְצֹרֶךְ, בִּירִידָתוֹ לַבֹּקֶר תִּרְאוּ אֶת כְּבוֹד אוֹר פָּנָיו, שֶׁיּוֹרִידֵהוּ לָכֶם דֶּרֶךְ חִבָּה בַּבֹּקֶר שֶׁיֵּשׁ שָׁהוּת לַהֲכִינוֹ, וְטַל מִלְמַעְלָה וְטַל מִלְמַטָּה כְּמֻנָּח בְּקֻפְסָא: אֶת תְּלֻנֹּתֵיכֶם עַל ה'. כְּמוֹ אֲשֶׁר עַל ה': וְנַחְנוּ מָה. מָה אֲנַחְנוּ חֲשׁוּבִין: כִּי תַלִּינוּ עָלֵינוּ. שֶׁתַּרְעִימוּ עָלֵינוּ אֶת הַכֹּל, אֶת בְּנֵיכֶם וּנְשֵׁיכֶם וּבְנוֹתֵיכֶם וְעֵרֶב רַב. וְעַל כָּרְחִי אֲנִי זָקוּק לְפָרֵשׁ "תַּלִּינוּ" בִּלְשׁוֹן תַּפְעִילוּ, מִפְּנֵי דְּגֵשׁוּתוֹ וּקְרִיָּתוֹ. שֶׁאִלּוּ הָיָה רָפֶה הָיִיתִי מְפָרְשׁוֹ בִּלְשׁוֹן תִּפְעֲלוּ, כְּמוֹ: "וַיִּלֶן הָעָם עַל מֹשֶׁה" (להלן יז, ג), אוֹ אִם הָיָה דָּגוּשׁ וְאֵין בּוֹ יוּ"ד וְנִקְרָא 'תִּלּוֹנוּ', הָיִיתִי מְפָרְשׁוֹ לְשׁוֹן תִּתְלוֹנְנוּ. עַכְשָׁיו הוּא מַשְׁמָע תַּלִּינוּ אֶת אֲחֵרִים, כְּמוֹ בַּמְרַגְּלִים: "וַיַּלִּינוּ עָלָיו אֶת כָּל הָעֵדָה" (במדבר יד, לו):

ח | בָּשָׂר לֶאֱכֹל. וְלֹא לִשְׂבֹּעַ, לִמְּדָה תוֹרָה דֶּרֶךְ אֶרֶץ שֶׁאֵין אוֹכְלִין בָּשָׂר לָשֹׂבַע. וּמָה רָאָה לְהוֹרִיד לֶחֶם בַּבֹּקֶר וּבָשָׂר בָּעֶרֶב? לְפִי שֶׁהַלֶּחֶם שָׁאֲלוּ כַּהֹגֶן, שֶׁאִי אֶפְשָׁר לוֹ לָאָדָם בְּלֹא לֶחֶם, אֲבָל בָּשָׂר שָׁאֲלוּ שֶׁלֹּא כַּהֹגֶן, שֶׁהַרְבֵּה בְּהֵמוֹת הָיוּ לָהֶם, וְעוֹד שֶׁהָיָה אֶפְשָׁר לָהֶם בְּלֹא בָּשָׂר, לְפִיכָךְ נָתַן

ביאור

ד **וַיֹּאמֶר ה׳ אֶל מֹשֶׁה: הִנְנִי מַמְטִיר לָכֶם לֶחֶם מִן הַשָּׁמָיִם**, מזון היוצא מגדר הרגיל. **וְיָצָא הָעָם וְלָקְטוּ דְּבַר יוֹם בְּיוֹמוֹ, לְמַעַן אֲנַסֶּנּוּ הֲיֵלֵךְ בְּתוֹרָתִי אִם לֹא**. לקיטתם היומיומית היא הניסיון. ה **וְהָיָה בַּיּוֹם הַשִּׁשִּׁי, וְהֵכִינוּ אֵת אֲשֶׁר יָבִיאוּ**, את מה שילקטו יכינו לשם היום שלמחרת, **וְהָיָה מִשְׁנֶה**, כפליים **עַל אֲשֶׁר יִלְקְטוּ יוֹם יוֹם**. כפי שייאמר בהמשך במפורש, יום השבת הוא יום המנוחה, ובו אין ללקט את המן ואין לאפותו ולבשלו. משום כך, האוכל שיינתן ביום השישי יספיק גם בשביל מחרתו.

ו **וַיֹּאמֶר מֹשֶׁה וְאַהֲרֹן אֶל כָּל בְּנֵי יִשְׂרָאֵל**: כבר **בְּעֶרֶב, וִידַעְתֶּם כִּי ה׳ הוֹצִיא אֶתְכֶם מֵאֶרֶץ מִצְרָיִם**, והוא השומע אתכם והדואג לכם. ז **וּבבֹקֶר, וּרְאִיתֶם אֶת כְּבוֹד ה׳ בְּשָׁמְעוֹ אֶת תְּלֻנֹּתֵיכֶם עַל ה׳, וְנַחְנוּ**, ואנחנו **מָה, כִּי תַלִּינוּ**, תתלוננו **עָלֵינוּ**?! איננו קובעים את הדברים, שהרי איננו אלא שליחיו ושמשיו של ה׳. אתם נתונים תחת שלטונו הישיר.

ח **וַיֹּאמֶר מֹשֶׁה**: אתם תיווכחו בהשגחתו של ה׳ עליכם **בְּתֵת**, בנתינתו של ה׳ **לָכֶם בָּעֶרֶב בָּשָׂר לֶאֱכֹל וְלֶחֶם בַּבֹּקֶר לִשְׂבֹּעַ, בִּשְׁמֹעַ ה׳ אֶת** ›

הרחבות

׳בתת ה׳ לכם בערב בשר לאכל׳ משה בוודאי לא בדה מלבו את נתינת הבשר, אף על פי שבדברי ה׳ שצוטטו לעיל הבשר לא הוזכר כלל. ה׳ גילה למשה את שעתיד להתרחש ביתר פירוט מן המדווח בתורה. לאמתו של דבר, בכל מקום שנאמר בתורה "וידבר ה׳ אל משה לאמר" וכיוצא בכך, אין הכתוב מצטט את כל מה שאמר ה׳ למשה, אלא את הדברים שניתנו להיכתב בלבד. דברים רבים אמר ה׳ למשה שלא נכתבו במפורש, ואת חלקם מסר משה לישראל בעל פה לאחר מכן. כאן מצויה דוגמה מובהקת לכך שה׳ אמר למשה דברים שלא נכתבו בפרשה.

יהוה אֶת־תְּלֻנֹּתֵיכֶם אֲשֶׁר־אַתֶּם מַלִּינִם עָלָיו וְנַחְנוּ
מָה לֹא־עָלֵינוּ תְלֻנֹּתֵיכֶם כִּי עַל־יהוה: וַיֹּאמֶר מֹשֶׁה ט
אֶל־אַהֲרֹן אֱמֹר אֶל־כָּל־עֲדַת בְּנֵי יִשְׂרָאֵל קִרְבוּ לִפְנֵי
יהוה כִּי שָׁמַע אֵת תְּלֻנֹּתֵיכֶם: וַיְהִי כְּדַבֵּר אַהֲרֹן אֶל־ י
כָּל־עֲדַת בְּנֵי־יִשְׂרָאֵל וַיִּפְנוּ אֶל־הַמִּדְבָּר וְהִנֵּה כְּבוֹד
יהוה נִרְאָה בֶּעָנָן:
ששי וַיְדַבֵּר יהוה אֶל־מֹשֶׁה לֵּאמֹר: שָׁמַעְתִּי אֶת־תְּלוּנֹּת יא יב
בְּנֵי יִשְׂרָאֵל דַּבֵּר אֲלֵהֶם לֵאמֹר בֵּין הָעַרְבַּיִם תֹּאכְלוּ
בָשָׂר וּבַבֹּקֶר תִּשְׂבְּעוּ־לָחֶם וִידַעְתֶּם כִּי אֲנִי יהוה
אֱלֹהֵיכֶם: וַיְהִי בָעֶרֶב וַתַּעַל הַשְּׂלָו וַתְּכַס אֶת־ יג
הַמַּחֲנֶה וּבַבֹּקֶר הָיְתָה שִׁכְבַת הַטַּל סָבִיב לַמַּחֲנֶה:
וַתַּעַל שִׁכְבַת הַטָּל וְהִנֵּה עַל־פְּנֵי הַמִּדְבָּר דַּק יד
מְחֻסְפָּס דַּק כַּכְּפֹר עַל־הָאָרֶץ: וַיִּרְאוּ בְנֵי־יִשְׂרָאֵל טו

רש"י

לָהֶם בִּשְׁעַת טֹרַח שֶׁלֹּא כַּהֹגֶן: **אֲשֶׁר אַתֶּם מַלִּינִם עָלָיו.** אֶת הָאֲחֵרִים הַשּׁוֹמְעִים אֶתְכֶם מִתְלוֹנְנִים:

ט| **קִרְבוּ.** לַמָּקוֹם שֶׁהֶעָנָן יָרַד:

יג| **הַשְּׂלָו.** מִין עוֹף, וְשָׁמֵן מְאֹד: **הָיְתָה שִׁכְבַת הַטָּל.** הַטַּל שׁוֹכֵב עַל הַמָּן, וּבְמָקוֹם אַחֵר הוּא אוֹמֵר: "וּבְרֶדֶת הַטַּל" וְגוֹ' (במדבר יא, ט), הַטַּל יוֹרֵד עַל הָאָרֶץ וְהַמָּן יוֹרֵד עָלָיו וְחוֹזֵר וְיוֹרֵד טַל עָלָיו, וַהֲרֵי הוּא כְּמֻנָּח בְּקֻפְסָא:

יד| **וַתַּעַל שִׁכְבַת הַטָּל.** כְּשֶׁהַחַמָּה זוֹרַחַת עוֹלֶה טַל שֶׁעַל הַמָּן לִקְרַאת הַחַמָּה כְּדֶרֶךְ טַל עוֹלֶה לִקְרַאת חַמָּה, אַף אִם תְּמַלֵּא שְׁפוֹפֶרֶת שֶׁל בֵּיצָה טַל וְתִסְתֹּם אֶת פִּיהָ וְתַנִּיחָהּ בַּחַמָּה, הִיא עוֹלָה מֵאֵלֶיהָ בָּאֲוִיר. וְרַבּוֹתֵינוּ דָּרְשׁוּ שֶׁהַטַּל עוֹלֶה מִן הָאָרֶץ. וְכַעֲלוֹת שִׁכְבַת הַטַּל נִתְגַּלָּה הַמָּן, וְרָאוּ וְהִנֵּה עַל פְּנֵי הַמִּדְבָּר דָּבָר דַּק, מְחֻסְפָּס – מְגֻלֶּה, וְאֵין דּוֹמֶה לוֹ בַּמִּקְרָא. וְיֵשׁ לוֹמַר "מְחֻסְפָּס" לְשׁוֹן "חֲפִיסָה וּדְלוּסְקְמָא" שֶׁבִּלְשׁוֹן מִשְׁנָה; כְּשֶׁנִּתְגַּלָּה מִשִּׁכְבַת הַטָּל רָאוּ שֶׁהָיָה דָּבָר דַּק מְחֻסְפָּס בְּתוֹכוֹ בֵּין שְׁתֵּי שִׁכְבוֹת הַטַּל. וְאוּנְקְלוֹס תִּרְגֵּם: "מְקַלַּף", לְשׁוֹן "מַחְשֹׂף הַלָּבָן" (בראשית ל, לז): **כַּכְּפֹר.** כְּפוֹר – גְּלִיד"א בְּלַעַז. "דַּעְדַּק כְּגִיר", "כְּאַבְנֵי גִר" (ישעיה כז, ט), וְהוּא מִין צֶבַע שָׁחוֹר כִּדְאָמְרִינַן גַּבֵּי כִּסּוּי הַדָּם: "הַגִּיר וְהַזַּרְנִיךְ" (חולין פח ע"ב). "דַּעְדַּק כְּגִיר כִּגְלִידָא עַל אַרְעָא", דַּק הָיָה כְּגִיר וְשׁוֹכֵב מְגֻלָּד כְּקֶרַח עַל הָאָרֶץ. וְכֵן פֵּרוּשׁוֹ, "דַּק כַּכְּפֹר", שָׁטוּחַ קָלוּשׁ וּמְחֻבָּר כִּגְלִיד. "דַּק" טינב"ש בְּלַעַז, שֶׁהָיָה מַגְלִיד גֶּלֶד דַּק מִלְמַעְלָה. וּ'כְגִיר' שֶׁתִּרְגֵּם אוּנְקְלוֹס,

ביאור

תְּלֻנֹּתֵיכֶם אֲשֶׁר אַתֶּם מַלִּינִם עָלָיו. וְנַחְנוּ מָה – לֹא עָלֵינוּ תְלֻנֹּתֵיכֶם
כִּי עַל ה׳.

ט וַיֹּאמֶר מֹשֶׁה אֶל אַהֲרֹן: אֱמֹר אֶל כָּל עֲדַת בְּנֵי יִשְׂרָאֵל: קִרְבוּ לִפְנֵי ה׳,
כִּי שָׁמַע אֵת תְּלֻנֹּתֵיכֶם.

י וַיְהִי כְּדַבֵּר אַהֲרֹן אֶל כָּל עֲדַת בְּנֵי יִשְׂרָאֵל, וַיִּפְנוּ אֶל הַמִּדְבָּר, וְהִנֵּה
כְּבוֹד ה׳ נִרְאָה בֶּעָנָן, בהתגלות מיוחדת. יא וַיְדַבֵּר ה׳ אֶל מֹשֶׁה
לֵּאמֹר: יב שָׁמַעְתִּי אֶת תְּלוּנֹּת בְּנֵי יִשְׂרָאֵל. דַּבֵּר אֲלֵהֶם לֵאמֹר: בֵּין
הָעַרְבַּיִם, אחר הצהריים[34] תֹּאכְלוּ בָשָׂר וּבַבֹּקֶר תִּשְׂבְּעוּ לָחֶם, וִידַעְתֶּם
כִּי אֲנִי ה׳ אֱלֹהֵיכֶם.

יג ובפועל – וַיְהִי בָעֶרֶב, וַתַּעַל הַשְּׂלָו וַתְּכַס אֶת הַמַּחֲנֶה, וּבַבֹּקֶר
הָיְתָה שִׁכְבַת הַטַּל סָבִיב לַמַּחֲנֶה. באביב במדבר ניכרים הבדלים
מובהקים בין היום והלילה, אף היווצרותה של שכבת הטל מסביב
למחנה בלילה היא תופעה טבעית, יד אולם כאשר התחמם ועלה
הבוקר – וַתַּעַל שִׁכְבַת הַטָּל, הטל התאדה, ואז ישראל ראו וְהִנֵּה עַל
פְּנֵי הַמִּדְבָּר משהו דַּק, מְחֻסְפָּס, נימוח,[35] או: לא חלק. הדבר נראה
דַּק כַּכְּפֹר עַל הָאָרֶץ, אך ברור היה שאין זה כפור או קרה.

שְׂלָו

העולם

שְׂלָו הַשְּׂלָו הנודד (שם מדעי: Coturnix coturnix) הוא עוף קטן ממשפחת התרנגולאיים, גופו עגול וקצר, עד 18 ס"מ, ומשקלו כ־100 גרם. בסוף הקיץ הוא נודד בהמוניו ממרכז אירופה וממזרחה דרך חופי טורקיה עד לחופי צפון סיני ומזרח מצרים, כ־750 ק"מ בלילה אחד. השלווים מגיעים תשושים מן המסע הארוך, ואפשר לאספם בקלות בידיים. הופעת השלווים כשלעצמה לא הייתה בגדר נס, אך הפלא היה בתזמון המדויק והמידי של מימוש ההבטחה.

וַיֹּאמְרוּ אִישׁ אֶל־אָחִיו מָן הוּא כִּי לֹא יָדְעוּ מַה־הוּא
וַיֹּאמֶר מֹשֶׁה אֲלֵהֶם הוּא הַלֶּחֶם אֲשֶׁר נָתַן יְהוָה
טז לָכֶם לְאָכְלָה: זֶה הַדָּבָר אֲשֶׁר צִוָּה יְהוָה לִקְטוּ מִמֶּנּוּ
אִישׁ לְפִי אָכְלוֹ עֹמֶר לַגֻּלְגֹּלֶת מִסְפַּר נַפְשֹׁתֵיכֶם
יז אִישׁ לַאֲשֶׁר בְּאָהֳלוֹ תִּקָּחוּ: וַיַּעֲשׂוּ־כֵן בְּנֵי יִשְׂרָאֵל
יח וַיִּלְקְטוּ הַמַּרְבֶּה וְהַמַּמְעִיט: וַיָּמֹדּוּ בָעֹמֶר וְלֹא
הֶעְדִּיף הַמַּרְבֶּה וְהַמַּמְעִיט לֹא הֶחְסִיר אִישׁ לְפִי־אָכְלוֹ
יט לָקָטוּ: וַיֹּאמֶר מֹשֶׁה אֲלֵהֶם אִישׁ אַל־יוֹתֵר מִמֶּנּוּ עַד־
כ בֹּקֶר: וְלֹא־שָׁמְעוּ אֶל־מֹשֶׁה וַיּוֹתִרוּ אֲנָשִׁים מִמֶּנּוּ
עַד־בֹּקֶר וַיָּרֻם תּוֹלָעִים וַיִּבְאַשׁ וַיִּקְצֹף עֲלֵהֶם מֹשֶׁה:
כא וַיִּלְקְטוּ אֹתוֹ בַּבֹּקֶר בַּבֹּקֶר אִישׁ כְּפִי אָכְלוֹ וְחַם
כב הַשֶּׁמֶשׁ וְנָמָס: וַיְהִי ׀ בַּיּוֹם הַשִּׁשִּׁי לָקְטוּ לֶחֶם מִשְׁנֶה

רש"י

תּוֹסֶפֶת הוּא עַל לְשׁוֹן הָעִבְרִית וְאֵין לוֹ תֵּבָה בַּפָּסוּק:

טו| **מָן הוּא.** הֲכָנַת מָזוֹן הוּא, כְּמוֹ: "וַיְמַן לָהֶם הַמֶּלֶךְ" (דניאל א, ה): **כִּי לֹא יָדְעוּ מַה הוּא.** שֶׁיִּקְרָאוּהוּ בִּשְׁמוֹ:

טז| **עֹמֶר.** שֵׁם מִדָּה: **מִסְפַּר נַפְשֹׁתֵיכֶם.** כְּפִי מִנְיַן נְפָשׁוֹת שֶׁיֵּשׁ לְאִישׁ בְּאָהֳלוֹ תִּקְחוּ, עֹמֶר לְכָל גֻּלְגֹּלֶת:

יז| **הַמַּרְבֶּה וְהַמַּמְעִיט.** יֵשׁ שֶׁלָּקְטוּ הַרְבֵּה וְיֵשׁ שֶׁלָּקְטוּ מְעַט, וּכְשֶׁבָּאוּ לְבֵיתָם מָדְדוּ בָּעֹמֶר אִישׁ אִישׁ מַה שֶּׁלָּקְטוּ, וּמָצְאוּ שֶׁהַמַּרְבֶּה לִלְקֹט לֹא הֶעְדִּיף עַל עֹמֶר לַגֻּלְגֹּלֶת אֲשֶׁר בְּאָהֳלוֹ, וְהַמַּמְעִיט לִלְקֹט לֹא מָצָא חָסֵר מֵעֹמֶר לַגֻּלְגֹּלֶת, וְזֶהוּ נֵס גָּדוֹל שֶׁנַּעֲשָׂה בּוֹ:

כ| **וַיּוֹתִרוּ אֲנָשִׁים.** דָּתָן וַאֲבִירָם: **וַיָּרֻם תּוֹלָעִים.** לְשׁוֹן רִמָּה: **וַיִּבְאַשׁ.** הֲרֵי זֶה מִקְרָא הָפוּךְ, שֶׁבַּתְּחִלָּה הִבְאִישׁ וּלְבַסּוֹף הִתְלִיעַ, כְּעִנְיָן שֶׁנֶּאֱמַר: "וְלֹא הִבְאִישׁ וְרִמָּה לֹא הָיְתָה בּוֹ" (להלן פסוק כד), וְכֵן דֶּרֶךְ כָּל הַמִּתְלִיעִים:

כא| **וְחַם הַשֶּׁמֶשׁ וְנָמָס.** הַנִּשְׁאָר בַּשָּׂדֶה נַעֲשֶׂה נְחָלִים וְשׁוֹתִין מִמֶּנּוּ אַיָּלִים וּצְבָאִים, וְאֻמּוֹת הָעוֹלָם צָדִין מֵהֶם וְטוֹעֲמִים בָּהֶם טַעַם מָן וְיוֹדְעִים מַה שִּׁבְחָן שֶׁל יִשְׂרָאֵל. "פָּשַׁר" (אונקלוס), לְשׁוֹן פּוֹשְׁרִין, עַל יְדֵי הַשֶּׁמֶשׁ מִתְחַמֵּם וּמַפְשִׁיר: **וְנָמָס.** דישטמפרי"ר. וּדְגָמָתוֹ בְּסַנְהֶדְרִין בְּסוֹף 'אַרְבַּע מִיתוֹת' (דף סז ע"ב):

כב| **לָקְטוּ לֶחֶם מִשְׁנֶה.** כְּשֶׁמָּדְדוּ אֶת לְקִיטָתָם בְּאָהֳלֵיהֶם מָצְאוּ כִּפְלַיִם, "שְׁנֵי

ביאור

טו **וַיִּרְאוּ בְנֵי יִשְׂרָאֵל** את הדבר הזה, **וַיֹּאמְרוּ אִישׁ אֶל אָחִיו: מָן**, מה,[36]
מזון,[37] או: מנה, חֵלק[38] **הוּא?**
כִּי לֹא יָדְעוּ מַה הוּא.

וַיֹּאמֶר מֹשֶׁה אֲלֵהֶם: זה **הוּא הַלֶּחֶם אֲשֶׁר נָתַן ה' לָכֶם לְאָכְלָה** מכאן
ואילך. טז **זֶה הַדָּבָר אֲשֶׁר צִוָּה ה': לִקְטוּ מִמֶּנּוּ אִישׁ לְפִי אָכְלוֹ, עֹמֶר**,
מידת נפח – למעלה משני ליטר **לַגֻּלְגֹּלֶת**, בהתאם **לְמִסְפַּר**
נַפְשֹׁתֵיכֶם, אִישׁ לַאֲשֶׁר בְּאָהֳלוֹ תִּקָּחוּ. כל אחד יקבל מה' מידה קצובה.

יז **וַיַּעֲשׂוּ כֵן בְּנֵי יִשְׂרָאֵל, וַיִּלְקְטוּ** את הלחם שהיה מפוזר על פני המדבר,
הַמַּרְבֶּה וְהַמַּמְעִיט, הזריזים או החמדנים, שאספו יותר, ולעומתם
האטיים או האדישים, שאספו פחות. יח **וַיָּמֹדּוּ**, מדדו **בָעֹמֶר**,
לאחר שלקטו בכליהם השונים. וְהנה התברר להם **שֶׁלֹּא הֶעְדִּיף**
הַמַּרְבֶּה, וְהַמַּמְעִיט לֹא הֶחְסִיר. בכליהם של כולם נמצאה מידה שווה
לאדם. **אִישׁ לְפִי אָכְלוֹ לָקָטוּ**. כל אחד קיבל בדיוק עומר לנפש. כבר
בלקיטתו של הלחם הזה ובמדידתו התברר שאין הוא מזון טבעי.

יט **וַיֹּאמֶר מֹשֶׁה אֲלֵהֶם**: המן שנלקט בבוקר מיועד להיאכל במשך
היום. **אִישׁ אַל יוֹתֵר**, ישאיר **מִמֶּנּוּ עַד בֹּקֶר**.

כ **וְלֹא שָׁמְעוּ אֶל מֹשֶׁה, וַיּוֹתִרוּ אֲנָשִׁים מִמֶּנּוּ עַד בֹּקֶר**. ייתכן שהיו
אלה אנשים הרגילים לסרב להוראות באשר הן, כפי שמצוי בכל
קבוצת אנשים גדולה; אך ייתכן שאנשים השאירו משום שטרם
נאמר להם שאף מחר ירד מן, ועל כן ביקשו לדאוג למחרת. אבל
וַיָּרֻם תּוֹלָעִים, המן התמלא בתולעים או ברימות, ואחר כך – **וַיִּבְאַשׁ**,
הסריח. **וַיִּקְצֹף עֲלֵהֶם מֹשֶׁה**, מפני שלא שמעו, ועכשיו המן, שהוא
מתנת שמים, נראה עלוב. גם מכאן מתברר אופיו החריג של המן,
שכן באופן טבעי תולעים אינן ממלאות אוכל תוך כמה שעות, וגם
תהליך ההבאשה הטבעי אטי יותר.[39]

כא **וַיִּלְקְטוּ אֹתוֹ בַּבֹּקֶר בַּבֹּקֶר**, מיד אחרי שהטל התאדה, **אִישׁ כְּפִי**
אָכְלוֹ, לפי הכמות שלה נזקק לאכילתו,[40] או: לפי בני ביתו.[41] **וְחַם**
הַשֶּׁמֶשׁ בהמשך הבוקר – **וְנָמָס** המן. כך היה יום אחר יום. כב **וַיְהִי**

שְׁנֵי הָעֹמֶר לָאֶחָד וַיָּבֹאוּ כָּל־נְשִׂיאֵי הָעֵדָה וַיַּגִּידוּ
לְמֹשֶׁה: וַיֹּאמֶר אֲלֵהֶם הוּא אֲשֶׁר דִּבֶּר יְהוָה שַׁבָּתוֹן כג
שַׁבַּת־קֹדֶשׁ לַיהוָה מָחָר אֵת אֲשֶׁר־תֹּאפוּ אֵפוּ וְאֵת
אֲשֶׁר־תְּבַשְּׁלוּ בַּשֵּׁלוּ וְאֵת כָּל־הָעֹדֵף הַנִּיחוּ לָכֶם
לְמִשְׁמֶרֶת עַד־הַבֹּקֶר: וַיַּנִּיחוּ אֹתוֹ עַד־הַבֹּקֶר כַּאֲשֶׁר כד
צִוָּה מֹשֶׁה וְלֹא הִבְאִישׁ וְרִמָּה לֹא־הָיְתָה־בּוֹ: וַיֹּאמֶר כה
מֹשֶׁה אִכְלֻהוּ הַיּוֹם כִּי־שַׁבָּת הַיּוֹם לַיהוָה הַיּוֹם
לֹא תִמְצָאֻהוּ בַּשָּׂדֶה: שֵׁשֶׁת יָמִים תִּלְקְטֻהוּ וּבַיּוֹם כו
הַשְּׁבִיעִי שַׁבָּת לֹא יִהְיֶה־בּוֹ: וַיְהִי בַּיּוֹם הַשְּׁבִיעִי כז
יג יָצְאוּ מִן־הָעָם לִלְקֹט וְלֹא מָצָאוּ: וַיֹּאמֶר כח
יְהוָה אֶל־מֹשֶׁה עַד־אָנָה מֵאַנְתֶּם לִשְׁמֹר מִצְוֺתַי
וְתוֹרֹתָי: רְאוּ כִּי־יְהוָה נָתַן לָכֶם הַשַּׁבָּת עַל־כֵּן הוּא כט

רש"י

הָעֹמֶר לָאֶחָד". וּמִדְרַשׁ אַגָּדָה, "לֶחֶם מִשְׁנֶה" מְשֻׁנֶּה, אוֹתוֹ הַיּוֹם נִשְׁתַּנָּה לְשֶׁבַח בְּרֵיחוֹ וְטַעְמוֹ: וַיַּגִּידוּ לְמֹשֶׁה. שְׁאָלוּהוּ מַה הַיּוֹם מִיָּמִים? וּמִכָּאן יֵשׁ לִלְמֹד שֶׁעֲדַיִן לֹא הִגִּיד לָהֶם מֹשֶׁה פָּרָשַׁת שַׁבָּת שֶׁנִּצְטַוָּה לוֹמַר לָהֶם: "וְהָיָה בַּיּוֹם הַשִּׁשִּׁי וְהֵכִינוּ" וְגוֹ' (לעיל פסוק ה), עַד שֶׁשָּׁאֲלוּ אֶת זֹאת. אָמַר לָהֶם: "הוּא אֲשֶׁר דִּבֶּר ה'" (בפסוק הבא), שֶׁנִּצְטַוֵּיתִי לוֹמַר לָכֶם. וּלְכָךְ עֲנָשׁוֹ הַכָּתוּב, שֶׁאָמַר לוֹ: "עַד אָנָה מֵאַנְתֶּם" (להלן פסוק כח) וְלֹא הוֹצִיאוֹ מִן הַכְּלָל:

כג] **אֵת אֲשֶׁר תֹּאפוּ אֵפוּ.** מַה שֶּׁאַתֶּם רוֹצִים לֶאֱפוֹת בַּתַּנּוּר, "אֵפוּ" הַיּוֹם הַכֹּל לִשְׁנֵי יָמִים. וּמַה שֶּׁאַתֶּם צְרִיכִים לְבַשֵּׁל מִמֶּנּוּ בַּמַּיִם, "בַּשֵּׁלוּ" הַיּוֹם. לְשׁוֹן אֲפִיָּה נוֹפֵל בְּלֶחֶם וּלְשׁוֹן בִּשּׁוּל בְּתַבְשִׁיל: לְמִשְׁמֶרֶת. לִגְנִיזָה:

כה] **וַיֹּאמֶר מֹשֶׁה אִכְלֻהוּ הַיּוֹם.** שַׁחֲרִית שֶׁהָיוּ רְגִילִים לָצֵאת וְלִלְקֹט, בָּאוּ לִשְׁאֹל אִם נֵצֵא אִם לָאו, אָמַר לָהֶם: אֶת שֶׁבְּיֶדְכֶם אִכְלוּ. לָעֶרֶב חָזְרוּ לְפָנָיו: מַהוּ לָצֵאת? אָמַר לָהֶם: "שַׁבָּת הַיּוֹם". רָאָה אוֹתָם דּוֹאֲגִים שֶׁמָּא פָּסַק הַמָּן וְלֹא יֵרֵד עוֹד, אָמַר לָהֶם: "הַיּוֹם לֹא תִמְצָאֻהוּ", מַה תַּלְמוּד לוֹמַר "הַיּוֹם"? הַיּוֹם לֹא תִמְצָאֻהוּ אֲבָל מָחָר תִּמְצָאֻהוּ:

כו] **וּבַיּוֹם הַשְּׁבִיעִי שַׁבָּת.** "שַׁבָּת" הוּא, הַמָּן "לֹא יִהְיֶה בּוֹ". וְלֹא בָּא הַכָּתוּב אֶלָּא לְרַבּוֹת יוֹם הַכִּפּוּרִים וְיָמִים טוֹבִים:

כח] **עַד אָנָה מֵאַנְתֶּם.** מָשָׁל הֶדְיוֹט הוּא, בַּהֲדֵי הוּצָא לָקֵי כְּרָבָא, עַל יְדֵי הָרְשָׁעִים מִתְגַּנִּין הַכְּשֵׁרִים:

כט] **רְאוּ.** בְּעֵינֵיכֶם כִּי ה' בִּכְבוֹדוֹ מַזְהִיר

ביאור

בַּיּוֹם הַשִּׁשִּׁי, לָקְטוּ לֶחֶם מִשְׁנֶה, שְׁנֵי הָעֹמֶר לָאֶחָד. כיוון שהמידות היו
קבועות ולא היו תלויות במאמציהם, הם גילו שביום השישי, במקום
עומר אחד לגולגולת, יש בכליו של כל אחד שני עומרים. **וַיָּבֹאוּ כָּל
נְשִׂיאֵי הָעֵדָה וַיַּגִּידוּ לְמֹשֶׁה** את דבר ההתרחשות החריגה הזאת.

כג **וַיֹּאמֶר אֲלֵהֶם: הוּא אֲשֶׁר דִּבֶּר ה' – שַׁבָּתוֹן שַׁבַּת קֹדֶשׁ לַה' מָחָר.**
מחר יהיה היום הקדוש שעליו דיברנו במרה, שדיניו לא פורטו עד
כה.[42] ייתכן שעוּנה לראשונה הודיע להם את שמו. **אֵת אֲשֶׁר תֹּאפוּ,**
את מה שאתם צריכים לאפות – **אֵפוּ** היום, ביום השישי, **וְאֵת אֲשֶׁר
תְּבַשְּׁלוּ – בַּשֵּׁלוּ, וְאֵת כָּל הָעֹדֵף,** היתר – **הַנִּיחוּ לָכֶם לְמִשְׁמֶרֶת עַד
הַבֹּקֶר.** לא תוכלו לאכול את המנה הכפולה הזאת, ועל כן שמרו
לכם אותה למחר.

כד **וַיַּנִּיחוּ אֹתוֹ עַד הַבֹּקֶר כַּאֲשֶׁר צִוָּה מֹשֶׁה,** ולעומת מה שהתרחש
בשאר הימים, המן שנלקט ביום השישי **לֹא הִבְאִישׁ, וְרִמָּה לֹא הָיְתָה
בּוֹ.**

כה **וַיֹּאמֶר מֹשֶׁה: אִכְלֻהוּ הַיּוֹם כִּי שַׁבָּת הַיּוֹם לַה', הַיּוֹם לֹא תִמְצָאֻהוּ
בַּשָּׂדֶה.** כביכול גם ה' שובת היום, ואינו מייצר מן.
כו כך יהיה הסדר
גם מכאן ולהבא – **שֵׁשֶׁת יָמִים תִּלְקְטֻהוּ, וּבַיּוֹם הַשְּׁבִיעִי – שַׁבָּת, לֹא
יִהְיֶה בּוֹ.**

כז ואכן **וַיְהִי בַּיּוֹם הַשְּׁבִיעִי, יָצְאוּ** אנשים שלא האמינו ורצו לבדוק
בעצמם, או חמדנים **מִן הָעָם לִלְקֹט** בכל זאת, **וְלֹא מָצָאוּ.**

כח **וַיֹּאמֶר ה' אֶל מֹשֶׁה: עַד אָנָה,** מתי **מֵאַנְתֶּם,** אתם ממשיכים לסרב
לִשְׁמֹר מִצְוֹתַי וְתוֹרֹתָי?! הגבלתי אתכם במעט מאוד חוקים, וכבר יש
כאלה המפנים אליהם עורף.
כט **רְאוּ כִּי ה' נָתַן לָכֶם הַשַּׁבָּת, עַל כֵּן**

הרחבות

'ראו כי ה' נתן לכם השבת' אמנם השבת נזכרת כבר בסיפור בריאתו של עולם, אך שם דובר בשביתתו של אלוקים. פשטם של המקראות אינו מספר על כך שהשבת הורדה לתודעתם של ישראל עד כה. מסורות חז"ל מספרות על שמירת השבת של האבות – אף שאין בהירות לגבי טיבה של זו (יומא כח ע"ב; קדושין פב ע"א). חז"ל מדברים גם על יחס מיוחד ליום הקדוש הזה במצרים (שמות רבה א,כח), ואף על כך שחלק ממשפטיו ניתנו במרה. (ראו סנהדרין נו ע"ב). כאן, אגב סיפור ברכת המן שהעניק ה' לעמו, השבת נזכרת לראשונה כמתנה שנתן ה' לישראל.

נֹתֵ֥ן לָכֶ֛ם בַּיּ֥וֹם הַשִּׁשִּׁ֖י לֶ֣חֶם יוֹמָ֑יִם שְׁב֣וּ ׀ אִ֣ישׁ תַּחְתָּ֗יו
ל אַל־יֵ֥צֵא אִ֛ישׁ מִמְּקֹמ֖וֹ בַּיּ֥וֹם הַשְּׁבִיעִֽי׃ וַיִּשְׁבְּת֥וּ הָעָ֖ם
לא בַּיּ֥וֹם הַשְּׁבִעִֽי׃ וַיִּקְרְא֧וּ בֵית־יִשְׂרָאֵ֛ל אֶת־שְׁמ֖וֹ מָ֑ן
לב וְה֗וּא כְּזֶ֤רַע גַּד֙ לָבָ֔ן וְטַעְמ֖וֹ כְּצַפִּיחִ֥ת בִּדְבָֽשׁ׃ וַיֹּ֣אמֶר
מֹשֶׁ֗ה זֶ֤ה הַדָּבָר֙ אֲשֶׁ֣ר צִוָּ֣ה יהוה מְלֹ֤א הָעֹ֙מֶר֙ מִמֶּ֔נּוּ
לְמִשְׁמֶ֖רֶת לְדֹרֹתֵיכֶ֑ם לְמַ֣עַן ׀ יִרְא֣וּ אֶת־הַלֶּ֗חֶם אֲשֶׁ֨ר
הֶאֱכַ֤לְתִּי אֶתְכֶם֙ בַּמִּדְבָּ֔ר בְּהוֹצִיאִ֥י אֶתְכֶ֖ם מֵאֶ֥רֶץ
לג מִצְרָֽיִם׃ וַיֹּ֨אמֶר מֹשֶׁ֜ה אֶֽל־אַהֲרֹ֗ן קַ֚ח צִנְצֶ֣נֶת אַחַ֔ת
וְתֶן־שָׁ֥מָּה מְלֹֽא־הָעֹ֖מֶר מָ֑ן וְהַנַּ֤ח אֹתוֹ֙ לִפְנֵ֣י יהוה
לד לְמִשְׁמֶ֖רֶת לְדֹרֹתֵיכֶֽם׃ כַּאֲשֶׁ֛ר צִוָּ֥ה יהוה אֶל־מֹשֶׁ֑ה
לה וַיַּנִּיחֵ֧הוּ אַהֲרֹ֛ן לִפְנֵ֥י הָעֵדֻ֖ת לְמִשְׁמָֽרֶת׃ וּבְנֵ֣י יִשְׂרָאֵ֗ל

רש"י

אֶתְכֶם עַל הַשַּׁבָּת, שֶׁהֲרֵי נֵס נַעֲשֶׂה בְּכָל עֶרֶב שַׁבָּת לָתֵת לָכֶם לֶחֶם יוֹמַיִם: **שְׁבוּ אִישׁ תַּחְתָּיו.** מִכָּאן סָמְכוּ חֲכָמִים אַרְבַּע אַמּוֹת לַיּוֹצֵא חוּץ לַתְּחוּם: **אַל יֵצֵא אִישׁ מִמְּקֹמוֹ.** אֵלּוּ אַלְפַּיִם אַמָּה, וְלֹא בִּמְפֹרָשׁ, שֶׁאֵין תְּחוּמִין אֶלָּא מִדִּבְרֵי סוֹפְרִים, וְעִקָּרוֹ שֶׁל מִקְרָא עַל לוֹקְטֵי הַמָּן נֶאֱמַר:

לא) **וְהוּא כְּזֶרַע גַּד.** עֵשֶׂב שֶׁשְּׁמוֹ קולי"נדרי, וְזֶרַע שֶׁלּוֹ עָגֹל וְאֵינוֹ לָבָן, וְהַמָּן הָיָה לָבָן, וְאֵינוֹ נִמְשָׁל לְזֶרַע גַּד אֶלָּא לְעִנְיַן הָעִגּוּל, "כְּזֶרַע גַּד" הָיָה וְהוּא "לָבָן": **כְּצַפִּיחִת.** בָּצֵק שֶׁמְּטַגְּנִין אוֹתוֹ בִּדְבַשׁ, וְקוֹרִין לוֹ 'אִסְקְרִיטִין' בִּלְשׁוֹן מִשְׁנָה (חלה א, ד; פסחים לז ע"א), וְהוּא תַּרְגּוּם שֶׁל אוּנְקְלוֹס:

לב) **לְמִשְׁמֶרֶת.** לִגְנִיזָה: **לְדֹרֹתֵיכֶם.** בִּימֵי יִרְמְיָהוּ, כְּשֶׁהָיָה יִרְמְיָהוּ מוֹכִיחָם: לָמָּה אֵין אַתֶּם עוֹסְקִים בַּתּוֹרָה? וְהֵם אוֹמְרִים: נַנִּיחַ מְלַאכְתֵּנוּ וְנַעֲסֹק בַּתּוֹרָה, מֵהֵיכָן נִתְפַּרְנֵס? הוֹצִיא לָהֶם צִנְצֶנֶת הַמָּן, אָמַר לָהֶם: "הַדּוֹר אַתֶּם רְאוּ דְבַר ה'" (ירמיה ב, לא), 'שִׁמְעוּ' לֹא נֶאֱמַר אֶלָּא 'רְאוּ', בָּזֶה נִתְפַּרְנְסוּ אֲבוֹתֵיכֶם, הַרְבֵּה שְׁלוּחִין יֵשׁ לוֹ לַמָּקוֹם לְהָכִין מָזוֹן לִירֵאָיו:

לג) **צִנְצֶנֶת.** צְלוֹחִית שֶׁל חֶרֶס, כְּתַרְגּוּמוֹ:

הרחבות

'שבו איש תחתיו אל יצא איש ממקמו ביום השביעי' פסוק זה נתפס כציווי הראשון מהלכות השבת הקבועות, והוא נעשה הבסיס לאיסור היציאה מתחום מסוים ביום השבת. (ראו עירובין יז ע"ב; נא ע"ב). נראה שהמקום הנזכר כאן אינו המקום שבו מונח גופו של היושב או ארבע אמותיו, אלא התחום שבו אדם מנהל את חייו בדרך כלל. ה' מורה להם שאל להם לחרוג מתחום זה בשבת משום שזהו יום של התכנסות ושהייה מרוכזת, ואיננו מיועד למסעות ולטיולים רחוקים.

'ויניחהו אהרן לפני העדֻת' ברור שהמסופר כאן

ביאור | **הוּא נֹתֵן לָכֶם בַּיּוֹם הַשִּׁשִּׁי לֶחֶם יוֹמָיִם. שְׁבוּ אִישׁ תַּחְתָּיו, אַל יֵצֵא אִישׁ**
מִמְּקֹמוֹ בַּיּוֹם הַשְּׁבִיעִי.

ל **וַיִּשְׁבְּתוּ** רוב[43] **הָעָם בַּיּוֹם הַשְּׁבִעִי.**

לא **וַיִּקְרְאוּ בֵית יִשְׂרָאֵל אֶת שְׁמוֹ מָן**, כיוון שבראותם אותו לראשונה לא ידעו מה הוא, ותהו: מָן הוא? בהיעדרו של שם אחר דבק בו הכינוי הזה. וכאן בא המשך תיאורו של המן: **וְהוּא** עגול לגמרי - **כְּזֶרַע גַּד**, הכוסבר, שזרעו קטן ועגול, אך לעומת זרע הגד, החום, המן היה **לָבָן, וְטַעְמוֹ** הטבעי **כְּצַפִּיחִת**, מין עוגה **בִּדְבָשׁ.**

הקטע הבא מתייחס לדבר שיארע מאוחר יותר, אך הובא פה מפני
שהוא דן בעניינו של המן. לב **וַיֹּאמֶר מֹשֶׁה: זֶה הַדָּבָר אֲשֶׁר צִוָּה ה׳:**
קחו **מְלֹא הָעֹמֶר מִמֶּנּוּ**, מהמן, כדי שיישאר **לְמִשְׁמֶרֶת לְכל דֹּרֹתֵיכֶם, לְמַעַן יִרְאוּ** בדורות הבאים **אֶת הַלֶּחֶם אֲשֶׁר הֶאֱכַלְתִּי אֶתְכֶם בַּמִּדְבָּר, בְּהוֹצִיאִי אֶתְכֶם מֵאֶרֶץ מִצְרָיִם**, למזכרת לעתיד.

לג **וַיֹּאמֶר מֹשֶׁה אֶל אַהֲרֹן: קַח צִנְצֶנֶת אַחַת וְתֶן שָׁמָּה מְלֹא הָעֹמֶר מָן וְהַנַּח אֹתוֹ לִפְנֵי ה׳ לְמִשְׁמֶרֶת לְדֹרֹתֵיכֶם.**

לד **כַּאֲשֶׁר צִוָּה** בהתאם לציווי **ה׳ אֶל מֹשֶׁה**, להניח מהמן לִפְנֵי ה׳, **וַיַּנִּיחֵהוּ אַהֲרֹן לִפְנֵי הָעֵדֻת** ליד ארון הברית באוהל מועד **לְמִשְׁמָרֶת**, לזיכרון לאחד המופתים שעשה ה׳ עם ישראל במדבר.

כוסבר
('זרע גד')

הרחבות

אירע לפחות שנה לאחר הופעתו הראשונה של המן שכן בהווה הסיפורי עדיין לא הוקם אוהל מועד, וטרם נבנה הארון, ועל כן לא הייתה משמעות לביטויים לִפְנֵי ה׳ או וַיַּנִּיחֵהוּ אַהֲרֹן לִפְנֵי הָעֵדֻת.

ירידת המן הייתה מופת יוצא דופן, משום ששאר המופתים אירעו בזמן קצר ומיוחד, ואילו המן התמיד והופיע מדי בוקר, לפי חוק קבוע וללא שום הסבר. הלחם שהוריד ה׳ לעמו מן השמים היה מוכן לאכילה, ולא היה צורך להשקיע בגידולו כל מאמץ ועמל. חכמים מספרים שהמן היה מזון טהור לחלוטין, אנרגיה טהורה בלא שום פסולת (ספרי במדבר קלט, יומא עה ע״ב ורש״י במדבר כא,ה).

אָכְלוּ אֶת־הַמָּן אַרְבָּעִים שָׁנָה עַד־בֹּאָם אֶל־אֶרֶץ
נוֹשָׁבֶת אֶת־הַמָּן אָכְלוּ עַד־בֹּאָם אֶל־קְצֵה אֶרֶץ
כְּנָעַן׃ וְהָעֹמֶר עֲשִׂרִית הָאֵיפָה הוּא׃ לו
שביעי וַיִּסְעוּ כָּל־עֲדַת בְּנֵי־יִשְׂרָאֵל מִמִּדְבַּר־סִין לְמַסְעֵיהֶם א יז
עַל־פִּי יְהוָה וַיַּחֲנוּ בִּרְפִידִים וְאֵין מַיִם לִשְׁתֹּת הָעָם׃
וַיָּרֶב הָעָם עִם־מֹשֶׁה וַיֹּאמְרוּ תְּנוּ־לָנוּ מַיִם וְנִשְׁתֶּה ב
וַיֹּאמֶר לָהֶם מֹשֶׁה מַה־תְּרִיבוּן עִמָּדִי מַה־תְּנַסּוּן
אֶת־יְהוָה׃ וַיִּצְמָא שָׁם הָעָם לַמַּיִם וַיָּלֶן הָעָם עַל־ ג
מֹשֶׁה וַיֹּאמֶר לָמָּה זֶּה הֶעֱלִיתָנוּ מִמִּצְרַיִם לְהָמִית
אֹתִי וְאֶת־בָּנַי וְאֶת־מִקְנַי בַּצָּמָא׃ וַיִּצְעַק מֹשֶׁה אֶל־ ד
יְהוָה לֵאמֹר מָה אֶעֱשֶׂה לָעָם הַזֶּה עוֹד מְעַט וּסְקָלֻנִי׃

רש"י

וְהַנַּח אוֹתוֹ לִפְנֵי ה'. לִפְנֵי הָאָרוֹן. וְלֹא נֶאֱמַר מִקְרָא זֶה עַד שֶׁנִּבְנָה אֹהֶל מוֹעֵד, אֶלָּא שֶׁנִּכְתַּב כָּאן בְּפָרָשַׁת הַמָּן:

לה **אַרְבָּעִים שָׁנָה.** וַהֲלֹא חָסֵר שְׁלֹשִׁים יוֹם, שֶׁהֲרֵי בַּחֲמִשָּׁה עָשָׂר בְּאִיָּר יָרַד לָהֶם הַמָּן תְּחִלָּה וּבַחֲמִשָּׁה עָשָׂר בְּנִיסָן פָּסַק, שֶׁנֶּאֱמַר: "וַיִּשְׁבֹּת הַמָּן מִמָּחֳרָת" (יהושע ה, יב)? אֶלָּא מַגִּיד שֶׁהָעוּגוֹת שֶׁהוֹצִיאוּ יִשְׂרָאֵל מִמִּצְרַיִם טָעֲמוּ בָּהֶם טַעַם מָן: **אֶל אֶרֶץ נוֹשָׁבֶת.** לְאַחַר שֶׁעָבְרוּ אֶת הַיַּרְדֵּן: **אֶל קְצֵה אֶרֶץ כְּנָעַן.** בִּתְחִלַּת הַגְּבוּל קֹדֶם שֶׁעָבְרוּ אֶת הַיַּרְדֵּן, וְהֵם עַרְבוֹת מוֹאָב. נִמְצְאוּ מַכְחִישִׁין זֶה אֶת זֶה! אֶלָּא בְּעַרְבוֹת מוֹאָב כְּשֶׁמֵּת מֹשֶׁה בְּשִׁבְעָה בַּאֲדָר פָּסַק הַמָּן מִלֵּרֵד, וְנִסְתַּפְּקוּ מִמָּן שֶׁלָּקְטוּ בּוֹ בַּיּוֹם עַד שֶׁהִקְרִיבוּ הָעֹמֶר בְּשִׁשָּׁה עָשָׂר בְּנִיסָן, שֶׁנֶּאֱמַר: "וַיֹּאכְלוּ מֵעֲבוּר הָאָרֶץ מִמָּחֳרַת הַפֶּסַח" (יהושע ה, יא):

לו **עֲשִׂרִית הָאֵיפָה.** הָאֵיפָה שָׁלֹשׁ סְאִין, וְהַסְּאָה שֵׁשֶׁת קַבִּין, וְהַקַּב אַרְבָּעָה לֻגִּין, וְהַלֹּג שֵׁשׁ בֵּיצִים; נִמְצָא עֲשִׂירִית הָאֵיפָה אַרְבָּעִים וְשָׁלֹשׁ בֵּיצִים וְחֹמֶשׁ בֵּיצָה, וְהוּא שִׁעוּר לַחַלָּה וְלַמְּנָחוֹת:

פרק יז

ב **מַה תְּנַסּוּן.** לוֹמַר, הֲיוּכַל לָתֵת מַיִם בְּאֶרֶץ צִיָּה:

ד **עוֹד מְעַט.** אִם אַמְתִּין "עוֹד מְעַט, וּסְקָלֻנִי":

העולם

אֵיפָה מידת נפח קדומה שלפי הדעה הרווחת יותר שיעורה הוא כ־24 ליטר. במחקר משערים שמקור השם מצרי – 'אפת', שעניינו ספירה.

רְפִידִים מקום קרוב לסיני, לפי הכתוב להלן (יט,ב): וַיִּסְעוּ מֵרְפִידִים וַיָּבֹאוּ מִדְבַּר סִינַי וַיַּחֲנוּ בַּמִּדְבָּר וַיִּחַן שָׁם יִשְׂרָאֵל נֶגֶד הָהָר. כפי מספר הדעות למיקומו של הר

לה **וּבְנֵי יִשְׂרָאֵל אָכְלוּ אֶת הַמָּן אַרְבָּעִים שָׁנָה, עַד בֹּאָם אֶל אֶרֶץ נוֹשָׁבֶת.** | ביאור
אֶת הַמָּן אָכְלוּ עַד בֹּאָם אֶל קְצֵה אֶרֶץ כְּנָעַן. כאשר עברו עם יהושע
את הירדן, פסק המן.

לו הערת סיום: **וְהָעֹמֶר עֲשִׂרִית הָאֵיפָה הוּא.** מידת נפח זו היא עשירית
ממידת האיפה.

מסה ומריבה

פרק יז פס׳ א–ז

לא עבר זמן רב מאז הופיע המן לראשונה, וישראל התרגלו למציאותו. מהר מאוד הסתגלו לעולם הנסי, עד כדי כך שהוא נתפס כחלק מן השגרה. בעטיה של השחיקה שחלה ביחסם לנסים שה׳ גמל עמהם, הם ממשיכים להתלונן גם כשהם ניזונים יום יום מלחם שמימי.

פרק יז א **וַיִּסְעוּ כָּל עֲדַת בְּנֵי יִשְׂרָאֵל מִמִּדְבַּר סִין לְמַסְעֵיהֶם עַל פִּי ה׳,**
בעקבות עמוד הענן המתווה את נתיב הליכתם. **וַיַּחֲנוּ בִּרְפִידִים,** וְשׁוּב
אֵין מַיִם לִשְׁתֹּת, לשתיית **הָעָם.** ב **וַיָּרֶב הָעָם עִם מֹשֶׁה, וַיֹּאמְרוּ: תְּנוּ**
לָנוּ מַיִם וְנִשְׁתֶּה!

וַיֹּאמֶר לָהֶם מֹשֶׁה: מַה תְּרִיבוּן עִמָּדִי?! הרי ידוע לכם שדברים אלו אינם נקבעים על ידי, ומעבר לכך – **מַה תְּנַסּוּן,** מדוע אתם מנסים **אֶת ה׳** ואינכם בוטחים בו?! הרי בינתיים אין סיבה להתלונן, כי אולי מחר נצטווה לפנות למקום אחר.

לבסוף הם נשארו במקום, וכתוצאה מכך הפכה הבקשה
לתלונה: ג **וַיִּצְמָא שָׁם הָעָם לַמַּיִם. וַיָּלֶן,** התלונן **הָעָם עַל מֹשֶׁה**
וַיֹּאמֶר: לָמָּה זֶּה הֶעֱלִיתָנוּ מִמִּצְרַיִם, לְהָמִית אֹתִי וְאֶת בָּנַי וְאֶת מִקְנַי
בַּצָּמָא? פנייתם זו אל משה כבר נשאה אופי של טרוניה, בכי וקטטה.

ד **וַיִּצְעַק מֹשֶׁה אֶל ה׳ לֵאמֹר: מָה אֶעֱשֶׂה לָעָם הַזֶּה? עוֹד מְעַט וּסְקָלֻנִי!**
משה חשש שכדרכן של תלונות המוניות, הצעקות ילכו ויתגברו,
והאנשים ילבו את המחלוקת עד כדי אלימות.

העולם | סיני, כך מספר זיהויי רפידים. יש המזהים אותה עם פתחו של ואדי סודר, ממזרח לעיון מוסא בוואדי פיראן, ויש עם באר כרכום, כשבעה ק״מ מצפון להר כרכום, או בוואדי רפאיד, מדרום־מזרח לאל־עריש.

ה וַיֹּאמֶר יְהוָה אֶל־מֹשֶׁה עֲבֹר לִפְנֵי הָעָם וְקַח אִתְּךָ
מִזִּקְנֵי יִשְׂרָאֵל וּמַטְּךָ אֲשֶׁר הִכִּיתָ בּוֹ אֶת־הַיְאֹר קַח
ו בְּיָדְךָ וְהָלָכְתָּ׃ הִנְנִי עֹמֵד לְפָנֶיךָ שָּׁם ׀ עַל־הַצּוּר בְּחֹרֵב
וְהִכִּיתָ בַצּוּר וְיָצְאוּ מִמֶּנּוּ מַיִם וְשָׁתָה הָעָם וַיַּעַשׂ כֵּן
ז מֹשֶׁה לְעֵינֵי זִקְנֵי יִשְׂרָאֵל׃ וַיִּקְרָא שֵׁם הַמָּקוֹם מַסָּה
וּמְרִיבָה עַל־רִיב ׀ בְּנֵי יִשְׂרָאֵל וְעַל נַסֹּתָם אֶת־יְהוָה
לֵאמֹר הֲיֵשׁ יְהוָה בְּקִרְבֵּנוּ אִם־אָיִן׃
ח ט וַיָּבֹא עֲמָלֵק וַיִּלָּחֶם עִם־יִשְׂרָאֵל בִּרְפִידִם׃ וַיֹּאמֶר

רש"י

ה| **עֲבֹר לִפְנֵי הָעָם.** וּרְאֵה אִם יִסְקְלוּךָ, לָמָּה הוֹצֵאתָ לַעַז עַל בָּנַי?: **וְקַח אִתְּךָ מִזִּקְנֵי יִשְׂרָאֵל.** לְעֵדוּת, שֶׁיִּרְאוּ שֶׁעַל יָדְךָ הַמַּיִם יוֹצְאִים מִן הַצּוּר, וְלֹא יֹאמְרוּ: מַעְיָנוֹת הָיוּ שָׁם מִימֵי קֶדֶם: **וּמַטְּךָ אֲשֶׁר הִכִּיתָ בּוֹ אֶת הַיְאֹר.** מַה תַּלְמוּד לוֹמַר: "אֲשֶׁר הִכִּיתָ בּוֹ אֶת הַיְאֹר"? אֶלָּא שֶׁהָיוּ יִשְׂרָאֵל אוֹמְרִים עַל הַמַּטֶּה שֶׁאֵינוֹ מוּכָן אֶלָּא לְפֻרְעָנוּת, בּוֹ לָקָה פַּרְעֹה וּמִצְרַיִם כַּמָּה מַכּוֹת בְּמִצְרַיִם וְעַל הַיָּם, לְכָךְ נֶאֱמַר: "אֲשֶׁר הִכִּיתָ בּוֹ אֶת הַיְאֹר" וְהֵם אוֹמְרִים עָלָיו שֶׁאֵינוֹ אֶלָּא לְפֻרְעָנוּת, יִרְאוּ עַתָּה שֶׁאַף לְטוֹבָה הוּא מוּכָן:

ו| **וְהִכִּיתָ בַצּוּר.** 'עַל הַצּוּר' לֹא נֶאֱמַר אֶלָּא "בַּצּוּר", מִכָּאן שֶׁהַמַּטֶּה הָיָה שֶׁל מִין דָּבָר חָזָק וּשְׁמוֹ סַנְפִּירִינוֹן, וְהַצּוּר נִבְקַע מִפָּנָיו:

ח| **וַיָּבֹא עֲמָלֵק.** סָמַךְ פָּרָשָׁה זוֹ לְמִקְרָא זֶה, לוֹמַר, תָּמִיד אֲנִי בֵּינֵיכֶם וּמְזֻמָּן לְכָל צָרְכֵיכֶם, וְאַתֶּם אוֹמְרִים: "הֲיֵשׁ ה' בְּקִרְבֵּנוּ אִם אָיִן" (לעיל פסוק ז)?! חַיֵּיכֶם שֶׁהַכֶּלֶב בָּא וְנוֹשֵׁךְ אֶתְכֶם וְאַתֶּם צוֹעֲקִים לִי וְתֵדְעוּ הֵיכָן אֲנִי. מָשָׁל לְאָדָם שֶׁהִרְכִּיב בְּנוֹ עַל כְּתֵפוֹ וְיָצָא לַדֶּרֶךְ, הָיָה אוֹתוֹ הַבֵּן רוֹאֶה חֵפֶץ וְאוֹמֵר: אַבָּא, טֹל חֵפֶץ זֶה וְתֵן לִי! וְהוּא נוֹתֵן לוֹ, וְכֵן שְׁנִיָּה וְכֵן שְׁלִישִׁית. פָּגְעוּ בְּאָדָם אֶחָד, אָמַר לוֹ אוֹתוֹ הַבֵּן: רָאִיתָ אֶת אַבָּא? אָמַר לוֹ אָבִיו: אֵינְךָ יוֹדֵעַ הֵיכָן אֲנִי?! הִשְׁלִיכוֹ מֵעָלָיו, וּבָא הַכֶּלֶב וּנְשָׁכוֹ:

הרחבות

'ומטך אשר הכית בו את היאר קח בידך' אותו מטה שבו הפך משה את מי מצרים לדם במכה הראשונה, ואשר הפך את עפר מצרים לכנים במכה השלישית, ואשר בו יובש ים סוף, הוא המטה שבאמצעותו יוציא משה עתה מים חיים מן הסלע היבש כדי להרוות את צימאונו של העם.

העולם

עֲמָלֵק מצאצאי עשיו (בראשית לו,יב). עם נודד שתחום מושבו בסְפר, בארץ הנגב, באזור קדש ברנע והוא מגיע עד מדבר שור (בראשית יד,ז; במדבר יג,כט; שמואל א' כז,ח). מחייתו הושתתה על גידול צאן ובקר ועל פשיטות שוד ביישובי קבע, שהגיעו עד הר אפרים (שופטים ה,יד).

ה **וַיֹּאמֶר ה׳ אֶל מֹשֶׁה: עֲבֹר לִפְנֵי הָעָם** באופן טקסי, **וְקַח אִתְּךָ מִזִּקְנֵי** ביאור
יִשְׂרָאֵל, וּמַטְּךָ אֲשֶׁר הִכִּיתָ בּוֹ אֶת הַיְאֹר קַח בְּיָדְךָ וְהָלָכְתָּ. הליכה זו
של משה - בידו המטה ומלווים אותו זקני ישראל - נועדה להראות
לכול שהוא הולך בשליחות מסוימת. ו **הִנְנִי עֹמֵד לְפָנֶיךָ שָּׁם**, אתה
תבחין בנוכחותי **עַל הַצּוּר**, הסלע **בְּחֹרֵב**, בסיני, **וְהִכִּיתָ בַצּוּר**, כאשר
תכה בסלע – **וְיָצְאוּ מִמֶּנּוּ מַיִם, וְשָׁתָה הָעָם.**
וַיַּעַשׂ כֵּן מֹשֶׁה לְעֵינֵי זִקְנֵי יִשְׂרָאֵל. זקני העם לא ראו רק את המים,
אלא את נביעתם מן הסלע בעקבות הכאתו במטהו של משה.

ז בעקבות זאת - **וַיִּקְרָא שֵׁם הַמָּקוֹם** ההוא **מַסָּה**, ניסיון **וּמְרִיבָה, עַל
רִיב בְּנֵי יִשְׂרָאֵל וְעַל נַסֹּתָם אֶת ה׳ לֵאמֹר: הֲיֵשׁ ה׳ בְּקִרְבֵּנוּ אִם אָיִן?**
בשלב הראשון הייתה מסה - פקפוק בכך שה׳ מלווה אותם ודואג
להם, שהרי טענו שה׳ שלחם למקום שאין בו מים; ובשלב השני
הייתה מריבתם עם משה.

מלחמת עמלק

פרק יז פס׳ ח–טז

למרות שה׳ הזין את ישראל בלחם שמים דבר יום ביומו, ישראל לא השליכו עליו את יהבם שידאג אף לספק להם מים. מתוך צימאונם הכבד הם אף הטילו ספק אם יש ה׳ בקרבם אם אין. ייתכן שחולשה רוחנית זו היא שהביאה עליהם את פגיעתו הרעה של עמלק.[44]

ח **וַיָּבֹא עֲמָלֵק** ממקום מושבו, **וַיִּלָּחֶם עִם יִשְׂרָאֵל בִּרְפִידִם** שבמדבר. אין כל סימן לכך שעמלק היה עם גדול וחזק, ולמרות זאת הוא יצא ממקומו כדי להתגרות בישראל, שהיו כבר עם רב באותה שעה. נראה שבני עמלק העזו להתקיף את ישראל מכיוון שבשלב זה ישראל עדיין לא התארגנו במבנים צבאיים ושבטיים.[45]

הרחבות

'ויבא עמלק וילחם עם ישראל' מאחורי תקיפת ישראל לא עמד שום אינטרס מובן. התנכלותם של המצרים לבני ישראל נבעה מהחשש מפניהם. אף חששותיהם של עמים אחרים מישראל נבעו מסיבות מציאותיות. עמלק לא חי במסלול הליכתם של ישראל, ואף לא התגורר בארץ שבה הם עתידים להתיישב. על כן לא עמד מאחורי מלחמה זו הרצון למנוע מתקפה עתידית באמצעות הרתעת ישראל. לכל היותר היה זה מסע שוד של שבט נודד, ואפילו מניע זה מפוקפק משום שמן הסתם לא ידעו מה יש ביד ישראל.

עמלק התקיף את ישראל לא לשם השמדתם - שהרי היו רבים מדי - אלא כדי להרחיקם או לפגוע בהם ותו לא. הוא פעל מתוך שנאה שרירותית - שנאה לשמה. משום כך מבטא זיכרונו של עמלק בתודעת העם את עצם ההתנגדות והעוינות כלפי ישראל באשר

מֹשֶׁה אֶל־יְהוֹשֻׁעַ בְּחַר־לָנוּ אֲנָשִׁים וְצֵא הִלָּחֵם
בַּעֲמָלֵק מָחָר אָנֹכִי נִצָּב עַל־רֹאשׁ הַגִּבְעָה וּמַטֵּה
י הָאֱלֹהִים בְּיָדִי: וַיַּעַשׂ יְהוֹשֻׁעַ כַּאֲשֶׁר אָמַר־לוֹ מֹשֶׁה
לְהִלָּחֵם בַּעֲמָלֵק וּמֹשֶׁה אַהֲרֹן וְחוּר עָלוּ רֹאשׁ
יא הַגִּבְעָה: וְהָיָה כַּאֲשֶׁר יָרִים מֹשֶׁה יָדוֹ וְגָבַר יִשְׂרָאֵל
יב וְכַאֲשֶׁר יָנִיחַ יָדוֹ וְגָבַר עֲמָלֵק: וִידֵי מֹשֶׁה כְּבֵדִים
וַיִּקְחוּ־אֶבֶן וַיָּשִׂימוּ תַחְתָּיו וַיֵּשֶׁב עָלֶיהָ וְאַהֲרֹן וְחוּר
תָּמְכוּ בְיָדָיו מִזֶּה אֶחָד וּמִזֶּה אֶחָד וַיְהִי יָדָיו אֱמוּנָה
יג עַד־בֹּא הַשָּׁמֶשׁ: וַיַּחֲלֹשׁ יְהוֹשֻׁעַ אֶת־עֲמָלֵק וְאֶת־
עַמּוֹ לְפִי־חָרֶב:

רש"י

ט) **בְּחַר לָנוּ.** לִי וּלְךָ, הִשְׁוָהוּ לוֹ. מִכָּאן אָמְרוּ: "יְהִי כְבוֹד תַּלְמִידְךָ חָבִיב עָלֶיךָ כְּשֶׁלָּךְ" (אבות ד, טו). כְּבוֹד חֲבֵרְךָ כְּמוֹרָא רַבָּךְ, מִנַּיִן? "וַיֹּאמֶר אַהֲרֹן אֶל מֹשֶׁה בִּי אֲדֹנִי" (במדבר יב, יא), וַהֲלֹא גָּדוֹל הָאָחִין הָיָה, וְעָשָׂה אֶת חֲבֵרוֹ כְּרַבּוֹ. וּ"מוֹרָא רַבָּךְ כְּמוֹרָא שָׁמַיִם", שֶׁנֶּאֱמַר: "אֲדֹנִי מֹשֶׁה כְּלָאֵם" (שם יא, כח), כַּלֵּם מִן הָעוֹלָם, חַיָּבִין הֵם כְּלָיָה הַמּוֹרְדִים בְּךָ כְּאִלּוּ פָּשְׁעוּ בְּהַקָּדוֹשׁ בָּרוּךְ הוּא: **וְצֵא הִלָּחֵם.** צֵא מִן הֶעָנָן וְהִלָּחֵם בּוֹ: **מָחָר.** בְּעֵת הַמִּלְחָמָה "אָנֹכִי נִצָּב": **בְּחַר לָנוּ אֲנָשִׁים.** גִּבּוֹרִים וְיִרְאֵי חֵטְא, שֶׁתְּהֵא זְכוּתָן מְסַיַּעְתָּן. דָּבָר אַחֵר, בְּחַר לָנוּ אֲנָשִׁים שֶׁיּוֹדְעִין לְבַטֵּל כְּשָׁפִים, לְפִי שֶׁבְּנֵי עֲמָלֵק מְכַשְּׁפִים הָיוּ:

י) **וּמֹשֶׁה אַהֲרֹן וְחוּר.** מִכָּאן לְתַעֲנִית שֶׁצְּרִיכִים שְׁלֹשָׁה לַעֲבֹר לִפְנֵי הַתֵּבָה, שֶׁבְּתַעֲנִית הָיוּ שְׁרוּיִים: **חוּר.** בְּנָהּ שֶׁל מִרְיָם הָיָה:

יא) **כַּאֲשֶׁר יָרִים מֹשֶׁה יָדוֹ.** וְכִי יָדָיו שֶׁל מֹשֶׁה נוֹצְחוֹת הָיוּ הַמִּלְחָמָה? וְכוּ', כִּדְאִיתָא בְּרֹאשׁ הַשָּׁנָה (דף כט ע"א):

יב) **וִידֵי מֹשֶׁה כְּבֵדִים.** בִּשְׁבִיל שֶׁנִּתְעַצֵּל בַּמִּצְוָה וּמִנָּה אַחֵר תַּחְתָּיו, נִתְיַקְּרוּ יָדָיו: **וַיִּקְחוּ.** אַהֲרֹן וְחוּר "אֶבֶן, וַיָּשִׂימוּ תַחְתָּיו", וְלֹא יָשַׁב לוֹ עַל כַּר וָכֶסֶת, אָמַר: יִשְׂרָאֵל שְׁרוּיִין בְּצַעַר, אַף אֲנִי אֶהְיֶה עִמָּהֶם בְּצַעַר: **וַיְהִי יָדָיו אֱמוּנָה.** וַיְהִי מֹשֶׁה יָדָיו בֶּאֱמוּנָה פְּרוּשׂוֹת הַשָּׁמַיִם בִּתְפִלָּה נֶאֱמָנָה וּנְכוֹנָה: **עַד בֹּא הַשָּׁמֶשׁ.** שֶׁהָיוּ עֲמָלֵקִים מְחַשְּׁבִין אֶת הַשָּׁעוֹת בְּאִצְטְרוֹלוֹגִיאָה בְּאֵיזוֹ שָׁעָה הֵם נוֹצְחִים, וְהֶעֱמִיד לָהֶם מֹשֶׁה חַמָּה וְעִרְבֵּב אֶת הַשָּׁעוֹת:

יג) **וַיַּחֲלֹשׁ יְהוֹשֻׁעַ.** חָתַךְ רָאשֵׁי גִּבּוֹרָיו וְלֹא הִשְׁאִיר אֶלָּא חַלָּשִׁים שֶׁבָּהֶם, וְלֹא הֲרָגָם כֻּלָּם. מִכָּאן אָנוּ לְמֵדִים שֶׁעָשׂוּ עַל פִּי הַדִּבּוּר שֶׁל שְׁכִינָה:

ביאור

ט **וַיֹּאמֶר מֹשֶׁה אֶל יְהוֹשֻׁעַ** משרתו: **בְּחַר לָנוּ אֲנָשִׁים** שיהיו מסוגלים
להילחם, שהרי מדובר במחנה של עבדים משוחררים חסרי ניסיון
צבאי, **וְצֵא הִלָּחֵם בַּעֲמָלֵק. מָחָר**, בעת המלחמה **אָנֹכִי נִצָּב**, אעמוד
עַל רֹאשׁ הַגִּבְעָה, וּמַטֵּה הָאֱלֹהִים בְּיָדִי, והוא ישמש אות לתמיכתו
של אלוקים בך.

י **וַיַּעַשׂ יְהוֹשֻׁעַ כַּאֲשֶׁר אָמַר לוֹ מֹשֶׁה, לְהִלָּחֵם בַּעֲמָלֵק. וּמֹשֶׁה, אַהֲרֹן** אחיו
וְחוּר עָלוּ רֹאשׁ הַגִּבְעָה. יא **וְהָיָה כַּאֲשֶׁר יָרִים מֹשֶׁה יָדוֹ – וְגָבַר יִשְׂרָאֵל**
בקרב, **וְכַאֲשֶׁר יָנִיחַ יָדוֹ**, מחמת עייפות – **וְגָבַר עֲמָלֵק.** יב **וִידֵי מֹשֶׁה**
המורמות אל על - בין שאחזו במטה[46] ובין שהיו ריקות - **כְּבֵדִים**,
כי המלחמה התמשכה. לכן, **וַיִּקְחוּ אֶבֶן וַיָּשִׂימוּ תַחְתָּיו, וַיֵּשֶׁב עָלֶיהָ.**
וְאַהֲרֹן וְחוּר תָּמְכוּ בְיָדָיו, בלא שיצטרכו להרים את ידם גם הם, שהרי
משה יושב, **מִזֶּה אֶחָד וּמִזֶּה אֶחָד**, משני הצדדים. **וַיְהִי יָדָיו אֱמוּנָה**,
נאמנות לתפקידן, יציבות,[47] או: מורמות בתפילה[48] **עַד בֹּא הַשָּׁמֶשׁ.**

יג **וַיַּחֲלֹשׁ**, החליש, הביס **יְהוֹשֻׁעַ אֶת עֲמָלֵק וְאֶת עַמּוֹ לְפִי חָרֶב.**

הרחבות

הם. הוא אב-טיפוס לאנטישמיות שבכל הדורות, שגם אם בזמנים מסוימים אפשר לתלותה בתואנות מסוימות, בעיקרה היא עומדת על שנאה עקרונית למהות ישראל.

נראה כי שבטי עמלק שכנו במקומות אחדים: היו שבטי עמלק שחיו בארץ הנגב. (ראו במדבר כג,יט; יד,מה). ואולם בני עמלק שבאו להילחם עתה עם ישראל הגיעו מהר שעיר, היא אדום (על פי דברי רבי נתן במכילתא, מסכתא דעמלק א וראו גם בראשית יד,ז). במדרש מובאת גם הדעה שעמלק עקר ממקומו וישב לו בספר, על דרך כניסתם של ישראל לארץ. (ראו במדבר רבה טז,יח).

יהושע לא נאמר עליו דבר קודם לכן. נראה שהיה איש צעיר מיוחס. סבו היה נשיא שבט אפרים. (ראו דברי הימים א' ז,כו-כז). גם בהמשך ידבק יהושע במשה וישרתו בנאמנות (להלן לג,יא). אין הכתוב מספר על ניסיונו הצבאי הקודם; נראה כי ראה שאישיותו מתאימה לפקד על הצבא במלחמה הממשית הראשונה שעמה נאלצו ישראל להתמודד.

חור ייזכר בהמשך בהקשר אחד בצד אהרן (להלן כד,יד). לפי המסורת היה בנה של מרים, (ראו סוטה יא ע"ב - יב ע"א ורש"י על אתר). ורגליים לדבר גם מצד פשט הכתובים, שכן במנהג הזמנים ההם המנהיג הגדול היה מצרף אליו בעיקר את האנשים הקרובים אליו, לעתים - מבני משפחתו. מתאים אפוא שבצד אחיו אהרן, יילחם גם בן אחותו, מרים.

ידי משה חכמים אמרו שלא ידיו של משה הן שעשו את המלחמה (משנה ראש השנה ג,ח). ייתכן שמשה נלחם בעצמו רק לאחר שנים רבות, במלחמתו בסיחון ובעוג מלכי האמורי. (ראו דברים רבה א,כד; יונתן במדבר כא,לד). אולם בשלב זה משה עמד בראש הגבעה, ויהושע הוא שניהל את הקרב. גם כאשר משה לא נכח בתוך המערכה, לבו היה עם העם, וידיו שימשו סמל - הן כלפי מעלה והן כלפי מטה.

מפטיר
יד וַיֹּאמֶר יְהוָה אֶל־מֹשֶׁה כְּתֹב זֹאת זִכָּרוֹן בַּסֵּפֶר וְשִׂים
בְּאָזְנֵי יְהוֹשֻׁעַ כִּי־מָחֹה אֶמְחֶה אֶת־זֵכֶר עֲמָלֵק
מִתַּחַת הַשָּׁמָיִם: טו וַיִּבֶן מֹשֶׁה מִזְבֵּחַ וַיִּקְרָא שְׁמוֹ יְהוָה ׀
נִסִּי: טז וַיֹּאמֶר כִּי־יָד עַל־כֵּס יָהּ מִלְחָמָה לַיהוָה בַּעֲמָלֵק
מִדֹּר דֹּר:

יח יד א וַיִּשְׁמַע יִתְרוֹ כֹהֵן מִדְיָן חֹתֵן מֹשֶׁה אֵת כָּל־אֲשֶׁר
עָשָׂה אֱלֹהִים לְמֹשֶׁה וּלְיִשְׂרָאֵל עַמּוֹ כִּי־הוֹצִיא יְהוָה

רש"י

יד| **כְּתֹב זֹאת זִכָּרוֹן.** שֶׁבָּא עֲמָלֵק לְהִזְדַּוֵּג לְיִשְׂרָאֵל קֹדֶם לְכָל הָאֻמּוֹת: **וְשִׂים בְּאָזְנֵי יְהוֹשֻׁעַ.** הַמַּכְנִיס אֶת יִשְׂרָאֵל לָאָרֶץ, שֶׁיְּצַוֶּה אֶת יִשְׂרָאֵל לְשַׁלֵּם לוֹ אֶת גְּמוּלוֹ. כָּאן נִרְמַז לוֹ לְמֹשֶׁה שֶׁיְּהוֹשֻׁעַ מַכְנִיס אֶת יִשְׂרָאֵל לָאָרֶץ: **כִּי מָחֹה אֶמְחֶה.** לְכָךְ אֲנִי מַזְהִירְךָ כֵּן, כִּי חָפֵץ אֲנִי לִמְחוֹתוֹ:

טו| **וַיִּקְרָא שְׁמוֹ.** שֶׁל מִזְבֵּחַ "ה' נִסִּי" – הַקָּדוֹשׁ בָּרוּךְ הוּא עָשָׂה לָנוּ כָּאן נֵס. לֹא שֶׁהַמִּזְבֵּחַ קָרוּי ה', אֶלָּא הַמַּזְכִּיר שְׁמוֹ שֶׁל מִזְבֵּחַ זוֹכֵר אֶת הַנֵּס שֶׁעָשָׂה הַמָּקוֹם, ה' הוּא נֵס שֶׁלָּנוּ:

טז| **וַיֹּאמֶר.** מֹשֶׁה "כִּי יָד עַל כֵּס יָהּ" – יָדוֹ שֶׁל הַקָּדוֹשׁ בָּרוּךְ הוּא הוּרְמָה לִשָּׁבַע בְּכִסְאוֹ לִהְיוֹת לוֹ מִלְחָמָה וְאֵיבָה בַּעֲמָלֵק עוֹלָמִית. וּמַהוּ "כֵּס" וְלֹא נֶאֱמַר 'כִּסֵּא', וְאַף הַשֵּׁם נֶחֱלַק לְחֶצְיוֹ? נִשְׁבַּע הַקָּדוֹשׁ בָּרוּךְ הוּא שֶׁאֵין שְׁמוֹ שָׁלֵם וְאֵין כִּסְאוֹ שָׁלֵם עַד שֶׁיִּמָּחֶה שְׁמוֹ שֶׁל עֵשָׂו כֻּלּוֹ, וּכְשֶׁיִּמָּחֶה שְׁמוֹ יִהְיֶה הַשֵּׁם שָׁלֵם וְהַכִּסֵּא שָׁלֵם, שֶׁנֶּאֱמַר: "הָאוֹיֵב תַּמּוּ חֳרָבוֹת לָנֶצַח" (תהלים ט, ז) זֶהוּ עֵשָׂו שֶׁכָּתוּב בּוֹ: "וְעֶבְרָתוֹ שְׁמָרָה נֶצַח" (עמוס א, יא), "וְעָרִים נָתַשְׁתָּ אָבַד זִכְרָם הֵמָּה" (תהלים שם), מַהוּ אוֹמֵר אַחֲרָיו? "וַה' לְעוֹלָם יֵשֵׁב" (שם פסוק ח), הֲרֵי הַשֵּׁם שָׁלֵם, "כּוֹנֵן לַמִּשְׁפָּט כִּסְאוֹ" (שם), הֲרֵי הַכִּסֵּא שָׁלֵם:

פרק יח

א| **וַיִּשְׁמַע יִתְרוֹ.** מַה שְּׁמוּעָה שָׁמַע? קְרִיעַת יַם סוּף וּמִלְחֶמֶת עֲמָלֵק: **יִתְרוֹ.** שִׁבְעָה שֵׁמוֹת נִקְרְאוּ לוֹ: רְעוּאֵל, יֶתֶר, יִתְרוֹ, חוֹבָב, חֶבֶר, קֵינִי, פּוּטִיאֵל. יֶתֶר, עַל שֵׁם שֶׁיִּתֵּר פָּרָשָׁה אַחַת בַּתּוֹרָה: "וְאַתָּה תֶחֱזֶה" (להלן פסוק כא); יִתְרוֹ, לִכְשֶׁנִּתְגַּיֵּר וְקִיֵּם הַמִּצְוֹת הוֹסִיפוּ לוֹ אוֹת; חוֹבָב, שֶׁחִבֵּב אֶת הַתּוֹרָה, וְחוֹבָב הוּא יִתְרוֹ, שֶׁנֶּאֱמַר: "מִבְּנֵי חֹבָב חֹתֵן מֹשֶׁה" (שופטים ד, יא). וְיֵשׁ אוֹמְרִים: רְעוּאֵל אָבִיו שֶׁל יִתְרוֹ הָיָה, וּמַהוּ אוֹמֵר: "וַתָּבֹאנָה אֶל רְעוּאֵל אֲבִיהֶן" (לעיל ב, יח)? שֶׁהַתִּינוֹקוֹת קוֹרִין לַאֲבִי אֲבִיהֶן אַבָּא. בְּסִפְרֵי (בהעלותך עח): **חֹתֵן מֹשֶׁה.** כָּאן הָיָה יִתְרוֹ מִתְכַּבֵּד בְּמֹשֶׁה: אֲנִי חוֹתֵן הַמֶּלֶךְ, וּלְשֶׁעָבַר הָיָה מֹשֶׁה תּוֹלֶה הַגְּדֻלָּה בְּחָמִיו, שֶׁנֶּאֱמַר: "וַיָּשָׁב אֶל יֶתֶר חֹתְנוֹ" (לעיל ד, יח): **לְמֹשֶׁה וּלְיִשְׂרָאֵל.** שָׁקַל מֹשֶׁה כְּנֶגֶד כָּל יִשְׂרָאֵל: **אֵת כָּל אֲשֶׁר עָשָׂה.** לָהֶם בִּירִידַת הַמָּן וּבַבְּאֵר וּבַעֲמָלֵק: **כִּי הוֹצִיא ה' וְגוֹ'.** זוֹ גְּדוֹלָה עַל כֻּלָּם:

ביאור

יד **וַיֹּאמֶר ה׳ אֶל מֹשֶׁה: כְּתֹב זֹאת** – את פרשת מלחמת עמלק
זִכָּרוֹן לדורות **בַּסֵּפֶר וְשִׂים בְּאָזְנֵי יְהוֹשֻׁעַ** הוראה לעתיד **כִּי מָחֹה**
אֶמְחֶה, אני מתחייב להשמיד **אֶת זֵכֶר עֲמָלֵק מִתַּחַת הַשָּׁמָיִם**. בשל
שנאתו המהותית לישראל, לא ייתכן דו-קיום עמו. אם רק יהיה
לו הכוח – הוא יילחם בישראל.

טו **וַיִּבֶן מֹשֶׁה מִזְבֵּחַ** לביטוי תודתו, **וַיִּקְרָא שְׁמוֹ** של המזבח **ה׳**
נִסִּי. טז **וַיֹּאמֶר: כִּי יָד עַל כֵּס**, כיסא **יָהּ**. הרמת היד מבטאת שבועה,[49]
אף אחיזה בחפץ מקודש מסמלת בתורה שבועה.[50] תמונת היד
האוחזת בכיסא ה׳, המסמל את מלכותו, מגלמת את שבועתו
במלכותו ואת מחויבותו **בַּמִּלְחָמָה** הקבועה שיש **לַה׳ בַּעֲמָלֵק מִדֹּר**
דֹּר, עד מחיית זרעו מן העולם כליל.

פרשת יתרו

ביקור יתרו ועצתו

פרק יח

לא ברור אם ביקורו של יתרו במחנה ישראל אירע בשלב זה של הסיפור, כלומר לאחר מלחמת עמלק,[1] או שמא התרחש מאוחר יותר.[2] מופיעים כאן רמזים התומכים בהפקעתו של עניין זה מן המהלך הכרונולוגי ואיחורו למתן תורה: ראשית, על מסע העם מרפידים, שם נלחם בהם עמלק, להר סיני יסופר רק בהמשך,[3] ואילו בענייננו מתוארת הגעת יתרו אל המחנה החונה כבר במדבר הר האלוקים.[4] שנית, כאן יסופר כי יתרו משיא למשה עצה בעניין סדרי המשפט והוראת החוקים, כשהוא רואה את משה יושב לשפוט את כל העם מבוקר ועד ערב. תמונה זו תהלום יותר את הימים שלאחר שניתנה תורה, מאשר את התקופה שקודם מתן תורה. היו שיישבו את השאלות הללו, והותירו את סדר האירועים כפי סדר סיפורם,[5] והיו שהחזיקו בדעה שהשתלשלות המאורעות שבכתובים אינה משקפת את סדר ההתרחשויות, והחריגה מן הכרונולוגיה באה ליצור רצף מחודש, הנושא משמעות לעצמו.[6]

פרק יח א **וַיִּשְׁמַע יִתְרוֹ כֹהֵן מִדְיָן חֹתֵן מֹשֶׁה אֵת כָּל אֲשֶׁר עָשָׂה אֱלֹהִים**
לְמֹשֶׁה וּלְיִשְׂרָאֵל עַמּוֹ, כִּי הוֹצִיא ה׳ אֶת יִשְׂרָאֵל מִמִּצְרָיִם. אף על פי
שארץ מדין לא הייתה קרובה מאוד למצרים, ואולי גם לא שכנה על

הרחבות

׳כתֹב זאת זכרון בספר ושים באזני יהושע׳ אפשר לראות בכך את ראשיתה של התורה שבעל פה. ה׳ מצווה על משה להנחיל את האירוע לבני הדורות הבאים בשני המדיומים: הכתיבה בספר והמסירה על פה באוזני יהושע, ממשיכו.

׳ויבן משה מזבח ויקרא שמו ה׳ נסי׳ מעשה זה דומה למזבחות שבנו האבות לאות, לתודה ולאזכרה של גבורת ה׳ שהתבטאה באירועים שונים (למשל: בראשית יב,ז; כו,כה); פעמים אף קראו למזבחות בשמות (בראשית לג,כ; לה,ז), אך לא ברור אם הקריבו עליהם קרבנות.

את־ישראל ממצרים: ויקח יתרו חתן משה את־ ב
צפרה אשת משה אחר שלוחיה: ואת שני בניה ג
אשר שם האחד גרשם כי אמר גר הייתי בארץ
נכריה: ושם האחד אליעזר כי־אלהי אבי בעזרי ד
ויצלני מחרב פרעה: ס ויבא יתרו חתן משה ובניו ה
ואשתו אל־משה אל־המדבר אשר־הוא חנה
שם הר האלהים: ויאמר אל־משה אני חתנך יתרו ו
בא אליך ואשתך ושני בניה עמה: ויצא משה ז
לקראת חתנו וישתחו וישק־לו וישאלו איש־
לרעהו לשלום ויבאו האהלה: ויספר משה לחתנו ח
את כל־אשר עשה יהוה לפרעה ולמצרים על
אודת ישראל את כל־התלאה אשר מצאתם בדרך

רש"י

ב) **אחר שלוחיה.** כשאמר לו הקדוש ברוך הוא במדין: "לך שב מצרים", "ויקח משה את אשתו ואת בניו" וגו' (לעיל ד, יט-כ), ויצא אהרן לקראתו "ויפגשהו בהר האלהים" (שם שם, כז); אמר לו: מי הם הללו? אמר לו: זו אשתי שנשאתי במדין ואלו בני. אמר לו: והיכן אתה מוליכן? אמר לו: למצרים. אמר לו: על הראשונים אנו מצטערים ואתה בא להוסיף עליהם? אמר לה: לכי לבית אביך. נטלה שני בניה והלכה לה:

ד) **ויצלני מחרב פרעה.** כשגלו דתן ואבירם על דבר המצרי ובקש להרג את משה, נעשה צוארו כעמוד של שיש:

ה) **אל המדבר.** אף אנו יודעים שבמדבר היו, אלא בשבחו של יתרו דבר הכתוב, שהיה יושב בכבודו של עולם, ונדבו לבו לצאת אל המדבר מקום תהו לשמע דברי תורה:

ו) **ויאמר אל משה.** על ידי שליח: **אני חתנך יתרו וגו'.** אם אין אתה יוצא בגיני צא בגין אשתך, ואם אין אתה יוצא בגינה צא בגין שני בניה:

ז) **ויצא משה.** כבוד גדול נתכבד יתרו באותה שעה; כיון שיצא משה יצא אהרן נדב ואביהוא, ומי הוא שראה את אלו יוצאין ולא יצא? **וישתחו וישק לו.** איני יודע מי השתחוה למי, כשהוא אומר: "איש לרעהו", מי הקרוי "איש"? זה משה (ראה במדבר יב, ג):

ח) **ויספר משה לחתנו.** למשך את לבו לקרבו לתורה: **את כל התלאה.** שעל הים ושל עמלק: **התלאה.** למ"ד אל"ף מן היסוד של תבה, והתי"ו הוא תקון ויסוד הנופל ממנו לפרקים. וכן: תרומה, תנופה, תקומה, תנואה:

ביאור

דרך המלך, הגיעה אליה שמועתן של מכות מצרים ויציאתו של עם שלם ממנה, שכן אירוע זה בלט בחריגותו.[7] עתה הבין יתרו שמשה לא שב למצרים רק כדי לבקר את משפחתו.

ב **וַיִּקַּח יִתְרוֹ חֹתֵן מֹשֶׁה אֶת צִפֹּרָה אֵשֶׁת מֹשֶׁה אַחַר שִׁלּוּחֶיהָ**, אחרי שמשה שילח אותה לבית אביה.[8] משה לא קצב זמן מסוים להשָׁבתה, ועד כה לא יצר אִתה קשר. יתרו חשב שהגיע הזמן למפגש. ג **וְאֵת שְׁנֵי בָנֶיהָ, אֲשֶׁר שֵׁם הָאֶחָד גֵּרְשֹׁם, כִּי** משה **אָמַר: גֵּר הָיִיתִי בְּאֶרֶץ נָכְרִיָּה**, מעין גֵּר שָׁם.[9] ד **וְשֵׁם הָאֶחָד אֱלִיעֶזֶר**, שמשמעותו – **כִּי אֱלֹהֵי אָבִי בְּעֶזְרִי, וַיַּצִּלֵנִי מֵחֶרֶב פַּרְעֹה**. ייתכן שאליעזר נולד לאחר שמת פרעה ואז ידע משה שניצל ממנו.[10] משה הזכיר בשמות בניו עניינים חשובים בחייו. מכאן שהם לא היו ילדים שאביהם ביקש להתנער מהם, שנולדו כתוצאה מביקור זמני בנכר. יתרו ראה אפוא חשיבות בהבאתם אל משה. ה **וַיָּבֹא יִתְרוֹ חֹתֵן מֹשֶׁה וּבָנָיו וְאִשְׁתּוֹ אֶל מֹשֶׁה, אֶל הַמִּדְבָּר אֲשֶׁר הוּא חֹנֶה שָׁם**, שהוא המקום של **הַר הָאֱלֹהִים**. ו **וַיֹּאמֶר** יתרו, **אֶל מֹשֶׁה** באמצעות שליח ששלח אליו מבעוד מועד: **אֲנִי חֹתֶנְךָ יִתְרוֹ בָּא אֵלֶיךָ, וְאִשְׁתְּךָ וּשְׁנֵי בָנֶיהָ עִמָּהּ**.

ז **וַיֵּצֵא מֹשֶׁה לִקְרַאת חֹתְנוֹ וַיִּשְׁתַּחוּ**. לא ברור מי השתחווה למי, אך נראה שמשה כיבד את חותנו. אמנם ייתכן שיתרו לא היה מבוגר ממנו, אך הוא היה דמות מכובדת במקומו. למרות שבינתיים הפך משה למנהיגו של עם גדול, הוא המשיך להתנהג כלפי חותנו בכבוד כבעבר,[11] **וַיִּשַּׁק לוֹ, וַיִּשְׁאֲלוּ אִישׁ לְרֵעֵהוּ לְשָׁלוֹם, וַיָּבֹאוּ הָאֹהֱלָה** אל אוהלו של משה.

ח **וַיְסַפֵּר מֹשֶׁה לְחֹתְנוֹ אֵת כָּל אֲשֶׁר עָשָׂה ה׳ לְפַרְעֹה וּלְמִצְרַיִם עַל אוֹדֹת יִשְׂרָאֵל**. עד כה ניזון יתרו משמועות של עוברי אורח, ועתה שמע ממשה את סיפור הדברים לאשורם, וגם **אֵת כָּל הַתְּלָאָה אֲשֶׁר מְצָאָתַם בַּדֶּרֶךְ, וַיַּצִּלֵם ה׳** הן ממלך מצרים שרדף אחריהם, והן מפגעי הדרך.

הרחבות

׳ויבֹא יתרו... הר האלֹהים׳ גם אם הסיפור אירע לפני מתן תורה, משה כבר היה בעבר במקום הזה. שם נראה לו מלאך ה׳ בלבת אש מתוך הסנה (לעיל ג,א-יב), ונאמר לו שישראל ישובו לאותו מקום לעבוד את האלוקים.

וַיַּצִּלֵם יְהֹוָה׃ ׀ וַיִּחַדְּ יִתְרוֹ עַל כׇּל־הַטּוֹבָה אֲשֶׁר־ ט
עָשָׂה יְהֹוָה לְיִשְׂרָאֵל אֲשֶׁר הִצִּילוֹ מִיַּד מִצְרָיִם׃ וַיֹּאמֶר י
יִתְרוֹ בָּרוּךְ יְהֹוָה אֲשֶׁר הִצִּיל אֶתְכֶם מִיַּד מִצְרַיִם
וּמִיַּד פַּרְעֹה אֲשֶׁר הִצִּיל אֶת־הָעָם מִתַּחַת יַד־מִצְרָיִם׃
עַתָּה יָדַעְתִּי כִּי־גָדוֹל יְהֹוָה מִכׇּל־הָאֱלֹהִים כִּי בַדָּבָר יא
אֲשֶׁר זָדוּ עֲלֵיהֶם׃ וַיִּקַּח יִתְרוֹ חֹתֵן מֹשֶׁה עֹלָה וּזְבָחִים יב
לֵאלֹהִים וַיָּבֹא אַהֲרֹן וְכֹל ׀ זִקְנֵי יִשְׂרָאֵל לֶאֱכׇל־לֶחֶם
שני עִם־חֹתֵן מֹשֶׁה לִפְנֵי הָאֱלֹהִים׃ ׀ וַיְהִי מִמׇּחֳרָת וַיֵּשֶׁב יג

רש"י

ט] וַיִּחַדְּ יִתְרוֹ. וַיִּשְׂמַח יִתְרוֹ, זֶהוּ פְּשׁוּטוֹ. וּמִדְרָשׁוֹ, נַעֲשָׂה בְשָׂרוֹ חִדּוּדִין חִדּוּדִין, מֵיצֵר עַל אִבּוּד מִצְרַיִם. "הַיְינוּ דְּאָמְרֵי אֱנָשֵׁי: גִּיּוֹרָא, עַד עַשְׂרָה דָּרֵי לָא תְּבַזֵּי אֲרַמָּאָה בְּאַפֵּיהּ" (סנהדרין צד ע"א): עַל כׇּל הַטּוֹבָה. טוֹבַת הַמָּן וְהַבְּאֵר וְהַתּוֹרָה. וְעַל כֻּלָּן "אֲשֶׁר הִצִּילוֹ מִיַּד מִצְרָיִם", עַד עַכְשָׁיו לֹא הָיָה עֶבֶד יָכוֹל לִבְרֹחַ מִמִּצְרַיִם, שֶׁהָיְתָה הָאָרֶץ מְסֻגֶּרֶת, וְאֵלּוּ יָצְאוּ שִׁשִּׁים רִבּוֹא:

י] אֲשֶׁר הִצִּיל אֶתְכֶם מִיַּד מִצְרַיִם. אֻמָּה קָשָׁה: וּמִיַּד פַּרְעֹה. מֶלֶךְ קָשֶׁה: מִתַּחַת יַד מִצְרָיִם. כְּתַרְגּוּמוֹ, לְשׁוֹן רִדּוּי וּמָרוּת הַיָּד שֶׁהָיוּ מַכְבִּידִים עֲלֵיהֶם, הִיא הָעֲבוֹדָה:

יא] עַתָּה יָדַעְתִּי. מַכִּירוֹ הָיִיתִי לְשֶׁעָבַר, וְעַכְשָׁיו בְּיוֹתֵר: מִכׇּל הָאֱלֹהִים. מְלַמֵּד שֶׁהָיָה מַכִּיר בְּכׇל עֲבוֹדָה זָרָה שֶׁבָּעוֹלָם, שֶׁלֹּא הִנִּיחַ עֲבוֹדָה זָרָה שֶׁלֹּא עֲבָדָהּ: כִּי בַדָּבָר אֲשֶׁר זָדוּ עֲלֵיהֶם. כְּתַרְגּוּמוֹ, בַּמַּיִם דִּמּוּ לְאַבְּדָם וְהֵם נֶאֶבְדוּ בַּמַּיִם: אֲשֶׁר זָדוּ. אֲשֶׁר הִרְשִׁיעוּ. וְרַבּוֹתֵינוּ דְּרָשׁוּהוּ לְשׁוֹן: "וַיָּזֶד יַעֲקֹב נָזִיד" (בראשית כה, כט), בַּקְּדֵרָה שֶׁבִּשְּׁלוּ בָּהּ נִתְבַּשְּׁלוּ:

יב] עֹלָה. כְּמַשְׁמָעָהּ, שֶׁהִיא כֻּלָּהּ כָּלִיל: וּזְבָחִים. שְׁלָמִים: וַיָּבֹא אַהֲרֹן וְגוֹ'. וּמֹשֶׁה הֵיכָן הָלַךְ? וַהֲלֹא הוּא שֶׁיָּצָא לִקְרָאתוֹ וְגָרַם לוֹ אֶת כׇּל הַכָּבוֹד? אֶלָּא שֶׁהָיָה עוֹמֵד וּמְשַׁמֵּשׁ לִפְנֵיהֶם: לִפְנֵי הָאֱלֹהִים. מִכָּאן שֶׁהַנֶּהֱנֶה מִסְּעוּדָה שֶׁתַּלְמִידֵי חֲכָמִים מְסֻבִּין בָּהּ כְּאִלּוּ נֶהֱנֶה מִזִּיו הַשְּׁכִינָה:

יג] וַיְהִי מִמׇּחֳרָת. מוֹצָאֵי יוֹם הַכִּפּוּרִים הָיָה, כָּךְ שָׁנִינוּ בְּסִפְרֵי (ראה מכילתא יתרו, עמלק א). וּמַהוּ "מִמָּחֳרָת"? לְמָחֳרַת רִדְתּוֹ מִן הָהָר. וְעַל כָּרְחֲךָ אִי אֶפְשָׁר לוֹמַר אֶלָּא מִמָּחֳרַת יוֹם הַכִּפּוּרִים, שֶׁהֲרֵי קֹדֶם מַתַּן תּוֹרָה אִי אֶפְשָׁר לוֹמַר "וְהוֹדַעְתִּי אֶת חֻקֵּי" וְגוֹ' (להלן פסוק טז), וּמִשֶּׁנִּתְּנָה תּוֹרָה עַד יוֹם הַכִּפּוּרִים לֹא יָשַׁב מֹשֶׁה לִשְׁפֹּט אֶת הָעָם, שֶׁהֲרֵי בְּשִׁבְעָה עָשָׂר בְּתַמּוּז יָרַד וְשִׁבֵּר אֶת הַלּוּחוֹת, וּלְמָחָר עָלָה בְּהַשְׁכָּמָה וְשָׁהָה שְׁמוֹנִים יוֹם וְיָרַד בְּיוֹם הַכִּפּוּרִים. וְאֵין פָּרָשָׁה זוֹ כְּתוּבָה כַּסֵּדֶר, שֶׁלֹּא נֶאֱמַר: "וַיְהִי מִמָּחֳרָת" עַד שָׁנָה שְׁנִיָּה. אַף לְדִבְרֵי הָאוֹמֵר יִתְרוֹ קֹדֶם מַתַּן תּוֹרָה בָּא, שִׁלּוּחוֹ אֶל אַרְצוֹ לֹא הָיָה אֶלָּא עַד שָׁנָה שְׁנִיָּה, שֶׁהֲרֵי נֶאֱמַר כָּאן: "וַיְשַׁלַּח מֹשֶׁה אֶת חֹתְנוֹ" (להלן פסוק כז), וּמָצִינוּ בְּמַסַּע הַדְּגָלִים שֶׁאָמַר לוֹ מֹשֶׁה: "נֹסְעִים אֲנַחְנוּ אֶל הַמָּקוֹם וְגוֹ' אַל נָא תַּעֲזֹב אֹתָנוּ" (במדבר י, כט-לא), וְאִם זֶה קֹדֶם מַתַּן תּוֹרָה, מִשְּׁשִׁלְּחוֹ וְהָלַךְ הֵיכָן מָצִינוּ שֶׁחָזַר? וְאִם תֹּאמַר, שָׁם לֹא

ביאור

ט וַיִּחַדְּ, שמח[12] יִתְרוֹ עַל כָּל הַטּוֹבָה אֲשֶׁר עָשָׂה ה׳ לְיִשְׂרָאֵל, אֲשֶׁר הִצִּילוֹ
מִיַּד מִצְרָיִם. י וַיֹּאמֶר יִתְרוֹ: בָּרוּךְ ה׳ אֲשֶׁר הִצִּיל אֶתְכֶם מִיַּד מִצְרַיִם
וּמִיַּד פַּרְעֹה, לא רק אותך או קבוצה מסוימת, אלא אֲשֶׁר הִצִּיל אֶת
הָעָם כולו מִתַּחַת יַד מִצְרָיִם. יא עַתָּה יָדַעְתִּי כִּי גָדוֹל ה׳ מִכָּל הָאֱלֹהִים,
כִּי הציל בַדָּבָר אֲשֶׁר המצרים זָדוּ, זממו עֲלֵיהֶם, על ישראל – בו הם
נענשו. יתרו ראה בטביעת המצרים בים סוף גמול על גזרת פרעה
כָּל הַבֵּן הַיִּלּוֹד הַיְאֹרָה תַּשְׁלִיכֻהוּ.[13] המצרים זרקו את ילדי העברים
למים, ולכן הם טבעו בים. לא היה זה מופת מרשים גרידא, ואף לא
נס של הצלה בלבד; ה׳ סובב את הדברים כך שהוענקה משמעות
למתרחש, שכן העונשים הלמו את החטאים, מידה כנגד מידה.[14]

יב וַיִּקַּח יִתְרוֹ חֹתֵן מֹשֶׁה עֹלָה וּזְבָחִים לֵאלֹהִים, הקרבת הקרבנות נהגה
גם קודם שניתנה תורה. וַיָּבֹא אַהֲרֹן, אחי משה, וְכֹל זִקְנֵי, מכובדי
יִשְׂרָאֵל לֶאֱכָל לֶחֶם עִם חֹתֵן מֹשֶׁה לִפְנֵי הָאֱלֹהִים, אכילה פולחנית
מן הזבחים.

הרחבות

׳ויחד יתרו על כל הטובה אשר עשה ה׳ לישראל׳ יתרו חש קרבה לעם ישראל בהיותו חותנו של משה, אך אולי גם מכיוון אחר: לפי רשימות היוחסין, המדיינים לא היו רחוקים מישראל, ואף ייתכן שהיו מבני אברהם. (ראו בראשית כה,ב).

מֹשֶׁה לִשְׁפֹּט אֶת־הָעָם וַיַּעֲמֹד הָעָם עַל־מֹשֶׁה מִן־
הַבֹּקֶר עַד־הָעָרֶב: וַיַּרְא חֹתֵן מֹשֶׁה אֵת כָּל־אֲשֶׁר־ יד
הוּא עֹשֶׂה לָעָם וַיֹּאמֶר מָה־הַדָּבָר הַזֶּה אֲשֶׁר אַתָּה
עֹשֶׂה לָעָם מַדּוּעַ אַתָּה יוֹשֵׁב לְבַדֶּךָ וְכָל־הָעָם נִצָּב
עָלֶיךָ מִן־בֹּקֶר עַד־עָרֶב: וַיֹּאמֶר מֹשֶׁה לְחֹתְנוֹ כִּי־ טו
יָבֹא אֵלַי הָעָם לִדְרֹשׁ אֱלֹהִים: כִּי־יִהְיֶה לָהֶם דָּבָר טז
בָּא אֵלַי וְשָׁפַטְתִּי בֵּין אִישׁ וּבֵין רֵעֵהוּ וְהוֹדַעְתִּי אֶת־
חֻקֵּי הָאֱלֹהִים וְאֶת־תּוֹרֹתָיו: וַיֹּאמֶר חֹתֵן מֹשֶׁה אֵלָיו יז
לֹא־טוֹב הַדָּבָר אֲשֶׁר אַתָּה עֹשֶׂה: נָבֹל תִּבֹּל גַּם־ יח
אַתָּה גַּם־הָעָם הַזֶּה אֲשֶׁר עִמָּךְ כִּי־כָבֵד מִמְּךָ הַדָּבָר
לֹא־תוּכַל עֲשֹׂהוּ לְבַדֶּךָ: עַתָּה שְׁמַע בְּקֹלִי אִיעָצְךָ יט
וִיהִי אֱלֹהִים עִמָּךְ הֱיֵה אַתָּה לָעָם מוּל הָאֱלֹהִים

רש"י | נֶאֱמַר יִתְרוֹ חֹבָב, וּבְנוֹ שֶׁל יִתְרוֹ הָיָה – הוּא חוֹבָב הוּא יִתְרוֹ, שֶׁהֲרֵי כָּתוּב: "מִבְּנֵי חֹבָב חֹתֵן מֹשֶׁה" (שופטים ד, יא): **וַיֵּשֶׁב מֹשֶׁה... וַיַּעֲמֹד הָעָם.** יוֹשֵׁב כְּמֶלֶךְ וְכֻלָּן עוֹמְדִים, וְהֻקְשָׁה הַדָּבָר לְיִתְרוֹ שֶׁהָיָה מְזַלְזֵל בִּכְבוֹדָן שֶׁל יִשְׂרָאֵל וְהוֹכִיחוֹ עַל כָּךְ, שֶׁנֶּאֱמַר: "מַדּוּעַ אַתָּה יוֹשֵׁב לְבַדֶּךָ" וְכֻלָּם נִצָּבִים: **מִן הַבֹּקֶר עַד הָעָרֶב.** אֶפְשָׁר לוֹמַר כֵּן?! אֶלָּא כָּל דַּיָּן שֶׁדָּן דִּין אֱמֶת לַאֲמִתּוֹ אֲפִלּוּ שָׁעָה אַחַת מַעֲלֶה עָלָיו הַכָּתוּב כְּאִלּוּ עוֹסֵק בַּתּוֹרָה כָּל הַיּוֹם, וּכְאִלּוּ נַעֲשָׂה שֻׁתָּף לְהַקָּדוֹשׁ בָּרוּךְ הוּא בְּמַעֲשֵׂה בְרֵאשִׁית שֶׁנֶּאֱמַר בּוֹ: "וַיְהִי עֶרֶב וַיְהִי בֹקֶר יוֹם אֶחָד" (בראשית א, ה):

טו | **כִּי יָבֹא.** כִּי בָא, לְשׁוֹן הֹוֶה, "לְמִתְבַּע אֻלְפָן", לִשְׁאֹל תַּלְמוּד מִפִּי הַגְּבוּרָה:

טז | **כִּי יִהְיֶה לָהֶם דָּבָר.** מִי שֶׁיִּהְיֶה לוֹ דָּבָר בָּא אֵלַי:

יז | **וַיֹּאמֶר חֹתֵן מֹשֶׁה.** דֶּרֶךְ כָּבוֹד קוֹרְאוֹ הַכָּתוּב, חוֹתְנוֹ שֶׁל מֶלֶךְ:

יח | **נָבֹל תִּבֹּל.** כְּתַרְגּוּמוֹ. וּלְשׁוֹנוֹ לְשׁוֹן כְּמִישָׁה, פליישטר"א בְּלַעַז, כְּמוֹ: "וְהֶעָלֶה נָבֵל" (ירמיה ח, יג), "כִּנְבֹל עָלֶה מִגֶּפֶן" (ישעיה לד, ד), שֶׁהוּא כָּמוּשׁ עַל יְדֵי חַמָּה וְעַל יְדֵי קֶרַח וְכֹחוֹ תָּשׁ וְנִלְאֶה: **גַּם אַתָּה.** לְרַבּוֹת אַהֲרֹן וְחוּר וְשִׁבְעִים זְקֵנִים: **כִּי כָבֵד מִמְּךָ.** כָּבְדּוֹ רַב יוֹתֵר מִכֹּחֲךָ:

יט | **אִיעָצְךָ וִיהִי אֱלֹהִים עִמָּךְ.** בְּעֵצָה, אָמַר לוֹ: צֵא הִמָּלֵךְ בַּגְּבוּרָה: **הֱיֵה אַתָּה לָעָם מוּל הָאֱלֹהִים.** שָׁלִיחַ וּמֵלִיץ בֵּינוֹתָם

ביאור

יג **וַיְהִי מִמָּחֳרָת, וַיֵּשֶׁב מֹשֶׁה** לעבודתו הרגילה - **לִשְׁפֹּט אֶת הָעָם,**
לנהל את ענייני הציבור. **וַיַּעֲמֹד הָעָם עַל מֹשֶׁה מִן הַבֹּקֶר עַד הָעָרֶב.**

יד **וַיַּרְא חֹתֵן מֹשֶׁה אֵת כָּל אֲשֶׁר הוּא** - משה **עֹשֶׂה לָעָם.** יתרו ראה
את חוסר הסדר סביב משה. עם עצום צובא על פתחו, וכל אחד
מבקש לשמוע את הוראתו הישירה של המנהיג. **וַיֹּאמֶר: מָה הַדָּבָר
הַזֶּה אֲשֶׁר אַתָּה עֹשֶׂה לָעָם? מַדּוּעַ אַתָּה יוֹשֵׁב לְבַדֶּךָ, וְכָל הָעָם נִצָּב
עָלֶיךָ,** ומחכה לך **מִן בֹּקֶר עַד עָרֶב?**

טו **וַיֹּאמֶר מֹשֶׁה לְחֹתְנוֹ: כִּי יָבֹא אֵלַי הָעָם לִדְרֹשׁ אֱלֹהִים,** כי אני הוא
הנביא, ואני יודע את חוקי אלוקים. גם אם אירע הדבר לפני מתן
תורה, משה היה בדרגה הגבוהה ביותר, ועל כן אליו פנו בשאלות
ובעניינים משפטיים.[15] טז **כִּי יִהְיֶה לָהֶם דָּבָר,** עניין כלשהו, הוא **בָּא
אֵלַי, וְשָׁפַטְתִּי בֵּין אִישׁ וּבֵין רֵעֵהוּ.** וגם כאשר אין הם פונים אלי כדי
ליישב סכסוכים, אלא מתוך רצון ללמוד מה ראוי לעשות - **וְהוֹדַעְתִּי
אֶת חֻקֵּי הָאֱלֹהִים וְאֶת תּוֹרֹתָיו.**

יז **וַיֹּאמֶר חֹתֵן מֹשֶׁה אֵלָיו: לֹא טוֹב הַדָּבָר אֲשֶׁר אַתָּה עֹשֶׂה.** יח **נָבֹל
תִּבֹּל,** כצמח שאין מספקים לו את התנאים הדרושים לגדילתו, **גַּם
אַתָּה גַּם הָעָם הַזֶּה אֲשֶׁר עִמָּךְ.** לא תחזיקו מעמד כך. **כִּי כָבֵד מִמְּךָ
הַדָּבָר, לֹא תוּכַל עֲשֹׂהוּ לְבַדֶּךָ.** העם גדול כבר עתה, ומן הסתם יגדל
וילך בהתמדה, ואם תתייחס לכל פרט ופרט המגיעים אליך - לא
תעמוד בכך. אף האנשים סובלים מהיעדר הסדרים, שכן הם נדרשים
להמתין שעות ארוכות.

יט **עַתָּה שְׁמַע בְּקֹלִי אִיעָצְךָ,** אתן לך עצה, **וִיהִי אֱלֹהִים עִמָּךְ** כדי
שתוכל לקיימה: **הֱיֵה אַתָּה** הנציג **לָעָם מוּל הָאֱלֹהִים, וְהֵבֵאתָ אַתָּה**

כ וְהֵבֵאתָ אַתָּה אֶת־הַדְּבָרִים אֶל־הָאֱלֹהִים׃ וְהִזְהַרְתָּה
אֶתְהֶם אֶת־הַחֻקִּים וְאֶת־הַתּוֹרֹת וְהוֹדַעְתָּ לָהֶם
אֶת־הַדֶּרֶךְ יֵלְכוּ בָהּ וְאֶת־הַמַּעֲשֶׂה אֲשֶׁר יַעֲשׂוּן׃
כא וְאַתָּה תֶחֱזֶה מִכָּל־הָעָם אַנְשֵׁי־חַיִל יִרְאֵי אֱלֹהִים
אַנְשֵׁי אֱמֶת שֹׂנְאֵי בָצַע וְשַׂמְתָּ עֲלֵהֶם שָׂרֵי אֲלָפִים
כב שָׂרֵי מֵאוֹת שָׂרֵי חֲמִשִּׁים וְשָׂרֵי עֲשָׂרֹת׃ וְשָׁפְטוּ אֶת־
הָעָם בְּכָל־עֵת וְהָיָה כָּל־הַדָּבָר הַגָּדֹל יָבִיאוּ אֵלֶיךָ
וְכָל־הַדָּבָר הַקָּטֹן יִשְׁפְּטוּ־הֵם וְהָקֵל מֵעָלֶיךָ וְנָשְׂאוּ
כג אִתָּךְ׃ אִם אֶת־הַדָּבָר הַזֶּה תַּעֲשֶׂה וְצִוְּךָ אֱלֹהִים
וְיָכָלְתָּ עֲמֹד וְגַם כָּל־הָעָם הַזֶּה עַל־מְקֹמוֹ יָבֹא
כד בְשָׁלוֹם׃ וַיִּשְׁמַע מֹשֶׁה לְקוֹל חֹתְנוֹ וַיַּעַשׂ כֹּל אֲשֶׁר שלישי
כה אָמָר׃ וַיִּבְחַר מֹשֶׁה אַנְשֵׁי־חַיִל מִכָּל־יִשְׂרָאֵל וַיִּתֵּן

רש"י

לַמָּקוֹם וְשׁוֹאֵל מִשְׁפָּטִים מֵאִתּוֹ: **אֶת הַדְּבָרִים.** דִּבְרֵי רִיבוֹתָם:

כא) **וְאַתָּה תֶחֱזֶה.** בְּרוּחַ הַקֹּדֶשׁ שֶׁעָלֶיךָ: **אַנְשֵׁי חַיִל.** עֲשִׁירִים, שֶׁאֵין צְרִיכִין לְהַחֲנִיף וּלְהַכִּיר פָּנִים: **אַנְשֵׁי אֱמֶת.** אֵלּוּ בַּעֲלֵי הַבְטָחָה שֶׁהֵם כְּדַאי לִסְמֹךְ עַל דִּבְרֵיהֶם, שֶׁעַל יְדֵי כָךְ יִהְיוּ דִּבְרֵיהֶם נִשְׁמָעִין: **שֹׂנְאֵי בָצַע.** שֶׁשּׂוֹנְאִים אֶת מָמוֹנָם בַּדִּין, כְּהַהִיא דְּאָמְרִינַן: כָּל דַּיָּנָא דְּמַפְּקִין מָמוֹנָא מִנֵּיהּ בְּדִינָא לָאו דַּיָּנָא הוּא: **שָׂרֵי אֲלָפִים.** הֵם הָיוּ שֵׁשׁ מֵאוֹת שָׂרִים לְשֵׁשׁ מֵאוֹת אֶלֶף: **שָׂרֵי מֵאוֹת.** שֵׁשֶׁת אֲלָפִים הָיוּ: **שָׂרֵי חֲמִשִּׁים.** שְׁנֵים עָשָׂר אֶלֶף: **וְשָׂרֵי עֲשָׂרֹת.** שִׁשִּׁים אֶלֶף:

כב) **וְשָׁפְטוּ.** "וִידוּנוּן", לְשׁוֹן צִוּוּי: **וְהָקֵל מֵעָלֶיךָ.** דָּבָר זֶה לְהָקֵל מֵעָלֶיךָ. "וְהָקֵל" כְּמוֹ: "וְהַכְבֵּד אֶת לִבּוֹ" (לעיל ח, יא), "וְהַכּוֹת אֶת מוֹאָב" (מלכים ב׳ ג, כד), לְשׁוֹן הוֹוֶה:

כג) **וְצִוְּךָ אֱלֹהִים וְיָכָלְתָּ עֲמֹד.** הִמָּלֵךְ בַּגְּבוּרָה, אִם מְצַוֶּה אוֹתְךָ לַעֲשׂוֹת כֵּן – תּוּכַל לַעֲמֹד, וְאִם יְעַכֵּב עַל יָדְךָ – לֹא תּוּכַל לַעֲמֹד: **וְגַם כָּל הָעָם הַזֶּה.** אַהֲרֹן נָדָב וַאֲבִיהוּא וְשִׁבְעִים זְקֵנִים הַנִּלְוִים עַתָּה עִמָּךְ:

הרחבות

החוקים והתורות הם דבר ה' שנאמר מפורשות, אך הם מתייחסים גם לתורה שבעל פה, הכוללת את ביאור דברי התורה הנאמרים למשה בנבואה, מלה במלה, והמצריכים הסבר בעל-פה, וכן את הרקע והתפיסה הכללית של המוסר ודרכי ההתנהגות שאינם באים בכתב.

'שרי אלפים שרי מאות שרי חמשים ושרי עשרות' לכאורה התארים הללו מתייחסים למספרים מדויקים - בראשם של עשרה

ביאור

אֶת הַדְּבָרִים אֶל הָאֱלֹהִים, כשיעלו בפניך נושאים כבדי משקל,
שיש לבררם, אתה הוא שתגיש אותם לפני האלוקים. כ וביחס
לאנשים - **וְהִזְהַרְתָּה אֶתְהֶם**, הזהר אותם **אֶת הַחֻקִּים וְאֶת הַתּוֹרֹת**
שקיבלת מאלוקים, **וְהוֹדַעְתָּ לָהֶם אֶת הַדֶּרֶךְ** שילכו **בָהּ וְאֶת הַמַּעֲשֶׂה**
אֲשֶׁר יַעֲשׂוּן, מהן כיווני ההתנהגות הכלליים שעליהם לנהוג על
פיהם.[16] כא ועם זאת, **אַתָּה תֶחֱזֶה**, תראה, תבחן **מִכָּל הָעָם אַנְשֵׁי חַיִל**,
אנשים שעשו חיל בתחומים שונים, מוכשרים, מוצלחים, אמיצים
ובעלי כושר הנהגה. מתוכם תבחר את אלה שהם גם **יִרְאֵי אֱלֹהִים**,
גם **אַנְשֵׁי אֱמֶת**, ונוסף לזה **שֹׂנְאֵי בָצַע**, כסף המגיע שלא כדין.[17] אלו
הן התכונות המרכזיות הנחוצות לשופט. **וְשַׂמְתָּ עֲלֵהֶם** - על העם,
את האנשים הללו בתור **שָׂרֵי אֲלָפִים, שָׂרֵי מֵאוֹת, שָׂרֵי חֲמִשִּׁים וְשָׂרֵי**
עֲשָׂרֹת. תתקיים היררכיה בין המנהיגים הללו. כב **וְשָׁפְטוּ אֶת הָעָם**
בְּכָל עֵת, וְהָיָה כָּל הַדָּבָר הַגָּדֹל, הנוגע לכלל האומה הם **יָבִיאוּ אֵלֶיךָ**,
וְכָל הַדָּבָר הַקָּטֹן, שלגביו אין הם זקוקים לשמוע את הוראתך, **יִשְׁפְּטוּ**
הֵם. וְהָקֵל מֵעָלֶיךָ את המשא, **וְנָשְׂאוּ אִתָּךְ** בעול ההנהגה. כג **אִם**
אֶת הַדָּבָר הַזֶּה תַּעֲשֶׂה, וְצִוְּךָ אֱלֹהִים, שהרי ידוע לי שלא תעשה דבר
בלא שתקבל על כך הוראה מאלוקים - אז **וְיָכָלְתָּ עֲמֹד, וְגַם כָּל**
הָעָם הַזֶּה, הנתון עתה במהומה, בחוסר סדר ובחוסר הנהגה, **עַל**
מְקֹמוֹ יָבֹא בְשָׁלוֹם.

כד **וַיִּשְׁמַע מֹשֶׁה לְקוֹל חֹתְנוֹ וַיַּעַשׂ כֹּל אֲשֶׁר אָמָר.** כה **וַיִּבְחַר מֹשֶׁה אַנְשֵׁי**
חַיִל מִכָּל יִשְׂרָאֵל. שמא לא מצא די אנשים שניחנו בכל המעלות

הרחבות

אנשים יעמוד שר עשרה וכיוצא בזה, אך ייתכן שיותר משמדובר כאן על מספר האנשים הכפופים לכל שופט, זהו ציון דרגותיהם - בדומה לקיים עד היום בצבא או במערכת המשפט. שר עשרה יהיה הממונה על קבוצה קטנה וקרובה של אנשים, ואילו שר אלף הוא תואר של מי שאחראי על קבוצה גדולה מאוד, גם אם אינה מונה אלף איש בדיוק. (ראו שמואל א׳ יז,יח ורש״י שם).

׳שֹׂנְאֵי בָצַע׳ לדעת מקצת מן החכמים אין מדובר רק בשנאת ממון המגיע שלא כדין אלא באנשים שצבירת ממון בכלל זרה להם. (רבי אלעזר המודעי, במכילתא. וראו רמב״ן על אתר; רד״ק שמואל א׳ ח,ג וישעיה לג,טו). וכך הם דברי הרמב״ם (הלכות סנהדרין ב,ז): ״׳שונאי בצע׳ - אף ממון שלהם אינן נבהלין עליו, ולא רודפין לקבץ הממון״.

׳וישמע משה לקול חֹתנו׳ כבר באותם ימים היה ידוע כי במצרים פועלת היררכיה מסודרת ובירוקרטיה גדולה. מדוע משה, אשר גדל בבית המלוכה המצרי, לא הגיע לתובנה ארגונית זו בעצמו, ונזקק לשמעה מחותנו (שהיה אף הוא בעל מעמד ותפקיד במלכות פרעה שבמצרים - ראו פרקי דרבי אליעזר לט; סוטה יא ע״א)? הרי גם הוא הבין שמנהיגם של כמה מליוני אנשים

אֹתָם רָאשִׁים עַל־הָעָם שָׂרֵי אֲלָפִים שָׂרֵי מֵאוֹת שָׂרֵי
כו חֲמִשִּׁים וְשָׂרֵי עֲשָׂרֹת׃ וְשָׁפְטוּ אֶת־הָעָם בְּכָל־עֵת
אֶת־הַדָּבָר הַקָּשֶׁה יְבִיאוּן אֶל־מֹשֶׁה וְכָל־הַדָּבָר
כז הַקָּטֹן יִשְׁפּוּטוּ הֵם׃ וַיְשַׁלַּח מֹשֶׁה אֶת־חֹתְנוֹ וַיֵּלֶךְ לוֹ
אֶל־אַרְצוֹ׃

רביעי

יט א בַּחֹדֶשׁ הַשְּׁלִישִׁי לְצֵאת בְּנֵי־יִשְׂרָאֵל מֵאֶרֶץ מִצְרָיִם
ב בַּיּוֹם הַזֶּה בָּאוּ מִדְבַּר סִינָי׃ וַיִּסְעוּ מֵרְפִידִים וַיָּבֹאוּ
מִדְבַּר סִינַי וַיַּחֲנוּ בַּמִּדְבָּר וַיִּחַן־שָׁם יִשְׂרָאֵל נֶגֶד

רש"י

כו **וְשָׁפְטוּ.** "וְדָיְנִין יָת עַמָּא": **יְבִיאוּן.** "מֵיתַן": **יִשְׁפּוּטוּ הֵם.** כְּמוֹ יִשְׁפְּטוּ. וְכֵן: "לֹא תַעֲבוּרִי" (רות ב, ח) כְּמוֹ לֹא תַעַבְרִי. וְתַרְגּוּמוֹ: "דָּיְנִין אִנּוּן". מִקְרָאוֹת הָעֶלְיוֹנִים (לעיל פסוק כב) הָיוּ לְשׁוֹן צִוּוּי, לְכָךְ מְתַרְגְּמִין: וִידוּנוּן, יַיְתוּן, יְדוּנוּן, וּמִקְרָאוֹת הַלָּלוּ לְשׁוֹן עֲשִׂיָּה:

כז **וַיֵּלֶךְ לוֹ אֶל אַרְצוֹ.** לְגַיֵּר בְּנֵי מִשְׁפַּחְתּוֹ:

פרק יט

א **בַּיּוֹם הַזֶּה.** בְּרֹאשׁ חֹדֶשׁ. לֹא הָיָה צָרִיךְ לִכְתֹּב אֶלָּא 'בַּיּוֹם הַהוּא', מַהוּ "בַּיּוֹם הַזֶּה"? שֶׁיִּהְיוּ דִּבְרֵי תוֹרָה חֲדָשִׁים עָלֶיךָ כְּאִלּוּ הַיּוֹם נִתָּנוּ:

ב **וַיִּסְעוּ מֵרְפִידִים.** מַה תַּלְמוּד לוֹמַר לַחֲזֹר וּלְפָרֵשׁ מֵהֵיכָן נָסְעוּ? וַהֲלֹא כְּבָר כָּתַב שֶׁבִּרְפִידִים הָיוּ חוֹנִים (לעיל יז, ח), בְּיָדוּעַ שֶׁמִּשָּׁם נָסְעוּ! אֶלָּא לְהַקִּישׁ נְסִיעָתָן מֵרְפִידִים לְבִיאָתָן לְמִדְבַּר סִינַי; מַה בִּיאָתָן לְמִדְבַּר סִינַי בִּתְשׁוּבָה אַף נְסִיעָתָן מֵרְפִידִים בִּתְשׁוּבָה: **וַיִּחַן שָׁם יִשְׂרָאֵל.** כְּאִישׁ אֶחָד בְּלֵב אֶחָד, אֲבָל שְׁאָר כָּל הַחֲנִיּוֹת בְּתַרְעֹמֶת וּבְמַחֲלֹקֶת: **נֶגֶד הָהָר.** לְמִזְרָחוֹ,

הרחבות

אינו יכול להתפנות לסכסוך שפרץ בין שני שכנים המתווכחים על עז או לקטטות בין איש לאשתו.

משה לא היה בטוח שהוא רשאי לבנות סדרי ממשל הדומים לאלו הקיימים בשאר מדינות, לא רק מחמת ענוותנותו, אלא גם משיקולים ערכיים: שמא מכיוון שעם ישראל אינו עם רגיל, אלא צבאותיו של ה' ובנו בכורו, אף דרכי הנהגתו צריכות להיות שונות מן המקובל. אולי כשם שאלוקים מצוי לכל דורשיו, אף מנהיגם של ישראל חייב להיות נגיש ופנוי לכול תמיד.

יתרו חותנו דחק בו לשנות את המבנה השלטוני והשיפוטי, כיוון שהבין שמשה אינו מסוגל לשמוע אל כל מי שזקוק לו כאלוקים. גם אם יגייס את כוחות החסד והמסירות הרבים ביותר – הוא לא יוכל לעמוד בכך. כשמשה שמע את עצת יתרו, שאולי בינו לבין עצמו הביאה בחשבון כאחת האפשרויות, הוא הקשיב לה ביתר אהדה, שכן בטח ביתרו שדבריו נאמרים מצד אחד כאדם אובייקטיבי וזר, ומצד שני כמי שרוחש כלפיו חיבה ואכפתיות. מן הסתם הדבר לֻווה בסופו של דבר גם בהסכמה אלוקית. (ראו רש"י על אתר; הרחבה לדברים א,ט).

'את הדבר הקשה יביאון אל משה' גם דורות

ביאור

האמורות, ועל כן הסתפק בתכונה זו בלבד,[18] **וַיִּתֵּן אֹתָם רָאשִׁים עַל**
הָעָם: שָׂרֵי אֲלָפִים, שָׂרֵי מֵאוֹת, שָׂרֵי חֲמִשִּׁים וְשָׂרֵי עֲשָׂרֹת. הוא בנה
את ההירכיה לפי כשרונותיהם למרות שבאופן עקרוני היו כולם
ראויים לתפקיד. כו **וְשָׁפְטוּ** האנשים הללו **אֶת הָעָם בְּכָל עֵת.** כיוון
שמונו שרים רבים, הם יכלו לטפל בעסקים הקטנים בכל עת, ואנשים
לא הצטרכו לעמוד ולחכות עד שיתפנו אליהם. **אֶת הַדָּבָר הַקָּשֶׁה**
יְבִיאוּן אֶל מֹשֶׁה, וְכָל הַדָּבָר הַקָּטֹן יִשְׁפּוּטוּ, ישפטו **הֵם.**

כאן באה הערה המתייחסת למועד מאוחר יותר,[19] אך היא סוגרת
את עניינו של יתרו. כז **וַיְשַׁלַּח מֹשֶׁה אֶת חֹתְנוֹ, וַיֵּלֶךְ לוֹ אֶל אַרְצוֹ.**

מעמד הר סיני

פרק יט

לקראת האירוע האדיר שבו יתגלה אלוקים לכל עמו, משה עולה אל ההר וחוזר אל העם, ובפיו כמה נושאים: בצד ההכנות המעשיות למעמד – צווי ההרחקה ממוקד ההתרחשות הנשגבה ומצוות ההתקדשות לקראתו – ה' מכין את עמו, בתיווכו של משה, לכריתת הברית הראשונה שלו עם ישראל כקולקטיב. ברית זו כוללת את סגולתו וייעודו של העם, מצד אחד, ואת מחויבותו לשמירת רצונו של אלוקים, מצד שני.

פרק יט א **בַּחֹדֶשׁ הַשְּׁלִישִׁי,** סיון **לְצֵאת בְּנֵי יִשְׂרָאֵל מֵאֶרֶץ מִצְרָיִם,**
בַּיּוֹם הַזֶּה – בראש החודש[20] **בָּאוּ מִדְבַּר סִינָי.** ב **וַיִּסְעוּ מֵרְפִידִים**
וַיָּבֹאוּ לְמִדְבַּר סִינַי וַיַּחֲנוּ בַּמִּדְבָּר. וַיִּחַן שָׁם יִשְׂרָאֵל נֶגֶד הָהָר הידוע
למשה עוד מן ההתגלות הראשונה, ההר שה' אמר לו שעליו ישראל
עתידים לעבדו.[21]

הרחבות

רבים לאחר מכן, כשכבר סודרה תורה שבעל פה על פירושיה ופרטותיה, לא הכול נהיר; ופעמים רבות נזקקים לשאלתו של חכם גדול יותר. כל שכן באותו זמן – גם אם היה הדבר לאחר מתן תורה – כאשר עדיין היו רק מסגרות כלליות, שעוד ילכו ויתמלאו במשך שנות השהות במדבר ולאחריהן. לכל הבירורים והקשיים יש לפנות אל משה, וכאשר תתעורר בעיה שמשה לא ידע לפתור, הוא יפנה ישירות אל ה'.

'וישלח משה את חתנו וילך לו אל ארצו' הדבר אירע זמן ניכר לאחר מתן תורה. לא ברור אם יתרו נשאר בביתו שבמדין, או שחזר אל המדבר והסתפח אל מחנה ישראל, (ראו במדבר י,כט-לב), שכן מסופר על בניו ששכנו עם בני ישראל בארץ לאחר כמה דורות. (ראו שופטים א,טז). ייתכן שחותן משה תכנן להצטרף לישראל, אך לשם כך היה עליו לערוך סידורים בארצו קודם שיהפוך לחלק מן העם.

הר סיני למרות הציורים המרשימים שבהם בחרו לתאר את הר סיני, נראה מן המשך – וכך גם נמסר בידי חכמינו – שהר סיני לא היה הר גבוה כלל. (ראו סוטה ה ע"א).

ג הָהָר: וּמֹשֶׁה עָלָה אֶל־הָאֱלֹהִים וַיִּקְרָא אֵלָיו יהוה
מִן־הָהָר לֵאמֹר כֹּה תֹאמַר לְבֵית יַעֲקֹב וְתַגֵּיד לִבְנֵי
ד יִשְׂרָאֵל: אַתֶּם רְאִיתֶם אֲשֶׁר עָשִׂיתִי לְמִצְרָיִם וָאֶשָּׂא
ה אֶתְכֶם עַל־כַּנְפֵי נְשָׁרִים וָאָבִא אֶתְכֶם אֵלָי: וְעַתָּה
אִם־שָׁמוֹעַ תִּשְׁמְעוּ בְּקֹלִי וּשְׁמַרְתֶּם אֶת־בְּרִיתִי
וִהְיִיתֶם לִי סְגֻלָּה מִכָּל־הָעַמִּים כִּי־לִי כָּל־הָאָרֶץ:
ו טו וְאַתֶּם תִּהְיוּ־לִי מַמְלֶכֶת כֹּהֲנִים וְגוֹי קָדוֹשׁ אֵלֶּה
ז חמישי הַדְּבָרִים אֲשֶׁר תְּדַבֵּר אֶל־בְּנֵי יִשְׂרָאֵל: וַיָּבֹא מֹשֶׁה

רש"י

וְכָל מָקוֹם שֶׁאַתָּה מוֹצֵא 'נֶגֶד' – פָּנִים לַמִּזְרָח:

ג] **וּמֹשֶׁה עָלָה.** בַּיּוֹם הַשֵּׁנִי, וְכָל עֲלִיּוֹתָיו בְּהַשְׁכָּמָה הָיוּ, שֶׁנֶּאֱמַר: "וַיַּשְׁכֵּם מֹשֶׁה בַבֹּקֶר" (להלן לד, ד): **כֹּה תֹאמַר.** כַּלָּשׁוֹן הַזֶּה וְכַסֵּדֶר הַזֶּה: **לְבֵית יַעֲקֹב.** אֵלּוּ הַנָּשִׁים, תֹּאמַר לָהֶן בְּלָשׁוֹן רַכָּה: **וְתַגֵּיד לִבְנֵי יִשְׂרָאֵל.** עֳנָשִׁין וְדִקְדּוּקִין פָּרֵשׁ לַזְּכָרִים, דְּבָרִים הַקָּשִׁין כְּגִידִין:

ד] **אַתֶּם רְאִיתֶם.** וְלֹא מָסֹרֶת הִיא בְּיֶדְכֶם בִּדְבָרִים אֲשֶׁר עָשִׂיתִי בְּמִצְרָיִם, עַל כַּמָּה עֲבֵרוֹת הָיוּ חַיָּבִין לִי קֹדֶם שֶׁנִּזְדַּוְּגוּ לָכֶם, וְלֹא נִפְרַעְתִּי מֵהֶם אֶלָּא עַל יֶדְכֶם: **וָאֶשָּׂא אֶתְכֶם.** זֶה יוֹם שֶׁבָּאוּ יִשְׂרָאֵל לְרַעְמְסֵס, שֶׁהָיוּ יִשְׂרָאֵל מְפֻזָּרִין בְּכָל אֶרֶץ גֹּשֶׁן, וְלְשָׁעָה קַלָּה כְּשֶׁבָּאוּ לִסַּע וְלָצֵאת נִקְבְּצוּ כֻּלָּם לְרַעְמְסֵס. וְאוּנְקְלוֹס תִּרְגֵּם "וָאֶשָּׂא" כְּמוֹ וְאַסִּיעַ אֶתְכֶם: "וְאַטֵּלִית יָתְכוֹן", תִּקֵּן אֶת הַדִּבּוּר דֶּרֶךְ כָּבוֹד לְמַעְלָה: **עַל כַּנְפֵי נְשָׁרִים.** כַּנֶּשֶׁר הַנּוֹשֵׂא גוֹזָלָיו עַל כְּנָפָיו, שֶׁכָּל שְׁאָר הָעוֹפוֹת נוֹתְנִים אֶת בְּנֵיהֶם בֵּין רַגְלֵיהֶם, לְפִי שֶׁמִּתְיָרְאִין מֵעוֹף אַחֵר שֶׁפּוֹרֵחַ עַל גַּבֵּיהֶם, אֲבָל הַנֶּשֶׁר הַזֶּה אֵינוֹ מִתְיָרֵא אֶלָּא מִן הָאָדָם שֶׁמָּא יִזְרֹק בּוֹ חֵץ, לְפִי שֶׁאֵין עוֹף פּוֹרֵחַ עַל גַּבָּיו, לְכָךְ נוֹתְנוֹ עַל כְּנָפָיו, אוֹמֵר: מוּטָב יִכָּנֵס הַחֵץ בִּי וְלֹא בְּבָנַי. אַף אֲנִי עָשִׂיתִי כֵן: "וַיִּסַּע מַלְאַךְ הָאֱלֹהִים וְגוֹ' וַיָּבֹא בֵּין מַחֲנֵה מִצְרַיִם" וְגוֹ' (לעיל יד, יט-כ), וְהָיוּ מִצְרַיִם זוֹרְקִים חִצִּים וְאַבְנֵי בַלִּיסְטְרָאוֹת וְהֶעָנָן מְקַבְּלָם: **וָאָבִא אֶתְכֶם אֵלָי.** כְּתַרְגּוּמוֹ:

ה] **וְעַתָּה.** אִם עַתָּה תְּקַבְּלוּ עֲלֵיכֶם יֶעֱרַב לָכֶם מִכָּאן וְאֵילָךְ, שֶׁכָּל הַתְחָלוֹת קָשׁוֹת: **וּשְׁמַרְתֶּם אֶת בְּרִיתִי.** שֶׁאֶכְרֹת עִמָּכֶם עַל שְׁמִירַת הַתּוֹרָה: **סְגֻלָּה.** אוֹצָר חָבִיב, כְּמוֹ: "וּסְגֻלַּת מְלָכִים" (קהלת ב, ח), כְּלֵי יְקָר וַאֲבָנִים טוֹבוֹת שֶׁהַמְּלָכִים גּוֹנְזִים אוֹתָם, כָּךְ אַתֶּם לִי סְגֻלָּה מִשְּׁאָר אֻמּוֹת. וְלֹא תֹאמְרוּ, אַתֶּם לְבַדְּכֶם שֶׁלִּי וְאֵין לִי אֲחֵרִים עִמָּכֶם, וּמַה יֵּשׁ לִי עוֹד שֶׁתְּהֵא חִבַּתְכֶם נִכֶּרֶת? – "כִּי לִי כָּל הָאָרֶץ", וְהֵם בְּעֵינַי וּלְפָנַי לִכְלוּם:

ו] **וְאַתֶּם תִּהְיוּ לִי מַמְלֶכֶת כֹּהֲנִים.** שָׂרִים, כְּמָה דְאַתְּ אָמַר: "וּבְנֵי דָוִד כֹּהֲנִים הָיוּ" (שמואל ב' ח, יח): **אֵלֶּה הַדְּבָרִים.** לֹא פָחוֹת וְלֹא יוֹתֵר:

ביאור

ג **וּמֹשֶׁה עָלָה** אל ההר, **אֶל הָאֱלֹהִים, וַיִּקְרָא אֵלָיו ה' מִן הָהָר לֵאמֹר:**
כֹּה תֹאמַר לְבֵית יַעֲקֹב, וְתַגֵּיד לִבְנֵי יִשְׂרָאֵל: ד **אַתֶּם רְאִיתֶם** את כל
האותות והמופתים **אֲשֶׁר עָשִׂיתִי לְמִצְרָיִם, וָאֶשָּׂא אֶתְכֶם עַל כַּנְפֵי**
נְשָׁרִים. הגעתם לכאן בדרך פלאית. מסע כה ארוך של עם גדול,
על משפחותיו ומשאו, אינו דבר של מה בכך. **וָאָבִא אֶתְכֶם אֵלָי,** אל
המקום הזה, שבו עתידה להתרחש הפגישה הישירה שלכם אתי,
מעמד נכבד שלא היה דוגמתו.

כאן מגיעה תמצית משמעותו של המעמד: ה **וְעַתָּה אִם שָׁמוֹעַ**
תִּשְׁמְעוּ בְּקֹלִי וּשְׁמַרְתֶּם אֶת בְּרִיתִי. עד כה התגלו אהבתו של ה'
לעם ישראל ועזרתו להם; כאן לראשונה נכרתת גם ברית שיש בה
מחויבות הדדית. אם כך תנהגו – **וִהְיִיתֶם לִי סְגֻלָּה,** דבר חמדה, אוצר
מיוחד **מִכָּל הָעַמִּים,** ולא רק מעמי האזור, **כִּי לִי כָּל הָאָרֶץ.** ו **וְאַתֶּם**
תִּהְיוּ לִי מַמְלֶכֶת כֹּהֲנִים, מדינה של כהני האנושות **וְגוֹי,** ועם **קָדוֹשׁ.**
מה שנחשב סביר לשאר בני האדם, אינו בגדר הנורמלי בעבורכם.[22]
הייעוד להיות ממלכת כהנים וגוי קדוש אינו רק בגדר הבטחה
לעילויו של ישראל; כרוכה בו גם מחויבות חמורה, שתתפרט להלן.
אֵלֶּה הַדְּבָרִים אֲשֶׁר תְּדַבֵּר אֶל בְּנֵי יִשְׂרָאֵל. אם ישראל יסכימו לקבל
על עצמם להפוך לממלכת כהנים וגוי קדוש, יינתנו להם הוראות
מפורטות כיצד לממש מעמד מיוחד זה בעשרת הדיברות ובתרי"ג
(613) המצוות. אולם קודם שתיכרת ברית ייחודית זו בין ה' ועם
ישראל, עליהם להסכים לעצם העניין: לשמוע בקולו, לשמור את
הברית, ולהיות לעמו הקדוש.

הרחבות

'כה תאמר לבית יעקב ותגיד לבני ישראל' התקבולת משווה אופי חגיגי ופיוטי לנבואה זו. היו שדקדקו בלשון ופירשו שהביטוי בֵּית יַעֲקֹב מתייחס אל הנשים, ואילו הביטוי בְּנֵי יִשְׂרָאֵל מתייחס אל הגברים (שמות רבה כב,ח; וראו יונתן ורש"י על אתר). מכל מקום, פנייה זו מתייחסת אל העם כולו.

'ממלכת כהנים' כל בני האדם מצווים להאמין בה' ולשמור את חוקיו הבסיסיים. אולם על ישראל, עם שכולו נחשב ככהנים, מוטלת תוספת מחויבות כלפי עבודת ה'. רעיון זה חוזר ומופיע גם בנבואות לעתיד של ישעיהו: וְעָמְדוּ זָרִים וְרָעוּ צֹאנְכֶם וּבְנֵי נֵכָר אִכָּרֵיכֶם וְכֹרְמֵיכֶם. וְאַתֶּם כֹּהֲנֵי ה' תִּקָּרֵאוּ מְשָׁרְתֵי אֱלֹהֵינוּ יֵאָמֵר לָכֶם חֵיל גּוֹיִם תֹּאכֵלוּ וּבִכְבוֹדָם תִּתְיַמָּרוּ (ישעיה סא,ה-ו). הנכרים יעסקו בשאר עבודות הדרושות ליישובו של עולם, ואילו אתם תמונו לכהני ה' בעבור כל העולם. אף על פי שישראל הם כהנים לגבי האומות, בהמשך ידובר בבחירתה של שכבת כהונה בתוך עם ישראל (להלן כח,מא-כט,ל; ויקרא כא,ח): צאצאי אהרן יזכו במעמד ייחודי של כהנים, ויוטלו עליהם מצוות ועבודה יתרות מעבר לאלו המוטלות על שאר ישראל.

וַיִּקְרָא לְזִקְנֵי הָעָם וַיָּשֶׂם לִפְנֵיהֶם אֵת כָּל־הַדְּבָרִים
הָאֵלֶּה אֲשֶׁר צִוָּהוּ יְהוָה: וַיַּעֲנוּ כָל־הָעָם יַחְדָּו וַיֹּאמְרוּ ח
כֹּל אֲשֶׁר־דִּבֶּר יְהוָה נַעֲשֶׂה וַיָּשֶׁב מֹשֶׁה אֶת־דִּבְרֵי
הָעָם אֶל־יְהוָה: וַיֹּאמֶר יְהוָה אֶל־מֹשֶׁה הִנֵּה אָנֹכִי ט
בָּא אֵלֶיךָ בְּעַב הֶעָנָן בַּעֲבוּר יִשְׁמַע הָעָם בְּדַבְּרִי
עִמָּךְ וְגַם־בְּךָ יַאֲמִינוּ לְעוֹלָם וַיַּגֵּד מֹשֶׁה אֶת־דִּבְרֵי
הָעָם אֶל־יְהוָה: וַיֹּאמֶר יְהוָה אֶל־מֹשֶׁה לֵךְ אֶל־הָעָם י
וְקִדַּשְׁתָּם הַיּוֹם וּמָחָר וְכִבְּסוּ שִׂמְלֹתָם: וְהָיוּ נְכֹנִים יא
לַיּוֹם הַשְּׁלִישִׁי כִּי ׀ בַּיּוֹם הַשְּׁלִשִׁי יֵרֵד יְהוָה לְעֵינֵי
כָל־הָעָם עַל־הַר סִינָי: וְהִגְבַּלְתָּ אֶת־הָעָם סָבִיב יב
לֵאמֹר הִשָּׁמְרוּ לָכֶם עֲלוֹת בָּהָר וּנְגֹעַ בְּקָצֵהוּ כָּל־
הַנֹּגֵעַ בָּהָר מוֹת יוּמָת: לֹא־תִגַּע בּוֹ יָד כִּי־סָקוֹל יג

רש"י

ח) **וַיָּשֶׁב מֹשֶׁה אֶת דִּבְרֵי הָעָם וְגוֹ'.** בְּיוֹם הַמָּחֳרָת שֶׁהוּא שְׁלִישִׁי, שֶׁהֲרֵי בְּהַשְׁכָּמָה עָלָה. וְכִי צָרִיךְ הָיָה מֹשֶׁה לְהָשִׁיב? אֶלָּא בָּא הַכָּתוּב לְלַמֶּדְךָ דֶּרֶךְ אֶרֶץ מִמֹּשֶׁה, שֶׁלֹּא אָמַר: הוֹאִיל וְיוֹדֵעַ מִי שֶׁשְּׁלָחַנִי, אֵינִי צָרִיךְ לְהָשִׁיב:

ט) **בְּעַב הֶעָנָן.** בְּמַעֲבֵה הֶעָנָן, וְזֶהוּ עֲרָפֶל: **וְגַם בְּךָ.** גַּם בַּנְּבִיאִים הַבָּאִים אַחֲרֶיךָ: **וַיַּגֵּד מֹשֶׁה אֶת דִּבְרֵי וְגוֹ'.** בְּיוֹם הַמָּחֳרָת שֶׁהוּא רְבִיעִי לַחֹדֶשׁ: **אֶת דִּבְרֵי הָעָם וְגוֹ'.** תְּשׁוּבָה עַל דָּבָר זֶה שָׁמַעְתִּי מֵהֶם, שֶׁרְצוֹנָם לִשְׁמֹעַ מִמְּךָ, אֵינוֹ דּוֹמֶה הַשּׁוֹמֵעַ מִפִּי שָׁלִיחַ לַשּׁוֹמֵעַ מִפִּי הַמֶּלֶךְ, רְצוֹנֵנוּ לִרְאוֹת אֶת מַלְכֵּנוּ:

י) **וְקִדַּשְׁתָּם.** וְזִמַּנְתָּם, שֶׁיָּכִינוּ עַצְמָם "הַיּוֹם וּמָחָר":

יא) **וְהָיוּ נְכֹנִים.** מֵאִשָּׁה: **לַיּוֹם הַשְּׁלִישִׁי.** שֶׁהוּא שִׁשָּׁה בַּחֹדֶשׁ, וּבַחֲמִישִׁי בָּנָה מֹשֶׁה אֶת הַמִּזְבֵּחַ תַּחַת הָהָר וּשְׁתֵּים עֶשְׂרֵה מַצֵּבָה, כָּל הָעִנְיָן הָאָמוּר בְּפָרָשַׁת וְאֵלֶּה הַמִּשְׁפָּטִים (להלן פרק כד), וְאֵין מֻקְדָּם וּמְאֻחָר בַּתּוֹרָה: **לְעֵינֵי כָל הָעָם.** מְלַמֵּד שֶׁלֹּא הָיָה בָהֶם סוּמָא, שֶׁנִּתְרַפְּאוּ כֻּלָּם:

יב) **וְהִגְבַּלְתָּ.** קְבַע לָהֶם תְּחוּמִין לְסִימָן, שֶׁלֹּא יִקְרְבוּ מִן הַגְּבוּל וָהָלְאָה: **לֵאמֹר.** הַגְּבוּל אוֹמֵר לָהֶם: הִשָּׁמְרוּ מֵעֲלוֹת מִכָּאן וּלְהַלָּן, וְאַתָּה הַזְהִירֵם עַל כָּךְ: **וּנְגֹעַ בְּקָצֵהוּ.** אֲפִלּוּ בְּקָצֵהוּ:

ביאור

ז **וַיָּבֹא מֹשֶׁה וַיִּקְרָא לְזִקְנֵי הָעָם**, בנוכחות העם **וַיָּשֶׂם לִפְנֵיהֶם אֵת כָּל הַדְּבָרִים הָאֵלֶּה אֲשֶׁר צִוָּהוּ ה׳.**

ח **וַיַּעֲנוּ כָל הָעָם יַחְדָּו וַיֹּאמְרוּ: כֹּל אֲשֶׁר דִּבֶּר ה׳ – נַעֲשֶׂה.** אנחנו מקבלים על עצמנו לבוא בברית אתו, ולהיות ממלכת כהניו וגוי קדוש. משום כך, כמובן, נעשה את כל הדברים.

וַיָּשֶׁב מֹשֶׁה אֶת דִּבְרֵי הָעָם אֶל ה׳. מכיוון שמשה נשלח להשמיע באוזני ישראל את דברי ה׳, מחמת דרך נימוס הוא עלה והתקרב אל ה׳ - קרבת מקום או קרבת נפש[23] - כדי לספר לו את תגובת העם, למרות שבוודאי הייתה ידועה לשולחו.[24]

ט **וַיֹּאמֶר ה׳ אֶל מֹשֶׁה: הִנֵּה אָנֹכִי בָּא אֵלֶיךָ** להתגלות לך **בְּעַב**, בעובי[25] **הֶעָנָן.** הענן הוא מין תיווך חומרי שיאפשר להופעתי להיקלט. **בַּעֲבוּר יִשְׁמַע הָעָם בְּדַבְּרִי עִמָּךְ.** לעומת יתר הנבואות המתחוללות ביני לבין פנימיות נפשו ומוחו של הנביא, התגלותי זו בענן תאפשר גם לאחרים לשמוע את דברַי. **וְגַם בְּךָ יַאֲמִינוּ לְעוֹלָם**, אמונה מוצקה יותר.

וַיַּגֵּד מֹשֶׁה אֶת דִּבְרֵי הָעָם אֶל ה׳. משה דיווח שהעם הסכים בהתלהבות.[26]

י **וַיֹּאמֶר ה׳ אֶל מֹשֶׁה: לֵךְ אֶל הָעָם וְקִדַּשְׁתָּם**, זַמֵּן והכן אותם[27] **הַיּוֹם וּמָחָר** לקראת המעמד, **וְכִבְּסוּ שִׂמְלֹתָם** כחלק מתהליך הטהרה המקובל בישראל, יא **וְהָיוּ נְכֹנִים לַיּוֹם הַשְּׁלִישִׁי כִּי בַּיּוֹם הַשְּׁלִשִׁי יֵרֵד ה׳ לְעֵינֵי כָל הָעָם עַל הַר סִינָי.** יב בנוסף לכך, **וְהִגְבַּלְתָּ אֶת הָעָם סָבִיב; לֵאמֹר**, גבול זה יסמן בפני העם את האיסור - **הִשָּׁמְרוּ לָכֶם עֲלוֹת בָּהָר** ואפילו **נְגֹעַ בְּקָצֵהוּ. כָּל הַנֹּגֵעַ בָּהָר – מוֹת יוּמָת.** מי שייגש אל התחום המקודש ייענש במוות.

יג אולם **לֹא תִגַּע בּוֹ**, באדם הניגש אל המקום האסור, **יָד, כִּי** אם ירדפו אחריו לתפסו, ייכנסו אל ההר אנשים נוספים.[28] על כן, **סָקוֹל**

הרחבות

׳וגם בך יאמינו לעולם׳ נראה שלא היה די במופתים שעשה משה קודם לכן כדי לחזק ולהשריש בעם אמונה. קבלת דבריו של נביא יכולה להתבסס על מופתים ואף על אישיות כריזמטית, אך אמונתו של העם באמתותה של הנבואה המופנית אליו מוגבלת שכן היא נסתרת מעיניו. ההתגלות הפומבית שתהיה בסיני, לעומת זאת, תיצור אמונה תמידית ועמוקה. עם ישראל יראה וישמע את הדברים באופן ישיר וייווכח בעצמו בנבואה הנמסרת למשה ובשליחותו. (ראו משנה תורה לרמב״ם, הלכות יסודי התורה ח,א).

יִסָּקֵל אוֹ־יָרֹה יִיָּרֶה אִם־בְּהֵמָה אִם־אִישׁ לֹא יִחְיֶה
בִּמְשֹׁךְ הַיֹּבֵל הֵמָּה יַעֲלוּ בָהָר׃ וַיֵּרֶד מֹשֶׁה מִן־הָהָר יד
אֶל־הָעָם וַיְקַדֵּשׁ אֶת־הָעָם וַיְכַבְּסוּ שִׂמְלֹתָם׃ וַיֹּאמֶר טו
אֶל־הָעָם הֱיוּ נְכֹנִים לִשְׁלֹשֶׁת יָמִים אַל־תִּגְּשׁוּ אֶל־
אִשָּׁה׃ וַיְהִי בַיּוֹם הַשְּׁלִישִׁי בִּהְיֹת הַבֹּקֶר וַיְהִי קֹלֹת טז
וּבְרָקִים וְעָנָן כָּבֵד עַל־הָהָר וְקֹל שֹׁפָר חָזָק מְאֹד
וַיֶּחֱרַד כָּל־הָעָם אֲשֶׁר בַּמַּחֲנֶה׃ וַיּוֹצֵא מֹשֶׁה אֶת־הָעָם יז
לִקְרַאת הָאֱלֹהִים מִן־הַמַּחֲנֶה וַיִּתְיַצְּבוּ בְּתַחְתִּית
הָהָר׃ וְהַר סִינַי עָשַׁן כֻּלּוֹ מִפְּנֵי אֲשֶׁר יָרַד עָלָיו יְהוָה יח

רש"י

יג) **יָרֹה יִיָּרֶה.** מִכָּאן לַנִּסְקָלִין שֶׁהֵם נִדְחִין לְמַטָּה מִבֵּית הַסְּקִילָה, שֶׁהָיָה גָּבוֹהַּ שְׁתֵּי קוֹמוֹת: **יִיָּרֶה.** יֻשְׁלַךְ לְמַטָּה לָאָרֶץ, כְּמוֹ: "יָרָה בַיָּם" (לעיל טו, ד): **בִּמְשֹׁךְ הַיֹּבֵל.** כְּשֶׁיִּמְשֹׁךְ הַיּוֹבֵל קוֹל אָרֹךְ, הוּא סִימָן סִלּוּק שְׁכִינָה וְהַפְסָקַת הַקּוֹל, וְכֵיוָן שֶׁנִּסְתַּלֵּק הֵם רַשָּׁאִין לַעֲלוֹת: **הַיֹּבֵל.** הוּא שׁוֹפָר שֶׁל אַיִל, שֶׁכֵּן בַּעֲרַבְיָא קוֹרִין לְדִכְרָא 'יוּבְלָא'. וְשׁוֹפָר שֶׁל אֵילוֹ שֶׁל יִצְחָק הָיָה:

יד) **מִן הָהָר אֶל הָעָם.** מְלַמֵּד שֶׁלֹּא הָיָה מֹשֶׁה פּוֹנֶה לַעֲסָקָיו, אֶלָּא מִן הָהָר אֶל הָעָם:

טו) **הֱיוּ נְכֹנִים לִשְׁלֹשֶׁת יָמִים.** לְסוֹף שְׁלֹשֶׁת יָמִים, הוּא יוֹם רְבִיעִי, שֶׁהוֹסִיף מֹשֶׁה יוֹם אֶחָד מִדַּעְתּוֹ, כְּדִבְרֵי רַבִּי יוֹסֵי. וּלְדִבְרֵי הָאוֹמֵר בְּשִׁשָּׁה בַּחֹדֶשׁ נִתְּנוּ עֲשֶׂרֶת הַדִּבְּרוֹת, לֹא הוֹסִיף מֹשֶׁה כְּלוּם, וְ"לִשְׁלֹשֶׁת יָמִים" כְּמוֹ 'לַיּוֹם הַשְּׁלִישִׁי': **אַל תִּגְּשׁוּ אֶל אִשָּׁה.** כָּל שְׁלֹשֶׁת יָמִים הַלָּלוּ, כְּדֵי שֶׁיִּהְיוּ הַנָּשִׁים טוֹבְלוֹת לַיּוֹם הַשְּׁלִישִׁי וְיִהְיוּ טְהוֹרוֹת לְקַבֵּל תּוֹרָה, שֶׁאִם יְשַׁמְּשׁוּ תּוֹךְ שְׁלֹשָׁה שֶׁמָּא תִּפְלֹט הָאִשָּׁה שִׁכְבַת זֶרַע לְאַחַר טְבִילָתָהּ וְתַחֲזֹר וְתִטְמָא, אֲבָל מִשֶּׁשָּׁהֲתָה שְׁלֹשָׁה יָמִים כְּבָר הַזֶּרַע מַסְרִיחַ וְאֵינוֹ רָאוּי לְהַזְרִיעַ, וְטָהוֹר מִלְּטַמֵּא אֶת הַפּוֹלֶטֶת:

טז) **בִּהְיֹת הַבֹּקֶר.** מְלַמֵּד שֶׁהִקְדִּים עַל יָדָם, מַה שֶּׁאֵין דֶּרֶךְ בָּשָׂר וָדָם לַעֲשׂוֹת כֵּן שֶׁיְּהֵא הָרַב מַמְתִּין לְתַלְמִיד. וְכֵן מָצִינוּ בִּיחֶזְקֵאל: "קוּם צֵא אֶל הַבִּקְעָה... וָאָקוּם וָאֵצֵא אֶל הַבִּקְעָה וְהִנֵּה שָׁם כְּבוֹד ה' עֹמֵד" (יחזקאל ג, כב-כג):

יז) **לִקְרַאת הָאֱלֹהִים.** מַגִּיד שֶׁהָיְתָה שְׁכִינָה יוֹצְאָה לִקְרָאתָם כְּחָתָן הַיּוֹצֵא לִקְרַאת כַּלָּה, וְזֶהוּ שֶׁנֶּאֱמַר: "ה' מִסִּינַי בָּא" (דברים לג, ב) וְלֹא נֶאֱמַר: 'לְסִינַי בָּא': **בְּתַחְתִּית הָהָר.** לְפִי פְּשׁוּטוֹ בְּרַגְלֵי הָהָר. וּמִדְרָשׁוֹ, שֶׁנִּתְלַשׁ הָהָר מִמְּקוֹמוֹ וְנִכְפָּה עֲלֵיהֶם כְּגִיגִית:

יח) **עָשַׁן כֻּלּוֹ.** אֵין 'עָשַׁן' זֶה שֵׁם דָּבָר, שֶׁהֲרֵי נָקוּד הַשִּׁי"ן פַּתָּח, אֶלָּא לְשׁוֹן פָּעַל, כְּמוֹ חָמַר, שָׁמַר, שָׁמַע. לְכָךְ תַּרְגּוּמוֹ: "תְּנַן כֻּלֵּיהּ" וְלֹא תִרְגֵּם 'תְּנָנָא'. וְכָל 'עָשָׁן'

ביאור

יִסָּקֵל, יומת ברגימת אבנים מרחוק, **אוֹ יָרֹה יִיָּרֶה** בחצים ובקשת.
אִם בְּהֵמָה תועה בדרך, **אִם אִישׁ – לֹא יִחְיֶה.** רק אחרי זמן, **בִּמְשֹׁךְ**
הַיֹּבֵל, כאשר תשמעו קול ארוך של שופר, או: כשייפסק אותו קול,
ויינתן בכך אות ההרגעה, **הֵמָּה**, כל הרוצים לעשות זאת, **יַעֲלוּ**,
יורשו לטפס **בָהָר**.

יד **וַיֵּרֶד מֹשֶׁה מִן הָהָר אֶל הָעָם, וַיְקַדֵּשׁ אֶת הָעָם, וַיְכַבְּסוּ**
שִׂמְלֹתָם. טו **וַיֹּאמֶר אֶל הָעָם** כחלק מתהליך ההתקדשות: **הֱיוּ**
נְכֹנִים לִשְׁלֹשֶׁת יָמִים, אַל תִּגְּשׁוּ אֶל אִשָּׁה. הימנעו מיחסי מין כדי
להתרכז, להתייחד ולהתכונן לקראת המאורע.

טז **וַיְהִי בַיּוֹם הַשְּׁלִישִׁי בִּהְיֹת הַבֹּקֶר, וַיְהִי קֹלֹת וּבְרָקִים וְעָנָן כָּבֵד עַל**
הָהָר וְקֹל שֹׁפָר חָזָק מְאֹד, וַיֶּחֱרַד כָּל הָעָם אֲשֶׁר בַּמַּחֲנֶה.

יז **וַיּוֹצֵא מֹשֶׁה אֶת הָעָם לִקְרַאת הָאֱלֹהִים מִן הַמַּחֲנֶה.** למרות השמירה
מפני קרבת יתר למוקד ההתרחשויות, ראוי שהעם יתקרב אל
המקום המותר. **וַיִּתְיַצְּבוּ בְּתַחְתִּית הָהָר**, לרגלי ההר. יח **וְהַר סִינַי עָשַׁן**
כֻּלּוֹ, התמלא בעשן, **מִפְּנֵי אֲשֶׁר יָרַד עָלָיו ה' בָּאֵשׁ**, והאש העלתה עשן.

הרחבות

'במשך היבל המה יעלו בהר' אין ספק שיש משמעות תיאולוגית לירידת ה' במקום מסוים שיש להגביל את ההתקרבות אליו. מצד אחד, מתן התורה וכריתת הברית עם ישראל יתרחשו בתוך גדרי המקום. ומצד שני, קדושתו של הר סיני אינה אלא זמנית, שכן היא נובעת מהמפגש החשוב שיתרחש בו. במסורת ישראל ההר נשמר כמקום של זיכרון היסטורי, אך לא כאתר בעל קדושה עצמית. משום כך לא עלו אליו לרגל, ואפילו לא נשתמר זיהויו בבירור במסורת היהודית.

לא רק זכר מקומו של המעמד לא השתמר בעם ישראל, אף זמנו אינו מופיע במפורש בתורה כלל. לעומת מאורעות רבים אחרים, שהתורה נוקבת את מועדם המדויק, כאן מוגדר הזמן באופן כללי ויחסי. לפי הכתובים התורה ניתנה בחודש השלישי, אחרי ראש החודש, אך אין בהירות באשר לתאריך המדויק. על פי המסורת המתיישבת בהחלט עם דברי הכתוב, אירע המעמד הנכבד ביום השישי או השביעי בחודש סיון (ראו שבת פו ע"ב). העניין נותר מעורפל ולא הגיע לידי הכרעה, ושמא יש בכך כדי לבטא את המסתורין האופף את המאורע. מעמד הר סיני התרחש מחוץ למסגרות ידועות ונתפסות, במקום ובזמן שאינם מזוהים באופן מובהק. לפי שעה נכנס עם ישראל להוויה שונה מן ההוויה המוכרת לו, שבה ייפגש עם אלוקיו, והיא תתפוגג לאחר המפגש. לא קדמה לה התרחשות דומה, ואף לא תהיה דוגמתה אחריה עד עת קץ. (ראו מורה נבוכים ח"א מ; ח"ב לג). הפגישה של עם שלם – על אנשיו, נשיו וילדיו – עם אלוקים היא מעבר לתחומי הזמן והמקום.

בָּאֵשׁ וַיַּעַל עֲשָׁנוֹ כְּעֶשֶׁן הַכִּבְשָׁן וַיֶּחֱרַד כָּל־הָהָר
יט מְאֹד׃ וַיְהִי קוֹל הַשֹּׁפָר הוֹלֵךְ וְחָזֵק מְאֹד מֹשֶׁה יְדַבֵּר
ששי כ וְהָאֱלֹהִים יַעֲנֶנּוּ בְקוֹל׃ וַיֵּרֶד יהוה עַל־הַר סִינַי אֶל־
רֹאשׁ הָהָר וַיִּקְרָא יהוה לְמֹשֶׁה אֶל־רֹאשׁ הָהָר וַיַּעַל
כא מֹשֶׁה׃ וַיֹּאמֶר יהוה אֶל־מֹשֶׁה רֵד הָעֵד בָּעָם פֶּן־
כב יֶהֶרְסוּ אֶל־יהוה לִרְאוֹת וְנָפַל מִמֶּנּוּ רָב׃ וְגַם הַכֹּהֲנִים
הַנִּגָּשִׁים אֶל־יהוה יִתְקַדָּשׁוּ פֶּן־יִפְרֹץ בָּהֶם יהוה׃
כג וַיֹּאמֶר מֹשֶׁה אֶל־יהוה לֹא־יוּכַל הָעָם לַעֲלֹת אֶל־

רש"י

שבמקרא נקודים קמץ, מפני שהם שם דבר: **הכבשן.** של סיד. יכול ככבשן זה ולא יותר? תלמוד לומר: "בוער באש עד לב השמים" (דברים ד, יא). ומה תלמוד לומר: "כבשן"? לשבר את האזן מה שהיא יכולה לשמוע, נותן לבריות סימן הניכר להם. כיוצא בו: "כאריה ישאג" (הושע יא, י), וכי מי נתן כח בארי אלא הוא, והכתוב מושלו כאריה? אלא אנו מכנין ומדמין אותו לבריותיו כדי לשבר את האזן מה שיכולה לשמוע. כיוצא בו: "וקולו כקול מים רבים" (יחזקאל מג, ב), וכי מי נתן קול למים אלא הוא, ואתה מכנה אותו לדמותו לבריותיו, כדי לשבר את האזן:

יט) **הולך וחזק מאד.** מנהג הדיוט כל זמן שהוא מאריך לתקוע קולו מחליש וכוהה, אבל כאן "הולך וחזק מאד". ולמה כך מתחלה? לשבר אזניהם מה שיכולין לשמוע: **משה ידבר.** כשהיה משה מדבר ומשמיע הדברות לישראל, שהרי לא שמעו מפי הגבורה אלא "אנכי" ו"לא יהיה לך", והקדוש ברוך הוא מסייעו לתת בו כח להיות קולו מגביר ונשמע: **יעננו בקול.** יעננו על דבר הקול, כמו: "אשר יענה באש" (מלכים א' יח, כד), על דבר האש להורידו:

כ) **וירד ה' על הר סיני.** יכול ירד עליו ממש? תלמוד לומר: "כי מן השמים דברתי עמכם" (להלן כ, יט)! מלמד שהרכין שמים התחתונים והעליונים והציען על גבי ההר כמצע על המטה, וירד כסא הכבוד עליהם:

כא) **העד בעם.** התרה בהם שלא לעלות בהר: **פן יהרסו וגו'.** שלא יהרסו את מצבם על ידי שתאותם "אל ה' לראות" ויקרבו לצד ההר: **ונפל ממנו רב.** כל מה שיפול מהם, ואפילו הוא יחידי, חשוב לפני רב: **פן יהרסו.** כל הריסה מפרדת אסיפת הבנין, אף הנפרדין ממצב אנשים הורסים את המצב:

כב) **וגם הכהנים.** אף הבכורות שהעבודה בהם: **הנגשים אל ה'.** להקריב קרבנות, אף הם אל יסמכו על חשיבותם לעלות: **יתקדשו.** יהיו מזומנים להתיצב על עמדן: **פן יפרץ.** לשון פרצה, יהרג בהם ויעשה בהם פרצה:

כג) **לא יוכל העם.** איני צריך להעיד בהם, שהרי מתרין ועומדין הם היום שלשה ימים, ולא יוכלו לעלות, שאין להם רשות:

ביאור

וַיַּעַל עֲשָׁנוֹ הסמיך והמרוכז **כְּעֶשֶׁן הַכִּבְשָׁן**, כעשן העולה מאש גדולה
המכונסת במקום אחד. **וַיֶּחֱרַד** הזדעזע גם **כָּל הָהָר מְאֹד.** יט **וַיְהִי**
קוֹל הַשּׁוֹפָר החזק, שנשמע קודם עם הקולות, עתה הוא - **הוֹלֵךְ**
וְחָזֵק, ומתחזק **מְאֹד**. ובתוך כך, **מֹשֶׁה יְדַבֵּר, וְהָאֱלֹהִים יַעֲנֶנּוּ בְקוֹל.**
וישראל שמעו את השיחה שבין משה ובין האלוקים. כ **וַיֵּרֶד ה׳ עַל**
הַר סִינַי אֶל רֹאשׁ הָהָר. וַיִּקְרָא ה׳ לְמֹשֶׁה אֶל רֹאשׁ הָהָר, וכל ישראל
נפתחו לשמוע ולקלוט את השיחה. **וַיַּעַל מֹשֶׁה.**

כא **וַיֹּאמֶר ה׳ אֶל מֹשֶׁה: רֵד הָעֵד**, התרה **בָּעָם** שוב, **פֶּן יֶהֶרְסוּ אֶל ה׳**
לִרְאוֹת. כיוון שבני העם יבחינו שהאש הזאת שונה מאש רגילה,
שהעשן שונה מן העשן הרגיל, ושגם קול השופר אינו נשמע כקולו
של שופר רגיל, הם עלולים להימשך אל המקום מתוך סקרנות
ותשוקה. ואם יתקרבו - **וְנָפַל מִמֶּנּוּ** המון **רָב**, אם על ידי שומרים
המוצבים שם, אשר יפגעו בכל מי שיעלה, או שהעלייה עצמה
מסוכנת אף בלא התערבות אנושית. כב **וְגַם הַכֹּהֲנִים**, משרתי
הקודש **הַנִּגָּשִׁים אֶל ה׳**, העומדים בשורה הקדמית,[29] לפני שאר העם,
גם הם **יִתְקַדָּשׁוּ, פֶּן יִפְרֹץ**, יפגע **בָּהֶם ה׳.**

כג **וַיֹּאמֶר מֹשֶׁה אֶל ה׳**: לשם מה צריך להזהיר אותם שנית? הרי **לֹא**

הרחבות

הכהנים לא ברור כלל מי הם היו באותו זמן. לפי המסורת, באותה שעה כיהנו לה׳ הבנים הבכורים של כל אחת מן המשפחות. רמז למעמדו של הבכור אפשר לראות בסיפור על מכירת בכורתו של עשו ליעקב, ועוד (ראו בראשית כה,לא-לד; שמות ד,כב-כג). משהוקם המשכן בעקבות חטא העגל, נעשו צאצאיו של אהרן לכהנים (זבחים קיב ע״ב; במדבר רבה ג,ה. וראו במדבר ג,יג ור״י בכור שור שם; ראב״ע ור״י בכור שור על אתר).

הַ֣ר סִינָ֑י כִּֽי־אַתָּ֞ה הַעֵדֹ֤תָה בָּ֙נוּ֙ לֵאמֹ֔ר הַגְבֵּ֥ל אֶת־
הָהָ֖ר וְקִדַּשְׁתּֽוֹ׃ וַיֹּ֨אמֶר אֵלָ֤יו יהוה֙ לֶךְ־רֵ֔ד וְעָלִ֥יתָ כד
אַתָּ֖ה וְאַהֲרֹ֣ן עִמָּ֑ךְ וְהַכֹּהֲנִ֣ים וְהָעָ֗ם אַל־יֶֽהֶרְס֛וּ לַעֲלֹ֥ת
אֶל־יהוָ֖ה פֶּן־יִפְרָץ־בָּֽם׃ וַיֵּ֥רֶד מֹשֶׁ֖ה אֶל־הָעָ֑ם וַיֹּ֖אמֶר כה
אֲלֵהֶֽם׃ וַיְדַבֵּ֣ר אֱלֹהִ֔ים אֵ֛ת כָּל־הַדְּבָרִ֥ים א כ
הָאֵ֖לֶּה לֵאמֹֽר׃ אָנֹכִ֖י יהוָ֣ה אֱלֹהֶ֑יךָ אֲשֶׁ֧ר ב
הוֹצֵאתִ֛יךָ מֵאֶ֥רֶץ מִצְרַ֖יִם מִבֵּ֣ית עֲבָדִ֑ים׃ לֹֽא־יִהְיֶ֥ה ג

רש"י

כד] **לֶךְ רֵד.** וְהָעֵד בָּהֶם שֵׁנִית, שֶׁמְּזָרְזִין אֶת הָאָדָם קֹדֶם מַעֲשֶׂה וְחוֹזְרִין וּמְזָרְזִין אוֹתוֹ בִּשְׁעַת מַעֲשֶׂה: **וְעָלִיתָ אַתָּה וְאַהֲרֹן עִמָּךְ וְהַכֹּהֲנִים.** יָכוֹל אַף הֵם "עִמָּךְ"? תַּלְמוּד לוֹמַר: "וְעָלִיתָ אַתָּה". אֱמֹר מֵעַתָּה, אַתָּה מְחִצָּה לְעַצְמְךָ, וְאַהֲרֹן מְחִצָּה לְעַצְמוֹ; מֹשֶׁה נִגַּשׁ יוֹתֵר מֵאַהֲרֹן וְאַהֲרֹן יוֹתֵר מִן הַכֹּהֲנִים, "וְהָעָם" כָּל עִקָּר "אַל יֶהֶרְסוּ" אֶת מַצָּבָם "לַעֲלֹת אֶל ה'": **פֶּן יִפְרָץ בָּם.** אַף עַל פִּי שֶׁהוּא נָקוּד חֲטַף קָמַץ אֵינוֹ זָז מִגִּזְרָתוֹ. כָּךְ דֶּרֶךְ כָּל תֵּבָה שֶׁנְּקֻדָּתָהּ מְלָאפוּם, כְּשֶׁהִיא סְמוּכָה בְּמַקָּף מִשְׁתַּנֶּה הַנִּקּוּד לַחֲטַף קָמַץ:

כה] **וַיֹּאמֶר אֲלֵהֶם.** הַתְרָאָה זוֹ:

פרק כ

א] **וַיְדַבֵּר אֱלֹהִים.** אֵין "אֱלֹהִים" אֶלָּא דַּיָּן, לְפִי שֶׁיֵּשׁ פָּרָשִׁיּוֹת בַּתּוֹרָה שֶׁאִם עֲשָׂאָן אָדָם מְקַבֵּל שָׂכָר וְאִם לָאו אֵינוֹ מְקַבֵּל עֲלֵיהֶם פֻּרְעָנוּת, יָכוֹל אַף עֲשֶׂרֶת הַדִּבְּרוֹת כֵּן? תַּלְמוּד לוֹמַר: "וַיְדַבֵּר אֱלֹהִים", דַּיָּן לְפָּרַע: **אֵת כָּל הַדְּבָרִים הָאֵלֶּה.** מְלַמֵּד שֶׁאָמַר הַקָּדוֹשׁ בָּרוּךְ הוּא עֲשֶׂרֶת הַדִּבְּרוֹת בְּדִבּוּר אֶחָד, מַה שֶּׁאִי אֶפְשָׁר לָאָדָם לוֹמַר כֵּן. אִם כֵּן מַה תַּלְמוּד לוֹמַר עוֹד "אָנֹכִי" וְ"לֹא יִהְיֶה לְךָ"? שֶׁחָזַר וּפֵרַשׁ עַל כָּל דִּבּוּר וְדִבּוּר בִּפְנֵי עַצְמוֹ: **לֵאמֹר.** מְלַמֵּד שֶׁהָיוּ עוֹנִין עַל הֵן – הֵן, וְעַל לָאו – לָאו:

ב] **אֲשֶׁר הוֹצֵאתִיךָ מֵאֶרֶץ מִצְרָיִם.** כְּדַאי הִיא הַהוֹצָאָה שֶׁתִּהְיוּ מְשֻׁעְבָּדִים לִי. דָּבָר אַחֵר, לְפִי שֶׁנִּגְלָה בַּיָּם כְּגִבּוֹר מִלְחָמָה וְנִגְלָה כָּאן כְּזָקֵן מָלֵא רַחֲמִים, שֶׁנֶּאֱמַר: "וְתַחַת רַגְלָיו כְּמַעֲשֵׂה לִבְנַת הַסַּפִּיר" (להלן כד, י), זוֹ הָיְתָה לְפָנָיו בִּשְׁעַת הַשִּׁעְבּוּד, "וּכְעֶצֶם הַשָּׁמַיִם" (שם) מִשֶּׁנִּגְאֲלוּ, הוֹאִיל וַאֲנִי מִשְׁתַּנֶּה בְּמַרְאוֹת, אַל תֹּאמְרוּ שְׁתֵּי רְשׁוּיוֹת הֵן! אָנֹכִי הוּא אֲשֶׁר הוֹצֵאתִיךָ מִמִּצְרַיִם וְעַל הַיָּם. דָּבָר אַחֵר, לְפִי שֶׁהָיוּ שׁוֹמְעִין קוֹלוֹת הַרְבֵּה, שֶׁנֶּאֱמַר "אֶת הַקּוֹלֹת" (להלן פסוק טו), קוֹלוֹת בָּאִין מֵאַרְבַּע רוּחוֹת וּמִן הַשָּׁמַיִם וּמִן הָאָרֶץ, אַל תֹּאמְרוּ רְשׁוּיוֹת הַרְבֵּה הֵן! וְלָמָּה אָמַר לְשׁוֹן יָחִיד, "אֱלֹהֶיךָ"? לִתֵּן פִּתְחוֹן פֶּה לְמֹשֶׁה לְלַמֵּד סַנֵּגוֹרְיָא בְּמַעֲשֵׂה הָעֵגֶל, וְזֶה הוּא שֶׁאָמַר: "לָמָה ה' יֶחֱרֶה אַפְּךָ בְּעַמֶּךָ" (להלן לב, יא), לֹא לָהֶם צִוִּיתָ "לֹא יִהְיֶה לָכֶם אֱלֹהִים אֲחֵרִים", אֶלָּא לִי לְבַדִּי: **מִבֵּית**

הרחבות

'ויאמר משה אל ה' לא יוכל העם לעלֹת אל הר סיני כי אתה העדֹתה בנו... ויאמר אליו ה' לך רד' היו שאמרו שבמלים לֵךְ רֵד ה' רמז למשה מדוע הוא חוזר על אזהרתו. כך ה' אומר למשה: לֵךְ ברור שאחרי שאסרת על האנשים את העלייה להר, איש לא יעלה. אולם לֵךְ רֵד – אם תרד אל האנשים, ותתוודע

ביאור

יוּכַל הָעָם לַעֲלֹת אֶל הַר סִינָי, כִּי אַתָּה הַעֵדֹתָה בָּנוּ לֵאמֹר: הַגְבֵּל אֶת הָהָר וְקִדַּשְׁתּוֹ.

כד וַיֹּאמֶר אֵלָיו ה׳: לֶךְ רֵד, וְעָלִיתָ אַתָּה וְאַהֲרֹן עִמָּךְ, אהרן יצטרף אליך בחלק מן הדרך. בהמשך יתברר שהאנשים הקרובים למשה, אשר יורשו לעלות למקום גבוה יותר מאשר שאר העם, לא יגיעו אל מקום המפגש עצמו. לשם יעלה משה לבדו.[30] וְהַכֹּהֲנִים וְהָעָם אַל יֶהֶרְסוּ, יתפרצו לַעֲלֹת אֶל ה׳, פֶּן יִפְרָץ בָּם. אזהרה נוספת.

כה וַיֵּרֶד מֹשֶׁה אֶל הָעָם וַיֹּאמֶר אֲלֵהֶם את הדברים הללו שנית, ואז, כנראה חזר ועלה אל ההר.[31]

עשרת הדיברות

פרק כ פס׳ א–יג

התורה מונה עשרה דברים שדיבר אלוקים בהר סיני, ושכתבם אחר כך על לוחות האבן.[32] אולם האופן שבו נחלקים דיבורי ה׳ לעשרה אינו מוסכם. צווים אלו, הכוללים עניינים שבין אדם למקום ויחסים שבין אדם לחברו, עומדים ביסודם של המבנה הדתי ושל מערך החיים היהודיים, ובחלקם הגדול הם מקור לערכים המתאימים לאנושות כולה. רובם איסורים החלים על עולם המעשה, אך יש בהם גם צווים חיוביים וגם עניינים הקשורים בתודעה וברגש. אפשר להבחין בין חמשת הדיברות הראשונים, שבעיקרם הם עניינים שבין אדם למקום (שכן גם בכיבוד הורים יש משום כבודו של היוצר), לבין חמשת הדיברות האחרונים, שהם עניינים שבין אדם לחברו, ולא נזכר בהם שם שמים.[33]

הדיברות כולם פונים אל היחיד - לשון ישירה ואישית, ואולם הדרך שבה הם מתייחסים אל המצַווה אינה אחידה; בדברים הראשונים, שנושאם אמונת האלוהות, מופיע אלוקים בגוף ראשון, ואילו בהמשך הדברים הוא נזכר בגוף שלישי.

פרק כ א וַיְדַבֵּר אֱלֹהִים אֵת כָּל הַדְּבָרִים הָאֵלֶּה לֵאמֹר. לפי המסופר בהמשך, לא ברור אם בסופו של דבר כל ישראל שמעו ישירות את כל הדברים.[34] על כל פנים, את תחילתם בוודאי שמעו.

ב אָנֹכִי ה׳ אֱלֹהֶיךָ, אֲשֶׁר הוֹצֵאתִיךָ מֵאֶרֶץ מִצְרַיִם מִבֵּית עֲבָדִים. לפי חלק מן הפרשנים דיבר זה אינו ציווי כשלעצמו, אלא הוא הצגתו העצמית של הדובר, שבלעדיה אין משמעות לכל הציוויים הבאים.[35] לפי אחרים, זהו הצו הראשון - להאמין בה׳ ולדעת אותו.[36] מכאן

אל טבעם, תבין את הצורך להזכיר להם ולהזהירם שנית מפני הסכנה החמורה. (ראו אוהב ישראל, ליקוטים חדשים, יתרו).

הרחבות

׳אנכי ה׳ אלהיך׳ העניין הראשון - על הפן החיובי ועל הפן השלילי שלו - מתייחס לנוכחות האלוקית. חשיבותן של המצוות המעשיות שינוסחו בשאר הדיברות

לְךָ אֱלֹהִים אֲחֵרִים עַל־פָּנָי: לֹא־תַעֲשֶׂה לְךָ פֶסֶל ד
וְכָל־תְּמוּנָה אֲשֶׁר בַּשָּׁמַיִם מִמַּעַל וַאֲשֶׁר בָּאָרֶץ
מִתָּחַת וַאֲשֶׁר בַּמַּיִם מִתַּחַת לָאָרֶץ: לֹא־תִשְׁתַּחֲוֶה ה
לָהֶם וְלֹא תָעָבְדֵם כִּי אָנֹכִי יְהוָה אֱלֹהֶיךָ אֵל קַנָּא
פֹּקֵד עֲוֺן אָבֹת עַל־בָּנִים עַל־שִׁלֵּשִׁים וְעַל־רִבֵּעִים
לְשֹׂנְאָי: וְעֹשֶׂה חֶסֶד לַאֲלָפִים לְאֹהֲבַי וּלְשֹׁמְרֵי ו
מִצְוֺתָי: לֹא תִשָּׂא אֶת־שֵׁם־יְהוָה אֱלֹהֶיךָ ז
לַשָּׁוְא כִּי לֹא יְנַקֶּה יְהוָה אֵת אֲשֶׁר־יִשָּׂא אֶת־שְׁמוֹ
לַשָּׁוְא:

רש"י

עֲבָדִים. מִבֵּית פַּרְעֹה שֶׁהֱיִיתֶם עֲבָדִים לוֹ. אוֹ אֵינוֹ אוֹמֵר אֶלָּא "מִבֵּית עֲבָדִים" שֶׁהָיוּ עֲבָדִים לַעֲבָדִים? תַּלְמוּד לוֹמַר: "וַיִּפְדְּךָ מִבֵּית עֲבָדִים מִיַּד פַּרְעֹה מֶלֶךְ מִצְרַיִם" (דברים ז, ח), אֱמֹר מֵעַתָּה, עֲבָדִים לַמֶּלֶךְ הָיוּ וְלֹא עֲבָדִים לַעֲבָדִים:

ג| לֹא יִהְיֶה לְךָ. לָמָּה נֶאֱמַר? לְפִי שֶׁנֶּאֱמַר: "לֹא תַעֲשֶׂה לְךָ", אֵין לִי אֶלָּא שֶׁלֹּא יַעֲשֶׂה, הֶעָשׂוּי כְּבָר מִנַּיִן שֶׁלֹּא יְקַיֵּם? תַּלְמוּד לוֹמַר: "לֹא יִהְיֶה לְךָ". אֱלֹהִים אֲחֵרִים. שֶׁאֵינָן אֱלֹהוּת, אֶלָּא אֲחֵרִים עֲשָׂאוּם אֱלֹהִים עֲלֵיהֶם. וְלֹא יִתָּכֵן לְפָרֵשׁ "אֱלֹהִים אֲחֵרִים" זוּלָתִי, שֶׁגְּנַאי הוּא כְּלַפֵּי מַעְלָה לִקְרוֹתָם אֱלֹהוּת אֶצְלוֹ. דָּבָר אַחֵר, "אֱלֹהִים אֲחֵרִים", שֶׁהֵם אֲחֵרִים לְעוֹבְדֵיהֶם, צוֹעֲקִים אֲלֵיהֶם וְאֵינָן עוֹנִין אוֹתָם, וְדוֹמֶה כְּאִלּוּ הוּא אַחֵר שֶׁאֵינוֹ מַכִּירוֹ מֵעוֹלָם: עַל פָּנָי. כָּל זְמַן שֶׁאֲנִי קַיָּם, שֶׁלֹּא תֹאמַר, לֹא נִצְטַוּוּ עַל עֲבוֹדָה זָרָה אֶלָּא אוֹתוֹ הַדּוֹר:

ד| פֶּסֶל. עַל שֵׁם שֶׁנִּפְסָל כָּל תְּמוּנַת דָּבָר "אֲשֶׁר בַּשָּׁמַיִם" וְגוֹ':

ה-ו| אֵל קַנָּא. מְקַנֵּא לִפָּרַע וְאֵינוֹ עוֹבֵר עַל מִדָּתוֹ לִמְחֹל עַל עֲבוֹדָה זָרָה. כָּל לְשׁוֹן 'קַנָּא' אנפרינמנ"ט בְּלַעַז, נוֹתֵן לֵב לִפָּרַע: לְשֹׂנְאָי. כְּתַרְגּוּמוֹ, כְּשֶׁאוֹחֲזִין מַעֲשֵׂה אֲבוֹתֵיהֶם בִּידֵיהֶם. וְנֹצֵר חֶסֶד שֶׁאָדָם עוֹשֶׂה, לְשַׁלֵּם שָׂכָר עַד לְאַלְפַּיִם דּוֹר. נִמְצֵאת מִדָּה טוֹבָה יְתֵרָה עַל מִדַּת פֻּרְעָנוּת אַחַת עַל חֲמֵשׁ מֵאוֹת, שֶׁזּוֹ לְאַרְבָּעָה דוֹרוֹת וְזוֹ לְאַלְפַּיִם:

ז| לַשָּׁוְא. חִנָּם, לַהֶבֶל. וְאֵי זֶהוּ שְׁבוּעַת שָׁוְא? נִשְׁבַּע לְשַׁנּוֹת אֶת הַיָּדוּעַ, עַל עַמּוּד שֶׁל אֶבֶן שֶׁהוּא שֶׁל זָהָב:

הרחבות

מושתתת על קיומו של מצווה. גם אם חלקן נושאות משמעות חברתית, אין ערכן נמדד רק בשאלה עד כמה הן משמשות להסדרת החיים. עשרת הדיברות שניתנו במעמד הנשגב הזה משמשים בעיקר כקביעות ערכיות של טוב ורע. והקביעה הפותחת אותם: אָנֹכִי ה' אֱלֹהֶיךָ, המזהה את נותן התורה עם בעל הברית שהושיע

ביאור

נובעת הדרישה לבלעדיות: ג **לֹא יִהְיֶה לְךָ אֱלֹהִים אֲחֵרִים עַל פָּנָי,**
אתי. אין אלוהות זולתי.

אין די באמונה לבדה. ד **לֹא תַעֲשֶׂה לְךָ** לצורך סגידה ופולחן **פֶסֶל**
וְכָל תְּמוּנָה, צורה או דימוי של כל דבר **אֲשֶׁר בַּשָּׁמַיִם מִמַּעַל, וַאֲשֶׁר**
בָּאָרֶץ מִתָּחַת, וַאֲשֶׁר בַּמַּיִם מִתַּחַת לָאָרֶץ, בכל מקום בעולם. היצורים
אֲשֶׁר בַּמַּיִם מִתַּחַת לָאָרֶץ יכולים לרמז גם על מהויות עצומות או
מפלצות מים קדומות שנחשבו ליצורים בעלי עצמה שהיו שסגדו
להם. ה **לֹא תִשְׁתַּחֲוֶה לָהֶם, וְלֹא תָעָבְדֵם, כִּי אָנֹכִי ה' אֱלֹהֶיךָ אֵל קַנָּא.**
איני סובלני לשיתוף עם זולתי. בשל כך אני **פֹּקֵד,** זוכר **עֲוֹן,** פשעם
של **אָבֹת עַל בָּנִים, עַל שִׁלֵּשִׁים,** נכדים **וְעַל רִבֵּעִים,** נינים. אזכור את
החטא ואף אעניש עליו את יוצאי חלציו עד הדור הרביעי, **לְשֹׂנְאָי,**
גורל הצאצאים לאורך ארבעה דורות ייקבע לפי מעשיהם הרעים
של האבות, אם יוסיפו הצאצאים ללכת בדרכם הרעה.[37] ו ומאידך
גיסא, **עֹשֶׂה חֶסֶד לַאֲלָפִים,** לאלפי דורות –[38] ולא רק לארבעה דורות,
כמו בדינו של החוטא – **לְאֹהֲבַי וּלְשֹׁמְרֵי מִצְוֹתָי.** תביעת הבלעדיות
הכרוכה בקנאה מביאה הן לשלילת כל המתחרים הן לאהבה גדולה.

ומכאן לתביעת הכבוד והמורא: ז **לֹא תִשָּׂא אֶת,** תישבע **בְּשֵׁם**
ה' אֱלֹהֶיךָ לַשָּׁוְא, לשקר או לחינם. לאיסור זה משמעות הלכתית
חמורה משום שיש במעשה זה פגיעה בכבוד השליט העליון והיחיד
של העולם. **כִּי לֹא יְנַקֶּה,** ימחל, יפטור **ה' אֵת אֲשֶׁר יִשָּׂא אֶת שְׁמוֹ**
לַשָּׁוְא. לחילול ה' אין כפרה. באופן כללי עשרת הדיברות עוסקים
במצוות עצמן, ולא בעונשי מי שעוברים עליהן. חילול שם ה' חורג
מכך, שכן אין עונשו מוגדר תמיד מבחינת בית הדין והחברה, והוא

הרחבות

את ישראל ממצרים, היא המעניקה להם את תוקפם. אין אלה חוקים שיש לקיימם מתוך אימת המשפט או המשטרה, אלא מחמת ערכם העצמי והמוחלט.

'אל קנא' אין זו קנאה הקשורה לחמדה; זוהי קנאת אהבה, בדומה לקנאה שבפסוק כִּי עַזָּה כַמָּוֶת אַהֲבָה קָשָׁה כִשְׁאוֹל קִנְאָה (שיר השירים ח,ו). קנאה זו דומה לקנאות, והיא מאופיינת בתביעת בעלות מוחלטת ובלעדית. גם בהופעתה בחברה האנושית וגם בהקשר הזה אין בה רק היעדר סובלנות כלפי קרבתם של אחרים אל האהוב, אלא מצטרפים אליה אף צדדים של מלחמה ושל נקמה. (ראו ר"י בכור שור). ואכן, לשונות של קנאה המיוחסת לאלוקים בתנ"ך אינן מופיעות אלא בהקשר של עבודה זרה, שהיא בגידה בא-ל אחד (על פי רמב"ן).

'לא תשא את שם ה' אלהיך לשוא' ביטוי זה נושא עמו גם את הערך של כבוד שם ה', וממנו נלמדו ההגבלות באשר להזכרת שמו הגלוי והמפורש לבטלה או שלא בהקשר חיובי, והמרתו בכינויים שונים הבאים להרחיק את האדם מזילות בשימוש שמו הגדול של ה'.

ח ט זָכוֹר אֶת־יוֹם הַשַּׁבָּת לְקַדְּשׁוֹ: שֵׁשֶׁת יָמִים תַּעֲבֹד
י וְעָשִׂיתָ כָּל־מְלַאכְתֶּךָ: וְיוֹם הַשְּׁבִיעִי שַׁבָּת לַיהוָה
אֱלֹהֶיךָ לֹא־תַעֲשֶׂה כָל־מְלָאכָה אַתָּה ׀ וּבִנְךָ
וּבִתֶּךָ עַבְדְּךָ וַאֲמָתְךָ וּבְהֶמְתֶּךָ וְגֵרְךָ אֲשֶׁר
יא בִּשְׁעָרֶיךָ: כִּי שֵׁשֶׁת־יָמִים עָשָׂה יְהוָה אֶת־הַשָּׁמַיִם
וְאֶת־הָאָרֶץ אֶת־הַיָּם וְאֶת־כָּל־אֲשֶׁר־בָּם וַיָּנַח
בַּיּוֹם הַשְּׁבִיעִי עַל־כֵּן בֵּרַךְ יְהוָה אֶת־יוֹם הַשַּׁבָּת
יב וַיְקַדְּשֵׁהוּ: כַּבֵּד אֶת־אָבִיךָ וְאֶת־אִמֶּךָ

רש"י

ח| "זָכוֹר" וְ"שָׁמוֹר" בְּדִבּוּר אֶחָד נֶאֶמְרוּ. וְכֵן: "מְחַלְלֶיהָ מוֹת יוּמָת" (להלן לא, יד), "וּבְיוֹם הַשַּׁבָּת שְׁנֵי כְבָשִׂים" (במדבר כח, ט); וְכֵן: "לֹא תִלְבַּשׁ שַׁעַטְנֵז", "גְּדִלִים תַּעֲשֶׂה לָּךְ" (דברים כב, יא-יב); וְכֵן: "עֶרְוַת אֵשֶׁת אָחִיךָ" (ויקרא יח, טז), "יְבָמָהּ יָבֹא עָלֶיהָ" (דברים כה, ה); הוּא שֶׁנֶּאֱמַר: "אַחַת דִּבֶּר אֱלֹהִים שְׁתַּיִם זוּ שָׁמָעְתִּי" (תהלים סב, יב). "זָכוֹר" לְשׁוֹן פָּעוֹל הוּא, כְּמוֹ: "אָכוֹל וְשָׁתוֹ" (ישעיה כב, יג), "הָלוֹךְ וּבָכֹה" (שמואל ב׳ ג, טז), וְכֵן פִּתְרוֹנוֹ: תְּנוּ לֵב לִזְכֹּר תָּמִיד אֶת יוֹם הַשַּׁבָּת, שֶׁאִם נִזְדַּמֵּן לְךָ חֵפֶץ יָפֶה תְּהֵא מְזַמְּנוֹ לַשַּׁבָּת:

ט| **וְעָשִׂיתָ כָּל מְלַאכְתֶּךָ.** כְּשֶׁתָּבֹא שַׁבָּת יְהֵא בְעֵינֶיךָ כְּאִלּוּ כָּל מְלַאכְתְּךָ עֲשׂוּיָה, שֶׁלֹּא תְּהַרְהֵר אַחַר מְלָאכָה:

י| **אַתָּה וּבִנְךָ וּבִתֶּךָ.** אֵלּוּ קְטַנִּים. אוֹ אֵינוֹ אֶלָּא גְדוֹלִים? אָמַרְתָּ, הֲרֵי כְּבָר מֻזְהָרִין הֵם, אֶלָּא לֹא בָא אֶלָּא לְהַזְהִיר הַגְּדוֹלִים עַל שְׁבִיתַת הַקְּטַנִּים, וְזֶהוּ שֶׁשָּׁנִינוּ: קָטָן שֶׁבָּא לְכַבּוֹת אֵין שׁוֹמְעִין לוֹ, מִפְּנֵי שֶׁשְּׁבִיתָתוֹ עָלֶיךָ:

יא| **וַיָּנַח בַּיּוֹם הַשְּׁבִיעִי.** כִּבְיָכוֹל הִכְתִּיב בְּעַצְמוֹ מְנוּחָה, לְלַמֵּד הֵימֶנּוּ קַל וָחֹמֶר לְאָדָם שֶׁמְּלַאכְתּוֹ בְּעָמָל וּבִיגִיעָה שֶׁיְּהֵא נָח בַּשַּׁבָּת: **בֵּרַךְ... וַיְקַדְּשֵׁהוּ.** בֵּרְכוֹ בַּמָּן, לְכָפְלוֹ בַּשִּׁשִּׁי לֶחֶם מִשְׁנֶה, וְקִדְּשׁוֹ בַּמָּן, שֶׁלֹּא הָיָה יוֹרֵד בּוֹ:

הרחבות

מלים אלה נדרשו גם כמתייחסות לחילול כבודו של ה׳ באופן כללי. כיוון שבמשך הזמן עם ישראל הזדהה כעמו של ה׳, הרי שהתנהגותם השלילית הבולטת לעין זר מחללת את שמו של אלוקיהם. בהתנהגות כזאת אין הם מחללים רק את שמם, כלומר את הרושם שהם עושים, ואת כבודם הפרטי, המשפחתי, האישי או אפילו הלאומי, אלא גם את שמו של ה׳. (ראו למשל פסיקתא רבתי כב; שערי תשובה ב,מה; וראו עוד ויקרא יט,יב; יומא פו ע"א).

׳זכור את יום השבת לקדשו׳ דיבר זה מתקיים גם באמצעות הלשון המדוברת יום יום. בלשון העברית, שלא כבשאר לשונות, אין שמות לימי השבוע. הימים מכונים רק כמספרים סודרים, יום ראשון, יום שני וכך הלאה, והם נמנים לפי יחסם אל השבת, ואילו שמה של השבת הוא היחיד מבין שמות הימים שאינו יחסי. (ראו מכילתא דרשב"י כ,ח, ר"י בכור שור ורמב"ן על אתר).

׳לא תעשה כל מלאכה׳ במעמד הר סיני

ביאור
חמור הרבה יותר מחטאים אחרים. אפילו יום הכיפורים וייסורים
אינם מכפרים על הפגיעה בעצם הקשר עם ה'.[39]

מכאן למצווה היוצרת את מבנה החיים הבסיסי של עם
ישראל: ח **זָכוֹר אֶת יוֹם הַשַּׁבָּת לְקַדְּשׁוֹ**, כיום קדוש. השבת ניתנה
לישראל עוד קודם לכן,[40] אך עתה היא מקבלת משמעות של קדושה
מיוחדת. את הדיבר הזה מקיימים גם באמצעות הקידוש, שבו
מייחדים את השבת ומדגישים את ערכה. בקידוש של ליל השבת
מקבלים את פניו של היום הקדוש.[41] הזכרת יום השבת וקידושו
בפועל מתממשים גם באמצעות מנהגים והלכות נוספים, כגון
באכילה ובלבוש.[42] ט **שֵׁשֶׁת יָמִים תַּעֲבֹד וְעָשִׂיתָ כָּל מְלַאכְתֶּךָ**. ששת
הימים מיועדים לעבודת בני אדם ולעשיית כל צורכיהם. י **וְיוֹם
הַשְּׁבִיעִי שַׁבָּת לַה' אֱלֹהֶיךָ**, ביום זה שבת אלוקים, כפי שסופר
בתחילת התורה,[43] ואף אתה, ישראל, הבא בברית אתו, ביום זה
לֹא תַעֲשֶׂה כָל מְלָאכָה. לא רק אתה באופן פרטי, אלא עליך לדאוג
לשביתה סביבתית רחבה – **אַתָּה וּבִנְךָ וּבִתֶּךָ, עַבְדְּךָ וַאֲמָתְךָ וּבְהֶמְתֶּךָ
וְגֵרְךָ אֲשֶׁר בִּשְׁעָרֶיךָ**. השבת שייכת לכלל האומה. עשיית מלאכה
נאסרה על האדם בשבת, יא **כִּי שֵׁשֶׁת יָמִים עָשָׂה ה' אֶת הַשָּׁמַיִם
וְאֶת הָאָרֶץ, אֶת הַיָּם וְאֶת כָּל אֲשֶׁר בָּם, וַיָּנַח בַּיּוֹם הַשְּׁבִיעִי. עַל
כֵּן בֵּרַךְ ה' אֶת יוֹם הַשַּׁבָּת**, כיום סיום מלאכת הבריאה, ובנוסף
לזה – **וַיְקַדְּשֵׁהוּ**. כבר מראשית ימות העולם הוא ייחד וקידש את יום
השבת.[44]

יב **כַּבֵּד אֶת אָבִיךָ וְאֶת אִמֶּךָ**, כיבוד ההורים איננו מעשה טקסי, אלא

הרחבות

לא הובאו פרטי איסורי השבת ומצוותיה. אין ספק שהשביתה בשבת אינה תובעת מישראל לשבת ישיבה קפואה על מקומם. האיסור ממוקד בעשיית מלאכה, שהיא פעולה מוגדרת שאינה זהה עם עבודה. עבודה היא כל פעילות פיזית, ואילו מלאכה היא פעולה יוצרת ומכוונת.

'על כן ברך ה' את יום השבת ויקדשהו' יום השבת איננו רק יום של איסור והגבלה, יום של הימנעות מעשיית מלאכה לזיכרון שביתתו של אלוקים מבריאת העולם. יום זה הוא כיום חגו השבועי של ה'. על כן הוא לא נקבע כיום מנוחה בלבד, אלא גם כיום קדוש. כך מתקשרת מצוות השבת לדיברות שלפניה, העוסקים באמונה בבלעדיותו של ה'. מכיוון שעתה נכנסו ישראל בברית אתו, הוא משתף אותם בחגו הפרטי. משום כך זכירת קדושת השבת היא המצווה המעשית הראשונה המשתייכת להתנהגות היהודית הקבועה.

מצוות כיבוד אב ואם לא נזכרה בתורה במפורש קודם לכן, אך בתור עיקרון יסודי

לְמַ֙עַן֙ יַאֲרִכ֣וּן יָמֶ֔יךָ עַ֚ל הָאֲדָמָ֔ה אֲשֶׁר־יְהוָ֥ה
אֱלֹהֶ֖יךָ נֹתֵ֥ן לָֽךְ׃ יג לֹ֖א תִּֿרְצָֽ֖ח׃ לֹ֣א
תִּֿנְאָ֑ף לֹ֣א תִּֿגְנֹ֔ב לֹֽא־
תַעֲנֶ֥ה בְרֵעֲךָ֖ עֵ֥ד שָֽׁקֶר׃ יד לֹ֥א
תַחְמֹ֖ד בֵּ֣ית רֵעֶ֑ךָ לֹֽא־

רש"י

יב| לְמַעַן יַאֲרִכוּן יָמֶיךָ. אִם תְּכַבֵּד – יַאֲרִיכוּן, וְאִם לָאו – יִקְצְרוּן, שֶׁדִּבְרֵי תוֹרָה נוֹטָרִיקוֹן הֵם נִדְרָשִׁים, מִכְּלָל הֵן לָאו וּמִכְּלָל לָאו הֵן:

יג| לֹא תִנְאָף. אֵין נִאוּף אֶלָּא בְּאֵשֶׁת אִישׁ, שֶׁנֶּאֱמַר: "מוֹת יוּמַת הַנֹּאֵף וְהַנֹּאָפֶת" (ויקרא כ, י), וְאוֹמֵר: "הָאִשָּׁה הַמְנָאֶפֶת תַּחַת אִישָׁהּ תִּקַּח אֶת זָרִים" (יחזקאל טז, לב): לֹא תִגְנֹב. בְּגוֹנֵב נְפָשׁוֹת הַכָּתוּב מְדַבֵּר. "לֹא תִגְנֹבוּ" (ויקרא יט, יא) בְּגוֹנֵב מָמוֹן. אוֹ אֵינוֹ אֶלָּא זֶה בְּגוֹנֵב מָמוֹן וּלְהַלָּן בְּגוֹנֵב נְפָשׁוֹת? אָמַרְתָּ, דָּבָר לָמֵד מֵעִנְיָנוֹ, "לֹא תִרְצַח, לֹא תִנְאָף" מִיתַת בֵּית דִּין, אַף "לֹא תִגְנֹב" דָּבָר שֶׁחַיָּבִין עָלָיו מִיתַת בֵּית דִּין:

הרחבות

הופיע ערך זה כאלף שנים לפני מתן תורה. הוא התגלה כבר אצל בניו של נח. (ראו בראשית ט,כ-כג).

בעשרת הדיברות נקשר כיבוד ההורים למהות התורה גם מצד אחר: אין הוא מופיע כאן כחלק מן החובה לחלוק כבוד למבוגרים (כגון: מִפְּנֵי שֵׂיבָה תָּקוּם וְהָדַרְתָּ פְּנֵי זָקֵן). דווקא מצוות כיבוד הורים נבחרה כאחד מן הדיברות הבסיסיים שכן יחסו של אדם להוריו מקביל ליחסו אל בוראו. הדיבר הראשון קשר את עם ישראל לאלוקיו בכך שהוא יצרם כעם - אֲשֶׁר הוֹצֵאתִיךָ מֵאֶרֶץ מִצְרַיִם מִבֵּית עֲבָדִים; הדיבר הקודם קשר את חובת שמירת השבת שלנו לעובדה שה' הוא שיצרנו וברא את העולם - וכך גם החובה לכבד את ההורים שבדיבר זה אינה תלויה באישיותם אלא בהיותם מקורנו. (ראו קדושין ל ע"ב ורמב"ן על אתר).

'לא תרצח' הבסיס לקיום החברתי הוא ביטחונו של כל אדם בקיומו, הנובע מכך שהוא סומך על זולתו שלא יתנכל לחייו. בחברה שבה היה מותר לאדם לרצוח, האדם, בכלל ובפרט, היה נתון בסכנת הכחדה מתמדת. על כן עיקרון דומה נוהג אפילו בחלק מחברות בעלי החיים. אולם בעשרת הדיברות מקבל האיסור משמעות שהיא מעבר להסדרה החברתית, שכן הוא מנוסח במלים: לֹא תִּרְצָח ולא בהוראה: "אל תרצח". זהו ניסוח שולל יותר מאשר מזהיר: אין רציחה. מעשה כזה איננו חלק מעולמך. ניסוח דומה חל גם בדיברות הבאים.

'לא תנאף' איסורים מיניים אחרים הנחשבים כאיסורי עריות - כגון האיסורים על יחסים בין קרובי משפחה, מגבלות הנובעות מכבוד ישראל או מכבודם של מעמדות מסוימים בישראל - אינם נכללים בדיבר זה, למרות שהם חמורים לא פחות, והעונש על חלקם כבד אף יותר. כאן מופיע דווקא איסור הניאוף מפני שיש בו שבירה של התא החברתי הבסיסי - המשפחה. הניאוף פוגע בתפיסה שמקורה בראשית הבריאה: עַל כֵּן יַעֲזָב אִישׁ אֶת אָבִיו וְאֶת אִמּוֹ וְדָבַק בְּאִשְׁתּוֹ וְהָיוּ לְבָשָׂר אֶחָד (בראשית ב,כד). באופן דומה, גם איסור הרציחה מתקשר לאמור בבראשית ט,ו: שֹׁפֵךְ דַּם הָאָדָם בָּאָדָם דָּמוֹ יִשָּׁפֵךְ כִּי בְּצֶלֶם אֱלֹהִים עָשָׂה אֶת הָאָדָם.

'לא תענה ברעך עד שקר' את האיסור

ביאור | הוא עניין יומיומי הקשור לחיים עלי אדמות, **לְמַעַן יַאֲרִכוּן יָמֶיךָ עַל הָאֲדָמָה אֲשֶׁר ה׳ אֱלֹהֶיךָ נֹתֵן לָךְ.** שכרו של מי שמכבד את הוריו הוא חיים ארוכים בעולם הזה.[45] במקום שבו מכבדים את הדור הזקן יש אריכות ימים, שכן ההורים המבוגרים חשים ביטחון קיומי בכך ויודעים שהם יכולים לסמוך על תמיכת הדור הצעיר, וכן הם חשים מוערכים ומשמעותיים למשפחה ולסביבה.[46]

המצוות הבאות אינן מוגדרות כאן בפירוט, אך הן קובעות את מוחלטותם של אחדים מאיסורי היסוד של התורה. החוקים החברתיים הראשונים הם חלק מכל תרבות אנושית, אך הקשרם כאן מקנה להם משמעות שהיא מעבר למעמדן המקובל בחברות אחרות.

יג **לֹא תִּרְצָח.**

לֹא תִּנְאָף. איסור זה של העבירות בתחום המיני, הוגדר בהלכה ובפרשנות המסורתית כקשר עם אשה נשואה לאדם אחר.[47]

לאחר ערכי השמירה על חייו של האחר ועל שלמות משפחתו, מגיע ציווי המתייחס לשמירת רכושו – **לֹא תִּגְנֹב.**[48]

מן האיסורים המוחלטים המגדירים את בסיס התנהגותו של האדם כלפי זולתו באופן מוחלט: אין רציחה; אין ניאוף; אין גנבה – עוברת התורה אל איסור שלכאורה אינו עומד באותה דרגה עם קודמיו, אך הוא מתייחס למציאות חברתית שכיחה – **לֹא תַעֲנֶה בְרֵעֲךָ עֵד שָׁקֶר.** אל תעיד עדות שקר. הגדרותיו ההלכתיות של איסור זה רואות בו איסור על מתן עדות שקרית או פסולה במהלך משפט, העלולה להביא למותו של הנאשם, שכן עדות כזאת מערערת את האמון בין בני האדם.

יד **לֹא תַחְמֹד**, תשתוקק **לְבֵית רֵעֶךָ.**

הרחבות | ניתן לפרש באופן רחב יותר, כאיסור אמירת שקר על הזולת. (ראו ר״י בכור שור שמות כג,א). לו נמנעו אנשים לחלוטין מדברי שקר, כל אדם יכול היה להישען על זולתו, לא רק בזכות הידיעה שחייו, אשתו ורכושו בטוחים, אלא מתוך האמון המלא שהוא יכול לתת במלים הנאמרות לאוזניו.

׳לא תחמד׳ איסור כזה אינו מתאים להיכתב בשום ספר חוקים, שכן ספרי החוקים מתייחסים למעשים ולא למחשבות ולרצונות של בני האדם. רק אלוקים הוא היכול לצוות שלא לרצות דבר, ולהגביל את המזימות והחמדות הכמוסות בלבו של אדם.

תַחְמֹד אֵשֶׁת רֵעֶךָ וְעַבְדּוֹ וַאֲמָתוֹ וְשׁוֹרוֹ וַחֲמֹרוֹ וְכֹל
אֲשֶׁר לְרֵעֶךָ׃
שביעי טו וְכָל־הָעָם רֹאִים אֶת־הַקּוֹלֹת וְאֶת־הַלַּפִּידִם וְאֵת קוֹל
הַשֹּׁפָר וְאֶת־הָהָר עָשֵׁן וַיַּרְא הָעָם וַיָּנֻעוּ וַיַּעַמְדוּ
טז מֵרָחֹק׃ וַיֹּאמְרוּ אֶל־מֹשֶׁה דַּבֵּר־אַתָּה עִמָּנוּ וְנִשְׁמָעָה
יז וְאַל־יְדַבֵּר עִמָּנוּ אֱלֹהִים פֶּן־נָמוּת׃ וַיֹּאמֶר מֹשֶׁה
אֶל־הָעָם אַל־תִּירָאוּ כִּי לְבַעֲבוּר נַסּוֹת אֶתְכֶם בָּא

רש"י

טו **וְכָל הָעָם רֹאִים.** מְלַמֵּד שֶׁלֹּא הָיָה בָּהֶם אֶחָד סוּמָא. וּמִנַּיִן שֶׁלֹּא הָיָה בָּהֶם אִלֵּם? תַּלְמוּד לוֹמַר: "וַיַּעֲנוּ כָּל הָעָם" (לעיל יט, ח). וּמִנַּיִן שֶׁלֹּא הָיָה בָּהֶם חֵרֵשׁ? תַּלְמוּד לוֹמַר: "נַעֲשֶׂה וְנִשְׁמָע" (להלן כד, ז): **רֹאִים אֶת הַקּוֹלֹת.** רוֹאִים אֶת הַנִּשְׁמָע, שֶׁאִי אֶפְשָׁר לִרְאוֹת בְּמָקוֹם אַחֵר: **אֶת הַקּוֹלֹת.** הַיּוֹצְאִין מִפִּי הַגְּבוּרָה: **וַיָּנֻעוּ.** אֵין 'נוֹעַ' אֶלָּא זִיעַ: **וַיַּעַמְדוּ מֵרָחֹק.** הָיוּ נִרְתָּעִין לַאֲחוֹרֵיהֶם שְׁנֵים עָשָׂר מִיל כְּאָרְךְ מַחֲנֵיהֶם, וּמַלְאֲכֵי הַשָּׁרֵת בָּאִין וּמְסַיְּעִין אוֹתָן לְהַחֲזִירָם, שֶׁנֶּאֱמַר: "מַלְכֵי צְבָאוֹת יִדֹּדוּן יִדֹּדוּן" (תהלים סח, יג):

יז **לְבַעֲבוּר נַסּוֹת אֶתְכֶם.** לְגַדֵּל אֶתְכֶם בָּעוֹלָם, שֶׁיֵּצֵא לָכֶם שֵׁם בָּאֻמּוֹת שֶׁהוּא בִּכְבוֹדוֹ נִגְלָה עֲלֵיכֶם: **נַסּוֹת.** לְשׁוֹן הֲרָמָה וּגְדֻלָּה, כְּמוֹ: "הָרִימוּ נֵס" (ישעיה סב, י), "אָרִים נִסִּי" (שם מט, כב), "וְכַנֵּס עַל הַגִּבְעָה" (שם ל, יז):

הרחבות

בשל חריגותו של האיסור בין הדיברות המתייחסים למעשים ולמלים, פירשו אותו חכמי ההלכה באופן מצומצם הרבה יותר – בתור איסור על נקיטת אמצעים שיש בהם כדי לשלול מן הזולת את מה ששייך לו. (ראו ספר המצוות לרמב"ם, לא תעשה רסה). אין מדובר בהכרח באמצעים שאינם חוקיים, באמצעים שאסור לנקוט גם מסיבות אחרות, אלא גם באמצעים חוקיים, כגון לחץ, שידול או מניפולציה שעושה אדם כדי לגרום לכך שרכושו של האחר יעבור לרשותו שלו. החמדה במובן הזה דומה קצת לחמס, חטאם של דור המבול (בראשית ו,יא-יג), שאינו זהה לגזל, בהיותו מונע על ידי תאוותנות לרכושו של הזולת. הדיבר האחרון במובנו המצומצם בא אפוא לאסור את התכנון והמזימה המעשית כלפי רכושו של הזולת.
יש לציין כי ההגדרה ההלכתית המצומצמת איננה שוללת את משמעותו הפשוטה של הביטוי. ואכן במסגרת הדיבר המקביל בנוסח עשרת הדיברות שבספר דברים מופיעות המלים וְלֹא תִתְאַוֶּה (דברים ה,יז), המורות על חמדה ותשוקה רגשית, גם בלי השלכות מעשיות. (ראו רמב"ם, הלכות גזילה א,ט-יב).

'רֹאִים אֶת הַקּוֹלֹת וְאֶת הַלַּפִּידִם וְאֵת קוֹל הַשֹּׁפָר וְאֶת הָהָר עָשֵׁן' היו מי שפירשו את הביטוי, כאילו הראייה חלה על הלפידים והעשן ועל היסודות החזותיים שבהם באו הקולות – הברד או האש. (רשב"ם ורבנו בחיי). ואולם בחוסר ההתאמה שבין חוש הראייה לבין תכונותיהם הקוליות של מושאיו אפשר לראות תיאור מדויק למציאות שבה ניתנו הדיברות שלא בתיווכם של החושים האנושיים. (ראו רש"י). את דיבורו של אלוקים אי אפשר להקליט במכשיר, ואין

ביאור | **לֹא תַחְמֹד אֵשֶׁת רֵעֶךָ**, שזו החמדה העתיקה, הקבועה והמפורסמת, שלא נעלמה במשך שלושת אלפי השנים שעברו מאז מתן תורה ועד היום הזה, **וְעַבְדּוֹ וַאֲמָתוֹ וְשׁוֹרוֹ וַחֲמֹרוֹ, וְכֹל אֲשֶׁר לְרֵעֶךָ.**

העם במעמד הר סיני

פרק כ פס׳ טו–יח

המצוות שה׳ השמיע לעמו בסיני, היו החלק התודעתי–מילולי של ההתגלות. אליהן התלוותה חוויה חושית ועל–חושית שלא הייתה דוגמתה. העם חש כי כליו מוגבלים להכיל את עָצמותיה. אותם אנשים שלפני מתן תורה השתוקקו, כנראה, לעלות להר בהמוניהם, ושהיה צורך להזהירם כמה פעמים כדי למנוע את התקרבותם אליו, נרתעים עתה באימה מן המפגש הישיר בין האדם לבין האינסוף.

טו **וְכָל הָעָם רֹאִים אֶת הַקּוֹלֹת וְאֶת הַלַּפִּידִם**, את האורות הלוהטים
כלפידים, **וְאֵת קוֹל הַשֹּׁפָר וְאֶת הָהָר עָשֵׁן. וַיַּרְא הָעָם** את התופעות
הללו **וַיָּנֻעוּ**, הזדעזעו ונרתעו אחורנית באופן אינסטינקטיבי,
ואז – **וַיַּעַמְדוּ מֵרָחֹק**. בעבר הכירו את הנביא בתור המדבר בשם
ה׳, אך עתה לראשונה טעמו משהו מתהליך קבלתה ושמיעתה של
הנבואה, וחשו את הפחד המלווה אותו. טז על כן – **וַיֹּאמְרוּ אֶל**
מֹשֶׁה: דַּבֵּר אַתָּה עִמָּנוּ וְנִשְׁמָעָה, וְאַל יְדַבֵּר עִמָּנוּ אֱלֹהִים, פֶּן נָמוּת.
יז **וַיֹּאמֶר מֹשֶׁה אֶל הָעָם: אַל תִּירָאוּ.** אלוקים לא עומד להמשיך
לדבר אליכם כך בכל יום.[49] **כִּי לְבַעֲבוּר נַסּוֹת**, כדי לנסות **אֶתְכֶם**

הרחבות | בזמן מעמד הר סיני מעידה שלמרות קרבתו היתרה לאלוקים משה לא עמד אז בראש ההר. כשאלוקים דיבר אל עמו, הכול היו מולו בעמדה אחת. ובכל זאת ישראל חשו שמעמדם שונה משל משה, שכן הוא כבר רגיל היה לשמוע את דבר ה׳. (ראו דברים ה,ה; ראב״ע שמות יט,יז ורמב״ן שם פס׳ ט).

׳ואל ידבר עמנו אלהים פן נמות׳ עם קבלת הנבואה היו מן הנביאים שנפלו על הארץ ואיבדו את חושיהם. (ראו בראשית טו,יב; יז,ג; במדבר כד,ד; דניאל י,ז–ט). כאן מתרחשת נבואה בדרגה גבוהה אף יותר משאר נבואות. על כן חוששים ישראל שימותו.

לא ברור מתי התרחשה פנייה זו. נראה כי ישראל הגיבו לאחר שהתחילו לשמוע את הדיברות, וקודם שהסתיימה אמירתם, דרך למדוד את גליו. לחושים אין תפקיד מרכזי בתהליך קליטת דברי ה׳ שכן הם חודרים הישר אל מרכז התודעה (ראב״ע). הנבואה היא מעבר של תוכן מן התודעה האלוקית לתודעה האנושית, שאינו נעשה באמצעים חיצוניים – ציורים או קולות – העשויים להיראות או להישמע על ידי מי שאינו נביא, אלא היא חיזיון או קול פנימי באדם. (ראו שו״ת הרשב״א ד׳ רלד). כיוון שכך, אין משמעות לשאלה אם ההתרחשות הזאת נראתה בעיניים או נשמעה באוזניים. ואולם בשל חריגותה של חוויה כזאת קשה להגדירה בלי להיאחז בחושים. כאן מתוארים הדברים באמצעות ראייה ושמיעה, ובדברי אגדה נוסף גם יסוד הריח שבישם את העולם עם כל דיבור ודיבור שיצא מפי ה׳ (שבת פח ע״ב).

׳ויאמרו אל משה׳ פניית ישראל אל משה

הָאֱלֹהִ֑ים וּבַעֲב֗וּר תִּהְיֶ֧ה יִרְאָת֛וֹ עַל־פְּנֵיכֶ֖ם לְבִלְתִּ֥י
יח תֶחֱטָֽאוּ׃ וַיַּעֲמֹ֥ד הָעָ֖ם מֵרָחֹ֑ק וּמֹשֶׁה֙ נִגַּ֣שׁ אֶל־
מפטיר יט הָעֲרָפֶ֔ל אֲשֶׁר־שָׁ֖ם הָאֱלֹהִֽים׃ וַיֹּ֤אמֶר יהוה֙
אֶל־מֹשֶׁ֔ה כֹּ֥ה תֹאמַ֖ר אֶל־בְּנֵ֣י יִשְׂרָאֵ֑ל אַתֶּ֣ם רְאִיתֶ֔ם
כ כִּ֚י מִן־הַשָּׁמַ֔יִם דִּבַּ֖רְתִּי עִמָּכֶֽם׃ לֹ֥א תַעֲשׂ֖וּן אִתִּ֑י אֱלֹ֤הֵי
כא כֶ֙סֶף֙ וֵאלֹהֵ֣י זָהָ֔ב לֹ֥א תַעֲשׂ֖וּ לָכֶֽם׃ מִזְבַּ֣ח אֲדָמָה֮
תַּעֲשֶׂה־לִּי֒ וְזָבַחְתָּ֣ עָלָ֗יו אֶת־עֹלֹתֶ֙יךָ֙ וְאֶת־שְׁלָמֶ֔יךָ

רש"י

שֶׁהוּא זָקוּף: **וּבַעֲבוּר תִּהְיֶה יִרְאָתוֹ.** עַל יְדֵי שֶׁרְאִיתֶם אוֹתוֹ יָרְאוּי וּמְאֻיָּם, תֵּדְעוּ כִּי אֵין זוּלָתוֹ וְתִירְאוּ מִפָּנָיו:

יח) **נִגַּשׁ אֶל הָעֲרָפֶל.** לִפְנִים מִשָּׁלֹשׁ מְחִצּוֹת: חֹשֶׁךְ, עָנָן וַעֲרָפֶל, שֶׁנֶּאֱמַר: "וְהָהָר בֹּעֵר בָּאֵשׁ עַד לֵב הַשָּׁמַיִם חֹשֶׁךְ עָנָן וַעֲרָפֶל" (דברים ד, יא). עֲרָפֶל הוּא עַב הֶעָנָן, שֶׁאָמַר לוֹ: "הִנֵּה אָנֹכִי בָּא אֵלֶיךָ בְּעַב הֶעָנָן" (לעיל יט, ט).

יט) **כֹּה תֹאמַר.** בַּלָּשׁוֹן הַזֶּה: **אַתֶּם רְאִיתֶם.** יֵשׁ הֶפְרֵשׁ בֵּין מַה שֶּׁאָדָם רוֹאֶה לְמַה שֶּׁאֲחֵרִים מְסִיחִין לוֹ, שֶׁמַּה שֶּׁאֲחֵרִים מְסִיחִין לוֹ פְּעָמִים שֶׁלִּבּוֹ חָלוּק מִלְּהַאֲמִין: **כִּי מִן הַשָּׁמַיִם דִּבַּרְתִּי.** וְכָתוּב אַחֵר אוֹמֵר: "וַיֵּרֶד ה' עַל הַר סִינַי" (לעיל יט, כ)! בָּא הַכָּתוּב הַשְּׁלִישִׁי וְהִכְרִיעַ בֵּינֵיהֶם: "מִן הַשָּׁמַיִם הִשְׁמִיעֲךָ אֶת קֹלוֹ לְיַסְּרֶךָּ וְעַל הָאָרֶץ הֶרְאֲךָ אֶת אִשּׁוֹ הַגְּדוֹלָה" (דברים ד, לו), כְּבוֹדוֹ בַּשָּׁמַיִם וְאִשּׁוֹ וּגְבוּרָתוֹ עַל הָאָרֶץ. דָּבָר אַחֵר, הִרְכִּין שָׁמַיִם וּשְׁמֵי שָׁמַיִם וְהִצִּיעָן עַל הָהָר, וְכֵן הוּא אוֹמֵר: "וַיֵּט שָׁמַיִם וַיֵּרַד" (שמואל ב' כב, י).

כ) **לֹא תַעֲשׂוּן אִתִּי.** לֹא תַעֲשׂוּן דְּמוּת שַׁמָּשַׁי הַמְשַׁמְּשִׁים לְפָנַי בַּמָּרוֹם: **אֱלֹהֵי כֶסֶף.** בָּא לְהַזְהִיר עַל הַכְּרוּבִים שֶׁאַתָּה עוֹשֶׂה לַעֲמֹד אִתִּי שֶׁלֹּא יִהְיוּ שֶׁל כֶּסֶף, שֶׁאִם שִׁנִּיתֶם לַעֲשׂוֹתָם שֶׁל כֶּסֶף הֲרֵי הֵן לְפָנַי כֶּאֱלֹהוֹת: **וֵאלֹהֵי זָהָב.** בָּא לְהַזְהִיר שֶׁלֹּא יוֹסִיף עַל שְׁנַיִם, שֶׁאִם עָשִׂיתָ אַרְבָּעָה הֲרֵי הֵן לְפָנַי כֵּאלֹהֵי זָהָב: **לֹא תַעֲשׂוּ לָכֶם.** שֶׁלֹּא תֹאמַר, הֲרֵינִי עוֹשֶׂה כְּרוּבִים בְּבָתֵּי כְנֵסִיּוֹת וּבְבָתֵּי מִדְרָשׁוֹת כְּדֶרֶךְ שֶׁאֲנִי עוֹשֶׂה בְּבֵית עוֹלָמִים, לְכָךְ נֶאֱמַר: "לֹא תַעֲשׂוּ לָכֶם":

כא) **מִזְבַּח אֲדָמָה.** מְחֻבָּר בָּאֲדָמָה, שֶׁלֹּא יִבְנֶנּוּ עַל גַּבֵּי עַמּוּדִים אוֹ עַל גַּבֵּי כִּפִּים. דָּבָר אַחֵר, שֶׁהָיָה מְמַלֵּא אֶת חֲלַל מִזְבַּח הַנְּחֹשֶׁת אֲדָמָה בִּשְׁעַת חֲנִיָּתָן: **תַּעֲשֶׂה לִּי.** שֶׁתְּהֵא תְּחִלַּת עֲשִׂיָּתוֹ לִשְׁמִי: **וְזָבַחְתָּ עָלָיו.** אֶצְלוֹ, כְּמוֹ: "וְעָלָיו מַטֵּה מְנַשֶּׁה" (במדבר

הרחבות

אך בתורה הובאו עשרת הדיברות ברצף. חכמים אמרו שרק את הדיברות 'אנכי' ו'לא יהיה לך' שמעו כל ישראל מפי ה' (מכות כד ע"א), שכן רק שני הדיברות הללו מנוסחים בגוף ראשון, ואילו בהופעותיו של ה' ביתר הדיברות הוא נזכר בגוף שלישי (ר"י קרא, מובא אצל ר"י בכור שור פס' א; אור ה', הצעת הספר; ביאור הגר"א לשיר השירים א,ב).

'מן השמים דִּברתי עמכם' כיוון שהקול לא נשמע משום מקור חומרי ולא דרך שום מצע חומרי, ברור שהוא לא הגיע מלמעלה. על כן השמים אינם מייצגים כאן את הכיוון

ביאור | **בָּא הָאֱלֹהִים.** בניסיון זה אתם נבחנים אם בכוחכם לעמוד בדבריו של אלוקים ולקבלם. הניסיון הוא גם מלשון נס, דגל – מי שעומד בניסיון מתנוסס ועולה, שכן הצליח לעמוד במפגש הישיר עם אלוקים ולשמוע את קולותיו ודבריו.[50] **וּבַעֲבוּר תִּהְיֶה יִרְאָתוֹ עַל פְּנֵיכֶם לְבִלְתִּי תֶחֱטָאוּ.** מי ששמע אישית את קולו, ומי שזוכר את חוויתו הישירה, יתקשה יותר לחטוא.

יח ולבסוף – **וַיַּעֲמֹד הָעָם מֵרָחֹק**, האנשים התרחקו יותר, ולעומת זאת,
מֹשֶׁה נִגַּשׁ קרוב יותר אל מקום הברקים והעשן – **אֶל** תוך **הָעֲרָפֶל**
אֲשֶׁר שָׁם הָאֱלֹהִים. בוודאי גם משה פחד, אך תשוקתו להתקרב אל
ה׳ והידיעה שהוא נציגם של ישראל גברו על אימתו.

ציוויים נוספים

פרק כ פס׳ יט–כב

בעקבות מתן תורה ה׳ מוסר למשה הגבלות הקשורות לעבודת האלוקים המעשית. ציוויים אלה פותחים בהצהרה הקשורה להתגלות המופשטת בסיני.

יט **וַיֹּאמֶר ה׳ אֶל מֹשֶׁה: כֹּה תֹאמַר אֶל בְּנֵי יִשְׂרָאֵל: אַתֶּם רְאִיתֶם כִּי מִן**
הַשָּׁמַיִם, מן המופשט **דִּבַּרְתִּי עִמָּכֶם.** כ כיוון שלא ראיתם כל דמות
או צורה במפגש עמי, **לֹא תַעֲשׂוּן אִתִּי**, וגם בעבורי **אֱלֹהֵי כֶסֶף וֵאלֹהֵי**
זָהָב, לֹא תַעֲשׂוּ לָכֶם. אל תנסו לייצג אותי באמצעות דמות או צורת
גוף. ובכל זאת מותר לעבוד את ה׳ גם בפולחן ממשי הכרוך באמצעים
פיזיים, אלא שאלו צריכים לעמוד בהגדרות מסוימות: כא **מִזְבַּח**
אֲדָמָה תַּעֲשֶׂה לִּי, וְזָבַחְתָּ עָלָיו אֶת עֹלֹתֶיךָ וְאֶת שְׁלָמֶיךָ, אֶת צֹאנְךָ וְאֶת

הרחבות |

הפיזי, אלא את מופשטותו של הקול. המלה שָׁמַיִם, הנגזרת כריבוי של שם, רומזת לכל מה שאינו מוחש כאן. הקול היה מופשט משום שאף מקורו האלוקי מופשט מגוף ומדמות. (ראו עוד הרחבה לבראשית א,ח).

׳לא תעשון אתי אלהי כסף ואלהי זהב׳ שלא כמו בדיבר האוסר לעשות פסל וכל תמונה, המתייחס לעבודה לאלילים זרים, כאן נאסרים ייצוגו הפיזי והמחשתו של אלוקי ישראל באמצעות אלוהי כסף וזהב.

המזבח אינו תלוי במשכן. (ראו שבועות טז ע״ב: ״מקריבין אף על פי שאין בית״. לפי משמעויות שונות בדברי חכמים, יש הסוברים שכך נהגו בפועל כמה שנים לאחר חורבן בית המקדש. כמו כן היו תקופות שבהן לא היה משכן קבוע, והותרה בהן ההקרבה בבמות. ראו זבחים קיב ע״ב). הציווי על עשייתו קדם לציווי על בניית המשכן, והוא אף המשיך להתקיים בדורות שבהם לא שימשו המשכן ובתי המקדש. הקרבת הקרבנות על המזבח קדמה בהרבה למסופר כאן. כבר הדור השני לאנושות – קין והבל – הקריבו קרבנות (בראשית ד,ג-ד).

אֶת־צֹאנְךָ וְאֶת־בְּקָרֶךָ בְּכָל־הַמָּקוֹם אֲשֶׁר אַזְכִּיר
כב אֶת־שְׁמִי אָבוֹא אֵלֶיךָ וּבֵרַכְתִּיךָ: וְאִם־מִזְבַּח אֲבָנִים
תַּעֲשֶׂה־לִּי לֹא־תִבְנֶה אֶתְהֶן גָּזִית כִּי חַרְבְּךָ הֵנַפְתָּ
כג עָלֶיהָ וַתְּחַלְלֶהָ: וְלֹא־תַעֲלֶה בְמַעֲלֹת עַל־מִזְבְּחִי
אֲשֶׁר לֹא־תִגָּלֶה עֶרְוָתְךָ עָלָיו:

רש"י

כ, כ). אוֹ אֵינוֹ אֶלָּא עָלָיו מַמָּשׁ? תַּלְמוּד לוֹמַר: "הַבָּשָׂר וְהַדָּם עַל מִזְבַּח ה' אֱלֹהֶיךָ" (דברים יב, כז), וְאֵין שְׁחִיטָה בְּרֹאשׁ הַמִּזְבֵּחַ: **את עלתיך ואת שלמיך.** אֲשֶׁר מִצֹּאנְךָ וּמִבְּקָרֶךָ. "אֶת צֹאנְךָ וְאֶת בְּקָרֶךָ" פֵּרוּשׁ לְ"אֶת עֹלֹתֶיךָ וְאֶת שְׁלָמֶיךָ": **בכל המקום אשר אזכיר את שמי.** אֲשֶׁר אֶתֵּן לְךָ רְשׁוּת לְהַזְכִּיר שֵׁם הַמְּפֹרָשׁ שֶׁלִּי, שָׁם "אָבוֹא אֵלֶיךָ", אַשְׁרֶה אֶת שְׁכִינָתִי, "וּבֵרַכְתִּיךָ". מִכָּאן אַתָּה לָמֵד שֶׁלֹּא נִתַּן רְשׁוּת לְהַזְכִּיר שֵׁם הַמְּפֹרָשׁ אֶלָּא בְּמָקוֹם שֶׁהַשְּׁכִינָה בָּאָה שָׁם, וְזֶהוּ בֵּית הַבְּחִירָה, שָׁם נִתַּן רְשׁוּת לַכֹּהֲנִים לְהַזְכִּיר שֵׁם הַמְּפֹרָשׁ בִּנְשִׂיאוּת כַּפַּיִם וּלְבָרֵךְ אֶת הָעָם:

כב) **ואם מזבח אבנים.** רַבִּי יִשְׁמָעֵאל אוֹמֵר: כָּל אִם וְאִם שֶׁבַּתּוֹרָה רְשׁוּת חוּץ מִשְּׁלֹשָׁה: "וְאִם מִזְבַּח אֲבָנִים תַּעֲשֶׂה לִּי", הֲרֵי 'אִם' זֶה מְשַׁמֵּשׁ בִּלְשׁוֹן 'כַּאֲשֶׁר', וְכַאֲשֶׁר תַּעֲשֶׂה לִּי מִזְבַּח אֲבָנִים "לֹא תִבְנֶה אֶתְהֶן גָּזִית", שֶׁהֲרֵי חוֹבָה עָלֶיךָ לִבְנוֹת מִזְבַּח אֲבָנִים, שֶׁנֶּאֱמַר: "אֲבָנִים שְׁלֵמוֹת תִּבְנֶה" (דברים כז, ו). וְכֵן: "אִם כֶּסֶף תַּלְוֶה" (להלן כב, כד) חוֹבָה הוּא, שֶׁנֶּאֱמַר: "וְהַעֲבֵט תַּעֲבִיטֶנּוּ" (דברים טו, ח), וְאַף זֶה מְשַׁמֵּשׁ בִּלְשׁוֹן 'כַּאֲשֶׁר'. וְכֵן: "וְאִם תַּקְרִיב מִנְחַת בִּכּוּרִים" (ויקרא ב, יד), זוֹ מִנְחַת הָעֹמֶר שֶׁהִיא חוֹבָה. וְעַל כָּרְחֲךָ אֵין 'אִם' הַלָּלוּ תְּלוּיִין אֶלָּא וַדַּאי, וּבִלְשׁוֹן 'כַּאֲשֶׁר' הֵם מְשַׁמְּשִׁים: **גזית.** לְשׁוֹן גְּזִיזָה, שֶׁפּוֹסְלָן וּמְכַתְּתָן בְּבַרְזֶל: **כי חרבך הנפת עליה.** הֲרֵי "כִּי" זֶה מְשַׁמֵּשׁ בִּלְשׁוֹן 'פֶּן' שֶׁהוּא 'דִּלְמָא', פֶּן תָּנִיף חַרְבְּךָ עָלֶיהָ: **ותחללה.** הָא לָמַדְתָּ שֶׁאִם הֵנַפְתָּ עָלֶיהָ בַּרְזֶל – חִלַּלְתָּ, שֶׁהַמִּזְבֵּחַ נִבְרָא לְהַאֲרִיךְ יָמָיו שֶׁל אָדָם וְהַבַּרְזֶל נִבְרָא לְקַצֵּר יָמָיו שֶׁל אָדָם, אֵין זֶה בְּדִין שֶׁיּוּנַף הַמְקַצֵּר עַל הַמַּאֲרִיךְ. וְעוֹד, שֶׁהַמִּזְבֵּחַ מֵטִיל שָׁלוֹם בֵּין יִשְׂרָאֵל לַאֲבִיהֶם שֶׁבַּשָּׁמַיִם, לְפִיכָךְ לֹא יָבֹא עָלָיו כּוֹרֵת וּמְחַבֵּל. וַהֲרֵי דְּבָרִים קַל וָחֹמֶר: וּמָה אֲבָנִים שֶׁאֵינָן רוֹאוֹת וְלֹא שׁוֹמְעוֹת וְלֹא מְדַבְּרוֹת, עַל יְדֵי שֶׁמַּטִּילוֹת שָׁלוֹם אָמְרָה תוֹרָה: "לֹא תָנִיף עֲלֵיהֶם בַּרְזֶל" (דברים כז, ה), הַמֵּטִיל שָׁלוֹם בֵּין אִישׁ לְאִשְׁתּוֹ, בֵּין מִשְׁפָּחָה לְמִשְׁפָּחָה, בֵּין אָדָם לַחֲבֵרוֹ, עַל אַחַת כַּמָּה וְכַמָּה שֶׁלֹּא תְבוֹאֵהוּ פֻּרְעָנוּת:

כג) **ולא תעלה במעלת.** כְּשֶׁאַתָּה בּוֹנֶה כֶּבֶשׁ לַמִּזְבֵּחַ לֹא תַעֲשֵׂהוּ מַעֲלוֹת מַעֲלוֹת, אשקלונ"ש בְּלַעַז, אֶלָּא חָלָק יְהֵא וּמְשֻׁפָּע: **אשר לא תגלה ערותך.** שֶׁעַל יְדֵי הַמַּעֲלוֹת אַתָּה צָרִיךְ לְהַרְחִיב פְּסִיעוֹתֶיךָ. וְאַף עַל פִּי שֶׁאֵינוֹ גִּלּוּי עֶרְוָה מַמָּשׁ, שֶׁהֲרֵי כְּתִיב: "וַעֲשֵׂה לָהֶם מִכְנְסֵי בָד" (להלן כח, מב), מִכָּל מָקוֹם הַרְחָבַת הַפְּסִיעוֹת קָרוֹב לְגִלּוּי עֶרְוָה הוּא, וְאַתָּה נוֹהֵג בָּהֶם מִנְהַג בִּזָּיוֹן. וַהֲרֵי דְּבָרִים קַל וָחֹמֶר: וּמָה אֲבָנִים הַלָּלוּ שֶׁאֵין בָּהֶם דַּעַת לְהַקְפִּיד עַל בִּזְיוֹנָן, אָמְרָה תוֹרָה: הוֹאִיל וְיֵשׁ בָּהֶם צֹרֶךְ לֹא תִנְהַג בָּהֶם מִנְהַג בִּזָּיוֹן, חֲבֵרְךָ שֶׁהוּא בִּדְמוּת יוֹצֶרְךָ וּמַקְפִּיד עַל בִּזְיוֹנוֹ, עַל אַחַת כַּמָּה וְכַמָּה:

ביאור

בְּקִרְבֶּךָ. בְּכָל הַמָּקוֹם אֲשֶׁר אַזְכִּיר, אעשה שאזכר, בכך שאבחר לשכון שם, ועל ידי כן אתם תזכירו[51] **אֶת שְׁמִי – אָבוֹא אֵלֶיךָ וּבֵרַכְתִּיךָ.** אפשרות פרשנית אחרת: כאשר אתה, האדם, תתפלל אלי ותעבוד אותי, יגרום הדבר לכך שאני, ה׳, אזכיר את שמי ואנכח.[52] הנוכחות האלוקית והברכה אינן מוגבלות למקום מסוים. זוהי הצהרה כוללת לגבי התפילה והזכרת ה׳ שאינן תחומות במקום.

כב **וְאִם מִזְבַּח אֲבָנִים תַּעֲשֶׂה לִּי,** ולא מזבח מאדמה, כפי שתואר קודם וכפי שייבנה לצורך המשכן, **לֹא תִבְנֶה אֶתְהֶן גָּזִית.** אבניו לא יהיו גזוזות, מסותתות, **כִּי חַרְבְּךָ הֵנַפְתָּ עָלֶיהָ – וַתְּחַלְלֶהָ.** מקובל לפרש כי האיסור להשתמש באבנים אלו נובע מכך שהתורה לא רצתה שכלי המשחית העשויים ברזל, דוגמת החרב,[53] ייטלו חלק בהכנת המזבח המכפר ומתקן.[54]

כג **וְלֹא תַעֲלֶה בְמַעֲלֹת,** במדרגות **עַל מִזְבְּחִי, אֲשֶׁר לֹא תִגָּלֶה עֶרְוָתְךָ עָלָיו.** באותם זמנים לבשו חלוקים באורכים שונים, ובגדים תחתונים לא היו מצויים כלל. משום כך, עלייה במדרגות הייתה עלולה לחשוף את הגוף. ולכן גם אם בפועל הגוף לא נחשף, שהרי הכהנים לובשים מכנסיים מתחת הכתונת – העלייה נתפשת כך לצופה מן הצד.[55]

הרחבות

׳לא תבנה אתהן גזית׳ מלבד זאת הקפידה התורה על אֲבָנִים שְׁלֵמוֹת (דברים כז,ו) למזבח. נראה כי התורה מתנגדת לבניית המזבח באמצעות כלי מלאכה למרות שהם נוחים לעיבוד אבן, משום שהמזבח צריך להיעשות בפשטות. (ראו ספורנו פס׳ כא-כב. הרמב״ם במורה נבוכים ח״ג מה, כותב שהתורה הזהירה כאן מבניית מזבח משוכלל כדי להרחיק את ישראל מן הדרך שבה נבנו המזבחות לעבודה הזרה). כאשר המזבח אינו עשוי מאדמה חסרת צורה, אלא מאבנים – עליהן להיות במצבן הטבעי – לא מסותתות ולא מעובדות. הנפת כלי המלאכה על האבנים הופכת את המזבח למבנה משוכלל, למעין יצירה.

בעקבות האיסור הזה המזבח שבנה יהושע והמזבח שבנה שלמה לבית המקדש הראשון לא נבנו מאבן מסותתת (יונתן ורש״י על אתר; מידות ג,ד; וראו יהושע ח,ל-לא; מלכים א׳ ו,ז). אמנם מזבח האבנים שהיה במקדש היה חלק שהרי צריך שיהיה ׳רבוע׳ מדויק, אך לא כתוצאה מסיתות האבנים, אלא משום שהיה יצוק. אבניו לא עובדו, ורק לאחר שבנו אותן הוסיפו עליהן מיני טיט. (ראו זבחים נד ע״א; חולין יח ע״א; רמב״ם, בית הבחירה ב,טז).

׳לא תגלה ערותך עליו׳ היו מזבחות שהותאמו לגובהו של אדם ממוצע, והיו מזבחות גבוהים הרבה יותר. גובהו של המזבח שבמקדש היה כחמישה מטרים, גבוה מקומתם של שני אנשים. כדי להגיע אל מזבח גבוה שלא באמצעות מדרגות או סולם, צעדו על כבש משופע שמנע חשיפה לא ראויה של הגוף. מלבד צניעות גופו של העולה על המזבח, היעדר המדרגות כרוך גם בצניעותו ובפשטותו של המזבח עצמו. האיסור לעלות אליו במדרגות מגביל את גובהו האפשרי ומונע אפשרות שיהפוך לבניין עצום ממדים.

משפטים טז

כא א וְאֵלֶּה הַמִּשְׁפָּטִים אֲשֶׁר תָּשִׂים לִפְנֵיהֶם: ב כִּי תִקְנֶה
עֶבֶד עִבְרִי שֵׁשׁ שָׁנִים יַעֲבֹד וּבַשְּׁבִעִת יֵצֵא לַחָפְשִׁי

רש"י | פרק כא

א| **וְאֵלֶּה הַמִּשְׁפָּטִים.** כָּל מָקוֹם שֶׁנֶּאֱמַר 'אֵלֶּה' – פָּסַל אֶת הָרִאשׁוֹנִים, 'וְאֵלֶּה' – מוֹסִיף עַל הָרִאשׁוֹנִים, מָה הָרִאשׁוֹנִים מִסִּינַי, אַף אֵלּוּ מִסִּינַי. וְלָמָּה נִסְמְכָה פָּרָשַׁת דִּינִין לְפָרָשַׁת מִזְבֵּחַ? לוֹמַר לְךָ שֶׁתָּשִׂים סַנְהֶדְרִין אֵצֶל הַמִּקְדָּשׁ: **אֲשֶׁר תָּשִׂים לִפְנֵיהֶם.** אָמַר לוֹ הַקָּדוֹשׁ בָּרוּךְ הוּא לְמֹשֶׁה: לֹא תַעֲלֶה עַל דַּעְתְּךָ לוֹמַר אֶשְׁנֶה לָהֶם הַפֶּרֶק וְהַהֲלָכָה שְׁנַיִם אוֹ שְׁלֹשָׁה פְּעָמִים עַד שֶׁתְּהֵא סְדוּרָה בְּפִיהֶם כְּמִשְׁנָתָהּ, וְאֵינִי מַטְרִיחַ עַצְמִי לַהֲבִינָם טַעֲמֵי הַדָּבָר וּפֵרוּשׁוֹ, לְכָךְ נֶאֱמַר: "אֲשֶׁר תָּשִׂים לִפְנֵיהֶם", כְּשֻׁלְחָן הֶעָרוּךְ וּמוּכָן לֶאֱכֹל לִפְנֵי הָאָדָם: **לִפְנֵיהֶם.** וְלֹא לִפְנֵי גוֹיִם, וַאֲפִלּוּ יָדַעְתָּ בְּדִין אֶחָד שֶׁהַגּוֹיִם דָּנִין אוֹתוֹ כְּדִינֵי יִשְׂרָאֵל אַל תְּבִיאֵהוּ בְּעַרְכָּאוֹת שֶׁלָּהֶם, שֶׁהַמֵּבִיא דִּינֵי יִשְׂרָאֵל לִפְנֵי גוֹיִם מְחַלֵּל אֶת הַשֵּׁם וּמְיַקֵּר שֵׁם עֲבוֹדָה זָרָה לְהַחֲשִׁיבָהּ, שֶׁנֶּאֱמַר: "כִּי לֹא כְצוּרֵנוּ צוּרָם וְאֹיְבֵינוּ פְּלִילִים" (דברים לב, לא), כְּשֶׁאוֹיְבֵינוּ פְּלִילִים זֶהוּ עֵדוּת לְעִלּוּי יִרְאָתָם:

ב| **כִּי תִקְנֶה עֶבֶד עִבְרִי.** עֶבֶד שֶׁהוּא עִבְרִי. אוֹ אֵינוֹ אֶלָּא עַבְדּוֹ שֶׁל עִבְרִי, עֶבֶד כְּנַעֲנִי שֶׁלְּקַחְתּוֹ מִיִּשְׂרָאֵל, וְעָלָיו הוּא אוֹמֵר: "שֵׁשׁ שָׁנִים יַעֲבֹד", וּמָה אֲנִי מְקַיֵּם "וְהִתְנַחַלְתֶּם אֹתָם" (ויקרא כה, מו) – בְּלָקוּחַ מִן הַגּוֹי, אֲבָל בְּלָקוּחַ מִיִּשְׂרָאֵל יֵצֵא בְּשֵׁשׁ? תַּלְמוּד לוֹמַר: "כִּי יִמָּכֵר לְךָ אָחִיךָ הָעִבְרִי" (דברים טו, יב), לֹא אָמַרְתִּי אֶלָּא בְּאָחִיךָ: **כִּי תִקְנֶה.** מִיַּד בֵּית דִּין שֶׁמְּכָרוּהוּ בִּגְנֵבָתוֹ, כְּמוֹ שֶׁנֶּאֱמַר: "אִם אֵין לוֹ וְנִמְכַּר בִּגְנֵבָתוֹ" (להלן כב, ב). אוֹ אֵינוֹ אֶלָּא בְּמוֹכֵר עַצְמוֹ מִפְּנֵי דָּחְקוֹ, אֲבָל מְכָרוּהוּ בֵּית דִּין לֹא יֵצֵא בְּשֵׁשׁ? כְּשֶׁהוּא אוֹמֵר: "וְכִי יָמוּךְ אָחִיךָ עִמָּךְ וְנִמְכַּר לָךְ" (ויקרא כה, לט) הֲרֵי מוֹכֵר עַצְמוֹ מִפְּנֵי דָּחְקוֹ אָמוּר, וּמָה אֲנִי מְקַיֵּם "כִּי תִקְנֶה"? בְּנִמְכַּר בְּבֵית דִּין: **לַחָפְשִׁי.** לְחֵרוּת:

הרחבות

'ואלה המשפטים' למרות הגדרתם הצרה של המִשְׁפָּטִים, התורה אינה מבחינה באופן חד בין החוק האזרחי לחוק הפלילי, ויותר מזה, אף אין היא מבחינה בין המשפטים ובין המצוות הפולחניות–הדתיות, ועל כן אלו ואלו נכנסים תחת הכותרת האחת. שכן במסגרתה גם לחוק האזרחי יש משמעות דתית מחייבת. לכן, אף על פי שבמרכז הרשימה הזאת עומדים היחסים שבין בני אדם בחברה, יש בה גם חריגות מהדיון בסוגיות חברתיות.

'כי תקנה עבד עברי' ייתכן שלאור ההקשר של יציאת בני ישראל ממצרים, דין העבד העברי הוא שפתח את המשפטים. לאחר שנות שעבוד ארוכות ישראל צועדים עתה לקראת עצמאותם. במצב החברתי החדש יהיו בהם עשירים ועניים, ומטבע הדברים יהיו גם מי שייקלעו למצב כלכלי קשה עד כדי כך שיהפכו לעבדים. המשפט הראשון בסדרת המשפטים בא אפוא לבסס את מעמדו המיוחד של העבד העברי בקרב אחיו. בגלל קשר האחווה עמו, לא רק מוגדרות זכויותיו בחוק – בניגוד חריף למעמד העבד בן תקופתו בשאר העמים, שלעתים התייחסו אליו כאל בעל חיים מדבר – אלא אף מעמדו מול האדון אינו שונה באופן מהותי ממעמדו של שכיר ששכירותו ממושכת מן המקובל. (ישנם רמזים ממקורות שונים שסתם שכיר נשכר לרוב לשלוש שנים, אם כי היו גם תקופות שכירות קצרות יותר. ראו דברים טו,יח; ישעיה טז,יד; שבת קכז ע"ב; קדושין יז ע"א ותוספות). העבד הוא אפוא כעין שכיר שזמן שכירותו מוכפל. בין העבד העברי ואדונו שוררת מערכת של התחייבויות

משפטים וחוקים

פרק כא – פרק כג פס׳ יט

כאן מובא האוסף הגדול הראשון של מצוות עשה ומצוות לא תעשה. המשפטים הללו נוגעים לתחומים שהקשרים ביניהם אינם מובהקים, ולעתים אף מפתיעים. קשה לעמוד על מבנה הפרשה לאשורו. אפשר למצוא הקבלות בין חלק מן הדינים המופיעים כאן לבין הדברים שהופיעו בתמציתיות רבה בעשרת הדיברות.[1]

המשפטים הללו לא ניתנו לאותו הדור בלבד. עם זאת, בהחלט ייתכן שהנושאים הנדונים בהם מתחילים להעסיק את עם העבדים, שיצא ממצרים לפני חודשים בודדים בלבד, ועתה הוא עושה את צעדיו הראשונים כחברה עצמאית, וכמובן – את שופטיו. מן הסתם כבר נוצרים בחברה זו אנשים בעלי מעמדות כלכליים שונים; יש בהם בעלי צאן ובקר, מוכרים וקונים, אדונים ומשרתים, מַלווים ולווים, שומרים ועושי עסקים. יש להניח שגם הדינים הנוגעים לנגיחתם של שוורים, גנבות, פגיעות גופניות ופיתוי לא היו רחוקים מעולמם.

ביאור

פרק כא א **וְאֵלֶּה הַמִּשְׁפָּטִים**, מצוות הקשורות להסדרת חיי חברה תקינים, **אֲשֶׁר תָּשִׂים לִפְנֵיהֶם**. נראה שמשה מסר את הדברים לישראל מיד לאחר מתן תורה, ולפני שעלה להר לזמן ממושך,[2] משום שהמבנה הכולל של חיי החברה, העומד במרכזם של המשפטים, דחוף יותר מעניינים אחרים.[3]

ב **כִּי תִקְנֶה עֶבֶד עִבְרִי**, מי שנמצא במצב כלכלי כה קשה, שאין ביכולתו להתקיים מרכושו שלו, והוא מוכר את עצמו לעבד כדי להתפרנס באופן כלשהו; או מי שחויב בתשלום על גנבה שגנב, ולא היה מסוגל לשלמו אלא בהימכרותו לעבד –[4] **שֵׁשׁ שָׁנִים יַעֲבֹד**. עבודתו מוגבלת בזמן, ובכך אין הוא הופך לקניין גמור של אדונו. **וּבַ**שנה ה**שְּׁבִעִת יֵצֵא לַחָפְשִׁי חִנָּם**, לא נדרש ממנו לפדות עצמו בכסף

הרחבות

הדדיות. העובדה שהפך לעבד אף אינה מפקיעה אותו מחובותיו כיהודי (קדושין כב ע״א).

עיקרון זה מסייע בהגדרת מעמדם של בני ישראל כיחידה לעצמה. ה׳ אומר: כִּי לִי בְנֵי יִשְׂרָאֵל עֲבָדִים. עֲבָדַי הֵם אֲשֶׁר הוֹצֵאתִי אוֹתָם מֵאֶרֶץ מִצְרָיִם (ויקרא כה,נה; וראו גם בפסוקים שלפני הפסוק הזה), ומשום כך אין הם יכולים להפוך מבחירתם לעבדים מוחלטים לאדונים אחרים. מבחינה זו, הדין הראשון של המשפטים קשור לדיבר הראשון מעשרת הדיברות.

'שש שנים יעבד ובשבִעת יֵצא לחפשי' אפשר להקביל בין שש שנות עבודתו של העבד והשנה השביעית שבה הוא משתחרר, לבין תבניות הזמן הקבועות: בין המצווה הראשונה בפרשת משפטים נוצרת זיקה לבין האמור בעשרת הדיברות לגבי ששת ימי המעשה שלאחריהם בא יום השביתה והמנוחה; מקבילה נוספת של ארגון הזמן ביחידות כאלה מופיעה בהלכות קדושת הארץ – שש שנות עבודה בשדה שאחריהן, בשנה השביעית, נשמטת הארץ ונחה. (הן המקצב השבועי הזה הן מקצב השנים יופיעו בהמשך סדרת המשפטים, להלן כג,ט-יב; וראו גם ויקרא כה). אמנם כאן נמנות השנים באופן פרטי, מן המועד שבו נקנה העבד, אך בהקשרים אחרים מוצאים קשר בין הדינים הכלליים של שנות השמיטה והיובל לבין חוקים הנוגעים לעבדים. (ראו למשל ויקרא כה; דברים טו. ראו עוד ר״י בכור שור על אתר ופס׳ יא).

חִנָּם: אִם־בְּגַפּוֹ יָבֹא בְּגַפּוֹ יֵצֵא אִם־בַּעַל אִשָּׁה הוּא ג
וְיָצְאָה אִשְׁתּוֹ עִמּוֹ: אִם־אֲדֹנָיו יִתֶּן־לוֹ אִשָּׁה וְיָלְדָה־ ד
לוֹ בָנִים אוֹ בָנוֹת הָאִשָּׁה וִילָדֶיהָ תִּהְיֶה לַאדֹנֶיהָ
וְהוּא יֵצֵא בְגַפּוֹ: וְאִם־אָמֹר יֹאמַר הָעֶבֶד אָהַבְתִּי ה
אֶת־אֲדֹנִי אֶת־אִשְׁתִּי וְאֶת־בָּנָי לֹא אֵצֵא חָפְשִׁי:
וְהִגִּישׁוֹ אֲדֹנָיו אֶל־הָאֱלֹהִים וְהִגִּישׁוֹ אֶל־הַדֶּלֶת אוֹ ו
אֶל־הַמְּזוּזָה וְרָצַע אֲדֹנָיו אֶת־אָזְנוֹ בַּמַּרְצֵעַ וַעֲבָדוֹ

רש"י

ג] **אִם בְּגַפּוֹ יָבֹא.** שֶׁלֹּא הָיָה נָשׂוּי אִשָּׁה, כְּתַרְגּוּמוֹ: "אִם בִּלְחוֹדוֹהִי". וּלְשׁוֹן 'בְּגַפּוֹ', בִּכְנָפוֹ, שֶׁלֹּא בָּא אֶלָּא כְּמוֹת שֶׁהוּא יְחִידִי בְּתוֹךְ לְבוּשׁוֹ, בִּכְנַף בִּגְדוֹ: **בְּגַפּוֹ יֵצֵא.** מַגִּיד שֶׁאִם לֹא הָיָה נָשׂוּי מִתְּחִלָּה, אֵין רַבּוֹ מוֹסֵר לוֹ שִׁפְחָה כְּנַעֲנִית לְהוֹלִיד מִמֶּנָּה עֲבָדִים: **אִם בַּעַל אִשָּׁה הוּא.** יִשְׂרְאֵלִית: **וְיָצְאָה אִשְׁתּוֹ עִמּוֹ.** וְכִי מִי הִכְנִיסָהּ שֶׁתֵּצֵא? אֶלָּא מַגִּיד הַכָּתוּב שֶׁהַקּוֹנֶה עֶבֶד עִבְרִי חַיָּב בִּמְזוֹנוֹת אִשְׁתּוֹ וּבָנָיו:

ד] **אִם אֲדֹנָיו יִתֶּן לוֹ אִשָּׁה.** מִכָּאן שֶׁהָרְשׁוּת בְּיַד רַבּוֹ לִמְסֹר לוֹ שִׁפְחָה כְּנַעֲנִית לְהוֹלִיד מִמֶּנָּה עֲבָדִים. אוֹ אֵינוֹ אֶלָּא בְּיִשְׂרְאֵלִית? תַּלְמוּד לוֹמַר: "הָאִשָּׁה וִילָדֶיהָ תִּהְיֶה לַאדֹנֶיהָ", הָא אֵינוֹ מְדַבֵּר אֶלָּא בִּכְנַעֲנִית, שֶׁהֲרֵי הָעִבְרִיָּה אַף הִיא יוֹצְאָה בְּשֵׁשׁ, וַאֲפִלּוּ לִפְנֵי שֵׁשׁ אִם הֵבִיאָה סִימָנִין יוֹצְאָה, שֶׁנֶּאֱמַר: "אָחִיךָ הָעִבְרִי אוֹ הָעִבְרִיָּה" (דברים טו, יב), מְלַמֵּד שֶׁאַף הָעִבְרִיָּה יוֹצְאָה בְּשֵׁשׁ:

ה] **אֶת אִשְׁתִּי.** הַשִּׁפְחָה:

ו] **אֶל הָאֱלֹהִים.** לְבֵית דִּין, צָרִיךְ שֶׁיִּמָּלֵךְ בְּמוֹכְרָיו שֶׁמְּכָרוּהוּ לוֹ: **אֶל הַדֶּלֶת אוֹ אֶל הַמְּזוּזָה.** יָכוֹל שֶׁתְּהֵא הַמְּזוּזָה כְּשֵׁרָה לִרְצֹעַ עָלֶיהָ? תַּלְמוּד לוֹמַר: "וְנָתַתָּה בְאָזְנוֹ וּבַדֶּלֶת" (דברים טו, יז), בַּדֶּלֶת וְלֹא בַּמְּזוּזָה, הָא מַה תַּלְמוּד לוֹמַר: "אוֹ אֶל הַמְּזוּזָה"? הִקִּישׁ דֶּלֶת לִמְזוּזָה, מַה מְּזוּזָה מְעוּמָּד אַף דֶּלֶת מְעוּמָּד. רַבִּי שִׁמְעוֹן הָיָה דּוֹרֵשׁ מִקְרָא זֶה כְּמִין חֹמֶר: מַה נִּשְׁתַּנּוּ דֶּלֶת וּמְזוּזָה מִכָּל כֵּלִים שֶׁבַּבַּיִת? אָמַר הַקָּדוֹשׁ בָּרוּךְ הוּא: דֶּלֶת וּמְזוּזָה שֶׁהָיוּ עֵדִים בְּמִצְרַיִם כְּשֶׁפָּסַחְתִּי עַל הַמַּשְׁקוֹף וְעַל שְׁתֵּי הַמְּזוּזוֹת, וְאָמַרְתִּי: "כִּי לִי בְנֵי יִשְׂרָאֵל עֲבָדִים" (ויקרא כה, נה), וְלֹא עֲבָדִים לַעֲבָדִים, וְהָלַךְ זֶה וְקָנָה אָדוֹן לְעַצְמוֹ, יֵרָצַע בִּפְנֵיהֶם: **וְרָצַע אֲדֹנָיו אֶת אָזְנוֹ.** הַיְמָנִית. אוֹ אֵינוֹ אֶלָּא שֶׁל שְׂמֹאל? תַּלְמוּד לוֹמַר: 'אֹזֶן' 'אֹזֶן' לִגְזֵרָה שָׁוָה, שֶׁנֶּאֱמַר בִּמְצֹרָע: "תְּנוּךְ אֹזֶן הַמִּטַּהֵר

הרחבות

'האשה וילדיה תהיה לאדניה' בדין זה מצוי אחד הרמזים הראשונים לגבי מעמדם של ילדים שנולדו שלא במסגרת נישואין, כיוון שהאם איננה שייכת לעם ישראל לחלוטין. שפחה זו חיה עם בני ישראל וקשורה באופן מסוים לעם, ולכן יכול העבד לשאתה, אך אין זו ברית נישואין. למרות שבאופן כללי נמנו המשפחות בעם ישראל לפי התייחסותם על בתי האב, במקרה זה, שבו לא קיימת משפחה חוקית והאם איננה אחת מבנות העם ממש, הופכת האשה המרכז, והילדים מתייחסים עליה ולא על אביהם. (ראו קדושין סו ע"ב; סח ע"ב; יבמות כג ע"א).

'והגישו אדניו אל האלהים' חז"ל אומרים

ביאור

בתום תקופת עבודתו.[5] ג **אִם בְּגַפּוֹ**, לבדו, ללא אשה וילדים **יָבֹא**,
נכנס לעבדות, **בְּגַפּוֹ יֵצֵא**, ישתחרר. **אִם בַּעַל אִשָּׁה הוּא** היה בכניסתו,
הרי שהאדון נעזר למעשה בשירותיה של המשפחה, בין אם זו
סייעה לו בעבודות שונות למרות שאינה חייבת מבחינה משפטית,
כגמול על המזונות שהיא מקבלת מן האדון, שהרי אין לה מפרנס
אחר; ובין שמלכתחילה דובר על כך כחלק מהעסקה.[6] כאשר העבד
העברי משתחרר - **וְיָצְאָה אִשְׁתּוֹ עִמּוֹ**. ד ואולם **אִם אֲדֹנָיו יִתֶּן לוֹ**
אִשָּׁה, ברור מההקשר שאין מדובר באשה עברייה שהאדון שידך
לעבדו, אלא בשפחה נכרית העובדת בביתו[7] שאותה נתן לו האדון
מתוך דאגה לרווחת העבד, או מטעמי כדאיות. **וְיָלְדָה לוֹ בָנִים אוֹ**
בָנוֹת - הָאִשָּׁה וִילָדֶיהָ תִּהְיֶה לַאדֹנֶיהָ, היא תישאר שפחה, וילדיה
יישארו עבדים ילידי בית, שהרי אין היא אשתו הגמורה של העבד,
אלא מעין הטבה זמנית שקיבל מאדונו. **וְהוּא** – העבד, **יֵצֵא בְגַפּוֹ**,
לבדו. ה **וְאִם** לאחר שש השנים, כאשר כבר נולדו לו ילדים מן האשה
שקיבל, והגיע זמנו לצאת בגפו, **אָמֹר יֹאמַר הָעֶבֶד: אָהַבְתִּי אֶת אֲדֹנִי**,
שעד כה חייתי כחלק ממשפחתו, **אֶת אִשְׁתִּי** שנתן לי אדוני **וְאֶת**
בָּנָי שנולדו לי ממנה, **לֹא אֵצֵא חָפְשִׁי**. אני רוצה להישאר במקומי
ובמעמד של עבד על אף המגבלות הכרוכות בכך. ו **וְהִגִּישׁוֹ אֲדֹנָיו**
באופן טקסי **אֶל הָאֱלֹהִים**, הדיינים, **וְהִגִּישׁוֹ** האדון **אֶל הַדֶּלֶת** העומדת
בפתח הבית **אוֹ אֶל הַמְּזוּזָה**, המבנה התוחם את הדלת משני צדיה,
וְרָצַע, חורר **אֲדֹנָיו אֶת אָזְנוֹ בַּמַּרְצֵעַ**, סימן לכך שוויתר על חירותו,[8]

הרחבות

כי לשם ביצוע ההליך על העבד והאדון להגיע להסכמה בדבר המשך שירותו של העבד. אם אהבתו של העבד לאדוניו חד־צדדית, אין הוא יכול להכריח את האדון להחזיק בו (קדושין כב ע"א). כיוון שהעבד הפך לבן בית, כאחד מבני המשפחה, ייתכן ששניהם יהיו מעוניינים בהמשך שירותו. אולם סירובו של העבד לצאת מצריך הסכמה ואישור פורמליים. כדי לבטא את כובד משקלה של החלטה זו נדרשים האדון והעבד לגשת יחדיו אל הסמכות השופטת, והיא האמורה לאשר את הדבר. לעתים השתמשו הדיינים בסמכותם כדי להמליץ בפני הפונים אליהם להימנע מן המעשים שהתכוונו לבצע. (ראו דברים כה,ח; יבמות מד ע"א).

למלה **אֱלֹהִים** משמעויות אחדות: מעבר למשמעותה הרווחת היא מציינת מגוון רחב של בעלי שררה: אדון, שליט, דיין, שר או מלך. (ראו למשל להלן כב,ח; כז. גם בשפות אחרות, להבדיל, כמו יפנית משמש אותו מונח לאדון בכמה וכמה דרגות - למן האדונים הפאודליים ועד לדמויות אליליות).

'ורצע אדניו את אזנו במרצע ועבדו לעלם' בטקס זה רומזת התורה להסתייגותה מן הוויתור המודע של אדם על חירותו - יהיו אשר יהיו סיבותיו. אדם מישראל אמור להישאר בן חורין, אם הדבר נתון לבחירתו. בעם ישראל לא הייתה אצולה גמורה מורשת

לְעֹלָֽם׃ · וְכִֽי־יִמְכֹּ֥ר אִ֛ישׁ אֶת־בִּתּ֖וֹ לְאָמָ֑ה ז
לֹ֥א תֵצֵ֖א כְּצֵ֥את הָעֲבָדִֽים׃ אִם־רָעָ֞ה בְּעֵינֵ֧י אֲדֹנֶ֛יהָ ח
לוֹ אֲשֶׁר־לֹ֥א יְעָדָ֖הּ וְהֶפְדָּ֑הּ לְעַ֥ם נָכְרִ֛י לֹא־יִמְשֹׁ֥ל לְמָכְרָ֖הּ
בְּבִגְדוֹ־בָֽהּ׃ וְאִם־לִבְנ֖וֹ יִֽיעָדֶ֑נָּה כְּמִשְׁפַּ֥ט הַבָּנ֖וֹת ט

רש"י

הַיְמָנִית" (ויקרא יד, יד). וּמָה רָאָה אֹזֶן לֵרָצַע מִכָּל הָאֵבָרִים? אָמַר רַבָּן יוֹחָנָן בֶּן זַכַּאי: אֹזֶן שֶׁשָּׁמְעָה בְּסִינַי: "לֹא תִגְנֹב" (לעיל כ, יג) וְהָלַךְ וְגָנַב, תֵּרָצַע. וְאִם מוֹכֵר עַצְמוֹ הוּא, אֹזֶן שֶׁשָּׁמְעָה "כִּי לִי בְנֵי יִשְׂרָאֵל עֲבָדִים" (ויקרא כה, נה) וְהָלַךְ וְקָנָה אָדוֹן לְעַצְמוֹ, תִּלְקֶה: **וַעֲבָדוֹ לְעֹלָם.** עַד הַיּוֹבֵל. אוֹ אֵינוֹ אֶלָּא 'לְעֹלָם' כְּמַשְׁמָעוֹ? תַּלְמוּד לוֹמַר: "וְאִישׁ אֶל מִשְׁפַּחְתּוֹ תָּשֻׁבוּ" (ויקרא כה, י), מַגִּיד שֶׁחֲמִשִּׁים שָׁנָה קְרוּיִם 'עוֹלָם'. וְלֹא שֶׁיְּהֵא עוֹבְדוֹ כָּל חֲמִשִּׁים שָׁנָה, אֶלָּא עוֹבְדוֹ עַד הַיּוֹבֵל, בֵּין סָמוּךְ בֵּין מֻפְלָג:

ז| **וְכִי יִמְכֹּר אִישׁ אֶת בִּתּוֹ לְאָמָה.** בִּקְטַנָּה הַכָּתוּב מְדַבֵּר. יָכוֹל אֲפִלּוּ הֵבִיאָה סִימָנִים? אָמַרְתָּ, קַל וָחֹמֶר: וּמַה מְּכוּרָה קֹדֶם לָכֵן יוֹצְאָה בְּסִימָנִין, כְּמוֹ שֶׁכָּתוּב: "וְיָצְאָה חִנָּם אֵין כָּסֶף" (להלן פסוק יא) שֶׁאָנוּ דּוֹרְשִׁים אוֹתוֹ לְסִימָנֵי נַעֲרוּת, שֶׁאֵינָהּ מְכוּרָה אֵינוֹ דִּין שֶׁלֹּא תִּמָּכֵר?: **לֹא תֵצֵא כְּצֵאת הָעֲבָדִים.** כִּיצִיאַת עֲבָדִים כְּנַעֲנִים שֶׁיּוֹצְאִים בְּשֵׁן וָעַיִן, אֲבָל זוֹ לֹא תֵצֵא בְּשֵׁן וָעַיִן אֶלָּא עוֹבֶדֶת שֵׁשׁ, אוֹ עַד הַיּוֹבֵל, אוֹ עַד שֶׁתָּבִיא סִימָנִין, וְכָל הַקּוֹדֵם קוֹדֵם לְחֵרוּתָהּ, וְנוֹתֵן לָהּ דְּמֵי עֵינָהּ אוֹ דְּמֵי שִׁנָּהּ. אוֹ אֵינוֹ אֶלָּא "לֹא תֵצֵא כְּצֵאת הָעֲבָדִים" בְּשֵׁשׁ וּבַיּוֹבֵל? תַּלְמוּד לוֹמַר: "כִּי יִמָּכֵר לְךָ אָחִיךָ הָעִבְרִי אוֹ הָעִבְרִיָּה" (דברים טו, יב), מַקִּישׁ עִבְרִיָּה לְעִבְרִי לְכָל יְצִיאוֹתָיו: מָה עִבְרִי יוֹצֵא בְּשֵׁשׁ וּבַיּוֹבֵל, אַף עִבְרִיָּה יוֹצְאָה בְּשֵׁשׁ וּבַיּוֹבֵל. וּמַהוּ "לֹא תֵצֵא כְּצֵאת הָעֲבָדִים"? לֹא תֵצֵא בְּרָאשֵׁי אֵבָרִים כַּעֲבָדִים כְּנַעֲנִים. יָכוֹל הָעִבְרִי יוֹצֵא בְּרָאשֵׁי אֵבָרִים? תַּלְמוּד לוֹמַר: "הָעִבְרִי אוֹ הָעִבְרִיָּה", מַקִּישׁ עִבְרִי לְעִבְרִיָּה, מָה הָעִבְרִיָּה אֵינָהּ יוֹצְאָה בְּרָאשֵׁי אֵבָרִים, אַף הוּא אֵינוֹ יוֹצֵא בְּרָאשֵׁי אֵבָרִים:

ח| **אִם רָעָה בְּעֵינֵי אֲדֹנֶיהָ.** שֶׁלֹּא נָשְׂאָה חֵן בְּעֵינָיו לְכָנְסָהּ: **אֲשֶׁר לֹא יְעָדָהּ.** שֶׁהָיָה לוֹ לְיַעֲדָהּ וּלְהַכְנִיסָהּ לוֹ לְאִשָּׁה, וְכֶסֶף קְנִיָּתָהּ הוּא כֶּסֶף קִדּוּשֶׁיהָ. וְכָאן רָמַז לְךָ הַכָּתוּב שֶׁמִּצְוָה בְּיִעוּד, וְרָמַז לְךָ שֶׁאֵינָהּ צְרִיכָה קִדּוּשִׁין אֲחֵרִים: **וְהֶפְדָּהּ.** יִתֵּן לָהּ מָקוֹם לְהִפָּדוֹת וְלָצֵאת, שֶׁאַף הוּא מְסַיֵּעַ בְּפִדְיוֹנָהּ. וּמַה הוּא מָקוֹם שֶׁנּוֹתֵן לָהּ? שֶׁמְּגָרֵעַ מִפִּדְיוֹנָהּ בְּמִסְפַּר הַשָּׁנִים שֶׁעָשְׂתָה אֶצְלוֹ, כְּאִלּוּ הִיא שְׂכוּרָה אֶצְלוֹ. כֵּיצַד? הֲרֵי שֶׁקְּנָאָהּ בְּמָנֶה וְעָשְׂתָה אֶצְלוֹ שְׁתֵּי שָׁנִים, אוֹמְרִים לוֹ, יוֹדֵעַ הָיִיתָ שֶׁעֲתִידָה לָצֵאת לְסוֹף שֵׁשׁ, נִמְצָא שֶׁקָּנִיתָ עֲבוֹדַת כָּל שָׁנָה וְשָׁנָה בְּשִׁשִּׁית הַמָּנֶה, וְעָשְׂתָה אֶצְלְךָ שְׁתֵּי שָׁנִים, הֲרֵי שְׁלִישִׁית הַמָּנֶה. טֹל שְׁנֵי שְׁלִישֵׁי מָנֶה וְתֵצֵא מֵאֶצְלְךָ: **לְעַם נָכְרִי לֹא יִמְשֹׁל לְמָכְרָהּ.** אֵינוֹ רַשַּׁאי לְמָכְרָהּ לְאַחֵר, לֹא הָאָדוֹן וְלֹא הָאָב: **בְּבִגְדוֹ בָהּ.** אִם בָּא לִבְגֹּד בָּהּ שֶׁלֹּא לְקַיֵּם בָּהּ מִצְוַת יִעוּד. וְכֵן אָבִיהָ, מֵאַחַר שֶׁבָּגַד בָּהּ וּמְכָרָהּ לָזֶה:

ט| **וְאִם לִבְנוֹ יִיעָדֶנָּה.** הָאָדוֹן, מְלַמֵּד שֶׁאַף בְּנוֹ קָם תַּחְתָּיו לְיַעֲדָהּ אִם יִרְצֶה אָבִיו, וְאֵינוֹ צָרִיךְ לְקַדְּשָׁהּ קִדּוּשִׁין אֲחֵרִים, אֶלָּא אוֹמֵר לָהּ: הֲרֵי אַתְּ מְיֻעֶדֶת לִי בַּכֶּסֶף שֶׁקִּבֵּל אָבִיךְ בְּדָמַיִךְ: **כְּמִשְׁפַּט הַבָּנוֹת.** שְׁאֵר כְּסוּת וְעוֹנָה:

ביאור

וַעֲבָדוֹ לְעֹלָם. לפי מסורת חכמים – עד שנת היובל.[9]

ז וְכִי יִמְכֹּר אִישׁ מישראל אֶת בִּתּוֹ הקטינה לְאָמָה, למשרתת – לֹא תֵצֵא כְּצֵאת הָעֲבָדִים הנכרים. מעמדה של אמה עברייה גבוה ממעמד של שפחה נכרית, כהבדל שבין מעמדו של עבד עברי למעמדו של מי שמכונה 'עבד' סתם, שהוא עבד שאינו עברי. ח אִם רָעָה היא בְּעֵינֵי אֲדֹנֶיהָ, אֲשֶׁר לוֹ יְעָדָהּ. כחלק מקניית אמה צריך האדון להביא בחשבון שמצווה עליו לשאתה לאשה או להשיאה לאחד מבניו. אם בכל זאת אין היא מוצאת חן בעיניו – וְהֶפְדָּהּ, הוא יעזור לה להיפדות ולשוב לביתה, אם היא מעוניינת בכך ומוכנה לשלם את מחיר עבודתה שנשארה חייבת לו,[10] או: לאפשר לה להיפדות על ידי אדם אחר שהיא רוצה להיכנס תחת חסותו. אולם לְעַם נָכְרִי, למשפחה זרה[11] לֹא יִמְשֹׁל לְמָכְרָהּ. אין הוא רשאי לסחור בה, בְּבִגְדוֹ, יש בכך משום בגידה בָהּ. היא הגיעה לביתו מתוך ההנחה שתינשא לאחד מבני המשפחה. אם הנישואין הללו אינם יוצאים אל הפועל, אין להפקירה אלא לשחררה.[12] ט וְאִם לִבְנוֹ יִיעָדֶנָּה, ישיא אותה, אל לו ואל לבנו לנהוג בה כברכוש – כְּמִשְׁפַּט הַבָּנוֹת יַעֲשֶׂה לָּהּ.

הרחבות

או קבועה באופן אחר, שיש בה הבדלי מעמדות של אדונים ועבדים. דרגתם של כל בני ישראל שווה, וזכויותיהם דומות. הבוחר להשתעבד, לציית לזולתו ולעבוד בעבורו מוותר בפועל על דרגתו.

'בבגדו בה' לפי דברי חז"ל, מכוון ביטוי זה לא רק כלפי האדון, אלא גם כלפי האב. אם האמה נפדית וחוזרת לבית אביה בדרך כלשהי, אביה אינו רשאי למכרה פעם נוספת לכל קונה שהוא. (ראו קדושין יח; רש"י על אתר).

י יַעֲשֶׂה־לָּהּ: אִם־אַחֶרֶת יִקַּח־לוֹ שְׁאֵרָהּ כְּסוּתָהּ
יא וְעֹנָתָהּ לֹא יִגְרָע: וְאִם־שְׁלָשׁ־אֵלֶּה לֹא יַעֲשֶׂה לָהּ
יב וְיָצְאָה חִנָּם אֵין כָּסֶף: · מַכֵּה אִישׁ וָמֵת
יג מוֹת יוּמָת: וַאֲשֶׁר לֹא צָדָה וְהָאֱלֹהִים אִנָּה לְיָדוֹ

רש״י

י] **אִם אַחֶרֶת יִקַּח לוֹ.** עָלֶיהָ: **שְׁאֵרָהּ כְּסוּתָהּ וְעֹנָתָהּ לֹא יִגְרָע.** מִן הָאָמָה שֶׁיִּעֵד לוֹ כְּבָר: **שְׁאֵרָהּ.** מְזוֹנוֹת: **כְּסוּתָהּ.** כְּמַשְׁמָעוֹ: **עֹנָתָהּ.** תַּשְׁמִישׁ:

יא] **וְאִם שְׁלָשׁ אֵלֶּה לֹא יַעֲשֶׂה לָהּ.** אִם אַחַת מִשָּׁלֹשׁ אֵלֶּה לֹא יַעֲשֶׂה לָהּ. וּמָה הֵן הַשָּׁלֹשׁ? יִיעָדֶנָּה לוֹ, אוֹ לִבְנוֹ, אוֹ יִגְרַע מִפִּדְיוֹנָהּ וְתֵצֵא, וְזֶה לֹא יְעָדָהּ לֹא לוֹ וְלֹא לִבְנוֹ, וְהִיא לֹא הָיָה בְּיָדָהּ לִפְדּוֹת אֶת עַצְמָהּ: **וְיָצְאָה חִנָּם.** רִבָּה לָהּ יְצִיאָה לָזוֹ יוֹתֵר מִמַּה שֶּׁרִבָּה לַעֲבָדִים. וּמַה הִיא הַיְצִיאָה? לִמֶּדְךָ שֶׁתֵּצֵא בְּסִימָנִים – תִּשְׁהֶא עִמּוֹ עַד שֶׁתֵּצֵא בְּסִימָנִים. וְאִם הִגִּיעוּ שֵׁשׁ שָׁנִים קֹדֶם סִימָנִים, כְּבָר לָמַדְנוּ שֶׁתֵּצֵא, שֶׁנֶּאֱמַר: "הָעִבְרִי אוֹ הָעִבְרִיָּה וַעֲבָדְךָ שֵׁשׁ שָׁנִים" (דברים טו, יב), וּמַהוּ הָאָמוּר כָּאן: "וְיָצְאָה חִנָּם"? שֶׁאִם קָדְמוּ סִימָנִים לְשֵׁשׁ שָׁנִים תֵּצֵא בָּהֶן. אוֹ אֵינוֹ אוֹמֵר שֶׁתֵּצֵא אֶלָּא בְּבַגְרוּת? תַּלְמוּד לוֹמַר: "אֵין כָּסֶף" לְרַבּוֹת יְצִיאַת בַּגְרוּת. וְאִם לֹא נֶאֶמְרוּ שְׁנֵיהֶם, הָיִיתִי אוֹמֵר: "וְיָצְאָה חִנָּם" זוֹ בַּגְרוּת, לְכָךְ נֶאֶמְרוּ שְׁנֵיהֶם, שֶׁלֹּא לִתֵּן פִּתְחוֹן פֶּה לְבַעַל הַדִּין לַחְלֹק:

יב] **מַכֵּה אִישׁ וָמֵת.** כַּמָּה כְּתוּבִים נֶאֶמְרוּ בְּפָרָשַׁת רוֹצְחִין, וּמַה שֶּׁבְּיָדִי לְפָרֵשׁ לָמָּה בָּאוּ כֻּלָּם אֲפָרֵשׁ: **מַכֵּה אִישׁ וָמֵת.** לָמָּה נֶאֱמַר? לְפִי שֶׁנֶּאֱמַר: "וְאִישׁ כִּי יַכֶּה כָּל נֶפֶשׁ אָדָם מוֹת יוּמָת" (ויקרא כד, יז), שׁוֹמֵעַ אֲנִי הַכָּאָה בְּלֹא מִיתָה? תַּלְמוּד לוֹמַר: "מַכֵּה אִישׁ וָמֵת", אֵינוֹ חַיָּב אֶלָּא בְּהַכָּאָה שֶׁל מִיתָה. וְאִם נֶאֱמַר "מַכֵּה אִישׁ" וְלֹא נֶאֱמַר "וְאִישׁ כִּי יַכֶּה", הָיִיתִי אוֹמֵר אֵינוֹ חַיָּב עַד שֶׁיַּכֶּה אִישׁ, הִכָּה אֶת הָאִשָּׁה וְאֶת הַקָּטָן מִנַּיִן? תַּלְמוּד לוֹמַר: "כִּי יַכֶּה כָּל נֶפֶשׁ אָדָם", אֲפִלּוּ קָטָן וַאֲפִלּוּ אִשָּׁה. וְעוֹד, אִלּוּ נֶאֱמַר "מַכֵּה אִישׁ" שׁוֹמֵעַ אֲנִי אֲפִלּוּ קָטָן שֶׁהִכָּה וְהָרַג יְהֵא חַיָּב? תַּלְמוּד לוֹמַר: "וְאִישׁ כִּי יַכֶּה", וְלֹא קָטָן שֶׁהִכָּה. וְעוֹד, "כִּי יַכֶּה כָּל נֶפֶשׁ אָדָם" אֲפִלּוּ נְפָלִים בְּמַשְׁמָע, תַּלְמוּד לוֹמַר: "מַכֵּה אִישׁ", עַד שֶׁיַּכֶּה בֶּן קַיָּמָא הָרָאוּי לִהְיוֹת אִישׁ:

יג] **וַאֲשֶׁר לֹא צָדָה.** לֹא אָרַב לוֹ וְלֹא נִתְכַּוֵּן. 'צָדָה' לְשׁוֹן אָרַב, וְכֵן הוּא אוֹמֵר: "וְאַתָּה צֹדֶה אֶת נַפְשִׁי לְקַחְתָּהּ" (שמואל א' כד, יא). וְלֹא יִתָּכֵן לוֹמַר 'צָדָה' לְשׁוֹן "הַצָּד צַיִד" (בראשית כז, לג), שֶׁצֵּידַת חַיּוֹת אֵין נוֹפֵל הֵ"א בַּפֹּעַל שֶׁלָּהּ, וְשֵׁם דָּבָר בָּהּ 'צַיִד', וְזֶה שֵׁם דָּבָר בּוֹ 'צְדִיָּה', וּפֹעַל שֶׁלּוֹ 'צוֹדֶה', וְזֶה פֹּעַל שֶׁלּוֹ 'צָד'. וְאוֹמֵר אֲנִי, פִּתְרוֹנוֹ כְּתַרְגּוּמוֹ: "וּדְלָא כְמַן לֵיהּ". וּמְנַחֵם חִבְּרוֹ בְּחֵלֶק 'צָד צַיִד', וְאֵין אֲנִי מוֹדֶה לוֹ. וְאִם יֵשׁ לְחַבְּרוֹ בְּאַחַת מִמַּחְלְקוֹת שֶׁל 'צָד', נְחַבְּרֶנּוּ בְּחֵלֶק "עַל צַד תִּנָּשֵׂאוּ" (ישעיה סו, יב), "צִדָּה אוֹרֶה" (שמואל א' כ, כ), "וּמִלִּין לְצַד עִלָּאָה יְמַלִּל" (דניאל ז, כה), אַף כָּאן "אֲשֶׁר לֹא צָדָה" לֹא צִדֵּד לִמְצֹא לוֹ שׁוּם צַד מִיתָה. וְאַף זֶה יֵשׁ לְהַרְהֵר עָלָיו, מִכָּל מָקוֹם לְשׁוֹן אוֹרֵב הוּא: **וְהָאֱלֹהִים אִנָּה לְיָדוֹ.** זִמֵּן לְיָדוֹ. לְשׁוֹן: "לֹא תְאֻנֶּה אֵלֶיךָ רָעָה" (תהלים צא, י), "לֹא יְאֻנֶּה לַצַּדִּיק כָּל אָוֶן" (משלי יב, כא), "מִתְאַנֶּה הוּא לִי" (מלכים ב' ה, ז) – מִזְדַּמֵּן לִמְצֹא לִי עִלָּה: **וְהָאֱלֹהִים אִנָּה לְיָדוֹ.** וְלָמָּה תֵּצֵא זֹאת מִלְּפָנָיו? הוּא שֶׁאָמַר דָּוִד: "כַּאֲשֶׁר יֹאמַר מְשַׁל הַקַּדְמֹנִי מֵרְשָׁעִים יֵצֵא רֶשַׁע" (שמואל א' כד, יג) וּמְשַׁל הַקַּדְמֹנִי

ביאור | מבחינה משפטית מכירתה היא כעין התקשרות ראשונית, המקבילה לקידושין באשה אחרת.[13] למרות שלא נישאה בדרכים הרגילות, אף זו נחשבת דרך מדרכי הנישואין, ולכן עליו לנהוג בה כבכל בת מבנות ישראל. י **אִם** אשה **אַחֶרֶת יִקַּח לוֹ** הבן, לאחר שהאמה הפכה לאשתו - אל לו לפגוע במעמדה של אמה זו. הוא מחויב לקיים את החובות הפורמליות כלפיה, כאשתו לכל דבר: **שְׁאֵרָהּ**, מזונה, **כְּסוּתָהּ**, הבגדים הראויים לה **וְעֹנָתָהּ**, הקפדה על קיום יחסי אישות בזמנים קבועים[14] - מכל הזכויות הללו **לֹא יִגְרָע**, גם אם נשא אשה אחרת על פניה. יא **וְאִם שְׁלָשׁ אֵלֶּה** - שלוש האפשרויות האמורות: לקיחתה לעצמו, פדיונה או ייעודה לבנו,[15] **לֹא יַעֲשֶׂה לָהּ** – **וְיָצְאָה חִנָּם אֵין כָּסֶף**, וכל החובות שהיו לה כלפי האדון בטלו.[16]

יב **מַכֵּה אִישׁ**, מי שמכה את חברו בכל דרך שהיא, וחברו **מֵת** מחמת המכה – **מוֹת יוּמָת**. עונשו של המכה הוא עונש מוות. יג וההורג **אֲשֶׁר לֹא צָדָה**, שלא זמם להרוג את חברו בזדון ובערמה, אלא - **וְהָאֱלֹהִים אִנָּה לְיָדוֹ**. אירעה תאונה שבאה מכוח עליון - אין להמיתו.

הרחבות | ׳ויצאה חִנם׳ למרות שאין הדבר מפורש בכתוב, חכמים למדו על פי ההקשר שהיא משתחררת בהגיעה לנערות - כלומר בערך בגיל שתים-עשרה. (ראו קדושין ד ע״א).

וְשַׂמְתִּי לְךָ מָקוֹם אֲשֶׁר יָנוּס שָׁמָּה׃ וְכִי־ יד
יָזִד אִישׁ עַל־רֵעֵהוּ לְהָרְגוֹ בְעָרְמָה מֵעִם מִזְבְּחִי
תִּקָּחֶנּוּ לָמוּת׃ וּמַכֵּה אָבִיו וְאִמּוֹ מוֹת טו
יוּמָת׃ וְגֹנֵב אִישׁ וּמְכָרוֹ וְנִמְצָא בְיָדוֹ טז
מוֹת יוּמָת׃ וּמְקַלֵּל אָבִיו וְאִמּוֹ מוֹת יז

רש"י

הִיא הַתּוֹרָה שֶׁהִיא מְשַׁל הַקָּדוֹשׁ בָּרוּךְ הוּא שֶׁהוּא קַדְמוֹנוֹ שֶׁל עוֹלָם. וְהֵיכָן אָמְרָה תּוֹרָה: "מֵרְשָׁעִים יֵצֵא רֶשַׁע"? – "וְהָאֱלֹהִים אִנָּה לְיָדוֹ". בַּמָּה הַכָּתוּב מְדַבֵּר? בִּשְׁנֵי בְנֵי אָדָם, אֶחָד הָרַג שׁוֹגֵג וְאֶחָד הָרַג מֵזִיד, וְלֹא הָיוּ עֵדִים בַּדָּבָר שֶׁיָּעִידוּ, זֶה לֹא נֶהֱרַג וְזֶה לֹא גָּלָה. הַקָּדוֹשׁ בָּרוּךְ הוּא מְזַמְּנָן לְפֻנְדָּק אֶחָד, זֶה שֶׁהָרַג שׁוֹגֵג עוֹלֶה בַּסֻּלָּם וְנוֹפֵל עַל זֶה שֶׁהָרַג מֵזִיד וְהוֹרְגוֹ, וְעֵדִים מְעִידִים עָלָיו וּמְחַיְּבִים אוֹתוֹ לִגְלוֹת. נִמְצָא זֶה שֶׁהָרַג שׁוֹגֵג גּוֹלֶה וְזֶה שֶׁהָרַג מֵזִיד נֶהֱרָג: **וְשַׂמְתִּי לְךָ מָקוֹם.** אַף בַּמִּדְבָּר, שֶׁיָּנוּס שָׁמָּה. וְאֵי זֶה מָקוֹם קוֹלֵט? זֶה מַחֲנֵה לְוִיָּה:

יד] **וְכִי יָזִד.** לָמָּה נֶאֱמַר? לְפִי שֶׁנֶּאֱמַר: "מַכֵּה אִישׁ" וְגוֹ' (לעיל פסוק יב), שׁוֹמֵעַ אֲנִי אֲפִלּוּ גּוֹי, וְהָרוֹפֵא שֶׁהֵמִית, וּשְׁלִיחַ בֵּית דִּין שֶׁהֵמִית בְּמַלְקוּת אַרְבָּעִים, וְהָאָב הַמַּכֶּה אֶת בְּנוֹ, וְהָרַב הָרוֹדֶה אֶת תַּלְמִידוֹ, וְהַשּׁוֹגֵג? תַּלְמוּד לוֹמַר: "וְכִי יָזִד" וְלֹא שׁוֹגֵג, "עַל רֵעֵהוּ" וְלֹא עַל גּוֹי, "לְהָרְגוֹ בְעָרְמָה" וְלֹא שְׁלִיחַ בֵּית דִּין וְהָרוֹפֵא וְהָרוֹדֶה בְּנוֹ וְתַלְמִידוֹ, שֶׁאַף עַל פִּי שֶׁהֵם מְזִידִין אֵין מַעֲרִימִין: **מֵעִם מִזְבְּחִי.** אִם הָיָה כֹּהֵן וְרוֹצֶה לַעֲבֹד עֲבוֹדָה, "תִּקָּחֶנּוּ לָמוּת":

טו] **וּמַכֵּה אָבִיו וְאִמּוֹ.** לְפִי שֶׁלָּמַדְנוּ עַל הַחוֹבֵל בַּחֲבֵרוֹ שֶׁהוּא בְּתַשְׁלוּמִין וְלֹא בְּמִיתָה, הֻצְרַךְ לוֹמַר עַל הַחוֹבֵל בְּאָבִיו שֶׁהוּא בְּמִיתָה. וְאֵינוֹ חַיָּב אֶלָּא בְּהַכָּאָה שֶׁיֵּשׁ בָּהּ חַבּוּרָה: **אָבִיו וְאִמּוֹ.** אוֹ זֶה אוֹ זֶה: **מוֹת יוּמָת.** בְּחֶנֶק:

טז] **וְגֹנֵב אִישׁ וּמְכָרוֹ.** לָמָּה נֶאֱמַר? לְפִי שֶׁנֶּאֱמַר: "כִּי יִמָּצֵא אִישׁ גֹּנֵב נֶפֶשׁ מֵאֶחָיו" (דברים כד, ז), אֵין לִי אֶלָּא אִישׁ שֶׁגָּנַב נֶפֶשׁ, אִשָּׁה אוֹ טֻמְטוּם אוֹ אַנְדְּרוֹגִינוֹס שֶׁגָּנְבוּ מִנַּיִן? תַּלְמוּד לוֹמַר: "וְגֹנֵב אִישׁ וּמְכָרוֹ". וּלְפִי שֶׁנֶּאֱמַר כָּאן: "וְגֹנֵב אִישׁ", אֵין לִי אֶלָּא גּוֹנֵב אִישׁ, גּוֹנֵב אִשָּׁה מִנַּיִן? תַּלְמוּד לוֹמַר: "גֹּנֵב נֶפֶשׁ". לְכָךְ הֻצְרְכוּ שְׁנֵיהֶם, מַה שֶּׁחִסֵּר זֶה גִּלָּה זֶה: **וְנִמְצָא בְיָדוֹ.** שֶׁרָאוּהוּ עֵדִים שֶׁגְּנָבוֹ וּמְכָרוֹ, "וְנִמְצָא" כְּבָר קֹדֶם הַמְּכִירָה: **מוֹת יוּמָת.** בְּחֶנֶק. כָּל מִיתָה הָאֲמוּרָה בַּתּוֹרָה סְתָם חֶנֶק הִיא:

יז] **וּמְקַלֵּל אָבִיו וְאִמּוֹ.** לָמָּה נֶאֱמַר? לְפִי שֶׁהוּא אוֹמֵר: "אִישׁ אִישׁ אֲשֶׁר יְקַלֵּל אֶת אָבִיו" (ויקרא כ, ט), אֵין לִי אֶלָּא אִישׁ שֶׁקִּלֵּל אֶת אָבִיו, אִשָּׁה שֶׁקִּלְּלָה אֶת אָבִיהָ מִנַּיִן? תַּלְמוּד לוֹמַר: "וּמְקַלֵּל אָבִיו וְאִמּוֹ", סְתָם, בֵּין אִישׁ וּבֵין אִשָּׁה. אִם כֵּן לָמָּה נֶאֱמַר: "אִישׁ אֲשֶׁר יְקַלֵּל"? לְהוֹצִיא אֶת הַקָּטָן: **מוֹת יוּמָת.** בִּסְקִילָה, וְכָל מָקוֹם שֶׁנֶּאֱמַר 'דָּמָיו בּוֹ', בִּסְקִילָה, וּבִנְיַן אָב לְכֻלָּם: "בָּאֶבֶן יִרְגְּמוּ אֹתָם דְּמֵיהֶם בָּם" (ויקרא כ, כז), וּבִמְקַלֵּל אָבִיו נֶאֱמַר: "דָּמָיו בּוֹ" (שם פסוק ט):

ביאור | **וְשַׂמְתִּי**, אקבע **לְךָ מָקוֹם אֲשֶׁר יָנוּס שָׁמָּה**, שאליו יברח המכה בשגגה, כפי שיפורט בהמשך.[17] יד **וְכִי יָזִד אִישׁ עַל רֵעֵהוּ לְהָרְגוֹ בְעָרְמָה**, בזדון ובכוונה תחילה, ועל כן יש להמיתו. אפילו **מֵעִם מִזְבְּחִי תִּקָּחֶנּוּ לָמוּת**. היו אנשים שנאחזו בפועל בקרנותיו של המזבח, מעין בקשת חסות מאלוקים, כדי להתגונן מפגיעת החוק.[18] יש בכך רק הגנה מידית וזמנית, שכן גם אם לא יהרגו אותו במקום הקודש, הוא יילקח משם, יועמד לדין ויידון למוות, מפני שהמזבח אינו מגן מפני העונש.[19]

כמו הרציחה גם הדינים הבאים קשורים לאמור בעשרת הדיברות: טו **וּמַכֵּה אָבִיו וְאִמּוֹ** לאו דווקא למוות. עצם הכאתם היא עברה חמורה ביותר, באשר היא היפוכה של החובה לכבדם. על כן – **מוֹת יוּמָת**.

טז **וְגֹנֵב אִישׁ וּמְכָרוֹ**, החוטף את זולתו כדי למכרו לעבד, **וְנִמְצָא** החטוף **בְיָדוֹ**, גם אם לא הספיק למכרו –[20] **מוֹת יוּמָת**. זהו אחד מפירושיו המצמצמים של איסור הגנבה שבעשרת הדיברות. אמנם זהו איסור כללי ורחב, אך חכמים הבינו שהוא מתייחס בעיקר לגנבת אדם – שעליה חייבים מיתה.[21]

יז **וּמְקַלֵּל**, המאחל רע[22] **לְאָבִיו וְאִמּוֹ**, או לאמו – **מוֹת יוּמָת**.

יוּמָת׃ וְכִֽי־יְרִיבֻן אֲנָשִׁים וְהִכָּה־אִישׁ אֶת־ יח
רֵעֵהוּ בְּאֶבֶן אוֹ בְאֶגְרֹף וְלֹא יָמוּת וְנָפַל לְמִשְׁכָּב׃
אִם־יָקוּם וְהִתְהַלֵּךְ בַּחוּץ עַל־מִשְׁעַנְתּוֹ וְנִקָּה הַמַּכֶּה יט
שני רַק שִׁבְתּוֹ יִתֵּן וְרַפֹּא יְרַפֵּא׃ וְכִֽי־יַכֶּה אִישׁ כ
אֶת־עַבְדּוֹ אוֹ אֶת־אֲמָתוֹ בַּשֵּׁבֶט וּמֵת תַּחַת יָדוֹ נָקֹם
יִנָּקֵם׃ אַךְ אִם־יוֹם אוֹ יוֹמַיִם יַעֲמֹד לֹא יֻקַּם כִּי כַסְפּוֹ כא
הוּא׃ וְכִֽי־יִנָּצוּ אֲנָשִׁים וְנָגְפוּ אִשָּׁה הָרָה כב

רש"י

יח] **וְכִי יְרִיבֻן אֲנָשִׁים.** לָמָּה נֶאֱמַר? לְפִי שֶׁנֶּאֱמַר: "עַיִן תַּחַת עַיִן" (להלן פסוק כד), לֹא לָמַדְנוּ אֶלָּא דְּמֵי חֲבָרָיו, אֲבָל שֶׁבֶת וְרִפּוּי לֹא לָמַדְנוּ, לְכָךְ נֶאֶמְרָה פָּרָשָׁה זוֹ: **וְנָפַל לְמִשְׁכָּב.** כְּתַרְגּוּמוֹ: "וְיִפּוֹל לְבוּטְלָן", לְחֹלִי שֶׁמְּבַטְּלוֹ מִמְּלַאכְתּוֹ:

יט] **עַל מִשְׁעַנְתּוֹ.** עַל בֻּרְיוֹ וְכֹחוֹ: **וְנִקָּה הַמַּכֶּה.** וְכִי תַּעֲלֶה עַל דַּעְתְּךָ שֶׁיֵּהָרֵג זֶה שֶׁלֹּא הָרַג?! אֶלָּא לְמֶדְךָ כָּאן שֶׁחוֹבְשִׁים אוֹתוֹ עַד שֶׁנִּרְאֶה אִם יִתְרַפֵּא זֶה. וְכֵן מַשְׁמָעוֹ: כְּשֶׁקָּם זֶה וְהוֹלֵךְ עַל מִשְׁעַנְתּוֹ אָז נִקָּה הַמַּכֶּה, אֲבָל עַד שֶׁלֹּא יָקוּם זֶה לֹא נִקָּה הַמַּכֶּה: **רַק שִׁבְתּוֹ.** בִּטּוּל מְלַאכְתּוֹ מֵחֲמַת הַחֹלִי. אִם קָטַע יָדוֹ אוֹ רַגְלוֹ רוֹאִין בִּטּוּל מְלַאכְתּוֹ מֵחֲמַת הַחֹלִי כְּאִלּוּ הוּא שׁוֹמֵר קִשּׁוּאִין, שֶׁהֲרֵי אַף לְאַחַר הַחֹלִי אֵינוֹ רָאוּי לִמְלֶאכֶת יָד וָרֶגֶל, וְהוּא כְּבָר נָתַן לוֹ מֵחֲמַת נִזְקוֹ דְּמֵי יָדוֹ וְרַגְלוֹ, שֶׁנֶּאֱמַר: "יָד תַּחַת יָד רֶגֶל תַּחַת רָגֶל" (להלן פסוק כד): **וְרַפֹּא יְרַפֵּא.** כְּתַרְגּוּמוֹ, יְשַׁלֵּם שְׂכַר הָרוֹפֵא:

כ] **וְכִי יַכֶּה אִישׁ אֶת עַבְדּוֹ אוֹ אֶת אֲמָתוֹ.** בְּעֶבֶד כְּנַעֲנִי הַכָּתוּב מְדַבֵּר. אוֹ אֵינוֹ אֶלָּא בְּעִבְרִי? תַּלְמוּד לוֹמַר: "כִּי כַסְפּוֹ הוּא", מַה כַּסְפּוֹ קָנוּי לוֹ עוֹלָמִית, אַף עֶבֶד הַקָּנוּי לוֹ עוֹלָמִית. וַהֲרֵי הָיָה בִּכְלַל "מַכֵּה אִישׁ וָמֵת" (לעיל פסוק יב), אֶלָּא בָּא הַכָּתוּב וְהוֹצִיאוֹ מִן הַכְּלָל לִהְיוֹת נִדּוֹן בְּדִין יוֹם אוֹ יוֹמַיִם, שֶׁאִם לֹא מֵת תַּחַת יָדוֹ וְשָׁהָה מֵעֵת לְעֵת – פָּטוּר: **בַּשֵּׁבֶט.** כְּשֶׁיֵּשׁ בּוֹ כְּדֵי לְהָמִית הַכָּתוּב מְדַבֵּר. אוֹ אֲפִלּוּ אֵין בּוֹ כְּדֵי לְהָמִית? תַּלְמוּד לוֹמַר בְּיִשְׂרָאֵל: "וְאִם בְּאֶבֶן יָד אֲשֶׁר יָמוּת בָּהּ הִכָּהוּ" (במדבר לה, יז), וַהֲלֹא דְּבָרִים קַל וָחֹמֶר: וּמָה יִשְׂרָאֵל חָמוּר, אֵין חַיָּב עָלָיו אֶלָּא אִם כֵּן הִכָּהוּ בְּדָבָר שֶׁיֵּשׁ בּוֹ כְּדֵי לְהָמִית וְעַל אֵבֶר שֶׁהוּא כְּדֵי לָמוּת בְּהַכָּאָה זוֹ, עֶבֶד הַקַּל לֹא כָּל שֶׁכֵּן?: **נָקֹם יִנָּקֵם.** מִיתַת סַיִף. וְכֵן הוּא אוֹמֵר: "חֶרֶב נֹקֶמֶת נְקַם בְּרִית" (ויקרא כו, כה):

כא] **אַךְ אִם יוֹם אוֹ יוֹמַיִם יַעֲמֹד לֹא יֻקַּם.** אִם עַל יוֹם אֶחָד הוּא פָּטוּר עַל יוֹמַיִם לֹא כָּל שֶׁכֵּן?! אֶלָּא יוֹם שֶׁהוּא כְּיוֹמַיִם, וְאֵי זֶה זֶה? זֶה מֵעֵת לְעֵת: **לֹא יֻקַּם כִּי כַסְפּוֹ הוּא.** הָא אַחֵר שֶׁהִכָּהוּ, אַף עַל פִּי שֶׁשָּׁהָה מֵעֵת לְעֵת קֹדֶם שֶׁמֵּת, חַיָּב:

כב] **וְכִי יִנָּצוּ אֲנָשִׁים.** זֶה עִם זֶה, וְנִתְכַּוֵּן לְהַכּוֹת אֶת חֲבֵרוֹ וְהִכָּה אֶת הָאִשָּׁה: **וְנָגְפוּ.** אֵין נְגִיפָה אֶלָּא לְשׁוֹן דְּחִיפָה וְהַכָּאָה, כְּמוֹ: "פֶּן תִּגֹּף בָּאֶבֶן רַגְלֶךָ" (תהלים צא, יב), "וּבְטֶרֶם יִתְנַגְּפוּ רַגְלֵיכֶם" (ירמיה יג, טז), "וּלְאֶבֶן נֶגֶף"

ביאור

יח **וְכִי יְרִיבֻן אֲנָשִׁים**, ומתוך הקטטה **וְהִכָּה אִישׁ אֶת רֵעֵהוּ בְּאֶבֶן
אוֹ בְאֶגְרֹף** מכה העלולה לגרום למוות, וְעם זאת, **לֹא יָמוּת, וְנָפַל
לְמִשְׁכָּב**, נעשה חולה מחמת המכות. יט **אִם יָקוּם** האיש המוכה
ממיטת חוליו, **וְהִתְהַלֵּךְ בַּחוּץ עַל מִשְׁעַנְתּוֹ**, על מקל ההליכה שלו,[23]
כלומר נראה שהוא הולך ומתרפא, והוא יכול להתהלך בכוחות
עצמו בלא צורך להסתייע באחרים[24] – **וְנִקָּה הַמַּכֶּה** מעונש המיתה
שבו חייב מכה אדם שהרגו, אשר הוזכר קודם לכן. **רַק שִׁבְתּוֹ יִתֵּן**.
עליו לתת למוכה את ערך ביטול הזמן שנגרם לו משום שהיה
מושבת מעבודה, ונוסף לכך - **וְרַפֹּא יְרַפֵּא**. המכה צריך לשלם לו
את דמי הטיפול הרפואי. כ אולם - **וְכִי יַכֶּה אִישׁ אֶת עַבְדּוֹ אוֹ
אֶת אֲמָתוֹ** שאינם מישראל, ומעמדם נמוך בהרבה מזה של עבד
ואמה מישראל,[25] **בַּשֵּׁבֶט**, במגלב, בשוט, **וּמֵת** העבד **תַּחַת יָדוֹ** מרוב
המכות – **נָקֹם יִנָּקֵם**, הריהו חייב מיתה, מכיוון שהרג אדם, גם אם
לא היה בן חורין. כא **אַךְ אִם** למרות שהכה אותו מכות קשות
מאוד, **יוֹם אוֹ יוֹמַיִם** העבד **יַעֲמֹד**, ימשיך לחיות – **לֹא יֻקַּם**, בית הדין
לא יהרוג את האדון המכה, **כִּי** מקנת **כַּסְפּוֹ הוּא** - העבד, ועל כן
אחריות האדון לתוצאות הכאתו פחותה מפני שהכה אותו כדרך
שהיו רודים בעבדים. זאת שלא כדינו של מי שמכה את חברו שאינו
עבדו הכנעני, והמוכה מת מן המכות רק לאחר זמן;[26] במקרה זה,
כיוון שאינו עבדו - עונשו מוות.[27]

כב **וְכִי יִנָּצוּ**, יתקוטטו **אֲנָשִׁים**, ומסביבם מתגודדים אנשים נוספים,
וְתוך כדי המריבה **נָגְפוּ אִשָּׁה הָרָה** שהייתה במקום. אחד מהם,

הרחבות

'ורפא ירפא' זהו אזכור משמעותי וראשון בתורה בדבר מעמדו של הרופא כחלק מסדר העולם הראוי והנכון. (ומכאן למדו חכמים שניתנה רשות לרופא לרפאות. ראו ברכות ס ע"א).

'נקם ינקם' לעומת הביטוי מות יוּמָת, המורה על דרך ענישה חמורה ופומבית, כגון חנק, הביטוי נָקֹם יִנָּקֵם מבטא עונש מוות קל ומהיר יותר, מיתת סייף. ואכן זו היא צורת המתתו של כל רוצח. (ראו יונתן ורש"י על אתר; סנהדרין נב ע"ב).

וְיָצְאוּ יְלָדֶיהָ וְלֹא יִהְיֶה אָסוֹן עָנוֹשׁ יֵעָנֵשׁ כַּאֲשֶׁר
יָשִׁית עָלָיו בַּעַל הָאִשָּׁה וְנָתַן בִּפְלִלִים: וְאִם־אָסוֹן כג
יִהְיֶה וְנָתַתָּה נֶפֶשׁ תַּחַת נָפֶשׁ: עַיִן תַּחַת עַיִן שֵׁן תַּחַת כד
שֵׁן יָד תַּחַת יָד רֶגֶל תַּחַת רָגֶל: כְּוִיָּה תַּחַת כְּוִיָּה פֶּצַע כה
תַּחַת פָּצַע חַבּוּרָה תַּחַת חַבּוּרָה: וְכִי־ כו
יַכֶּה אִישׁ אֶת־עֵין עַבְדּוֹ אוֹ־אֶת־עֵין אֲמָתוֹ וְשִׁחֲתָהּ
לַחָפְשִׁי יְשַׁלְּחֶנּוּ תַּחַת עֵינוֹ: וְאִם־שֵׁן עַבְדּוֹ אוֹ־שֵׁן כז
אֲמָתוֹ יַפִּיל לַחָפְשִׁי יְשַׁלְּחֶנּוּ תַּחַת שִׁנּוֹ:

רש"י

(ישעיה ח, יד): **ולא יהיה אסון.** באשה: **ענוש יענש.** לשלם דמי ולדות לבעל. שמין אותה כמה היתה ראויה לימכר בשוק להעלות בדמיה בשביל הריונה: **ענוש יענש.** יגבו ממון ממנו, כמו: "וענשו אתו מאה כסף" (דברים כב, יט): **כאשר ישית עליו** וגו'. כשיתבענו הבעל בבית דין להשית עליו עונש על כך: **ונתן.** המכה דמי ולדות: **בפללים.** על פי הדיינים:

כג) **ואם אסון יהיה.** באשה: **ונתתה נפש תחת נפש.** רבותינו חולקים בדבר: יש אומרים נפש ממש, ויש אומרים ממון, אבל לא נפש ממש, שהמתכוין להרוג את זה והרג את זה פטור ממיתה, ומשלם ליורשיו דמיו כמו שהיה נמכר בשוק:

כד) **עין תחת עין.** סימא עין חברו נותן לו דמי עינו כמה שפחתו דמיו לימכר בשוק, וכן כולם, ולא נטילת אבר ממש, כמו שדרשו רבותינו בפרק 'החובל' (בבא קמא פג ע"ב – פד ע"א):

כה) **כויה תחת כויה.** מכות אש. ועד עכשיו דבר בחבלה שיש בה פחת דמים, ועכשיו בשאין בה פחת דמים אלא צער, כגון כואו בשפוד על צפרנו, אומדים כמה אדם כיוצא בזה רוצה ליטול להיות מצטער כך: **פצע.** היא מכה המוציאה דם, שפצע את בשרו, נברדור"א בלע"ז. הכל לפי מה שהוא, אם יש בו פחת דמים נותן נזק, ואם נפל למשכב נותן שבת ורפוי ובשת וצער. ומקרא זה יתר הוא, וב'החובל' דרשוהו רבותינו לחייב על הצער אפילו במקום נזק, שאף על פי שנותן לו דמי ידו אין פוטרין אותו מן הצער, לומר הואיל וקנה ידו יש עליו לחתכה בכל מה שירצה, אלא אומרים יש לו לחתכה בסם שאינו מצטער כל כך, וזה חתכה בברזל וציערו: **חבורה.** היא מכה שהדם נצרר בה ואינו יוצא אלא שמאדים הבשר כנגדו. ולשון חבורה טק"א בלע"ז, כמו: "ונמר חברברתיו" (ירמיה יג, כג), ותרגומו "משקופי", לשון חבטה, בטדור"א בלע"ז, וכן: "שדופות קדים" (בראשית מא, כג), "שקיפן קדום", חבוטות ברוח. וכן: "על המשקוף" (לעיל יב, ז), על שם שהדלת נוקש עליו:

כו) **את עין עבדו.** כנעני, אבל עברי אינו יוצא בשן ועין, כמו שאמרנו אצל "לא תצא כצאת העבדים" (לעיל פסוק ז): **תחת עינו.** וכן בעשרים וארבעה ראשי

ביאור

שהתכוון להכות את חברו, הכה אותה בטעות, **וְיָצְאוּ יְלָדֶיהָ**, והמכה
גרמה לה להפיל, **וְלֹא יִהְיֶה אָסוֹן**, האשה עצמה לא מתה[28] – **עָנוֹשׁ**
יֵעָנֵשׁ המכה **כַּאֲשֶׁר יָשִׁית**, יטיל **עָלָיו בַּעַל הָאִשָּׁה, וְנָתַן בִּפְלִלִים**,
בבית דין. בעל האשה יכול לתבוע תשלומים על הוולדות, אך אם
הם אינם מגיעים לעמק השווה, בית הדין הוא שיקבע את הסכום
המדויק. כג **וְאִם אָסוֹן יִהְיֶה**, האשה תמות – **וְנָתַתָּה נֶפֶשׁ תַּחַת נָפֶשׁ**.
מתוך ההקשר נראה שאין משמעות הביטוי דין מוות, אלא חובה
לשלם כסף בעבור נפשה, שהרי אין זה רצח מכוון,[29] אלא גרימת
מוות מתוך רשלנות. כד ודומה לכך, אם אדם גרם נזק קבוע לאשה
או לגבר תוך כדי מריבה או באופן אחר, עליו לשלם **עַיִן תַּחַת עַיִן**,
שֵׁן תַּחַת שֵׁן, יָד תַּחַת יָד, רֶגֶל תַּחַת רָגֶל, כה **כְּוִיָּה תַּחַת כְּוִיָּה, פֶּצַע**
פתוח זב דם **תַּחַת פָּצַע, חַבּוּרָה**, מכה יבשה **תַּחַת חַבּוּרָה**.

מקרה פרטי נוסף בדיני חבלות: כו **וְכִי יַכֶּה אִישׁ אֶת עֵין עַבְדּוֹ**
אוֹ אֶת עֵין אֲמָתוֹ הכנעניים, שמעמדם נחות, וכתוצאה מן המכה
שִׁחֲתָהּ, קלקל את העין, הוציאהּ מכלל שימוש, והיא חשוכת
מרפא – **לַחָפְשִׁי יְשַׁלְּחֶנּוּ תַּחַת עֵינוֹ**. העבד יצא לחופשי כתמורה
לעין הפגועה. כז **וְאִם שֵׁן עַבְדּוֹ אוֹ שֵׁן אֲמָתוֹ יַפִּיל**. גם אם האדון רק
מוציא שן מפיו – **לַחָפְשִׁי יְשַׁלְּחֶנּוּ תַּחַת שִׁנּוֹ** בתור קנס.

הרחבות

'עין תחת עין' מעולם לא בוצעו העונשים הללו בגוף, כמשמעם המילולי. חכמים העלו שורה ארוכה של שיקולים לכך שאין להעניש את גופו של אדם באותה פגיעה שבה פגע בזולתו. וכבר בתורה עצמה מדייקים שרק במקרה של רצח אין לפדות את נפש הנרצח בכסף. (ראו במדבר לה,לא; בבא קמא פג ע"ב – פד ע"א).

למרות שהכתוב מתפרש כמתייחס לתשלום בעבור האיברים הפגועים, בלשונו הציורית (כאן וגם בויקרא כד,יט-כ ודברים יט,כא) הוא מבטא את חומרת המעשה, כאילו הוא אומר שראוי היה שיוציאו לפוגע עין תחת העין שבה פגע אך בפועל לא יעשו זאת. ההלכה קובעת שתשלום הממון הוא העונש היחיד הראוי לפגיעות הגופניות הללו. משום כך, גם אדם שיטען שאין לו כסף והוא מעדיף שיחבלו בגופו ויפצעו אותו תחת החבורה שעשה בחברו, לא ישמעו לו, וחובת התשלום תישאר מוטלת עליו. (על פי בבא קמא פג ע"ב; ראב"ע הארוך פס' כד. כיוצא בזה ראו להלן פס' כט-ל).

'וכי יכה איש את עין עבדו' על הפוגע בגופו של בן חורין מוטל תשלום פיצויים מוגדר. לעומת זאת, עבד כנעני נחשב כקניין כספו של האדון, ולכאורה אפשר להשתמש באמצעי חינוך או מוסר גופניים קשים כלפיו. אולם התורה מגבילה זאת בכך שהיא קונסת אותו על פגיעות חמורות ותובעת מאדונו לשלחו לחפשי כדי להרתיעו מלנהוג ביד קשה מדי בעבדו (ראב"ע פס' כו).

לפי המסורת, עין ושן אינן אלא דוגמאות, והדין הזה חל לגבי כל חלק גוף ניכר שאיננו בר-תקנה, ובכלל זה גם אצבע או אף. (ראו קדושין כד; רש"י פס' כו).

כח וְכִֽי־יִגַּ֨ח שׁ֜וֹר אֶת־אִ֛ישׁ א֥וֹ אֶת־אִשָּׁ֖ה וָמֵ֑ת סָק֨וֹל
יִסָּקֵ֜ל הַשּׁ֗וֹר וְלֹ֤א יֵאָכֵל֙ אֶת־בְּשָׂר֔וֹ וּבַ֥עַל הַשּׁ֖וֹר נָקִֽי׃
כט וְאִ֡ם שׁוֹר֩ נַגָּ֨ח ה֜וּא מִתְּמֹ֣ל שִׁלְשֹׁ֗ם וְהוּעַ֤ד בִּבְעָלָיו֙
וְלֹ֣א יִשְׁמְרֶ֔נּוּ וְהֵמִ֥ית אִ֖ישׁ א֣וֹ אִשָּׁ֑ה הַשּׁוֹר֙ יִסָּקֵ֔ל
וְגַם־בְּעָלָ֖יו יוּמָֽת׃ ל אִם־כֹּ֖פֶר יוּשַׁ֣ת עָלָ֑יו וְנָתַן֙ פִּדְיֹ֣ן
נַפְשׁ֔וֹ כְּכֹ֥ל אֲשֶׁר־יוּשַׁ֖ת עָלָֽיו׃ לא אוֹ־בֵ֥ן יִגָּ֖ח אוֹ־בַ֣ת יִגָּ֑ח

רש"י

חֲבָרִים: אֶצְבְּעוֹת הַיָּדַיִם וְהָרַגְלַיִם וּשְׁתֵּי אָזְנַיִם וְהַחֹטֶם וְרֹאשׁ הַגְּוִיָּה שֶׁהוּא גִּיד הָאַמָּה. וְלָמָּה נֶאֶמְרוּ שֵׁן וְעַיִן? שֶׁאִם נֶאֱמַר עַיִן וְלֹא נֶאֱמַר שֵׁן, הָיִיתִי אוֹמֵר, מָה עַיִן שֶׁנִּבְרָא עִמּוֹ אַף כָּל שֶׁנִּבְרָא עִמּוֹ, וַהֲרֵי שֵׁן לֹא נִבְרָא עִמּוֹ. וְאִם נֶאֱמַר שֵׁן וְלֹא נֶאֱמַר עַיִן, הָיִיתִי אוֹמֵר, אֲפִלּוּ שֵׁן תִּינוֹק שֶׁיֵּשׁ לָהּ חֲלִיפִין, לְכָךְ נֶאֱמַר עַיִן:

כח) **וְכִי יִגַּח שׁוֹר.** אֶחָד שׁוֹר וְאֶחָד כָּל בְּהֵמָה וְחַיָּה וָעוֹף, אֶלָּא שֶׁדִּבֵּר הַכָּתוּב בַּהֹוֶה: **וְלֹא יֵאָכֵל אֶת בְּשָׂרוֹ.** מִמַּשְׁמַע שֶׁנֶּאֱמַר: "סָקוֹל יִסָּקֵל הַשּׁוֹר" אֵינִי יוֹדֵעַ שֶׁהוּא נְבֵלָה וּנְבֵלָה אֲסוּרָה בַּאֲכִילָה? אֶלָּא מַה תַּלְמוּד לוֹמַר: "וְלֹא יֵאָכֵל אֶת בְּשָׂרוֹ"? שֶׁאֲפִלּוּ שְׁחָטוֹ לְאַחַר שֶׁנִּגְמַר דִּינוֹ אָסוּר בַּאֲכִילָה. בַּהֲנָאָה מִנַּיִן? תַּלְמוּד לוֹמַר: "וּבַעַל הַשּׁוֹר נָקִי", כְּאָדָם הָאוֹמֵר לַחֲבֵרוֹ: יָצָא פְּלוֹנִי נָקִי מִנְּכָסָיו וְאֵין לוֹ בָּהֶם הֲנָאָה שֶׁל כְּלוּם. זֶהוּ מִדְרָשׁוֹ. וּפְשׁוּטוֹ כְּמַשְׁמָעוֹ, לְפִי שֶׁנֶּאֱמַר בְּמוּעָד: "וְגַם בְּעָלָיו יוּמָת", הֻצְרַךְ לוֹמַר בְּתָם: "וּבַעַל הַשּׁוֹר נָקִי":

כט) **מִתְּמֹל שִׁלְשֹׁם.** הֲרֵי שָׁלֹשׁ נְגִיחוֹת: **וְהוּעַד בִּבְעָלָיו.** לְשׁוֹן הַתְרָאָה בְּעֵדִים, כְּמוֹ: "הָעֵד הֵעִד בָּנוּ הָאִישׁ" (בראשית מג, ג): **וְהֵמִית אִישׁ וְגוֹ'.** לְפִי שֶׁנֶּאֱמַר: "וְכִי יִגַּח" (לעיל פסוק כח), אֵין לִי אֶלָּא שֶׁהֱמִיתוֹ בִּנְגִיחָה, הֱמִיתוֹ בִּנְשִׁיכָה דְּחִיפָה בְּעִיטָה מִנַּיִן? תַּלְמוּד לוֹמַר: "וְהֵמִית": **וְגַם בְּעָלָיו יוּמָת.** בִּידֵי שָׁמַיִם. יָכוֹל בִּידֵי אָדָם? תַּלְמוּד לוֹמַר: "מוֹת יוּמַת הַמַּכֶּה רֹצֵחַ הוּא" (במדבר לה, כא), עַל רְצִיחָתוֹ אַתָּה הוֹרְגוֹ וְאִי אַתָּה הוֹרְגוֹ עַל רְצִיחַת שׁוֹרוֹ:

ל) **אִם כֹּפֶר יוּשַׁת עָלָיו.** 'אִם' זֶה אֵינוֹ תָּלוּי, וַהֲרֵי הוּא כְּמוֹ: "אִם כֶּסֶף תַּלְוֶה" (להלן כב, כד), לְשׁוֹן 'אֲשֶׁר', זֶה מִשְׁפָּטוֹ שֶׁיָּשִׁיתוּ עָלָיו בֵּית דִּין כֹּפֶר: **וְנָתַן פִּדְיֹן נַפְשׁוֹ.** דְּמֵי נִזָּק, דִּבְרֵי רַבִּי יִשְׁמָעֵאל. רַבִּי עֲקִיבָא אוֹמֵר: דְּמֵי מַזִּיק:

לא) **אוֹ בֵן יִגָּח.** בֵּן שֶׁהוּא קָטָן: **אוֹ בַת.** שֶׁהִיא קְטַנָּה. לְפִי שֶׁנֶּאֱמַר: "וְהֵמִית אִישׁ אוֹ אִשָּׁה" (לעיל פסוק כט), יָכוֹל אֵינוֹ חַיָּב אֶלָּא עַל הַגְּדוֹלִים? תַּלְמוּד לוֹמַר: "אוֹ בֵן יִגָּח" וְגוֹ', לְחַיֵּב עַל הַקְּטַנִּים כִּגְדוֹלִים:

הרחבות

'סָקוֹל יִסָּקֵל הַשּׁוֹר' דינו של השור קשור לתפיסה המופיעה כבר בראשית התורה: וְאַךְ אֶת דִּמְכֶם לְנַפְשֹׁתֵיכֶם אֶדְרֹשׁ, מִיַּד כָּל חַיָּה אֶדְרְשֶׁנּוּ (בראשית ט,ה). כל בעל חיים שהורג אדם נחשב מחבל בסדרי הטבע, ולכן השור נדון למוות טקסי. (ראו משנה סנהדרין א,ד).

ביאור

כל המשפטים שהובאו עד כה, מלבד דין העבדים הפותח, היו
פליליים, כלומר עסקו במעשים המנוגדים לחוק, ברציחה, בפגיעות
גופניות, בפגיעה בכיבוד הורים - שגם היא עברה חמורה בחוק
העברי - וכיוצא באלה. בזמן שהתקיימה רשות שיפוט וענישה
שנהגה על פי דיני ישראל, הייתה אפשרות לענוש במוות על עברות
על החוק הפלילי, ולכן הן נדונו בפני בית דין גדול, שבו ישבו עשרים
ושלושה דיינים. מכאן ואילך נמנים דינים המתייחסים לעוולות או
לפשעים אזרחיים: כח **וְכִי יִגַּח שׁוֹר** השייך לאדם מסוים **אֶת אִישׁ**
אוֹ אֶת אִשָּׁה – וָמֵת, האיש או האשה מתו בעקבות נגיחתו. **סָקוֹל**
יִסָּקֵל הַשּׁוֹר, ויותר מזה - **לֹא יֵאָכֵל אֶת בְּשָׂרוֹ**. אסור להשתמש בבשרו
משעה שהוא נידון למוות, אפילו לפני הסקילה,[30] **וּבַעַל הַשּׁוֹר נָקִי**,
מעונש נוסף מלבד אבדן השור שהיה ברשותו, שהרי הוא לא היה
אשם. כט **וְאִם שׁוֹר נַגָּח הוּא מִתְּמֹל שִׁלְשֹׁם**. אם אין הדבר מתרחש
לראשונה, וכבר ראו בעבר שהוא נוגח אדם ומסכנו כמה פעמים,[31]
וְהוּעַד בִּבְעָלָיו, וכבר אנשים העידו על כך בבעליו, ורשויות המשפט
הזהירוהו שהשור מסוכן, ובכל זאת הבעלים **לֹא יִשְׁמְרֶנּוּ, וְהֵמִית**
השור הזה **אִישׁ אוֹ אִשָּׁה – הַשּׁוֹר יִסָּקֵל** על אשר הרג אדם, כאמור,
וְגַם בְּעָלָיו יוּמָת. יש לדייק שכאן לא ננקט הניסוח החוזר ונשנה
בעניין לציון עונש מוות מחוייב - מוֹת יוּמָת. מכאן למדו שראוי
הוא למות בשל רשלנותו הפושעת,[32] ל אך **אִם כֹּפֶר יוּשַׁת עָלָיו**,
אם יוטל על בעל השור לשלם כסף – **וְנָתַן פִּדְיֹן נַפְשׁוֹ**, בעל השור
יפדה את עצמו; במקום שיומת, הוא משלם כופר תמורת עצמו, או:
הוא משלם את פדיון נפשו של הנהרג, לפי קנה מידה אובייקטיבי
להערכת אדם.[33] **כְּכֹל אֲשֶׁר יוּשַׁת עָלָיו** בבית הדין. לא **אוֹ בֵן**, ילד **יִגָּח**

הרחבות

'אם כֹּפֶר יושת עליו' חכמים מסרו ש'אם' זה אינו רשות אלא חובה, כפי שמצינו במקומות מסוימים בתורה, (ראו רש"י), והכתוב אומר אפוא שעונש מיתה שהיה ראוי לחול עליו, מוחלף בחוק בכופר. לדוגמה, התורה מצווה לפדות את הבן הבכור במתן כסף לכהן (ראו במדבר ג,מה-נא; יח,טז); גם אם בפועל לא יתבצע הפדיון, אין לכהן כל זכות בבן הנולד.

כיוון שהתשלום הוא בגדר כפרה שהיא כעין תחליף לעונש המוות, יש אומרים שאין בית דין כופים או ממשכנים עליו כאשר בעל השור ממאן לשלם. בזה מוטעם לשון 'אם' - שאינו חיוב משפטי רגיל כלפי הצד שכנגד, אלא הוא חיוב שבין אדם למקום. (ראו רמב"ן; וראו עוד ר"י בכור שור ואדרת אליהו).

כַּמִּשְׁפָּט הַזֶּה יֵעָשֶׂה לּוֹ: אִם־עֶבֶד יִגַּח הַשּׁוֹר אוֹ לב
אָמָה כֶּסֶף ׀ שְׁלֹשִׁים שְׁקָלִים יִתֵּן לַאדֹנָיו וְהַשּׁוֹר
יִסָּקֵל: וְכִי־יִפְתַּח אִישׁ בּוֹר אוֹ כִּי־יִכְרֶה לג
אִישׁ בֹּר וְלֹא יְכַסֶּנּוּ וְנָפַל־שָׁמָּה שּׁוֹר אוֹ חֲמוֹר:
בַּעַל הַבּוֹר יְשַׁלֵּם כֶּסֶף יָשִׁיב לִבְעָלָיו וְהַמֵּת יִהְיֶה־ לד
לּוֹ: וְכִי־יִגֹּף שׁוֹר־אִישׁ אֶת־שׁוֹר רֵעֵהוּ וָמֵת לה
וּמָכְרוּ אֶת־הַשּׁוֹר הַחַי וְחָצוּ אֶת־כַּסְפּוֹ וְגַם אֶת־הַמֵּת

רש״י

לב) **אם עבד או אמה.** כְּנַעֲנִיִּים: **שְׁלֹשִׁים שְׁקָלִים יִתֵּן.** גְּזֵרַת הַכָּתוּב הוּא, בֵּין שֶׁהוּא שָׁוֶה אֶלֶף זוּז בֵּין שֶׁאֵינוֹ שָׁוֶה אֶלָּא דִּינָר. וְהַשֶּׁקֶל מִשְׁקָלוֹ אַרְבָּעָה זְהוּבִים שֶׁהֵם אֲחִי אוּנְקְיָא לְמִשְׁקָל הַיָּשָׁר שֶׁל קוֹלוֹנְיָא:

לג) **וכי יפתח איש בור.** שֶׁהָיָה מְכֻסֶּה וְגִלָּהוּ: **או כי יכרה.** לָמָּה נֶאֱמַר? אִם עַל הַפְּתִיחָה חַיָּב עַל הַכְּרִיָּה לֹא כָּל שֶׁכֵּן?! אֶלָּא לְהָבִיא כּוֹרֶה אַחַר כּוֹרֶה שֶׁהוּא חַיָּב: **ולא יכסנו.** הָא אִם כִּסָּהוּ פָּטוּר, וּבְחוֹפֵר בִּרְשׁוּת הָרַבִּים דִּבֶּר הַכָּתוּב: **שור או חמור.** הוּא הַדִּין לְכָל בְּהֵמָה וְחַיָּה, שֶׁבְּכָל מָקוֹם שֶׁנֶּאֱמַר שׁוֹר וַחֲמוֹר אָנוּ לְמֵדִין אוֹתוֹ 'שׁוֹר' 'שׁוֹר' מִשַּׁבָּת, שֶׁנֶּאֱמַר: "לְמַעַן יָנוּחַ שׁוֹרְךָ וַחֲמֹרֶךָ" (להלן כג, יב), מַה לְּהַלָּן כָּל בְּהֵמָה וְחַיָּה כְּשׁוֹר, שֶׁהֲרֵי נֶאֱמַר בְּמָקוֹם אַחֵר: "וְכָל בְּהֶמְתֶּךָ" (דברים ה, יד), אַף כָּאן כָּל בְּהֵמָה וְחַיָּה כְּשׁוֹר, וְלֹא נֶאֱמַר שׁוֹר וַחֲמוֹר אֶלָּא 'שׁוֹר' וְלֹא אָדָם, 'חֲמוֹר' וְלֹא כֵּלִים:

לד) **בעל הבור.** בַּעַל הַתַּקָּלָה, אַף עַל פִּי שֶׁאֵין הַבּוֹר שֶׁלּוֹ, שֶׁעֲשָׂאוֹ בִּרְשׁוּת הָרַבִּים, עֲשָׂאוֹ הַכָּתוּב בְּעָלָיו לְהִתְחַיֵּב בְּנִזְקָיו: **כסף ישיב לבעליו.** "יָשִׁיב" לְרַבּוֹת שָׁוֶה כֶּסֶף וַאֲפִלּוּ סֻבִּין: **והמת יהיה לו.** לַנִּזָּק. שָׁמִין אֶת הַנְּבֵלָה וְנוֹטְלָהּ בְּדָמִים, וּמְשַׁלֵּם לוֹ הַמַּזִּיק עָלֶיהָ תַּשְׁלוּמֵי נִזְקוֹ:

לה) **וכי יגף.** יִדְחֹף, בֵּין בְּקַרְנָיו בֵּין בְּגוּפוֹ בֵּין בְּרַגְלָיו בֵּין שֶׁנְּשָׁכוֹ בְּשִׁנָּיו כֻּלָּן בִּכְלַל נְגִיפָה הֵם, שֶׁאֵין נְגִיפָה אֶלָּא לְשׁוֹן מַכָּה: **שור איש.** שׁוֹר שֶׁל אִישׁ: **ומכרו את השור וגו׳.** בְּשָׁוִים הַכָּתוּב מְדַבֵּר, שׁוֹר שָׁוֶה מָאתַיִם שֶׁהֵמִית שׁוֹר שָׁוֶה מָאתַיִם, בֵּין שֶׁהַנְּבֵלָה שָׁוָה הַרְבֵּה בֵּין שֶׁהִיא שָׁוָה מְעַט, כְּשֶׁנּוֹטֵל זֶה חֲצִי הַחַי וַחֲצִי הַמֵּת וְזֶה חֲצִי הַחַי וַחֲצִי הַמֵּת נִמְצָא כָּל אֶחָד מַפְסִיד חֲצִי נֶזֶק שֶׁהִזִּיקָה הַמִּיתָה. לָמַדְנוּ שֶׁהַתָּם מְשַׁלֵּם חֲצִי נֶזֶק, שֶׁמִּן הַשָּׁוִין אַתָּה לָמֵד לְשֶׁאֵינָן שָׁוִין כִּי דִּין הַתָּם לְשַׁלֵּם חֲצִי נֶזֶק, לֹא פָּחוֹת וְלֹא יוֹתֵר. אוֹ יָכוֹל אַף בְּשֶׁאֵינָן שָׁוִין בִּדְמֵיהֶן כְּשֶׁהֵן חַיִּים אָמַר הַכָּתוּב: וְחָצוּ אֶת שְׁנֵיהֶם? אִם אָמַרְתָּ כֵּן, פְּעָמִים שֶׁהַמַּזִּיק מִשְׂתַּכֵּר הַרְבֵּה, כְּשֶׁהַנְּבֵלָה שָׁוָה לְמָכֵר לְגוֹיִם הַרְבֵּה יוֹתֵר מִדְּמֵי שׁוֹר הַמַּזִּיק, וְאִי אֶפְשָׁר שֶׁיֹּאמַר הַכָּתוּב שֶׁיְּהֵא הַמַּזִּיק נִשְׂכָּר. אוֹ פְּעָמִים שֶׁהַנִּזָּק נוֹטֵל הַרְבֵּה יוֹתֵר מִדְּמֵי נֶזֶק שָׁלֵם, שֶׁאֲחִי דְּמֵי שׁוֹר הַמַּזִּיק שָׁוִין יוֹתֵר מִכָּל דְּמֵי שׁוֹר הַנִּזָּק, וְאִם אָמַרְתָּ כֵּן, הֲרֵי תָּם חָמוּר מִמּוּעָד. עַל כָּרְחֲךָ לֹא דִּבֶּר הַכָּתוּב אֶלָּא בְּשָׁוִין, וּלְמֶדְךָ שֶׁהַתָּם מְשַׁלֵּם חֲצִי נֶזֶק, וּמִן הַשָּׁוִין תִּלְמַד לְשֶׁאֵינָן שָׁוִין, שֶׁהַמִּשְׁתַּלֵּם חֲצִי נִזְקוֹ שָׁמִין לוֹ אֶת הַנְּבֵלָה, וּמַה שֶּׁפִּחֲתוּ דָּמָיו בִּשְׁבִיל הַמִּיתָה, נוֹטֵל חֲצִי הַפְּחָת וְהוֹלֵךְ. וְלָמָּה אָמַר הַכָּתוּב בַּלָּשׁוֹן הַזֶּה,

ביאור

או בַת, ילדה **יִגָּח – כַּמִּשְׁפָּט הַזֶּה יֵעָשֶׂה לּוֹ**. אין המשפט על ההריגה
או הרציחה תלוי בגילו של הנרצח. לב **אִם עֶבֶד** כנעני **יִגַּח הַשּׁוֹר אוֹ
אָמָה** כנענית, שאין להם מעמד גמור של אזרחים – **כֶּסֶף שְׁלֹשִׁים
שְׁקָלִים יִתֵּן** בעל השור **לַאדֹנָיו** של העבד או האמה, **וְהַשּׁוֹר יִסָּקֵל**,
כמו בכל מקרה של הריגת אדם.

דין נוסף במשפט האזרחי: לג **וְכִי יִפְתַּח אִישׁ בּוֹר** שהיה עליו מכסה
כראוי, **אוֹ כִּי יִכְרֶה**, יחפור **אִישׁ בֹּר** בעצמו, **וְלֹא יְכַסֶּנּוּ, וְנָפַל שָׁמָּה
שּׁוֹר אוֹ חֲמוֹר** או כל בעל חיים אחר.[34] לד **בַּעַל הַבּוֹר**, הפותח או
הכורה את הבור[35] **יְשַׁלֵּם** פיצויים, כי הוא אחראי לנזקים הללו. **כֶּסֶף
יָשִׁיב לִבְעָלָיו** של השור או החמור, **וְהַמֵּת יִהְיֶה לּוֹ**. לאחר שישלם
את דמי הנזק בשלמות, נותרה הנבלה שממנה אפשר עוד ליהנות,
והוא יהיה רשאי לקחתה. לבעלים לא תהיה זכות על הנבלה משום
שהם קיבלו את מלוא ערכו של השור.[36]

לה **וְכִי יִגֹּף** יפגע בכל דרך שהיא, בנגיחה, בדחיפה או בדרך אחרת,[37]
שׁוֹר ששייך **לְאִישׁ אֶת הַשּׁוֹר** ששייך **לְרֵעֵהוּ, וָמֵת** השור האחר בעקבות
הנגיפה הזאת. **וּמָכְרוּ אֶת הַשּׁוֹר הַחַי**, המזיק, **וְחָצוּ אֶת כַּסְפּוֹ**, יחלקו
את התשלום שקיבלו בעבורו לשניים, **וְגַם אֶת** מחירו של השור **הַמֵּת**,

הרחבות

'ומכרו את השור החי וחצו את כספו וגם את המת יחצון' חשבון זה עולה יפה כאשר מדובר בשוורים בעלי ערך זהה, אך לא מסתבר לנהוג באותו אופן כאשר ערכם של השוורים אינו שווה. דין זה היה בסיס למחלוקות ודיונים רבים במשך הדורות. (ראו בבא קמא לג ע"א; לד; רש"י על אתר). מכל מקום, עיקרו של דין זה מוסכם על דעת הכול, ששור שאינו מועד לנגיחות ('שור תם' בלשון חכמים), בעליו אינו נושא באחריות שלמה על נזקו המפתיע. הוא אינו משלם יותר מחצי נזק, וגם לא יותר משווי השור שנגח. אם השור הנוגח שווה פחות ממחצית מהנזק, אין הוא משלם אלא כפי ששווה שורו, ואם הוא שווה יותר מחצי – אין לניזק אלא חצי נזק. במלים אחרות: הניזק לעולם אינו זכאי ליותר מאשר לקיחת השור המזיק, או שוויו, לעצמו, וליותר מחצי הנזק.

יְחָצוּן׃ אוֹ נוֹדַע כִּי שׁוֹר נַגָּח הוּא מִתְּמוֹל שִׁלְשֹׁם וְלֹא לו
יִשְׁמְרֶנּוּ בְּעָלָיו שַׁלֵּם יְשַׁלֵּם שׁוֹר תַּחַת הַשּׁוֹר וְהַמֵּת
יִהְיֶה־לּוֹ׃ כִּי יִגְנֹב־אִישׁ שׁוֹר אוֹ־שֶׂה וּטְבָחוֹ לז
אוֹ מְכָרוֹ חֲמִשָּׁה בָקָר יְשַׁלֵּם תַּחַת הַשּׁוֹר וְאַרְבַּע־
צֹאן תַּחַת הַשֶּׂה׃ אִם־בַּמַּחְתֶּרֶת יִמָּצֵא הַגַּנָּב וְהֻכָּה א כב
וָמֵת אֵין לוֹ דָּמִים׃ אִם־זָרְחָה הַשֶּׁמֶשׁ עָלָיו דָּמִים לוֹ ב

רש"י

וְלֹא אָמַר: 'יְשַׁלֵּם אוֹתוֹ'? לְלַמֵּד שֶׁאֵין הַתָּם מְשַׁלֵּם אֶלָּא מִגּוּפוֹ, וְאִם נָגַח וּמֵת אֵין הַנִּזָּק נוֹטֵל אֶלָּא הַנְּבֵלָה, וְאִם אֵינָהּ מַגַּעַת לַחֲצִי נִזְקוֹ יַפְסִיד. אוֹ שׁוֹר שָׁוֶה מָנֶה שֶׁנָּגַח שׁוֹר שָׁוֶה חָמֵשׁ מֵאוֹת זוּז אֵינוֹ נוֹטֵל אֶלָּא אֶת הַשּׁוֹר, שֶׁלֹּא נִתְחַיֵּב הַתָּם לְחַיֵּב אֶת בְּעָלָיו לְשַׁלֵּם מִן הָעֲלִיָּה:

לו| **או נודע.** אוֹ לֹא הָיָה תָּם, אֶלָּא "נוֹדַע כִּי שׁוֹר נַגָּח הוּא" הַיּוֹם וּמִתְּמוֹל שִׁלְשֹׁם, הֲרֵי שָׁלֹשׁ נְגִיחוֹת: **שַׁלֵּם יְשַׁלֵּם** שׁוֹר. נֶזֶק שָׁלֵם: **וְהַמֵּת יִהְיֶה לּוֹ.** לַנִּזָּק, וְעָלָיו יַשְׁלִים הַמַּזִּיק עַד שֶׁיִּשְׁתַּלֵּם נִזָּק כָּל נִזְקוֹ:

לז| **חֲמִשָּׁה בָקָר וְגוֹ'.** אָמַר רַבָּן יוֹחָנָן בֶּן זַכַּאי: חָס הַמָּקוֹם עַל כְּבוֹדָן שֶׁל בְּרִיּוֹת, שׁוֹר שֶׁהוֹלֵךְ בְּרַגְלָיו וְלֹא נִתְבַּזָּה בּוֹ הַגַּנָּב לְנָשְׂאוֹ עַל כְּתֵפוֹ – מְשַׁלֵּם חֲמִשָּׁה; שֶׂה שֶׁנּוֹשְׂאוֹ עַל כְּתֵפוֹ – מְשַׁלֵּם אַרְבָּעָה הוֹאִיל וְנִתְבַּזָּה בּוֹ. אָמַר רַבִּי מֵאִיר: בֹּא וּרְאֵה כַּמָּה גְּדוֹלָה כֹּחָהּ שֶׁל מְלָאכָה, שׁוֹר שֶׁבִּטְּלוֹ מִמְּלַאכְתּוֹ – חֲמִשָּׁה, שֶׂה שֶׁלֹּא בִּטְּלוֹ מִמְּלַאכְתּוֹ – אַרְבָּעָה: **תַּחַת הַשּׁוֹר... תַּחַת הַשֶּׂה.** שָׁנָה הַכָּתוּב, לוֹמַר שֶׁאֵין מִדַּת תַּשְׁלוּמֵי אַרְבָּעָה וַחֲמִשָּׁה נוֹהֶגֶת אֶלָּא בְּשׁוֹר וָשֶׂה בִּלְבַד:

פרק כב

א| **אם בַּמַּחְתֶּרֶת.** כְּשֶׁהָיָה חוֹתֵר אֶת הַבַּיִת: **אֵין לוֹ דָּמִים.** אֵין זוֹ רְצִיחָה, הֲרֵי הוּא כְּמֵת מֵעִקָּרוֹ. כָּאן לִמְּדַתְךָ תּוֹרָה: אִם בָּא לְהָרְגְךָ הַשְׁכֵּם לְהָרְגוֹ, וְזֶה לְהָרְגְךָ בָּא, שֶׁהֲרֵי יוֹדֵעַ הוּא שֶׁאֵין אָדָם מַעֲמִיד עַצְמוֹ וְרוֹאֶה שֶׁנּוֹטְלִין מָמוֹנוֹ בְּפָנָיו וְשׁוֹתֵק, לְפִיכָךְ עַל מְנָת כֵּן בָּא שֶׁאִם יַעֲמֹד בַּעַל הַמָּמוֹן כְּנֶגְדּוֹ יַהַרְגֶנּוּ:

ב| **אם זָרְחָה הַשֶּׁמֶשׁ עָלָיו.** אֵין זֶה אֶלָּא כְּמִין מָשָׁל, אִם בָּרוּר לְךָ הַדָּבָר שֶׁיֵּשׁ לוֹ שָׁלוֹם עִמְּךָ, כַּשֶּׁמֶשׁ הַזֶּה שֶׁהוּא שָׁלוֹם בָּעוֹלָם, כָּךְ פָּשׁוּט לְךָ שֶׁאֵינוֹ בָּא לַהֲרֹג אֲפִלּוּ יַעֲמֹד בַּעַל הַמָּמוֹן כְּנֶגְדּוֹ, כְּגוֹן אָב הַחוֹתֵר לִגְנֹב מָמוֹן הַבֵּן, בְּיָדוּעַ שֶׁרַחֲמֵי הָאָב עַל הַבֵּן וְאֵינוֹ בָּא עַל עִסְקֵי נְפָשׁוֹת: **דָּמִים לוֹ.** כְּחַי הוּא חָשׁוּב, וּרְצִיחָה הִיא

הרחבות

'כי יגנב איש שור או שה' כיוון שהפסוק מבחין בין הגונב וטובח או מוכר את השור לבין הגונב וטובח או מוכר את השה, נראה כי זוהי גזרה מיוחדת – שטעמה אינו ברור – החלה דווקא על שור או שה; ואילו התשלומים בעבור גנבתם של חמור או של גמל במקרים דומים יהיו כפליים, כשאר גנבות. (ראו בבא קמא סב ע"ב; רש"י על אתר).

ביאור

מחיר הנבלה **יֶחֱצוּן**, יחלקו לשניים. באופן זה בעל השור שהרג משלם למעשה את חצי הנזק, כי הוא משלם מחצית מערך שורו, בניכוי מחצית משווי הנבלה. המכירה האמורה היא אפוא ביטוי לזכות המוקנית לבעל השור שמת בחלק מהשור החי. לו **אוֹ**, אם[38] **נוֹדַע** לבית הדין **כִּי שׁוֹר נַגָּח**, נוגח **הוּא מִתְּמוֹל שִׁלְשֹׁם**, וזו כבר לפחות הפעם השלישית או הפעם הרביעית שהוא נוגח,[39] ובכל זאת **לֹא יִשְׁמְרֶנּוּ בְּעָלָיו**, בעליו לא נקט בכל האמצעים הראויים לשמרו – **שַׁלֵּם יְשַׁלֵּם שׁוֹר** שלם **תַּחַת הַשּׁוֹר** שנהרג, **וְהַמֵּת יִהְיֶה לּוֹ**, לבעל השור הנוגח, כיוון שבעל השור המת קיבל את כל דמיו.

לז **כִּי יִגְנֹב אִישׁ שׁוֹר אוֹ שֶׂה וּטְבָחוֹ אוֹ מְכָרוֹ**. אין זו חמדנות פשוטה בלבד, אלא פשע מתמשך שמגיע עד אובדן הדבר הגנוב – **חֲמִשָּׁה בָקָר**, שוורים, פי חמש **יְשַׁלֵּם תַּחַת הַשּׁוֹר**, לעומת גנב רגיל המשלם כפליים מדמי הגנבה בתור קנס.[40] ובמקרה של גנבת צאן **אַרְבַּע צֹאן תַּחַת הַשֶּׂה**, פי ארבע מערכו.

פרק כב א **אִם בַּמַּחְתֶּרֶת**, בחפירה מיוחדת שחפר **יִמָּצֵא הַגַּנָּב, וְהֻכָּה** על ידי בעל הבית או על ידי מישהו אחר שמצאו **וָמֵת – אֵין לוֹ דָּמִים**, ההורג אינו אחראי למיתתו. מעשה זה מקביל לפריצה, לפי החוק הפלילי, שהעונש עליה חמור מן העונש שעל גנבה. הפורץ, בתנאים מסוימים, נתפס כמי שמסוגל להרוג אם יעמדו בדרכו או ינסו לפגוע בו. משום כך, אם בעל הבית יהרוג אותו כשיבקש למנוע את הגנבה, הוא יהיה פטור מעונש, שכן אפשר להחשיב את המעשה כהגנה עצמית.[41] ב **אִם זָרְחָה הַשֶּׁמֶשׁ עָלָיו**, על הגנב, כלומר אם בא בשעות היום,[42] או שיצא מהמחתרת לאוויר העולם, מקום השמש,[43] יש להניח שלא בא להרוג אלא לגנוב רכוש בלבד, שכן הוא סבור שבעל הבית אינו בבית ולא בא על עסקי נפשות, לעומת החותר בלילה שרוב בני אדם היו שוהים בבתיהם, ולכן - **דָּמִים לוֹ**, הורגו נחשב כשופך דמים ודינו כדין כל רוצח, משום שגנב כזה אינו נדון

הרחבות

'אם זרחה השמש עליו' חכמים הבינו מלים אלה כביטוי אידיומטי שפירושו: אם ברור הדבר שאין כוונתו להרוג. (ראו סנהדרין עב; רש"י על אתר). בהירות כזו יכולה לנבוע מכך שהגנב אינו נושא נשק, מכך שהוא נראה אדם שאינו מסוגל כלל להרוג, או אדם שבעל הבית יודע בוודאות שלא יבוא להרגו.

שַׁלֵּם יְשַׁלֵּם אִם־אֵין לוֹ וְנִמְכַּר בִּגְנֵבָתוֹ: אִם־הִמָּצֵא ג
תִמָּצֵא בְיָדוֹ הַגְּנֵבָה מִשּׁוֹר עַד־חֲמוֹר עַד־שֶׂה חַיִּים
שלישי שְׁנַיִם יְשַׁלֵּם: כִּי יַבְעֶר־אִישׁ שָׂדֶה אוֹ־ ד
כֶרֶם וְשִׁלַּח אֶת־בְּעִירֹה וּבִעֵר בִּשְׂדֵה אַחֵר מֵיטַב
שָׂדֵהוּ וּמֵיטַב כַּרְמוֹ יְשַׁלֵּם: כִּי־תֵצֵא ה
אֵשׁ וּמָצְאָה קֹצִים וְנֶאֱכַל גָּדִישׁ אוֹ הַקָּמָה אוֹ הַשָּׂדֶה
שַׁלֵּם יְשַׁלֵּם הַמַּבְעִר אֶת־הַבְּעֵרָה: כִּי־ ו
יִתֵּן אִישׁ אֶל־רֵעֵהוּ כֶּסֶף אוֹ־כֵלִים לִשְׁמֹר וְגֻנַּב
מִבֵּית הָאִישׁ אִם־יִמָּצֵא הַגַּנָּב יְשַׁלֵּם שְׁנָיִם: אִם־ ז

רש"י

אִם יַהַרְגֶנּוּ בַּעַל הַבַּיִת: **שַׁלֵּם יְשַׁלֵּם.** הַגַּנָּב מָמוֹן שֶׁגָּנַב וְאֵינוֹ חַיָּב מִיתָה. וְאוּנְקְלוֹס שֶׁתִּרְגֵּם: "אִם עֵינָא דְסָהֲדַיָּא נְפַלַת עֲלוֹהִי" לָקַח לוֹ שִׁטָּה אַחֶרֶת, לוֹמַר שֶׁאִם מְצָאוּהוּ עֵדִים קֹדֶם שֶׁבָּא בַּעַל הַבַּיִת וּכְשֶׁבָּא בַּעַל הַבַּיִת נֶגְדּוֹ הִתְרוּ בוֹ שֶׁלֹּא יַהַרְגֵהוּ, "דָּמִים לוֹ", חַיָּב עָלָיו אִם הֲרָגוֹ, שֶׁמֵּאַחַר שֶׁיֵּשׁ רוֹאִים לָהֶם אֵין הַגַּנָּב הַזֶּה בָּא עַל עִסְקֵי נְפָשׁוֹת, וְלֹא יַהֲרֹג אֶת בַּעַל הַמָּמוֹן:

ג| **אִם הִמָּצֵא תִמָּצֵא בְיָדוֹ.** בִּרְשׁוּתוֹ, שֶׁלֹּא טָבַח וְלֹא מָכַר: **מִשּׁוֹר עַד חֲמוֹר.** כָּל דָּבָר בִּכְלַל תַּשְׁלוּמֵי כֶפֶל, בֵּין שֶׁיֵּשׁ בּוֹ רוּחַ חַיִּים בֵּין שֶׁאֵין בּוֹ רוּחַ חַיִּים, שֶׁהֲרֵי נֶאֱמַר מִקְרָא אַחֵר: "עַל שֶׂה עַל שַׂלְמָה עַל כָּל אֲבֵדָה וְגוֹ' יְשַׁלֵּם שְׁנַיִם לְרֵעֵהוּ" (להלן פסוק ח): **חַיִּים שְׁנַיִם יְשַׁלֵּם.** וְלֹא יְשַׁלֵּם לוֹ מֵתִים, אֶלָּא חַיִּים אוֹ דְּמֵי חַיִּים:

ד| **כִּי יַבְעֶר... אֶת בְּעִירֹה וּבִעֵר.** כֻּלָּם לְשׁוֹן בְּהֵמָה, כְּמוֹ: "אֲנַחְנוּ וּבְעִירֵנוּ" (במדבר כ, ד): **כִּי יַבְעֶר.** יוֹלִיךְ בְּהֵמוֹתָיו בְּשָׂדֶה וְכֶרֶם שֶׁל חֲבֵרוֹ וְיַזִּיק אוֹתָהּ בְּאַחַת מִשְּׁתֵּי אֵלּוּ: אוֹ בְּשִׁלּוּחַ בְּעִירֹה אוֹ בְּבִעוּר. וּפֵרְשׁוּ רַבּוֹתֵינוּ: 'שִׁלּוּחַ' הוּא נִזְקֵי מִדְרַךְ כַּף רֶגֶל, "וּבִעֵר" הוּא נִזְקֵי הַשֵּׁן הָאוֹכֶלֶת וּמְבַעֶרֶת: **בִּשְׂדֵה אַחֵר.** בְּשָׂדֶה שֶׁל אִישׁ אַחֵר: **מֵיטַב שָׂדֵהוּ... יְשַׁלֵּם.** שָׁמִין אֶת הַנֶּזֶק, וְאִם בָּא לְשַׁלֵּם לוֹ קַרְקַע דְּמֵי נִזְקוֹ יְשַׁלֵּם לוֹ מִמֵּיטַב שְׂדוֹתָיו, אִם הָיָה נִזְקוֹ סֶלַע יִתֵּן לוֹ שָׁוֶה סֶלַע מֵעִדִּית שֶׁיֵּשׁ לוֹ. לִמֶּדְךָ הַכָּתוּב שֶׁהַנִּזָּקִין שָׁמִין לָהֶם בְּעִדִּית:

ה| **כִּי תֵצֵא אֵשׁ.** אֲפִלּוּ מֵעַצְמָהּ: **וּמָצְאָה קֹצִים.** קרדונ"ש בְּלַעַז: **וְנֶאֱכַל גָּדִישׁ.** שֶׁלִּחֲכָה בַּקּוֹצִים עַד שֶׁהִגִּיעָה לַגָּדִישׁ אוֹ לַקָּמָה הַמְחֻבֶּרֶת לַקַּרְקַע: **אוֹ הַשָּׂדֶה.** שֶׁלִּחֲכָה אֶת נִירוֹ וְצָרִיךְ לָנִיר אוֹתָהּ פַּעַם שְׁנִיָּה: **שַׁלֵּם יְשַׁלֵּם הַמַּבְעִר.** אַף עַל פִּי שֶׁהִדְלִיק בְּתוֹךְ שֶׁלּוֹ וְהִיא יָצְאָה מֵעַצְמָהּ עַל יְדֵי קוֹצִים שֶׁמָּצְאָה, חַיָּב לְשַׁלֵּם, לְפִי שֶׁלֹּא שָׁמַר אֶת גַּחַלְתּוֹ שֶׁלֹּא תֵצֵא וְתַזִּיק:

ו| **וְגֻנַּב מִבֵּית הָאִישׁ.** לְפִי דְבָרָיו: **אִם יִמָּצֵא הַגַּנָּב.** יְשַׁלֵּם הַגַּנָּב שְׁנַיִם לַבְּעָלִים:

ביאור | כרוצח פוטנציאלי, אלא כגנב פשוט, שאינו חייב מיתה. והגנב **שַׁלֵּם יְשַׁלֵּם** את הגנבה, **ואִם אֵין לוֹ** לשלם - **וְנִמְכַּר בִּגְנֵבָתוֹ** בתור עבד עברי,[44] ובכסף המכירה יחזיר את ערך הגנבה.

ג **אִם הִמָּצֵא תִמָּצֵא בְיָדוֹ** של גנב, **הַגְּנֵבָה, מִשּׁוֹר עַד חֲמוֹר עַד שֶׂה**, כל מיני בעלי החיים[45] **חַיִּים** ולא טבוחים - **שְׁנַיִם יְשַׁלֵּם**. עליו להחזיר את הגנבה, ולהוסיף עליה סכום השווה לערכה.

ד **כִּי יַבְעֶר אִישׁ** יניח לבהמותיו לרעות[46] **בשָׂדֶה אוֹ בכֶרֶם וְשִׁלַּח אֶת בְּעִירוֹ**, בהמותיו **וּבִעֵר**, השחית, אכל **בִּשְׂדֵה אַחֵר**, בשדה של אדם אחר בגלל חוסר זהירות או בכוונה – **מֵיטַב שָׂדֵהוּ וּמֵיטַב כַּרְמוֹ יְשַׁלֵּם**. אם המזיק אינו משלם בכסף, הניזק רשאי לבחור לעצמו את הערך המקביל לנזק מתוך השדה או הכרם הטובים ביותר של המזיק בתור פיצוי.[47]

ה **כִּי תֵצֵא אֵשׁ**, תתפשט ממקום הבערתה **וּמָצְאָה קֹצִים**, וכתוצאה מכך **נֶאֱכַל גָּדִישׁ**, ערֵמת תבואה **אוֹ הַקָּמָה**, יבול התבואה **אוֹ** נחרכה אדמת **הַשָּׂדֶה** עצמו, ונגרם נזק – **שַׁלֵּם יְשַׁלֵּם הַמַּבְעִר אֶת הַבְּעֵרָה**, את כל הנזקים הללו.

ו **כִּי יִתֵּן אִישׁ אֶל רֵעֵהוּ כֶּסֶף אוֹ כֵלִים לִשְׁמֹר, וְגֻנַּב מִבֵּית הָאִישׁ, אִם יִמָּצֵא הַגַּנָּב – יְשַׁלֵּם שְׁנָיִם**. דין התשלום הכפול שהוזכר קודם אינו מוגבל לגנבת בעלי חיים, אלא הוא חל על כל דבר גנוב. ז **אִם**

לֹא יִמָּצֵא הַגַּנָּב וְנִקְרַב בַּעַל־הַבַּיִת אֶל־הָאֱלֹהִים
אִם־לֹא שָׁלַח יָדוֹ בִּמְלֶאכֶת רֵעֵהוּ׃ עַל־כָּל־דְּבַר־ ח
פֶּשַׁע עַל־שׁוֹר עַל־חֲמוֹר עַל־שֶׂה עַל־שַׂלְמָה עַל־
כָּל־אֲבֵדָה אֲשֶׁר יֹאמַר כִּי־הוּא זֶה עַד הָאֱלֹהִים יָבֹא
דְּבַר־שְׁנֵיהֶם אֲשֶׁר יַרְשִׁיעֻן אֱלֹהִים יְשַׁלֵּם שְׁנַיִם
לְרֵעֵהוּ׃ כִּי־יִתֵּן אִישׁ אֶל־רֵעֵהוּ חֲמוֹר ט
אוֹ־שׁוֹר אוֹ־שֶׂה וְכָל־בְּהֵמָה לִשְׁמֹר וּמֵת אוֹ־נִשְׁבַּר
אוֹ־נִשְׁבָּה אֵין רֹאֶה׃ שְׁבֻעַת יהוה תִּהְיֶה בֵּין שְׁנֵיהֶם י
אִם־לֹא שָׁלַח יָדוֹ בִּמְלֶאכֶת רֵעֵהוּ וְלָקַח בְּעָלָיו וְלֹא

רש"י

ז| **אִם לֹא יִמָּצֵא הַגַּנָּב.** וּבָא הַשּׁוֹמֵר הַזֶּה שֶׁהוּא בַּעַל הַבַּיִת: **וְנִקְרַב.** אֶל הַדַּיָּנִין לָדוּן עִם זֶה וּלְהִשָּׁבַע לוֹ שֶׁלֹּא שָׁלַח יָדוֹ בְּשֶׁלּוֹ:

ח| **עַל כָּל דְּבַר פֶּשַׁע.** שֶׁיִּמָּצֵא שַׁקְרָן בִּשְׁבוּעָתוֹ, שֶׁיָּעִידוּ עֵדִים שֶׁהוּא עַצְמוֹ גְּנָבוֹ, וְיַרְשִׁיעוּהוּ אֱלֹהִים עַל פִּי הָעֵדִים: **יְשַׁלֵּם שְׁנַיִם לְרֵעֵהוּ.** לִמֶּדְךָ הַכָּתוּב שֶׁהַטּוֹעֵן בְּפִקָּדוֹן לוֹמַר נִגְנַב הֵימֶנּוּ, וְנִמְצָא שֶׁהוּא עַצְמוֹ גְּנָבוֹ, מְשַׁלֵּם תַּשְׁלוּמֵי כֶפֶל. וְאֵימָתַי? בִּזְמַן שֶׁנִּשְׁבַּע וְאַחַר כָּךְ בָּאוּ עֵדִים, שֶׁכָּךְ דָּרְשׁוּ רַבּוֹתֵינוּ: "וְנִקְרַב בַּעַל הַבַּיִת אֶל הָאֱלֹהִים", קְרִיבָה זוֹ שְׁבוּעָה הִיא. אַתָּה אוֹמֵר לִשְׁבוּעָה אוֹ אֵינוֹ אֶלָּא לְדִין, שֶׁכֵּיוָן שֶׁבָּא לַדִּין וְכָפַר לוֹמַר נִגְנְבָה, מִיָּד יִתְחַיֵּב כֶּפֶל אִם בָּאוּ עֵדִים שֶׁהוּא בְּיָדוֹ? נֶאֱמַר כָּאן שְׁלִיחוּת יָד וְנֶאֱמַר לְמַטָּה שְׁלִיחוּת יָד: "שְׁבֻעַת ה' תִּהְיֶה בֵּין שְׁנֵיהֶם אִם לֹא שָׁלַח יָדוֹ" (להלן פסוק י), מַה לְּהַלָּן שְׁבוּעָה אַף כָּאן שְׁבוּעָה: **אֲשֶׁר יֹאמַר כִּי הוּא זֶה.** לְפִי פְשׁוּטוֹ, אֲשֶׁר יֹאמַר הָעֵד: "כִּי הוּא זֶה" שֶׁנִּשְׁבַּעְתָּ עָלָיו הֲרֵי הוּא אֶצְלְךָ, עַד הַדַּיָּנִין "יָבֹא דְּבַר שְׁנֵיהֶם" וְיַחְקְרוּ אֶת הָעֵדוּת, וְאִם כְּשֵׁרִים הֵם וְיַרְשִׁיעוּהוּ לְשׁוֹמֵר זֶה – "יְשַׁלֵּם שְׁנַיִם", וְאִם יַרְשִׁיעוּ אֶת הָעֵדִים שֶׁנִּמְצְאוּ זוֹמְמִין, יְשַׁלְּמוּ הֵם שְׁנַיִם לַשּׁוֹמֵר. וְרַבּוֹתֵינוּ זִכְרוֹנָם לִבְרָכָה דָּרְשׁוּ: "כִּי הוּא זֶה" לְלַמֵּד שֶׁאֵין מְחַיְּבִין אוֹתוֹ שְׁבוּעָה אֶלָּא אִם כֵּן הוֹדָה בְּמִקְצָת, לוֹמַר: כָּךְ וְכָךְ אֲנִי חַיָּב לְךָ וְהַמּוֹתָר נִגְנַב מִמֶּנִּי:

ט-י| **כִּי יִתֵּן אִישׁ אֶל רֵעֵהוּ חֲמוֹר אוֹ שׁוֹר.** פָּרָשָׁה רִאשׁוֹנָה נֶאֶמְרָה בְּשׁוֹמֵר חִנָּם, לְפִיכָךְ פָּטַר בּוֹ אֶת הַגְּנֵבָה, כְּמוֹ שֶׁכָּתוּב: "וְגֻנַּב מִבֵּית הָאִישׁ... אִם לֹא יִמָּצֵא הַגַּנָּב וְנִקְרַב בַּעַל הַבַּיִת" (לעיל פסוקים ו-ז) לִשְׁבוּעָה, לָמַדְתָּ שֶׁפּוֹטֵר עַצְמוֹ בִּשְׁבוּעָה זוֹ; וּפָרָשָׁה זוֹ חֲמוּרָה בְּשׁוֹמֵר שָׂכָר, לְפִיכָךְ אֵינוֹ פָּטוּר אִם נִגְנְבָה, כְּמוֹ שֶׁכָּתוּב: "אִם גָּנֹב יִגָּנֵב מֵעִמּוֹ יְשַׁלֵּם" (להלן פסוק יא). אֲבָל עַל הָאֹנֶס, כְּמוֹ "מֵת" מֵעַצְמוֹ "אוֹ נִשְׁבַּר אוֹ נִשְׁבָּה" בְּחָזְקָה עַל יְדֵי לִסְטִים, וְ"אֵין רֹאֶה" שֶׁיָּעִיד בַּדָּבָר – "שְׁבֻעַת ה' תִּהְיֶה", יִשָּׁבַע שֶׁכֵּן הוּא כִּדְבָרָיו, וְהוּא לֹא שָׁלַח בָּהּ יָד לְהִשְׁתַּמֵּשׁ בָּהּ לְעַצְמוֹ, שֶׁאִם שָׁלַח בָּהּ יָד וְאַחַר כָּךְ נֶאֶנְסָה חַיָּב בְּאָנְסֶיהָ: **וְלָקַח בְּעָלָיו.** הַשְּׁבוּעָה: **וְלֹא יְשַׁלֵּם.** לוֹ הַשּׁוֹמֵר כְּלוּם:

ביאור | **לֹא יִמָּצֵא הַגַּנָּב**, ושומר הפיקדון טוען שהדבר נעלם בלא ידיעתו, מתעוררת השאלה שמא לא הייתה גנבה כלל. על כן - **וְנִקְרַב בַּעַל הַבַּיִת אֶל הָאֱלֹהִים**, הדיינים, **אִם לֹא שָׁלַח יָדוֹ בִּמְלֶאכֶת**, בחפץ **רֵעֵהוּ** כדי לאשר את טענתו. ח **עַל כָּל דְּבַר פֶּשַׁע**, טענת שקר כאילו נגנב החפץ, או על כל גנבה עצמה - **עַל שׁוֹר, עַל חֲמוֹר, עַל שֶׂה, עַל שַׂלְמָה**, בגד, **עַל כָּל אֲבֵדָה אֲשֶׁר יֹאמַר כִּי הוּא זֶה**, שבעל האבדה יכול להצביע עליו ולטעון שזו אבדתו, **עַד הָאֱלֹהִים**, הדיינים **יָבֹא דְּבַר שְׁנֵיהֶם**, ובבית הדין יפסקו. השומר **אֲשֶׁר יַרְשִׁיעֻן אֱלֹהִים**, הדיינים – **יְשַׁלֵּם שְׁנַיִם לְרֵעֵהוּ**, למפקיד.[48]

ט **כִּי יִתֵּן אִישׁ אֶל רֵעֵהוּ חֲמוֹר אוֹ שׁוֹר אוֹ שֶׂה וְכָל בְּהֵמָה לִשְׁמֹר, וּמֵת**, והבהמה מתה **אוֹ נִשְׁבַּר**, שברה יד או רגל **אוֹ נִשְׁבָּה**, נפלה בשבי, **וְאֵין רֹאֶה**, לא היו עדים למקרה ולתוצאותיו, י **שְׁבֻעַת ה' תִּהְיֶה בֵּין שְׁנֵיהֶם**. מכיוון שאחד טוען שמסר חפץ ביד חברו, והשני טוען טענת פטור, שהרי אין השומר אחראי על אונסים, ההכרעה ביניהם תיעשה באמצעות שבועתו של שומר הפיקדון. **אִם לֹא שָׁלַח יָדוֹ בִּמְלֶאכֶת רֵעֵהוּ**, שלא השתמש בפיקדון שלא ברשות, **וְלָקַח בְּעָלָיו**

הרחבות | **בין שני דיני השומרים** קיים הבדל בולט במקרה של טענת גנבה - השומר השני נדרש לשלם לבעליו, ואילו לגבי השומר הראשון, די בשבועתו לפטרו מאחריות. מכאן הסיקו חכמים שההבדל ביניהם אינו מתייחס לשאלת החפץ הנשמר, אלא לגבי תנאי השמירה: הדין הראשון מתייחס לשומר חינם, כלומר למי שהופקד על שמירת דבר ללא קבלת שכר בעבור שמירתו. אשר על כן, אם אירעה גנבה או תאונה - לא חלה עליו חובת תשלום, ורק אם המפקיד טוען שהשומר פשע בשמירה, שלח יד בפיקדון או שהוא עצמו גנב את החפץ - נצרכת שבועה לבירור העניין לאשורו. לעומת זאת, הדין השני עוסק בשומר שכר, כלומר למי שמקבל תשלום או טובת הנאה בעבור השמירה, ועל כן אחריותו גדולה יותר. שומר כזה חייב לשלם אם החפץ נגנב או אבד ממנו, אך אין הוא אחראי לשלם על נזקים שנגרמו מאונס, כגון טרפה על ידי חיה רעה.

התורה מבחינה בין שני הדינים בהתייחסה לחפץ המופקד. הדין הראשון מדבר על שמירת כסף או כלים והשני על בעלי חיים, אך מן ההבדל בין הדינים למדו חכמים שמדובר כאן בסוגי השמירה השונים, כאמור. שמירתם של כסף או כלים אינה כרוכה בדרך כלל בטרחה מיוחדת, ולכן הם הדוגמה שננקטה לשמירת חינם. לעומת זאת, האחריות לבהמה תובעת טיפול, ולרוב היא תיעשה בתשלום, ולפיכך היא מייצגת שמירה בשכר. נמצא שאם השמירה נעשתה חינם - בין שנשמר חמור ובין שנשמר כסף - השומר אחראי רק למקרים שיש בהם רשלנות פושעת, ואילו אם הוא קיבל שכר תמורת שמירתו - הוא יתחייב גם בנזקים הנובעים מחוסר שמירה ראויה, ומן התשלום ייפטר רק אם הדבר אירע כתוצאה מפעולת כוח עליון שמעבר לשליטתו. בכל סוג של שמירה חייב השומר להישבע בבית דין כדי להיפטר מתשלום. (על פי מכילתא מסכתא דנזיקין טו-טז; בבא מציעא צג ע"א - צה ע"א; רש"י פס' ט; וראו ר"י בכור שור ומשך חכמה).

יא יב יְשַׁלֵּם: וְאִם־גָּנֹב יִגָּנֵב מֵעִמּוֹ יְשַׁלֵּם לִבְעָלָיו: אִם־
טָרֹף יִטָּרֵף יְבִאֵהוּ עֵד הַטְּרֵפָה לֹא יְשַׁלֵּם:
יג וְכִי־יִשְׁאַל אִישׁ מֵעִם רֵעֵהוּ וְנִשְׁבַּר אוֹ־מֵת בְּעָלָיו
יד אֵין־עִמּוֹ שַׁלֵּם יְשַׁלֵּם: אִם־בְּעָלָיו עִמּוֹ לֹא יְשַׁלֵּם אִם־
טו שָׂכִיר הוּא בָּא בִּשְׂכָרוֹ: וְכִי־יְפַתֶּה אִישׁ

רש"י

יב| **אִם טָרֹף יִטָּרֵף.** עַל יְדֵי חַיָּה רָעָה: **יְבִאֵהוּ עֵד.** יָבִיא עֵדִים שֶׁנִּטְרְפָה בְּאֹנֶס וּפָטוּר: **הַטְּרֵפָה לֹא יְשַׁלֵּם.** אֵינוֹ אוֹמֵר 'טְרֵפָה לֹא יְשַׁלֵּם' אֶלָּא "הַטְּרֵפָה", יֵשׁ טְרֵפָה שֶׁהוּא מְשַׁלֵּם וְיֵשׁ טְרֵפָה שֶׁאֵינוֹ מְשַׁלֵּם: טְרֵפַת חָתוּל וְשׁוּעָל וּנְמִיָּה מְשַׁלֵּם; טְרֵפַת זְאֵב אֲרִי וְדֹב וְנָחָשׁ אֵינוֹ מְשַׁלֵּם. וּמִי לְחָשְׁךָ לָדוּן כֵּן? שֶׁהֲרֵי כָּתוּב: "וּמֵת אוֹ נִשְׁבַּר אוֹ נִשְׁבָּה", מַה מִּיתָה שֶׁאֵין יָכוֹל לְהַצִּיל, אַף שֶׁבֶר וְשִׁבְיָה שֶׁאֵין יָכוֹל לְהַצִּיל:

יג| **וְכִי יִשְׁאַל.** בָּא לְלַמֵּד עַל הַשּׁוֹאֵל שֶׁחַיָּב בָּאֳנָסִין: **בְּעָלָיו אֵין עִמּוֹ.** אִם בְּעָלָיו שֶׁל שׁוֹר אֵינוֹ עִם הַשּׁוֹאֵל בִּמְלַאכְתּוֹ:

יד| **אִם בְּעָלָיו עִמּוֹ.** בֵּין שֶׁהוּא בְּאוֹתָהּ מְלָאכָה בֵּין שֶׁהוּא בִּמְלָאכָה אַחֶרֶת. הָיָה עִמּוֹ בִּשְׁעַת שְׁאֵלָה אֵינוֹ צָרִיךְ לִהְיוֹת עִמּוֹ בִּשְׁעַת שְׁבִירָה וּמִיתָה: **אִם שָׂכִיר הוּא.** אִם הַשּׁוֹר אֵינוֹ שָׁאוּל אֶלָּא שָׂכוּר, "בָּא בִּשְׂכָרוֹ" לְיַד הַשּׂוֹכֵר הַזֶּה וְלֹא בִּשְׁאֵלָה, וְאֵין כָּל הֲנָאָה שֶׁלּוֹ שֶׁהֲרֵי עַל יְדֵי שְׂכָרוֹ נִשְׁתַּמֵּשׁ, וְאֵין לוֹ מִשְׁפַּט שׁוֹאֵל לְהִתְחַיֵּב בָּאֳנָסִין. וְלֹא פֵּרַשׁ מַה דִּינוֹ אִם כְּשׁוֹמֵר חִנָּם אוֹ כְּשׁוֹמֵר שָׂכָר, לְפִיכָךְ נֶחְלְקוּ בּוֹ חַכְמֵי יִשְׂרָאֵל: שׂוֹכֵר כֵּיצַד מְשַׁלֵּם? רַבִּי מֵאִיר אוֹמֵר: כְּשׁוֹמֵר חִנָּם, רַבִּי יְהוּדָה אוֹמֵר: כְּשׁוֹמֵר שָׂכָר:

טו| **וְכִי יְפַתֶּה.** מְדַבֵּר עַל לִבָּהּ עַד שֶׁשּׁוֹמַעַת

הרחבות

שואל ושוכר השואל חפץ מחברו זוכה במלוא ההנאה מן החפץ. כיוון שבעל החפץ אינו מרוויח מהשאלתו, מלוא האחריות מוטלת על השואל. לעומת זאת, התשלום שמשלם השוכר לבעל החפץ, מוריד מאחריותו של השוכר. היו מחכמי המשנה שהשוו את דרגת האחריות של השוכר לזו של שומר חינם, שאין עליו אחריות שלמה, ואילו אחרים טענו, שכיוון שהשוכר מרוויח יותר משומר חינם, יש להשוות את אחריותו לזו של שומר שכר. וכך נפסקה ההלכה, שהשוכר חייב על גנבה

ביאור

של החפץ שנעלם את השבועה, כלומר עליו להאמין לה.[49] או: ייקח את השברים או את הנבלה,[50] והשומר שנשבע **לֹא יְשַׁלֵּם**. יא **וְאִם גָּנֹב יִגָּנֵב מֵעִמּוֹ**, מיד השומר – **יְשַׁלֵּם לִבְעָלָיו**, מכיוון שהוא אחראי לשמירתו. יב **אִם טָרֹף יִטָּרֵף** על ידי חיה רעה – **יְבִאֵהוּ עֵד**. השומר יצטרך להביא עדות לטרפה, שרידי בעלי החיים שנטרף, כגון כרעיים או בדל אוזן,[51] ובמקרה זה על **הַטְּרֵפָה לֹא יְשַׁלֵּם**.

יג **וְכִי יִשְׁאַל אִישׁ מֵעִם רֵעֵהוּ** כלי או בעל חיים על מנת להשתמש בו, **וְנִשְׁבַּר** החפץ השאול או נפגעה הבהמה שנשאלה **אוֹ מֵת**, כיוון ש**בְּעָלָיו** של החפץ **אֵין** נמצא **עִמּוֹ** – **שַׁלֵּם יְשַׁלֵּם** השואל. אחריותו של השואל גדולה יותר משל השומר שכן קיבל את החפץ כטובה. על כן עליו לשלם לא רק על נזקי אבדה וגנבה, אלא גם על אונס. יד **אִם בְּעָלָיו** של החפץ נמצא **עִמּוֹ** – **לֹא יְשַׁלֵּם**, שכן נוכחות הבעלים מסייעת לקבוע שהשואל לא השתמש באופן לא ראוי בחפץ.[52]

אִם שָׂכִיר הוּא, והחפץ לא הושאל לו כטובה אלא הוא מוחזק אצלו לשימוש תמורת תשלום – ההפסד **בָּא**, הלך ושולם **בִּשְׂכָרוֹ**. לעומת השואל, השוכר אינו חייב בכל הפיצויים על הנזק.[53]

דיני ארבעת השומרים לפי מסקנת חז"ל

	פשיעה	גנבה (אבדה)	אונסים
שומר חינם	חייב	פטור	פטור
שומר שכר	חייב	חייב	פטור
שואל	חייב	חייב	חייב
שוכר	חייב	דעות חלוקות	פטור

הרחבות

ופטור על האונסים. (בבא מציעא פ ע"ב; רש"י פס' יד).

'בעליו עמו – לא ישלם' על אף האמור בפשט הכתובים, בהלכה קיימות הגדרות שונות ומפורטות למושג בְּעָלָיו עִמּוֹ. למעשה, אין הדבר תלוי בשאלה אם היו הבעלים במקומו של השואל בשעת האירוע, אלא אם הבעלים היו שאולים או מושכרים אצלו לעבודה כלשהי בתחילת תקופת השאלה. (ראו בבא מציעא צד ע"ב – צז ע"א; רש"י על אתר).

בְּתוּלָה אֲשֶׁר לֹא־אֹרָשָׂה וְשָׁכַב עִמָּהּ מָהֹר יִמְהָרֶנָּה
לּוֹ לְאִשָּׁה: אִם־מָאֵן יְמָאֵן אָבִיהָ לְתִתָּהּ לוֹ כֶּסֶף יִשְׁקֹל טז
כְּמֹהַר הַבְּתוּלֹת: מְכַשֵּׁפָה לֹא תְחַיֶּה: יז
כָּל־שֹׁכֵב עִם־בְּהֵמָה מוֹת יוּמָת: זֹבֵחַ יח יט
לָאֱלֹהִים יָחֳרָם בִּלְתִּי לַיהוָה לְבַדּוֹ: וְגֵר לֹא־תוֹנֶה כ
וְלֹא תִלְחָצֶנּוּ כִּי־גֵרִים הֱיִיתֶם בְּאֶרֶץ מִצְרָיִם: כָּל־ כא

רש"י

לוֹ, וְכֵן תַּרְגּוּמוֹ: "וְאַחֲרֵי יַשְׁדֵּל". שִׁדּוּל בִּלְשׁוֹן אֲרַמִּי פִּתּוּי בִּלְשׁוֹן עִבְרִי: מָהֹר יִמְהָרֶנָּה. יִפְסֹק לָהּ מֹהַר כְּמִשְׁפַּט אִישׁ לְאִשְׁתּוֹ, שֶׁכּוֹתֵב לָהּ כְּתֻבָּה וְיִשָּׂאֶנָּה:

טז **כְּמֹהַר הַבְּתוּלֹת.** שֶׁהוּא קָצוּב חֲמִשִּׁים כֶּסֶף אֵצֶל הַתּוֹפֵס אֶת הַבְּתוּלָה וְשׁוֹכֵב עִמָּהּ בְּאֹנֶס, שֶׁנֶּאֱמַר: "וְנָתַן הָאִישׁ הַשֹּׁכֵב עִמָּהּ לַאֲבִי הַנַּעֲרָ חֲמִשִּׁים כָּסֶף" (דברים כב, כט):

יז **מְכַשֵּׁפָה לֹא תְחַיֶּה.** אֶלָּא תּוּמַת בְּבֵית דִּין. וְאֶחָד זְכָרִים וְאֶחָד נְקֵבוֹת, אֶלָּא שֶׁדִּבֶּר הַכָּתוּב בַּהֹוֶה, שֶׁהַנָּשִׁים מְצוּיוֹת בִּכְשָׁפִים:

יח **כָּל שֹׁכֵב עִם בְּהֵמָה מוֹת יוּמָת.** בִּסְקִילָה, רוֹבֵעַ כְּנִרְבַּעַת, שֶׁכָּתוּב בָּהֶם: "דְּמֵיהֶם בָּם" (ויקרא כ, טז):

יט **לָאֱלֹהִים.** לַעֲבוֹדָה זָרָה. אִלּוּ הָיָה נָקוּד 'לֵאלֹהִים', הָיָה צָרִיךְ לְפָרֵשׁ וְלִכְתֹּב 'אֲחֵרִים', עַכְשָׁיו שֶׁאָמַר: "לָאֱלֹהִים" אֵין צָרִיךְ לְפָרֵשׁ 'אֲחֵרִים'; שֶׁכָּל לָמֶ"ד וּבֵי"ת הַמְשַׁמֶּשֶׁת בְּרֹאשׁ הַתֵּבָה, אִם נְקוּדָה בַּחֲטָף, כְּגוֹן: לְמֶלֶךְ, לְמִדְבָּר, לְעִיר, צָרִיךְ לְפָרֵשׁ לְאֵיזֶה מֶלֶךְ, לְאֵיזֶה מִדְבָּר, לְאֵיזֶה עִיר. וְכֵן: בִּמְלָכִים, בִּרְגָלִים צָרִיךְ לְפָרֵשׁ לְאֵיזֶה, וְאִם אֵינוֹ מְפָרֵשׁ, כָּל מְלָכִים בַּמַּשְׁמָע. וְכֵן 'לֵאלֹהִים' כָּל אֱלֹהִים בַּמַּשְׁמָע, אֲפִלּוּ קֹדֶשׁ. אֲבָל כְּשֶׁהִיא נְקוּדָה פַּתָּח, כְּמוֹ: לַמֶּלֶךְ, לַמִּדְבָּר, לָעִיר, נוֹדַע בְּאֵיזֶה מֶלֶךְ מְדַבֵּר, וְכֵן 'לָעִיר' נוֹדַע בְּאֵיזֶה עִיר מְדַבֵּר, וְכֵן "לָאֱלֹהִים", לְאוֹתָן שֶׁהֻזְהַרְתֶּם עֲלֵיהֶם בְּמָקוֹם אַחֵר. כַּיּוֹצֵא בּוֹ: "אֵין כָּמוֹךָ בָאֱלֹהִים" (תהלים פו, ח), לְפִי שֶׁלֹּא פֵּרֵשׁ הֻצְרַךְ לִנָּקֵד פַּתָּח: יָחֳרָם. יוּמַת. וְלָמָּה נֶאֱמַר "יָחֳרָם"? וַהֲלֹא כְּבָר נֶאֶמְרָה בּוֹ מִיתָה בְּמָקוֹם אַחֵר: "וְהוֹצֵאתָ אֶת הָאִישׁ הַהוּא אוֹ אֶת הָאִשָּׁה הַהִיא" וְגוֹ' (דברים יז, ה), אֶלָּא לְפִי שֶׁלֹּא פֵּרֵשׁ עַל אֵיזוֹ עֲבוֹדָה חַיָּב מִיתָה, שֶׁלֹּא תֹּאמַר כָּל עֲבוֹדוֹת בְּמִיתָה, בָּא וּפֵרֵשׁ לְךָ כָּאן: "זֹבֵחַ לָאֱלֹהִים", מַה זְּבִיחָה עֲבוֹדָה הַנַּעֲשֵׂית בִּפְנִים לַשָּׁמַיִם, אַף אֲנִי מַרְבֶּה הַמְקַטֵּר וְהַמְנַסֵּךְ שֶׁהֵן עֲבוֹדָה בִּפְנִים, וְחַיָּבִים עֲלֵיהֶם לְכָל עֲבוֹדָה זָרָה, בֵּין שֶׁדַּרְכָּהּ לְעָבְדָהּ בְּכָךְ בֵּין שֶׁאֵין דַּרְכָּהּ לְעָבְדָהּ בְּכָךְ. אֲבָל שְׁאָר עֲבוֹדוֹת, כְּגוֹן: הַמְכַבֵּד וְהַמְרַבֵּץ וְהַמְגַפֵּף וְהַמְנַשֵּׁק, אֵינָן בְּמִיתָה:

כ **וְגֵר לֹא תוֹנֶה.** אוֹנָאַת דְּבָרִים, קונטרליאי"ר בְּלַעַז, כְּמוֹ: "וְהַאֲכַלְתִּי אֶת מוֹנַיִךְ אֶת בְּשָׂרָם" (ישעיה מט, כו): **וְלֹא תִלְחָצֶנּוּ.** בִּגְזֵלַת מָמוֹן: **כִּי גֵרִים הֱיִיתֶם.** אִם הוֹנֵיתוֹ אַף הוּא יָכוֹל לְהוֹנוֹתְךָ וְלוֹמַר לְךָ: אַף אַתָּה מִגֵּרִים בָּאתָ. מוּם שֶׁבְּךָ אַל תֹּאמַר לַחֲבֵרְךָ. כָּל לְשׁוֹן 'גֵּר' אָדָם שֶׁלֹּא נוֹלַד בְּאוֹתָהּ מְדִינָה, אֶלָּא בָּא מִמְּדִינָה אַחֶרֶת לָגוּר שָׁם:

ביאור | ולעניינים אחרים: טו **וְכִי יְפַתֶּה אִישׁ בְּתוּלָה אֲשֶׁר לֹא אֹרָשָׂה**, פנויה
וְשָׁכַב עִמָּהּ – מָהֹר יִמְהָרֶנָּה, ייתן לה מוהר, נדוניה ויישא אותה **לּוֹ
לְאִשָּׁה**. העונש על הפיתוי מתבטא בחובת נישואין.[54] אולם האב
רשאי לסרב לכך: טז **אִם מָאֵן יְמָאֵן אָבִיהָ לְתִתָּהּ לוֹ** – המפתה לא
יישא אותה, אך **כֶּסֶף יִשְׁקֹל** ישלם[55] **כְּמֹהַר הַבְּתוּלֹת**, התשלום הקבוע
שנהגו לשלם בנישואי בתולה.

יז **מְכַשֵּׁפָה לֹא תְחַיֶּה**, יש להמיתה. חטא הכישוף חמור מפני שייכותו
לעבודה זרה שאיסורה הוא עיקר גדול בתורה.[56]

יח **כָּל שֹׁכֵב עִם בְּהֵמָה – מוֹת יוּמָת**, בין אם האדם סביל או פעיל,
בין שהוא גבר או אשה.[57]

יט **זֹבֵחַ לָאֱלֹהִים**, לכל הכוחות שאינם ה'; בין שזהו אליל מעץ ואבן
ובין שזהו כוח מופשט, מלאך[58] – **יָחֳרָם**, ייהרג, **בִּלְתִּי לַה' לְבַדּוֹ**. מותר
לזבוח אך ורק לה'.[59]

כ **וְגֵר לֹא תוֹנֶה**, לא תצער,[60] או: לא תרמה, **וְלֹא תִלְחָצֶנּוּ, כִּי גֵרִים הֱיִיתֶם
בְּאֶרֶץ מִצְרָיִם**, וכיוון שהכרתם מניסיונכם את מצבו של הגר, עליכם
להיזהר ביותר שלא לצער את הגרים החיים ביניכם. כא כיוצא בזה,

הרחבות | **'וכי יפתה'** חכמים מסבירים, שמדובר כאן בפיתוי קטינה (ועל כן נישואיה למפתה תלויים ברצון האב), משום שבמקרה של בוגרת אין להאשים את האיש יותר מאשר אותה. הדרישה מן המפתה לשאת את הקטינה לאשה עשויה להרתיע מפני ניצול קטינות ונטישתן. מעשה הפיתוי נתפס כגנבת בתוליה של הנערה. (ראו כתובות לח ע"א; רמב"ן פס' טו).

'אם מאן ימאן אביה לתתה לו' לפי דברי חכמים, גם הנערה זכאית למאן. אם היא אינה מעוניינת להינשא לו – אין כופים זאת עליה. (ראו כתובות לט ע"ב).

'וגר לא תונה' איסור זה חוזר פעמים רבות בתורה, והוא מתייחס למעשים שאין לעשותם כלפי כל אדם, אלא שלגבי גר נצרכות זהירות ורגישות יתרות מפני שהוא חשוף לפגיעה יותר מאשר מי שחי בחברה שבתוכה נולד.

אַלְמָנָה וְיָתוֹם לֹא תְעַנּוּן: אִם־עַנֵּה תְעַנֶּה אֹתוֹ כִּי כב
אִם־צָעֹק יִצְעַק אֵלַי שָׁמֹעַ אֶשְׁמַע צַעֲקָתוֹ: וְחָרָה כג
אַפִּי וְהָרַגְתִּי אֶתְכֶם בֶּחָרֶב וְהָיוּ נְשֵׁיכֶם אַלְמָנוֹת
וּבְנֵיכֶם יְתֹמִים:
יז **אִם־כֶּסֶף | תַּלְוֶה אֶת־עַמִּי אֶת־הֶעָנִי עִמָּךְ לֹא־** כד
תִהְיֶה לוֹ כְּנֹשֶׁה לֹא־תְשִׂימוּן עָלָיו נֶשֶׁךְ: אִם־חָבֹל כה
תַּחְבֹּל שַׂלְמַת רֵעֶךָ עַד־בֹּא הַשֶּׁמֶשׁ תְּשִׁיבֶנּוּ לוֹ:

רש״י

כא) **כָּל אַלְמָנָה וְיָתוֹם לֹא תְעַנּוּן.** הוּא הַדִּין לְכָל אָדָם, אֶלָּא שֶׁדִּבֶּר הַכָּתוּב בַּהוֶֹה, לְפִי שֶׁהֵם תְּשׁוּשֵׁי כֹּחַ וְדָבָר מָצוּי לְעַנּוֹתָם:

כב) **אִם עַנֵּה תְעַנֶּה אֹתוֹ.** הֲרֵי זֶה מִקְרָא קָצָר. גִּזֵּם וְלֹא פֵרֵשׁ עָנְשׁוֹ, כְּמוֹ: "לָכֵן כָּל הֹרֵג קַיִן" (בראשית ד, טו), וְלֹא פֵרֵשׁ עָנְשׁוֹ. אַף כָּאן: "אִם עַנֵּה תְעַנֶּה אֹתוֹ" לְשׁוֹן גִּזּוּם, כְּלוֹמַר, סוֹפְךָ לִטֹּל אֶת שֶׁלְּךָ, לָמָּה? "כִּי אִם צָעֹק יִצְעַק אֵלַי" וְגוֹ':

כג) **וְהָיוּ נְשֵׁיכֶם אַלְמָנוֹת.** מִמַּשְׁמָע שֶׁנֶּאֱמַר: "וְהָרַגְתִּי אֶתְכֶם" אֵינִי יוֹדֵעַ שֶׁ"נְּשֵׁיכֶם אַלְמָנוֹת וּבְנֵיכֶם יְתֹמִים"? אֶלָּא הֲרֵי זוֹ קְלָלָה אַחֶרֶת, שֶׁיִּהְיוּ הַנָּשִׁים צְרוּרוֹת כְּאַלְמְנוּת חַיּוּת, שֶׁלֹּא יִהְיוּ עֵדִים לְמִיתַת בַּעֲלֵיהֶן וְתִהְיֶינָה אֲסוּרוֹת לְהִנָּשֵׂא, וְהַבָּנִים יִהְיוּ יְתוֹמִים, שֶׁלֹּא יַנִּיחוּם בֵּית דִּין לֵירֵד לְנִכְסֵי אֲבִיהֶם, לְפִי שֶׁאֵין יוֹדְעִים אִם מֵתוּ אִם נִשְׁבּוּ:

כד) **אִם כֶּסֶף תַּלְוֶה אֶת עַמִּי.** רַבִּי יִשְׁמָעֵאל אוֹמֵר: כָּל אִם וְאִם שֶׁבַּתּוֹרָה רְשׁוּת חוּץ מִשְּׁלֹשָׁה, וְזֶה אֶחָד מֵהֶן: **אֶת עַמִּי.** עַמִּי וְגוֹי, עַמִּי קוֹדֵם. עָנִי וְעָשִׁיר, עָנִי קוֹדֵם. עֲנִיֵּי עִירְךָ וַעֲנִיֵּי עִיר אַחֶרֶת, עֲנִיֵּי עִירְךָ קוֹדְמִין. וְזֶה מַשְׁמָעוֹ: "אִם כֶּסֶף תַּלְוֶה, אֶת עַמִּי" תַּלְוֵהוּ, וְלֹא לַגּוֹי. וּלְאֵיזֶה מֵעַמִּי? "אֶת הֶעָנִי". וּלְאֵיזֶה עָנִי? לְאוֹתוֹ שֶׁ"עִמָּךְ". דָּבָר אַחֵר "אֶת עַמִּי", שֶׁלֹּא תִּנְהַג בּוֹ מִנְהַג בִּזָּיוֹן כְּהַלְוָאָה, שֶׁהוּא עַמִּי: **אֶת הֶעָנִי עִמָּךְ.** הֱוֵי מִסְתַּכֵּל בְּעַצְמְךָ כְּאִלּוּ אַתָּה עָנִי: **לֹא תִהְיֶה לוֹ כְּנֹשֶׁה.** לֹא תִּתְבָּעֶנּוּ בְּחָזְקָה. אִם אַתָּה יוֹדֵעַ שֶׁאֵין לוֹ, אַל תְּהִי דוֹמֶה עָלָיו כְּאִלּוּ הִלְוִיתוֹ אֶלָּא כְּאִלּוּ לֹא הִלְוִיתוֹ, כְּלוֹמַר לֹא תַּכְלִימֵהוּ: **נֶשֶׁךְ.** רִבִּית, שֶׁהוּא כִּנְשִׁיכַת נָחָשׁ, שֶׁנּוֹשֵׁךְ חַבּוּרָה קְטַנָּה בְּרַגְלוֹ וְאֵינוֹ מַרְגִּישׁ, וּפִתְאֹם הוּא מַבְעִבַּע וְנוֹפֵחַ עַד קָדְקֳדוֹ, כָּךְ רִבִּית אֵינוֹ מַרְגִּישׁ וְאֵינוֹ נִכָּר, עַד שֶׁהָרִבִּית עוֹלָה וּמְחַסְּרוֹ מָמוֹן הַרְבֵּה:

כה) **אִם חָבֹל תַּחְבֹּל.** כָּל לְשׁוֹן חֲבָלָה אֵינוֹ מַשְׁכּוֹן בִּשְׁעַת הַלְוָאָה, אֶלָּא שֶׁמְּמַשְׁכְּנִין אֶת הַלֹּוֶה כְּשֶׁמַּגִּיעַ הַזְּמַן וְאֵינוֹ פּוֹרֵעַ. "חָבֹל תַּחְבֹּל", כָּפַל לְךָ בַּחֲבָלָה עַד כַּמָּה פְּעָמִים, אָמַר הַקָּדוֹשׁ בָּרוּךְ הוּא, כַּמָּה אַתָּה חַיָּב לִי, וַהֲרֵי נַפְשְׁךָ עוֹלָה אֶצְלִי בְּכָל לַיְלָה וְלַיְלָה נוֹתֶנֶת דִּין וְחֶשְׁבּוֹן וּמִתְחַיֶּבֶת לְפָנַי וַאֲנִי מַחֲזִירָהּ לְךָ, אַף אַתָּה טֹל וְהָשֵׁב טֹל וְהָשֵׁב: **עַד בֹּא הַשֶּׁמֶשׁ תְּשִׁיבֶנּוּ לוֹ.** כָּל הַיּוֹם תְּשִׁיבֶנּוּ לוֹ עַד בֹּא הַשֶּׁמֶשׁ, וּכְבוֹא הַשֶּׁמֶשׁ תַּחֲזֹר וְתִטְּלֶנּוּ עַד שֶׁיָּבֹא בֹּקֶר שֶׁל מָחָר. וּבִכְסוּת יוֹם הַכָּתוּב מְדַבֵּר, שֶׁאֵין צָרִיךְ לָהּ בַּלַּיְלָה:

ביאור

כָּל אַלְמָנָה וְיָתוֹם לֹא תְעַנּוּן משום שאף הם מוגנים פחות ופגיעים
יותר. כב אִם עַנֵּה תְעַנֶּה אֹתוֹ, דע לך כִּי אִם צָעֹק יִצְעַק אֵלַי – שָׁמֹעַ
אֶשְׁמַע צַעֲקָתוֹ, כיוון שאין לו חסות אחרת, אני הוא אֲבִי יְתוֹמִים
וְדַיַּן אַלְמָנוֹת.[61] כג וכשאשמע צעקתם – וְחָרָה אַפִּי, וְהָרַגְתִּי אֶתְכֶם
בֶּחָרֶב, וְהָיוּ נְשֵׁיכֶם אַלְמָנוֹת וּבְנֵיכֶם יְתֹמִים, מידה כנגד מידה.

כד אִם כֶּסֶף תַּלְוֶה אֶת עַמִּי, אֶת הֶעָנִי עִמָּךְ, הדין מתייחס לכל העם,
אך חמור הוא במיוחד כלפי העני. לֹא תִהְיֶה לוֹ כְּנֹשֶׁה, כבעל חוב
הדוחק בלווה בתקיפות.[62] אזהרה נוספת: לֹא תְשִׂימוּן עָלָיו נֶשֶׁךְ,
ריבית. כה אִם חָבֹל תַּחְבֹּל, תקח למשכון את שַׂלְמַת רֵעֶךָ, בגד חברך,
עַד בֹּא הַשֶּׁמֶשׁ תְּשִׁיבֶנּוּ לוֹ. עליך לדאוג להחזיר לו עד הלילה. כו כִּי

הרחבות

'לא תשימון עליו נשך' איסור ההלוואה בריבית מיוחד לישראל. לא נאמר כאן שההלוואה בריבית איננה מוסרית, אלא שבתוך בני ישראל אין היא ראויה, כשם שלא ראוי שהורים יגבו ריבית מהלוואתם לילדיהם, ולהיפך. כלפי אנשים שמחוץ לחוג המשפחה – אפשר להבין את הצדק שבגביית ריבית, אבל בתוך העם, הנתפס כמשפחה אחת, יש פגם בדבר.

כו כִּי הִוא כְסוּתֹה לְבַדָּהּ הִוא שִׂמְלָתוֹ לְעֹרוֹ בַּמֶּה
יִשְׁכָּב וְהָיָה כִּי־יִצְעַק אֵלַי וְשָׁמַעְתִּי כִּי־חַנּוּן
רביעי כז אָנִי: אֱלֹהִים לֹא תְקַלֵּל וְנָשִׂיא
כח בְעַמְּךָ לֹא תָאֹר: מְלֵאָתְךָ וְדִמְעֲךָ לֹא תְאַחֵר
כט בְּכוֹר בָּנֶיךָ תִּתֶּן־לִי: כֵּן־תַּעֲשֶׂה לְשֹׁרְךָ לְצֹאנֶךָ
שִׁבְעַת יָמִים יִהְיֶה עִם־אִמּוֹ בַּיּוֹם הַשְּׁמִינִי תִּתְּנוֹ־
ל לִי: וְאַנְשֵׁי־קֹדֶשׁ תִּהְיוּן לִי וּבָשָׂר בַּשָּׂדֶה טְרֵפָה לֹא
כג א תֹאכֵלוּ לַכֶּלֶב תַּשְׁלִכוּן אֹתוֹ: לֹא

רש"י

כו) **כי הוא כסותה.** זו טלית: **שמלתו.** זו חלוק: **במה ישכב.** לרבות את המצע:

כז) **אלהים לא תקלל.** הרי זו אזהרה לברכת השם, ואזהרה לקללת דין:

כח) **מלאתך.** חובה המטלת עליך כשתתמלא תבואתך להתבשל, והם בכורים: **ודמעך.** היא תרומה, ואיני יודע מהו לשון דמע: **לא תאחר.** לא תשנה סדר הפרשתן לאחר את המקדם ולהקדים את המאחר, שלא יקדים תרומה לבכורים ומעשר לתרומה: **בכור בניך תתן לי.** לפדותו חמש סלעים מן הכהן. והלא כבר צוה עליו במקום אחר (במדבר יח, טז)? אלא כדי לסמך לו: "כן תעשה לשרך", מה בכור אדם לאחר שלשים יום פודהו, שנאמר: "ופדויו מבן חדש תפדה" (שם), אף בכור בהמה גסה מטפל בו שלשים יום ואחר כך נותנו לכהן:

כט) **שבעת ימים יהיה עם אמו.** זו אזהרה לכהן, שאם בא למהר הקרבתו לא ימהר קדם שמונה, לפי שהוא מחסר זמן: **ביום השמיני תתנו לי.** יכול יהא חובה לבו ביום? נאמר כאן: "שמיני" ונאמר להלן: "ומיום השמיני והלאה ירצה" (ויקרא כב, כז), מה שמיני האמור להלן להכשיר משמיני ולהלן, אף שמיני האמור כאן להכשיר משמיני ולהלן. וכן משמעו: וביום השמיני אתה רשאי לתתו לי:

ל) **ואנשי קדש תהיון לי.** אם אתם קדושים ופרושים משקוצי נבלות וטרפות הרי אתם שלי, ואם לאו אינכם שלי: **ובשר בשדה טרפה.** אף בבית כן, אלא שדבר הכתוב בהוה, מקום שדרך בהמות לטרף. וכן: "כי בשדה מצאה" (דברים כב, כז). וכן: "אשר לא יהיה טהור מקרה לילה" (שם כג, יא), הוא הדין למקרה יום, אלא שדבר הכתוב בהוה. "ובסר תליש מן חיוא חיא", בשר שנתלש על ידי טרפת זאב או ארי מן חיה כשרה או בהמה כשרה בחייה: **לכלב תשלכון אתו.** אף הגוי ככלב. או אינו אלא כלב כמשמעו, תלמוד לומר בנבלה: "או מכר לנכרי" (שם יד, כא), קל וחמר לטרפה שמתרת בכל הנאות. אם כן מה תלמוד לומר: "לכלב"? למדך שהכלב מכבד מן הגוי שהנבלה לגוי והטרפה לכלב. וללמדך

ביאור

הִוא כְסוּתֹה לְבַדָּהּ, לבושו היחיד. **הִוא שִׂמְלָתוֹ לְעֹרוֹ. בַּמֶּה יִשְׁכָּב**?! אם אין
ממשכנים דברי מותרות מהלווה, אלא את בגדיו, מן הסתם הוא עני.
ביום הוא יסתפק בבגדו הבסיסי, אך בלילה, אם הוא נאלץ להשתמש
בשמלתו כשמיכה, והיא ממושכנת – לא יהיה לו במה להתכסות. **וְהָיָה
כִּי יִצְעַק אֵלַי** מתוך מצוקתו,[63] **וְשָׁמַעְתִּי, כִּי חַנּוּן אָנִי**. אין זו טענה מצד
הדין, אך מצבו מעורר רחמים. לכן בערב יש להחזיר את המשכון ללווה.

כז **אֱלֹהִים**, דיינים **לֹא תְקַלֵּל**. אסור לקלל כל אדם.[64] אולם ייתכן
שקללת הדיינים נאסרה באיסור נוסף משום שאצל מי שמפסיד
במשפט שכיח יותר הרצון לקלל את השופט.[65] באופן דומה, **וְנָשִׂיא**
עליון[66] **בְעַמְּךָ לֹא תָאֹר**, תקלל. גם מנהיגים עלולים להוות מטרה
לחציהם של מי שנפגעו מן המערכת שהם עומדים בראשה.

כח **מְלֵאָתְךָ**, התרומות המוצקות מתבואת הגורן **וְדִמְעֲךָ**, התרומות
מן הנוזלים,[67] **לֹא תְאַחֵר** בנתינתם. מעבר לחובה להפריש, האדם
מצווה לעשות זאת בזמן הראוי.

בְּכוֹר בָּנֶיךָ תִּתֶּן לִי. כפי שנזכר כבר, את בכור הבנים אין נותנים בפועל,
אלא פודים אותו בכסף.[68] כט הקדשת הבכור אינה חלה על בכור
האדם בלבד, אלא – **כֵּן תַּעֲשֶׂה לְשֹׁרְךָ וּלְצֹאנֶךָ**.[69] אולם לגביהם –
שִׁבְעַת יָמִים יִהְיֶה הוולד **עִם אִמּוֹ, בַּיּוֹם הַשְּׁמִינִי תִּתְּנוֹ לִי** כקרבן. ראוי
לתת לעגל או לכבש הקטן לפחות שבוע של חסד להישאר עם אמו.

ל **וְאַנְשֵׁי קֹדֶשׁ תִּהְיוּן לִי**, ואחת ההשתמעויות הנגזרות מהיותכם גוי
קדוש היא – **וּבָשָׂר בַּשָּׂדֶה טְרֵפָה**, בשר בהמה שנמצא בשדה לאחר
שחיה טרפה אותה, **לֹא תֹאכֵלוּ**. אולם אינכם אסורים בהנאה אחרת
מגוויית הבהמה, למשל – לאכילת **כֶּלֶב תַּשְׁלִכוּן אֹתוֹ**.

הרחבות

'ונשיא בעמך לא תאר' האיסור לקלל את המנהיגים מנוסח באופן מוחלט. אולם חכמים הגבילו אותו, כך שיוחל רק על מנהיגים הנוהגים כראוי. וכך דרשו וְנָשִׂיא בְעַמְּךָ – "בעושה מעשה עמך". (ראו בבא בתרא ד ע"א). אין חובה אפוא לחוס על כבודו של נשיא שאינו נוהג כמנהג עמך. לדברי הרמב"ם (סנהדרין כו,א) ה'נשיא' הוא המלך או ראש הסנהדרין. ויש סוברים שהוא הדין לראשים אחרים בעם. (ר' מנ"ח עא; דברות משה ב"ב א' יב יג).

איסור אכילת טרפה הביטוי וּבָשָׂר בַּשָּׂדֶה טְרֵפָה הובן על ידי חכמים לאו דווקא במשמעו המילולי. כמו בדיון על השומרים לעיל, אף כאן פירשו שהכתוב מדבר במציאות המוכרת, שבה הבהמה נטרפת כאשר היא בשדה, אך אין זה תנאי הכרחי (רש"י). פגם או פציעה זהה יכולים לקרות בגוף הבהמה לאו דווקא באמצעות חיה טורפת אלא מסיבות אחרות, ודינו של הבשר לא ישתנה.

תִשָּׂא שֵׁמַע שָׁוְא אַל־תָּשֶׁת יָדְךָ עִם־רָשָׁע לִהְיֹת
עֵד חָמָס: לֹא־תִהְיֶה אַחֲרֵי־רַבִּים לְרָעֹת וְלֹא־ ב
תַעֲנֶה עַל־רִב לִנְטֹת אַחֲרֵי רַבִּים לְהַטֹּת: וְדָל לֹא ג
תֶהְדַּר בְּרִיבוֹ: כִּי תִפְגַּע שׁוֹר אֹיִבְךָ אוֹ ד

רש״י | שֶׁאֵין הַקָּדוֹשׁ בָּרוּךְ הוּא מְקַפֵּחַ שְׂכַר כָּל בְּרִיָּה, שֶׁנֶּאֱמַר: ״וּלְכֹל בְּנֵי יִשְׂרָאֵל לֹא יֶחֱרַץ כֶּלֶב לְשֹׁנוֹ״ (לעיל יא, ז), אָמַר הַקָּדוֹשׁ בָּרוּךְ הוּא: תְּנוּ לוֹ שְׂכָרוֹ:

פרק כג

א| **לֹא תִשָּׂא שֵׁמַע שָׁוְא.** כְּתַרְגּוּמוֹ, ״לָא תְקַבֵּל שֵׁמַע דִּשְׁקַר״, אַזְהָרָה לִמְקַבֵּל לָשׁוֹן הָרָע וּלְדַיָּן שֶׁלֹּא יִשְׁמַע דִּבְרֵי בַּעַל דִּין עַד שֶׁיָּבוֹא בַּעַל דִּין חֲבֵרוֹ: **אַל תָּשֶׁת יָדְךָ עִם רָשָׁע.** הַטּוֹעֵן אֶת חֲבֵרוֹ תְּבִיעַת שֶׁקֶר, שֶׁמַּבְטִיחֵהוּ לִהְיוֹת לוֹ עֵד חָמָס:

ב| **לֹא תִהְיֶה אַחֲרֵי רַבִּים לְרָעֹת.** יֵשׁ בְּמִקְרָא זֶה מִדְרְשֵׁי חַכְמֵי יִשְׂרָאֵל, אֲבָל אֵין לְשׁוֹן הַמִּקְרָא מְיֻשָּׁב בָּהֶן עַל אָפְנָיו. מִכָּאן דָּרְשׁוּ שֶׁאֵין מַטִּין לְחוֹבָה בְּהַכְרָעַת דַּיָּן אֶחָד. וְסוֹף הַמִּקְרָא דָּרְשׁוּ: ״אַחֲרֵי רַבִּים לְהַטֹּת״, שֶׁאִם יֵשׁ שְׁנַיִם בִּמְחַיְּבִין יוֹתֵר עַל הַמְזַכִּין, הַטֵּה הַדִּין עַל פִּיהֶם לְחוֹבָה, וּבְדִינֵי נְפָשׁוֹת הַכָּתוּב מְדַבֵּר. וְאֶמְצַע הַמִּקְרָא דָּרְשׁוּ: ״וְלֹא תַעֲנֶה עַל רִב״, עַל רַב, שֶׁאֵין חוֹלְקִין עַל מֻפְלָא שֶׁבְּבֵית דִּין, לְפִיכָךְ מַתְחִילִין בְּדִינֵי נְפָשׁוֹת מִן הַצַּד, לַקְּטַנִּים שֶׁבָּהֶם שׁוֹאֲלִין תְּחִלָּה שֶׁיֹּאמְרוּ אֶת דַּעְתָּם. וּלְפִי דִּבְרֵי רַבּוֹתֵינוּ כָּךְ פִּתְרוֹן הַמִּקְרָא: ״לֹא תִהְיֶה אַחֲרֵי רַבִּים לְרָעֹת״, לְחַיֵּב מִיתָה בִּשְׁבִיל דַּיָּן אֶחָד שֶׁיִּרְבּוּ מְחַיְּבִין עַל הַמְזַכִּין; וְלֹא תַעֲנֶה עַל הָרַב לִנְטוֹת מִדְּבָרָיו, וּלְפִי שֶׁהוּא חָסֵר יוּ״ד דָּרְשׁוּ בּוֹ כֵּן; ״אַחֲרֵי רַבִּים לְהַטֹּת״, וְיֵשׁ רַבִּים שֶׁאַתָּה נוֹטֶה אַחֲרֵיהֶם, וְאֵימָתַי? בִּזְמַן שֶׁהֵן שְׁנַיִם הַמַּכְרִיעִין בִּמְחַיְּבִין יוֹתֵר מִן הַמְזַכִּין, וּמַמַּשְׁמָע שֶׁנֶּאֱמַר: ״לֹא תִהְיֶה אַחֲרֵי רַבִּים לְרָעֹת״ שׁוֹמֵעַ אֲנִי: אֲבָל הֱיֵה עִמָּהֶם לְטוֹבָה, מִכָּאן אָמְרוּ: דִּינֵי נְפָשׁוֹת מַטִּין עַל פִּי אֶחָד לִזְכוּת וְעַל פִּי שְׁנַיִם לְחוֹבָה. וְאוּנְקְלוֹס תִּרְגֵּם: ״לָא תִתְמְנַע מִלְּאַלָּפָא מָא דִּבְעֵינָךְ עַל דִּינָא״, וּלְשׁוֹן הָעִבְרִי לְפִי הַתַּרְגּוּם כָּךְ הוּא נִדְרָשׁ: ״לֹא תַעֲנֶה עַל רִב לִנְטֹת״, אִם יִשְׁאָלְךָ דָּבָר לְמִשְׁפָּט לֹא תַעֲנֶה לִנְטוֹת לְצַד אֶחָד וּלְסַלֵּק עַצְמְךָ מִן הָרִיב, אֶלָּא הֱוֵי דָּן אוֹתוֹ לַאֲמִתּוֹ. וַאֲנִי אוֹמֵר לְיַשְּׁבוֹ עַל אָפְנָיו כִּפְשׁוּטוֹ כָּךְ פִּתְרוֹנוֹ: ״לֹא תִהְיֶה אַחֲרֵי רַבִּים לְרָעֹת״ – אִם רָאִיתָ רְשָׁעִים מַטִּין מִשְׁפָּט, לֹא תֹאמַר: הוֹאִיל וְרַבִּים הֵם הִנְנִי נוֹטֶה אַחֲרֵיהֶם. ״וְלֹא תַעֲנֶה עַל רִב לִנְטֹת״ וְגוֹ׳ – וְאִם יִשְׁאָלְךָ הַנִּדּוֹן עַל אוֹתוֹ הַמִּשְׁפָּט, אַל תַּעֲנֶנּוּ עַל הָרִיב דָּבָר הַנּוֹטֶה אַחֲרֵי אוֹתָן רַבִּים לְהַטּוֹת אֶת הַמִּשְׁפָּט מֵאֲמִתּוֹ, אֶלָּא אֱמֹר אֶת הַמִּשְׁפָּט כַּאֲשֶׁר הוּא, וְקוֹלָר יְהֵא תָלוּי בְּצַוַּאר הָרַבִּים:

ג| **לֹא תֶהְדַּר.** לֹא תַחְלֹק לוֹ כָּבוֹד לְזַכּוֹתוֹ בַּדִּין, וְלוֹמַר: דַּל הוּא, אֲזַכֶּנּוּ וַאֲכַבְּדֶנּוּ:

הרחבות | כל דיני הטרפות בהלכה מסתמכים על הפסוק הזה. ממנו נובע האיסור לאכול בהמה שנטרפה, גם אם היא נותרה בחיים לאחר מכן. (ראו חולין מב ע"א).

'אל תשת ידך עם רשע להית עד חמס' אל לעד השקר להתנער מאחריות בטענה שאין הוא אלא שותף זוטר במערכת, ולא הוא הגוזר את הדין. אף אין הוא יכול לטעון להגנתו שאין הוא מפיק רווח

ביאור

כאן מופיע קובץ הלכות המתייחס לסדרי משפט ודין. המצווה הראשונה פונה אל השופט: פרק כג א **לֹא תִשָּׂא שֵׁמַע שָׁוְא**, אל תקבל עדות שקר או עדות שנמסרת לרעת אדם שאין בה כל תועלת.[70]

אַל תָּשֶׁת, תשים **יָדְךָ**, תשתתף **עִם רָשָׁע, לִהְיֹת עֵד חָמָס**. אל תתחבר עם עד רשע להעיד, גם אם תדע שהעדות אמתית, ואל תשתתף עם אחר בעדות שקר, גם אם העדות תתקיים בלעדיך.[71] גם בסיסו של עניין זה הופיע בין הדיברות: לֹא תַעֲנֶה בְרֵעֲךָ עֵד שָׁקֶר.[72]

ב **לֹא תִהְיֶה אַחֲרֵי רַבִּים לְרָעֹת**. אל תיגרר אחר מעשיהם ודבריהם של הרבים, אם אינך מאמין בהם. אמירה זו תקפה תמיד, אך היא נחוצה ביתר שאת לדיין, שכן ההכרעה על פי הצדק מונחת על כתפיו. בשום אופן אסור לו להסתמך על דעת הרוב ולהצטרף אליה בניגוד להכרתו. **וְלֹא תַעֲנֶה עַל רִב**, בעניינו של ריב אל תצטרף **לִנְטֹת אַחֲרֵי רַבִּים**, בזמן שיש בכך **לְהַטֹּת** את הדין לפי דעתך.[73]

ג **וְדָל**, ועני **לֹא תֶהְדַּר**, תכבד, תעדיף **בְּרִיבוֹ**, במשפטו. דין זה, הפונה אל הדיין, מתמודד עם הנטייה לחוס על בעל הדין החלש. יש להוציא את משפט הצדק לאור, גם אם ייפגע מי שמעורר רחמים.

ד **כִּי תִפְגַּע**, תיתקל, תפגוש **שׁוֹר** של **אֹיִבְךָ אוֹ חֲמֹרוֹ**, והוא **תֹּעֶה**,

הרחבות

מעדותו. בעצם ההשתתפות בעדות שקר יש משום עוול. גם אם אין בכך גזלה ממשית, הרי שיש כאן לקיחת דברים מידי הזולת בכוח ובנבזות, ועל כן הנוהג כך מכונה בביטוי החריף עֵד חָמָס.

'ולא תענה על רב לנטת אחרי רבים להטת' אף על פי שלפי פשטו הפסוק אוסר להצטרף אל דעת הרוב באופן אוטומטי, מפסוק זה עצמו הסיקו חכמים שכאשר אין בהירות, וכאשר בעלי המחלוקת הגונים וראויים, יש חשיבות לרוב. למעשה, העיקרון המעניק כוח לרוב נובע מן הדין המגביל אותו, המונע היסחפות אחר כוחות חברתיים שאינם רלוונטיים. כך קטעו חכמים את הפסוק שלא כפי שעולה מן הפשט, ויצרו ממנו את הכלל החיובי: אַחֲרֵי רַבִּים לְהַטֹּת, שתוכנו כמעט הפוך ממשמעותן המקורית של המלים (בבא מציעא נט ע"ב; סנהדרין ב ע"א; חולין יא ע"א. וראו רש"י וראב"ע על אתר). קביעה כללית זו להכרעות על פי הרוב משמשת לא רק בפסיקת דין אלא גם בתחומים הלכתיים אחרים.

'ודל לא תהדר בריבו' ההלכות שיופיעו בהמשך, האוסרות על הדיין לנטות לצדם של העשירים והתקיפים, נמצאות כמעט בכל ספרי החוקים בעולם, ואילו דין זה, המונע את העדפת הדל, חריג הוא. הוא פונה אל דיינים שחולשתם נעוצה ברחמנותם; כאן מוזהרים הדיינים המבקשים לעזור לנדכאי החברה, לאזן בין נטיית החסד ורגשות הצדקה שלהם לבין הצדק, שהוא המחייב אותם בישבם על כס המשפט.

'שור איבך' ו'חמור שנאך' בשני הדינים האחרונים מדובר בבהמת השונא, אך

חֲמֹרוֹ תֹּעֶה הָשֵׁב תְּשִׁיבֶנּוּ לוֹ׃ כִּי־תִרְאֶה ה

חֲמוֹר שֹׂנַאֲךָ רֹבֵץ תַּחַת מַשָּׂאוֹ וְחָדַלְתָּ מֵעֲזֹב לוֹ

חמישי עָזֹב תַּעֲזֹב עִמּוֹ׃ לֹא תַטֶּה מִשְׁפַּט אֶבְיֹנְךָ ו

בְּרִיבוֹ׃ מִדְּבַר־שֶׁקֶר תִּרְחָק וְנָקִי וְצַדִּיק אַל־תַּהֲרֹג ז

כִּי לֹא־אַצְדִּיק רָשָׁע׃ וְשֹׁחַד לֹא תִקָּח כִּי הַשֹּׁחַד יְעַוֵּר ח

רש"י

ה| **כִּי תִרְאֶה חֲמוֹר שֹׂנַאֲךָ וְגוֹ'.** הֲרֵי "כִּי" מְשַׁמֵּשׁ לְשׁוֹן 'דִּלְמָא', שֶׁהוּא מֵאַרְבַּע לְשׁוֹנוֹת שֶׁל שִׁמּוּשֵׁי 'כִּי'. וְכָךְ פִּתְרוֹנוֹ: שֶׁמָּא תִרְאֶה חֲמוֹרוֹ "רֹבֵץ תַּחַת מַשָּׂאוֹ, וְחָדַלְתָּ מֵעֲזֹב לוֹ", בִּתְמִיָּה; "עָזֹב תַּעֲזֹב עִמּוֹ" – עֲזִיבָה זוֹ לְשׁוֹן עֶזְרָה, וְכֵן: "עָצוּר וְעָזוּב" (דברים לב, לו), וְכֵן: "וַיַּעַזְבוּ יְרוּשָׁלַםִ עַד הַחוֹמָה" (נחמיה ג, ח), מִלְאוּהָ עָפָר לַעֲזוֹר וּלְסַיֵּעַ אֶת חֹזֶק הַחוֹמָה. כַּיּוֹצֵא בּוֹ: "כִּי תֹאמַר בִּלְבָבְךָ רַבִּים הַגּוֹיִם הָאֵלֶּה מִמֶּנִּי" וְגוֹ' (דברים ז, יז), שֶׁמָּא תֹאמַר כֵּן, בִּתְמִיָּה – "לֹא תִירָא מֵהֶם" (שם פסוק יח). וּמִדְרָשׁוֹ, כָּךְ דָּרְשׁוּ רַבּוֹתֵינוּ: "כִּי תִרְאֶה וְחָדַלְתָּ", פְּעָמִים שֶׁאַתָּה חוֹדֵל וּפְעָמִים שֶׁאַתָּה עוֹזֵר. הָא כֵּיצַד? זָקֵן וְאֵינָהּ לְפִי כְבוֹדוֹ – "וְחָדַלְתָּ", אוֹ בֶּהֱמַת גּוֹי וּמַשָּׂאוֹ שֶׁל יִשְׂרָאֵל – "וְחָדַלְתָּ": **עָזֹב תַּעֲזֹב עִמּוֹ.** לִפְרֹק הַמַּשָּׂא. "מִלְמִשְׁקַל לֵיהּ", מִלִּטּוֹל מַשָּׂאוֹ מִמֶּנּוּ:

ו| **אֶבְיֹנְךָ.** לְשׁוֹן אוֹבֶה, שֶׁהוּא מְדֻלְדָּל וְתָאֵב לְכָל טוֹבָה:

ז| **וְנָקִי וְצַדִּיק אַל תַּהֲרֹג.** מִנַּיִן לַיּוֹצֵא מִבֵּית דִּין חַיָּב, וְאָמַר אֶחָד: יֵשׁ לִי לְלַמֵּד עָלָיו זְכוּת, שֶׁמַּחֲזִירִין אוֹתוֹ? תַּלְמוּד לוֹמַר: "וְנָקִי אַל תַּהֲרֹג", וְאַף עַל פִּי שֶׁאֵינוֹ "צַדִּיק", שֶׁלֹּא נִצְטַדֵּק בְּבֵית דִּין, מִכָּל מָקוֹם "נָקִי" הוּא מִדִּין מִיתָה, שֶׁהֲרֵי יֵשׁ לְךָ לְזַכּוֹתוֹ. וּמִנַּיִן לַיּוֹצֵא מִבֵּית דִּין זַכַּאי, וְאָמַר אֶחָד: יֵשׁ לִי לְלַמֵּד עָלָיו חוֹבָה, שֶׁאֵין מַחֲזִירִין אוֹתוֹ לְבֵית דִּין? תַּלְמוּד לוֹמַר: "וְצַדִּיק אַל תַּהֲרֹג", וְזֶה צַדִּיק הוּא שֶׁנִּצְטַדֵּק בְּבֵית דִּין: **כִּי לֹא אַצְדִּיק רָשָׁע.** אֵין עָלֶיךָ לְהַחֲזִירוֹ, כִּי אֲנִי לֹא אַצְדִּיקֶנּוּ בְּדִינִי, אִם יָצָא מִיָּדְךָ זַכַּאי יֵשׁ לִי שְׁלוּחִים הַרְבֵּה לַהֲמִיתוֹ בַּמִּיתָה שֶׁנִּתְחַיֵּב בָּהּ:

ח| **וְשֹׁחַד לֹא תִקָּח.** אֲפִלּוּ לִשְׁפֹּט אֱמֶת, וְכָל שֶׁכֵּן כְּדֵי לְהַטּוֹת הַדִּין, שֶׁהֲרֵי כְּדֵי לְהַטּוֹת אֶת הַדִּין כְּבָר נֶאֱמַר: "לֹא תַטֶּה מִשְׁפָּט" (לעיל פסוק ו): **יְעַוֵּר פִּקְחִים.** אֲפִלּוּ חָכָם בַּתּוֹרָה וְנוֹטֵל שֹׁחַד, סוֹף שֶׁתִּטָּרֵף דַּעְתּוֹ עָלָיו, וְיִשְׁתַּכַּח תַּלְמוּדוֹ וְיִכְהֶה מְאוֹר

הרחבות

מובן מאליו שהדינים יחולו גם על ההמתם של שאר אנשים. התורה דורשת לסייע בפריקת החמור גם כאשר בעליו מצויים לידו. דין זה נובע בראש ובראשונה מן החובה הכללית לעזור למי שנתון במצוקה, אבל מעורב בו גם היסוד של צער בעלי חיים. נוסף לשני ההיבטים הללו עומדת מאחורי הדרישה שבפסוק גם הציפייה לשבור את היצר בפעולה יזומה לטובת האויב האישי. (ראו בבא מציעא לב ע"ב).

'מדבר שקר תרחק' מצד אחד, ההקשר מצמצם את תחולתו של הציווי לענייני משפט וממון, שכן נראה כי אין הפסוק הזה אוסר באופן גורף על דיבורי שקר בכל הקשר שהוא. מצד שני, ההתנגדות לשקר מוצאת כאן ביטוי קיצוני – לא רק שאין לשקר, אלא יש להתרחק ממנו כמו שמתרחקים מן הטמא.

'ונקי וצדיק אל תהרג כי לא אצדיק רשע' פסוק זה התפרש גם כמדבר בשני

ביאור

אובד בדרך – **הָשֵׁב תְּשִׁיבֶנּוּ לוֹ.** אסור לך לפגוע בבהמה זו כדי
להזיק לאויבך, ולא זו בלבד אלא שעליך לפעול למען החזרתה
לבעליה. ה **כִּי תִרְאֶה חֲמוֹר שֹׂנַאֲךָ רֹבֵץ תַּחַת מַשָּׂאוֹ**, שכן הטעינו
עליו משא כבד מדי, והוא מתעקש שלא לקום, עד שיפרקו חלק מן
המשא, **וְחָדַלְתָּ מֵעֲזֹב**, האם תימנע מלעזור[74] **לוֹ**, לבעל החמור?! –
אל תעשה כן, אלא **עָזֹב תַּעֲזֹב עִמּוֹ.** עליך לעזור לו ולפרוק ממנו את
הנטל המכביד.

ו **לֹא תַטֶּה מִשְׁפַּט אֶבְיֹנְךָ**, העני מעמך **בְּרִיבוֹ.** לעומת האיסור הנזכר
על הידור הדל,[75] הפונה אל רגשותיהם הנאצלים של הדיינים, שכיח
לא פחות שהדיין יעדיף את בעל הדין האמיד, שהרי כוח המחאה
של בעל הדין הדל מצומצם יותר.

ז **מִדְּבַר שֶׁקֶר תִּרְחָק.** מן ההקשר נראה שאף הנחיה זו פונה אל הדיין,
ומדריכה אותו שכאשר הוא חש שאחד הצדדים משמיע טענות שקר,
עליו לסמוך על תחושתו, גם אם לא יוכל להוכיחה, ולדחות אותן.
וְנָקִי וְצַדִּיק אַל תַּהֲרֹג, אם אתה, הדיין, חושש שאדם נקי וצדיק חויב
בדין בעקבות עדות שקר, אל לך לחייבו, וכמובן עליך למנוע את
הוצאתו להורג, **כִּי לֹא אַצְדִּיק רָשָׁע**, ההורג נקי וצדיק.

ח **וְשֹׁחַד**, מתנה או טובת הנאה מאחד מבעלי הדין **לֹא תִקָּח, כִּי
הַשֹּׁחַד יְעַוֵּר** את האנשים **הַפִּקְחִים**, שהיה ראוי להם לראות ולהבחין

הרחבות

מקרים שונים: נָקִי שאינו צדיק הוא מי שלא חטא, אף על פי שהעידו עליו עדים לחייבו וגם הורשע על ידי בית דין, אך כיון שעכשיו הדיין רואה לו זכות – אסור להענישו, אלא יש לחזור ולעיין בדינו. צַדִּיק שאינו נקי הוא מקרה הפוך – מי שיצא זכאי בדינו, ולאחר מכן השתכנע הדיין שהוא חייב עונש מוות, כגון אם התגלו לגביו ראיות חדשות – גם אדם זה אל תהרגהו, שכן ה׳ אינו מצדיק רשע, ומשפט הצדק אינו מסור בידי הדיינים האנושיים בלבד. לאחר שהדיין בירר את הדין ואמר מה שאמר, יש לסמוך על אלוקים שיוציא את המשפט לאשורו ויענישנו, גם אם דבר-מה התעוות בעקבות טעות או עוול. (סנהדרין לג ע״ב; רש״י ויונתן על אתר).

׳ושחד לא תקח׳ הגדרת השוחד איננה מצומצמת רק לפעולה שנועדה להטות את המשפט. שלא כמו בהגדרות צרות יותר בחוק הפלילי במקומות שונים, כאן מדובר גם בטובת הנאה שניתנת כדי שהדיין יפסוק דין אמת, שכן אילו היה מדובר בקבלת כסף או הנאה לשם עיוות הדין, לא היה מקום לדבר על עיוורון פיקחים אלא על הטיית משפט. הכתוב מתייחס אפוא למצבים דקים הרבה יותר, שבהם קבלת המתנה יוצרת יחסי ידידות וקרבה כלפי אחד מן הצדדים. רגש החיבה אינו מאפשר לדיין לראות את חסרונותיו של הנותן כפי שהם, ומשפיע על הדיין באופן לא מודע. (ראו מכילתא ורש״י על אתר; כתובות קו).

׳והשביעת תשמטנה ונטשתה׳ בשנה השביעית הארץ יוצאת לא רק מרשות

פִּקְחִים וִיסַלֵּף דִּבְרֵי צַדִּיקִים: וְגֵר לֹא תִלְחָץ וְאַתֶּם ט
יְדַעְתֶּם אֶת־נֶפֶשׁ הַגֵּר כִּי־גֵרִים הֱיִיתֶם בְּאֶרֶץ
מִצְרָיִם: וְשֵׁשׁ שָׁנִים תִּזְרַע אֶת־אַרְצֶךָ וְאָסַפְתָּ אֶת־ י
תְּבוּאָתָהּ: וְהַשְּׁבִיעִת תִּשְׁמְטֶנָּה וּנְטַשְׁתָּהּ וְאָכְלוּ יא
אֶבְיֹנֵי עַמֶּךָ וְיִתְרָם תֹּאכַל חַיַּת הַשָּׂדֶה כֵּן־תַּעֲשֶׂה
לְכַרְמְךָ לְזֵיתֶךָ: שֵׁשֶׁת יָמִים תַּעֲשֶׂה מַעֲשֶׂיךָ וּבַיּוֹם יב
הַשְּׁבִיעִי תִּשְׁבֹּת לְמַעַן יָנוּחַ שׁוֹרְךָ וַחֲמֹרֶךָ וְיִנָּפֵשׁ בֶּן־
אֲמָתְךָ וְהַגֵּר: וּבְכֹל אֲשֶׁר־אָמַרְתִּי אֲלֵיכֶם תִּשָּׁמֵרוּ יג
וְשֵׁם אֱלֹהִים אֲחֵרִים לֹא תַזְכִּירוּ לֹא יִשָּׁמַע עַל־

רש"י

עֵינָיו: **וִיסַלֵּף.** כְּתַרְגּוּמוֹ: "וּמְקַלְקֵל": **דִּבְרֵי צַדִּיקִים.** דְּבָרִים הַמְצֻדָּקִים, מִשְׁפְּטֵי אֱמֶת. וְכֵן תַּרְגּוּמוֹ: "פִּתְגָּמִין תְּרִיצִין", יְשָׁרִים:

ט| **וְגֵר לֹא תִלְחָץ.** בְּהַרְבֵּה מְקוֹמוֹת הִזְהִירָה תוֹרָה עַל הַגֵּר, מִפְּנֵי שֶׁסּוּרוֹ רָע: **אֶת נֶפֶשׁ הַגֵּר.** כַּמָּה קָשֶׁה לוֹ כְּשֶׁלּוֹחֲצִין אוֹתוֹ:

י| **וְאָסַפְתָּ אֶת תְּבוּאָתָהּ.** לְשׁוֹן הַכְנָסָה לַבַּיִת, כְּמוֹ: "וַאֲסַפְתּוֹ אֶל תּוֹךְ בֵּיתֶךָ" (דברים כב, ב):

יא| **תִּשְׁמְטֶנָּה.** מֵעֲבוֹדָה: **וּנְטַשְׁתָּהּ.** מֵאֲכִילָה אַחַר זְמַן הַבִּעוּר. דָּבָר אַחֵר, "תִּשְׁמְטֶנָּה" מֵעֲבוֹדָה גְּמוּרָה, כְּגוֹן חֲרִישָׁה וּזְרִיעָה. "וּנְטַשְׁתָּהּ" מִלְּזַבֵּל וּמִלְּקַשְׁקֵשׁ: **וְיִתְרָם תֹּאכַל חַיַּת הַשָּׂדֶה.** לְהַקִּישׁ מַאֲכַל אֶבְיוֹן לְמַאֲכַל חַיָּה, מַה חַיָּה אוֹכֶלֶת בְּלֹא מַעֲשֵׂר אַף אֶבְיוֹנִים אוֹכְלִים בְּלֹא מַעֲשֵׂר, מִכָּאן אָמְרוּ: אֵין מַעֲשֵׂר בִּשְׁבִיעִית: **כֵּן תַּעֲשֶׂה לְכַרְמְךָ.** וּתְחִלַּת הַמִּקְרָא מְדַבֵּר בִּשְׂדֵה הַלָּבָן, כְּמוֹ שֶׁאָמוּר לְמַעְלָה הֵימֶנּוּ: "תִּזְרַע אֶת אַרְצֶךָ" (בפסוק הקודם):

יב| **וּבַיּוֹם הַשְּׁבִיעִי תִּשְׁבֹּת.** אַף בַּשָּׁנָה הַשְּׁבִיעִית לֹא תֵעָקֵר שַׁבַּת בְּרֵאשִׁית מִמְּקוֹמָהּ, שֶׁלֹּא תֹאמַר: הוֹאִיל וְכָל הַשָּׁנָה קְרוּיָה שַׁבָּת לֹא תִנְהַג בָּהּ שַׁבַּת בְּרֵאשִׁית: **לְמַעַן יָנוּחַ שׁוֹרְךָ וַחֲמֹרֶךָ.** תֵּן לוֹ נַיְחָא, לְהַתִּיר שֶׁיְּהֵא תּוֹלֵשׁ וְאוֹכֵל עֲשָׂבִים מִן הַקַּרְקַע. אוֹ אֵינוֹ אֶלָּא יַחְבְּשֶׁנּוּ בְּתוֹךְ הַבַּיִת? אָמַרְתָּ, אֵין זֶה נַיְחָא אֶלָּא צַעַר: **בֶּן אֲמָתְךָ.** בְּעֶבֶד עָרֵל הַכָּתוּב מְדַבֵּר: **וְהַגֵּר.** זֶה גֵּר תּוֹשָׁב:

יג| **וּבְכֹל אֲשֶׁר אָמַרְתִּי אֲלֵיכֶם תִּשָּׁמֵרוּ.** לַעֲשׂוֹת כָּל מִצְוֹת עֲשֵׂה בְּאַזְהָרָה, שֶׁכָּל שְׁמִירָה שֶׁבַּתּוֹרָה אַזְהָרָה הִיא בִּמְקוֹם לָאו: **לֹא תַזְכִּירוּ.** שֶׁלֹּא יֹאמַר לוֹ: שְׁמֹר לִי בְּצַד עֲבוֹדָה זָרָה פְּלוֹנִית, אוֹ תַּעֲמֹד עִמִּי בְּיוֹם עֲבוֹדָה זָרָה פְּלוֹנִית. דָּבָר אַחֵר, "וּבְכֹל אֲשֶׁר אָמַרְתִּי אֲלֵיכֶם תִּשָּׁמֵרוּ וְשֵׁם אֱלֹהִים אֲחֵרִים לֹא תַזְכִּירוּ", לְלַמֶּדְךָ שֶׁשְּׁקוּלָה עֲבוֹדָה זָרָה כְּנֶגֶד כָּל הַמִּצְוֹת כֻּלָּן, וְהַנִּזְהָר בָּהּ כְּשׁוֹמֵר אֶת כֻּלָּן: **לֹא יִשָּׁמַע.** מִן הַגּוֹי "עַל פִּיךָ" – שֶׁלֹּא תַעֲשֶׂה שֻׁתָּפוּת עִם הַגּוֹי וְיִשָּׁבַע לְךָ בַּעֲבוֹדָה זָרָה שֶׁלּוֹ, נִמְצֵאתָ שֶׁאַתָּה גוֹרֵם שֶׁיִּזָּכֵר עַל יָדְךָ:

ביאור

באמת, **וִיסַלֵּף**, יעוות את **דִּבְרֵי צַדִּיקִים**.

ט **וְגֵר לֹא תִלְחָץ**, תייסר. אל תפגע בו, אל תפלה אותו, אל תעמיד
בפניו דקדוקי פרטים שאין ביכלתו לקיימם, משום שהוא זר במקום
וחסר הגנה. והרי **אַתֶּם**, ישראל, **יְדַעְתֶּם אֶת נֶפֶשׁ הַגֵּר כִּי גֵרִים הֱיִיתֶם
בְּאֶרֶץ מִצְרָיִם**.

הדין הבא יתאים לישראל כשייכנסו לארצם. י **וְשֵׁשׁ שָׁנִים תִּזְרַע אֶת
אַרְצֶךָ**, תעבוד אותה, **וְאָסַפְתָּ אֶת תְּבוּאָתָהּ**, יא **וְ**את השנה **הַשְּׁבִיעִת
תִּשְׁמְטֶנָּה**, תניח מידך, **וּנְטַשְׁתָּהּ**, ותעזוב אותה. תפסיק לעסוק בה
בעבודת השדה, והשדה לא ייחשב אז שלך – **וְאָכְלוּ אֶבְיֹנֵי עַמֶּךָ**. אם
תפקיר את יבול האדמה, באופן טבעי הוא ייאכל על ידי אביוני עמך.
וְיִתְרָם, ואת מה שהאביונים יותירו ולא יאכלו **תֹּאכַל חַיַּת הַשָּׂדֶה. כֵּן
תַּעֲשֶׂה לְכַרְמְךָ לְזֵיתֶךָ**. ציווי זה אינו מתייחס לתבואה בלבד, אלא
חל על כל גידולי הקרקע.

יב דומה לכך, **שֵׁשֶׁת יָמִים תַּעֲשֶׂה** את **מַעֲשֶׂיךָ, וּבַיּוֹם הַשְּׁבִיעִי תִּשְׁבֹּת**
אתה, **לְמַעַן יָנוּחַ** גם **שׁוֹרְךָ וַחֲמֹרֶךָ וְיִנָּפֵשׁ**, וישקוט. השביתה תחול
לא רק על העבד והאמה עצמם, אלא גם על **בֶּן אֲמָתְךָ**, אף אם הוא
צעיר ועל כן אינו מתייגע בעבודתו, **וְהַגֵּר** העובד כשכיר.[76]

יג **וּבְכֹל אֲשֶׁר אָמַרְתִּי אֲלֵיכֶם תִּשָּׁמֵרוּ**. ציווי כללי זה בא לקראת סופה
של סדרת המשפטים המתייחסת למגוון תחומים רב. המחשבה
כאילו אפשר לצאת ידי חובת התורה בשמירת רוב ההוראות או
מקצתן אינה נכונה. אין אלו המלצות טובות; זוהי מערכת חוקים
שלמה שכולה מחייבת. **וְשֵׁם אֱלֹהִים אֲחֵרִים לֹא תַזְכִּירוּ, לֹא יִשָּׁמַע**

הרחבות

בעליה, אלא מרשות הבעלות האנושית בכלל. אחת לשבע שנים היא חוזרת כמעט למצב של גן עדן, שבו זכויותיהם של הכול – אדם ובהמה – היו שוות באכילת פרי האדמה. (ראו עוד ירושלמי פאה ו,א; תוספות ראש השנה ט ע"ב ורש"ש שם; חזון איש שביעית יד,ד).

'וביום השביעי תשבֹּת' כמו השנה השביעית, גם יום השביתה השבועי מבטא את השחרור מעול המעשה והחוק האנושיים – למרות שהם מותרים כשלעצמם. השבת היא יומו של אלוקים, ולכן מתקיים בה שוויון כלשהו, החל לא רק על בני ישראל ולא רק על בני האדם, אלא אפילו על בהמות הבית.

'ובכל אשר אמרתי אליכם תשמרו ושם אלהים אחרים לֹא תזכירו' הקשר בין הציווי הכולל על שמירת המצוות לבין ההרחקה המופלגת מעבודה זרה מובן באמצעות הדיבר הראשון. הדיברות נפתחים בדרישת אלוקים לבלעדיות. מן הקשר הבלעדי משתלשלים, מצד אחד, מחויבות טוטלית לשמירת כל חוקיו ומשפטיו; ומצד שני, שלילה מוחלטת להתייחסות כלשהי לאל אחר.

החג והחגיגה נגזרים מהשורש ח,ג,ג

יד טו פִּֽיךָ׃ שָׁלֹ֣שׁ רְגָלִ֔ים תָּחֹ֥ג לִ֖י בַּשָּׁנָֽה׃ אֶת־חַ֣ג הַמַּצּוֹת֮
תִּשְׁמֹר֒ שִׁבְעַ֣ת יָמִים֩ תֹּאכַ֨ל מַצּ֜וֹת כַּאֲשֶׁ֣ר צִוִּיתִ֗ךָ
לְמוֹעֵד֙ חֹ֣דֶשׁ הָֽאָבִ֔יב כִּי־ב֖וֹ יָצָ֣אתָ מִמִּצְרָ֑יִם וְלֹא־
טז יֵרָא֥וּ פָנַ֖י רֵיקָֽם׃ וְחַ֤ג הַקָּצִיר֙ בִּכּוּרֵ֣י מַעֲשֶׂ֔יךָ אֲשֶׁ֥ר
תִּזְרַ֖ע בַּשָּׂדֶ֑ה וְחַ֤ג הָֽאָסִף֙ בְּצֵ֣את הַשָּׁנָ֔ה בְּאָסְפְּךָ֥
יז אֶֽת־מַעֲשֶׂ֖יךָ מִן־הַשָּׂדֶֽה׃ שָׁלֹ֥שׁ פְּעָמִ֖ים בַּשָּׁנָ֑ה יֵֽרָאֶה֙
יח כָּל־זְכ֣וּרְךָ֔ אֶל־פְּנֵ֖י הָֽאָדֹ֥ן ׀ יְהוָֽה׃ לֹֽא־תִזְבַּ֥ח עַל־
יט חָמֵ֖ץ דַּם־זִבְחִ֑י וְלֹֽא־יָלִ֥ין חֵֽלֶב־חַגִּ֖י עַד־בֹּֽקֶר׃ רֵאשִׁ֗ית

רש"י

יד] **רְגָלִים.** פְּעָמִים, וְכֵן: "כִּי הִכִּיתַנִי זֶה שָׁלֹשׁ רְגָלִים" (במדבר כב, כח):

טו] **חֹדֶשׁ הָאָבִיב.** שֶׁהַתְּבוּאָה מִתְמַלֵּאת בּוֹ בְּאִבֶּיהָ. לָשׁוֹן אַחֵר, "אָבִיב", לָשׁוֹן אָב, בְּכוֹר וְרִאשׁוֹן לְבַשֵּׁל פֵּרוֹת: **וְלֹא יֵרָאוּ פָנַי רֵיקָם.** כְּשֶׁתָּבֹאוּ לֵרָאוֹת פָּנַי בָּרְגָלִים, הָבִיאוּ לִי עוֹלוֹת:

טז] **וְחַג הַקָּצִיר.** הוּא חַג שָׁבוּעוֹת: **בִּכּוּרֵי מַעֲשֶׂיךָ.** שֶׁהוּא זְמַן הֲבָאַת בִּכּוּרִים, שְׁתֵּי הַלֶּחֶם הַבָּאִין בָּעֲצֶרֶת הָיוּ מַתִּירִין הֶחָדָשׁ לַמְּנָחוֹת וּלְהָבִיא בִּכּוּרִים לַמִּקְדָּשׁ, שֶׁנֶּאֱמַר: "וּבְיוֹם הַבִּכּוּרִים" וְגוֹ' (שם כח, כו): **וְחַג הָאָסִף.** הוּא חַג הַסֻּכּוֹת: **בְּאָסְפְּךָ אֶת מַעֲשֶׂיךָ.** שֶׁכָּל יְמוֹת הַחַמָּה הַתְּבוּאָה מִתְיַבֶּשֶׁת בַּשָּׂדוֹת, וּבֶחָג אוֹסְפִים אוֹתָהּ אֶל הַבַּיִת מִפְּנֵי הַגְּשָׁמִים:

יז] **שָׁלֹשׁ פְּעָמִים וְגוֹ'.** לְפִי שֶׁהָעִנְיָן מְדַבֵּר בַּשְּׁבִיעִית, הֻצְרַךְ לוֹמַר שֶׁלֹּא יִסְתַּרְסוּ רְגָלִים מִמְּקוֹמָן: **כָּל זְכוּרְךָ.** הַזְּכָרִים שֶׁבְּךָ:

יח] **לֹא תִזְבַּח עַל חָמֵץ וְגוֹ'.** לֹא תִשְׁחַט אֶת הַפֶּסַח בְּאַרְבָּעָה עָשָׂר בְּנִיסָן עַד שֶׁתְּבַעֵר הֶחָמֵץ: **וְלֹא יָלִין חֵלֶב חַגִּי וְגוֹ'.** חוּץ לַמִּזְבֵּחַ: **עַד בֹּקֶר.** יָכוֹל אַף עַל הַמַּעֲרָכָה יִפָּסֵל בְּלִינָה? תַּלְמוּד לוֹמַר: "עַל מוֹקְדָה עַל הַמִּזְבֵּחַ כָּל הַלַּיְלָה" (ויקרא ו, ב): **וְלֹא יָלִין.** אֵין לִינָה אֶלָּא בְּעַמּוּד הַשַּׁחַר, שֶׁנֶּאֱמַר: "עַד

הרחבות

הנקשר בצורת העיגול, (שכן הוא קרוב ל־ח,ו,ג,ג), הן משום שהחג מתרחש באופן מחזורי בתאריך קבוע, הן בשל המחולות המעגליים שבהם היו מציינים את האירוע.

'למועד חדש האביב' מלים אלו מחייבות שחג המצות – חג הפסח בלשוננו, ייחגג תמיד בתקופה מסוימת בשנה. ומפורש הדבר בספר דברים (טז): שָׁמוֹר אֶת חֹדֶשׁ הָאָבִיב וְעָשִׂיתָ פֶּסַח לַה' אֱלֹהֶיךָ, כִּי בְּחֹדֶשׁ הָאָבִיב הוֹצִיאֲךָ ה' אֱלֹהֶיךָ מִמִּצְרַיִם לָיְלָה. בשנה המבוססת על שנים–עשר חודשי לבנה בלבד חג מסוים לא יחזור מדי שנה באותה עונה, אלא הוא תמיד יסטה מעט אחורה. החיוב לשמור את חג המצות בחודש האביב, הִצריך את מנגנון עיבור השנה, המייחד את הלוח העברי. מנגנון זה בא לתאם בין מחזור הלבנה למחזור החמה, כך שהחג יישאר מוצמד לעונת השנה שבה התרחש האירוע שכונן אותו, יציאת מצרים.

ביאור

עַל פִּיךָ. זוהי הרחקה יתרה, מעבר לאיסור על פולחן מעשי של
עבודה זרה.

יד שָׁלֹשׁ רְגָלִים, פעמים[77] תָּחֹג לִי בַּשָּׁנָה: טו אֶת חַג הַמַּצּוֹת תִּשְׁמֹר,
כלומר שִׁבְעַת יָמִים תֹּאכַל מַצּוֹת כַּאֲשֶׁר צִוִּיתִךָ ביציאת מצרים.[78] זהו
המאפיין הבולט של ימי הפסח שלאחר ליל הסדר. חג זה ייעשה
לְמוֹעֵד, בתקופת חֹדֶשׁ הָאָבִיב, כִּי בוֹ יָצָאתָ מִמִּצְרָיִם. וְלֹא יֵרָאוּ פָנַי
רֵיקָם. את הכבוד שאתם רוחשים אלי ואל מקום משכני תבטאו
בהבאת קרבנות. טז וְחַג הַקָּצִיר, חג השבועות שחל בזמן קציר
בִּכּוּרֵי מַעֲשֶׂיךָ, ראשית יבולך אֲשֶׁר תִּזְרַע בַּשָּׂדֶה. בתקופה זו מתחיל
קציר החיטה. וְחַג הָאָסִף, חג הסוכות בְּצֵאת, בסיומה של הַשָּׁנָה,
בְּאָסְפְּךָ אֶת מַעֲשֶׂיךָ, כאשר התבואה ורוב פֵּרות הקיץ כבר נקטפו מִן
הַשָּׂדֶה. יז שָׁלֹשׁ פְּעָמִים בַּשָּׁנָה – בפסח, שבועות וסוכות – יֵרָאֶה כָּל
זְכוּרְךָ, הזכרים שבעם ישראל אֶל פְּנֵי הָאָדֹן ה׳. במועדים המרכזיים
הללו, שיש להם היבטים חקלאיים, הגברים צריכים להיראות
במקדש, כנתינים אצל אדונם.

יח לֹא תִזְבַּח עַל חָמֵץ את דַּם זִבְחִי. מעבר לאיסור הכללי שיימצא
בפסח חמץ, גם סמוך להקרבת קרבן הפסח יש לבער את החמץ.
אפשר שמלבד הקרבת קרבן פסח על החמץ, הכתוב בא להזהיר
ביתר שאת על הימצאות חמץ סמוך לזביחת קרבנות אחרים בימי
הפסח או בביתו של המקריב.[79] וְלֹא יָלִין חֵלֶב, השומן הנשרף על
המזבח, של קרבן חַגִּי עַד בֹּקֶר. את הקרבתם של קרבן הפסח הקרב
בי״ד בניסן, ושל קרבן החגיגה הבאה בחג, יש לסיים ביומם, ואסור
להשהותם עד למחרת.[80]

הרחבות

׳וחג האסף בצאת השנה׳ מן הלשון בְּצֵאת הַשָּׁנָה עולה שבמקביל למחזור חודשי השנה המתחיל בחודש ניסן, סביב יציאת מצרים (לעיל יב,ב ובביאור), קיימת גם תפיסת השנה כיחידה המסודרת סביב המחזור החקלאי, שתחילתה בעונת הזרע והגשמים וסופה בעונת האסיף. (ראו עוד ההרחבות לשמות לד,כב ולויקרא כג, כו).

׳יראה כל זכורך׳ תכליתה של העלייה לרגל היא ההיראות. המוקד הוא היראותם של הבאים ולא ראייתם. בהגעת הנתינים אל האדון להיראות בפניו הם מבטאים את קבלת מרותו. חובה זו מוטלת דווקא על הגברים, בהיותם החיילים, המשרתים הישירים המתייצבים למסדר בפני אדונם, כביכול. ואולם בפועל עלו בהזדמנות זו גם משפחות שלמות. (מדברים לא, יא-יב; יב,ה-יב; שמואל א׳ א,א-ז משתמע שבעלייה לרגל השתתפו כל בני הבית).

בִּכּוּרֵי֙ אַדְמָ֣תְךָ֔ תָּבִ֕יא בֵּ֖ית יְהוָ֣ה אֱלֹהֶ֑יךָ לֹא־תְבַשֵּׁ֥ל
גְּדִ֖י בַּחֲלֵ֥ב אִמּֽוֹ׃
ששי כ הִנֵּ֨ה אָנֹכִ֜י שֹׁלֵ֤חַ מַלְאָךְ֙ לְפָנֶ֔יךָ לִשְׁמָרְךָ֖ בַּדָּ֑רֶךְ
כא וְלַהֲבִ֣יאֲךָ֔ אֶל־הַמָּק֖וֹם אֲשֶׁ֥ר הֲכִנֹֽתִי׃ הִשָּׁ֧מֶר מִפָּנָ֛יו
וּשְׁמַ֥ע בְּקֹל֖וֹ אַל־תַּמֵּ֣ר בּ֑וֹ כִּ֣י לֹ֤א יִשָּׂא֙ לְפִשְׁעֲכֶ֔ם כִּ֥י
כב שְׁמִ֖י בְּקִרְבּֽוֹ׃ כִּ֣י אִם־שָׁמ֤וֹעַ תִּשְׁמַע֙ בְּקֹל֔וֹ וְעָשִׂ֕יתָ
כֹּ֖ל אֲשֶׁ֣ר אֲדַבֵּ֑ר וְאָֽיַבְתִּי֙ אֶת־אֹ֣יְבֶ֔יךָ וְצַרְתִּ֖י אֶת־

רש"י

"בֹּקֶר", אֲבָל כָּל הַלַּיְלָה יָכוֹל לְהַעֲלוֹתוֹ מִן הָרִצְפָּה לַמִּזְבֵּחַ:

יט] **רֵאשִׁית בִּכּוּרֵי אַדְמָתְךָ.** אַף הַשְּׁבִיעִית חַיֶּבֶת בַּבִּכּוּרִים, לְכָךְ נֶאֶמְרָה אַף כָּאן: **בִּכּוּרֵי אַדְמָתְךָ.** כֵּיצַד? אָדָם נִכְנָס לְתוֹךְ שָׂדֵהוּ, רוֹאֶה תְּאֵנָה שֶׁבִּכְּרָה, כּוֹרֵךְ עָלֶיהָ גֶּמִי לְסִימָן וּמַקְדִּישָׁהּ (ביכורים ג, א). וְאֵין בִּכּוּרִים אֶלָּא מִשִּׁבְעַת הַמִּינִין הָאֲמוּרִים בַּמִּקְרָא: "אֶרֶץ חִטָּה וּשְׂעֹרָה" וְגוֹ' (דברים ח, ח): **לֹא תְבַשֵּׁל גְּדִי.** אַף עֵגֶל וְכֶבֶשׂ בִּכְלַל 'גְּדִי', שֶׁאֵין גְּדִי אֶלָּא לְשׁוֹן וָלָד רַךְ, מִמַּה שֶּׁאַתָּה מוֹצֵא בְּכַמָּה מְקוֹמוֹת בַּתּוֹרָה שֶׁכָּתוּב 'גְּדִי' וְהֻצְרַךְ לִפְרֹשׁ אַחֲרָיו 'עִזִּים', כְּגוֹן: "אָנֹכִי אֲשַׁלַּח גְּדִי עִזִּים" (בראשית לח, יז), "אֶת גְּדִי הָעִזִּים" (שם, כ; שופטים יג, יט), "שְׁנֵי גְּדָיֵי עִזִּים" (בראשית כז, ט), לְלַמֶּדְךָ שֶׁכָּל מָקוֹם שֶׁנֶּאֱמַר 'גְּדִי' סְתָם אַף עֵגֶל וְכֶבֶשׂ בַּמַּשְׁמָע. וּבִשְׁלֹשָׁה מְקוֹמוֹת נִכְתַּב בַּתּוֹרָה: אֶחָד לְאִסּוּר אֲכִילָה וְאֶחָד לְאִסּוּר הֲנָאָה וְאֶחָד לְאִסּוּר בִּשּׁוּל:

כ] **הִנֵּה אָנֹכִי שֹׁלֵחַ מַלְאָךְ.** כָּאן נִתְבַּשְּׂרוּ שֶׁעֲתִידִין לַחֲטֹא וּשְׁכִינָה אוֹמֶרֶת לָהֶם: "כִּי לֹא אֶעֱלֶה בְּקִרְבְּךָ" (להלן לג, ג): **אֲשֶׁר הֲכִנֹתִי.** אֲשֶׁר זִמַּנְתִּי לָתֵת לָכֶם, זֶהוּ פְּשׁוּטוֹ. וּמִדְרָשׁוֹ, "אֶל הַמָּקוֹם אֲשֶׁר הֲכִנֹתִי", כְּבָר מְקוֹמִי נִכָּר כְּנֶגְדּוֹ. וְזֶה אֶחָד מִן הַמִּקְרָאוֹת שֶׁאוֹמְרִים שֶׁבֵּית הַמִּקְדָּשׁ שֶׁל מַעְלָה מְכֻוָּן כְּנֶגֶד בֵּית הַמִּקְדָּשׁ שֶׁל מַטָּה:

כא] **אַל תַּמֵּר בּוֹ.** לְשׁוֹן הַמְרָאָה, "אֲשֶׁר יַמְרֶה אֶת פִּיךָ" (יהושע א, יח), "וַיַּמְרוּ בִי" (יחזקאל כ, ח): **כִּי לֹא יִשָּׂא לְפִשְׁעֲכֶם.** אֵינוֹ מְלֻמָּד בְּכָךְ, שֶׁהוּא מִן הַכַּת שֶׁאֵין חוֹטְאִין. וְעוֹד, שֶׁהוּא שָׁלִיחַ וְאֵינוֹ עוֹשֶׂה אֶלָּא שְׁלִיחוּתוֹ: **כִּי שְׁמִי בְּקִרְבּוֹ.** מְחַזֵּר לְרֹאשׁ הַמִּקְרָא, "הִשָּׁמֶר מִפָּנָיו" כִּי שְׁמִי מְשֻׁתָּף בּוֹ; וְרַבּוֹתֵינוּ אָמְרוּ, זֶה מְטַטְרוֹן שֶׁשְּׁמוֹ כְּשֵׁם רַבּוֹ. מְטַטְרוֹן בְּגִימַטְרִיָּא שַׁדַּי:

כב] **וְצַרְתִּי.** כְּתַרְגּוּמוֹ: "וְאָעִיק":

הרחבות

'**לא תבשל גדי בחלב אמו**' דין זה מופיע שלוש פעמים בתורה, והקשריו תמוהים (ראו להלן לד,כו; דברים יד,כא). אולי אפשר לתלות את הקשרו כאן בטקסי עובדי אלילים מסוימים שנהגו להתקבץ יחד בחגיהם ולאכול בשר בחלב, או לשפוך ממנו על הנטיעות לסימן טוב לצמיחתם. (ראו מורה נבוכים ח"ג מח; אברבנאל על אתר ועוד).

יט **רֵאשִׁית בִּכּוּרֵי אַדְמָתְךָ** הפֵּרות הראשונים, או: המובחרים שבפֵּרות[81] | ביאור
תָּבִיא אל **בֵּית ה' אֱלֹהֶיךָ**. מצווה זו לא התקיימה בחג מסוים אלא
בתקופה שבין הקציר לאסיף, כלומר בין חג השבועות לחג הסוכות.[82]

לֹא תְבַשֵּׁל גְּדִי בַּחֲלֵב אִמּוֹ, שכן בישולו של גדי בחלב שממנו הוא היה אמור להיזון נתפס כעיוות.[83] דין זה הורחב, על פי קבלת החכמים ומדרש הכתובים, לאיסור בישול ואכילה של כל בשר בחלב.[84] ייתכן שיסוד הדבר הוא בכך שאין אדם יכול לדעת בוודאות, כאשר שהוא קונה בשר וחלב מן השוק, שאין להם כל זיקה זה לזה.[85] מכל מקום מבחינה הלכתית גם כשידוע שהחלב לא בא מאמו של הגדי, אסור לאכלם ביחד.

הבטחה ודרישה הקשורות לישיבה בארץ ולדרך אליה

פרק כג פס' כ–לג

מן המשפטים העל-זמניים, עובר הכתוב אל דברים הנטועים בנסיבות. הוא מתייחס אל מסעם של ישראל במדבר בהווה ובעתיד הקרוב. ה' מבטיח להם שמירה מפני סכנות הדרך ומפני העימותים שנכונו להם עם כניסתם לארץ, ובמקביל מזהיר אותם מפני הסכנות הרוחניות שצפונות להם הישיבה בשכנות לעמי כנען.

האיסור הכללי על עבודה זרה, שהופיע בעשרת הדיברות ונשנה בסדרת המשפטים הקודמת, נפרט כאן לראשונה לאזהרה נסיבתית מסוימת, שעליה יחזור משה פעמים רבות בהמשך התורה – בני ישראל יגיעו לארץ נושבת והם עלולים להתפתות להיטמע בקרבה. עליהם להיזהר מפני השפעותיה של תרבות כנען.

כ **הִנֵּה אָנֹכִי שֹׁלֵחַ מַלְאָךְ**, שליח **לְפָנֶיךָ לִשְׁמָרְךָ בַּדָּרֶךְ, וְלַהֲבִיאֲךָ אֶל**
הַמָּקוֹם אֲשֶׁר הֲכִנֹתִי. מלאך ה' מבטא את שכינתו ואת נוכחותו בתוך
ישראל. כא **הִשָּׁמֶר מִפָּנָיו, וּשְׁמַע בְּקֹלוֹ – אַל תַּמֵּר בּוֹ**, תמרה את פיו,
כִּי לֹא יִשָּׂא לְפִשְׁעֲכֶם, ימחל לעבירותיכם. רק ה' עצמו הוא המוחל,
ואילו שליחו אינו יכול למחול באופן עצמאי. עם זאת, עליכם לציית
לו **כִּי שְׁמִי**, התגלותי והשראתי **בְּקִרְבּוֹ**. כב **כִּי אִם שָׁמֹעַ תִּשְׁמַע**
בְּקֹלוֹ, וְעָשִׂיתָ כֹּל אֲשֶׁר אֲדַבֵּר באמצעותו – **וְאָיַבְתִּי**, אני עצמי, ה',
אֶת אֹיְבֶיךָ, וְצַרְתִּי אֶת צֹרְרֶיךָ, אשנא את שונאיך. כג **כִּי יֵלֵךְ מַלְאָכִי**

צָֽרְרֶיךָ׃ כִּֽי־יֵלֵ֣ךְ מַלְאָכִי֮ לְפָנֶיךָ֒ וֶהֱבִֽיאֲךָ֗ אֶל־הָֽאֱמֹרִי֙ כג
וְהַֽחִתִּ֔י וְהַפְּרִזִּי֙ וְהַֽכְּנַעֲנִ֔י הַחִוִּ֖י וְהַיְבוּסִ֑י וְהִכְחַדְתִּֽיו׃
לֹֽא־תִשְׁתַּחֲוֶ֤ה לֵֽאלֹהֵיהֶם֙ וְלֹ֣א תָעָבְדֵ֔ם וְלֹ֥א תַעֲשֶׂ֖ה כד
כְּמַֽעֲשֵׂיהֶ֑ם כִּ֤י הָרֵס֙ תְּהָ֣רְסֵ֔ם וְשַׁבֵּ֥ר תְּשַׁבֵּ֖ר מַצֵּבֹתֵיהֶֽם׃
וַעֲבַדְתֶּ֗ם אֵ֚ת יְהוָ֣ה אֱלֹֽהֵיכֶ֔ם וּבֵרַ֥ךְ אֶֽת־לַחְמְךָ֖ וְאֶת־ כה
שביעי מֵימֶ֑יךָ וַהֲסִרֹתִ֥י מַחֲלָ֖ה מִקִּרְבֶּֽךָ׃ לֹ֥א כו
תִהְיֶ֛ה מְשַׁכֵּלָ֥ה וַעֲקָרָ֖ה בְּאַרְצֶ֑ךָ אֶת־מִסְפַּ֥ר יָמֶ֖יךָ
אֲמַלֵּֽא׃ אֶת־אֵימָתִי֙ אֲשַׁלַּ֣ח לְפָנֶ֔יךָ וְהַמֹּתִי֙ אֶת־כָּל־ כז
הָעָ֔ם אֲשֶׁ֥ר תָּבֹ֖א בָּהֶ֑ם וְנָתַתִּ֧י אֶת־כָּל־אֹיְבֶ֛יךָ אֵלֶ֖יךָ
עֹֽרֶף׃ וְשָׁלַחְתִּ֥י אֶת־הַצִּרְעָ֖ה לְפָנֶ֑יךָ וְגֵֽרְשָׁ֗ה אֶת־ כח
הַחִוִּ֛י אֶת־הַכְּנַעֲנִ֥י וְאֶת־הַחִתִּ֖י מִלְּפָנֶֽיךָ׃ לֹ֧א אֲגָרְשֶׁ֛נּוּ כט

רש"י

כד) **הָרֵס תְּהָרְסֵם.** לְאוֹתָם אֱלֹהוֹת: **מַצֵּבֹתֵיהֶם.** אֲבָנִים שֶׁהֵם מַצִּיבִין לְהִשְׁתַּחֲווֹת לָהֶם:

כו) **לֹא תִהְיֶה מְשַׁכֵּלָה.** אִם תַּעֲשֶׂה רְצוֹנִי: **מְשַׁכֵּלָה.** מַפֶּלֶת נְפָלִים אוֹ קוֹבֶרֶת אֶת בָּנֶיהָ קְרוּיָה מְשַׁכֵּלָה:

כז) **וְהַמֹּתִי.** כְּמוֹ וְהָמַמְתִּי, וְתַרְגּוּמוֹ: "וַאֲשַׁגֵּשׁ". וְכֵן כָּל תֵּבָה שֶׁפֹּעַל שֶׁלָּהּ בְּכֶפֶל אוֹת אַחֲרוֹנָה, כְּשֶׁתֶּהֱפַךְ לְדַבֵּר בִּלְשׁוֹן פָּעַלְתִּי יֵשׁ מְקוֹמוֹת שֶׁנּוֹטֵל אוֹת הַכְּפוּלָה וּמַדְגִּישׁ אֶת הָאוֹת וְנוֹקְדוֹ בְּמַלְאפוּם, כְּגוֹן: "וְהַמֹּתִי" מִגִּזְרַת "וְהָמַם גַּלְגַּל עֶגְלָתוֹ" (ישעיה כח, כח); "וְסַבּוֹתִי" (קהלת ב, כ) מִגִּזְרַת "וְסָבַב בֵּית אֵל" (שמואל א' ז, טז); "דַּלּוֹתִי" (תהלים קטז, ו) מִגִּזְרַת "דָּלְלוּ וְחָרְבוּ" (ישעיה יט, ו); "עַל כַּפַּיִם חַקֹּתִיךְ" (שם מט, טז) מִגִּזְרַת "חִקְקֵי לֵב" (שופטים ה, טו); "אֶת מִי רַצּוֹתִי" (שמואל א' יב, ג) מִגִּזְרַת "רִצַּץ עָזַב דַּלִּים" (איוב כ, יט). וְהַמְתַרְגֵּם "וְהַמֹּתִי" - 'וְאֶקְטֵיל' טוֹעֶה הוּא, שֶׁאִלּוּ מִגִּזְרַת מִיתָה הָיָה, אֵין הֵ"א שֶׁלָּהּ בְּפַתָּח וְלֹא מֵ"ם שֶׁלָּהּ מְדֻגֶּשֶׁת וְלֹא נְקוּדָה מַלְאפוּם, אֶלָּא 'וְהֵמַתִּי', כְּגוֹן: "וְהֵמַתָּה אֶת הָעָם הַזֶּה" (במדבר יד, טו), וְהַתָּי"ו מְדֻגֶּשֶׁת לְפִי שֶׁבָּאָה בִּמְקוֹם שְׁתֵּי תָוִי"ן, הָאַחַת נִשְׁרֶשֶׁת, לְפִי שֶׁאֵין 'מִיתָה' בְּלֹא תָי"ו, וְהָאַחֶרֶת מְשַׁמֶּשֶׁת, כְּמוֹ: אָמַרְתִּי, חָטָאתִי, עָשִׂיתִי. וְכֵן 'וְנָתַתִּי' הַתָּי"ו מְדֻגֶּשֶׁת, שֶׁהִיא בָּאָה בִּמְקוֹם שְׁתַּיִם, לְפִי שֶׁהָיָה צָרִיךְ שָׁלֹשׁ תָּוִי"ן, שְׁתַּיִם לַיְסוֹד כְּמוֹ: "בְּיוֹם תֵּת ה'" (יהושע י, יב), "מַתַּת אֱלֹהִים הִיא" (קהלת ג, יג), וְהַשְּׁלִישִׁית לְשִׁמּוּשׁ: **עֹרֶף.** שֶׁיָּנוּסוּ לְפָנֶיךָ וְיַהַפְכוּ לְךָ עָרְפָּם:

כח) **הַצִּרְעָה.** מִין שֶׁרֶץ הָעוֹף, וְהָיְתָה מַכָּה אוֹתָם בְּעֵינֵיהֶם וּמַטִּילָה בָּם אֶרֶס וְהֵם מֵתִים. וְהַצִּרְעָה לֹא עָבְרָה אֶת הַיַּרְדֵּן. וְחִתִּי וּכְנַעֲנִי הֵם אֶרֶץ סִיחוֹן וְעוֹג, לְפִיכָךְ מִכָּל שֶׁבַע אֻמּוֹת לֹא מָנָה כָּאן אֶלָּא אֵלּוּ. וְחִוִּי,

ביאור

לְפָנֶיךָ, וֶהֱבִיאֲךָ אֶל הָאֱמֹרִי וְהַחִתִּי וְהַפְּרִזִּי וְהַכְּנַעֲנִי הַחִוִּי וְהַיְבוּסִי – **וְהִכְחַדְתִּיו**, אשמיד כל אחד ואחד מן הגויים הללו מפניכם.

כאן מופיעה גם אזהרה מעשית: כד **לֹא תִשְׁתַּחֲוֶה לֵאלֹהֵיהֶם וְלֹא תָעָבְדֵם** בכל דרך, **וְלֹא תַעֲשֶׂה כְּמַעֲשֵׂיהֶם** בעניינים הפולחניים, **כִּי**, אלא **הָרֵס תְּהָרְסֵם וְשַׁבֵּר תְּשַׁבֵּר מַצֵּבֹתֵיהֶם**. עליך לבער את מקומות פולחניהם באופן פעיל. כה **וַעֲבַדְתֶּם אֵת ה׳ אֱלֹהֵיכֶם, וּבֵרַךְ אֶת לַחְמְךָ וְאֶת מֵימֶיךָ, וַהֲסִרֹתִי מַחֲלָה מִקִּרְבֶּךָ**. כו **לֹא תִהְיֶה מְשַׁכֵּלָה**, אשה ששכלה את ילדיה **וַעֲקָרָה בְּאַרְצֶךָ. אֶת מִסְפַּר יָמֶיךָ אֲמַלֵּא**. תזכה לאריכות ימים.

כאשר תגיעו אל הארץ, לא תצטרכו להישען על כוחכם הצבאי בלבד. כז **אֶת אֵימָתִי אֲשַׁלַּח לְפָנֶיךָ, וְהַמֹּתִי**, אני אהמם, אבלבל ואערער **אֶת כָּל הָעָם אֲשֶׁר תָּבֹא בָּהֶם** למלחמה. ומתוך המהומה – **וְנָתַתִּי אֶת כָּל אֹיְבֶיךָ אֵלֶיךָ עֹרֶף**. הם יברחו מפניך. כח **וְשָׁלַחְתִּי אֶת הַצִּרְעָה לְפָנֶיךָ**. תצטרף לכך גם מתקפת צרעות, **וְגֵרְשָׁה** הצרעה **אֶת הַחִוִּי אֶת הַכְּנַעֲנִי וְאֶת הַחִתִּי מִלְּפָנֶיךָ**. כט **לֹא אֲגָרְשֶׁנּוּ מִפָּנֶיךָ בְּשָׁנָה**

צרעה מזרחית

הרחבות

'לא תשתחוה לאלהיהם... לא תהיה משכלה' בכנען האמינו שאלוהיהם מסוגלים להועיל לפרנסה ולבריאות. ייתכן שיהיו בישראל מי שיאמצו תפיסות אלו ויחששו שייפגעו כתוצאה מהרס האלילים הכנעניים. כנגדם אמורים משפטי הרגעה אלו.

מִפָּנֶיךָ בְּשָׁנָה אֶחָת פֶּן־תִּהְיֶה הָאָרֶץ שְׁמָמָה וְרַבָּה
עָלֶיךָ חַיַּת הַשָּׂדֶה: מְעַט מְעַט אֲגָרְשֶׁנּוּ מִפָּנֶיךָ עַד ל
אֲשֶׁר תִּפְרֶה וְנָחַלְתָּ אֶת־הָאָרֶץ: וְשַׁתִּי אֶת־גְּבֻלְךָ לא
מִיַּם־סוּף וְעַד־יָם פְּלִשְׁתִּים וּמִמִּדְבָּר עַד־הַנָּהָר כִּי ׀
אֶתֵּן בְּיֶדְכֶם אֵת יֹשְׁבֵי הָאָרֶץ וְגֵרַשְׁתָּמוֹ מִפָּנֶיךָ: לֹא־ לב
תִכְרֹת לָהֶם וְלֵאלֹהֵיהֶם בְּרִית: לֹא יֵשְׁבוּ בְּאַרְצְךָ לג
פֶּן־יַחֲטִיאוּ אֹתְךָ לִי כִּי תַעֲבֹד אֶת־אֱלֹהֵיהֶם כִּי־
יִהְיֶה לְךָ לְמוֹקֵשׁ:

וְאֶל־מֹשֶׁה אָמַר עֲלֵה אֶל־יהוה אַתָּה וְאַהֲרֹן נָדָב א כד
וַאֲבִיהוּא וְשִׁבְעִים מִזִּקְנֵי יִשְׂרָאֵל וְהִשְׁתַּחֲוִיתֶם
מֵרָחֹק: וְנִגַּשׁ מֹשֶׁה לְבַדּוֹ אֶל־יהוה וְהֵם לֹא יִגָּשׁוּ ב
וְהָעָם לֹא יַעֲלוּ עִמּוֹ: וַיָּבֹא מֹשֶׁה וַיְסַפֵּר לָעָם אֵת כָּל־ ג

רש"י

אַף עַל פִּי שֶׁהוּא מֵעֵבֶר הַיַּרְדֵּן וָהָלְאָה, שָׁנוּ רַבּוֹתֵינוּ בְּמַסֶּכֶת סוֹטָה (דף לו ע"א): עַל שְׂפַת הַיַּרְדֵּן עָמְדָה וְזָרְקָה בָּהֶם מָרָה:

כט| שְׁמָמָה. רֵיקָנִית מִבְּנֵי אָדָם, לְפִי שֶׁאַתֶּם מְעַט וְאֵין בָּכֶם כְּדֵי לְמַלֹּאת אוֹתָהּ: וְרַבָּה עָלֶיךָ. וְתִרְבֶּה עָלֶיךָ:

ל| עַד אֲשֶׁר תִּפְרֶה. תִּרְבֶּה, לְשׁוֹן פְּרִי, כְּמוֹ: "פְּרוּ וּרְבוּ" (בראשית א, כב):

לא| וְשַׁתִּי. לְשׁוֹן הֲשָׁתָה, וְהַתָּי"ו מְדֻגֶּשֶׁת מִפְּנֵי שֶׁבָּאָה תַּחַת שְׁתַּיִם, שֶׁאֵין שִׁיתָה בְּלֹא תָי"ו, וְהָאַחַת לְשִׁמּוּשׁ: עַד הַנָּהָר. פְּרָת: וְגֵרַשְׁתָּמוֹ. וּתְגָרְשֵׁם:

לג| כִּי תַעֲבֹד וְגוֹ'. הֲרֵי אֵלּוּ "כִּי" מְשַׁמְּשִׁין בִּמְקוֹם 'אֲשֶׁר', וְכֵן בְּכַמָּה מְקוֹמוֹת. וְזֶהוּ לְשׁוֹן 'אִי', שֶׁהוּא אֶחָד מֵאַרְבָּעָה לְשׁוֹנוֹת שֶׁה'כִּי' מְשַׁמֵּשׁ. וְגַם מָצִינוּ בְּהַרְבֵּה מְקוֹמוֹת 'אִם' מְשַׁמֵּשׁ בִּלְשׁוֹן 'אֲשֶׁר', כְּמוֹ: "וְאִם תַּקְרִיב מִנְחַת בִּכּוּרִים" (ויקרא ב, יד) שֶׁהוּא חוֹבָה:

פרק כד

א| וְאֶל מֹשֶׁה אָמַר. פָּרָשָׁה זוֹ נֶאֶמְרָה קֹדֶם עֲשֶׂרֶת הַדִּבְּרוֹת, בְּאַרְבָּעָה בְּסִיוָן נֶאֱמַר לוֹ: "עֲלֵה":

ב| וְנִגַּשׁ מֹשֶׁה לְבַדּוֹ. אֶל הָעֲרָפֶל:

ג| וַיָּבֹא מֹשֶׁה וַיְסַפֵּר לָעָם. בּוֹ בַּיּוֹם: אֵת

הרחבות

'מעט מעט אגרשנו מפניך' בסופו של דבר יהושע לא כבש את הארץ במלואה, לאו דווקא משום שלישראל לא היה די כוח או רצון לעשות זאת, אלא משום שהם הניחו שרק כאשר מספרם יגדל, יעלה בידם ליישב את הארץ בשלמותה.

ביאור | **אֶחָת, פֶּן תִּהְיֶה הָאָרֶץ שְׁמָמָה, וְרַבָּה עָלֶיךָ חַיַּת הַשָּׂדֶה.** מכת הצרעה
תביא להתפנות אטית ומדורגת של התושבים מארצם, לעומת
מכות קטלניות, שהיו מכלות מיד את האוכלוסיה כולה. אילו נִגפו
הכנענים בדֶבר, למשל, הארץ הייתה מתרוקנת בבת אחת, וקשה
יותר היה ליישב את שממותיה. ל **מְעַט מְעַט אֲגָרְשֶׁנּוּ מִפָּנֶיךָ עַד**
אֲשֶׁר תִּפְרֶה, תתרבה, **וְנָחַלְתָּ אֶת הָאָרֶץ** בכל מרחביה. לא **וְשַׁתִּי,**
ואשים **אֶת גְּבֻלְךָ מִיַּם סוּף וְעַד יָם פְּלִשְׁתִּים,** הים התיכון, שלאורך
חלק גדול מדרומו ישבו פלשתים. **וּמִמִּדְבָּר,** המדבר הערבי התוחם
את ארץ ישראל ממזרח, **עַד הַנָּהָר,** נהר פרת. **כִּי אֶתֵּן בְּיֶדְכֶם אֵת**
יֹשְׁבֵי הָאָרֶץ וְגֵרַשְׁתָּמוֹ, ותגרש אותם **מִפָּנֶיךָ,** ואז תנחלו את הארץ
כולה. לב **לֹא תִכְרֹת לָהֶם וְלֵאלֹהֵיהֶם בְּרִית.** לג **לֹא יֵשְׁבוּ בְּאַרְצְךָ,**
פֶּן יַחֲטִיאוּ אֹתְךָ לִי. עליך לבער אותם ולגרשם, משום שאתה עלול
לחקות אותם ולהיות מושפע מתרבותם, **כִּי תַעֲבֹד אֶת אֱלֹהֵיהֶם, כִּי**
יִהְיֶה לְךָ לְמוֹקֵשׁ, למכשול. לא תצליח להתעלם מנוכחותם השורשית
במקום. הבידוד מהשפעות הסביבה חשוב לפיתוחו ולעיצובו של
עולמך החדש.

ברית סיני

פרק כד

לעומת מעמד הר סיני, שבו כל עם ישראל, מלבד משה, התייצבו בתחתית ההר ואף ביקשו להתרחק עוד ממוקד ההתגלות, כאן נכרתת ברית הדדית בין ה' לישראל. בברית זו יש מעשים אנושיים פעילים יותר: משה בונה מזבח ומזה דם; נציגות של העם מתקרבת אל מקום ההתגלות יותר, משתחווה, מקריבה קרבנות, אוכלת ושותה; והעם כולו מכריז על התחייבותו לציית לא רק למה ששמע עד כה, אלא גם למצוות שה' יורה לו לקיים בעתיד.

פרק כד א **וְאֶל מֹשֶׁה אָמַר: עֲלֵה אֶל ה',** אל המקום שבו היה כבוד
ה' ונראו האש והענן בהר,[86] **אַתָּה וְאַהֲרֹן, נָדָב וַאֲבִיהוּא,** בניו הגדולים
של אהרן, **וְשִׁבְעִים מִזִּקְנֵי יִשְׂרָאֵל,** כפי שייבחרו. כאן זהותם עדיין
לא הוגדרה.[87] **וְהִשְׁתַּחֲוִיתֶם** – אבל **מֵרָחֹק.** ב **וְנִגַּשׁ מֹשֶׁה לְבַדּוֹ אֶל**
ה', וְאילו **הֵם,** אהרן, נדב, אביהוא והזקנים **לֹא יִגָּשׁוּ,** ובוודאי שאר
הָעָם לֹא יַעֲלוּ עִמּוֹ.

ג **וַיָּבֹא מֹשֶׁה** אל העם **וַיְסַפֵּר לָעָם אֵת כָּל דִּבְרֵי ה'.** ייתכן שחזר

דִּבְרֵי יהוה וְאֵת כָּל־הַמִּשְׁפָּטִים וַיַּעַן כָּל־הָעָם קוֹל
אֶחָד וַיֹּאמְרוּ כָּל־הַדְּבָרִים אֲשֶׁר־דִּבֶּר יהוה נַעֲשֶׂה׃
וַיִּכְתֹּב מֹשֶׁה אֵת כָּל־דִּבְרֵי יהוה וַיַּשְׁכֵּם בַּבֹּקֶר וַיִּבֶן ד
מִזְבֵּחַ תַּחַת הָהָר וּשְׁתֵּים עֶשְׂרֵה מַצֵּבָה לִשְׁנֵים עָשָׂר
שִׁבְטֵי יִשְׂרָאֵל׃ וַיִּשְׁלַח אֶת־נַעֲרֵי בְּנֵי יִשְׂרָאֵל וַיַּעֲלוּ ה
עֹלֹת וַיִּזְבְּחוּ זְבָחִים שְׁלָמִים לַיהוה פָּרִים׃ וַיִּקַּח מֹשֶׁה ו
חֲצִי הַדָּם וַיָּשֶׂם בָּאַגָּנֹת וַחֲצִי הַדָּם זָרַק עַל־הַמִּזְבֵּחַ׃
וַיִּקַּח סֵפֶר הַבְּרִית וַיִּקְרָא בְּאָזְנֵי הָעָם וַיֹּאמְרוּ כֹּל ז
אֲשֶׁר־דִּבֶּר יהוה נַעֲשֶׂה וְנִשְׁמָע׃ וַיִּקַּח מֹשֶׁה אֶת־ ח
הַדָּם וַיִּזְרֹק עַל־הָעָם וַיֹּאמֶר הִנֵּה דַם־הַבְּרִית אֲשֶׁר
כָּרַת יהוה עִמָּכֶם עַל כָּל־הַדְּבָרִים הָאֵלֶּה׃ וַיַּעַל ט

רש״י

כָּל דִּבְרֵי ה׳. מִצְוַת פְּרִישָׁה וְהַגְבָּלָה: **וְאֵת כָּל הַמִּשְׁפָּטִים.** שֶׁבַע מִצְוֹת שֶׁנִּצְטַוּוּ בְּנֵי נֹחַ, וְשַׁבָּת וְכִבּוּד אָב וָאֵם וּפָרָה אֲדֻמָּה וְדִינִין שֶׁנִּתְּנוּ לָהֶם בְּמָרָה:

ד **וַיִּכְתֹּב מֹשֶׁה.** מִבְּרֵאשִׁית וְעַד מַתַּן תּוֹרָה, וְכָתַב מִצְוֹת שֶׁנִּצְטַוּוּ בְּמָרָה: **וַיַּשְׁכֵּם בַּבֹּקֶר.** בַּחֲמִשָּׁה בְּסִיוָן:

ה **אֶת נַעֲרֵי.** הַבְּכוֹרוֹת:

ו **וַיִּקַּח מֹשֶׁה חֲצִי הַדָּם.** מִי חִלְּקוֹ? מַלְאָךְ בָּא וְחִלְּקוֹ: **בָּאַגָּנֹת.** שְׁתֵּי אַגָּנוֹת, אֶחָד לַחֲצִי דַּם עוֹלָה וְאֶחָד לַחֲצִי דַּם שְׁלָמִים לְהַזּוֹת אוֹתָם עַל הָעָם. וּמִכָּאן לָמְדוּ רַבּוֹתֵינוּ שֶׁנִּכְנְסוּ אֲבוֹתֵינוּ לַבְּרִית בְּמִילָה וּטְבִילָה וְהַרְצָאַת דָּמִים; שֶׁאֵין הַזָּאָה בְּלֹא טְבִילָה.

ז **סֵפֶר הַבְּרִית.** מִבְּרֵאשִׁית וְעַד מַתַּן תּוֹרָה, וּמִצְוֹת שֶׁנִּצְטַוּוּ בְּמָרָה:

ח **וַיִּזְרֹק.** עִנְיַן הַזָּאָה, וְתַרְגּוּמוֹ: ״וּזְרַק עַל מַדְבְּחָא לְכַפָּרָא עַל עַמָּא״:

הרחבות

׳שנים עשר שבטי ישראל׳ מספר השבטים כאן הוא שנים–עשר כמניין בני יעקב. מאוחר יותר השתנה הדבר, שכן שבט יוסף נחשב לשני שבטים – מנשה ואפרים; עם זאת, לוי לא תמיד נמנה עם השבטים משום שלא נחל נחלה בארץ.

׳נערי בני ישראל׳ בתרגום השבעים המוזכר בתלמוד תורגמו נַעֲרֵי בְּנֵי יִשְׂרָאֵל וגם אֲצִילֵי בְּנֵי יִשְׂרָאֵל שיוזכרו בהמשך הפרק (פס׳ יא), באופן זהה – זאטוטי בני ישראל. (ראו מגילה ט ע״א; תוספות שם וראב״ע הקצר פס׳ יא). מאידך גיסא, היו שהדגישו את הניגוד בין שתי הקבוצות: הנערים הם הצעירים, ואילו האצילים היו הזקנים (רמב״ן ורש״י פס׳ יא).

׳ספר הברית׳ נראה מפשט הכתובים שזהו ספר קטן למדי שהיקפו אינו ידוע, אך הוא מכיל רק חלק מדברי התורה. יש אומרים שספר זה הכיל את כל התורה עד רגע ההווה שלהם, וכלל גם את ספר בראשית,

ביאור

באוזניהם על עשרת הדיברות, וְכן **אֵת כָּל הַמִּשְׁפָּטִים** שנאמרו לו.
וַיַּעַן כָּל הָעָם קוֹל אֶחָד, בהסכמה מלאה **וַיֹּאמְרוּ:** את **כָּל הַדְּבָרִים
אֲשֶׁר דִּבֶּר ה׳ – נַעֲשֶׂה.**

ד **וַיִּכְתֹּב מֹשֶׁה אֵת כָּל דִּבְרֵי ה׳**, את עשרת הדיברות ואת המשפטים
ששם לפניהם. **וַיַּשְׁכֵּם בַּבֹּקֶר וַיִּבֶן מִזְבֵּחַ תַּחַת**, לרגלי **הָהָר וּשְׁתֵּים
עֶשְׂרֵה מַצֵּבָה**, אבנים לאות זיכרון[88] **לִשְׁנֵים עָשָׂר שִׁבְטֵי יִשְׂרָאֵל**, מצבה
אחת לכל שבט. ה **וַיִּשְׁלַח אֶת נַעֲרֵי בְּנֵי יִשְׂרָאֵל**, אנשים צעירים מבני
ישראל,[89] או: משרתי ה׳, שהיו אז הבכורות,[90] **וַיַּעֲלוּ עֹלֹת**, קרבנות
העולים ונשרפים כליל על המזבח, **וַיִּזְבְּחוּ זְבָחִים שְׁלָמִים**, קרבנות
שגם המקריבים אוכלים מהם, **לַה׳ – פָּרִים.** ו **וַיִּקַּח מֹשֶׁה חֲצִי הַדָּם**
של הפרים, שכן הדם הוא תמצית הכפרה,[91] **וַיָּשֶׂם בָּאַגָּנֹת**, כעין
קערות עגולות גדולות הדומים למזרקים שיוזכרו להלן,[92] **וַחֲצִי הַדָּם
זָרַק עַל הַמִּזְבֵּחַ**, כדמם של כל הקרבנות.

ז **וַיִּקַּח** משה את **סֵפֶר הַבְּרִית**, המכיל את כל דברי ה׳ שכתב קודם
לכן, **וַיִּקְרָא בְּאָזְנֵי הָעָם**. בתחילה אמר להם את הדברים על פה, ועתה
קראם מן הכתב. **וַיֹּאמְרוּ: כֹּל אֲשֶׁר דִּבֶּר ה׳ – נַעֲשֶׂה וְנִשְׁמָע.** מעבר
להסכמתם שכבר הביעו קודם לכן,[93] לציית לחובות ששמעו, עתה
הם מתחייבים גם למה שישמעו בהמשך,[94] ולא רק כציות מעשי,
אלא גם כקבלה פנימית.[95] ח **וַיִּקַּח מֹשֶׁה אֶת הַדָּם** שהיה באגנות,
**וַיִּזְרֹק עַל הָעָם. וַיֹּאמֶר: הִנֵּה דַם הַבְּרִית אֲשֶׁר כָּרַת ה׳ עִמָּכֶם עַל כָּל
הַדְּבָרִים הָאֵלֶּה.**

הרחבות

או את המצוות שבתורה בלבד (רש״י על אתר; וראו מכילתא מסכתא דבחודש ג).

׳דם הברית אשר כרת׳ ברית שונה מחוזה, שכן עיקרה הוא ההתאחדות. דווקא משום כך פעמים רבות במרכזה של כריתתה מתבצע מעשה סמלי של חיתוך והקזת דם, כמו בברית המילה. עצם הביטוי ׳כריתת ברית׳ ו׳העברה בברית׳ (ראו דברים כט,יא) מורה על החיתוך המעורב בטקסים הללו. הוצאת הדם מסמלת מחויבות ומסירת נפשו של כל צד כלפי בן בריתו. אף בברית בין הבתרים נחתכו הבהמות לשני חלקים, וייצגו בכך כל אחד מן הצדדים שנכנס בברית (בראשית טו), כביכול כל צד הוא חצי מגוף אחד שלם. וכן נהגו בכריתת הברית בימי צדקיהו המלך (ירמיה לד,יח). גם כאן נחלק הדם לשניים. חציו של הדם נזרק על המזבח בתור חלקו של ה׳, וחציו נזרק על ישראל כחלקם שלהם בברית. (ראו ר״י בכור שור; ספר העיקרים ד,מה; אברבנאל ירמיה לד,יח).

מֹשֶׁה וְאַהֲרֹן נָדָב וַאֲבִיהוּא וְשִׁבְעִים מִזִּקְנֵי יִשְׂרָאֵל׃
וַיִּרְאוּ אֵת אֱלֹהֵי יִשְׂרָאֵל וְתַחַת רַגְלָיו כְּמַעֲשֵׂה לִבְנַת י
הַסַּפִּיר וּכְעֶצֶם הַשָּׁמַיִם לָטֹהַר׃ וְאֶל־אֲצִילֵי בְּנֵי יא
יִשְׂרָאֵל לֹא שָׁלַח יָדוֹ וַיֶּחֱזוּ אֶת־הָאֱלֹהִים וַיֹּאכְלוּ
וַיִּשְׁתּוּ׃ וַיֹּאמֶר יהוה אֶל־מֹשֶׁה עֲלֵה אֵלַי יב
הָהָרָה וֶהְיֵה־שָׁם וְאֶתְּנָה לְךָ אֶת־לֻחֹת הָאֶבֶן וְהַתּוֹרָה
וְהַמִּצְוָה אֲשֶׁר כָּתַבְתִּי לְהוֹרֹתָם׃ וַיָּקָם מֹשֶׁה וִיהוֹשֻׁעַ יג

רש"י

י| **וַיִּרְאוּ אֵת אֱלֹהֵי יִשְׂרָאֵל.** נִסְתַּכְּלוּ וְהֵצִיצוּ וְנִתְחַיְּבוּ מִיתָה, אֶלָּא שֶׁלֹּא רָצָה הַקָּדוֹשׁ בָּרוּךְ הוּא לְעַרְבֵּב שִׂמְחַת הַתּוֹרָה, וְהִמְתִּין לְנָדָב וַאֲבִיהוּא עַד יוֹם חֲנֻכַּת הַמִּשְׁכָּן, וְלַזְּקֵנִים עַד "וַיְהִי הָעָם כְּמִתְאֹנְנִים... וַתִּבְעַר בָּם אֵשׁ ה' וַתֹּאכַל בִּקְצֵה הַמַּחֲנֶה" (במדבר יא, א), בִּקְצִינִים שֶׁבַּמַּחֲנֶה: **כְּמַעֲשֵׂה לִבְנַת הַסַּפִּיר.** הִיא הָיְתָה לְפָנָיו בִּשְׁעַת הַשִּׁעְבּוּד, לִזְכֹּר צָרָתָן שֶׁל יִשְׂרָאֵל שֶׁהָיוּ מְשֻׁעְבָּדִים בְּמַעֲשֵׂה לְבֵנִים: **וּכְעֶצֶם הַשָּׁמַיִם לָטֹהַר.** מִשֶּׁנִּגְאֲלוּ הָיָה אוֹר וְחֶדְוָה לְפָנָיו: **וּכְעֶצֶם.** כְּתַרְגּוּמוֹ, לְשׁוֹן מַרְאֶה: **לָטֹהַר.** לְשׁוֹן בָּרוּר וְצָלוּל:

יא| **וְאֶל אֲצִילֵי.** הֵם נָדָב וַאֲבִיהוּא וְהַזְּקֵנִים: **לֹא שָׁלַח יָדוֹ.** מִכְּלָל שֶׁהָיוּ רְאוּיִים לְהִשְׁלַחַת יָד: **וַיֶּחֱזוּ אֶת הָאֱלֹהִים.** הָיוּ מִסְתַּכְּלִין בּוֹ בְּלֵב גַּס מִתּוֹךְ אֲכִילָה וּשְׁתִיָּה, כָּךְ מִדְרַשׁ תַּנְחוּמָא. וְאוּנְקְלוֹס לֹא תִרְגֵּם כֵּן; "אֲצִילֵי" לְשׁוֹן גְּדוֹלִים, כְּמוֹ: "וּמֵאֲצִילֶיהָ קְרָאתִיךָ" (ישעיה מא, ט), "וַיָּאצֶל מִן הָרוּחַ" (במדבר יא, כה), "שֵׁשׁ אַמּוֹת אַצִּילָה" (יחזקאל מא, ח):

יב| **וַיֹּאמֶר ה' אֶל מֹשֶׁה.** לְאַחַר מַתַּן תּוֹרָה: **עֲלֵה אֵלַי הָהָרָה וֶהְיֵה שָׁם.** אַרְבָּעִים יוֹם: **אֶת לֻחֹת הָאֶבֶן וְהַתּוֹרָה וְהַמִּצְוָה אֲשֶׁר כָּתַבְתִּי לְהוֹרֹתָם.** כָּל שֵׁשׁ מֵאוֹת וּשְׁלֹשׁ עֶשְׂרֵה מִצְוֹת בִּכְלַל עֲשֶׂרֶת הַדִּבְּרוֹת הֵן. וְרַבֵּנוּ סַעַדְיָה פֵּרַשׁ בָּאַזְהָרוֹת שֶׁיִּסַּד לְכָל דִּבּוּר וְדִבּוּר מִצְוֹת הַתְּלוּיוֹת בּוֹ:

יג| **וַיָּקָם מֹשֶׁה וִיהוֹשֻׁעַ מְשָׁרְתוֹ.** לֹא יָדַעְתִּי מַה טִּיבוֹ שֶׁל יְהוֹשֻׁעַ כָּאן. וְאוֹמֵר אֲנִי, שֶׁהָיָה הַתַּלְמִיד מְלַוֶּה לָרַב עַד מְקוֹם הַגְבָּלַת תְּחוּמֵי הָהָר, שֶׁאֵינוֹ רַשַּׁאי לֵילֵךְ מִשָּׁם וָהָלְאָה, וּמִשָּׁם "וַיַּעַל מֹשֶׁה" לְבַדּוֹ "אֶל הַר הָאֱלֹהִים", וִיהוֹשֻׁעַ נָטָה שָׁם אָהֳלוֹ וְנִתְעַכֵּב שָׁם כָּל אַרְבָּעִים יוֹם, שֶׁכֵּן מָצִינוּ

הרחבות

'ויראו את אלהי ישראל' ראיית אלוקים הופיעה בקצרה גם אצל ישעיה (ו,א-ה), ובהרחבה גדולה בחזון המרכבה שחזה יחזקאל (פרקים א י). כמו בחזון יחזקאל (א,כו) גם בחיזיון שלפנינו הם ראו מעין דמות שמתחת לרגליו הדום או כיסא עשוי ספיר.

'ותחת רגליו כמעשה לבנת הספיר' דימוי מקביל יופיע בהקשר של בניית המשכן; אפשר לראות את לוחות הברית, העשויים גם הם אבן, אולי אבן ספיר (ראו תנחומא תשא כט; ילקוט שמעוני, עקב תתנד), והם מצויים מתחת לשני הכרובים, כהדום שתחת רגלי השכינה. (ראו עוד להלן כה,כב; שמואל א' ד,ד; ב' כב,י; יחזקאל מג,ז).

'ואל אצילי בני ישראל לא שלח ידו' למרות שהם היו מסוגלים להגיע לידי קרבה כזאת אל אלוקי ישראל, לאחר חוויה כה נשגבת

ביאור

ט **וַיַּעַל מֹשֶׁה וְאַהֲרֹן, נָדָב וַאֲבִיהוּא וְשִׁבְעִים מִזִּקְנֵי יִשְׂרָאֵל,** י **וַיִּרְאוּ
אֵת אֱלֹהֵי יִשְׂרָאֵל,** במעין ראייה נבואית. **וְתַחַת רַגְלָיו** יש דבר שהוא **כְּמַעֲשֵׂה לִבְנַת,** לובן[96] או: צורת לבֵנה[97] כלומר תבנית מרובעת של אבן **הַסַּפִּיר,** מין אבן חן,[98] **וּכְעֶצֶם הַשָּׁמַיִם לָטֹהַר,** ייתכן שאף ביטוי זה מתייחס לצבעו של הדבר הנעלם שנראה תחת רגלי
אלוקי ישראל.[99] יא **וְאֶל אֲצִילֵי בְּנֵי יִשְׂרָאֵל,** אהרן, נדב ואביהוא
וזקני ישראל,[100] **לֹא שָׁלַח יָדוֹ,** פגע בהם, למרות שהתקרבו. **וַיֶּחֱזוּ אֶת הָאֱלֹהִים,** עד כמה שהדבר אפשרי, **וַיֹּאכְלוּ וַיִּשְׁתּוּ** עם קרבנות השלמים, סעודה משותפת כביכול עם האלוקים.[101] היו שהסבירו שהכתוב הדגיש שאצילי בני ישראל לא נפגעו, למרות שהבטתם אל האלוקים לא הייתה מלֻווה ביראה ובצמצום הראויים, כפי שעולה אולי מאכילתם ושתייתם בנסיבות אלה.[102] פירוש אחר: חוויית ראיית ה׳ הזינה אותם כמאכל וכמשקה. בעקבות השובע הזה לא נזקקו עוד לדבר.[103]

יב **וַיֹּאמֶר ה׳ אֶל מֹשֶׁה: עֲלֵה אֵלַי הָהָרָה,** גבוה יותר בהר, **וֶהְיֵה,** שְׁהֵה **שָׁם. וְאֶתְּנָה לְךָ** שם **אֶת לֻחֹת הָאֶבֶן,** לוחות הברית שייזכרו לאחר מכן, **וְהַתּוֹרָה וְהַמִּצְוָה אֲשֶׁר כָּתַבְתִּי לְהוֹרֹתָם.**

יג **וַיָּקָם מֹשֶׁה וִיהוֹשֻׁעַ מְשָׁרְתוֹ.** הזקנים, אהרן ובניו חזרו אל העם, ואילו יהושע לבדו ליווה את משה. יהושע הוא משרתו האישי של משה, והוא הקרוב אליו ביותר, על כן ייבדל מן העם וימשיך עוד

הרחבות

שיבתם לעולם אינה מובנת מאליה. גם מהקשרים אחרים עולה החשש כי ראיית הוויה של מעלה – ואפילו אין היא אלא מלאך – מסכנת את חייו של הרואה (להלן לג,כ; שופטים ו,כב-כג; יג,כב; ישעיה ו,ה). ובכל זאת אצילי בני ישראל לא נפגעו בעקבות ההתגלות.

׳ויחזו את האלהים׳ השימוש בשורש ח,ז,ה שכיח בארמית, כתרגום של ר,א,ה הנפוץ יותר בעברית. אולם לפי אזכוריו בתנ״ך, נראה שבלשון המקרא יוחדה לו משמעות נבדלת. ׳מראה׳ מתייחס לקליטתו של מושא מוחשי, ואילו ׳חיזיון׳ או ׳מחזה׳ מכוונים לעניינים נבואיים ונשגבים יותר, שאינם נקלטים בחושים (בראשית טו,א; שמות יח,כא; שמואל א׳ ג,א; ישעיה מז,יג ועוד).

מְשָׁרְתוֹ וַיַּעַל מֹשֶׁה אֶל־הַר הָאֱלֹהִים׃ וְאֶל־הַזְּקֵנִים יד
אָמַר שְׁבוּ־לָנוּ בָזֶה עַד אֲשֶׁר־נָשׁוּב אֲלֵיכֶם וְהִנֵּה
מפטיר טו אַהֲרֹן וְחוּר עִמָּכֶם מִי־בַעַל דְּבָרִים יִגַּשׁ אֲלֵהֶם׃ וַיַּעַל
טז מֹשֶׁה אֶל־הָהָר וַיְכַס הֶעָנָן אֶת־הָהָר׃ וַיִּשְׁכֹּן כְּבוֹד־
יהוה עַל־הַר סִינַי וַיְכַסֵּהוּ הֶעָנָן שֵׁשֶׁת יָמִים וַיִּקְרָא
יז אֶל־מֹשֶׁה בַּיּוֹם הַשְּׁבִיעִי מִתּוֹךְ הֶעָנָן׃ וּמַרְאֵה כְּבוֹד
יהוה כְּאֵשׁ אֹכֶלֶת בְּרֹאשׁ הָהָר לְעֵינֵי בְּנֵי יִשְׂרָאֵל׃
יח וַיָּבֹא מֹשֶׁה בְּתוֹךְ הֶעָנָן וַיַּעַל אֶל־הָהָר וַיְהִי מֹשֶׁה
בָּהָר אַרְבָּעִים יוֹם וְאַרְבָּעִים לָיְלָה׃

רש"י

כְּשֶׁיָּרַד מֹשֶׁה: "וַיִּשְׁמַע יְהוֹשֻׁעַ אֶת קוֹל הָעָם בְּרֵעֹה" (להלן לב, יז), לָמַדְנוּ שֶׁלֹּא הָיָה יְהוֹשֻׁעַ עִמָּהֶם:

יד) **וְאֶל הַזְּקֵנִים אָמַר.** בְּצֵאתוֹ מִן הַמַּחֲנֶה: **שְׁבוּ לָנוּ בָזֶה.** וְהִתְעַכְּבוּ כָּאן עִם שְׁאָר הָעָם בַּמַּחֲנֶה לִהְיוֹת נְכוֹנִים לִשְׁפֹּט לְכָל אִישׁ רִיבוֹ: **חוּר.** בְּנָהּ שֶׁל מִרְיָם הָיָה, וְאָבִיו כָּלֵב בֶּן יְפֻנֶּה, שֶׁנֶּאֱמַר: "וַיִּקַּח לוֹ כָלֵב אֶת אֶפְרָת וַתֵּלֶד לוֹ אֶת חוּר" (דברי הימים א' ב, יט), אֶפְרָת זוֹ מִרְיָם, כִּדְאִיתָא בְּסוֹטָה (דף יא ע"ב): **מִי בַעַל דְּבָרִים.** מִי שֶׁיֵּשׁ לוֹ דִּין:

טז) **וַיְכַסֵּהוּ הֶעָנָן.** רַבּוֹתֵינוּ חוֹלְקִים בַּדָּבָר: יֵשׁ מֵהֶם אוֹמְרִים, אֵלּוּ שִׁשָּׁה יָמִים שֶׁמֵּרֹאשׁ חֹדֶשׁ; "וַיְכַסֵּהוּ הֶעָנָן" לָהָר; "וַיִּקְרָא אֶל מֹשֶׁה בַּיּוֹם הַשְּׁבִיעִי" לוֹמַר עֲשֶׂרֶת הַדִּבְּרוֹת, וּמֹשֶׁה וְכָל בְּנֵי יִשְׂרָאֵל עוֹמְדִים אֶלָּא שֶׁחָלַק הַכָּתוּב כָּבוֹד לְמֹשֶׁה. וְיֵשׁ אוֹמְרִים, "וַיְכַסֵּהוּ הֶעָנָן" לְמֹשֶׁה "שֵׁשֶׁת יָמִים" לְאַחַר עֲשֶׂרֶת הַדִּבְּרוֹת, וְהֵם הָיוּ בִּתְחִלַּת אַרְבָּעִים יוֹם שֶׁעָלָה מֹשֶׁה לְקַבֵּל הַלּוּחוֹת, וְלִמֶּדְךָ שֶׁכָּל הַנִּכְנָס לְמַחֲנֵה שְׁכִינָה טָעוּן פְּרִישָׁה שִׁשָּׁה יָמִים:

יח) **בְּתוֹךְ הֶעָנָן.** עָנָן זֶה כְּמִין עָשָׁן הוּא, וְעָשָׂה לוֹ הַקָּדוֹשׁ בָּרוּךְ הוּא לְמֹשֶׁה שְׁבִיל בְּתוֹכוֹ:

הרחבות

׳והנה אהרן וחור עמכם׳ ייתכן שמשה לא ידע מראש כמה זמן ישהה בהר, ולפיכך מינה את אהרן וחור על העדה למשך היעדרו. אהרן וחור הופיעו יחדיו גם במלחמת עמלק, כשמשה עלה לראש הגבעה, ושניהם תמכו בו (לעיל יז,י–יב). לדברי חז"ל, חור, שבא משבט יהודה (ראו להלן לא,ב), היה בנה של מרים (פרקי דרבי אליעזר מד), והדבר מתיישב עם סדר הדורות. קשר זה אינו מפתיע, כי גם אהרן אחיה נשא אשה משבט יהודה (לעיל ו,כג). זוהי הפעם האחרונה שחור נזכר בתורה, ואין הכתוב מספר מה אירע לו. (ראו תנחומא תצוה י). בידי נכדו, בצלאל, תופקד מלאכת המשכן. (ראו להלן לא,ב).

׳ויכסהו הענן ששת ימים ויקרא אל משה ביום השביעי מתוך הענן׳ מכאן למדו כרמז

ביאור

עם משה. אולם - **וַיַּעַל מֹשֶׁה** לבדו **אֶל הַר הָאֱלֹהִים**, ויהושע שהה במקום כלשהו בדרך.

יד **וְאֶל הַזְּקֵנִים אָמַר** משה קודם לכן:[104] **שְׁבוּ לָנוּ בָזֶה**, חכו **עַד אֲשֶׁר נָשׁוּב אֲלֵיכֶם. וְהִנֵּה אַהֲרֹן וְחוּר עִמָּכֶם, מִי בַעַל דְּבָרִים**, מי שיש לו סכסוכים עם חברו **יִגַּשׁ אֲלֵהֶם** לבוררות.

טו **וַיַּעַל מֹשֶׁה אֶל הָהָר**, ולאחר שהתחיל לעלות - **וַיְכַס הֶעָנָן אֶת הָהָר.** טז **וַיִּשְׁכֹּן כְּבוֹד ה׳ עַל הַר סִינַי. וַיְכַסֵּהוּ** - את ההר, או: את משה,[105] **הֶעָנָן שֵׁשֶׁת יָמִים**, שבהם משה התקדש כדי להגיע למדרגה הראויה.

ולאחריהם - **וַיִּקְרָא ה׳ אֶל מֹשֶׁה בַּיּוֹם הַשְּׁבִיעִי מִתּוֹךְ הֶעָנָן.**

יז **וּמַרְאֵה כְּבוֹד ה׳** התגלה על ההר **כְּאֵשׁ אֹכֶלֶת בְּרֹאשׁ הָהָר, לְעֵינֵי בְּנֵי יִשְׂרָאֵל**. ההתגלות שלה זכו ישראל נראתה כענן המכסה הר ובראשו אש אוכלת. יח **וַיָּבֹא מֹשֶׁה בְּתוֹךְ הֶעָנָן, וַיַּעַל אֶל הָהָר** גבוה יותר, כך שמעטה הענן - המגלם את הכבוד האלוקי - אפף אותו. **וַיְהִי מֹשֶׁה בָּהָר אַרְבָּעִים יוֹם וְאַרְבָּעִים לָיְלָה.**

הרחבות

לדורות שאי אפשר להיכנס למקום שכינה ללא הכנה. (ראו יומא ג ע״ב - ד ע״א; רש״י על אתר).

׳ויהי משה בהר ארבעים יום וארבעים לילה׳ שהייתו של משה במשך ארבעים יום וארבעים לילה במחיצתו של אלוקים הפקיעה אותו מגדרי העולם הזה. חכמים אמרו כי בנסיבות מיוחדות אלו, שבהן משה חי מעבר לזמן ולטבע, מושגי הזמן וחילופי היום והלילה נודעו לו רק מתוך מה שלימדו ה׳: כאשר היה מלמדו תורה שבכתב, ידע משה שאלו הן שעות היום, וכאשר היה מלמדו תורה שבעל-פה, ידע שאלו הן שעות הלילה. (ראו תנחומא כי תשא לו).

מתוך הכתובים אין לדעת אם משה הודיע לבני ישראל כמה זמן ישהה בהר, ואף אם הוא עצמו ידע זאת מראש. במשך תקופה זו ראו ישראל ענן המכסה הר, ובראשו אש אוכלת. איש לא ידע מה קורה למשה השרוי בערפל אשר שם האלוקים.

תרומה יח וַיְדַבֵּר יהוה אֶל־מֹשֶׁה לֵּאמֹר: דַּבֵּר אֶל־בְּנֵי יִשְׂרָאֵל א ב כה
וְיִקְחוּ־לִי תְּרוּמָה מֵאֵת כָּל־אִישׁ אֲשֶׁר יִדְּבֶנּוּ לִבּוֹ
ג תִּקְחוּ אֶת־תְּרוּמָתִי: וְזֹאת הַתְּרוּמָה אֲשֶׁר תִּקְחוּ
ד מֵאִתָּם זָהָב וָכֶסֶף וּנְחֹשֶׁת: וּתְכֵלֶת וְאַרְגָּמָן וְתוֹלַעַת

רש"י | פרק כה

ב| **וְיִקְחוּ לִי תְּרוּמָה.** "לִי" – לִשְׁמִי: **תְּרוּמָה.** הַפְרָשָׁה, יַפְרִישׁוּ לִי מִמָּמוֹנָם נְדָבָה: **יִדְּבֶנּוּ לִבּוֹ.** לְשׁוֹן נְדָבָה, וְהוּא לְשׁוֹן רָצוֹן טוֹב, פיישנ"ט בְּלַעַז: **תִּקְחוּ אֶת תְּרוּמָתִי.** אָמְרוּ רַבּוֹתֵינוּ, שָׁלֹשׁ תְּרוּמוֹת אֲמוּרוֹת כָּאן: אַחַת תְּרוּמַת בֶּקַע לַגֻּלְגֹּלֶת שֶׁנַּעֲשׂוּ מֵהֶם הָאֲדָנִים, כְּמוֹ שֶׁמְּפֹרָשׁ בְּ'אֵלֶּה פְקוּדֵי' (להלן לח, כו-כז); וְאַחַת תְּרוּמַת הַמִּזְבֵּחַ בֶּקַע לַגֻּלְגֹּלֶת, לַקֻּפּוֹת לִקְנוֹת מֵהֶן קָרְבְּנוֹת צִבּוּר; וְאַחַת תְּרוּמַת הַמִּשְׁכָּן נִדְבַת כָּל אֶחָד וְאֶחָד שֶׁהִתְנַדְּבוּ. שְׁלֹשׁ עֶשְׂרֵה דְּבָרִים הָאֲמוּרִים בָּעִנְיָן כֻּלָּם הֻצְרְכוּ לִמְלֶאכֶת הַמִּשְׁכָּן אוֹ לְבִגְדֵי כְהֻנָּה כְּשֶׁתְּדַקְדֵּק בָּהֶם:

ג| **זָהָב וָכֶסֶף וּנְחֹשֶׁת וגו'.** כֻּלָּם בָּאוּ בִּנְדָבָה אִישׁ אִישׁ מַה שֶּׁנְּדָבוֹ לִבּוֹ, חוּץ מִן הַכֶּסֶף שֶׁבָּא בְּשָׁוֶה, מַחֲצִית הַשֶּׁקֶל לְכָל אֶחָד. וְלֹא מָצִינוּ בְּכָל מְלֶאכֶת הַמִּשְׁכָּן שֶׁהֻצְרַךְ שָׁם כֶּסֶף יוֹתֵר, שֶׁנֶּאֱמַר: "וְכֶסֶף פְּקוּדֵי הָעֵדָה וגו' בֶּקַע לַגֻּלְגֹּלֶת" וְגוֹ' (להלן לח, כה-כו). וּשְׁאָר הַכֶּסֶף הַבָּא שָׁם בִּנְדָבָה (להלן לה, כד) עֲשָׂאוּהוּ לִכְלֵי שָׁרֵת:

ד| **וּתְכֵלֶת.** צֶמֶר צָבוּעַ בְּדַם חִלָּזוֹן, וְצִבְעוֹ יָרֹק: **וְאַרְגָּמָן.** צֶמֶר צָבוּעַ מִמִּין צֶבַע

מימין:
ארגמון קהה-קוצים
(חלזון התכלת)

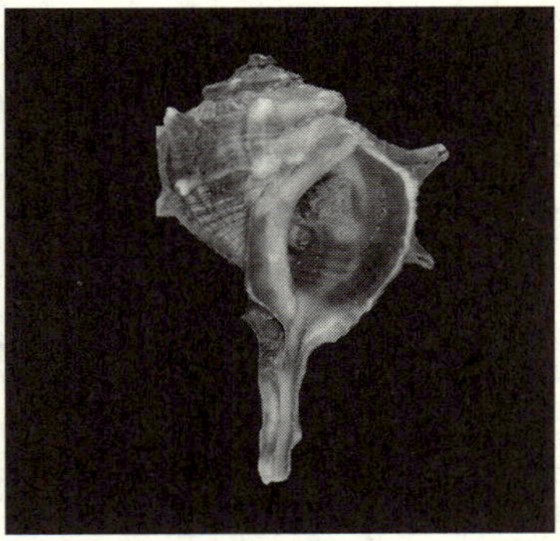

משמאל:
ארגמון חד-קוצים
(חלזון הארגמן)

העולם | **תְּכֵלֶת** צבע בגוון כחול-אינדיגו. בימינו מקובל לזהותו עם צבע המופק מהחילזון הימי ארגמון קהה־קוצים, (שם מדעי: Murex trunculus). התכלת שימשה לצביעת בגדים ובדים יוקרתיים במשכן, בבגדי הכהונה ובבגדי מלכות אחרים, כמו: וּמָרְדֳּכַי יָצָא מִלִּפְנֵי הַמֶּלֶךְ בִּלְבוּשׁ מַלְכוּת תְּכֵלֶת וָחוּר (אסתר ח,טו).

אַרְגָּמָן שם כולל לחומר צביעה בגוני אדום-סגול שהופק מהחילזון ארגמון חד־קוצים (שם מדעי: Murex brandaris). על פי תעודות קדומות צמר שנצבע בו היה יקר פי ארבעים מצמר שנצבע בצבעים אחרים. נזכר בתנ"ך פעמים רבות בצד התכלת בהקשר של שימושיו במבנה המשכן, בכיסויי כליו ובבגדי הכהן הגדול. הארגמן מוזכר גם בתעודות חיצוניות החל מהמאה ה־14 לפנה"ס. בתקופה הרומית שימש כהנים, מלכים ושרים, ובגלל חשיבותו ומחירו הוטל פיקוח על ייצורו, ונאסר לסחור בו באופן חופשי.

הציוויים על הקמת המשכן וכליו והקדשת הכהנים

פרק כה – פרק לא פס׳ יא

דברי ה׳ המתחילים בפרשה זו וכוללים גם את כל הפרשה הבאה, פרשת תצווה, עוסקים בעיקרם בציוויים הקשורים להקמת המשכן וכליו והקדשת הכהנים. הם נאמרו למשה במשך ארבעים היום וארבעים הלילה שבהם שהה בהר סיני, כפי שנאמר בפסוק החותם את פרשת משפטים, וככתוב בעניין: וּרְאֵה וַעֲשֵׂה בְּתַבְנִיתָם אֲשֶׁר אַתָּה מָרְאֶה בָּהָר.[1]

המשכן הוא מקום התגלותו של אלוקים, והוא בנוי במתכונת ביתו של אדם. לרהיטי הבית המוכרים ולכליו הבסיסיים – מיטה, כיסא, שולחן ומנורה[2] – קיימות מקבילות בכלי המשכן – הארון מגלם את המיטה או הכיסא; השולחן הוא כשולחן האוכל, שכן מונח עליו לחם ממשי; והמנורה משמשת לתאורה, כמנורת הבית.[3]

קריאה לתרומה

פרק כה פס׳ א–ט

רשימת החומרים המיועדים למשכן מכילה מגוון פריטים – יקרים וזולים. מתוכם כל אחד מתבקש לתרום כפי רצונו ויכולתו. אף על פי שחלק מהוצאות המשכן נלקחו מכל ישראל בשווה בתור מס, לא היה זה החלק המרכזי. עיקרו של המשכן בנוי על רצון טוב ורוח נדיבה.

ביאור | פרק כה א **וַיְדַבֵּר ה׳ אֶל מֹשֶׁה לֵּאמֹר**, כך, במלים הללו:[4] ב **דַּבֵּר אֶל בְּנֵי יִשְׂרָאֵל**, צווה עליהם,[5] **וְיִקְחוּ לִי**, בעבורי, לשמי[6] **תְּרוּמָה. מֵאֵת כָּל אִישׁ אֲשֶׁר יִדְּבֶנּוּ לִבּוֹ תִּקְחוּ אֶת תְּרוּמָתִי.** כיוון שזוהי תרומה ולא מס, היא תלויה בנדיבות הלב.

ג **וְזֹאת הַתְּרוּמָה אֲשֶׁר תִּקְחוּ מֵאִתָּם.** רשימת החומרים מושתתת על תכנית הבנייה של המשכן, ולכן זוהי רשימה סגורה:

זָהָב וָכֶסֶף וּנְחֹשֶׁת. אלה הן שלוש המתכות המשמשות במשכן ובמקדש. מתכות אחרות שהיו מצויות בידי ישראל במדבר[7] אינן ברשימה.

ד מן המתכות אל חוטי האריגים: **וּתְכֵלֶת**, צמר הצבוע בצבע שהופק מדם חילזון באחד מגווני הכחול, כנראה עמוק וכהה יותר מן הכחול. **וְאַרְגָּמָן**, צמר צבוע אדום הנוטה לסגול. צבעו הופק מחלזונות שונים.

הרחבות

׳וידבר ה׳ אל משה לאמר׳ זהו הפסוק הנפוץ ביותר בתורה. בפשטות לֵאמֹר משמשת בתנ״ך כפי שמשמשות היום הנקודתיים.

׳ויקחו לי תרומה׳ הדרישה היא לקחת תרומה ולא לתת תרומה משום שהתרומה אינה ניתנת בפועל לה׳. ניסוח זה מורה על ערכה של התרומה לשם ה׳ בלקיחתם של התורמים מתוך רכושם ומתוך הווייתם.

ה שָׁנִי וְשֵׁשׁ וְעִזִּים: וְעֹרֹת אֵילִם מְאָדָּמִים וְעֹרֹת תְּחָשִׁים
ו וַעֲצֵי שִׁטִּים: ◂ שֶׁמֶן לַמָּאֹר בְּשָׂמִים לְשֶׁמֶן הַמִּשְׁחָה
ז וְלִקְטֹרֶת הַסַּמִּים: אַבְנֵי־שֹׁהַם וְאַבְנֵי מִלֻּאִים לָאֵפֹד

רש"י

שֶׁשְּׁמוֹ אַרְגָּמָן: **וְשֵׁשׁ.** הוּא פִּשְׁתָּן: **וְעִזִּים.** נוֹצָה שֶׁל עִזִּים, לְכָךְ תִּרְגֵּם אוּנְקְלוֹס: "וּמַעְזֵי", דָּבָר הַבָּא מִן הָעִזִּים וְלֹא עִזִּים עַצְמָן, שֶׁתַּרְגּוּם שֶׁל עִזִּים 'עִזַּיָּא':

ה| **מְאָדָּמִים.** צְבוּעוֹת הָיוּ אָדֹם לְאַחַר עֲבוֹדָן: **תְּחָשִׁים.** מִין חַיָּה, וְלֹא הָיְתָה אֶלָּא לְשָׁעָה, וְהַרְבֵּה גְּוָנִים הָיוּ לָהּ, לְכָךְ מְתַרְגֵּם "סַסְגּוֹנָא", שֶׁשָּׂשׂ וּמִתְפָּאֵר בִּגְוָנִין שֶׁלּוֹ: **וַעֲצֵי שִׁטִּים.** וּמֵאַיִן הָיוּ לָהֶם בַּמִּדְבָּר? פֵּרֵשׁ רַבִּי תַּנְחוּמָא, יַעֲקֹב אָבִינוּ צָפָה בְּרוּחַ הַקֹּדֶשׁ שֶׁעֲתִידִין יִשְׂרָאֵל לִבְנוֹת מִשְׁכָּן בַּמִּדְבָּר, וְהֵבִיא אֲרָזִים לְמִצְרַיִם וּנְטָעָם, וְצִוָּה לְבָנָיו לִטְּלָם עִמָּהֶם כְּשֶׁיֵּצְאוּ מִמִּצְרַיִם:

ו| **שֶׁמֶן לַמָּאֹר.** שֶׁמֶן זַיִת זָךְ לְהַעֲלוֹת נֵר תָּמִיד: **בְּשָׂמִים לְשֶׁמֶן הַמִּשְׁחָה.** שֶׁנַּעֲשָׂה לִמְשֹׁחַ כְּלֵי הַמִּשְׁכָּן וְהַמִּשְׁכָּן לְקַדְּשׁוֹ, וְהֻצְרְכוּ לוֹ בְּשָׂמִים, כְּמוֹ שֶׁמְּפֹרָשׁ בְּ'כִי תִשָּׂא' (להלן ל, כג-כה): **וְלִקְטֹרֶת הַסַּמִּים.** שֶׁהָיוּ מַקְטִירִין בְּכָל בֹּקֶר וָעֶרֶב, כְּמוֹ שֶׁמְּפֹרָשׁ בְּ'וְאַתָּה תְּצַוֶּה' (להלן ל, ז-ח). וּלְשׁוֹן קְטֹרֶת, הַעֲלָאַת קִיטוֹר וְתִימְרוֹת עָשָׁן:

ז| **אַבְנֵי שֹׁהַם.** שְׁתַּיִם הֻצְרְכוּ שָׁם לְצֹרֶךְ הָאֵפוֹד הָאָמוּר בְּ'וְאַתָּה תְּצַוֶּה' (שם כח, ט-יב): **מִלֻּאִים.** עַל שֵׁם שֶׁעוֹשִׂין לָהֶם בַּזָּהָב מוֹשָׁב כְּמִין גּוּמָא וְנוֹתְנִין הָאֶבֶן שָׁם לְמַלֹּאות הַגּוּמָא, קְרוּיִים "אַבְנֵי מִלּוּאִים", וּמְקוֹם

פרת ים
(תחש?)

העולם

תּוֹלַעַת שָׁנִי צבע אדום בהיר הנוטה לכתום המופק מכנימה, כדברי הכתוב: לְכוּ נָא וְנִוָּכְחָה יֹאמַר ה' אִם יִהְיוּ חֲטָאֵיכֶם כַּשָּׁנִים כַּשֶּׁלֶג יַלְבִּינוּ אִם יַאְדִּימוּ כַתּוֹלָע כַּצֶּמֶר יִהְיוּ (ישעיה א,יח). נעשה בו שימוש נרחב בצביעת צמר ובדים יוקרתיים וכן לטהרת מצורעים וטמאי מת (ויקרא יד,ד-ו; במדבר יט,ו). בתיאור בניין בית המקדש בדברי הימים (ב' ב,ו-יג) מוחלף השם 'תולעת שני' בשם כַּרְמִיל, שהוא סוג של כנימה ששמה בערבית קרמז (Kermes), אשר ממנה הפיקו את הצבע, (ראו רס"ג, רש"י, רד"ק). בשם זה מכונה תולעת השני גם בשפות האירופיות. החוקרים מזהים אותה עם כנימת הקוצים (שם מדעי: Kermes echinatus), זיהוי המתאים גם לתיאור במדרש (פסיקתא רבתי כ, ד"ה ת"ר אנכי). הפקת הצבע נעשתה על ידי ייבוש הכנימות, טחינתן ובישולן.

תַּחַשׁ נזכר בספר יחזקאל כחומר יוקרתי שממנו עשו מנעלים: וָאַלְבִּישֵׁךְ רִקְמָה וָאֶנְעֲלֵךְ תָּחַשׁ וָאֶחְבְּשֵׁךְ בַּשֵּׁשׁ וַאֲכַסֵּךְ מֶשִׁי (יחזקאל טז,י). יש המפרשים שהוא שם של צבע. לפי רבי יהודה בירושלמי (שבת ב,ג), הוא צבע סגול. על פי תרגומי יונתן ואונקלוס זהו עור ססגוני. מבין החוקרים יש מי שהצביע על דמיון בין שמו לשם tah-si-a, הנזכר בתעודות מנוזי (המאה ה-14 לפנה"ס), שמשמעותו עור צהוב או כתום (תדמור). לפי גישה אחרת, זהו כינוי לבעל חיים מסוים. בתלמוד בבלי (שבת כח ע"ב) זוהה התחש עם החד־קרן שנכחד. במחקר היו מי שראו בו מין דולפין או יונק ימי המצוי בים סוף, (Dugong), הנקרא

ביאור | הארגמן נחשב יקר מאוד, ובמקומות רבים סימל גדולה. **וְתוֹלַעַת שָׁנִי**, צמר צבוע אדום בהיר, שצבעו הופק מכנימות. ומלבד חוטי צמר הכבשים הצבועים **שֵׁשׁ**, פשתן נקי[8] ושער **עִזִּים** קלוע, שנחשב לגס יותר.

ה חומרי יריעות הגג וחומרי הכתלים: **וְעֹרֹת אֵילִם**, זכרי הכבשים, **מְאָדָּמִים**, שהסירו מהם את השער וצבעו אותם באדום, **וְעֹרֹת תְּחָשִׁים**. זהותו של התחש אינה ברורה. היו שאמרו שהוא בעל חיים שנכחד, והיו שראו בו מין דולפין או יונק ימי אחר. נראה שעורו היה יקר ויצרו ממנו נעליים.[9] **וַעֲצֵי שִׁטִּים**, קורות עץ שיטה. בעץ חזק זה, העָמיד בפני תולעים ובפני רקב, השתמשו גם במצרים העתיקה.

ו שמן ובשמים: **שֶׁמֶן** הראוי **לַמָּאֹר**, **בְּשָׂמִים** לשם **שֶׁמֶן הַמִּשְׁחָה וְלִקְטֹרֶת הַסַּמִּים**.

אבני חן: ז **אַבְנֵי שֹׁהַם**. ייתכן שאלו הן אוניקס, אבנים שלָרוב גונן

מימין: שיטת הנילוס (עצי שִׁטים?)

משמאל: איל

העולם | בערבית 'דארש'), שהבדואים משתמשים בעורו לייצור סוליות. לפי רבי נחמיה (בירושלמי שבת ב,ג) הוא גלקטינין, בעל חיים פרוותי קטן הדומה לסמור (ערוך).

שִׁטָּה במזרח התיכון קיימים מספר סוגי עצי שיטה שחלקם מופיעים בממצאים ארכיאולוגיים מצריים כחלק מריהוט ומספינות, כגון: שיטת היאור (שם מדעי: Vachellia nilotica), עץ עמיד, אלא שאורך קורותיו, 3 מ', קצר יחסית לקרשי המשכן. לכן יש מי שטוען שהשתמשו גם בשיטה המלבינה (שם מדעי: Acacia albida), שענפיה ארוכים וישרים, גובהה מגיע ל–20 מ' והיא גדלה בסביבה עשירה במים (מ' כסלו). יצוין שחלק ניכר מחומרי המשכן יובאו ואינם בהכרח מן החומרים המצויים במדבר. לפי התלמוד הבבלי (ראש השנה כג ע"א), עצי השיטים שבמקרא אינם זהים לעצים המכונים בימינו שיטה. השיטה המקראית מזוהה שם כ'תורניתא' - אחד ממיני הארז. לפי רש"י ורשב"ם, היא מין אורן.

אַבְנֵי שֹׁהַם אבנים יקרות סודניות, שכן הן נזכרות כמצויות בארץ החוילה (בראשית ב,יב) המזוהה עם סודן. מהציווי וְלָקַחְתָּ אֶת שְׁתֵּי אַבְנֵי שֹׁהַם וּפִתַּחְתָּ עֲלֵיהֶם שְׁמוֹת בְּנֵי יִשְׂרָאֵל (להלן כח,ט) עולה כי מדובר באבן נוחה לגילוף. יש המזהים אותן עם סרדוניקס ואוניקס, מיני אבני קוורץ רכות, שצבען בדרך כלל חום–אדמדם, ואשר שימשו חותמות, טבעות, חרוזים ושאר קישוטים. שמם בתרגום האתיופי - samu - מזכיר את השם שוהם.

ח ט וְלַחֹשֶׁן׃ וְעָשׂוּ לִי מִקְדָּשׁ וְשָׁכַנְתִּי בְּתוֹכָם׃ כְּכֹל אֲשֶׁר
אֲנִי מַרְאֶה אוֹתְךָ אֵת תַּבְנִית הַמִּשְׁכָּן וְאֵת תַּבְנִית
י כָּל־כֵּלָיו וְכֵן תַּעֲשׂוּ׃ • וְעָשׂוּ אֲרוֹן עֲצֵי
שִׁטִּים אַמָּתַיִם וָחֵצִי אָרְכּוֹ וְאַמָּה וָחֵצִי רָחְבּוֹ וְאַמָּה
יא וָחֵצִי קֹמָתוֹ׃ וְצִפִּיתָ אֹתוֹ זָהָב טָהוֹר מִבַּיִת וּמִחוּץ
יב תְּצַפֶּנּוּ וְעָשִׂיתָ עָלָיו זֵר זָהָב סָבִיב׃ וְיָצַקְתָּ לּוֹ אַרְבַּע
טַבְּעֹת זָהָב וְנָתַתָּה עַל אַרְבַּע פַּעֲמֹתָיו וּשְׁתֵּי טַבָּעֹת

רש"י

הַמּוּסָב קָרוּי מִשְׁבֶּצֶת: **לָאֵפֹד וְלַחֹשֶׁן.** הַשֹּׁהַם לָאֵפוֹד וְאַבְנֵי הַמִּלּוּאִים לַחֹשֶׁן. וְחֹשֶׁן וְאֵפוֹד מְפֹרָשִׁים בִּ'וְאַתָּה תְּצַוֶּה' (שם כח, ו-ל), וְהֵם מִינֵי תַכְשִׁיט:

ח **וְעָשׂוּ לִי מִקְדָּשׁ.** וְעָשׂוּ לִשְׁמִי בֵּית קְדֻשָּׁה:

ט **כְּכֹל אֲשֶׁר אֲנִי מַרְאֶה אוֹתְךָ.** כָּאן "אֵת תַּבְנִית הַמִּשְׁכָּן". הַמִּקְרָא הַזֶּה מְחֻבָּר לַמִּקְרָא שֶׁלְּמַעְלָה הֵימֶנּוּ: "וְעָשׂוּ לִי מִקְדָּשׁ... כְּכֹל אֲשֶׁר אֲנִי מַרְאֶה אוֹתְךָ... וְכֵן תַּעֲשׂוּ" לְדוֹרוֹת, אִם יֹאבַד אֶחָד מִן הַכֵּלִים, אוֹ כְּשֶׁתַּעֲשׂוּ לִי כְּלֵי בֵּית עוֹלָמִים כְּגוֹן שֻׁלְחָנוֹת וּמְנוֹרוֹת וְכִיּוֹרוֹת וּמְכוֹנוֹת שֶׁעָשָׂה שְׁלֹמֹה, כְּתַבְנִית אֵלּוּ תַּעֲשׂוּ אוֹתָם. וְאִם לֹא הָיָה הַמִּקְרָא מְחֻבָּר לְמַעְלָה הֵימֶנּוּ, לֹא הָיָה לוֹ לִכְתֹּב: "וְכֵן תַּעֲשׂוּ" אֶלָּא "כֵּן תַּעֲשׂוּ", וְהָיָה מְדַבֵּר עַל עֲשִׂיַּת אֹהֶל מוֹעֵד וְכֵלָיו:

י **וְעָשׂוּ אֲרוֹן.** כְּמִין אֲרוֹנוֹת שֶׁעוֹשִׂים בְּלֹא רַגְלַיִם עֲשׂוּיִם כְּמִין אַרְגָּז שֶׁקּוֹרִין "אשקרי"ן, יוֹשֵׁב עַל שׁוּלָיו:

יא **מִבַּיִת וּמִחוּץ תְּצַפֶּנּוּ.** שְׁלֹשָׁה אֲרוֹנוֹת עָשָׂה בְּצַלְאֵל, שְׁנַיִם שֶׁל זָהָב וְאֶחָד שֶׁל עֵץ, אַרְבָּעָה כְתָלִים וְשׁוּלַיִם לְכָל אֶחָד, וּפְתוּחִים מִלְמַעְלָה. נָתַן שֶׁל עֵץ בְּתוֹךְ שֶׁל זָהָב, וְשֶׁל זָהָב בְּתוֹךְ שֶׁל עֵץ, וְחִפָּה שְׂפָתוֹ הָעֶלְיוֹנָה בְּזָהָב, נִמְצָא מְצֻפֶּה מִבַּיִת וּמִחוּץ: **זֵר זָהָב.** כְּמִין כֶּתֶר מַקִּיף לוֹ סָבִיב לְמַעְלָה מִשְּׂפָתוֹ, שֶׁעָשָׂה הָאָרוֹן הַחִיצוֹן גָּבוֹהַּ מִן הַפְּנִימִי עַד שֶׁעָלָה לְמוּל עֳבִי הַכַּפֹּרֶת וּלְמַעְלָה הֵימֶנּוּ מַשֶּׁהוּ, וּכְשֶׁהַכַּפֹּרֶת שׁוֹכֵב עַל עָבְיֵי הַכְּתָלִים עוֹלֶה הַזֵּר לְמַעְלָה מִכָּל עֳבִי הַכַּפֹּרֶת כָּל שֶׁהוּא, וְהוּא סִימָן לְכֶתֶר תּוֹרָה:

יב **וְיָצַקְתָּ.** לְשׁוֹן הַתָּכָה, כְּתַרְגּוּמוֹ: **פַּעֲמֹתָיו.** כְּתַרְגּוּמוֹ: "זָוְיָתֵיהּ". וּבַזָּוִיּוֹת הָעֶלְיוֹנוֹת סָמוּךְ לַכַּפֹּרֶת הָיוּ נְתוּנוֹת, שְׁתַּיִם מִכָּאן וּשְׁתַּיִם מִכָּאן לְרָחְבּוֹ שֶׁל אָרוֹן, וְהַבַּדִּים נְתוּנִים בָּהֶם, וְאָרְכּוֹ שֶׁל

הרחבות

'ועשו לי מקדש ושכנתי בתוכם' היו שדייקו בניסוחו של פסוק מסכם זה, שלא נאמר בו 'ושכנתי בתוכו' אלא 'בתוכם'. (ראו אלשיך). המקדש לא נבנה כדי שה' ישכון בו כשלעצמו. המקדש מסמל את הנוכחות האלוקית, ואין הוא בא אלא כדי שתשרה השכינה בתוך בני ישראל.

ביאור | הוא צהבהב-חום. **וְאַבְנֵי מִלֻּאִים**, אבנים משובצות.[10] באבני השוהם ישתמשו **לָאֵפֹד** ובאבני המילואים לשיבוץ **בַחֹשֶׁן**.

ח **וְעָשׂוּ לִי** בני ישראל **מִקְדָּשׁ**, מקום מקודש, **וְשָׁכַנְתִּי** באמצעותו **בְּתוֹכָם**. ט **כְּכֹל אֲשֶׁר אֲנִי מַרְאֶה אוֹתְךָ**, משה, **אֵת תַּבְנִית הַמִּשְׁכָּן וְאֵת תַּבְנִית כָּל כֵּלָיו**, שיפורטו בהמשך, **וְכֵן תַּעֲשׂוּ** אחר כך, כשתקיימו את הציווי.

הציווי על הארון

פרק כה פס' י–כב

הכלי הראשון שה' מצווה על בנייתו הוא הארון שכן זהו הכלי הקדוש ביותר במשכן. המשכן נקרא 'משכן העדות' על שם העדות המונחת בארון. עניינו המרכזי של המשכן הוא בית ארצי ללוחות השמימיים. סדר הציוויים אינו מכתיב את סדר בניית הכלים[11] או את מיקומם במרחב, אך ייתכן שהוא מבטא את דרגת חשיבותם.

אף על פי שתיאורי המשכן וכליו מפורטים ומדויקים, פרטים רבים נעדרים מהם. עם כל הגילוי שיש בעניינו של המשכן, תמיד יישאר הקודש אפוף מסתורין.

י **וְעָשׂוּ אֲרוֹן עֲצֵי שִׁטִּים – אַמָּתַיִם וָחֵצִי אָרְכּוֹ וְאַמָּה וָחֵצִי רָחְבּוֹ וְאַמָּה וָחֵצִי קֹמָתוֹ**, גובהו. אורכו גדול מגובהו, ועל כן תיבה מלבנית זו אינה ניצבת אלא שכובה. יא **וְצִפִּיתָ אֹתוֹ** מעל עצי השיטים **בְּזָהָב טָהוֹר, מִבַּיִת**, מבפנים **וּמִחוּץ תְּצַפֶּנּוּ**. אין כאן הוראה לגבי אופן הכנת הארון ולגבי עובי הציפוי וצורתו. חכמים הסבירו כי אין זו הדבקת ציפוי על לוחות העץ, אלא הכנת יחידות ציפוי שלמות - ארגז זהב בפנים וארגז זהב בחוץ.[12] **וְעָשִׂיתָ עָלָיו זֵר** צורה מעוצבת כעיטור **זָהָב סָבִיב**. גודלו וצורתו של הזר אינם מפורשים בכתוב. מתוך הקִרבה המצלולית בין המלים 'זר' ו'נזר', והעובדה ששניהם מקיפים סביב, נראה שהוא משמש מעין כתר לארון, כעין המצוי בשולחן.[13]

יב **וְיָצַקְתָּ לּוֹ** - לארון, **אַרְבַּע טַבְּעֹת זָהָב, וְנָתַתָּה עַל אַרְבַּע פַּעֲמֹתָיו**, פינותיו[14] או רגליו, אף על פי שאין ציווי מפורש להתקין לו רגליים,[15] **וּשְׁתֵּי**, שתי **טַבָּעֹת עַל צַלְעוֹ הָאֶחָת**, צדו האחד, **וּשְׁתֵּי טַבָּעֹת עַל**

הרחבות | **מידות הארון** חריגות משאר מידות המשכן וכליו בכך שבכל שלושת ממדיו הוא נמדד בחצאי אמות. היו שדרשו בכך מין רמז, שהארון אינו ניתן לקליטה, למדידה ולהכרה גמורה. כביכול הוא מצוי תמיד בין הממדים.

עַל־צַלְעוֹ הָאֶחָת וּשְׁתֵּי טַבָּעֹת עַל־צַלְעוֹ הַשֵּׁנִית׃
וְעָשִׂיתָ בַדֵּי עֲצֵי שִׁטִּים וְצִפִּיתָ אֹתָם זָהָב׃ וְהֵבֵאתָ יג יד
אֶת־הַבַּדִּים בַּטַּבָּעֹת עַל צַלְעֹת הָאָרֹן לָשֵׂאת אֶת־
הָאָרֹן בָּהֶם׃ בְּטַבְּעֹת הָאָרֹן יִהְיוּ הַבַּדִּים לֹא יָסֻרוּ טו
מִמֶּנּוּ׃ וְנָתַתָּ אֶל־הָאָרֹן אֵת הָעֵדֻת אֲשֶׁר אֶתֵּן טז
שני אֵלֶיךָ׃ וְעָשִׂיתָ כַפֹּרֶת זָהָב טָהוֹר אַמָּתַיִם וָחֵצִי יז
אָרְכָּהּ וְאַמָּה וָחֵצִי רָחְבָּהּ׃ וְעָשִׂיתָ שְׁנַיִם כְּרֻבִים זָהָב יח
מִקְשָׁה תַּעֲשֶׂה אֹתָם מִשְּׁנֵי קְצוֹת הַכַּפֹּרֶת׃ וַעֲשֵׂה יט
כְּרוּב אֶחָד מִקָּצָה מִזֶּה וּכְרוּב־אֶחָד מִקָּצָה מִזֶּה מִן־
הַכַּפֹּרֶת תַּעֲשׂוּ אֶת־הַכְּרֻבִים עַל־שְׁנֵי קְצוֹתָיו׃ וְהָיוּ כ

רש"י

הָאָרוֹן מַפְסִיק בֵּין הַבַּדִּים אַמָּתַיִם וָחֵצִי בֵּין בַּד לְבַד, שֶׁיִּהְיוּ שְׁנֵי בְנֵי אָדָם הַנּוֹשְׂאִים אֶת הָאָרוֹן מְהַלְּכִין בֵּינֵיהֶם, וְכֵן מְפֹרָשׁ בִּמְנָחוֹת בְּפֶרֶק 'שְׁתֵּי הַלֶּחֶם' (דף צח ע"ב): וּשְׁתֵּי טַבָּעֹת עַל צַלְעוֹ הָאֶחָת. הֵן הֵן הָאַרְבַּע טַבָּעוֹת שֶׁבִּתְחִלַּת הַמִּקְרָא, וּפֵרֵשׁ לְךָ הֵיכָן הָיוּ. וְהַוָּי"ו זוֹ יְתֵרָה הִיא, וּפִתְרוֹנוֹ כְּמוֹ שְׁתֵּי טַבָּעֹת. וְיֵשׁ לְךָ לְיַשְּׁבָהּ כֵּן: וּשְׁתַּיִם מִן הַטַּבָּעוֹת הָאֵלּוּ עַל צַלְעוֹ הָאֶחָת: צַלְעוֹ. צִדּוֹ:

יג) בַּדֵּי. מוֹטוֹת:

טו) לֹא יָסֻרוּ מִמֶּנּוּ. לְעוֹלָם:

טז) וְנָתַתָּ אֶל הָאָרֹן. כְּמוֹ בָּאָרוֹן: הָעֵדֻת. הַתּוֹרָה שֶׁהִיא לְעֵדוּת בֵּינִי וּבֵינֵיכֶם שֶׁצִּוִּיתִי אֶתְכֶם מִצְוֹת הַכְּתוּבוֹת בָּהּ:

יז) כַּפֹּרֶת. כִּסּוּי עַל הָאָרוֹן, שֶׁהָיָה פָּתוּחַ מִלְמַעְלָה וּמַנִּיחוֹ עָלָיו כְּמִין דַּף: אַמָּתַיִם וָחֵצִי אָרְכָּהּ. כְּאָרְכּוֹ שֶׁל אָרוֹן, וְרָחְבָּהּ כְּרָחְבּוֹ שֶׁל אָרוֹן, וּמֻנַּחַת עַל עָבְיֵי הַכְּתָלִים הָאַרְבָּעָה. וְאַף עַל פִּי שֶׁלֹּא נָתַן שִׁעוּר לְעָבְיָהּ, פֵּרְשׁוּ רַבּוֹתֵינוּ שֶׁהָיָה עָבְיָהּ טֶפַח:

יח) כְּרֻבִים. דְּמוּת פַּרְצוּף תִּינוֹק לָהֶם: מִקְשָׁה תַּעֲשֶׂה אֹתָם. שֶׁלֹּא תַעֲשֵׂם בִּפְנֵי עַצְמָם וּתְחַבְּרֵם בְּרָאשֵׁי הַכַּפֹּרֶת לְאַחַר עֲשִׂיָּתָם כְּמַעֲשֵׂה צוֹרְפִים שֶׁקּוֹרִין שולדרי"ן, אֶלָּא הַטֵּל זָהָב הַרְבֵּה בִּתְחִלַּת עֲשִׂיַּת הַכַּפֹּרֶת, וְהַכֵּה בְּפַטִּישׁ וּבְקֻרְנָס בָּאֶמְצַע וְרָאשִׁין בּוֹלְטִין לְמַעְלָה, וְצַיֵּר הַכְּרוּבִים בְּבְלִיטַת קְצוֹתָיו: מִקְשָׁה. בטדי"ן בְּלַעַז, כְּמוֹ: "דָּא לְדָא נָקְשָׁן" (דניאל ה, ו): קְצוֹת הַכַּפֹּרֶת. רָאשֵׁי הַכַּפֹּרֶת:

יט) וַעֲשֵׂה כְּרוּב אֶחָד מִקָּצָה. שֶׁלֹּא תֹאמַר, שְׁנַיִם כְּרוּבִים לְכָל קָצֶה וְקָצֶה, לְכָךְ הֻצְרַךְ לְפָרֵשׁ: "כְּרוּב אֶחָד מִקָּצָה מִזֶּה": מִן הַכַּפֹּרֶת. עַצְמָהּ, "תַּעֲשׂוּ אֶת הַכְּרֻבִים". זֶהוּ פֵּרוּשׁוֹ שֶׁל "מִקְשָׁה תַּעֲשֶׂה אֹתָם", שֶׁלֹּא תַעֲשֵׂם בִּפְנֵי עַצְמָם וּתְחַבְּרֵם לַכַּפֹּרֶת:

ביאור

צַלְעוֹ הַשֵּׁנִית. יג וְעָשִׂיתָ בַדֵּי, קורות, מוטות עֲצֵי שִׁטִּים, וְצִפִּיתָ
גם אֹתָם זָהָב. יד וְהֵבֵאתָ, השחל אֶת הַבַּדִּים בַּטַּבָּעֹת עַל צַלְעֹת
הָאָרֹן, כדי לָשֵׂאת אֶת הָאָרֹן בָּהֶם, באמצעותם, שכן המשכן וכליו
צריכים להתאים למסע. מבחינה פיזיקלית קשה להבין כיצד
טבעות זהב טהור - מתכת שאינה חזקה במיוחד - נשאו כובד
כזה. טו בְּטַבְּעֹת הָאָרֹן יִהְיוּ הַבַּדִּים. לֹא יָסֻרוּ מִמֶּנּוּ. בדי הארון אינם
רק אמצעי לנשיאתו; הם חלק ממבנה הכלי, ולכן אין להסירם גם
כשהארון אינו זקוק להם לשם תזוזה ממקום למקום.

טז **וְנָתַתָּ אֶל**, בתוך **הָאָרֹן אֵת** לוחות **הָעֵדֻת**, לוחות הברית **אֲשֶׁר אֶתֵּן אֵלֶיךָ.**

יז **וְעָשִׂיתָ כַפֹּרֶת**, מכסה **מִזָּהָב טָהוֹר**, ואף היא **אַמָּתַיִם וָחֵצִי אָרְכָּהּ וְאַמָּה וָחֵצִי רָחְבָּהּ.**

יח **וְעָשִׂיתָ שְׁנַיִם כְּרֻבִים**, דמויות מלאכים יצורי מרום[16] **זָהָב, מִקְשָׁה**
תַּעֲשֶׂה אֹתָם. מגוש הזהב של הכפורת יש ליצור את הכרובים,
שלא כתוספת לכפורת אלא כחלק מאותו גוש. פעולה זו אפשרית
באמצעות יציקה, אך המלה מִקְשָׁה מרמזת על כך שעיצוב
הכרובים לא ייעשה ביציקה לתבנית אלא באמצעות פעולת הקשה
והכאה.[17] אופן הכנה זה מסובך וקשה מאוד לביצוע. **מִשְּׁנֵי קְצוֹת**
הַכַּפֹּרֶת. יט **וַעֲשֵׂה כְּרוּב אֶחָד מִקָּצָה**, מקצה הכפורת **מִצַּד זֶה, וּכְרוּב**
אֶחָד מִקָּצָה מִזֶּה. מִן הַכַּפֹּרֶת תַּעֲשׂוּ אֶת הַכְּרֻבִים עַל שְׁנֵי קְצוֹתָיו. כ **וְהָיוּ**

הרחבות

'ונתת אל הארֹן את העדֻת' על כן מכונה הארון גם 'ארון העדות'. בפשטות נראה שבארון לא צריך להיות דבר מלבד הלוחות, אך היו חכמים שסברו שמאוחר יותר הונח בתוכו גם ספר תורה. (בבא בתרא יד ע"א; ראו דברים לא,כו; תוספות עירובין פג ע"ב).

הכפורת את הארון - תיבה פתוחה - תכסה כפורת זהב טהור, שצריכה להיות כבדה מאוד; במיוחד לאור המסורת שעוביה הוא טפח (סוכה ד ע"ב).

הכרובים לא נאמר כמה כנפיים יהיו לכרובים. בוודאי זוג אחד של כנפיים היו מורמות מעלה, כעין כיסוי מעל הכפורת, אך ייתכן שצריכים לעצב להם שש כנפיים, כמו שראה ישעיהו הנביא בחזונו (ישעיה ו,ב. אך ראו יחזקאל י,ג ו–כא).

מן הפסוק אפשר להבין כי יש להם גוף, כנפיים ופנים. אמנם מראה הכרובים אינו מתואר בבירור בשום מקום, אך הכרובים נזכרים במקרא בתור מלאכים. (ראו יחזקאל י; בראשית ג,כד). הכרובים הופיעו בפעם הראשונה כשומרי גן עדן אשר חסמו את שיבת האדם אל הגן (בראשית שם). כאשר הנביא יחזקאל, שהיה כהן ונשא בזיכרונו מראות מבית המקדש, ראה בחזונו יצורים שמימיים, הוא ידע שהם כרובים בשל דמיונם לכרובים שעל הארון (יחזקאל י,כ).

הַכְּרֻבִים פֹּרְשֵׂי כְנָפַיִם לְמַעְלָה סֹכְכִים בְּכַנְפֵיהֶם עַל־
הַכַּפֹּרֶת וּפְנֵיהֶם אִישׁ אֶל־אָחִיו אֶל־הַכַּפֹּרֶת יִהְיוּ פְּנֵי
כא הַכְּרֻבִים: וְנָתַתָּ אֶת־הַכַּפֹּרֶת עַל־הָאָרֹן מִלְמָעְלָה
וְאֶל־הָאָרֹן תִּתֵּן אֶת־הָעֵדֻת אֲשֶׁר אֶתֵּן אֵלֶיךָ:
כב וְנוֹעַדְתִּי לְךָ שָׁם וְדִבַּרְתִּי אִתְּךָ מֵעַל הַכַּפֹּרֶת מִבֵּין
שְׁנֵי הַכְּרֻבִים אֲשֶׁר עַל־אֲרוֹן הָעֵדֻת אֵת כָּל־אֲשֶׁר
אֲצַוֶּה אוֹתְךָ אֶל־בְּנֵי יִשְׂרָאֵל:

רש"י

כ] **פֹּרְשֵׂי כְנָפַיִם.** שֶׁלֹּא תַעֲשֶׂה כַּנְפֵיהֶם שׁוֹכְבִים, אֶלָּא פְרוּשִׂים וּגְבוֹהִים לְמַעְלָה אֵצֶל רָאשֵׁיהֶם, שֶׁיְּהֵא עֲשָׂרָה טְפָחִים בֶּחָלָל שֶׁבֵּין הַכְּנָפַיִם לַכַּפֹּרֶת, כִּדְאִיתָא בְּסֻכָּה (דף ה ע"ב):

כא] **וְאֶל הָאָרֹן תִּתֵּן אֶת הָעֵדֻת.** לֹא יָדַעְתִּי לָמָּה נִכְפַּל, שֶׁהֲרֵי כְּבָר נֶאֱמַר: "וְנָתַתָּ אֶל הָאָרֹן אֵת הָעֵדֻת" (לעיל פסוק טז)! וְיֵשׁ לוֹמַר, שֶׁבָּא לְלַמֵּד שֶׁבְּעוֹדוֹ אָרוֹן לְבַדּוֹ בְּלֹא כַּפֹּרֶת יִתֵּן תְּחִלָּה הָעֵדוּת לְתוֹכוֹ, וְאַחַר כָּךְ יִתֵּן אֶת הַכַּפֹּרֶת עָלָיו, וְכֵן מָצִינוּ כְּשֶׁהֵקִים אֶת הַמִּשְׁכָּן, נֶאֱמַר: "וַיִּתֵּן אֶת הָעֵדֻת אֶל הָאָרֹן" וְאַחַר כָּךְ: "וַיִּתֵּן אֶת הַכַּפֹּרֶת עַל הָאָרֹן מִלְמָעְלָה" (להלן מ, כ):

כב] **וְנוֹעַדְתִּי.** כְּשֶׁאֶקְבַּע מוֹעֵד לְךָ לְדַבֵּר עִמְּךָ, אוֹתוֹ מָקוֹם אֶקְבַּע לַמּוֹעֵד, שֶׁאָבוֹא שָׁם לְדַבֵּר אֵלֶיךָ: **וְדִבַּרְתִּי אִתְּךָ מֵעַל הַכַּפֹּרֶת.** וּבְמָקוֹם אַחֵר הוּא אוֹמֵר: "וַיְדַבֵּר ה' אֵלָיו מֵאֹהֶל מוֹעֵד לֵאמֹר" (ויקרא א, א), זֶה הַמִּשְׁכָּן מִחוּץ לַפָּרֹכֶת, נִמְצְאוּ שְׁנֵי כְתוּבִים מַכְחִישִׁים זֶה אֶת זֶה! בָּא הַכָּתוּב הַשְּׁלִישִׁי וְהִכְרִיעַ בֵּינֵיהֶם: "וּבְבֹא מֹשֶׁה אֶל אֹהֶל מוֹעֵד... וַיִּשְׁמַע אֶת הַקּוֹל מִדַּבֵּר אֵלָיו מֵעַל הַכַּפֹּרֶת" וְגוֹ' (במדבר ז, פט), מֹשֶׁה הָיָה נִכְנָס לַמִּשְׁכָּן, וְכֵיוָן שֶׁבָּא בְּתוֹךְ הַפֶּתַח קוֹל יוֹרֵד מִן הַשָּׁמַיִם לְבֵין הַכְּרוּבִים, וּמִשָּׁם יוֹצֵא וְנִשְׁמָע לְמֹשֶׁה בְּאֹהֶל מוֹעֵד: **וְאֵת כָּל אֲשֶׁר אֲצַוֶּה אוֹתְךָ אֶל בְּנֵי יִשְׂרָאֵל.** הֲרֵי וָי"ו זוֹ יְתֵרָה וּטְפֵלָה. וְכָמוֹהָ הַרְבֵּה בַּמִּקְרָא, וְכֹה תִּפְתֹּר: וַאֲשֶׁר אֲדַבֵּר עִמְּךָ שָׁם "אֵת כָּל אֲשֶׁר אֲצַוֶּה אוֹתְךָ אֶל בְּנֵי יִשְׂרָאֵל" הוּא:

הרחבות

חכמים אמרו על פי מסורת שהייתה בידיהם ומתוך דרשה על בסיס הארמית, שפני הכרובים נראו כשל ילדים (סוכה ה ע"ב), ושהם נראו בדמויות זכר ונקבה (יומא נד).

'ודברתי אתך מעל הכפרת מבין שני הכרֻבים' כנפיהם הפרושות של הכרובים כביכול יסככו על הכיסא שכבוד ה' יושב עליו, ואילו לוחות הברית יהיו כהדום לרגליו. לכן ה' מכונה 'יושב הכרובים'

ביאור | הַכְּרֻבִים פֹּרְשֵׂי כְנָפַיִם לְמַעְלָה, סֹכְכִים בְּכַנְפֵיהֶם עַל הַכַּפֹּרֶת. וּפְנֵיהֶם
אִישׁ אֶל אָחִיו, הכרובים יפנו זה לקראת זה, ועם זאת אֶל הַכַּפֹּרֶת
יִהְיוּ פְּנֵי הַכְּרֻבִים. מבטם יפנה מטה, לעבר הכפורת. כא וְנָתַתָּ אֶת
הַכַּפֹּרֶת עַל הָאָרֹן מִלְמָעְלָה, וְאֶל תוך הָאָרֹן תִּתֵּן אֶת לוחות הָעֵדֻת
אֲשֶׁר אֶתֵּן אֵלֶיךָ.

כב וְנוֹעַדְתִּי לְךָ, אפגש אתך שָׁם, וְדִבַּרְתִּי אִתְּךָ מֵעַל הַכַּפֹּרֶת מִבֵּין שְׁנֵי
הַכְּרֻבִים אֲשֶׁר עַל אֲרוֹן הָעֵדֻת אֵת כָּל אֲשֶׁר אֲצַוֶּה אוֹתְךָ אֶל בְּנֵי יִשְׂרָאֵל.
זה עתיד להיות מקום התגלותי אליך.

ארון העדות

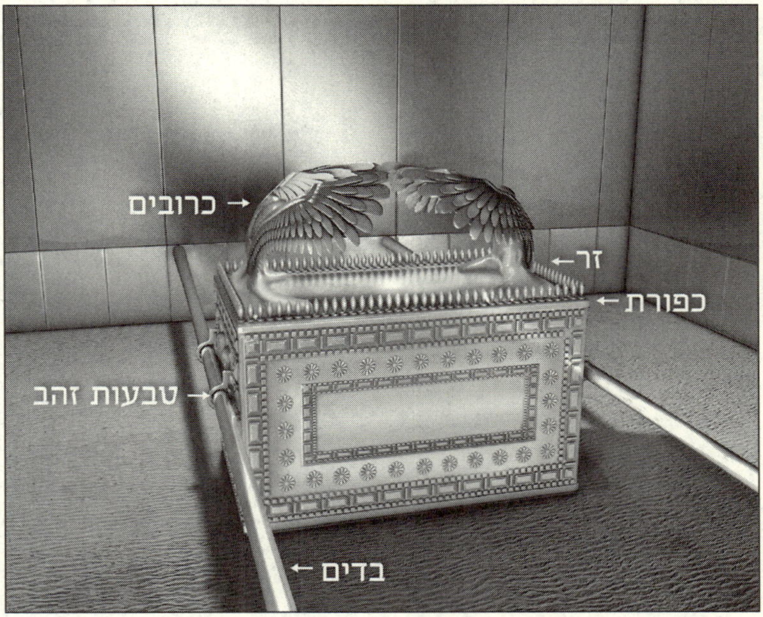

הרחבות | (שמואל א׳ ד,ד; תהלים פ,ב). תיאור זה מזכיר את המראה שראו משה, אהרן, נדב, אביהוא ושבעים הזקנים, כשנגלה להם אֱלֹהֵי יִשְׂרָאֵל וְתַחַת רַגְלָיו כְּמַעֲשֵׂה לִבְנַת הַסַּפִּיר (לעיל כד,י). מתחת לכיסא הכרובים, נמצא הדום רגליו של אלוקים שהוא גוש של ספיר. אלו הם לוחות הברית העשויים אבן, אולי אבן ספיר, (ראו מדרש תנחומא כי תשא כט ורש״י שמות לד,א) הנתונים בתוך הארון.

כג וְעָשִׂ֥יתָ שֻׁלְחָ֖ן עֲצֵ֣י שִׁטִּ֑ים אַמָּתַ֤יִם אָרְכּוֹ֙ וְאַמָּ֣ה רָחְבּ֔וֹ
כד וְאַמָּ֥ה וָחֵ֖צִי קֹמָתֽוֹ׃ וְצִפִּיתָ֥ אֹת֖וֹ זָהָ֣ב טָה֑וֹר וְעָשִׂ֥יתָ לּ֛וֹ
כה זֵ֥ר זָהָ֖ב סָבִֽיב׃ וְעָשִׂ֨יתָ לּ֥וֹ מִסְגֶּ֛רֶת טֹ֖פַח סָבִ֑יב וְעָשִׂ֧יתָ
כו זֵר־זָהָ֛ב לְמִסְגַּרְתּ֖וֹ סָבִֽיב׃ וְעָשִׂ֣יתָ לּ֔וֹ אַרְבַּ֖ע טַבְּעֹ֣ת
זָהָ֑ב וְנָתַתָּ֙ אֶת־הַטַּבָּעֹ֔ת עַ֚ל אַרְבַּ֣ע הַפֵּאֹ֔ת אֲשֶׁ֖ר
כז לְאַרְבַּ֥ע רַגְלָֽיו׃ לְעֻמַּת֙ הַמִּסְגֶּ֔רֶת תִּהְיֶ֖יןָ הַטַּבָּעֹ֑ת
כח לְבָתִּ֣ים לְבַדִּ֔ים לָשֵׂ֖את אֶת־הַשֻּׁלְחָֽן׃ וְעָשִׂ֤יתָ אֶת־
הַבַּדִּים֙ עֲצֵ֣י שִׁטִּ֔ים וְצִפִּיתָ֥ אֹתָ֖ם זָהָ֑ב וְנִשָּׂא־בָ֖ם אֶת־

רש"י

כג) קֹמָתוֹ. גֹּבַהּ רַגְלָיו עִם עֳבִי הַשֻּׁלְחָן:

כד) זֵר זָהָב. סִימָן לְכֶתֶר מַלְכוּת, שֶׁהַשֻּׁלְחָן שֵׁם עֹשֶׁר וּגְדֻלָּה, כְּמוֹ שֶׁאוֹמְרִים: שֻׁלְחַן מְלָכִים:

כה) מִסְגֶּרֶת. כְּתַרְגּוּמוֹ: "גְּדַנְפָא". וְנֶחְלְקוּ חַכְמֵי יִשְׂרָאֵל בַּדָּבָר: יֵשׁ אוֹמְרִים לְמַעְלָה הָיְתָה סָבִיב לַשֻּׁלְחָן, כְּמוֹ לְבִזְבְּזִין שֶׁבִּשְׂפַת שֻׁלְחַן שָׂרִים, וְיֵשׁ אוֹמְרִים לְמַטָּה הָיְתָה תְּקוּעָה מֵרֶגֶל לְרֶגֶל בְּאַרְבַּע רוּחוֹת הַשֻּׁלְחָן, וְדַף הַשֻּׁלְחָן שׁוֹכֵב עַל אוֹתָהּ מִסְגֶּרֶת: וְעָשִׂיתָ זֵר זָהָב לְמִסְגַּרְתּוֹ. הוּא זֵר הָאָמוּר לְמַעְלָה, וּפֵרֵשׁ לְךָ כָּאן שֶׁעַל הַמִּסְגֶּרֶת הָיָה:

כז) לְעֻמַּת הַמִּסְגֶּרֶת תִּהְיֶיןָ הַטַּבָּעוֹת. בָּרַגְלַיִם תְּקוּעוֹת כְּנֶגֶד רָאשֵׁי הַמִּסְגֶּרֶת: לְבָתִּים לְבַדִּים. אוֹתָן הַטַּבָּעוֹת יִהְיוּ בָּתִּים לְהַכְנִיס בָּהֶן הַבַּדִּים: לְבָתִּים. לְצֹרֶךְ בָּתִּים: לְבַדִּים. כְּתַרְגּוּמוֹ: "לְאַתְרָא לַאֲרִיחַיָּא":

כח) וְנִשָּׂא בָם. לְשׁוֹן נִפְעַל, יִהְיֶה נִשָּׂא בָם אֶת הַשֻּׁלְחָן:

הציווי על השולחן

פרק כה פס׳ כג-ל

לאחר הציווי על עשיית הארון, הכלי היחיד שיועמד בתוך קודש-הקודשים, ה׳ מצווה את משה על עשיית השולחן והמנורה, ששניהם יוצבו בקודש. בתוך הארון היו מונחים לוחות הברית, ועל כן הוא ביטא את דבר ה׳. הזר שעליו נחשב אפוא כדימוי לכתר תורה. השולחן יועמד במקום גלוי יותר, ועליו יונח לחם הפנים. על כן הוא נחשב כמגלם את שפע הברכה החומרית שה׳ משפיע על עולמו[18] וזר הזהב שעליו זוהה עם כתר מלכות, המבטא את השלטון ואת הדאגה לצרכי העם.[19]

ביאור

כג **וְעָשִׂיתָ שֻׁלְחָן** מ**עֲצֵי שִׁטִּים** – **אַמָּתַיִם אָרְכּוֹ וְאַמָּה רָחְבּוֹ וְאַמָּה וָחֵצִי**
קֹמָתוֹ. כד **וְצִפִּיתָ אֹתוֹ זָהָב טָהוֹר, וְעָשִׂיתָ לּוֹ זֵר זָהָב סָבִיב**, כמו הארון,
אף השולחן יעוטר במין כתר.[20] כה **וְעָשִׂיתָ לּוֹ מִסְגֶּרֶת** שגובהה **טֹפַח**,
טֶפח **סָבִיב. וְעָשִׂיתָ** את **זֵר הַזָּהָב** האמור **לְמִסְגַּרְתּוֹ סָבִיב.**

כו **וְעָשִׂיתָ לּוֹ אַרְבַּע טַבְּעֹת זָהָב, וְנָתַתָּ אֶת הַטַּבָּעֹת עַל אַרְבַּע הַפֵּאֹת**,
הפינות **אֲשֶׁר לְאַרְבַּע רַגְלָיו** של השולחן. כז **לְעֻמַּת**, מול **הַמִּסְגֶּרֶת**
תִּהְיֶיןָ הַטַּבָּעֹת, והן ישמשו **לְבָתִּים**, כלי קיבול **לְבַדִּים**, למוטות **לָשֵׂאת**
אֶת הַשֻּׁלְחָן בהם. כח **וְעָשִׂיתָ אֶת הַבַּדִּים עֲצֵי שִׁטִּים, וְצִפִּיתָ אֹתָם**

השולחן

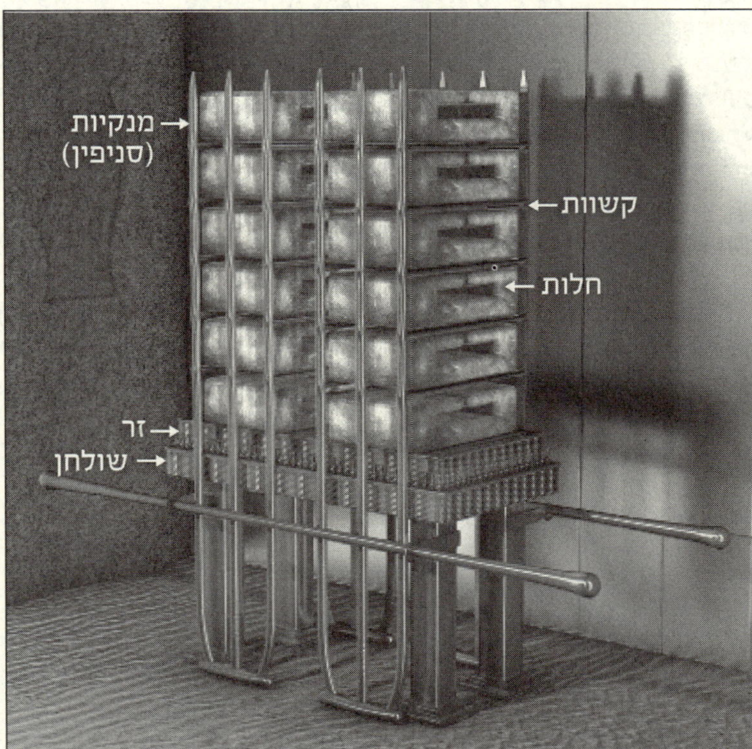

כט הַשֻּׁלְחָן: וְעָשִׂיתָ קְּעָרֹתָיו וְכַפֹּתָיו וּקְשׂוֹתָיו וּמְנַקִּיֹּתָיו
ל אֲשֶׁר יֻסַּךְ בָּהֵן זָהָב טָהוֹר תַּעֲשֶׂה אֹתָם: וְנָתַתָּ עַל־
הַשֻּׁלְחָן לֶחֶם פָּנִים לְפָנַי תָּמִיד:

רש"י

כט) **וְעָשִׂיתָ קְּעָרֹתָיו וְכַפֹּתָיו.** קְעָרֹתָיו זֶה דְּפוּס, שֶׁהָיָה עָשׂוּי כִּדְפוּס הַלֶּחֶם. וְהַלֶּחֶם הָיָה עָשׂוּי כְּמִין תֵּבָה פְרוּצָה מִשְּׁתֵּי רוּחוֹתֶיהָ, שׁוּלַיִם לוֹ לְמַטָּה, וְזוֹקֵף מִכָּאן וּמִכָּאן כְּלַפֵּי מַעְלָה כְּמִין כְּתָלִים. וּלְכָךְ קָרוּי לֶחֶם הַפָּנִים, שֶׁיֵּשׁ לוֹ פָּנִים רוֹאִים לְכָאן וּלְכָאן לְצִדֵּי הַבַּיִת מִזֶּה וּמִזֶּה. וְנוֹתֵן אָרְכּוֹ לְרָחְבּוֹ שֶׁל שֻׁלְחָן, וְכָתְלָיו זְקוּפִים כְּנֶגֶד שְׂפַת הַשֻּׁלְחָן. וְהָיָה עָשׂוּי לוֹ דְּפוּס זָהָב וּדְפוּס בַּרְזֶל; בְּשֶׁל בַּרְזֶל הוּא נֶאֱפֶה, וּכְשֶׁמּוֹצִיאוֹ מִן הַתַּנּוּר נוֹתְנוֹ בְּשֶׁל זָהָב עַד לְמָחָר, בְּשַׁבָּת, שֶׁמְּסַדְּרוֹ עַל הַשֻּׁלְחָן, וְאוֹתוֹ דְּפוּס קָרוּי קְעָרָה: **וְכַפֹּתָיו.** בָּזִיכִין שֶׁנּוֹתְנִין בָּהֶם לְבוֹנָה, שְׁתַּיִם הָיוּ לִשְׁנֵי קֻמְצֵי לְבוֹנָה שֶׁנּוֹתְנִין עַל שְׁתֵּי הַמַּעֲרָכוֹת, שֶׁנֶּאֱמַר: "וְנָתַתָּ עַל הַמַּעֲרֶכֶת לְבֹנָה זַכָּה" (ויקרא כד, ז): **וּקְשׂוֹתָיו.** הֵן כְּמִין חֲצָאֵי קָנִים חֲלוּלִים הַנִּסְדָּקִין לְאָרְכָּן, דֻּגְמָתָן עוֹשֶׂה שֶׁל זָהָב וּמְסַדֵּר שְׁלֹשָׁה עַל רֹאשׁ כָּל לֶחֶם, שֶׁיֵּשֵׁב לֶחֶם הָאֶחָד עַל גַּבֵּי אוֹתָן הַקָּנִים, וּמַבְדִּילִין בֵּין לֶחֶם לְלֶחֶם כְּדֵי שֶׁתִּכָּנֵס הָרוּחַ בֵּינֵיהֶם וְלֹא יִתְעַפְּשׁוּ. וּבִלְשׁוֹן עֲרָבִי כָּל דָּבָר חָלוּל קָרוּי קסו"א: **וּמְנַקִּיֹּתָיו.** תַּרְגּוּמוֹ "וּמְכִילָתֵיהּ", הֵן סְנִיפִין כְּמִין יְתֵדוֹת זָהָב עוֹמְדִין בָּאָרֶץ וּגְבוֹהִין עַד לְמַעְלָה מִן הַשֻּׁלְחָן הַרְבֵּה כְּנֶגֶד גֹּבַהּ מַעֲרֶכֶת הַלֶּחֶם, וּמְפֻצָּלִים שִׁשָּׁה פִצּוּלִים, זֶה לְמַעְלָה מִזֶּה, וְרָאשֵׁי הַקָּנִים שֶׁבֵּין לֶחֶם לְלֶחֶם סְמוּכִין עַל אוֹתָן פִּצּוּלִין, כְּדֵי שֶׁלֹּא יִכְבַּד מַשָּׂא הַלֶּחֶם הָעֶלְיוֹנִים עַל הַתַּחְתּוֹנִים וְיִשָּׁבְרוּ. וּלְשׁוֹן "מְכִילָתֵיהּ" סוֹבְלוֹתָיו, כְּמוֹ: "נִלְאֵיתִי הָכִיל" (ירמיה ו, יא). אֲבָל לְשׁוֹן 'מְנַקִּיֹּת' אֵינִי יוֹדֵעַ אֵיךְ נוֹפֵל עַל סְנִיפִין. וְיֵשׁ מֵחַכְמֵי יִשְׂרָאֵל אוֹמְרִים, "קְשׂוֹתָיו" אֵלּוּ סְנִיפִין, שֶׁמַּקְשִׁין אוֹתוֹ וּמַחֲזִיקִים אוֹתוֹ שֶׁלֹּא יִשָּׁבֵר, "וּמְנַקִּיֹּתָיו" אֵלּוּ הַקָּנִים, שֶׁמְּנַקִּין אוֹתוֹ שֶׁלֹּא יִתְעַפֵּשׁ. אֲבָל אוּנְקְלוֹס שֶׁתִּרְגֵּם: "וּמְכִילָתֵיהּ" הָיָה שׁוֹנֶה כְּדִבְרֵי הָאוֹמֵר מְנַקִּיּוֹת הֵן סְנִיפִין: **אֲשֶׁר יֻסַּךְ בָּהֵן.** אֲשֶׁר יְכֻסֶּה בָּהֶן. וְעַל קְשׂוֹתָיו הוּא אוֹמֵר: "אֲשֶׁר יֻסַּךְ", שֶׁהָיוּ עָלָיו כְּמִין סְכָךְ וְכִסּוּי, וְכֵן בְּמָקוֹם אַחֵר הוּא אוֹמֵר: "וְאֵת קְשׂוֹת הַנָּסֶךְ" (במדבר ד, ז). וְזֶה וָזֶה, 'יֻסַּךְ' וְ'הַנָּסֶךְ', לְשׁוֹן סְכָךְ וְכִסּוּי הֵם:

ל) **לֶחֶם פָּנִים.** שֶׁהָיוּ לוֹ פָּנִים כְּמוֹ שֶׁפֵּרַשְׁתִּי. וּמִנְיַן הַלֶּחֶם וְסֵדֶר מַעַרְכוֹתָיו מְפֹרָשִׁים בְּ'אֱמֹר אֶל הַכֹּהֲנִים' (ויקרא כד, ה-ט):

ביאור

זָהָב, וְנִשָּׂא בָם, באמצעותם **אֶת הַשֻּׁלְחָן**. כמו הארון, אף השולחן ניתן לנשיאה ממקום למקום באמצעות הבדים.[21]

כט **וְעָשִׂיתָ** גם את כלי השולחן: **קְעָרֹתָיו** העשויות להכיל סולת או בצק, **וְכַפֹּתָיו** המיועדות להכלת הלבונה,[22] **וּקְשׂוֹתָיו**, מעין צינורות דקים המורכבים קומות קומות מעל לשולחן כדי להניח עליהם את הלחם,[23] **וּמְנַקִּיֹּתָיו**, עמודים משני צדי השולחן, שאליהם יוצמדו הצינורות כך שייווצרו מעין מגרות זו מעל זו,[24] **אֲשֶׁר יֻסַּךְ בָּהֵן**, שיסוככו מעל השולחן.[25] וכל אלה - **זָהָב טָהוֹר תַּעֲשֶׂה אֹתָם**.

ל **וְנָתַתָּ עַל הַשֻּׁלְחָן לֶחֶם פָּנִים**, לחם שיש לו חזית, והוא יונח **לְפָנַי תָּמִיד**.

כף - בזיך לבונה

הרחבות

'ונתת על השֻלחן לחם פנים' את לחם הפנים יחליפו פעם בשבוע (ויקרא כד,ה-ט). אין הכתוב מפרש כיצד ייעשה הלחם, ומהי צורתו המדויקת. חכמים נחלקו אם הלחם עוצב בצורת תיבה הפרוצה כלפי מעלה או שהיה דומה יותר לסירה (מנחות צד).

לא וְעָשִׂיתָ מְנֹרַת זָהָב טָהוֹר מִקְשָׁה תֵּיעָשֶׂה הַמְּנוֹרָה
יְרֵכָהּ וְקָנָהּ גְּבִיעֶיהָ כַּפְתֹּרֶיהָ וּפְרָחֶיהָ מִמֶּנָּה יִהְיוּ׃
לב וְשִׁשָּׁה קָנִים יֹצְאִים מִצִּדֶּיהָ שְׁלֹשָׁה ׀ קְנֵי מְנֹרָה מִצִּדָּהּ
לג הָאֶחָד וּשְׁלֹשָׁה קְנֵי מְנֹרָה מִצִּדָּהּ הַשֵּׁנִי׃ שְׁלֹשָׁה

רש״י

לא) **מִקְשָׁה תֵּיעָשֶׂה הַמְּנוֹרָה.** שֶׁלֹּא יַעֲשֶׂנָּה חֲלָיוֹת, וְלֹא יַעֲשֶׂה קָנֶיהָ וְנֵרוֹתֶיהָ חֲבָרִים חֲבָרִים וְאַחַר כָּךְ יַדְבִּיקֵם כְּדֶרֶךְ הַצּוֹרְפִים שֶׁקּוֹרִין סולדדי״ן, אֶלָּא כֻּלָּהּ בָּאָה מֵחֲתִיכָה אַחַת, וּמַקִּישׁ בַּקֻּרְנָס וְחוֹתֵךְ בִּכְלֵי הָאֻמָּנוּת וּמַפְרִיד הַקָּנִים אֵילָךְ וְאֵילָךְ. תַּרְגּוּמוֹ שֶׁל ״מִקְשָׁה״: ״נְגִיד״, לְשׁוֹן הַמְשָׁכָה, שֶׁמַּמְשִׁיךְ הָאֵבָרִים מִן הָעֶשֶׁת לְכָאן וּלְכָאן בְּהַקָּשַׁת הַקֻּרְנָס. וּלְשׁוֹן ״מִקְשָׁה״ מַכַּת קֻרְנָס, בטדי״ץ בְּלַעַז: **תֵּיעָשֶׂה הַמְּנוֹרָה.** מֵאֵלֶיהָ, לְפִי שֶׁהָיָה מֹשֶׁה מִתְקַשֶּׁה בָּהּ, אָמַר לוֹ הַקָּדוֹשׁ בָּרוּךְ הוּא: הַשְׁלֵךְ אֶת הַכִּכָּר לָאוּר וְהִיא נַעֲשֵׂית מֵאֵלֶיהָ. לְכָךְ לֹא נִכְתַּב ׳תַּעֲשֶׂה׳: **יְרֵכָהּ.** הוּא הָרֶגֶל שֶׁלְּמַטָּה הֶעָשׂוּי כְּמִין תֵּבָה, וּשְׁלֹשֶׁת הָרַגְלַיִם יוֹצְאִין הֵימֶנָּה מַטָּה: **וְקָנָהּ.** הַקָּנֶה הָאֶמְצָעִי שֶׁלָּהּ הָעוֹלֶה בְּאֶמְצַע הַיָּרֵךְ זָקוּף כְּלַפֵּי מַעְלָה, וְעָלָיו נֵר הָאֶמְצָעִי עָשׂוּי כְּמִין בָּזֶךְ לָצוּק הַשֶּׁמֶן לְתוֹכוֹ וְלָתֵת הַפְּתִילָה: **גְּבִיעֶיהָ.** הֵן כְּמִין כּוֹסוֹת שֶׁעוֹשִׂין מִזְּכוּכִית אֲרֻכִּים וּקְצָרִים, וְקוֹרִין לָהֶם מדרינ״ש, וְאֵלּוּ עֲשׂוּיִין שֶׁל זָהָב וּבוֹלְטִין וְיוֹצְאִין מִכָּל קָנֶה וְקָנֶה כַּמִּנְיָן שֶׁנָּתַן בָּהֶם הַכָּתוּב, וְלֹא הָיוּ בָהּ אֶלָּא לְנוֹי: **כַּפְתֹּרֶיהָ.** כְּמִין תַּפּוּחִים הָיוּ עֲגֻלִּין סָבִיב, בּוֹלְטִין סְבִיבוֹת הַקָּנֶה הָאֶמְצָעִי, כְּדֶרֶךְ שֶׁעוֹשִׂין לַמְּנוֹרוֹת שֶׁלִּפְנֵי הַשָּׂרִים וְקוֹרִין לָהֶם פומיל״ש, וּמִנְיָן שֶׁלָּהֶם כָּתוּב בַּפָּרָשָׁה, כַּמָּה כַּפְתּוֹרִים בּוֹלְטִין מִמֶּנָּה וְכַמָּה חָלָק בֵּין כַּפְתּוֹר לְכַפְתּוֹר: **וּפְרָחֶיהָ.** צִיּוּרִין עֲשׂוּיִין בָּהּ כְּמִין פְּרָחִים: **מִמֶּנָּה יִהְיוּ.** הַכֹּל מִקְשָׁה יוֹצֵא מִתּוֹךְ חֲתִיכַת הָעֶשֶׁת, וְלֹא יַעֲשֵׂם לְבַדָּם וְיַדְבִּיקֵם:

לב) **יֹצְאִים מִצִּדֶּיהָ.** לְכָאן וּלְכָאן בַּאֲלַכְסוֹן, נִמְשָׁכִים וְעוֹלִין עַד כְּנֶגֶד גָּבְהָהּ שֶׁל מְנוֹרָה שֶׁהוּא קָנֶה הָאֶמְצָעִי, וְיוֹצְאִים מִתּוֹךְ קָנֶה הָאֶמְצָעִי זֶה לְמַעְלָה מִזֶּה, הַתַּחְתּוֹן אָרֹךְ וְשֶׁל מַעְלָה קָצָר הֵימֶנּוּ וְהָעֶלְיוֹן קָצָר הֵימֶנּוּ, לְפִי שֶׁהָיָה גֹּבַהּ רָאשֵׁיהֶן שָׁוֶה לְגָבְהוֹ שֶׁל קָנֶה הָאֶמְצָעִי הַשְּׁבִיעִי שֶׁמִּמֶּנּוּ יוֹצְאִים הַשִּׁשָּׁה:

הציווי על המנורה

פרק כה פס׳ לא–מ

כמו הארון, שגילם את כיסאו של ה׳, וכמו השולחן, המקבילים לרהיטי ביתו של אדם, תשמש במשכנו של אלוקים גם המנורה, המקבילה לכלי התאורה האנושי.

ביאור | לא **וְעָשִׂיתָ מְנֹרַת זָהָב טָהוֹר. מִקְשָׁה תֵּעָשֶׂה הַמְּנוֹרָה.** כמו כפורת הארון וכרוביו, אף המנורה לא תיעשה ביציקה ולא בחיבורן של חתיכות, אלא כעיצוב של גוש זהב אחד באמצעות הקשה.[26] **יְרֵכָהּ**, בסיס המנורה. לפי מסורת חכמים, היו לירך המנורה רגליים.[27] **וְקָנָהּ** - הקנה המרכזי שלה, או: כלל קניה, **גְּבִיעֶיהָ, כַּפְתֹּרֶיהָ וּפְרָחֶיהָ**, עיטורים שונים שמיקומם יפורט להלן – **מִמֶּנָּה יִהְיוּ**, כולם ייעשו מאותו גוש זהב.

לב **וְשִׁשָּׁה קָנִים יֹצְאִים מִצִּדֶּיהָ: שְׁלֹשָׁה קְנֵי מְנֹרָה מִצִּדָּהּ הָאֶחָד וּשְׁלֹשָׁה**
קְנֵי מְנֹרָה מִצִּדָּהּ הַשֵּׁנִי. לג וזוהי התבנית הקבועה של קישוט הקנים:

המנורה

גְבִעִ֗ים מְשֻׁקָּדִ֞ים בַּקָּנֶ֣ה הָאֶחָ֮ד כַּפְתֹּ֣ר וָפֶרַח֒ וּשְׁלֹשָׁ֣ה
גְבִעִ֗ים מְשֻׁקָּדִ֛ים בַּקָּנֶ֥ה הָאֶחָ֖ד כַּפְתֹּ֣ר וָפָ֑רַח כֵּ֚ן לְשֵׁ֣שֶׁת
הַקָּנִ֔ים הַיֹּצְאִ֖ים מִן־הַמְּנֹרָֽה׃ וּבַמְּנֹרָ֖ה אַרְבָּעָ֣ה גְבִעִ֑ים לד
מְשֻׁקָּדִ֔ים כַּפְתֹּרֶ֖יהָ וּפְרָחֶֽיהָ׃ וְכַפְתֹּ֗ר תַּ֣חַת שְׁנֵי֩ הַקָּנִ֨ים לה
מִמֶּ֜נָּה וְכַפְתֹּ֗ר תַּ֤חַת שְׁנֵי֙ הַקָּנִים֙ מִמֶּ֔נָּה וְכַפְתֹּ֕ר תַּֽחַת־
שְׁנֵ֥י הַקָּנִ֖ים מִמֶּ֑נָּה לְשֵׁ֙שֶׁת֙ הַקָּנִ֔ים הַיֹּצְאִ֖ים מִן־הַמְּנֹרָֽה׃

רש"י

לג] **מְשֻׁקָּדִים.** כְּתַרְגּוּמוֹ, מְצֻיָּרִים הָיוּ כְּדֶרֶךְ שֶׁעוֹשִׂין לִכְלֵי כֶּסֶף וְזָהָב שֶׁקּוֹרִין נייל"ר: **שְׁלֹשָׁה גְבִעִים.** בּוֹלְטִין מִכָּל קָנֶה וְקָנֶה: **כַּפְתֹּר וָפֶרַח.** הָיָה לְכָל קָנֶה וְקָנֶה:

לד] **וּבַמְּנֹרָה אַרְבָּעָה גְבִעִים.** בְּגוּפָהּ שֶׁל מְנוֹרָה הָיוּ אַרְבָּעָה גְּבִיעִים, אֶחָד בּוֹלֵט בָּהּ לְמַטָּה מִן הַקָּנִים, וְהַשְּׁלֹשָׁה לְמַעְלָה מִן יְצִיאַת הַקָּנִים הַיּוֹצְאִים מִצִּדֶּיהָ: **מְשֻׁקָּדִים כַּפְתֹּרֶיהָ וּפְרָחֶיהָ.** זֶה אֶחָד מֵחֲמִשָּׁה מִקְרָאוֹת שֶׁאֵין לָהֶם הֶכְרֵעַ, אֵין יָדוּעַ אִם "גְּבִעִים מְשֻׁקָּדִים" אוֹ "מְשֻׁקָּדִים כַּפְתֹּרֶיהָ וּפְרָחֶיהָ":

לה] **וְכַפְתֹּר תַּחַת שְׁנֵי הַקָּנִים.** מִתּוֹךְ הַכַּפְתּוֹר הָיוּ הַקָּנִים נִמְשָׁכִים מִשְּׁנֵי צִדֶּיהָ אֵילָךְ וְאֵילָךְ. כָּךְ שָׁנִינוּ בִּמְלֶאכֶת הַמִּשְׁכָּן: גָּבְהָהּ שֶׁל מְנוֹרָה שְׁמוֹנָה עָשָׂר טְפָחִים. הָרַגְלַיִם וְהַפֶּרַח שְׁלֹשָׁה טְפָחִים, הוּא הַפֶּרַח הָאָמוּר בַּיָּרֵךְ שֶׁנֶּאֱמַר: "עַד יְרֵכָהּ עַד פִּרְחָהּ" (במדבר ח, ד), וּטְפָחַיִם חָלָק, וְטֶפַח שֶׁבּוֹ גָּבִיעַ מֵהָאַרְבָּעָה גְּבִיעִים וְכַפְתּוֹר וָפֶרַח מִשְּׁנֵי כַּפְתּוֹרִים וּשְׁנֵי פְּרָחִים הָאֲמוּרִים בַּמְּנוֹרָה עַצְמָהּ, שֶׁנֶּאֱמַר: "מְשֻׁקָּדִים כַּפְתֹּרֶיהָ וּפְרָחֶיהָ" (בפסוק הקודם), לָמַדְנוּ שֶׁהָיוּ בַּקָּנֶה שְׁנֵי כַּפְתּוֹרִים וּשְׁנֵי פְּרָחִים לְבַד מִן הַשְּׁלֹשָׁה כַּפְתּוֹרִים שֶׁהַקָּנִים נִמְשָׁכִין מִתּוֹכָן, שֶׁנֶּאֱמַר: "וְכַפְתֹּר תַּחַת שְׁנֵי הַקָּנִים" וְגוֹ', וּטְפָחַיִם חָלָק, וְטֶפַח כַּפְתּוֹר, וּשְׁנֵי קָנִים יוֹצְאִים מִמֶּנּוּ אֵילָךְ וְאֵילָךְ נִמְשָׁכִים וְעוֹלִים כְּנֶגֶד גָּבְהָהּ שֶׁל מְנוֹרָה, וְטֶפַח חָלָק, וְטֶפַח כַּפְתּוֹר, וּשְׁנֵי קָנִים יוֹצְאִים מִמֶּנּוּ, וְטֶפַח חָלָק, וְטֶפַח כַּפְתּוֹר, וּשְׁנֵי קָנִים יוֹצְאִים מִמֶּנּוּ, וּטְפָחַיִם חָלָק, נִשְׁתַּיְּרוּ שָׁם שְׁלֹשָׁה טְפָחִים, שֶׁבָּהֶם שְׁלֹשָׁה גְּבִיעִים וְכַפְתּוֹר וָפֶרַח. נִמְצְאוּ גְּבִיעִים שְׁנַיִם וְעֶשְׂרִים, שְׁמוֹנָה עֶשְׂרֵה לְשִׁשָּׁה קָנִים שְׁלֹשָׁה לְכָל אֶחָד וְאֶחָד, וְאַרְבָּעָה בְּגוּפָהּ שֶׁל מְנוֹרָה; וְאַחַד עָשָׂר כַּפְתּוֹרִים, שִׁשָּׁה בְּשֵׁשֶׁת הַקָּנִים, וּשְׁלֹשָׁה בְּגוּפָהּ שֶׁל מְנוֹרָה שֶׁהַקָּנִים יוֹצְאִים מֵהֶם, וּשְׁנַיִם עוֹד בַּמְּנוֹרָה שֶׁנֶּאֱמַר: "מְשֻׁקָּדִים כַּפְתֹּרֶיהָ" וּמִעוּט כַּפְתּוֹרִים שְׁנַיִם, הָאֶחָד לְמַטָּה אֵצֶל הַיָּרֵךְ וְהָאֶחָד בִּשְׁלֹשָׁה טְפָחִים הָעֶלְיוֹנִים עִם הַשְּׁלֹשָׁה גְּבִיעִים. וְתִשְׁעָה פְּרָחִים הָיוּ לָהּ, שִׁשָּׁה לְשֵׁשֶׁת הַקָּנִים, שֶׁנֶּאֱמַר: "בַּקָּנֶה הָאֶחָד כַּפְתֹּר וָפֶרַח" (לעיל פסוק לג), וּשְׁלֹשָׁה לַמְּנוֹרָה, שֶׁנֶּאֱמַר: "מְשֻׁקָּדִים כַּפְתֹּרֶיהָ וּפְרָחֶיהָ" (בפסוק הקודם) וּמִעוּט פְּרָחִים שְׁנַיִם, וְאֶחָד הָאָמוּר בְּפָרָשַׁת 'בְּהַעֲלֹתְךָ' (במדבר ח, ד) "עַד יְרֵכָהּ עַד פִּרְחָהּ". וְאִם תְּדַקְדֵּק בְּמִשְׁנָה זוֹ הַכְּתוּבָה לְמַעְלָה תִּמְצָאֵם כְּמִנְיָנָם אִישׁ אִישׁ בִּמְקוֹמוֹ:

ביאור

שְׁלֹשָׁה גְבִעִים, העשויים ליופי, מְשֻׁקָּדִים, מעוצבים ומעוטרים באופן
דק ועשויים בשקידה ובזהירות,[28] או: בעלי תבליטים בצורת שקדים,[29]
בַּקָּנֶה הָאֶחָד, בכל קנה. ונוסף על הגביעים היה גם כַּפְתֹּר, שצורתו
אינה ידועה, וצורת פֶּרַח, וּשְׁלֹשָׁה גְבִעִים מְשֻׁקָּדִים בַּקָּנֶה הָאֶחָד,
כַּפְתֹּר וָפָרַח – כֵּן לְשֵׁשֶׁת הַקָּנִים הַיֹּצְאִים מִן הַמְּנֹרָה. כל קני המנורה
ייעשו מזהב, ויהיו שווים בעיטורי הגביעים, הכפתורים והפרחים.

לד וּבגוף הַמְּנֹרָה, בקנה האמצעי שלה, אַרְבָּעָה גְבִעִים, מְשֻׁקָּדִים
כַּפְתֹּרֶיהָ וּפְרָחֶיהָ. גם הכפתורים והפרחים יעוצבו בצורת השקדים
האמורה בגביעי הקנים.[30] לה וְכַפְתֹּר יהיה תַּחַת שְׁנֵי הַקָּנִים היוצאים
מִמֶּנָּה, וְכַפְתֹּר תַּחַת שְׁנֵי הַקָּנִים האחרים היוצאים מִמֶּנָּה, וְכַפְתֹּר תַּחַת
שְׁנֵי הַקָּנִים מִמֶּנָּה, כך לְשֵׁשֶׁת הַקָּנִים הַיֹּצְאִים מִן הַמְּנֹרָה. התבנית
החוזרת היא עיטור של כפתור בכל נקודת חיבור של צמד קנים

חלקי קנה המנורה

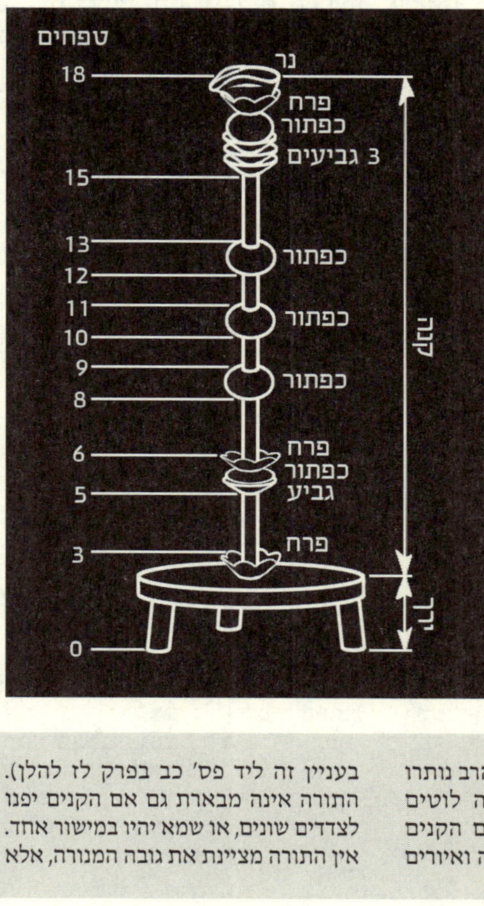

הרחבות

מעשה המנורה למרות הפירוט הרב נותרו פרטים רבים ממעשה המנורה לוטים בערפל: בתורה לא מבואר אם הקנים מעוגלים או ישרים; (ראו הרחבה ואיורים בעניין זה ליד פס׳ כב בפרק לז להלן). התורה אינה מבוארת גם אם הקנים יפנו לצדדים שונים, או שמא יהיו במישור אחד. אין התורה מציינת את גובה המנורה, אלא

לו כַּפְתֹּרֵיהֶם וּקְנֹתָם מִמֶּנָּה יִהְיוּ כֻּלָּהּ מִקְשָׁה אַחַת זָהָב
לז טָהוֹר׃ וְעָשִׂיתָ אֶת־נֵרֹתֶיהָ שִׁבְעָה וְהֶעֱלָה אֶת־נֵרֹתֶיהָ
לח וְהֵאִיר עַל־עֵבֶר פָּנֶיהָ׃ וּמַלְקָחֶיהָ וּמַחְתֹּתֶיהָ זָהָב
לט טָהוֹר׃ כִּכָּר זָהָב טָהוֹר יַעֲשֶׂה אֹתָהּ אֵת כָּל־הַכֵּלִים
מ הָאֵלֶּה׃ וּרְאֵה וַעֲשֵׂה בְּתַבְנִיתָם אֲשֶׁר־אַתָּה מָרְאֶה׃

רש״י

לז **אֶת נֵרֹתֶיהָ.** כְּמִין בָּזִיכִין שֶׁנּוֹתְנִין בְּתוֹכָם הַשֶּׁמֶן וְהַפְּתִילוֹת: **וְהֵאִיר עַל עֵבֶר פָּנֶיהָ.** עֲשֵׂה פִּי שֵׁשֶׁת הַנֵּרוֹת שֶׁבְּרָאשֵׁי הַקָּנִים הַיּוֹצְאִים מִצִּדֶּיהָ מֻסְבִּים כְּלַפֵּי הָאֶמְצָעִי, כְּדֵי שֶׁיִּהְיוּ הַנֵּרוֹת כְּשֶׁתַּדְלִיקֵם מְאִירִים "אֶל עֵבֶר פָּנֶיהָ", מוּסָב אוֹרָם אֶל צַד פְּנֵי הַקָּנֶה הָאֶמְצָעִי שֶׁהוּא גּוּף הַמְּנוֹרָה:

לח **וּמַלְקָחֶיהָ.** הֵם הַצְּבָתִים הָעֲשׂוּיִין לִקַּח בָּהֶם הַפְּתִילוֹת מִתּוֹךְ הַשֶּׁמֶן לְיַשְּׁבָן וּלְמָשְׁכָן בְּפִי הַנֵּרוֹת, וְעַל שֵׁם שֶׁלּוֹקְחִים בָּהֶם קְרוּיִים מֶלְקָחַיִם, וְ"צִיבְתַהָא" שֶׁתִּרְגֵּם אוּנְקְלוֹס, לְשׁוֹן צְבַת, טנייל"ש בְּלַעַז: **וּמַחְתֹּתֶיהָ.** הֵם כְּמִין בָּזִיכִין קְטַנִּים שֶׁחוֹתֶה בָּהֶן אֶת הָאֵפֶר שֶׁבַּנֵּר בַּבֹּקֶר בַּבֹּקֶר, כְּשֶׁהוּא מֵטִיב אֶת הַנֵּרוֹת מֵאֵפֶר הַפְּתִילוֹת שֶׁדָּלְקוּ הַלַּיְלָה וְכָבוּ. וּלְשׁוֹן מַחְתָּה פושיידור"א בְּלַעַז, כְּמוֹ: "לַחְתּוֹת אֵשׁ מִיָּקוּד" (ישעיה ל, יד):

לט **כִּכַּר זָהָב טָהוֹר.** שֶׁלֹּא יִהְיֶה מִשְׁקָלָהּ עִם כָּל כֵּלֶיהָ אֶלָּא כִּכָּר, לֹא פָּחוֹת וְלֹא יוֹתֵר. וְהַכִּכָּר שֶׁל חוֹל שִׁשִּׁים מָנֶה, וְשֶׁל קֹדֶשׁ הָיָה כָּפוּל, מֵאָה וְעֶשְׂרִים מָנֶה, וְהַמָּנֶה הוּא לִיטְרָא שֶׁשּׁוֹקְלִין בָּהּ כֶּסֶף לְמִשְׁקַל קוֹלוֹנְיָא, וְהֵם מֵאָה זְהוּבִים, עֶשְׂרִים וַחֲמִשָּׁה סְלָעִים, וְהַסֶּלַע אַרְבָּעָה זְהוּבִים:

מ **וּרְאֵה וַעֲשֵׂה.** רְאֵה כָּאן בָּהָר תַּבְנִית שֶׁאֲנִי מַרְאֶה אוֹתְךָ, מַגִּיד שֶׁנִּתְקַשָּׁה מֹשֶׁה בְּמַעֲשֵׂה הַמְּנוֹרָה עַד שֶׁהֶרְאָה לוֹ הַקָּדוֹשׁ בָּרוּךְ הוּא מְנוֹרָה שֶׁל אֵשׁ: **אֲשֶׁר אַתָּה מָרְאֶה.** כְּתַרְגּוּמוֹ: "דְּאַתְּ מִתַּחְזֵי בְּטוּרָא". אִלּוּ הָיָה נָקוּד 'מַרְאֶה' בְּפַתָּח, הָיָה פִּתְרוֹנוֹ, אַתָּה מַרְאֶה לַאֲחֵרִים, עַכְשָׁיו שֶׁנָּקוּד חֲטַף קָמָץ, פִּתְרוֹנוֹ 'דְּאַתְּ מִתַּחְזֵי', שֶׁאֲחֵרִים מַרְאִים לְךָ:

הרחבות

את כובדה הרב, אך ביד חכמים הייתה מסורת שלפיה גובהה היה שלוש אמות, כלומר כמטר וחצי (מנחות כח ע"ב). נפחו של משקל כיכר זהב טהור אינו גדול, ועל כן לפי שיעור הגובה והמשקל הנקובים נראה שקני המנורה היו דקים.

המשכן וכליו בצד השולחן והמנורה עמד באוהל מועד גם מזבח הקטורת. הוראות עשייתו נדחו לאחר ההוראות בדבר היריעות, גוף המשכן והחצר, מזבח הקרבנות שיעמוד בחצר ובגדי הקודש (להלן ל,א-י). מכיוון שמתכונת המשכן

ביאור

בקנה האמצעי. לו והוא חוזר ואומר: **כַּפְתֹּרֵיהֶם** של הקנים **וּקְנֹתָם**
עצמם – **מִמֶּנָּה יִהְיוּ.** ייעשו מהמנורה עצמה, **כֻּלָּהּ,** על קניה וקישוטיה
מִקְשָׁה אַחַת זָהָב טָהוֹר.

לז **וְעָשִׂיתָ אֶת נֵרֹתֶיהָ,** כלי הקיבול לשמן ולפתילות שעל הקנים – **שִׁבְעָה.** שישה על הקנים היוצאים מצדיה, והקנה המרכזי - גוף המנורה. **וְהֶעֱלָה אֶת נֵרֹתֶיהָ,** ידליקו[31] את הפתילות שבנרות, **וְהֵאִיר עַל עֵבֶר פָּנֶיהָ.** כל הלהבות יפנו כלפי הקנה המרכזי,[32] או: כלפי חזית המנורה, השטח שלפני הקנה המרכזי.[33]

לח **וּמַלְקָחֶיהָ,** המלקחיים שישמשו לטיפול בפתילה, **וּמַחְתֹּתֶיהָ,** כלי גריפה וכלי קיבול קטנים, מעין כפות שתחתיתן שטוחה וצדם הקדמי פתוח, ובהן ייטלו את הפתילות השרופות מן הנרות - כל אלה עשויים **זָהָב טָהוֹר.**

לט **כִּכָּר זָהָב טָהוֹר יַעֲשֶׂה אֹתָהּ וְאֵת כָּל הַכֵּלִים הָאֵלֶּה.** המשקל הכולל של המנורה וכליה הוא כיכר זהב טהור, כשלושים עד חמישים קילוגרם זהב, לפי שיטות החישוב השונות.

מ **וּרְאֵה וַעֲשֵׂה** את המנורה ושאר הכלים **בְּתַבְנִיתָם אֲשֶׁר אַתָּה מָרְאֶה בָּהָר.** על אף אריכות הלשון קשה מאוד לתאר במלים צורות מורכבות ומפורטות אלו. לכן ה׳ הראה למשה את תבנית הכלים, כך שיוכל להדריך את האומנים בעשיית הכלים כראוי. משה ראה משכן של מעלה, ובו כל הכלים ופרטיהם, וחיזיון זה השלים את מה שלא תואר בלשון בשלמות. על פיו יוכלו ליצור את הכלים הממשיים במשכן שלמטה.

הרחבות

בנויה כתבנית בית, וכליו העיקריים מסמלים מיטה או כיסא, שולחן ומנורה, מזבח הקטורת הוא אפוא מעין תוספת מעדנת, כדרך שנהגו במשך דורות רבים להעלות קטורת בבתיהם של עשירים כדי לבשמם, בעיקר בזמן סעודה. ייתכן שמכיוון שמזבח זה מבטא תוספת הדר ומלכות הוא מופיע בנפרד מן הכלים הבסיסיים שיעמדו בבית ה׳ (ראו ספורנו, אדרת אליהו והכתב והקבלה).

שלישי יט בָּהָר: וְאֶת־הַמִּשְׁכָּן תַּעֲשֶׂה עֶשֶׂר יְרִיעֹת א כו
שֵׁשׁ מָשְׁזָר וּתְכֵלֶת וְאַרְגָּמָן וְתֹלַעַת שָׁנִי כְּרֻבִים
מַעֲשֵׂה חֹשֵׁב תַּעֲשֶׂה אֹתָם: אֹרֶךְ ׀ הַיְרִיעָה הָאַחַת ב
שְׁמֹנֶה וְעֶשְׂרִים בָּאַמָּה וְרֹחַב אַרְבַּע בָּאַמָּה הַיְרִיעָה
הָאֶחָת מִדָּה אַחַת לְכָל־הַיְרִיעֹת: חָמֵשׁ הַיְרִיעֹת ג
תִּהְיֶיןָ חֹבְרֹת אִשָּׁה אֶל־אֲחֹתָהּ וְחָמֵשׁ יְרִיעֹת חֹבְרֹת
אִשָּׁה אֶל־אֲחֹתָהּ: וְעָשִׂיתָ לֻלְאֹת תְּכֵלֶת עַל שְׂפַת ד
הַיְרִיעָה הָאֶחָת מִקָּצָה בַּחֹבָרֶת וְכֵן תַּעֲשֶׂה בִּשְׂפַת
הַיְרִיעָה הַקִּיצוֹנָה בַּמַּחְבֶּרֶת הַשֵּׁנִית: חֲמִשִּׁים לֻלָאֹת ה
תַּעֲשֶׂה בַּיְרִיעָה הָאֶחָת וַחֲמִשִּׁים לֻלָאֹת תַּעֲשֶׂה
בִּקְצֵה הַיְרִיעָה אֲשֶׁר בַּמַּחְבֶּרֶת הַשֵּׁנִית מַקְבִּילֹת
הַלֻּלָאֹת אִשָּׁה אֶל־אֲחֹתָהּ: וְעָשִׂיתָ חֲמִשִּׁים קַרְסֵי ו

רש"י | פרק כו

א | **ואת המשכן תעשה עשר יריעת.** להיות לו לגג ולמחצות מחוץ לקרשים, שהיריעות תלויות מאחוריהן לכסותן: **שש משזר ותכלת וארגמן ותלעת שני.** הרי ארבעה מינין בכל חוט וחוט, אחד של פשתים ושלשה של צמר, וכל מין ומין חוטו כפול ששה, הרי ארבעה מינין כשהן שזורין יחד עשרים וארבעה כפלים לחוט: **כרבים מעשה חשב.** כרובים היו מצוירין בהם באריגתן, ולא ברקימה שהוא מעשה מחט, אלא באריגה בשני כתלים, פרצוף אחד מכאן ופרצוף אחד מכאן, ארי מצד זה ונשר מצד זה, כמו שאורגין חגורות של משי שקורין בלעז פיישי"ש:

ג | **תהיין חברת.** תופרן במחט זו בצד זו, חמש לבד וחמש לבד: **אשה אל אחתה.** כך דרך המקרא לדבר בדבר שהוא לשון נקבה; ובדבר שהוא לשון זכר אומר: 'איש אל אחיו', כמו שנאמר בכרובים: "ופניהם איש אל אחיו" (לעיל כה, כ):

ד | **ללאת.** לצול"ש בלעז, וכן תרגם אונקלוס: "ענובין", לשון עניבה: **מקצה בחברת.** באותה יריעה שבסוף החבור, קבוצת חמשת היריעות קרויה חוברת: **וכן תעשה בשפת היריעה הקיצונה במחברת השנית.** באותה יריעה שהיא קיצונה, לשון קצה, כלומר לסוף החוברת:

ה | **מקבילת הללאת אשה אל אחתה.** שמור שתעשה הלולאות מכוונות במדה

הציווי על יריעות הגג של המשכן

פרק כו פס' א–יד

כאמור, ההוראות על כלי המשכן וחלקיו אינן מכתיבות את סדר הכנתם. כך הופיעו תחילה הציוויים בדבר הכנת הכלים, ורק עתה עובר הכתוב אל הציווים הנוגעים למשכן גופו, אף על פי שמתבקש שתחילה ייעשה האוהל, ובו ישימו את הכלים שיוכנו מאוחר יותר. ואכן בפרשיות הביצוע מסופר שעשיית המבנה החיצוני קדמה.[34] גם במבנה בולט ההבדל בין סדרן של ההוראות לבין סדר הביצוע: משה מצֻווה תחילה על יריעות הגג שבהן יכוסה המשכן, ורק לאחר מכן יקבל את ההוראות בדבר דפנותיו ומחיצותיו.

ביאור | פרק כו א **וְאֶת הַמִּשְׁכָּן**, שבו תשים את הכלים האמורים, **תַּעֲשֶׂה**
באופן הבא: **עֶשֶׂר יְרִיעֹת** שתהיינה **שֵׁשׁ**, פשתן שצבעו לבן[35] **מָשְׁזָר**,
קלוע, **ו**עמו יישזרו חוטי צמר צבוע **תְכֵלֶת**, כחולים **וְאַרְגָּמָן**, סגולים-
אדומים, **וְתֹלַעַת שָׁנִי**, צבע אדום בהיר. בצורות **כְּרֻבִים מַעֲשֵׂה חֹשֵׁב**
תַּעֲשֶׂה אֹתָם - את היריעות. כדי שיופיעו צורות הכרובים על כל
היריעות נדרשת מלאכת אומנות מורכבת. היו שפירשו שבאריגה זו
נראתה תמונה שונה בכל אחד מצדי הבד.[36] ב **אֹרֶךְ הַיְרִיעָה הָאַחַת**,
כל אחת מהיריעות – **שְׁמֹנֶה וְעֶשְׂרִים** ביחידת מידה של **אַמָּה**, שהיא
הרוחב שבין המרפק לקצה אצבעות היד של גבר, **וְרֹחַב** – **אַרְבַּע**
בָּאַמָּה הַיְרִיעָה הָאֶחָת. מִדָּה אַחַת, אחידה **לְכָל הַיְרִיעֹת**. ג מתוך
עשר היריעות הללו **חֲמֵשׁ הַיְרִיעֹת תִּהְיֶיןָ חֹבְרֹת**, מחוברות **אִשָּׁה**
אֶל אֲחֹתָהּ, זו אל זו. יש לתפור אותן ליחידה אחת. **וְחָמֵשׁ יְרִיעֹת**
האחרות יהיו **חֹבְרֹת אִשָּׁה אֶל אֲחֹתָהּ**.

ד **וְעָשִׂיתָ לֻלְאֹת תְּכֵלֶת**, העשויות מצמר צבוע תכלת **עַל שְׂפַת**
הַיְרִיעָה הָאֶחָת מִקָּצָה בַּחֹבָרֶת, בקצה היריעה החיצונית מבין חמש
היריעות המחוברות יש לתפור לולאות תכלת, **וְכֵן** - לולאות תכלת
תַּעֲשֶׂה בִּשְׂפַת הַיְרִיעָה הַקִּיצוֹנָה בַּמַּחְבֶּרֶת הַשֵּׁנִית, בקצה חמש
היריעות המחוברות האחרות. ה **חֲמִשִּׁים לֻלָאֹת תַּעֲשֶׂה בַּיְרִיעָה**
הָאֶחָת, וַחֲמִשִּׁים לֻלָאֹת תַּעֲשֶׂה בִּקְצֵה הַיְרִיעָה אֲשֶׁר בַּמַּחְבֶּרֶת הַשֵּׁנִית.
מַקְבִּילֹת הַלֻּלָאֹת אִשָּׁה אֶל אֲחֹתָהּ. חמישים לולאות מול חמישים

זָהָב וְחִבַּרְתָּ אֶת־הַיְרִיעֹת אִשָּׁה אֶל־אֲחֹתָהּ בַּקְּרָסִים
ז וְהָיָה הַמִּשְׁכָּן אֶחָד׃ וְעָשִׂיתָ יְרִיעֹת עִזִּים לְאֹהֶל עַל־
ח הַמִּשְׁכָּן עַשְׁתֵּי־עֶשְׂרֵה יְרִיעֹת תַּעֲשֶׂה אֹתָם׃ אֹרֶךְ ׀
הַיְרִיעָה הָאַחַת שְׁלֹשִׁים בָּאַמָּה וְרֹחַב אַרְבַּע בָּאַמָּה
הַיְרִיעָה הָאֶחָת מִדָּה אַחַת לְעַשְׁתֵּי עֶשְׂרֵה יְרִיעֹת׃

רש"י

אַחַת הַבְּדָלָתָן זוֹ מִזּוֹ, וּכְמִדָּתָן כִּירִיעָה זוֹ כֵּן יְהֵא בַּחֲבֶרְתָּהּ, כְּשֶׁתִּפְרֹשׂ חוֹבֶרֶת אֵצֶל חוֹבֶרֶת יִהְיוּ הַלּוּלָאוֹת שֶׁל יְרִיעָה זוֹ מְכֻוָּנוֹת כְּנֶגֶד לוּלָאוֹת שֶׁל זוֹ. וְזֶהוּ לְשׁוֹן 'מַקְבִּילֹת', זוֹ כְּנֶגֶד זוֹ, תַּרְגּוּמוֹ שֶׁל 'נֶגֶד' – 'לָקֳבֵל' (לעיל י, י). הַיְרִיעוֹת אָרְכָּן עֶשְׂרִים וּשְׁמוֹנֶה וְרָחְבָּן אַרְבַּע, וּכְשֶׁחִבֵּר חָמֵשׁ יְרִיעוֹת יַחַד נִמְצָא רָחְבָּן עֶשְׂרִים, וְכֵן הַחוֹבֶרֶת הַשֵּׁנִית. וְהַמִּשְׁכָּן אָרְכּוֹ שְׁלֹשִׁים מִן הַמִּזְרָח לַמַּעֲרָב, שֶׁנֶּאֱמַר: "עֶשְׂרִים קְרָשִׁים לִפְאַת נֶגֶב תֵּימָנָה" (להלן לו, כג; כעין זה להלן פסוק יח), וְכֵן לַצָּפוֹן (להלן פסוק כ), וְכָל קֶרֶשׁ אַמָּה וַחֲצִי הָאַמָּה (להלן פסוק טז), הֲרֵי שְׁלֹשִׁים מִן הַמִּזְרָח לַמַּעֲרָב. רֹחַב הַמִּשְׁכָּן מִן הַצָּפוֹן לַדָּרוֹם עֶשֶׂר אַמּוֹת, שֶׁנֶּאֱמַר: "וּלְיַרְכְּתֵי הַמִּשְׁכָּן יָמָּה וְגוֹ' וּשְׁנֵי קְרָשִׁים... לִמְקֻצְעֹת" (להלן פסוקים כב-כג) הֲרֵי עֶשֶׂר, וּבִמְקוֹמָם אֲפָרְשֵׁם לַמִּקְרָאוֹת הַלָּלוּ. נוֹתֵן הַיְרִיעוֹת אָרְכָּן לְרָחְבּוֹ שֶׁל מִשְׁכָּן, עֶשֶׂר אַמּוֹת הָאֶמְצָעִיּוֹת לְגַג חֲלַל רֹחַב הַמִּשְׁכָּן, וְאַמָּה מִכָּאן וְאַמָּה מִכָּאן לְעָבְיֵ רָאשֵׁי הַקְּרָשִׁים, שֶׁעָבְיָן אַמָּה, נִשְׁתַּיְּרוּ שֵׁשׁ עֶשְׂרֵה אַמָּה, שְׁמוֹנֶה לַצָּפוֹן וּשְׁמוֹנֶה לַדָּרוֹם, מְכַסּוֹת קוֹמַת הַקְּרָשִׁים שֶׁגָּבְהָן עֶשֶׂר, נִמְצְאוּ שְׁתֵּי אַמּוֹת הַתַּחְתּוֹנוֹת מְגֻלּוֹת. רָחְבָּן שֶׁל יְרִיעוֹת אַרְבָּעִים אַמָּה כְּשֶׁהֵן מְחֻבָּרוֹת, עֶשְׂרִים אַמָּה לְחוֹבֶרֶת. שְׁלֹשִׁים מֵהֶן לְגַג חֲלַל הַמִּשְׁכָּן לְאָרְכּוֹ, וְאַמָּה כְּנֶגֶד עָבְיֵ רָאשֵׁי הַקְּרָשִׁים שֶׁבַּמַּעֲרָב, וְאַמָּה לְכַסּוֹת עָבְיֵ הָעַמּוּדִים שֶׁבַּמִּזְרָח, שֶׁלֹּא הָיוּ קְרָשִׁים בַּמִּזְרָח אֶלָּא אַרְבָּעָה עַמּוּדִים שֶׁהַמָּסָךְ פָּרוּשׂ וְתָלוּי בָּוָוִין שֶׁבָּהֶן כְּמִין וִילוֹן, נִשְׁתַּיְּרוּ שְׁמוֹנֶה אַמּוֹת הַתְּלוּיִין עַל אֲחוֹרֵי הַמִּשְׁכָּן שֶׁבַּמַּעֲרָב, וּשְׁתֵּי אַמּוֹת הַתַּחְתּוֹנוֹת מְגֻלּוֹת. זוֹ מָצָאתִי בַּבָּרַיְתָא דְּאַרְבָּעִים וָתֵשַׁע מִדּוֹת. אֲבָל בְּמַסֶּכֶת שַׁבָּת (דף צח ע"ב) אֵין הַיְרִיעוֹת מְכַסּוֹת אֶת עַמּוּדֵי הַמִּזְרָח, וְתֵשַׁע אַמּוֹת תְּלוּיוֹת אֲחוֹרֵי הַמִּשְׁכָּן, וְהַכָּתוּב מְסַיְּעֵנוּ: "וְנָתַתָּה אֶת הַפָּרֹכֶת תַּחַת הַקְּרָסִים" (להלן פסוק לג), וְאִם כְּדִבְרֵי הַבָּרַיְתָא הַזֹּאת, נִמְצֵאת פָּרֹכֶת מְשׁוּכָה מִן הַקְּרָסִים וְלַמַּעֲרָב אַמָּה:

ו קַרְסֵי זָהָב. פירמיל"ש בְּלַעַז, וּמַכְנִיסִין רֹאשָׁן אֶחָד בַּלּוּלָאוֹת שֶׁבַּחוֹבֶרֶת זוֹ וְרֹאשָׁן אֶחָד בַּלּוּלָאוֹת שֶׁבַּחוֹבֶרֶת זוֹ וּמְחַבְּרָן בָּהֶן:

ז יְרִיעֹת עִזִּים. מִנּוֹצָה שֶׁל עִזִּים: לְאֹהֶל עַל הַמִּשְׁכָּן. לִפְרֹשׂ אוֹתָן עַל הַיְרִיעוֹת הַתַּחְתּוֹנוֹת:

ח שְׁלֹשִׁים בָּאַמָּה. שֶׁכְּשֶׁנּוֹתְנָן אָרְכָּן לְרֹחַב הַמִּשְׁכָּן כְּמוֹ שֶׁנָּתַן אֶת הָרִאשׁוֹנוֹת, נִמְצְאוּ אֵלּוּ עוֹדְפוֹת אַמָּה מִכָּאן וְאַמָּה מִכָּאן, לְכַסּוֹת אַחַת מֵהַשְּׁתַּיִם אַמּוֹת שֶׁנִּשְׁאֲרוּ מְגֻלּוֹת בַּקְּרָשִׁים. וְהָאַמָּה הַתַּחְתּוֹנָה שֶׁל קֶרֶשׁ שֶׁאֵין הַיְרִיעָה מְכַסָּה אוֹתוֹ, הִיא הָאַמָּה הַתְּחוּבָה בְּנֶקֶב הָאֶדֶן, שֶׁהָאֲדָנִים גָּבְהָן אַמָּה:

ביאור

לולאות. ו וְעָשִׂיתָ חֲמִשִּׁים קַרְסֵי זָהָב, וְחִבַּרְתָּ אֶת הַיְרִיעֹת אִשָּׁה אֶל
אֲחֹתָהּ בַּקְּרָסִים. כל זוג לולאות יוחזק יחד באמצעות קרס זהב אחד.
ובאמצעות חיבורן של כל היריעות הללו, שבהן יכוסה המשכן –
וְהָיָה הַמִּשְׁכָּן אֶחָד, הוא יהפוך למהות אחת, או: המשכן הוא כינוי
לרצף היריעות הזה שבו יכוסה המבנה.[37]

ז נוסף על היריעות הראשונות, העשויות צמר צבוע ופשתן, שאפשר
לראות בהן את המשכן עצמו – וְעָשִׂיתָ יְרִיעֹת משער עִזִּים לְאֹהֶל עַל
הַמִּשְׁכָּן – מכסה המשכן שהוזכר קודם. עַשְׁתֵּי, אחת עֶשְׂרֵה יְרִיעֹת
תַּעֲשֶׂה אֹתָם. ח אֹרֶךְ הַיְרִיעָה הָאַחַת, כל יריעה – שְׁלֹשִׁים בָּאַמָּה,
וְרֹחַב – אַרְבַּע בָּאַמָּה הַיְרִיעָה הָאֶחָת. מִדָּה אַחַת לְעַשְׁתֵּי עֶשְׂרֵה

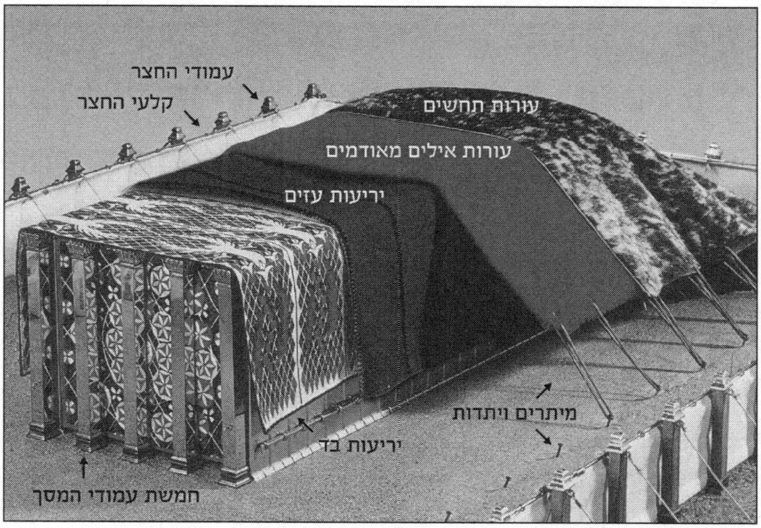

יריעות המשכן
מבט שכבתי

ט וְחִבַּרְתָּ֞ אֶת־חֲמֵ֤שׁ הַיְרִיעֹת֙ לְבָ֔ד וְאֶת־שֵׁ֥שׁ הַיְרִיעֹ֖ת
לְבָ֑ד וְכָפַלְתָּ֙ אֶת־הַיְרִיעָ֣ה הַשִּׁשִּׁ֔ית אֶל־מ֖וּל פְּנֵ֥י
י הָאֹֽהֶל׃ וְעָשִׂ֜יתָ חֲמִשִּׁ֣ים לֻֽלָאֹ֗ת עַ֣ל שְׂפַ֤ת הַיְרִיעָה֙
הָֽאֶחָ֔ת הַקִּיצֹנָ֖ה בַּחֹבָ֑רֶת וַחֲמִשִּׁ֣ים לֻֽלָאֹ֔ת עַ֚ל שְׂפַ֣ת
יא הַיְרִיעָ֔ה הַחֹבֶ֖רֶת הַשֵּׁנִֽית׃ וְעָשִׂ֛יתָ קַרְסֵ֥י נְחֹ֖שֶׁת
חֲמִשִּׁ֑ים וְהֵבֵאתָ֤ אֶת־הַקְּרָסִים֙ בַּלֻּ֣לָאֹ֔ת וְחִבַּרְתָּ֥ אֶת־
יב הָאֹ֖הֶל וְהָיָ֥ה אֶחָֽד׃ וְסֶ֙רַח֙ הָעֹדֵ֔ף בִּירִיעֹ֖ת הָאֹ֑הֶל חֲצִ֤י
יג הַיְרִיעָה֙ הָעֹדֶ֔פֶת תִּסְרַ֕ח עַ֖ל אֲחֹרֵ֥י הַמִּשְׁכָּֽן׃ וְהָאַמָּ֨ה
מִזֶּ֜ה וְהָאַמָּ֤ה מִזֶּה֙ בָּעֹדֵ֔ף בְּאֹ֖רֶךְ יְרִיעֹ֣ת הָאֹ֑הֶל יִהְיֶ֨ה
יד סָר֜וּחַ עַל־צִדֵּ֧י הַמִּשְׁכָּ֛ן מִזֶּ֥ה וּמִזֶּ֖ה לְכַסֹּתֽוֹ׃ וְעָשִׂ֤יתָ
מִכְסֶה֙ לָאֹ֔הֶל עֹרֹ֥ת אֵילִ֖ם מְאָדָּמִ֑ים וּמִכְסֵ֛ה עֹרֹ֥ת
תְּחָשִׁ֖ים מִלְמָֽעְלָה׃

רש"י

ט] וְכָפַלְתָּ אֶת הַיְרִיעָה הַשִּׁשִּׁית. שֶׁעוֹדֶפֶת בְּאֵלּוּ הָעֶלְיוֹנוֹת יוֹתֵר מִן הַתַּחְתּוֹנוֹת: אֶל מוּל פְּנֵי הָאֹהֶל. חֲצִי רָחְבָּהּ הָיָה תָּלוּי וְכָפוּל עַל הַמָּסָךְ שֶׁבַּמִּזְרָח כְּנֶגֶד הַפֶּתַח, דּוֹמֶה לְכַלָּה צְנוּעָה הַמְּכֻסָּה בְּצָעִיף עַל פָּנֶיהָ:

יב-יג] וְסֶרַח הָעֹדֵף בִּירִיעֹת הָאֹהֶל. עַל יְרִיעוֹת הַמִּשְׁכָּן. 'יְרִיעֹת הָאֹהֶל' הֵן הָעֶלְיוֹנוֹת שֶׁל עִזִּים שֶׁקְּרוּיִים אֹהֶל, כְּמוֹ שֶׁאָמוּר בָּהֶן: "לְאֹהֶל עַל הַמִּשְׁכָּן" (לעיל פסוק ז), וְכָל אֹהֶל הָאָמוּר בָּהֶן אֵינוֹ אֶלָּא לְשׁוֹן גַּג, שֶׁמַּאֲהִילוֹת וּמְסַכְּכוֹת עַל הַתַּחְתּוֹנוֹת. וְהֵן הָיוּ עוֹדְפוֹת עַל הַתַּחְתּוֹנוֹת חֲצִי הַיְרִיעָה לַמַּעֲרָב, שֶׁהַחֲצִי שֶׁל יְרִיעָה אַחַת עֶשְׂרֵה הַיְתֵרָה הָיָה נִכְפָּל אֶל מוּל פְּנֵי הָאֹהֶל, נִשְׁאֲרוּ שְׁתֵּי אַמּוֹת רֹחַב חֶצְיָהּ עוֹדֵף עַל רֹחַב הַתַּחְתּוֹנוֹת: תִּסְרַח עַל אֲחֹרֵי הַמִּשְׁכָּן. לְכַסּוֹת שְׁתֵּי אַמּוֹת שֶׁהָיוּ מְגֻלּוֹת בַּקְּרָשִׁים:

וְהָאַמָּה מִזֶּה וְהָאַמָּה מִזֶּה. לַצָּפוֹן וְלַדָּרוֹם: בָּעֹדֵף בְּאֹרֶךְ יְרִיעֹת הָאֹהֶל. שֶׁהֵן עוֹדְפוֹת עַל אֹרֶךְ יְרִיעוֹת הַמִּשְׁכָּן שְׁתֵּי אַמּוֹת: יִהְיֶה סָרוּחַ עַל צִדֵּי הַמִּשְׁכָּן. לַצָּפוֹן וְלַדָּרוֹם, כְּמוֹ שֶׁפֵּרַשְׁתִּי לְמַעְלָה. לִמְּדָה תּוֹרָה דֶּרֶךְ אֶרֶץ, שֶׁיְּהֵא אָדָם חָס עַל הַיָּפֶה: אֲחֹרֵי הַמִּשְׁכָּן. הוּא צַד הַמַּעֲרָב, לְפִי שֶׁהַפֶּתַח בַּמִּזְרָח שֶׁהֵן פָּנָיו, וְצָפוֹן וְדָרוֹם קְרוּיִין צְדָדִין לַיָּמִין וְלַשְּׂמֹאל:

יד] מִכְסֶה לָאֹהֶל. לְאוֹתוֹ גַּג שֶׁל יְרִיעוֹת עִזִּים, עֲשֵׂה עוֹד מִכְסֶה אֶחָד שֶׁל "עֹרֹת אֵילִים מְאָדָּמִים", וְעוֹד לְמַעְלָה מִמֶּנּוּ "מִכְסֵה עֹרֹת תְּחָשִׁים", וְאוֹתָן מִכְסָאוֹת לֹא הָיוּ מְכַסִּין אֶלָּא אֶת הַגַּג, אָרְכָּן שְׁלֹשִׁים וְרָחְבָּן עֶשֶׂר, אֵלּוּ דִּבְרֵי רַבִּי נְחֶמְיָה. וּלְדִבְרֵי רַבִּי יְהוּדָה מִכְסֶה אֶחָד הָיָה, חֶצְיוֹ שֶׁל עוֹרוֹת אֵילִים מְאָדָּמִים וְחֶצְיוֹ שֶׁל עוֹרוֹת תְּחָשִׁים:

ביאור

יְרִיעֹת. ט **וְחִבַּרְתָּ אֶת חֲמֵשׁ הַיְרִיעֹת לְבָד וְאֶת שֵׁשׁ הַיְרִיעֹת לְבָד.**
חמש יריעות ייתפרו זו לזו כיחידה לעצמה, ושש היריעות האחרות
ייתפרו כיחידה לעצמה. ולאחר שיוקם האוהל - **וְכָפַלְתָּ**, קַפֵּל **אֶת**
חצי רוחבה[38] של **הַיְרִיעָה הַשִּׁשִּׁית**, כלומר הנח לה להשתלשל[39] **אֶל**
מוּל פְּנֵי הָאֹהֶל, בחזית.

י **וְעָשִׂיתָ חֲמִשִּׁים לֻלָאֹת עַל שְׂפַת הַיְרִיעָה הָאֶחָת הַקִּיצֹנָה בַּחֹבָרֶת**
וַחֲמִשִּׁים לֻלָאֹת עַל שְׂפַת הַיְרִיעָה הַחֹבֶרֶת הַשֵּׁנִית. יא **וְעָשִׂיתָ קַרְסֵי**
נְחֹשֶׁת חֲמִשִּׁים. וְהֵבֵאתָ אֶת הַקְּרָסִים בַּלֻּלָאֹת, וְחִבַּרְתָּ אֶת הָאֹהֶל
וְהָיָה אֶחָד. מן היריעות הללו ייווצר האוהל, שיכסה על יריעות
המשכן. יב **וְסֶרַח**, והשול, והשובל **הָעֹדֵף בִּירִיעֹת הָאֹהֶל.** מכיוון
שבאוהל אחת-עשרה יריעות ולא עשר, כיריעות המשכן, ורוחבן
זהה לרוחב יריעות המשכן, נותר רוחב של יריעה אחת - ארבע
אמות - העודף על הכיסוי התחתון. חצי מן הרוחב הזה קופל
בחזית המשכן, כאמור, **וַחֲצִי הַיְרִיעָה הָעֹדֶפֶת תִּסְרַח**, תיפרס **עַל**
הקרקע **מֵאֲחֹרֵי הַמִּשְׁכָּן**, שם אין כניסה.

יג מעטה יריעות העזים אינו גדול מיריעות המשכן רק באורכו -
הנוצר מצירוף רוחבי היריעות - אלא גם ברוחבו - שהוא אורך
היריעות. אורך יריעות העזים הוא שלושים אמה, ואורך כל יריעה
ארוגה מיריעות המשכן הוא עשרים ושמונה אמות, ובאשר לשתי
האמות העודפות הללו - **וְהָאַמָּה מִזֶּה וְהָאַמָּה מִזֶּה בָּעֹדֵף, בְּאֹרֶךְ**
יְרִיעֹת הָאֹהֶל, יִהְיֶה סָרוּחַ, מונח פרוס **עַל צִדֵּי הַמִּשְׁכָּן מִזֶּה וּמִזֶּה לְכַסֹּתוֹ.**
יריעות אלו יכסו את כל קרשי המשכן, שהם כתליו.

יד **וְעָשִׂיתָ מִכְסֶה לָאֹהֶל**, ליריעות העזים, **מַעֲרֹת** של **אֵילִם מְאָדָּמִים**,
צבועים אדום, ושכבה רביעית[40] - **מִכְסֵה עֹרֹת תְּחָשִׁים מִלְמָעְלָה.**
לחלופין, אפשר לפרש כי זהו כיסוי אחד שחלקו עשוי מעורות
אילים וחלקו מעורות תחשים.[41]

הרחבות

'וחברת את האהל והיה אחד' המשכן עשוי חלקים רבים, והוא הפך לאחד על ידי חיבורים: היריעות שנעשו מעשה חושב בשכבה התחתונה, אשר ייראו למי שיעמוד בתוך המשכן, יהפוך המשכן אחד על ידי חיבורי היריעות הארוגות וחיבורי לולאות תכלת שבקצה קבוצותיהן בקרסי זהב. בשכבה השנייה ייתפרו יריעות עורות העזים, וקבוצותיהן יחוברו באמצעות לולאות וקרסי הנחושת.

רביעי טו וְעָשִׂיתָ אֶת־הַקְּרָשִׁים לַמִּשְׁכָּן עֲצֵי שִׁטִּים עֹמְדִים׃
טז עֶשֶׂר אַמּוֹת אֹרֶךְ הַקָּרֶשׁ וְאַמָּה וַחֲצִי הָאַמָּה רֹחַב
יז הַקֶּרֶשׁ הָאֶחָד׃ שְׁתֵּי יָדוֹת לַקֶּרֶשׁ הָאֶחָד מְשֻׁלָּבֹת
אִשָּׁה אֶל־אֲחֹתָהּ כֵּן תַּעֲשֶׂה לְכֹל קַרְשֵׁי הַמִּשְׁכָּן׃
יח וְעָשִׂיתָ אֶת־הַקְּרָשִׁים לַמִּשְׁכָּן עֶשְׂרִים קֶרֶשׁ לִפְאַת
יט נֶגְבָּה תֵימָנָה׃ וְאַרְבָּעִים אַדְנֵי־כֶסֶף תַּעֲשֶׂה תַּחַת
עֶשְׂרִים הַקָּרֶשׁ שְׁנֵי אֲדָנִים תַּחַת־הַקֶּרֶשׁ הָאֶחָד
לִשְׁתֵּי יְדֹתָיו וּשְׁנֵי אֲדָנִים תַּחַת־הַקֶּרֶשׁ הָאֶחָד לִשְׁתֵּי

רש"י

טו) **וְעָשִׂיתָ אֶת הַקְּרָשִׁים.** הָיָה לוֹ לוֹמַר: 'וְעָשִׂיתָ קְרָשִׁים', כְּמוֹ שֶׁנֶּאֱמַר בְּכָל דָּבָר וְדָבָר. מַהוּ "הַקְּרָשִׁים"? מֵאוֹתָן הָעוֹמְדִין וּמְיֻחָדִין לְכָךְ; יַעֲקֹב אָבִינוּ נָטַע אֲרָזִים בְּמִצְרַיִם, וּכְשֶׁמֵּת צִוָּה לְבָנָיו לְהַעֲלוֹתָם עִמָּהֶם כְּשֶׁיֵּצְאוּ מִמִּצְרַיִם, וְאָמַר לָהֶם שֶׁעָתִיד הַקָּדוֹשׁ בָּרוּךְ הוּא לְצַוּוֹת אוֹתָן לַעֲשׂוֹת מִשְׁכָּן בַּמִּדְבָּר מֵעֲצֵי שִׁטִּים, רְאוּ שֶׁיִּהְיוּ מְזֻמָּנִים בְּיֶדְכֶם. הוּא שֶׁיִּסַּד הַבַּבְלִי בַּפִּיּוּט שֶׁלּוֹ: "טָס מַטַּע מְזֹרָזִים, קוֹרוֹת בָּתֵּינוּ אֲרָזִים" (יוצר ליום ראשון של פסח), שֶׁנִּזְדָּרְזוּ לִהְיוֹת מוּכָנִים בְּיָדָם מִקֹּדֶם לָכֵן: **עֲצֵי שִׁטִּים עֹמְדִים.** אשטנטיב"ש בְּלַעַז, שֶׁיְּהֵא אֹרֶךְ הַקְּרָשִׁים זָקוּף לְמַעְלָה בְּקִירוֹת הַמִּשְׁכָּן, וְלֹא תַּעֲשֶׂה הַכְּתָלִים בִּקְרָשִׁים שׁוֹכְבִים לִהְיוֹת רֹחַב הַקְּרָשִׁים לְגֹבַהּ הַכְּתָלִים קֶרֶשׁ עַל קֶרֶשׁ:

טז) **עֶשֶׂר אַמּוֹת אֹרֶךְ הַקָּרֶשׁ.** לָמַדְנוּ גָּבְהוֹ שֶׁל מִשְׁכָּן עֶשֶׂר אַמּוֹת: **וְאַמָּה וַחֲצִי הָאַמָּה רֹחַב.** לָמַדְנוּ אָרְכּוֹ שֶׁל מִשְׁכָּן לְעֶשְׂרִים קְרָשִׁים שֶׁהָיוּ בַּצָּפוֹן וּבַדָּרוֹם מִן הַמִּזְרָח לַמַּעֲרָב, שְׁלֹשִׁים אַמָּה:

יז) **שְׁתֵּי יָדוֹת לַקֶּרֶשׁ הָאֶחָד.** הָיָה חוֹרֵץ אֶת הַקֶּרֶשׁ מִלְּמַטָּה בְּאֶמְצָעוֹ בְּגֹבַהּ אַמָּה, מַנִּיחַ רְבִיעַ רָחְבּוֹ מִכָּאן וּרְבִיעַ רָחְבּוֹ מִכָּאן וְהֵן הֵן הַיָּדוֹת, וְהֶחָרִיץ חֲצִי רֹחַב הַקֶּרֶשׁ בָּאֶמְצַע. וְאוֹתָן הַיָּדוֹת מַכְנִיס בָּאֲדָנִים שֶׁהָיוּ חֲלוּלִים, וְהָאֲדָנִים גָּבְהָן אַמָּה וְיוֹשְׁבִים רְצוּפִים אַרְבָּעִים זֶה אֵצֶל זֶה. וִידוֹת הַקֶּרֶשׁ הַנִּכְנָסוֹת בַּחֲלַל הָאֲדָנִים חֲרוּצוֹת מִשְּׁלֹשֶׁת צִדֵּיהֶן, רֹחַב הֶחָרִיץ כְּעֳבִי שְׂפַת הָאֶדֶן, שֶׁיְּכַסֶּה הַקֶּרֶשׁ אֶת כָּל רֹאשׁ הָאֶדֶן, שֶׁאִם לֹא כֵן נִמְצָא רֶוַח בֵּין קֶרֶשׁ לְקֶרֶשׁ כְּעֳבִי שְׂפַת שְׁנֵי הָאֲדָנִים שֶׁיַּפְסִיקוּ בֵּינֵיהֶם, וְזֶהוּ שֶׁנֶּאֱמַר: "וְיִהְיוּ תֹאֲמִם מִלְּמַטָּה" (להלן פסוק כד), שֶׁיַּחֲרֹץ אֶת צִדֵּי הַיָּדוֹת כְּדֵי שֶׁיִּתְחַבְּרוּ הַקְּרָשִׁים זֶה אֵצֶל זֶה: **מְשֻׁלָּבֹת.** עֲשׂוּיוֹת כְּמִין שְׁלִיבוֹת סֻלָּם מֻבְדָּלוֹת זוֹ מִזּוֹ, וּמְשֻׁפִּין רָאשֵׁיהֶם לִכָּנֵס בְּתוֹךְ חֲלַל הָאֶדֶן כִּשְׁלִיבָה הַנִּכְנֶסֶת בְּנֶקֶב עַמּוּדֵי הַסֻּלָּם: **אִשָּׁה אֶל אֲחֹתָהּ.** מְכֻוָּנוֹת זוֹ כְּנֶגֶד זוֹ, שֶׁיִּהְיוּ חֲרִיצֵיהֶם שָׁוִים זוֹ כְּמִדַּת זוֹ, כְּדֵי שֶׁלֹּא יִהְיוּ שְׁתֵּי יָדוֹת זוֹ מְשׁוּכָה לְצַד פְּנִים וְזוֹ מְשׁוּכָה לְצַד חוּץ בְּעֳבִי הַקֶּרֶשׁ שֶׁהוּא אַמָּה. וְתַרְגּוּם שֶׁל "יָדוֹת" – "צִירִין", לְפִי שֶׁדּוֹמוֹת לְצִירֵי הַדֶּלֶת הַנִּכְנָסִים בְּחוֹרֵי הַמְּפְתָּן:

יח) **לִפְאַת נֶגְבָּה תֵימָנָה.** אֵין 'פֵּאָה' זוֹ לְשׁוֹן מִקְצוֹעַ, אֶלָּא כָּל הָרוּחַ קְרוּיָה פֵּאָה. כְּתַרְגּוּמוֹ: "לְרוּחַ עֲבַר דָּרוֹמָא":

הציווי על דפנות המשכן

פרק כו פס׳ טו–לז

לעיל תוארו יריעות הצמר והעורות שיחפו על המשכן מלמעלה ושישתפלו אל צדדיו החיצוניים. כאן מצווה משה על בניית קירות המשכן, על דפנותיו החיצוניות ומחיצותיו הפנימיות, שחלקם ייעשו מחומרים קשיחים - עצי שיטים ומתכות, וחלקם - מסכי טקסטיל ארוגים ורקומים.

ביאור

טו **וְעָשִׂיתָ אֶת הַקְּרָשִׁים לַמִּשְׁכָּן** מ**עֲצֵי שִׁטִּים**, גזעי עצי שיטה משויפים[42]
עֹמְדִים, הקורות ניצבו כדרך צמיחתם של העצים.[43] משמעות נוספת:
עמידים.[44] טז **עֶשֶׂר אַמּוֹת** יהיה **אֹרֶךְ הַקָּרֶשׁ**, כל אחד מהקרשים
שיוצב לגובה המשכן, **וְאַמָּה וַחֲצִי הָאַמָּה רֹחַב הַקֶּרֶשׁ הָאֶחָד.** יז **שְׁתֵּי**
יָדוֹת, ידיות בולטות **לַקֶּרֶשׁ הָאֶחָד מְשֻׁלָּבֹת אִשָּׁה אֶל אֲחֹתָהּ.** מחמת
גובהם הקרשים זקוקים לחיזוק. כדי לחברם זה לזה תהיה כנגד כל
יד בולטת בקרש האחד פגימה בקרש השני. הקרשים יוצמדו כך
שהבליטות ייכנסו לשקעים.[45] **כֵּן תַּעֲשֶׂה לְכֹל קַרְשֵׁי הַמִּשְׁכָּן.**

יח **וְעָשִׂיתָ אֶת הַקְּרָשִׁים לַמִּשְׁכָּן. עֶשְׂרִים קֶרֶשׁ** יהיו מונחים **לִפְאַת**, לצד
נֶגְבָּה תֵימָנָה, דרום.[46] יט **וְאַרְבָּעִים אַדְנֵי**, תושבות **כֶסֶף תַּעֲשֶׂה תַּחַת**
עֶשְׂרִים הַקָּרֶשׁ: שְׁנֵי אֲדָנִים תַּחַת הַקֶּרֶשׁ הָאֶחָד לִשְׁתֵּי יְדֹתָיו, הבליטות
שבתחתית הקרשים, **וּשְׁנֵי אֲדָנִים תַּחַת הַקֶּרֶשׁ הָאֶחָד לִשְׁתֵּי יְדֹתָיו.**
הידות הבולטות ייכנסו לאדנים החלולים, המחזיקים את הקרש.

ידות אדנים

הרחבות

׳וארבעים אדני כסף תחת עשרים הקרש׳ משקלו של כל אדן - כיכר כסף (להלן לח,כז), כלומר שני האדנים כשישים קילוגרם. משקולות מתכת אלו עשויים לסייע בהחזקת קרשים כבדים וגדולים.

יְדֹתָֽיו: וּלְצֶ֧לַע הַמִּשְׁכָּ֛ן הַשֵּׁנִ֖ית לִפְאַ֣ת צָפ֑וֹן עֶשְׂרִ֖ים כ
קָֽרֶשׁ: וְאַרְבָּעִ֥ים אַדְנֵיהֶ֖ם כָּ֑סֶף שְׁנֵ֣י אֲדָנִ֗ים תַּ֚חַת כא
הַקֶּ֣רֶשׁ הָֽאֶחָ֔ד וּשְׁנֵ֣י אֲדָנִ֔ים תַּ֖חַת הַקֶּ֥רֶשׁ הָאֶחָֽד:
וּֽלְיַרְכְּתֵ֥י הַמִּשְׁכָּ֖ן יָ֑מָּה תַּֽעֲשֶׂ֖ה שִׁשָּׁ֥ה קְרָשִֽׁים: וּשְׁנֵ֤י כב כג
קְרָשִׁים֙ תַּֽעֲשֶׂ֔ה לִמְקֻצְעֹ֖ת הַמִּשְׁכָּ֑ן בַּיַּרְכָתָֽיִם: וְיִֽהְי֣וּ כד
תֹֽאֲמִם֮ מִלְּמַטָּה֒ וְיַחְדָּ֗ו יִהְי֤וּ תַמִּים֙ עַל־רֹאשׁ֔וֹ אֶל־
הַטַּבַּ֖עַת הָֽאֶחָ֑ת כֵּ֚ן יִהְיֶ֣ה לִשְׁנֵיהֶ֔ם לִשְׁנֵ֥י הַמִּקְצֹעֹ֖ת

רש"י

כב) **וּלְיַרְכְּתֵי.** לְשׁוֹן סוֹף, כְּתַרְגּוּמוֹ: "וְלִסְיָפֵי". וּלְפִי שֶׁהַפֶּתַח בַּמִּזְרָח, קָרוּי מִזְרָח פָּנִים וְהַמַּעֲרָב אֲחוֹרַיִם, וְזֶהוּ סוֹף, שֶׁהַפָּנִים הֵן הָרֹאשׁ: **תַּעֲשֶׂה שִׁשָּׁה קְרָשִׁים.** הֲרֵי תֵּשַׁע אַמּוֹת רֹחַב:

כג) **וּשְׁנֵי קְרָשִׁים תַּעֲשֶׂה לִמְקֻצְעֹת.** אֶחָד לְמִקְצוֹעַ צְפוֹנִית מַעֲרָבִית וְאֶחָד לְמַעֲרָבִית דְּרוֹמִית. כָּל שְׁמוֹנָה קְרָשִׁים בְּסֵדֶר אֶחָד הֵן, אֶלָּא שֶׁאֵלּוּ הַשְּׁתַּיִם אֵינָן בַּחֲלַל הַמִּשְׁכָּן, אֶלָּא חֲצִי אַמָּה מִזּוֹ וַחֲצִי אַמָּה מִזּוֹ נִרְאוֹת בֶּחָלָל, לְהַשְׁלִים רָחְבּוֹ לְעֶשֶׂר, וְהָאַמָּה מִזֶּה וְהָאַמָּה מִזֶּה בָּאוֹת כְּנֶגֶד אַמַּת עֳבִי קַרְשֵׁי הַמִּשְׁכָּן הַצָּפוֹן וְהַדָּרוֹם, כְּדֵי שֶׁיְּהֵא הַמִּקְצוֹעַ מִבַּחוּץ שָׁוֶה:

כד) **וְיִהְיוּ.** כָּל הַקְּרָשִׁים "תֹאֲמִם" זֶה לָזֶה "מִלְּמַטָּה", שֶׁלֹּא יַפְסִיק עֳבִי שְׂפַת שְׁנֵי הָאֲדָנִים בֵּינֵיהֶם לְהַרְחִיקָם זוֹ מִזּוֹ. וְזֶהוּ שֶׁפֵּרַשְׁתִּי שֶׁיִּהְיוּ יְדֵי הַיָּדוֹת חֲרוּצִים מִצִּדֵּיהֶן, שֶׁיְּהֵא רֹחַב הַקֶּרֶשׁ בּוֹלֵט לְצִדָּיו חוּץ לִידֵי הַקֶּרֶשׁ לְכַסּוֹת אֶת שְׂפַת הָאֶדֶן, וְכֵן הַקֶּרֶשׁ שֶׁאֶצְלוֹ, וְנִמְצְאוּ תּוֹאֲמִים זֶה לָזֶה. וְקֶרֶשׁ הַמִּקְצוֹעַ שֶׁבְּסֵדֶר הַמַּעֲרָב חָרוּץ לְרָחְבּוֹ בְּעָבְיוֹ, כְּנֶגֶד חָרִיץ שֶׁל צַד קֶרֶשׁ הַצְּפוֹנִי וְהַדְּרוֹמִי, כְּדֵי שֶׁלֹּא יַפְרִידוּ הָאֲדָנִים בֵּינֵיהֶם: **וְיַחְדָּו יִהְיוּ תַמִּים.** כְּמוֹ "תְאוֹמִים": **עַל רֹאשׁוֹ.** שֶׁל קֶרֶשׁ: **אֶל הַטַּבַּעַת הָאֶחָת.** כָּל קֶרֶשׁ וָקֶרֶשׁ הָיָה חָרוּץ לְמַעְלָה בְּרָחְבּוֹ שְׁנֵי חֲרִיצִין בִּשְׁנֵי צִדָּיו כְּדֵי עֳבִי טַבַּעַת, וּמַכְנִיסוֹ בְּטַבַּעַת אַחַת, נִמְצָא מַתְאִים לְקֶרֶשׁ שֶׁאֶצְלוֹ. אֲבָל אוֹתָן טַבָּעוֹת לֹא יָדַעְתִּי אִם קְבוּעוֹת הֵן אִם מְטֻלְטָלוֹת. וּבַקֶּרֶשׁ שֶׁבַּמִּקְצוֹעַ הָיָה טַבַּעַת בְּעָבְיֵי הַקֶּרֶשׁ הַדְּרוֹמִי וְהַצְּפוֹנִי וְרֹאשׁ קֶרֶשׁ הַמִּקְצוֹעַ שֶׁבְּסֵדֶר מַעֲרָב נִכְנָס לְתוֹכוֹ, נִמְצְאוּ שְׁנֵי הַכְּתָלִים מְחֻבָּרִים: **כֵּן יִהְיֶה לִשְׁנֵיהֶם.** הַקְּרָשִׁים שֶׁבַּמִּקְצוֹעַ, לַקֶּרֶשׁ שֶׁבְּסוֹף צָפוֹן וְלַקֶּרֶשׁ הַמַּעֲרָבִי. וְכֵן "לִשְׁנֵי הַמִּקְצֹעֹת":

הרחבות

כיווני המשכן הכיוון הנחשב מקודש במסורתן של קהילות רבות הוא המזרח. אולם מאופן בניית המשכן עולה שדווקא מערב הוא הצד הקדוש. חשיבותו המסורתית של כותל המזרח נובעת מן העובדה שזה היה הצד של ארץ ישראל בעבור היהודים שחיו בארצות אירופה, ועל כן הם פנו בתפילותיהם מזרחה.

ביאור

כ וּלְצֶלַע הַמִּשְׁכָּן הַשֵּׁנִית, השנייה, לִפְאַת צָפוֹן – עֶשְׂרִים קָרֶשׁ.
כא וְאַרְבָּעִים אַדְנֵיהֶם כָּסֶף: שְׁנֵי אֲדָנִים תַּחַת הַקֶּרֶשׁ הָאֶחָד, וּשְׁנֵי
אֲדָנִים תַּחַת הַקֶּרֶשׁ הָאֶחָד. הדופן הדרומית והדופן הצפונית הן
זהות ופשוטות.

כב וּלְיַרְכְּתֵי, לאחורי הַמִּשְׁכָּן יָמָּה, הפונה למערב תַּעֲשֶׂה שִׁשָּׁה קְרָשִׁים
בלבד, שכן מבנה המשכן מלבני. כג וּשְׁנֵי קְרָשִׁים נוספים תַּעֲשֶׂה
לִמְקֻצְעֹת, לפינות הַמִּשְׁכָּן בַּיַּרְכָתָיִם. ששת הקרשים האמורים יתחמו
את צדו המערבי של המשכן מבפנים. אולם בחוץ עדיין נותרות
פינות ריקות שייווצרו מעובי הדפנות מצפון ומדרום. כדי שהמשכן
יהיה מבנה אחיד ושלם, ימולאו פינות אלה בשני קרשים נוספים.[47]

כד וְיִהְיוּ כל הקרשים[48] תֹאֲמִם, מתאימים וצמודים זה לזה מִלְּמַטָּה,
מן האדנים לכל אורכם וְיַחְדָּו יִהְיוּ תַמִּים, מסתיימים עַל, בכיוון רֹאשׁוֹ
ראש כל קרש וקרש אֶל הַטַּבַּעַת הָאֶחָת שתוכנס בחריצים שבראש
כל צמד קרשים. כֵּן יִהְיֶה גם לִשְׁנֵיהֶם – לִשְׁנֵי הַמִּקְצֹעֹת, הפינות

מבנה המשכן

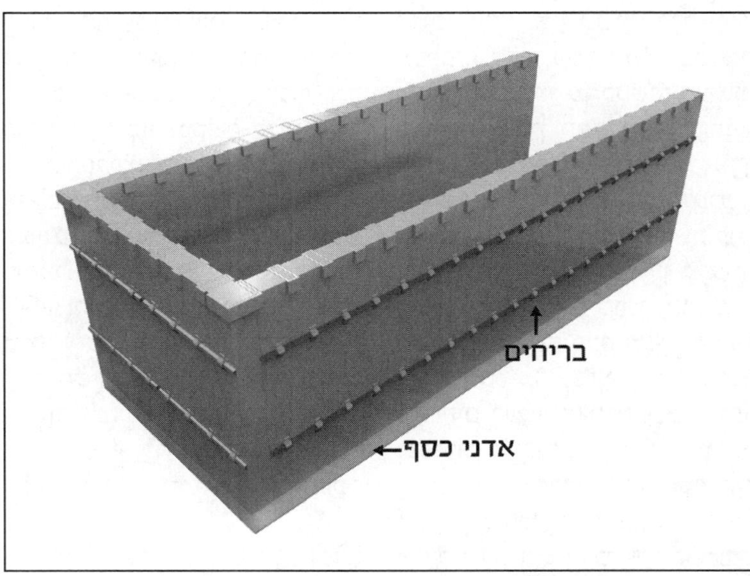

הרחבות

לאמתו של דבר, באוהל מועד שבמדבר ובבית המקדש שבירושלים נבנה קודש־הקודשים במערב. המזרח היה צד הכניסה בלבד, ומשם פנו הנכנסים מערבה, שכן שם שרתה השכינה (בבא בתרא כה; שמות רבה ב,ב).

כה יִהְיוּ׃ וְהָיוּ֙ שְׁמֹנָ֣ה קְרָשִׁ֔ים וְאַדְנֵיהֶם֙ כֶּ֔סֶף שִׁשָּׁ֥ה עָשָׂ֖ר
אֲדָנִ֑ים שְׁנֵ֣י אֲדָנִ֗ים תַּ֚חַת הַקֶּ֣רֶשׁ הָאֶחָ֔ד וּשְׁנֵ֣י אֲדָנִ֔ים
כו תַּ֖חַת הַקֶּ֥רֶשׁ הָאֶחָֽד׃ וְעָשִׂ֥יתָ בְרִיחִ֖ם עֲצֵ֣י שִׁטִּ֑ים
כז חֲמִשָּׁ֕ה לְקַרְשֵׁ֥י צֶלַע־הַמִּשְׁכָּ֖ן הָאֶחָֽד׃ וַחֲמִשָּׁ֣ה
בְרִיחִ֔ם לְקַרְשֵׁ֥י צֶלַע־הַמִּשְׁכָּ֖ן הַשֵּׁנִ֑ית וַחֲמִשָּׁ֣ה
כח בְרִיחִ֗ם לְקַרְשֵׁי֙ צֶ֣לַע הַמִּשְׁכָּ֔ן לַיַּרְכָתַ֖יִם יָֽמָּה׃ וְהַבְּרִ֥יחַ
הַתִּיכֹ֖ן בְּת֣וֹךְ הַקְּרָשִׁ֑ים מַבְרִ֕חַ מִן־הַקָּצֶ֖ה אֶל־

רש"י

כה) **וְהָיוּ שְׁמֹנָה קְרָשִׁים.** הֵן הָאֲמוּרוֹת לְמַעְלָה: "תַּעֲשֶׂה שִׁשָּׁה קְרָשִׁים וּשְׁנֵי קְרָשִׁים תַּעֲשֶׂה לִמְקֻצְעֹת" (לעיל פסוקים כב-כג), נִמְצְאוּ שְׁמֹנָה קְרָשִׁים בְּסֵדֶר מַעֲרָבִי. כָּךְ שְׁנוּיָה בְּמִשְׁנַת מַעֲשֵׂה סֵדֶר הַקְּרָשִׁים בִּמְלֶאכֶת הַמִּשְׁכָּן (ברייתא דמלאכת המשכן, פרק א): הָיָה עוֹשֶׂה אֶת הָאֲדָנִים חֲלוּלִים, וְחוֹרֵץ אֶת הַקֶּרֶשׁ מִלְּמַטָּה רְבִיעַ מִכָּאן וּרְבִיעַ מִכָּאן וְהֶחָרִיץ חֶצְיוֹ בָּאֶמְצַע, וְעָשָׂה לוֹ שְׁתֵּי יָדוֹת כְּמִין שְׁנֵי חֲמוּקִין, וְלִי נִרְאֶה שֶׁהַגִּרְסָא: כְּמִין שְׁנֵי חֲוָקִין, כְּמִין שְׁתֵּי שְׁלִיבוֹת סֻלָּם הַמֻּבְדָּלוֹת זוֹ מִזּוֹ, וּמְשֻׁפּוֹת לִכָּנֵס בַּחֲלַל הָאֶדֶן כִּשְׁלִיבָה הַנִּכְנֶסֶת בְּנֶקֶב עַמּוּד הַסֻּלָּם, וְהוּא לְשׁוֹן "מְשֻׁלָּבֹת", עֲשׂוּיוֹת כְּמִין שְׁלִיבָה. וּמַכְנִיסָן לְתוֹךְ שְׁנֵי אֲדָנִים, שֶׁנֶּאֱמַר: "שְׁנֵי אֲדָנִים... וּשְׁנֵי אֲדָנִים" (לעיל פסוק יט). וְחוֹרֵץ אֶת הַקֶּרֶשׁ מִלְמַעְלָה אֶצְבַּע מִכָּאן וְאֶצְבַּע מִכָּאן וְנוֹתֵן לְתוֹךְ טַבַּעַת אַחַת שֶׁל זָהָב, כְּדֵי שֶׁלֹּא יִהְיוּ נִפְרָדִים זֶה מִזֶּה, שֶׁנֶּאֱמַר: "וְיִהְיוּ תֹאֲמִם מִלְּמַטָּה" וְגוֹ' (לעיל פסוק כד). כָּךְ הִיא הַמִּשְׁנָה, וְהַפֵּרוּשׁ שֶׁלָּהּ הִנַּחְתִּי לְמַעְלָה בְּסֵדֶר הַמִּקְרָאוֹת:

כו) **בְרִיחִם.** כְּתַרְגּוּמוֹ "עָבְרִין", וּבְלַעַז אשפרי"ש: **חֲמִשָּׁה לְקַרְשֵׁי צֶלַע הַמִּשְׁכָּן.** אֵלּוּ חֲמִשָּׁה שְׁלֹשָׁה הֵן, אֶלָּא שֶׁהַבְּרִיחַ הָעֶלְיוֹן וְהַתַּחְתּוֹן עֲשׂוּי מִשְּׁתֵּי חֲתִיכוֹת, זֶה מַבְרִיחַ עַד חֲצִי הַכֹּתֶל וְזֶה מַבְרִיחַ עַד חֲצִי הַכֹּתֶל, זֶה נִכְנָס בַּטַּבַּעַת מִצַּד זֶה וְזֶה נִכְנָס בַּטַּבַּעַת מִצַּד זֶה עַד שֶׁמַּגִּיעִין זֶה לָזֶה, נִמְצְאוּ הָעֶלְיוֹן וְהַתַּחְתּוֹן שְׁנַיִם שֶׁהֵן אַרְבָּעָה. אֲבָל הָאֶמְצָעִי אָרְכּוֹ כְּנֶגֶד כָּל הַכֹּתֶל, וּמַבְרִיחַ מִקְּצֵה הַכֹּתֶל וְעַד קָצֵהוּ, שֶׁנֶּאֱמַר: "וְהַבְּרִיחַ הַתִּיכֹן וְגוֹ' מַבְרִחַ מִן הַקָּצֶה אֶל הַקָּצֶה" (להלן פסוק כח). שֶׁהָעֶלְיוֹנִים וְהַתַּחְתּוֹנִים הָיוּ לָהֶן טַבָּעוֹת בַּקְּרָשִׁים לִכָּנֵס לְתוֹכָן, שְׁתֵּי טַבָּעוֹת לְכָל קֶרֶשׁ, מְשֻׁלָּשִׁים בְּתוֹךְ עֶשֶׂר אַמּוֹת שֶׁל גֹּבַהּ הַקֶּרֶשׁ, חֵלֶק אֶחָד מִן הַטַּבַּעַת הָעֶלְיוֹנָה וּלְמַעְלָה וְחֵלֶק אֶחָד מִן הַתַּחְתּוֹנָה וּלְמַטָּה, וְכָל חֵלֶק הוּא רְבִיעַ אֹרֶךְ הַקֶּרֶשׁ, וּשְׁנֵי חֲלָקִים בֵּין טַבַּעַת לְטַבַּעַת, כְּדֵי שֶׁיִּהְיוּ כָּל הַטַּבָּעוֹת מְכֻוָּנִין זֶה כְּנֶגֶד זֶה. אֲבָל לַבְּרִיחַ הַתִּיכוֹן אֵין טַבָּעוֹת, אֶלָּא הַקְּרָשִׁים נְקוּבִין בְּעָבְיָן, וְהוּא נִכְנָס בָּהֶם דֶּרֶךְ הַנְּקָבִים שֶׁהֵם מְכֻוָּנִין זֶה מוּל זֶה, וְזֶהוּ שֶׁנֶּאֱמַר: "בְּתוֹךְ הַקְּרָשִׁים" (שם). הַבְּרִיחִים הָעֶלְיוֹנִים וְהַתַּחְתּוֹנִים שֶׁבַּצָּפוֹן וְשֶׁבַּדָּרוֹם אֹרֶךְ כָּל אֶחָד חָמֵשׁ עֶשְׂרֵה אַמָּה, וְהַתִּיכוֹן אָרְכּוֹ שְׁלֹשִׁים אַמָּה, וְזֶהוּ "מִן הַקָּצֶה אֶל הַקָּצֶה" (שם), מִן הַמִּזְרָח וְעַד הַמַּעֲרָב. וַחֲמִשָּׁה בְּרִיחִים שֶׁבַּמַּעֲרָב, אֹרֶךְ הָעֶלְיוֹנִים וְהַתַּחְתּוֹנִים שֵׁשׁ אַמּוֹת, וְהַתִּיכוֹן אָרְכּוֹ שְׁתֵּים עֶשְׂרֵה, כְּנֶגֶד רֹחַב שְׁמוֹנָה קְרָשִׁים. כָּךְ הִיא מְפֹרֶשֶׁת בִּמְלֶאכֶת הַמִּשְׁכָּן:

ביאור

שבצפון–מערב ושבדרום–מערב יִהְיוּ. כה וְהָיוּ בצד מערב **שְׁמֹנָה קְרָשִׁים** בסך הכול, **וְאַדְנֵיהֶם כֶּסֶף, שִׁשָּׁה עָשָׂר אֲדָנִים – שְׁנֵי אֲדָנִים תַּחַת הַקֶּרֶשׁ הָאֶחָד, וּשְׁנֵי אֲדָנִים תַּחַת הַקֶּרֶשׁ הָאֶחָד**. כך נבנתה צורתו הכללית של המשכן משלושה קירות.

כו **וְעָשִׂיתָ בְרִיחִם** מֵעֲצֵי **שִׁטִּים** כדי להחזיק את הקרשים יחד – **חֲמִשָּׁה לְקַרְשֵׁי צֶלַע הַמִּשְׁכָּן הָאֶחָד,** כז **וַחֲמִשָּׁה בְרִיחִם לְקַרְשֵׁי צֶלַע הַמִּשְׁכָּן הַשֵּׁנִית, וַחֲמִשָּׁה בְרִיחִם לְקַרְשֵׁי צֶלַע הַמִּשְׁכָּן לַיַּרְכָתַיִם יָמָּה.** מתוך חמשת הבריחים הללו, יוצמדו קרשיו של כל קיר ארבעה בריחים חיצוניים - שניים בצדו הימני ושניים בצדו השמאלי, מלמעלה ומלמטה. כך יוחזק חציה של כל דופן ויהפוך ליחידה אחת. כח **וְהַבְּרִיחַ הַתִּיכֹן**, הפנימי, החמישי, יהיה **בְּתוֹךְ הַקְּרָשִׁים**. בעובי הקרשים ינוקב חור, ובתוכו הבריח **מַבְרִחַ מִן הַקָּצֶה אֶל הַקָּצֶה**. שלא כארבעת הבריחים הקודמים, הוא יחבר כל דופן בשלמותה.[49]

קרש ובריחים

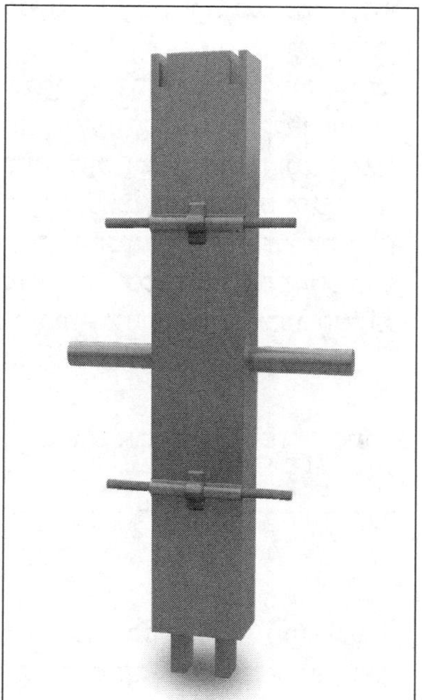

כט הַקָּצֶה: וְאֶת־הַקְּרָשִׁים תְּצַפֶּה זָהָב וְאֶת־טַבְּעֹתֵיהֶם
תַּעֲשֶׂה זָהָב בָּתִּים לַבְּרִיחִם וְצִפִּיתָ אֶת־הַבְּרִיחִם
ל זָהָב: וַהֲקֵמֹתָ אֶת־הַמִּשְׁכָּן כְּמִשְׁפָּטוֹ אֲשֶׁר הָרְאֵיתָ
לא בָּהָר: וְעָשִׂיתָ פָרֹכֶת תְּכֵלֶת וְאַרְגָּמָן כ חמישי
וְתוֹלַעַת שָׁנִי וְשֵׁשׁ מָשְׁזָר מַעֲשֵׂה חֹשֵׁב יַעֲשֶׂה אֹתָהּ
לב כְּרֻבִים: וְנָתַתָּה אֹתָהּ עַל־אַרְבָּעָה עַמּוּדֵי שִׁטִּים
מְצֻפִּים זָהָב וָוֵיהֶם זָהָב עַל־אַרְבָּעָה אַדְנֵי־כָסֶף:
לג וְנָתַתָּה אֶת־הַפָּרֹכֶת תַּחַת הַקְּרָסִים וְהֵבֵאתָ שָׁמָּה
מִבֵּית לַפָּרֹכֶת אֵת אֲרוֹן הָעֵדוּת וְהִבְדִּילָה הַפָּרֹכֶת

רש"י

כט| **בָּתִּים לַבְּרִיחִם.** הַטַּבָּעוֹת שֶׁתַּעֲשֶׂה בָּהֶן יִהְיוּ בָּתִּים לְהִכָּנֵס בָּהֶן הַבְּרִיחִים: **וְצִפִּיתָ אֶת הַבְּרִיחִם זָהָב.** לֹא שֶׁהָיָה הַזָּהָב מְדֻבָּק עַל הַבְּרִיחִים, שֶׁאֵין עֲלֵיהֶם שׁוּם צִפּוּי, אֶלָּא בַּקֶּרֶשׁ הָיָה קוֹבֵעַ כְּמִין שְׁנֵי פִיפִיּוֹת שֶׁל זָהָב כְּמִין שְׁנֵי סִדְקֵי קָנֶה חָלוּק, וְקוֹבְעָן אֵצֶל הַטַּבָּעוֹת לְכָאן וּלְכָאן, וְאָרְכָּן מְמַלֵּא אֶת רֹחַב הַקֶּרֶשׁ מִן הַטַּבַּעַת לְכָאן וּמִמֶּנָּה לְכָאן, וְהַבְּרִיחַ נִכְנָס לְתוֹכוֹ וּמִמֶּנּוּ לַטַּבַּעַת וּמִן הַטַּבַּעַת לַפֶּה הַשֵּׁנִי, נִמְצְאוּ הַבְּרִיחִים מְצֻפִּים זָהָב כְּשֶׁהֵן תְּחוּבִין בַּקְּרָשִׁים. וְהַבְּרִיחִים הַלָּלוּ מִבַּחוּץ הָיוּ; בְּלִיטַת הַטַּבָּעוֹת וְהַפִּיפִיּוֹת לֹא הָיְתָה נִרְאֵית בְּתוֹךְ הַמִּשְׁכָּן, אֶלָּא כָּל הַכֹּתֶל חָלָק מִבִּפְנִים:

ל| **וַהֲקֵמֹתָ אֶת הַמִּשְׁכָּן.** לְאַחַר שֶׁיִּגָּמֵר הֲקִימֵהוּ: **הָרְאֵיתָ בָּהָר.** קֹדֶם לָכֵן, שֶׁאֲנִי עָתִיד לְלַמֶּדְךָ וּלְהַרְאוֹתְךָ סֵדֶר הֲקָמָתוֹ:

לא| **פָּרֹכֶת.** לְשׁוֹן מְחִצָּה הוּא, וּבִלְשׁוֹן חֲכָמִים: פַּרְגּוֹד, דָּבָר הַמַּבְדִּיל בֵּין הַמֶּלֶךְ וּבֵין הָעָם: **תְּכֵלֶת וְאַרְגָּמָן.** כָּל מִין וּמִין הָיָה כָּפוּל, בְּכָל חוּט וָחוּט שִׁשָּׁה חוּטִין: **מַעֲשֵׂה חֹשֵׁב.** כְּבָר פֵּרַשְׁתִּי שֶׁזּוֹ הִיא אֲרִיגָה שֶׁל שְׁתֵּי קִירוֹת, וְהַצִּיּוּרִין שֶׁמִּשְּׁנֵי עֲבָרֶיהָ אֵינָן דּוֹמִין זֶה לָזֶה: **כְּרֻבִים.** צִיּוּרִין שֶׁל בְּרִיּוֹת יַעֲשֶׂה בָּהּ:

לב| אַרְבָּעָה עַמּוּדִים תְּקוּעִים בְּתוֹךְ אַרְבָּעָה אֲדָנִים, וְאֻנְקְלָיוֹת קְבוּעִין בָּהֶן עֲקֻמִּין לְמַעְלָה, לְהוֹשִׁיב עֲלֵיהֶן כְּלוֹנָס שֶׁרֹאשׁ הַפָּרֹכֶת כָּרוּךְ בָּהּ; וְהָאֻנְקְלָיוֹת הֵן הַוָּוִין, שֶׁהֲרֵי כְּמִין וָוִין הֵן עֲשׂוּיִים. וְהַפָּרֹכֶת אָרְכָּהּ עֶשֶׂר אַמּוֹת לְרָחְבּוֹ שֶׁל מִשְׁכָּן, וְרָחְבָּהּ עֶשֶׂר אַמּוֹת כְּגָבְהָן שֶׁל קְרָשִׁים, פְּרוּסָה בִּשְׁלִישׁוֹ שֶׁל מִשְׁכָּן, שֶׁיְּהֵא הַיְמֶנָּה וְלִפְנִים עֶשֶׂר אַמּוֹת וְהֵימֶנָּה וְלַחוּץ עֶשְׂרִים אַמָּה. נִמְצָא בֵּית קָדְשֵׁי הַקֳּדָשִׁים עֶשֶׂר עַל עֶשֶׂר, שֶׁנֶּאֱמַר: "וְנָתַתָּה אֶת הַפָּרֹכֶת תַּחַת הַקְּרָסִים" (להלן פסוק לג) הַמְחַבְּרִים אֶת שְׁתֵּי חוֹבָרוֹת שֶׁל יְרִיעוֹת הַמִּשְׁכָּן; רֹחַב הַחוֹבֶרֶת עֶשְׂרִים אַמָּה, וּכְשֶׁפְּרָשָׂהּ עַל גַּג הַמִּשְׁכָּן מִן הַפֶּתַח לַמַּעֲרָב, כָּלְתָה בִּשְׁנֵי שְׁלִישֵׁי הַמִּשְׁכָּן, וְהַחוֹבֶרֶת הַשֵּׁנִית כִּסְּתָה שְׁלִישׁוֹ שֶׁל מִשְׁכָּן, וְהַמּוֹתָר תָּלוּי לַאֲחוֹרָיו לְכַסּוֹת אֶת הַקְּרָשִׁים:

ביאור

כט **וְאֶת הַקְּרָשִׁים תְּצַפֶּה זָהָב, וְאֶת טַבְּעֹתֵיהֶם** המחברות אותם זה
לזה **תַּעֲשֶׂה זָהָב**, בכלל אלו הטבעות שהן **בָּתִּים**, כלי קיבול **לַבְּרִיחִם**.
וְצִפִּיתָ גם **אֶת הַבְּרִיחִם זָהָב.**

ל **וַהֲקֵמֹתָ אֶת הַמִּשְׁכָּן, כְּמִשְׁפָּטוֹ**, כדרכו הראויה **אֲשֶׁר הָרְאֵיתָ בָּהָר.**

לא **וְעָשִׂיתָ פָרֹכֶת**, וילון מ**תְּכֵלֶת וְאַרְגָּמָן וְתוֹלַעַת שָׁנִי וְשֵׁשׁ**, פשתן, כל
זה **מָשְׁזָר**, קלוע, **מַעֲשֵׂה חֹשֵׁב יַעֲשֶׂה אֹתָהּ.** הפרוכת תיארג באופן
מתוחכם כך שייראו הצורות בכל אחד מצדיה,[50] ועל גביה יהיו
עיטורי **כְּרֻבִים.** לב כיוון שהפרוכת אינה מחוברת לקיר - **וְנָתַתָּה**
אֹתָהּ עַל אַרְבָּעָה עַמּוּדֵי שִׁטִּים מְצֻפִּים זָהָב, וָוֵיהֶם זָהָב, עַל אַרְבָּעָה אַדְנֵי
כָסֶף. ארבעת העמודים יהיו כנראה במרחקים שווים זה מזה, ועל
וויהם תיתלה הפרוכת. לג **וְנָתַתָּה אֶת הַפָּרֹכֶת תַּחַת הַקְּרָסִים**, קרסי
הזהב המחברות את קבוצות יריעות המשכן,[51] **וְהֵבֵאתָ שָׁמָּה מִבֵּית**
לַפָּרֹכֶת, מן הצד הפנימי של פרוכת **אֵת אֲרוֹן הָעֵדוּת. וְהִבְדִּילָה הַפָּרֹכֶת**,

הפרוכת והמסך

לָכֶ֔ם בֵּ֣ין הַקֹּ֔דֶשׁ וּבֵ֖ין קֹ֥דֶשׁ הַקֳּדָשִֽׁים׃ וְנָתַתָּ֙ אֶת־ לד
הַכַּפֹּ֔רֶת עַ֖ל אֲר֣וֹן הָעֵדֻ֑ת בְּקֹ֖דֶשׁ הַקֳּדָשִֽׁים׃ וְשַׂמְתָּ֤ לה
אֶת־הַשֻּׁלְחָן֙ מִח֣וּץ לַפָּרֹ֔כֶת וְאֶת־הַמְּנֹרָה֙ נֹ֣כַח הַשֻּׁלְחָ֔ן
עַ֛ל צֶ֥לַע הַמִּשְׁכָּ֖ן תֵּימָ֑נָה וְהַשֻּׁלְחָ֕ן תִּתֵּ֖ן עַל־צֶ֥לַע
צָפֽוֹן׃ וְעָשִׂ֤יתָ מָסָךְ֙ לְפֶ֣תַח הָאֹ֔הֶל תְּכֵ֥לֶת וְאַרְגָּמָ֖ן לו
וְתוֹלַ֣עַת שָׁנִ֑י וְשֵׁ֣שׁ מָשְׁזָ֔ר מַעֲשֵׂ֖ה רֹקֵֽם׃ וְעָשִׂ֣יתָ לַמָּסָ֗ךְ לז
חֲמִשָּׁה֙ עַמּוּדֵ֣י שִׁטִּ֔ים וְצִפִּיתָ֤ אֹתָם֙ זָהָ֔ב וָוֵיהֶ֖ם זָהָ֑ב
ששי וְיָצַקְתָּ֣ לָהֶ֔ם חֲמִשָּׁ֖ה אַדְנֵ֥י נְחֹֽשֶׁת׃ וְעָשִׂ֥יתָ א כז
אֶת־הַמִּזְבֵּ֖חַ עֲצֵ֣י שִׁטִּ֑ים חָמֵ֨שׁ אַמּ֜וֹת אֹ֗רֶךְ וְחָמֵ֨שׁ
אַמּ֥וֹת רֹ֙חַב֙ רָב֣וּעַ יִהְיֶ֣ה הַמִּזְבֵּ֔חַ וְשָׁלֹ֥שׁ אַמּ֖וֹת קֹמָתֽוֹ׃

רש"י

לה **וְשַׂמְתָּ אֶת הַשֻּׁלְחָן.** שֻׁלְחָן בַּצָּפוֹן מָשׁוּךְ מִן הַכֹּתֶל הַצְּפוֹנִי שְׁתֵּי אַמּוֹת וּמֶחֱצָה, וּמְנוֹרָה בַּדָּרוֹם מְשׁוּכָה מִן הַכֹּתֶל הַדְּרוֹמִי שְׁתֵּי אַמּוֹת וּמֶחֱצָה, וּמִזְבַּח הַזָּהָב נָתוּן כְּנֶגֶד חֲוִיר שֶׁבֵּין שֻׁלְחָן לַמְּנוֹרָה מָשׁוּךְ קִמְעָה כְּלַפֵּי הַמִּזְרָח, וְכֻלָּם נְתוּנִים מִן חֲצִי הַמִּשְׁכָּן וְלִפְנִים. כֵּיצַד? אֹרֶךְ הַמִּשְׁכָּן מִן הַפֶּתַח לַפָּרֹכֶת עֶשְׂרִים אַמָּה, הַמִּזְבֵּחַ וְהַשֻּׁלְחָן וְהַמְּנוֹרָה מְשׁוּכִים מִן הַפֶּתַח לְצַד מַעֲרָב עֶשֶׂר אַמּוֹת:

לו **וְעָשִׂיתָ מָסָךְ.** וִילוֹן שֶׁהוּא מֵסָךְ כְּנֶגֶד הַפֶּתַח, כְּמוֹ: "שַׂכְתָּ בַעֲדוֹ" (איוב א, י), לְשׁוֹן מָגֵן: **מַעֲשֵׂה רֹקֵם.** הַצּוּרוֹת עֲשׂוּיוֹת בּוֹ מַעֲשֵׂה מַחַט, כְּפַרְצוּף שֶׁל עֵבֶר זֶה כָּךְ פַּרְצוּף שֶׁל עֵבֶר זֶה: **רֹקֵם.** שֵׁם הָאֻמָּן וְלֹא שֵׁם הָאֻמָּנוּת, וְתַרְגּוּמוֹ: "עוֹבַד צַיָּר" וְלֹא 'עוֹבַד צִיּוּר'. מִדַּת הַמָּסָךְ כְּמִדַּת הַפָּרֹכֶת, עֶשֶׂר אַמּוֹת עַל עֶשֶׂר אַמּוֹת:

פרק כז

א **וְעָשִׂיתָ אֶת הַמִּזְבֵּחַ וְגוֹ' וְשָׁלֹשׁ אַמּוֹת קֹמָתוֹ.** דְּבָרִים כִּכְתָבָן, דִּבְרֵי רַבִּי יְהוּדָה. רַבִּי יוֹסֵי אוֹמֵר: נֶאֱמַר כָּאן "רָבוּעַ" וְנֶאֱמַר בַּפְּנִימִי "רָבוּעַ" (להלן ל, ב), מַה לְהַלָּן גָּבְהוֹ פִּי שְׁנַיִם כְּאָרְכּוֹ, אַף כָּאן גָּבְהוֹ פִּי שְׁנַיִם כְּאָרְכּוֹ; וּמָה אֲנִי מְקַיֵּם "וְשָׁלֹשׁ אַמּוֹת קֹמָתוֹ"? מִשְּׂפַת סוֹבֵב וּלְמַעְלָה:

הרחבות

מבנה המשכן והחצר המשכן ייבנה כיחידה אחת שמקיפות אותה דפנות חיצוניות ובתוכה מחיצה פנימית. שלושה מארבעת קירותיו החיצוניים מורכבים מקרשי עצי שיטים; והמסך הוא וילון בד הסוגר אותה מן הצד הרביעי. בתוך המשכן חוצץ וילון נוסף - הפרוכת - המפריד בין הקודש שבו השולחן והמנורה לבין קודש-הקודשים שבו הארון. גגו של המשכן ייעשה מיריעות ארוגות, אשר גם הן מחולקות לשתי מחברות; האחת מכסה את הקודש והאחרת מכסה את קודש-הקודשים ואת הדופן האחורית. היריעות הללו מכוסות ביריעות **עזים** המכסות את כל קרשי

ביאור | שהיא אטומה לחלוטין **לָכֶם בֵּין הַקֹּדֶשׁ וּבֵין קֹדֶשׁ הַקֳּדָשִׁים.** לד **וְנָתַתָּ
אֶת הַכַּפֹּרֶת,** מכסה הזהב **עַל אֲרוֹן הָעֵדֻת בְּקֹדֶשׁ הַקֳּדָשִׁים.** לה **וְשַׂמְתָּ
אֶת הַשֻּׁלְחָן מִחוּץ לַפָּרֹכֶת,** בחלל הגדול יותר והקרוב אל הפתח,
הקודש, **וְאֶת הַמְּנֹרָה נֹכַח,** כנגד **הַשֻּׁלְחָן עַל צֶלַע,** צד **הַמִּשְׁכָּן תֵּימָנָה,**
דרומה, **וְהַשֻּׁלְחָן תִּתֵּן עַל צֶלַע צָפוֹן.**

לו בקצה המזרחי של האוהל שבו יעמדו השולחן והמנורה – **וְעָשִׂיתָ
מָסָךְ** שישמש **לְפֶתַח הָאֹהֶל מִתְּכֵלֶת וְאַרְגָּמָן וְתוֹלַעַת שָׁנִי וְשֵׁשׁ,** הכול
מָשְׁזָר מַעֲשֵׂה רֹקֵם. הרקמה היא עבודה פשוטה הרבה יותר ממלאכת
האריגה שתיעשה ביריעות המשכן ובפרוכת, המכונה 'מעשה
חושב'. לז **וְעָשִׂיתָ לַמָּסָךְ חֲמִשָּׁה עַמּוּדֵי שִׁטִּים, וְצִפִּיתָ אֹתָם זָהָב,
וָוֵיהֶם,** שעליהם תולים את המסך, **זָהָב. וְיָצַקְתָּ לָהֶם חֲמִשָּׁה אַדְנֵי
נְחֹשֶׁת.** מסך המשכן ייפרש על חמשת העמודים הנתונים באדני
הנחושת במקום דופנו הרביעית של המשכן.

הציווי על מזבח העולה

פרק כז פס' א–ח

עד כה עסק הכתוב בציוויים על גוף המשכן, על המדור הגדול יותר שבו יוצבו השולחן והמנורה, והמדור הקטן, קודש-הקודשים, שבו יונח הארון לבדו. עתה בא תיאורו של המצוי מחוץ לתחום המשכן עצמו.

פרק כז א **וְעָשִׂיתָ אֶת הַמִּזְבֵּחַ,** מקום ההקרבה המרכזי **מֵעֲצֵי שִׁטִּים,
חָמֵשׁ אַמּוֹת אֹרֶךְ וְחָמֵשׁ אַמּוֹת רֹחַב, רָבוּעַ יִהְיֶה הַמִּזְבֵּחַ, וְשָׁלֹשׁ אַמּוֹת
קֹמָתוֹ.** גובהו הנמוך – פחות מקומתו של אדם ממוצע – שאינו
פרופורציונלי לשטחו הגדול, הביא אחדים לפרש ששלוש האמות
האמורות כאן אינן מציינות את מלוא גובהו אלא חלק מסוים ממנו,

הרחבות | המשכן ומשתפלות מעט בפתח המשכן. על היריעות הללו מונחים מכסי עורות נוספים.

'רבוע יהיה המזבח' למרות שהריבועיות משתמעת ממילא ממידותיו, הכתוב חוזר שהמזבח יהיה רבוע כדי ללמד שגם כאשר ישתנו מידותיו של המזבח, כגון בבית המקדש שלעתיד, צורתה הריבועית של תבנית המזבח קבועה לעולם. (זבחים סב ע"ב: "קרן וכבש ויסוד וריבוע מעכבין. מידת ארכו ומידת רחבו ומידת קומתו אין מעכבים. כל מקום שנאמר הַמִּזְבֵּחַ לעכב". וראו הכתב והקבלה ומשך חכמה על אתר).

ב וְעָשִׂיתָ קַרְנֹתָיו עַל אַרְבַּע פִּנֹּתָיו מִמֶּנּוּ תִּהְיֶיןָ קַרְנֹתָיו
ג וְצִפִּיתָ אֹתוֹ נְחֹשֶׁת: וְעָשִׂיתָ סִּירֹתָיו לְדַשְּׁנוֹ וְיָעָיו
וּמִזְרְקֹתָיו וּמִזְלְגֹתָיו וּמַחְתֹּתָיו לְכָל־כֵּלָיו תַּעֲשֶׂה
ד נְחֹשֶׁת: וְעָשִׂיתָ לּוֹ מִכְבָּר מַעֲשֵׂה רֶשֶׁת נְחֹשֶׁת וְעָשִׂיתָ
עַל־הָרֶשֶׁת אַרְבַּע טַבְּעֹת נְחֹשֶׁת עַל אַרְבַּע קְצוֹתָיו:
ה וְנָתַתָּה אֹתָהּ תַּחַת כַּרְכֹּב הַמִּזְבֵּחַ מִלְּמָטָּה וְהָיְתָה

רש״י

ב| **מִמֶּנּוּ תִּהְיֶיןָ קַרְנֹתָיו.** שֶׁלֹּא יַעֲשֵׂם לְבַדָּם וִיחַבְּרֵם בּוֹ: **וְצִפִּיתָ אֹתוֹ נְחֹשֶׁת.** לְכַפֵּר עַל עַזּוּת מֵצַח, שֶׁנֶּאֱמַר: "וּמִצְחֲךָ נְחוּשָׁה" (ישעיה מח, ד):

ג| **סִירֹתָיו.** כְּמִין יוֹרוֹת: **לְדַשְּׁנוֹ.** לְהָסִיר דִּשְׁנוֹ לְתוֹכָם; וְהוּא שֶׁתִּרְגֵּם אוּנְקְלוֹס: "לְמִסְפֵּי קִטְמֵיהּ", לִסְפּוֹת הַדֶּשֶׁן לְתוֹכָם. כִּי יֵשׁ מִלּוֹת בִּלְשׁוֹן עִבְרִית מִלָּה אַחַת מִתְחַלֶּפֶת בַּפִּתְרוֹן לְשַׁמֵּשׁ בִּנְיָן וּסְתִירָה, כְּמוֹ "וַתַּשְׁרֵשׁ שָׁרָשֶׁיהָ" (תהלים פ, י), "אֱוִיל מַשְׁרִישׁ" (איוב ה, ג), וְחִלּוּפוֹ: "וּבְכָל תְּבוּאָתִי תְשָׁרֵשׁ" (שם לא, יב). וְכָמוֹהוּ: "בִּסְעִפֶּיהָ פֹּרִיָּה" (ישעיה יז, ו), וְחִלּוּפוֹ: "מְסָעֵף פֻּארָה" (שם י, לג), מְפַסֵּחַ סְעִיפֶיהָ. וְכָמוֹהוּ: "וְזֶה הָאַחֲרוֹן עִצְּמוֹ" (ירמיה נ, יז), שִׁבֵּר עֲצָמוֹתָיו. וְכָמוֹהוּ: "וַיִּסְקְלֻהוּ בָּאֲבָנִים" (מלכים א׳ כא, יג), וְחִלּוּפוֹ: "סַקְּלוּ מֵאֶבֶן" (ישעיה סב, י), הָסִירוּ אֲבָנֶיהָ, וְכֵן: "וַיְעַזְּקֵהוּ וַיְסַקְּלֵהוּ" (שם ה, ב). אַף כָּאן "לְדַשְּׁנוֹ" לְהָסִיר דִּשְׁנוֹ, וּבְלַעַז אדשנדרי״ר: **וְיָעָיו.** כְּתַרְגּוּמוֹ, מַגְרֵפוֹת שֶׁנּוֹטֵל בָּהֶם הַדֶּשֶׁן, וְהֵן כְּמִין כִּסּוּי קְדֵרָה, וְהוּא שֶׁל מַתֶּכֶת דַּק וְלוֹ בֵּית יָד, וּבְלַעַז וודי״ל: **וּמִזְרְקֹתָיו.** לְקַבֵּל בָּהֶם דַּם הַזְּבָחִים: **וּמִזְלְגֹתָיו.** כְּמִין אֻנְקְלִיּוֹת כְּפוּפִין, וּמַכֶּה בָּהֶן בַּבָּשָׂר וְנִתְחָבִין בּוֹ, וּמְהַפְּכָן בָּהֶן עַל גַּחֲלֵי הַמַּעֲרָכָה שֶׁיְּהֵא מְמַהֵר שְׂרֵפָתָן, וּבְלַעַז קרוֹצִי״ש, וּבִלְשׁוֹן חֲכָמִים: צִנּוֹרִיּוֹת: **וּמַחְתֹּתָיו.** בֵּית קִבּוּל יֵשׁ לָהֶם לִטֹּל בָּהֶן גֶּחָלִים מִן הַמִּזְבֵּחַ לְשֵׂאתָם עַל מִזְבֵּחַ הַפְּנִימִי לַקְּטֹרֶת. וְעַל שֵׁם חֲתִיָּתָן קְרוּיִים מַחְתּוֹת, כְּמוֹ: "לַחְתּוֹת אֵשׁ מִיָּקוּד" (ישעיה ל, יד), לְשׁוֹן שְׁאִיבַת אֵשׁ מִמְּקוֹמָהּ, וְכֵן: "הֲיַחְתֶּה אִישׁ אֵשׁ בְּחֵיקוֹ" (משלי ו, כז): **לְכָל כֵּלָיו.** כְּמוֹ כָּל כֵּלָיו:

ד| **מִכְבָּר.** לְשׁוֹן כְּבָרָה שֶׁקּוֹרִין קריב״ל, כְּמִין לְבוּשׁ עָשׂוּ לוֹ לַמִּזְבֵּחַ, עָשׂוּי חוֹרִין חוֹרִין כְּמִין רֶשֶׁת. וּמִקְרָא זֶה מְסֹרָס וְכָךְ פִּתְרוֹנוֹ: וְעָשִׂיתָ לּוֹ מִכְבַּר נְחֹשֶׁת מַעֲשֵׂה רֶשֶׁת:

ה| **כַּרְכֹּב הַמִּזְבֵּחַ.** סוֹבֵב. כָּל דָּבָר הַמַּקִּיף סָבִיב בְּעִגּוּל קָרוּי כַּרְכֹּב, כְּמוֹ שֶׁשָּׁנִינוּ בְּ'הַכֹּל שׁוֹחֲטִין': "אֵלּוּ הֵן גְּלָמֵי כְּלֵי עֵץ, כָּל שֶׁעָתִיד לָשׁוּף וּלְכַרְכֵּב" (חולין כה ע״א), וְהוּא שֶׁעוֹשִׂין חֲרִיצִין עֲגֻלִּין בְּקַרְשֵׁי דַּפְנֵי הַתֵּבוֹת וְסַפְסְלֵי הָעֵץ, אַף לַמִּזְבֵּחַ עָשָׂה

הרחבות

'וצפית אתו נחשת' אמנם נחושת איננה המתכת האידיאלית לשימוש בקרבת אש, אך ציפוי המזבח בנחושת הולם את דרגת קדושתו בהשוואה לכלים המצויים בתוך אוהל מועד, המצופים זהב. מזבח זה עמד בחצר, ועל כן היה מצופה נחושת. מיקומו והחומר שממנו נעשה מעידים על נחיתות יחסית בקדושתו. ממתכת זו ייעשה גם הכיור העומד בחצר וגם אדני העמודים של פתח המשכן ושל החצר, שלא כאדני קרשי המשכן ועמודי הפרוכת שבתוכו העשויים כסף.

ביאור

משפת מקום הילוך הכהנים ('הסובב') עד גג המזבח.[52] ב **וְעָשִׂיתָ קַרְנֹתָיו**. לפי מסורת חכמים הקרנות עשויות בליטות ישרות ורבועות[53] **עַל אַרְבַּע פִּנֹּתָיו. מִמֶּנּוּ תִּהְיֶיןָ קַרְנֹתָיו**. הקרנות אינן עשויות מתוספת חומר, אלא הן בנויות מתוך העצים שמהם ייעשה גוף המזבח. **וְצִפִּיתָ אֹתוֹ** – את המזבח כולו **נְחֹשֶׁת**. ג **וְעָשִׂיתָ סִּירֹתָיו**, סיריו כדי **לְדַשְּׁנוֹ**, לסלק ממנו את הדשן, הפיח והפסולת הנותרים מן הקרבנות **וְיָעָיו**, כלים לגריפת הדשן **וּמִזְרְקֹתָיו**, כלי קיבול לאיסוף דם הקרבנות ולזריקתו על המזבח **וּמִזְלְגֹתָיו**, כלים הדומים למזלגות של היום, אך גדולים מהם שנועדו להנחת חתיכות הבשר על המזבח או להפיכתן **וּמַחְתֹּתָיו**, מעין כפות לחתיית גחלים והעברתם ממקום למקום.[54] **לְכָל כֵּלָיו**, את כל הכלים האלה **תַּעֲשֶׂה נְחֹשֶׁת**.

ד **וְעָשִׂיתָ לּוֹ מִכְבָּר**, משטח מנוקב ככברה, **מַעֲשֵׂה**, עשוי **רֶשֶׁת נְחֹשֶׁת**. נוסף על ציפוי הנחושת של המזבח. **וְעָשִׂיתָ עַל הָרֶשֶׁת אַרְבַּע טַבְּעֹת נְחֹשֶׁת עַל אַרְבַּע קְצוֹתָיו** של המזבח, שישמשו להשחלת מוטות הנשיאה בהן. ה **וְנָתַתָּה אֹתָהּ** – את הרשת הזאת **תַּחַת כַּרְכֹּב הַמִּזְבֵּחַ**, הבליטה המקיפה את המזבח מן הקיר שלו החוצה,[55]

מזבח העולה

הָרֶשֶׁת עַד חֲצִי הַמִּזְבֵּחַ: וְעָשִׂיתָ בַדִּים לַמִּזְבֵּחַ בַּדֵּי ו
עֲצֵי שִׁטִּים וְצִפִּיתָ אֹתָם נְחֹשֶׁת: וְהוּבָא אֶת־בַּדָּיו ז
בַּטַּבָּעֹת וְהָיוּ הַבַּדִּים עַל־שְׁתֵּי צַלְעֹת הַמִּזְבֵּחַ
בִּשְׂאֵת אֹתוֹ: נְבוּב לֻחֹת תַּעֲשֶׂה אֹתוֹ כַּאֲשֶׁר הֶרְאָה ח
שביעי אֹתְךָ בָּהָר כֵּן יַעֲשׂוּ: וְעָשִׂיתָ אֵת חֲצַר ט
הַמִּשְׁכָּן לִפְאַת נֶגֶב־תֵּימָנָה קְלָעִים לֶחָצֵר שֵׁשׁ
מָשְׁזָר מֵאָה בָאַמָּה אֹרֶךְ לַפֵּאָה הָאֶחָת: וְעַמֻּדָיו י

רש"י

חָרִין סְבִיבוֹ כְּדָפְנוֹ לְנוֹי, וְהוּא לְסוֹף שֵׁשׁ אַמּוֹת שֶׁל גָּבְהוֹ כְּדִבְרֵי הָאוֹמֵר (זבחים נט ע"ב – ס ע"א) מָה אֲנִי מְקַיֵּם "וְשָׁלֹשׁ אַמּוֹת קֹמָתוֹ"? מִשְּׂפַת סוֹבֵב וּלְמַעְלָה. אֲבָל סוֹבֵב לְהִלּוּךְ הַכֹּהֲנִים לֹא הָיָה לְמִזְבַּח הַנְּחֹשֶׁת אֶלָּא עַל רָאשׁוֹ לִפְנִים מִקַּרְנוֹתָיו. וְכֵן שָׁנִינוּ בִּזְבָחִים (דף סב ע"א): אֵיזֶהוּ כַּרְכֹּב? בֵּין קֶרֶן לְקֶרֶן, וְלִפְנִים מֵהֶן אַמָּה שֶׁל הִלּוּךְ רַגְלֵי הַכֹּהֲנִים, שְׁתֵּי אַמּוֹת הַלָּלוּ קְרוּיִים כַּרְכֹּב. וְדִקְדַּקְנוּ שָׁם: וְהָכְתִיב: "תַּחַת כַּרְכֻּבּוֹ מִלְמַטָּה" (להלן לח, ד), לָמַדְנוּ שֶׁהַכַּרְכֹּב בְּדָפְנוֹ הוּא וּלְבוּשׁ הַמִּכְבָּר תַּחְתָּיו! וְתֵרֵץ הַמְתָרֵץ: תְּרֵי הֲווֹ, חַד לְנוֹי וְחַד לַכֹּהֲנִים דְּלֹא נִשְׁתַּרְקוּ; זֶה שֶׁבַּדֹּפֶן לְנוֹי הָיָה, וּמִתַּחְתָּיו הִלְבִּישׁוּ הַמִּכְבָּר, וְהִגִּיעַ רָחְבּוֹ עַד חֲצִי הַמִּזְבֵּחַ, וְהוּא הָיָה סִימָן לַחֲצִי גָּבְהוֹ לְהַבְדִּיל בֵּין דָּמִים הָעֶלְיוֹנִים לְדָמִים הַתַּחְתּוֹנִים, וּכְנֶגְדּוֹ עָשׂוּ לְמִזְבַּח בֵּית עוֹלָמִים חֲגוֹרַת חוּט הַסִּקְרָא בְּאֶמְצָעוֹ (מדות ג, א). וְכֶבֶשׁ שֶׁהָיוּ עוֹלִין בּוֹ, אַף עַל פִּי שֶׁלֹּא פֵּרְשׁוֹ בְּעִנְיָן זֶה, כְּבָר שָׁמַעְנוּ בְּפָרָשַׁת 'מִזְבַּח אֲדָמָה תַּעֲשֶׂה לִּי': "וְלֹא תַעֲלֶה בְמַעֲלֹת" (לעיל כ, כב), לֹא תַּעֲשֶׂה לוֹ מַעֲלוֹת בַּכֶּבֶשׁ שֶׁלּוֹ, אֶלָּא כֶּבֶשׁ חָלָק, לָמַדְנוּ שֶׁהָיָה לוֹ כֶּבֶשׁ. כָּךְ שָׁנִינוּ בַּמְּכִילְתָּא (בחדש פרשה יא). וּ'מִזְבַּח אֲדָמָה' הוּא מִזְבַּח הַנְּחֹשֶׁת, שֶׁהָיוּ מְמַלְּאִין חֲלָלוֹ אֲדָמָה בִּמְקוֹם חֲנִיָּתָן. וְהַכֶּבֶשׁ הָיָה בִּדְרוֹם הַמִּזְבֵּחַ מֻבְדָּל מִן הַמִּזְבֵּחַ מְלֹא חוּט הַשַּׂעֲרָה, וְרַגְלָיו מַגִּיעִין עַד אַמָּה סָמוּךְ לְקַלְעֵי הֶחָצֵר שֶׁבַּדָּרוֹם, כְּדִבְרֵי הָאוֹמֵר עֶשֶׂר אַמּוֹת קוֹמָתוֹ; וּלְדִבְרֵי הָאוֹמֵר דְּבָרִים כִּכְתָבָן "שָׁלֹשׁ אַמּוֹת קֹמָתוֹ" (זבחים נט ע"ב), לֹא הָיָה אֹרֶךְ הַכֶּבֶשׁ אֶלָּא עֶשֶׂר אַמּוֹת. כָּךְ מָצָאתִי בְּמִשְׁנַת אַרְבָּעִים וְתֵשַׁע מִדּוֹת. וְזֶה שֶׁהוּא מֻבְדָּל מִן הַמִּזְבֵּחַ מְלֹא הַחוּט, בְּמַסֶּכֶת זְבָחִים (דף סב ע"ב) לְמַדְנוּהָ מִן הַמִּקְרָא:

ז| **בַּטַּבָּעֹת.** בְּאַרְבַּע טַבָּעוֹת שֶׁנַּעֲשׂוּ לַמִּכְבָּר:

ח| **נְבוּב לֻחֹת.** כְּתַרְגּוּמוֹ: "חֲלִיל לוּחִין", לוּחוֹת עֲצֵי שִׁטִּים מִכָּל צַד וְהֶחָלָל בָּאֶמְצַע, וְלֹא יְהֵא כֻּלּוֹ עֵץ אֶחָד שֶׁיְּהֵא עָבְיוֹ חָמֵשׁ אַמּוֹת עַל חָמֵשׁ אַמּוֹת כְּמִין סַדָּן:

ט| **קְלָעִים.** עֲשׂוּיִין כְּמִין קַלְעֵי סְפִינָה נְקָבִים נְקָבִים, מַעֲשֵׂה קְלִיעָה וְלֹא מַעֲשֵׂה אוֹרֵג. וְתַרְגּוּמוֹ: "סְרָדִין", כְּתַרְגּוּמוֹ שֶׁל "מִכְבָּר" (לעיל פסוק ד) הַמְתֻרְגָּם: "סְרָדָא", לְפִי שֶׁהֵן מְנֻקָּבִין כִּכְבָרָה: **לַפֵּאָה הָאֶחָת.** כָּל הָרוּחַ קָרוּי פֵּאָה:

י| **וְעַמֻּדָיו עֶשְׂרִים.** חָמֵשׁ אַמּוֹת בֵּין עַמּוּד

ביאור | **מִלְמָטָּה. וְהָיְתָה הָרֶשֶׁת עַד חֲצִי הַמִּזְבֵּחַ.** חלקה העליון של הרשת יתחיל מתחת לכרכוב שבחלקו העליון של המזבח, וחלקה התחתון של הרשת יגיע עד חצי גובה המזבח.[56]

ו **וְעָשִׂיתָ בַדִּים**, מוטות **לַמִּזְבֵּחַ, בַּדֵּי עֲצֵי שִׁטִּים, וְצִפִּיתָ אֹתָם נְחֹשֶׁת.** ז **וְהוּבָא אֶת בַּדָּיו בַּטַּבָּעֹת** שעל הרשת כנגד קצות המזבח, **וְהָיוּ הַבַּדִּים עַל שְׁתֵּי צַלְעֹת הַמִּזְבֵּחַ בִּשְׂאֵת אֹתוֹ** בנשיאתו ממקום למקום.

ח **נְבוּב לֻחֹת**, מסגרת חלולה, ללא תחתית ומכסה[57] של לוחות עץ מצופים נחושת **תַּעֲשֶׂה אֹתוֹ**. כאשר יעמידו אותו במקום, ימלאוהו באדמה;[58] וכשיצאו לדרך, ירוקנו אותו מן האדמה וישאו רק את המסגרת בבדים. **כַּאֲשֶׁר הֶרְאָה אֹתְךָ בָּהָר, כֵּן יַעֲשׂוּ** בני ישראל.

הציווי על החצר

פרק כז פס׳ ט–יט

מן המזבח, מוקד העבודה בחצר המשכן, עובר הכתוב לציוויים על בניית החצר עצמה.

ט **וְעָשִׂיתָ אֵת חֲצַר הַמִּשְׁכָּן, לִפְאַת**, לצד **נֶגֶב תֵּימָנָה**, דרום **קְלָעִים**, מעין וילון המיועד בעיקר להסתרה, **לֶחָצֵר**. הקלעים עשויים מקליעתם–קשירתם של חבלי **שֵׁשׁ**, פשתן **מָשְׁזָר**, קלוע.[59] **מֵאָה בָאַמָּה אֹרֶךְ** היריעה הקלועה **לַפֵּאָה הָאֶחָת**, לצד האחד, י **וְעַמֻּדָיו** של השש, שממנו ייקלעו היריעות הללו, או: של החצר[60] **עֶשְׂרִים**. את הקלעים יתלו על עשרים עמודים שהמרחק ביניהם חמש אמות. **וְ**אף **אַדְנֵיהֶם**,

עֶשְׂרִים וְאַדְנֵיהֶם עֶשְׂרִים נְחֹשֶׁת וָוֵי הָעַמֻּדִים
יא וַחֲשֻׁקֵיהֶם כָּסֶף׃ וְכֵן לִפְאַת צָפוֹן בָּאֹרֶךְ קְלָעִים מֵאָה
אֹרֶךְ וְעַמֻּדָו עֶשְׂרִים וְאַדְנֵיהֶם עֶשְׂרִים נְחֹשֶׁת וָוֵי
יב הָעַמֻּדִים וַחֲשֻׁקֵיהֶם כָּסֶף׃ וְרֹחַב הֶחָצֵר לִפְאַת־יָם
קְלָעִים חֲמִשִּׁים אַמָּה עַמֻּדֵיהֶם עֲשָׂרָה וְאַדְנֵיהֶם
יג עֲשָׂרָה׃ וְרֹחַב הֶחָצֵר לִפְאַת קֵדְמָה מִזְרָחָה חֲמִשִּׁים
יד אַמָּה׃ וַחֲמֵשׁ עֶשְׂרֵה אַמָּה קְלָעִים לַכָּתֵף עַמֻּדֵיהֶם
טו שְׁלֹשָׁה וְאַדְנֵיהֶם שְׁלֹשָׁה׃ וְלַכָּתֵף הַשֵּׁנִית חֲמֵשׁ
עֶשְׂרֵה קְלָעִים עַמֻּדֵיהֶם שְׁלֹשָׁה וְאַדְנֵיהֶם שְׁלֹשָׁה׃
טז וּלְשַׁעַר הֶחָצֵר מָסָךְ ׀ עֶשְׂרִים אַמָּה תְּכֵלֶת וְאַרְגָּמָן
וְתוֹלַעַת שָׁנִי וְשֵׁשׁ מָשְׁזָר מַעֲשֵׂה רֹקֵם עַמֻּדֵיהֶם

רש"י | לָעַמּוּד: **וְאַדְנֵיהֶם.** שֶׁל הָעַמּוּדִים "נְחֹשֶׁת". הָאֲדָנִים יוֹשְׁבִין עַל הָאָרֶץ וְהָעַמּוּדִים תְּקוּעִים לְתוֹכָן. וְהָיָה עוֹשֶׂה כְּמִין קֻנְדָּסִין שֶׁקּוֹרִין פלצ"ש אָרְכָּן שִׁשָּׁה טְפָחִים וְרָחְבָּן שְׁלֹשָׁה, וְטַבַּעַת נְחֹשֶׁת קְבוּעָה בּוֹ בְּאֶמְצָעוֹ, וְכוֹרֵךְ שְׂפַת הַקֶּלַע סְבִיבָיו בְּמֵיתָרִים כְּנֶגֶד כָּל עַמּוּד וְעַמּוּד, וְתוֹלֶה הַקֻּנְדָּס דֶּרֶךְ טַבַּעְתּוֹ בָּאוּנְקְלִי שֶׁבָּעַמּוּד, הֶעָשׂוּי כְּמִין וָי"ו, רֹאשׁוֹ זָקוּף לְמַעְלָה וְרֹאשׁוֹ אֶחָד תָּקוּעַ בָּעַמּוּד, כְּאוֹתָן שֶׁעוֹשִׂין לְהַצִּיב דְּלָתוֹת שֶׁקּוֹרִין גונזי"ש, וְרֹחַב הַקֶּלַע תָּלוּי מִלְּמַטָּה וְהוּא קוֹמַת מְחִצּוֹת הֶחָצֵר: **וָוֵי הָעַמֻּדִים.** הֵם הָאוּנְקְלִיּוֹת: **וַחֲשֻׁקֵיהֶם.** מֻקָּפִין הָיוּ הָעַמּוּדִים בְּחוּטֵי כֶסֶף סָבִיב. וְאֵינִי יוֹדֵעַ אִם עַל פְּנֵי כֻלָּם אִם בְּרָאשָׁם אִם בְּאֶמְצָעָם, אַךְ יוֹדֵעַ אֲנִי שֶׁ'חִשּׁוּק' לְשׁוֹן חֲגוֹרָה, שֶׁכֵּן מָצִינוּ בְּפִילֶגֶשׁ בַּגִּבְעָה: "וְעִמּוֹ צֶמֶד חֲמוֹרִים חֲבוּשִׁים" (שופטים יט, י), תַּרְגּוּמוֹ: 'חֲשִׁיקִין':

יג) **לִפְאַת קֵדְמָה מִזְרָחָה.** פְּנֵי הַמִּזְרָח קָרוּי 'קֶדֶם', לְשׁוֹן פָּנִים, 'אָחוֹר' לְשׁוֹן אֲחוֹרַיִם. לְפִיכָךְ מִזְרָח קָרוּי קֶדֶם שֶׁהוּא פָּנִים, וּמַעֲרָב קָרוּי אָחוֹר, כְּמָה דְּאַתְּ אָמַר: "הַיָּם הָאַחֲרוֹן" (דברים יא, כד) – "יַמָּא מַעַרְבָאָה" (אונקלוס שם): **חֲמִשִּׁים אַמָּה.** אוֹתָן חֲמִשִּׁים אַמָּה לֹא הָיוּ סְתוּמִים כֻּלָּם בִּקְלָעִים, לְפִי שֶׁשָּׁם הַפֶּתַח, אֶלָּא חֲמֵשׁ עֶשְׂרֵה אַמָּה קְלָעִים לְכֶתֶף הַפֶּתַח מִכָּאן וְכֵן לַכָּתֵף הַשֵּׁנִית, נִשְׁאַר רֹחַב חֲלַל הַפֶּתַח בֵּינְתַיִם עֶשְׂרִים אַמָּה, וְזֶהוּ שֶׁנֶּאֱמַר: "וּלְשַׁעַר הֶחָצֵר מָסָךְ עֶשְׂרִים אַמָּה" (להלן פסוק טז), וִילוֹן לְהָסֵךְ כְּנֶגֶד הַפֶּתַח עֶשְׂרִים אַמָּה אֹרֶךְ, כְּרֹחַב הַפֶּתַח:

יד) **עַמֻּדֵיהֶם שְׁלֹשָׁה.** חָמֵשׁ אַמּוֹת בֵּין עַמּוּד לְעַמּוּד, בֵּין עַמּוּד שֶׁבְּרֹאשׁ הַדָּרוֹם הָעוֹמֵד בְּמִקְצוֹעַ דְּרוֹמִית מִזְרָחִית עַד עַמּוּד שֶׁהוּא מִן הַשְּׁלֹשָׁה שֶׁבַּמִּזְרָח חָמֵשׁ

ביאור | המחזיקים את העמודים עֶשְׂרִים, והם ייעשו מנְחֹשֶׁת ולא מכסף כמו האדנים הפנימיים. לעומת זאת, וָוֵי הָעַמֻּדִים, שעליהם יתלו את הקלעים, וַחֲשֻׁקֵיהֶם, החישוקים שהקיפו את העמודים לקישוט או למניעת התבקעות – ייעשו כָּסֶף.

יא **וְכֵן לִפְאַת צָפוֹן בָּאֹרֶךְ – קְלָעִים מֵאָה אֹרֶךְ וְעַמּוּדָיו עֶשְׂרִים, וְאַדְנֵיהֶם עֶשְׂרִים נְחֹשֶׁת. וָוֵי הָעַמֻּדִים וַחֲשֻׁקֵיהֶם – כָּסֶף.**

יב **וְרֹחַב הֶחָצֵר לִפְאַת יָם**, מערב, שגם הוא צד סגור – **קְלָעִים חֲמִשִּׁים אַמָּה, עַמֻּדֵיהֶם עֲשָׂרָה וְאַדְנֵיהֶם עֲשָׂרָה**, באותה מתכונת.

יג **וְרֹחַב הֶחָצֵר לִפְאַת קֵדְמָה מִזְרָחָה**, אף הוא **חֲמִשִּׁים אַמָּה**. יד אולם,
כיוון שבמרכזו נתון שער החצר – **וַחֲמֵשׁ עֶשְׂרֵה אַמָּה קְלָעִים לַכָּתֵף**,
בצד אחד של השער, **עַמֻּדֵיהֶם שְׁלֹשָׁה וְאַדְנֵיהֶם שְׁלֹשָׁה**. טו **וְלַכָּתֵף**
הַשֵּׁנִית, צד השער השני **חֲמֵשׁ עֶשְׂרֵה** אמה **קְלָעִים, עַמֻּדֵיהֶם שְׁלֹשָׁה**
וְאַדְנֵיהֶם שְׁלֹשָׁה. טז ובאמצע, **לְשַׁעַר הֶחָצֵר – מָסָךְ** מפואר **עֶשְׂרִים**
אַמָּה, שייעשה **מִתְּכֵלֶת וְאַרְגָּמָן וְתוֹלַעַת שָׁנִי וְשֵׁשׁ**, פשתן, הכול **מָשְׁזָר**
וּמַעֲשֵׂה רֹקֵם. עַמֻּדֵיהֶם, המחזיקים את המסך **אַרְבָּעָה וְאַדְנֵיהֶם**

קלעי החצר

מפטיר אַרְבָּעָ֔ה וְאַדְנֵיהֶ֖ם אַרְבָּעָֽה׃ כָּל־עַמּוּדֵ֨י הֶחָצֵ֤ר סָבִיב֙ יז
מְחֻשָּׁקִ֣ים כֶּ֔סֶף וָוֵיהֶ֖ם כָּ֑סֶף וְאַדְנֵיהֶ֖ם נְחֹֽשֶׁת׃ אֹ֣רֶךְ יח
הֶחָצֵר֩ מֵאָ֨ה בָֽאַמָּ֜ה וְרֹ֣חַב ׀ חֲמִשִּׁ֣ים בַּחֲמִשִּׁ֗ים וְקֹמָ֛ה
חָמֵ֥שׁ אַמּ֖וֹת שֵׁ֣שׁ מָשְׁזָ֑ר וְאַדְנֵיהֶ֖ם נְחֹֽשֶׁת׃ לְכֹל֙ כְּלֵ֣י יט
הַמִּשְׁכָּ֔ן בְּכֹ֖ל עֲבֹדָת֑וֹ וְכָל־יְתֵדֹתָ֛יו וְכָל־יִתְדֹ֥ת הֶחָצֵ֖ר
נְחֹֽשֶׁת׃

רש"י

אַמּוֹת, וּמִמֶּנּוּ לַשֵּׁנִי חָמֵשׁ אַמּוֹת, וּמִן הַשֵּׁנִי לַשְּׁלִישִׁי חָמֵשׁ אַמּוֹת, וְכֵן לַכָּתֵף הַשֵּׁנִית, וְאַרְבָּעָה עַמּוּדִים לַמָּסָךְ. הֲרֵי עֲשָׂרָה עַמּוּדִים לַמִּזְרָח כְּנֶגֶד עֲשָׂרָה לַמַּעֲרָב:

יז| **כָּל עַמּוּדֵי הֶחָצֵר סָבִיב וְגוֹ'.** לְפִי שֶׁלֹּא פֵּרֵשׁ וָוִין וַחֲשׁוּקִים וְאַדְנֵי נְחֹשֶׁת אֶלָּא לַצָּפוֹן וְלַדָּרוֹם, אֲבָל לַמִּזְרָח וְלַמַּעֲרָב לֹא נֶאֱמַר וָוִין וַחֲשׁוּקִים וְאַדְנֵי נְחֹשֶׁת, לְכָךְ בָּא וְלִמֵּד כָּאן:

יח| **אֹרֶךְ הֶחָצֵר.** הַצָּפוֹן וְהַדָּרוֹם שֶׁמִּן הַמִּזְרָח לַמַּעֲרָב "מֵאָה בָּאַמָּה": **וְרֹחַב חֲמִשִּׁים בַּחֲמִשִּׁים.** חָצֵר שֶׁבַּמִּזְרָח הָיְתָה מְרֻבַּעַת חֲמִשִּׁים עַל חֲמִשִּׁים, שֶׁהַמִּשְׁכָּן אָרְכּוֹ שְׁלֹשִׁים וְרָחְבּוֹ עֶשֶׂר, הֶעֱמִיד מִזְרַח פִּתְחוֹ בִּשְׂפַת חֲמִשִּׁים הַחִיצוֹנִים שֶׁל אֹרֶךְ הֶחָצֵר, נִמְצָא כֻּלּוֹ בַּחֲמִשִּׁים הַפְּנִימִיִּים, וְכָלָה אָרְכּוֹ לְסוֹף שְׁלֹשִׁים, נִמְצְאוּ עֶשְׂרִים אַמָּה רֶוַח לַאֲחוֹרָיו בֵּין הַקְּלָעִים שֶׁבַּמַּעֲרָב לִירִיעוֹת שֶׁל אֲחוֹרֵי הַמִּשְׁכָּן. וְרֹחַב הַמִּשְׁכָּן עֶשֶׂר אַמּוֹת בְּאֶמְצַע רֹחַב הֶחָצֵר, נִמְצְאוּ לוֹ עֶשְׂרִים אַמָּה רֶוַח לַצָּפוֹן וְלַדָּרוֹם מִן קַלְעֵי הֶחָצֵר לִירִיעוֹת הַמִּשְׁכָּן, וְכֵן לַמַּעֲרָב, וַחֲמִשִּׁים עַל חֲמִשִּׁים חָצֵר לְפָנָיו: **וְקֹמָה חָמֵשׁ אַמּוֹת.** גֹּבַהּ מְחִצּוֹת הֶחָצֵר, וְהוּא רֹחַב הַקְּלָעִים: **וְאַדְנֵיהֶם נְחֹשֶׁת.** לְהָבִיא אַדְנֵי הַמָּסָךְ, שֶׁלֹּא תֹאמַר, לֹא נֶאֶמְרוּ אַדְנֵי נְחֹשֶׁת אֶלָּא לְעַמּוּדֵי הַקְּלָעִים, אֲבָל אַדְנֵי הַמָּסָךְ שֶׁל מִין אַחֵר. כָּךְ נִרְאֶה בְּעֵינַי שֶׁלְּכָךְ חָזַר וּשְׁנָאָן:

יט| **לְכֹל כְּלֵי הַמִּשְׁכָּן.** שֶׁהָיוּ צְרִיכִין לַהֲקָמָתוֹ וּלְהוֹרָדָתוֹ, כְּגוֹן מַקָּבוֹת לִתְקֹעַ יְתֵדוֹת וְעַמּוּדִים: **יְתֵדוֹת.** כְּמִין נַגְרֵי נְחֹשֶׁת עֲשׂוּיִין לִירִיעוֹת הָאֹהֶל וּלְקַלְעֵי הֶחָצֵר קְשׁוּרִים בְּמֵיתָרִים סָבִיב סָבִיב בְּשִׁפּוּלֵיהֶן כְּדֵי שֶׁלֹּא תְּהֵא הָרוּחַ מַגְבִּיהָתָן. וְאֵינִי יוֹדֵעַ אִם תְּחוּבִין בָּאָרֶץ, אוֹ קְשׁוּרִין וּתְלוּיִין וְכָבְדָּן מַכְבִּיד שִׁפּוּלֵי הַיְרִיעוֹת שֶׁלֹּא יָנוּעוּ בָּרוּחַ. וְאוֹמֵר אֲנִי שֶׁשְּׁמָן מוֹכִיחַ עֲלֵיהֶם שֶׁהֵם תְּקוּעִים בָּאָרֶץ, לְכָךְ נִקְרְאוּ 'יְתֵדוֹת', וּמִקְרָא זֶה מְסַיְּעֵנִי: "אֹהֶל בַּל יִצְעָן בַּל יִסַּע יְתֵדֹתָיו לָנֶצַח" (ישעיה לג, כ):

ביאור | **אַרְבָּעָה.** בפתח לא יהיה שער כבד, אלא מסך מקושט בלבד, המיועד
להסטה או לגלילה לשם כניסה אל החצר.

יז **כָּל עַמּוּדֵי הֶחָצֵר סָבִיב מְחֻשָּׁקִים**, מוקפים חישוקי **כֶּסֶף, וָוֵיהֶם כֶּסֶף
וְאַדְנֵיהֶם נְחֹשֶׁת.** יח **אֹרֶךְ הֶחָצֵר מֵאָה בָאַמָּה, וְרֹחַב** החצר **חֲמִשִּׁים
בַּחֲמִשִּׁים**, חמישים משני צדיה. חצר המשכן תהיה מלבן מדויק.
וְקֹמָה, גובה קלעי החצר יהיה **חָמֵשׁ אַמּוֹת** והם **מִשֵּׁשׁ מָשְׁזָר, וְאַדְנֵיהֶם
נְחֹשֶׁת.** יט **לְכֹל כְּלֵי הַמִּשְׁכָּן בְּכֹל עֲבֹדָתוֹ**, הכלים הנדרשים להכנתו,
להקמתו ולפירוקו או לתחזוקתו **וְכָל יְתֵדֹתָיו וְכָל יִתְדֹת הֶחָצֵר**,
הנצרכות להחזקת המשכן, שכן אם תישוב ביריעות ובקלעים
רוח, היא עלולה להפכם למעין מפרשים, ולהסיע את המבנה כולו
ממקומו[61] – כל הכלים הקבועים והיתדות עשויים **נְחֹשֶׁת.** ייתכן
שפסוק זה בא להדגיש שאין בהם כלי ברזל כלל.

תרשים מבנה המשכן

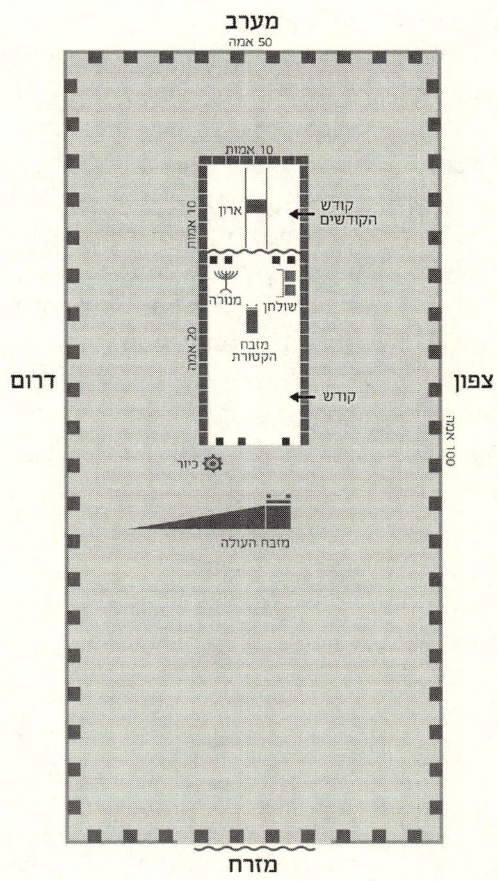

תצוה כא וְאַתָּה תְּצַוֶּה ׀ אֶת־בְּנֵי יִשְׂרָאֵל וְיִקְחוּ אֵלֶיךָ שֶׁמֶן זַיִת כ
זָךְ כָּתִית לַמָּאוֹר לְהַעֲלֹת נֵר תָּמִיד: בְּאֹהֶל מוֹעֵד כא
מִחוּץ לַפָּרֹכֶת אֲשֶׁר עַל־הָעֵדֻת יַעֲרֹךְ אֹתוֹ אַהֲרֹן
וּבָנָיו מֵעֶרֶב עַד־בֹּקֶר לִפְנֵי יהוה חֻקַּת עוֹלָם לְדֹרֹתָם
כח מֵאֵת בְּנֵי יִשְׂרָאֵל: וְאַתָּה הַקְרֵב אֵלֶיךָ א
אֶת־אַהֲרֹן אָחִיךָ וְאֶת־בָּנָיו אִתּוֹ מִתּוֹךְ בְּנֵי יִשְׂרָאֵל
לְכַהֲנוֹ־לִי אַהֲרֹן נָדָב וַאֲבִיהוּא אֶלְעָזָר וְאִיתָמָר בְּנֵי
אַהֲרֹן: וְעָשִׂיתָ בִגְדֵי־קֹדֶשׁ לְאַהֲרֹן אָחִיךָ לְכָבוֹד ב

רש"י

כ| **וְאַתָּה תְּצַוֶּה. זָךְ.** בְּלִי שְׁמָרִים, כְּמוֹ שֶׁשָּׁנִינוּ בִּמְנָחוֹת (דף פו ע"א), מְגַרְגְּרוֹ בְּרֹאשׁ הַזַּיִת וְכוּ': **כָּתִית.** הַזֵּיתִים, כּוֹתֵשׁ בַּמַּכְתֶּשֶׁת וְאֵינוֹ טוֹחֲנָן בָּרֵיחַיִם, כְּדֵי שֶׁלֹּא יְהוּ בּוֹ שְׁמָרִים, וְאַחַר שֶׁהוֹצִיא טִפָּה רִאשׁוֹנָה מַכְנִיסָן לָרֵיחַיִם וְטוֹחֲנָן. וְהַשֶּׁמֶן הַשֵּׁנִי פָּסוּל לַמְּנוֹרָה וְכָשֵׁר לַמְּנָחוֹת, שֶׁנֶּאֱמַר: "כָּתִית לַמָּאוֹר", וְלֹא כָּתִית לַמְּנָחוֹת (שם): **לְהַעֲלֹת נֵר תָּמִיד.** מַדְלִיק עַד שֶׁתְּהֵא שַׁלְהֶבֶת עוֹלָה מֵאֵלֶיהָ: **תָּמִיד.** כָּל לַיְלָה וְלַיְלָה קָרוּי 'תָּמִיד', כְּמוֹ שֶׁאַתָּה אוֹמֵר: "עֹלַת תָּמִיד" (להלן כט, מב; במדבר כח, ו) וְאֵינָהּ אֶלָּא מִיּוֹם לְיוֹם, וְכֵן בְּמִנְחַת חֲבִתִּין: "תָּמִיד" (ויקרא ו, יג) וְאֵינָהּ אֶלָּא מַחֲצִיתָהּ בַּבֹּקֶר וּמַחֲצִיתָהּ בָּעֶרֶב. אֲבָל "תָּמִיד" הָאָמוּר בְּלֶחֶם הַפָּנִים (לעיל כה, ל) מִשַּׁבָּת לְשַׁבָּת הוּא:

כא| **מֵעֶרֶב עַד בֹּקֶר.** תֵּן לָהּ מִדָּתָהּ שֶׁתְּהֵא דוֹלֶקֶת מֵעֶרֶב וְעַד בֹּקֶר. וְשִׁעֲרוּ חֲכָמִים חֲצִי לֹג לְלֵילֵי טֵבֵת הָאֲרֻכִּין, וְכֵן לְכָל הַלֵּילוֹת, וְאִם יִוָּתֵר אֵין בְּכָךְ כְּלוּם:

פרק כח

א| **וְאַתָּה הַקְרֵב אֵלֶיךָ.** לְאַחַר שֶׁתִּגָּמֵר מְלֶאכֶת הַמִּשְׁכָּן:

הרחבות

'הקרב אליך את אהרן ואת בניו...' משתמע מכך גם שבניהם שהיו להם באותה שעה לא זכו בכהונה. ואכן פינחס בן אלעזר נתכהן רק בשלב מאוחר יותר עקב מעשה שעשה. (ראו במדבר כה, יג).

הציווי על הדלקת נר התמיד

פרק כז פס׳ כ–כא

פרשת תצוה

בין החומרים שנדרשו למשכן נמנה גם השמן למאור.[1] הציווי על הבאת השמן לצורך הדלקת נר התמיד משלים את רשימת כלי המשכן הנוכחית, וביניהם המנורה. לאחר הציווי על המבנה והכלים באים הציוויים על דברים הקשורים למימוש העבודה בהם – הדלקת המנורה וְהַמשך בגדי הכהנים המשמשים במקדש. ציוויים אלו שונים מקודמיהם גם בכך שהם ציוויים לשעה ולדורות, מה שאין כן מבנה המשכן, שתבניתו ומידותיו היו זמניות. בהמשך יופיעו כלים נוספים שטרם הוזכרו – מזבח הקטורת והכיור – שאולי אינם נתפסים חלק מן המבנה המרכזי.

ביאור
כ **וְאַתָּה תְּצַוֶּה אֶת בְּנֵי יִשְׂרָאֵל וְיִקְחוּ אֵלֶיךָ שֶׁמֶן זַיִת זָךְ**, נקי, **כָּתִית**. הכתיתה היא הכאה על הזיתים הבשלים, שבעקבותיה ניגר מן הזיתים שמן. זהו שמן מובחר ונקי יותר מן השמן המופק באמצעות כתישה ולחיצה במכבש.[2] השמן מיועד **לַמָּאוֹר, לְהַעֲלֹת נֵר תָּמִיד.**
כא **בְּאֹהֶל מוֹעֵד, מִחוּץ לַפָּרֹכֶת אֲשֶׁר** מכסה **עַל הָעֵדֻת**, בקודש **יַעֲרֹךְ אֹתוֹ אַהֲרֹן וּבָנָיו מֵעֶרֶב עַד בֹּקֶר לִפְנֵי ה׳**. הנרות יודלקו בערב, והם יישארו דולקים במשך הלילה. **חֻקַּת עוֹלָם לְדֹרֹתָם, מֵאֵת בְּנֵי יִשְׂרָאֵל**. הכהנים חייבים להדליק את הנרות, ועל בני ישראל מוטלת החובה לספק תדיר את השמן לנרות אלו.

הציווי על בגדי אהרן ובניו

פרק כח פס׳ א–מג

עד כה שימש הבכור שבכל אחת ממשפחות ישראל משרת ה׳. מכאן עוברת הכהונה לאהרן, אחי משה, ולצאצאיו.[3] ייתכן שהתמורה בזהותם של משרתי ה׳ כרוכה בהקמת המשכן, אך אולי היא נובעת מחטא העגל, שבו חטא העם כולו מלבד שבט לוי.[4] על מעשה העגל יסופר רק בהמשך, אבל לפי דעותיהם של חלק מן החכמים, הוא התרחש עוד קודם שה׳ ציווה על מלאכת המשכן, ובעקבותיו נדרשה הקמתו של משכן לה׳ בקרב המחנה.[5]

הביטוי הראשון למעמדם החדש של הכהנים יהיה בגדיהם המיוחדים. כאן יפורטו הן הבגדים שיצטרך אהרן הכהן ללבוש בעת שיבוא למקדש, הן בגדיהם של שאר הכהנים בשעת שירותם. בהמשך יולבשו הכהנים כחלק מטקס המינוי שלהם.

פרק כח א **וְאַתָּה הַקְרֵב אֵלֶיךָ אֶת אַהֲרֹן אָחִיךָ וְאֶת בָּנָיו אִתּוֹ**, הוצא ויחד אותם **מִתּוֹךְ בְּנֵי יִשְׂרָאֵל לְכַהֲנוֹ**, לכהן[6] **לִי**, להיות בעבורי כהנים – **אַהֲרֹן, נָדָב וַאֲבִיהוּא, אֶלְעָזָר וְאִיתָמָר בְּנֵי אַהֲרֹן**. אמנם מונתה משפחה זו בכללה, אך פירוט שמות בניה מורה שכל אחד מהם היה ראוי לתפקיד גם ללא השתייכותו זו.

ב משה נדרש לבטא את המינוי הזה גם במעשים: **וְעָשִׂיתָ בִגְדֵי קֹדֶשׁ לְאַהֲרֹן אָחִיךָ**, בתור הכהן הגדול. הבגדים הללו הם בגדי שירות

וּלְתִפְאָֽרֶת׃ וְאַתָּ֗ה תְּדַבֵּר֙ אֶל־כָּל־חַכְמֵי־לֵ֔ב אֲשֶׁ֥ר ג
מִלֵּאתִ֖יו ר֣וּחַ חָכְמָ֑ה וְעָשׂ֞וּ אֶת־בִּגְדֵ֧י אַהֲרֹ֛ן לְקַדְּשׁ֖וֹ
לְכַהֲנוֹ־לִֽי׃ וְאֵ֨לֶּה הַבְּגָדִ֜ים אֲשֶׁ֣ר יַעֲשׂ֗וּ חֹ֤שֶׁן וְאֵפוֹד֙ ד
וּמְעִ֔יל וּכְתֹ֥נֶת תַּשְׁבֵּ֖ץ מִצְנֶ֣פֶת וְאַבְנֵ֑ט וְעָשׂ֨וּ בִגְדֵי־
קֹ֜דֶשׁ לְאַהֲרֹ֥ן אָחִ֛יךָ וּלְבָנָ֖יו לְכַהֲנוֹ־לִֽי׃ וְהֵם֙ יִקְח֣וּ ה
אֶת־הַזָּהָ֔ב וְאֶת־הַתְּכֵ֖לֶת וְאֶת־הָֽאַרְגָּמָ֑ן וְאֶת־
תּוֹלַ֥עַת הַשָּׁנִ֖י וְאֶת־הַשֵּֽׁשׁ׃

רש"י

ג | לְקַדְּשׁוֹ לְכַהֲנוֹ לִי. לְקַדְּשׁוֹ לְהַכְנִיסוֹ בִּכְהֻנָּה עַל יְדֵי הַבְּגָדִים, שֶׁיְּהֵא כֹּהֵן לִי. וּלְשׁוֹן 'כְּהֻנָּה' שֵׁרוּת הוּא, סירוינטריא"ה בְּלַעַז:

ד | חֹשֶׁן. תַּכְשִׁיט כְּנֶגֶד הַלֵּב: וְאֵפוֹד. לֹא שָׁמַעְתִּי וְלֹא מָצָאתִי בַּבָּרַיְתָא פֵּרוּשׁ תַּבְנִיתוֹ. וְלִבִּי אוֹמֵר לִי שֶׁהוּא חֲגוֹרָה לוֹ מֵאֲחוֹרָיו, רָחְבּוֹ כְּרֹחַב גַּב אִישׁ כְּמִין סִינָר שֶׁקּוֹרִין רינ"ט שֶׁחוֹגְרוֹת הַשָּׂרוֹת כְּשֶׁרוֹכְבוֹת עַל הַסּוּסִים, כָּךְ מַעֲשֵׂהוּ מִלְּמַטָּה, שֶׁנֶּאֱמַר: "וְדָוִד חָגוּר אֵפוֹד בָּד" (שמואל ב' ו, יד), לָמַדְנוּ שֶׁהָאֵפוֹד חֲגוֹרָה הִיא. וְאִי אֶפְשָׁר לוֹמַר אֵין בּוֹ אֶלָּא הַחֲגוֹרָה לְבַדָּהּ, שֶׁהֲרֵי נֶאֱמַר: "וַיִּתֵּן עָלָיו אֶת הָאֵפֹד" (ויקרא ח, ז) וְאַחַר כָּךְ: "וַיַּחְגֹּר אוֹתוֹ בְּחֵשֶׁב הָאֵפֹד" וְתִרְגֵּם אוּנְקְלוֹס: "בְּהֶמְיַן אֵפוֹדָא", לָמַדְנוּ שֶׁהַחֵשֶׁב הוּא הַחֲגוֹר, וְהָאֵפוֹד שֵׁם תַּכְשִׁיט לְבַדּוֹ. וְאִי אֶפְשָׁר לוֹמַר שֶׁעַל שֵׁם שְׁתֵּי הַכְּתֵפוֹת שֶׁבּוֹ הוּא קָרוּי אֵפוֹד, שֶׁהֲרֵי נֶאֱמַר: "שְׁתֵּי כִתְפוֹת הָאֵפוֹד" (להלן פסוק כז), לָמַדְנוּ שֶׁהָאֵפוֹד שֵׁם לְבַד, וְהַכְּתֵפוֹת שֵׁם לְבַד, וְהַחֵשֶׁב שֵׁם לְבַד. לְכָךְ אֲנִי אוֹמֵר שֶׁעַל שֵׁם הַסִּינָר שֶׁל מַטָּה קָרוּי אֵפוֹד, עַל שֵׁם שֶׁאוֹפְדוֹ וּמְקַשְּׁטוֹ בּוֹ, כְּמוֹ שֶׁנֶּאֱמַר: "וַיֶּאְפֹּד לוֹ בּוֹ" (ויקרא ח, ז). וְהַחֵשֶׁב הוּא חֲגוֹר שֶׁלְּמַעְלָה הֵימֶנּוּ, וְהַכְּתֵפוֹת קְבוּעוֹת בּוֹ. וְעוֹד אוֹמֵר לִי לִבִּי שֶׁיֵּשׁ רְאָיָה שֶׁהוּא מִין לְבוּשׁ, שֶׁתִּרְגֵּם יוֹנָתָן: "וְדָוִד חָגוּר אֵפוֹד בָּד" (שמואל ב' ו, יד) – "כַּרְדּוֹט דְּבוּץ", וְתִרְגֵּם כְּמוֹ כֵן "מְעִילִים" – "כַּרְדּוֹטִין" בְּמַעֲשֵׂה תָמָר אֲחוֹת אַבְשָׁלוֹם, "כִּי כֵן תִּלְבַּשְׁןָ בְּנוֹת הַמֶּלֶךְ הַבְּתוּלֹת מְעִילִים" (שם יג, יח): וּמְעִיל. הוּא כְּמִין חָלוּק, וְכֵן הַכְּתֹנֶת, אֶלָּא שֶׁהַכְּתֹנֶת סָמוּךְ לִבְשָׂרוֹ, וּמְעִיל קָרוּי חָלוּק הָעֶלְיוֹן: תַּשְׁבֵּץ. עֲשׂוּיִין מִשְׁבְּצוֹת לְנוֹי. וְהַמִּשְׁבְּצוֹת הֵם כְּמִין גּוּמוֹת הָעֲשׂוּיוֹת בְּתַכְשִׁיטֵי זָהָב לְמוֹשַׁב קְבִיעַת אֲבָנִים טוֹבוֹת וּמַרְגָּלִיּוֹת, כְּמוֹ שֶׁנֶּאֱמַר בְּאַבְנֵי הָאֵפוֹד: "מֻסַבֹּת מִשְׁבְּצוֹת זָהָב" (להלן פסוק יא), וּבְלַעַז קוֹרְאִין אוֹתוֹ קשטונ"ש: מִצְנֶפֶת. כְּמִין כִּפַּת כּוֹבַע שֶׁקּוֹרִין קופי"א, שֶׁהֲרֵי בְּמָקוֹם אַחֵר קוֹרֵא לָהֶם "מִגְבָּעֹת" (להלן כט, ט) וּמְתַרְגְּמִינַן: "כּוֹבְעִין": וְאַבְנֵט. הִיא חֲגוֹרָה עַל הַכְּתֹנֶת, וְהָאֵפוֹד חֲגוֹרָה עַל הַמְּעִיל, כְּמוֹ שֶׁמָּצִינוּ בְּסֵדֶר לְבִישָׁתָן: "וַיִּתֵּן עָלָיו אֶת הַכֻּתֹּנֶת וַיַּחְגֹּר אֹתוֹ בָּאַבְנֵט, וַיַּלְבֵּשׁ אֹתוֹ אֶת הַמְּעִיל וַיִּתֵּן עָלָיו אֶת הָאֵפֹד" (ויקרא ח, ז): בִּגְדֵי קֹדֶשׁ. מִתְּרוּמָה הַמְקֻדֶּשֶׁת לִשְׁמִי יַעֲשׂוּ אוֹתָם:

ה | וְהֵם יִקְחוּ. אוֹתָם חַכְמֵי לֵב שֶׁיַּעֲשׂוּ הַבְּגָדִים יְקַבְּלוּ מִן הַמִּתְנַדְּבִים "אֶת הַזָּהָב וְאֶת הַתְּכֵלֶת" לַעֲשׂוֹת מֵהֶן אֶת הַבְּגָדִים:

ביאור

שעליו ללבשם לצורך עבודת הקודש, אך הם גם - **לְכָבוֹד וּלְתִפְאָרֶת**, בגדי שרד הנושאים ערך חברתי, בהדגישם את הכהונה לעיני כול.

ג **וְאַתָּה תְּדַבֵּר אֶל כָּל חַכְמֵי לֵב, אֲשֶׁר מִלֵּאתִיו רוּחַ חָכְמָה** כדי למלא אחר הדרישות המיוחדות שבעשיית הבגדים. **וְעָשׂוּ אֶת בִּגְדֵי אַהֲרֹן לְקַדְּשׁוֹ** כדי **לְכַהֲנוֹ לִי**. אחת הדרכים לקדש את אהרן הייתה עצם לבישת הבגדים. ד **וְאֵלֶּה הַבְּגָדִים אֲשֶׁר יַעֲשׂוּ: חֹשֶׁן**, מין טבלה התלוייה על החזה **וְאֵפוֹד**, מעין מעיל קצר תחתון דמוי סינר **וּמְעִיל, וּכְתֹנֶת תַּשְׁבֵּץ** העשויה בתבניות אריגה מיוחדות, **מִצְנֶפֶת** על ראשו, **וְאַבְנֵט**, חגורה מיוחדת. **וְעָשׂוּ בִגְדֵי קֹדֶשׁ לְאַהֲרֹן אָחִיךָ וּלְבָנָיו לְכַהֲנוֹ לִי**. ה **וְהֵם**, בעלי המלאכה, **יִקְחוּ אֶת הַזָּהָב וְאֶת הַתְּכֵלֶת וְאֶת הָאַרְגָּמָן וְאֶת תּוֹלַעַת הַשָּׁנִי וְאֶת הַשֵּׁשׁ**, שרק מהם יוכנו הבגדים הללו.

הרחבות

'ועשו את בגדי אהרן לקדשו לכהנו לי' כאשר כבר לא משחו את הכהנים בשמן המשחה, בימי הבית השני, עצם נתינת בגדי הכהן הגדול לכהן מסוים הייתה מעשה המינוי שלו. (ראו יומא ה ע"א; יב ע"א ועוד).

• וְעָשׂוּ אֶת־הָאֵפֹד זָהָב תְּכֵלֶת וְאַרְגָּמָן תּוֹלַעַת שָׁנִי ו
וְשֵׁשׁ מָשְׁזָר מַעֲשֵׂה חֹשֵׁב׃ שְׁתֵּי כְתֵפֹת חֹבְרֹת יִהְיֶה־ ז

רש״י

ו **וְעָשׂוּ אֶת הָאֵפֹד.** אִם בָּאתִי לְפָרֵשׁ מַעֲשֵׂה הָאֵפוֹד וְהַחֹשֶׁן עַל סֵדֶר הַמִּקְרָאוֹת, הֲרֵי פֵּרוּשָׁן פְּרָקִים, וְיִשְׁגֶּה הַקּוֹרֵא בְּצֵרוּפָן. לְכָךְ אֲנִי כּוֹתֵב מַעֲשֵׂיהֶם כְּמוֹת שֶׁהוּא לְמַעַן יָרוּץ קוֹרֵא בוֹ, וְאַחַר כָּךְ אֲפָרֵשׁ עַל סֵדֶר הַמִּקְרָאוֹת. הָאֵפוֹד עָשׂוּי כְּמִין סִינָר שֶׁל נָשִׁים רוֹכְבוֹת סוּסִים, וְחוֹגֵר אוֹתוֹ מֵאֲחוֹרָיו כְּנֶגֶד לִבּוֹ לְמַטָּה מֵאַצִּילָיו, רָחְבּוֹ כְּמִדַּת רֹחַב גַּבּוֹ שֶׁל אָדָם וְיוֹתֵר, וּמַגִּיעַ עַד עֲקֵבָיו. וְהַחֵשֶׁב מְחֻבָּר בְּרֹאשׁוֹ עַל פְּנֵי רָחְבּוֹ מַעֲשֵׂה אוֹרֵג, וּמַאֲרִיךְ לְכָאן וּלְכָאן כְּדֵי לְהַקִּיף וְלַחֲגֹר בּוֹ. וְהַכְּתֵפוֹת מְחֻבָּרוֹת בַּחֵשֶׁב, אֶחָד לְיָמִין וְאֶחָד לִשְׂמֹאל, מֵאֲחוֹרֵי הַכֹּהֵן לִשְׁנֵי קְצוֹת רָחְבּוֹ שֶׁל סִינָר, וּכְשֶׁזּוֹקְפָן עוֹמְדוֹת לוֹ עַל שְׁנֵי כְתֵפָיו. וְהֵן כְּמִין שְׁתֵּי רְצוּעוֹת עֲשׂוּיוֹת מִמִּין הָאֵפוֹד, אֲרֻכּוֹת כְּדֵי שִׁעוּר לְזָקְפָן אֵצֶל צַוָּארוֹ מִכָּאן וּמִכָּאן, וְנִקְפָּלוֹת לְפָנָיו לְמַטָּה מִכְּתֵפָיו מְעַט. וְאַבְנֵי הַשֹּׁהַם קְבוּעוֹת בָּהֶם, אַחַת עַל כָּתֵף יָמִין וְאַחַת עַל כָּתֵף שְׂמֹאל, וְהַמִּשְׁבְּצוֹת נְתוּנוֹת בְּרָאשֵׁיהֶם לִפְנֵי כְתֵפָיו, וּשְׁתֵּי עֲבוֹתוֹת הַזָּהָב תְּחוּבוֹת בִּשְׁתֵּי טַבָּעוֹת שֶׁבַּחֹשֶׁן בִּשְׁנֵי קְצוֹת רָחְבּוֹ הָעֶלְיוֹן, אַחַת לְיָמִין וְאַחַת לִשְׂמֹאל, וּשְׁנֵי רָאשֵׁי הַשַּׁרְשֶׁרֶת תְּקוּעִין בַּמִּשְׁבְּצוֹת לְיָמִין, וְכֵן שְׁנֵי רָאשֵׁי הַשַּׁרְשֶׁרֶת הַשְּׂמָאלִית תְּקוּעִין בַּמִּשְׁבֶּצֶת שֶׁבְּכָתֵף שְׂמֹאל, נִמְצָא הַחֹשֶׁן תָּלוּי בְּמִשְׁבְּצוֹת הָאֵפוֹד עַל לִבּוֹ מִלְּפָנָיו. וְעוֹד שְׁתֵּי טַבָּעוֹת בִּשְׁנֵי קְצוֹת הַחֹשֶׁן בְּתַחְתִּיתוֹ, וּכְנֶגְדָּם שְׁתֵּי טַבָּעוֹת בִּשְׁתֵּי כִּתְפוֹת הָאֵפוֹד מִלְּמַטָּה בְּרֹאשׁוֹ הַתַּחְתּוֹן הַמְחֻבָּר בַּחֵשֶׁב, טַבְּעוֹת הַחֹשֶׁן אֵל מוּל טַבְּעוֹת הָאֵפוֹד שׁוֹכְבִים זֶה עַל זֶה, וּמְרַכְּסָן בִּפְתִיל תְּכֵלֶת תָּחוּב בְּטַבְּעוֹת הָאֵפוֹד וְהַחֹשֶׁן, שֶׁיְּהֵא תַּחְתִּית הַחֹשֶׁן דָּבוּק לְחֵשֶׁב הָאֵפוֹד, וְלֹא יְהֵא נָד וְנִבְדָּל הוֹלֵךְ וְחוֹזֵר: **זָהָב תְּכֵלֶת וְאַרְגָּמָן תּוֹלַעַת שָׁנִי וְשֵׁשׁ מָשְׁזָר.** חֲמֵשֶׁת מִינִים הַלָּלוּ שְׁזוּרִין בְּכָל חוּט וְחוּט. הָיוּ מְרַדְּדִין אֶת הַזָּהָב כְּמִין טַסִּים דַּקִּים וְקוֹצְצִין פְּתִילִים מֵהֶם, וְטוֹוִין אוֹתָן חוּט שֶׁל זָהָב עִם שִׁשָּׁה חוּטִין שֶׁל תְּכֵלֶת, וְחוּט שֶׁל זָהָב עִם שִׁשָּׁה חוּטִין שֶׁל אַרְגָּמָן, וְכֵן בְּתוֹלַעַת שָׁנִי וְכֵן בַּשֵּׁשׁ, שֶׁכָּל הַמִּינִין חוּטָן כָּפוּל שִׁשָּׁה וְחוּט שֶׁל זָהָב עִם כָּל אֶחָד וְאֶחָד. וְאַחַר כָּךְ שׁוֹזֵר אֶת כֻּלָּם כְּאֶחָד, נִמְצָא חוּטָן כָּפוּל עֶשְׂרִים וּשְׁמוֹנָה. וְכֵן מְפֹרָשׁ בְּמַסֶּכֶת יוֹמָא (דף עב ע״א), וְלָמֵד מִן הַמִּקְרָא הַזֶּה: ״וַיְרַקְּעוּ אֶת פַּחֵי הַזָּהָב וְקִצֵּץ פְּתִילִם לַעֲשׂוֹת״ אֶת פְּתִילֵי הַזָּהָב ״בְּתוֹךְ הַתְּכֵלֶת וּבְתוֹךְ הָאַרְגָּמָן״ וְגוֹ׳ (להלן לט, ג). לָמַדְנוּ שֶׁחוּט שֶׁל זָהָב שָׁזוּר עִם כָּל מִין וּמִין: **מַעֲשֵׂה חֹשֵׁב.** כְּבָר פֵּרַשְׁתִּי (רש״י לעיל כו, א) שֶׁהִיא אֲרִיגַת שְׁתֵּי קִירוֹת, שֶׁאֵין צוּרַת שְׁנֵי עֲבָרֶיהָ דּוֹמוֹת זוֹ לָזוֹ:

ז **שְׁתֵּי כְתֵפֹת וְגוֹ׳.** הַסִּינָר מִלְּמַטָּה, וְחֵשֶׁב הָאֵפוֹד הִיא הַחֲגוֹרָה, וּנְמוּדָה לוֹ מִלְּמַעְלָה דֻּגְמַת סִינַר הַנָּשִׁים. וּמִגַּבּוֹ שֶׁל כֹּהֵן הָיוּ מְחֻבָּרוֹת בַּחֵשֶׁב שְׁתֵּי חֲתִיכוֹת כְּמִין שְׁתֵּי רְצוּעוֹת רְחָבוֹת, אַחַת כְּנֶגֶד כָּל כָּתֵף וְכָתֵף, וְזוֹקְפָן עַל שְׁתֵּי כִתְפוֹתָיו עַד שֶׁנִּקְפָּלוֹת לְפָנָיו כְּנֶגֶד הֶחָזֶה, וְעַל יְדֵי חִבּוּרָן לְטַבְּעוֹת הַחֹשֶׁן נֶאֱחָזִין מִלְּפָנָיו כְּנֶגֶד לִבּוֹ שֶׁאֵין נוֹפְלוֹת, כְּמוֹ שֶׁמְּפֹרָשׁ בָּעִנְיָן, וְהָיוּ זְקוּפוֹת וְהוֹלְכוֹת כְּנֶגֶד כְּתֵפָיו, וּשְׁתֵּי אַבְנֵי שֹׁהַם קְבוּעוֹת בָּהֶן, אַחַת בְּכָל אַחַת: **אֶל שְׁנֵי קְצוֹתָיו.** אֶל רָחְבּוֹ שֶׁל אֵפוֹד, שֶׁלֹּא הָיָה רָחְבּוֹ אֶלָּא כְּנֶגֶד גַּבּוֹ שֶׁל כֹּהֵן, וְגָבְהוֹ עַד כְּנֶגֶד הָאַצִּילִים שֶׁקּוֹרִין קודי״ש, שֶׁנֶּאֱמַר: ״לֹא יַחְגְּרוּ בַּיָּזַע״ (יחזקאל מד, יח), אֵין חוֹגְרִין בִּמְקוֹם זֵיעָה, לֹא לְמַעְלָה מֵאַצִּילֵיהֶם וְלֹא לְמַטָּה מִמָּתְנֵיהֶם, אֶלָּא כְּנֶגֶד אַצִּילֵיהֶם:

ביאור

ו **וְעָשׂוּ אֶת הָאֵפֹד** מאריג העשוי מהחומרים הללו: **זָהָב, תְּכֵלֶת**
וְאַרְגָּמָן, תּוֹלַעַת שָׁנִי וְשֵׁשׁ, פשתן. הכול **מָשְׁזָר**, קלוע, **מַעֲשֵׂה חֹשֵׁב**.
גם עשיית הבגדים צריכה להיות מלאכת מחשבת. ז **שְׁתֵּי כְתֵפֹת**,
כתפיות **חֹבְרֹת**, מחוברות זו לזו בחלקו העליון של הבגד **יִהְיֶה לּוֹ אֶל**

חזית האפוד
(לפי רש"י)

הרחבות

האפוד לא ברור אם גופו של האפוד שאותו חוגרים בחשב ושאליו מתחברות הכתפות הוא יריעת אריג מאחור בלבד, (ראו מדרש הגדול ותורה שלמה), מלפנים בלבד כסינר פתוח, שמא הוא כולל יריעות נפרדות מלפנים ומאחור (ראו רש"י דברי הימים א' טו,כז), או אולי עשוי כמין חצאית שבה מתחברות יריעה מלפנים עם יריעה מאחור (רשב"ם פס' ז).

ח לּ֣וֹ אֶל־שְׁנֵ֥י קְצוֹתָ֖יו וְחֻבָּֽר׃ וְחֵ֤שֶׁב אֲפֻדָּתוֹ֙ אֲשֶׁ֣ר עָלָ֔יו
כְּמַעֲשֵׂ֖הוּ מִמֶּ֣נּוּ יִהְיֶ֑ה זָהָ֗ב תְּכֵ֧לֶת וְאַרְגָּמָ֛ן וְתוֹלַ֥עַת
ט שָׁנִ֖י וְשֵׁ֥שׁ מָשְׁזָֽר׃ וְלָקַחְתָּ֔ אֶת־שְׁתֵּ֖י אַבְנֵי־שֹׁ֑הַם
י וּפִתַּחְתָּ֣ עֲלֵיהֶ֔ם שְׁמ֖וֹת בְּנֵ֥י יִשְׂרָאֵֽל׃ שִׁשָּׁה֙ מִשְּׁמֹתָ֔ם
עַ֖ל הָאֶ֣בֶן הָאֶחָ֑ת וְאֶת־שְׁמ֞וֹת הַשִּׁשָּׁ֧ה הַנּוֹתָרִ֛ים
יא עַל־הָאֶ֥בֶן הַשֵּׁנִ֖ית כְּתוֹלְדֹתָֽם׃ מַעֲשֵׂ֣ה חָרַשׁ֮ אֶ֒בֶן֒
פִּתּוּחֵ֣י חֹתָ֗ם תְּפַתַּח֙ אֶת־שְׁתֵּ֣י הָאֲבָנִ֔ים עַל־שְׁמֹ֖ת
בְּנֵ֣י יִשְׂרָאֵ֑ל מֻסַבֹּ֛ת מִשְׁבְּצ֥וֹת זָהָ֖ב תַּעֲשֶׂ֥ה אֹתָֽם׃
יב וְשַׂמְתָּ֞ אֶת־שְׁתֵּ֣י הָאֲבָנִ֗ים עַ֚ל כִּתְפֹ֣ת הָאֵפֹ֔ד אַבְנֵ֥י
זִכָּרֹ֖ן לִבְנֵ֣י יִשְׂרָאֵ֑ל וְנָשָׂא֩ אַהֲרֹ֨ן אֶת־שְׁמוֹתָ֜ם לִפְנֵ֧י
שני יג יְהוָ֛ה עַל־שְׁתֵּ֥י כְתֵפָ֖יו לְזִכָּרֹֽן׃ ס וְעָשִׂ֥יתָ

רש"י

ז | וְחֻבָּר. הָאֵפוֹד עִם אוֹתָן שְׁתֵּי כְתֵפוֹת הָאֵפוֹד, יְחַבֵּר אוֹתָם בְּמַחַט לְמַטָּה בַּחֵשֶׁב, וְלֹא יֶאֱרֹג עִמּוֹ, אֶלָּא אוֹרְגָם לְבַד וְאַחַר כָּךְ מְחַבְּרָם:

ח | וְחֵשֶׁב אֲפֻדָּתוֹ. חֲגוֹר שֶׁעַל יָדוֹ הוּא מְאַפְּדוֹ וּמְתַקְּנוֹ לַכֹּהֵן וּמְקַשְּׁטוֹ: אֲשֶׁר עָלָיו. לְמַעְלָה בִּשְׂפַת הַסִּינָר, וְהִיא הַחֲגוֹרָה: כְּמַעֲשֵׂהוּ. כַּאֲרִיגַת הַסִּינָר מַעֲשֵׂה חוֹשֵׁב וּמֵחֲמֵשֶׁת מִינִים, כָּךְ אֲרִיגַת הַחֵשֶׁב מַעֲשֵׂה חוֹשֵׁב וּמֵחֲמֵשֶׁת מִינִים: מִמֶּנּוּ יִהְיֶה. עִמּוֹ הָיָה אָרוּג, וְלֹא יַאַרְגֶנּוּ לְבַד וִיחַבְּרֶנּוּ:

י | כְּתוֹלְדֹתָם. כַּסֵּדֶר שֶׁנּוֹלְדוּ: רְאוּבֵן, שִׁמְעוֹן, לֵוִי, יְהוּדָה, דָּן, נַפְתָּלִי עַל הָאַחַת; וְעַל הַשֵּׁנִית: גָּד, אָשֵׁר, יִשָּׂשכָר, זְבוּלֻן, יוֹסֵף, בִּנְיָמִין מָלֵא, שֶׁכֵּן הוּא כָּתוּב בִּמְקוֹם תּוֹלַדְתּוֹ (בראשית לה, יח), עֶשְׂרִים וְחָמֵשׁ אוֹתִיּוֹת בְּכָל אַחַת וְאַחַת:

יא | מַעֲשֵׂה חָרַשׁ אֶבֶן. מַעֲשֵׂה אֻמָּן שֶׁל אֲבָנִים. 'חָרַשׁ' זֶה, דָּבוּק הוּא לַתֵּבָה שֶׁלְּאַחֲרָיו וּלְפִיכָךְ הוּא נָקוּד פַּתָּח בְּסוֹפוֹ, וְכֵן: "חָרַשׁ עֵצִים נָטָה קָו" (ישעיה מד, יג), חָרָשׁ שֶׁל עֵצִים, וְכֵן: "חָרַשׁ בַּרְזֶל מַעֲצָד" (שם פסוק יב), כָּל אֵלֶּה דְּבוּקִים וּפְתוּחִים: פִּתּוּחֵי חֹתָם. כְּתַרְגּוּמוֹ: "כְּתָב מְפָרַשׁ כִּגְלַף דְּעִזְקָא", חֲרוּצוֹת הָאוֹתִיּוֹת בְּתוֹכָן כְּמוֹ שֶׁחוֹרְצִין חוֹתְמֵי טַבָּעוֹת שֶׁהֵם לַחְתֹּם אִגְּרוֹת, כְּתָב נִכָּר וּמְפֹרָשׁ: עַל שְׁמֹת. כְּמוֹ בִּשְׁמוֹת: מֻסַבֹּת מִשְׁבְּצוֹת. מֻקָּפוֹת הָאֲבָנִים בְּמִשְׁבְּצוֹת זָהָב, שֶׁעוֹשֶׂה מוֹשַׁב הָאֶבֶן בְּזָהָב כְּמִין גּוּמָא לְמִדַּת הָאֶבֶן וּמְשַׁקְּעָהּ בַּמִּשְׁבֶּצֶת, נִמְצֵאת הַמִּשְׁבֶּצֶת סוֹבֶבֶת אֶת הָאֶבֶן סָבִיב, וּמְחַבֵּר הַמִּשְׁבֶּצֶת בָּאֵפוֹד:

יב | לְזִכָּרֹן. שֶׁיִּרְאֶה הַקָּדוֹשׁ בָּרוּךְ הוּא שְׁבָטִים כְּתוּבִים לְפָנָיו וְיִזְכֹּר צִדְקָתָם:

ביאור

שְׁנֵי קְצוֹתָיו וְחֻבָּר, האפוד יחובר לכתפות לאחר עשייתן.[7] ח וְחֵשֶׁב
אֲפֻדָּתוֹ, החגורה אֲשֶׁר עָלָיו, על האפוד כְּמַעֲשֵׂהוּ, מִמֶּנּוּ יִהְיֶה. החשב
שבו ייקשר האפוד, ייארג כחלק בלתי נפרד מן האפוד ומאותם
חומרים: זָהָב, תְּכֵלֶת וְאַרְגָּמָן וְתוֹלַעַת שָׁנִי וְשֵׁשׁ מָשְׁזָר.

ט וְלָקַחְתָּ אֶת שְׁתֵּי אַבְנֵי שֹׁהַם, אבני חן שלא היו יקרות מאוד. אולי
הן אבן האוניקס. וּפִתַּחְתָּ, וחרטת עֲלֵיהֶם את שְׁמוֹת בְּנֵי יִשְׂרָאֵל,
השבטים. האבנים צריכות להיות גדולות דיין לחריטה זו. גם מכך
מסתבר שלא מדובר באבנים היקרות ביותר. י שִׁשָּׁה מִשְּׁמֹתָם
יפותחו עַל הָאֶבֶן הָאֶחָת, וְאֶת שְׁמוֹת הַשִּׁשָּׁה הַנּוֹתָרִים עַל הָאֶבֶן
הַשֵּׁנִית – כְּתוֹלְדֹתָם, בהתאם לסדר לידתם. יא החריטה תהיה
מַעֲשֵׂה חָרַשׁ אֶבֶן, כדרך שעושים מלטשי האבנים, פִּתּוּחֵי חֹתָם,
חריטה עדינה ומדויקת, מעין אומנות יצירת החותמות. לא ברור אם
מדובר בתבליט, כמו בחותם,[8] או בחריטה. תְּפַתַּח אֶת שְׁתֵּי הָאֲבָנִים
עַל, בשביל שְׁמֹת בְּנֵי יִשְׂרָאֵל. מֻסַבֹּת, מסובבות, מוקפות בְּמִשְׁבְּצוֹת,
מסגרות זָהָב תַּעֲשֶׂה אֹתָם, כדי להחזיקן ולקבען. יב וְשַׂמְתָּ אֶת שְׁתֵּי
הָאֲבָנִים הללו עַל כִּתְפֹת הָאֵפֹד הרחבות בתור אַבְנֵי זִכָּרֹן לִבְנֵי יִשְׂרָאֵל.
וְנָשָׂא אַהֲרֹן אֶת שְׁמוֹתָם לִפְנֵי ה׳ עַל שְׁתֵּי כְתֵפָיו לְזִכָּרֹן.

אבן שוהם

הרחבות

'אבני זכרון לבני ישראל' שמותיהם של שבטי ישראל יופיעו בבגדי הכהן לא רק באבני השוהם שעל כתפות האפוד, אלא גם באבני החושן שהכהן הגדול יישא על לבו, כפי שייאמר בהמשך. במדיו של הכהן מבוטא תפקידו הכפול – כמשרתו של ה' וכמייצג את דברו מול העם, וכן כמי שנשלח מעם ישראל לייצגם מול האלוקים.

יד מִשְׁבְּצֹת זָהָב׃ וּשְׁתֵּי שַׁרְשְׁרֹת זָהָב טָהוֹר מִגְבָּלֹת
תַּעֲשֶׂה אֹתָם מַעֲשֵׂה עֲבֹת וְנָתַתָּה אֶת־שַׁרְשְׁרֹת
טו הָעֲבֹתֹת עַל־הַמִּשְׁבְּצֹת׃ וְעָשִׂיתָ חֹשֶׁן
מִשְׁפָּט מַעֲשֵׂה חֹשֵׁב כְּמַעֲשֵׂה אֵפֹד תַּעֲשֶׂנּוּ זָהָב
תְּכֵלֶת וְאַרְגָּמָן וְתוֹלַעַת שָׁנִי וְשֵׁשׁ מָשְׁזָר תַּעֲשֶׂה
טז אֹתוֹ׃ רָבוּעַ יִהְיֶה כָּפוּל זֶרֶת אָרְכּוֹ וְזֶרֶת רָחְבּוֹ׃
יז וּמִלֵּאתָ בוֹ מִלֻּאַת אֶבֶן אַרְבָּעָה טוּרִים אָבֶן טוּר

רש"י

יג **וְעָשִׂיתָ מִשְׁבְּצֹת.** מיעוט "משבצות" שתים, ולא פירש לך עתה בפרשה זו אלא מקצת צרכן, ובפרשת החשן גומר לך פירושן:

יד **שַׁרְשְׁרֹת זָהָב.** שלשלאות: **מִגְבָּלֹת.** לסוף גבול החשן "תעשה אתם": **מַעֲשֵׂה עֲבֹת.** מעשה קליעת חוטין, ולא מעשה נקבים וכלבים כאותן שעושין לבורות, אלא כאותן שעושין לעררדסקאות שקורין אנצינשייר"ש: **וְנָתַתָּה אֶת שַׁרְשְׁרֹת.** של עבותות העשויות מעשה עבות, על משבצות הללו. ולא זה הוא מקום צוואת עשייתן של שרשרות ולא צוואת קביעתן, ואין "תעשה" האמור כאן לשון צווי, ואין "ונתתה" האמור כאן לשון צווי, אלא לשון עתיד, כי בפרשת החשן חוזר ומצוה על עשייתן ועל קביעתן, ולא נכתב כאן אלא להודיע מקצת צרכי המשבצות שצוה לעשות עם האפוד, וכתב לך זאת לומר לך, המשבצות הללו יזקקו לך, לכשתעשה שרשרות מגבלות על החשן, תתקם על המשבצות הללו:

טו **חֹשֶׁן מִשְׁפָּט.** שמכפר על קלקול הדין. דבר אחר, "משפט", שמברר דבריו והבטחתו אמת, דריסנמנ"ט בלעז. שהמשפט משמש שלש לשונות: דברי בעלי הדין, וגמר הדין, ועונש הדין, אם עונש מיתה אם עונש מכות אם עונש ממון. וזה משמש לשון בירור דברים, שמפרש ומברר דבריו: **כְּמַעֲשֵׂה אֵפֹד.** מעשה חושב ומחמשת מינין:

טז **זֶרֶת אָרְכּוֹ וְזֶרֶת רָחְבּוֹ.** כפול ומוטל לו לפניו כנגד לבו, שנאמר: "והיו על לב אהרן" (להלן פסוק ל), תלוי בכתפות האפוד הבאות מאחוריו על כתפיו ונקפלות ויורדות לפניו מעט, והחשן תלוי בהן בשרשרות וטבעות, כמו שמפורש בענין:

יז **וּמִלֵּאתָ בוֹ.** על שם שהאבנים

הרחבות

חושן ואפוד ייתכן שבגד או תכשיט דמוי 'חושן המשפט' של הכהן הגדול נהגו השופטים לעטות על עצמם. לפי הנראה בספר שמואל (א' ב,יח; כב,יח; ב' ו,יד) האפוד לא יועד לכהנים גדולים בלבד. אולי גם בגדי הכהונה האחרים, וביניהם החושן, שימשו בעלי שרה נוספים.

ביאור

לגבי המסגרות שהוזכרו לעיל, שבהן יש לשבץ את אבני האפוד, מופיע כאן ציווי מפורש המתאר את סדר העשייה, והוא נוגע גם להמשך. יג **וְעָשִׂיתָ מִשְׁבְּצֹת זָהָב.** אולי ציווי זה כולל משבצות זהב נוספות, שיהיו על החושן, כפי שיפרט בהמשך.[9] יד **וּשְׁתֵּי שַׁרְשְׁרֹת זָהָב טָהוֹר, מִגְבָּלֹת**, בגבולות המשבצת, בקצותיה **תַּעֲשֶׂה אֹתָם, מַעֲשֵׂה עֲבֹת**, פיתול וקליעה. ולאחר עשייתן **וְנָתַתָּה אֶת שַׁרְשְׁרֹת הָעֲבֹתֹת**, הקלועות **עַל הַמִּשְׁבְּצֹת.** חבֵּר את השרשרות למשבצות.

טו **וְעָשִׂיתָ חֹשֶׁן**, תכשיט, מעין טבלה המונחת על החזה, שישמש כלי לעשיית **מִשְׁפָּט.**[10] אפשרות אחרת: בגד שיסמן את מעמדך כשופט. **מַעֲשֵׂה חֹשֵׁב, כְּמַעֲשֵׂה אֵפֹד תַּעֲשֶׂנּוּ.** באותו אופן ומאותם מחומרים יקרים: **זָהָב, תְּכֵלֶת וְאַרְגָּמָן וְתוֹלַעַת שָׁנִי וְשֵׁשׁ.** הכול **מָשְׁזָר תַּעֲשֶׂה אֹתוֹ.** טז **רָבוּעַ יִהְיֶה** החושן הנראה לעין, אך הוא ייעשה ממלבן **כָּפוּל.** קיפול זה ייצור מעין כיס, שכנראה נועד לאורים והתומים, כדלהלן. **זֶרֶת**, כחצי אמה, למעלה מ–20 ס"מ. המרחק שבין קצה הזרת לקצה האגודל, כאשר האצבעות פרושות ככל האפשר. זה יהיה **אָרְכּוֹ, וְזֶרֶת – רָחְבּוֹ.** יז **וּמִלֵּאתָ בוֹ**, הכן בחושן משבצות לשם **מִלֻּאַת אֶבֶן**, כדי שיהיו אבנים ממלאות אותן – **אַרְבָּעָה טוּרִים**, שורות **אָבֶן**, ובכל אחד מהם ייקבעו שלוש אבנים יקרות שונות, שקשה

החושן

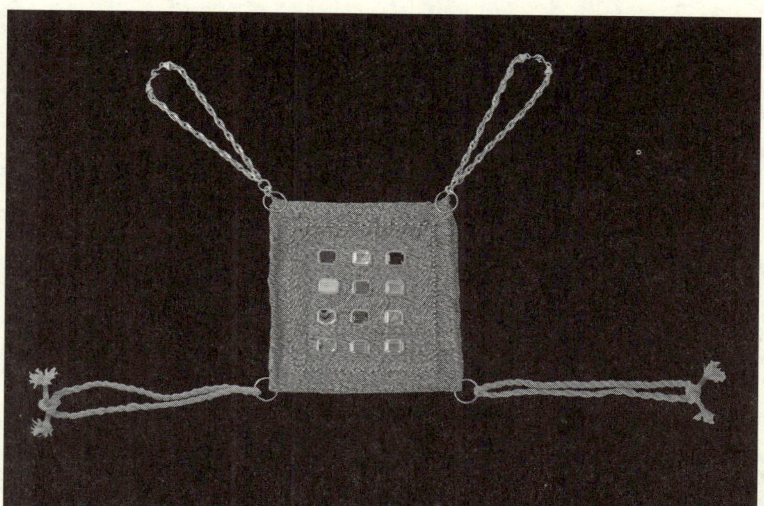

יח אֹדֶם פִּטְדָה וּבָרֶקֶת הַטּוּר הָאֶחָד׃ וְהַטּוּר הַשֵּׁנִי נֹפֶךְ
יט סַפִּיר וְיַהֲלֹם׃ וְהַטּוּר הַשְּׁלִישִׁי לֶשֶׁם שְׁבוֹ וְאַחְלָמָה׃
כ וְהַטּוּר הָרְבִיעִי תַּרְשִׁישׁ וְשֹׁהַם וְיָשְׁפֵה מְשֻׁבָּצִים זָהָב
כא יִהְיוּ בְּמִלּוּאֹתָם׃ וְהָאֲבָנִים תִּהְיֶיןָ עַל־שְׁמֹת בְּנֵי־
יִשְׂרָאֵל שְׁתֵּים עֶשְׂרֵה עַל־שְׁמֹתָם פִּתּוּחֵי חוֹתָם
כב אִישׁ עַל־שְׁמוֹ תִּהְיֶיןָ לִשְׁנֵי עָשָׂר שָׁבֶט׃ וְעָשִׂיתָ עַל־
הַחֹשֶׁן שַׁרְשֹׁת גַּבְלֻת מַעֲשֵׂה עֲבֹת זָהָב טָהוֹר׃
כג וְעָשִׂיתָ עַל־הַחֹשֶׁן שְׁתֵּי טַבְּעוֹת זָהָב וְנָתַתָּ אֶת־

רש"י ממלאות גומות המשבצות המתוקנות להן, קורא אותן בלשון מלואים:

כ) **משבצים זהב יהיו.** הטורים "במלואתם", מקפים משבצות זהב בעומק שיעור שיתמלא בעובי האבן. זהו לשון "במלואתם", כשיעור מלוי עביין של אבנים יהיה עומק המשבצות, לא פחות ולא יותר:

כא) **איש על שמו.** כסדר תולדותם סדר האבנים: אדם לראובן, פטדה לשמעון, וכן כולם:

כב) **על החשן.** בשביל החשן, לקבעם בטבעותיו, כמו שמפורש למטה בענין. **שרשת.** לשון שרשי אילן שהן מאחזין לאילן להאחז ולהתקע בארץ, אף אלו יהיו מאחזין לחשן, שבהם יהיה תלוי בכתפות, והן שתי שרשרות האמורות למעלה בענין המשבצות (לעיל פסוק יד). ואף 'שרשרות' פתר מנחם בן סרוק לשון שרשים, ואמר שהרי"ש יתרה כמו מ"ם 'שלשום' (בראשית לא, ב) ומ"ם 'שבריקם' (שם פסוק מב). ואיני רואה את דבריו, אלא 'שרשרת' בלשון עברית כ'שלשלת' בלשון משנה (כלים יד, ג). **גבלת.** הוא "מגבלת" האמור למעלה (לעיל פסוק יד), שתתקעם בטבעות שיהיו בגבול החשן. וכל 'גבול' לשון קצה, אשומי"ל בלעז: **מעשה עבת.** מעשה קליעה:

כג) **על החשן.** לצורך החשן, כדי לקבעם בו. ולא יתכן לומר שתהא תחלת עשייתן עליו, שאם כן מה הוא שחוזר ואומר: "ונתת את שתי הטבעות", והלא כבר נתונים בו! היה לו לכתוב בתחלת

העולם אֹדֶם במחקר ניסו לזהותה עם אבנים שבשמותיהן מצוין הצבע האדום בשפות שמיות אחרות, כגון אבן samtu באכדית, 'סמקן' בארמית (אונקלוס ויונתן), אבני חן אדומות כגון sardion (σάρδιον) המופיעות בספרות יוונית ורומית, וכן אבן ג'ספר אדומה (Red jasper) שהייתה בשימוש במצרים. רבינו בחיי מזהה אותה עם אבן רובי (Ruby) הנחשבת "מבחר האבן".

פִּטְדָה על פי התרגום לארמית, היא אבן הירקן. לפי איוב (כח,יט), מוצאה מכוש: לא יַעַרְכֶנָּה פִּטְדַת כּוּשׁ. תיאור זה מתאים לאבן הטופז (Chrysolite) שצבעה ירוק-צהבהב והיא קרויה על שם האי טופזוס בים האדום ששמו ניתן לו על ידי היוונים התלמיים, היום האי זברגת. היו שזיהו את הפטדה עם הג'ייד (Jade).

ביאור

לזהותן בוודאות. בטור האחד קבועות האבנים: אֹדֶם, שהיום יש המזהים אותה עם הרובי. פִּטְדָה וּבָרֶקֶת – הַטּוּר הָאֶחָד. יח וְהַטּוּר הַשֵּׁנִי: נֹפֶךְ, סַפִּיר, שנזכרה גם בביטוי 'לבנת הספיר',[11] אך זיהוייה אינו ודאי, וְיָהֲלֹם, שאין וודאות אם הוא היהלום שבפינו. יט וְהַטּוּר הַשְּׁלִישִׁי: לֶשֶׁם, שְׁבוֹ וְאַחְלָמָה. כ וְהַטּוּר הָרְבִיעִי: תַּרְשִׁישׁ וְשֹׁהַם וְיָשְׁפֵה. מְשֻׁבָּצִים זָהָב יִהְיוּ בְּמִלּוּאֹתָם. בשל הקושי לחתוך וללטש את האבנים היקרות הללו, צריך להתאים את המשבצות לצורות האבנים שבהן ישובצו, כדי שהאבנים יוחזקו כראוי. כא וְהָאֲבָנִים תִּהְיֶיןָ עַל, למען, כנגד שְׁמֹת בְּנֵי יִשְׂרָאֵל, שְׁתֵּים עֶשְׂרֵה עַל שְׁמֹתָם. בכל אבן נחקק שמו של אחד השבטים. פִּתּוּחֵי חוֹתָם, חריטה כזו שעושים בחותמות, אִישׁ עַל שְׁמוֹ, תִּהְיֶיןָ לִשְׁנֵי, לשנים עָשָׂר שָׁבֶט. כב עתה, בהקשר של החושן, חוזר הכתוב לציווי על השרשראות שהוזכרו קודם לכן.[12] וְעָשִׂיתָ עַל הַחֹשֶׁן שַׁרְשֹׁת, שרשראות, שאינן עשויות חוליות חוליות,[13] גַּבְלֻת, קבועות בקצותיו של החושן, מַעֲשֵׂה עֲבֹת, קלועות ושזורות כמו חבל, זָהָב טָהוֹר. כג וְעָשִׂיתָ עַל הַחֹשֶׁן בחלקו

הרחבות

'אֹדֶם' הרובי האדומה היא אבן יקרה מאוד, שהיא בעלת דרגת קשיות גבוהה. בהמשך ייאמר שכל אבן תייצג את אחד השבטים, אם נזהה את הרובי כ'אודם' ייתכן שמאחר שהיא הייתה אבנו של שבט ראובן, ראשון השבטים, דבק בה שמו, ובמעבר לשפות אחרות הוא הפך לרובי. (ראו רבנו בחיי). אלא שזיהוי זה אינו ברור.

אבני החושן לפי מסורות עתיקות שונות, צבעה של האבן שמיוחסת לכל שבט הפך להיות צבע הדגל שלו (תנחומא במדבר יב; וראו תרגום ירושלמי לתורה).

'פִּתּוּחֵי חוֹתָם' למרות שנמצאו מכשירים עתיקים מאוד ששימשו לנקיבת אבני חן, הכתיבה על אבנים אלו קשה מאין כמוה. בימינו הדבר נעשה רק באמצעות קרני לייזר. אבנים כגון ספיר או אודם של ימינו, העשויות מן המינרל קורונדום, הן בעלות דרגת קשיות 9, דרגה אחת מתחת לאבן הקשה ביותר - היהלום של ימינו. כיוון שכך לא מצויה בידינו חריטת אותיות על גבי אבנים כאלה מימי קדם. על כן אמרו חז"ל, שהשמיר - שלא ברור אם היה יצור טבעי או על-טבעי, הוא ששימש לביצוע החקיקה והכתיבה באבני החושן. (ראו משנה אבות ה,ו; גטין סח; סוטה מח ע"ב; רש"י ורד"ק יחזקאל ג,ט).

העולם

בָּרֶקֶת אבן מבריקה. על פי המקבילה הסנסקריטית (marakta), יש משערים שהיא האזמרגד, שצבעו ירוק. בתרגומים השונים למקרא זיהו אותה עם אבנים טובות מבריקות, (כגון Carbuncle שצבעה אדום כהה, אגת, Agate, שהיא אבן קוורץ מפוספסת בצבעים שונים, או אבן הדומה לגחלי אש, כגון האודם, Ruby).

יָשְׁפֵה בתרגום השבעים זוהתה עם כַּדְכֹּד (ראו ישעיה נד,יב), אבן קוורץ המופיעה בצבעים שונים. בערבית קיימת 'כדכדא', אבן חן אדומה, וגם ביוונית ישנה אבן בעלת שם דומה (karchedon), ככל הנראה על שמה הקדום של העיר קרתגו בתוניס, שממנה היו מביאים אבנים אלו. (באנגלית האבן נקראת Chalcedony).

שְׁתֵּי הַטַּבָּעוֹת עַל־שְׁנֵי קְצוֹת הַחֹשֶׁן׃ וְנָתַתָּה אֶת־ כד
שְׁתֵּי עֲבֹתֹת הַזָּהָב עַל־שְׁתֵּי הַטַּבָּעֹת אֶל־קְצוֹת
הַחֹשֶׁן׃ וְאֵת שְׁתֵּי קְצוֹת שְׁתֵּי הָעֲבֹתֹת תִּתֵּן עַל־ כה
שְׁתֵּי הַמִּשְׁבְּצוֹת וְנָתַתָּה עַל־כִּתְפוֹת הָאֵפֹד אֶל־
מוּל פָּנָיו׃ וְעָשִׂיתָ שְׁתֵּי טַבְּעוֹת זָהָב וְשַׂמְתָּ אֹתָם כו
עַל־שְׁנֵי קְצוֹת הַחֹשֶׁן עַל־שְׂפָתוֹ אֲשֶׁר אֶל־עֵבֶר
הָאֵפוֹד בָּיְתָה׃ וְעָשִׂיתָ שְׁתֵּי טַבְּעוֹת זָהָב וְנָתַתָּה כז
אֹתָם עַל־שְׁתֵּי כִּתְפוֹת הָאֵפוֹד מִלְּמַטָּה מִמּוּל פָּנָיו

רש״י

הַמִּקְרָא: 'וְעָשִׂיתָ עַל קְצוֹת הַחֹשֶׁן שְׁתֵּי טַבְּעוֹת זָהָב'! וְאַף בַּשַּׁרְשְׁרוֹת צָרִיךְ הָיָה לְפָרֵשׁ כֵּן: **עַל שְׁנֵי קְצוֹת הַחֹשֶׁן.** לִשְׁתֵּי פֵּאוֹת שֶׁכְּנֶגֶד הַצַּוָּאר, לַיְמָנִית וְלַשְּׂמָאלִית, הַבָּאִים מוּל כִּתְפוֹת הָאֵפוֹד:

כד) **וְנָתַתָּה אֶת שְׁתֵּי עֲבֹתֹת הַזָּהָב.** הֵן הֵן "שַׁרְשֹׁת גַּבְלֻת" הַכְּתוּבוֹת לְמַעְלָה (לעיל פסוק כב), וְלֹא פֵּרַשׁ מְקוֹם קִבּוּעָן בַּחֹשֶׁן, עַכְשָׁיו מְפָרֵשׁ לְךָ שֶׁיְּהֵא תּוֹחֵב אוֹתָן בַּטַּבָּעוֹת. וְתֵדַע לְךָ שֶׁהֵן הֵן הָרִאשׁוֹנוֹת, שֶׁהֲרֵי בְּפָרָשַׁת 'אֵלֶּה פְקוּדֵי' לֹא הֻכְפְּלוּ:

כה) **וְאֵת שְׁתֵּי קְצוֹת.** שֶׁל "שְׁתֵּי הָעֲבֹתֹת", שְׁנֵי רָאשֵׁיהֶם שֶׁל כָּל אַחַת וְאַחַת: **תִּתֵּן עַל שְׁתֵּי הַמִּשְׁבְּצוֹת.** הֵן הֵן הַכְּתוּבוֹת לְמַעְלָה בֵּין פָּרָשַׁת הַחֹשֶׁן וּפָרָשַׁת הָאֵפוֹד, וְלֹא פֵּרַשׁ אֶת צָרְכָּן וְאֶת מְקוֹמָן, עַכְשָׁיו מְפָרֵשׁ שֶׁיִּתְקַע בָּהֶן רָאשֵׁי הָעֲבוֹתוֹת הַתְּחוּבוֹת בְּטַבְּעוֹת הַחֹשֶׁן לְיָמִין וְלִשְׂמֹאל אֵצֶל הַצַּוָּאר, שְׁנֵי רָאשֵׁי שַׁרְשֶׁרֶת הַיְמָנִית תּוֹקֵעַ בְּמִשְׁבֶּצֶת שֶׁל יָמִין, וְכֵן בְּשֶׁל שְׂמֹאל שְׁנֵי רָאשֵׁי שַׁרְשֶׁרֶת הַשְּׂמָאלִית: **וְנָתַתָּה.** הַמִּשְׁבְּצוֹת "עַל כִּתְפוֹת הָאֵפוֹד". אַחַת בְּזוֹ וְאַחַת בְּזוֹ, נִמְצְאוּ כִּתְפוֹת הָאֵפוֹד מַחֲזִיקִין אֶת הַחֹשֶׁן שֶׁלֹּא יִפֹּל, וּבָהֶן הוּא תָּלוּי.

וַעֲדַיִן שְׂפַת הַחֹשֶׁן הַתַּחְתּוֹנָה הוֹלֶכֶת וּבָאָה וְנוֹקֶשֶׁת עַל כְּרֵסוֹ וְאֵינָהּ דְּבוּקָה לוֹ יָפֶה, לְכָךְ הֻצְרַךְ עוֹד שְׁתֵּי טַבָּעוֹת לְתַחְתִּיתוֹ כְּמוֹ שֶׁמְּפָרֵשׁ וְהוֹלֵךְ: **אֶל מוּל פָּנָיו.** שֶׁל אֵפוֹד, שֶׁלֹּא יִתֵּן הַמִּשְׁבְּצוֹת בְּעֵבֶר הַכְּתֵפוֹת שֶׁכְּלַפֵּי הַמְּעִיל, אֶלָּא בָּעֵבֶר הָעֶלְיוֹן שֶׁכְּלַפֵּי הַחוּץ, וְהוּא קָרוּי 'מוּל פָּנָיו' שֶׁל אֵפוֹד, כִּי אוֹתוֹ עֵבֶר שֶׁאֵינוֹ נִרְאֶה אֵינוֹ קָרוּי פָּנִים:

כו) **עַל שְׁנֵי קְצוֹת הַחֹשֶׁן.** הֵן שְׁתֵּי פֵּאוֹתָיו הַתַּחְתּוֹנוֹת לְיָמִין וְלִשְׂמֹאל: **עַל שְׂפָתוֹ אֲשֶׁר אֶל עֵבֶר הָאֵפוֹד בָּיְתָה.** הֲרֵי לְךָ שְׁנֵי סִימָנִין: הָאֶחָד שֶׁיִּתְּנֵם בִּשְׁנֵי קְצוֹת שֶׁל תַּחְתִּיתוֹ שֶׁהוּא כְּנֶגֶד הָאֵפוֹד, שֶׁעֶלְיוֹנוֹ אֵינוֹ כְּנֶגֶד הָאֵפוֹד, שֶׁהֲרֵי סָמוּךְ לַצַּוָּאר הוּא וְהָאֵפוֹד נָתוּן עַל מָתְנָיו. וְעוֹד נָתַן סִימָן, שֶׁלֹּא יִקְבָּעֵם בְּעֵבֶר הַחֹשֶׁן שֶׁכְּלַפֵּי הַחוּץ אֶלָּא בָּעֵבֶר שֶׁכְּלַפֵּי פְּנִים, שֶׁנֶּאֱמַר "בָּיְתָה", וְאוֹתוֹ הָעֵבֶר הוּא לְצַד הָאֵפוֹד, שֶׁחֵשֶׁב הָאֵפוֹד חוֹגְרוֹ לַכֹּהֵן וְנִקְפָּל הַסִּינָר לִפְנֵי הַכֹּהֵן עַל מָתְנָיו וּקְצָת כְּרֵסוֹ מִכָּאן וּמִכָּאן עַד כְּנֶגֶד קְצוֹת הַחֹשֶׁן, וּקְצוֹתָיו שׁוֹכְבִין עָלָיו:

כז) **עַל שְׁתֵּי כִּתְפוֹת הָאֵפוֹד מִלְּמַטָּה.** שֶׁהַמִּשְׁבְּצוֹת נִתְּנוּ בְּרָאשֵׁי כִּתְפוֹת הָאֵפוֹד

ביאור

העליון שְׁתֵּי טַבְּעוֹת זָהָב, וְנָתַתָּ אֶת שְׁתֵּי הַטַּבָּעוֹת עַל שְׁנֵי קְצוֹת הַחֹשֶׁן
מימין ומשמאל. כד וְנָתַתָּה אֶת שְׁתֵּי עֲבֹתֹת הַזָּהָב, השרשראות
הקלועות מזהב עַל שְׁתֵּי הַטַּבָּעֹת אֶל קְצוֹת הַחֹשֶׁן. כה וְאֵת שְׁתֵּי
קְצוֹת שְׁתֵּי הָעֲבֹתֹת תִּתֵּן עַל שְׁתֵּי הַמִּשְׁבְּצוֹת האמורות לעיל במעשה
האפוד, וְנָתַתָּה אותן עַל כִּתְפוֹת הָאֵפֹד אֶל מוּל פָּנָיו, בצדו הקדמי
באזור הצוואר. כך ייתלה החושן על החזה. כו וְעָשִׂיתָ שְׁתֵּי טַבְּעוֹת
זָהָב נוספות, וְשַׂמְתָּ אֹתָם עַל שְׁנֵי קְצוֹת הַחֹשֶׁן עַל שְׂפָתוֹ אֲשֶׁר אֶל
עֵבֶר הָאֵפֹד בָּיְתָה, בצד הפנימי של החושן המקופל, זה הפונה אל
האפוד. כז וְעָשִׂיתָ שְׁתֵּי טַבְּעוֹת זָהָב נוספות, וְנָתַתָּה אֹתָם עַל שְׁתֵּי
כִּתְפוֹת הָאֵפוֹד מִלְּמַטָּה, בתחתית הכתפות מִמּוּל פָּנָיו, מאחור, לְעֻמַּת

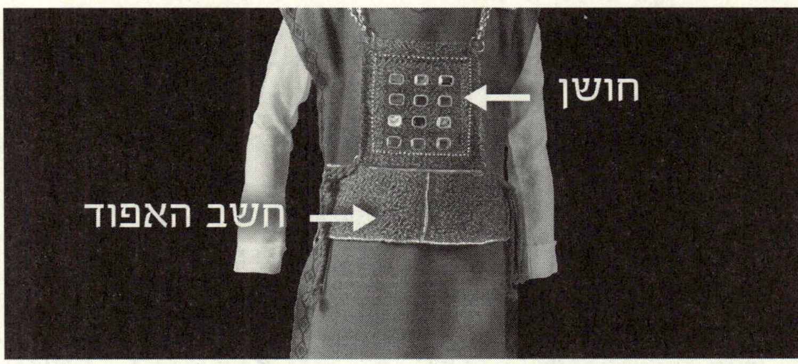

החושן
וחשב האפוד

לְעֻמַּת מַחְבַּרְתּוֹ מִמַּעַל לְחֵשֶׁב הָאֵפוֹד: וְיִרְכְּסוּ כח
אֶת־הַחֹשֶׁן מִטַּבְּעֹתָו אֶל־טַבְּעֹת הָאֵפוֹד בִּפְתִיל
תְּכֵלֶת לִהְיוֹת עַל־חֵשֶׁב הָאֵפוֹד וְלֹא־יִזַּח הַחֹשֶׁן
מֵעַל הָאֵפוֹד: וְנָשָׂא אַהֲרֹן אֶת־שְׁמוֹת בְּנֵי־יִשְׂרָאֵל כט
בְּחֹשֶׁן הַמִּשְׁפָּט עַל־לִבּוֹ בְּבֹאוֹ אֶל־הַקֹּדֶשׁ לְזִכָּרֹן
לִפְנֵי־יְהוָה תָּמִיד: וְנָתַתָּ אֶל־חֹשֶׁן הַמִּשְׁפָּט אֶת־ ל
הָאוּרִים וְאֶת־הַתֻּמִּים וְהָיוּ עַל־לֵב אַהֲרֹן בְּבֹאוֹ לִפְנֵי
יְהוָה וְנָשָׂא אַהֲרֹן אֶת־מִשְׁפַּט בְּנֵי־יִשְׂרָאֵל עַל־לִבּוֹ
שלישי לִפְנֵי יְהוָה תָּמִיד: וְעָשִׂיתָ אֶת־מְעִיל לא
הָאֵפוֹד כְּלִיל תְּכֵלֶת: וְהָיָה פִי־רֹאשׁוֹ בְּתוֹכוֹ שָׂפָה לב

רש"י

הָעֶלְיוֹנִים הַבָּאִים עַל כְּתֵפָיו כְּנֶגֶד גְּרוֹנוֹ וְנִקְפָּלוֹת וְיוֹרְדוֹת לְפָנָיו, וְהַטַּבָּעוֹת הַלָּלוּ לִתֵּן בְּרָאשֵׁי הַשֵּׁנִי שֶׁהוּא מְחֻבָּר לָאֵפוֹד, וְהוּא שֶׁנֶּאֱמַר: "לְעֻמַּת מַחְבַּרְתּוֹ", סָמוּךְ לִמְקוֹם חִבּוּרָן בָּאֵפוֹד לְמַעְלָה מִן הַחֲגוֹרָה מְעַט, שֶׁהַמַּחְבֶּרֶת לְעֻמַּת הַחֲגוֹרָה, וְאֵלּוּ נְתוּנִים מְעַט בְּגֹבַהּ זְקִיפַת הַכְּתֵפוֹת, הוּא שֶׁנֶּאֱמַר: "מִמַּעַל לְחֵשֶׁב הָאֵפוֹד", וְהֵן כְּנֶגֶד סוֹף הַחֹשֶׁן. וְנוֹתֵן פְּתִיל תְּכֵלֶת בְּאוֹתָן הַטַּבָּעוֹת וּבְטַבְּעוֹת הַחֹשֶׁן, וְרוֹכְסָן בְּאוֹתוֹ פְּתִיל לְיָמִין וְלִשְׂמֹאל, שֶׁלֹּא יְהֵא תַּחְתִּית הַחֹשֶׁן הוֹלֵךְ לְפָנִים וְחוֹזֵר לְאָחוֹר וְנוֹקֵשׁ עַל כְּרֵסוֹ, וְנִמְצָא מְיֻשָּׁב עַל הַמְּעִיל יָפֶה: מִמּוּל פָּנָיו. בָּעֵבֶר הַחִיצוֹן:

כח| וְיִרְכְּסוּ. לְשׁוֹן חִבּוּר, וְכֵן: "מֵרֻכְסֵי אִישׁ" (תהלים לא, כא), חִבּוּרֵי חַבְלֵי רְשָׁעִים, וְכֵן: "וְהָרְכָסִים לְבִקְעָה" (ישעיה מ, ד), הָרִים הַסְּמוּכִים זֶה לָזֶה שֶׁאִי אֶפְשָׁר לֵירֵד לַגַּיְא שֶׁבֵּינֵיהֶם אֶלָּא בְּקֹשִׁי גָּדוֹל, שֶׁמִּתּוֹךְ סְמִיכָתָן הַגַּיְא זְקוּפָה וַעֲמֻקָּה, יִהְיוּ לְבִקְעַת מִישׁוֹר וְנוֹחָה לֵילֵךְ: לִהְיוֹת עַל חֵשֶׁב הָאֵפוֹד. לִהְיוֹת הַחֹשֶׁן דָּבוּק אֶל חֵשֶׁב הָאֵפוֹד: וְלֹא יִזַּח. לְשׁוֹן נִתּוּק, וְלָשׁוֹן עֲרָבִי הוּא, כְּדִבְרֵי דּוּנַשׁ בֶּן לַבְרָט:

ל| אֶת הָאוּרִים וְאֶת הַתֻּמִּים. הוּא כְּתָב שֵׁם הַמְפֹרָשׁ שֶׁהָיָה נוֹתְנוֹ בְּתוֹךְ כִּפְלֵי הַחֹשֶׁן, שֶׁעַל יָדוֹ הוּא מֵאִיר דְּבָרָיו וּמְתַמֵּם אֶת דְּבָרָיו. וּבְמִקְדָּשׁ שֵׁנִי הָיָה הַחֹשֶׁן, שֶׁאִי אֶפְשָׁר לְכֹהֵן גָּדוֹל לִהְיוֹת מְחֻסַּר בְּגָדִים, אֲבָל אוֹתוֹ הַשֵּׁם לֹא הָיָה בְּתוֹכוֹ. וְעַל שֵׁם אוֹתוֹ הַכְּתָב הוּא קָרוּי 'מִשְׁפָּט', שֶׁנֶּאֱמַר: "וְשָׁאַל לוֹ בְּמִשְׁפַּט הָאוּרִים" (במדבר כז, כא): אֶת מִשְׁפַּט בְּנֵי יִשְׂרָאֵל. דָּבָר שֶׁהֵם נִשְׁפָּטִים וְנוֹכָחִים עַל יָדוֹ אִם לַעֲשׂוֹת דָּבָר אוֹ לֹא לַעֲשׂוֹת. וּלְפִי מִדְרַשׁ אַגָּדָה שֶׁהַחֹשֶׁן מְכַפֵּר עַל מְעֻוְּתֵי הַדִּין, נִקְרָא "מִשְׁפָּט" עַל שֵׁם סְלִיחַת הַמִּשְׁפָּט:

לא| אֶת מְעִיל הָאֵפוֹד. שֶׁהָאֵפוֹד נָתוּן עָלָיו לַחֲגוֹרָה: כְּלִיל תְּכֵלֶת. כֻּלּוֹ תְּכֵלֶת, שֶׁאֵין מִין אַחֵר מְעֹרָב בּוֹ:

לב| וְהָיָה פִי רֹאשׁוֹ. פִּי הַמְּעִיל שֶׁבְּגָבְהוֹ, הוּא פְּתִיחַת בֵּית הַצַּוָּאר: בְּתוֹכוֹ. כְּתַרְגּוּמוֹ:

ביאור

מַחְבַּרְתּוֹ, ליד מקום חיבור הכתפות עם האפוד[14] מִמַּעַל לְחֵשֶׁב הָאֵפוֹד,
החגורה. כח כנגד שתי הטבעות שבצדו הפנימי של החושן, מעט
מתחתן, יהיו שתי טבעות גם באפוד. וְיִרְכְּסוּ אֶת הַחֹשֶׁן מִטַּבְּעֹתָיו אֶל
טַבְּעֹת הָאֵפֹד הללו בִּפְתִיל, באמצעות חוט תְּכֵלֶת, לִהְיוֹת עַל חֵשֶׁב
הָאֵפוֹד, וְלֹא יִזַּח, יינתק הַחֹשֶׁן מֵעַל הָאֵפוֹד. קיימת מצווה מיוחדת
לשמור שהחושן יישאר צמוד לאפוד בכל עת.[15] כט וְנָשָׂא אַהֲרֹן
אֶת שְׁמוֹת בְּנֵי יִשְׂרָאֵל בְּחֹשֶׁן הַמִּשְׁפָּט עַל לִבּוֹ בְּבֹאוֹ אֶל הַקֹּדֶשׁ, לְזִכָּרֹן
לִפְנֵי ה׳ תָּמִיד. אבני החושן אינן מיועדות ליופי ולהדר בלבד, אלא
להזכרת ישראל לפני ה׳, כמו אבני האפוד. ל וְנָתַתָּ אֶל הכיס שבין
קפלי חֹשֶׁן הַמִּשְׁפָּט אֶת הָאוּרִים וְאֶת הַתֻּמִּים, שמהותם מסתורית
ואינה מבוארת בכתובים כלל. חכמים פירשו שאלה הם שמות
קדושים, שבאמצעותם היו בוהקות אבני החושן כמענה לשאלות
הקשורות לעתיד.[16] וְהָיוּ עַל לֵב אַהֲרֹן בְּבֹאוֹ לִפְנֵי ה׳. וְנָשָׂא אַהֲרֹן אֶת
מִשְׁפַּט בְּנֵי יִשְׂרָאֵל, דרכם ומנהגם עַל לִבּוֹ, בתוך החושן, לִפְנֵי ה׳ תָּמִיד.

לא וְעָשִׂיתָ אֶת מְעִיל הָאֵפוֹד, המעיל שהאפוד חגור מעליו ומהדקו.[17]
המעיל היה דומה במקצת למעיל המוכָּר לנו, אך מכיוון שאין מוזכרים
כאן שרוולים, ייתכן שהיה דומה לגלימה המכסה את אחורי הגוף
וצדדיו. מלפנים היה המעיל פתוח מבית הצוואר ולמטה, כך שהאפוד
וחגורתו מצמידים את חלקיו הקדמיים שלא ייפתחו יותר מדי.[18]
כְּלִיל תְּכֵלֶת. כולו היה עשוי צמר צבוע תכלת. לב וְהָיָה פִּי רֹאשׁוֹ,
הקצה העליון של האריג, שבו הכהן משחיל את ראשו, בְּתוֹכוֹ,

הרחבות

האורים והתומים כשהוסמך יהושע בן נון להנהיג את העם אחר משה, נאמר עליו: וְלִפְנֵי אֶלְעָזָר הַכֹּהֵן יַעֲמֹד וְשָׁאַל לוֹ בְּמִשְׁפַּט הָאוּרִים לִפְנֵי ה׳ (במדבר כז,כא). על פי הבנתם של חכמים, כאשר נשאל הכהן הגדול שאלה על ידי מי שהוסמך לכך, דוגמת יהושע, האורים שהיו בכיס החושן גרמו לאבנים מסוימות או לאותיות מסוימות בחושן להאיר, והתומים הורו לכהן הגדול כיצד לצרף את האותיות המוארות למשפטים נושאי משמעות, אשר יהיו תשובתו של ה׳ לשאלה (יומא עג).

נראה כי האורים והתומים היו קיימים רק במשכן ובבית המקדש הראשון, ולא בבית המקדש השני. (ראו יומא כא ע״ב; סוטה מח ע״ב; וראו עוד רמב״ם הלכות כלי המקדש י,י וראב״ד הלכות בית הבחירה ד,א; רש״י על אתר). על כן לא ראו החכמים במו עיניהם את תבניתם ואת פעולתם.

יִהְיֶה לְפִיו סָבִיב מַעֲשֵׂה אֹרֵג כְּפִי תַחְרָא יִהְיֶה־לּוֹ
לג לֹא יִקָּרֵעַ׃ וְעָשִׂיתָ עַל־שׁוּלָיו רִמֹּנֵי תְּכֵלֶת וְאַרְגָּמָן
וְתוֹלַעַת שָׁנִי עַל־שׁוּלָיו סָבִיב וּפַעֲמֹנֵי זָהָב בְּתוֹכָם
לד סָבִיב׃ פַּעֲמֹן זָהָב וְרִמּוֹן פַּעֲמֹן זָהָב וְרִמּוֹן עַל־
לה שׁוּלֵי הַמְּעִיל סָבִיב׃ וְהָיָה עַל־אַהֲרֹן לְשָׁרֵת וְנִשְׁמַע
קוֹלוֹ בְּבֹאוֹ אֶל־הַקֹּדֶשׁ לִפְנֵי יְהוָה וּבְצֵאתוֹ וְלֹא

רש"י "כְּפִיל לְגַוֵּיהּ", כָּפוּל לְתוֹכוֹ לִהְיוֹת לוֹ לְשָׂפָה כְּפִילָתוֹ. וְהָיָה מַעֲשֵׂה אוֹרֵג וְלֹא בְּמַחַט: **כְּפִי תַחְרָא.** לָמַדְנוּ שֶׁהַשִּׁרְיוֹנִים שֶׁלָּהֶם פִּיהֶם כָּפוּל: **לֹא יִקָּרֵעַ.** כְּדֵי שֶׁלֹּא יִקָּרֵעַ. וְהַקּוֹרְעוֹ עוֹבֵר בְּלָאו, שֶׁזֶּה מִמִּנְיַן לָאוִין שֶׁבַּתּוֹרָה. וְכֵן: "וְלֹא יִזַּח הַחֹשֶׁן" (לעיל פסוק כח), וְכֵן: "לֹא יָסֻרוּ מִמֶּנּוּ" (לעיל כה, טו) הַנֶּאֱמָר בְּבַדֵּי הָאָרוֹן:

לג| **רִמֹּנֵי.** עֲגֻלִּים וַחֲלוּלִים הָיוּ, כְּמִין רִמּוֹנִים הָעֲשׂוּיִים כְּבֵיצַת תַּרְנְגֹלֶת: **וּפַעֲמֹנֵי זָהָב.** זָגִים עִם עִנְבָּלִים שֶׁבְּתוֹכָם: **בְּתוֹכָם סָבִיב.** בֵּינֵיהֶם סָבִיב, בֵּין שְׁנֵי רִמּוֹנִים פַּעֲמוֹן אֶחָד דָּבוּק וְתָלוּי בְּשׁוּלֵי הַמְּעִיל:

לד| **פַּעֲמֹן זָהָב וְרִמּוֹן.** אֶצְלוֹ: **פַּעֲמֹן זָהָב וְרִמּוֹן.** אֶצְלוֹ:

לה| **וְלֹא יָמוּת.** מִכְּלַל לָאו אַתָּה שׁוֹמֵעַ הֵן: אִם יִהְיוּ לוֹ לֹא יִתְחַיֵּב מִיתָה, הָא אִם יִכָּנֵס מְחֻסַּר אֶחָד מִן הַבְּגָדִים הַלָּלוּ חַיָּב מִיתָה בִּידֵי שָׁמַיִם:

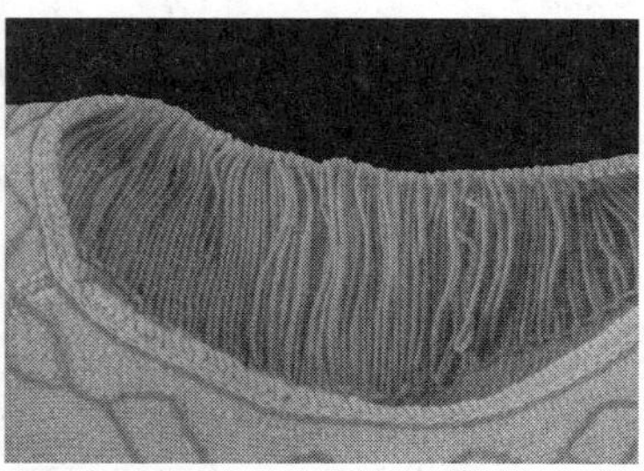

מימין: פעמון ורימון

משמאל: שפה כפי תחרא

הרחבות

'ונשמע קולו בבֹאו אל הקֹדש ובצאתו' בכניסה אל הקודש אין דלת שעליה אפשר לדפוק, ולכן הכהן מצלצל בהליכתו בפעמוניו. כך לא ייכנס לקודש במפתיע, אלא יודיע על בואו. כאדם שנכנס לפני המלך, אפילו מקורב אליו ביותר, יהא מקיש קודם כניסתו ולא ייכנס פתאום. וגינון דרך ארץ הוא, וגם מעין הכנה עצמית ותזכורת בכניסה וביציאה לנכנס אל הקודש, שישמור על מורא המקום וכבודו. (ראו מדרש הגדול, רבנו בחיי והכתב והקבלה).

ביאור | מקופל פנימה. **שָׂפָה יִהְיֶה לְפִיו סָבִיב**, מכפלת **מַעֲשֵׂה אֹרֵג**, כהמשך
האריג ולא כתוספת תפורה,[19] **כְּפִי**, כקצה **תַחְרָא**, שריון,[20] המקופל
קצת פנימה כדי שלא לגרום תקלות או פציעות ללובש אותו. **יִהְיֶה**
לּוֹ, וכתוצאה מכך המעיל **לֹא יִקָּרֵעַ**.[21] פירוש אחר: כאן מופיע דין
נוסף: האיסור לקרוע את המעיל.[22] לג **וְעָשִׂיתָ עַל שׁוּלָיו** קישוטים
שצורתם כ**רִמֹּנֵי תְּכֵלֶת וְאַרְגָּמָן וְתוֹלַעַת שָׁנִי**, שייארגו וייסרגו בצבעים
בולטים **עַל שׁוּלָיו סָבִיב**, לכל אורכם. **וּפַעֲמֹנֵי זָהָב בְּתוֹכָם**, בין הרימונים,
סָבִיב. לד **פַּעֲמֹן זָהָב וְרִמּוֹן, פַּעֲמֹן זָהָב וְרִמּוֹן עַל שׁוּלֵי הַמְּעִיל סָבִיב.**
הפעמונים והרימונים הופיעו לסירוגין על שולי המעיל,[23] או: בתוך
כל רימון היה פעמון זהב.[24] לפי המסורת היו שבעים ושניים פעמונים
במעילו של הכהן הגדול.[25] לה **וְהָיָה** המעיל **עַל אַהֲרֹן לְשָׁרֵת. וְנִשְׁמַע**
קוֹלוֹ. אמנם זהב הוא מתכת רכה, ועל כן צלילי הפעמונים עדינים,
אך בגלל מספרם הגדול נשמע קול הכהן **בְּבֹאוֹ אֶל הַקֹּדֶשׁ לִפְנֵי ה׳**
וּבְצֵאתוֹ, וְלֹא יָמוּת.

המעיל
(לפי רש״י)

יָמוֹת: לו וְעָשִׂיתָ צִּיץ זָהָב טָהוֹר וּפִתַּחְתָּ
לז עָלָיו פִּתּוּחֵי חֹתָם קֹדֶשׁ לַיהוָה: וְשַׂמְתָּ אֹתוֹ עַל־
פְּתִיל תְּכֵלֶת וְהָיָה עַל־הַמִּצְנָפֶת אֶל־מוּל פְּנֵי־
לח הַמִּצְנֶפֶת יִהְיֶה: וְהָיָה עַל־מֵצַח אַהֲרֹן וְנָשָׂא אַהֲרֹן
אֶת־עֲוֺן הַקֳּדָשִׁים אֲשֶׁר יַקְדִּישׁוּ בְּנֵי יִשְׂרָאֵל לְכָל־
מַתְּנֹת קָדְשֵׁיהֶם וְהָיָה עַל־מִצְחוֹ תָּמִיד לְרָצוֹן לָהֶם
לט לִפְנֵי יְהוָה: וְשִׁבַּצְתָּ הַכְּתֹנֶת שֵׁשׁ וְעָשִׂיתָ מִצְנֶפֶת שֵׁשׁ

רש״י

לו) **צִיץ.** כְּמִין טַס שֶׁל זָהָב הָיָה, רָחָב שְׁתֵּי אֶצְבָּעוֹת, מַקִּיף עַל הַמֵּצַח מֵאֹזֶן לְאֹזֶן:

לז) **עַל פְּתִיל תְּכֵלֶת.** וּבְמָקוֹם אַחֵר הוּא אוֹמֵר: ״וַיִּתְּנוּ עָלָיו פְּתִיל תְּכֵלֶת״ (להלן לט, לא), וְעוֹד, כְּתִיב כָּאן: ״וְהָיָה עַל הַמִּצְנֶפֶת״, וּלְמַטָּה הוּא אוֹמֵר: ״וְהָיָה עַל מֵצַח אַהֲרֹן״ (בפסוק הבא), וּבִשְׁחִיטַת קָדָשִׁים שָׁנִינוּ: ״שְׂעָרוֹ הָיָה נִרְאֶה בֵּין צִיץ לַמִּצְנֶפֶת שֶׁשָּׁם מַנִּיחַ תְּפִלִּין״ (זבחים יט ע״א), לָמַדְנוּ שֶׁהַמִּצְנֶפֶת לְמַעְלָה בְּגֹבַהּ הָרֹאשׁ וְאֵינָהּ עֲמֻקָּה לִכָּנֵס בָּהּ כָּל הָרֹאשׁ עַד הַמֵּצַח, וְהַצִּיץ מִלְּמַטָּה, וְהַפְּתִילִים הָיוּ נְקוּבִין וּתְלוּיִין בּוֹ בִּשְׁנֵי רָאשִׁים וּבְאֶמְצָעִיתוֹ, שִׁשָּׁה בִּשְׁלֹשָׁה מְקוֹמוֹת הַלָּלוּ, פְּתִיל מִלְמַעְלָה – אֶחָד מִבַּחוּץ וְאֶחָד מִבִּפְנִים כְּנֶגְדּוֹ, וְקוֹשֵׁר רָאשֵׁי הַפְּתִילִים מֵאֲחוֹרֵי הָעֹרֶף שְׁלָשְׁתָּן, וְנִמְצְאוּ בֵּין אֹרֶךְ הַטַּס וּפְתִילֵי רָאשָׁיו מַקִּיפִין אֶת הַקָּדְקֹד; וְהַפְּתִיל הָאֶמְצָעִי, שֶׁרֹאשׁוֹ קָשׁוּר עִם רָאשֵׁי הַשְּׁנַיִם, הוֹלֵךְ עַל פְּנֵי רֹחַב הָרֹאשׁ מִלְמַעְלָה, וְנִמְצָא עָשׂוּי כְּמִין כּוֹבַע. וְעַל פְּתִיל הָאֶמְצָעִי הוּא אוֹמֵר: ״וְהָיָה עַל הַמִּצְנֶפֶת״, וְהָיָה נוֹתֵן הַצִּיץ עַל רֹאשׁוֹ כְּמִין כּוֹבַע עַל הַמִּצְנֶפֶת, וְהַפְּתִיל הָאֶמְצָעִי מַחֲזִיקוֹ שֶׁאֵינוֹ נוֹפֵל, וְהַטַּס תָּלוּי כְּנֶגֶד מִצְחוֹ. וְנִתְקַיְּמוּ כָּל הַמִּקְרָאוֹת: פְּתִיל עַל הַצִּיץ, וְצִיץ עַל הַפְּתִיל, וּפְתִיל עַל הַמִּצְנֶפֶת מִלְמַעְלָה:

לח) **וְנָשָׂא אַהֲרֹן.** לְשׁוֹן סְלִיחָה, וְאַף עַל פִּי כֵן אֵינוֹ זָז מִמַּשְׁמָעוֹ, אַהֲרֹן נוֹשֵׂא אֶת הַמַּשָּׂא שֶׁל עָוֹן, נִמְצָא מְסַלֵּק הֶעָוֹן מִן הַקֳּדָשִׁים: **אֶת עֲוֺן הַקֳּדָשִׁים.** לְרַצּוֹת עַל הַדָּם וְעַל הַחֵלֶב שֶׁקָּרְבוּ בְּטֻמְאָה, כְּמוֹ שֶׁשָּׁנִינוּ: אֵי זֶה עָוֹן הוּא נוֹשֵׂא? אִם עֲוֹן פִּגּוּל, הֲרֵי כְּבָר נֶאֱמַר וְכוּ׳. וְאֵין לוֹמַר שֶׁיְּכַפֵּר עַל הַכֹּהֵן שֶׁהִקְרִיבָם טְמֵאִים, שֶׁהֲרֵי ״עֲוֹן הַקֳּדָשִׁים״ נֶאֱמַר וְלֹא עֲוֹן הַמַּקְרִיב! אֵינוֹ מְרַצֶּה אֶלָּא לְהַכְשִׁיר הַקָּרְבָּן: **וְהָיָה עַל מִצְחוֹ תָּמִיד.** אִי אֶפְשָׁר לוֹמַר שֶׁיְּהֵא עַל מִצְחוֹ תָּמִיד, שֶׁהֲרֵי אֵינוֹ עָלָיו אֶלָּא בִּשְׁעַת הָעֲבוֹדָה! אֶלָּא ״תָּמִיד לְרָצוֹן לָהֶם״, אֲפִלּוּ אֵינוֹ עַל מִצְחוֹ, שֶׁלֹּא הָיָה כֹּהֵן גָּדוֹל עוֹבֵד בְּאוֹתָהּ שָׁעָה. וּלְדִבְרֵי הָאוֹמֵר עוֹדֵהוּ עַל מִצְחוֹ מְכַפֵּר וּמְרַצֶּה וְאִם לָאו אֵינוֹ מְרַצֶּה, נִדְרָשׁ ״עַל מִצְחוֹ תָּמִיד״ לְלַמֵּד שֶׁיְּמַשְׁמֵשׁ בּוֹ בְּעוֹדוֹ עַל מִצְחוֹ, שֶׁלֹּא יַסִּיחַ דַּעְתּוֹ מִמֶּנּוּ:

לט) **וְשִׁבַּצְתָּ.** עֲשֵׂה אוֹתָהּ מִשְׁבְּצוֹת מִשְׁבְּצוֹת, וְכֻלָּהּ שֶׁל שֵׁשׁ:

ביאור

לו **וְעָשִׂיתָ צִּיץ זָהָב טָהוֹר**, תכשיט זהב המונח לאורך המצח, מעין כתרו של הכהן הגדול.[26] **וּפִתַּחְתָּ**, חרוט **עָלָיו פִּתּוּחֵי חֹתָם**, בכתיבה עיטורית מפוארת את שתי המלים: **קֹדֶשׁ לַה'**. לז **וְשַׂמְתָּ אֹתוֹ עַל פְּתִיל תְּכֵלֶת**, כדי לקשור את הציץ, שלא הקיף את הראש כולו. **וְהָיָה עַל הַמִּצְנָפֶת**, סמוך למצנפת שעל ראש הכהן.[27] יש מפרשים שבחורים שבקצות הציץ היו נתונים כמה פתילים; חלקם נקשרו כלפי מעלה לכיוון המצנפת וחלקם נכרכו סביב הראש.[28] **אֶל מוּל פְּנֵי**, קדמת **הַמִּצְנֶפֶת יִהְיֶה** הציץ. לח **וְהָיָה עַל מֵצַח אַהֲרֹן. וְנָשָׂא**, יכפר **אַהֲרֹן** באמצעות הציץ **אֶת עֲוֹן הַקֳּדָשִׁים אֲשֶׁר יַקְדִּישׁוּ בְּנֵי יִשְׂרָאֵל לְכָל מַתְּנֹת קָדְשֵׁיהֶם**. לעתים מובאות מתנות טמאות – הציץ והמלים הכתובות עליו ישמשו לכפרה על חטא זה,[29] **וְהָיָה עַל מִצְחוֹ תָּמִיד, לְרָצוֹן לָהֶם** – לישראל, **לִפְנֵי ה'**.

לט ומכאן – לבגדים הפשוטים יותר, הדומים לבגדי שאר הכהנים: **וְשִׁבַּצְתָּ** את **הַכְּתֹנֶת שֵׁשׁ**, פשתן. הכתונת, הצמודה אל הגוף, ארוגה בדגמים של משבצות.

וְעָשִׂיתָ מִצְנֶפֶת שֵׁשׁ, בד פשתן ארוך הכרוך על הראש.

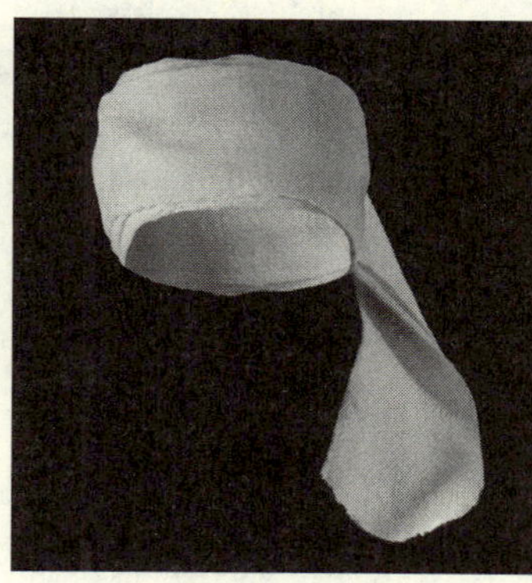

מימין: המצנפת

משמאל: הציץ

הרחבות

'קדש לה'' חכמים למדו כי המלים נכתבו בשתי שורות: בשורה הראשונה היה כתוב שם ה', ובשורה השנייה, אולי כעין מדרגה תחתיה, היה כתוב 'קדש ל'. (ראו שבת סג ע"ב, רשב"א ריטב"א ומאירי שם; רמב"ם הלכות כלי המקדש ט,א).

וְאַבְנֵט תַּעֲשֶׂה מַעֲשֵׂה רֹקֵם: וְלִבְנֵי אַהֲרֹן תַּעֲשֶׂה מ
כֻתֳּנֹת וְעָשִׂיתָ לָהֶם אַבְנֵטִים וּמִגְבָּעוֹת תַּעֲשֶׂה לָהֶם
לְכָבוֹד וּלְתִפְאָרֶת: וְהִלְבַּשְׁתָּ אֹתָם אֶת־אַהֲרֹן אָחִיךָ מא
וְאֶת־בָּנָיו אִתּוֹ וּמָשַׁחְתָּ אֹתָם וּמִלֵּאתָ אֶת־יָדָם
וְקִדַּשְׁתָּ אֹתָם וְכִהֲנוּ־לִי: וַעֲשֵׂה לָהֶם מִכְנְסֵי־בָד מב
לְכַסּוֹת בְּשַׂר עֶרְוָה מִמָּתְנַיִם וְעַד־יְרֵכַיִם יִהְיוּ: וְהָיוּ מג

רש"י

מ| **ולבני אהרן תעשה.** ארבעה בגדים הללו ולא יותר: כתנת, ואבנט, ומגבעות היא מצנפת, ומכנסים כתובים למטה בפרשה (להלן פסוק מב):

מא| **והלבשת אתם את אהרן.** אותם האמורים באהרן: "חשן ואפוד ומעיל וכתנת תשבץ מצנפת ואבנט" (לעיל פסוק ד), ועוד, ומכנסים כתובים למטה בכלם: **ואת בניו אתו.** אותם הכתובים בהם: **ומשחת אתם.** את אהרן ואת בניו בשמן המשחה: **ומלאת את ידם.** כל מלוי ידים לשון חנוך, כשהוא נכנס לדבר להיות מחזק בו מאותו יום והלאה הוא, ובלשון לעז כשממנין אדם על פקדת דבר, נותן השליט בידו בית יד של עור שקורין גואנ"ט, ועל ידו הוא מחזיקו בדבר, וקורין לאותה מסירה רווסטי"ר, והוא מלוי ידים:

מב| **ועשה להם.** לאהרן ולבניו: **מכנסי בד.** הרי שמונה בגדים לכהן גדול וארבעה לכהן הדיוט:

מג| **והיו.** כל הבגדים האלה, "על אהרן"

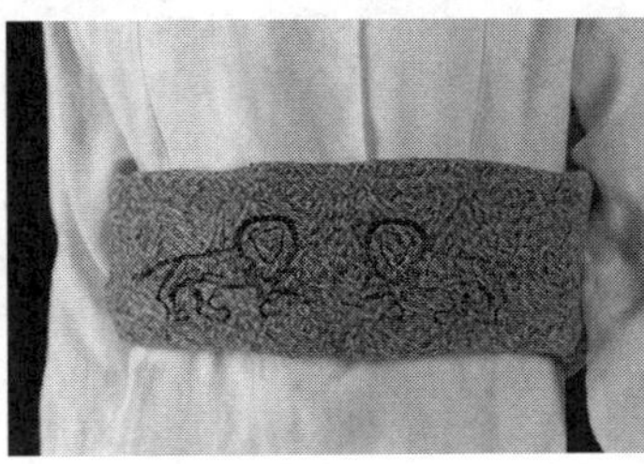

מימין: אבנט

משמאל: מכנסיים

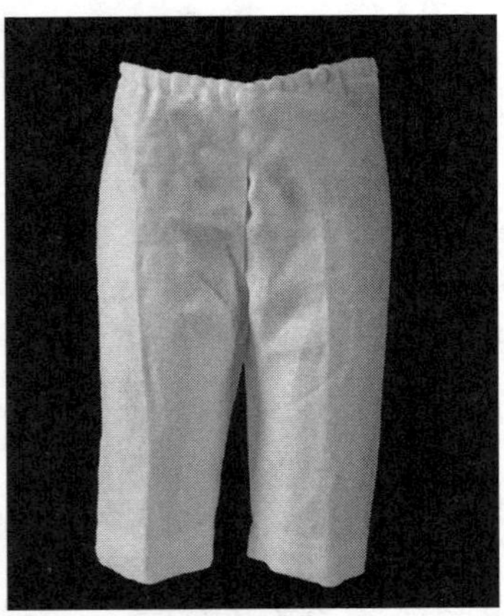

הרחבות

מצנפת ומגבעות שאר הכהנים חבשו על ראשיהם מגבעות, אך המצנפת הגדולה והמהודרת ייחדה את הכהן הגדול בלבד. ייתכן שהמצנפת הייתה יריעה ארוכה שנכרכה סביב הראש כעין כתר או טורבן המצוי בתרבויות שונות. (ראו השגת הראב"ד על הרמב"ם הלכות כלי המקדש ח,ב). יוסף פלביוס, שהיה כהן בעצמו,

ביאור

וְאַבְנֵט, חגורה **תַּעֲשֶׂה מַעֲשֵׂה רֹקֵם**, שייחגר מעל הכתונת. חז"ל
מוסרים כי אורך האבנט היה ל"ב אמות, בין חמישה–עשר לתשעה–
עשר מטרים.[30] החומרים שמהם ייעשה יפורטו בהמשך.[31]

מ בגדי הקודש של בני אהרן מועטים ופשוטים יותר מבגדיהם של
אהרן ושל הכהנים הגדולים שיבואו אחריו: **וְלִבְנֵי אַהֲרֹן תַּעֲשֶׂה כֻתֳּנֹת. וְעָשִׂיתָ לָהֶם אַבְנֵטִים, וּמִגְבָּעוֹת**, כובעים מוגבהים ללא שוליים[32] **תַּעֲשֶׂה לָהֶם לְכָבוֹד וּלְתִפְאָרֶת**, מדים מיוחדים שייחדו אותם משאר העם.

מא **וְהִלְבַּשְׁתָּ אֹתָם**, את הבגדים הללו, **אֶת אַהֲרֹן אָחִיךָ וְאֶת בָּנָיו אִתּוֹ. וּמָשַׁחְתָּ אֹתָם** בשמן המשחה,[33] **וּמִלֵּאתָ אֶת יָדָם**, ומַנה אותם לתפקידם.[34] **וְקִדַּשְׁתָּ אֹתָם, וְכִהֲנוּ לִי**, ואז יוכלו לשרת אותי.

מב **וַעֲשֵׂה לָהֶם מִכְנְסֵי בָד**, פשתן מתחת לבגדיהם, **לְכַסּוֹת בְּשַׂר עֶרְוָה**. המכנסיים לא נמנו עם שאר הבגדים, מפני שהם אינם נראים לעין ואינם עשויים לכבוד ולתפארת.[35] **מִמָּתְנַיִם וְעַד יְרֵכַיִם**, אולי הגיעו עד

בגדי כהן הדיוט

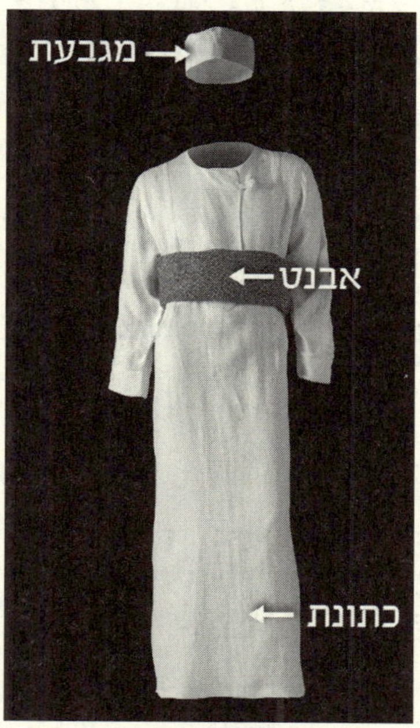

הרחבות

העיד על מראה הכהן הגדול ודימה את המצנפת לצורה המסוגננת של הפרח שיכרון זהוב.

'ועשה להם מכנסי בד' ראוי להזכיר שלבישת מכנסיים הייתה חריגה באותם ימים. שאר האנשים היו לובשים כתונת בלבד, ללא בגדים תחתונים אך הכהנים חויבו בלבישת המכנסיים ליתר צניעות, כבוד וקדושה.

עַל־אַהֲרֹן וְעַל־בָּנָיו בְּבֹאָם ׀ אֶל־אֹהֶל מוֹעֵד אוֹ
בְגִשְׁתָּם אֶל־הַמִּזְבֵּחַ לְשָׁרֵת בַּקֹּדֶשׁ וְלֹא־יִשְׂאוּ עָוֺן
רביעי כב וָמֵתוּ חֻקַּת עוֹלָם לוֹ וּלְזַרְעוֹ אַחֲרָיו׃ וְזֶה א כט
הַדָּבָר אֲשֶׁר תַּעֲשֶׂה לָהֶם לְקַדֵּשׁ אֹתָם לְכַהֵן לִי לְקַח
פַּר אֶחָד בֶּן־בָּקָר וְאֵילִם שְׁנַיִם תְּמִימִם׃ וְלֶחֶם מַצּוֹת ב
וְחַלֹּת מַצֹּת בְּלוּלֹת בַּשֶּׁמֶן וּרְקִיקֵי מַצּוֹת מְשֻׁחִים
בַּשָּׁמֶן סֹלֶת חִטִּים תַּעֲשֶׂה אֹתָם׃ וְנָתַתָּ אוֹתָם עַל־ ג
סַל אֶחָד וְהִקְרַבְתָּ אֹתָם בַּסָּל וְאֶת־הַפָּר וְאֵת שְׁנֵי
הָאֵילִם׃ וְאֶת־אַהֲרֹן וְאֶת־בָּנָיו תַּקְרִיב אֶל־פֶּתַח ד
אֹהֶל מוֹעֵד וְרָחַצְתָּ אֹתָם בַּמָּיִם׃ וְלָקַחְתָּ אֶת־ ה
הַבְּגָדִים וְהִלְבַּשְׁתָּ אֶת־אַהֲרֹן אֶת־הַכֻּתֹּנֶת וְאֵת
מְעִיל הָאֵפֹד וְאֶת־הָאֵפֹד וְאֶת־הַחֹשֶׁן וְאָפַדְתָּ לוֹ
בְּחֵשֶׁב הָאֵפֹד׃ וְשַׂמְתָּ הַמִּצְנֶפֶת עַל־רֹאשׁוֹ וְנָתַתָּ ו

רש"י | הָרְאוּיִים לוֹ, "וְעַל בָּנָיו" הָרְאוּיִים בָּהֶם: בְּבֹאָם אֶל אֹהֶל מוֹעֵד. לַהֵיכָל, וְכֵן לַמִּשְׁכָּן: וָמֵתוּ. הָא לָמַדְתָּ שֶׁהַמְשַׁמֵּשׁ מְחֻסַּר בְּגָדִים – בְּמִיתָה: חֻקַּת עוֹלָם לוֹ. כָּל מָקוֹם שֶׁנֶּאֱמַר: 'חֻקָּה' לְעַכֵּב:

פרק כט

א] לְקַח. כְּמוֹ קַח. וּשְׁתֵּי גְּזָרוֹת הֵן, אַחַת שֶׁל קִיחָה וְאַחַת שֶׁל לְקִיחָה, וְלָהֶן פִּתְרוֹן אֶחָד: פַּר אֶחָד. לְכַפֵּר עַל מַעֲשֵׂה הָעֵגֶל שֶׁהוּא פַּר:

ב] וְלֶחֶם מַצּוֹת וְחַלֹּת מַצֹּת... וּרְקִיקֵי מַצּוֹת. הֲרֵי אֵלּוּ שְׁלֹשָׁה מִינִין: רְבוּכָה וְחַלּוֹת וּרְקִיקִין. "לֶחֶם מַצּוֹת" הִיא הַקְּרוּיָה לְמַטָּה בָּעִנְיָן: "חַלַּת לֶחֶם שֶׁמֶן" (להלן פסוק כג), עַל שֵׁם שֶׁנּוֹתֵן שֶׁמֶן בָּרְבוּכָה כְּנֶגֶד הַחַלּוֹת וְהָרְקִיקִין. וְכָל הַמִּינִין בָּאִים עֶשֶׂר עֶשֶׂר חַלּוֹת: בְּלוּלֹת בַּשֶּׁמֶן. כְּשֶׁהֵן קֶמַח יוֹצֵק בָּהֶן שֶׁמֶן וּבוֹלְלָן: מְשֻׁחִים בַּשָּׁמֶן. אַחַר אֲפִיָּתָן מוֹשְׁחָן כְּמִין כ"י, כַּ"ף יְוָנִית, שֶׁהִיא עֲשׂוּיָה כְּנוּ"ן שֶׁלָּנוּ:

ג] וְהִקְרַבְתָּ אֹתָם. אֶל חֲצַר הַמִּשְׁכָּן בְּיוֹם הֲקָמָתוֹ:

ד] וְרָחַצְתָּ. טְבִילַת כָּל הַגּוּף:

ה] וְאָפַדְתָּ. קַשֵּׁט וְתַקֵּן הַחֲגוֹרָה וְהַסִּינָר סְבִיבוֹתָיו:

ביאור | הברך, או עד מקום כלשהו באמצע הירך, יִהְיוּ. מג וְהָיוּ, המכנסיים,[36] או: כל בגדי הכהונה[37] **עַל אַהֲרֹן וְעַל בָּנָיו בְּבֹאָם אֶל אֹהֶל מוֹעֵד, אוֹ בְגִשְׁתָּם אֶל הַמִּזְבֵּחַ לְשָׁרֵת בַּקֹּדֶשׁ, וְלֹא יִשְׂאוּ עָוֹן וָמֵתוּ.** לבישתם היא **חֻקַּת עוֹלָם לוֹ וּלְזַרְעוֹ אַחֲרָיו.** אסור לכהן שאינו לובש את מדיו לשרת בקודש.

הציווי על קרבנות המילואים

פרק כט פס׳ א-לז

עד כאן הובאו תיאורי מבנה המשכן וכליו ותיאור בגדי הכהונה שבהם עתידים לשרת אהרן ובניו. כאן יבואו ההוראות באשר לשבעת ימי המילואים, הימים שבהם יקדש משה את המשכן באמצעות קרבנות מיוחדים, ושבהם הוא יְמַנֶּה את הכהנים לעבודתם באמצעות רחיצתם, הלבשתם, משיחתם ופעולות נוספות שיקשרו אותם לתפקידם החדש. הקדשת המשכן והקדשת הכהנים כרוכות זו בזו.

פרטי הטקס לא יחזרו על עצמם בשגרת עבודת המשכן והמקדש, והם מיוחדים לאירוע חריג זה.

פרק כט א **וְזֶה הַדָּבָר אֲשֶׁר תַּעֲשֶׂה לָהֶם** - לאהרן ולבניו, **לְקַדֵּשׁ אֹתָם לְכַהֵן לִי: לְקַח,** קח **פַּר אֶחָד בֶּן בָּקָר,** פר בשנתו השלישית לחייו,[38] **וְאֵילִם – שְׁנַיִם.** הפר והאילים צריכים להיות **תְּמִימִם,** שלמים, בלי מום.[39] ב **וְלֶחֶם** כיכרות שאינם מהוקצעים. חכמים דרשו מן הכתובים שמדובר על מין מאפה שחולטים אותו תחילה במים רותחים או מטגנים אותו בשמן, רביכה[40] של **מַצּוֹת,** שלא החמיצה, **וְחַלֹּת,** כיכרות אפויות בעלות צורה מוקפדת,[41] **מַצֹּת בְּלוּלֹת בַּשֶּׁמֶן, וּרְקִיקֵי,** מיני מאפה דקים **מַצּוֹת מְשֻׁחִים בַּשָּׁמֶן.** אלו הן צורות שונות של מאפים שלא החמיצו. **סֹלֶת חִטִּים תַּעֲשֶׂה אֹתָם.** ג **וְנָתַתָּ אוֹתָם,** את המאפים הללו **עַל סַל אֶחָד, וְהִקְרַבְתָּ אֹתָם בַּסָּל, וְאֶת הַפָּר וְאֵת שְׁנֵי הָאֵילִם** תקריב עמהם. בהמשך ייאמר למשה מה עליו לעשות בכל אחד מן הפריטים הללו.

ד **וְאֶת אַהֲרֹן וְאֶת בָּנָיו תַּקְרִיב אֶל פֶּתַח אֹהֶל מוֹעֵד, וְרָחַצְתָּ,** וטבול[42] **אֹתָם בַּמָּיִם.** ה **וְלָקַחְתָּ אֶת הַבְּגָדִים, וְהִלְבַּשְׁתָּ אֶת אַהֲרֹן אֶת הַכֻּתֹּנֶת** ומעליה הלבש **אֵת מְעִיל הָאֵפֹד וְאֶת הָאֵפֹד,** החגור על המעיל **וְאֶת הַחֹשֶׁן, וְאָפַדְתָּ לוֹ,** חגור אותו **בְּחֵשֶׁב הָאֵפֹד.** ו **וְשַׂמְתָּ הַמִּצְנֶפֶת עַל**

אֶת־נֵזֶר הַקֹּדֶשׁ עַל־הַמִּצְנָפֶת׃ וְלָקַחְתָּ אֶת־שֶׁמֶן ז
הַמִּשְׁחָה וְיָצַקְתָּ עַל־רֹאשׁוֹ וּמָשַׁחְתָּ אֹתוֹ׃ וְאֶת־בָּנָיו ח
תַּקְרִיב וְהִלְבַּשְׁתָּם כֻּתֳּנֹת׃ וְחָגַרְתָּ אֹתָם אַבְנֵט אַהֲרֹן ט
וּבָנָיו וְחָבַשְׁתָּ לָהֶם מִגְבָּעֹת וְהָיְתָה לָהֶם כְּהֻנָּה
לְחֻקַּת עוֹלָם וּמִלֵּאתָ יַד־אַהֲרֹן וְיַד־בָּנָיו׃ וְהִקְרַבְתָּ י
אֶת־הַפָּר לִפְנֵי אֹהֶל מוֹעֵד וְסָמַךְ אַהֲרֹן וּבָנָיו אֶת־
יְדֵיהֶם עַל־רֹאשׁ הַפָּר׃ וְשָׁחַטְתָּ אֶת־הַפָּר לִפְנֵי יְהוָה יא
פֶּתַח אֹהֶל מוֹעֵד׃ וְלָקַחְתָּ מִדַּם הַפָּר וְנָתַתָּה עַל־ יב
קַרְנֹת הַמִּזְבֵּחַ בְּאֶצְבָּעֶךָ וְאֶת־כָּל־הַדָּם תִּשְׁפֹּךְ אֶל־
יְסוֹד הַמִּזְבֵּחַ׃ וְלָקַחְתָּ אֶת־כָּל־הַחֵלֶב הַמְכַסֶּה אֶת־ יג
הַקֶּרֶב וְאֵת הַיֹּתֶרֶת עַל־הַכָּבֵד וְאֵת שְׁתֵּי הַכְּלָיֹת
וְאֶת־הַחֵלֶב אֲשֶׁר עֲלֵיהֶן וְהִקְטַרְתָּ הַמִּזְבֵּחָה׃ וְאֶת־ יד
בְּשַׂר הַפָּר וְאֶת־עֹרוֹ וְאֶת־פִּרְשׁוֹ תִּשְׂרֹף בָּאֵשׁ
מִחוּץ לַמַּחֲנֶה חַטָּאת הוּא׃ וְאֶת־הָאַיִל הָאֶחָד תִּקָּח טו
וְסָמְכוּ אַהֲרֹן וּבָנָיו אֶת־יְדֵיהֶם עַל־רֹאשׁ הָאָיִל׃

רש"י

ו) נֵזֶר הַקֹּדֶשׁ. זֶה הַצִּיץ: עַל הַמִּצְנֶפֶת. כְּמוֹ שֶׁפֵּרַשְׁתִּי לְמַעְלָה (לעיל כח, לז), עַל יְדֵי הַפְּתִיל הָאֶמְצָעִי וּשְׁנֵי פְּתִילִין שֶׁבְּרֹאשׁוֹ הַקְּשׁוּרִין שְׁלָשְׁתָּן מֵאֲחוֹרֵי הָעֹרֶף, הוּא נוֹתְנוֹ עַל הַמִּצְנֶפֶת כְּמִין כּוֹבַע:

ז) וּמָשַׁחְתָּ אֹתוֹ. אַף מְשִׁיחָה זוֹ כְּמִין כ"י, נוֹתֵן שֶׁמֶן עַל רֹאשׁוֹ וּבֵין רִיסֵי עֵינָיו וּמְחַבְּרָן בְּאֶצְבָּעוֹ:

ט) וְהָיְתָה לָהֶם. מִלּוּי יָדַיִם זֶה לִכְהֻנַּת עוֹלָם: וּמִלֵּאתָ. עַל יְדֵי הַדְּבָרִים הָאֵלֶּה: יַד אַהֲרֹן וְיַד בָּנָיו. בְּמִלּוּי וּפְקֻדַּת הַכְּהֻנָּה:

יא) פֶּתַח אֹהֶל מוֹעֵד. בַּחֲצַר הַמִּשְׁכָּן שֶׁלִּפְנֵי הַפֶּתַח:

יב) עַל קַרְנֹת. לְמַעְלָה בַּקְּרָנוֹת מַמָּשׁ: וְאֶת כָּל הַדָּם. שְׁיָרֵי הַדָּם: אֶל יְסוֹד הַמִּזְבֵּחַ. כְּמִין בְּלִיטַת בֵּית קִבּוּל עָשׂוּי לוֹ סָבִיב סָבִיב לְאַחַר שֶׁעָלָה אַמָּה מִן הָאָרֶץ:

יג) הַחֵלֶב הַמְכַסֶּה אֶת הַקֶּרֶב. הוּא הַקְּרוּם שֶׁעַל הַכֶּרֶס שֶׁקּוֹרִין טיל"א: וְאֵת הַיֹּתֶרֶת. הוּא טַרְפְּשָׁא דְּכַבְדָּא שֶׁקּוֹרִין איבל"ש: עַל הַכָּבֵד. אַף מִן הַכָּבֵד יִטֹּל עִמָּהּ:

יד) תִּשְׂרֹף בָּאֵשׁ. לֹא מָצִינוּ חַטָּאת חִיצוֹנָה נִשְׂרֶפֶת אֶלָּא זוֹ:

ביאור

רֹאשׁוֹ, וְנָתַתָּ אֶת נֵזֶר הַקֹּדֶשׁ, הציץ עַל הַמִּצְנָפֶת. ז וְלָקַחְתָּ אֶת שֶׁמֶן הַמִּשְׁחָה, וְיָצַקְתָּ עַל רֹאשׁוֹ עוד קודם לכן, כי את השמן יש ליצוק על הראש ולא על המצנפת,[43] וּמָשַׁחְתָּ אֹתוֹ.

ח וְאֶת בָּנָיו תַּקְרִיב, וְהִלְבַּשְׁתָּם כֻּתֳּנֹת. ט וְחָגַרְתָּ אֹתָם אַבְנֵט, חגורה גם לְאַהֲרֹן וּבָנָיו, שכן חגירת אהרן שהוזכרה קודם הייתה בחגורה הפנימית יותר – בחשב האפוד. וְחָבַשְׁתָּ לָהֶם – לבני אהרן[44] מִגְבָּעֹת, וְהָיְתָה לָהֶם כְּהֻנָּה לְחֻקַּת עוֹלָם, לדורות. המעשים הנעשים כאן, הלבשת הכהנים ומשיחתם, אינם מקדשים את הכהנים המסוימים האלה בלבד, אלא את כל צאצאיהם שמכאן ואילך לדורותם. וּמִלֵּאתָ את יַד אַהֲרֹן ואת יַד בָּנָיו. בכך תמנה אותם לכהונה.

י וְהִקְרַבְתָּ אֶת הַפָּר לִפְנֵי אֹהֶל מוֹעֵד. וְסָמַךְ אַהֲרֹן וּבָנָיו אֶת יְדֵיהֶם. עליהם להישען בכוח באמצעות ידיהם עַל רֹאשׁ הַפָּר, בין קרניו.[45] יא וְשָׁחַטְתָּ אֶת הַפָּר לִפְנֵי ה' פֶּתַח אֹהֶל מוֹעֵד. יב וְלָקַחְתָּ מִדַּם הַפָּר וְנָתַתָּה עַל כל קרן וקרן מִקַּרְנֹת הַמִּזְבֵּחַ הגדול שיעמוד בחצר המשכן בְּאֶצְבָּעֶךָ. וְאֶת כָּל שארית הַדָּם שנותרה בכלי, תִּשְׁפֹּךְ אֶל יְסוֹד הַמִּזְבֵּחַ. יג וְלָקַחְתָּ אֶת כָּל הַחֵלֶב, השומן הַמְכַסֶּה אֶת הַקֶּרֶב, האברים הפנימיים של הגוף וְאֵת הַיֹּתֶרֶת עַל הַכָּבֵד, הסרעפת, הסמוכה לכבד וְאֵת שְׁתֵּי הַכְּלָיֹת וְאֶת הַחֵלֶב אֲשֶׁר עֲלֵיהֶן, וְהִקְטַרְתָּ, ושרוף עד שכל זה יעלה עשן הַמִּזְבֵּחָה. חלקים אלו מן הקרבן, יכונו בלשון חכמים 'אימורים'. יד וְאֶת בְּשַׂר הַפָּר וְאֶת עֹרוֹ וְאֶת פִּרְשׁוֹ, הזבל שנמצא במעיו, שלרוב מנוקה לאחר השחיטה, תִּשְׂרֹף בָּאֵשׁ מִחוּץ לַמַּחֲנֶה. חַטָּאת הוּא. זהו קרבן חטאת שדמו ניתן על המזבח החיצון, אך שלא כשאר חטאות חיצוניות, בשרו אינו נאכל כלל, וכל חלקיו מלבד החלקים המוקטרים נשרפים מחוץ למחנה.

טו וְאֶת הָאַיִל הָאֶחָד תִּקָּח, וְסָמְכוּ אַהֲרֹן וּבָנָיו אֶת יְדֵיהֶם עַל רֹאשׁ

הרחבות

'ומשחת אתו' לפי מסורת חכמים, משיחת הכהנים נעשתה בצורה של איקס, ובלשונם: 'כמין כי יווני'. (ראו מנחות עה ע"א; רש"י על אתר).

טז וְשָׁחַטְתָּ אֶת־הָאָיִל וְלָקַחְתָּ אֶת־דָּמוֹ וְזָרַקְתָּ עַל־
יז הַמִּזְבֵּחַ סָבִיב: וְאֶת־הָאַיִל תְּנַתֵּחַ לִנְתָחָיו וְרָחַצְתָּ
יח קִרְבּוֹ וּכְרָעָיו וְנָתַתָּ עַל־נְתָחָיו וְעַל־רֹאשׁוֹ: וְהִקְטַרְתָּ
אֶת־כָּל־הָאַיִל הַמִּזְבֵּחָה עֹלָה הוּא לַיהוָה רֵיחַ נִיחוֹחַ
חמישי יט אִשֶּׁה לַיהוָה הוּא: וְלָקַחְתָּ אֵת הָאַיִל הַשֵּׁנִי וְסָמַךְ
כ אַהֲרֹן וּבָנָיו אֶת־יְדֵיהֶם עַל־רֹאשׁ הָאָיִל: וְשָׁחַטְתָּ
אֶת־הָאַיִל וְלָקַחְתָּ מִדָּמוֹ וְנָתַתָּה עַל־תְּנוּךְ אֹזֶן
אַהֲרֹן וְעַל־תְּנוּךְ אֹזֶן בָּנָיו הַיְמָנִית וְעַל־בֹּהֶן יָדָם
הַיְמָנִית וְעַל־בֹּהֶן רַגְלָם הַיְמָנִית וְזָרַקְתָּ אֶת־הַדָּם
כא עַל־הַמִּזְבֵּחַ סָבִיב: וְלָקַחְתָּ מִן־הַדָּם אֲשֶׁר עַל־
הַמִּזְבֵּחַ וּמִשֶּׁמֶן הַמִּשְׁחָה וְהִזֵּיתָ עַל־אַהֲרֹן וְעַל־
בְּגָדָיו וְעַל־בָּנָיו וְעַל־בִּגְדֵי בָנָיו אִתּוֹ וְקָדַשׁ הוּא
כב וּבְגָדָיו וּבָנָיו וּבִגְדֵי בָנָיו אִתּוֹ: וְלָקַחְתָּ מִן־הָאַיִל הַחֵלֶב
וְהָאַלְיָה וְאֶת־הַחֵלֶב ׀ הַמְכַסֶּה אֶת־הַקֶּרֶב וְאֵת

רש"י

טז) וְזָרַקְתָּ. בִּכְלִי, אוֹחֵז בַּמִּזְרָק וְזוֹרֵק כְּנֶגֶד הַקֶּרֶן, כְּדֵי שֶׁיֵּרָאֶה לְכָאן וּלְכָאן. וְאֵין קָרְבָּן טָעוּן מַתָּנָה בְּאֶצְבַּע אֶלָּא חַטָּאת בִּלְבַד, אֲבָל שְׁאָר זְבָחִים אֵינָן טְעוּנִין קֶרֶן וְלֹא אֶצְבַּע, שֶׁמַּתַּן דָּמָם מֵחֲצִי הַמִּזְבֵּחַ וּלְמַטָּה, וְאֵינוֹ עוֹלֶה בַּכֶּבֶשׁ אֶלָּא עוֹמֵד בָּאָרֶץ וְזוֹרֵק: סָבִיב. כָּךְ מְפֹרָשׁ בִּשְׁחִיטַת קָדָשִׁים (זבחים נג ע"ב), שֶׁאֵין "סָבִיב" אֶלָּא שְׁתֵּי מַתָּנוֹת שֶׁהֵן אַרְבַּע, הָאַחַת בְּקֶרֶן זָוִית זוֹ וְהָאַחַת בְּשֶׁכְּנֶגְדָּהּ בַּאֲלַכְסוֹן, וְכָל מַתָּנָה נִרְאֵית בִּשְׁנֵי עִבְרֵי הַקֶּרֶן אֵילָךְ וְאֵילָךְ, נִמְצָא הַדָּם נָתוּן בְּאַרְבַּע רוּחוֹת סָבִיב, לְכָךְ קָרוּי סָבִיב:

יז) עַל נְתָחָיו. עִם נְתָחָיו, מוּסָף עַל שְׁאָר הַנְּתָחִים:

יח) רֵיחַ נִיחוֹחַ. נַחַת רוּחַ לְפָנַי שֶׁאָמַרְתִּי וְנַעֲשָׂה רְצוֹנִי: אִשֶּׁה. לְשׁוֹן אֵשׁ, וְהִיא הַקְטָרַת אֵבָרִים שֶׁעַל הָאֵשׁ:

כ) תְּנוּךְ. הוּא הַסְּחוּס הָאֶמְצָעִי שֶׁבְּתוֹךְ הָאֹזֶן שֶׁקּוֹרִין טנרו"ס: בֹּהֶן יָדָם. הַגּוּדָל, וּבַפֶּרֶק הָאֶמְצָעִי:

כב) הַחֵלֶב. זֶה חֵלֶב הַדַּקִּים אוֹ הַקֵּבָה: וְהָאַלְיָה. מִן הַכְּלָיוֹת וּלְמַטָּה, כְּמוֹ

ביאור

הָאָיִל. טז **וְשָׁחַטְתָּ אֶת הָאָיִל, וְלָקַחְתָּ אֶת דָּמוֹ וְזָרַקְתָּ עַל הַמִּזְבֵּחַ סָבִיב.**
כאן, כמו בכל קרבנות העולה, הדם לא יימרח באצבע כמו בקרבן
החטאת, אלא ייאסף במזרק, ומתוכו ייזרק על זוויות המזבח, כך
שיגיע לכל סביבותיו.[46] יז **וְאֶת הָאַיִל תְּנַתֵּחַ לִנְתָחָיו, וְרָחַצְתָּ קִרְבּוֹ**, את
חלקיו הפנימיים, לאחר שהוצאו מגופו, **וּכְרָעָיו**, רגליו, **וְנָתַתָּ** אותם **עַל**,
עם **נְתָחָיו וְעַל**, ועם **רֹאשׁוֹ**, שנחתכו קודם לכן. יח **וְהִקְטַרְתָּ אֶת כָּל
הָאַיִל הַמִּזְבֵּחָה, עֹלָה הוּא לַה׳.** לעומת החטאת, קרבן העולה עוֹלֶה
כולו לה׳. לאחר הפשטת עורו מנתחים אותו לחלקים,[47] והקרבן
כולו נשרף על המזבח. **רֵיחַ נִיחוֹחַ**, ריח שגורם נחת רוח, ריח נעים,[48]
אִשֶּׁה, קרבן אש **לַה׳ הוּא.**

יט **וְלָקַחְתָּ אֵת הָאַיִל הַשֵּׁנִי, וְסָמַךְ אַהֲרֹן וּבָנָיו אֶת יְדֵיהֶם עַל רֹאשׁ
הָאָיִל.** כ **וְשָׁחַטְתָּ אֶת הָאַיִל, וְלָקַחְתָּ מִדָּמוֹ וְנָתַתָּה**, ונתת מן הדם **עַל
תְּנוּךְ**. אין ודאות לגבי זיהוי התנוך. חכמים נחלקו אם התנוך הוא
החלק הקשה שבאוזן, חלקה הרך, כפי שהתקבל בעברית החדשה,
או אמצעה,[49] של **אֹזֶן אַהֲרֹן וְעַל תְּנוּךְ אֹזֶן בָּנָיו הַיְמָנִית, עַל בֹּהֶן יָדָם
הַיְמָנִית וְעַל בֹּהֶן רַגְלָם הַיְמָנִית**, ולאחר מכן - **וְזָרַקְתָּ אֶת הַדָּם** שנשאר
בכלי **עַל הַמִּזְבֵּחַ סָבִיב.**

כא **וְלָקַחְתָּ מִן הַדָּם אֲשֶׁר עַל הַמִּזְבֵּחַ וּמִשֶּׁמֶן הַמִּשְׁחָה, וְהִזֵּיתָ עַל אַהֲרֹן
וְעַל בְּגָדָיו וְעַל בָּנָיו וְעַל בִּגְדֵי בָנָיו אִתּוֹ, וְקָדַשׁ הוּא וּבְגָדָיו וּבָנָיו וּבִגְדֵי
בָנָיו אִתּוֹ.** כב **וְלָקַחְתָּ מִן הָאַיִל** את **הַחֵלֶב וְהָאַלְיָה**, הזנב המעובה
בשומן, כדרך שמצוי ברוב מיני הכבשים, **וְאֶת הַחֵלֶב הַמְכַסֶּה אֶת**

העולם

החֵלב שכבת השומן המכסה על השרירים לשם הגנה על האברים הפנימיים, ויסות החום והפעילות ההורמונלית. החלב גם משמש כאוצר מזון המתעכל בגוף בעל החיים בעת מחסור.

הרחבות

'ריח ניחוח' לטעמו של אדם, ריחם של בשר וחלב נשרפים אינו ערב. אולם בעיני ה' הוא נחשב ריח ניחוח מפני שהאדם הקריב את הקרבן בהתאם לרצונו. (ספרי במדבר קז; רש"י על אתר).

'ונתתה על תנוך אזן אהרן... ועל בֹּהן ידם הימנית ועל בֹּהן רגלם' ייתכן שפעולה זו מסמלת את קידוש אברי הכהנים לתפקידם המיוחד. הם מתעסקים בידיהם בעבודות המקדש בלא שיהא דבר חוצץ בין כפות ידיהם לקרבן ובלא חציצה בין כפות רגליהם לרצפה. האוזן מסמלת את השמיעה למצוות היתרות המוטלים על הכהנים. יושם לב שבנתינת הדם על הבהונות הכתוב כלל את אהרן ואת בניו יחד, ואילו בנתינה על תנוך האוזן - הפרידם, שהרי על הכהן הגדול מוטלות גם מצוות שאינן מוטלות על הכהנים הפשוטים. (ראו ספרי, קרח יד; משך חכמה על אתר).

יֹתֶרֶת הַכָּבֵד וְאֵת ׀ שְׁתֵּי הַכְּלָיֹת וְאֶת־הַחֵלֶב אֲשֶׁר
עֲלֵיהֶן וְאֵת שׁוֹק הַיָּמִין כִּי אֵיל מִלֻּאִים הוּא׃ וְכִכַּר כג
לֶחֶם אַחַת וַחַלַּת לֶחֶם שֶׁמֶן אַחַת וְרָקִיק אֶחָד מִסַּל
הַמַּצּוֹת אֲשֶׁר לִפְנֵי יְהוָה׃ וְשַׂמְתָּ הַכֹּל עַל כַּפֵּי אַהֲרֹן כד
וְעַל כַּפֵּי בָנָיו וְהֵנַפְתָּ אֹתָם תְּנוּפָה לִפְנֵי יְהוָה׃ וְלָקַחְתָּ כה
אֹתָם מִיָּדָם וְהִקְטַרְתָּ הַמִּזְבֵּחָה עַל־הָעֹלָה לְרֵיחַ
נִיחוֹחַ לִפְנֵי יְהוָה אִשֶּׁה הוּא לַיהוָה׃ וְלָקַחְתָּ אֶת־ כו
הֶחָזֶה מֵאֵיל הַמִּלֻּאִים אֲשֶׁר לְאַהֲרֹן וְהֵנַפְתָּ אֹתוֹ
תְּנוּפָה לִפְנֵי יְהוָה וְהָיָה לְךָ לְמָנָה׃ וְקִדַּשְׁתָּ אֵת ׀ חֲזֵה כז
הַתְּנוּפָה וְאֵת שׁוֹק הַתְּרוּמָה אֲשֶׁר הוּנַף וַאֲשֶׁר הוּרָם
מֵאֵיל הַמִּלֻּאִים מֵאֲשֶׁר לְאַהֲרֹן וּמֵאֲשֶׁר לְבָנָיו׃ וְהָיָה כח

רש"י

שֶׁמְּפֹרָשׁ בְּ"וַיִּקְרָא" (ג, ט), שֶׁנֶּאֱמַר: "לְעֻמַּת הֶעָצֶה יְסִירֶנָּה", מָקוֹם שֶׁהַכְּלָיוֹת יוֹעֲצוֹת. וּבְאֵמוּרֵי הַפָּר לֹא נֶאֱמַר אַלְיָה, שֶׁאֵין אַלְיָה קְרֵבָה אֶלָּא בְּכֶבֶשׂ וּכְבָשָׂה וְאַיִל, אֲבָל שׁוֹר וָעֵז אֵין טְעוּנִים אַלְיָה: וְאֵת שׁוֹק הַיָּמִין. לֹא מָצִינוּ הַקְטָרָה בְּשׁוֹק הַיָּמִין עִם הָאֵמוּרִים אֶלָּא זוֹ בִּלְבַד: כִּי אֵיל מִלֻּאִים הוּא. שְׁלָמִים, לְשׁוֹן שְׁלֵמוּת, שֶׁמֻּשְׁלָם בַּכֹּל. מַגִּיד הַכָּתוּב שֶׁהַמִּלּוּאִים שְׁלָמִים, שָׁלוֹם לַמִּזְבֵּחַ וְלָעוֹבֵד הָעֲבוֹדָה וְלַבְּעָלִים, לְכָךְ אֲנִי מַצְרִיכוֹ הֶחָזֶה לִהְיוֹת לָעוֹבֵד הָעֲבוֹדָה לְמָנָה, וְזֶהוּ מֹשֶׁה שֶׁשִּׁמֵּשׁ בַּמִּלּוּאִים, וְהַשְּׁאָר אָכְלוּ אַהֲרֹן וּבָנָיו שֶׁהֵם בְּעָלִים כַּמְפֹרָשׁ בָּעִנְיָן:

כג וְכִכַּר לֶחֶם. מִן הַחַלּוֹת: וַחַלַּת לֶחֶם שֶׁמֶן. מִמִּין הָרְבוּכָה: וְרָקִיק. מִן הָרְקִיקִין, אֶחָד מֵעֲשָׂרָה שֶׁבְּכָל מִין וָמִין. וְלֹא מָצִינוּ תְּרוּמַת לֶחֶם הַבָּא עִם זֶבַח נִקְטֶרֶת אֶלָּא זוֹ בִּלְבַד, שֶׁתְּרוּמַת לַחְמֵי תוֹדָה וְאֵיל נָזִיר נְתוּנָה לַכֹּהֲנִים עִם חָזֶה וָשׁוֹק, וּמִזֶּה לֹא הָיָה לְמֹשֶׁה לְמָנָה אֶלָּא חָזֶה בִּלְבַד:

כד עַל כַּפֵּי אַהֲרֹן... וְהֵנַפְתָּ. שְׁנֵיהֶם עֲסוּקִין בַּתְּנוּפָה, הַבְּעָלִים וְהַכֹּהֵן; הָא כֵּיצַד? כֹּהֵן מַנִּיחַ יָדוֹ תַּחַת יַד הַבְּעָלִים וּמֵנִיף, וּבָזֶה הָיוּ אַהֲרֹן וּבָנָיו בְּעָלִים וּמֹשֶׁה כֹּהֵן: תְּנוּפָה. מוֹלִיךְ וּמֵבִיא, לְמִי שֶׁאַרְבַּע רוּחוֹת הָעוֹלָם שֶׁלּוֹ, וּתְנוּפָה מְעַכֶּבֶת וּמְבַטֶּלֶת פֻּרְעָנֻיּוֹת רוּחוֹת רָעוֹת. וּמַעֲלֶה וּמוֹרִיד, לְמִי שֶׁהַשָּׁמַיִם וְהָאָרֶץ שֶׁלּוֹ, וּמְעַכֶּבֶת טְלָלִים רָעִים:

כה עַל הָעֹלָה. עַל הָאַיִל הָרִאשׁוֹן שֶׁהֶעֱלֵיתָ עוֹלָה: לְרֵיחַ נִיחוֹחַ. לְנַחַת רוּחַ לְמִי שֶׁאָמַר וְנַעֲשָׂה רְצוֹנוֹ: אִשֶּׁה. לָאֵשׁ נִתָּן: לַה'. לִשְׁמוֹ שֶׁל מָקוֹם:

כז-כח וְקִדַּשְׁתָּ אֵת חֲזֵה הַתְּנוּפָה וְאֵת שׁוֹק הַתְּרוּמָה וְגוֹ'. קַדְּשֵׁם לְדוֹרוֹת לִהְיוֹת נוֹהֶגֶת תְּרוּמָתָם וַהֲנָפָתָם בְּחָזֶה וָשׁוֹק שֶׁל

ביאור

הַקֶּרֶב וְאֵת יֹתֶרֶת הַכָּבֵד וְאֵת שְׁתֵּי הַכְּלָיֹת וְאֶת הַחֵלֶב אֲשֶׁר עֲלֵהֶן וְאֵת שׁוֹק הַיָּמִין, כִּי אֵיל מִלֻּאִים, הקרבן החד-פעמי של מינוי הכהנים **הוּא.**

כג **וְ**קח גם **כִּכַּר לֶחֶם אַחַת** מתוך לחם המצות שלקחת לעיל,[50] **וְחַלַּת**
לֶחֶם שֶׁמֶן אַחַת מתוך החלות הבלולות בשמן[51] **וְרָקִיק אֶחָד מִסַּל**
הַמַּצּוֹת אֲשֶׁר לִפְנֵי ה׳. כד **וְשַׂמְתָּ הַכֹּל**, את חלקי הקרבן ואת המצות
עַל כַּפֵּי אַהֲרֹן וְעַל כַּפֵּי בָנָיו, וְהֵנַפְתָּ אֹתָם, הרם את ידיהם המלאות[52]
תְּנוּפָה לִפְנֵי ה׳. כה **וְלָקַחְתָּ אֹתָם**, את חלקי האיל ותרומת המצות
מִיָּדָם, וְהִקְטַרְתָּ הַמִּזְבֵּחָה נוסף **עַל הָעֹלָה**, הוא האיל הראשון, **לְרֵיחַ**
נִיחוֹחַ לִפְנֵי ה׳, אִשֶּׁה, קרבן אש **הוּא לַה׳.** כו **וְלָקַחְתָּ אֶת הֶחָזֶה**
מֵאֵיל הַמִּלֻּאִים אֲשֶׁר לְאַהֲרֹן, וְהֵנַפְתָּ אֹתוֹ תְּנוּפָה לִפְנֵי ה׳, וְהָיָה החזה
לְךָ, משה **לְמָנָה.** זהו קרבן שלמים. כז **וְקִדַּשְׁתָּ**, הפרש **אֵת חֲזֵה**
הַתְּנוּפָה וְאֵת שׁוֹק הַתְּרוּמָה[53] **אֲשֶׁר הוּנַף וַאֲשֶׁר הוּרָם מֵאֵיל הַמִּלֻּאִים.**
כאן, בקרבן המילואים, החזה ניתן לך ושוק התרומה הוקטרה על
המזבח,[54] אבל בעצם הם **מֵאֲשֶׁר לְאַהֲרֹן וּמֵאֲשֶׁר לְבָנָיו.** בכל קרבנות
השלמים החזה והשוק שייכים לכהנים. כח **וְהָיָה** החזה והשוק

הרחבות

'והיה לך למנה' לעומת קרבן עולה, העולה כולו לה', החזה והשוק של קרבן שלמים ניתנים לכהן. אולם בשלב מעבר זה טרם הסתיימה הקדשת הכהנים, ועל כן משה הוא המשמש זמנית ככהן, וזוכה במנת החזה. (ראו ירושלמי יומא א,א; רש"י פס' כד). לאחר שאהרן ובניו ייכנסו לתפקיד, יחדל משה מלשמש כהן.

בפועל משה רבנו ממלא את כל משרות ההנהגה בישראל. הוא המנהיג הפוליטי – המלך, הוא הנביא, ובפרק זמן מוגבל הוא משמש גם ככהן. במשך הדורות יחולקו התפקידים הללו לאנשים שונים, אך בזמנו משה עסק בכולם, בהיותו הצינור שממנו באו הקדושה והגדולה לכל ישראל.

לאהרן ולבניו לחק־עולם מאת בני ישראל כי
תרומה הוא ותרומה יהיה מאת בני־ישראל מזבחי
כט שלמיהם תרומתם ליהוה: ובגדי הקדש אשר
לאהרן יהיו לבניו אחריו למשחה בהם ולמלא־בם
ל את־ידם: שבעת ימים ילבשם הכהן תחתיו מבניו
לא אשר יבא אל־אהל מועד לשרת בקדש: ואת איל
המלאים תקח ובשלת את־בשרו במקם קדש:
לב ואכל אהרן ובניו את־בשר האיל ואת־הלחם אשר
לג בסל פתח אהל מועד: ואכלו אתם אשר כפר בהם
למלא את־ידם לקדש אתם וזר לא־יאכל כי־קדש
לד הם: ואם־יותר מבשר המלאים ומן־הלחם עד־

רש"י

שלמים, אבל לא להקטרה, אלא "והיה לאהרן ולבניו" לאכול: לחק עולם מאת בני ישראל. שהשלמים לבעלים, ואת החזה והשוק יתנו לכהן: תנופה. לשון הולכה והבאה, ונטלי"ר בלעז: הורם. לשון מעלה ומוריד: כי תרומה הוא. החזה והשוק הזה:

כט) יהיו לבניו אחריו. למי שבא בגדלה אחריו: למשחה. להתגדל בהם, שיש משיחה שהיא לשון שררה, כמו: "לך נתתים למשחה" (במדבר יח, ח), "אל תגעו במשיחי" (תהלים קה, טו): ולמלא בם את ידם. על ידי הבגדים הוא מתלבש בכהנה גדולה:

ל) שבעת ימים. רצופין: ילבשם הכהן. אשר יקום מבניו תחתיו לכהנה גדולה, כשימנוהו להיות כהן גדול: אשר יבא אל אהל מועד. אותו כהן המוכן לכנס לפני ולפנים ביום הכפורים, וזהו כהן גדול, שאין עבודת יום הכפורים כשרה אלא בו: תחתיו מבניו. מלמד שאם יש לו לכהן גדול בן ממלא את מקומו, ימנוהו כהן גדול תחתיו:

לא) במקם קדש. בחצר אהל מועד, שהשלמים הללו קדשי קדשים היו:

לב) פתח אהל מועד. כל החצר קרוי כן:

לג) ואכלו אתם. אהרן ובניו, לפי שהם בעליהם: אשר כפר בהם. להם כל זרות ותעוב: למלא את ידם. באיל ולחם הללו: לקדש אתם. שעל ידי המלואים הללו נתמלאו ידיהם ונתקדשו לכהנה: כי קדש הם. קדשי קדשים. ומכאן למדנו אזהרה לזר האוכל קדשי קדשים (מכות יח ע"א), שנתן המקרא טעם לדבר משום ד"קדש הם":

ביאור | מעתה והלאה לְאַהֲרֹן וּלְבָנָיו לְחָק עוֹלָם מֵאֵת בְּנֵי יִשְׂרָאֵל, כִּי תְרוּמָה, חלק המורם מהקרבן הוּא, וּתְרוּמָה יִהְיֶה, חלק זה יורם ויופרש מֵאֵת בְּנֵי יִשְׂרָאֵל מִזִּבְחֵי שַׁלְמֵיהֶם הניתנים להם לאכילה, תְּרוּמָתָם לַה׳. התרומה לה׳ מתבטאת בנתינתה למשרתיו הכהנים.

כט **וּבִגְדֵי הַקֹּדֶשׁ אֲשֶׁר לְאַהֲרֹן יִהְיוּ לְבָנָיו אַחֲרָיו, לְמָשְׁחָה בָהֶם**, להתגדל
בהם[55] **וּלְמַלֵּא בָם אֶת יָדָם**. באמצעות לבישת הבגדים הם ימונו
לתפקידם.[56]

כאן מגיעה הערה: ל **שִׁבְעַת יָמִים יִלְבָּשָׁם**, את בגדי הכהן הגדול
הַכֹּהֵן שיבוא **תַּחְתָּיו**, במקום אהרן **מִבָּנָיו**, **אֲשֶׁר יָבֹא אֶל אֹהֶל מוֹעֵד
לְשָׁרֵת בַּקֹּדֶשׁ**. כל אחד מהכהנים הגדולים הבאים יצטרך ללבוש את
הבגדים שבעת ימים קודם שירותו, בתור הכנה לשירותו בקודש.[57]

לא **וְאֵת אֵיל הַמִּלֻּאִים תִּקָּח, וּבִשַּׁלְתָּ אֶת בְּשָׂרוֹ בְּמָקֹם קָדֹשׁ**, בחצר
אוהל מועד. לב **וְאָכַל אַהֲרֹן וּבָנָיו אֶת בְּשַׂר הָאַיִל וְאֶת הַלֶּחֶם אֲשֶׁר**
נשאר **בַּסָּל פֶּתַח אֹהֶל מוֹעֵד**. בעתיד ייאכל חלק זה של קרבן השלמים
על ידי בעלי הקרבן, אבל כאן הכהנים הם הנחשבים כבעלי הקרבן,
ולכן הם אוכלים אותו. לג **וְאָכְלוּ אֹתָם** – את החלקים הללו, הכהנים
אֲשֶׁר כֻּפַּר להם **בָּהֶם** – בקרבנות הללו. הכהנים בהקדשתם התנקו
מכל דבר תיעוב[58] כדי **לְמַלֵּא אֶת יָדָם לְקַדֵּשׁ אֹתָם. וְזָר לֹא יֹאכַל** את
החלקים הללו **כִּי קֹדֶשׁ הֵם**.

הלכה נוספת בעניין: לד **וְאִם יִוָּתֵר**, יישאר **מִבְּשַׂר הַמִּלֻּאִים וּמִן הַלֶּחֶם**

הַבֹּקֶר וְשָׂרַפְתָּ אֶת־הַנּוֹתָר בָּאֵשׁ לֹא יֵאָכֵל כִּי־קֹדֶשׁ
לה הוּא: וְעָשִׂיתָ לְאַהֲרֹן וּלְבָנָיו כָּכָה כְּכֹל אֲשֶׁר־צִוִּיתִי
לו אֹתָכָה שִׁבְעַת יָמִים תְּמַלֵּא יָדָם: וּפַר חַטָּאת תַּעֲשֶׂה
לַיּוֹם עַל־הַכִּפֻּרִים וְחִטֵּאתָ עַל־הַמִּזְבֵּחַ בְּכַפֶּרְךָ עָלָיו
לז וּמָשַׁחְתָּ אֹתוֹ לְקַדְּשׁוֹ: שִׁבְעַת יָמִים תְּכַפֵּר עַל־
הַמִּזְבֵּחַ וְקִדַּשְׁתָּ אֹתוֹ וְהָיָה הַמִּזְבֵּחַ קֹדֶשׁ קָדָשִׁים
ששי לח כָּל־הַנֹּגֵעַ בַּמִּזְבֵּחַ יִקְדָּשׁ: וְזֶה אֲשֶׁר תַּעֲשֶׂה
עַל־הַמִּזְבֵּחַ כְּבָשִׂים בְּנֵי־שָׁנָה שְׁנַיִם לַיּוֹם תָּמִיד:
לט אֶת־הַכֶּבֶשׂ הָאֶחָד תַּעֲשֶׂה בַבֹּקֶר וְאֵת הַכֶּבֶשׂ הַשֵּׁנִי
מ תַּעֲשֶׂה בֵּין הָעַרְבָּיִם: וְעִשָּׂרֹן סֹלֶת בָּלוּל בְּשֶׁמֶן כָּתִית

רש"י

לה) **וְעָשִׂיתָ לְאַהֲרֹן וּלְבָנָיו כָּכָה.** שָׁנָה הַכָּתוּב וְכָפַל לְעַכֵּב, שֶׁאִם חִסֵּר דָּבָר אֶחָד מִכָּל הָאָמוּר בָּעִנְיָן, לֹא נִתְמַלְּאוּ יְדֵיהֶם לִהְיוֹת כֹּהֲנִים וַעֲבוֹדָתָם פְּסוּלָה: **אֹתָכָה.** כְּמוֹ אוֹתְךָ: **שִׁבְעַת יָמִים תְּמַלֵּא.** בָּעִנְיָן הַזֶּה וּבַקָּרְבָּנוֹת הַלָּלוּ בְּכָל יוֹם:

לו) **עַל הַכִּפֻּרִים.** בִּשְׁבִיל הַכִּפּוּרִים, לְכַפֵּר עַל הַמִּזְבֵּחַ מִכָּל זָרוּת וְתִעוּב. וּלְפִי שֶׁנֶּאֱמַר: "שִׁבְעַת יָמִים תְּמַלֵּא יָדָם" (בפסוק הקודם), אֵין לִי אֶלָּא דָּבָר הַבָּא בִּשְׁבִילָם, כְּגוֹן הָאֵילִים וְהַלֶּחֶם, אֲבָל הַבָּא בִּשְׁבִיל הַמִּזְבֵּחַ, כְּגוֹן פַּר שֶׁהוּא לְחִטּוּי הַמִּזְבֵּחַ, לֹא שָׁמַעְנוּ, לְכָךְ הֻצְרַךְ מִקְרָא זֶה. וּמִדְרַשׁ תּוֹרַת כֹּהֲנִים (ויקרא ח, יד מלואים טו) אוֹמֵר: כַּפָּרַת הַמִּזְבֵּחַ הֻצְרְכָה שֶׁמָּא הִתְנַדֵּב אִישׁ מִיִּשְׂרָאֵל דָּבָר גָּזוּל בִּמְלֶאכֶת הַמִּשְׁכָּן וְהַמִּזְבֵּחַ: **וְחִטֵּאתָ.** "וּתְדַכֵּי", לְשׁוֹן מַתְּנַת דָּמִים הַנְּתוּנִים בְּאֶצְבַּע קָרוּי חִטּוּי: **וּמָשַׁחְתָּ אֹתוֹ.** בְּשֶׁמֶן הַמִּשְׁחָה. וְכָל הַמְּשִׁיחוֹת כְּמִין כ"י:

לז) **וְהָיָה הַמִּזְבֵּחַ קֹדֶשׁ.** וּמָה הִיא קְדֻשָּׁתוֹ? "כָּל הַנֹּגֵעַ בַּמִּזְבֵּחַ יִקְדָּשׁ", אֲפִלּוּ קָרְבָּן פָּסוּל שֶׁעָלָה עָלָיו, קִדְּשׁוֹ הַמִּזְבֵּחַ לְהַכְשִׁירוֹ שֶׁלֹּא יֵרֵד. מִתּוֹךְ שֶׁנֶּאֱמַר: "כָּל הַנֹּגֵעַ... יִקְדָּשׁ", שׁוֹמֵעַ אֲנִי בֵּין רָאוּי בֵּין שֶׁאֵינוֹ רָאוּי, כְּגוֹן דָּבָר שֶׁלֹּא הָיָה פְּסוּלוֹ בַּקֹּדֶשׁ, כְּגוֹן הָרוֹבֵעַ וְהַנִּרְבָּע וּמֻקְצֶה וְנֶעֱבָד וְהַטְּרֵפָה וְכַיּוֹצֵא בָּהֶן, תַּלְמוּד לוֹמַר: "וְזֶה אֲשֶׁר תַּעֲשֶׂה" הַסָּמוּךְ אַחֲרָיו, מָה עוֹלָה רְאוּיָה אַף כָּל רָאוּי, שֶׁנִּרְאָה לוֹ כְּבָר וְנִפְסַל מִשֶּׁבָּא לָעֲזָרָה, כְּגוֹן הַלָּן וְהַיּוֹצֵא וְהַטָּמֵא וְשֶׁנִּשְׁחַט בְּמַחֲשֶׁבֶת חוּץ לִזְמַנּוֹ וְחוּץ לִמְקוֹמוֹ וְכַיּוֹצֵא בָּהֶן:

מ) **וְעִשָּׂרֹן סֹלֶת.** עֲשִׂירִית הָאֵיפָה, אַרְבָּעִים וְשָׁלֹשׁ בֵּיצִים וְחֹמֶשׁ בֵּיצָה: **בְּשֶׁמֶן כָּתִית.** לֹא לְחוֹבָה נֶאֱמַר 'כָּתִית' אֶלָּא לְהַכְשִׁיר, לְפִי שֶׁנֶּאֱמַר: "כָּתִית לַמָּאוֹר" (לעיל כז, כ) וּמַשְׁמַע לַמָּאוֹר וְלֹא לַמְּנָחוֹת, יָכוֹל לְפָסְלוֹ לַמְּנָחוֹת? תַּלְמוּד לוֹמַר כָּאן: "כָּתִית", וְלֹא

ביאור

שאוכלים הכהנים **עַד הַבֹּקֶר** – **וְשָׂרַפְתָּ**, עליך לשרוף **אֶת הַנּוֹתָר בָּאֵשׁ.**
לֹא יֵאָכֵל, כִּי קֹדֶשׁ הוּא. דין הבשר הנותר מן הקרבן חוזר ומופיע
כמה פעמים בתורה.[59]

לה **וְעָשִׂיתָ לְאַהֲרֹן וּלְבָנָיו כָּכָה, כְּכֹל אֲשֶׁר צִוִּיתִי אֹתָכָה**, אותך, **שִׁבְעַת**
יָמִים תְּמַלֵּא יָדָם.

לו **וּפַר חַטָּאת תַּעֲשֶׂה לַיּוֹם** בכל יום מימי המילואים יש להביא את
הפר שהוזכר לעיל **עַל הַכִּפֻּרִים**, לשם כפרה, **וְחִטֵּאתָ עַל**, טהר[60] את
הַמִּזְבֵּחַ בְּכַפֶּרְךָ עָלָיו, כאשר תתן עליו את דם הפר.[61] **וּמָשַׁחְתָּ אֹתוֹ**
לְקַדְּשׁוֹ. וכך הוא יתקדש. לז **שִׁבְעַת יָמִים תְּכַפֵּר עַל הַמִּזְבֵּחַ וְקִדַּשְׁתָּ**
אֹתוֹ, וְהָיָה מאז יהיה **הַמִּזְבֵּחַ קֹדֶשׁ קָדָשִׁים**, קדוש מאוד, **כָּל** דבר
הראוי להיקרב כקרבן **הַנֹּגֵעַ בַּמִּזְבֵּחַ**, שעלה עליו – **יִקְדָּשׁ**, ויהיו
חייבים לשרפו שם.[62]

הציווי על קרבן התמיד

פרק כט פס' לח–מו

הטקסים המיוחדים שיש לקיים בימי המילואים לשם הכנת המזבח וקידושו ולשם מילוי ידיהם של הכהנים לשרת בקודש כוללים הבאת קרבנות. נוסף על החטאת, העולה והשלמים שתוארו לעיל, מְצֻווה משה כאן להקריב עוד שני קרבנות בכל יום מימי המילואים – קרבנות התמיד. מכאן ואילך יעמדו קרבנות אלו בבסיס השגרה היומיומית של העבודה במשכן ובמקדש לדורות.

לכל המאמצים ולכל הטקסים שנעשו עד עתה, בבנייה, בהכנת הכהנים ובקרבנות, לא יהיה ערך אם ה' לא יבוא להשרות את שכינתו במשכן ולקדשו. ה' מודיע שהוא ייוועד עם עמו ועם שליחיו באוהל הזה, וכי הם ידעו זאת.

לח **וְזֶה אֲשֶׁר תַּעֲשֶׂה עַל הַמִּזְבֵּחַ** כקרבן קבוע: **כְּבָשִׂים בְּנֵי שָׁנָה**, בתוך
שנתם הראשונה,[63] **שְׁנַיִם לַיּוֹם, תָּמִיד** – לט **אֶת הַכֶּבֶשׂ הָאֶחָד**
תַּעֲשֶׂה, תקריב **בַבֹּקֶר, וְאֵת הַכֶּבֶשׂ הַשֵּׁנִי תַּעֲשֶׂה בֵּין הָעַרְבָּיִם**, אחר
הצהריים. מ **וְ**הבא גם מנחה שתלווה את הקרבן: **עִשָּׂרֹן**, עשירית
האיפה. היא מידת נפח של יבש. במידות ימינו העישרון הוא למעלה
משני ליטר. **סֹלֶת בָּלוּל בְּשֶׁמֶן כָּתִית**, מופק באמצעות כתישה[64]

הרחבות

'וחִטֵּאת על המזבח בכפרך עליו' יש מפרשים את כפרת המזבח, שמא התנדב איש דבר גזל במלאכת המשכן והמזבח.

'כל הנֹּגע במזבח יקדש' חכמים פירשו על פי מדרש ההלכה שמדובר כאן בדברים שהוקדשו ונראו לקרבן, שאם עלו על המזבח לא ירדו ממנו גם אם אירע בהם פסול. (על פי זבחים פג ע"ב).

מא רֶבַע הַהִין וְנֵסֶךְ רְבִיעִת הַהִין יָיִן לַכֶּבֶשׂ הָאֶחָד: וְאֵת
הַכֶּבֶשׂ הַשֵּׁנִי תַּעֲשֶׂה בֵּין הָעַרְבָּיִם כְּמִנְחַת הַבֹּקֶר
וּכְנִסְכָּהּ תַּעֲשֶׂה־לָּהּ לְרֵיחַ נִיחֹחַ אִשֶּׁה לַיהוָה:
מב עֹלַת תָּמִיד לְדֹרֹתֵיכֶם פֶּתַח אֹהֶל־מוֹעֵד לִפְנֵי יְהוָה
מג אֲשֶׁר אִוָּעֵד לָכֶם שָׁמָּה לְדַבֵּר אֵלֶיךָ שָׁם: וְנֹעַדְתִּי
מד שָׁמָּה לִבְנֵי יִשְׂרָאֵל וְנִקְדַּשׁ בִּכְבֹדִי: וְקִדַּשְׁתִּי אֶת־
אֹהֶל מוֹעֵד וְאֶת־הַמִּזְבֵּחַ וְאֶת־אַהֲרֹן וְאֶת־בָּנָיו
מה אֲקַדֵּשׁ לְכַהֵן לִי: וְשָׁכַנְתִּי בְּתוֹךְ בְּנֵי יִשְׂרָאֵל וְהָיִיתִי
מו לָהֶם לֵאלֹהִים: וְיָדְעוּ כִּי אֲנִי יְהוָה אֱלֹהֵיהֶם אֲשֶׁר
הוֹצֵאתִי אֹתָם מֵאֶרֶץ מִצְרַיִם לְשָׁכְנִי בְתוֹכָם אֲנִי
יְהוָה אֱלֹהֵיהֶם:

רש"י

נֶאֱמַר: "כָּתִית לַמָּאוֹר" אֶלָּא לְמַעֵט מְנָחוֹת שֶׁאֵין צָרִיךְ כָּתִית, שֶׁאַף הַטָּחוּן כָּשֵׁר בָּהֶן: רֶבַע הַהִין. שְׁלֹשָׁה לֻגִּין: וְנֵסֶךְ. לַסְּפָלִים, כְּמוֹ שֶׁשָּׁנִינוּ בְּמַסֶּכֶת סֻכָּה (דף מח ע"א): שְׁנֵי סְפָלִים שֶׁל כֶּסֶף הָיוּ בְּרֹאשׁ הַמִּזְבֵּחַ וּמְנֻקָּבִים כְּמִין שְׁנֵי חֹטָמִין דַּקִּים, נוֹתֵן הַיַּיִן לְתוֹכוֹ וְהוּא מְקַלֵּחַ וְיוֹצֵא דֶּרֶךְ הַחֹטֶם וְנוֹפֵל עַל גַּג הַמִּזְבֵּחַ, וּמִשָּׁם יוֹרֵד לַשִּׁיתִין בְּמִזְבַּח בֵּית עוֹלָמִים, וּבְמִזְבַּח הַנְּחֹשֶׁת יוֹרֵד מִן הַמִּזְבֵּחַ לָאָרֶץ:

מא| לְרֵיחַ נִיחֹחַ. עַל הַמִּנְחָה נֶאֱמַר, שֶׁמִּנְחַת נְסָכִים כֻּלָּהּ כָּלִיל. וְסֵדֶר הַקְרָבָתָם, הָאֵבָרִים בַּתְּחִלָּה וְאַחַר כָּךְ הַמִּנְחָה, שֶׁנֶּאֱמַר: "עֹלָה וּמִנְחָה" (ויקרא כג, לז):

מב| תָּמִיד. מִיּוֹם אֶל יוֹם, לֹא יַפְסִיק יוֹם בֵּינְתַיִם: אֲשֶׁר אִוָּעֵד לָכֶם. כְּשֶׁאֶקְבַּע מוֹעֵד לְדַבֵּר אֵלֶיךָ, שָׁם אֶקְבָּעֶנּוּ לָבֹא. וְיֵשׁ מֵרַבּוֹתֵינוּ לְמֵדִים מִכָּאן שֶׁמֵּעַל מִזְבַּח הַנְּחֹשֶׁת הָיָה הַקָּדוֹשׁ בָּרוּךְ הוּא מְדַבֵּר עִם מֹשֶׁה מִשֶּׁהוּקַם הַמִּשְׁכָּן. וְיֵשׁ אוֹמְרִים מֵעַל הַכַּפֹּרֶת, כְּמוֹ שֶׁנֶּאֱמַר: "וְדִבַּרְתִּי אִתְּךָ מֵעַל הַכַּפֹּרֶת" (לעיל כה, כב), וַ"אֲשֶׁר אִוָּעֵד לָכֶם" הָאָמוּר כָּאן אֵינוֹ אָמוּר עַל הַמִּזְבֵּחַ, אֶלָּא עַל "אֹהֶל מוֹעֵד" הַנִּזְכָּר בַּמִּקְרָא:

מג| וְנֹעַדְתִּי שָׁמָּה. אֶתְוַעֵד עִמָּם בְּדִבּוּר, כְּמֶלֶךְ הַקּוֹבֵעַ מָקוֹם מוֹעֵד לְדַבֵּר עִם עֲבָדָיו שָׁם: וְנִקְדַּשׁ. הַמִּשְׁכָּן "בִּכְבֹדִי", שֶׁתִּשְׁרֶה שְׁכִינָתִי בּוֹ. וּמִדְרַשׁ אַגָּדָה, אַל תִּקְרֵי 'בִּכְבֹדִי' אֶלָּא 'בִּמְכֻבָּדַי', בַּמְכֻבָּדִים שֶׁלִּי, כָּאן רָמַז לוֹ מִיתַת בְּנֵי אַהֲרֹן בְּיוֹם הֲקָמָתוֹ, וְזֶהוּ שֶׁאָמַר מֹשֶׁה: "הוּא אֲשֶׁר דִּבֶּר ה' לֵאמֹר בִּקְרֹבַי אֶקָּדֵשׁ" (ויקרא י, ג), וְהֵיכָן דִּבֶּר? "וְנִקְדַּשׁ בִּכְבֹדִי":

מו| לְשָׁכְנִי בְתוֹכָם. עַל מְנָת לִשְׁכֹּן אֲנִי בְּתוֹכָם:

ביאור

שכמותו היא **רֶבַע הַהִין**. הין היא מידת נוזלים השווה ל־12 לוגים, כ־4 ליטר. שמן ברבע מכמות זו ייבלל עם עישרון הסולת.[65] **וְנֵסֶךְ** של יין – אף הוא **רְבִעִית הַהִין יָיִן**. אלה הן התוספות המלוות **לַכֶּבֶשׂ הָאֶחָד.** מא **וְאֵת הַכֶּבֶשׂ הַשֵּׁנִי תַּעֲשֶׂה בֵּין הָעַרְבָּיִם, כְּמִנְחַת הַבֹּקֶר** של הסולת והשמן **וּכְנִסְכָּהּ** של המנחה **תַּעֲשֶׂה לָּהּ, לְרֵיחַ נִיחֹחַ אִשֶּׁה**, קרבן אש **לַה'**. שניהם קרבנות עולה הנשרפים לה'. מב **עֹלַת תָּמִיד לְדֹרֹתֵיכֶם**, שתקריבו אותה **פֶּתַח אֹהֶל מוֹעֵד**, אוהל התוועדות, מפגש **לִפְנֵי ה', אֲשֶׁר אִוָּעֵד לָכֶם**, אפגש אתכם, עם העם וביותר עם נציגיו, הכהנים, **שָׁמָּה**, ומעבר לכך זה יהיה אוהל ההתוועדות שלי אתך, משה, **לְדַבֵּר אֵלֶיךָ שָׁם.** מג **וְנֹעַדְתִּי שָׁמָּה לִבְנֵי יִשְׂרָאֵל, וְנִקְדַּשׁ** האוהל **בִּכְבֹדִי**. גם לאחר ביצוע כל הטקסים של מילוי ידי הכהנים וכפרת המזבח, אין המשכן מתקדש אלא מחמת נוכחות כבודו של ה'. מד **וְקִדַּשְׁתִּי אֶת אֹהֶל מוֹעֵד וְאֶת הַמִּזְבֵּחַ, וְאֶת אַהֲרֹן וְאֶת בָּנָיו אֲקַדֵּשׁ לְכַהֵן לִי.** מה **וְשָׁכַנְתִּי בְּתוֹךְ בְּנֵי יִשְׂרָאֵל**. במשכן ובמקדש תנכח השכינה ותתגלה בעם, **וְהָיִיתִי לָהֶם לֵאלֹהִים.** מו **וְיָדְעוּ כִּי אֲנִי ה' אֱלֹהֵיהֶם, אֲשֶׁר הוֹצֵאתִי אֹתָם מֵאֶרֶץ מִצְרַיִם לְשָׁכְנִי בְתוֹכָם**. ה' איננו רק מי שגאל את ישראל בעבר, אלא גם מי שישרה במשכן, בקרב ישראל באופן קבוע. **אֲנִי ה' אֱלֹהֵיהֶם.**

שביעי כג וְעָשִׂיתָ מִזְבֵּחַ מִקְטַר קְטֹרֶת עֲצֵי שִׁטִּים תַּעֲשֶׂה א ל
אֹתוֹ׃ אַמָּה אָרְכּוֹ וְאַמָּה רָחְבּוֹ רָבוּעַ יִהְיֶה וְאַמָּתַיִם ב
קֹמָתוֹ מִמֶּנּוּ קַרְנֹתָיו׃ וְצִפִּיתָ אֹתוֹ זָהָב טָהוֹר אֶת־גַּגּוֹ ג
וְאֶת־קִירֹתָיו סָבִיב וְאֶת־קַרְנֹתָיו וְעָשִׂיתָ לּוֹ זֵר זָהָב
סָבִיב׃ וּשְׁתֵּי טַבְּעֹת זָהָב תַּעֲשֶׂה־לּוֹ ׀ מִתַּחַת לְזֵרוֹ ד
עַל שְׁתֵּי צַלְעֹתָיו תַּעֲשֶׂה עַל־שְׁנֵי צִדָּיו וְהָיָה לְבָתִּים
לְבַדִּים לָשֵׂאת אֹתוֹ בָּהֵמָּה׃ וְעָשִׂיתָ אֶת־הַבַּדִּים עֲצֵי ה
שִׁטִּים וְצִפִּיתָ אֹתָם זָהָב׃ וְנָתַתָּה אֹתוֹ לִפְנֵי הַפָּרֹכֶת ו
אֲשֶׁר עַל־אֲרֹן הָעֵדֻת לִפְנֵי הַכַּפֹּרֶת אֲשֶׁר עַל־הָעֵדֻת
אֲשֶׁר אִוָּעֵד לְךָ שָׁמָּה׃ וְהִקְטִיר עָלָיו אַהֲרֹן קְטֹרֶת ז

רש"י | פרק ל

א **מִקְטַר קְטֹרֶת.** לְהַעֲלוֹת עָלָיו קִטּוּר עֲשַׁן סַמִּים:

ג **אֶת גַּגּוֹ.** זֶה הָיָה לוֹ גַּג, אֲבָל מִזְבַּח הָעוֹלָה לֹא הָיָה לוֹ גַּג, אֶלָּא מְמַלְּאִים חֲלָלוֹ אֲדָמָה בְּכָל חֲנִיָּתָן: **זֵר זָהָב.** סִימָן לְכֶתֶר כְּהֻנָּה:

ד **צַלְעֹתָיו.** כָּאן הוּא לְשׁוֹן זָוִיּוֹת, כְּתַרְגּוּמוֹ, לְפִי שֶׁנֶּאֱמַר: "עַל שְׁנֵי צִדָּיו", שְׁתֵּי זָוִיּוֹתָיו שֶׁבִּשְׁנֵי צִדָּיו: **וְהָיָה.** מַעֲשֵׂה הַטַּבָּעוֹת הָאֵלֶּה "לְבָתִּים לְבַדִּים", בַּיִת תִּהְיֶה הַטַּבַּעַת לַבַּד:

ו **לִפְנֵי הַפָּרֹכֶת.** שֶׁמָּא תֹּאמַר מָשׁוּךְ מִכְּנֶגֶד הָאָרוֹן לַצָּפוֹן אוֹ לַדָּרוֹם? תַּלְמוּד לוֹמַר: "לִפְנֵי הַכַּפֹּרֶת", מְכֻוָּן כְּנֶגֶד הָאָרוֹן מִבַּחוּץ:

הרחבות | **'זר זהב'** מזבח הקטורת הוא הכלי השלישי המצופה זהב ומעוטר בזר זהב, לאחר ארון העדות ושולחן לחם הפנים. חכמים ראו בשלושה אלו סמלים לכתר תורה, כתר מלכות וכתר כהונה. (ראו שמות רבה לד,ב; משנה אבות ד,יג).

הציווי על מזבח הקטורת

פרק ל פס׳ א–י

למרות הפסוקים החגיגיים, היוצרים רושם של חתימת ציווי המשכן, עדיין נמשכים הציוויים באשר לשני כלים שטרם נזכרו: מזבח הקטורת, שעמד בצד השולחן והמנורה באוהל מועד, שיופיע כאן, והכיור, שעמד בצד מזבח העולה בחצר, עליו יצווה מאוחר יותר.[66]

ביאור

פרק ל א **וְעָשִׂיתָ מִזְבֵּחַ מִקְטַר קְטֹרֶת** מלבד המזבח לקרבנות. **עֲצֵי**
שִׁטִּים תַּעֲשֶׂה אֹתוֹ. ב **אַמָּה אָרְכּוֹ, וְאַמָּה רָחְבּוֹ, רָבוּעַ יִהְיֶה** המזבח,
וְאַמָּתַיִם קֹמָתוֹ, גובהו שתי אמות. זהו מזבח קטן למדי, כעין
עמוד שגובהו כמטר. **מִמֶּנּוּ קַרְנֹתָיו.** גם למזבח הזה יש קרנות כמו
למזבח הגדול, והן עשויות מגופו, ואולי גם נכללות בתוך מידת
גובהו. ג **וְצִפִּיתָ אֹתוֹ זָהָב טָהוֹר, אֶת גַּגּוֹ**, חלקו העליון, **וְאֶת קִירֹתָיו**
סָבִיב וְאֶת קַרְנֹתָיו, וְעָשִׂיתָ לּוֹ זֵר זָהָב סָבִיב לקישוט וכתר.

ד **וּשְׁתֵּי טַבְּעֹת זָהָב תַּעֲשֶׂה לּוֹ מִתַּחַת לְזֵרוֹ, עַל שְׁתֵּי צַלְעֹתָיו**, עבריו
תַּעֲשֶׂה אותן, **עַל שְׁנֵי צִדָּיו**, בזוויות הנגדיות. **וְהָיָה לְבָתִּים לְבַדִּים.** אל
תוך הטבעות הללו יוכנסו המוטות, כדי **לָשֵׂאת אֹתוֹ בָּהֵמָּה**, בהם,
באמצעותם. ה **וְעָשִׂיתָ אֶת הַבַּדִּים עֲצֵי שִׁטִּים, וְצִפִּיתָ אֹתָם זָהָב.**

ו **וְנָתַתָּה אֹתוֹ לִפְנֵי** בצדה החיצוני של **הַפָּרֹכֶת**, המבדילה בין הקודש
ובין קודש-הקודשים, **אֲשֶׁר** מכסה **עַל אֲרֹן הָעֵדֻת, לִפְנֵי**, מכוון כנגד
הַכַּפֹּרֶת אֲשֶׁר עַל ארון **הָעֵדֻת, אֲשֶׁר אִוָּעֵד לְךָ שָׁמָּה.** המזבח יעמוד
בין השולחן למנורה, משוך מהם כלפי חוץ, מכוון כנגד הארון
שבקודש-הקודשים.[67]

מזבח הקטורת

סַמִּים בַּבֹּקֶר בַּבֹּקֶר בְּהֵיטִיבוֹ אֶת־הַנֵּרֹת יַקְטִירֶנָּה׃
מפטיר ח וּבְהַעֲלֹת אַהֲרֹן אֶת־הַנֵּרֹת בֵּין הָעַרְבַּיִם יַקְטִירֶנָּה
קְטֹרֶת תָּמִיד לִפְנֵי יְהוָה לְדֹרֹתֵיכֶם׃ ט לֹא־תַעֲלוּ עָלָיו
קְטֹרֶת זָרָה וְעֹלָה וּמִנְחָה וְנֵסֶךְ לֹא תִסְּכוּ עָלָיו׃
י וְכִפֶּר אַהֲרֹן עַל־קַרְנֹתָיו אַחַת בַּשָּׁנָה מִדַּם חַטַּאת
הַכִּפֻּרִים אַחַת בַּשָּׁנָה יְכַפֵּר עָלָיו לְדֹרֹתֵיכֶם קֹדֶשׁ־
קָדָשִׁים הוּא לַיהוָה׃

כי תשא יא וַיְדַבֵּר יְהוָה אֶל־מֹשֶׁה לֵּאמֹר׃ יב כִּי תִשָּׂא אֶת־רֹאשׁ
בְּנֵי־יִשְׂרָאֵל לִפְקֻדֵיהֶם וְנָתְנוּ אִישׁ כֹּפֶר נַפְשׁוֹ לַיהוָה
בִּפְקֹד אֹתָם וְלֹא־יִהְיֶה בָהֶם נֶגֶף בִּפְקֹד אֹתָם׃ יג זֶה ׀
יִתְּנוּ כָּל־הָעֹבֵר עַל־הַפְּקֻדִים מַחֲצִית הַשֶּׁקֶל בְּשֶׁקֶל

רש"י

ז-ח) **בהיטיבו.** לשון נקוי הבזיכין של המנורה מדשן הפתילות שנשרפו בלילה, והיה מטיבן בכל בקר ובקר: **הנרת.** לומ"ש בלעז, וכן כל נרות האמורות במנורה, חוץ ממקום שנאמר שם העלאה, שהוא לשון הדלקה: **ובהעלת.** כשידליקם להעלות להבתן "יקטירנה". בכל יום מקטיר פרס שחרית ופרס בין הערבים:

ט) **לא תעלו עליו.** על מזבח זה: **קטרת זרה.** שום קטרת של נדבה, כלן זרות לו חוץ מזו: **ועלה ומנחה.** ולא עולה ומנחה. עולה של בהמה ועוף, מנחה היא של מין לחם:

י) **וכפר אהרן.** מתן דמים "על קרנתיו": **אחת בשנה.** ביום הכפורים, הוא שנאמר באחרי מות: "ויצא אל המזבח אשר לפני ה' וכפר עליו" (ויקרא טז, יח): **חטאת הכפרים.** הם פר ושעיר של יום הכפורים המכפרים על טמאת מקדש וקדשיו:

קדש קדשים הוא. המזבח מקדש לדברים הללו בלבד ולא לעבודה אחרת:

יב) **כי תשא.** לשון קבלה, כתרגומו. כשתחפץ לקבל סכום מנינם לדעת כמה הם, אל תמנם לגלגלת, אלא יתנו כל אחד מחצית השקל, ותמנה את השקלים ותדע מנינם: **ולא יהיה בהם נגף.** שהמנין שולט בו עין הרע והדבר בא עליהם, כמו שמצינו בימי דוד (שמואל ב' כד, א-י):

יג) **זה יתנו.** הראה לו כמין מטבע של אש ומשקלה מחצית השקל, ואמר לו: כזה יתנו: **העבר על הפקדים.** דרך המונין מעבירין את הנמנין זה אחר זה, וכן: "כל אשר יעבר תחת השבט" (ויקרא כז, לב), וכן: "תעברנה הצאן על ידי מונה" (ירמיה לג, יג): **מחצית השקל בשקל הקדש.** במשקל השקל שקצבתי לך לשקל בו שקלי הקדש, כגון שקלים האמורין בפרשת ערכין (ויקרא שם א-ח) ושדה אחזה (שם שם טז-יט):

ביאור

ז וְהִקְטִיר עָלָיו אַהֲרֹן קְטֹרֶת סַמִּים, סממנים מיוחדים לבישום, בַּבֹּקֶר
בַּבֹּקֶר, מוקדם בבוקר.[68] בְּהֵיטִיבוֹ, בשעה שהוא מנקה ומתקין[69] אֶת
הַנֵּרֹת שדלקו כל הלילה, משיירי הפתילות והפיח, יַקְטִירֶנָּה. ח וכן
בְּהַעֲלֹת, בשעה שמדליק אַהֲרֹן אֶת הַנֵּרֹת שבמנורה בֵּין הָעַרְבַּיִם,
יַקְטִירֶנָּה, עבודת העלאת הקטורת צמודה לעבודת העלאת הנרות.
קְטֹרֶת תָּמִיד לִפְנֵי ה' לְדֹרֹתֵיכֶם.

ט לֹא תַעֲלוּ עָלָיו קְטֹרֶת זָרָה, קטורת שהתורה לא ציוותה עליה. וְאף
לא קרבנות כלשהם – עֹלָה, קרבן דם וּמִנְחָה מן הצומח וְנֵסֶךְ יין
לֹא תִסְּכוּ עָלָיו.

י רק פעם בשנה נעשית במזבח הזהב עבודה קבועה שאיננה העלאת
קטורת – וְכִפֶּר, יטהר, יעביר חטא אַהֲרֹן עַל קַרְנֹתָיו אַחַת בַּשָּׁנָה,
ביום הכיפורים, מִדַּם חַטַּאת הַכִּפֻּרִים שהכהן הגדול מקריב על מזבח
העולה, אַחַת בַּשָּׁנָה יְכַפֵּר עָלָיו, הוא ייתן מדם החטאת על מזבח
הקטורת לְדֹרֹתֵיכֶם, כפי שיפורש במקום אחר.[70] קֹדֶשׁ קָדָשִׁים הוּא לַה'.

פרשת כי תשא

הציווי על מחצית השקל

פרק ל פס' יא–טז

נושא זה אינו חלק מעשיית המשכן, אך יש לו זיקה אליה, שכן מדובר בו על אופן גיוסו של המשאב הכספי לצרכי המשכן. במחציות השקל של המפקד שייעשה סמוך לבניית המשכן, ייעשו האדנים שבהם יינתנו קרשי המשכן. במחציות השקל שייאספו מן הנפקדים בהזדמנויות אחרות ישתמשו לצורך קרבנות הציבור.[1]

יא וַיְדַבֵּר ה' אֶל מֹשֶׁה לֵּאמֹר: יב כִּי תִשָּׂא, תמנה אֶת רֹאשׁ בְּנֵי יִשְׂרָאֵל
לִפְקֻדֵיהֶם, בהתאם לפקודי הצבא שבהם. לפיכך אין המניין כולל
נשים, קטנים ואנשים זרים. וְנָתְנוּ אִישׁ כֹּפֶר, תחליף נַפְשׁוֹ לַה' בִּפְקֹד,
כאשר סופרים אֹתָם, וְלֹא יִהְיֶה בָהֶם נֶגֶף, מגפה בִּפְקֹד אֹתָם. יג זֶה
יִתְּנוּ כָּל הָעֹבֵר עַל הַפְּקֻדִים, כל הנפקדים: מַחֲצִית הַשֶּׁקֶל בְּשֶׁקֶל

הרחבות

'ולא יהיה בהם נגף' את הסכנה הכרוכה במניינם של ישראל אפשר להסביר באמצעות הפסוק: ה' אֱלֹהֵיכֶם הִרְבָּה אֶתְכֶם וְהִנְּכֶם הַיּוֹם כְּכוֹכְבֵי הַשָּׁמַיִם לָרֹב. ה' אֱלֹהֵי אֲבוֹתֵכֶם יֹסֵף עֲלֵיכֶם כָּכֶם אֶלֶף פְּעָמִים וִיבָרֵךְ אֶתְכֶם כַּאֲשֶׁר דִּבֶּר לָכֶם (דברים א,י–יא). אפשר לערוך רשימות של כוכבים, אך הדבר מעוות את תפיסת המציאות, שכן כל כוכב הוא הווייה שלמה המתגמדת כאשר היא נספרת בצוותא עם הוויות אחרות. מעין זה, הפיכתו של אדם ליחידה ספירה מצמצמת אותו ופוגמת בתפיסתו. משום כך, כאשר דוד מנה את העם ללא תיווכו של כופר, פגעה בעם מגפה גדולה. (ראו שמואל ב' כד ודברי הימים א' כא; כז,כג). הכופר הכספי משמש גם כתחליף למנייה הישירה, ויש בו גם כדי לכפר על מעשה זה עצמו, שיש בו מן ההסתכנות.

הַקֹּ֑דֶשׁ עֶשְׂרִ֤ים גֵּרָה֙ הַשֶּׁ֔קֶל מַחֲצִ֣ית הַשֶּׁ֔קֶל תְּרוּמָ֖ה
יד לַיהוָֽה׃ כֹּ֗ל הָעֹבֵר֙ עַל־הַפְּקֻדִ֔ים מִבֶּ֛ן עֶשְׂרִ֥ים שָׁנָ֖ה
טו וָמָ֑עְלָה יִתֵּ֖ן תְּרוּמַ֥ת יהוָֽה׃ הֶעָשִׁ֣יר לֹֽא־יַרְבֶּ֗ה וְהַדַּל֙
לֹ֣א יַמְעִ֔יט מִמַּחֲצִ֖ית הַשָּׁ֑קֶל לָתֵת֙ אֶת־תְּרוּמַ֣ת יהוָ֔ה
טז לְכַפֵּ֖ר עַל־נַפְשֹׁתֵיכֶֽם׃ וְלָקַחְתָּ֞ אֶת־כֶּ֣סֶף הַכִּפֻּרִ֗ים
מֵאֵת֙ בְּנֵ֣י יִשְׂרָאֵ֔ל וְנָתַתָּ֣ אֹת֔וֹ עַל־עֲבֹדַ֖ת אֹ֣הֶל מוֹעֵ֑ד
וְהָיָה֩ לִבְנֵ֨י יִשְׂרָאֵ֤ל לְזִכָּרוֹן֙ לִפְנֵ֣י יהוָ֔ה לְכַפֵּ֖ר עַל־
נַפְשֹׁתֵיכֶֽם׃

רש"י

עֶשְׂרִים גֵּרָה הַשֶּׁקֶל. עַכְשָׁיו פֵּרֵשׁ לְךָ כַּמָּה הוּא: **גֵּרָה.** לְשׁוֹן מָעָה, וְכֵן בִּשְׁמוּאֵל: "יָבוֹא לְהִשְׁתַּחֲוֹת לוֹ לַאֲגוֹרַת כֶּסֶף וְכִכַּר לָחֶם" (שמואל א' ב, לו): **עֶשְׂרִים גֵּרָה הַשֶּׁקֶל.** הַסֶּלַע, שֶׁהַשֶּׁקֶל אַרְבָּעָה זוּזִים, וְהַזּוּז מִתְּחִלָּתוֹ חָמֵשׁ מָעוֹת, אֶלָּא בָּאוּ וְהוֹסִיפוּ עָלָיו שְׁתוּת וְהֶעֱלוּהוּ לְשֵׁשׁ מָעָה כֶּסֶף, וּמַחֲצִית הַשֶּׁקֶל הַזֶּה שֶׁאָמַרְתִּי לְךָ יִתְּנוּ תְּרוּמָה לַה':

יד **מִבֶּן עֶשְׂרִים שָׁנָה וָמָעְלָה.** לִמֶּדְךָ כָּאן שֶׁאֵין פָּחוֹת מִבֶּן עֶשְׂרִים יוֹצֵא לַצָּבָא וְנִמְנֶה בִּכְלַל אֲנָשִׁים:

טו **לְכַפֵּר עַל נַפְשֹׁתֵיכֶם.** שֶׁלֹּא תִּנָּגְפוּ עַל יְדֵי מִנְיָן. דָּבָר אַחֵר, "לְכַפֵּר עַל נַפְשֹׁתֵיכֶם", לְפִי שֶׁרָמַז לָהֶם כָּאן שָׁלֹשׁ תְּרוּמוֹת, שֶׁנִּכְתַּב כָּאן "תְּרוּמַת ה'" שָׁלֹשׁ פְּעָמִים: אַחַת תְּרוּמַת אֲדָנִים, שֶׁמְּנָאָן כְּשֶׁהִתְחִילוּ בְּנִדְבַת הַמִּשְׁכָּן, שֶׁנָּתְנוּ כָּל אֶחָד וְאֶחָד מַחֲצִית הַשֶּׁקֶל וְעָלָה לִמְאַת הַכִּכָּר, שֶׁנֶּאֱמַר: "וְכֶסֶף פְּקוּדֵי הָעֵדָה מְאַת כִּכָּר" (להלן לח, כה), וּמֵהֶם נַעֲשׂוּ הָאֲדָנִים, שֶׁנֶּאֱמַר: "וַיְהִי מְאַת כִּכַּר הַכֶּסֶף" וגו' (שם כז); וְהַשֵּׁנִית אַף הִיא עַל יְדֵי מִנְיָן שֶׁמְּנָאָן מִשֶּׁהוּקַם הַמִּשְׁכָּן, הוּא הַמִּנְיָן הָאָמוּר בִּתְחִלַּת חוּמַשׁ הַפְּקוּדִים "בְּאֶחָד לַחֹדֶשׁ הַשֵּׁנִי בַּשָּׁנָה הַשֵּׁנִית" (במדבר א, א), וְנָתְנוּ כָּל אֶחָד מַחֲצִית הַשֶּׁקֶל, וְהֵן לִקְנוֹת מֵהֶן קָרְבְּנוֹת צִבּוּר שֶׁל כָּל שָׁנָה וְשָׁנָה, וְהֻשְׁווּ בָּהֶם עֲנִיִּים וַעֲשִׁירִים, וְעַל אוֹתָהּ תְּרוּמָה נֶאֱמַר: "לְכַפֵּר עַל נַפְשֹׁתֵיכֶם", שֶׁהַקָּרְבָּנוֹת לְכַפָּרָה הֵם בָּאִים; וְהַשְּׁלִישִׁית הִיא תְּרוּמַת הַמִּשְׁכָּן, כְּמוֹ שֶׁנֶּאֱמַר: "כָּל מֵרִים תְּרוּמַת כֶּסֶף וּנְחֹשֶׁת" (להלן לה, כד), וְלֹא הָיְתָה יַד כֻּלָּם שָׁוָה בָּהּ, אֶלָּא אִישׁ מַה שֶּׁנְּדָבוֹ לִבּוֹ:

טז **וְנָתַתָּ אֹתוֹ עַל עֲבֹדַת אֹהֶל מוֹעֵד.** לָמַדְתָּ שֶׁנִּצְטַוָּה לִמְנוֹתָם בִּתְחִלַּת נִדְבַת הַמִּשְׁכָּן אַחַר מַעֲשֵׂה הָעֵגֶל, מִפְּנֵי שֶׁנִּתְּנָה בָהֶם מַגֵּפָה, כְּמוֹ שֶׁנֶּאֱמַר: "וַיִּגֹּף ה' אֶת הָעָם" (להלן לב, לה). מָשָׁל לְצֹאן הַחֲבִיבָה עַל בְּעָלֶיהָ שֶׁנָּפַל בָּהּ דֶּבֶר, וּמִשֶּׁפָּסַק אָמַר לוֹ לָרוֹעֶה: בְּבַקָּשָׁה מִמְּךָ, מְנֵה אֶת צֹאנִי וְדַע כַּמָּה נוֹתְרוּ בָהּ, לְהוֹדִיעוֹ שֶׁהִיא חֲבִיבָה עָלָיו. וְאִי אֶפְשָׁר לוֹמַר שֶׁהַמִּנְיָן הַזֶּה הוּא הָאָמוּר בְּחוּמַשׁ הַפְּקוּדִים, שֶׁהֲרֵי נֶאֱמַר בּוֹ: "בְּאֶחָד לַחֹדֶשׁ הַשֵּׁנִי" (במדבר א, א), וְהַמִּשְׁכָּן הוּקַם בְּאֶחָד לַחֹדֶשׁ הָרִאשׁוֹן, שֶׁנֶּאֱמַר: "בְּיוֹם הַחֹדֶשׁ הָרִאשׁוֹן בְּאֶחָד לַחֹדֶשׁ תָּקִים" וגו' (להלן מ, ב), וּמֵהַמִּנְיָן הַזֶּה נַעֲשׂוּ הָאֲדָנִים מִשְּׁקָלִים שֶׁלּוֹ, שֶׁנֶּאֱמַר: "וַיְהִי מְאַת כִּכַּר הַכֶּסֶף לָצֶקֶת" וגו' (להלן לח, כז), הָא לָמַדְתָּ שְׁנַיִם הָיוּ: אֶחָד בִּתְחִלַּת נִדְבָתָן אַחַר יוֹם הַכִּפּוּרִים בַּשָּׁנָה רִאשׁוֹנָה, וְאֶחָד בַּשָּׁנָה שְׁנִיָּה

ביאור

הַקֹּדֶשׁ. לדברי חכמים, משקלו של שקל הקודש היה כפול מזה
של שקל רגיל.[2] עֶשְׂרִים גֵּרָה גרעין, אולי: גרעין חרוב[3] הוא הַשָּׁקֶל.
מַחֲצִית הַשֶּׁקֶל תינתן תְּרוּמָה לַה׳. יד **כֹּל הָעֹבֵר עַל הַפְּקֻדִים, מִבֶּן**
עֶשְׂרִים שָׁנָה וָמָעְלָה, יִתֵּן את תְּרוּמַת ה׳. טו **הֶעָשִׁיר לֹא יַרְבֶּה וְהַדַּל**
לֹא יַמְעִיט מִמַּחֲצִית הַשָּׁקֶל. הסכום הקצוב נגזר ממטרתו המעשית
של המפקד – **לָתֵת אֶת תְּרוּמַת ה׳, לְכַפֵּר עַל נַפְשֹׁתֵיכֶם** מכל רע
הקשור במניין.[4]

טז **וְלָקַחְתָּ אֶת כֶּסֶף הַכִּפֻּרִים מֵאֵת בְּנֵי יִשְׂרָאֵל, וְנָתַתָּ אֹתוֹ עַל עֲבֹדַת**
אֹהֶל מוֹעֵד. הכסף ישמש לעבודת המשכן. בהמשך יבואר שמכסף
המפקד שנעשה סמוך להקמת המשכן וכליו נעשו אדני הקרשים.[5]
וְהָיָה הכסף הנתון במלאכת המשכן **לִבְנֵי יִשְׂרָאֵל לְזִכָּרוֹן לִפְנֵי ה׳,**
לְכַפֵּר עַל נַפְשֹׁתֵיכֶם.

מחצית השקל מימי המרד הגדול לפני חורבן בית המקדש השני מצדו האחד כתוב ׳ירושלים הקדושה׳, ומצדו השני – ׳חצי השקל׳.

העולם

גֵּרָה שם מידת משקל שמקורו במלה גרגיר. הוראתו המקורית של מטבע זה: גרעין – כמו הקראט, שאף משמעותו המילולית המקורית היא גרעין החרוב, והוא משמש עדיין במסחר זהב ויהלומים. הרקע לשימוש בשם זה הוא הנוהג העתיק לעשות שימוש בגרעינים של תבואה ופֵרות, כמו שעורה (רות ג,טו) וחרוב כמשקל ליחידות זעירות. הגרה מופיעה בספר שמואל כ׳אגורה׳: וְהָיָה כָּל הַנּוֹתָר בְּבֵיתְךָ יָבוֹא לְהִשְׁתַּחֲוֹת לוֹ לַאֲגוֹרַת כֶּסֶף וְכִכַּר לָחֶם (שמואל א׳ ב,לו). הגרה מופיעה גם בכתובת מהמאה ה־6 לפנה״ס על שבר חרס שנמצא בקדש ברנע. בלשון חכמים נקראת הגרה ׳מעה׳, ואף משמעה המקורי של מלה זו הוא זרע. (ראו ישעיה מח,יט).

יז יח וַיְדַבֵּר יְהוָה אֶל־מֹשֶׁה לֵּאמֹר: וְעָשִׂיתָ כִּיּוֹר נְחֹשֶׁת
וְכַנּוֹ נְחֹשֶׁת לְרָחְצָה וְנָתַתָּ אֹתוֹ בֵּין־אֹהֶל מוֹעֵד וּבֵין
יט הַמִּזְבֵּחַ וְנָתַתָּ שָׁמָּה מָיִם: וְרָחֲצוּ אַהֲרֹן וּבָנָיו מִמֶּנּוּ
כ אֶת־יְדֵיהֶם וְאֶת־רַגְלֵיהֶם: בְּבֹאָם אֶל־אֹהֶל מוֹעֵד
יִרְחֲצוּ־מַיִם וְלֹא יָמֻתוּ אוֹ בְגִשְׁתָּם אֶל־הַמִּזְבֵּחַ לְשָׁרֵת
כא לְהַקְטִיר אִשֶּׁה לַיהוָה: וְרָחֲצוּ יְדֵיהֶם וְרַגְלֵיהֶם וְלֹא
יָמֻתוּ וְהָיְתָה לָהֶם חָק־עוֹלָם לוֹ וּלְזַרְעוֹ לְדֹרֹתָם:

רש"י

בְּאֶחָד מִשֶּׁהוּקַם הַמִּשְׁכָּן. וְאִם תֹּאמַר, וְכִי אֶפְשָׁר שֶׁבִּשְׁנֵיהֶם הָיוּ יִשְׂרָאֵל שָׁוִים שֵׁשׁ מֵאוֹת אֶלֶף וּשְׁלֹשֶׁת אֲלָפִים וַחֲמֵשׁ מֵאוֹת וַחֲמִשִּׁים? שֶׁהֲרֵי בְּכֶסֶף פְּקוּדֵי הָעֵדָה נֶאֱמַר כֵּן (להלן לח, כו), וּבְחוּמַשׁ הַפְּקוּדִים אַף בּוֹ נֶאֱמַר כֵּן: "וַיִּהְיוּ כָּל הַפְּקֻדִים שֵׁשׁ מֵאוֹת אֶלֶף וּשְׁלֹשֶׁת אֲלָפִים וַחֲמֵשׁ מֵאוֹת וַחֲמִשִּׁים" (במדבר א, מו), וַהֲלֹא בִּשְׁתֵּי שָׁנִים הָיוּ, וְאִי אֶפְשָׁר שֶׁלֹּא הָיוּ בִּשְׁעַת מִנְיָן הָרִאשׁוֹן בְּנֵי תְּשַׁע עֶשְׂרֵה שָׁנָה שֶׁלֹּא נִמְנוּ וּבַשְּׁנִיָּה נַעֲשׂוּ בְּנֵי עֶשְׂרִים! תְּשׁוּבָה לַדָּבָר, אֵצֶל שְׁנוֹת הָאֲנָשִׁים בְּשָׁנָה אַחַת נִמְנוּ, אֲבָל לְמִנְיַן יְצִיאַת מִצְרַיִם הָיוּ שְׁתֵּי שָׁנִים, לְפִי שֶׁלִּיצִיאַת מִצְרַיִם מוֹנִין מִנִּיסָן, כְּמוֹ שֶׁשָּׁנִינוּ בְּמַסֶּכֶת רֹאשׁ הַשָּׁנָה (דף ב ע"ב), וְנִבְנָה הַמִּשְׁכָּן בָּרִאשׁוֹנָה וְהוּקַם בַּשְּׁנִיָּה, שֶׁנִּתְחַדְּשָׁה שָׁנָה בְּאֶחָד בְּנִיסָן, אֲבָל שְׁנוֹת הָאֲנָשִׁים מְנוּיִין לְמִנְיַן שְׁנוֹת עוֹלָם הַמַּתְחִילִין מִתִּשְׁרֵי, נִמְצְאוּ שְׁנֵיהֶם הַמִּנְיָנִים בְּשָׁנָה אַחַת, הַמִּנְיָן הָאֶחָד הָיָה בְּתִשְׁרֵי לְאַחַר יוֹם הַכִּפּוּרִים, שֶׁנִּתְרַצָּה הַמָּקוֹם לְיִשְׂרָאֵל לִסְלֹחַ לָהֶם וְנִצְטַוּוּ עַל הַמִּשְׁכָּן, וְהַשֵּׁנִי בְּאֶחָד בְּאִיָּר: **עַל עֲבֹדַת אֹהֶל מוֹעֵד.** הֵן הָאֲדָנִים שֶׁנַּעֲשׂוּ בּוֹ:

יח| **כִּיּוֹר.** כְּמִין דּוּד גְּדוֹלָה וְלָהּ דַּדִּים הַמְרִיקִים בְּפִיהֶם מַיִם: **וְכַנּוֹ.** כְּתַרְגּוּמוֹ: "בְּסִיסֵיהּ", מוֹשָׁב מְתֻקָּן לַכִּיּוֹר: **לְרָחְצָה.** מוּסָב עַל הַכִּיּוֹר: **וּבֵין הַמִּזְבֵּחַ.** מִזְבַּח הָעוֹלָה, שֶׁכָּתוּב בּוֹ שֶׁהוּא לִפְנֵי פֶּתַח מִשְׁכַּן אֹהֶל מוֹעֵד (להלן מ, כט), וְהָיָה הַכִּיּוֹר מָשׁוּךְ קִמְעָא וְעוֹמֵד כְּנֶגֶד אֲוִיר שֶׁבֵּין הַמִּזְבֵּחַ וְהַמִּשְׁכָּן וְאֵינוֹ מַפְסִיק כְּלָל בֵּינְתַיִם, מִשּׁוּם שֶׁנֶּאֱמַר: "וְאֵת מִזְבַּח הָעֹלָה שָׂם פֶּתַח מִשְׁכַּן אֹהֶל מוֹעֵד" (שם), כְּלוֹמַר, מִזְבֵּחַ לִפְנֵי אֹהֶל מוֹעֵד וְאֵין כִּיּוֹר לִפְנֵי אֹהֶל מוֹעֵד, הָא כֵּיצַד? מָשׁוּךְ קִמְעָא כְּלַפֵּי הַדָּרוֹם. כָּךְ שְׁנוּיָה בִּזְבָחִים (דף נט ע"א):

יט| **אֶת יְדֵיהֶם וְאֶת רַגְלֵיהֶם.** בְּבַת אַחַת הָיָה מְקַדֵּשׁ יָדָיו וְרַגְלָיו. וְכָךְ שָׁנִינוּ בִּזְבָחִים (דף יט ע"ב): כֵּיצַד קִדּוּשׁ יָדַיִם וְרַגְלַיִם? מַנִּיחַ יָדוֹ הַיְמָנִית עַל גַּבֵּי רַגְלוֹ הַיְמָנִית, וְיָדוֹ הַשְּׂמָאלִית עַל גַּבֵּי רַגְלוֹ הַשְּׂמָאלִית, וּמְקַדֵּשׁ:

כ| **בְּבֹאָם אֶל אֹהֶל מוֹעֵד.** **לְהַקְטִיר** שַׁחֲרִית וּבֵין הָעַרְבַּיִם קְטֹרֶת, אוֹ לְהַזּוֹת מִדַּם פַּר כֹּהֵן הַמָּשִׁיחַ וּשְׂעִירֵי עֲבוֹדָה זָרָה: **וְלֹא יָמֻתוּ.** הָא אִם לֹא יִרְחֲצוּ – יָמוּתוּ, שֶׁבַּתּוֹרָה נֶאֶמְרוּ כְּלָלוֹת, וּמִכְּלַל לָאו אַתָּה שׁוֹמֵעַ הֵן: **אֶל הַמִּזְבֵּחַ.** הַחִיצוֹן, שֶׁאֵין כָּאן בִּיאַת אֹהֶל מוֹעֵד אֶלָּא בָּאֵר:

כא| **וְלֹא יָמֻתוּ.** לְחַיֵּב מִיתָה עַל הַמְשַׁמֵּשׁ בַּמִּזְבֵּחַ וְאֵינוֹ רְחוּץ יָדַיִם וְרַגְלַיִם, שֶׁהַמִּיתָה הָרִאשׁוֹנָה לֹא שָׁמַעְנוּ אֶלָּא עַל הַנִּכְנָס לַהֵיכָל:

הציווי על הכיור

פרק ל פס׳ יז–כא

גם הציווי על הכיור מופיע כאחד הנספחים, לאחר שתמה רשימת ההוראות באשר לכלים המרכזיים שבמשכן. נראה כי דחיית הציווי לכאן נובעת מכך שהכיור אינו אחד מכלי עבודת המשכן עצמם, אלא הוא מטהר את הכהנים לקראת עבודתם, ובאופן עקרוני אפשר להשתמש גם בכלי אחר למלא אותה פונקציה.[6]

ביאור

יז **וַיְדַבֵּר ה׳ אֶל מֹשֶׁה לֵּאמֹר:** יח **וְעָשִׂיתָ כִּיּוֹר**, אגן העשוי **נְחֹשֶׁת, וְכַנּוֹ,**
הבסיס שלו עשוי אף הוא **נְחֹשֶׁת, לְרָחְצָה**, לשם רחיצה. **וְנָתַתָּ אֹתוֹ
בֵּין אֹהֶל מוֹעֵד וּבֵין הַמִּזְבֵּחַ**, בחצר המשכן, **וְנָתַתָּ שָׁמָּה**, בתוכו **מָיִם.**

יט **וְרָחֲצוּ אַהֲרֹן וּבָנָיו** הכהנים **מִמֶּנּוּ**, ממי הכיור **אֶת יְדֵיהֶם וְאֶת
רַגְלֵיהֶם.** כ **בְּבֹאָם אֶל אֹהֶל מוֹעֵד יִרְחֲצוּ מַיִם וְלֹא יָמֻתוּ, אוֹ בְגִשְׁתָּם
אֶל הַמִּזְבֵּחַ לְשָׁרֵת לְהַקְטִיר אִשֶּׁה לַה׳.** כא **וְרָחֲצוּ יְדֵיהֶם וְרַגְלֵיהֶם
וְלֹא יָמֻתוּ, וְהָיְתָה לָהֶם חָק עוֹלָם** – **לוֹ וּלְזַרְעוֹ לְדֹרֹתָם.** חוק זה אינו
מוגבל לנסיבות.

הכיור

הרחבות

׳כיור נחשת׳ כיוון שהכיור אינו כלי קודש בסיסי, וגם שימושו בחוץ, הוא עשוי מנחושת. עם זאת, זהו כלי נחוץ ביותר. כהנים שייגשו לעבודת הקודש ללא רחצה במימיו ייענשו במיתה בידי שמים. צורתו לא נמסרה כאן, ואף לא גודלו. הכיורים שעמדו במשכן, במקדש הראשון ובשני היו שונים אלו מאלו.

׳ורחצו ממנו את ידיהם׳ ערכו החשוב של ניקיון כפיים נזכר בכמה פעמים במקרא. (בהמחשה בעלת ערך סמלי - ברחיצת ידיהם של זקני העיר בפרשת עגלה ערופה, ראו דברים כא,ו; בדרך המליצה - ראו ישעיה א,טו, וכן בתהלים כו,ו). מלבד טהרת כל הגוף, שבה מחויב כל אדם הנכנס אל הקודש (ויקרא כב,א-ז), מחויבים הכהנים המשרתים בקודש ברחיצת ידיים ורגליים כביטוי לטהרתם היתרה.

כב כג וַיְדַבֵּר יְהוָה אֶל־מֹשֶׁה לֵּאמֹר: וְאַתָּה קַח־לְךָ בְּשָׂמִים
רֹאשׁ מָר־דְּרוֹר חֲמֵשׁ מֵאוֹת וְקִנְּמָן־בֶּשֶׂם מַחֲצִיתוֹ
חֲמִשִּׁים וּמָאתָיִם וּקְנֵה־בֹשֶׂם חֲמִשִּׁים וּמָאתָיִם:
כד וְקִדָּה חֲמֵשׁ מֵאוֹת בְּשֶׁקֶל הַקֹּדֶשׁ וְשֶׁמֶן זַיִת הִין:

רש"י

כג] **בְּשָׂמִים רֹאשׁ.** חֲשׁוּבִים: **וְקִנְּמָן בֶּשֶׂם.** לְפִי שֶׁהַקִּנָּמוֹן קְלִפַּת עֵץ הוּא, יֵשׁ שֶׁהוּא טוֹב וְיֵשׁ בּוֹ רֵיחַ טוֹב וְטַעַם, וְיֵשׁ שֶׁאֵינוֹ אֶלָּא כְּעֵץ, לְכָךְ הֻצְרַךְ לוֹמַר "קִנְּמָן בֶּשֶׂם", מִן הַטּוֹב: **מַחֲצִיתוֹ חֲמִשִּׁים וּמָאתָיִם.** מַחֲצִית הַבָּאָתוֹ תְּהֵא "חֲמִשִּׁים וּמָאתָיִם", נִמְצָא כֻּלּוֹ חֲמֵשׁ מֵאוֹת, כְּמוֹ שִׁעוּר מָר דְּרוֹר. אִם כֵּן לָמָּה נֶאֱמַר בּוֹ חֲצָאִין? גְּזֵרַת הַכָּתוּב הִיא לַהֲבִיאוֹ לַחֲצָאִין, לְהַרְבּוֹת בּוֹ שְׁנֵי הֶכְרֵעוֹת, שֶׁאֵין שׁוֹקְלִין עַיִן בְּעַיִן. וְכָךְ שְׁנוּיָה בִּכְרֵיתוֹת (דף ה ע"א): **וּקְנֵה בֹשֶׂם.** קָנֶה שֶׁל בֹּשֶׂם, לְפִי שֶׁיֵּשׁ קָנִים שֶׁאֵינָן שֶׁל בֹּשֶׂם הֻצְרַךְ לוֹמַר: "בֹּשֶׂם": **חֲמִשִּׁים וּמָאתָיִם.** סַךְ מִשְׁקַל כֻּלּוֹ:

כד] **וְקִדָּה.** שֵׁם שֹׁרֶשׁ עֵשֶׂב, וּבִלְשׁוֹן חֲכָמִים 'קְצִיעָה': **הִין.** שְׁנֵים עָשָׂר לֻגִּין. וְנֶחְלְקוּ בּוֹ חַכְמֵי יִשְׂרָאֵל: רַבִּי מֵאִיר אוֹמֵר: בּוֹ שָׁלְקוּ אֶת הָעִקָּרִין. אָמַר לוֹ רַבִּי יְהוּדָה: וַהֲלֹא לָסוּךְ אֶת הָעִקָּרִין אֵינוֹ סִפֵּק, אֶלָּא שְׁרָאוּם בְּמַיִם שֶׁלֹּא יִבְלְעוּ אֶת הַשֶּׁמֶן, וְאַחַר כָּךְ הֵצִיף עֲלֵיהֶם הַשֶּׁמֶן עַד שֶׁקָּלַט הָרֵיחַ, וְקִפְּחוֹ לַשֶּׁמֶן מֵעַל הָעִקָּרִין:

קינמון

העולם

קִנְּמָן בֶּשֶׂם רבים מזהים אותו עם קליפתו של עץ ממשפחת העריים (שם מדעי: Cinnamomum zeylanicum), המצוי באזורים טרופיים וגובהו מגיע עד 10 מ', ויש מי שסובר שהוא Androgon nardus עשב ריחני ממשפחת הדגניים שמקורו במזרח אסיה (רמב"ן).

קְנֵה בֹשֶׂם יש המזהים אותו עם קליפתו הפנימית של עץ הקינמון המתעגלת בתהליך הייבוש ונראית כקנה; ויש שזיהו אותו עם אחד הסוגים של העשב Cymbopogon ממשפחת הדגניים שמוצאו בהודו, ועליו מכילים שמנים ארומטיים, או עם Acorus calamus

הציוויים על שמן המשחה והקטורת

פרק ל פס׳ כב–לז

לעבודת הקודש נדרשים שמן המשחה והקטורת, הנרקחים מצמחים שונים. הן שמן המשחה הן הקטורת הוזכרו עוד קודם לכן, וכאן יופיע פירוט סדר עשייתם.

ביאור

כב **וַיְדַבֵּר ה׳ אֶל מֹשֶׁה לֵּאמֹר:** כג **וְאַתָּה קַח לְךָ בְּשָׂמִים רֹאשׁ**, מן
האיכות הראשונה, הבשמים הטובים ביותר:[7] **מָר דְּרוֹר**, מור טהור,
חופשי מכל תערובת[8] – **חֲמֵשׁ מֵאוֹת** שקלי קודש, כמות ניכרת
(במידות ימינו כ–8.3 ק״ג), **וְקִנְּמָן בֶּשֶׂם**, הזהה כנראה לקינמון המוכר
לנו, הגדל לרוב באיים רחוקים סמוך לאינדונזיה, אבל כבר אז היה
יבוא מתמיד של סחורות מסוג זה – **מַחֲצִיתוֹ חֲמִשִּׁים וּמָאתָיִם**. משקל
הבושם כולו יהיה חמש מאות. אולי היו מחלקים את הקינמון
לשניים, ושקלו כל חלק בנפרד לשם צמצום טעויות במשקל.[9] **וּקְנֵה
בֹשֶׂם**, יש סוברים שהוא מין דגן מבושם – **חֲמִשִּׁים וּמָאתָיִם.** כד **וְקִדָּה**,
צמח הגדל בארץ ונקרא בלשון חכמים ׳קציעה׳ – **חֲמֵשׁ מֵאוֹת בְּשֶׁקֶל
הַקֹּדֶשׁ. וְשֶׁמֶן זַיִת** – **הִין**, מידת נוזלים.[10]

אירוס (קידה?)

העולם

ממשפחת הלופיים, ששורשו ריחני (פליקס).

קִדָּה לפי המסורת היא קציעה (cassia), כנראה: Cinnamonum cassia, עץ שגובהו מגיע עד 10 מ׳ אשר מקורו במזרח אסיה. שם מגדלים אותו לצורך קליפתו, ניצני הפרחים והשמן המופק ממנו. הרמב״ן זיהה אותה עם עץ הבושם ההודי Aquilaria agalluocha, שהוא עץ גבוה בעל גזע רחב המכיל שרף ריחני. בתרגום השבעים וכן לפי יוסף בן מתתיהו, מזוהה הקידה עם האירוס, שמאחד ממיניו (Iris florentina) היו מפיקים בושם.

וְעָשִׂיתָ אֹתוֹ שֶׁמֶן מִשְׁחַת־קֹדֶשׁ רֹקַח מִרְקַחַת מַעֲשֵׂה כה
רֹקֵחַ שֶׁמֶן מִשְׁחַת־קֹדֶשׁ יִהְיֶה: וּמָשַׁחְתָּ בוֹ אֶת־אֹהֶל כו
מוֹעֵד וְאֵת אֲרוֹן הָעֵדֻת: וְאֶת־הַשֻּׁלְחָן וְאֶת־כָּל־ כז
כֵּלָיו וְאֶת־הַמְּנֹרָה וְאֶת־כֵּלֶיהָ וְאֵת מִזְבַּח הַקְּטֹרֶת:
וְאֶת־מִזְבַּח הָעֹלָה וְאֶת־כָּל־כֵּלָיו וְאֶת־הַכִּיֹּר וְאֶת־ כח
כַּנּוֹ: וְקִדַּשְׁתָּ אֹתָם וְהָיוּ קֹדֶשׁ קָדָשִׁים כָּל־הַנֹּגֵעַ כט
בָּהֶם יִקְדָּשׁ: וְאֶת־אַהֲרֹן וְאֶת־בָּנָיו תִּמְשָׁח וְקִדַּשְׁתָּ ל
אֹתָם לְכַהֵן לִי: וְאֶל־בְּנֵי יִשְׂרָאֵל תְּדַבֵּר לֵאמֹר שֶׁמֶן לא
מִשְׁחַת־קֹדֶשׁ יִהְיֶה זֶה לִי לְדֹרֹתֵיכֶם: עַל־בְּשַׂר אָדָם לב
לֹא יִיסָךְ וּבְמַתְכֻּנְתּוֹ לֹא תַעֲשׂוּ כָּמֹהוּ קֹדֶשׁ הוּא קֹדֶשׁ

רש"י

כה) **רֹקַח מִרְקַחַת.** 'רֹקַח' שֵׁם דָּבָר הוּא, וְהַטַּעַם מוֹכִיחַ, שֶׁהוּא לְמַעְלָה. וַהֲרֵי הוּא כְּמוֹ 'רֶקַח' (שיר השירים ח, ב), 'רֶגַע' (להלן לג, ה), וְאֵינוֹ כְּמוֹ "רֹגַע הַיָּם" (ישעיה נא, טו) וּכְמוֹ "רֹקַע הָאָרֶץ" (שם מב, ה) שֶׁהַטַּעַם לְמַטָּה. וְכָל דָּבָר הַמְעֹרָב בַּחֲבֵרוֹ עַד שֶׁזֶּה קוֹפֵחַ מִזֶּה אוֹ רֵיחַ אוֹ טַעַם, קָרוּי 'מִרְקַחַת': **רֹקַח מִרְקַחַת.** רֹקַח הֶעָשׂוּי עַל יְדֵי אֻמָּנוּת וְתַעֲרֹבֶת: **מַעֲשֵׂה רֹקֵחַ.** שֵׁם הָאֻמָּן בַּדָּבָר:

כו) **וּמָשַׁחְתָּ בוֹ.** כָּל הַמְּשִׁיחוֹת כְּמִין כ"י, חוּץ מִשֶּׁל מְלָכִים שֶׁהֵן כְּמִין נֵזֶר:

כט) **וְקִדַּשְׁתָּ אֹתָם.** מְשִׁיחָה זוֹ מְקַדַּשְׁתָּם לִהְיוֹת קֹדֶשׁ קָדָשִׁים. וּמַה הִיא קְדֻשָּׁתָם? "כָּל הַנֹּגֵעַ" וְגוֹ' – כָּל הָרָאוּי לִכְלֵי שָׁרֵת מִשֶּׁנִּכְנָס לְתוֹכוֹ, קָדוֹשׁ קְדֻשַּׁת הַגּוּף לִפָּסֵל בְּיוֹצֵא וּלְלִינָה וּטְבוּל יוֹם, וְאֵינוֹ נִפְדֶּה לָצֵאת לְחֻלִּין, אֲבָל דָּבָר שֶׁאֵינוֹ רָאוּי לָהֶם אֵין מְקַדְּשִׁין. וּשְׁנוּיָה הִיא מִשְׁנָה שְׁלֵמָה אֵצֶל מִזְבֵּחַ: מִתּוֹךְ שֶׁנֶּאֱמַר: "כָּל הַנֹּגֵעַ בַּמִּזְבֵּחַ יִקְדָּשׁ" (לעיל כט, לז), שׁוֹמֵעַ אֲנִי בֵּין רָאוּי בֵּין שֶׁאֵינוֹ רָאוּי, תַּלְמוּד לוֹמַר: "כְּבָשִׂים", מַה כְּבָשִׂים רְאוּיִים אַף כָּל רָאוּי (זבחים פג ע"ב). כָּל מְשִׁיחַת מִשְׁכָּן וְכֹהֲנִים וּמְלָכִים מְתֻרְגָּם לְשׁוֹן 'רִבּוּי', לְפִי שֶׁאֵין דֶּרֶךְ מְשִׁיחָתָן אֶלָּא לִגְדֻלָּה, כִּי כֵן יָסַד הַמֶּלֶךְ שֶׁזֶּה חִנּוּךְ גְּדֻלָּתָן. וּשְׁאָר מְשִׁיחוֹת, כְּגוֹן 'רְקִיקִין מְשׁוּחִין', "וְרֵאשִׁית שְׁמָנִים יִמְשָׁחוּ" (עמוס ו, ו) לְשׁוֹן אֲרַמִּית בָּהֶן כִּלְשׁוֹן עִבְרִית:

לא) **לְדֹרֹתֵיכֶם.** מִכָּאן לָמְדוּ רַבּוֹתֵינוּ לוֹמַר שֶׁכֻּלּוֹ קַיָּם לֶעָתִיד לָבֹא, "זֶה" בְּגִימַטְרִיָּא תְּרֵיסַר לֻגִּין הֲווּ:

לב) **לֹא יִיסָךְ.** בִּשְׁנֵי יוּדִי"ן, לְשׁוֹן לֹא יִפָּעֵל, כְּמוֹ: "לְמַעַן יִיטַב לָךְ" (דברים ו, יח): **עַל בְּשַׂר אָדָם לֹא יִיסָךְ.** מִן הַשֶּׁמֶן הַזֶּה עַצְמוֹ: **וּבְמַתְכֻּנְתּוֹ לֹא תַעֲשׂוּ כָּמֹהוּ.** בְּסִכּוּם סַמָּנָיו לֹא תַעֲשׂוּ אַחֵר כָּמֹהוּ בְּמִשְׁקַל סַמָּנִין הַלָּלוּ לְפִי מִדַּת הִין שֶׁמֶן, אֲבָל אִם פִּחֵת אוֹ רִבָּה סַמָּנִין לְפִי מִדַּת הִין שֶׁמֶן – מֻתָּר. וְאַף הֶעָשׂוּי בְּמַתְכֻּנְתּוֹ שֶׁל זֶה, אֵין הַסָּךְ מִמֶּנּוּ חַיָּב, אֶלָּא הָרוֹקְחוֹ: **וּבְמַתְכֻּנְתּוֹ.** לְשׁוֹן חֶשְׁבּוֹן, כְּמוֹ "מַתְכֹּנֶת הַלְּבֵנִים" (לעיל ה, ח), וְכֵן "בְּמַתְכֻּנְתָּהּ" (להלן פסוק לז) שֶׁל קְטֹרֶת:

ביאור

כה וְעָשִׂיתָ אֹתוֹ שֶׁמֶן שישמש לְמִשְׁחַת קֹדֶשׁ, משיחה בקודש,[11] רֹקַח
מִרְקַחַת, תערובת בשמים מַעֲשֵׂה רֹקֵחַ. יש להכינה בדיוק ובהקפדה
יתרה, כמנהגי רוקחי הבשמים. שֶׁמֶן מִשְׁחַת קֹדֶשׁ יִהְיֶה. כו וּמָשַׁחְתָּ
בוֹ – בשמן המשחה אֶת אֹהֶל מוֹעֵד וְאֵת אֲרוֹן הָעֵדֻת כז וְאֶת הַשֻּׁלְחָן
וְאֶת כָּל כֵּלָיו וְאֶת הַמְּנֹרָה וְאֶת כֵּלֶיהָ כח וְאֵת מִזְבַּח הַקְּטֹרֶת וְאֶת מִזְבַּח
הָעֹלָה וְאֶת כָּל כֵּלָיו וְאֶת הַכִּיֹּר וְאֶת כַּנּוֹ. כט וְקִדַּשְׁתָּ אֹתָם – את כל
הכלים הללו, וְהָיוּ קֹדֶשׁ קָדָשִׁים. כָּל הַנֹּגֵעַ בָּהֶם יִקְדָּשׁ. רק לטהורים
מותר לגעת בכלים הללו.[12] ל וגם אֶת אַהֲרֹן וְאֶת בָּנָיו תִּמְשָׁח בשמן
הזה, וְקִדַּשְׁתָּ אֹתָם לְכַהֵן לִי. הכלים נמשחים להיות כלי קודש, ואילו
אהרן הכהן ובניו נמשחים להיות אנשי קודש.

לא וְאֶל בְּנֵי יִשְׂרָאֵל תְּדַבֵּר לֵאמֹר: שֶׁמֶן מִשְׁחַת קֹדֶשׁ יִהְיֶה זֶה לִי
לְדֹרֹתֵיכֶם. לב עַל בְּשַׂר אָדָם לֹא יִיסָךְ. אין לסוך בו בשרו של כל אדם
שאינו מן הראויים לכך. וּבְמַתְכֻּנְתּוֹ לֹא תַעֲשׂוּ כָּמֹהוּ. אסור לחקות
אותו. קֹדֶשׁ הוּא, קֹדֶשׁ יִהְיֶה לָכֶם. המגע בו הוא האופן שבו אנשים

הרחבות

'מעשה רקח' חכמי המשנה נחלקו בשאלה כיצד הוכן שמן המשחה. לפי אחד ההסברים הוא הוכן כדרך הכנתם של שמנים מבושמים בכלל: הכניסו את כל הבשמים לקלחת מלאה מים והרתיחו אותם. על הקלחת יצקו שמן, והוא ספח אל תוכו בהרתחה את השמנים האתריים ואת שאר הרכיבים שיש בחומרי הבושם. לפי הצעה אחרת, היו שולקים את כל הבשמים בתוך השמן ללא מים, אבל מבחינת הכמויות נדרש מעשה נסים כדי לאפשר זאת, שהרי אפילו לסוך את השורשים אין די בכמות שמן כזו, כל שכן לא לבשל בהם את העיקרים (ירושלמי שקלים ו,א; הוריות יא ע"ב).

לג יִהְיֶה לָכֶם: אִישׁ אֲשֶׁר יִרְקַח כָּמֹהוּ וַאֲשֶׁר יִתֵּן מִמֶּנּוּ
לד עַל־זָר וְנִכְרַת מֵעַמָּיו: וַיֹּאמֶר יהוה אֶל־
מֹשֶׁה קַח־לְךָ סַמִּים נָטָף ׀ וּשְׁחֵלֶת וְחֶלְבְּנָה סַמִּים
לה וּלְבֹנָה זַכָּה בַּד בְּבַד יִהְיֶה: וְעָשִׂיתָ אֹתָהּ קְטֹרֶת

רש"י

לג| **וַאֲשֶׁר יִתֵּן מִמֶּנּוּ.** מֵאוֹתוֹ שֶׁל מֹשֶׁה: **עַל זָר.** שֶׁאֵינוֹ צֹרֶךְ כְּהֻנָּה וּמַלְכוּת:

לד| **נָטָף.** הוּא צֳרִי. וְעַל שֶׁאֵינוֹ אֶלָּא שְׂרָף הַנּוֹטֵף מֵעֲצֵי הַקְּטָף קָרוּי 'נָטָף', וּבְלַעַז גומ"א, וְהַצֳּרִי קוֹרִין לוֹ טריאק"ה: **וּשְׁחֵלֶת.** שֹׁרֶשׁ בֹּשֶׂם חָלָק וּמַזְהִיר כְּצִפֹּרֶן, וּבִלְשׁוֹן הַמִּשְׁנָה קָרוּי צִפֹּרֶן, וְזֶהוּ שֶׁתִּרְגֵּם אוּנְקְלוֹס: "וְטוּפְרָא": **וְחֶלְבְּנָה.** בֹּשֶׂם שֶׁרֵיחוֹ רַע וְקוֹרִין לוֹ גלבנ"א. וּמְנָאָהּ הַכָּתוּב בֵּין סַמָּנֵי הַקְּטֹרֶת, לְלַמְּדֵנוּ שֶׁלֹּא יֵקַל בְּעֵינֵינוּ לְצָרֵף עִמָּנוּ בַּאֲגֻדַּת תַּעֲנִיּוֹתֵינוּ וּתְפִלּוֹתֵינוּ אֶת פּוֹשְׁעֵי יִשְׂרָאֵל שֶׁיִּהְיוּ נִמְנִין עִמָּנוּ: **סַמִּים.** אֲחֵרִים: **וּלְבֹנָה זַכָּה.** מִכָּאן לָמְדוּ רַבּוֹתֵינוּ אַחַד עָשָׂר סַמָּנִין נֶאֶמְרוּ לוֹ לְמֹשֶׁה בְּסִינַי: מִעוּט "סַמִּים" שְׁנַיִם, "נָטָף וּשְׁחֵלֶת וְחֶלְבְּנָה" שְׁלֹשָׁה, הֲרֵי חֲמִשָּׁה. "סַמִּים", לְרַבּוֹת עוֹד כְּמוֹ אֵלּוּ, הֲרֵי עֲשָׂרָה. "וּלְבֹנָה", הֲרֵי אַחַד עָשָׂר. וְאֵלּוּ הֵן: הַצֳּרִי וְהַצִּפֹּרֶן, הַחֶלְבְּנָה וְהַלְּבוֹנָה, מוֹר וּקְצִיעָה, שִׁבֹּלֶת נֵרְדְּ וְכַרְכֹּם, הֲרֵי שְׁמוֹנָה, שֶׁהַשִּׁבֹּלֶת וְנֵרְדְּ אֶחָד, שֶׁהַנֵּרְדְּ דּוֹמֶה לְשִׁבֹּלֶת; הַקֹּשְׁטְ וְהַקִּלּוּפָה וְהַקִּנָּמוֹן, הֲרֵי אַחַד עָשָׂר. בּוֹרִית כַּרְשִׁינָה אֵינוֹ נִקְטָר, אֶלָּא בּוֹ שָׁפִין אֶת הַצִּפֹּרֶן לְלַבְּנָהּ שֶׁתְּהֵא נָאָה: **בַּד בְּבַד יִהְיֶה.** אֵלּוּ הָאַרְבָּעָה הַנִּזְכָּרִים כָּאן יִהְיוּ שָׁוִין מִשְׁקָל בְּמִשְׁקָל, כְּמִשְׁקָלוֹ שֶׁל זֶה כָּךְ מִשְׁקָלוֹ שֶׁל זֶה, וְכֵן שָׁנִינוּ: "הַצֳּרִי וְהַצִּפֹּרֶן הַחֶלְבְּנָה וְהַלְּבוֹנָה מִשְׁקַל שִׁבְעִים שִׁבְעִים מָנֶה" (כריתות ו ע"א), וּלְשׁוֹן "בַּד" נִרְאֶה בְּעֵינַי שֶׁהוּא לְשׁוֹן 'יָחִיד', אֶחָד בְּאֶחָד יִהְיוּ, זֶה כְּמוֹת זֶה:

הרחבות

סממני הקטורת בזמן שבית המקדש היה קיים, השתמשו באחד־עשר חומרים להכנת הקטורת. החומרים שנוספו על אלה המנויים כאן נדרשים מן המלה סַמִּים, המופיעה לא רק בציווי הכללי הפותח: קַח לְךָ סַמִּים, אלא גם בתוך הרשימה (כריתות ו ע"ב). אולם מהבשמים הנוספים לקחו כמות קטנה מזו שלקחו מן הבשמים ששמותיהם פורשו בתורה. כל הסממנים הנוספים יחד עלו פחות או יותר למידתו של אחד מהסממנים המפורשים בכתוב. היו שפירשו, שהבשמים שאינם נקובים בשמותיהם בתורה נבחרו משום שנזכרו בשיר השירים (ד,יד; רמב"ן על אתר).

ביאור

וחפצים מתקדשים. לג **אִישׁ אֲשֶׁר יִרְקַח כָּמֹהוּ** שלא לצורך המקדש,
וַאֲשֶׁר יִתֵּן מִמֶּנּוּ – מן השמן של המקדש **עַל** איש **זָר** – **וְנִכְרַת מֵעַמָּיו.**

לד **וַיֹּאמֶר ה' אֶל מֹשֶׁה: קַח לְךָ סַמִּים**, סממנים מבושמים: **נָטָף**, המכונה
גם 'צרי',[13] ובלשון חכמים – 'שמן אפרסמון'.[14] לפי המסורת הוא
הופק מן השרף שזב מעצים מסוימים.[15] הנטף גדל בבקעת הירדן
סמוך לים המלח, ונחשב לבושם היקר ביותר בעולם. **וּשְׁחֵלֶת,**
המזוהה לרוב עם ה'ציפורן' שבלשון חכמים,[16] שכנראה אינו הציפורן
של היום. **וְחֶלְבְּנָה**, צמח שכשהוא לעצמו ריחו חזק ובלתי נעים,[17]
והוא משמש גם לרפואות שונות. לבשמים הללו מוסיפים גם **סַמִּים**
אחרים **וּלְבֹנָה זַכָּה**, טהורה, המשמשת לבושם ולקטורת עד היום
הזה. **בַּד בְּבַד**, חלק כחלק, משקל שווה מכל אחד מהם **יִהְיֶה.**

מימין: כלך (חלבנה)

משמאל: עץ הלבונה

העולם

שְׁחֵלֶת סממן ריחני שצורתו צורת ציפורן. סימוכין לכך ניתן למצוא במלה האשורית seheltu שפירושה קוץ (ז' עמר). על פי המסורת המבוססת על התרגומים והראשונים (רס"ג, רש"י, רמב"ם), זוהי הציפורן המופיעה בין סממני הקטורת במקדש (ברייתא בכריתות ו ע"א), אך אינה זהה לתבלין הנקרא היום ציפורן (שם מדעי: Eugenia caryophyllata). על פי הגמרא, היא מן הצומח, אך לפי רמב"ן, וכן במחקר, השחלת היא מין רכיכה המכוסה בקונכייה מבריקה דמויית ציפורן החיה בים סוף והיא מפיצה ריח נעים. השחלת נזכרת גם באחת מתעודות אוגרית מהמאה ה־14 לפנה"ס.

חֶלְבְּנָה שרף שמכינים מכמה מינים של צמח הכלך (Ferula) ממשפחת הסוככניים, ובמיוחד מ־Ferula galbanifula הגדל בסוריה ומצפון לה. שרף זה משמש לעתים לצרכים רפואיים. ריחו אינו נעים, והוא דומה לריח החלתית. אף על פי כן היה מרכיב חיוני בקטורת וכן בייצור בשמים על מנת להבליט ריחות מסוימים או בשל השתלבותו במרכיבים אחרים.

לְבֹנָה שרף ריחני שצבעו לבן־צהבהב המופק מעצים המכונים גם היום לבונה (שם מדעי: Boswellia) ממשפחת הבשמיים (Burseraceae). עץ קטן־ממדים זה עשוי להגיע עד גובה של 7 מטרים. עליו צרים ופרחיו לבנים־ורודים חיוורים. הוא גדל באזור סומליה, אתיופיה ודרום חצי־האי ערב. את השרף מפיקים באמצעות חריצת קליפת העץ ואיסוף השרף המטפטף בכלי. משתמשים בגרגירים המתגבשים מן השרף הנוזלי המתקשה במשך הזמן.

רֹקַח מַעֲשֵׂה רוֹקֵחַ מְמֻלָּח טָהוֹר קֹדֶשׁ׃ וְשָׁחַקְתָּ לו
מִמֶּנָּה הָדֵק וְנָתַתָּה מִמֶּנָּה לִפְנֵי הָעֵדֻת בְּאֹהֶל מוֹעֵד
אֲשֶׁר אִוָּעֵד לְךָ שָׁמָּה קֹדֶשׁ קָדָשִׁים תִּהְיֶה לָכֶם׃
וְהַקְּטֹרֶת אֲשֶׁר תַּעֲשֶׂה בְּמַתְכֻּנְתָּהּ לֹא תַעֲשׂוּ לָכֶם לז
קֹדֶשׁ תִּהְיֶה לְךָ לַיהוָה׃ אִישׁ אֲשֶׁר־יַעֲשֶׂה כָמוֹהָ לח
כד לְהָרִיחַ בָּהּ וְנִכְרַת מֵעַמָּיו׃ וַיְדַבֵּר יְהוָה אֶל־ א
לא
מֹשֶׁה לֵּאמֹר׃ רְאֵה קָרָאתִי בְשֵׁם בְּצַלְאֵל בֶּן־אוּרִי ב
בֶן־חוּר לְמַטֵּה יְהוּדָה׃ וָאֲמַלֵּא אֹתוֹ רוּחַ אֱלֹהִים ג
בְּחָכְמָה וּבִתְבוּנָה וּבְדַעַת וּבְכָל־מְלָאכָה׃ לַחְשֹׁב ד
מַחֲשָׁבֹת לַעֲשׂוֹת בַּזָּהָב וּבַכֶּסֶף וּבַנְּחֹשֶׁת׃ וּבַחֲרֹשֶׁת ה
אֶבֶן לְמַלֹּאת וּבַחֲרֹשֶׁת עֵץ לַעֲשׂוֹת בְּכָל־מְלָאכָה׃

רש״י

לה| **מְמֻלָּח.** כְּתַרְגּוּמוֹ, "מְעָרַב", שֶׁיְּעָרֵב שְׁחִיקָתָן יָפֶה יָפֶה זֶה עִם זֶה. וְאוֹמֵר אֲנִי שֶׁדּוֹמֶה לוֹ: "וַיִּירְאוּ הַמַּלָּחִים" (יונה א, ה), "מַלָּחַיִךְ וְחֹבְלָיִךְ" (יחזקאל כז, כז), עַל שֵׁם שֶׁמְּהַפְּכִין אֶת הַמַּיִם בַּמְּשׁוֹטוֹת כְּשֶׁמַּנְהִיגִים אֶת הַסְּפִינָה, כְּאָדָם הַמְהַפֵּךְ בְּכַף בֵּיצִים טְרוּפוֹת לְעָרְבָן עִם הַמַּיִם, וְכָל דָּבָר שֶׁאָדָם רוֹצֶה לְעָרֵב יָפֶה יָפֶה מְהַפְּכוֹ בְּאֶצְבַּע אוֹ בְּבָזָךְ: **מְמֻלָּח טָהוֹר קֹדֶשׁ.** מְמֻלָּח יִהְיֶה, וְטָהוֹר יִהְיֶה, וְקֹדֶשׁ יִהְיֶה:

לו| **וְנָתַתָּה מִמֶּנָּה וְגוֹ׳.** הִיא קְטֹרֶת שֶׁבְּכָל יוֹם וָיוֹם שֶׁעַל מִזְבַּח הַפְּנִימִי, שֶׁהוּא "בְּאֹהֶל מוֹעֵד": **אֲשֶׁר אִוָּעֵד לְךָ שָׁמָּה.** כָּל מוֹעֲדֵי דִּבּוּר שֶׁאֶקְבַּע לְךָ, אֲנִי קוֹבְעָם לְאוֹתוֹ מָקוֹם:

לז| **בְּמַתְכֻּנְתָּהּ.** בְּמִנְיַן סַמָּנֶיהָ: **קֹדֶשׁ תִּהְיֶה לְךָ לַה׳.** שֶׁלֹּא תַעֲשֶׂנָּה אֶלָּא לִשְׁמִי:

לח| **לְהָרִיחַ בָּהּ.** אֲבָל עוֹשֶׂה אַתָּה בְּמַתְכֻּנְתָּהּ מִשֶּׁלְּךָ כְּדֵי לְמָסְרָהּ לַצִּבּוּר:

פרק לא

ב| **קָרָאתִי בְשֵׁם.** לַעֲשׂוֹת מְלַאכְתִּי, אֶת בְּצַלְאֵל:

ג| **בְּחָכְמָה.** מַה שֶּׁאָדָם שׁוֹמֵעַ מֵאֲחֵרִים וְלָמֵד: **וּבִתְבוּנָה.** מֵבִין דָּבָר מִלִּבּוֹ מִתּוֹךְ דְּבָרִים שֶׁלָּמַד: **וּבְדַעַת.** רוּחַ הַקֹּדֶשׁ:

ד| **לַחְשֹׁב מַחֲשָׁבֹת.** אֲרִיגַת מַעֲשֵׂה חוֹשֵׁב:

ה| **וּבַחֲרֹשֶׁת.** לְשׁוֹן אֻמָּנוּת, כְּמוֹ: "חָרָשׁ חָכָם" (ישעיה מ, כ). וְאוּנְקְלוֹס פֵּרֵשׁ וְשִׁנָּה בְּפֵרוּשָׁן, שֶׁאֻמָּן אֲבָנִים קָרוּי 'אֻמָּן' וְחָרַשׁ עֵץ קָרוּי 'נַגָּר': **לְמַלֹּאת.** לְהוֹשִׁיבָהּ בַּמִּשְׁבֶּצֶת שֶׁלָּהּ בְּמִלּוּאָהּ, לַעֲשׂוֹת הַמִּשְׁבֶּצֶת לְמִדַּת מוֹשַׁב הָאֶבֶן וְעָבְיָהּ:

ביאור

לה **וְעָשִׂיתָ אֹתָהּ** – את התערובת הזו **קְטֹרֶת, רֹקַח**, מזיגת בשמים **מַעֲשֵׂה
רוֹקֵחַ**. כשם שרוקח בשמים מקצועי עושה, **מְמֻלָּח**, מעורבב היטב,[18]
או: שנתון בה מעט מלח, כמו בכל קרבן,[19] **טָהוֹר, קֹדֶשׁ**. לו **וְשָׁחַקְתָּ
מִמֶּנָּה הָדֵק**, שחיקה דקה, **וְנָתַתָּה מִמֶּנָּה** להקטרה **לִפְנֵי** ארון **הָעֵדֻת
בְּאֹהֶל מוֹעֵד אֲשֶׁר אִוָּעֵד לְךָ שָׁמָּה. קֹדֶשׁ קָדָשִׁים תִּהְיֶה** הקטורת **לָכֶם**.
לז וכמו בשמן המשחה – **וְהַקְּטֹרֶת אֲשֶׁר תַּעֲשֶׂה, בְּמַתְכֻּנְתָּהּ לֹא תַעֲשׂוּ
לָכֶם**. אל לכם לחקות את הקטורת מן הסממנים הללו ובכמויות
הללו מפני שהריח הזה צריך לאפיין את המשכן והמקדש בלבד.
קֹדֶשׁ תִּהְיֶה לְךָ לַה'. אסור להעתיק את הנעשה במסגרת עבודת
המקדש אל מחוצה לו. לח כמו הציווי בדבר שמן המשחה, אף
הציווי ביחס לקטורת מסתיים בחומרת השימוש בקטורת שלא
למטרה הראויה: **אִישׁ אֲשֶׁר יַעֲשֶׂה כָמוֹהָ** כדי **לְהָרִיחַ בָּהּ** בעצמו, ולא
לשם מסירה למקדש – **וְנִכְרַת מֵעַמָּיו**.

העוסקים במלאכה

פרק לא פס' א–יא

סדרות ההוראות באשר לבניית המשכן וכליו נאמרה למשה, אך ברור שלא הוא יבצע בעצמו את המלאכה. כאן ה' מורה לו מי יהיו האומנים שיבנו את המשכן וכליו בפועל. כיוון שנדרשים לכך ידע, תבונה, יכולת הפשטה וכושר ביצוע וארגון, ה' הוא שבחר את מי שיופקד על המעשה הגדול.

פרק לא א **וַיְדַבֵּר ה' אֶל מֹשֶׁה לֵּאמֹר**: ב **רְאֵה קָרָאתִי בְשֵׁם**, מיניתי
מתוך הערכה וכבוד[20] את **בְּצַלְאֵל בֶּן אוּרִי בֶן חוּר**. חור, סבו של
בצלאל,[21] היה אחד האנשים הקרובים ביותר למשה,[22] ולפי חז"ל היה
אחיינו.[23] **לְמַטֵּה יְהוּדָה**. ג **וָאֲמַלֵּא אֹתוֹ רוּחַ אֱלֹהִים בְּחָכְמָה וּבִתְבוּנָה
וּבְדַעַת וּבְכָל מְלָאכָה**. בצלאל לא נדרש להיות רק אומן מבצע, אלא
אף לנהל את המיזם הנכבד הזה כולו. משום כך נבחר לתפקיד מי
שנמצא ראוי לגדולה ולכבוד. ד **לַחְשֹׁב מַחֲשָׁבֹת**, לתרגם הוראות
לביצוע מורכב[24] **לַעֲשׂוֹת בַּזָּהָב וּבַכֶּסֶף וּבַנְּחֹשֶׁת**, מומחה לעבודות
מתכת. ה **וּבַחֲרֹשֶׁת**, באומנות **אֶבֶן** חן[25] **לְמַלֹּאת**, בקי במלאכת שיבוץ
האבנים היקרות **וּבַחֲרֹשֶׁת עֵץ לַעֲשׂוֹת בְּכָל מְלָאכָה**.

הרחבות

'ואמלא אתו רוח אלהים בחכמה ובתבונה ובדעת ובכל מלאכה' בעקבות הביטוי הנשגב הזה אמרו חכמים, שלבצלאל היה מעין כשרון נבואי להבין דבר מתוך דבר. (ראו ברכות נה ע"א). בכשרון זה כששמע את מלותיו של משה הוא היטיב לכוון לתמונה שנראתה למשה בהר.

ו וַאֲנִ֞י הִנֵּ֧ה נָתַ֣תִּי אִתּ֗וֹ אֵ֣ת אָהֳלִיאָ֞ב בֶּן־אֲחִֽיסָמָךְ֙
לְמַטֵּה־דָ֔ן וּבְלֵ֥ב כָּל־חֲכַם־לֵ֖ב נָתַ֣תִּי חָכְמָ֑ה וְעָשׂ֕וּ
ז אֵ֖ת כָּל־אֲשֶׁ֥ר צִוִּיתִֽךָ׃ אֵ֣ת ׀ אֹ֣הֶל מוֹעֵ֗ד וְאֶת־הָֽאָרֹן֙
לָֽעֵדֻ֔ת וְאֶת־הַכַּפֹּ֖רֶת אֲשֶׁ֣ר עָלָ֑יו וְאֵ֖ת כָּל־כְּלֵ֥י הָאֹֽהֶל׃
ח וְאֶת־הַשֻּׁלְחָן֙ וְאֶת־כֵּלָ֔יו וְאֶת־הַמְּנֹרָ֥ה הַטְּהֹרָ֖ה וְאֶת־
ט כָּל־כֵּלֶ֑יהָ וְאֵ֖ת מִזְבַּ֥ח הַקְּטֹֽרֶת׃ וְאֶת־מִזְבַּ֥ח הָעֹלָ֖ה
י וְאֶת־כָּל־כֵּלָ֑יו וְאֶת־הַכִּיּ֖וֹר וְאֶת־כַּנּֽוֹ׃ וְאֵ֖ת בִּגְדֵ֣י
הַשְּׂרָ֑ד וְאֶת־בִּגְדֵ֤י הַקֹּ֙דֶשׁ֙ לְאַהֲרֹ֣ן הַכֹּהֵ֔ן וְאֶת־בִּגְדֵ֥י
יא בָנָ֖יו לְכַהֵֽן׃ וְאֵ֨ת שֶׁ֧מֶן הַמִּשְׁחָ֛ה וְאֶת־קְטֹ֥רֶת הַסַּמִּ֖ים
לַקֹּ֑דֶשׁ כְּכֹ֥ל אֲשֶׁר־צִוִּיתִ֖ךָ יַעֲשֽׂוּ׃
יב יג וַיֹּ֥אמֶר יְהֹוָ֖ה אֶל־מֹשֶׁ֥ה לֵּאמֹֽר׃ וְאַתָּ֞ה דַּבֵּ֨ר אֶל־בְּנֵ֤י
יִשְׂרָאֵל֙ לֵאמֹ֔ר אַ֥ךְ אֶת־שַׁבְּתֹתַ֖י תִּשְׁמֹ֑רוּ כִּי֩ א֨וֹת

רש"י

ו| **וּבְלֵב כָּל חֲכַם לֵב וְגוֹ'.** וְעוֹד שְׁאָר חַכְמֵי לֵב יֵשׁ בָּכֶם, וְכָל אֲשֶׁר נָתַתִּי בּוֹ חָכְמָה, "וְעָשׂוּ אֵת כָּל אֲשֶׁר צִוִּיתִךָ":

ז| **וְאֶת הָאָרֹן לָעֵדֻת.** לְצֹרֶךְ לוּחוֹת הָעֵדוּת:

ח| **הַטְּהֹרָה.** עַל שֵׁם זָהָב טָהוֹר:

י| **וְאֵת בִּגְדֵי הַשְּׂרָד.** אוֹמֵר אֲנִי לְפִי פְּשׁוּטוֹ שֶׁל מִקְרָא שֶׁאִי אֶפְשָׁר לוֹמַר שֶׁבְּבִגְדֵי כְהֻנָּה מְדַבֵּר, לְפִי שֶׁנֶּאֱמַר אֶצְלָם: "וְאֶת בִּגְדֵי הַקֹּדֶשׁ לְאַהֲרֹן הַכֹּהֵן וְאֶת בִּגְדֵי בָנָיו לְכַהֵן", אֶלָּא אֵלּוּ בִּגְדֵי הַשְּׂרָד הֵם בִּגְדֵי הַתְּכֵלֶת וְהָאַרְגָּמָן וְתוֹלַעַת שָׁנִי הָאֲמוּרִים בְּפָרָשַׁת מַסָּעוֹת: וְנָתְנוּ עָלָיו בֶּגֶד תְּכֵלֶת (עיין במדבר ד, ז), וְנָתְנוּ עָלָיו בֶּגֶד אַרְגָּמָן (שם פסוק יג-יד), וְנָתְנוּ עֲלֵיהֶם בֶּגֶד תּוֹלַעַת שָׁנִי (שם פסוק ח). וְנִרְאִין דְּבָרַי, שֶׁנֶּאֱמַר: "וּמִן הַתְּכֵלֶת וְהָאַרְגָּמָן וְתוֹלַעַת הַשָּׁנִי עָשׂוּ בִגְדֵי שְׂרָד לְשָׁרֵת בַּקֹּדֶשׁ" (להלן לט, א), וְלֹא הֻזְכַּר שֵׁשׁ עִמָּהֶם, וְאִם בְּבִגְדֵי כְהֻנָּה מְדַבֵּר, לֹא מָצִינוּ בְּאֶחָד מֵהֶם אַרְגָּמָן אוֹ תוֹלַעַת שָׁנִי בְּלֹא שֵׁשׁ: בִּגְדֵי הַשְּׂרָד. יֵשׁ מְפָרְשִׁים לְשׁוֹן עֲבוֹדָה וְשֵׁרוּת, כְּתַרְגּוּמוֹ: "לְבוּשֵׁי שִׁמּוּשָׁא", וְאֵין לוֹ דִּמְיוֹן בַּמִּקְרָא. וַאֲנִי אוֹמֵר שֶׁהוּא לָשׁוֹן אֲרַמִּי כְּתַרְגּוּמוֹ שֶׁל "קְלָעִים" (לעיל כז, ט) וְתַרְגּוּם שֶׁל "מִכְבָּר" (שם ד), שֶׁהָיוּ אֲרוּגִים בְּמַחַט, עֲשׂוּיִים נְקָבִים נְקָבִים, לְצִדִי"ן בְּלַעַז:

יא| **וְאֶת קְטֹרֶת הַסַּמִּים לַקֹּדֶשׁ.** לְצֹרֶךְ הַקְטָרַת הֵיכָל שֶׁהוּא קֹדֶשׁ:

יג| **וְאַתָּה דַּבֵּר אֶל בְּנֵי יִשְׂרָאֵל.** וְאַתָּה, אַף עַל פִּי שֶׁהִפְקַדְתִּיךָ לְצַוּוֹתָם עַל מְלֶאכֶת הַמִּשְׁכָּן, אַל יֵקַל בְּעֵינֶיךָ לִדְחוֹת אֶת הַשַּׁבָּת מִפְּנֵי אוֹתָהּ מְלָאכָה: **אַךְ אֶת שַׁבְּתֹתַי תִּשְׁמֹרוּ.** אַף עַל פִּי שֶׁתִּהְיוּ

ביאור

ו **וַאֲנִי הִנֵּה נָתַתִּי אִתּוֹ**, משנה לו **אֵת אָהֳלִיאָב בֶּן אֲחִיסָמָךְ לְמַטֵּה**
דָן, שגם הוא מומחה גדול במלאכות הללו,[26] **וּבְלֵב כָּל חֲכַם לֵב**
האומנים היוצרים, **נָתַתִּי**, אוסיף **חָכְמָה**, שהרי אין זו רק עבודה
טכנית מורכבת. **וְעָשׂוּ אֵת כָּל אֲשֶׁר צִוִּיתִךָ:** ז **אֵת אֹהֶל מוֹעֵד וְאֶת**
הָאָרֹן – **לָעֵדֻת**. האוהל והארון יועדו להנחת העדות, ומכאן שמם:
'משכן העדות' ו'ארון העדות'. **וְאֶת הַכַּפֹּרֶת אֲשֶׁר עָלָיו וְאֵת כָּל כְּלֵי**
הָאֹהֶל הנוספים ח **וְאֶת הַשֻּׁלְחָן וְאֶת כֵּלָיו וְאֶת הַמְּנֹרָה הַטְּהֹרָה**
וְאֶת כָּל כֵּלֶיהָ וְאֵת מִזְבַּח הַקְּטֹרֶת ט **וְאֶת מִזְבַּח הָעֹלָה וְאֶת כָּל**
כֵּלָיו וְאֶת הַכִּיּוֹר וְאֶת כַּנּוֹ י **וְאֵת בִּגְדֵי הַשְּׂרָד**, היריעות הארוגות,
מעשה רשת, שכיסו את המשכן, וכן הבגדים שכיסו בהם את כלי
המשכן במסעות,[27] **וְאֶת בִּגְדֵי הַקֹּדֶשׁ לְאַהֲרֹן הַכֹּהֵן וְאֶת בִּגְדֵי בָנָיו**
לְכַהֵן יא **וְאֵת שֶׁמֶן הַמִּשְׁחָה וְאֶת קְטֹרֶת הַסַּמִּים לַקֹּדֶשׁ** שאף הפקתו
של כל אחד מהם היא אומנות בפני עצמה. **כְּכֹל אֲשֶׁר צִוִּיתִךָ יַעֲשׂוּ.**

הציווי על השבת

פרק לא פס' יב–יז

שוב חוזרת האזהרה על שמירת השבת, והפעם בהקשר של מלאכת המשכן. פתיחת הציווי במלת ההסתייגות 'אך' קושרת את השבת להקשר של ציווי המשכן. מכאן למדו חכמים שגם כאשר המלאכה נעשית לשם ה', גם כאשר היא חלק מהקמת אוהל לשכינתו, יש להשביתה ביום השביעי.[28] מלאכות המשכן קדושות הן, אך השבת קדושה יותר.

יב **וַיֹּאמֶר ה' אֶל מֹשֶׁה לֵּאמֹר:** יג **וְאַתָּה דַּבֵּר אֶל בְּנֵי יִשְׂרָאֵל לֵאמֹר:**
אמנם ראוי לבצע את מלאכת המשכן ביעילות ובמהירות, **אַךְ אֶת**
שַׁבְּתֹתַי, השבת אינה רק יום המנוחה של ישראל; היא יומו של
אלוקים. **תִּשְׁמֹרוּ**. קדושת השבת דוחה את הקמת המשכן, **כִּי אוֹת**

הרחבות

אפשר לראות בביטוי זה גם כבוד כלפי האדם היוצר – ולא רק כלפי היוצר במלים, אלא אף כלפי היוצר בחומרים ובצבע. עצם היצירה נתפסת כהשראתה של רוח אלוקים.

'המנורה הטהורה' כינוי זה נצמד למנורה כמה פעמים (להלן לט,לז; ויקרא כד,ד). כיוון שכל הכלים צריכים להיות טהורים, נראה שיש לביטוי זה משמעות נוספת.

אולי השורש ט,ה,ר קשור לשורש צ,ה,ר, שמשמעו מבריק, זוהר. המנורה הטהורה היא אפוא המנורה הזוהרת. היא זוהרת ומופזת הן מפני שדולקת בה אש והיא מפיצה אור, והן משום שהיא עשויה מזהב טהור. לפי הנראה במקדש כל הכלים היו בנויים מתערובת של חומרים נוספים, ורק המנורה הייתה עשויה כולה זהב. (ראו רש"י ואדרת אליהו על אתר; ר"י בכור שור לט,לז).

הִוא בֵּינִי וּבֵינֵיכֶם לְדֹרֹתֵיכֶם לָדַעַת כִּי אֲנִי יְהוָה
מְקַדִּשְׁכֶם׃ וּשְׁמַרְתֶּם אֶת־הַשַּׁבָּת כִּי קֹדֶשׁ הִוא יד
לָכֶם מְחַלְלֶיהָ מוֹת יוּמָת כִּי כָּל־הָעֹשֶׂה בָהּ מְלָאכָה
וְנִכְרְתָה הַנֶּפֶשׁ הַהִוא מִקֶּרֶב עַמֶּיהָ׃ שֵׁשֶׁת יָמִים טו
יֵעָשֶׂה מְלָאכָה וּבַיּוֹם הַשְּׁבִיעִי שַׁבַּת שַׁבָּתוֹן קֹדֶשׁ
לַיהוָה כָּל־הָעֹשֶׂה מְלָאכָה בְּיוֹם הַשַּׁבָּת מוֹת יוּמָת׃
וְשָׁמְרוּ בְנֵי־יִשְׂרָאֵל אֶת־הַשַּׁבָּת לַעֲשׂוֹת אֶת־הַשַּׁבָּת טז
לְדֹרֹתָם בְּרִית עוֹלָם׃ בֵּינִי וּבֵין בְּנֵי יִשְׂרָאֵל אוֹת הִוא יז
לְעֹלָם כִּי־שֵׁשֶׁת יָמִים עָשָׂה יְהוָה אֶת־הַשָּׁמַיִם וְאֶת־
הָאָרֶץ וּבַיּוֹם הַשְּׁבִיעִי שָׁבַת וַיִּנָּפַשׁ׃ וַיִּתֵּן יח שני
אֶל־מֹשֶׁה כְּכַלֹּתוֹ לְדַבֵּר אִתּוֹ בְּהַר סִינַי שְׁנֵי לֻחֹת

רש"י

רְדוּפִין וּזְרִיזִין בִּזְרִיזוּת הַמְּלָאכָה, שַׁבָּת אַל תִּדָּחֶה מִפָּנֶיהָ. כָּל אַכִין וְרַקִּין מִעוּטִין, לְמַעֵט שַׁבָּת מִמְּלֶאכֶת הַמִּשְׁכָּן: **כִּי אוֹת הִוא בֵּינִי וּבֵינֵיכֶם.** אוֹת גְּדוֹלָה הִיא בֵּינֵינוּ שֶׁבָּחַרְתִּי בָּכֶם, בְּהַנְחִילִי לָכֶם אֶת יוֹם מְנוּחָתִי לִמְנוּחָה: **לָדַעַת.** הָאֻמּוֹת בָּהּ "כִּי אֲנִי ה' מְקַדִּשְׁכֶם":

יד **מוֹת יוּמָת.** אִם יֵשׁ עֵדִים וְהַתְרָאָה: **וְנִכְרְתָה.** בְּלֹא הַתְרָאָה: **מְחַלְלֶיהָ.** הַנּוֹהֵג בָּהּ חֹל בִּקְדֻשָּׁתָהּ:

טו **שַׁבַּת שַׁבָּתוֹן.** מְנוּחַת מַרְגּוֹעַ וְלֹא מְנוּחַת עֲרַאי: **קֹדֶשׁ לַה'.** שְׁמִירַת קְדֻשָּׁתָהּ לִשְׁמִי וּבְמִצְוָתִי:

יז **וַיִּנָּפַשׁ.** כְּתַרְגּוּמוֹ "וְנָח". וְכָל לְשׁוֹן 'נֶפֶשׁ' הוּא לְשׁוֹן נֶפֶשׁ, שֶׁמֵּשִׁיב נַפְשׁוֹ וּנְשִׁימָתוֹ בְּהַרְגִּיעוֹ מִטֹּרַח הַמְּלָאכָה. וּמִי שֶׁכָּתוּב בּוֹ: "לֹא יִיעַף וְלֹא יִיגָע" (ישעיה מ, כח) וְכָל פָּעֳלוֹ בְּמַאֲמָר, הִכְתִּיב מְנוּחָה בְּעַצְמוֹ, לְשַׁבֵּר הָאֹזֶן מַה שֶּׁהִיא יְכוֹלָה לִשְׁמֹעַ:

יח **וַיִּתֵּן אֶל מֹשֶׁה וְגוֹ'.** אֵין מֻקְדָּם וּמְאֻחָר בַּתּוֹרָה. מַעֲשֵׂה הָעֵגֶל קֹדֶם לְצִוּוּי מְלֶאכֶת הַמִּשְׁכָּן יָמִים רַבִּים הָיָה, שֶׁהֲרֵי בְּשִׁבְעָה עָשָׂר בְּתַמּוּז נִשְׁתַּבְּרוּ הַלּוּחוֹת וּבְיוֹם הַכִּפּוּרִים נִתְרַצָּה הַקָּדוֹשׁ בָּרוּךְ הוּא לְיִשְׂרָאֵל, וּלְמָחֳרָת הִתְחִילוּ בְּנִדְבַת הַמִּשְׁכָּן וְהוּקַם בְּאֶחָד בְּנִיסָן: **כְּכַלֹּתוֹ.** 'כְּכַלֹּתוֹ' כְּתִיב חָסֵר, שֶׁנִּמְסְרָה לוֹ תּוֹרָה בְּמַתָּנָה כְּכַלָּה לֶחָתָן, שֶׁלֹּא הָיָה יָכוֹל לִלְמֹד כֻּלָּהּ בִּזְמַן מוּעָט כָּזֶה. דָּבָר אַחֵר, מַה כַּלָּה מִתְקַשֶּׁטֶת בְּעֶשְׂרִים וְאַרְבָּעָה קִשּׁוּטִין, הֵן הָאֲמוּרִים בְּסֵפֶר יְשַׁעְיָה (ג, יח-כד), אַף תַּלְמִיד חָכָם צָרִיךְ לִהְיוֹת בָּקִי בְּעֶשְׂרִים וְאַרְבָּעָה סְפָרִים: **לְדַבֵּר אִתּוֹ.** הַחֻקִּים וְהַמִּשְׁפָּטִים שֶׁבְּ'וְאֵלֶּה הַמִּשְׁפָּטִים': **לְדַבֵּר אִתּוֹ.** מְלַמֵּד שֶׁהָיָה מֹשֶׁה שׁוֹמֵעַ מִפִּי הַגְּבוּרָה וְחוֹזְרִין וְשׁוֹנִין אֶת הַהֲלָכָה

ביאור

הִיא בֵּינִי וּבֵינֵיכֶם, סימן לקרבה אליכם, שכן אתם היחידים שצֻוויתם
על שמירת היום הזה, הקדוש לי. אין זה חג הקשור בהיסטוריה
שלכם, ישראל, אלא קיבלתם אותו כמתנה ממני **לְדֹרֹתֵיכֶם, לָדַעַת כִּי
אֲנִי ה׳ מְקַדִּשְׁכֶם**, כיוון שאתם נבחרי, חלות עליכם קדושת השבת
ומנוחתה. יד **וּשְׁמַרְתֶּם אֶת הַשַּׁבָּת כִּי קֹדֶשׁ הִוא לָכֶם. מְחַלְלֶיהָ מוֹת
יוּמָת**, העונש הממשי עליה הוא מוות מידי בית דין.[29] **כִּי כָּל הָעֹשֶׂה
בָהּ מְלָאכָה**, אם עונש המוות לא יתבצע משום מה – **וְנִכְרְתָה הַנֶּפֶשׁ
הַהִוא מִקֶּרֶב עַמֶּיהָ**. אלוקים ימית אותו. טו **שֵׁשֶׁת יָמִים יֵעָשֶׂה מְלָאכָה,
וּבַיּוֹם הַשְּׁבִיעִי שַׁבַּת שַׁבָּתוֹן קֹדֶשׁ לַה׳. כָּל הָעֹשֶׂה מְלָאכָה**, פעולה
שיש עמה יצירה, ואינה נמדדת לפי מידת המאמץ המושקע בה,
בְּיוֹם הַשַּׁבָּת – מוֹת יוּמָת. טז **וְשָׁמְרוּ בְנֵי יִשְׂרָאֵל אֶת הַשַּׁבָּת, לַעֲשׂוֹת
אֶת הַשַּׁבָּת**, לקיים את המצוות הכרוכות בה ולהחזיק בקדושתה[30]
לְדֹרֹתָם בְּרִית עוֹלָם, קשר של מחויבות נצחית. יז **בֵּינִי וּבֵין בְּנֵי יִשְׂרָאֵל
אוֹת**, סימנה של הברית **הִיא לְעֹלָם**, האות מורה **כִּי שֵׁשֶׁת יָמִים עָשָׂה
ה׳ אֶת הַשָּׁמַיִם וְאֶת הָאָרֶץ, וּבַיּוֹם הַשְּׁבִיעִי שָׁבַת וַיִּנָּפַשׁ**, ונח. וכאשר
ישראל שובתים ונחים, הם משתתפים עם ה׳ בשביתתו ובמנוחתו.
באות הזה הם מודיעים את הברית ואת הקשר שבינם לבינו.

מעשה העגל ותוצאותיו

פרק לא פס׳ יח – פרק לג פס׳ יז

סדרת הציוויים הארוכה על המשכן ועל כליו, על הקדשתם ועל הלבשת הכהנים ומשיחתם, שהסתיימה במצוות השבת, נאמרה למשה בעת שהיה שוהה לבדו בהר סיני. נראה כי באותם ימים הורה לו אלוקים לא רק את ענייני המשכן והכהנים, אלא את כל דברי התורה שהיו בעבר ואלה שעתידים להיות.[31] בסוף הימים שמשה עשה בהר כדי לממש את ברית סיני בארץ, סר עמו של משה מן הברית בעשיית עגל מסכה וסגידה לו. מעשה העגל הסמוך כל כך לקבלת התורה ייזכר לישראל לדיראון בכל הדורות.

יח **וַיִּתֵּן ה׳ אֶל מֹשֶׁה כְּכַלֹּתוֹ לְדַבֵּר אִתּוֹ בְּהַר סִינַי אֶת שְׁנֵי לֻחֹת הָעֵדֻת.**
התורה שנכתבה על הלוחות היא מסמך המעיד על הברית בין ה׳

הרחבות

׳שבת שבתון׳ המונח הכולל ׳שבת׳ מתייחס במקרא גם לימי חג, ומשמעותו יום של שביתה ממלאכות. המונח ׳שבת שבתון׳ מוזכר רק לגבי שבת ויום הכיפורים, שכן ממנו נגזרת שביתה כפולה – גם ממלאכות הקשורות להכנת אוכל כמו בישול ואפייה. (ראו לעיל יב,טז; ויקרא טז,לא; כג,כו-לב).

׳ביני ובין בני ישראל׳ השבת מתפשטת למעגלי ההשפעה המקיפים את השובת. ישראל הם כבני ביתו של אלוקים, וביום שביתתו הם שובתים כמותו, וגם מצֻווים להשבית את עבדיהם, את שפחותיהם ואפילו את בהמותיהם (לעיל כ,ט; כג, יב).

הָעֵדֻת לֻחֹת אֶבֶן כְּתֻבִים בְּאֶצְבַּע אֱלֹהִים׃ וַיַּרְא א לב
הָעָם כִּי־בֹשֵׁשׁ מֹשֶׁה לָרֶדֶת מִן־הָהָר וַיִּקָּהֵל הָעָם
עַל־אַהֲרֹן וַיֹּאמְרוּ אֵלָיו קוּם ׀ עֲשֵׂה־לָנוּ אֱלֹהִים
אֲשֶׁר יֵלְכוּ לְפָנֵינוּ כִּי־זֶה ׀ מֹשֶׁה הָאִישׁ אֲשֶׁר הֶעֱלָנוּ
מֵאֶרֶץ מִצְרַיִם לֹא יָדַעְנוּ מֶה־הָיָה לוֹ׃ וַיֹּאמֶר ב
אֲלֵהֶם אַהֲרֹן פָּרְקוּ נִזְמֵי הַזָּהָב אֲשֶׁר בְּאָזְנֵי נְשֵׁיכֶם
בְּנֵיכֶם וּבְנֹתֵיכֶם וְהָבִיאוּ אֵלָי׃ וַיִּתְפָּרְקוּ כָּל־הָעָם ג
אֶת־נִזְמֵי הַזָּהָב אֲשֶׁר בְּאָזְנֵיהֶם וַיָּבִיאוּ אֶל־אַהֲרֹן׃

רש"י

שְׁנֵיהֶם יַחַד: לֻחֹת. 'לֻחַת' כְּתִיב, שֶׁהָיוּ שְׁתֵּיהֶן שָׁווֹת:

פרק לב

א) **כִּי בֹשֵׁשׁ מֹשֶׁה.** כְּתַרְגּוּמוֹ לְשׁוֹן אִחוּר, וְכֵן: "בֹּשֵׁשׁ רִכְבּוֹ" (שופטים ה, כח), "וַיָּחִילוּ עַד בּוֹשׁ" (שם ג, כה). כִּי כְּשֶׁעָלָה מֹשֶׁה לָהָר אָמַר לָהֶם: לְסוֹף אַרְבָּעִים יוֹם אֲנִי בָּא בְּתוֹךְ שֵׁשׁ שָׁעוֹת. כִּסְבוּרִים הֵם שֶׁאוֹתוֹ יוֹם שֶׁעָלָה מִן הַמִּנְיָן הוּא, וְהוּא אָמַר לָהֶם שְׁלֵמִים, אַרְבָּעִים יוֹם וְלֵילוֹ עִמּוֹ, וְיוֹם עֲלִיָּתוֹ אֵין לֵילוֹ עִמּוֹ. כְּשִׁבְעָה בְּסִיוָן עָלָה, נִמְצָא יוֹם אַרְבָּעִים בְּשִׁבְעָה עָשָׂר בְּתַמּוּז. בְּשִׁשָּׁה עָשָׂר בָּא שָׂטָן וְעִרְבֵּב אֶת הָעוֹלָם וְהֶרְאָה דְּמוּת חֹשֶׁךְ וַאֲפֵלָה וְעִרְבּוּבְיָא, לוֹמַר וַדַּאי מֵת מֹשֶׁה לְכָךְ בָּא עִרְבּוּבְיָא לָעוֹלָם. אָמַר לָהֶם: מֵת מֹשֶׁה, שֶׁכְּבָר בָּאוּ שֵׁשׁ שָׁעוֹת וְלֹא בָא וְכוּ', כִּדְאִיתָא בְּמַסֶּכֶת שַׁבָּת (דף פט ע"א). וְאִי אֶפְשָׁר לוֹמַר שֶׁלֹּא טָעוּ אֶלָּא בְּיוֹם הַמְעֻנָּן בֵּין קֹדֶם חֲצוֹת בֵּין לְאַחַר חֲצוֹת, שֶׁהֲרֵי לֹא יָרַד מֹשֶׁה עַד יוֹם הַמָּחֳרָת, שֶׁנֶּאֱמַר: "וַיַּשְׁכִּימוּ מִמָּחֳרָת וַיַּעֲלוּ עֹלֹת" (להלן פסוק ו): **אֲשֶׁר יֵלְכוּ לְפָנֵינוּ.** אֱלָהוֹת הַרְבֵּה אִוּוּ לָהֶם: **כִּי זֶה מֹשֶׁה הָאִישׁ.** כְּמִין דְּמוּת מֹשֶׁה הֶרְאָה לָהֶם הַשָּׂטָן שֶׁנּוֹשְׂאִים אוֹתוֹ בַּאֲוִיר רְקִיעַ הַשָּׁמַיִם: **אֲשֶׁר הֶעֱלָנוּ מֵאֶרֶץ מִצְרַיִם.** וְהָיָה מוֹרֶה לָנוּ דֶּרֶךְ אֲשֶׁר נַעֲלֶה בָּהּ, עַתָּה צְרִיכִין אָנוּ לֵאלָהוֹת "אֲשֶׁר יֵלְכוּ לְפָנֵינוּ":

ב) **בְּאָזְנֵי נְשֵׁיכֶם.** אָמַר אַהֲרֹן בְּלִבּוֹ: הַנָּשִׁים וְהַיְלָדִים חָסִים עַל תַּכְשִׁיטֵיהֶן, שֶׁמָּא יִתְעַכֵּב הַדָּבָר וּבְתוֹךְ כָּךְ יָבֹא מֹשֶׁה. וְהֵם לֹא הִמְתִּינוּ וּפָרְקוּ מֵעַל עַצְמָן: **פָּרְקוּ.** לְשׁוֹן צִוּוּי מִגִּזְרַת 'פָּרֵק' לְיָחִיד, כְּמוֹ 'בָּרְכוּ' מִגִּזְרַת 'בָּרֵךְ':

ג) **וַיִּתְפָּרְקוּ.** לְשׁוֹן פְּרִיקַת מַשָּׂא, כְּשֶׁנְּטָלוּם מֵאָזְנֵיהֶם נִמְצְאוּ הֵם מְפֹרָקִים מִנִּזְמֵיהֶם, דישקריי"ר בְּלַעַז: **אֶת נִזְמֵי.** כְּמוֹ מִנִּזְמֵי. כְּמוֹ: "כְּצֵאתִי אֶת הָעִיר" (לעיל ט, כט) – מִן הָעִיר:

ביאור | לישראל.[32] **לֻחֹת אֶבֶן כְּתֻבִים בְּאֶצְבַּע אֱלֹהִים.** הלוחות נוצרו בידי אלוקים, והוא שכתב עליהם.

פרק לב א ובינתיים בתחתית ההר - **וַיַּרְא הָעָם כִּי בֹשֵׁשׁ,** התעכב **מֹשֶׁה לָרֶדֶת מִן הָהָר.** גם אם משה הודיע שיחזור כעבור ארבעים יום, הייתה, מן הסתם, אי-הבנה לגבי חשבון הזמנים.[33] **וַיִּקָּהֵל,** נאסף **הָעָם עַל אַהֲרֹן,** העם פנה לאהרן, משום שהכירו כבן הלוויה של משה וכנביאו עוד ממצרים.[34] **וַיֹּאמְרוּ אֵלָיו: קוּם עֲשֵׂה לָנוּ אֱלֹהִים,** ישות אלוהית כלשהי, **אֲשֶׁר יֵלְכוּ לְפָנֵינוּ, כִּי זֶה מֹשֶׁה הָאִישׁ אֲשֶׁר הֶעֱלָנוּ מֵאֶרֶץ מִצְרַיִם – לֹא יָדַעְנוּ מֶה הָיָה לוֹ.**

ב **וַיֹּאמֶר אֲלֵהֶם אַהֲרֹן:** אם ברצונכם לעשות מעשה כזה, עשו אותו כראוי - **פָּרְקוּ נִזְמֵי הַזָּהָב אֲשֶׁר בְּאָזְנֵי נְשֵׁיכֶם, בְּנֵיכֶם וּבְנֹתֵיכֶם,** הזהב הזמין לכם בתכשיטיכם, **וְהָבִיאוּ אֵלָי.**

ג **וַיִּתְפָּרְקוּ כָּל הָעָם אֶת נִזְמֵי הַזָּהָב אֲשֶׁר בְּאָזְנֵיהֶם וַיָּבִיאוּ אֶל אַהֲרֹן.**

הרחבות

'לֻחֹת אבן כתֻבים באצבע אלהים' עד כה דובר ארוכות במשכן, ועתה קיבל משה את לוחות העדות, שיהוו המוקד המרכזי והקדוש ביותר במשכן. כל כלי המשכן מתקדשים בגלל תפקידם בעבודת הקודש. לעומתם, ללוחות אין שימוש בעבודה מסוימת; הם הדבר הקדוש בעצמו, שמסביב לו נבנה המשכן. לפי הפשט, לא נכתבו עליהם אלא עשרת הדיברות, אך חכמים אומרים שכל התורה כולה נכתבה עליהם בצורות שונות (קהלת רבה א,כט).

הכתב והמכתב והלוחות נמנו עם הדברים הנסיים שהוכנו ביום השישי לבריאת העולם בין השמשות (אבות ה,ו).

'ויִקָּהֵל העם על אהרן ויאמרו אליו קום עשה לנו אלהים אשר ילכו לפנינו' ישראל ידעו שמשה יצא לפגישה שתוצאותיה אינן צפויות מראש. הם לא חיפשו אל אחר, אלא חשו נטושים במדבר, שכן מנהיגם עזב אותם, וחששו שמא לא ישוב. על כן תרו בדחיפות ובבהלה אחר מנהיג חלופי הדומה למשה. (ראו רמב"ן ור"א מזרחי). אהרן, אחיו של משה ושליחו, נראה להם המתאים ביותר לדאוג למנהיג כזה או לייצג אותו בעצמו (ראו ר"י בכור שור פס' ד).

'ויאמר אלֵהם אהרן פרקו נזמי הזהב אשר באזני נשיכם' חכמינו אומרים שבהוראתו זו ביקש אהרן לדחות את עשיית העגל. הוא חשב שלא בקלות ולא במהירות יביאו האנשים את נזמי נשיהם, בניהם ובנותיהם. (ראו במדבר רבה כא,י; רש"י ור"י בכור שור על אתר). זו הייתה דרכו לדחות את ההתמודדות עם דרישות העם נוכח התעכבותו של משה.

ד וַיִּקַּח מִיָּדָם וַיָּצַר אֹתוֹ בַּחֶרֶט וַיַּעֲשֵׂהוּ עֵגֶל מַסֵּכָה
וַיֹּאמְרוּ אֵלֶּה אֱלֹהֶיךָ יִשְׂרָאֵל אֲשֶׁר הֶעֱלוּךָ מֵאֶרֶץ
ה מִצְרָיִם׃ וַיַּרְא אַהֲרֹן וַיִּבֶן מִזְבֵּחַ לְפָנָיו וַיִּקְרָא אַהֲרֹן
ו וַיֹּאמַר חַג לַיהוָה מָחָר׃ וַיַּשְׁכִּימוּ מִמָּחֳרָת וַיַּעֲלוּ
עֹלֹת וַיַּגִּשׁוּ שְׁלָמִים וַיֵּשֶׁב הָעָם לֶאֱכֹל וְשָׁתוֹ וַיָּקֻמוּ
לְצַחֵק׃
ז וַיְדַבֵּר יְהוָה אֶל־מֹשֶׁה לֶךְ־רֵד כִּי שִׁחֵת עַמְּךָ אֲשֶׁר

רש"י

ד) **וַיָּצַר אוֹתוֹ בַּחֶרֶט.** יֵשׁ לְתַרְגְּמוֹ בִּשְׁנֵי פָנִים: הָאֶחָד – "וַיָּצַר" לְשׁוֹן קְשִׁירָה, "בַּחֶרֶט" לְשׁוֹן סוּדָר, כְּמוֹ "וְהַמִּטְפָּחוֹת וְהָחֲרִיטִים" (ישעיה ג, כב), "וַיָּצַר כִּכְּרַיִם כֶּסֶף בִּשְׁנֵי חֲרִטִים" (מלכים ב׳ ה, כג). וְהַשֵּׁנִי – "וַיָּצַר" לְשׁוֹן צוּרָה, "בַּחֶרֶט" כְּלִי אֻמָּנוּת הַצּוֹרְפִין שֶׁחוֹרְצִין וְחוֹרְתִין בּוֹ צוּרוֹת בַּזָּהָב כְּעֵט סוֹפֵר הַחוֹרֵט אוֹתִיּוֹת בְּלוּחוֹת וּפִנְקָסִין, כְּמוֹ: "וּכְתֹב עָלָיו בְּחֶרֶט אֱנוֹשׁ" (ישעיה ח, א), וְזֶהוּ שֶׁתִּרְגֵּם אוּנְקְלוֹס: "וְצָר יָתֵיהּ בְּזִיפָא" לְשׁוֹן זִיּוּף, הוּא כְּלִי אֻמָּנוּת שֶׁחוֹרְצִין בּוֹ בַּזָּהָב אוֹתִיּוֹת וְשִׁקּוּדִים שֶׁקּוֹרִין בְּלַעַז ניי"ל, וּמְזַיְּפִין עַל יָדוֹ חוֹתָמוֹת: **עֵגֶל מַסֵּכָה.** כֵּיוָן שֶׁהִשְׁלִיכוּ לָאוּר בַּכּוּר, בָּאוּ מְכַשְּׁפֵי עֵרֶב רַב שֶׁעָלוּ עִמָּהֶם מִמִּצְרַיִם וַעֲשָׂאוּהוּ בִּכְשָׁפִים. וְיֵשׁ אוֹמְרִים: מִיכָה הָיָה שָׁם, שֶׁיָּצָא מִתּוֹךְ דִּמּוּסֵי בִנְיָן שֶׁנִּתְמַכְמֵךְ בּוֹ בְּמִצְרַיִם, וְהָיָה בְיָדוֹ שֵׁם וְטַס שֶׁכָּתַב בּוֹ מֹשֶׁה: "עֲלֵה שׁוֹר עֲלֵה שׁוֹר" לְהַעֲלוֹת אֲרוֹנוֹ שֶׁל יוֹסֵף מִתּוֹךְ נִילוּס, וְהִשְׁלִיכוֹ לְתוֹךְ הַכּוּר וְיָצָא הָעֵגֶל: **מַסֵּכָה.** לְשׁוֹן מַתֶּכֶת. דָּבָר אַחֵר, מֵאָה וְעֶשְׂרִים וַחֲמִשָּׁה קַנְטְרִין זָהָב הָיוּ בּוֹ כְּגִימַטְרִיָּא שֶׁל מַסֵּכָה: **אֵלֶּה אֱלֹהֶיךָ.** וְלֹא נֶאֱמַר 'אֵלֶּה אֱלֹהֵינוּ', מִכָּאן שֶׁעֵרֶב רַב שֶׁעָלוּ מִמִּצְרַיִם הֵם שֶׁנִּקְהֲלוּ עַל אַהֲרֹן וְהֵם שֶׁעֲשָׂאוּהוּ, וְאַחַר כָּךְ הִטְעוּ אֶת יִשְׂרָאֵל אַחֲרָיו:

ה) **וַיַּרְא אַהֲרֹן.** שֶׁהָיָה בּוֹ רוּחַ חַיִּים, שֶׁנֶּאֱמַר: "בְּתַבְנִית שׁוֹר אֹכֵל עֵשֶׂב" (תהלים קו, כ), וְרָאָה שֶׁהִצְלִיחַ מַעֲשֵׂה שָׂטָן, וְלֹא הָיָה לוֹ פֶּה לִדְחוֹתָם לְגַמְרֵי: **וַיִּבֶן מִזְבֵּחַ.** לִדְחוֹתָם: **וַיִּקְרָא... חַג לַה׳ מָחָר.** וְלֹא הַיּוֹם, שֶׁמָּא יָבֹא מֹשֶׁה קֹדֶם שֶׁיַּעַבְדוּהוּ, זֶהוּ פְּשׁוּטוֹ. וּמִדְרָשׁוֹ בְּוַיִּקְרָא רַבָּה (י, ג): דְּבָרִים הַרְבֵּה רָאָה אַהֲרֹן; רָאָה חוּר בֶּן אֲחוֹתוֹ שֶׁהָיָה מוֹכִיחָם וַהֲרָגוּהוּ, וְזֶהוּ "וַיִּבֶן מִזְבֵּחַ לְפָנָיו", וַיָּבֶן מִזָּבוּחַ לְפָנָיו; וְעוֹד רָאָה וְאָמַר, מוּטָב שֶׁיִּתָּלֶה בִּי הַסִּרְחוֹן וְלֹא בָּהֶם; וְעוֹד רָאָה וְאָמַר, אִם הֵם בּוֹנִים אוֹתוֹ הַמִּזְבֵּחַ, זֶה מֵבִיא צְרוֹר וְזֶה מֵבִיא אֶבֶן וְנִמְצֵאת מְלַאכְתָּן בְּבַת אַחַת, מִתּוֹךְ שֶׁאֲנִי בּוֹנֶה אוֹתוֹ אֲנִי מִתְעַצֵּל בִּמְלַאכְתִּי, וּבֵין כָּךְ וּבֵין כָּךְ מֹשֶׁה בָּא: **חַג לַה׳.** בְּלִבּוֹ הָיָה לַשָּׁמַיִם, בָּטוּחַ הָיָה שֶׁיָּבֹא מֹשֶׁה וְיַעַבְדוּ אֶת הַמָּקוֹם:

ו) **וַיַּשְׁכִּימוּ.** הַשָּׂטָן זֵרְזָם כְּדֵי שֶׁיֶּחֶטְאוּ: **לְצַחֵק.** יֵשׁ בְּמַשְׁמָע הַזֶּה גִּלּוּי עֲרָיוֹת, כְּמוֹ שֶׁנֶּאֱמַר: "לְצַחֶק בִּי" (בראשית לט, יז), וּשְׁפִיכוּת דָּמִים, כְּמוֹ שֶׁנֶּאֱמַר: "יָקוּמוּ נָא הַנְּעָרִים וִישַׂחֲקוּ לְפָנֵינוּ" (שמואל ב׳ ב, יד), אַף כָּאן נֶהֱרַג חוּר:

ז) **וַיְדַבֵּר.** לְשׁוֹן קֹשִׁי הוּא, כְּמוֹ: "וַיְדַבֵּר אִתָּם קָשׁוֹת" (בראשית מב, ז): **לֶךְ רֵד.** מִגְּדֻלָּתְךָ, לֹא נָתַתִּי לְךָ גְּדֻלָּה אֶלָּא בִּשְׁבִילָם. בְּאוֹתָהּ שָׁעָה נִתְנַדָּה מֹשֶׁה מִפִּי בֵּית דִּין שֶׁלְּמַעְלָה: **שִׁחֵת עַמְּךָ.** שִׁחֵת הָעָם לֹא נֶאֱמַר, אֶלָּא

ביאור

ד **וַיִּקַּח מִיָּדָם** את הזהב, **וַיָּצַר**, עיצב **אֹתוֹ בַּחֶרֶט**, כלי אומנות המשמש
צורפים,[35] **וַיַּעֲשֵׂהוּ עֵגֶל מַסֵּכָה**, מותך ויצוק.[36] **וַיֹּאמְרוּ** כל הנוכחים:
אֵלֶּה אֱלֹהֶיךָ יִשְׂרָאֵל אֲשֶׁר הֶעֱלוּךָ מֵאֶרֶץ מִצְרָיִם.

ה **וַיַּרְא אַהֲרֹן וַיִּבֶן מִזְבֵּחַ לְפָנָיו, וַיִּקְרָא אַהֲרֹן וַיֹּאמַר: חַג לַה' מָחָר.** אהרן
מדגיש שהחג ייחגג לה'.

ו **וַיַּשְׁכִּימוּ** כל העם **מִמָּחֳרָת וַיַּעֲלוּ עֹלֹת וַיַּגִּשׁוּ שְׁלָמִים, וַיֵּשֶׁב הָעָם
לֶאֱכֹל וְשָׁתוֹ** – מביטויי החג, **וַיָּקֻמוּ לְצַחֵק**, לשחק משחק בעל אופי
תחרותי או מיני.[37]

ז ובאותו זמן – **וַיְדַבֵּר ה' אֶל מֹשֶׁה: לֶךְ רֵד** מן ההר, או: מגדולתך.[38]
אתה יושב במחיצתי ומצוי בדרגה הגבוהה ביותר שילוד אשה הגיע
אליה, אך בינתיים אירעו למטה דברים המצריכים אותך לרדת
ממדרגתך – **כִּי שִׁחֵת עַמְּךָ אֲשֶׁר הֶעֱלֵיתָ מֵאֶרֶץ מִצְרָיִם.** ח **סָרוּ מַהֵר**

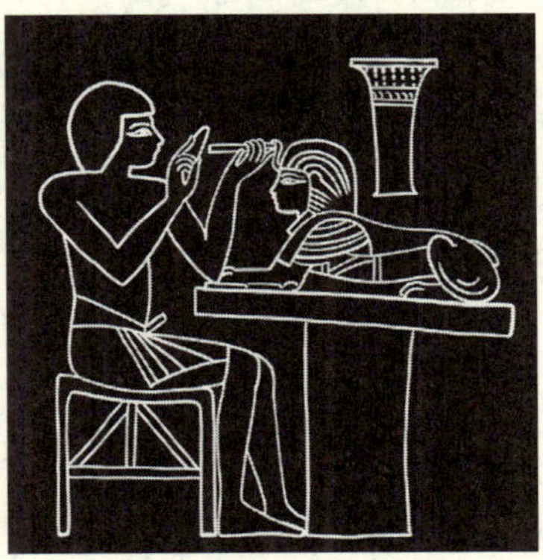

חרט
כלי אומנות
המשמש
על פי ציור
המאה ה-14 לפנה"ס
קבר נבמון
תבי, מצרים

הרחבות

'אלה אלהיך ישראל אשר העלוך מארץ מצרים' אותם אנשים ראו את כבוד ה' ואת נפלאותיו, ועל כן בוודאי לא יכלו לחשוב שהעגל שנעשה כעת הוא שהעלה אותם ממצרים. נראה שחשבו שהצליחו להכניס לתוך דמות העגל את רוחו של משה רבנו, וכיוון שכך, הוא שהוציאם ממצרים. העגל לא היה עבודה זרה של ממש במובנה הגס. 'אלהיך' יכול להתפרש במובן של בעל כוח שררה והנהגה, כמו שנאמר על משה: נְתַתִּיךָ אֱלֹהִים לְפַרְעֹה (לעיל ז,א. ר"י בכור שור ועוד).

'ויעלו עֹלֹת... ויקֻמו לצחק' עם ישראל היה לא מכבר עם עבדים הנתון להשפעתה של תרבות זרה. ייתכן שהחגים המקובלים בסביבתם החלו במעשה המשמעותי יותר – הקרבת קרבנות. לאחר שרגשותיהם הסוערים של החוגגים היו מתעוררים, היה מגיע שלב המשתאות, ולבסוף – אורגיות גדולות. נראה שכיוון שישראל חשו שנמצא להם תחליף למשה, אשר ירכז את העם, התעורר בהם הרצון לחגוג זאת לפי הדרך שהכירו במצרים, בלי לתת את דעתם על העתיד.

הֶעֱלֵיתָ מֵאֶרֶץ מִצְרָיִם׃ סָרוּ מַהֵר מִן־הַדֶּרֶךְ אֲשֶׁר ח
צִוִּיתִם עָשׂוּ לָהֶם עֵגֶל מַסֵּכָה וַיִּשְׁתַּחֲווּ־לוֹ וַיִּזְבְּחוּ־
לוֹ וַיֹּאמְרוּ אֵלֶּה אֱלֹהֶיךָ יִשְׂרָאֵל אֲשֶׁר הֶעֱלוּךָ
מֵאֶרֶץ מִצְרָיִם׃ וַיֹּאמֶר יהוה אֶל־מֹשֶׁה רָאִיתִי אֶת־ ט
הָעָם הַזֶּה וְהִנֵּה עַם־קְשֵׁה־עֹרֶף הוּא׃ וְעַתָּה הַנִּיחָה י
לִּי וְיִחַר־אַפִּי בָהֶם וַאֲכַלֵּם וְאֶעֱשֶׂה אוֹתְךָ לְגוֹי
גָּדוֹל׃ וַיְחַל מֹשֶׁה אֶת־פְּנֵי יהוה אֱלֹהָיו וַיֹּאמֶר לָמָה יא
יהוה יֶחֱרֶה אַפְּךָ בְּעַמֶּךָ אֲשֶׁר הוֹצֵאתָ מֵאֶרֶץ מִצְרַיִם
בְּכֹחַ גָּדוֹל וּבְיָד חֲזָקָה׃ לָמָּה יֹאמְרוּ מִצְרַיִם לֵאמֹר יב
בְּרָעָה הוֹצִיאָם לַהֲרֹג אֹתָם בֶּהָרִים וּלְכַלֹּתָם מֵעַל
פְּנֵי הָאֲדָמָה שׁוּב מֵחֲרוֹן אַפֶּךָ וְהִנָּחֵם עַל־הָרָעָה
לְעַמֶּךָ׃ זְכֹר לְאַבְרָהָם לְיִצְחָק וּלְיִשְׂרָאֵל עֲבָדֶיךָ יג
אֲשֶׁר נִשְׁבַּעְתָּ לָהֶם בָּךְ וַתְּדַבֵּר אֲלֵהֶם אַרְבֶּה אֶת־

רש״י

"עַמְּךָ", עֵרֶב רַב שֶׁקִּבַּלְתָּ מֵעַצְמְךָ וְגִיַּרְתָּם וְלֹא נִמְלַכְתָּ בִּי, וְאָמַרְתָּ: טוֹב שֶׁיִּדָּבְקוּ גֵּרִים בַּשְּׁכִינָה – הֵם שִׁחֲתוּ וְהִשְׁחִיתוּ:

ט] קְשֵׁה עֹרֶף. מַחֲזִירִין קְשִׁי עָרְפָּם לְנֶגֶד מוֹכִיחֵיהֶם וּמְמָאֲנִים לִשְׁמֹעַ:

י] הַנִּיחָה לִּי. עֲדַיִן לֹא שָׁמַעְנוּ שֶׁהִתְפַּלֵּל מֹשֶׁה עֲלֵיהֶם, וְהוּא אוֹמֵר "הַנִּיחָה לִּי"? אֶלָּא כָּאן פָּתַח לוֹ פֶּתַח וְהוֹדִיעוֹ שֶׁהַדָּבָר תָּלוּי בּוֹ, שֶׁאִם יִתְפַּלֵּל עֲלֵיהֶם לֹא יְכַלֵּם:

יא] לָמָה ה׳ יֶחֱרֶה אַפְּךָ. כְּלוּם מִתְקַנֵּא אֶלָּא חָכָם בְּחָכָם גִּבּוֹר בְּגִבּוֹר:

יב] וְהִנָּחֵם. הִתְעַשֵּׁת לָהֶם מַחֲשָׁבָה אַחֶרֶת לְהֵיטִיב: עַל הָרָעָה. אֲשֶׁר חָשַׁבְתָּ לָהֶם:

יג] זְכֹר לְאַבְרָהָם. אִם עָבְרוּ עַל עֲשֶׂרֶת הַדִּבְּרוֹת, אַבְרָהָם אֲבִיהֶם נִתְנַסָּה בְּעֶשֶׂר נִסְיוֹנוֹת וַעֲדַיִן לֹא קִבֵּל שְׂכָרוֹ, תְּנֵהוּ לוֹ, וְיֵצְאוּ עֶשֶׂר בְּעֶשֶׂר: לְאַבְרָהָם לְיִצְחָק וּלְיִשְׂרָאֵל. וְאִם אֵינָן נִצּוֹלִין בִּזְכוּתָן, מָה אַתָּה אוֹמֵר לִי: "וְאֶעֱשֶׂה אוֹתְךָ לְגוֹי גָּדוֹל"? אִם כִּסֵּא שֶׁל שָׁלֹשׁ רַגְלַיִם אֵינוֹ עוֹמֵד לְפָנֶיךָ, קַל וָחֹמֶר לְכִסֵּא שֶׁל רֶגֶל אֶחָד: אֲשֶׁר נִשְׁבַּעְתָּ לָהֶם בָּךְ. לֹא נִשְׁבַּעְתָּ לָהֶם בְּדָבָר שֶׁהוּא כָּלֶה, לֹא בַּשָּׁמַיִם וְלֹא בָּאָרֶץ, לֹא בֶּהָרִים וְלֹא בַּגְּבָעוֹת, אֶלָּא בְּךָ שֶׁאַתָּה קַיָּם וְכֵן שְׁבוּעָתְךָ תִּתְקַיֵּם, שֶׁנֶּאֱמַר: "בִּי נִשְׁבַּעְתִּי נְאֻם ה׳" (בראשית כב, טז), וּלְיִצְחָק נֶאֱמַר: "וַהֲקִמֹתִי אֶת הַשְּׁבֻעָה אֲשֶׁר נִשְׁבַּעְתִּי לְאַבְרָהָם אָבִיךָ" (שם כו, ג), וּלְיַעֲקֹב נֶאֱמַר: "אֲנִי אֵל שַׁדַּי פְּרֵה וּרְבֵה" (שם לה, יא), נִשְׁבַּע לוֹ בְּאֵל שַׁדַּי:

ביאור

מִן הַדֶּרֶךְ אֲשֶׁר צִוִּיתִם, **עָשׂוּ לָהֶם עֵגֶל מַסֵּכָה, וַיִּשְׁתַּחֲווּ לוֹ וַיִּזְבְּחוּ לוֹ וַיֹּאמְרוּ: "אֵלֶּה אֱלֹהֶיךָ יִשְׂרָאֵל אֲשֶׁר הֶעֱלוּךָ מֵאֶרֶץ מִצְרָיִם"**.

ט **וַיֹּאמֶר ה' אֶל מֹשֶׁה: רָאִיתִי אֶת הָעָם הַזֶּה, וְהִנֵּה עַם קְשֵׁה עֹרֶף,** עיקש **הוא**. עיקשותם היא שאטמה אותם בפני ציות לאיסורי המפורשים. י **וְעַתָּה הַנִּיחָה לִּי, וְיִחַר אַפִּי בָהֶם,** אכעס עליהם **וַאֲכַלֵּם,** אשמידם, **וְאֶעֱשֶׂה אוֹתְךָ לְגוֹי גָּדוֹל**. במקום שעמי יהיו בני אברהם, יצחק ויעקב – הם יהיו בניך, משה. אין בכך סתירה להבטחה הקודמת לאבות, שכן אתה יצאת מהם.

יא **וַיְחַל,** התחנן, ואולי אפילו הביא את עצמו לידי חולי,[39] **מֹשֶׁה אֶת פְּנֵי ה' אֱלֹהָיו וַיֹּאמֶר: לָמָה ה' יֶחֱרֶה אַפְּךָ בְּעַמֶּךָ אֲשֶׁר הוֹצֵאתָ מֵאֶרֶץ מִצְרַיִם בְּכֹחַ גָּדוֹל וּבְיָד חֲזָקָה?** יב ומשה מנמק: **לָמָּה יֹאמְרוּ מִצְרַיִם לֵאמֹר: "בְּרָעָה הוֹצִיאָם לַהֲרֹג אֹתָם בֶּהָרִים, וּלְכַלֹּתָם מֵעַל פְּנֵי הָאֲדָמָה"**?! אם יישמד העם שרוכז במחנה הזה, יניחו המצרים שה' כעס עליהם מראש, ועל כן שלחם למדבר, מקום המזומן לפורענויות. אשר על כן, **שׁוּב מֵחֲרוֹן אַפֶּךָ וְהִנָּחֵם,** והתחרט **עַל הָרָעָה לְעַמֶּךָ**. יג נוסף על כך, **זְכֹר לְאַבְרָהָם, לְיִצְחָק וּלְיִשְׂרָאֵל עֲבָדֶיךָ, אֲשֶׁר נִשְׁבַּעְתָּ לָהֶם בָּךְ**. לא נשבעת להם בדבר חולף אלא בשמך ובעצמך.

הרחבות

'סרו מהר מן הדרך אשר צויתם עשו להם עגל מסכה' להבחנה בין קיום התורה כראוי לבין עבודה זרה יש היבטים בולטים מאוד, אבל יש גם היבטים דקים, והם המתגלים במעשה העגל. הן ישראל הן העמים הקריבו קרבנות; במרכזו של המשכן יעמדו אפילו דמויות מוחשיות – הכרובים. ואולם שלא כלבנת הספיר והכרובים, שסימלו את מה שנמצא תחת כבוד ה', וגם נעשו על פי ציוויו של ה', את העגל פרי רוחם של בני אדם, לא תפסו יוצריו והחוגגים סביבו כמצע בלבד להשראת שכינת ה' או כשליח של מעלה המבוטל לגמרי לאלוקים. שלא כפי שחשב אהרן, הרגליהם הישנים של ישראל והתרבות שאפפה אותם במצרים פרצו בפולחן לעגל כעבודה זרה של ממש, גם אם לא זו הייתה תחילת כוונתם.

'ועתה הניחה לי' בשחזורם של חכמים נבהל משה ונדהם למשמע דברי ה' עד כדי היעדר תגובה. נוכח השיתוק שאחז בו, אמר לו ה': הַנִּיחָה לִּי. במלים אלו רמז לו להתערב, כביכול אמר לו: אילו אתה לא היית כאן – הייתי משמיד אותם מיד. (ראו ברכות לב ע"א; שמות רבה מב,ט ורש"י על אתר).

'למה ה' יחרה אפך בעמך אשר הוצאת מארץ מצרים' בניסוחו הנועז משה הופך את הכינויים – ה' אמר לו שִׁחֵת עַמְּךָ אֲשֶׁר הֶעֱלֵיתָ מֵאֶרֶץ מִצְרָיִם, ומשה טוען כנגדו: אין זה עמי אלא עמך; לא אני הוא שהוצאתי אותו, אלא אתה הוצאת אותו בכוחך הגדול. (ראו רשב"ם).

זַרְעֲכֶם כְּכוֹכְבֵי הַשָּׁמָיִם וְכָל־הָאָרֶץ הַזֹּאת אֲשֶׁר
אָמַרְתִּי אֶתֵּן לְזַרְעֲכֶם וְנָחֲלוּ לְעֹלָם: וַיִּנָּחֶם יְהוָה יד
עַל־הָרָעָה אֲשֶׁר דִּבֶּר לַעֲשׂוֹת לְעַמּוֹ:
כה וַיִּפֶן וַיֵּרֶד מֹשֶׁה מִן־הָהָר וּשְׁנֵי לֻחֹת הָעֵדֻת בְּיָדוֹ טו
לֻחֹת כְּתֻבִים מִשְּׁנֵי עֶבְרֵיהֶם מִזֶּה וּמִזֶּה הֵם כְּתֻבִים:
וְהַלֻּחֹת מַעֲשֵׂה אֱלֹהִים הֵמָּה וְהַמִּכְתָּב מִכְתַּב טז
אֱלֹהִים הוּא חָרוּת עַל־הַלֻּחֹת: וַיִּשְׁמַע יְהוֹשֻׁעַ אֶת־ יז
קוֹל הָעָם בְּרֵעֹה וַיֹּאמֶר אֶל־מֹשֶׁה קוֹל מִלְחָמָה
בַּמַּחֲנֶה: וַיֹּאמֶר אֵין קוֹל עֲנוֹת גְּבוּרָה וְאֵין קוֹל עֲנוֹת יח
חֲלוּשָׁה קוֹל עַנּוֹת אָנֹכִי שֹׁמֵעַ: וַיְהִי כַּאֲשֶׁר קָרַב יט
אֶל־הַמַּחֲנֶה וַיַּרְא אֶת־הָעֵגֶל וּמְחֹלֹת וַיִּחַר־אַף מֹשֶׁה
וַיַּשְׁלֵךְ מִיָּדָו אֶת־הַלֻּחֹת וַיְשַׁבֵּר אֹתָם תַּחַת הָהָר:
וַיִּקַּח אֶת־הָעֵגֶל אֲשֶׁר עָשׂוּ וַיִּשְׂרֹף בָּאֵשׁ וַיִּטְחַן עַד כ

רש"י

טו **מִשְּׁנֵי עֶבְרֵיהֶם.** הָיוּ הָאוֹתִיּוֹת נִקְרָאוֹת, וּמַעֲשֵׂה נִסִּים הוּא:

טז **מַעֲשֵׂה אֱלֹהִים הֵמָּה.** כְּמַשְׁמָעוֹ, הוּא בִּכְבוֹדוֹ עֲשָׂאָן. דָּבָר אַחֵר, כְּאָדָם הָאוֹמֵר לַחֲבֵרוֹ: כָּל עֲסָקָיו שֶׁל פְּלוֹנִי בִּמְלָאכָה פְּלוֹנִית, כָּךְ כָּל שַׁעֲשׁוּעָיו שֶׁל הַקָּדוֹשׁ בָּרוּךְ הוּא בַּתּוֹרָה: **חָרוּת.** לְשׁוֹן 'חֶרֶט' וְ'חָרוּת' אֶחָד הוּא, שְׁנֵיהֶם לְשׁוֹן חִקּוּק, אנטליי"ר בְּלַעַז:

יז **בְּרֵעֹה.** בַּהֲרִיעוֹ, שֶׁהָיוּ מְרִיעִים וּשְׂמֵחִים וְצוֹחֲקִים:

יח **אֵין קוֹל עֲנוֹת גְּבוּרָה.** אֵין קוֹל הַזֶּה נִרְאֶה קוֹל עֲנִיַּת גִּבּוֹרִים הַצּוֹעֲקִים 'נִצָּחוֹן', וְלֹא קוֹל חַלָּשִׁים הַצּוֹעֲקִים 'וַי' אוֹ 'נִיסָה': **קוֹל עַנּוֹת.** קוֹל חֵרוּפִין וְגִדּוּפִין הַמְעַנִּין אֶת נֶפֶשׁ שׁוֹמְעָן כְּשֶׁנֶּאֱמָרִין לוֹ:

יט **וַיַּשְׁלֵךְ מִיָּדָו וְגוֹ'.** אָמַר: מָה פֶּסַח שֶׁהוּא אַחַת מִן הַמִּצְוֹת, אָמְרָה תּוֹרָה: "כָּל בֶּן נֵכָר לֹא יֹאכַל בּוֹ" (לעיל יב, מג), הַתּוֹרָה כֻּלָּהּ כָּאן וְכֻלָּם מְשֻׁמָּדִים, וְאֶתְּנֶנָּה לָהֶם?!: **תַּחַת הָהָר.** לְרַגְלֵי הָהָר:

הרחבות

'ויחר אף משה וישלך מידיו את הלֻחת וישבר אתם' קודם לכן תואר כעסו של אלוקים על ישראל. עתה מתואר כעסו של משה מול הפרטים המכוערים שה' חסך מאוזניו. משה נוכח במו עיניו שהעם לא ישב בריכוז מדיטטיבי כדי להתבונן מהיכן יבוא המנהיג הבא, אלא השתולל בלא כל רסן. (ראו ספורנו, אלשיך והירש).

שבירת הלוחות ביטאה את זעמו של משה. (ראו רמב"ן). אולם יש לה משמעות נוספת: על הלוחות הייתה חרוטה הברית בין ה' לעמו. כאשר העם הפר כך את

ביאור

וַתְּדַבֵּר אֲלֵהֶם: "אַרְבֶּה אֶת זַרְעֲכֶם כְּכוֹכְבֵי הַשָּׁמָיִם, וְכָל הָאָרֶץ הַזֹּאת
אֲשֶׁר אָמַרְתִּי אֶתֵּן לְזַרְעֲכֶם – וְנָחֲלוּ אותה לְעֹלָם". הרי הבטחתך
לאבות שתחוס על בניהם, שתרבה אותם ושתנחילם את הארץ,
לא נכרכה בשום תנאי.

יד וַיִּנָּחֶם, שינה כביכול את דעתו ה' עַל הָרָעָה אֲשֶׁר דִּבֶּר לַעֲשׂוֹת לְעַמּוֹ.

טו וַיִּפֶן וַיֵּרֶד מֹשֶׁה מִן הָהָר, וּשְׁנֵי לֻחֹת הָעֵדֻת בְּיָדוֹ, לֻחֹת כְּתֻבִים מִשְּׁנֵי
עֶבְרֵיהֶם באופן פלאי, מִזֶּה וּמִזֶּה הֵם כְּתֻבִים. טז וְהַלֻּחֹת מַעֲשֵׂה
אֱלֹהִים הֵמָּה, ולא יצירתו של בשר ודם. וְהַמִּכְתָּב, הכתיבה מִכְתַּב
אֱלֹהִים הוּא, חָרוּת על ידו עַל הַלֻּחֹת.

כאשר עלה משה אל הר האלוקים, יהושע ליווה אותו, אך נאסר
עליו להתקדם מעבר לקו מסוים, ושם המתין למשה.[40] עתה, ברדת
משה מן ההר, הוא פגש את יהושע. יז וַיִּשְׁמַע יְהוֹשֻׁעַ אֶת קוֹל הָעָם
בְּרֵעֹה, בתרועתו, ברעשיו. וַיֹּאמֶר אֶל מֹשֶׁה: קוֹל מִלְחָמָה בַּמַּחֲנֶה.
הקריאות, הצעקות והמהומה נשמעים כקולות מלחמה.

יח וַיֹּאמֶר לו משה: אֵין קוֹל עֲנוֹת, היענות, עזרה של גְבוּרָה, וְאֵין קוֹל
עֲנוֹת, היענות של חֲלוּשָׁה. טעית בזיהוי הקולות. אילו הייתה זו
מלחמה, היו נשמעים קולות תרועת המנצחים הגיבורים, וקולות
סבלם ובכיים של המפסידים החלשים. אינני שומע לא את אלה
ולא את אלה. קוֹל עַנּוֹת, קול רם אחר, שאין בו ביטויים אלו;[41] או:
קול זמרה ומצהלות אָנֹכִי שֹׁמֵעַ.

יט וַיְהִי כַּאֲשֶׁר קָרַב אֶל הַמַּחֲנֶה, וַיַּרְא אֶת הָעֵגֶל וּמְחֹלֹת, הריקודים
שמסביבו, וַיִּחַר אַף מֹשֶׁה, וַיַּשְׁלֵךְ מִיָּדָיו אֶת הַלֻּחֹת וַיְשַׁבֵּר אֹתָם
תַּחַת הָהָר, על האבנים שהיו בתחתיתו. כ וַיִּקַּח אֶת הָעֵגֶל אֲשֶׁר
עָשׂוּ וַיִּשְׂרֹף אותו בָּאֵשׁ וַיִּטְחַן עַד אֲשֶׁר דָּק, השחית אותו לחלוטין.

הרחבות

הברית, אי אפשר היה להחזיק בה עוד. חכמים המשילו את הדבר לחתן הבא לתת את הכתובה - הסכם הנישואין - לכלה, ומתברר לו שהיא מבלה עם מישהו אחר. במקרה כזה ההסכם נעשה מגוחך ואף מיותר. מבחינה זו בשבירת הלוחות הצהיר משה שאין להסכם כל תוקף. (ראו תנחומא כי תשא ל; אבות דרבי נתן ב,ג; רש"י שמות לד,א).

'ויקח את העגל אשר עשו וישרף באש' איש מן הנוכחים לא מחה על שרפת העגל.

אֲשֶׁר־דָּק וַיִּזֶר עַל־פְּנֵי הַמָּיִם וַיַּשְׁקְ אֶת־בְּנֵי יִשְׂרָאֵל׃
וַיֹּאמֶר מֹשֶׁה אֶל־אַהֲרֹן מֶה־עָשָׂה לְךָ הָעָם הַזֶּה כִּי־ כא
הֵבֵאתָ עָלָיו חֲטָאָה גְדֹלָה׃ וַיֹּאמֶר אַהֲרֹן אַל־יִחַר כב
אַף אֲדֹנִי אַתָּה יָדַעְתָּ אֶת־הָעָם כִּי בְרָע הוּא׃ וַיֹּאמְרוּ כג
לִי עֲשֵׂה־לָנוּ אֱלֹהִים אֲשֶׁר יֵלְכוּ לְפָנֵינוּ כִּי־זֶה ׀ מֹשֶׁה
הָאִישׁ אֲשֶׁר הֶעֱלָנוּ מֵאֶרֶץ מִצְרַיִם לֹא יָדַעְנוּ מֶה־
הָיָה לוֹ׃ וָאֹמַר לָהֶם לְמִי זָהָב הִתְפָּרָקוּ וַיִּתְּנוּ־לִי כד
וָאַשְׁלִכֵהוּ בָאֵשׁ וַיֵּצֵא הָעֵגֶל הַזֶּה׃ וַיַּרְא מֹשֶׁה אֶת־ כה

רש"י

כ| **וַיִּזֶר.** לְשׁוֹן נִפּוּץ, וְכֵן: "יְזֹרֶה עַל נָוֵהוּ גָפְרִית" (איוב יח, טו), וְכֵן: "כִּי חִנָּם מְזֹרָה הָרָשֶׁת" (משלי א, יז) שֶׁזּוֹרִין בָּהּ דָּגָן וְקִטְנִית: **וַיַּשְׁקְ אֶת בְּנֵי יִשְׂרָאֵל.** נִתְכַּוֵּן לְבָדְקָן כְּסוֹטוֹת. שָׁלֹשׁ מִיתוֹת נִדּוֹנוּ שָׁם: אִם יֵשׁ עֵדִים וְהַתְרָאָה, בְּסַיִף, כְּמִשְׁפַּט אַנְשֵׁי עִיר הַנִּדַּחַת שֶׁהֵן מְרֻבִּין; עֵדִים בְּלֹא הַתְרָאָה, בְּמַגֵּפָה, שֶׁנֶּאֱמַר: "וַיִּגֹּף ה' אֶת הָעָם" (להלן פסוק לה); לֹא עֵדִים וְלֹא הַתְרָאָה, בְּהַדְרוֹקָן, שֶׁבְּדָקוּם הַמַּיִם וְצָבוּ בִּטְנֵיהֶם:

כא| **מֶה עָשָׂה לְךָ הָעָם הַזֶּה.** כַּמָּה יִסּוּרִים סָבַלְתָּ שֶׁיִּסְּרוּךָ עַד שֶׁלֹּא תָבִיא עֲלֵיהֶם חֵטְא זֶה:

כב| **כִּי בְרָע הוּא.** בְּדֶרֶךְ רַע הֵם הוֹלְכִין תָּמִיד וּבְנִסְיוֹנוֹת לִפְנֵי הַמָּקוֹם:

כד| **וָאֹמַר לָהֶם.** דָּבָר אֶחָד, וְהֵם מִהֲרוּ וְ"הִתְפָּרָקוּ": **וָאַשְׁלִכֵהוּ בָאֵשׁ.** וְלֹא יָדַעְתִּי שֶׁיֵּצֵא הָעֵגֶל הַזֶּה, "וַיֵּצֵא":

הרחבות

מכאן עולה בבירור שהעגל לא נועד מלכתחילה להיות עבודה זרה, אלא רק תחליף למשה. משום כך כאשר משה עצמו הופיע, איבד העגל את כל חשיבותו, ושב להיות בעיני החוגגים גוש זהב סתמי. (ראו רמב"ן פס' א).

'וישק את בני ישראל' בהשקיית מי העגל יש גם רמז למים המאררים שמשקים את האשה הסוטה (במדבר ה,כד). במקרה שאשה נשואה נתייחדה עם גבר זר, עליה לשתות מים כדי לבחון אם חטאה עמו או לא. באותו אופן היו שהסבירו את השקיית מי העגל כמעשה הבא להבחין בין החוטאים הראויים לעונש לאלה שלא חטאו. (ראו עבודה זרה מד ע"א; רש"י ורשב"ם על אתר).

'ואמר להם למי זהב... ויצא העגל הזה' עבודה זרה בדמות עגל - אם כי לאו דווקא מזהב - הייתה מצויה במצרים ונקראה האפיס. אולי בהשראתה יצא פסל בצורת עגל ולא בצורה אחרת, שכן זו הייתה התבנית שהייתה מוכרת ליוצאי מצרים והיא שדיברה אל לבם.

כאשר משה עלה להר הוא השאיר שני אחראים במקומו - אהרן וחור (כאמור לעיל כד,יד). חור לא נזכר שוב במקרא. חז"ל אמרו שחור היה תקיף יותר מאהרן והוא גילה התנגדות ליזמה, ומשום כך הרגו אותו. (ראו סנהדרין ז ע"א; יונתן ורש"י פס' ה). ייתכן שעניין זה לא פורש, מפני שלא רצו להדגיש שנוסף לעבודה זרה ולגילוי עריות שהיו במעשה העגל, אף שפכו דמים סביבו. אפשר היה לחשוב שחור עצמו חטא והצטרף לעובדי העגל, אך בעבודה שה' בחר בנכדו, בצלאל, לבנות

ביאור

וַיִּזֶר, משה פיזר את שיירי העגל **עַל פְּנֵי הַמַּיִם, וַיַּשְׁקְ אֶת בְּנֵי יִשְׂרָאֵל,** כדי לבזותו ולבזותם, כאילו אמר להם בכך: הרי אלו אלוהיכם – אִכלו ושתו אותו, ולבסוף גופכם גם יפריש אותו.[42]

כא **וַיֹּאמֶר מֹשֶׁה אֶל אַהֲרֹן: מֶה עָשָׂה לְךָ הָעָם הַזֶּה, כִּי הֵבֵאתָ עָלָיו חֲטָאָה גְדֹלָה?** מה עוללו לך שנאלצת לעשות זאת?[43] או: מה הביא אותך לגרום להם לחטוא בחטא כה חמור – האם שנאת אותם עד כדי כך שהחלטת לסכנם בהשמדה?![44]

כב **וַיֹּאמֶר אַהֲרֹן: אַל יִחַר אַף אֲדֹנִי.** אל תכעס. אהרן היה מבוהל מאוד
מעצם העניין ומדברי משה, שהרי כוונתו הייתה תמימה – **אַתָּה
יָדַעְתָּ אֶת הָעָם כִּי בְּמצב רָע הוּא.** כג **וַיֹּאמְרוּ לִי: "עֲשֵׂה לָנוּ אֱלֹהִים
אֲשֶׁר יֵלְכוּ לְפָנֵינוּ, כִּי זֶה מֹשֶׁה הָאִישׁ אֲשֶׁר הֶעֱלָנוּ מֵאֶרֶץ מִצְרַיִם – לֹא
יָדַעְנוּ מֶה הָיָה לוֹ".** כד **וָאֹמַר לָהֶם: "לְמִי זָהָב? – הִתְפָּרָקוּ,** הסירו את
תכשיטיכם", **וַיִּתְּנוּ לִי** את הזהב, **וָאַשְׁלִכֵהוּ בָאֵשׁ,** ובלא שהתכוונתי
לצורה הזו – **וַיֵּצֵא הָעֵגֶל הַזֶּה.** ייתכן שאחרים התערבו בעיצוב
העגל,[45] ואולי היו מעורבים גם כוחות כישוף בכך.[46]

עגל מסכה ממצרים

הרחבות

את המשכן, וייחסו עד לחור (לעיל לא,ב), יש כדי להפריך רעיון זה.

אהרן, לעומת זאת, זכה בתפקיד הכהן הגדול. חכמים אמרו שאחר המעשה הזה הוא נותר מהוסס בנוגע לתפקידו, ומעמדו גרם לו למבוכה. (ראו ספרא צו, מכילתא דמילואים; רש"י ויקרא ט,ז כג). ייתכן שיש בכך אפילו מעין עונש, שכן בשמשו ככהן גדול הוא זוכר שכמעט הפך לכהן לעבודה זרה. ושמא גם מיתת שני בניו ביום חנוכת המשכן קשורה לכך. (ראו תנחומא תצוה י; רש"י דברים ט,כ). רעיון זה נרמז בדברי חכמים שכאשר נכנס הכהן הגדול אל קודש-הקודשים הוא לא לבש בגדי זהב, מפני שבגדים אלו עלולים להזכיר את העגל (ראש השנה כו ע"א).

מהיבט נוסף – על אהרן הוטל לתווך ולהשכין שלום בין עם ישראל לבין אביהם שבשמים. אשר על כן, למרות שמעורבותו במעשה העגל הובילה לתוצאות בלתי רצויות, דווקא ממנה מוכח שהוא האדם הראוי לתפקיד. אהרן הקשיב לישראל, אהב

הָעָם כִּי־פָרֻעַ הוּא כִּי־פְרָעֹה אַהֲרֹן לְשִׁמְצָה בְּקָמֵיהֶם׃
כו וַיַּעֲמֹד מֹשֶׁה בְּשַׁעַר הַמַּחֲנֶה וַיֹּאמֶר מִי לַיהוָה אֵלָי
כז וַיֵּאָסְפוּ אֵלָיו כָּל־בְּנֵי לֵוִי׃ וַיֹּאמֶר לָהֶם כֹּה־אָמַר
יְהוָה אֱלֹהֵי יִשְׂרָאֵל שִׂימוּ אִישׁ־חַרְבּוֹ עַל־יְרֵכוֹ עִבְרוּ
וָשׁוּבוּ מִשַּׁעַר לָשַׁעַר בַּמַּחֲנֶה וְהִרְגוּ אִישׁ־אֶת־אָחִיו
כח וְאִישׁ אֶת־רֵעֵהוּ וְאִישׁ אֶת־קְרֹבוֹ׃ וַיַּעֲשׂוּ בְנֵי־לֵוִי
כִּדְבַר מֹשֶׁה וַיִּפֹּל מִן־הָעָם בַּיּוֹם הַהוּא כִּשְׁלֹשֶׁת
כט אַלְפֵי אִישׁ׃ וַיֹּאמֶר מֹשֶׁה מִלְאוּ יֶדְכֶם הַיּוֹם לַיהוָה
כִּי אִישׁ בִּבְנוֹ וּבְאָחִיו וְלָתֵת עֲלֵיכֶם הַיּוֹם בְּרָכָה׃

רש"י

כה **פָּרֻעַ.** מְגֻלֶּה, נִתְגַּלָּה שִׁמְצוֹ וּקְלוֹנוֹ, כְּמוֹ: "וּפָרַע אֶת רֹאשׁ הָאִשָּׁה" (במדבר ה, יח): **לְשִׁמְצָה בְּקָמֵיהֶם.** לִהְיוֹת לָהֶם הַדָּבָר הַזֶּה לִגְנוּת בְּפִי כָּל הַקָּמִים עֲלֵיהֶם:

כו **מִי לַה' אֵלָי.** יָבֹא אֵלַי: **כָּל בְּנֵי לֵוִי.** מִכָּאן שֶׁכָּל הַשֵּׁבֶט כָּשֵׁר:

כז **כֹּה אָמַר וְגוֹ'.** וְהֵיכָן אָמַר? "זֹבֵחַ לָאֱלֹהִים יָחֳרָם" (לעיל כב, יט), כָּךְ שְׁנוּיָה בַּמְּכִילְתָּא: **אָחִיו.** מֵאִמּוֹ, וְהוּא יִשְׂרָאֵל:

כט **מִלְאוּ יֶדְכֶם.** אַתֶּם הַהוֹרְגִים אוֹתָם, בְּדָבָר זֶה תִּתְחַנְּכוּ לִהְיוֹת כֹּהֲנִים לַמָּקוֹם: **כִּי אִישׁ.** מִכֶּם, יְמַלֵּא יָדוֹ "בִּבְנוֹ וּבְאָחִיו":

הרחבות

אותם ורדף אחר שלומים (מלאכי ב,ה-ז; אבות א,יב; אבות דרבי נתן יב). לכן גם אם תכונה זו היא שהכשילה אותו בעשיית העגל, הוא האדם המתאים ביותר לכהונה הגדולה.

'לשמצה בקמיהם' שנים רבות מאוד מאוחר יותר החליט שליט מצרי אחד, אל-חאכם (ח'ליפה פאטמי), הח'ליף השישי של השושלת הפאטמית במצרים במאה ה-11 למניינם - כנראה בעקבות מה שקרא בתורה - שכל יהודי צריך לשאת עליו תבנית של ראש עגל כאות קלון.

'והרגו איש את אחיו ואיש את רעהו' אין בכך עונש שלם על החטא, כי הכתם שבו הכתים מעשה העגל את ישראל אינו ניתן לכפרה בבת אחת. (ראו סנהדרין קב ע"א; רש"י פס' לד). על החטא החמור הזה ישראל לא ייענשו מיד מפני שהם עדיין אינם מבינים את משמעות המעשה, כילד קטן המשחית את פניו או את גופו באופן בלתי הפיך. המום נשאר. בינתיים משה משתדל לנקות את הזוהמה ולבער את אלו שהיו מעורבים בה במיוחד.

'ולתת עליכם היום ברכה' אכן, בברכה הנבואית שיעניק משה ללוויים קודם פטירתו, הוא יזכיר מסירות זו: הָאֹמֵר לְאָבִיו וּלְאִמּוֹ לֹא רְאִיתִיו וְאֶת אֶחָיו לֹא הִכִּיר וְאֶת בָּנָו לֹא יָדָע כִּי שָׁמְרוּ אִמְרָתֶךָ וּבְרִיתְךָ יִנְצֹרוּ (דברים לג,ט. ראו ר"י בכור שור על אתר).

ביאור

כה **וַיַּרְא מֹשֶׁה אֶת הָעָם כִּי פָרֻעַ**, בלתי מאורגן, אינו מכוון מטרה **הוּא**. עיכובו של משה, חגיגות העגל, ירידת משה והשמדת העגל – כל אלו גרמו לבלבול. **כִּי פְרָעֹה**, פרעו, גילה את קלונו,[47] או: גרם להריסה ולעזיבה[48] **אַהֲרֹן**. הוא שגרם לעם את הבלבול ואת החטא בפועל, **לְשִׁמְצָה**, כך שיגונו **בְּקָמֵיהֶם**, בפי השונאים הקמים עליהם. העבודה הזרה היא מקור חרפתם של ישראל, וביותר – בחירתם בעגל.
כו לנוכח פראות הפולחן האלילי והאורגיה שהתלוותה אליו הבין משה שעליו לחדש את אחדותו של העם, ולחזק את הוודאות במנהיג ובדרך. **וַיַּעֲמֹד מֹשֶׁה בְּשַׁעַר הַמַּחֲנֶה, וַיֹּאמֶר**: **מִי** שנאמן **לַה׳** ומוכן להילחם למענו – יבוא **אֵלָי**!

וַיֵּאָסְפוּ אֵלָיו כָּל בְּנֵי לֵוִי, שבטו שלו בגלל הקִרבה אל משה או מכוח אישיותם והתנגדותם הטבעית לפולחן העגל.

כז **וַיֹּאמֶר לָהֶם**: **כֹּה אָמַר ה׳ אֱלֹהֵי יִשְׂרָאֵל**: **שִׂימוּ אִישׁ חַרְבּוֹ עַל יְרֵכוֹ**. התכוננו למלחמה או לפעולת עונשין תקיפה. **עִבְרוּ וָשׁוּבוּ מִשַּׁעַר לָשַׁעַר בַּמַּחֲנֶה וְהִרְגוּ** אפילו **אִישׁ אֶת אָחִיו וְאִישׁ אֶת רֵעֵהוּ וְאִישׁ אֶת קְרֹבוֹ**. בשל הפריצות והפראות שפשתה במחנה צֻווּ הלוויים לעבור במחנה ולהרוג את כל מי שיעמוד כנגדם בלי להתחשב בשיקולים כלשהם.

כח **וַיַּעֲשׂוּ בְנֵי לֵוִי כִּדְבַר מֹשֶׁה, וַיִּפֹּל מִן הָעָם בַּיּוֹם הַהוּא כִּשְׁלֹשֶׁת אַלְפֵי אִישׁ**. שבט לוי לא היה שבט גדול מבחינה מספרית, אבל עובדי העגל לא התנגדו התנגדות פעילה. הם היו שרויים במפח נפש ובהכרה בחטא ובתוצאותיו, שהרי עתה כבר לא מצאו משמעות בעגל או צידוק לפולחנו.[49] פעולתם של בני לוי לא הייתה בגדר ענישה לכל החוטאים, אלא היא ביטאה את שמירת האמונים של אנשים מן המחנה לה׳ ולתורתו.

כט **וַיֹּאמֶר מֹשֶׁה**: **מִלְאוּ יֶדְכֶם**, התמנו לתפקיד **הַיּוֹם**, והֱיו משרתים **לַה׳, כִּי אִישׁ**, כל אחד מכם היה מוכן להכות אפילו **בִּבְנוֹ וּבְאָחִיו**, מבלי להתחשב ברגשות, במעמדות ובקרבת בשר, **וְלָתֵת עֲלֵיכֶם הַיּוֹם בְּרָכָה**. מה שעשיתם לא היה שלילי או פעולה סתמית המביעה נאמנות; זה היה מעשה נחוץ ובעל חשיבות עליונה, שהודות לה תזכו לברכה.

ל וַיְהִי מִמָּחֳרָת וַיֹּאמֶר מֹשֶׁה אֶל־הָעָם אַתֶּם חֲטָאתֶם
חֲטָאָה גְדֹלָה וְעַתָּה אֶעֱלֶה אֶל־יְהוָה אוּלַי אֲכַפְּרָה
לא בְּעַד חַטַּאתְכֶם: וַיָּשָׁב מֹשֶׁה אֶל־יְהוָה וַיֹּאמַר אָנָּא
חָטָא הָעָם הַזֶּה חֲטָאָה גְדֹלָה וַיַּעֲשׂוּ לָהֶם אֱלֹהֵי
לב זָהָב: וְעַתָּה אִם־תִּשָּׂא חַטָּאתָם וְאִם־אַיִן מְחֵנִי נָא
לג מִסִּפְרְךָ אֲשֶׁר כָּתָבְתָּ: וַיֹּאמֶר יְהוָה אֶל־מֹשֶׁה מִי
לד אֲשֶׁר חָטָא־לִי אֶמְחֶנּוּ מִסִּפְרִי: וְעַתָּה לֵךְ ׀ נְחֵה
אֶת־הָעָם אֶל אֲשֶׁר־דִּבַּרְתִּי לָךְ הִנֵּה מַלְאָכִי יֵלֵךְ
לה לְפָנֶיךָ וּבְיוֹם פָּקְדִי וּפָקַדְתִּי עֲלֵהֶם חַטָּאתָם: וַיִּגֹּף
יְהוָה אֶת־הָעָם עַל אֲשֶׁר עָשׂוּ אֶת־הָעֵגֶל אֲשֶׁר עָשָׂה
לג א אַהֲרֹן: וַיְדַבֵּר יְהוָה אֶל־מֹשֶׁה לֵךְ עֲלֵה

רש"י

ל] **אֲכַפְּרָה בְּעַד חַטַּאתְכֶם.** אָשִׂים כֹּפֶר וְקִנּוּחַ וּסְתִימָה לְנֶגֶד חַטַּאתְכֶם, לְהַבְדִּיל בֵּינֵיכֶם וּבֵין הַחֵטְא:

לא] **אֱלֹהֵי זָהָב.** אַתָּה הוּא שֶׁגָּרַמְתָּ לָהֶם, שֶׁהִשְׁפַּעְתָּ לָהֶם זָהָב וְכָל חֶפְצָם, מַה יַּעֲשׂוּ שֶׁלֹּא יֶחֶטְאוּ? מָשָׁל לְמֶלֶךְ שֶׁהָיָה מַאֲכִיל וּמַשְׁקֶה אֶת בְּנוֹ וּמְקַשְּׁטוֹ, וְתוֹלֶה לוֹ כִּיס בְּצַוָּארוֹ, וּמַעֲמִידוֹ בְּפֶתַח בֵּית זוֹנוֹת, מַה יַּעֲשֶׂה הַבֵּן שֶׁלֹּא יֶחֱטָא?

לב] **וְעַתָּה אִם תִּשָּׂא חַטָּאתָם.** הֲרֵי טוֹב, אֵינִי אוֹמֵר לְךָ מְחֵנִי, "וְאִם אַיִן – מְחֵנִי", וְזֶה מִקְרָא קָצָר, וְכֵן הַרְבֵּה: **מִסִּפְרְךָ.** מִכָּל הַתּוֹרָה כֻּלָּהּ, שֶׁלֹּא יֹאמְרוּ עָלַי שֶׁלֹּא הָיִיתִי כְּדַאי לְבַקֵּשׁ עֲלֵיהֶם רַחֲמִים:

לד] **אֶל אֲשֶׁר דִּבַּרְתִּי לָךְ.** יֵשׁ כָּאן "לָךְ" אֵצֶל דִּבּוּר בִּמְקוֹם 'אֵלֶיךָ', וְכֵן: "לְדַבֵּר לוֹ עַל אֲדֹנִיָּהוּ" (מלכים א' ב, יט): **הִנֵּה מַלְאָכִי.** וְלֹא אֲנִי: **וּבְיוֹם פָּקְדִי וְגוֹ'.** עַתָּה שָׁמַעְתִּי אֵלֶיךָ מִלְּכַלּוֹתָם יַחַד, וְתָמִיד תָּמִיד כְּשֶׁאֶפְקֹד עֲלֵיהֶם עֲוֹנוֹתֵיהֶם, "וּפָקַדְתִּי עֲלֵהֶם" מְעַט מִן הֶעָוֹן הַזֶּה עִם שְׁאָר הָעֲוֹנוֹת. וְאֵין פֻּרְעָנוּת בָּאָה עַל יִשְׂרָאֵל שֶׁאֵין בָּהּ קְצָת מִפֻּרְעֲנוּת עֲוֹן הָעֵגֶל:

לה] **וַיִּגֹּף ה' אֶת הָעָם.** מִיתָה בִּידֵי שָׁמַיִם לָעֵדִים בְּלֹא הַתְרָאָה:

פרק לג

א] **לֵךְ עֲלֵה מִזֶּה.** אֶרֶץ יִשְׂרָאֵל גְּבוֹהָה מִכָּל הָאֲרָצוֹת, לְכָךְ נֶאֱמַר "עֲלֵה". דָּבָר

הרחבות

'אם תשא חטאתם ואם אין מחני נא' כאן עונה משה להצעתו של ה' לכלות את העם ולהעמיד ממנו גוי גדול. עמדתו הבסיסית היא שהתורה אמורה להינתן לאנשים רגילים, על חסרונותיהם וחולשותיהם. ואם אלו אינם מסוגלים לעמוד בה, היינו הך אם תינתן לבני אברהם או לבני משה. אם אלוקים אינו מעוניין בבני אנוש ואינו נושא את פגמיהם, אף משה ראוי להימחק עם שאר בני תמותה.

ביאור

ל **וַיְהִי מִמָּחֳרָת, וַיֹּאמֶר מֹשֶׁה אֶל הָעָם: אַתֶּם חֲטָאתֶם חֲטָאָה גְדֹלָה,**
וְעַתָּה אֶעֱלֶה אֶל ה' לבקש עליכם רחמים. **אוּלַי אֲכַפְּרָה בְּעַד חַטַּאתְכֶם.**

לא **וַיָּשָׁב מֹשֶׁה אֶל ה' וַיֹּאמַר: אָנָּא, חָטָא הָעָם הַזֶּה חֲטָאָה גְדֹלָה**
וַיַּעֲשׂוּ לָהֶם אֱלֹהֵי זָהָב בדרגות שונות – מאנשים שלא היו מעוניינים
מאוד, למי שהתלהבו ממציאת תחליף למשה ועד לאלה ששמחו
בהזדמנות לחזור לנוסח העבודה הזרה הישן. לב **וְעַתָּה,** אני
מפציר בך: **אִם תִּשָּׂא חַטָּאתָם,** תסלח להם – מוטב, **וְאִם אַיִן,** לא
תמחל – **מְחֵנִי,** מחק אותי **נָא מִסִּפְרְךָ אֲשֶׁר כָּתָבְתָּ,** ספר החיים,[50]
כלומר המת אותי, או: התורה.[51] אם מתן תורה נתפס בעיניך עתה
ככישלון, אף אני כישלון, וראוי להימחק ממנה.

לג **וַיֹּאמֶר ה' אֶל מֹשֶׁה:** לא אמחק אותך. רק את **מִי אֲשֶׁר חָטָא לִי –**
אֶמְחֶנּוּ מִסִּפְרִי, מספרי החיים, ממהלכה הכולל של ההיסטוריה.
לד **וְעַתָּה,** קיבלתי את טענתך, ולכן **לֵךְ נְחֵה אֶת הָעָם אֶל אֲשֶׁר**
דִּבַּרְתִּי לָךְ. דבר לא השתנה. הייעוד נמשך, ועליך להמשיך ולהוביל
אותם לארץ כנען. אולם מכאן ואילך **הִנֵּה מַלְאָכִי יֵלֵךְ לְפָנֶיךָ.** עם
ישראל יהיה כפוף למלאך, לשליח מטעמי,[52] והוא ידאג לשלומם
ולטובתם. **וּבְיוֹם פָּקְדִי,** פקודתי, יום הסיכום והזיכרון שבו ייגזר
הדין[53] – **וּפָקַדְתִּי,** אזכור **עֲלֵהֶם חַטָּאתָם.** הרי רבים חטאו במעשה,
רבים חטאו בעידוד, היו שחטאו במחדל גמור, וכאלה שחטאו
באדישות. הם ייענשו על כך בתשלומים חלקיים בלבד, אבל חטא
העגל עצמו לא יימחק עד עת קץ.[54]

לה וה' התחיל מיד להיפרע מן החוטאים בעצמו – **וַיִּגֹּף,** הכה למוות
במגפה **ה' אֶת הָעָם, עַל אֲשֶׁר עָשׂוּ אֶת הָעֵגֶל אֲשֶׁר עָשָׂה אַהֲרֹן.**

פרק לג א **וַיְדַבֵּר ה' אֶל מֹשֶׁה: לֵךְ עֲלֵה,** צא מהמקום הזה, **אַתָּה וְהָעָם**

הרחבות

'ויגף ה' את העם על אשר עשו את העגל' גם המגפה לא כיפרה על מעשה העגל. יצירת העגל והסגידה לו נחשבות בושה בקנה מידה היסטורי לא רק בשל עצם העבודה הזרה, אלא מחמת העיתוי שבו חטאו ישראל, זמן לא רב לאחר מתן תורה. כך אמרו חכמים בלשון ציורית: "עלובה כלה שמזנה בתוך חופתה". (ראו שבת פח ע"ב). העם לא עמד במדרגתו, ולא הפנים את המעבר למעמדו החדש.

מִזֶּה אַתָּה וְהָעָם אֲשֶׁר הֶעֱלִיתָ מֵאֶרֶץ מִצְרָיִם אֶל־
הָאָרֶץ אֲשֶׁר נִשְׁבַּעְתִּי לְאַבְרָהָם לְיִצְחָק וּלְיַעֲקֹב
לֵאמֹר לְזַרְעֲךָ אֶתְּנֶנָּה׃ וְשָׁלַחְתִּי לְפָנֶיךָ מַלְאָךְ ב
וְגֵרַשְׁתִּי אֶת־הַכְּנַעֲנִי הָאֱמֹרִי וְהַחִתִּי וְהַפְּרִזִּי הַחִוִּי
וְהַיְבוּסִי׃ אֶל־אֶרֶץ זָבַת חָלָב וּדְבָשׁ כִּי לֹא אֶעֱלֶה ג
בְּקִרְבְּךָ כִּי עַם־קְשֵׁה־עֹרֶף אַתָּה פֶּן־אֲכֶלְךָ בַּדָּרֶךְ׃
וַיִּשְׁמַע הָעָם אֶת־הַדָּבָר הָרָע הַזֶּה וַיִּתְאַבָּלוּ וְלֹא־ ד
שָׁתוּ אִישׁ עֶדְיוֹ עָלָיו׃ וַיֹּאמֶר יְהֹוָה אֶל־מֹשֶׁה אֱמֹר ה
אֶל־בְּנֵי־יִשְׂרָאֵל אַתֶּם עַם־קְשֵׁה־עֹרֶף רֶגַע אֶחָד
אֶעֱלֶה בְקִרְבְּךָ וְכִלִּיתִיךָ וְעַתָּה הוֹרֵד עֶדְיְךָ מֵעָלֶיךָ
וְאֵדְעָה מָה אֶעֱשֶׂה־לָּךְ׃ וַיִּתְנַצְּלוּ בְנֵי־יִשְׂרָאֵל אֶת־ ו
עֶדְיָם מֵהַר חוֹרֵב׃ וּמֹשֶׁה יִקַּח אֶת־הָאֹהֶל וְנָטָה־ ז

רש"י

אַחֵר, כִּלְפֵי שֶׁאָמַר לוֹ בִּשְׁעַת הַכַּעַס: "לֶךְ רֵד" (לעיל לב, ז), אָמַר לוֹ בִּשְׁעַת רָצוֹן: "לֵךְ עֲלֵה". אַתָּה וְהָעָם. כָּאן לֹא נֶאֱמַר 'וְעַמְּךָ'.

ב וְגֵרַשְׁתִּי אֶת הַכְּנַעֲנִי וְגוֹ'. שֵׁשׁ אֻמּוֹת הֵן, וְהַגִּרְגָּשִׁי עָמַד וּפָנָה מִפְּנֵיהֶם מֵאֵלָיו:

ג אֶל אֶרֶץ זָבַת חָלָב וּדְבָשׁ. אֲנִי אוֹמֵר לְךָ לְהַעֲלוֹתָם: כִּי לֹא אֶעֱלֶה בְּקִרְבְּךָ. לְכָךְ אֲנִי אוֹמֵר לְךָ: "וְשָׁלַחְתִּי לְפָנֶיךָ מַלְאָךְ": כִּי עַם קְשֵׁה עֹרֶף אַתָּה. וּכְשֶׁשְּׁכִינָתִי בְּקִרְבְּכֶם וְאַתֶּם מַמְרִים בִּי מַרְבֶּה אֲנִי עֲלֵיכֶם זַעַם: אֲכֶלְךָ. לְשׁוֹן כִּלָּיוֹן:

ד הַדָּבָר הָרָע. שֶׁאֵין הַשְּׁכִינָה שׁוֹרָה וּמְהַלֶּכֶת עִמָּם: אִישׁ עֶדְיוֹ. כְּתָרִים שֶׁנִּתְּנוּ לָהֶם בְּחוֹרֵב כְּשֶׁאָמְרוּ: "נַעֲשֶׂה וְנִשְׁמָע" (לעיל כד, ז):

ה רֶגַע אֶחָד אֶעֱלֶה בְקִרְבְּךָ וְכִלִּיתִיךָ. אִם אֶעֱלֶה בְּקִרְבְּךָ וְאַתֶּם מַמְרִים בִּי בְּקַשְׁיוּת עָרְפְּכֶם, אֶזְעֹם עֲלֵיכֶם רֶגַע אֶחָד – שֶׁהוּא שִׁעוּר זַעְמוֹ, שֶׁנֶּאֱמַר: "חֲבִי כִמְעַט רֶגַע עַד יַעֲבָר זָעַם" (ישעיה כו, כ) – וַאֲכַלֶּה אֶתְכֶם, לְפִיכָךְ טוֹב לָכֶם שֶׁאֶשְׁלַח מַלְאָךְ: וְעַתָּה. פֻּרְעָנוּת זוֹ תִּלְקוּ מִיָּד, שֶׁתּוֹרִידוּ עֶדְיְכֶם מֵעֲלֵיכֶם: וְאֵדְעָה מָה אֶעֱשֶׂה לָּךְ. בִּפְקֻדַּת שְׁאָר הֶעָוֹן אֲנִי יוֹדֵעַ מָה בְּלִבִּי לַעֲשׂוֹת:

ו אֶת עֶדְיָם מֵהַר חוֹרֵב. אֶת הָעֲדִי שֶׁהָיָה בְּיָדָם מֵהַר חוֹרֵב:

ז וּמֹשֶׁה. מֵאוֹתוֹ עָוֹן וָהָלְאָה "יִקַּח אֶת

ביאור | **אֲשֶׁר הֶעֱלִיתָ מֵאֶרֶץ מִצְרָיִם, אֶל הָאָרֶץ אֲשֶׁר נִשְׁבַּעְתִּי לְאַבְרָהָם לְיִצְחָק וּלְיַעֲקֹב לֵאמֹר: לְזַרְעֲךָ אֶתְּנֶנָּה.** ישראל אמנם חטאו, וחטאם זה ייזכר להם לעתיד, אך לפי שעה יש להמשיך במסע לעבר הארץ המובטחת.

ב **וְשָׁלַחְתִּי לְפָנֶיךָ מַלְאָךְ, וְגֵרַשְׁתִּי אֶת הַכְּנַעֲנִי, הָאֱמֹרִי וְהַחִתִּי וְהַפְּרִזִּי, הַחִוִּי וְהַיְבוּסִי,** ג ואביא אותך **אֶל אֶרֶץ זָבַת חָלָב וּדְבָשׁ. כִּי** אני עצמי **לֹא אֶעֱלֶה,** אופיע **בְּקִרְבְּךָ, כִּי עַם קְשֵׁה עֹרֶף אַתָּה, פֶּן אֲכֶלְךָ,** אכלה אותך[55] **בַּדָּרֶךְ.** יש סיכוי ששוב תחטאו, ואם החטא יתרחש בנוכחותי, הדבר יהיה חמור יותר, ועל כן העונש יהיה כבד יותר.

ד **וַיִּשְׁמַע הָעָם אֶת הַדָּבָר הָרָע הַזֶּה,** שה׳ אינו מעוניין להישאר עמם בקשר ישיר וייחודי זה, **וַיִּתְאַבָּלוּ. וְלֹא שָׁתוּ,** שמו **אִישׁ עֶדְיוֹ,** תכשיטו **עָלָיו.** נראה כי ישראל התקשטו לקראת מתן תורה, ועתה עם נפילתם מן הדרגה ההיא, היו מישראל שהסירו את תכשיטיהם.[56]

ה לאחר שהיו שחשו מתוך עצמם שאין הם ראויים לעטות את העדי, ה׳ אישר זאת בדבריו: **וַיֹּאמֶר ה׳ אֶל מֹשֶׁה: אֱמֹר אֶל בְּנֵי יִשְׂרָאֵל: ״אַתֶּם עַם קְשֵׁה עֹרֶף. רֶגַע אֶחָד אֶעֱלֶה בְקִרְבְּךָ – וְכִלִּיתִיךָ. וְעַתָּה, הוֹרֵד עֶדְיְךָ מֵעָלֶיךָ. וְאֵדְעָה מָה אֶעֱשֶׂה לָּךְ״.** נראה מה יקרה הלאה.

ו **וַיִּתְנַצְּלוּ בְנֵי יִשְׂרָאֵל אֶת עֶדְיָם.** לאור ההוראה הישירה הסירו כולם את התכשיטים שהיו להם **מֵהַר חוֹרֵב.**[57]

ז **וּמֹשֶׁה יִקַּח אֶת הָאֹהֶל** שלו **וְנָטָה,** ופרשׂ **לוֹ מִחוּץ לַמַּחֲנֶה, הַרְחֵק מִן**

הרחבות | ׳ושלחתי לפניך מלאך׳ לפי ספר דניאל, לכל עם יש מלאך, ומלאכו של עם ישראל הוא ׳מיכאל השר הגדול׳ (דניאל י,יג-כא) - אם כי אין הכרח לקשור בינו לבין המלאך המוזכר כאן. מבחינה זו ישראל נמצאים בערך באותה דרגה של שאר העמים. אולם כאשר ה׳ הולך אִתם בעצמו כביכול, ללא תיווכו של מלאך, הדבר מבטא את נבחרותם המיוחדת של ישראל. לפי האמור בפסוק הבא, יש בכך גם סכנה (שמות רבה יח, ה).

לוֹ ׀ מִחוּץ לַמַּחֲנֶה הַרְחֵק מִן־הַמַּחֲנֶה וְקָרָא לוֹ אֹהֶל
מוֹעֵד וְהָיָה כָּל־מְבַקֵּשׁ יהוה יֵצֵא אֶל־אֹהֶל מוֹעֵד
אֲשֶׁר מִחוּץ לַמַּחֲנֶה: וְהָיָה כְּצֵאת מֹשֶׁה אֶל־הָאֹהֶל ח
יָקוּמוּ כָּל־הָעָם וְנִצְּבוּ אִישׁ פֶּתַח אָהֳלוֹ וְהִבִּיטוּ אַחֲרֵי
מֹשֶׁה עַד־בֹּאוֹ הָאֹהֱלָה: וְהָיָה כְּבֹא מֹשֶׁה הָאֹהֱלָה ט
יֵרֵד עַמּוּד הֶעָנָן וְעָמַד פֶּתַח הָאֹהֶל וְדִבֶּר עִם־מֹשֶׁה:
וְרָאָה כָל־הָעָם אֶת־עַמּוּד הֶעָנָן עֹמֵד פֶּתַח הָאֹהֶל י
וְקָם כָּל־הָעָם וְהִשְׁתַּחֲווּ אִישׁ פֶּתַח אָהֳלוֹ: וְדִבֶּר יא
יהוה אֶל־מֹשֶׁה פָּנִים אֶל־פָּנִים כַּאֲשֶׁר יְדַבֵּר אִישׁ
אֶל־רֵעֵהוּ וְשָׁב אֶל־הַמַּחֲנֶה וּמְשָׁרְתוֹ יְהוֹשֻׁעַ בִּן־נוּן
נַעַר לֹא יָמִישׁ מִתּוֹךְ הָאֹהֶל:

רש"י | הָאֹהֶל", לְשׁוֹן הֹוֶה הוּא, לוֹקֵחַ אָהֳלוֹ וְנוֹטֵהוּ מִחוּץ לַמַּחֲנֶה, אָמַר: מְנֻדֶּה לָרַב מְנֻדֶּה לַתַּלְמִיד: **הַרְחֵק.** אַלְפַּיִם אַמָּה, כָּעִנְיָן שֶׁנֶּאֱמַר: "אַךְ רָחוֹק יִהְיֶה בֵּינֵיכֶם וּבֵינָו כְּאַלְפַּיִם אַמָּה בַּמִּדָּה" (יהושע ג, ד): **וְקָרָא לוֹ.** וְהָיָה קוֹרֵא לוֹ "אֹהֶל מוֹעֵד", הוּא בֵּית וַעַד לִמְבַקְשֵׁי תוֹרָה: **כָּל מְבַקֵּשׁ ה'.** מִכָּאן לִמְבַקֵּשׁ פְּנֵי זָקֵן כִּמְקַבֵּל פְּנֵי שְׁכִינָה: **יֵצֵא אֶל אֹהֶל מוֹעֵד.** כְּמוֹ 'יוֹצֵא'. דָּבָר אַחֵר, "וְהָיָה כָּל מְבַקֵּשׁ ה'", אֲפִלּוּ מַלְאֲכֵי הַשָּׁרֵת כְּשֶׁהָיוּ שׁוֹאֲלִים מְקוֹם שְׁכִינָה, חַבְרֵיהֶם אוֹמְרִים לָהֶם הֲרֵי הוּא בְּאָהֳלוֹ שֶׁל מֹשֶׁה:

ח| **וְהָיָה.** לְשׁוֹן הֹוֶה: **כְּצֵאת מֹשֶׁה** מִן הַמַּחֲנֶה. לָלֶכֶת אֶל הָאֹהֶל: **יָקוּמוּ כָּל הָעָם.** עוֹמְדִים מִפָּנָיו, וְאֵין יוֹשְׁבִין עַד שֶׁנִּתְכַּסֶּה מֵהֶם: **וְהִבִּיטוּ אַחֲרֵי מֹשֶׁה.** לְשֶׁבַח: אַשְׁרֵי יְלוּד אִשָּׁה שֶׁכָּךְ מֻבְטָח שֶׁהַשְּׁכִינָה תִּכָּנֵס אַחֲרָיו לְפֶתַח אָהֳלוֹ:

ט| **וְדִבֶּר עִם מֹשֶׁה.** כְּמוֹ וּמְדַבֵּר עִם מֹשֶׁה, וְתַרְגּוּמוֹ: "וּמִתְמַלַּל עִם מֹשֶׁה" שֶׁהוּא כְּבוֹד שְׁכִינָה, כְּמוֹ: "וַיִּשְׁמַע אֶת הַקּוֹל מִדַּבֵּר אֵלָיו" (במדבר ז, פט), וְאֵינוֹ קוֹרֵא 'מְדַבֵּר' אֵלָיו; כְּשֶׁהוּא קוֹרֵא 'מִדַּבֵּר' פִּתְרוֹנוֹ, הַקּוֹל מִדַּבֵּר בֵּינוֹ לְבֵין עַצְמוֹ וְהַהֶדְיוֹט שׁוֹמֵעַ מֵאֵלָיו, וּכְשֶׁהוּא קוֹרֵא 'מְדַבֵּר' מַשְׁמַע שֶׁהַמֶּלֶךְ מְדַבֵּר עִם הַהֶדְיוֹט:

י| **וְהִשְׁתַּחֲווּ.** לַשְּׁכִינָה:

יא| **וְדִבֶּר ה' אֶל מֹשֶׁה פָּנִים אֶל פָּנִים.** וּמִתְמַלַּל עִם מֹשֶׁה: **וְשָׁב אֶל הַמַּחֲנֶה.** לְאַחַר שֶׁנִּדְבַּר עִמּוֹ הָיָה מֹשֶׁה שָׁב אֶל הַמַּחֲנֶה וּמְלַמֵּד לַזְּקֵנִים מַה שֶּׁלָּמַד. וְהַדָּבָר הַזֶּה נָהַג מֹשֶׁה מִיּוֹם הַכִּפּוּרִים עַד שֶׁהוּקַם הַמִּשְׁכָּן וְלֹא יוֹתֵר, שֶׁהֲרֵי בְּשִׁבְעָה עָשָׂר בְּתַמּוּז נִשְׁתַּבְּרוּ הַלּוּחוֹת, וּבִשְׁמוֹנָה עָשָׂר שָׂרַף אֶת הָעֵגֶל וְדָן אֶת הַחוֹטְאִים, וּבְתִשְׁעָה עָשָׂר עָלָה, שֶׁנֶּאֱמַר: "וַיְהִי מִמָּחֳרָת וַיֹּאמֶר מֹשֶׁה אֶל הָעָם" וְגוֹ' (לעיל לב, ל), עָשָׂה שָׁם אַרְבָּעִים יוֹם וּבִקֵּשׁ רַחֲמִים, שֶׁנֶּאֱמַר: "וָאֶתְנַפַּל לִפְנֵי ה'" וְגוֹ' (דברים ט, יח), וּבְרֹאשׁ

ביאור

הַמַּחֲנֶה. כיוון שה׳ הודיע שהוא לא ישרה בתוך מחנה ישראל, אף משה עשה כך בהוצאת אוהלו שלו אל מחוץ למחנה.[58] **וְקָרָא לוֹ אֹהֶל מוֹעֵד**, אוהל שבו נועדים, נפגשים.[59] **וְהָיָה כָּל מְבַקֵּשׁ ה׳ יֵצֵא אֶל אֹהֶל מוֹעֵד אֲשֶׁר מִחוּץ לַמַּחֲנֶה**. קודם לכן שכן משה במרכז המחנה, כפי שנראה מאוחר יותר בתיאור סדרי המחנות.[60] אין ביציאתו ההפגנתית של משה אל מחוץ למחנה, שבה הצהיר שאין הוא חלק מן המחנה, כדי לבטא הינתקות מהעם. מי שמעוניין ללמוד ממנו את תורת ה׳ יוכל להיוועד עמו באוהל המרוחק. ח **וְהָיָה כְּצֵאת מֹשֶׁה אֶל הָאֹהֶל**. נראה שמשה עדיין ישן באוהלו המשפחתי שבתוך המחנה, וממנו היה יוצא כל יום אל אוהל מועד שמחוץ למחנה. בעברו מאוהלו דרך המחנה – **יָקוּמוּ כָּל הָעָם וְנִצְּבוּ**, נעמדו **אִישׁ פֶּתַח אָהֳלוֹ, וְהִבִּיטוּ אַחֲרֵי מֹשֶׁה עַד בֹּאוֹ הָאֹהֱלָה**. ט **וְהָיָה כְּבֹא מֹשֶׁה הָאֹהֱלָה**, כאשר הגיע אל אוהל מועד, **יֵרֵד עַמּוּד הֶעָנָן**, שביטא את כבוד ה׳, **וְעָמַד פֶּתַח הָאֹהֶל, וְדִבֶּר עִם מֹשֶׁה**, ושאר האנשים לא שמעוהו. י **וְרָאָה כָל הָעָם אֶת עַמּוּד הֶעָנָן עֹמֵד פֶּתַח הָאֹהֶל, וְקָם כָּל הָעָם וְהִשְׁתַּחֲווּ אִישׁ פֶּתַח אָהֳלוֹ**. משה נמצא ולא נמצא במחנה, וכבוד ה׳ נמצא עם משה אך אינו שרוי בקרבם. יא **וְדִבֶּר ה׳ אֶל מֹשֶׁה פָּנִים אֶל פָּנִים, כַּאֲשֶׁר יְדַבֵּר אִישׁ אֶל רֵעֵהוּ**, בקרבה ובידידות. שלא כנביאים אחרים, שהנבואה שורה עליהם מתוך אימה ואיבוד עשתונות,[61] עם משה ה׳ מדבר מקרוב. משה גם יכול היה לפנות אל ה׳ בשאלה.[62] **וְשָׁב אֶל** אוהלו הפרטי שבתוך **הַמַּחֲנֶה**, לאחר שה׳ דיבר עמו. **וּמְשָׁרְתוֹ יְהוֹשֻׁעַ בִּן, בֶּן נוּן נַעַר**, משרת, לאו דווקא צעיר[63] **לֹא יָמִישׁ**, יזוז **מִתּוֹךְ הָאֹהֶל**. שלא כמשה, שהיה שב לאוהל משפחתו, יהושע נשאר באוהל מועד.

הרחבות

׳ומשרתו יהושע בן נון נער לא ימיש מתוך האהל׳ בשל מעמדו המיוחד דבק יהושע במשה גם כשהשכינה מדברת אתו. אמנם השכינה אינה נכנסת לתוך האוהל אלא מתגלמת בעמוד הענן הנמצא על פתחו, ויהושע אינו יוצא מן האוהל, אך אף הוא מתעטף הן בקרבתו המיוחדת של משה והן בקדושה היתרה שבקרבה לאלוקים. מי שימלא את מקומו של משה לאחר פטירתו לא יהיה בן משפחתו או מנהיג אחר, אלא מי שלא מש מאוהלו של משה. (ראו במדבר כז,טו-כג; יהושע א,א).

שלישי וַיֹּאמֶר מֹשֶׁה אֶל־יְהוָה רְאֵה אַתָּה אֹמֵר אֵלַי הַעַל יב
אֶת־הָעָם הַזֶּה וְאַתָּה לֹא הוֹדַעְתַּנִי אֵת אֲשֶׁר־תִּשְׁלַח
עִמִּי וְאַתָּה אָמַרְתָּ יְדַעְתִּיךָ בְשֵׁם וְגַם־מָצָאתָ חֵן
בְּעֵינָי׃ וְעַתָּה אִם־נָא מָצָאתִי חֵן בְּעֵינֶיךָ הוֹדִעֵנִי נָא יג
אֶת־דְּרָכֶךָ וְאֵדָעֲךָ לְמַעַן אֶמְצָא־חֵן בְּעֵינֶיךָ וּרְאֵה כִּי
עַמְּךָ הַגּוֹי הַזֶּה׃ וַיֹּאמַר פָּנַי יֵלֵכוּ וַהֲנִחֹתִי לָךְ׃ וַיֹּאמֶר יד טו
אֵלָיו אִם־אֵין פָּנֶיךָ הֹלְכִים אַל־תַּעֲלֵנוּ מִזֶּה׃ וּבַמֶּה ׀ טז
יִוָּדַע אֵפוֹא כִּי־מָצָאתִי חֵן בְּעֵינֶיךָ אֲנִי וְעַמְּךָ הֲלוֹא

רש"י

חֹדֶשׁ אֱלוּל נֶאֱמַר לוֹ: "וְעָלִיתָ בַבֹּקֶר אֶל הַר סִינַי" (להלן לד, ב) לְקַבֵּל לוּחוֹת הָאַחֲרוֹנוֹת, וְעָשָׂה שָׁם אַרְבָּעִים יוֹם, שֶׁנֶּאֱמַר בָּהֶם: "וְאָנֹכִי עָמַדְתִּי בָהָר כַּיָּמִים הָרִאשֹׁנִים" וְגוֹ' (דברים י, י), מָה הָרִאשׁוֹנִים בְּרָצוֹן אַף הָאַחֲרוֹנִים בְּרָצוֹן, אֱמֹר מֵעַתָּה אֶמְצָעִיִּים הָיוּ בְּכַעַס. בַּעֲשָׂרָה בְּתִשְׁרֵי נִתְרַצָּה הַקָּדוֹשׁ בָּרוּךְ הוּא לְיִשְׂרָאֵל בְּשִׂמְחָה וּבְלֵב שָׁלֵם, וְאָמַר לוֹ לְמֹשֶׁה: סָלַחְתִּי כִּדְבָרֶךָ, וּמָסַר לוֹ לוּחוֹת אַחֲרוֹנוֹת, וְיָרַד, וְהִתְחִיל לְצַוּוֹתָם עַל מְלֶאכֶת הַמִּשְׁכָּן, וַעֲשָׂאוּהוּ עַד אֶחָד בְּנִיסָן, וּמִשֶּׁהוּקַם לֹא נִדְבַּר עִמּוֹ עוֹד אֶלָּא מֵאֹהֶל מוֹעֵד: וְשָׁב אֶל הַמַּחֲנֶה. תַּרְגּוּמוֹ: "וְתָאֵיב לְמַשְׁרִיתָא" לְפִי שֶׁהוּא לְשׁוֹן הוֶֹה, וְכֵן כָּל הָעִנְיָן: "וְרָאָה כָל הָעָם" (לעיל פסוק י) – "וְחָזַן", "וְנִצְּבוּ" (לעיל פסוק ח) – "וְקָיְמִין", "וְהִבִּיטוּ" (שם) – "וּמִסְתַּכְּלִין", "וְהִשְׁתַּחֲווּ" (לעיל פסוק י) – "וְסָגְדִין". וּמִדְרָשׁוֹ: "וְדִבֶּר ה' אֶל מֹשֶׁה" שֶׁיָּשׁוּב אֶל הַמַּחֲנֶה, אָמַר לוֹ: אֲנִי בְּכַעַס וְאַתָּה בְּכַעַס, אִם כֵּן מִי יְקָרְבֵם?:

יב | רְאֵה אַתָּה אֹמֵר אֵלַי. רְאֵה, תֵּן עֵינֶךָ וְלִבְּךָ עַל דְּבָרֶיךָ: אַתָּה אוֹמֵר אֵלַי וְגוֹ' וְאַתָּה לֹא הוֹדַעְתַּנִי וְגוֹ'. שֶׁאָמַרְתָּ לִי: "הִנֵּה אָנֹכִי שֹׁלֵחַ מַלְאָךְ" (לעיל כג, כ), אֵין זוֹ הוֹדָעָה, שֶׁאֵינִי חָפֵץ בּוֹ: וְאַתָּה אָמַרְתָּ. הִכַּרְתִּיךָ מִשְּׁאָר בְּנֵי אָדָם בְּשֵׁם חֲשִׁיבוּת, שֶׁהֲרֵי אָמַרְתָּ לִי: "הִנֵּה אָנֹכִי בָּא אֵלֶיךָ בְּעַב הֶעָנָן וְגוֹ' וְגַם בְּךָ יַאֲמִינוּ לְעוֹלָם" (לעיל יט, ט):

יג | וְעַתָּה. אִם אֱמֶת שֶׁמָּצָאתִי חֵן בְּעֵינֶיךָ: הוֹדִעֵנִי נָא אֶת דְּרָכֶךָ. מַה שָּׂכָר אַתָּה נוֹתֵן לְמוֹצְאֵי חֵן בְּעֵינֶיךָ: וְאֵדָעֲךָ לְמַעַן אֶמְצָא חֵן בְּעֵינֶיךָ. וְאֵדַע בְּזוֹ מִדַּת תַּגְמוּלְךָ, מַה הִיא מְצִיאַת חֵן שֶׁמָּצָאתִי בְּעֵינֶיךָ. וּפִתְרוֹן "לְמַעַן אֶמְצָא חֵן" – לְמַעַן אַכִּיר כַּמָּה שְׂכַר מְצִיאַת הַחֵן: וּרְאֵה כִּי עַמְּךָ הַגּוֹי הַזֶּה. שֶׁלֹּא תֹאמַר: "וְאֶעֱשֶׂה אוֹתְךָ לְגוֹי גָּדוֹל" (לעיל לב, י) וְאֶת אֵלֶּה תַּעֲזֹב, רְאֵה כִּי עַמְּךָ הֵם מִקֶּדֶם, וְאִם בָּהֶם תִּמְאַס, אֵינִי סוֹמֵךְ עַל הַיּוֹצְאִים מֵחֲלָצַי שֶׁיִּתְקַיְּמוּ; וְאֶת תַּשְׁלוּם הַשָּׂכָר שֶׁלִּי בָּעָם הַזֶּה תּוֹדִיעֵנִי. וְרַבּוֹתֵינוּ דְּרָשׁוּהוּ בְּמַסֶּכֶת בְּרָכוֹת (דף ז ע"א), וַאֲנִי לְיַשֵּׁב הַמִּקְרָאוֹת עַל אָפְנֵיהֶם וְעַל סִדְרָם בָּאתִי:

יד | וַיֹּאמַר פָּנַי יֵלֵכוּ. כְּתַרְגּוּמוֹ. לֹא אֶשְׁלַח עוֹד מַלְאָךְ, אֲנִי בְּעַצְמִי אֵלֵךְ, כְּמוֹ: "וּפָנֶיךָ הֹלְכִים בַּקְרָב" (שמואל ב' יז, יא):

טו | וַיֹּאמֶר אֵלָיו. בְּזוֹ אֲנִי חָפֵץ, כִּי עַל יְדֵי מַלְאָךְ "אַל תַּעֲלֵנוּ מִזֶּה":

טז | וּבַמֶּה יִוָּדַע אֵפוֹא. יִוָּדַע מְצִיאַת הַחֵן,

ביאור

לאחר שתואר מה שהשתלשל מגזרתו של אלוקים שלא ישכון בקרב
המחנה, ממשיך הכתוב בתיאור השיחה בין משה לה': יב **וַיֹּאמֶר
מֹשֶׁה אֶל ה': רְאֵה, אַתָּה אֹמֵר אֵלַי "הַעַל אֶת הָעָם הַזֶּה", וְאַתָּה לֹא
הוֹדַעְתַּנִי אֵת אֲשֶׁר תִּשְׁלַח עִמִּי.** אמרת שתשלח מלאך, אך לא פירטת
כיצד הדבר יקרה. **וְאַתָּה אָמַרְתָּ "יְדַעְתִּיךָ בְשֵׁם**, חיבבתי אותך במיוחד,
וְגַם מָצָאתָ חֵן בְּעֵינָי". הביטוי 'ידיעה בשם' לא הופיע במפורש קודם
לכן, אך הבחירה המיוחדת במשה וחנו בעיני ה' עולים בבירור מתוך
ביטויים שונים שהוזכרו.[64] יג **וְעַתָּה אִם נָא מָצָאתִי חֵן בְּעֵינֶיךָ –
הוֹדִעֵנִי נָא אֶת דְּרָכֶךָ**, כשם שאתה ידעתני מקרוב, אף אני מבקש
לדעת את דרכיך, **וְאֵדָעֲךָ** מתוך הכרה וביתר שאת, כנבחר שלך.
לְמַעַן אֶמְצָא חֵן בְּעֵינֶיךָ משה ביקש קשר פנימי ועמוק יותר מן הקשר
שהיה לו עד כה עם ה'. עד עתה קיבל בעיקר הוראות, וכעת הוא
רוצה לדעת את הסוד הנסתר, שבאמצעותו יוכל להתאחד עם ה'.
כפי הידיעה שידע את ה', כך תהיה קרבתו אליו.[65] **וּרְאֵה כִּי עַמְּךָ**
הוא **הַגּוֹי הַזֶּה.**

יד **וַיֹּאמַר**: לא מלאך אחר ילך, אלא **פָּנַי יֵלֵכוּ**. פנימיותי תלך אתכם,
ובכך – **וַהֲנִחֹתִי לָךְ**, תהיה לך מנוחה. בקשתו של משה התקבלה –
במקום לשלוח מלאך פני ה' ילכו בקרב העם.[66]

טו **וַיֹּאמֶר אֵלָיו** משה: אכן **אִם אֵין פָּנֶיךָ הֹלְכִים**, אילו לא היית
הולך עמנו – **אַל תַּעֲלֵנוּ מִזֶּה**, לא היה טעם ולא הייתה תכלית
למסענו.[67] טז **וּבַמֶּה יִוָּדַע אֵפוֹא כִּי מָצָאתִי חֵן בְּעֵינֶיךָ אֲנִי וְעַמֶּךָ –
הֲלוֹא בְּלֶכְתְּךָ** אתה בעצמך **עִמָּנוּ**. אין ערך בכך שננחל את הארץ

הרחבות

'הודִעני נא את דרכך... וראה כי עמך הגוי הזה' משה לא ויתר על בקשתו הקודמת – על ההשגחה ועל המעמד הבכיר של עם ישראל. בדברי ה' שמע משה שישראל יחדלו מלהיות עם סגולה, ושהם ימשיכו במסעם לרשת את הארץ רק כדי שתתקיים הבטחת ה' לאבותיהם. משה מסרב לקבל זאת ומדגיש בפני ה' שהגוי הזה אינו רק בני אבותיו אלא הוא עצמו עמו של ה'. למענם משה מבקש לדעת את דרכיו של ה'.

בְּלֶכְתְּךָ עִמָּנוּ וְנִפְלֵינוּ אֲנִי וְעַמְּךָ מִכָּל־הָעָם אֲשֶׁר
עַל־פְּנֵי הָאֲדָמָה׃
רביעי יז וַיֹּאמֶר יהוה אֶל־מֹשֶׁה גַּם אֶת־הַדָּבָר הַזֶּה אֲשֶׁר
דִּבַּרְתָּ אֶעֱשֶׂה כִּי־מָצָאתָ חֵן בְּעֵינַי וָאֵדָעֲךָ בְּשֵׁם׃
יח יט וַיֹּאמַר הַרְאֵנִי נָא אֶת־כְּבֹדֶךָ׃ וַיֹּאמֶר אֲנִי אַעֲבִיר
כָּל־טוּבִי עַל־פָּנֶיךָ וְקָרָאתִי בְשֵׁם יהוה לְפָנֶיךָ וְחַנֹּתִי
כ אֶת־אֲשֶׁר אָחֹן וְרִחַמְתִּי אֶת־אֲשֶׁר אֲרַחֵם׃ וַיֹּאמֶר
לֹא תוּכַל לִרְאֹת אֶת־פָּנָי כִּי לֹא־יִרְאַנִי הָאָדָם וָחָי׃

רש"י

"הֲלוֹא בְּלֶכְתְּךָ עִמָּנוּ". וְעוֹד דָּבָר אַחֵר אֲנִי שׁוֹאֵל מִמְּךָ, שֶׁלֹּא תַּשְׁרֶה שְׁכִינָתְךָ עוֹד עַל אֻמּוֹת הָעוֹלָם: **וְנִפְלֵינוּ אֲנִי וְעַמְּךָ.** וְנִהְיֶה מֻבְדָּלִים בַּדָּבָר הַזֶּה "מִכָּל הָעָם", כְּמוֹ: "וְהִפְלָה ה' בֵּין מִקְנֵה יִשְׂרָאֵל" וְגוֹ' (לעיל ט, ד):

יז **גַּם אֶת הַדָּבָר הַזֶּה.** שֶׁלֹּא תַּשְׁרֶה שְׁכִינָתִי עוֹד עַל אֻמּוֹת הָעוֹלָם, "אֶעֱשֶׂה". וְאֵין דְּבָרָיו שֶׁל בִּלְעָם עַל יְדֵי שְׁרִיַּת שְׁכִינָה, אֶלָּא "נֹפֵל וּגְלוּי עֵינָיִם" (במדבר כד, ד), כְּגוֹן: "וְאֵלַי דָּבָר יְגֻנָּב" (איוב ד, יב), שׁוֹמְעִין עַל יְדֵי שָׁלִיחַ:

יח **וַיֹּאמַר הַרְאֵנִי נָא אֶת כְּבֹדֶךָ.** רָאָה מֹשֶׁה שֶׁהָיָה עֵת רָצוֹן וּדְבָרָיו מְקֻבָּלִים, וְהוֹסִיף לִשְׁאֹל לְהַרְאוֹתוֹ מַרְאִית כְּבוֹדוֹ:

יט **וַיֹּאמֶר אֲנִי אַעֲבִיר וְגוֹ'.** הִגִּיעָה שָׁעָה שֶׁתִּרְאֶה בִּכְבוֹדִי מַה שֶּׁאַרְשֶׁה אוֹתְךָ לִרְאוֹת, לְפִי שֶׁאֲנִי רוֹצֶה וְצָרִיךְ לְלַמֶּדְךָ סֵדֶר תְּפִלָּה, שֶׁכְּשֶׁנִּצְרַכְתָּ לְבַקֵּשׁ רַחֲמִים עַל יִשְׂרָאֵל הִזְכַּרְתָּ לִי זְכוּת אָבוֹת, כִּסְבוּר אַתָּה שֶׁאִם תַּמָּה זְכוּת אָבוֹת אֵין עוֹד תִּקְוָה, אֲנִי אַעֲבִיר כָּל מִדַּת טוּבִי לְפָנֶיךָ עַל הַצּוּר וְאַתָּה נָתוּן בַּמְּעָרָה: **וְקָרָאתִי בְשֵׁם ה' לְפָנֶיךָ.** לְלַמֶּדְךָ סֵדֶר בַּקָּשַׁת רַחֲמִים אַף אִם תִּכְלֶה זְכוּת אָבוֹת, וּכְסֵדֶר שֶׁאַתָּה רוֹאֶה אוֹתִי מְעֻטָּף וְקוֹרֵא שְׁלֹשׁ עֶשְׂרֵה מִדּוֹת הֱוֵי מְלַמֵּד אֶת יִשְׂרָאֵל לַעֲשׂוֹת כֵּן, וְעַל יְדֵי שֶׁיַּזְכִּירוּ לְפָנַי 'רַחוּם וְחַנּוּן'; כִּי רַחֲמַי לֹא כָלִים: **וְחַנֹּתִי אֶת אֲשֶׁר אָחֹן.** אוֹתָן פְּעָמִים שֶׁאֶרְצֶה לָחֹן: **וְרִחַמְתִּי.** עֵת שֶׁאֶחְפֹּץ לְרַחֵם. עַד כָּאן לֹא הִבְטִיחוֹ אֶלָּא עִתִּים אֶעֱנֶה עִתִּים לֹא אֶעֱנֶה, אֲבָל בִּשְׁעַת מַעֲשֶׂה אָמַר לוֹ: "הִנֵּה אָנֹכִי כֹּרֵת בְּרִית" (להלן לד, י), הִבְטִיחוֹ שֶׁאֵינָן חוֹזְרוֹת רֵיקָם:

כ **וַיֹּאמֶר לֹא תוּכַל וְגוֹ'.** אַף כְּשֶׁאַעֲבִיר כָּל טוּבִי עַל פָּנֶיךָ, אֵינִי נוֹתֵן לְךָ רְשׁוּת לִרְאוֹת אֶת פָּנַי:

הרחבות

"לא תוכל לראֹת את פני" מכאן שהביטוי פָּנִים אֶל פָּנִים, שבו אופיין הדיבור של אלוקים אל משה קודם לכן, אינו אלא ביטוי אידיומטי, המורה על מפגש ישיר, כשיחתו של איש עם רעהו, אבל אינו מגיע לכדי ראיית פנים – אל בחינת המהות שמעבר לכל גבול.

ביאור | אם לא תהיה עמנו. ונוסף לכך - **וְנִפְלֵינוּ**, נובדל, נובחן **אֲנִי וְעַמְּךָ מִכָּל הָעָם**, העמים **אֲשֶׁר עַל פְּנֵי הָאֲדָמָה**, בהיותנו העם המיוחד לך.

יז **וַיֹּאמֶר ה' אֶל מֹשֶׁה: גַּם אֶת הַדָּבָר הַזֶּה אֲשֶׁר דִּבַּרְתָּ** - להיות אתה ועמך מופלים, **אֶעֱשֶׂה, כִּי מָצָאתָ חֵן בְּעֵינַי וָאֵדָעֲךָ בְּשֵׁם**, אני מכבד אותך ומעריך את ייחודך. שמך חקוק לפני.[68]

ההתגלות בנקרת הצור וחידוש הברית

פרק לג פס' יח – פרק לד פס' כז

ה' נאות לבקשתו של משה ללכת בקרב מחנה ישראל, וללוות את ישראל במסעם במישרין, שלא בתיווכו של מלאך. משה מבקש קרבה יתרה עם ה'. ואכן הוא זוכה בהתגלות אישית ששום בן תמותה לא זכה בה. בהתגלות זו יש ממד חזותי מסוים בצד ממד מילולי - משה שומע מאלוקים את דרכיו. לאחריה ה' חוזר ומשמיע באוזניו מצוות שברובן נאמרו לו קודם לכן.

אפשר שהתגלותו של ה' למשה בנקרת הצור שבחורב היא מעין חזרה צנועה על מעמד הר סיני שאירע לפני זמן לא רב באותו מקום. אז ראו כל העם את הקולות, ואחרי ארבעים יום היו אמורים לקבל את הלוחות הראשונים במעמד פומבי. עתה, לאחר שנתכפר חטאם, ניתנים הלוחות השניים במעמד אינטימי שבו עובר ה' רק על פני משה, המושם בתוך נקרה.

ייתכן שגילוי זה קשור להודעתו של ה' שהוא עצמו ילך עם העם. כדי שהעם לא ייפגע במידת הדין המתוחה, יש צורך שה' יתגלה במידות הרחמים העליונות. כך לא יביא הקשר הקרוב שלו עם ישראל לכיליון, אם יפר העם את הברית.[69]

יח **וַיֹּאמַר** משה: **הַרְאֵנִי נָא אֶת כְּבֹדֶךָ**. קודם ביקש שה' יודיע לו את דרכיו, כלומר את סוד הנהגותיו הנסתרות. עכשיו משה מבקש בקשה נוספת, מרחיקת לכת - לראות את כבוד ה', לדעת אותו כפי שהוא.[70] כלומר הוא רוצה להגיע להכרה פנימית ומהותית של ה', מעבר לנבואה ולשליחות.

יט **וַיֹּאמֶר: אֲנִי אַעֲבִיר כָּל טוּבִי עַל פָּנֶיךָ**. יתר על כן - **וְקָרָאתִי בְשֵׁם ה'**, שם ההוויה **לְפָנֶיךָ**. אתה תשמע ותקלוט דרגה גבוהה יותר של הוויתי, ומכוחה - **וְחַנֹּתִי אֶת אֲשֶׁר אָחֹן, וְרִחַמְתִּי אֶת אֲשֶׁר אֲרַחֵם**. כך תכיר לא רק את הצד החיצוני של הנהגתי - צד החוק והדין, אלא גם את צדה הפנימי - צד החסד והחנינה, שמעבר לגבול ולמידה.

כ **וַיֹּאמֶר** ה' לו עוד: **לֹא תוּכַל לִרְאֹת אֶת פָּנָי**, את מהותי, כפי שביקשת. **כִּי לֹא יִרְאַנִי הָאָדָם – וָחָי**. אי אפשר לראות את פני ולהישאר בחיים.

וַיֹּ֣אמֶר יְהֹוָ֔ה הִנֵּ֥ה מָק֖וֹם אִתִּ֑י וְנִצַּבְתָּ֖ עַל־הַצּֽוּר׃ וְהָיָה֙ כא כב
בַּעֲבֹ֣ר כְּבֹדִ֔י וְשַׂמְתִּ֖יךָ בְּנִקְרַ֣ת הַצּ֑וּר וְשַׂכֹּתִ֥י כַפִּ֛י
עָלֶ֖יךָ עַד־עָבְרִֽי׃ וַהֲסִרֹתִי֙ אֶת־כַּפִּ֔י וְרָאִ֖יתָ אֶת־אֲחֹרָ֑י כג
וּפָנַ֖י לֹ֥א יֵרָאֽוּ׃

חמישי וַיֹּ֣אמֶר יְהֹוָה֙ אֶל־מֹשֶׁ֔ה פְּסָל־לְךָ֛ שְׁנֵֽי־לֻחֹ֥ת אֲבָנִ֖ים א לד
כָּרִאשֹׁנִ֑ים וְכָתַבְתִּי֙ עַל־הַלֻּחֹ֔ת אֶת־הַדְּבָרִ֔ים אֲשֶׁ֥ר
הָי֛וּ עַל־הַלֻּחֹ֥ת הָרִאשֹׁנִ֖ים אֲשֶׁ֥ר שִׁבַּֽרְתָּ׃ וֶהְיֵ֥ה נָכ֖וֹן ב
לַבֹּ֑קֶר וְעָלִ֤יתָ בַבֹּ֙קֶר֙ אֶל־הַ֣ר סִינַ֔י וְנִצַּבְתָּ֥ לִ֛י שָׁ֖ם עַל־
רֹ֥אשׁ הָהָֽר׃ וְאִישׁ֙ לֹא־יַעֲלֶ֣ה עִמָּ֔ךְ וְגַם־אִ֥ישׁ אַל־יֵרָ֖א ג

רש"י

כא] **הִנֵּה מָקוֹם אִתִּי.** בָּהָר אֲשֶׁר אֲנִי מְדַבֵּר עִמְּךָ תָּמִיד, יֵשׁ מָקוֹם מוּכָן לִי לְצָרְכְּךָ שֶׁאַטְמִינְךָ שָׁם שֶׁלֹּא תַזּוֹק, וּמִשָּׁם תִּרְאֶה מַה שֶּׁתִּרְאֶה, זֶהוּ פְּשׁוּטוֹ. וּמִדְרָשׁוֹ, עַל מָקוֹם שֶׁהַשְּׁכִינָה שָׁם מְדַבֵּר, וְאוֹמֵר 'הַמָּקוֹם אִתִּי' וְאֵינוֹ אוֹמֵר 'אֲנִי בַּמָּקוֹם', שֶׁהַקָּדוֹשׁ בָּרוּךְ הוּא מְקוֹמוֹ שֶׁל עוֹלָם וְאֵין עוֹלָמוֹ מְקוֹמוֹ:

כב] **בַּעֲבֹר כְּבֹדִי.** כְּשֶׁאֶעֱבֹר לְפָנֶיךָ: **בְּנִקְרַת הַצּוּר.** כְּמוֹ: "הַעֵינֵי הָאֲנָשִׁים הָהֵם תְּנַקֵּר" (במדבר טז, יד), "יִקְּרוּהָ עֹרְבֵי נַחַל" (משלי ל, יז), "אֲנִי קַרְתִּי וְשָׁתִיתִי מַיִם" (ישעיה לז, כה), גִּזְרָה אַחַת לָהֶם: **נִקְרַת הַצּוּר.** כְּרִיַּת הַצּוּר: **וְשַׂכֹּתִי כַפִּי.** מִכָּאן שֶׁנִּתְּנָה רְשׁוּת לַמְחַבְּלִים לְחַבֵּל, וְתַרְגּוּמוֹ: "וְאַגֵּין בְּמֵימְרִי", כִּנּוּי הוּא לְדֶרֶךְ כָּבוֹד שֶׁל מַעְלָה, שֶׁאֵינוֹ צָרִיךְ לְסוֹכֵךְ עָלָיו בְּכַף מַמָּשׁ:

כג] **וַהֲסִרֹתִי אֶת כַּפִּי.** "וְאַעְדֵּי יָת דִּבְרַת יְקָרִי", כְּשֶׁאֲסַלֵּק הַנְהָגַת כְּבוֹדִי מִכְּנֶגֶד פָּנֶיךָ לָלֶכֶת מִשָּׁם וּלְהַלָּן: **וְרָאִיתָ אֶת אֲחֹרָי.** הֶרְאָהוּ קֶשֶׁר שֶׁל תְּפִלִּין:

פרק לד

א] **פְּסָל לְךָ.** הֶרְאָהוּ מַחְצַב סַנְפִּירִינוֹן מִתּוֹךְ אָהֳלוֹ, וְאָמַר לוֹ: הַפְּסֹלֶת יִהְיֶה שֶׁלְּךָ, וּמִשָּׁם נִתְעַשֵּׁר מֹשֶׁה הַרְבֵּה. **פְּסָל לְךָ.** אַתָּה שִׁבַּרְתָּ הָרִאשׁוֹנוֹת, אַתָּה "פְּסָל לְךָ" אֲחֵרוֹת. מָשָׁל לְמֶלֶךְ שֶׁהָלַךְ לִמְדִינַת הַיָּם וְהִנִּיחַ אֲרוּסָתוֹ עִם הַשְּׁפָחוֹת. מִתּוֹךְ קִלְקוּל הַשְּׁפָחוֹת יָצָא עָלֶיהָ שֵׁם רָע. עָמַד שׁוֹשְׁבִינָהּ וְקָרַע כְּתֻבָּתָהּ, אָמַר: אִם יֹאמַר הַמֶּלֶךְ לְהָרְגָהּ, אֹמַר לוֹ: עֲדַיִן אֵינָהּ אִשְׁתְּךָ. בָּדַק הַמֶּלֶךְ וּמָצָא שֶׁלֹּא הָיָה הַקִּלְקוּל אֶלָּא מִן הַשְּׁפָחוֹת, נִתְרַצָּה לָהּ. אָמַר לוֹ שׁוֹשְׁבִינָהּ: כְּתֹב לָהּ כְּתֻבָּה אַחֶרֶת, שֶׁנִּקְרְעָה הָרִאשׁוֹנָה. אָמַר לוֹ הַמֶּלֶךְ: אַתָּה קְרַעְתָּ אוֹתָהּ, אַתָּה קְנֵה לָהּ נְיָר אַחֵר וַאֲנִי אֶכְתֹּב לָהּ בִּכְתַב יָדִי. כָּךְ הַמֶּלֶךְ זֶה הַקָּדוֹשׁ בָּרוּךְ הוּא, הַשְּׁפָחוֹת אֵלּוּ עֵרֶב רַב, וְהַשּׁוֹשְׁבִין זֶה מֹשֶׁה. לְכָךְ נֶאֱמַר: "פְּסָל לְךָ":

ב] **נָכוֹן.** מְזֻמָּן:

ג] **וְאִישׁ לֹא יַעֲלֶה עִמָּךְ.** הָרִאשׁוֹנוֹת עַל יְדֵי שֶׁהָיוּ בִּתְשׁוּאוֹת וְקוֹלוֹת וּקְהִלָּה, שָׁלְטָה בָּהֶן עַיִן רָעָה, אֵין לְךָ יָפֶה מִן הַצְּנִיעוּת:

ביאור

רק בעת היציאה מן העולם הזה יוכל אדם לפגוש בי במישרין.[71]

כא לפיכך - **וַיֹּאמֶר ה׳: הִנֵּה מָקוֹם אִתִּי.** אעשה לך מקום שממנו תראה ככל שאתה מסוגל לראות בלי שתתאיין. **וְנִצַּבְתָּ עַל הַצּוּר,** הסלע, כב **וְהָיָה בַּעֲבֹר כְּבֹדִי,** כאשר כבודי יתגלה, **וְשַׂמְתִּיךָ בְּנִקְרַת הַצּוּר,** אעביר אותך ממקומך שעל הצור אל תוך החור, הנקבה שבתוכו. **וְשַׂכֹּתִי,** אסוכך ואגן **בְכַפִּי עָלֶיךָ עַד עָבְרִי,** עד שאעבור. אמנם לא תראה את פני ה׳, אך תעמוד כה קרוב, שתזדקק לחסות ולהסתרה מיוחדים, כדי שתישאר חי. כג ולאחר מכן - **וַהֲסִרֹתִי אֶת כַּפִּי,** ותהיה התגלות כלשהי - **וְרָאִיתָ אֶת אֲחֹרָי,** צדדַי החיצוניים יותר, ואולם **פָּנַי,** פנימיותי, מציאותי כפי שהיא, **לֹא יֵרָאוּ.** ההתגלות הקרובה ביותר שאדם יוכל לעמוד בה, ורק משה הגיע אליה, היא ראיית כבוד ה׳ מאחור, שאולי היא השגת העולם הפועל בעקבות הרצון האלוקי ומסתעף ממנו.[72] מעבר לה האדם מתמזג עם הקדושה והופך לאין. על כן נזקק משה להגנה.

פרק לד א **וַיֹּאמֶר ה׳ אֶל מֹשֶׁה: פְּסָל לְךָ שְׁנֵי לֻחֹת אֲבָנִים כָּרִאשֹׁנִים,** בתבנית של הלוחות הראשונים שקיבלת, **וְכָתַבְתִּי עַל הַלֻּחֹת אֶת הַדְּבָרִים אֲשֶׁר הָיוּ עַל הַלֻּחֹת הָרִאשֹׁנִים אֲשֶׁר שִׁבַּרְתָּ.** הלוחות הראשונים היו מעשה אלוקים.[73] עתה משה מצֻווה להכין את הלוחות, ועליהם יכתוב ה׳ עצמו את דיברותיו. ב **וֶהְיֵה נָכוֹן,** מוכן **לַבֹּקֶר, וְעָלִיתָ בַבֹּקֶר אֶל הַר סִינַי, וְנִצַּבְתָּ,** עמוד הכן **לִי שָׁם עַל רֹאשׁ הָהָר.** ג **וְאִישׁ לֹא יַעֲלֶה**

בְּכָל־הָהָר גַּם־הַצֹּאן וְהַבָּקָר אַל־יִרְעוּ אֶל־מוּל הָהָר
ד הַהוּא׃ וַיִּפְסֹל שְׁנֵי־לֻחֹת אֲבָנִים כָּרִאשֹׁנִים וַיַּשְׁכֵּם
מֹשֶׁה בַבֹּקֶר וַיַּעַל אֶל־הַר סִינַי כַּאֲשֶׁר צִוָּה יְהוָה
ה אֹתוֹ וַיִּקַּח בְּיָדוֹ שְׁנֵי לֻחֹת אֲבָנִים׃ וַיֵּרֶד יְהוָה בֶּעָנָן
ו וַיִּתְיַצֵּב עִמּוֹ שָׁם וַיִּקְרָא בְשֵׁם יְהוָה׃ וַיַּעֲבֹר יְהוָה ׀
עַל־פָּנָיו וַיִּקְרָא יְהוָה ׀ יְהוָה אֵל רַחוּם וְחַנּוּן אֶרֶךְ
ז אַפַּיִם וְרַב־חֶסֶד וֶאֱמֶת׃ נֹצֵר חֶסֶד לָאֲלָפִים נֹשֵׂא עָוֺן
וָפֶשַׁע וְחַטָּאָה וְנַקֵּה לֹא יְנַקֶּה פֹּקֵד ׀ עֲוֺן אָבוֹת עַל־
ח בָּנִים וְעַל־בְּנֵי בָנִים עַל־שִׁלֵּשִׁים וְעַל־רִבֵּעִים׃ וַיְמַהֵר
ט מֹשֶׁה וַיִּקֹּד אַרְצָה וַיִּשְׁתָּחוּ׃ וַיֹּאמֶר אִם־נָא מָצָאתִי
חֵן בְּעֵינֶיךָ אֲדֹנָי יֵלֶךְ־נָא אֲדֹנָי בְּקִרְבֵּנוּ כִּי עַם־קְשֵׁה־

רש"י

ה| וַיִּקְרָא בְשֵׁם ה'. מְתַרְגְּמִינַן: "וּקְרָא בִּשְׁמָא דַּה'":

ו| ה' ה'. הִיא מִדַּת רַחֲמִים, אַחַת קֹדֶם שֶׁיֶּחֱטָא וְאַחַת לְאַחַר שֶׁיֶּחֱטָא וְיָשׁוּב: אֵל. אַף זוֹ מִדַּת רַחֲמִים, וְכֵן הוּא אוֹמֵר: "אֵלִי אֵלִי לָמָה עֲזַבְתָּנִי" (תהלים כב, ב), וְאֵין לוֹמַר לְמִדַּת הַדִּין: "לָמָה עֲזַבְתָּנִי". כָּךְ מָצָאתִי בַּמְּכִילְתָּא (שירה ג, טו, ב): אֶרֶךְ אַפַּיִם. מַאֲרִיךְ אַפּוֹ וְאֵינוֹ מְמַהֵר לִפָּרַע, שֶׁמָּא יַעֲשֶׂה תְשׁוּבָה: וְרַב חֶסֶד. לִצְרִיכֵי חֶסֶד, שֶׁאֵין לָהֶם זְכֻיּוֹת כָּל כָּךְ: וֶאֱמֶת. לְשַׁלֵּם שָׂכָר טוֹב לְעוֹשֵׂי רְצוֹנוֹ:

ז| נֹצֵר חֶסֶד. שֶׁהָאָדָם עוֹשֶׂה לְפָנָיו: לָאֲלָפִים. לִשְׁנֵי אֲלָפִים דּוֹרוֹת. 'עֲוֹנוֹת' אֵלּוּ הַזְּדוֹנוֹת, 'פְּשָׁעִים' אֵלּוּ הַמְּרָדִים שֶׁאָדָם עוֹשֶׂה לְהַכְעִיס: וְנַקֵּה לֹא יְנַקֶּה. לְפִי פְשׁוּטוֹ מַשְׁמָע שֶׁאֵינוֹ מְוַתֵּר עַל הֶעָוֹן לְגַמְרֵי, אֶלָּא נִפְרָע מִמֶּנּוּ מְעַט מְעַט. וְרַבּוֹתֵינוּ דָּרְשׁוּ, "מְנַקֶּה" הוּא לַשָּׁבִים "וְלֹא יְנַקֶּה" לְשֶׁאֵינָן שָׁבִים: פֹּקֵד עֲוֹן אָבוֹת עַל בָּנִים. כְּשֶׁאוֹחֲזִים מַעֲשֵׂה אֲבוֹתֵיהֶם בִּידֵיהֶם, שֶׁכְּבָר פֵּרַשׁ בְּמִקְרָא אַחֵר "לְשֹׂנְאָי" (לעיל כ, ה): וְעַל רִבֵּעִים. דּוֹר רְבִיעִי. נִמְצֵאת מִדָּה טוֹבָה מְרֻבָּה עַל מִדַּת פֻּרְעָנוּת אַחַת לַחֲמֵשׁ מֵאוֹת, שֶׁבְּמִדָּה טוֹבָה הוּא אוֹמֵר: "נֹצֵר חֶסֶד לָאֲלָפִים":

ח| וַיְמַהֵר מֹשֶׁה. כְּשֶׁרָאָה מֹשֶׁה שְׁכִינָה עוֹבֶרֶת וְשָׁמַע קוֹל הַקְּרִיאָה, מִיָּד "וַיִּשְׁתָּחוּ":

ט| יֵלֶךְ נָא ה' בְּקִרְבֵּנוּ. כְּמוֹ שֶׁהִבְטַחְתָּ, מֵאַחַר שֶׁאַתָּה נוֹשֵׂא עָוֹן, וְאִם "עַם קְשֵׁה עֹרֶף הוּא" וַיַּמְרוּ בְּךָ וְאָמַרְתָּ עַל זֹאת: "פֶּן אֲכֶלְךָ בַּדָּרֶךְ" (לעיל לג, ג) – אַתָּה תִּסְלַח "לַעֲוֹנֵנוּ" וְגוֹ'. יֵשׁ 'כִּי' בִּמְקוֹם 'אִם':

ביאור

עִמָּךְ, וְגַם אִישׁ אַל יֵרָא, ייראה **בְּכָל הָהָר. גַּם הַצֹּאן וְהַבָּקָר אַל יִרְעוּ אֶל מוּל הָהָר הַהוּא.** בדומה למתן תורה, אף בפגישה זו, אל לאדם ולבהמה לנכוח במעמד; משה לבדו יעלה אל ההר.

ד **וַיִּפְסֹל שְׁנֵי לֻחֹת אֲבָנִים כָּרִאשֹׁנִים**, באותה הצורה. **וַיַּשְׁכֵּם מֹשֶׁה בַבֹּקֶר וַיַּעַל אֶל הַר סִינַי, כַּאֲשֶׁר צִוָּה ה׳ אֹתוֹ, וַיִּקַּח בְּיָדוֹ** את **שְׁנֵי לֻחֹת הָאֲבָנִים** שעשה.

ה **וַיֵּרֶד ה׳ בֶּעָנָן וַיִּתְיַצֵּב עִמּוֹ שָׁם, וַיִּקְרָא** ה׳ **בְשֵׁם ה׳**. אלוקים לימדו
כיצד לקרוא לו. ו **וַיַּעֲבֹר ה׳ עַל פָּנָיו**. משהו מן הכבוד האלוקי התגלה
בפני משה, ובכך ענה לבקשתו הַרְאֵנִי נָא אֶת כְּבֹדֶךָ. **וַיִּקְרָא** ה׳: **ה׳, ה׳,**
אֵל רַחוּם וְחַנּוּן, אֶרֶךְ אַפַּיִם, סבלני **וְרַב חֶסֶד וֶאֱמֶת**, ז **נֹצֵר**, שומר **חֶסֶד**
לָאֲלָפִים, לאלפי דורות, **נֹשֵׂא** מוחל, מרים את משאם של **עָוֹן וָפֶשַׁע**
וְחַטָּאָה. ומצד שני – **וְנַקֵּה לֹא יְנַקֶּה** את העוון. אף על פי שה׳ מעביר את העוון, העוון אינו מתנקה לחלוטין. **פֹּקֵד**, זוכר וגומל **עֲוֹן אָבוֹת עַל בָּנִים וְעַל בְּנֵי בָנִים, עַל שִׁלֵּשִׁים וְעַל רִבֵּעִים.** מאחר שה׳ רב חסד, אין הוא מעניש על עוונותיו של אב את כל צאצאיו לדורותיהם, אלא עד הדור הרביעי בלבד. וגם זאת, רק אם הם אוחזים במעשי אבותיהם. אם אין הצאצאים מזכירים את העוון על ידי חטאים נוספים, הוא נמחק ונעלם לחלוטין.[74]

ח **וַיְמַהֵר מֹשֶׁה**, מיד כששמע את הקריאה שהתלוותה אל ההתגלות, **וַיִּקֹּד אַרְצָה וַיִּשְׁתָּחוּ**, מחמת המראה והמלים הללו.

ט **וַיֹּאמֶר** משה: **אִם נָא מָצָאתִי חֵן בְּעֵינֶיךָ, אֲדֹנָי – יֵלֶךְ נָא אֲדֹנָי בְּקִרְבֵּנוּ.** עתה, לאחר ששמעתי את מידות רחמיך, אני חוזר ומבקש שתלך בקרבנו. לאחר שמשה הכיר את מידות הרחמים הוא לא התיירא

הרחבות

׳ויקרא בשם ה׳׳ נראה לפי המבנה התחבירי של הפסוק, ועל פי המשך הדברים, שה׳ הוא שקרא ולא משה. (ראו רשב״ם, ראב״ע (הארוך), ספורנו וגור אריה; והשוו יונתן). אותה משמעות גם לפי פירוש אחר, הנסמך על פיסוק הטעמים: וַיִּקְרָא בְשֵׁם – ה׳.

מידות הרחמים קטע ההתגלות למשה בנקרת הצור חוזר ונאמר באופן טקסי בתפילה. הקטע הזה עומד במרכזן של ה׳סליחות׳, הנאמרות מלפני ראש השנה עד יום הכיפורים וכן בתעניות ציבור. מקובלנו שנכללות בו שלוש־עשרה מידות הרחמים של ה׳, אם כי צורת ספירתן איננה מוסכמת. בקריאת הקטע בתפילה מסתיימת רשימת המידות באופן תמוה במלים וְחַטָּאָה וְנַקֵּה, אף על פי שהצירוף וְנַקֵּה לֹא יְנַקֶּה הוא בוודאי יחידה אחת. כיוון שמשמעו של הביטוי הזה חורג מן הרחמים והחסד, הוא לא נכלל במלואו ברשימת מידות הרחמים בתפקידו הליטורגי, ומודגש בו רק ניקוי העוון. (ראו ראש השנה יז ע״ב וראשונים שם; יומא פו ע״א).

עֹרֶף הוּא וְסָלַחְתָּ לַעֲוֺנֵנוּ וּלְחַטָּאתֵנוּ וּנְחַלְתָּנוּ׃
ששי י וַיֹּאמֶר הִנֵּה אָנֹכִי כֹּרֵת בְּרִית נֶגֶד כָּל־עַמְּךָ אֶעֱשֶׂה
נִפְלָאֹת אֲשֶׁר לֹא־נִבְרְאוּ בְכָל־הָאָרֶץ וּבְכָל־הַגּוֹיִם
וְרָאָה כָל־הָעָם אֲשֶׁר־אַתָּה בְקִרְבּוֹ אֶת־מַעֲשֵׂה
יא יְהוָה כִּי־נוֹרָא הוּא אֲשֶׁר אֲנִי עֹשֶׂה עִמָּךְ׃ שְׁמָר־לְךָ
אֵת אֲשֶׁר אָנֹכִי מְצַוְּךָ הַיּוֹם הִנְנִי גֹרֵשׁ מִפָּנֶיךָ אֶת־
הָאֱמֹרִי וְהַכְּנַעֲנִי וְהַחִתִּי וְהַפְּרִזִּי וְהַחִוִּי וְהַיְבוּסִי׃
יב הִשָּׁמֶר לְךָ פֶּן־תִּכְרֹת בְּרִית לְיוֹשֵׁב הָאָרֶץ אֲשֶׁר
יג אַתָּה בָּא עָלֶיהָ פֶּן־יִהְיֶה לְמוֹקֵשׁ בְּקִרְבֶּךָ׃ כִּי אֶת־
מִזְבְּחֹתָם תִּתֹּצוּן וְאֶת־מַצֵּבֹתָם תְּשַׁבֵּרוּן וְאֶת־אֲשֵׁרָיו
יד תִּכְרֹתוּן׃ כִּי לֹא תִשְׁתַּחֲוֶה לְאֵל אַחֵר כִּי יְהוָה קַנָּא
טו שְׁמוֹ אֵל קַנָּא הוּא׃ פֶּן־תִּכְרֹת בְּרִית לְיוֹשֵׁב הָאָרֶץ
וְזָנוּ ׀ אַחֲרֵי אֱלֹהֵיהֶם וְזָבְחוּ לֵאלֹהֵיהֶם וְקָרָא לְךָ
טז וְאָכַלְתָּ מִזִּבְחוֹ׃ וְלָקַחְתָּ מִבְּנֹתָיו לְבָנֶיךָ וְזָנוּ בְנֹתָיו

רש״י

וּנְחַלְתָּנוּ. וּתְנֵנוּ לְךָ לְנַחֲלָה מְיֻחֶדֶת. זוֹ הִיא בַּקָּשַׁת "וְנִפְלֵינוּ אֲנִי וְעַמְּךָ" (שם פסוק טז), שֶׁלֹּא תַּשְׁרֶה שְׁכִינָתְךָ עַל הָאֻמּוֹת:

י **כֹּרֵת בְּרִית.** עַל זֹאת: **אֶעֱשֶׂה נִפְלָאֹת.** לְשׁוֹן "וְנִפְלֵינוּ", שֶׁתִּהְיוּ מֻבְדָּלִים בָּזוֹ מִכָּל הָאֻמּוֹת, שֶׁלֹּא תִשְׁרֶה שְׁכִינָתִי עֲלֵיהֶם:

יא **אֶת הָאֱמֹרִי וְגוֹ׳.** שֵׁשׁ אֻמּוֹת יֵשׁ כָּאן, כִּי הַגִּרְגָּשִׁי עָמַד וּפָנָה מִפְּנֵיהֶם:

יג **אֲשֵׁרָיו.** הוּא אִילָן שֶׁעוֹבְדִים אוֹתוֹ:

יד **קַנָּא שְׁמוֹ.** מְקַנֵּא לִפָּרַע וְאֵינוֹ מְוַתֵּר, וְזֶהוּ כָּל לְשׁוֹן קִנְאָה, אוֹחֵז בְּנִצְחוֹנוֹ וּפוֹרֵעַ מֵעוֹזְבָיו:

טו-טז **וְאָכַלְתָּ מִזִּבְחוֹ.** כִּסְבוּר אַתָּה שֶׁאֵין עֹנֶשׁ בַּאֲכִילָתוֹ, וַאֲנִי מַעֲלֶה עָלֶיךָ כְּמוֹדֶה בַּעֲבוֹדָתָם, שֶׁמִּתּוֹךְ כָּךְ אַתָּה בָּא וְלוֹקֵחַ "מִבְּנֹתָיו לְבָנֶיךָ":

הרחבות

׳לא תשתחוה לאל אחר כי ה׳ קנא שמו׳ עיקרון זה מנוגד לתפיסה התיאולוגית של ריבוי אלילים שרווחה אז. ראשית ההבחנה בין ישראל לבין העמים קשורה לכך שאמונת ישראל אינה מתפשרת עם אמונות אחרות.

׳פן תכרת ברית... ולקחת מבנתיו לבניך׳ זהו

ביאור

מפגיעתה של מידת הדין הקשה.[75] מעניין שהנימוק לבקשתו של משה זהה לנימוק שבו השתמש ה׳ להסביר מדוע לא ילך עם ישראל:[76] **כִּי עַם קְשֵׁה עֹרֶף הוּא**, ויש סיכוי שהם יחטאו עוד, אך מכיוון שאתה חנון ורחום ונושא עוון ופשע – **וְסָלַחְתָּ לַעֲוֺנֵנוּ וּלְחַטָּאתֵנוּ, וּנְחַלְתָּנוּ**, הֱיה מעין נחלה וחלק בעבורנו, כדי שנצליח להתקיים. עם קשה עורף יוכל לעמוד בדין מול אל רחום וחנון, ולא מול מלאך הנצמד למידת הדין.

י **וַיֹּאמֶר** לו ה׳: **הִנֵּה אָנֹכִי כֹּרֵת בְּרִית. נֶגֶד**, מול **כָּל עַמְּךָ אֶעֱשֶׂה** בעתיד, בזמן שתכבשו את ארץ כנען **נִפְלָאֹת אֲשֶׁר לֹא נִבְרְאוּ בְכָל הָאָרֶץ וּבְכָל הַגּוֹיִם. וְרָאָה כָל הָעָם אֲשֶׁר אַתָּה בְקִרְבּוֹ אֶת מַעֲשֵׂה ה׳ כִּי נוֹרָא**, מעורר יראה **הוּא**, המעשה **אֲשֶׁר אֲנִי עֹשֶׂה עִמָּךְ.**

מכיוון שבקרוב ימשיכו ישראל במסעם, ה׳ חוזר על הציווי ביחס לעמים היושבים בכנען: יא **שְׁמָר לְךָ אֵת אֲשֶׁר אָנֹכִי מְצַוְּךָ הַיּוֹם**. מצד אחד, אני מבטיח לכם **שֶׁהִנְנִי גֹרֵשׁ**, מגרש **מִפָּנֶיךָ אֶת הָאֱמֹרִי וְהַכְּנַעֲנִי וְהַחִתִּי וְהַפְּרִזִּי וְהַחִוִּי וְהַיְבוּסִי**. יב ומצד שני, **הִשָּׁמֶר לְךָ פֶּן תִּכְרֹת בְּרִית לְיוֹשֵׁב הָאָרֶץ אֲשֶׁר אַתָּה בָּא עָלֶיהָ, פֶּן יִהְיֶה** יושב הארץ **לְמוֹקֵשׁ**, למכשול **בְּקִרְבֶּךָ**. הוא עלול להשחית את התנהגותך. יג **כִּי**, אלא **אֶת מִזְבְּחֹתָם תִּתֹּצוּן**, תנפצו, **וְאֶת מַצֵּבֹתָם תְּשַׁבֵּרוּן, וְאֶת אֲשֵׁרָיו**, עצי האשֵרה שלו **תִּכְרֹתוּן**. עליכם להשמיד לחלוטין את כל העבודה הזרה, אביזריה וסמליה. יד **כִּי לֹא תִשְׁתַּחֲוֶה לְאֵל אַחֵר, כִּי ה׳ קַנָּא שְׁמוֹ, אֵל קַנָּא הוּא**. אין הוא סובלני כלפי אמונה באלים אחרים, אפילו לצדו. אין זו קנאה של צרות עין, אלא קנאות אהבה – קשר בלעדי שאינו מאפשר שותפות במושאה. טו **פֶּן תִּכְרֹת בְּרִית לְיוֹשֵׁב הָאָרֶץ, וְזָנוּ**, יושבי הארץ ימשיכו לנהות **אַחֲרֵי אֱלֹהֵיהֶם וְזָבְחוּ לֵאלֹהֵיהֶם**, וכאשר ישכנו יחסי ידידות ביניכם – **וְקָרָא לְךָ וְאָכַלְתָּ מִזִּבְחוֹ**. הם יזמינו אותך להשתתף בשמחתם ובעבודתם הדתית, ואתה, מן הסתם, תיענה. טז קשר זה ימשיך ויתפתח מעבר לביקורים הדדיים – **וְלָקַחְתָּ מִבְּנֹתָיו לְבָנֶיךָ**. גם אם ידך תהיה על העליונה, עלולים להיווצר

הרחבות

הציווי הראשון על איסור נישואי תערובת. לפי המוגדר כאן, חמורים הרבה יותר נישואי בני ישראל עם בנות נכריות, מאשר נישואי בנות ישראל עם גברים נכריים. גם מבחינה הלכתית, מעמדם של הבנים הנולדים מנישואי תערובת ייקבע על פי אומתה של האם. (ראו גם מלאכי ב,יא עזרא ט,ב; י,ב-יד).

אַחֲרֵי אֱלֹהֵיהֶן וְהִזְנוּ אֶת־בָּנֶיךָ אַחֲרֵי אֱלֹהֵיהֶן׃ אֱלֹהֵי יז
מַסֵּכָה לֹא תַעֲשֶׂה־לָּךְ׃ אֶת־חַג הַמַּצּוֹת תִּשְׁמֹר יח
שִׁבְעַת יָמִים תֹּאכַל מַצּוֹת אֲשֶׁר צִוִּיתִךָ לְמוֹעֵד חֹדֶשׁ
הָאָבִיב כִּי בְּחֹדֶשׁ הָאָבִיב יָצָאתָ מִמִּצְרָיִם׃ כָּל־פֶּטֶר יט
רֶחֶם לִי וְכָל־מִקְנְךָ תִּזָּכָר פֶּטֶר שׁוֹר וָשֶׂה׃ וּפֶטֶר כ
חֲמוֹר תִּפְדֶּה בְשֶׂה וְאִם־לֹא תִפְדֶּה וַעֲרַפְתּוֹ כֹּל בְּכוֹר
בָּנֶיךָ תִּפְדֶּה וְלֹא־יֵרָאוּ פָנַי רֵיקָם׃ שֵׁשֶׁת יָמִים תַּעֲבֹד כא
וּבַיּוֹם הַשְּׁבִיעִי תִּשְׁבֹּת בֶּחָרִישׁ וּבַקָּצִיר תִּשְׁבֹּת׃ וְחַג כב
שָׁבֻעֹת תַּעֲשֶׂה לְךָ בִּכּוּרֵי קְצִיר חִטִּים וְחַג הָאָסִיף

רש"י

יח) **חֹדֶשׁ הָאָבִיב.** חֹדֶשׁ הַבִּכִּיר, שֶׁהַתְּבוּאָה מְבַכֶּרֶת בְּבִשּׁוּלָהּ:

יט) **כָּל פֶּטֶר רֶחֶם לִי.** בָּאָדָם: **וְכָל מִקְנְךָ תִּזָּכָר וְגוֹ׳.** וְכָל מִקְנְךָ אֲשֶׁר תִּזָּכָר בְּפֶטֶר שׁוֹר וָשֶׂה, אֲשֶׁר יִפְטֹר זָכָר אֶת רַחְמָהּ. ׳פֶּטֶר׳ לְשׁוֹן פְּתִיחָה, וְכֵן: ״פּוֹטֵר מַיִם רֵאשִׁית מָדוֹן״ (משלי יז, יד). תָּי״ו שֶׁל ״תִּזָּכָר״ לְשׁוֹן נְקֵבָה הִיא, מוּסָב עַל הַיּוֹלֶדֶת:

כ) **וּפֶטֶר חֲמוֹר.** וְלֹא שְׁאָר בְּהֵמָה טְמֵאָה: **תִּפְדֶּה בְשֶׂה.** נוֹתֵן שֶׂה לַכֹּהֵן וְהוּא חֻלִּין בְּיַד כֹּהֵן, וּפֶטֶר חֲמוֹר מֻתָּר בַּעֲבוֹדָה לַבְּעָלִים: **וַעֲרַפְתּוֹ.** עוֹרְפוֹ בְּקוֹפִיץ. הוּא הִפְסִיד מָמוֹן כֹּהֵן, לְפִיכָךְ יִפָּסֵד מָמוֹנוֹ: **כֹּל בְּכוֹר בָּנֶיךָ תִּפְדֶּה.** חֲמִשָּׁה סְלָעִים פִּדְיוֹנוֹ קָצוּב, שֶׁנֶּאֱמַר: ״וּפְדוּיָו מִבֶּן חֹדֶשׁ תִּפְדֶּה״ וְגוֹ׳ (במדבר יח, טז): **וְלֹא יֵרָאוּ פָנַי רֵיקָם.** לְפִי פְּשׁוּטוֹ שֶׁל מִקְרָא דָּבָר בִּפְנֵי עַצְמוֹ הוּא וְאֵינוֹ מוּסָב עַל הַבְּכוֹר, שֶׁאֵין בְּמִצְוַת בְּכוֹר רְאִיַּת פָּנִים, אֶלָּא אַזְהָרָה אַחֶרֶת הִיא: וּכְשֶׁתַּעֲלוּ לָרֶגֶל לֵרָאוֹת ״לֹא יֵרָאוּ פָנַי רֵיקָם״, מִצְוָה עֲלֵיכֶם לְהָבִיא עוֹלַת רְאִיַּת פָּנִים. וּלְפִי מִדְרַשׁ בָּרַיְתָא, מִקְרָא יָתֵר הוּא וּמֻפְנֶה לִגְזֵרָה שָׁוָה, לְלַמֵּד עַל הַעֲנָקָתוֹ שֶׁל עֶבֶד עִבְרִי שֶׁהוּא חֲמִשָּׁה סְלָעִים מִכָּל מִין וָמִין כְּפִדְיוֹן בְּכוֹר. בְּמַסֶּכֶת קִדּוּשִׁין (דף יז ע"א):

כא) **בֶּחָרִישׁ וּבַקָּצִיר תִּשְׁבֹּת.** לָמָּה נִזְכַּר חָרִישׁ וְקָצִיר? יֵשׁ מֵרַבּוֹתֵינוּ אוֹמְרִים: עַל חָרִישׁ שֶׁל עֶרֶב שְׁבִיעִית הַנִּכְנָס לִשְׁבִיעִית וְקָצִיר שֶׁל שְׁבִיעִית הַיּוֹצֵא לְמוֹצָאֵי שְׁבִיעִית, לְלַמֶּדְךָ שֶׁמּוֹסִיפִין מֵחֹל עַל הַקֹּדֶשׁ. וְכָךְ מַשְׁמָעוֹ: ״שֵׁשֶׁת יָמִים תַּעֲבֹד וּבַיּוֹם הַשְּׁבִיעִי תִּשְׁבֹּת״, וַעֲבוֹדַת שֵׁשֶׁת הַיָּמִים שֶׁהִתַּרְתִּי לְךָ, יֵשׁ שָׁנָה שֶׁהֶחָרִישׁ וְהַקָּצִיר אָסוּר. וְאֵין צָרִיךְ לוֹמַר חָרִישׁ וְקָצִיר שֶׁל שְׁבִיעִית, שֶׁהֲרֵי כְּבָר נֶאֱמַר: ״שָׂדְךָ לֹא תִזְרָע״ וְגוֹ׳ (ויקרא כה, ד). וְיֵשׁ מֵהֶם אוֹמְרִים: אֵינוֹ מְדַבֵּר אֶלָּא בְּשַׁבָּת, וְחָרִישׁ וְקָצִיר שֶׁהֻזְכַּר בּוֹ לוֹמַר לְךָ, מָה חָרִישׁ רְשׁוּת אַף קָצִיר רְשׁוּת, יָצָא קְצִיר הָעֹמֶר שֶׁהוּא מִצְוָה וְדוֹחֶה אֶת הַשַּׁבָּת:

כב) **בִּכּוּרֵי קְצִיר חִטִּים.** שֶׁאַתָּה מֵבִיא בּוֹ שְׁתֵּי הַלֶּחֶם מִן הַחִטִּים בִּכּוּרִים, שֶׁהִיא מִנְחָה רִאשׁוֹנָה הַבָּאָה מִן הֶחָדָשׁ חִטִּים לַמִּקְדָּשׁ, כִּי מִנְחַת הָעֹמֶר הַבָּאָה בְּפֶסַח, מִן הַשְּׂעוֹרִים הִיא: **וְחַג הָאָסִיף.** בִּזְמַן שֶׁאַתָּה אוֹסֵף תְּבוּאָתְךָ מִן הַשָּׂדֶה לַבַּיִת. אֲסִיפָה

ביאור

קשרי נישואין, ובעקבותיהם – **וְזָנוּ בְנֹתָיו אַחֲרֵי אֱלֹהֵיהֶן, וְהִזְנוּ אֶת בָּנֶיךָ** ויגרמו להם ללכת **אַחֲרֵי אֱלֹהֵיהֶן.**

כעת מובאות בקצרה מצוות אחדות שנצטוו בהן קודם מתן תורה ולאחריה, ונשנו כאן בהקשר של חידוש הברית. חלקן מתקשרות ליציאת מצרים:

יז **אֱלֹהֵי מַסֵּכָה**, דמות יצוקה **לֹא תַעֲשֶׂה לָּךְ.**

יח **אֶת חַג הַמַּצּוֹת תִּשְׁמֹר**, כלומר **שִׁבְעַת יָמִים תֹּאכַל מַצּוֹת אֲשֶׁר צִוִּיתִךָ**
עליהן,[78] **לְמוֹעֵד חֹדֶשׁ הָאָבִיב**, חודש ניסן, **כִּי בְּחֹדֶשׁ הָאָבִיב יָצָאתָ מִמִּצְרָיִם.** לא רק התאריך חשוב, אלא גם זמנו בשנה – בתקופת האביב.[79]

יט **כָּל פֶּטֶר רֶחֶם**, כל היוצא ראשון מן הרחם שייך **לִי. וְכָל מִקְנְךָ תִּזָּכָר**,
מכל המקנה שלך תוציא את הזכרים[80] שהם **פֶּטֶר**, בכור **שׁוֹר וָשֶׂה**,
ותעלה אותם לקרבן, כפי שנצטווית ביציאת מצרים.[81] כ **וּפֶטֶר**
חֲמוֹר תִּפְדֶּה אותו **בְשֶׂה**, כפי שכבר נאמר,[82] **וְאִם לֹא תִפְדֶּה – וַעֲרַפְתּוֹ.** נוסף על בכורות הבהמה הטהורה ופטר החמור, גם **כֹּל בְּכוֹר בָּנֶיךָ תִּפְדֶּה.**[83] **וְלֹא יֵרָאוּ פָנַי רֵיקָם.** למקדש אין לבוא בידיים ריקות.

כא **שֵׁשֶׁת יָמִים תַּעֲבֹד, וּבַיּוֹם הַשְּׁבִיעִי תִּשְׁבֹּת, בֶּחָרִישׁ וּבַקָּצִיר תִּשְׁבֹּת.** אין לעשות אפילו עבודות נחוצות, שאפשר היה לטעון שהן דרושות לצורך חיי נפש.[84]

כב חמישים יום אחרי הפסח – **וְחַג שָׁבֻעֹת תַּעֲשֶׂה לְךָ**, שהוא **בִּכּוּרֵי קְצִיר חִטִּים**, בעת הבכרת החיטים, **וְ**את **חַג הָאָסִיף** תעשה **בִּתְקוּפַת הַשָּׁנָה**, כאשר השנה מקיפה, מסתיימת ומתחילה מחדש, בעונת

הרחבות

'חג האסיף תקופת השנה' אף על פי שמבחינות שונות מחזור השנה מתחיל בחודש יציאת מצרים, חודש ניסן, כגון: מניין החודשים, הקרבנות ומניין שנות מלכי ישראל, הביטוי תְּקוּפַת הַשָּׁנָה מורה שמבחינות אחרות, הקשורות ליחידה של השנה הטבעית, כמו גיל האדם, הבהמה והצומח, מעשרות, שביעית וכד', השנה מתחילה בחודש תשרי. (ראו לעיל כג,טז וויקרא כג,כו ובהרחבות שם; ראש השנה ד ע"ב). מבחינה הלכתית יש משמעות לקביעתו של חג האסיף בתקופת השנה, שהיא זמן שוויון היום והלילה הסתוויים, המקביל לחג הפסח באביב (סנהדרין יב ע"ב – יג ע"א).

תְּקוּפַת הַשָּׁנָה׃ שָׁלֹשׁ פְּעָמִים בַּשָּׁנָה יֵרָאֶה כָּל־זְכוּרְךָ כג
אֶת־פְּנֵי הָאָדֹן ׀ יְהוָה אֱלֹהֵי יִשְׂרָאֵל׃ כִּי־אוֹרִישׁ גּוֹיִם כד
מִפָּנֶיךָ וְהִרְחַבְתִּי אֶת־גְּבֻלֶךָ וְלֹא־יַחְמֹד אִישׁ אֶת־
אַרְצְךָ בַּעֲלֹתְךָ לֵרָאוֹת אֶת־פְּנֵי יְהוָה אֱלֹהֶיךָ שָׁלֹשׁ
פְּעָמִים בַּשָּׁנָה׃ לֹא־תִשְׁחַט עַל־חָמֵץ דַּם־זִבְחִי וְלֹא־ כה
יָלִין לַבֹּקֶר זֶבַח חַג הַפָּסַח׃ רֵאשִׁית בִּכּוּרֵי אַדְמָתְךָ כו
תָּבִיא בֵּית יְהוָה אֱלֹהֶיךָ לֹא־תְבַשֵּׁל גְּדִי בַּחֲלֵב
אִמּוֹ׃

רש״י

זוֹ לְשׁוֹן הַכְנָסָה לַבַּיִת, כְּמוֹ: ״וַאֲסַפְתּוֹ אֶל תּוֹךְ בֵּיתֶךָ״ (דברים כב, ב): **תְּקוּפַת הַשָּׁנָה.** שֶׁהִיא בַּחֲזָרַת הַשָּׁנָה, בִּתְחִלַּת הַשָּׁנָה הַבָּאָה: תְּקוּפַת. לְשׁוֹן מְסִבָּה וְהַקָּפָה:

כג **כָּל זְכוּרְךָ.** כָּל הַזְּכָרִים שֶׁבְּךָ. הַרְבֵּה מִצְוֹת בַּתּוֹרָה נֶאֶמְרוּ וְנִכְפְּלוּ, וְיֵשׁ מֵהֶם שָׁלֹשׁ פְּעָמִים וְאַרְבַּע, לְחַיֵּב וְלַעֲנֹשׁ עַל מִנְיַן לָאוִין שֶׁבָּהֶם וְעַל מִנְיַן עֲשֵׂה שֶׁבָּהֶם:

כד **אוֹרִישׁ.** כְּתַרְגּוּמוֹ: ״אֲתָרֵיךְ״, וְכֵן: ״הָאֵל רָשׁ״ (דברים ב, לא), וְכֵן: ״וַיּוֹרֶשׁ אֶת הָאֱמֹרִי״ (במדבר כא, לב), לְשׁוֹן גֵּרוּשִׁין: **וְהִרְחַבְתִּי אֶת גְּבֻלֶךָ.** וְאַתָּה רָחוֹק מִבֵּית הַבְּחִירָה וְאֵינְךָ יָכוֹל לֵרָאוֹת לְפָנַי תָּמִיד, לְכָךְ אֲנִי קוֹבֵעַ לְךָ שָׁלֹשׁ רְגָלִים הַלָּלוּ:

כה **לֹא תִשְׁחַט וְגוֹ׳.** לֹא תִּשְׁחַט אֶת הַפֶּסַח וַעֲדַיִן חָמֵץ קַיָּם, אַזְהָרָה לַשּׁוֹחֵט אוֹ לַזּוֹרֵק אוֹ לְאֶחָד מִבְּנֵי חֲבוּרָה: **וְלֹא יָלִין.** כְּתַרְגּוּמוֹ. אֵין לִינָה מוֹעֶלֶת בְּרֹאשׁ הַמִּזְבֵּחַ, וְאֵין לִינָה אֶלָּא בְּעַמּוּד הַשַּׁחַר: **זֶבַח חַג הַפָּסַח.** אֵמוּרָיו, וּמִכָּאן אַתָּה לָמֵד לְכָל הֶקְטֵר חֲלָבִים וְאֵבָרִים:

כו **רֵאשִׁית בִּכּוּרֵי אַדְמָתְךָ.** מִשִּׁבְעַת הַמִּינִין הָאֲמוּרִים בְּשֶׁבַח אַרְצְךָ: ״אֶרֶץ חִטָּה וּשְׂעֹרָה וְגֶפֶן״ וְגוֹ׳ (דברים ח, ח) ״וּדְבָשׁ״ – הֵן תְּמָרִים: **לֹא תְבַשֵּׁל גְּדִי.** אַזְהָרָה לְבָשָׂר בְּחָלָב. וּשְׁלֹשָׁה פְּעָמִים כָּתוּב בַּתּוֹרָה: אֶחָד לַאֲכִילָה, וְאֶחָד לַהֲנָאָה, וְאֶחָד לְאִסּוּר בִּשּׁוּל: **גְּדִי.** כָּל וָלָד רַךְ בְּמַשְׁמָע וַאֲפִלּוּ עֵגֶל וָכֶבֶשׂ, מִמַּה שֶּׁהֻצְרַךְ לִפְרֵשׁ בְּכַמָּה מְקוֹמוֹת: ׳גְּדִי עִזִּים׳ (בראשית לח, יז, ועוד) לָמַדְתָּ שֶׁ׳גְּדִי׳ סְתָם כָּל יוֹנְקִים בְּמַשְׁמָע: **בַּחֲלֵב אִמּוֹ.** פְּרָט לְעוֹף, שֶׁאֵין לוֹ חֲלֵב אֵם, שֶׁאֵין אִסּוּרוֹ מִן הַתּוֹרָה אֶלָּא מִדִּבְרֵי סוֹפְרִים:

׳ולא יחמֹד איש את ארצך בעלֹתך לֵרָאות׳ כאשר ישראל נמצאים במדבר, אין קושי לבקר במשכן משום שהם אינם רחוקים ממנו. לעומת זאת, כאשר יתיישבו בארצם לכל גבולה, חלק ממקומות מושבם יהיו מרוחקים מן המקדש וקרובים לגבול. העמים השכנים ידעו כי בזמנים קבועים ישראל נוהגים לעלות לרגל, והם עלולים לנצל זאת למסעות שוד או כיבושים. ה׳ מבטיח לישראל שהדבר לא יקרה.

ביאור

הסתיו. כג **שָׁלֹשׁ פְּעָמִים בַּשָּׁנָה** – בחג המצות, בחג השבועות ובחג האסיף – חג הסוכות, **יֵרָאֶה כָּל זְכוּרְךָ**, כל הזכרים צריכים להיראות, כמין מסדר, **אֶת פְּנֵי**, לפני **הָאָדֹן, ה' אֱלֹהֵי יִשְׂרָאֵל**.

וכאן באה הערה מרגיעה לגבי העלייה לרגל הנזכרת: כד **כִּי אוֹרִישׁ גּוֹיִם מִפָּנֶיךָ**, ואף – **וְהִרְחַבְתִּי אֶת גְּבוּלֶךָ** – **וְלֹא יַחְמֹד אִישׁ אֶת אַרְצְךָ בַּעֲלֹתְךָ לֵרָאוֹת אֶת פְּנֵי ה' אֱלֹהֶיךָ שָׁלֹשׁ פְּעָמִים בַּשָּׁנָה**.

כה **לֹא תִשְׁחַט עַל**, עם **חָמֵץ** את **דַּם זִבְחִי**, במיוחד זבח הפסח,[85] **וְלֹא יָלִין לַבֹּקֶר זֶבַח חַג הַפָּסַח**. קרבן הפסח צריך להיאכל באותו לילה.[86]

כו **רֵאשִׁית בִּכּוּרֵי**, הפֵּרות הראשונים הגדלים **בְּאַדְמָתְךָ תָּבִיא בֵּית ה' אֱלֹהֶיךָ**.[87] **לֹא תְבַשֵּׁל גְּדִי בַּחֲלֵב אִמּוֹ**. שתי המצוות הללו הופיעו כלשונן לעיל.[88]

המצוות שנשנו בחידוש הברית

המצווה	נאמרה לראשונה
• שמירת חג המצות	**במצרים** (פרשת בא, יב,יח)
• קידוש בכורות אדם ובהמה	**במצרים** (פרשת בא, יג,א)
• שביתה בשבת	**במרה ובהר סיני** (פרשות בשלח טז,כג; יתרו כ,י)
• עשיית חג שבועות וסוכות	**בסיני** (פרשת משפטים, כג,טו-טז)
• היראות לפני ה' בשלוש רגלים	**בסיני** (פרשת משפטים, כג,יז)
• שלא לשחוט קרבן פסח על חמץ	**בסיני** (פרשת משפטים, כג,יח)
• הבאת ביכורים לבית ה'	**בסיני** (פרשת משפטים, כג,יט)
• איסור בשר בחלב	**בסיני** (פרשת משפטים, כג,יט)

המצוות שנשנו לאחר מעשה העגל, נאמרו לישראל באותו סדר שנאמרו להם בפעם הראשונה.

הרחבות

'ראשית בִּכּוּרי אדמתך תביא... לא תבשל גדי בחלב אמו' אחד הטעמים שניתנו להזכרת האיסור לבשל גדי בחלב אמו כאן מתייחס לכך שבישול כזה נחשב אז לסגולה לגידול הצמחים, ונעשה באופן טקסי במטרה לגרום לאדמה לתת את פריה (ספורנו). ראו עוד ההרחבה לעיל כג, יט).

שביעי כו וַיֹּאמֶר יהוה אֶל־מֹשֶׁה כְּתׇב־לְךָ אֶת־הַדְּבָרִים הָאֵלֶּה כז
כִּי עַל־פִּי ׀ הַדְּבָרִים הָאֵלֶּה כָּרַתִּי אִתְּךָ בְּרִית וְאֶת־
יִשְׂרָאֵל׃ וַיְהִי־שָׁם עִם־יהוה אַרְבָּעִים יוֹם וְאַרְבָּעִים כח
לַיְלָה לֶחֶם לֹא אָכַל וּמַיִם לֹא שָׁתָה וַיִּכְתֹּב עַל־
הַלֻּחֹת אֵת דִּבְרֵי הַבְּרִית עֲשֶׂרֶת הַדְּבָרִים׃ וַיְהִי כט
בְּרֶדֶת מֹשֶׁה מֵהַר סִינַי וּשְׁנֵי לֻחֹת הָעֵדֻת בְּיַד־מֹשֶׁה
בְּרִדְתּוֹ מִן־הָהָר וּמֹשֶׁה לֹא־יָדַע כִּי קָרַן עוֹר פָּנָיו
בְּדַבְּרוֹ אִתּוֹ׃ וַיַּרְא אַהֲרֹן וְכׇל־בְּנֵי יִשְׂרָאֵל אֶת־מֹשֶׁה ל

רש"י

כז| **אֶת הַדְּבָרִים הָאֵלֶּה.** וְלֹא אַתָּה רַשַּׁאי לִכְתֹּב תּוֹרָה שֶׁבְּעַל פֶּה:

כט| **וַיְהִי בְּרֶדֶת מֹשֶׁה.** כְּשֶׁהֵבִיא לוּחוֹת אַחֲרוֹנוֹת בְּיוֹם הַכִּפּוּרִים: **כִּי קָרַן.** לְשׁוֹן קַרְנַיִם, שֶׁהָאוֹר מַבְהִיק וּבוֹלֵט כְּמִין קֶרֶן. וּמֵהֵיכָן זָכָה מֹשֶׁה לְקַרְנֵי הַהוֹד? רַבּוֹתֵינוּ אָמְרוּ: מִן הַמְּעָרָה, שֶׁנָּתַן הַקָּדוֹשׁ בָּרוּךְ הוּא יָדוֹ עַל פָּנָיו, שֶׁנֶּאֱמַר: "וְשַׂכֹּתִי כַפִּי" (לעיל לג, כב):

הרחבות

צורת לוחות הברית בתורה אין כל תיאור של צורת הלוחות. הלוחות היו מונחים תמיד בתוך ארון הברית, ולא הוצאו ממנו, וגם אחרי זמנו של משה לא רבים ראו אותם. על כן תבניתם אינה ידועה לנו. חכמינו מתארים את הלוחות כשתי תיבות אבן שאורכן שישה טפחים (60–48 ס"מ), רוחבן שישה טפחים ועוביין שלושה. (בבא בתרא יד ע"א). לא ידוע מקורה של הצורה הרווחת שבה מציירים אותם - שני לוחות מחוברים שראשם מעוגל. נראה שאין היא אותנטית, אלא בעיקרה פרי דמיונם של אמנים.

כתיבת דברי הברית והורדתם לארץ

פרק לד פס׳ כז–לה

בהיות משה על הר סיני נכתבו שני סוגים של ׳דברי ברית׳: משה נצטווה לכתוב את המצוות שהופיעו בעניין הקודם, שבעיקרן הן קשורות לכינון אופיים של ישראל ביושבם על אדמתם, וה׳ כתב בשנית את עשרת הדיברות, והפעם – על הלוחות שפסל משה.

תגובת העם למשה היורד בשנית אל העם, והלוחות בידו – הפוכה מהראשונה. בירידתו הקודמת של משה הוא פגש את העם המרקד סביב עגל זהב מוחשי, ואילו הפעם הוא פוגש בעם זהיר וירא. ישראל מתייראים אפילו מן המפגש הישיר עם פניו הקורנות של משה, עד כדי כך שמשה נזקק לכסותם. ייתכן שהקרבה היתרה שבה זכה משה כלפי ה׳ בנקרת הצור, כרוכה בריחוק מסוים בינו לבין העם.

ביאור

כז **וַיֹּאמֶר ה׳ אֶל מֹשֶׁה: כְּתָב לְךָ אֶת הַדְּבָרִים הָאֵלֶּה** – את ספר הברית
הקטן הזה, **כִּי עַל פִּי הַדְּבָרִים הָאֵלֶּה כָּרַתִּי אִתְּךָ בְּרִית וְאֶת יִשְׂרָאֵל.**
המצוות המסוימות שבעניין הקודם הן תבנית יסוד לחיי העם.[89]
זהו ההסכם הראשוני בינינו.

כח **וַיְהִי** משה **שָׁם עִם ה׳ אַרְבָּעִים יוֹם וְאַרְבָּעִים לַיְלָה**, מעבר לימים
הראשונים, **לֶחֶם לֹא אָכַל, וּמַיִם לֹא שָׁתָה. וַיִּכְתֹּב** ה׳[90] **עַל הַלֻּחֹת אֵת**
דִּבְרֵי הַבְּרִית שאינם דברי הברית שבפסוק הקודם, אלא הם **עֲשֶׂרֶת**
הַדְּבָרִים, הדיברות.

כט **וַיְהִי בְּרֶדֶת מֹשֶׁה מֵהַר סִינַי, וּשְׁנֵי לֻחֹת הָעֵדֻת בְּיַד מֹשֶׁה בְּרִדְתּוֹ**
מִן הָהָר, וּמֹשֶׁה לֹא יָדַע כִּי קָרַן, זרח **עוֹר פָּנָיו בְּדַבְּרוֹ אִתּוֹ**, כתוצאה
מדיבור ה׳ אתו פנים אל פנים. ל **וַיַּרְא אַהֲרֹן וְכָל בְּנֵי יִשְׂרָאֵל אֶת מֹשֶׁה**

עשרת הדברים
בשני לוחות הברית

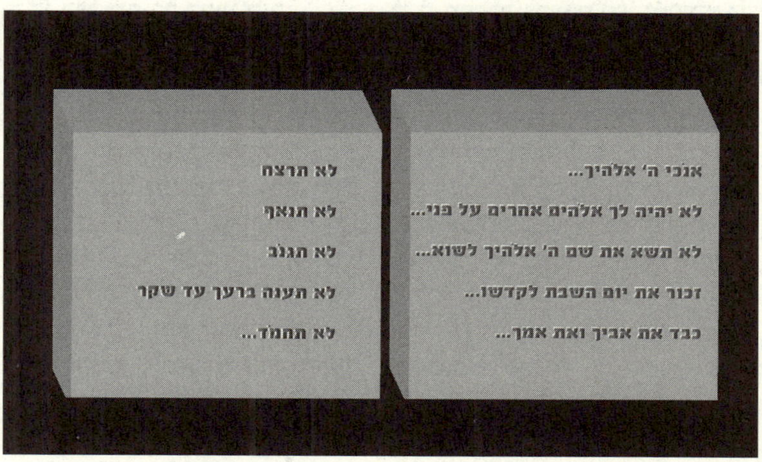

לא וְהִנֵּה קָרַן עוֹר פָּנָיו וַיִּירְאוּ מִגֶּשֶׁת אֵלָיו: וַיִּקְרָא
אֲלֵהֶם מֹשֶׁה וַיָּשֻׁבוּ אֵלָיו אַהֲרֹן וְכָל־הַנְּשִׂאִים בָּעֵדָה
לב וַיְדַבֵּר מֹשֶׁה אֲלֵהֶם: וְאַחֲרֵי־כֵן נִגְּשׁוּ כָּל־בְּנֵי יִשְׂרָאֵל
לג וַיְצַוֵּם אֵת כָּל־אֲשֶׁר דִּבֶּר יְהוָה אִתּוֹ בְּהַר סִינָי: וַיְכַל מפטיר
לד מֹשֶׁה מִדַּבֵּר אִתָּם וַיִּתֵּן עַל־פָּנָיו מַסְוֶה: וּבְבֹא מֹשֶׁה
לִפְנֵי יְהוָה לְדַבֵּר אִתּוֹ יָסִיר אֶת־הַמַּסְוֶה עַד־צֵאתוֹ
לה וְיָצָא וְדִבֶּר אֶל־בְּנֵי יִשְׂרָאֵל אֵת אֲשֶׁר יְצֻוֶּה: וְרָאוּ
בְנֵי־יִשְׂרָאֵל אֶת־פְּנֵי מֹשֶׁה כִּי קָרַן עוֹר פְּנֵי מֹשֶׁה
וְהֵשִׁיב מֹשֶׁה אֶת־הַמַּסְוֶה עַל־פָּנָיו עַד־בֹּאוֹ לְדַבֵּר
אִתּוֹ:

רש"י

ל] **וַיִּירְאוּ מִגֶּשֶׁת אֵלָיו.** בֹּא וּרְאֵה כַּמָּה גָּדוֹל כֹּחָהּ שֶׁל עֲבֵרָה, שֶׁעַד שֶׁלֹּא פָּשְׁטוּ יְדֵיהֶם בַּעֲבֵרָה מַהוּ אוֹמֵר? "וּמַרְאֵה כְּבוֹד ה' כְּאֵשׁ אֹכֶלֶת בְּרֹאשׁ הָהָר לְעֵינֵי בְּנֵי יִשְׂרָאֵל" (לעיל כד, יז), וְלֹא יְרֵאִים וְלֹא מִזְדַּעְזְעִים; וּמִשֶּׁעָשׂוּ אֶת הָעֵגֶל, אַף מִקַּרְנֵי הוֹדוֹ שֶׁל מֹשֶׁה הָיוּ מִרְתָּעִים וּמִזְדַּעְזְעִים:

לא] **הַנְּשִׂאִים בָּעֵדָה.** כְּמוֹ נְשִׂיאֵי הָעֵדָה. **וַיְדַבֵּר מֹשֶׁה אֲלֵהֶם.** שְׁלִיחוּתוֹ שֶׁל מָקוֹם. וּלְשׁוֹן הֹוֶה הוּא כָּל הָעִנְיָן הַזֶּה:

לב] **וְאַחֲרֵי כֵן נִגְּשׁוּ.** אַחַר שֶׁלִּמֵּד לַזְּקֵנִים חוֹזֵר וּמְלַמֵּד הַפָּרָשָׁה אוֹ הַהֲלָכָה לְיִשְׂרָאֵל. תָּנוּ רַבָּנָן: כֵּיצַד סֵדֶר הַמִּשְׁנָה? מֹשֶׁה הָיָה לָמֵד מִפִּי הַגְּבוּרָה. נִכְנַס אַהֲרֹן, שָׁנָה לוֹ מֹשֶׁה פִּרְקוֹ, נִסְתַּלֵּק אַהֲרֹן וְיָשַׁב לוֹ לִשְׂמֹאל מֹשֶׁה. נִכְנְסוּ בָנָיו, שָׁנָה לָהֶם מֹשֶׁה פִּרְקָם, נִסְתַּלְּקוּ הֵם, יָשַׁב אֶלְעָזָר לִימִין מֹשֶׁה וְאִיתָמָר לִשְׂמֹאל אַהֲרֹן. נִכְנְסוּ זְקֵנִים, שָׁנָה לָהֶם מֹשֶׁה פִּרְקָם, נִסְתַּלְּקוּ זְקֵנִים, יָשְׁבוּ לַצְּדָדִין. נִכְנְסוּ כָּל הָעָם, שָׁנָה לָהֶם מֹשֶׁה פִּרְקָם. נִמְצָא בְּיַד כָּל הָעָם אֶחָד, בְּיַד הַזְּקֵנִים שְׁנַיִם, בְּיַד בְּנֵי אַהֲרֹן שְׁלֹשָׁה, בְּיַד אַהֲרֹן אַרְבָּעָה וְכוּ', כִּדְאִיתָא בְּעֵרוּבִין (דף נד ע"ב):

לג-לה] **וַיִּתֵּן עַל פָּנָיו מַסְוֶה.** כְּתַרְגּוּמוֹ: "בֵּית אַפֵּי", לְשׁוֹן אֲרַמִּי הוּא בַּתַּלְמוּד (כתובות סב ע"ב): "סְוֵי לִבָּהּ", וְעוֹד בִּכְתֻבּוֹת (דף ס ע"א): "הֲוָה קָא מְסַוֵּי לְאַפַּהּ", לְשׁוֹן הַבָּטָה, הָיָה מִסְתַּכֵּל בָּהּ. אַף כָּאן "מַסְוֶה", בֶּגֶד הַנִּתָּן כְּנֶגֶד הַפַּרְצוּף וּבֵית הָעֵינַיִם. וְלִכְבוֹד קַרְנֵי הַהוֹד שֶׁלֹּא יָזוֹנוּ הַכֹּל מֵהֶם הָיָה נוֹתֵן הַמַּסְוֶה כְּנֶגְדָּן, וְנוֹטְלוֹ בְּשָׁעָה שֶׁהָיָה מְדַבֵּר עִם יִשְׂרָאֵל, וּבְשָׁעָה שֶׁהַמָּקוֹם נִדְבָּר עִמּוֹ "עַד צֵאתוֹ", וּבְצֵאתוֹ – "וְיָצָא" בְּלֹא מַסְוֶה "וְדִבֶּר אֶל בְּנֵי יִשְׂרָאֵל" וְרָאוּ קַרְנֵי הַהוֹד בְּפָנָיו. וּכְשֶׁהוּא מִסְתַּלֵּק מֵהֶם, "וְהֵשִׁיב... אֶת הַמַּסְוֶה עַל פָּנָיו עַד בֹּאוֹ לְדַבֵּר אִתּוֹ", וּכְשֶׁבָּא לְדַבֵּר אִתּוֹ – נוֹטְלוֹ מֵעַל פָּנָיו:

ביאור

מרחוק, **וְהִנֵּה קָרַן עוֹר פָּנָיו, וַיִּירְאוּ מִגֶּשֶׁת אֵלָיו**, מפני קרינה זו. הוא נראה כדמות אלוקית שבוקע ממנה אור. לא לפיכך – **וַיִּקְרָא אֲלֵהֶם מֹשֶׁה**, ורק לקול קריאתו – **וַיָּשֻׁבוּ אֵלָיו אַהֲרֹן וְכָל הַנְּשִׂאִים בָּעֵדָה**, נשיאי העדה,[91] **וַיְדַבֵּר מֹשֶׁה אֲלֵהֶם** את דברי הברית.[92] לב **וְאַחֲרֵי כֵן**, לאחר זמן, כשראו ישראל שמשה מדבר עם הנשיאים ולכולם שלום.[93] ואולי לאחר תהליך ניקוי כלשהו שעברו, **נִגְּשׁוּ** אליו **כָּל בְּנֵי יִשְׂרָאֵל, וַיְצַוֵּם אֵת כָּל אֲשֶׁר דִּבֶּר ה׳ אִתּוֹ בְּהַר סִינָי.**

לג **וַיְכַל**, חדל **מֹשֶׁה מִדַּבֵּר אִתָּם, וַיִּתֵּן עַל פָּנָיו מַסְוֶה**, כיסוי, מסכה. משה לא ראה לנכון להתהלך בכל עסקיו ופניו קורנות. אולי חשב שזוהי מתנה נכבדה שקיבל מעם ה׳ שאין לחשוף אותה בכל עת, לד אלא רק – **וּבְבֹא מֹשֶׁה לִפְנֵי ה׳ לְדַבֵּר אִתּוֹ, יָסִיר אֶת הַמַּסְוֶה עַד צֵאתוֹ**, כדי שלא לחצוץ בין פניו לבין נוכחות כבוד ה׳. אולם בצאתו לא נתן את המסווה על פניו מיד – **וְיָצָא וְדִבֶּר אֶל בְּנֵי יִשְׂרָאֵל אֵת אֲשֶׁר יְצֻוֶּה.** לה **וְרָאוּ בְנֵי יִשְׂרָאֵל אֶת פְּנֵי מֹשֶׁה** בצאתו מאוהל מועד **כִּי קָרַן עוֹר פְּנֵי מֹשֶׁה.** משה עדיין לא כיסה את פניו כשמסר לבני ישראל את דברי ה׳, כדי שההרוממות האלוקית שעל פניו תלווה את דברי התורה שהוא מוסר לבני ישראל. לעומת זאת, בזמנים אחרים – **וְהֵשִׁיב מֹשֶׁה אֶת הַמַּסְוֶה עַל פָּנָיו, עַד בֹּאוֹ לְדַבֵּר אִתּוֹ** – עם ה׳, משום שלא ראוי שקירון פניו המיירא ייראה לחינם.

ויקהל

לה א וַיַּקְהֵל מֹשֶׁה אֶת־כׇּל־עֲדַת בְּנֵי יִשְׂרָאֵל וַיֹּאמֶר
אֲלֵהֶם אֵלֶּה הַדְּבָרִים אֲשֶׁר־צִוָּה יהוה לַעֲשֹׂת אֹתָם:
ב שֵׁשֶׁת יָמִים תֵּעָשֶׂה מְלָאכָה וּבַיּוֹם הַשְּׁבִיעִי יִהְיֶה
לָכֶם קֹדֶשׁ שַׁבַּת שַׁבָּתוֹן לַיהוה כׇּל־הָעֹשֶׂה בוֹ
ג מְלָאכָה יוּמָת: לֹא־תְבַעֲרוּ אֵשׁ בְּכֹל מֹשְׁבֹתֵיכֶם
בְּיוֹם הַשַּׁבָּת:
ד · וַיֹּאמֶר מֹשֶׁה אֶל־כׇּל־עֲדַת בְּנֵי־יִשְׂרָאֵל לֵאמֹר זֶה
ה הַדָּבָר אֲשֶׁר־צִוָּה יהוה לֵאמֹר: קְחוּ מֵאִתְּכֶם תְּרוּמָה
לַיהוה כֹּל נְדִיב לִבּוֹ יְבִיאֶהָ אֵת תְּרוּמַת יהוה זָהָב
ו וָכֶסֶף וּנְחֹשֶׁת: וּתְכֵלֶת וְאַרְגָּמָן וְתוֹלַעַת שָׁנִי וְשֵׁשׁ

רש"י | פרק לה

א] **וַיַּקְהֵל מֹשֶׁה.** לְמׇחֳרַת יוֹם הַכִּפּוּרִים כְּשֶׁיָּרַד מִן הָהָר. וְהוּא לְשׁוֹן הִפְעִיל, שֶׁאֵינוֹ אוֹסֵף אֲנָשִׁים בְּיָדַיִם, אֶלָּא הֵן נֶאֱסָפִים עַל פִּי דִּבּוּרוֹ, וְתַרְגּוּמוֹ: "וְאַכְנֵישׁ".

ב] **שֵׁשֶׁת יָמִים.** הִקְדִּים לָהֶם אַזְהָרַת שַׁבָּת לְצִוּוּי מְלֶאכֶת הַמִּשְׁכָּן, לוֹמַר שֶׁאֵינוֹ דּוֹחֶה אֶת הַשַּׁבָּת:

ג] **לֹא תְבַעֲרוּ אֵשׁ.** יֵשׁ מֵרַבּוֹתֵינוּ אוֹמְרִים הַבְעָרָה לְלָאו יָצָאת, וְיֵשׁ אוֹמְרִים לַחֲלֵק יָצָאת:

ד] **זֶה הַדָּבָר אֲשֶׁר צִוָּה ה'.** לִי "לֵאמֹר" לָכֶם:

ה] **נְדִיב לִבּוֹ.** עַל שֵׁם שֶׁלִּבּוֹ נוֹדְבוֹ קָרוּי 'נְדִיב לֵב'. כְּבָר פֵּרַשְׁתִּי נִדְבַת הַמִּשְׁכָּן וּמְלַאכְתּוֹ בִּמְקוֹם צַוָּאָתָם:

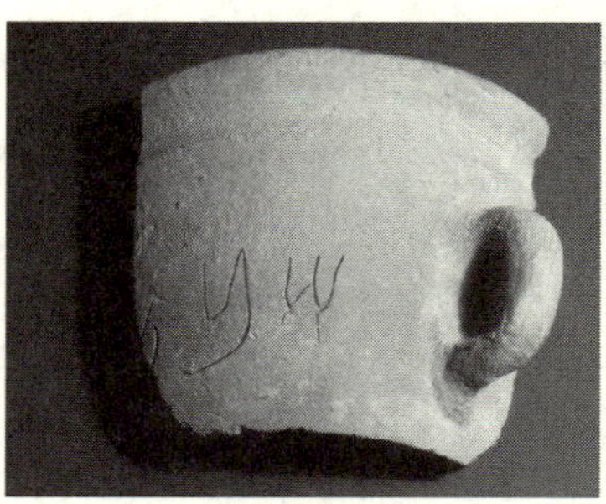

כן חרס לנר שבת ועליו כתוב 'שבת' 340-410 לפנה"ס חורבת עוצה

הרחבות | **'לא תבערו אש בכל משבתיכם'** הבערת אש הייתה קלה גם בזמנו של משה, והיא לא הייתה שונה בתכלית מן ההצתה של היום. יתר על כן, מלאכה זו כוללת גם את העברת האש ממקום למקום – שהיא מעשה פשוט בתכלית. לכן, על פי הפשט, היה צורך באזהרה מיוחדת לעשיית מלאכה זו בשבת (על פי ר"י בכור שור וחזקוני).

מצוות השבת

פרק לה פס׳ א–ג

לאחר שה׳ התפייס עם עמו והוריד ביד משה לוחות שניים, משה מכנס את כל העדה כדי להשמיע לה את הציוויים על המשכן. אם סדרת הציוויים על הקמת המשכן ששמע משה בהר נחתמה בהוראה אַךְ אֶת שַׁבְּתֹתַי תִּשְׁמֹרוּ,[1] הרי שכשמשה פונה אל ישראל, הוא מקדים את האזהרה על שמירת השבת לציוויים על מלאכת המשכן. כך הוא בוחר להדגיש באוזניהם שיום השבת, שהוא מוקד של קדושה בזמן, אינו נדחה מפני הקמת המשכן, שהוא מוקד של קדושה במקום.[2]

פרק לה א **וַיַּקְהֵל מֹשֶׁה אֶת כָּל עֲדַת בְּנֵי יִשְׂרָאֵל וַיֹּאמֶר אֲלֵהֶם: אֵלֶּה הַדְּבָרִים אֲשֶׁר צִוָּה ה׳ לַעֲשֹׂת אֹתָם.** | ביאור

ב **שֵׁשֶׁת יָמִים תֵּעָשֶׂה כל מְלָאכָה**, כולל מלאכת המשכן, **וּבַיּוֹם הַשְּׁבִיעִי יִהְיֶה לָכֶם קֹדֶשׁ, שַׁבַּת שַׁבָּתוֹן**, שבת גמורה שבה אסורה כל מלאכה,[3] **לַה׳, כָּל הָעֹשֶׂה בוֹ מְלָאכָה**, מעשה שיש בו יצירה חומרית, בין שהוא קשה לביצוע או קל – **יוּמָת.** ג **לֹא תְבַעֲרוּ אֵשׁ בְּכֹל מֹשְׁבֹתֵיכֶם בְּיוֹם הַשַּׁבָּת**, אף על פי שמלאכה זו – שנצרכה לחלק גדול מעבודות המשכן – נראית פשוטה.

קריאת משה לתרומת העם

פרק לה פס׳ ד–כ

משה מבקש מן העם להביא את החומרים הנחוצים למלאכת המשכן. תחילה הוא מונה באוזניהם את החומרים שיידרשו למלאכה וקורא למתנדבים בעם להקדיש מזמנם ומכישוריהם לבניית משכן לה׳, ולאחר מכן מונה את מה שייעשה בחומרים אלו. לא מכבר היו ישראל עבדים, ובהווה הם שרויים לבדם במדבר, כך שאפשרויות הרכישה היו מוגבלות.[4] תרומה זו דרשה אפוא מאמץ ורוח נדיבה.

ד **וַיֹּאמֶר מֹשֶׁה אֶל כָּל עֲדַת בְּנֵי יִשְׂרָאֵל לֵאמֹר: זֶה הַדָּבָר אֲשֶׁר צִוָּה ה׳ לֵאמֹר:** ה **קְחוּ מֵאִתְּכֶם תְּרוּמָה לַה׳.**[5] **כֹּל נְדִיב לִבּוֹ יְבִיאֶהָ**, שלא כמו השקלים המוטלים על כל אחד מן הציבור כמין מס, עיקר המשכן מושתת על נדיבות הלב. **אֵת תְּרוּמַת ה׳:**

המתכות שנצרכו למשכן: **זָהָב וָכֶסֶף וּנְחֹשֶׁת.**

ו האריגים: **וּתְכֵלֶת**, צמר הצבוע בצבע שהופק מדם חילזון באחד מגוני הכחול, כנראה עמוק וכהה יותר מן הכחול. **וְאַרְגָּמָן**, צמר צבוע אדום הנוטה לסגול. צבעו הופק מחלזונות שונים והיה יקר מאוד. **וְתוֹלַעַת שָׁנִי**, צמר צבוע אדום זוהר, שצבעו הופק מכנימות. מלבד

ז וְעִזִּים: וְעֹרֹת אֵילִם מְאָדָּמִים וְעֹרֹת תְּחָשִׁים וַעֲצֵי
ח שִׁטִּים: וְשֶׁמֶן לַמָּאוֹר וּבְשָׂמִים לְשֶׁמֶן הַמִּשְׁחָה
ט וְלִקְטֹרֶת הַסַּמִּים: וְאַבְנֵי־שֹׁהַם וְאַבְנֵי מִלֻּאִים לָאֵפוֹד
י וְלַחֹשֶׁן: וְכָל־חֲכַם־לֵב בָּכֶם יָבֹאוּ וְיַעֲשׂוּ אֵת כָּל־
יא אֲשֶׁר צִוָּה יְהוָה: אֶת־הַמִּשְׁכָּן אֶת־אָהֳלוֹ וְאֶת־
מִכְסֵהוּ אֶת־קְרָסָיו וְאֶת־קְרָשָׁיו אֶת־בְּרִיחָו אֶת־
יב עַמֻּדָיו וְאֶת־אֲדָנָיו: אֶת־הָאָרֹן וְאֶת־בַּדָּיו אֶת־הַכַּפֹּרֶת
יג וְאֵת פָּרֹכֶת הַמָּסָךְ: אֶת־הַשֻּׁלְחָן וְאֶת־בַּדָּיו וְאֶת־
יד כָּל־כֵּלָיו וְאֵת לֶחֶם הַפָּנִים: וְאֶת־מְנֹרַת הַמָּאוֹר וְאֶת־
טו כֵּלֶיהָ וְאֶת־נֵרֹתֶיהָ וְאֵת שֶׁמֶן הַמָּאוֹר: וְאֶת־מִזְבַּח
הַקְּטֹרֶת וְאֶת־בַּדָּיו וְאֵת שֶׁמֶן הַמִּשְׁחָה וְאֵת קְטֹרֶת
טז הַסַּמִּים וְאֶת־מָסַךְ הַפֶּתַח לְפֶתַח הַמִּשְׁכָּן: אֵת ׀
מִזְבַּח הָעֹלָה וְאֶת־מִכְבַּר הַנְּחֹשֶׁת אֲשֶׁר־לוֹ אֶת־בַּדָּיו
יז וְאֶת־כָּל־כֵּלָיו אֶת־הַכִּיֹּר וְאֶת־כַּנּוֹ: אֵת קַלְעֵי הֶחָצֵר
יח אֶת־עַמֻּדָיו וְאֶת־אֲדָנֶיהָ וְאֵת מָסַךְ שַׁעַר הֶחָצֵר: אֶת־

רש"י

יא] אֶת הַמִּשְׁכָּן. יְרִיעוֹת הַתַּחְתּוֹנוֹת הַנִּרְאוֹת בְּתוֹכוֹ קְרוּיִים 'מִשְׁכָּן': אֶת אָהֳלוֹ. הוּא אֹהֶל יְרִיעוֹת עִזִּים הֶעָשׂוּי לְגַג: וְאֶת מִכְסֵהוּ. מִכְסֵה עוֹרוֹת אֵילִים וְהַתְּחָשִׁים:

יב] וְאֵת פָּרֹכֶת הַמָּסָךְ. פָּרֹכֶת הַמְּחִצָּה. כָּל דָּבָר הַמֵּגֵן בֵּין מִלְּמַעְלָה בֵּין מִכְּנֶגֶד קָרוּי 'מָסָךְ' וּ'סְכָךְ', וְכֵן: "שַׂכְתָּ בַעֲדוֹ" (איוב א, י), "הִנְנִי שָׂךְ אֶת דַּרְכֵּךְ" (הושע ב, ח):

יג] לֶחֶם הַפָּנִים. כְּבָר פֵּרַשְׁתִּי (לעיל כה, כט) עַל שֵׁם שֶׁהָיוּ לוֹ פָּנִים לְכָאן וּלְכָאן, שֶׁהָיָה עָשׂוּי כְּמִין תֵּבָה פְּרוּצָה:

יד] וְאֶת כֵּלֶיהָ. מֶלְקָחַיִם וּמַחְתּוֹת: נֵרֹתֶיהָ. לוּצִי"ש בְּלַעַז, בָּזִיכִים שֶׁהַשֶּׁמֶן וְהַפְּתִילוֹת נְתוּנִין בָּהֶן: וְאֵת שֶׁמֶן הַמָּאוֹר. אַף הוּא צָרִיךְ חַכְמֵי לֵב, שֶׁהוּא מְשֻׁנֶּה מִשְּׁאָר שְׁמָנִים, כְּמוֹ שֶׁמְּפֹרָשׁ בִּמְנָחוֹת (דף פו ע"א): מְגַרְגְּרוֹ בְּרֹאשׁ הַזַּיִת, וְהוּא כָּתִית זָךְ:

טו] מָסַךְ הַפֶּתַח. וִילוֹן שֶׁלִּפְנֵי הַמִּזְרָח, שֶׁלֹּא הָיוּ שָׁם קְרָשִׁים וְלֹא יְרִיעוֹת:

יז] אֶת עַמֻּדָיו וְאֶת אֲדָנֶיהָ. הֲרֵי 'חָצֵר' קָרוּי כָּאן לְשׁוֹן זָכָר וּלְשׁוֹן נְקֵבָה, וְכֵן דְּבָרִים הַרְבֵּה: וְאֵת מָסַךְ שַׁעַר הֶחָצֵר.

ביאור

בדי צמר הכבשים הצבועים – **וְשֵׁשׁ**, פשתן נקי, **וְ**שער **עִזִּים** קלוע.

ז חומרי יריעות הגג וחומרי הכתלים: **וְעֹרֹת אֵילִם** שהסירו מהם את השער **מְאָדָּמִים**, צבועים אדום, **וְעֹרֹת תְּחָשִׁים**. ייתכן שהתחש הוא בעל חיים שנכחד, או יונק ימי כלשהו, שעורו היה כנראה יקר ויצרו ממנו נעליים.[6] **וַעֲצֵי שִׁטִּים**, קורות עץ שיטה.

ח שמן ובשמים: **וְשֶׁמֶן לַמָּאוֹר, וּבְשָׂמִים לְ**שם **שֶׁמֶן הַמִּשְׁחָה וְלִקְטֹרֶת הַסַּמִּים**.

ט אבני חן: **וְאַבְנֵי שֹׁהַם**, ייתכן שאלו הן אוניקס, אבנים שלרוב גונן הוא צהבהב-חום, **וְאַבְנֵי מִלֻּאִים**, אבנים משובצות. באבני השוהם ישתמשו **לָאֵפוֹד** ובאבני המילואים – **לַחֹשֶׁן**.

י מעבר לנדבת החומרים, נקראים ישראל לתרום מזמנם
וממקצועיותם – **וְכָל חֲכַם לֵב בָּכֶם יָבֹאוּ וְיַעֲשׂוּ אֵת כָּל אֲשֶׁר צִוָּה**
ה': יא **אֶת הַמִּשְׁכָּן**, היריעות התחתונות,[7] **אֶת אָהֳלוֹ**, יריעות העזים
שנעשו **לְ**אֹהֶל עַל הַמִּשְׁכָּן[8] **וְאֶת מִכְסֵהוּ**, העורות המכסים את האוהל,[9]
אֶת קְרָסָיו וְאֶת קְרָשָׁיו, אֶת בְּרִיחָו, אֶת עַמֻּדָיו וְאֶת אֲדָנָיו. יב וכלי
המשכן: **אֶת הָאָרֹן וְאֶת בַּדָּיו, אֶת הַכַּפֹּרֶת** שעל הארון **וְאֵת פָּרֹכֶת**
הַמָּסָךְ, יג **אֶת הַשֻּׁלְחָן וְאֶת בַּדָּיו וְאֶת כָּל כֵּלָיו וְאֵת לֶחֶם הַפָּנִים**, לחם
שיש לו חזית שיונח עליו יד **וְאֶת מְנֹרַת הַמָּאוֹר וְאֶת כֵּלֶיהָ**, אביזרי
הניקוי וההכנה להדלקה **וְאֶת נֵרֹתֶיהָ**, המונחים על המנורה **וְאֵת**
שֶׁמֶן הַמָּאוֹר טו **וְאֶת מִזְבַּח הַקְּטֹרֶת וְאֶת בַּדָּיו וְאֵת שֶׁמֶן הַמִּשְׁחָה**,
שלהכנתו משתמשים בחלק מסממני הקטורת, ועל כן הוא מוצמד
אליה. **וְאֵת קְטֹרֶת הַסַּמִּים** הנצרכת למזבח הקטורת **וְאֶת מָסַךְ הַפֶּתַח**
לְפֶתַח הַמִּשְׁכָּן. טז והכלים החיצוניים יותר: **אֵת מִזְבַּח הָעֹלָה וְאֶת**
מִכְבַּר, מעשה רשת **הַנְּחֹשֶׁת אֲשֶׁר לוֹ, אֶת בַּדָּיו וְאֶת כָּל כֵּלָיו, אֶת**
הַכִּיֹּר וְאֶת כַּנּוֹ, בסיסו. יז ומסביב לכלים הללו – **אֵת קַלְעֵי**, וילונות
הֶחָצֵר, אֶת עַמֻּדָיו של החצר **וְאֶת אֲדָנֶיהָ** של החצר[10] **וְאֵת מָסַךְ שַׁעַר**

יִתְדֹת הַמִּשְׁכָּן וְאֶת־יִתְדֹת הֶחָצֵר וְאֶת־מֵיתְרֵיהֶם׃
יט אֶת־בִּגְדֵי הַשְּׂרָד לְשָׁרֵת בַּקֹּדֶשׁ אֶת־בִּגְדֵי הַקֹּדֶשׁ
כ לְאַהֲרֹן הַכֹּהֵן וְאֶת־בִּגְדֵי בָנָיו לְכַהֵן׃ וַיֵּצְאוּ כָּל־
שני כא עֲדַת בְּנֵי־יִשְׂרָאֵל מִלִּפְנֵי מֹשֶׁה׃ • וַיָּבֹאוּ כָּל־אִישׁ
אֲשֶׁר־נְשָׂאוֹ לִבּוֹ וְכֹל אֲשֶׁר נָדְבָה רוּחוֹ אֹתוֹ הֵבִיאוּ
אֶת־תְּרוּמַת יְהוָה לִמְלֶאכֶת אֹהֶל מוֹעֵד וּלְכָל־

רש"י | וִילוֹן פָּרוּשׂ לְצַד הַמִּזְרָח, עֶשְׂרִים אַמָּה אֶמְצָעִיּוֹת שֶׁל רֹחַב הֶחָצֵר, שֶׁהָיָה חֲמִשִּׁים רֹחַב, וּסְתוּמִין הֵימֶנּוּ לְצַד צָפוֹן חֲמֵשׁ עֶשְׂרֵה אַמָּה וְכֵן לַדָּרוֹם, שֶׁנֶּאֱמַר: "וַחֲמֵשׁ עֶשְׂרֵה אַמָּה קְלָעִים לַכָּתֵף" (לעיל כז, יד):

יח| **יִתְדֹת.** לִתְקֹעַ וְלִקְשֹׁר בָּהֶם סוֹפֵי הַיְרִיעוֹת בָּאָרֶץ שֶׁלֹּא יָנוּעוּ בָּרוּחַ: **מֵיתְרֵיהֶם.** חֲבָלִים לִקְשֹׁר:

יט| **בִּגְדֵי הַשְּׂרָד.** לְכַסּוֹת הָאָרוֹן וְהַשֻּׁלְחָן וְהַמְּנוֹרָה וְהַמִּזְבְּחוֹת בִּשְׁעַת סִלּוּק הַמַּסָּעוֹת:

הרחבות | **'כל איש אשר נשאו לבו וכל אשר נדבה רוחו אתו הביאו'** שתי תנועות נפש אלו מניעות עד היום אנשים לתרום לעניינים מקודשים – הרצון להיות קשורים בקודש ונדיבות הלב.

ביאור | **הֶחָצֵר,** יח **אֶת יִתְדֹת הַמִּשְׁכָּן** שהיריעות קשורות אליהן **וְאֶת יִתְדֹת**
הֶחָצֵר וְאֶת מֵיתְרֵיהֶם, החבלים הקושרים אותן, יט **אֶת בִּגְדֵי הַשְּׂרָד**
לְשָׁרֵת בַּקֹּדֶשׁ, חלק מבגדי השרד הם יריעות הקלעים והיריעות
שעוטפים בהן את הכלים במשא,[11] או שזהו שם הכולל את כל
ענייני הטקסטיל הקשורים לעבודת הקודש. ואם כך הוא - הרי
שהם כוללים גם **אֶת בִּגְדֵי הַקֹּדֶשׁ לְאַהֲרֹן הַכֹּהֵן וְאֶת בִּגְדֵי בָנָיו לְכַהֵן.**
כ **וַיֵּצְאוּ כָּל עֲדַת בְּנֵי יִשְׂרָאֵל מִלִּפְנֵי מֹשֶׁה.**

ביצוע המשכן, הקמתו וקידוש הכהנים

פרק לה פס׳ כא – פרק מ פס׳ לג

הדיווח המפורט על מילוי ההוראות שנצטווה בהן משה אינו שונה באופן מהותי מן הדיווח על ההוראות שקיבל מפי ה׳.[12] בין העניינים הללו אפשר למצוא רק שינויים קטנים ומועטים בתוכן ושינויי ניסוח קלים לגיוון. החזרה על המפרט הטכני של המשכן עלולה להלאות את הקורא ולהתמיה אותו. לשם הבנתה יש להביא בחשבון את תפקידו של המשכן לא רק כסמל לנוכחות האלוקית, אלא כמקום ממשי להתגלות שכינה. אף על פי שה׳, מלוא כל הארץ כבודו, התגלותו במשכן מרוכזת ומוחשית - ענן שוכן על גבי המשכן; אש יורדת מן השמים; דבר ה׳ מידבר למשה מתוך אוהל מועד. בציווי על הקמת המשכן ה׳ הדריך את משה כיצד יוקם אמצעי התקשורת בין המציאות התחתונה לבין המציאות האלוקית. כמו מכשירים רבים אחרים, גם המשכן מורכב מחלקים שונים שכל אחד מהם חיוני לפעולתו, גם אם לנו לא ברור כיצד מתפקד כל אחד מהם. ואכן, בסיום תהליך בנייתו יתארו הכתובים כיצד פועל המשכן כמכלול.[13] אפשר להשוות עניין זה לבניית טיל המיועד להגיע לקצה מערכת השמש. במיזם כזה יש לדייק היטב בכל פרט בתכנון ובביצוע. אף המשכן הוא מערכת המכילה כוח עצום, ששיבוש קל בהכנתה עלול להסתיים באסון. המכשיר האדיר שיוצרים ישראל במדבר מאפשר קשר ישיר עם הקודש, אך מעבר לכך - הוא עלול להיות מסוכן. כפי שעוד יתברר, התנהגות שאין בה הקפדה על הכללים מביאה לידי סיכון ממשי ואף לידי מוות.[14] אף על פי שקריאתם החוזרת של כל הפרטים הללו עלולה שלא לעורר עניין בקורא, יש בה כדי להדגיש את חשיבותו של הדיוק המוחלט בביצוע של כל אחד מהם לעצמו לשם מילוי ייעודם כראוי.

בשל החזרות הרבות קיצרנו בפירושם ובהמחשתם של פרטים אלו. הלומד המבקש להרחיב את הבנת הפסוקים - יפנה אל פרקי הציוויים המקבילים.

היענות העם

פרק לה פס׳ כא–כט

לקריאתו של משה נענה העם כולו. נשיו ואנשיו, פשוטיו ונשיאיו האמידים הביאו את כל הדרוש להקמת המשכן.

כא **וַיָּבֹאוּ כָּל אִישׁ אֲשֶׁר נְשָׂאוֹ,** הרימו **לִבּוֹ,** מתוך תחושת הרוממות
הכרוכה באפשרותו של אדם להשתתף בבניית משכן לה׳. **וְכֹל**
אֲשֶׁר נָדְבָה רוּחוֹ אֹתוֹ, הֵבִיאוּ אֶת תְּרוּמַת ה׳ לִמְלֶאכֶת אֹהֶל מוֹעֵד

כב עֲבֹדָתוֹ וּלְבִגְדֵי הַקֹּדֶשׁ: וַיָּבֹאוּ הָאֲנָשִׁים עַל־הַנָּשִׁים
כֹּל ׀ נְדִיב לֵב הֵבִיאוּ חָח וָנֶזֶם וְטַבַּעַת וְכוּמָז כָּל־
כְּלִי זָהָב וְכָל־אִישׁ אֲשֶׁר הֵנִיף תְּנוּפַת זָהָב לַיהוָה:
כג וְכָל־אִישׁ אֲשֶׁר־נִמְצָא אִתּוֹ תְּכֵלֶת וְאַרְגָּמָן וְתוֹלַעַת
שָׁנִי וְשֵׁשׁ וְעִזִּים וְעֹרֹת אֵילִם מְאָדָּמִים וְעֹרֹת תְּחָשִׁים
כד הֵבִיאוּ: כָּל־מֵרִים תְּרוּמַת כֶּסֶף וּנְחֹשֶׁת הֵבִיאוּ אֵת
תְּרוּמַת יְהוָה וְכֹל אֲשֶׁר נִמְצָא אִתּוֹ עֲצֵי שִׁטִּים לְכָל־
כה מְלֶאכֶת הָעֲבֹדָה הֵבִיאוּ: וְכָל־אִשָּׁה חַכְמַת־לֵב
בְּיָדֶיהָ טָווּ וַיָּבִיאוּ מַטְוֶה אֶת־הַתְּכֵלֶת וְאֶת־הָאַרְגָּמָן
כו אֶת־תּוֹלַעַת הַשָּׁנִי וְאֶת־הַשֵּׁשׁ: וְכָל־הַנָּשִׁים אֲשֶׁר
כז נָשָׂא לִבָּן אֹתָנָה בְּחָכְמָה טָווּ אֶת־הָעִזִּים: וְהַנְּשִׂאִם
הֵבִיאוּ אֵת אַבְנֵי הַשֹּׁהַם וְאֵת אַבְנֵי הַמִּלֻּאִים לָאֵפוֹד
כח וְלַחֹשֶׁן: וְאֶת־הַבֹּשֶׂם וְאֶת־הַשָּׁמֶן לְמָאוֹר וּלְשֶׁמֶן

רש"י

כב) **עַל הַנָּשִׁים.** עִם הַנָּשִׁים וּסְמוּכִין אֲלֵיהֶם: **חָח.** הוּא תַּכְשִׁיט שֶׁל זָהָב עָגֹל נָתוּן עַל הַזְּרוֹעַ וְהוּא הַצָּמִיד: **וְכוּמָז.** כְּלִי זָהָב הוּא נָתוּן כְּנֶגֶד אוֹתוֹ מָקוֹם לָאִשָּׁה. וְרַבּוֹתֵינוּ פֵּרְשׁוּ שֵׁם 'כּוּמָז': כָּאן מְקוֹם זִמָּה:

כג) **וְכָל אִישׁ אֲשֶׁר נִמְצָא אִתּוֹ.** תְּכֵלֶת אוֹ אַרְגָּמָן אוֹ תּוֹלַעַת שָׁנִי אוֹ עוֹרוֹת אֵילִים אוֹ תְּחָשִׁים, כֻּלָּם "הֵבִיאוּ":

כו) **טָווּ אֶת הָעִזִּים.** הִיא הָיְתָה אֻמָּנוּת יְתֵרָה, שֶׁמֵּעַל גַּבֵּי הָעִזִּים טוֹוִין אוֹתָם:

כז) **וְהַנְּשִׂאִם הֵבִיאוּ.** אָמַר רַבִּי נָתָן: מָה רָאוּ נְשִׂיאִים לְהִתְנַדֵּב בַּחֲנֻכַּת הַמִּזְבֵּחַ בַּתְּחִלָּה, וּבִמְלֶאכֶת הַמִּשְׁכָּן לֹא הִתְנַדְּבוּ בַּתְּחִלָּה? אֶלָּא כָּךְ אָמְרוּ נְשִׂיאִים: יִתְנַדְּבוּ צִבּוּר מַה שֶּׁמִּתְנַדְּבִין, וּמַה שֶּׁמְּחַסְּרִין – אָנוּ מַשְׁלִימִין אוֹתוֹ. כֵּיוָן שֶׁהִשְׁלִימוּ צִבּוּר אֶת הַכֹּל, שֶׁנֶּאֱמַר: "וְהַמְּלָאכָה הָיְתָה דַיָּם" (להלן לו, ז), אָמְרוּ נְשִׂיאִים: מָה עָלֵינוּ לַעֲשׂוֹת? "הֵבִיאוּ אֵת אַבְנֵי הַשֹּׁהַם" וְגוֹ', לְכָךְ הִתְנַדְּבוּ בַּחֲנֻכַּת הַמִּזְבֵּחַ תְּחִלָּה. וּלְפִי שֶׁנִּתְעַצְּלוּ מִתְּחִלָּה נֶחְסְרָה אוֹת מִשְּׁמָם, "וְהַנְּשִׂאִם" כְּתִיב:

העולם

כּוּמָז חז"ל רואים בו 'דפוס של בית הרחם' ששימש לכיסוי הערווה (שבת סד ע"א). קיימת עדות על תכשיט דומה מהמאה ה־14 לפנה"ס באוגרית. היו שסברו כי כומז הוא מחרוזת של כדורים קטנים, שכן בערבית כומזת הוא כדור קטן.

ביאור

וּלְכָל עֲבֹדָתוֹ, צרכיו **וּלְבִגְדֵי הַקֹּדֶשׁ.** כב **וַיָּבֹאוּ הָאֲנָשִׁים עַל**, נוסף על
הַנָּשִׁים. ייתכן שהנשים הלכו בראש בשל התלהבותן היתרה. **כֹּל נְדִיב
לֵב הֵבִיאוּ חָח**, מין תכשיט לאף[15] **וָנֶזֶם** לאף או לאוזן **וְטַבַּעַת וְכוּמָז**,
מין תכשיט – **כָּל כְּלִי זָהָב**. ונוסף על התכשיטים והכלים – **וְכָל
אִישׁ אֲשֶׁר הֵנִיף תְּנוּפַת זָהָב** גולמי **לַה׳**. מביאי הזהב הרימו אותו
כדי להפגין את נתינתם לעיני כול.[16] כג **וְכָל אִישׁ אֲשֶׁר נִמְצָא אִתּוֹ
תְּכֵלֶת וְאַרְגָּמָן וְתוֹלַעַת שָׁנִי וְשֵׁשׁ וְעִזִּים וְעֹרֹת אֵילִם מְאָדָּמִים וְעֹרֹת
תְּחָשִׁים הֵבִיאוּ** גם אותם. כד **כָּל מֵרִים תְּרוּמַת כֶּסֶף וּנְחֹשֶׁת הֵבִיאוּ
אֵת תְּרוּמַת ה׳. וְכֹל אֲשֶׁר נִמְצָא אִתּוֹ עֲצֵי שִׁטִּים** בגודל המתאים **לְכָל
מְלֶאכֶת הָעֲבֹדָה הֵבִיאוּ.** כה **וְכָל אִשָּׁה חַכְמַת לֵב**, בעלת כשרון
למלאכה – **בְּיָדֶיהָ טָווּ**. הנשים התנדבו לעבודה, **וַיָּבִיאוּ מַטְוֶה אֶת
הַתְּכֵלֶת וְאֶת הָאַרְגָּמָן אֶת תּוֹלַעַת הַשָּׁנִי וְאֶת הַשֵּׁשׁ**, חוטים טוויים
מן הצמר הצבוע ומן הפשתן. כו **וְכָל הַנָּשִׁים אֲשֶׁר נָשָׂא לִבָּן אֹתָנָה**,
אותן **בְּחָכְמָה**, האומניות המוכשרות יותר, **טָווּ אֶת** שערות **הָעִזִּים**
לשם הכנתן של יריעות האוהל ואולי גם מיתרי המשכן. זוהי אומנות
מסובכת שדרשה כישורים מיוחדים, שכן טוויית שער העזים קשה
הרבה יותר מטווית צמר הכבשים.[17]

כז **וְהַנְּשִׂאִם**, שלהם היה רכוש רב יותר, **הֵבִיאוּ אֵת אַבְנֵי הַשֹּׁהַם
וְאֵת אַבְנֵי הַמִּלֻּאִים לָאֵפוֹד וְלַחֹשֶׁן**, אבני השוהם – לאפוד, ואבני
המילואים – לחושן. כח **וְאֶת הַבֹּשֶׂם וְאֶת הַשָּׁמֶן לְמָאוֹר וּלְשֶׁמֶן**

הרחבות

׳חח ונזם וטבעת וכומז׳ אלה הם בעיקרם תכשיטי נשים, אם כי לעתים עונדים אותם גם גברים. אף בכך אפשר לראות רמז לפעלתנותן המיוחדת של הנשים בנדבת המשכן.

׳כל אשר נמצא אתו עצי שטים׳ לא פשוט למצוא במדבר גזעי עצי שטים בגודל הנדרש, ובכל זאת היו מי שמצאו אותם ונשאו אותם עמם במדבר. (ראו ר״י בכור שור לעיל כה,ה). מכיוון שבני ישראל ישבו על דרכי המסחר הבינלאומיות בסיני, הם היו יכולים לייבא חומרי גלם מלבנון, ממצרים ומארצות אחרות באפריקה וכן מהודו. לפי אחד המדרשים הביאו את עצי השיטים ממצרים, שכן הייתה בידם מסורת מימי יעקב אבינו שיצטרכו להם (מדרש תנחומא, תרומה ט).

רשימת המתנות של חומרי הבניין ערוכה מן היקר אל הפשוט יותר – מן הזהב, דרך הבדים היקרים, המתכות הפשוטות ועד העצים. רשימת בגדי הכהונה בציווי על עשייתם הייתה דומה לסדר הזה – הבגדים היקרים נכתבו תחילה, והפשוטים בסוף (לעיל כח,ד-מב).

הבושם חלק מחומרי הבושם לא היו מקומיים, אלא יובאו ממרחקים – חלקם מעומק יבשת אפריקה, וחלקם אפילו מהודו ואינדונזיה. בשמים אלו נרכשו באמצעות מסחר בינלאומי, שבאותם ימים היה בוודאי קשה יותר, ולכן הם היו יקרים מאוד. אפילו שמן פשוט היה מצרך יקר המציאות בנסיבות אלה, משום שבמדבר אין מקורות להפקת שמן הזית, ובמצרים לא גדלו מקורות שמן לרוב.

הַמִּשְׁחָה וְלִקְטֹרֶת הַסַּמִּים: כָּל־אִישׁ וְאִשָּׁה אֲשֶׁר כט
נָדַב לִבָּם אֹתָם לְהָבִיא לְכָל־הַמְּלָאכָה אֲשֶׁר צִוָּה
יְהוָה לַעֲשׂוֹת בְּיַד־מֹשֶׁה הֵבִיאוּ בְנֵי־יִשְׂרָאֵל נְדָבָה
לַיהוָה:

שלישי /שני/
וַיֹּאמֶר מֹשֶׁה אֶל־בְּנֵי יִשְׂרָאֵל רְאוּ קָרָא יְהוָה בְּשֵׁם ל
בְּצַלְאֵל בֶּן־אוּרִי בֶן־חוּר לְמַטֵּה יְהוּדָה: וַיְמַלֵּא אֹתוֹ לא
רוּחַ אֱלֹהִים בְּחָכְמָה בִּתְבוּנָה וּבְדַעַת וּבְכָל־מְלָאכָה:
וְלַחְשֹׁב מַחֲשָׁבֹת לַעֲשֹׂת בַּזָּהָב וּבַכֶּסֶף וּבַנְּחֹשֶׁת: לב
וּבַחֲרֹשֶׁת אֶבֶן לְמַלֹּאת וּבַחֲרֹשֶׁת עֵץ לַעֲשׂוֹת בְּכָל־ לג
מְלֶאכֶת מַחֲשָׁבֶת: וּלְהוֹרֹת נָתַן בְּלִבּוֹ הוּא וְאָהֳלִיאָב לד
בֶּן־אֲחִיסָמָךְ לְמַטֵּה־דָן: מִלֵּא אֹתָם חָכְמַת־לֵב לה
לַעֲשׂוֹת כָּל־מְלֶאכֶת חָרָשׁ ׀ וְחֹשֵׁב וְרֹקֵם בַּתְּכֵלֶת
וּבָאַרְגָּמָן בְּתוֹלַעַת הַשָּׁנִי וּבַשֵּׁשׁ וְאֹרֵג עֹשֵׂי כָּל־
מְלָאכָה וְחֹשְׁבֵי מַחֲשָׁבֹת: וְעָשָׂה בְצַלְאֵל וְאָהֳלִיאָב א לו
וְכֹל ׀ אִישׁ חֲכַם־לֵב אֲשֶׁר נָתַן יְהוָה חָכְמָה וּתְבוּנָה
בָּהֵמָּה לָדַעַת לַעֲשֹׂת אֶת־כָּל־מְלֶאכֶת עֲבֹדַת הַקֹּדֶשׁ
לְכֹל אֲשֶׁר־צִוָּה יְהוָה: וַיִּקְרָא מֹשֶׁה אֶל־בְּצַלְאֵל ב

רש"י | ל חוּר. בְּנָהּ שֶׁל מִרְיָם הָיָה:

לד וְאָהֳלִיאָב. מִשֵּׁבֶט דָּן, מִן הַיְרוּדִין שֶׁבַּשְּׁבָטִים, מִבְּנֵי הַשְּׁפָחוֹת, וְהִשְׁוָהוּ הַמָּקוֹם לִבְצַלְאֵל לִמְלֶאכֶת הַמִּשְׁכָּן וְהוּא מִגְּדוֹלֵי הַשְּׁבָטִים, לְקַיֵּם מַה שֶּׁנֶּאֱמַר: "וְלֹא נִכַּר שׁוֹעַ לִפְנֵי דָל" (איוב לד, יט):

הרחבות | "הביאו בני ישראל נדבה לה'" בחזרה בסוף הפסוק אפשר לראות רמז לכך שכל אחד מישראל הביא מתנה כלשהי מן המצוי בידו למשכן (ראו אלשיך).

ביאור | הַמִּשְׁחָה וְלִקְטֹרֶת הַסַּמִּים, שהיו יקרים יותר באותה שעה ובאותו מקום.

כט בסיכומו של דבר, כָּל אִישׁ וְאִשָּׁה אֲשֶׁר נָדַב לִבָּם אֹתָם לְהָבִיא לְכָל הַמְּלָאכָה אֲשֶׁר צִוָּה ה׳ לַעֲשׂוֹת בְּיַד מֹשֶׁה, הֵבִיאוּ בְנֵי יִשְׂרָאֵל נְדָבָה לַה׳.

האומנים המבצעים ושפע התרומה

פרק לה פס׳ ל – פרק לו פס׳ ז

מצד אחד, התרומה לא הייתה בגדר מס שהוטל על כל העם, ומצד שני, משה לא פנה אל מספר מצומצם של בעלי ממון או בעלי שררה שיוכלו לקבץ את המשאבים הנחוצים. פנייתו אל העם כולו נועדה לשתף את כל ישראל במעשה המשכן. לאור זאת יש להבין את היענותו הנמרצת של העם כולו לצורך הקמת המקום שבו ישכון אלוקים. שלא כמקדש שלמה ומקדש הורדוס, שהיו מפעלים של יחידים, את המשכן אפיינה התנדבות כלל-ישראלית ושותפות של כל העם בהקמת מקום לשכינת ה׳.

ל וַיֹּאמֶר מֹשֶׁה אֶל בְּנֵי יִשְׂרָאֵל: רְאוּ קָרָא ה׳ בְּשֵׁם, מינה מתוך הערכה
וכבוד את בְּצַלְאֵל בֶּן אוּרִי בֶן חוּר לְמַטֵּה יְהוּדָה. לא די בכך שה׳
הפקיד את בצלאל על המלאכה;[18] חשוב שישראל ידעו שהוא
הממונה. לא וַיְמַלֵּא אֹתוֹ רוּחַ אֱלֹהִים בְּחָכְמָה בִּתְבוּנָה וּבְדַעַת בכלל,
וּבְכָל מְלָאכָה. לב וְלַחְשֹׁב מַחֲשָׁבֹת, לתכנן תכניות לַעֲשֹׂת בַּזָּהָב
וּבַכֶּסֶף וּבַנְּחֹשֶׁת לג וּבַחֲרֹשֶׁת אֶבֶן לְמַלֹּאת, ללטש את אבני החן
ולשבצן בחושן וּבַחֲרֹשֶׁת עֵץ, לַעֲשׂוֹת בְּכָל מְלֶאכֶת מַחֲשָׁבֶת. לד ונוסף
לכך, לְהוֹרֹת נָתַן בְּלִבּוֹ של בצלאל. כיוון שבצלאל יעבוד עם צוותי עובדים אחרים, הוא זקוק לא רק לכשרון אישי של אומן ולא רק ליצירתיות מעשית שבאמצעותה יעלה בידו לממש את התבנית שראה משה בהר, אלא גם ליכולת להדריך את צוות המבצעים שיעבוד על ידו. הוּא – בצלאל, שיעמוד בראש, וְאָתוֹ אָהֳלִיאָב בֶּן
אֲחִיסָמָךְ לְמַטֵּה דָן. לה מִלֵּא אֹתָם חָכְמַת לֵב, לַעֲשׂוֹת כָּל מְלֶאכֶת
חָרָשׁ וְחֹשֵׁב וְרֹקֵם בַּתְּכֵלֶת וּבָאַרְגָּמָן בְּתוֹלַעַת הַשָּׁנִי וּבַשֵּׁשׁ וְאֹרֵג. עליהם לשלוט במגוון אומנויות הקשורות לעבודה במתכות שונות, בעץ ובטקסטיל, שכל אחת מהן תובעת מומחיות לעצמה. על כן הם
עֹשֵׂי כָּל מְלָאכָה וְחֹשְׁבֵי מַחֲשָׁבֹת. פרק לו א וְעָשָׂה, יעשה בְצַלְאֵל
וְאָהֳלִיאָב וְכֹל אִישׁ חֲכַם לֵב, אֲשֶׁר נָתַן ה׳ חָכְמָה וּתְבוּנָה בָּהֵמָּה, בהם לָדַעַת לַעֲשֹׂת אֶת כָּל מְלֶאכֶת עֲבֹדַת הַקֹּדֶשׁ, לְכֹל אֲשֶׁר צִוָּה ה׳.

וְאֶל־אָֽהֳלִיאָב֒ וְאֶל֙ כָּל־אִ֣ישׁ חֲכַם־לֵ֔ב אֲשֶׁ֨ר נָתַ֧ן
יְהוָ֛ה חָכְמָ֖ה בְּלִבּ֑וֹ כֹּ֚ל אֲשֶׁ֣ר נְשָׂא֣וֹ לִבּ֔וֹ לְקָרְבָ֥ה אֶל־
ג הַמְּלָאכָ֖ה לַעֲשֹׂ֥ת אֹתָֽהּ׃ וַיִּקְח֞וּ מִלִּפְנֵ֣י מֹשֶׁ֗ה אֵ֤ת כָּל־
הַתְּרוּמָה֙ אֲשֶׁ֨ר הֵבִ֜יאוּ בְּנֵ֣י יִשְׂרָאֵ֗ל לִמְלֶ֛אכֶת עֲבֹדַ֥ת
הַקֹּ֖דֶשׁ לַעֲשֹׂ֣ת אֹתָ֑הּ וְ֠הֵם הֵבִ֨יאוּ אֵלָ֥יו ע֛וֹד נְדָבָ֖ה
ד בַּבֹּ֥קֶר בַּבֹּֽקֶר׃ וַיָּבֹ֙אוּ֙ כָּל־הַ֣חֲכָמִ֔ים הָעֹשִׂ֕ים אֵ֖ת
כָּל־מְלֶ֣אכֶת הַקֹּ֑דֶשׁ אִ֥ישׁ אִֽישׁ מִמְּלַאכְתּ֖וֹ אֲשֶׁר־
ה הֵ֥מָּה עֹשִֽׂים׃ וַיֹּאמְרוּ֙ אֶל־מֹשֶׁ֣ה לֵּאמֹ֔ר מַרְבִּ֥ים הָעָ֖ם
לְהָבִ֑יא מִדֵּ֤י הָֽעֲבֹדָה֙ לַמְּלָאכָ֔ה אֲשֶׁר־צִוָּ֥ה יְהוָ֖ה
ו לַעֲשֹׂ֥ת אֹתָֽהּ׃ וַיְצַ֣ו מֹשֶׁ֗ה וַיַּעֲבִ֨ירוּ ק֥וֹל בַּֽמַּחֲנֶה֮ לֵאמֹר֒
אִ֣ישׁ וְאִשָּׁ֗ה אַל־יַעֲשׂוּ־ע֛וֹד מְלָאכָ֖ה לִתְרוּמַ֣ת הַקֹּ֑דֶשׁ
ז וַיִּכָּלֵ֥א הָעָ֖ם מֵהָבִֽיא׃ וְהַמְּלָאכָ֗ה הָיְתָ֥ה דַיָּ֛ם לְכָל־
ח רביעי הַמְּלָאכָ֖ה לַעֲשׂ֣וֹת אֹתָ֑הּ וְהוֹתֵֽר׃ וַיַּעֲשׂ֨וּ

רש״י | פרק לו

ה מִדֵּי הָעֲבֹדָה. יוֹתֵר מִכְּדֵי צֹרֶךְ הָעֲבוֹדָה:

ו וַיִּכָּלֵא. לְשׁוֹן מְנִיעָה:

ז וְהַמְּלָאכָה הָיְתָה דַיָּם לְכָל הַמְּלָאכָה. וּמְלֶאכֶת הַהֲבָאָה "הָיְתָה דַיָּם" שֶׁל עוֹשֵׂי הַמִּשְׁכָּן, "לְכָל הַמְּלָאכָה" שֶׁל מִשְׁכָּן "לַעֲשׂוֹת אוֹתָהּ" וּלְהוֹתִיר: וְהוֹתֵר. כְּמוֹ: "וְהַכְבֵּד אֵת לִבּוֹ" (לעיל ח, יא), "וְהַכּוֹת אֵת מוֹאָב" (מלכים ב׳ ג, כד):

ביאור

ב **וַיִּקְרָא מֹשֶׁה אֶל בְּצַלְאֵל וְאֶל אָהֳלִיאָב וְאֶל כָּל אִישׁ חֲכַם לֵב, אֲשֶׁר נָתַן ה' חָכְמָה בְּלִבּוֹ,** אל **כֹּל אֲשֶׁר נְשָׂאוֹ לִבּוֹ לְקָרְבָה אֶל הַמְּלָאכָה לַעֲשֹׂת אֹתָהּ.** כדי להתגייס למשימה נכבדת זו נדרשה גם מידה של ביטחון עצמי שהם מסוגלים לבצעה.

ג האומנים שמשה הזמין נענו למלאכה בהתנדבות. **וַיִּקְחוּ** בעלי המלאכה **מִלִּפְנֵי מֹשֶׁה אֵת כָּל הַתְּרוּמָה אֲשֶׁר הֵבִיאוּ בְּנֵי יִשְׂרָאֵל לִמְלֶאכֶת עֲבֹדַת הַקֹּדֶשׁ לַעֲשֹׂת אֹתָהּ, וְהֵם** – ישראל **הֵבִיאוּ אֵלָיו עוֹד נְדָבָה בַּבֹּקֶר בַּבֹּקֶר,** בוקר אחר בוקר.[19] לאחר קריאתו של משה לעם לתרום למשכן, הביאו ישראל את נדבתם במשך יום שלם ולמחרתו.

ד **וַיָּבֹאוּ כָּל הַחֲכָמִים,** האומנים, **הָעֹשִׂים אֵת כָּל מְלֶאכֶת הַקֹּדֶשׁ, אִישׁ אִישׁ מִמְּלַאכְתּוֹ אֲשֶׁר הֵמָּה עֹשִׂים,** צוות גדול המיומן בכל סוגי האומנויות, האמון על השימוש בכלים שונים, והמסוגל לשתף פעולה בביצוע כל הדרוש. ה **וַיֹּאמְרוּ אֶל מֹשֶׁה לֵאמֹר: מַרְבִּים הָעָם לְהָבִיא מִדֵּי הָעֲבֹדָה,** יותר ממה שהעבודה דורשת **לַמְּלָאכָה אֲשֶׁר צִוָּה ה' לַעֲשֹׂת אֹתָהּ.** מתוך חישוב של צורכי העבודה, אנו מעריכים שכמות התרומה שהתקבלה כבר גבוהה מן הדרוש.

ו **וַיְצַו מֹשֶׁה, וַיַּעֲבִירוּ קוֹל,** הודעה, מסר **בַּמַּחֲנֶה לֵאמֹר: אִישׁ וְאִשָּׁה אַל יַעֲשׂוּ עוֹד מְלָאכָה לִתְרוּמַת הַקֹּדֶשׁ.**

וַיִּכָּלֵא, חדל **הָעָם מֵהָבִיא** את תרומתם.

ז **וְהַמְּלָאכָה,** מלאכת הבאת התרומה, או: התרומה שהיא לצורך המלאכה,[20] **הָיְתָה דַיָּם,** די צורכם **לְכָל הַמְּלָאכָה לַעֲשׂוֹת אֹתָהּ – וְהוֹתֵר,** נותרו עוד חומרים שלא נעשה בהם שימוש.

הרחבות

'אל יעשו עוד מלאכה' הביטוי מְלָאכָה בהקשר זה יכול לרמוז לכך שמרימי התרומות עשו בהן מלאכות כלשהן. הם נמנעו מלהביא דברים מלוכלכים, פגומים או בלתי עשויים, אלא טרחו להתקינן לצורך הקודש.

כָל־חֲכַם־לֵב בְּעֹשֵׂי הַמְּלָאכָה אֶת־הַמִּשְׁכָּן עֶשֶׂר
יְרִיעֹת שֵׁשׁ מָשְׁזָר וּתְכֵלֶת וְאַרְגָּמָן וְתוֹלַעַת שָׁנִי
ט כְּרֻבִים מַעֲשֵׂה חֹשֵׁב עָשָׂה אֹתָם: אֹרֶךְ הַיְרִיעָה
הָאַחַת שְׁמֹנֶה וְעֶשְׂרִים בָּאַמָּה וְרֹחַב אַרְבַּע בָּאַמָּה
י הַיְרִיעָה הָאֶחָת מִדָּה אַחַת לְכָל־הַיְרִיעֹת: וַיְחַבֵּר
אֶת־חֲמֵשׁ הַיְרִיעֹת אַחַת אֶל־אֶחָת וְחָמֵשׁ יְרִיעֹת
יא חִבַּר אַחַת אֶל־אֶחָת: וַיַּעַשׂ לֻלְאֹת תְּכֵלֶת עַל שְׂפַת
הַיְרִיעָה הָאֶחָת מִקָּצָה בַּמַּחְבָּרֶת כֵּן עָשָׂה בִּשְׂפַת
יב הַיְרִיעָה הַקִּיצוֹנָה בַּמַּחְבֶּרֶת הַשֵּׁנִית: חֲמִשִּׁים לֻלָאֹת
עָשָׂה בַּיְרִיעָה הָאֶחָת וַחֲמִשִּׁים לֻלָאֹת עָשָׂה בִּקְצֵה
הַיְרִיעָה אֲשֶׁר בַּמַּחְבֶּרֶת הַשֵּׁנִית מַקְבִּילֹת הַלֻּלָאֹת
יג אַחַת אֶל־אֶחָת: וַיַּעַשׂ חֲמִשִּׁים קַרְסֵי זָהָב וַיְחַבֵּר
אֶת־הַיְרִיעֹת אַחַת אֶל־אַחַת בַּקְּרָסִים וַיְהִי הַמִּשְׁכָּן
אֶחָד:
יד וַיַּעַשׂ יְרִיעֹת עִזִּים לְאֹהֶל עַל־הַמִּשְׁכָּן עַשְׁתֵּי־עֶשְׂרֵה
טו יְרִיעֹת עָשָׂה אֹתָם: אֹרֶךְ הַיְרִיעָה הָאַחַת שְׁלֹשִׁים

הרחבות

שתי מחברות מעבר לרמזים ולסודות העומדים מאחורי אופן חיבור היריעות, יש לפיצולן לשתי יחידות גם טעם פשוט ומעשי. כיוון שהמשכן צריך להיות נייד, היה חשוב שיהיה אפשר להסיר את יריעותיו, לקפלן ולשאתן בקלות. אילו חוברו כל היריעות ליחידה אחת, היא הייתה גדולה וכבדה מדי. על כן הן חוברו לשתי יחידות שרוחבה של כל אחת מהן עשרה מטר בערך, ואורכה ארבעה–עשר מטר בערך (ר״י בכור שור כו,ה).

עשיית יריעות הגג של המשכן

פרק לו פס׳ ח–יט

הכנת היריעות נעשתה בהתאם להוראות שניתנו למעלה. מלבד פרטים אחדים[21] הנעדרים מכאן, מכיוון שאינם קשורים להכנת היריעות אלא לאופן שבו הן יונחו, שאר המידע זהה למידע שנאמר למשה בגיווני לשון. כאמור, סדר ההוראות לא הכתיב את סדר ביצוען, שהוא המתואר כאן; הציווי על בניית כליו המרכזיים של המשכן הופיע לפני הציווי על בניית המבנה והיריעות הסוככות עליו משום חשיבותו של הארון, שהיה מוקד להשראת השכינה, ושל הכלים הקרובים אליו. בסדרי הביצוע מעורבים כמובן גם שיקולים מעשיים – סביר להקים תחילה את המבנה, ורק לאחר מכן לבנות את הכלים שיוצבו בו.[22]

ביאור

ח **וַיַּעֲשׂוּ כָל חֲכַם לֵב בְּעֹשֵׂי הַמְּלָאכָה אֶת** גגו של **הַמִּשְׁכָּן**, **מֵעֶשֶׂר**
יְרִיעֹת בד, **שֵׁשׁ**, חוט פשתן לבן **מָשְׁזָר**, קלוע וצמר צבוע **תְּכֵלֶת**,
כחול **וְאַרְגָּמָן**, סגול-אדום **וְתוֹלַעַת שָׁנִי**, אדום בהיר בצורת **כְּרֻבִים**,
מַעֲשֵׂה חֹשֵׁב עָשָׂה אֹתָם. היריעות נארגו באופן מורכב, כך שצורות
הכרובים הופיעו על כולן ובשני צדיהם.

ט **אֹרֶךְ הַיְרִיעָה הָאַחַת**, כל אחת מהיריעות – **שְׁמֹנֶה וְעֶשְׂרִים בָּאַמָּה,**
וְרֹחַב – **אַרְבַּע בָּאַמָּה הַיְרִיעָה הָאֶחָת. מִדָּה אַחַת לְכָל הַיְרִיעֹת.** י **וַיְחַבֵּר**
בתפירה **אֶת חֲמֵשׁ הַיְרִיעֹת אַחַת אֶל אֶחָת**, ליחידה אחת בת חמש
יריעות, **וְחָמֵשׁ הַיְרִיעֹת** האחרות **חִבַּר אַחַת אֶל אֶחָת**.

יא **וַיַּעַשׂ לֻלְאֹת תְּכֵלֶת עַל שְׂפַת הַיְרִיעָה הָאֶחָת מִקָּצָה**, הנמצאת בקצה
בַּמַּחְבָּרֶת, ביחידת חמש היריעות התפורות זו לזו. **כֵּן עָשָׂה** – לולאות
תכלת **בִּשְׂפַת הַיְרִיעָה הַקִּיצוֹנָה בַּמַּחְבֶּרֶת הַשֵּׁנִית**, בקצה יחידת חמש
היריעות המחוברות האחרות. יב **חֲמִשִּׁים לֻלָאֹת עָשָׂה בַּיְרִיעָה**
הָאֶחָת, וַחֲמִשִּׁים לֻלָאֹת עָשָׂה בִּקְצֵה הַיְרִיעָה אֲשֶׁר בַּמַּחְבֶּרֶת הַשֵּׁנִית
לכל האורך. **מַקְבִּילֹת הַלֻּלָאֹת אַחַת אֶל אֶחָת**. את הלולאות תפרו
במרחקים קצובים, כדי שהלולאות שבשתי היריעות יקבילו אלו
לאלו. יג **וַיַּעַשׂ חֲמִשִּׁים קַרְסֵי זָהָב. וַיְחַבֵּר אֶת הַיְרִיעֹת אַחַת אֶל אַחַת**
בַּקְּרָסִים. כל קרס הצמיד זוג לולאות, וכך חוברו שתי יחידות
היריעות. **וַיְהִי הַמִּשְׁכָּן אֶחָד**. וכך הפך המשכן למבנה אחד, או:
המשכן הוא כינויו של רצף היריעות שבו יכוסה המבנה.[23]

יד **וַיַּעַשׂ יְרִיעֹת עִזִּים לְאֹהֶל עַל הַמִּשְׁכָּן**, יריעות הבד נחשבו כגוף
המשכן עצמו, ומעליהן הניחו את אוהל יריעות עזים, **עַשְׁתֵּי**, אחת
עֶשְׂרֵה יְרִיעֹת עָשָׂה אֹתָם. טו **אֹרֶךְ הַיְרִיעָה הָאַחַת**, כל יריעה – **שְׁלֹשִׁים**

בָּֽאַמָּ֔ה וְאַרְבַּ֣ע אַמּ֔וֹת רֹ֖חַב הַיְרִיעָ֣ה הָאֶחָ֑ת מִדָּ֣ה אַחַ֔ת
לְעַשְׁתֵּ֥י עֶשְׂרֵ֖ה יְרִיעֹֽת׃ וַיְחַבֵּ֛ר אֶת־חֲמֵ֥שׁ הַיְרִיעֹ֖ת טז
לְבָ֑ד וְאֶת־שֵׁ֥שׁ הַיְרִיעֹ֖ת לְבָֽד׃ וַיַּ֨עַשׂ לֻלָאֹ֜ת חֲמִשִּׁ֗ים יז
עַ֚ל שְׂפַ֣ת הַיְרִיעָ֔ה הַקִּיצֹנָ֖ה בַּמַּחְבָּ֑רֶת וַחֲמִשִּׁ֣ים לֻלָאֹ֗ת
עָשָׂה֙ עַל־שְׂפַ֣ת הַיְרִיעָ֔ה הַחֹבֶ֖רֶת הַשֵּׁנִֽית׃ וַיַּ֛עַשׂ קַרְסֵ֥י יח
נְחֹ֖שֶׁת חֲמִשִּׁ֑ים לְחַבֵּ֥ר אֶת־הָאֹ֖הֶל לִהְיֹ֥ת אֶחָֽד׃ וַיַּ֤עַשׂ יט
מִכְסֶה֙ לָאֹ֔הֶל עֹרֹ֥ת אֵילִ֖ם מְאָדָּמִ֑ים וּמִכְסֵ֛ה עֹרֹ֥ת
תְּחָשִׁ֖ים מִלְמָֽעְלָה׃ וַיַּ֥עַשׂ אֶת־הַקְּרָשִׁ֖ים כ חמישי

הרחבות

'ויעש קרסי נחֹשת חמִשים' היריעות הראשונות, הארוגות בעיקר מצמר צבוע, הן המשכן עצמו, והן נראות למי שמצוי בתוכו. אוהל יריעות העזים משני בחשיבותו, ועל כן הוא עשוי מחומרים יקרים פחות ומעשה הכנתו מורכב פחות. אף על פי שתבניתו דומה לזו של היריעות הראשונות, הקרסים המחברים אותו עשויים נחושת ולא זהב.

ביאור

בָּאַמָּה, וְאַרְבַּע אַמּוֹת – **רֹחַב הַיְרִיעָה הָאֶחָת, מִדָּה אַחַת**, אחידה
לְעַשְׁתֵּי עֶשְׂרֵה יְרִיעֹת. טז **וַיְחַבֵּר אֶת חֲמֵשׁ הַיְרִיעֹת לְבָד וְאֶת שֵׁשׁ**
הַיְרִיעֹת לְבָד. חמש יריעות נתפרו זו לזו כיחידה לעצמה, ושש
היריעות האחרות נתפרו כיחידה לעצמה. יז **וַיַּעַשׂ לֻלָאֹת חֲמִשִּׁים**
עַל שְׂפַת הַיְרִיעָה הַקִּיצֹנָה בַּמַּחְבָּרֶת, וַחֲמִשִּׁים לֻלָאֹת עָשָׂה עַל שְׂפַת
הַיְרִיעָה הַחֹבֶרֶת הַשֵּׁנִית. יח **וַיַּעַשׂ קַרְסֵי נְחֹשֶׁת חֲמִשִּׁים, לְחַבֵּר אֶת**
הָאֹהֶל לִהְיֹת אֶחָד.

יט **וַיַּעַשׂ מִכְסֶה לָאֹהֶל** העשוי שער עזים **מֵעֹרֹת אֵילִם מְאָדָּמִים**,
צבועים אדום, ושכבה רביעית - **מִכְסֵה עֹרֹת תְּחָשִׁים מִלְמָעְלָה.**
לחלופין, אפשר לפרש כי זהו כיסוי אחד שחלקו עשוי מעורות אילים
וחלקו מעורות תחשים, והמשכן מכוסה בשלוש שכבות בלבד.[24]

יריעות המשכן

כא לַמִּשְׁכָּ֑ן עֲצֵ֥י שִׁטִּ֖ים עֹמְדִֽים׃ עֶ֥שֶׂר אַמֹּ֖ת אֹ֣רֶךְ הַקָּ֑רֶשׁ
כב וְאַמָּה֙ וַחֲצִ֣י הָֽאַמָּ֔ה רֹ֖חַב הַקֶּ֥רֶשׁ הָאֶחָֽד׃ שְׁתֵּ֣י יָדֹ֗ת
לַקֶּ֙רֶשׁ֙ הָֽאֶחָ֔ד מְשֻׁלָּבֹ֔ת אַחַ֖ת אֶל־אֶחָ֑ת כֵּ֣ן עָשָׂ֔ה
כג לְכֹ֖ל קַרְשֵׁ֥י הַמִּשְׁכָּֽן׃ וַיַּ֥עַשׂ אֶת־הַקְּרָשִׁ֖ים לַמִּשְׁכָּ֑ן
כד עֶשְׂרִ֣ים קְרָשִׁ֔ים לִפְאַ֖ת נֶ֥גֶב תֵּימָֽנָה׃ וְאַרְבָּעִים֙ אַדְנֵי־
כֶ֔סֶף עָשָׂ֕ה תַּ֖חַת עֶשְׂרִ֣ים הַקְּרָשִׁ֑ים שְׁנֵ֨י אֲדָנִ֜ים תַּֽחַת־
הַקֶּ֤רֶשׁ הָֽאֶחָד֙ לִשְׁתֵּ֣י יְדֹתָ֔יו וּשְׁנֵ֧י אֲדָנִ֛ים תַּֽחַת־
כה הַקֶּ֥רֶשׁ הָאֶחָ֖ד לִשְׁתֵּ֥י יְדֹתָֽיו׃ וּלְצֶ֧לַע הַמִּשְׁכָּ֛ן הַשֵּׁנִ֖ית
כו לִפְאַ֣ת צָפ֑וֹן עָשָׂ֖ה עֶשְׂרִ֥ים קְרָשִֽׁים׃ וְאַרְבָּעִ֥ים
אַדְנֵיהֶ֖ם כָּ֑סֶף שְׁנֵ֣י אֲדָנִ֗ים תַּ֚חַת הַקֶּ֣רֶשׁ הָאֶחָ֔ד וּשְׁנֵ֣י
כז אֲדָנִ֔ים תַּ֖חַת הַקֶּ֥רֶשׁ הָאֶחָֽד׃ וּֽלְיַרְכְּתֵ֥י הַמִּשְׁכָּ֖ן יָ֑מָּה
כח עָשָׂ֖ה שִׁשָּׁ֥ה קְרָשִֽׁים׃ וּשְׁנֵ֤י קְרָשִׁים֙ עָשָׂ֔ה לִמְקֻצְעֹ֖ת
כט הַמִּשְׁכָּ֑ן בַּיַּרְכָתָֽיִם׃ וְהָי֣וּ תוֹאֲמִם֮ מִלְּמַ֒טָּה֒ וְיַחְדָּ֗ו יִהְי֤וּ

עשיית דפנות המשכן

פרק לו פס׳ כ–לח

מאריגת היריעות המכסות את המשכן עובר הכתוב לדבר בעשיית דפנותיו. כאן מפורטים גם עניינים טכניים הקשורים להצבת הקירות באמצעות האדנים המחזיקים את הקרשים מלמטה, באמצעות הטבעות האוחזות כל צמד קרשים סמוכים מלמעלה, באמצעות ארבעת הבריחים החיצוניים המחברים חלק מן הקרשים ובאמצעות הבריח התיכון המחבר את כולם ומייצב את המשכן כולו.

בסוף יתוארו שתי המחיצות שלא נעשו מעץ אלא מבדים - הפרוכת המפרידה בין הקודש לקודש-הקודשים ומסך הכניסה אל האוהל.

ביאור

כ **וַיַּעַשׂ אֶת הַקְּרָשִׁים** לקירות **הַמִּשְׁכָּן מֵעֲצֵי שִׁטִּים**, גזעי עצי שיטה משויפים[25] **עֹמְדִים**, הקורות ניצבו כדרך צמיחתם של העצים.[26]

כא **עֶשֶׂר אַמֹּת אֹרֶךְ הַקָּרֶשׁ**, כל אחד מהקרשים, שהוצב לגובה המשכן, **וְאַמָּה וַחֲצִי הָאַמָּה רֹחַב הַקֶּרֶשׁ הָאֶחָד**. כב **שְׁתֵּי יָדֹת**, ידיות בולטות **לַקֶּרֶשׁ הָאֶחָד, מְשֻׁלָּבֹת אַחַת אֶל אֶחָת**, מחמת גובהם הרב של הקרשים, כדי לחבר זה לזה הוצמדו הידות הבולטות בקרש האחד אל פגימות מקבילות בקרש השני.[27] **כֵּן עָשָׂה לְכֹל קַרְשֵׁי הַמִּשְׁכָּן**.

כג **וַיַּעַשׂ אֶת הַקְּרָשִׁים לַמִּשְׁכָּן. עֶשְׂרִים קְרָשִׁים** מיועדים **לִפְאַת**, לצד **נֶגֶב תֵּימָנָה**, דרום. כד **וְאַרְבָּעִים אַדְנֵי**, תושבות **כֶסֶף עָשָׂה תַּחַת עֶשְׂרִים הַקְּרָשִׁים**, כבסיס שבתוכו הציבו את קרשי המשכן. **שְׁנֵי אֲדָנִים תַּחַת הַקֶּרֶשׁ הָאֶחָד לִשְׁתֵּי יְדֹתָיו**, הבליטות היורדות מכל קרש הוכנסו לשקעים שבאדנים, **וּשְׁנֵי אֲדָנִים תַּחַת הַקֶּרֶשׁ הָאֶחָד לִשְׁתֵּי יְדֹתָיו**. וכך החזיקו האדנים את הקרשים.

כה **וּלְצֶלַע הַמִּשְׁכָּן הַשֵּׁנִית**, השנייה, **לִפְאַת צָפוֹן – עֶשְׂרִים קְרָשִׁים**.
כו **וְאַרְבָּעִים אַדְנֵיהֶם כָּסֶף: שְׁנֵי אֲדָנִים תַּחַת הַקֶּרֶשׁ הָאֶחָד, וּשְׁנֵי אֲדָנִים תַּחַת הַקֶּרֶשׁ הָאֶחָד**. הדופן הדרומית והדופן הצפונית היו זהות ופשוטות.

כז **וּלְיַרְכְּתֵי**, לאחורי **הַמִּשְׁכָּן יָמָּה**, הפונה למערב, **עָשָׂה שִׁשָּׁה קְרָשִׁים** שרוחבם אמה וחצי. יחד הם כיסו תשע אמות - עיקרו של הקיר המערבי.

כח **וּשְׁנֵי קְרָשִׁים עָשָׂה לִמְקֻצְעֹת**, פינות **הַמִּשְׁכָּן בַּיַּרְכָתָיִם**. כדי לייצב את המשכן ואף מטעמים אסתטיים, השלימו את הפינות הריקות באמצעות קרשים מיוחדים.

כט **וְהָיוּ** כל הקרשים **תוֹאֲמִם**, מתאימים וצמודים זה לזה **מִלְּמַטָּה**,

תַּמִּים אֶל־רֹאשׁוֹ אֶל־הַטַּבַּעַת הָאֶחָת כֵּן עָשָׂה
לִשְׁנֵיהֶם לִשְׁנֵי הַמִּקְצֹעֹת׃ וְהָיוּ שְׁמֹנָה קְרָשִׁים ל
וְאַדְנֵיהֶם כֶּסֶף שִׁשָּׁה עָשָׂר אֲדָנִים שְׁנֵי אֲדָנִים שְׁנֵי
אֲדָנִים תַּחַת הַקֶּרֶשׁ הָאֶחָד׃ וַיַּעַשׂ בְּרִיחֵי עֲצֵי לא
שִׁטִּים חֲמִשָּׁה לְקַרְשֵׁי צֶלַע־הַמִּשְׁכָּן הָאֶחָת׃
וַחֲמִשָּׁה בְרִיחִם לְקַרְשֵׁי צֶלַע־הַמִּשְׁכָּן הַשֵּׁנִית לב
וַחֲמִשָּׁה בְרִיחִם לְקַרְשֵׁי הַמִּשְׁכָּן לַיַּרְכָתַיִם יָמָּה׃
וַיַּעַשׂ אֶת־הַבְּרִיחַ הַתִּיכֹן לִבְרֹחַ בְּתוֹךְ הַקְּרָשִׁים לג
מִן־הַקָּצֶה אֶל־הַקָּצֶה׃ וְאֶת־הַקְּרָשִׁים צִפָּה זָהָב לד
וְאֶת־טַבְּעֹתָם עָשָׂה זָהָב בָּתִּים לַבְּרִיחִם וַיְצַף אֶת־
הַבְּרִיחִם זָהָב׃ וַיַּעַשׂ אֶת־הַפָּרֹכֶת תְּכֵלֶת וְאַרְגָּמָן לה
וְתוֹלַעַת שָׁנִי וְשֵׁשׁ מָשְׁזָר מַעֲשֵׂה חֹשֵׁב עָשָׂה אֹתָהּ
כְּרֻבִים׃ וַיַּעַשׂ לָהּ אַרְבָּעָה עַמּוּדֵי שִׁטִּים וַיְצַפֵּם זָהָב לו
וָוֵיהֶם זָהָב וַיִּצֹק לָהֶם אַרְבָּעָה אַדְנֵי־כָסֶף׃ וַיַּעַשׂ לז
מָסָךְ לְפֶתַח הָאֹהֶל תְּכֵלֶת וְאַרְגָּמָן וְתוֹלַעַת שָׁנִי
וְשֵׁשׁ מָשְׁזָר מַעֲשֵׂה רֹקֵם׃ וְאֶת־עַמּוּדָיו חֲמִשָּׁה לח

המשכן והחצר

ביאור

וַיַּחְדָּו יִהְיוּ תַמִּים, מסתיימים אֶל רֹאשׁוֹ של הקרש, אֶל הַטַּבַּעַת
הָאֶחָת שתוכנס בחריצים שבראש כל צמד קרשים כֵּן עָשָׂה לִשְׁנֵיהֶם,
לִשְׁנֵי הַמִּקְצֹעֹת, הפינות שבצפון-מערב ושבדרום-מערב. ל וְהָיוּ
בצד מערב בסך הכול שְׁמֹנָה קְרָשִׁים, וְאַדְנֵיהֶם כֶּסֶף, שִׁשָּׁה עָשָׂר
אֲדָנִים – שְׁנֵי אֲדָנִים שְׁנֵי אֲדָנִים תַּחַת הַקֶּרֶשׁ הָאֶחָד. במבט מן החוץ
נראים בקיר המערבי שני קרשים נוספים שאינם חלק מעיקר הבניין
הפנימי, אלא הם ממלאים את פינותיו כלפי חוץ.

לא וַיַּעַשׂ בְּרִיחֵי עֲצֵי שִׁטִּים שתפקידם להחזיק את הקרשים
יחד – חֲמִשָּׁה לְקַרְשֵׁי צֶלַע, צד הַמִּשְׁכָּן הָאֶחָת, לב וַחֲמִשָּׁה בְרִיחִם
לְקַרְשֵׁי צֶלַע הַמִּשְׁכָּן הַשֵּׁנִית, וַחֲמִשָּׁה בְרִיחִם לְקַרְשֵׁי הַמִּשְׁכָּן לַיַּרְכָתַיִם
יָמָּה. מתוך חמשת הבריחים הללו, היו שני בריחים חיצוניים בחלקו
הימני של כל קיר ושניים בשמאלו בגבהים שונים, והם החזיקו
את חציה של כל דופן כיחידה אחת. כך חיברו ארבעה בריחים
חיצוניים את הקרשים שבכל קיר לשתי יחידות. לג ונוסף על
ארבעת הבריחים החיצוניים – וַיַּעַשׂ אֶת הַבְּרִיחַ הַתִּיכֹן, הפנימי,
החמישי, לִבְרֹחַ, להבריח, לחבר בְּתוֹךְ הַקְּרָשִׁים מִן הַקָּצֶה אֶל הַקָּצֶה.
בעובי הקרשים נוקב חור שבו הושחל הבריח הזה כדי להחזיקם
מבפנים ולחבר כל דופן בשלמותה. לד וְאֶת הַקְּרָשִׁים צִפָּה זָהָב, וְאֶת
טַבְּעֹתָם המתחברות אותם זה לזה עָשָׂה זָהָב, כדי שיהיו בָּתִּים, בתי
קיבול לַבְּרִיחִם. וַיְצַף, ציפה גם אֶת הַבְּרִיחִם עצמם בְּזָהָב.

לה וַיַּעַשׂ אֶת הַפָּרֹכֶת מתְּכֵלֶת וְאַרְגָּמָן וְתוֹלַעַת שָׁנִי וְשֵׁשׁ, פשתן. הכול
היה מָשְׁזָר, קלוע, מַעֲשֵׂה חֹשֵׁב עָשָׂה אֹתָהּ כְּרֻבִים. אריגה מתוחכמת
מעוטרת בצורות משני צדיה.[28] לו וַיַּעַשׂ לָהּ אַרְבָּעָה עַמּוּדֵי שִׁטִּים
וַיְצַפֵּם זָהָב, וָוֵיהֶם זָהָב. וַיִּצֹק לָהֶם אַרְבָּעָה אַדְנֵי כָסֶף. הפרוכת נתלתה
על ווי הזהב הנתונים בעמודים.

במקום הדופן הרביעית, המזרחית – לז וַיַּעַשׂ מָסָךְ לְפֶתַח הָאֹהֶל
מתְּכֵלֶת וְאַרְגָּמָן וְתוֹלַעַת שָׁנִי וְשֵׁשׁ, הכול מָשְׁזָר, מַעֲשֵׂה רֹקֵם, רקמה,
שהיא עבודה פשוטה יחסית למעשה חושב. לח וְאֶת עַמּוּדָיו – חֲמִשָּׁה

הרחבות

'ויעש את הבריח התיכן... מן הקצה אל הקצה' ביד חכמים הייתה מסורת שסיפרה כי בדרך נס הבריח האמצעי התקפל ועבר בכל שלושת הקירות. (ראו שבת צח ע"ב; יונתן על אתר).

וְאֶת־וָוֵיהֶם וְצִפָּה רָאשֵׁיהֶם וַחֲשֻׁקֵיהֶם זָהָב וְאַדְנֵיהֶם
חֲמִשָּׁה נְחֹשֶׁת׃
כז וַיַּעַשׂ בְּצַלְאֵל אֶת־הָאָרֹן עֲצֵי שִׁטִּים אַמָּתַיִם וָחֵצִי א לז
אָרְכּוֹ וְאַמָּה וָחֵצִי רָחְבּוֹ וְאַמָּה וָחֵצִי קֹמָתוֹ׃ וַיְצַפֵּהוּ ב
זָהָב טָהוֹר מִבַּיִת וּמִחוּץ וַיַּעַשׂ לוֹ זֵר זָהָב סָבִיב׃
וַיִּצֹק לוֹ אַרְבַּע טַבְּעֹת זָהָב עַל אַרְבַּע פַּעֲמֹתָיו וּשְׁתֵּי ג
טַבָּעֹת עַל־צַלְעוֹ הָאֶחָת וּשְׁתֵּי טַבָּעֹת עַל־צַלְעוֹ
הַשֵּׁנִית׃ וַיַּעַשׂ בַּדֵּי עֲצֵי שִׁטִּים וַיְצַף אֹתָם זָהָב׃ וַיָּבֵא ד ה
אֶת־הַבַּדִּים בַּטַּבָּעֹת עַל צַלְעֹת הָאָרֹן לָשֵׂאת אֶת־
הָאָרֹן׃ וַיַּעַשׂ כַּפֹּרֶת זָהָב טָהוֹר אַמָּתַיִם וָחֵצִי אָרְכָּהּ ו
וְאַמָּה וָחֵצִי רָחְבָּהּ׃ וַיַּעַשׂ שְׁנֵי כְרֻבִים זָהָב מִקְשָׁה ז
עָשָׂה אֹתָם מִשְּׁנֵי קְצוֹת הַכַּפֹּרֶת׃ כְּרוּב־אֶחָד מִקָּצָה ח
מִזֶּה וּכְרוּב־אֶחָד מִקָּצָה מִזֶּה מִן־הַכַּפֹּרֶת עָשָׂה אֶת־
קְצוֹתָיו הַכְּרֻבִים מִשְּׁנֵי קצוותו׃ וַיִּהְיוּ הַכְּרֻבִים פֹּרְשֵׂי כְנָפַיִם ט
לְמַעְלָה סֹכְכִים בְּכַנְפֵיהֶם עַל־הַכַּפֹּרֶת וּפְנֵיהֶם אִישׁ
אֶל־אָחִיו אֶל־הַכַּפֹּרֶת הָיוּ פְּנֵי הַכְּרֻבִים׃

רש"י | פרק לז

א] וַיַּעַשׂ בְּצַלְאֵל. לְפִי שֶׁנָּתַן נַפְשׁוֹ עַל הַמְּלָאכָה יוֹתֵר מִשְּׁאָר חֲכָמִים, נִקְרֵאת עַל שְׁמוֹ:

ביאור | במספר – וְאֵת וָוֵיהֶם, שעליהם תלו את המסך. וְצִפָּה רָאשֵׁיהֶם של
העמודים וַחֲשֻׁקֵיהֶם, חישוקיהם זָהָב, וְאַדְנֵיהֶם – חֲמִשָּׁה עשויים
מנְחֹשֶׁת.

עשיית הארון

פרק לז פס׳ א–ט

לאחר שנוצר מבנה המשכן, נעשו כליו. ראשון להם – הארון, שהוא לבו של המשכן. שלא כבציווי על מלאכת הארון,[29] כאן מסופר רק על עשיית ארון העץ והנלווים אליו, בלא להתייחס אל תפקיד הארון כמכיל הלוחות וכמקום היוועדותו של ה׳ עם עמו.

פרק לז א וַיַּעַשׂ בְּצַלְאֵל אֶת הָאָרֹן עֲצֵי שִׁטִּים, אַמָּתַיִם וָחֵצִי אָרְכּוֹ
וְאַמָּה וָחֵצִי רָחְבּוֹ וְאַמָּה וָחֵצִי קֹמָתוֹ. ב וַיְצַפֵּהוּ זָהָב טָהוֹר מִבַּיִת,
מבפנים וּמִחוּץ. לפי המסורת היה זה ציפוי מוצק למדי, שהיה
בעצמו כעין שני ארונות זהב. ציפוי ארון העץ נעשה על ידי הנחת
ארון העץ בתוך ארון הזהב הגדול ממנו, ועל ידי הנחת ארון הזהב
הקטן בתוכו.[30] וַיַּעַשׂ לוֹ זֵר, כתר, עיטור זָהָב סָבִיב.

ג וַיִּצֹק לוֹ אַרְבַּע טַבְּעֹת זָהָב עַל אַרְבַּע פַּעֲמֹתָיו, פינותיו[31] או רגליו,[32]
וּשְׁתֵּי, שתי טַבָּעֹת עַל צַלְעוֹ הָאֶחָת וּשְׁתֵּי טַבָּעוֹת עַל צַלְעוֹ הַשֵּׁנִית.
כל טבעת ניתנה בקצה הדופן. ד וַיַּעַשׂ בַּדֵּי, מוטות עֲצֵי שִׁטִּים,
וַיְצַף, ציפה אֹתָם זָהָב. ה וַיָּבֵא אֶת הַבַּדִּים בַּטַּבָּעֹת עַל צַלְעֹת הָאָרֹן,
לָשֵׂאת אֶת הָאָרֹן.

ו וַיַּעַשׂ כַּפֹּרֶת, מכסה זָהָב טָהוֹר, אַמָּתַיִם וָחֵצִי אָרְכָּהּ כאורכו של
הארון, וְאַמָּה וָחֵצִי רָחְבָּהּ כרוחבו.

ז וַיַּעַשׂ על הכפורת שְׁנֵי כְרֻבִים, דמויות מלאכים יצורי מרום[33] מִזָּהָב.
מִקְשָׁה, כחלק מאותו גוש זהב שעוצב על ידי הקשָׁה והכאה[34] עָשָׂה
אֹתָם מִשְּׁנֵי קְצוֹת הַכַּפֹּרֶת. ח כְּרוּב אֶחָד מִקָּצָה מִזֶּה, בקצה הכפורת
האחד, וּכְרוּב אֶחָד מִקָּצָה מִזֶּה, בקצה הכפורת האחר, מִן הַכַּפֹּרֶת
עָשָׂה אֶת הַכְּרֻבִים מִשְּׁנֵי קְצוֹתָיו של הארון. ט וַיִּהְיוּ הַכְּרֻבִים פֹּרְשֵׂי
כְנָפַיִם לְמַעְלָה, סֹכְכִים בְּכַנְפֵיהֶם עַל הַכַּפֹּרֶת. הכפורת הייתה מסוככת
בכנפיים. וּפְנֵיהֶם היו אִישׁ אֶל אָחִיו, אֶל הַכַּפֹּרֶת הָיוּ פְּנֵי הַכְּרֻבִים.
הכרובים לא פנו זה אל מול זה בשלמות, אלא מבטם פנה מטה,
אל הכפורת.

י וַיַּ֥עַשׂ אֶת־הַשֻּׁלְחָ֖ן עֲצֵ֣י שִׁטִּ֑ים אַמָּתַ֤יִם אָרְכּוֹ֙ וְאַמָּ֣ה
יא רָחְבּ֔וֹ וְאַמָּ֥ה וָחֵ֖צִי קֹמָתֽוֹ׃ וַיְצַ֥ף אֹת֖וֹ זָהָ֣ב טָה֑וֹר וַיַּ֥עַשׂ
יב ל֛וֹ זֵ֥ר זָהָ֖ב סָבִֽיב׃ וַיַּ֨עַשׂ ל֥וֹ מִסְגֶּ֛רֶת טֹ֖פַח סָבִ֑יב וַיַּ֧עַשׂ
יג זֵר־זָהָ֛ב לְמִסְגַּרְתּ֖וֹ סָבִֽיב׃ וַיִּצֹ֣ק ל֔וֹ אַרְבַּ֖ע טַבְּעֹ֣ת זָהָ֑ב
וַיִּתֵּן֙ אֶת־הַטַּבָּעֹ֔ת עַ֚ל אַרְבַּ֣ע הַפֵּאֹ֔ת אֲשֶׁ֖ר לְאַרְבַּ֥ע
יד רַגְלָֽיו׃ לְעֻמַּת֙ הַמִּסְגֶּ֔רֶת הָי֖וּ הַטַּבָּעֹ֑ת בָּתִּים֙ לַבַּדִּ֔ים
טו לָשֵׂ֖את אֶת־הַשֻּׁלְחָֽן׃ וַיַּ֤עַשׂ אֶת־הַבַּדִּים֙ עֲצֵ֣י שִׁטִּ֔ים
טז וַיְצַ֥ף אֹתָ֖ם זָהָ֑ב לָשֵׂ֖את אֶת־הַשֻּׁלְחָֽן׃ וַיַּ֜עַשׂ אֶֽת־
הַכֵּלִ֣ים ׀ אֲשֶׁ֣ר עַל־הַשֻּׁלְחָ֗ן אֶת־קְעָרֹתָ֤יו וְאֶת־כַּפֹּתָיו֙
וְאֵת֙ מְנַקִּיֹּתָ֔יו וְאֶת־הַקְּשָׂוֺ֔ת אֲשֶׁ֥ר יֻסַּ֖ךְ בָּהֵ֑ן זָהָ֖ב
טָהֽוֹר׃

ששי /שלישי/
יז וַיַּ֥עַשׂ אֶת־הַמְּנֹרָ֖ה זָהָ֣ב טָה֑וֹר מִקְשָׁ֞ה עָשָׂ֣ה אֶת־
הַמְּנֹרָ֗ה יְרֵכָהּ֙ וְקָנָ֔הּ גְּבִיעֶ֛יהָ כַּפְתֹּרֶ֥יהָ וּפְרָחֶ֖יהָ מִמֶּ֥נָּה

עשיית השולחן

פרק לו פס׳ י–טו

הפסוקים המתארים את ביצוע השולחן חוזרים על האמור בציוויים על מלאכתו,[35] אך
אין בהם חזרה על תפקידו של השולחן, כנושא לחם הפנים.

ביאור

י **וַיַּעַשׂ אֶת הַשֻּׁלְחָן עֲצֵי שִׁטִּים, אַמָּתַיִם אָרְכּוֹ וְאַמָּה רָחְבּוֹ וְאַמָּה וָחֵצִי**
קֹמָתוֹ. יא **וַיְצַף אֹתוֹ זָהָב טָהוֹר, וַיַּעַשׂ לוֹ זֵר,** כתר, עיטור **זָהָב סָבִיב.**
יב **וַיַּעַשׂ לוֹ מִסְגֶּרֶת** שגובהה **טֹפַח,** טֶפח **סָבִיב, וַיַּעַשׂ** את **זֵר הַזָּהָב**
האמור **לְמִסְגַּרְתּוֹ סָבִיב.**

יג **וַיִּצֹק** גם **לוֹ אַרְבַּע טַבְּעֹת זָהָב. וַיִּתֵּן אֶת הַטַּבָּעֹת עַל אַרְבַּע הַפֵּאֹת,**
הפינות **אֲשֶׁר לְאַרְבַּע רַגְלָיו.** יד **לְעֻמַּת הַמִּסְגֶּרֶת הָיוּ הַטַּבָּעֹת.** המסגרת
נתונה בין רגל לרגל או צמודה ללוח השולחן, ובמקביל אליה למטה,
על הרגליים שבארבע קצות השולחן ולא על המסגרת עצמה, יצוקות
הטבעות,[36] שהן **בָּתִּים,** כלי קיבול **לַבַּדִּים,** למוטות כדי **לָשֵׂאת אֶת**
הַשֻּׁלְחָן. טו **וַיַּעַשׂ אֶת הַבַּדִּים עֲצֵי שִׁטִּים, וַיְצַף אֹתָם זָהָב, לָשֵׂאת**
אֶת הַשֻּׁלְחָן.

טז **וַיַּעַשׂ אֶת הַכֵּלִים אֲשֶׁר עַל הַשֻּׁלְחָן: אֶת קְעָרֹתָיו,** שבהן ישימו סולת
או בצק **וְאֶת כַּפֹּתָיו** להכנת הלבונה **וְאֵת מְנַקִּיֹּתָיו,** העמודים הניצבים
משני צדי השולחן **וְאֶת הַקְּשָׂוֹת,** צינורות הזהב הדקים שנסמכו על
המנקיות אלו על גבי אלו, שעליהם הניחו את הלחם קומה על גבי
קומה, **אֲשֶׁר יֻסַּךְ,** יסוכך **בָּהֵן** על מערכות הלחם שעל השולחן. כל
אלה נעשו **זָהָב טָהוֹר.**

עשיית המנורה

פרק לו פס יז–כד

גם כאן מפרט הכתוב את עשיית הכלי בהתאם להוראות. ביצוע המנורה חוזר בדיוק
על פרטי הציווי על עשייתה,[37] בהשמטת תפקידה להאיר.

יז **וַיַּעַשׂ אֶת הַמְּנֹרָה זָהָב טָהוֹר. מִקְשָׁה,** לא ביציקה ולא בחיבור חלקים
שונים אלא מגוש זהב אחד שהקישו עליו, **עָשָׂה אֶת הַמְּנֹרָה.** מאותו
גוש נעשו **יְרֵכָהּ,** בסיס המנורה **וְקָנָהּ,** הקנה המרכזי שלה, או: כלל
קניה **גְּבִיעֶיהָ כַּפְתֹּרֶיהָ וּפְרָחֶיהָ,** מיני קישוטיה. כל אלה **מִמֶּנָּה הָיוּ.** מתוך
אותו גוש זהב עצמו, בלא להדביק אליו דבר ובלי להיעזר ביציקה.

הָיוּ׃ וְשִׁשָּׁה קָנִים יֹצְאִים מִצִּדֶּיהָ שְׁלֹשָׁה ׀ קְנֵי מְנֹרָה יח
מִצִּדָּהּ הָאֶחָד וּשְׁלֹשָׁה קְנֵי מְנֹרָה מִצִּדָּהּ הַשֵּׁנִי׃
שְׁלֹשָׁה גְבִעִים מְשֻׁקָּדִים בַּקָּנֶה הָאֶחָד כַּפְתֹּר וָפֶרַח יט
וּשְׁלֹשָׁה גְבִעִים מְשֻׁקָּדִים בְּקָנֶה אֶחָד כַּפְתֹּר וָפָרַח
כֵּן לְשֵׁשֶׁת הַקָּנִים הַיֹּצְאִים מִן־הַמְּנֹרָה׃ וּבַמְּנֹרָה כ
אַרְבָּעָה גְבִעִים מְשֻׁקָּדִים כַּפְתֹּרֶיהָ וּפְרָחֶיהָ׃ וְכַפְתֹּר כא
תַּחַת שְׁנֵי הַקָּנִים מִמֶּנָּה וְכַפְתֹּר תַּחַת שְׁנֵי הַקָּנִים
מִמֶּנָּה וְכַפְתֹּר תַּחַת־שְׁנֵי הַקָּנִים מִמֶּנָּה לְשֵׁשֶׁת הַקָּנִים
הַיֹּצְאִים מִמֶּנָּה׃ כַּפְתֹּרֵיהֶם וּקְנֹתָם מִמֶּנָּה הָיוּ כֻּלָּהּ כב
מִקְשָׁה אַחַת זָהָב טָהוֹר׃ וַיַּעַשׂ אֶת־נֵרֹתֶיהָ שִׁבְעָה כג
וּמַלְקָחֶיהָ וּמַחְתֹּתֶיהָ זָהָב טָהוֹר׃ כִּכָּר זָהָב טָהוֹר כד
עָשָׂה אֹתָהּ וְאֵת כָּל־כֵּלֶיהָ׃

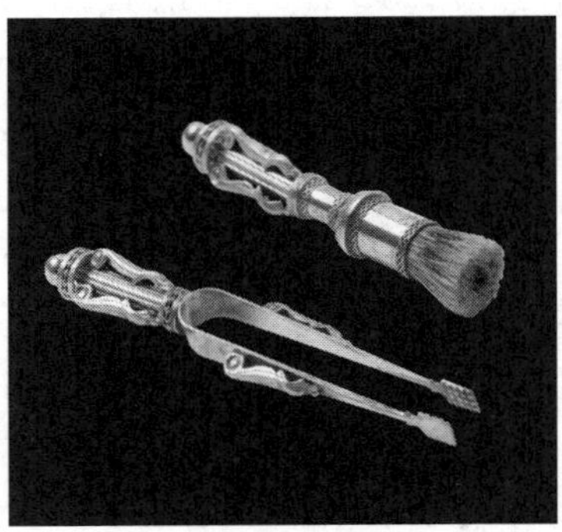

מחתה ומלקחיים

הרחבות

צורת קני המנורה אינה מבוארת במפורש בכתוב. בממצאים ארכיאולוגיים אחדים מתקופת בית שני ולאחריה מצוירים קני המנורה מעוגלים. כך בפסיפס מבית-הכנסת בסוסיא (ראו תמונה), וכך גם בקשת טיטוס (יצוין כי קיימים הבדלים מהותיים בין המנורה המצוירת שם ובין מנורת המקדש, וייתכן שהיא מעשה אומן שלא ראה את המנורה). עם זאת, עצם המלה 'קנה' מלמדת על מבנה ארוך וישר כצורת הקנה בטבע. ואכן, באיור המנורה הקדום ביותר שבידינו ממוסד ציבורי יהודי - ציור המנורה המרכזי שבבית-הכנסת העתיק בדורא-אירופוס שבסוריה מהמאה השלישית לפנה"ס, קני המנורה ישרים. גם בשרטוט ששרטט הרמב"ם בכתב ידו, יוצאים מקנה המנורה המרכזי קנים ישרים באלכסון (ראו תמונה). ייתכן שהיו במקדש מנורות אחדות, ושמא צורותיהן היו שונות זו מזו.

ביאור

יח וְשִׁשָּׁה קָנִים יֹצְאִים מִצִּדֶּיהָ: שְׁלֹשָׁה קְנֵי מְנֹרָה מִצִּדָּהּ הָאֶחָד וּשְׁלֹשָׁה
קְנֵי מְנֹרָה מִצִּדָּהּ הַשֵּׁנִי. יט שְׁלֹשָׁה גְבִעִים מְשֻׁקָּדִים, מעוצבים
ומעוטרים באופן דק ועשויים בשקידה ובזהירות,[38] או: בעלי
תבליטים בצורת שקדים[39] בַּקָּנֶה הָאֶחָד, ונוסף להם היו גם כַּפְתֹּר
וָפֶרַח בכל קנה. וּשְׁלֹשָׁה גְבִעִים מְשֻׁקָּדִים בְּקָנֶה אֶחָד, כַּפְתֹּר וָפָרַח, כֵּן
לְשֵׁשֶׁת הַקָּנִים הַיֹּצְאִים מִן הַמְּנֹרָה.

כ וּבגוף הַמְּנֹרָה, בקנה האמצעי שלה היו אַרְבָּעָה גְבִעִים מְשֻׁקָּדִים,
כַּפְתֹּרֶיהָ וּפְרָחֶיהָ. כא וְכַפְתֹּר היה תַּחַת שְׁנֵי הַקָּנִים מִמֶּנָּה, וְכַפְתֹּר
תַּחַת שְׁנֵי הַקָּנִים מִמֶּנָּה, וְכַפְתֹּר תַּחַת שְׁנֵי הַקָּנִים מִמֶּנָּה, לְשֵׁשֶׁת
הַקָּנִים הַיֹּצְאִים מִמֶּנָּה. בבסיסו של כל זוג-קנים בקנה המרכזי היה
כפתור. כב כַּפְתֹּרֵיהֶם וּקְנֹתָם, קני המנורה – מִמֶּנָּה הָיוּ, כֻּלָּהּ מִקְשָׁה
אַחַת זָהָב טָהוֹר.

כג וַיַּעַשׂ אֶת נֵרֹתֶיהָ, כלי הקיבול לשמן ולפתילות שעל הקנים שִׁבְעָה. וּמַלְקָחֶיהָ, מלקחיים לטיפול בפתילות, וּמַחְתֹּתֶיהָ, מעין כפות וכלי גריפה לנטילת הפתילות השרופות ולניקוי השמן. גם אלה היו עשויים מִזָּהָב טָהוֹר.

כד כִּכָּר זָהָב טָהוֹר עָשָׂה אֹתָהּ וְאֵת כָּל כֵּלֶיהָ. המשקל הכולל של המנורה ואביזריה היה ככר זהב טהור, כשלושים עד חמישים קילוגרם.

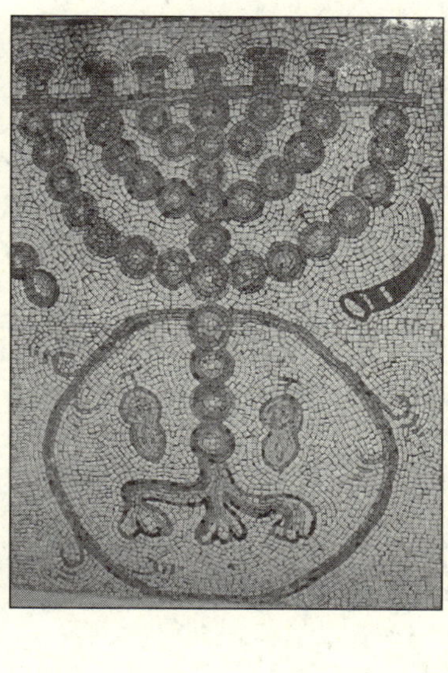

מנורה שקניה מעוגלים. סיפס מתקופת התלמוד, בית-הכנסת שבסוסיא, דרום הר חברון

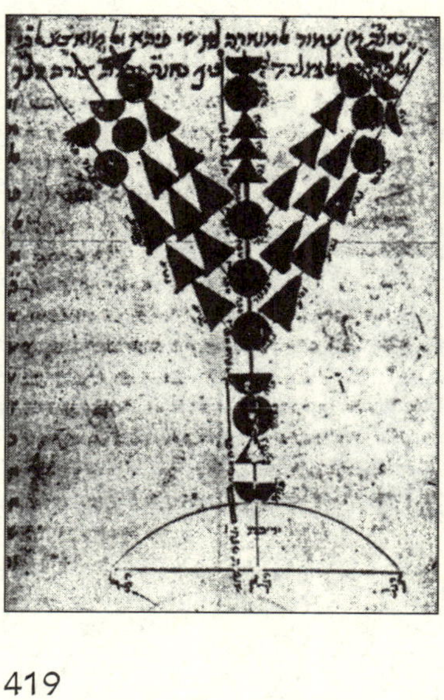

מנורה שקניה ישרים. מתוך כתב ידו של הרמב"ם בפירושו למשניות

כה וַיַּעַשׂ אֶת־מִזְבַּח הַקְּטֹרֶת עֲצֵי שִׁטִּים אַמָּה אָרְכּוֹ
וְאַמָּה רָחְבּוֹ רָבוּעַ וְאַמָּתַיִם קֹמָתוֹ מִמֶּנּוּ הָיוּ קַרְנֹתָיו׃
כו וַיְצַף אֹתוֹ זָהָב טָהוֹר אֶת־גַּגּוֹ וְאֶת־קִירֹתָיו סָבִיב
כז וְאֶת־קַרְנֹתָיו וַיַּעַשׂ לוֹ זֵר זָהָב סָבִיב׃ וּשְׁתֵּי טַבְּעֹת
זָהָב עָשָׂה־לוֹ ׀ מִתַּחַת לְזֵרוֹ עַל שְׁתֵּי צַלְעֹתָיו עַל
כח שְׁנֵי צִדָּיו לְבָתִּים לְבַדִּים לָשֵׂאת אֹתוֹ בָּהֶם׃ וַיַּעַשׂ
כט אֶת־הַבַּדִּים עֲצֵי שִׁטִּים וַיְצַף אֹתָם זָהָב׃ וַיַּעַשׂ אֶת־
שֶׁמֶן הַמִּשְׁחָה קֹדֶשׁ וְאֶת־קְטֹרֶת הַסַּמִּים טָהוֹר
מַעֲשֵׂה רֹקֵחַ׃

שביעי /רביעי/

לח א וַיַּעַשׂ אֶת־מִזְבַּח הָעֹלָה
עֲצֵי שִׁטִּים חָמֵשׁ אַמּוֹת אָרְכּוֹ וְחָמֵשׁ־אַמּוֹת רָחְבּוֹ
ב רָבוּעַ וְשָׁלֹשׁ אַמּוֹת קֹמָתוֹ׃ וַיַּעַשׂ קַרְנֹתָיו עַל אַרְבַּע
ג פִּנֹּתָיו מִמֶּנּוּ הָיוּ קַרְנֹתָיו וַיְצַף אֹתוֹ נְחֹשֶׁת׃ וַיַּעַשׂ אֶת־
כָּל־כְּלֵי הַמִּזְבֵּחַ אֶת־הַסִּירֹת וְאֶת־הַיָּעִים וְאֶת־
הַמִּזְרָקֹת אֶת־הַמִּזְלָגֹת וְאֶת־הַמַּחְתֹּת כָּל־כֵּלָיו עָשָׂה
ד נְחֹשֶׁת׃ וַיַּעַשׂ לַמִּזְבֵּחַ מִכְבָּר מַעֲשֵׂה רֶשֶׁת נְחֹשֶׁת

מזרק

עשיית מזבח הקטורת

פרק לז פס׳ כה–כח

תיאורי ביצוע הכלים ערוכים לפי מיקומם במשכן, מן הפנים אל החוץ. על כן מזבח הקטורת מופיע מיד לאחר השולחן והמנורה שכן מקומו היה בתוך האוהל, קרוב יותר אל הפתח. לאחריו מתוארות הכנת קטורת הסמים שתוקטר בו וכן עשיית שמן המשחה שכן גם לאלו נדרשת הכנה מקצועית. שלא כמו בפרקים שבהם דווח הציווי עליהם,[40] כאן אין עבודתם מתוארת.

ביאור

כה **וַיַּעַשׂ אֶת מִזְבַּח הַקְּטֹרֶת עֲצֵי שִׁטִּים. אַמָּה אָרְכּוֹ וְאַמָּה רָחְבּוֹ, רָבוּעַ, וְאַמָּתַיִם קֹמָתוֹ, מִמֶּנּוּ הָיוּ קַרְנֹתָיו.** צורתן המדויקת אינה מפורשת.[41]
כו **וַיְצַף אֹתוֹ זָהָב טָהוֹר, אֶת גַּגּוֹ,** חלקו העליון **וְאֶת קִירֹתָיו סָבִיב וְאֶת קַרְנֹתָיו. וַיַּעַשׂ לוֹ,** כמו לארון ולשולחן, **זֵר זָהָב סָבִיב.**

כז **וּשְׁתֵּי טַבְּעֹת זָהָב עָשָׂה לוֹ מִתַּחַת לְזֵרוֹ עַל שְׁתֵּי צַלְעֹתָיו,** עבריו **עַל שְׁנֵי צִדָּיו,** בזוויות הנגדיות **לְבָתִּים לְבַדִּים,** בטבעות יושחלו המוטות כדי **לָשֵׂאת אֹתוֹ בָּהֶם.** כיוון שמזבח הקטורת הוא כלי קטן, אין הוא זקוק לארבע טבעות אלא לשתיים בלבד.
כח **וַיַּעַשׂ אֶת הַבַּדִּים עֲצֵי שִׁטִּים, וַיְצַף אֹתָם זָהָב.**

כט **וַיַּעַשׂ אֶת שֶׁמֶן הַמִּשְׁחָה קֹדֶשׁ** בקדושה. וכן: לשם משיחת הקודש,[42] **וְאֶת קְטֹרֶת הַסַּמִּים – טָהוֹר** מכל פסולת וטומאה,[43] ושניהם נעשו **מַעֲשֵׂה רֹקֵחַ,** בדיוק מקצועי ובהקפדה יתרה, כמנהגי רוקחי הבשמים.

עשיית מזבח העולה והכיור

פרק לח פס׳ א–ח

מן הכלים שעמדו בתוך הקודש, עובר הכתוב לתאר את ביצוע הכלים שעמדו סמוך לו.

פרק לח א **וַיַּעַשׂ אֶת מִזְבַּח הָעֹלָה** מֵ**עֲצֵי שִׁטִּים. חָמֵשׁ אַמּוֹת אָרְכּוֹ וְחָמֵשׁ אַמּוֹת רָחְבּוֹ, רָבוּעַ. וְשָׁלֹשׁ אַמּוֹת קֹמָתוֹ.**[44]
ב **וַיַּעַשׂ קַרְנֹתָיו,** בליטות ישרות רבועות[45] **עַל אַרְבַּע פִּנֹּתָיו, מִמֶּנּוּ הָיוּ קַרְנֹתָיו,** ולא מחומר נוסף. **וַיְצַף,** ציפה **אֹתוֹ נְחֹשֶׁת.**

ג **וַיַּעַשׂ אֶת כָּל כְּלֵי הַמִּזְבֵּחַ: אֶת הַסִּירֹת,** הסירים **וְאֶת הַיָּעִים** לגריפת הדשן **וְאֶת הַמִּזְרָקֹת** לאיסוף דם הקרבנות ולזריקתו על המזבח, **אֶת הַמִּזְלָגֹת** להנחת הבשר ולהפיכתו **וְאֶת הַמַּחְתֹּת** לחתיית הגחלים ולהעברתן. את **כָּל כֵּלָיו** של מזבח העולה **עָשָׂה** מִ**נְחֹשֶׁת.**

ד **וַיַּעַשׂ לַמִּזְבֵּחַ מִכְבָּר,** משטח מנוקב ככברה, **מַעֲשֵׂה,** עשוי **רֶשֶׁת**

תַּחַת כַּרְכֻּבּוֹ מִלְּמַטָּה עַד־חֶצְיוֹ׃ וַיִּצֹק אַרְבַּע טַבָּעֹת ה
בְּאַרְבַּע הַקְּצָוֹת לְמִכְבַּר הַנְּחֹשֶׁת בָּתִּים לַבַּדִּים׃
וַיַּעַשׂ אֶת־הַבַּדִּים עֲצֵי שִׁטִּים וַיְצַף אֹתָם נְחֹשֶׁת׃ ו
וַיָּבֵא אֶת־הַבַּדִּים בַּטַּבָּעֹת עַל צַלְעֹת הַמִּזְבֵּחַ לָשֵׂאת ז
אֹתוֹ בָּהֶם נְבוּב לֻחֹת עָשָׂה אֹתוֹ׃ וַיַּעַשׂ ח
אֵת הַכִּיּוֹר נְחֹשֶׁת וְאֵת כַּנּוֹ נְחֹשֶׁת בְּמַרְאֹת הַצֹּבְאֹת
אֲשֶׁר צָבְאוּ פֶּתַח אֹהֶל מוֹעֵד׃ וַיַּעַשׂ אֶת־ ט
הֶחָצֵר לִפְאַת ׀ נֶגֶב תֵּימָנָה קַלְעֵי הֶחָצֵר שֵׁשׁ מָשְׁזָר
מֵאָה בָּאַמָּה׃ עַמּוּדֵיהֶם עֶשְׂרִים וְאַדְנֵיהֶם עֶשְׂרִים י

רש"י | פרק לח

ח) **במראת הצבאת.** בנות ישראל היו בידן מראות שרואות בהן כשהן מתקשטות, ואף אותן לא עכבו מלהביא לנדבת המשכן, והיה מואס משה בהן מפני שעשויים ליצר הרע. אמר לו הקדוש ברוך הוא: קבל, כי אלו חביבין עלי מן הכל, שעל ידיהם העמידו הנשים צבאות רבות במצרים. כשהיו בעליהן יגעים בעבודת פרך בשדה, היו הולכות ומוליכות להם מאכל ומשתה ומאכילות אותם, ונוטלות המראות, וכל אחת רואה עצמה עם בעלה במראה, ומשדלתו בדברים: 'אני נאה ממך', ומתוך כך מביאות אותם לידי תאוה ונזקקות להם ומתעברות ויולדות שם, שנאמר: "תחת התפוח עוררתיך" (שיר השירים ח, ה), וזהו שנאמר: "במראות הצבאות". ונעשה הכיור מהם שהוא לשום שלום בין איש לאשתו, להשקות ממים שבתוכו את שקנא לה בעלה. ותדע לך שהן מראות ממש, שהרי נאמר: "ונחשת התנופה שבעים ככר וגו' ויעש בה" וגו' (להלן פסוקים כט-ל), וכיור וכנו לא הזכרו שם, למדת שלא היה נחשת של כיור מנחשת התנופה. כך דרש רבי תנחומא (פקודי ט). וכן תרגם אונקלוס: "במחזית נשיא", והוא תרגום של 'מראות', מיראו"ר בלעז. וכן מצינו בישעיה: "והגליונים" (ג, כג) מתרגמינן: "ומחזיתא". **אשר צבאו.** להביא נדבתן:

הרחבות

הצובאות נראה כי מדובר כאן בנשים מיוחדות ששהו בפתח אוהל מועד באופן קבוע. אולי הייתה זו קבוצת נשים שהקדישו עצמן לחיים רוחניים והיו מצויות במקום ההיוועדות עם ה'. בנתינתן למשכן את מראות הנחושת, שבוודאי היה להן ערך רגשי עמוק בעבורן, הן ביטאו רצון, התמסרות ודבקות. (ראו אונקלוס ויונתן, ראב"ע (הארוך) ורמב"ן).

ביאור

נְחֹשֶׁת, שהקיף את המזבח **תַּחַת כַּרְכֻּבּוֹ**, בליטתו **מִלְּמַטָּה עַד חֶצְיוֹ**,
אמצע המזבח.

ה **וַיִּצֹק אַרְבַּע טַבָּעֹת** מחוברות **בְּאַרְבַּע הַקְּצָוֹת לְמִכְבַּר הַנְּחֹשֶׁת**,
בָּתִּים, כלי קיבול **לַבַּדִּים**, למוטות, כדי לשאתו. ו **וַיַּעַשׂ אֶת הַבַּדִּים**
עֲצֵי שִׁטִּים, וַיְצַף אֹתָם בנְחֹשֶׁת. ז **וַיָּבֵא אֶת הַבַּדִּים בַּטַּבָּעֹת עַל צַלְעֹת**
הַמִּזְבֵּחַ, לָשֵׂאת אֹתוֹ בָּהֶם. נְבוּב, חלול **לֻחֹת עָשָׂה אֹתוֹ**. המזבח היה
מסגרת של לוחות עץ שצופו נחושת, ובתוכם חלל שמולא באדמה
כאשר ישראל חנו.

ח **וַיַּעַשׂ אֵת הַכִּיּוֹר נְחֹשֶׁת וְאֵת כַּנּוֹ**, בסיסו **מִנְחֹשֶׁת, בְּמַרְאֹת** של
הנשים **הַצֹּבְאֹת**, המתקהלות, **אֲשֶׁר צָבְאוּ פֶּתַח אֹהֶל מוֹעֵד**. נשים
אלו הביאו את מראות הנחושת הממורקת שלהן כמתנה למשכן,
ומהן נעשה הכיור.

עשיית החצר

פרק לח פס׳ ט–כ

לאחר שהוזכרו מזבח הנחושת, הכיור וכנו - שעמדו בחצר המשכן, מגיע תיאור החצר עצמה, שהייתה רחבה המוקפת ביריעות.

ט **וַיַּעַשׂ אֶת הֶחָצֵר – לִפְאַת**, לצד **נֶגֶב תֵּימָנָה**, הפונה לדרום היו **קַלְעֵי**,
וילונות **הֶחָצֵר**, עשויים **שֵׁשׁ**, פשתן **מָשְׁזָר**, קלוע, ואורכם **מֵאָה בָּאַמָּה**,
בין כחמישים לשישים מטר. י **עַמּוּדֵיהֶם** של הקלעים היו **עֶשְׂרִים**. כל
חמש אמות ניצב עמוד. **וְאַדְנֵיהֶם** של עמודי העץ היו **עֶשְׂרִים**, עשויים
מְנְחֹשֶׁת. האדנים שבבסיסם שטוח החזיקו את העמודים שלא יפלו

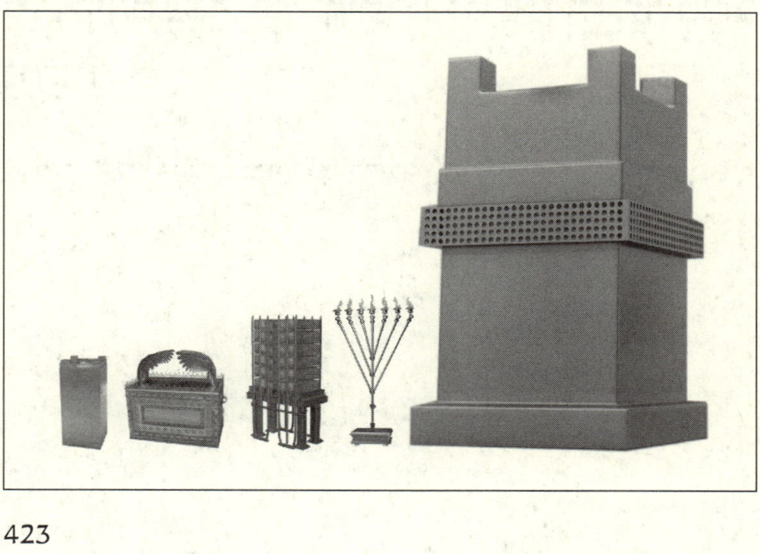

יחסי הגדלים בין כלי המשכן מימין לשמאל: מזבח העולה, המנורה, השולחן, הארון ומזבח הקטורת

יא נְחֹ֕שֶׁת וָוֵ֧י הָעַמּוּדִ֛ים וַחֲשֻׁקֵיהֶ֖ם כָּֽסֶף׃ וְלִפְאַ֨ת צָפ֜וֹן
מֵאָ֣ה בָאַמָּ֗ה עַמּֽוּדֵיהֶ֣ם עֶשְׂרִ֔ים וְאַדְנֵיהֶ֥ם עֶשְׂרִ֖ים
יב נְחֹ֑שֶׁת וָוֵ֧י הָֽעַמּוּדִ֛ים וַחֲשֻׁקֵיהֶ֖ם כָּֽסֶף׃ וְלִפְאַת־יָ֗ם
קְלָעִים֙ חֲמִשִּׁ֣ים בָּֽאַמָּ֔ה עַמּוּדֵיהֶ֥ם עֲשָׂרָ֖ה וְאַדְנֵיהֶ֣ם
יג עֲשָׂרָ֑ה וָוֵ֧י הָעַמֻּדִ֛ים וַחֲשׁוּקֵיהֶ֖ם כָּֽסֶף׃ וְלִפְאַ֥ת קֵ֖דְמָה
יד מִזְרָ֑חָה חֲמִשִּׁ֖ים אַמָּֽה׃ קְלָעִ֛ים חֲמֵשׁ־עֶשְׂרֵ֥ה אַמָּ֖ה
אֶל־הַכָּתֵ֑ף עַמּוּדֵיהֶ֣ם שְׁלֹשָׁ֔ה וְאַדְנֵיהֶ֖ם שְׁלֹשָֽׁה׃
טו וְלַכָּתֵ֣ף הַשֵּׁנִ֗ית מִזֶּ֤ה וּמִזֶּה֙ לְשַׁ֣עַר הֶֽחָצֵ֔ר קְלָעִ֕ים חֲמֵ֥שׁ
טז עֶשְׂרֵ֖ה אַמָּ֑ה עַמֻּדֵיהֶ֣ם שְׁלֹשָׁ֔ה וְאַדְנֵיהֶ֖ם שְׁלֹשָֽׁה׃ כָּל־
יז קַלְעֵ֧י הֶחָצֵ֛ר סָבִ֖יב שֵׁ֥שׁ מָשְׁזָֽר׃ וְהָאֲדָנִ֣ים לָֽעַמֻּדִים֮
נְחֹ֒שֶׁת֒ וָוֵ֨י הָֽעַמּוּדִ֜ים וַחֲשׁוּקֵיהֶם֙ כֶּ֔סֶף וְצִפּ֥וּי רָאשֵׁיהֶ֖ם
מפטיר יח כָּ֑סֶף וְהֵם֙ מְחֻשָּׁקִ֣ים כֶּ֔סֶף כֹּ֖ל עַמֻּדֵ֥י הֶחָצֵֽר׃ וּמָסַ֞ךְ
שַׁ֣עַר הֶחָצֵ֗ר מַעֲשֵׂ֣ה רֹקֵ֔ם תְּכֵ֥לֶת וְאַרְגָּמָ֖ן וְתוֹלַ֣עַת
שָׁנִ֑י וְשֵׁ֖שׁ מָשְׁזָ֑ר וְעֶשְׂרִ֤ים אַמָּה֙ אֹ֔רֶךְ וְקוֹמָ֤ה בְרֹ֙חַב֙
יט חָמֵ֣שׁ אַמּ֔וֹת לְעֻמַּ֖ת קַלְעֵ֥י הֶחָצֵֽר׃ וְעַמֻּדֵיהֶם֙ אַרְבָּעָ֔ה
וְאַדְנֵיהֶ֥ם אַרְבָּעָ֖ה נְחֹ֑שֶׁת וָוֵיהֶ֣ם כֶּ֔סֶף וְצִפּ֥וּי רָאשֵׁיהֶ֛ם
כ וַחֲשֻׁקֵיהֶ֖ם כָּֽסֶף׃ וְכָל־הַיְתֵדֹ֞ת לַמִּשְׁכָּ֛ן וְלֶחָצֵ֥ר סָבִ֖יב
נְחֹֽשֶׁת׃

רש"י | יח| לְעֻמַּת קַלְעֵי הֶחָצֵר. כְּמִדַּת קַלְעֵי הֶחָצֵר:

ביאור | ברוח, נוסף על קשירת הקלעים ביתדות[46] התקועות באדמה. על העמודים היו **וָוֵי הָעַמֻּדִים** לתלות בהם את הקלעים **וַחֲשֻׁקֵיהֶם**, חישוקי העמודים שנועדו לנוי או למנוע את התבקעות הקרשים,[47] עשויים **כָּסֶף**.

יא **וְלִפְאַת צָפוֹן** קלעים **מֵאָה בָאַמָּה, עַמּוּדֵיהֶם עֶשְׂרִים, וְאַדְנֵיהֶם עֶשְׂרִים נְחֹשֶׁת. וָוֵי הָעַמּוּדִים וַחֲשֻׁקֵיהֶם כָּסֶף.**

יב **וְלִפְאַת יָם**, מערב – לרוחב חצר המשכן, בצד שבו לא היה כל פתח, היו **קְלָעִים חֲמִשִּׁים בָּאַמָּה, עַמּוּדֵיהֶם עֲשָׂרָה וְאַדְנֵיהֶם עֲשָׂרָה. וָוֵי הָעַמֻּדִים וַחֲשׁוּקֵיהֶם כָּסֶף.** כגוף המשכן, אף החצר שהקיפה אותו הייתה מלבנית.

יג **וְלִפְאַת קֵדְמָה מִזְרָחָה**, שבו פתח הכניסה לחצר אוהל מועד – רוחבו הכולל הוא **חֲמִשִּׁים אַמָּה.** יד בתוכן **קְלָעִים** במשך **חֲמֵשׁ עֶשְׂרֵה אַמָּה אֶל הַכָּתֵף**, לצד אחד של השער, **עַמּוּדֵיהֶם שְׁלֹשָׁה וְאַדְנֵיהֶם שְׁלֹשָׁה.** כל חמש אמות ניצב עמוד. טו וכן **לַכָּתֵף הַשֵּׁנִית, מִזֶּה וּמִזֶּה לְשַׁעַר הֶחָצֵר, קְלָעִים חֲמֵשׁ עֶשְׂרֵה אַמָּה, עַמֻּדֵיהֶם שְׁלֹשָׁה וְאַדְנֵיהֶם שְׁלֹשָׁה.** ובכללו של דבר: טז **כָּל קַלְעֵי הֶחָצֵר סָבִיב – שֵׁשׁ מָשְׁזָר.** יז **וְהָאֲדָנִים לָעַמֻּדִים – נְחֹשֶׁת. וָוֵי הָעַמּוּדִים וַחֲשׁוּקֵיהֶם – כֶּסֶף, וְצִפּוּי רָאשֵׁיהֶם – כָּסֶף. וְהֵם מְחֻשָּׁקִים כֶּסֶף, כֹּל עַמֻּדֵי הֶחָצֵר.**

כאמור, בצדו המזרחי של המשכן היו חמש-עשרה אמה של קלעים מכל צד. ביניהם נותרו עשרים אמה לחלל השער עצמו – יח **וּמָסַךְ**, כעין וילון **שַׁעַר הֶחָצֵר מַעֲשֵׂה רֹקֵם**, המסך הרקום היה מקושט יותר מן הקלעים, שהיו ארוגים, והוא נעשה **מִתְּכֵלֶת וְאַרְגָּמָן וְתוֹלַעַת שָׁנִי וְשֵׁשׁ**, הכול **מָשְׁזָר. וְעֶשְׂרִים אַמָּה אֹרֶךְ** המסך, **וְקוֹמָה**, גובהו **בְרֹחַב חָמֵשׁ אַמּוֹת, לְעֻמַּת קַלְעֵי הֶחָצֵר.** המסך עמד כמרכזה של שורת קלעי החצר ובקו ישר עמם. יט **וְעַמֻּדֵיהֶם** של המינים המרכיבים את המסך[48] **אַרְבָּעָה, וְאַדְנֵיהֶם אַרְבָּעָה נְחֹשֶׁת. וָוֵיהֶם כֶּסֶף וְצִפּוּי רָאשֵׁיהֶם וַחֲשֻׁקֵיהֶם כָּסֶף.** לעומת הקלעים שנקבעו בעמודים, המסך היה קשור רק מלמעלה כך שאפשר היה להסיטו מלמטה ולעבור דרכו בין העמודים.

כ **וְכָל הַיְתֵדֹת לַמִּשְׁכָּן וְלֶחָצֵר**, שבאמצעותן מקבעים את היריעות **סָבִיב – נְחֹשֶׁת.**

פקודי כח אלה פקודי המשכן משכן העדת אשר פקד על־ כא
פי משה עבדת הלוים ביד איתמר בן־אהרן הכהן:
ובצלאל בן־אורי בן־חור למטה יהודה עשה את כב
כל־אשר־צוה יהוה את־משה: ואתו אהליאב בן־ כג
אחיסמך למטה־דן חרש וחשב ורקם בתכלת
ובארגמן ובתולעת השני ובשש: ◂ כל־ כד
הזהב העשוי למלאכה בכל מלאכת הקדש ויהי |
זהב התנופה תשע ועשרים ככר ושבע מאות
ושלשים שקל בשקל הקדש: וכסף פקודי העדה כה
מאת ככר ואלף ושבע מאות וחמשה ושבעים
שקל בשקל הקדש: בקע לגלגלת מחצית השקל כו
בשקל הקדש לכל העבר על־הפקדים מבן עשרים
שנה ומעלה לשש־מאות אלף ושלשת אלפים

רש"י

כא| **אלה פקודי.** בפרשה זו נמנו כל משקלי נדבת המשכן לכסף, לזהב ולנחשת, ונמנו כל כליו לכל עבודתו: **המשכן משכן.** שני פעמים, רמז למקדש שנתמשכן בשני חרבנין על עונותיהן של ישראל: **משכן העדת.** עדות לישראל שויתר להם הקדוש ברוך הוא על מעשה העגל, שהרי השרה שכינתו ביניהם: **עבדת הלוים.** פקודי המשכן וכליו היא עבודה המסורה ללוים במדבר, לשאת ולהוריד ולהקים איש איש למשאו המפקד עליו, כמו שאמור בפרשת נשא (במדבר ד): **ביד איתמר.** הוא היה פקיד עליהם, למסר לכל בית אב עבודה שעליו:

כב| **ובצלאל בן אורי... עשה.** 'את כל אשר צוה אותו משה' אין כתיב כאן אלא "את כל אשר צוה ה' את משה", אפלו דברים שלא אמר לו רבו הסכימה דעתו למה שנאמר למשה בסיני:

כד| **ככר.** ששים מנה. ומנה של קדש כפול היה, הרי הככר מאה ועשרים מנה, והמנה עשרים וחמשה סלעים, הרי ככר של קדש שלשת אלפים שקלים, לפיכך מנה בפרוטרוט כל השקלים שפחותין במנינם משלשת אלפים שאין מגיעין לככר:

כו| **בקע.** הוא שם משקל של מחצית השקל: **לשש מאות אלף וגו'.** כך היו ישראל, וכך עלה מנינם אחר שהוקם המשכן בספר וידבר (במדבר ב, לב), ואף עתה בנדבת המשכן כך היו. ומנין אחרי

פקודי המשכן

פרק לח פס׳ כא - פרק לט פס׳ א

כאן מופיע חשבון כמויות החומרים שהשתמשו בהם בעשיית המשכן וכליו ושימושיהם. ייתכן שחשיפתו של מפרט זה בתורה באה ללמד על חשיבותה של שקיפות בהקשרים של תרומות ונדבות לב.

ביאור

כא **אֵלֶּה פְקוּדֵי**, מפרט החומרים שהשתמשו בהם לצורך עשיית
הַמִּשְׁכָּן, מִשְׁכַּן הָעֵדֻת, אֲשֶׁר פֻּקַּד, נספר, או: צֻווה **עַל פִּי מֹשֶׁה, עֲבֹדַת**
הַלְוִיִּם, בְּיַד אִיתָמָר בֶּן אַהֲרֹן הַכֹּהֵן. משה מסר את החומרים במספר
ללויים ואיתמר בראשם.[1] כב **וּבְצַלְאֵל בֶּן אוּרִי בֶן חוּר לְמַטֵּה**, לשבט
יְהוּדָה לא היה רק האחראי לתהליך כולו, אלא גם **עָשָׂה** בעצמו
אֵת כָּל התבניות ואולי גם את הכלים החשובים[2] **אֲשֶׁר צִוָּה ה׳ אֶת**
מֹשֶׁה. כג **וְאִתּוֹ אָהֳלִיאָב בֶּן אֲחִיסָמָךְ לְמַטֵּה דָן**, שהיה **חָרָשׁ**, אומן
מבצע **וְחֹשֵׁב**, מתכנן ומעצב תבניות הכלים, **וְרֹקֵם בַּתְּכֵלֶת וּבָאַרְגָּמָן**
וּבְתוֹלַעַת הַשָּׁנִי וּבַשֵּׁשׁ.

והרי הפירוט: כד **כָּל הַזָּהָב הֶעָשׂוּי לַמְּלָאכָה, בְּכֹל מְלֶאכֶת הַקֹּדֶשׁ:**
וַיְהִי זְהַב הַתְּנוּפָה, הזהב שהונף כתרומה[3] – **תֵּשַׁע וְעֶשְׂרִים כִּכָּר**. כיכר
זהב היא כשלושים עד חמישים ק״ג. **וּשְׁבַע מֵאוֹת וּשְׁלֹשִׁים שֶׁקֶל**
בְּשֶׁקֶל הַקֹּדֶשׁ, שמשקלו כפול מזה של שקל רגיל.[4]

כה **וְכֶסֶף פְּקוּדֵי הָעֵדָה** היה **מְאַת כִּכָּר וְאֶלֶף וּשְׁבַע מֵאוֹת וַחֲמִשָּׁה**
וְשִׁבְעִים שֶׁקֶל בְּשֶׁקֶל הַקֹּדֶשׁ. כו **בֶּקַע**, יחידת משקל או מטבע.
לַגֻּלְגֹּלֶת, תרם כל אחד. ערכו של הבקע **מַחֲצִית הַשֶּׁקֶל בְּשֶׁקֶל**
הַקֹּדֶשׁ לְכֹל הָעֹבֵר עַל הַפְּקֻדִים, שנתן כל מי שנמנה במפקד **מִבֶּן**
עֶשְׂרִים שָׁנָה וָמָעְלָה.[5] **לְשֵׁשׁ מֵאוֹת אֶלֶף וּשְׁלֹשֶׁת אֲלָפִים וַחֲמֵשׁ מֵאוֹת**

הרחבות

׳שקל הקדש׳ הכיכר הוא יחידת משקל של ששים מנה. מכאן וממקומות אחרים לומדים שהמנה שיועד לקודש היה כפול מהמנה הרגיל ומשקלו של מנה הקודש חמשים שקלים. כך שמשקלה של כל כיכר היה שלושת אלפים שקלים (60X50). הרי ש־600,000 חצאי שקלים הצטרפו למאה כיכרות בנות 300,000 שקלים בסך הכול. (ראו בכורות ה ע״א; רשב״ם פס׳ כה).

וַחֲמֵשׁ מֵאוֹת וַחֲמִשִּׁים׃ וַיְהִי מְאַת כִּכַּר הַכֶּסֶף לָצֶקֶת כז
אֵת אַדְנֵי הַקֹּדֶשׁ וְאֵת אַדְנֵי הַפָּרֹכֶת מְאַת אֲדָנִים
לִמְאַת הַכִּכָּר כִּכָּר לָאָדֶן׃ · וְאֶת־הָאֶלֶף וּשְׁבַע כח
הַמֵּאוֹת וַחֲמִשָּׁה וְשִׁבְעִים עָשָׂה וָוִים לָעַמּוּדִים וְצִפָּה
רָאשֵׁיהֶם וְחִשַּׁק אֹתָם׃ וּנְחֹשֶׁת הַתְּנוּפָה שִׁבְעִים כט
כִּכָּר וְאַלְפַּיִם וְאַרְבַּע־מֵאוֹת שָׁקֶל׃ וַיַּעַשׂ בָּהּ אֶת־ ל
אַדְנֵי פֶּתַח אֹהֶל מוֹעֵד וְאֵת מִזְבַּח הַנְּחֹשֶׁת וְאֶת־
מִכְבַּר הַנְּחֹשֶׁת אֲשֶׁר־לוֹ וְאֵת כָּל־כְּלֵי הַמִּזְבֵּחַ׃ וְאֶת־ לא
אַדְנֵי הֶחָצֵר סָבִיב וְאֶת־אַדְנֵי שַׁעַר הֶחָצֵר וְאֵת כָּל־
יִתְדֹת הַמִּשְׁכָּן וְאֶת־כָּל־יִתְדֹת הֶחָצֵר סָבִיב׃ וּמִן־ א לט
הַתְּכֵלֶת וְהָאַרְגָּמָן וְתוֹלַעַת הַשָּׁנִי עָשׂוּ בִגְדֵי־שְׂרָד
לְשָׁרֵת בַּקֹּדֶשׁ וַיַּעֲשׂוּ אֶת־בִּגְדֵי הַקֹּדֶשׁ אֲשֶׁר לְאַהֲרֹן
שני /חמישי/ כַּאֲשֶׁר צִוָּה יְהוָה אֶת־מֹשֶׁה׃ · וַיַּעַשׂ אֶת־הָאֵפֹד זָהָב ב
תְּכֵלֶת וְאַרְגָּמָן וְתוֹלַעַת שָׁנִי וְשֵׁשׁ מָשְׁזָר׃ וַיְרַקְּעוּ ג
אֶת־פַּחֵי הַזָּהָב וְקִצֵּץ פְּתִילִם לַעֲשׂוֹת בְּתוֹךְ הַתְּכֵלֶת

רש"י

הַשְּׁקָלִים שֶׁל שֵׁשׁ מֵאוֹת אֶלֶף עוֹלֶה מְאַת כִּכָּר, כָּל אֶחָד שֶׁל שְׁלֹשֶׁת אֲלָפִים שְׁקָלִים. כֵּיצַד? שֵׁשׁ מֵאוֹת אֶלֶף חֲצָאִין, הֲרֵי הֵן שְׁלֹשׁ מֵאוֹת אֶלֶף שְׁלֵמִים, הֲרֵי מְאַת כִּכָּר. וְהַשְּׁלֹשֶׁת אֲלָפִים וַחֲמֵשׁ מֵאוֹת וַחֲמִשִּׁים חֲצָאִין, עוֹלִין אֶלֶף וּשְׁבַע מֵאוֹת וַחֲמִשָּׁה וְשִׁבְעִים שְׁקָלִים:

כז] לָצֶקֶת. "לְהִתָּכָה": אֵת אַדְנֵי הַקֹּדֶשׁ. שֶׁל קַרְשֵׁי הַמִּשְׁכָּן, שֶׁהֵם אַרְבָּעִים וּשְׁמוֹנָה קְרָשִׁים וְלָהֶן תִּשְׁעִים וְשִׁשָּׁה אֲדָנִים, וְאַדְנֵי הַפָּרֹכֶת אַרְבָּעָה, הֲרֵי מֵאָה. וְכָל אֶחָד הָאֲדָנִים 'כִּכָּר' כָּתוּב בָּהֶם:

כח] וְצִפָּה רָאשֵׁיהֶם. שֶׁל עַמּוּדִים מֵהֶם, שֶׁבְּכֻלָּן כָּתוּב וְצִפָּה רָאשֵׁיהֶם וַחֲשֻׁקֵיהֶם כָּסֶף (עיין לעיל לח, י-כ):

פרק לט

א] וּמִן הַתְּכֵלֶת וְהָאַרְגָּמָן וְגוֹ'. שֵׁשׁ לֹא נֶאֱמַר כָּאן; מִכָּאן אֲנִי אוֹמֵר שֶׁאֵין בִּגְדֵי שְׂרָד הַלָּלוּ בִּגְדֵי כְהֻנָּה, שֶׁבְּבִגְדֵי כְהֻנָּה הָיָה שֵׁשׁ, אֶלָּא הֵם בְּגָדִים שֶׁמְּכַסִּים בָּהֶם כְּלֵי הַקֹּדֶשׁ בִּשְׁעַת סִלּוּק מַסָּעוֹת, שֶׁלֹּא הָיָה בָּהֶם שֵׁשׁ:

ג] וַיְרַקְּעוּ. כְּמוֹ: "לְרֹקַע הָאָרֶץ" (תהלים קלו,

ביאור | וַחֲמִשִּׁים. כז וַיְהִי מְאַת כִּכַּר הַכֶּסֶף לָצֶקֶת אֵת אַדְנֵי הַקֹּדֶשׁ, אדני
המשכן, המבנה המרכזי,[6] וְאֵת אַדְנֵי הַפָּרֹכֶת, שהיו מְאַת, מאה
אֲדָנִים לִמְאַת הַכִּכָּר – כִּכָּר לָאָדֶן. כל כיכר שימשה ליצירת אדן
אחד. כח וְאֶת הָאֶלֶף וּשְׁבַע הַמֵּאוֹת וַחֲמִשָּׁה וְשִׁבְעִים שקלים של
כסף שנותרו לאחר עשיית מאת האדנים, עָשָׂה וָוִים לָעַמּוּדִים,
וְצִפָּה רָאשֵׁיהֶם וְחִשַּׁק אֹתָם. לקישוטי העמודים נצרכה רק כמות
קטנה של כסף.

כט וּנְחֹשֶׁת הַתְּנוּפָה הייתה שִׁבְעִים כִּכָּר וְאַלְפַּיִם וְאַרְבַּע מֵאוֹת
שָׁקֶל. ל גם מן הפירוט הבא אפשר להסיק שמדובר בכיכרות
גדולות: וַיַּעַשׂ בָּהּ, בנחושת, אֶת אַדְנֵי פֶּתַח אֹהֶל מוֹעֵד וְאֵת מִזְבַּח
הַנְּחֹשֶׁת וְאֶת מִכְבַּר הַנְּחֹשֶׁת אֲשֶׁר לוֹ וְאֵת כָּל כְּלֵי הַמִּזְבֵּחַ לא וְאֶת
אַדְנֵי הֶחָצֵר סָבִיב וְאֶת אַדְנֵי שַׁעַר הֶחָצֵר וְאֵת כָּל יִתְדֹת הַמִּשְׁכָּן וְאֶת
כָּל יִתְדֹת הֶחָצֵר סָבִיב.

פרק לט א וּמִן הַתְּכֵלֶת וְהָאַרְגָּמָן וְתוֹלַעַת הַשָּׁנִי עָשׂוּ בִגְדֵי שְׂרָד,
מקלעת או רשת[7] לְשָׁרֵת בַּקֹּדֶשׁ - יריעות המשכן, הפרוכת ומסך
שער המשכן וכן בגדים נוספים שבהם כיסו את הכלים במסעות.
וַיַּעֲשׂוּ אֶת בִּגְדֵי הַקֹּדֶשׁ אֲשֶׁר לְאַהֲרֹן, כַּאֲשֶׁר צִוָּה ה׳ אֶת מֹשֶׁה.

עשיית בגדי הכהונה

פרק לט פס׳ ב–לא

לאחר פירוט החומרים ומה שנעשה בהם מופיע הדיווח על עשיית בגדי הכהן הגדול, אולי משום שבהם היו משולבים מגוון חומרים: מתכות, טקסטיל ואבני חן. נראה שהאפוד היה לבושו המרכזי, שכן בגדים אחרים מתייחסים אליו. החושן, הקשור על גביו, ואף המעיל, שיכונה כאן מְעִיל הָאֵפֹד. לבסוף נמנים גם בגדיהם של הכהנים הפשוטים.

ב וַיַּעַשׂ אֶת הָאֵפֹד זָהָב, תְּכֵלֶת וְאַרְגָּמָן וְתוֹלַעַת שָׁנִי וְשֵׁשׁ, הכול מָשְׁזָר.
שילובם של חוטי זהב עם שזירת חוטי הצמר והפשתן אינו קל.
לא ידוע על שימוש קודם בזהב למטרה דומה.[8] ג אולי הייתה זו
הפעם הראשונה של השימוש בטכניקה המעורבת הזו: וַיְרַקְּעוּ,
שיטחו דק אֶת פַּחֵי, לוחות הַזָּהָב. לאחר מכן, וְקִצֵּץ פְּתִילִם, חתכו
אותם לרצועות דקות, לחוטי זהב שאפשר היה לַעֲשׂוֹת, להכין אותם

וּבְתוֹךְ הָאַרְגָּמָן וּבְתוֹךְ תּוֹלַעַת הַשָּׁנִי וּבְתוֹךְ הַשֵּׁשׁ
ד מַעֲשֵׂה חֹשֵׁב: כְּתֵפֹת עָשׂוּ־לוֹ חֹבְרֹת עַל־שְׁנֵי
ה קצוותו חֻבָּר: וְחֵשֶׁב אֲפֻדָּתוֹ אֲשֶׁר עָלָיו מִמֶּנּוּ הוּא (קְצוֹתָיו)
כְּמַעֲשֵׂהוּ זָהָב תְּכֵלֶת וְאַרְגָּמָן וְתוֹלַעַת שָׁנִי וְשֵׁשׁ
ו מָשְׁזָר כַּאֲשֶׁר צִוָּה יְהוָה אֶת־מֹשֶׁה: וַיַּעֲשׂוּ
אֶת־אַבְנֵי הַשֹּׁהַם מֻסַבֹּת מִשְׁבְּצֹת זָהָב מְפֻתָּחֹת
ז פִּתּוּחֵי חוֹתָם עַל־שְׁמוֹת בְּנֵי יִשְׂרָאֵל: וַיָּשֶׂם אֹתָם
עַל כִּתְפֹת הָאֵפֹד אַבְנֵי זִכָּרוֹן לִבְנֵי יִשְׂרָאֵל כַּאֲשֶׁר
צִוָּה יְהוָה אֶת־מֹשֶׁה:
ח וַיַּעַשׂ אֶת־הַחֹשֶׁן מַעֲשֵׂה חֹשֵׁב כְּמַעֲשֵׂה אֵפֹד זָהָב
ט תְּכֵלֶת וְאַרְגָּמָן וְתוֹלַעַת שָׁנִי וְשֵׁשׁ מָשְׁזָר: רָבוּעַ
הָיָה כָּפוּל עָשׂוּ אֶת־הַחֹשֶׁן זֶרֶת אָרְכּוֹ וְזֶרֶת רָחְבּוֹ
י כָּפוּל: וַיְמַלְאוּ־בוֹ אַרְבָּעָה טוּרֵי אָבֶן טוּר אֹדֶם
יא פִּטְדָה וּבָרֶקֶת הַטּוּר הָאֶחָד: וְהַטּוּר הַשֵּׁנִי נֹפֶךְ סַפִּיר
יב יג וְיָהֲלֹם: וְהַטּוּר הַשְּׁלִישִׁי לֶשֶׁם שְׁבוֹ וְאַחְלָמָה: וְהַטּוּר
הָרְבִיעִי תַּרְשִׁישׁ שֹׁהַם וְיָשְׁפֵה מוּסַבֹּת מִשְׁבְּצוֹת זָהָב
יד בְּמִלֻּאֹתָם: וְהָאֲבָנִים עַל־שְׁמֹת בְּנֵי־יִשְׂרָאֵל הֵנָּה
שְׁתֵּים עֶשְׂרֵה עַל־שְׁמֹתָם פִּתּוּחֵי חֹתָם אִישׁ עַל־

רש"י | ג, כְּתַרְגּוּמוֹ "וְרַדִּידוּ". טַסִּין הָיוּ מְרַדְּדִין מִן הַזָּהָב, אֶשְׁטֶנְדְּר"א בְּלַעַז, טַסִּין דַּקּוֹת. כָּאן הוּא מְלַמֶּדְךָ הֵיאַךְ הָיוּ טוֹוִין אֶת הַזָּהָב עִם הַחוּטִין: מְרַדְּדִין הַטַּסִּין דַּקִּין, וְקוֹצְצִין מֵהֶן פְּתִילִים לְאוֹרֶךְ הַטַּס, לַעֲשׂוֹת אוֹתָן פְּתִילִים תַּעֲרֹבֶת עִם כָּל מִין וָמִין בַּחֹשֶׁן וְאֵפוֹד, שֶׁנֶּאֱמַר בָּהֶן "זָהָב" (לעיל כח, ו; טו), חוּט אֶחָד שֶׁל זָהָב עִם שִׁשָּׁה חוּטִין שֶׁל תְּכֵלֶת, וְכֵן עִם כָּל מִין וָמִין, שֶׁכָּל הַמִּינִים חוּטָן כָּפוּל שִׁשָּׁה, וְהַזָּהָב חוּט שְׁבִיעִי עִם כָּל אֶחָד וְאֶחָד:

ביאור

לשזירה **בְּתוֹךְ הַתְּכֵלֶת וּבְתוֹךְ הָאַרְגָּמָן וּבְתוֹךְ תּוֹלַעַת הַשָּׁנִי וּבְתוֹךְ
הַשֵּׁשׁ, מַעֲשֵׂה חֹשֵׁב**, באומנות מיוחדת. ד **כְּתֵפֹת עָשׂוּ לוֹ** – לאפוד,
חֹבְרֹת, מחוברות, **עַל שְׁנֵי קְצוֹתָיו חֻבָּר**. האפוד היה דומה לסינר או
לחצאית, ושתי כתפותיו החזיקו אותו במקום. ה **וְחֵשֶׁב אֲפֻדָּתוֹ**,
חגורתו **אֲשֶׁר עָלָיו – מִמֶּנּוּ הוּא** עשוי. החגורה לא הוכנה בנפרד,
אלא הייתה חלק ממארג האפוד שבלט מימין ומשמאל, ואותו היה
הכהן כורך סביב גופו. על כן חגורה זו נעשתה **כְּמַעֲשֵׂהוּ**, באותו
אופן שבו עשוי האפוד: **זָהָב, תְּכֵלֶת וְאַרְגָּמָן וְתוֹלַעַת שָׁנִי וְשֵׁשׁ מָשְׁזָר,
כַּאֲשֶׁר צִוָּה ה' אֶת מֹשֶׁה**. ו **וַיַּעֲשׂוּ אֶת אַבְנֵי הַשֹּׁהַם מֻסַבֹּת**, מוקפות
מִשְׁבְּצֹת, מסגרות **זָהָב**. האבנים היו **מְפֻתָּחֹת פִּתּוּחֵי חוֹתָם**. בכל אחת
מהן חקקו כמו בחותם **עַל**, את **שְׁמוֹת בְּנֵי יִשְׂרָאֵל**, השבטים. ז **וַיָּשֶׂם
אֹתָם עַל כִּתְפֹת הָאֵפֹד, כְּאַבְנֵי זִכָּרוֹן לִבְנֵי יִשְׂרָאֵל**, שכן נשאו את
שמותיהם, **כַּאֲשֶׁר צִוָּה ה' אֶת מֹשֶׁה**.

ח **וַיַּעַשׂ אֶת הַחֹשֶׁן מַעֲשֵׂה חֹשֵׁב כְּמַעֲשֵׂה אֵפֹד**, באופן שבו נעשה
האפוד: **זָהָב, תְּכֵלֶת וְאַרְגָּמָן וְתוֹלַעַת שָׁנִי וְשֵׁשׁ מָשְׁזָר**. ט **רָבוּעַ הָיָה,
כָּפוּל** כעין כיס, שבתוכו נתנו דבר־מה – לפי המסורת – שמות
קדושים,[9] **עָשׂוּ אֶת הַחֹשֶׁן. זֶרֶת**, כחצי אמה, למעלה מעשרים ס"מ.
המרחק שבין קצה הזרת לקצה האגודל, כאשר האצבעות פרושות
ככל האפשר. **אָרְכּוֹ וְזֶרֶת רָחְבּוֹ, כָּפוּל**. י **וַיְמַלְאוּ בוֹ**, בחושן, **אַרְבָּעָה
טוּרֵי אָבֶן: טוּר אֹדֶם פִּטְדָה וּבָרֶקֶת – הַטּוּר הָאֶחָד**. יא **וְהַטּוּר הַשֵּׁנִי –
נֹפֶךְ, סַפִּיר וְיָהֲלֹם**. יב **וְהַטּוּר הַשְּׁלִישִׁי – לֶשֶׁם, שְׁבוֹ וְאַחְלָמָה**. יג **וְהַטּוּר
הָרְבִיעִי – תַּרְשִׁישׁ, שֹׁהַם וְיָשְׁפֵה, מוּסַבֹּת מִשְׁבְּצוֹת זָהָב בְּמִלֻּאֹתָם**. כל
אבן הייתה נתונה במשבצת זהב שהחזיקה אותה במקומה באחד
הטורים. יד גם באבני החושן – **וְהָאֲבָנִים עַל שְׁמֹת בְּנֵי יִשְׂרָאֵל הֵנָּה,
שְׁתֵּים עֶשְׂרֵה עַל שְׁמֹתָם. פִּתּוּחֵי חֹתָם אִישׁ עַל שְׁמוֹ לִשְׁנֵים עָשָׂר שָׁבֶט**.

טו שְׁמוֹ לִשְׁנֵים עָשָׂר שָׁבֶט: וַיַּעֲשׂוּ עַל־הַחֹשֶׁן שַׁרְשְׁרֹת
טז גַּבְלֻת מַעֲשֵׂה עֲבֹת זָהָב טָהוֹר: וַיַּעֲשׂוּ שְׁתֵּי מִשְׁבְּצֹת
זָהָב וּשְׁתֵּי טַבְּעֹת זָהָב וַיִּתְּנוּ אֶת־שְׁתֵּי הַטַּבָּעֹת עַל־
יז שְׁנֵי קְצוֹת הַחֹשֶׁן: וַיִּתְּנוּ שְׁתֵּי הָעֲבֹתֹת הַזָּהָב עַל־
יח שְׁתֵּי הַטַּבָּעֹת עַל־קְצוֹת הַחֹשֶׁן: וְאֵת שְׁתֵּי קְצוֹת
שְׁתֵּי הָעֲבֹתֹת נָתְנוּ עַל־שְׁתֵּי הַמִּשְׁבְּצֹת וַיִּתְּנֻם עַל־
יט כִּתְפֹת הָאֵפֹד אֶל־מוּל פָּנָיו: וַיַּעֲשׂוּ שְׁתֵּי טַבְּעֹת זָהָב
וַיָּשִׂימוּ עַל־שְׁנֵי קְצוֹת הַחֹשֶׁן עַל־שְׂפָתוֹ אֲשֶׁר אֶל־
כ עֵבֶר הָאֵפֹד בָּיְתָה: וַיַּעֲשׂוּ שְׁתֵּי טַבְּעֹת זָהָב וַיִּתְּנֻם
עַל־שְׁתֵּי כִתְפֹת הָאֵפֹד מִלְּמַטָּה מִמּוּל פָּנָיו לְעֻמַּת
כא מַחְבַּרְתּוֹ מִמַּעַל לְחֵשֶׁב הָאֵפֹד: וַיִּרְכְּסוּ אֶת־הַחֹשֶׁן
מִטַּבְּעֹתָיו אֶל־טַבְּעֹת הָאֵפֹד בִּפְתִיל תְּכֵלֶת לִהְיֹת
עַל־חֵשֶׁב הָאֵפֹד וְלֹא־יִזַּח הַחֹשֶׁן מֵעַל הָאֵפֹד כַּאֲשֶׁר
צִוָּה יְהוָה אֶת־מֹשֶׁה:
כב וַיַּעַשׂ אֶת־מְעִיל הָאֵפֹד מַעֲשֵׂה אֹרֵג כְּלִיל תְּכֵלֶת: שלישי /ששי/
כג וּפִי־הַמְּעִיל בְּתוֹכוֹ כְּפִי תַחְרָא שָׂפָה לְפִיו סָבִיב
כד לֹא יִקָּרֵעַ: וַיַּעֲשׂוּ עַל־שׁוּלֵי הַמְּעִיל רִמּוֹנֵי תְּכֵלֶת
כה וְאַרְגָּמָן וְתוֹלַעַת שָׁנִי מָשְׁזָר: וַיַּעֲשׂוּ פַעֲמֹנֵי זָהָב
טָהוֹר וַיִּתְּנוּ אֶת־הַפַּעֲמֹנִים בְּתוֹךְ הָרִמֹּנִים עַל־שׁוּלֵי
כו הַמְּעִיל סָבִיב בְּתוֹךְ הָרִמֹּנִים: פַּעֲמֹן וְרִמֹּן פַּעֲמֹן
וְרִמֹּן עַל־שׁוּלֵי הַמְּעִיל סָבִיב לְשָׁרֵת כַּאֲשֶׁר צִוָּה
כז יְהוָה אֶת־מֹשֶׁה: וַיַּעֲשׂוּ אֶת־הַכָּתְנֹת

ביאור

על כל אחת מהאבנים נחרט שמו של שבט אחד. טו **וַיַּעֲשׂוּ עַל הַחֹשֶׁן**
שַׁרְשְׁרֹת להחזיקו בצמוד לאפוד, **גַּבְלֻת**, של קליעה, **מַעֲשֵׂה עֲבֹת**,
כמו שעושים חבל, ולא כשרשראות העשויות טבעות מחוברות
זָהָב טָהוֹר. טז **וַיַּעֲשׂוּ שְׁתֵּי מִשְׁבְּצֹת זָהָב וּשְׁתֵּי טַבְּעֹת זָהָב, וַיִּתְּנוּ**
אֶת שְׁתֵּי הַטַּבָּעֹת עַל שְׁנֵי קְצוֹת הַחֹשֶׁן. יז **וַיִּתְּנוּ** את **שְׁתֵּי הָעֲבֹתֹת**,
שרשרות **הַזָּהָב עַל שְׁתֵּי הַטַּבָּעֹת, עַל קְצוֹת הַחֹשֶׁן**. יח **וְאֵת שְׁתֵּי**
קְצוֹת שְׁתֵּי הָעֲבֹתֹת נָתְנוּ עַל שְׁתֵּי הַמִּשְׁבְּצֹת, וַיִּתְּנֻם, את המשבצות
עַל כִּתְפֹת הָאֵפֹד אֶל מוּל פָּנָיו. יט **וַיַּעֲשׂוּ שְׁתֵּי טַבְּעֹת זָהָב** נוספות,
וַיָּשִׂימוּ אותן **עַל שְׁנֵי קְצוֹת הַחֹשֶׁן, עַל שְׂפָתוֹ אֲשֶׁר אֶל עֵבֶר הָאֵפֹד**
בָּיְתָה, פנימה. כ **וַיַּעֲשׂוּ** עוד **שְׁתֵּי טַבְּעֹת זָהָב, וַיִּתְּנֻם עַל שְׁתֵּי כִתְפֹת**
הָאֵפֹד מִלְּמַטָּה מִמּוּל פָּנָיו, לְעֻמַּת מַחְבַּרְתּוֹ, מִמַּעַל לְחֵשֶׁב, לחגורת
הָאֵפֹד. כא **וַיִּרְכְּסוּ**, קשרו **אֶת הַחֹשֶׁן מִטַּבְּעֹתָיו אֶל טַבְּעֹת הָאֵפֹד**
בִּפְתִיל תְּכֵלֶת, לִהְיֹת עַל חֵשֶׁב הָאֵפֹד. החושן נקשר בטבעותיו העליונות אל הכתפות, ובטבעותיו התחתונות אל האפוד. ובכך **לֹא יִזַּח**, יסור, או: ואסור שיסור[10] **הַחֹשֶׁן מֵעַל הָאֵפֹד, כַּאֲשֶׁר צִוָּה ה׳ אֶת מֹשֶׁה**.

כב **וַיַּעַשׂ אֶת מְעִיל הָאֵפֹד**, המעיל שהאפוד חגור מעליו ומהדקו,
מַעֲשֵׂה אֹרֵג, כְּלִיל תְּכֵלֶת, כולו נעשה מחוטי תכלת. כג **וּפִי הַמְּעִיל**
בְּתוֹכוֹ. את שפתו של המעיל קיפלו אל תוך הבגד, ותפרו מעין
מכפלת. **כְּפִי**, כקצה **תַחְרָא**, שריון[11] המעוגל ומקופל פנימה, **שָׂפָה**
תפורה **לְפִיו סָבִיב**, על מנת **שֶׁלֹּא יִקָּרֵעַ**, או: ואסור שייקרע.[12] כד **וַיַּעֲשׂוּ**
עַל שׁוּלֵי הַמְּעִיל בתחתיתו, **רִמּוֹנֵי תְּכֵלֶת וְאַרְגָּמָן וְתוֹלַעַת שָׁנִי**, כולם
מָשְׁזָר. החוטים ייארגו בצורת רימונים בשוליו. כה **וַיַּעֲשׂוּ פַעֲמֹנֵי זָהָב**
טָהוֹר, וַיִּתְּנוּ אֶת הַפַּעֲמֹנִים בְּתוֹךְ הָרִמֹּנִים, עַל שׁוּלֵי הַמְּעִיל סָבִיב בְּתוֹךְ
הָרִמֹּנִים. מסביב לכל פעמון זהב היה רימון סרוג,[13] או שהפעמונים
והרימונים נתונים זה אחר זה לסירוגין.[14] כו **פַּעֲמֹן וְרִמֹּן פַּעֲמֹן וְרִמֹּן**
עַל שׁוּלֵי הַמְּעִיל סָבִיב, לְשָׁרֵת כַּאֲשֶׁר צִוָּה ה׳ אֶת מֹשֶׁה. לעיל נאמר שצלצולי הפעמונים הנשמעים בהליכת הכהן הגדול היו מבשרים את בואו לשרת במקום הקודש ואת צאתו.[15]

שֵׁשׁ מַעֲשֵׂה אֹרֵג לְאַהֲרֹן וּלְבָנָיו: וְאֵת הַמִּצְנֶפֶת כח
שֵׁשׁ וְאֶת־פַּאֲרֵי הַמִּגְבָּעֹת שֵׁשׁ וְאֶת־מִכְנְסֵי הַבָּד
שֵׁשׁ מָשְׁזָר: וְאֶת־הָאַבְנֵט שֵׁשׁ מָשְׁזָר וּתְכֵלֶת כט
וְאַרְגָּמָן וְתוֹלַעַת שָׁנִי מַעֲשֵׂה רֹקֵם כַּאֲשֶׁר צִוָּה
יְהוָה אֶת־מֹשֶׁה: וַיַּעֲשׂוּ אֶת־צִיץ נֵזֶר־ ל
הַקֹּדֶשׁ זָהָב טָהוֹר וַיִּכְתְּבוּ עָלָיו מִכְתַּב פִּתּוּחֵי
חוֹתָם קֹדֶשׁ לַיהוָה: וַיִּתְּנוּ עָלָיו פְּתִיל תְּכֵלֶת לָתֵת לא
עַל־הַמִּצְנֶפֶת מִלְמָעְלָה כַּאֲשֶׁר צִוָּה יְהוָה אֶת־

רש״י

כח) **וְאֶת פַּאֲרֵי הַמִּגְבָּעֹת.** תִּפְאֶרֶת הַמִּגְבָּעוֹת, הַמִּגְבָּעוֹת הַמְפֹאָרִין:

לא) **לָתֵת עַל הַמִּצְנֶפֶת מִלְמָעְלָה.** שֶׁעַל יְדֵי הַפְּתִילִים הָיָה מוֹשִׁיבוֹ עַל הַמִּצְנֶפֶת כְּמִין כֶּתֶר. וְאִי אֶפְשָׁר לוֹמַר הַצִּיץ עַל הַמִּצְנֶפֶת, שֶׁהֲרֵי בִּשְׁחִיטַת קָדָשִׁים שָׁנִינוּ: שְׂעָרוֹ הָיָה נִרְאֶה בֵּין צִיץ לַמִּצְנֶפֶת שֶׁשָּׁם מַנִּיחַ תְּפִלִּין (זבחים יט ע״א), וְהַצִּיץ הָיָה נָתוּן עַל הַמֵּצַח, הֲרֵי הַמִּצְנֶפֶת לְמַעְלָה וְהַצִּיץ לְמַטָּה. כָּאן הוּא אוֹמֵר: ״וַיִּתְּנוּ עָלָיו פְּתִיל תְּכֵלֶת״, וּבְעִנְיַן הַצַּוָּאָה הוּא אוֹמֵר: ״וְשַׂמְתָּ אֹתוֹ עַל פְּתִיל תְּכֵלֶת״ (לעיל כח, לז)? שְׁנֵי חוּטִין הָיוּ בְּכָל קָנֶה וְקָנֶה, אֶחָד מִמַּעַל וְאֶחָד מִתַּחַת לְנֶגֶד מִצְחוֹ, וְכֵן בְּאֶמְצַע, וְקוֹשֵׁר רָאשֵׁיהֶם הַשְּׁנַיִם כֻּלָּם יַחַד מֵאֲחוֹרָיו לְמוּל עָרְפּוֹ, וּמוֹשִׁיבוֹ עַל הַמִּצְנֶפֶת. וְאַל תִּתְמַהּ שֶׁלֹּא נֶאֱמַר ׳פְּתִילֵי תְכֵלֶת׳ הוֹאִיל וּמְרֻבִּין הֵן, שֶׁהֲרֵי מָצִינוּ בַּחֹשֶׁן וְאֵפוֹד: ״וַיִּרְכְּסוּ אֶת הַחֹשֶׁן״ וְגוֹ׳ (לעיל פסוק כא), וְעַל כָּרְחֲךָ פָּחוֹת מִשְּׁנַיִם לֹא הָיוּ, שֶׁהֲרֵי בִּשְׁנֵי קְצוֹת הַחֹשֶׁן הָיוּ שְׁתֵּי טַבְּעוֹת הַחֹשֶׁן וּבִשְׁתֵּי כִּתְפוֹת הָאֵפוֹד הָיוּ טַבְּעוֹת הָאֵפוֹד שֶׁכְּנֶגְדָּן, וּלְפִי דֶּרֶךְ קְשִׁירָה אַרְבָּעָה חוּטִין הָיוּ, וּמִכָּל מָקוֹם פָּחוֹת מִשְּׁנַיִם אִי אֶפְשָׁר:

ביאור

כז וַיַּעֲשׂוּ אֶת הַכָּתְנֹת שֵׁשׁ, מַעֲשֵׂה אֹרֵג, לְאַהֲרֹן וּלְבָנָיו, לכלל הכהנים.

כח **וְאֵת הַמִּצְנֶפֶת** רצועת בד ארוכה שנכרכה פעמים רבות כטורבן מסביב לראשו של הכהן הגדול, והייתה עשויה כולה **שֵׁשׁ**, פשתן נקי **וְאֶת פַּאֲרֵי הַמִּגְבָּעֹת**, כובעים שאותן חבשו שאר הכהנים – **שֵׁשׁ**.

וְאֶת מִכְנְסֵי הַבָּד של כל הכהנים – **שֵׁשׁ מָשְׁזָר**.

כט **וְאֶת הָאַבְנֵט** של כל הכהנים[16] – **שֵׁשׁ מָשְׁזָר וּתְכֵלֶת וְאַרְגָּמָן וְתוֹלַעַת שָׁנִי, מַעֲשֵׂה רֹקֵם**. כתנות הפשתן והמגבעות היו לבנות, והאבנט שחגרו מעל הכתונת הוסיף צבע למראה כהני ההדיוט. **כַּאֲשֶׁר צִוָּה ה' אֶת מֹשֶׁה**.

כאן חוזר הכתוב אל הכהן הגדול: ל **וַיַּעֲשׂוּ אֶת צִיץ נֵזֶר הַקֹּדֶשׁ**, מעין עטרה העשויה טס על מצחו של הכהן הגדול, **זָהָב טָהוֹר**. **וַיִּכְתְּבוּ עָלָיו מִכְתַּב פִּתּוּחֵי חוֹתָם**, כתיבה מדויקת הדומה לחקיקת חותם של אבן: **קֹדֶשׁ לַה'**. נזר הכהונה - משמעותו היא התקדשות לה'. הכתר מדגיש גם את מעלתו של הכהן ואת דרגתו כעבד ה'. לא **וַיִּתְּנוּ עָלָיו פְּתִיל תְּכֵלֶת, לָתֵת עַל הַמִּצְנֶפֶת מִלְמָעְלָה**. כדי לקשור אותו. **כַּאֲשֶׁר צִוָּה ה' אֶת מֹשֶׁה**.

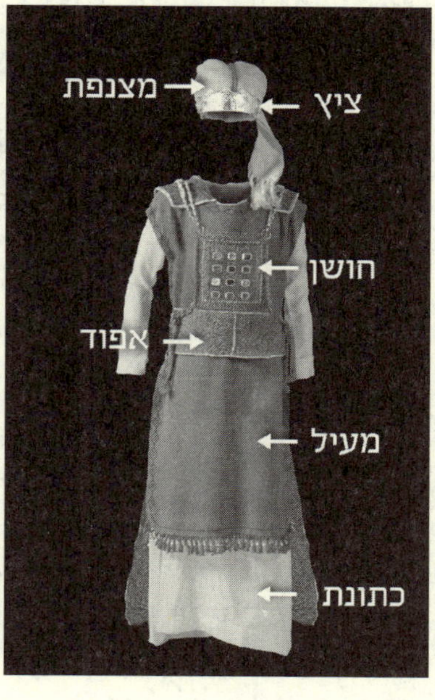

מימין: בגדי הכהן הגדול מלפנים

משמאל: בגדי הכהן הגדול מאחור

מֹשֶׁה: וַתֵּכֶל כָּל־עֲבֹדַת מִשְׁכַּן אֹהֶל לב
מוֹעֵד וַיַּעֲשׂוּ בְּנֵי יִשְׂרָאֵל כְּכֹל אֲשֶׁר צִוָּה יְהוָה אֶת־
מֹשֶׁה כֵּן עָשׂוּ:
רביעי כט וַיָּבִיאוּ אֶת־הַמִּשְׁכָּן אֶל־מֹשֶׁה אֶת־הָאֹהֶל וְאֶת־ לג
כָּל־כֵּלָיו קְרָסָיו קְרָשָׁיו בְּרִיחָו וְעַמֻּדָיו וַאֲדָנָיו: וְאֶת־ לד
מִכְסֵה עוֹרֹת הָאֵילִם הַמְאָדָּמִים וְאֶת־מִכְסֵה עֹרֹת
הַתְּחָשִׁים וְאֵת פָּרֹכֶת הַמָּסָךְ: אֶת־אֲרוֹן הָעֵדֻת לה
וְאֶת־בַּדָּיו וְאֵת הַכַּפֹּרֶת: אֶת־הַשֻּׁלְחָן אֶת־כָּל־כֵּלָיו לו
וְאֵת לֶחֶם הַפָּנִים: אֶת־הַמְּנֹרָה הַטְּהֹרָה אֶת־נֵרֹתֶיהָ לז
נֵרֹת הַמַּעֲרָכָה וְאֶת־כָּל־כֵּלֶיהָ וְאֵת שֶׁמֶן הַמָּאוֹר:
וְאֵת מִזְבַּח הַזָּהָב וְאֵת שֶׁמֶן הַמִּשְׁחָה וְאֵת קְטֹרֶת לח
הַסַּמִּים וְאֵת מָסַךְ פֶּתַח הָאֹהֶל: אֵת ׀ מִזְבַּח הַנְּחֹשֶׁת לט
וְאֶת־מִכְבַּר הַנְּחֹשֶׁת אֲשֶׁר־לוֹ אֶת־בַּדָּיו וְאֶת־כָּל־
כֵּלָיו אֶת־הַכִּיֹּר וְאֶת־כַּנּוֹ: אֵת קַלְעֵי הֶחָצֵר אֶת־ מ
עַמֻּדֶיהָ וְאֶת־אֲדָנֶיהָ וְאֶת־הַמָּסָךְ לְשַׁעַר הֶחָצֵר
אֶת־מֵיתָרָיו וִיתֵדֹתֶיהָ וְאֵת כָּל־כְּלֵי עֲבֹדַת הַמִּשְׁכָּן
לְאֹהֶל מוֹעֵד: אֶת־בִּגְדֵי הַשְּׂרָד לְשָׁרֵת בַּקֹּדֶשׁ אֶת־ מא

רש"י

לב) וַיַּעֲשׂוּ בְּנֵי יִשְׂרָאֵל. אֶת הַמְּלָאכָה, "כְּכֹל אֲשֶׁר צִוָּה ה'" וְגוֹ':

לג) וַיָּבִיאוּ אֶת הַמִּשְׁכָּן וְגוֹ'. שֶׁלֹּא הָיוּ יְכוֹלִין לַהֲקִימוֹ, וּלְפִי שֶׁלֹּא עָשָׂה מֹשֶׁה שׁוּם מְלָאכָה בַּמִּשְׁכָּן הִנִּיחַ לוֹ הַקָּדוֹשׁ בָּרוּךְ הוּא הֲקָמָתוֹ, שֶׁלֹּא הָיָה יָכוֹל לַהֲקִימוֹ שׁוּם אָדָם מֵחֲמַת כֹּבֶד הַקְּרָשִׁים שֶׁאֵין כֹּחַ בְּאָדָם לְזָקְפָן, וּמֹשֶׁה הֶעֱמִידוֹ. אָמַר מֹשֶׁה לִפְנֵי הַקָּדוֹשׁ בָּרוּךְ הוּא: אֵיךְ אֶפְשָׁר הֲקָמָתוֹ עַל יְדֵי אָדָם? אָמַר לוֹ: עֲסֹק אַתָּה בְּיָדְךָ נִרְאֶה כִּמְקִימוֹ, וְהוּא נִזְקָף וְקָם מֵאֵלָיו. וְזֶהוּ שֶׁנֶּאֱמַר: "הוּקַם הַמִּשְׁכָּן" (להלן מ, יז), הוּקַם מֵאֵלָיו. מִדְרַשׁ רַבִּי תַּנְחוּמָא (פקודי יא):

סיכום והבאת המשכן אל משה

פרק לט פס׳ לב–מג

כאן מסופר על סופה של המלאכה והבאתה אל משה. נמנים כאן הן חלקי האוהל ומחיצותיו, הן הכלים והחומרים, כגון לחם הפנים שיועד להנחה על השלחן, השמן ששימש להדלקת המנורה וקטורת הסמים שהוקטרה על גבי מזבח הזהב.

ביאור

לב וַתֵּכֶל, הסתיימה כָּל עֲבֹדַת מִשְׁכַּן אֹהֶל מוֹעֵד. וַיַּעֲשׂוּ בְּנֵי יִשְׂרָאֵל
והאומנים הגדולים שבראשם כְּכֹל אֲשֶׁר צִוָּה ה׳ אֶת מֹשֶׁה, כֵּן עָשׂוּ.
עלה בידם לעשות את כל חלקי המשכן, כליו ואביזריהם ובגדי
הכהונה, כך שהיו העתק מדויק של התבנית שראה משה בהר.

לג וַיָּבִיאוּ אֶת הַמִּשְׁכָּן, יריעות המשכן אֶל מֹשֶׁה, אֶת הָאֹהֶל, יריעות
העזים וְאֶת כָּל כֵּלָיו – קְרָסָיו, קְרָשָׁיו, בְּרִיחָיו וְעַמֻּדָיו וַאֲדָנָיו לד וְאֶת
מִכְסֵה עוֹרֹת הָאֵילִם הַמְאָדָּמִים וְאֶת מִכְסֵה עֹרֹת הַתְּחָשִׁים וְאֵת פָּרֹכֶת
הַמָּסָךְ, לה אֶת אֲרוֹן הָעֵדֻת וְאֶת בַּדָּיו הצמודים לו, וְאֵת הַכַּפֹּרֶת
שמעליו, לו אֶת הַשֻּׁלְחָן, אֶת כָּל כֵּלָיו וְאֵת לֶחֶם הַפָּנִים, לז אֶת
הַמְּנֹרָה הַטְּהֹרָה, אֶת נֵרֹתֶיהָ – נֵרֹת הַמַּעֲרָכָה וְאֶת כָּל כֵּלֶיהָ וְאֵת שֶׁמֶן
הַמָּאוֹר לח וְאֵת מִזְבַּח הַזָּהָב וְאֵת שֶׁמֶן הַמִּשְׁחָה וְאֵת קְטֹרֶת הַסַּמִּים
וְאֵת מָסַךְ פֶּתַח הָאֹהֶל, לט אֵת מִזְבַּח הַנְּחֹשֶׁת – מזבח העולה וְאֶת
מִכְבַּר, מעשה רשת הַנְּחֹשֶׁת אֲשֶׁר לוֹ, אֶת בַּדָּיו וְאֶת כָּל כֵּלָיו, אֶת
הַכִּיֹּר וְאֶת כַּנּוֹ, מ אֵת קַלְעֵי הֶחָצֵר, אֶת עַמֻּדֶיהָ וְאֶת אֲדָנֶיהָ וְאֶת הַמָּסָךְ
לְשַׁעַר הֶחָצֵר, אֶת מֵיתָרָיו של החצר[17] ואת יְתֵדֹתֶיהָ של החצר וְאֵת כָּל
כְּלֵי עֲבֹדַת הַמִּשְׁכָּן לְאֹהֶל מוֹעֵד. מא כמו כן, הביאו אֶת בִּגְדֵי הַשְּׂרָד

בִּגְדֵ֤י הַקֹּ֙דֶשׁ֙ לְאַהֲרֹ֣ן הַכֹּהֵ֔ן וְאֶת־בִּגְדֵ֥י בָנָ֖יו לְכַהֵֽן׃
מב כְּכֹ֛ל אֲשֶׁר־צִוָּ֥ה יְהוָ֖ה אֶת־מֹשֶׁ֑ה כֵּ֤ן עָשׂוּ֙ בְּנֵ֣י יִשְׂרָאֵ֔ל
מג אֵ֖ת כָּל־הָעֲבֹדָֽה׃ וַיַּ֨רְא מֹשֶׁ֜ה אֶת־כָּל־הַמְּלָאכָ֗ה
וְהִנֵּה֙ עָשׂ֣וּ אֹתָ֔הּ כַּאֲשֶׁ֛ר צִוָּ֥ה יְהוָ֖ה כֵּ֣ן עָשׂ֑וּ וַיְבָ֥רֶךְ
אֹתָ֖ם מֹשֶֽׁה׃

חמישי /שביעי/

מ א ב וַיְדַבֵּ֥ר יְהוָ֖ה אֶל־מֹשֶׁ֥ה לֵּאמֹֽר׃ בְּיוֹם־הַחֹ֥דֶשׁ הָרִאשׁ֖וֹן
ג בְּאֶחָ֣ד לַחֹ֑דֶשׁ תָּקִ֕ים אֶת־מִשְׁכַּ֖ן אֹ֥הֶל מוֹעֵֽד׃ וְשַׂמְתָּ֣
שָׁ֔ם אֵ֖ת אֲר֣וֹן הָעֵד֑וּת וְסַכֹּתָ֥ עַל־הָאָרֹ֖ן אֶת־הַפָּרֹֽכֶת׃
ד וְהֵבֵאתָ֙ אֶת־הַשֻּׁלְחָ֔ן וְעָרַכְתָּ֖ אֶת־עֶרְכּ֑וֹ וְהֵבֵאתָ֙ אֶת־
ה הַמְּנֹרָ֔ה וְהַעֲלֵיתָ֖ אֶת־נֵרֹתֶֽיהָ׃ וְנָתַתָּ֞ה אֶת־מִזְבַּ֤ח
הַזָּהָב֙ לִקְטֹ֔רֶת לִפְנֵ֖י אֲר֣וֹן הָעֵדֻ֑ת וְשַׂמְתָּ֛ אֶת־מָסַ֥ךְ

רש"י

מג] וַיְבָרֶךְ אֹתָם מֹשֶׁה. אָמַר לָהֶם: יְהִי רָצוֹן שֶׁתִּשְׁרֶה שְׁכִינָה בְּמַעֲשֵׂה יְדֵיכֶם, "וִיהִי נֹעַם ה' אֱלֹהֵינוּ עָלֵינוּ" וְגוֹ' (תהלים צ, יז), וְהוּא אֶחָד מֵאַחַד עָשָׂר מִזְמוֹרִים שֶׁבִּ'תְפִלָּה לְמֹשֶׁה' (תהלים צ-ק).

פרק מ

ג] וְסַכֹּתָ עַל הָאָרֹן. לְשׁוֹן הֲגָנָה, שֶׁהֲרֵי מְחִצָּה הָיְתָה:

ד] וְעָרַכְתָּ אֶת עֶרְכּוֹ. שְׁתֵּי מַעֲרָכוֹת שֶׁל לֶחֶם הַפָּנִים:

הרחבות

סיום מלאכת המשכן חכמים הקבילו את מלאכת שמים וארץ למלאכת המשכן, ששותפות בה ידיים אנושיות. מעניינת ההקבלה בין הניסוח שבסוף מעשה בראשית לבין זה שבסוף ספר שמות. שם: וַיַּרְא אֱלֹהִים אֶת כָּל אֲשֶׁר עָשָׂה וְהִנֵּה טוֹב מְאֹד... וַיְכֻלּוּ הַשָּׁמַיִם... וַיְבָרֶךְ אֱלֹהִים אֶת יוֹם הַשְּׁבִיעִי" (בראשית א,לא-ב,ג); וכאן: וַתֵּכֶל כָּל עֲבֹדַת מִשְׁכַּן אֹהֶל מוֹעֵד... וַיַּרְא מֹשֶׁה אֶת כָּל הַמְּלָאכָה וְהִנֵּה עָשׂוּ אֹתָהּ כַּאֲשֶׁר צִוָּה ה'... וַיְבָרֶךְ אֹתָם מֹשֶׁה.

ביאור | **לְשָׁרֵת בַּקֹּדֶשׁ, אֶת בִּגְדֵי הַקֹּדֶשׁ לְאַהֲרֹן הַכֹּהֵן וְאֶת בִּגְדֵי בָנָיו לְכַהֵן.**

מב **כְּכֹל אֲשֶׁר צִוָּה ה׳ אֶת מֹשֶׁה, כֵּן עָשׂוּ בְּנֵי יִשְׂרָאֵל אֵת כָּל הָעֲבֹדָה,** לא פחתו ולא הוסיפו. מלאכתם של האומנים הרבים הללו התאימה בדיוק לכל מה שציווה ה׳ את משה. הדבר נחשב להישג מיוחד שיש לשוב ולציינו.

מג **וַיַּרְא מֹשֶׁה אֶת כָּל הַמְּלָאכָה** שהובאה לפניו לביקורת, **וְהִנֵּה עָשׂוּ אֹתָהּ כַּאֲשֶׁר צִוָּה ה׳, כֵּן עָשׂוּ. וַיְבָרֶךְ אֹתָם מֹשֶׁה.**

הקמת המשכן וקידוש הכהנים

פרק מ פס׳ א–לג

שבע פעמים חוזר פירוט המשכן וכליו: בפעם הראשונה: ה׳ ציווה על משה לעשותם והראה לו את תבניתם;[18] בשנייה: באזכור תפקידי בצלאל ואהליאב;[19] בשלישית: בקריאת משה לעם להביא את החומרים למלאכה;[20] ברביעית: בעשיית המלאכה על ידי כל חכם לב;[21] בחמישית: בהבאת המשכן וכליו למשה;[22] וכאן חוזר הכתוב על המשכן וכליו בשישית ובשביעית - בציווי על ההקמה ובדיווח על ההקמה עצמה. נראה כי החזרות המרובות האלה, כמו חזרות אחרות בענייני קרבנות וקודשים - בקרבנות היחיד, המילואים, הנשיאים ובמוספי החג ועוד[23] - נובעות מחיבת הקודש ומרכזיותו של המקדש בישראל. החזרות המפורטות באות גם כדי להדגיש שהמשכן אינו רק מבנה סמלי העשוי לכבוד ה׳ ולהזכרת נוכחותו במחנה ישראל, אלא הוא כלי ליצירת קשר דו–צדדי בין האלוקות ובין עם ישראל. הדיוק והדקדוק בעשייתו נחוצים כדי שאכן יתרחש המגע בין הנשגב והחומרי.

החזרה שוב ושוב על הביטוי כַּאֲשֶׁר צִוָּה ה׳ אֶת מֹשֶׁה בחלקו השני של יחידה זו יוצרת מקצב פיוטי המעורר תחושת שגב. המעשים האנושיים חופפים את הציווי האלוקי באופן מדויק, והודות לכך המשכן וכליו אכן מצליחים לשמש מקום התוועדות וקשר בין אלוקים ואדם.

פרק מ א **וַיְדַבֵּר ה׳ אֶל מֹשֶׁה לֵּאמֹר:** ב **בְּיוֹם הַחֹדֶשׁ הָרִאשׁוֹן בְּאֶחָד
לַחֹדֶשׁ,** בראש חודש ניסן, החודש שבו יצאו ישראל ממצרים ועל כן
נקבע ראשון לחודשי השנה[24] **תָּקִים אֶת מִשְׁכַּן אֹהֶל מוֹעֵד.** ג לאחר
הקמת מסגרת המשכן הקמתו מתחילה בנקודת המרכז הפנימית – הארון, שהוא מוקד הקדושה. ומשם תתפשט הקדושה החוצה. מכאן מקבל המבנה כולו את משמעותו: **וְשַׂמְתָּ שָׁם אֵת אֲרוֹן הָעֵדוּת, וְסַכֹּתָ,** כסה **עַל הָאָרֹן אֶת הַפָּרֹכֶת** החוצצת ומסתירה את קודש–
הקודשים. ד **וְהֵבֵאתָ אֶת הַשֻּׁלְחָן וְעָרַכְתָּ אֶת עֶרְכּוֹ,** לחם הפנים הערוך עליו, **וְהֵבֵאתָ אֶת הַמְּנֹרָה וְהַעֲלֵיתָ אֶת נֵרֹתֶיהָ.** אין די בהעמדת
המנורה, עליך להדליק את הנרות. ה **וְנָתַתָּה אֶת מִזְבַּח הַזָּהָב לִקְטֹרֶת
לִפְנֵי אֲרוֹן הָעֵדֻת,** המזבח היה אמנם חיצוני לשולחן ולמנורה, אבל היה מכוון כנגד ארון העדות שבקודש–הקודשים, **וְשַׂמְתָּ אֶת מָסַךְ**

הַפֶּתַח לַמִּשְׁכָּן: וְנָתַתָּה אֵת מִזְבַּח הָעֹלָה לִפְנֵי פֶּתַח ו
מִשְׁכַּן אֹהֶל־מוֹעֵד: וְנָתַתָּ אֶת־הַכִּיֹּר בֵּין־אֹהֶל מוֹעֵד ז
וּבֵין הַמִּזְבֵּחַ וְנָתַתָּ שָׁם מָיִם: וְשַׂמְתָּ אֶת־הֶחָצֵר סָבִיב ח
וְנָתַתָּ אֶת־מָסַךְ שַׁעַר הֶחָצֵר: וְלָקַחְתָּ אֶת־שֶׁמֶן ט
הַמִּשְׁחָה וּמָשַׁחְתָּ אֶת־הַמִּשְׁכָּן וְאֶת־כָּל־אֲשֶׁר־בּוֹ
וְקִדַּשְׁתָּ אֹתוֹ וְאֶת־כָּל־כֵּלָיו וְהָיָה קֹדֶשׁ: וּמָשַׁחְתָּ י
אֶת־מִזְבַּח הָעֹלָה וְאֶת־כָּל־כֵּלָיו וְקִדַּשְׁתָּ אֶת־הַמִּזְבֵּחַ
וְהָיָה הַמִּזְבֵּחַ קֹדֶשׁ קָדָשִׁים: וּמָשַׁחְתָּ אֶת־הַכִּיֹּר וְאֶת־ יא
כַּנּוֹ וְקִדַּשְׁתָּ אֹתוֹ: וְהִקְרַבְתָּ אֶת־אַהֲרֹן וְאֶת־בָּנָיו אֶל־ יב
פֶּתַח אֹהֶל מוֹעֵד וְרָחַצְתָּ אֹתָם בַּמָּיִם: וְהִלְבַּשְׁתָּ יג
אֶת־אַהֲרֹן אֵת בִּגְדֵי הַקֹּדֶשׁ וּמָשַׁחְתָּ אֹתוֹ וְקִדַּשְׁתָּ
אֹתוֹ וְכִהֵן לִי: וְאֶת־בָּנָיו תַּקְרִיב וְהִלְבַּשְׁתָּ אֹתָם יד
כֻּתֳּנֹת: וּמָשַׁחְתָּ אֹתָם כַּאֲשֶׁר מָשַׁחְתָּ אֶת־אֲבִיהֶם טו
וְכִהֲנוּ לִי וְהָיְתָה לִהְיֹת לָהֶם מָשְׁחָתָם לִכְהֻנַּת עוֹלָם

הרחבות

'ומשחת את הכיר ואת כנו וקדשת אתו' חלק מן הכלים והאביזרים נעשו במתכונתם של כלים רגילים, כמו הקערות והכפות, אך רובם הוכנו באופן ייחודי. מלבד הכנתם בהתאם להגדרות של עבודת המשכן, היה צורך לבצע בהם פעולה

ביאור

הַפֶּתַח לַמִּשְׁכָּן, לקודש, למבנה שבמרכז החצר. ו **וְנָתַתָּה אֵת מִזְבַּח הָעֹלָה לִפְנֵי פֶּתַח מִשְׁכַּן אֹהֶל מוֹעֵד**. המזבח הגדול שמיועד להעלות עליו קרבנות צריך לעמוד בחצר. ז **וְנָתַתָּ אֶת הַכִּיֹּר בֵּין אֹהֶל מוֹעֵד וּבֵין הַמִּזְבֵּחַ, וְנָתַתָּ שָׁם**, בכיור **מָיִם**, כדי שהכול יהיה מוכן לעבודה. ח **וְשַׂמְתָּ אֶת** העמודים, האדנים והקלעים היוצרים את **הֶחָצֵר סָבִיב** למשכן. **וְנָתַתָּ אֶת מָסַךְ שַׁעַר הֶחָצֵר** במקומו.

לא די בהכנת הכלים, האביזרים והחומרים לשימוש במקומם. כדי לקדש את המשכן וכליו יש צורך בטקס משיחה, ההופך את הכלים לקדושים: ט **וְלָקַחְתָּ אֶת שֶׁמֶן הַמִּשְׁחָה**, שאף הוא הובא לפניך, **וּמָשַׁחְתָּ אֶת הַמִּשְׁכָּן וְאֶת כָּל אֲשֶׁר בּוֹ, וְקִדַּשְׁתָּ אֹתוֹ וְאֶת כָּל כֵּלָיו – וְהָיָה קֹדֶשׁ**. י **וּמָשַׁחְתָּ אֶת מִזְבַּח הָעֹלָה וְאֶת כָּל כֵּלָיו, וְקִדַּשְׁתָּ אֶת הַמִּזְבֵּחַ – וְהָיָה הַמִּזְבֵּחַ קֹדֶשׁ קָדָשִׁים**. יא **וּמָשַׁחְתָּ אֶת הַכִּיֹּר וְאֶת כַּנּוֹ, וְקִדַּשְׁתָּ אֹתוֹ**.

לאחר הקמת הכלים, הנחתם ומשיחתם, מצווה משה לקדש גם את הכהנים: יב **וְהִקְרַבְתָּ אֶת אַהֲרֹן וְאֶת בָּנָיו אֶל פֶּתַח אֹהֶל מוֹעֵד, וְרָחַצְתָּ אֹתָם** שם **בַּמָּיִם**. יג **וְהִלְבַּשְׁתָּ אֶת אַהֲרֹן אֵת בִּגְדֵי הַקֹּדֶשׁ, וּמָשַׁחְתָּ אֹתוֹ וְקִדַּשְׁתָּ אֹתוֹ** על ידי כך, **וְכִהֵן לִי**, מכאן ואילך הוא יהיה ראוי לכהונה. יד **וְאֶת בָּנָיו תַּקְרִיב, וְהִלְבַּשְׁתָּ אֹתָם כֻּתֳּנֹת**, טו **וּמָשַׁחְתָּ** גם **אֹתָם כַּאֲשֶׁר מָשַׁחְתָּ אֶת אֲבִיהֶם, וְכִהֲנוּ לִי**. הכהן הגדול עובר טקס משיחה נפרד, משום שנמשח באופן שונה מהאופן שבו נמשחו שאר הכהנים.[25] **וְהָיְתָה לִהְיֹת לָהֶם מָשְׁחָתָם**, משיחתם **לִכְהֻנַּת עוֹלָם**. טקס המשיחה הזה לא יחזור על עצמו משום שהכהנים יישארו בכהונתם **לְדֹרֹתָם**. בני אהרן עצמם לא ירשו את הכהונה מאביהם, משום שהם לא נולדו ככהנים אלא כבני אהרן. כמו על אהרן מוטל גם עליהם לעבור טקס הקדשה למשרתי ה׳, אך אל הבנים שייוולדו להם מעתה תעבור הכהונה בירושה מאבותיהם.

הרחבות

טקסית של הקדשה באמצעות המשיחה בשמן.
בתקופת בית המקדש הראשון ובוודאי בתקופת בית המקדש השני לא היה שמן המשחה זמין. אז התקדשו הכלים תוך כדי השימוש בהם (יומא יב ע״ב).

לְדֹרֹתָם׃ וַיַּעַשׂ מֹשֶׁה כְּכֹל אֲשֶׁר צִוָּה יְהוָה אֹתוֹ טז
ששי כֵּן עָשָׂה׃ וַיְהִי בַּחֹדֶשׁ הָרִאשׁוֹן בַּשָּׁנָה יז
הַשֵּׁנִית בְּאֶחָד לַחֹדֶשׁ הוּקַם הַמִּשְׁכָּן׃ וַיָּקֶם מֹשֶׁה יח
אֶת־הַמִּשְׁכָּן וַיִּתֵּן אֶת־אֲדָנָיו וַיָּשֶׂם אֶת־קְרָשָׁיו וַיִּתֵּן
אֶת־בְּרִיחָיו וַיָּקֶם אֶת־עַמּוּדָיו׃ וַיִּפְרֹשׂ אֶת־הָאֹהֶל יט
עַל־הַמִּשְׁכָּן וַיָּשֶׂם אֶת־מִכְסֵה הָאֹהֶל עָלָיו מִלְמָעְלָה
כַּאֲשֶׁר צִוָּה יְהוָה אֶת־מֹשֶׁה׃ וַיִּקַּח וַיִּתֵּן כ
אֶת־הָעֵדֻת אֶל־הָאָרֹן וַיָּשֶׂם אֶת־הַבַּדִּים עַל־
הָאָרֹן וַיִּתֵּן אֶת־הַכַּפֹּרֶת עַל־הָאָרֹן מִלְמָעְלָה׃
וַיָּבֵא אֶת־הָאָרֹן אֶל־הַמִּשְׁכָּן וַיָּשֶׂם אֵת פָּרֹכֶת כא
הַמָּסָךְ וַיָּסֶךְ עַל אֲרוֹן הָעֵדוּת כַּאֲשֶׁר צִוָּה יְהוָה
אֶת־מֹשֶׁה׃ וַיִּתֵּן אֶת־הַשֻּׁלְחָן בְּאֹהֶל כב
מוֹעֵד עַל יֶרֶךְ הַמִּשְׁכָּן צָפֹנָה מִחוּץ לַפָּרֹכֶת׃ וַיַּעֲרֹךְ כג
עָלָיו עֵרֶךְ לֶחֶם לִפְנֵי יְהוָה כַּאֲשֶׁר צִוָּה יְהוָה אֶת־
מֹשֶׁה׃ וַיָּשֶׂם אֶת־הַמְּנֹרָה בְּאֹהֶל מוֹעֵד כד
נֹכַח הַשֻּׁלְחָן עַל יֶרֶךְ הַמִּשְׁכָּן נֶגְבָּה׃ וַיַּעַל הַנֵּרֹת לִפְנֵי כה

רש"י יט] וַיִּפְרֹשׂ אֶת הָאֹהֶל. הֵן יְרִיעוֹת הָעִזִּים.
כ] אֶת הָעֵדֻת. הַלּוּחוֹת:
כב] עַל יֶרֶךְ הַמִּשְׁכָּן צָפֹנָה. בַּחֲצִי הַצְּפוֹנִי שֶׁל רֹחַב הַבַּיִת: יֶרֶךְ. כְּתַרְגּוּמוֹ: "צִדָּא", כְּיָרֵךְ הַזֶּה שֶׁהוּא בְּצִדּוֹ שֶׁל אָדָם:

הרחבות 'ויקם משה את המשכן' ייחוס המלאכה הקשה של הקמת המשכן בפעם הראשונה למשה בעצמו, נובע כנראה מכך שהמשכן איננו מבנה בלבד. המשכן הוא מכשיר ליצירת קשר דו-כיווני בין ה' ובין ישראל, לאפשר תקשורת בין עולמנו לבין האינסוף.

ביאור

טז **וַיַּעַשׂ מֹשֶׁה כְּכֹל אֲשֶׁר צִוָּה ה' אֹתוֹ** לגבי אופן הקמת המשכן, **כֵּן
עָשָׂה.**

יז **וַיְהִי בַּחֹדֶשׁ הָרִאשׁוֹן**, ניסן, **ב**תחילתה של **הַשָּׁנָה הַשֵּׁנִית** ליציאת
בני ישראל ממצרים, **בְּאֶחָד לַחֹדֶשׁ** – אז **הוּקַם הַמִּשְׁכָּן.** יח **וַיָּקֶם
מֹשֶׁה אֶת הַמִּשְׁכָּן** בעצמו,[26] **וַיִּתֵּן אֶת אֲדָנָיו**, בסיסי הקרשים, **וַיָּשֶׂם
אֶת קְרָשָׁיו** בתוך האדנים, **וַיִּתֵּן אֶת בְּרִיחָיו** כדי להחזיק את הקירות,
וַיָּקֶם אֶת עַמּוּדָיו בכניסה למשכן.

יט ומעל מבנה המשכן, שעיקרו יריעות הבד – **וַיִּפְרֹשׂ אֶת הָאֹהֶל,**
יריעות העזים **עַל הַמִּשְׁכָּן**, כיסוי הבד. **וַיָּשֶׂם אֶת מִכְסֵה הָאֹהֶל**, העשוי
מעורות אילים מאדמים ומעורות תחשים, **עָלָיו מִלְמָעְלָה, כַּאֲשֶׁר
צִוָּה ה' אֶת מֹשֶׁה.**

כ לאחר שגוף המשכן נבנה וכוסה – **וַיִּקַּח, וַיִּתֵּן אֶת הָעֵדֻת**, לוחות
הברית, שהיו עד כה באוהלו של משה, **אֶל הָאָרֹן.** זוהי נקודת הקשר
בין העולמות. עם הכנסת הלוחות למקומם הראוי בארון, הם
מתחילים לשמש מקורות הכוח והעצמה. ללוחות העדות שירדו
משמים נבנה בית מנוחה בארץ. ירידת ה' על הר סיני שוב אינו
מאורע חד-פעמי שחלף ואיננו. הוא קנה שביתה קבועה וממשית
בעולם. **וַיָּשֶׂם אֶת הַבַּדִּים עַל הָאָרֹן, וַיִּתֵּן אֶת הַכַּפֹּרֶת** והכרובים
המסוככים עליה **עַל הָאָרֹן מִלְמָעְלָה.** כא **וַיָּבֵא אֶת הָאָרֹן**, שבתוכו
העדות ועליו כפורת וכרובים, **אֶל הַמִּשְׁכָּן. וַיָּשֶׂם אֵת פָּרֹכֶת הַמָּסָךְ,
וַיָּסֶךְ עַל אֲרוֹן הָעֵדוּת, כַּאֲשֶׁר צִוָּה ה' אֶת מֹשֶׁה.**

כב **וַיִּתֵּן אֶת הַשֻּׁלְחָן בְּאֹהֶל מוֹעֵד, עַל יֶרֶךְ**, צד **הַמִּשְׁכָּן צָפֹנָה מִחוּץ
לַפָּרֹכֶת** החוצצת בין הקודש לבין קודש-הקודשים. כג **וַיַּעֲרֹךְ עָלָיו
עֵרֶךְ**, סדר, מערכת **לֶחֶם לִפְנֵי ה', כַּאֲשֶׁר צִוָּה ה' אֶת מֹשֶׁה.**

כד **וַיָּשֶׂם אֶת הַמְּנֹרָה בְּאֹהֶל מוֹעֵד נֹכַח**, מול **הַשֻּׁלְחָן עַל יֶרֶךְ הַמִּשְׁכָּן
נֶגְבָּה.** השולחן נוטה לצפון המשכן והמנורה לדרומו, והם עומדים

הרחבות

ההכנות המפורטות מכוונות לבניית כלי זה כך שיוכל למלא את תפקידו המיוחד. רק משה הוא המסוגל לדייק עד כדי כך בכינונו הראשון של המשכן. בפעמים הבאות יעסקו במלאכה אחרים, שלמדו ממשה.

יְהוָה כַּאֲשֶׁר צִוָּה יְהוָה אֶת־מֹשֶׁה׃ וַיָּשֶׂם כו
אֶת־מִזְבַּח הַזָּהָב בְּאֹהֶל מוֹעֵד לִפְנֵי הַפָּרֹכֶת׃
וַיַּקְטֵר עָלָיו קְטֹרֶת סַמִּים כַּאֲשֶׁר צִוָּה יְהוָה אֶת־ כז
שביעי מֹשֶׁה׃ וַיָּשֶׂם אֶת־מָסַךְ הַפֶּתַח לַמִּשְׁכָּן׃ כח
וְאֵת מִזְבַּח הָעֹלָה שָׂם פֶּתַח מִשְׁכַּן אֹהֶל־מוֹעֵד וַיַּעַל כט
עָלָיו אֶת־הָעֹלָה וְאֶת־הַמִּנְחָה כַּאֲשֶׁר צִוָּה יְהוָה
אֶת־מֹשֶׁה׃ וַיָּשֶׂם אֶת־הַכִּיֹּר בֵּין־אֹהֶל ל
מוֹעֵד וּבֵין הַמִּזְבֵּחַ וַיִּתֵּן שָׁמָּה מַיִם לְרָחְצָה׃ וְרָחֲצוּ לא
מִמֶּנּוּ מֹשֶׁה וְאַהֲרֹן וּבָנָיו אֶת־יְדֵיהֶם וְאֶת־רַגְלֵיהֶם׃
בְּבֹאָם אֶל־אֹהֶל מוֹעֵד וּבְקָרְבָתָם אֶל־הַמִּזְבֵּחַ יִרְחָצוּ לב
כַּאֲשֶׁר צִוָּה יְהוָה אֶת־מֹשֶׁה׃ וַיָּקֶם אֶת־ לג

רש"י

כז| **וַיַּקְטֵר עָלָיו קְטֹרֶת.** שַׁחֲרִית וְעַרְבִית, כְּמוֹ שֶׁנֶּאֱמַר: "בַּבֹּקֶר בַּבֹּקֶר בְּהֵיטִיבוֹ אֶת הַנֵּרֹת וְגוֹ' וּבְהַעֲלֹת אַהֲרֹן" וְגוֹ' (לעיל ל, ז-ח):

כט| **אֲפִלּוּ בַּיּוֹם הַשְּׁמִינִי לַמִּלּוּאִים** שֶׁהוּא יוֹם הֲקָמַת הַמִּשְׁכָּן, שִׁמֵּשׁ מֹשֶׁה וְהִקְרִיב קָרְבְּנוֹת צִבּוּר, חוּץ מֵאוֹתָן שֶׁנִּצְטַוּוּ לְבוֹ בַּיּוֹם, שֶׁנֶּאֱמַר: "קְרַב אֶל הַמִּזְבֵּחַ" וְגוֹ' (ויקרא ט, ז): **אֶת הָעֹלָה.** עוֹלַת הַתָּמִיד: **וְאֶת הַמִּנְחָה.** מִנְחַת נְסָכִים שֶׁל תָּמִיד, כְּמוֹ שֶׁנֶּאֱמַר: "וְעִשָּׂרֹן סֹלֶת בָּלוּל בְּשֶׁמֶן" וְגוֹ' (לעיל כט, מ):

לא| **וְרָחֲצוּ מִמֶּנּוּ מֹשֶׁה וְאַהֲרֹן וּבָנָיו.** יוֹם שְׁמִינִי לַמִּלּוּאִים הֻשְׁווּ כֻּלָּם לַכְּהֻנָּה, וְתַרְגּוּמוֹ: "וּמְקַדְּשִׁין מִנֵּיהּ", בּוֹ בַּיּוֹם קִדֵּשׁ מֹשֶׁה עִמָּהֶם:

לב| **וּבְקָרְבָתָם.** כְּמוֹ וּבְקָרְבָם, כְּשֶׁיִּקְרְבוּ:

הרחבות

'את ידיהם ואת רגליהם' יש מן החכמים שאמרו שהכהנים רוחצים את ידיהם ואת רגליהם בבת אחת. קשה לדעת אם הדבר בוצע כבר במשכן, ואם כן – כיצד. (ראו זבחים יט ע"ב: "רבי יוסי ברבי יהודה אומר: מניח שתי ידיו זו על גב זו ועל גבי שתי רגליו זו על גבי זו ומקדש. אמרו לו: הפלגתה, אי אפשר לעשות כן... אמר רב יוסף: וחברו מסייעו"). ידוע כי לכיור שעמד בחצר בית המקדש השני היו ברזים, שתחתם שמו הכהנים את ידיהם ואת רגליהם, וכך המים ירדו עליהן יחד. (ראו יומא לז ע"א).

ביאור

זה מול זה. כה וַיַּעַל את הַנֵּרֹת לִפְנֵי ה׳, כַּאֲשֶׁר צִוָּה ה׳ אֶת מֹשֶׁה.

כו וַיָּשֶׂם אֶת מִזְבַּח הַזָּהָב בְּאֹהֶל מוֹעֵד לִפְנֵי, נוכח הַפָּרֹכֶת, בין השולחן
למנורה, משוך כלפי חוץ. כז וַיַּקְטֵר עָלָיו קְטֹרֶת סַמִּים, כַּאֲשֶׁר צִוָּה
ה׳ אֶת מֹשֶׁה.

כח וַיָּשֶׂם אֶת מָסַךְ הַפֶּתַח לַמִּשְׁכָּן.

כט וְאֵת מִזְבַּח הָעֹלָה שָׂם פֶּתַח מִשְׁכַּן אֹהֶל מוֹעֵד. וַיַּעַל עָלָיו אֶת הָעֹלָה
וְאֶת הַמִּנְחָה, כַּאֲשֶׁר צִוָּה ה׳ אֶת מֹשֶׁה.

ל וַיָּשֶׂם אֶת הַכִּיֹּר בֵּין אֹהֶל מוֹעֵד וּבֵין הַמִּזְבֵּחַ, וַיִּתֵּן שָׁמָּה מַיִם
לְרָחְצָה. לא וְרָחֲצוּ מִמֶּנּוּ מֹשֶׁה וְאַהֲרֹן וּבָנָיו אֶת יְדֵיהֶם וְאֶת רַגְלֵיהֶם.
זו אינה טבילת הגוף כולו. לב בְּבֹאָם אֶל אֹהֶל מוֹעֵד וּבְקָרְבָתָם אֶל
הַמִּזְבֵּחַ יִרְחָצוּ, כַּאֲשֶׁר צִוָּה ה׳ אֶת מֹשֶׁה.

'הקודש'

הֶחָצֵר סָבִיב לַמִּשְׁכָּן וְלַמִּזְבֵּחַ וַיִּתֵּן אֶת־מָסַךְ שַׁעַר
הֶחָצֵר וַיְכַל מֹשֶׁה אֶת־הַמְּלָאכָה׃

מפטיר
לד וַיְכַס הֶעָנָן אֶת־אֹהֶל מוֹעֵד וּכְבוֹד יְהוָה מָלֵא אֶת־
לה הַמִּשְׁכָּן׃ וְלֹא־יָכֹל מֹשֶׁה לָבוֹא אֶל־אֹהֶל מוֹעֵד כִּי־שָׁכַן
לו עָלָיו הֶעָנָן וּכְבוֹד יְהוָה מָלֵא אֶת־הַמִּשְׁכָּן׃ וּבְהֵעָלוֹת
הֶעָנָן מֵעַל הַמִּשְׁכָּן יִסְעוּ בְּנֵי יִשְׂרָאֵל בְּכֹל מַסְעֵיהֶם׃
לז לח וְאִם־לֹא יֵעָלֶה הֶעָנָן וְלֹא יִסְעוּ עַד־יוֹם הֵעָלֹתוֹ׃ כִּי עֲנַן
יְהוָה עַל־הַמִּשְׁכָּן יוֹמָם וְאֵשׁ תִּהְיֶה לַיְלָה בּוֹ לְעֵינֵי
כָל־בֵּית־יִשְׂרָאֵל בְּכָל־מַסְעֵיהֶם׃ חזק

רש"י

לה) וְלֹא יָכֹל מֹשֶׁה לָבוֹא אֶל אֹהֶל מוֹעֵד. וְכָתוּב אֶחָד אוֹמֵר: "וּבְבֹא מֹשֶׁה אֶל אֹהֶל מוֹעֵד" (במדבר ז, פט), בָּא הַכָּתוּב הַשְּׁלִישִׁי וְהִכְרִיעַ בֵּינֵיהֶם: "כִּי שָׁכַן עָלָיו הֶעָנָן", אֱמֹר מֵעַתָּה, כָּל זְמַן שֶׁהָיָה הֶעָנָן עָלָיו לֹא הָיָה יָכוֹל לָבֹא, נִסְתַּלֵּק הֶעָנָן, נִכְנָס וּמְדַבֵּר עִמּוֹ.

לח) לְעֵינֵי כָל בֵּית יִשְׂרָאֵל בְּכָל מַסְעֵיהֶם. בְּכָל מַסָּע שֶׁהָיוּ נוֹסְעִים, הָיָה הֶעָנָן שׁוֹכֵן בִּמְקוֹם אֲשֶׁר יַחֲנוּ שָׁם. מְקוֹם חֲנִיָּתָן אַף הוּא קָרוּי מַסָּע, וְכֵן: "וַיֵּלֶךְ לְמַסָּעָיו" (בראשית יג, ג), וְכֵן: "אֵלֶּה מַסְעֵי" (במדבר לג, א), לְפִי שֶׁמִּמְּקוֹם הַחֲנִיָּה חָזְרוּ וְנָסְעוּ, לְכָךְ נִקְרְאוּ כֻּלָּן מַסָּעוֹת.

לג **וַיָּקֶם אֶת הֶחָצֵר סָבִיב לַמִּשְׁכָּן וְלַמִּזְבֵּחַ, וַיִּתֵּן אֶת מָסַךְ שַׁעַר הֶחָצֵר,** | ביאור
וַיְכַל, סיים **מֹשֶׁה אֶת הַמְּלָאכָה.**

כבוד ה׳ מלא את המשכן

פרק מ פס׳ לד–לח

ספר שמות נחתם בהשראת השכינה באוהל מועד. מעשה ידיהם של ישראל – שהיו בו פרץ של נדיבות לב, מצד אחד, והשתדלות לציית בדייקנות לכל פרטי ההוראות שניתנו למשה, מצד שני – אושר כשענן כבודו של ה׳ כיסה את המשכן.

לד כעת נוצר הקשר – **וַיְכַס הֶעָנָן אֶת אֹהֶל מוֹעֵד, וּכְבוֹד ה׳ מָלֵא אֶת**
הַמִּשְׁכָּן. אף על פי שזהו ענן מוחשי, הוא מגלם את כבוד ה׳, ומסמל את השראת שכינתו.

לה **וְלֹא יָכֹל מֹשֶׁה לָבוֹא אֶל אֹהֶל מוֹעֵד כִּי שָׁכַן עָלָיו הֶעָנָן, וּכְבוֹד ה׳**
מָלֵא אֶת הַמִּשְׁכָּן. כיון שמעתה המשכן עומד בייחודו ובקדושתו, משה יוכל להיכנס אליו רק כאשר ה׳ יקרא אליו ולא בכל עת שיחפוץ.[27]

לו **וּבְהֵעָלוֹת הֶעָנָן,** כאשר הענן יעלה **מֵעַל הַמִּשְׁכָּן – יִסְעוּ בְּנֵי יִשְׂרָאֵל**
בְּכֹל מַסְעֵיהֶם. זה יהיה הסימן שיש להמשיך במסעם.
לז **וְאִם לֹא יֵעָלֶה הֶעָנָן – וְלֹא יִסְעוּ עַד יוֹם הֵעָלֹתוֹ.** הענן, המסמל את הנוכחות האלוקית, מורה לישראל מתי יחנו ומתי יסעו. הם לא יצאו למסעותיהם אלא לפי פקודה לא מילולית זו.

לח **כִּי עֲנַן ה׳ עַל הַמִּשְׁכָּן יוֹמָם, וְאֵשׁ תִּהְיֶה לַיְלָה בּוֹ.** אותן התגלויות של עמוד הענן ועמוד האש שהוזכרו לעיל,[28] עברו אל תוך המשכן: ביום יתגלה הענן, ובלילה – האש **לְעֵינֵי כָל בֵּית יִשְׂרָאֵל בְּכָל מַסְעֵיהֶם.**

חזק

הרחבות | ׳וכבוד ה׳ מלא את המשכן׳ תיאור דומה למדי מופיע גם במקדש שלמה, כאשר הענן ממלא את הבית (מלכים א׳ ח,י–יא), וכן בתיאורי הנבואה לעתיד לבוא (ראו ישעיה ד,ה; זכריה ב,ט).

הפטרות

הפטרת שמות

ירמיה

לספרדים

דִּבְרֵי יִרְמְיָהוּ בֶּן־חִלְקִיָּהוּ מִן־הַכֹּהֲנִים אֲשֶׁר א א
בַּעֲנָתוֹת בְּאֶרֶץ בִּנְיָמִן׃ אֲשֶׁר הָיָה דְבַר־יהוה אֵלָיו ב
בִּימֵי יֹאשִׁיָּהוּ בֶן־אָמוֹן מֶלֶךְ יְהוּדָה בִּשְׁלֹשׁ־עֶשְׂרֵה
שָׁנָה לְמָלְכוֹ׃ וַיְהִי בִּימֵי יְהוֹיָקִים בֶּן־יֹאשִׁיָּהוּ מֶלֶךְ ג
יְהוּדָה עַד־תֹּם עַשְׁתֵּי־עֶשְׂרֵה שָׁנָה לְצִדְקִיָּהוּ בֶן־
יֹאשִׁיָּהוּ מֶלֶךְ יְהוּדָה עַד־גְּלוֹת יְרוּשָׁלַםִ בַּחֹדֶשׁ
הַחֲמִישִׁי׃ וַיְהִי דְבַר־יהוה אֵלַי לֵאמֹר׃ ד
אֶצָּרְךָ בְּטֶרֶם אצורך בַבֶּטֶן יְדַעְתִּיךָ וּבְטֶרֶם תֵּצֵא מֵרֶחֶם ה
הִקְדַּשְׁתִּיךָ נָבִיא לַגּוֹיִם נְתַתִּיךָ׃ וָאֹמַר אֲהָהּ אֲדֹנָי ו
יֱהֹוִה הִנֵּה לֹא־יָדַעְתִּי דַּבֵּר כִּי־נַעַר אָנֹכִי׃ וַיֹּאמֶר ז

ענתות בארץ בנימין

העולם

עֲנָתוֹת עיר השוכנת חמישה ק״מ מצפון־מזרח לירושלים בנחלת בנימין, שניתנה לכהנים (יהושע כא,יח). מזוהה עם אחד משני האתרים הסמוכים לכפר ענאתה של ימינו: חרבת א־סיד וראס אל חרובה. על פי במדבר (לה,ג-ד) וירמיה (לב,ז-לב), השדות הסמוכים לעיר היו בבעלות הכהנים ועובדו על ידם.

מינוי ירמיהו לנביא ונבואתו הראשונה

בפרק ההקדשה של ירמיהו מסופר היכן, מתי וכיצד הוא נעשה לנביא, על מי הוא עתיד להתנבא, וכן מובאים בו דברי החיזוק שקיבל בתחילת דרכו. כמו משה בשעתו, גם ירמיהו מקבל את השליחות באי רצון. המדרש מציין קווים משותפים נוספים לשניהם: משה וירמיהו התנבאו בעיקר דברי תוכחות לישראל; לשניהם קמו מתנגדים מקרב העם; שניהם הושלכו למקום סכנה - יאור או בור; ותקופת נבואתם גם היא שווה - ארבעים שנה.[1]

אף על פי שספר ירמיה מלא דברי תוכחה שאחדים מהם קשים למדי, הנבואה הראשונה לאחר ההקדשה היא נבואת פיוס, נחמה ואהבה לישראל.[2] הביטוי: קֹדֶשׁ יִשְׂרָאֵל לַה׳ רֵאשִׁית תְּבוּאָתֹה שבחתימת הנבואה מזכיר את המלים שבפרשה: בְּנִי בְכֹרִי יִשְׂרָאֵל. לפי שני הכתובים, הפוגע בישראל ייאשם כמי שפוגע בקדוש וביקר לאביהם של ישראל.

ביאור | ירמיה פרק א א **דִּבְרֵי יִרְמְיָהוּ בֶּן-חִלְקִיָּהוּ, מִן-הַכֹּהֲנִים אֲשֶׁר בַּעֲנָתוֹת**
שֶׁבְּאֶרֶץ בִּנְיָמִן. ב **אֲשֶׁר הָיָה דְבַר-ה׳ אֵלָיו** בנבואה **בִּימֵי יֹאשִׁיָּהוּ בֶן-**
אָמוֹן מֶלֶךְ יְהוּדָה, בִּשְׁלֹשׁ-עֶשְׂרֵה שָׁנָה לְמָלְכוֹ. ג **וַיְהִי** מנבא גם **בִּימֵי**
יְהוֹיָקִים בֶּן-יֹאשִׁיָּהוּ מֶלֶךְ יְהוּדָה, ומן הסתם גם בתקופת מלכותו הקצרה של יהויכין בנו, **עַד-תֹּם עַשְׁתֵּי,** אחת **עֶשְׂרֵה שָׁנָה לְצִדְקִיָּהוּ בֶן-יֹאשִׁיָּהוּ מֶלֶךְ יְהוּדָה, עַד-גְּלוֹת יְרוּשָׁלַם בַּחֹדֶשׁ הַחֲמִישִׁי.** מקצת נבואותיו נאמרו לאחר חורבן הממלכה וגלות ירושלים.

ד **וַיְהִי דְבַר-ה׳ אֵלַי לֵאמֹר:** ה **בְּטֶרֶם אֶצָּרְךָ בַבֶּטֶן,** עוד לפני
שנוצרת – **יְדַעְתִּיךָ,** הכרתי אותך וייחדתי אותך לקשר קרוב אתי,[3] **וּבְטֶרֶם תֵּצֵא מֵרֶחֶם – הִקְדַּשְׁתִּיךָ.** הקדשתך לנביא אינה מתרחשת כעת. נועדת לכך עוד לפני לידתך ואף לפני יצירתך. **נָבִיא לַגּוֹיִם,** לעמים **נְתַתִּיךָ.** ירמיהו מדבר בעיקר על בני ישראל יושבי יהודה וירושלים, אבל בספרו מצויות גם נבואות המיועדות לכמה מעמי האזור.

תגובתו של הנביא מסתייגת: ו **וָאֹמַר: אֲהָהּ,** אוי, **ה׳ אלוהים, הִנֵּה**
לֹא-יָדַעְתִּי דַּבֵּר, כִּי-נַעַר, איש צעיר מאוד[4] **אָנֹכִי,** ואינני איש דברים. כיצד אוכל להתנבא?

הרחבות | ׳ובטרם תצא מרחם הקדשתיך׳ הנבואה אינה רק כשרון נרכש או תוצאה של לימוד. הכנות לימודיות ואחרות עשויות לשנות את האדם ולהגדיל את סיכוייו לזכות בנבואה, ואולי אף לאפשר אותה, אבל בעיקרה הנבואה אינה באה מכוחו של האדם אלא מרצונו של ה׳. (ראו רד"ק ומלבי"ם; מורה נבוכים ח"ב לב; שו"ת הרשב"א ד׳ רלד. וראו ביטוי מעין זה בישעיה מט,א).

יְהוָה֙ אֵלַ֔י אַל־תֹּאמַ֖ר נַ֣עַר אָנֹ֑כִי כִּ֠י עַל־כָּל־אֲשֶׁ֤ר
אֶֽשְׁלָחֲךָ֙ תֵּלֵ֔ךְ וְאֵ֛ת כָּל־אֲשֶׁ֥ר אֲצַוְּךָ֖ תְּדַבֵּֽר׃ אַל־ ח
תִּירָ֖א מִפְּנֵיהֶ֑ם כִּֽי־אִתְּךָ֥ אֲנִ֛י לְהַצִּלֶ֖ךָ נְאֻם־יְהוָֽה׃
וַיִּשְׁלַ֤ח יְהוָה֙ אֶת־יָד֔וֹ וַיַּגַּ֖ע עַל־פִּ֑י וַיֹּ֤אמֶר יְהוָה֙ אֵלַ֔י ט
הִנֵּ֛ה נָתַ֥תִּי דְבָרַ֖י בְּפִֽיךָ׃ רְאֵ֞ה הִפְקַדְתִּ֣יךָ ׀ הַיּ֣וֹם הַזֶּ֗ה י
עַל־הַגּוֹיִם֙ וְעַל־הַמַּמְלָכ֔וֹת לִנְת֥וֹשׁ וְלִנְת֖וֹץ וּלְהַאֲבִ֣יד
וְלַהֲר֑וֹס לִבְנ֖וֹת וְלִנְטֽוֹעַ׃ וַיְהִ֤י דְבַר־יְהוָה֙ יא
אֵלַ֣י לֵאמֹ֔ר מָֽה־אַתָּ֥ה רֹאֶ֖ה יִרְמְיָ֑הוּ וָאֹמַ֕ר מַקֵּ֥ל שָׁקֵ֖ד
אֲנִ֥י רֹאֶֽה׃ וַיֹּ֧אמֶר יְהוָ֛ה אֵלַ֖י הֵיטַ֣בְתָּ לִרְא֑וֹת כִּֽי־שֹׁקֵ֥ד יב
אֲנִ֛י עַל־דְּבָרִ֖י לַעֲשֹׂתֽוֹ׃ וַיְהִ֨י דְבַר־יְהוָ֥ה ׀ יג
אֵלַי֮ שֵׁנִ֣ית לֵאמֹר֒ מָ֖ה אַתָּ֣ה רֹאֶ֑ה וָאֹמַ֗ר סִ֤יר נָפ֙וּחַ֙
אֲנִ֣י רֹאֶ֔ה וּפָנָ֖יו מִפְּנֵ֥י צָפֽוֹנָה׃ וַיֹּ֥אמֶר יְהוָ֖ה אֵלָ֑י מִצָּפוֹן֙ יד
תִּפָּתַ֣ח הָֽרָעָ֔ה עַ֥ל כָּל־יֹשְׁבֵ֖י הָאָֽרֶץ׃ כִּ֣י ׀ הִנְנִ֣י קֹרֵ֗א טו

מקל שקד

הרחבות

'אל תאמר נער אנכי כי על כל אשר אשלחך תלך' לאמירה זו משמעות דקה נוספת – 'נער' פירושו אדם המשרת את זולתו. בעבורך, ירמיהו, אין בתואר זה חיסרון, אלא אדרבה – זהו חלק מתפקידך, שהרי אתה שלוחי ועושה דברי. אתה תישאר משרתי לעולם.

ביאור

ז **וַיֹּאמֶר ה׳ אֵלַי: אַל-תֹּאמַר "נַעַר אָנֹכִי"** כדי להימנע מהשליחות,[5]
כִּי, אלא **עַל-כָּל-אֲשֶׁר אֶשְׁלָחֲךָ – תֵּלֵךְ, וְאֵת כָּל-אֲשֶׁר**
אֲצַוְּךָ – תְּדַבֵּר. ח **אַל-תִּירָא מִפְּנֵיהֶם,** מפני אלו שאשלח אותך
אליהם, שלא תמיד יאהבו את דברי נבואתך, **כִּי-אִתְּךָ אֲנִי לְהַצִּלֶךָ,**
נְאֻם-ה׳.

ט **וַיִּשְׁלַח ה׳ אֶת-יָדוֹ וַיַּגַּע עַל-פִּי.** ירמיהו הרגיש כמין יד נוגעת בפיו.
וַיֹּאמֶר ה׳ אֵלַי: הִנֵּה נָתַתִּי דְבָרַי בְּפִיךָ. הדברים מסורים לך, והם בתוך
פיך. י **רְאֵה הִפְקַדְתִּיךָ הַיּוֹם הַזֶּה** לנביא **עַל-הַגּוֹיִם וְעַל-הַמַּמְלָכוֹת,**
למסור להם נבואות, התראות והוראות שיש בהם **לִנְתוֹשׁ,** לעקור,
לסלק **וְלִנְתוֹץ,** לשבור **וּלְהַאֲבִיד וְלַהֲרוֹס,** אך גם **לִבְנוֹת וְלִנְטוֹעַ.**

לאחר נבואת ההקדשה הראשונה, שבה קיבל ירמיהו את תפקידו,
נגלה לו מראה נבואי: יא **וַיְהִי דְבַר-ה׳ אֵלַי לֵאמֹר: פָּרֵשׁ מָה-אַתָּה**
רֹאֶה, יִרְמְיָהוּ?

וָאֹמַר: מַקֵּל, ענף של עץ **שָׁקֵד אֲנִי רֹאֶה.**

יב **וַיֹּאמֶר ה׳ אֵלַי: הֵיטַבְתָּ לִרְאוֹת.** ייתכן שלא כל אדם היה מבחין
שזהו מקל שקד, אבל אתה רואה היטב וגם יודע להגדיר את
המראה.[6] **כִּי-שֹׁקֵד,** ממהר **אֲנִי עַל-דְּבָרִי לַעֲשֹׂתוֹ.** מקל עץ השקד
המקדים לפרוח מעצים אחרים מסמל את תוכן נבואתך.

יג **וַיְהִי דְבַר-ה׳ אֵלַי שֵׁנִית לֵאמֹר: מָה אַתָּה רֹאֶה?**

וָאֹמַר: סִיר נָפוּחַ, שנפחו אש מתחתיו. או: דחוס באוויר מחמת
רתיחתו **אֲנִי רֹאֶה. וּפָנָיו מִפְּנֵי,** כנגד **צָפוֹנָה.** אני מבחין שהסיר פונה
לצפון. ייתכן שעל הסיר מונח מכסה המתרומם מפעם לפעם
מחמת האדים.

יד **וַיֹּאמֶר ה׳ אֵלָי: מִצָּפוֹן תִּפָּתַח הָרָעָה עַל כָּל-יֹשְׁבֵי הָאָרֶץ.** הסיר
הלוהט הדחוס בקיטור מסמל פורענות שתפרוץ. טו **כִּי הִנְנִי קֹרֵא**

הרחבות

לשון נופל על לשון השימוש במלים זהות או דומות בשורשן ובצלילן ושונות בהוראותן הוא אחד מקישוטי המליצה במקרא. כאן בצימוד נעוץ פשר מראה הנבואה – השקידה מסומלת בנבואה במקל השקד. (ראו מורה נבוכים ב׳ כט מג).

לְכָל־מִשְׁפְּחוֹת מַמְלְכוֹת צָפוֹנָה נְאֻם־יְהוָה וּבָאוּ
וְנָתְנוּ אִישׁ כִּסְאוֹ פֶּתַח ׀ שַׁעֲרֵי יְרוּשָׁלִַם וְעַל כָּל־
חוֹמֹתֶיהָ סָבִיב וְעַל כָּל־עָרֵי יְהוּדָה׃ וְדִבַּרְתִּי מִשְׁפָּטַי טז
אוֹתָם עַל כָּל־רָעָתָם אֲשֶׁר עֲזָבוּנִי וַיְקַטְּרוּ לֵאלֹהִים
אֲחֵרִים וַיִּשְׁתַּחֲווּ לְמַעֲשֵׂי יְדֵיהֶם׃ וְאַתָּה תֶּאְזֹר יז
מָתְנֶיךָ וְקַמְתָּ וְדִבַּרְתָּ אֲלֵיהֶם אֵת כָּל־אֲשֶׁר אָנֹכִי
אֲצַוֶּךָּ אַל־תֵּחַת מִפְּנֵיהֶם פֶּן־אֲחִתְּךָ לִפְנֵיהֶם׃ וַאֲנִי יח
הִנֵּה נְתַתִּיךָ הַיּוֹם לְעִיר מִבְצָר וּלְעַמּוּד בַּרְזֶל וּלְחֹמוֹת
נְחֹשֶׁת עַל־כָּל־הָאָרֶץ לְמַלְכֵי יְהוּדָה לְשָׂרֶיהָ לְכֹהֲנֶיהָ
וּלְעַם הָאָרֶץ׃ וְנִלְחֲמוּ אֵלֶיךָ וְלֹא־יוּכְלוּ לָךְ כִּי־אִתְּךָ יט
אֲנִי נְאֻם־יְהוָה לְהַצִּילֶךָ׃ וַיְהִי דְבַר־יְהוָה א ב
אֵלַי לֵאמֹר׃ הָלֹךְ וְקָרָאתָ בְאָזְנֵי יְרוּשָׁלִַם לֵאמֹר כֹּה ב
אָמַר יְהוָה זָכַרְתִּי לָךְ חֶסֶד נְעוּרַיִךְ אַהֲבַת כְּלוּלֹתָיִךְ
לֶכְתֵּךְ אַחֲרַי בַּמִּדְבָּר בְּאֶרֶץ לֹא זְרוּעָה׃ קֹדֶשׁ ג
יִשְׂרָאֵל לַיהוָה רֵאשִׁית תְּבוּאָתֹה כָּל־אֹכְלָיו יֶאְשָׁמוּ
רָעָה תָּבֹא אֲלֵיהֶם נְאֻם־יְהוָה׃

הרחבות

'ובאו ונתנו איש כסאו פתח שערי יְרוּשָׁלִַם' אמנם מלך בבל הוא שכבש את ירושלים, אבל נראה שהוא גייס לעזרתו עמים נוספים – עמי האזור שהיו משועבדים לו ועמים אחרים שבאו מן הצפון. (ראו רד"ק).

הנבואה הציבורית הראשונה אולי תושבי

ביאור

לְכָל-מִשְׁפְּחוֹת, עמי **מַמְלְכוֹת צָפוֹנָה, נְאֻם-ה׳, וּבָאוּ וְנָתְנוּ אִישׁ** את
כִּסְאוֹ, שלטונו על **פֶּתַח שַׁעֲרֵי יְרוּשָׁלִַם וְעַל כָּל-חוֹמֹתֶיהָ סָבִיב וְעַל**
כָּל-עָרֵי יְהוּדָה. טז **וְדִבַּרְתִּי מִשְׁפָּטַי אוֹתָם**, אוכיח ואעניש את אנשי
ירושלים ויהודה **עַל כָּל-רָעָתָם אֲשֶׁר עֲזָבוּנִי**, ונוסף לכך – **וַיְקַטְּרוּ**,
קטורת או קרבנות **לֵאלֹהִים אֲחֵרִים וַיִּשְׁתַּחֲווּ לְמַעֲשֵׂי יְדֵיהֶם.**

יז **וְאַתָּה תֶּאְזֹר מָתְנֶיךָ**, התחזק וזרז עצמך לעבודה קשה **וְקַמְתָּ**
וְדִבַּרְתָּ אֲלֵיהֶם אֵת כָּל-אֲשֶׁר אָנֹכִי אֲצַוֶּךָּ. אַל-תֵּחַת, תפחד **מִפְּנֵיהֶם**
פֶּן-אֲחִתְּךָ, אשבור אותך **לִפְנֵיהֶם.** לא תוכל להחזיק מעמד מולם
אלא אם כן תסמוך עלי.[7] יח **וַאֲנִי הִנֵּה נְתַתִּיךָ הַיּוֹם** בגלל התפקיד
הקשה שאתה מקבל, **לְעִיר מִבְצָר**, שקשה לכבשה **וּלְעַמּוּד בַּרְזֶל**
וּלְחֹמוֹת נְחֹשֶׁת עַל-כָּל-הָאָרֶץ, לְמַלְכֵי יְהוּדָה, לְשָׂרֶיהָ, לְכֹהֲנֶיהָ וּלְעַם
הָאָרֶץ. יט **וְנִלְחֲמוּ** כל אלה **אֵלֶיךָ**, נגדך **וְלֹא-יוּכְלוּ לָךְ.** לא יעלה בידם
לנצח אותך, **כִּי-אִתְּךָ אֲנִי, נְאֻם-ה׳, לְהַצִּילֶךָ.** מכאן והלאה אתה נביא
ועליך להוכיחם, לנבא להם את העתיד ולנסות להחזירם למוטב.

פרק ב א **וַיְהִי דְבַר-ה׳ אֵלַי לֵאמֹר:** ב **הָלֹךְ וְקָרָאתָ בְאָזְנֵי יְרוּשָׁלִַם.**
קריאה זו לירושלים מבטאת את יחסו של ה׳ לעם ישראל כולו,[8]
לֵאמֹר: כֹּה אָמַר ה׳: זָכַרְתִּי, אני זוכר **לָךְ** לעולם את **חֶסֶד נְעוּרַיִךְ,**
אַהֲבַת כְּלוּלֹתָיִךְ, האהבה שאהבת אותי כאשר היית כלתי. היה
זה בעת **לֶכְתֵּךְ אַחֲרַי בַּמִּדְבָּר בְּאֶרֶץ לֹא זְרוּעָה.** כשעזבתם את ארץ
מצרים שבה נולדו הוריכם, נולדתם אתם ואף גדלתם שם – כדי
ללכת אחרי ה׳. לא היגרתם ממדינה למדינה, אלא יצאתם במצוותי
למדבר שממה. על כן תיזכר לכם זכות זו לעד. ג אשר על כן, **קֹדֶשׁ**
יִשְׂרָאֵל לַה׳, רֵאשִׁית, תרומת **תְּבוּאָתֹה.** כשם שבעלי התבואה מרימים
ממנה תרומה ובכך היא מתקדשת, כך ישראל שהופרשו מכל העמים
התקדשו לה׳. כיוון שכך, **כָּל-אֹכְלָיו יֶאְשָׁמוּ.** פגיעה בתרומה היא
עברה על מצוות התורה.[9] אסור באיסור חמור שאחרים יאכלו את
התרומה, אלא היא שייכת לכהן לבדו, ובהקשר זה הוא ה׳ בעצמו.
רָעָה תָּבֹא אֲלֵיהֶם, נְאֻם-ה׳.

הרחבות

ירושלים לא שמו לבם לנבואה זו, מפני שחשו שחשיבותם וייחודם נשמרים בין כה וכה, ללא קשר למעשיהם. מכל מקום, נבואה ראשונה זו מגדירה את מערכת היחסים בין ה׳ לישראל. למרות שבהמשך ייאמרו דברי תוכחה שונים, השייכות, הנאמנות והבחירה של ה׳ בישראל הן העומדות בבסיס הקשר (ראו רד״ק ומלבי״ם).

ישעיה

לאשכנזים

כז ו הַבָּאִים֙ יַשְׁרֵ֣שׁ יַעֲקֹ֔ב יָצִ֥יץ וּפָרַ֖ח יִשְׂרָאֵ֑ל וּמָלְא֥וּ
פְנֵי־תֵבֵ֖ל תְּנוּבָֽה׃ ז הַכְּמַכַּ֥ת מַכֵּ֖הוּ הִכָּ֑הוּ
אִם־כְּהֶ֥רֶג הֲרֻגָ֖יו הֹרָֽג׃ ח בְּסַאסְּאָ֖ה בְּשַׁלְחָ֣הּ תְּרִיבֶ֑נָּה
הָגָ֛ה בְּרוּח֥וֹ הַקָּשָׁ֖ה בְּי֥וֹם קָדִֽים׃ ט לָכֵ֗ן בְּזֹאת֙ יְכֻפַּ֣ר
עֲוֺן־יַעֲקֹ֔ב וְזֶ֕ה כׇּל־פְּרִ֖י הָסִ֣ר חַטָּאת֑וֹ בְּשׂוּמ֣וֹ ׀ כׇּל־
אַבְנֵ֣י מִזְבֵּ֗חַ כְּאַבְנֵי־גִר֙ מְנֻפָּצ֔וֹת לֹא־יָקֻ֥מוּ אֲשֵׁרִ֖ים
וְחַמָּנִֽים׃ י כִּ֣י עִ֤יר בְּצוּרָה֙ בָּדָ֔ד נָוֶ֕ה מְשֻׁלָּ֥ח וְנֶעֱזָ֖ב
כַּמִּדְבָּ֑ר שָׁ֣ם יִרְעֶ֥ה עֵ֛גֶל וְשָׁ֥ם יִרְבָּ֖ץ וְכִלָּ֥ה סְעִפֶֽיהָ׃
יא בִּיבֹ֤שׁ קְצִירָהּ֙ תִּשָּׁבַ֔רְנָה נָשִׁ֕ים בָּא֖וֹת מְאִיר֣וֹת אוֹתָ֑הּ
כִּ֣י לֹ֤א עַם־בִּינוֹת֙ ה֔וּא עַל־כֵּן֙ לֹא־יְרַחֲמֶ֣נּוּ עֹשֵׂ֔הוּ

אבני גיר

מכותיו וישועתו של בית יעקב

בֵּית יַעֲקֹב יורד לגלותו הראשונה בפתיחת הפרשה, והוא ישוב מן הגלות לירושלים וישגשג בנבואתו של ישעיהו שבהפטרה. בין פסוקי הישועה הפותחים את ההפטרה לאלו המסיימים אותה מתוארת מדינה מסואבת וזחוחה שבאדישותה הודפת דברי מוסר ותורה בטענה שהם דברים ילדותיים או זרים לשיח העכשווי. הנבואה חותמת בשינוי שיתחולל בעתיד, כאשר בית יעקב יכיר ויעריץ את קדושו.

ביאור | ישעיה פרק כז ו בימים הַבָּאִים,[10] לאחר סילוק הקוצים שתואר
קודם, יַשְׁרֵשׁ כרם יַעֲקֹב, יָצִיץ, יצמיח, יוציא ציץ וּפָרַח יִשְׂרָאֵל, וּמָלְאוּ
פְנֵי תֵבֵל תְּנוּבָה, מפרי הכרם הטוב.[11]

כאמור קודם לכן, ה' כילה את קוצי הכרם ופגע בתוך כך בכרם עצמו.
ז אולם – הַכְּמַכַּת מַכֵּהוּ הִכָּהוּ, האם ה' פגע בכרם באותו אופן שהכה
בקוצים, באויבים?! אִם כְּהֶרֶג הֲרֻגָיו, הורגיו, הֹרָג?! – אין להשוות את
מכת הכרם למכת הקוצים. ח בְּסַאסְּאָה, באופן מדוד[12] בְּשַׁלְחָהּ את
המכה בישראל תְּרִיבֶנָּה, תריב עמם. המכֶּה הָגָה, השמיע קול נהמה[13]
בְּרוּחוֹ הַקָּשָׁה בְּיוֹם קָדִים, ביום נשיבת רוח עזה, כלומר ביום דין.
הכאת כרם ישראל אינה באה לכלותו אלא לתקנו. ט לָכֵן, בְּזֹאת
יְכֻפַּר עֲוֹן יַעֲקֹב וְזֶה כָּל פְּרִי, תוצאת הָסִר חַטָּאתוֹ: בְּשׂוּמוֹ כָּל אַבְנֵי מִזְבֵּחַ
של פולחן זר, כְּאַבְנֵי גִר – אבני בניין אופייניות לארץ, המכילות חומר
סלעי עשיר בפחמת סידן – מְנֻפָּצוֹת, מנותצות. עם נתיצת המזבחות
הופכות האבנים לשברי גיר. בתהליך הניקיון הזה לֹא יָקֻמוּ, יתקיימו
עוד אֲשֵׁרִים וְחַמָּנִים, אילנות ומצבות העשויים לאלילים.

י כִּי עִיר הרֶשע של האויבים שהייתה בְּצוּרָה – בָּדָד תיוותר, בלא חוסן
וביטחון, וכן הנָוֶה המיושב יהיה מְשֻׁלָּח, נטוש וְנֶעֱזָב כַּמִּדְבָּר. שָׁם יִרְעֶה
עֵגֶל, וְשָׁם יִרְבָּץ וְכִלָּה סְעִפֶיהָ, ענפיה. מקומות היישוב ייעזבו, והעגל
יוכל לרעות את צמחיית הבר הגדלה שם באין מפריע. יא בִּיבֹשׁ
קְצִירָהּ תִּשָּׁבַרְנָה. כאשר הצמחייה הנאכלת הזאת תבשיל, היא
תתייבש ותישבר, ואז נָשִׁים בָּאוֹת מְאִירוֹת אוֹתָהּ, ידליקו בה את
האור, האש. אלו הם ביטויים סמליים של שבירת הרע וכיליונו,
מיצוי הלחלוחית הטובה האצורה בו וניקוי פגמיו עד תום. כִּי לֹא
עַם בִּינוֹת הוּא. אין בישראל בינה לשוב מעצמו אל ה', עַל כֵּן לֹא
יְרַחֲמֶנּוּ עֹשֵׂהוּ, וְיֹצְרוֹ לֹא יְחֻנֶּנּוּ. והוא יוכה ללא רחמים וחנינה עד
שיגיע העולם לניקיון שלם.

יב וְיֹצְרוֹ לֹא יְחֻנֶּנּוּ׃ וְהָיָה בַּיּוֹם הַהוּא יַחְבֹּט
יְהוָה מִשִּׁבֹּלֶת הַנָּהָר עַד־נַחַל מִצְרָיִם וְאַתֶּם תְּלֻקְּטוּ
יג לְאַחַד אֶחָד בְּנֵי יִשְׂרָאֵל׃ וְהָיָה ׀ בַּיּוֹם
הַהוּא יִתָּקַע בְּשׁוֹפָר גָּדוֹל וּבָאוּ הָאֹבְדִים בְּאֶרֶץ
אַשּׁוּר וְהַנִּדָּחִים בְּאֶרֶץ מִצְרָיִם וְהִשְׁתַּחֲווּ לַיהוָה
כח א בְּהַר הַקֹּדֶשׁ בִּירוּשָׁלִָם׃ הוֹי עֲטֶרֶת גֵּאוּת
שִׁכֹּרֵי אֶפְרַיִם וְצִיץ נֹבֵל צְבִי תִפְאַרְתּוֹ אֲשֶׁר עַל־
ב רֹאשׁ גֵּיא־שְׁמָנִים הֲלוּמֵי יָיִן׃ הִנֵּה חָזָק וְאַמִּץ
לַאדֹנָי כְּזֶרֶם בָּרָד שַׂעַר קָטֶב כְּזֶרֶם מַיִם כַּבִּירִים
ג שֹׁטְפִים הִנִּיחַ לָאָרֶץ בְּיָד׃ בְּרַגְלַיִם תֵּרָמַסְנָה
ד עֲטֶרֶת גֵּאוּת שִׁכּוֹרֵי אֶפְרָיִם׃ וְהָיְתָה צִיצַת נֹבֵל
צְבִי תִפְאַרְתּוֹ אֲשֶׁר עַל־רֹאשׁ גֵּיא שְׁמָנִים כְּבִכּוּרָהּ
בְּטֶרֶם קַיִץ אֲשֶׁר יִרְאֶה הָרֹאֶה אוֹתָהּ בְּעוֹדָהּ בְּכַפּוֹ

תאנה שביכרה
בטרם קיץ

ביאור | דימוי חקלאי אחר – החבטה על עצי הזית כדי להשיר
פרותיהם: יב **וְהָיָה בַּיּוֹם הַהוּא יַחְבֹּט ה׳** את כל האזור **מִשִּׁבֹּלֶת,**
מזרם[14] **הַנָּהָר,** כנראה נקודת המפגש של הפרת והחידקל, המכונה
שט-אל-ערב, **עַד נַחַל מִצְרָיִם,** הנילוס, שבקצה השני של הארץ. **וְאַתֶּם
תְּלֻקְּטוּ לְאַחַד אֶחָד בְּנֵי יִשְׂרָאֵל.** לאחר הכאת העץ, הכרוכה בשבירת
ענפים קטנים, מתאפשרת לקיטת הזיתים אחד אחד.[15] יג **וְהָיָה
בַּיּוֹם הַהוּא יִתָּקַע בְּשׁוֹפָר גָּדוֹל,** כאות תרועת הניצחון, וגם כקריאה
להתקבץ ולשוב הביתה.[16] **וּבָאוּ הָאֹבְדִים בְּאֶרֶץ אַשּׁוּר** אשר באזור
שיבולת הנהר המוזכרת, **וְהַנִּדָּחִים בְּאֶרֶץ מִצְרָיִם,** מקום נחל מצרים.
ישראל תעו בכל הארצות הללו והתבוללו בין העמים. כאשר ינער ה׳
את העולם, הם יתעוררו ובאו **וְהִשְׁתַּחֲווּ לַה׳ בְּהַר הַקֹּדֶשׁ בִּירוּשָׁלִָם.**

נכבדי אפרים ויהודה שותים ומתהוללים, וממשיכים לחיות את חייהם בלי להקשיב לדברי תורה ומוסר. בהתלוצצויותיהם הם הודפים את אזהרת הנביא ואת דאגת המחר. הנביא פונה תחילה
אל גאות שיכורי שומרון הנובלת: פרק כח א **הוֹי עֲטֶרֶת גֵּאוּת,** הכתר
שעל ראש גאוותם של **שִׁכֹּרֵי אֶפְרַיִם.** זהו דימוי למנהיגי ממלכת ישראל. **וְצִיץ,** פרח או תכשיט לראש **נֹבֵל צְבִי תִפְאַרְתּוֹ,** פארו של אפרים אינו אלא פרח נובל או תכשיט בלה. ייתכן שתכשיט ממשי זה ענדו הנכבדים במשתה[17] או אנשי מלחמה, או שזהו ביטוי סמלי. **אֲשֶׁר עַל רֹאשׁ גֵּיא שְׁמָנִים הֲלוּמֵי יָיִן.** הכתר הזה מונח על ראש
שאינו משמש אלא לסיכה בשמן ולשכרות מיין.[18] ב **הִנֵּה** בא יום[19]
חָזָק וְאַמִּץ לַאדֹנָי כְּזֶרֶם בָּרָד, שַׂעַר, סער **קָטֶב,** מכלה **כְּזֶרֶם מַיִם כַּבִּירִים שֹׁטְפִים, הִנִּיחַ** את כתר אפרים **לָאָרֶץ בְּיָד,** בכוח. הזרם שוטף ומפיל בחזקה את כל המתנשא.[20] הסערה והמים מטלטלות ואולי
אף מטהרות את העם השיכור השוכב והוזה. ג **בְּרַגְלַיִם תֵּרָמַסְנָה
עֲטֶרֶת גֵּאוּת** שבראש **שִׁכּוֹרֵי אֶפְרָיִם.** ד **וְהָיְתָה צִיצַת,** ציץ **נֹבֵל צְבִי
תִפְאַרְתּוֹ, אֲשֶׁר עַל רֹאשׁ גֵּיא שְׁמָנִים, כְּבִכּוּרָהּ** כמו תאנה המקדימה להבשיל **בְּטֶרֶם קַיִץ,** לפני זמן קציצת התאנים, **אֲשֶׁר יִרְאֶה הָרֹאֶה אוֹתָהּ – בְּעוֹדָהּ בְּכַפּוֹ יִבְלָעֶנָּה.** כאשר כל יתר התאנים עדיין פגים, ותאנה אחת הבשילה, היא בולטת לעין. הרואה אותה חוטף ובולעה מיד, בלי להביאה הביתה. באופן דומה, קישוטי ההדר של אפרים

יְבַלְעֶנָּה׃ בַּיּוֹם הַהוּא יִהְיֶה יְהוָה צְבָאוֹת ה
לַעֲטֶרֶת צְבִי וְלִצְפִירַת תִּפְאָרָה לִשְׁאָר עַמּוֹ׃ וּלְרוּחַ ו
מִשְׁפָּט לַיּוֹשֵׁב עַל־הַמִּשְׁפָּט וְלִגְבוּרָה מְשִׁיבֵי
מִלְחָמָה שָׁעְרָה׃ וְגַם־אֵלֶּה בַּיַּיִן שָׁגוּ וּבַשֵּׁכָר תָּעוּ כֹּהֵן ז
וְנָבִיא שָׁגוּ בַשֵּׁכָר נִבְלְעוּ מִן־הַיַּיִן תָּעוּ מִן־הַשֵּׁכָר
שָׁגוּ בָּרֹאֶה פָּקוּ פְּלִילִיָּה׃ כִּי כָּל־שֻׁלְחָנוֹת מָלְאוּ ח
קִיא צֹאָה בְּלִי מָקוֹם׃ אֶת־מִי יוֹרֶה דֵעָה ט
וְאֶת־מִי יָבִין שְׁמוּעָה גְּמוּלֵי מֵחָלָב עַתִּיקֵי מִשָּׁדָיִם׃
כִּי צַו לָצָו צַו לָצָו קַו לָקָו קַו לָקָו זְעֵיר שָׁם זְעֵיר י
שָׁם׃ כִּי בְּלַעֲגֵי שָׂפָה וּבְלָשׁוֹן אַחֶרֶת יְדַבֵּר אֶל־הָעָם יא
הַזֶּה׃ אֲשֶׁר ׀ אָמַר אֲלֵיהֶם זֹאת הַמְּנוּחָה הָנִיחוּ יב
לֶעָיֵף וְזֹאת הַמַּרְגֵּעָה וְלֹא אָבוּא שְׁמוֹעַ׃ וְהָיָה לָהֶם יג
דְּבַר־יְהוָה צַו לָצָו צַו לָצָו קַו לָקָו קַו לָקָו זְעֵיר שָׁם
זְעֵיר שָׁם לְמַעַן יֵלְכוּ וְכָשְׁלוּ אָחוֹר וְנִשְׁבָּרוּ וְנוֹקְשׁוּ
וְנִלְכָּדוּ׃

ביאור

יבלעו כהרף עין. ה במקום הקישוטים הנובלים שנתקשטו בהם
שיכורי אפרים – **בַּיּוֹם הַהוּא יִהְיֶה ה׳ צְבָאוֹת לַעֲטֶרֶת צְבִי וְלִצְפִירַת,**
זר, מקלעת[21] **תִּפְאָרָה לִשְׁאָר עַמּוֹ.** ה׳ יהיה תפארתם של שאר העם,
ממלכת יהודה,[22] ו ולא קישוט וכבוד בלבד אלא גם **לְרוּחַ מִשְׁפָּט** –
לַיּוֹשֵׁב עַל כס **הַמִּשְׁפָּט, וְלִגְבוּרָה** – לאותם שהם **מְשִׁיבֵי מִלְחָמָה שָׁעְרָה.**

תרבות השתייה וההוללות פשתה גם ביהודה. ז **וְגַם אֵלֶּה,** יושבי
ירושלים, **בַּיַּיִן שָׁגוּ וּבַשֵּׁכָר תָּעוּ. כֹּהֵן וְנָבִיא שָׁגוּ בַשֵּׁכָר, נִבְלְעוּ,** נעשו
מעורפלים **מִן הַיַּיִן. תָּעוּ** מדרכם **מִן,** מחמת **הַשֵּׁכָר שָׁגוּ בָּרֹאֶה,** לא הבינו
נכון את אשר עיניהם רואות. **פָּקוּ,** פוקקו, שברו **פְּלִילִיָּה,** משפט.
הנהגתה הרוחנית והמדינית של ירושלים ניתנה בידי קבוצת שיכורים
מטושטשים. ח **כִּי כָּל שֻׁלְחָנוֹת מָלְאוּ קִיא צֹאָה בְּלִי מָקוֹם** פנוי ונקי.
אין זה משתה של שמחה, אלא מסיבת שיכורים שאינם שולטים
בנקביהם וכל זוהמתם יוצאת החוצה. ט כאשר המבוגרים הוללים
ומחוסרי דעה – **אֶת מִי יוֹרֶה דֵעָה וְאֶת מִי יָבִין שְׁמוּעָה,** את מי אפשר
ללמד – את **גְּמוּלֵי מֵחָלָב,** התינוקות הקטנים שנגמלו מיניקה, **עַתִּיקֵי,**
תינוקות שזה עתה הועתקו, הורחקו **מִשָּׁדָיִם**?! י התורה נתפסת
בעיני האנשים כקובץ מגבלות ודקויות חסרי משמעות, **כִּי** כאשר
מנסים ללמדם תורה ודעת, אין הם רואים בתורה אלא **צַו לָצָו, צַו**
לָצָו, פקודות והוראות, **קַו לָקָו, קַו לָקָו,** גדרים וגבולות, **זְעֵיר שָׁם, זְעֵיר**
שָׁם, מעט כאן מעט כאן. הם רואים את התורה כמקבץ פקודות,
הגבלות וסעיפים קטנים שאין להם משמעות בשביל אנשים בוגרים
מביני עניין. יא **כִּי בְּלַעֲגֵי שָׂפָה וּבְלָשׁוֹן אַחֶרֶת יְדַבֵּר אֶל הָעָם הַזֶּה.**
שפת הנביא זרה לעם ונלעגת בעיניו. יב אין הם מבינים את **אֲשֶׁר**
אָמַר אֲלֵיהֶם: "זֹאת הַמְּנוּחָה, כך תשיגו את שלוותכם: **הָנִיחוּ לֶעָיֵף,**
לחלש, לחיות את חייו בכבוד, **וְזֹאת הַמַּרְגֵּעָה.** הוראותיה של התורה
מדריכות כיצד לבנות חברה הגונה יציבה". **וְלֹא אָבוּא,** רצו **שְׁמוֹעַ.**
הם מיאנו לקבל את תוכני הנבואה. יג **וְהָיָה לָהֶם דְּבַר ה׳ צַו לָצָו, צַו**
לָצָו, קַו לָקָו, קַו לָקָו, זְעֵיר שָׁם, זְעֵיר שָׁם. דבר ה׳ נראה בעיניהם כלקט
חוקים ומשפטים חסרי משמעות, **לְמַעַן יֵלְכוּ וְכָשְׁלוּ אָחוֹר וְנִשְׁבָּרוּ**
וְנוֹקְשׁוּ וְנִלְכָּדוּ, וכתוצאה מכך, הלכו אחור בעיוורונם ונכשלו.

לבסוף יתחולל שינוי: יחדלו החוטאים וקלי הדעת, ובית יעקב יקדיש

כט לָכֵן כֹּה־אָמַר יְהוָה אֶל־בֵּית יַעֲקֹב אֲשֶׁר פָּדָה אֶת־ כב
אַבְרָהָם לֹא־עַתָּה יֵבוֹשׁ יַעֲקֹב וְלֹא עַתָּה פָּנָיו יֶחֱוָרוּ׃
כִּי בִרְאוֹתוֹ יְלָדָיו מַעֲשֵׂה יָדַי בְּקִרְבּוֹ יַקְדִּישׁוּ שְׁמִי כג
וְהִקְדִּישׁוּ אֶת־קְדוֹשׁ יַעֲקֹב וְאֶת־אֱלֹהֵי יִשְׂרָאֵל
יַעֲרִיצוּ׃

יחזקאל

לתימנים

טז וַיְהִי דְבַר־יְהוָה אֵלַי לֵאמֹר׃ בֶּן־אָדָם הוֹדַע אֶת־ א ב
יְרוּשָׁלַםִ אֶת־תּוֹעֲבֹתֶיהָ׃ וְאָמַרְתָּ כֹּה־אָמַר אֲדֹנָי ג
יֱהוִה לִירוּשָׁלַםִ מְכֹרֹתַיִךְ וּמֹלְדֹתַיִךְ מֵאֶרֶץ הַכְּנַעֲנִי
אָבִיךְ הָאֱמֹרִי וְאִמֵּךְ חִתִּית׃ וּמוֹלְדוֹתַיִךְ בְּיוֹם הוּלֶּדֶת ד
אוֹתָךְ לֹא־כָרַּת שָׁרֵּךְ וּבְמַיִם לֹא־רֻחַצְתְּ לְמִשְׁעִי
וְהָמְלֵחַ לֹא הֻמְלַחַתְּ וְהָחְתֵּל לֹא חֻתָּלְתְּ׃ לֹא־ ה
חָסָה עָלַיִךְ עַיִן לַעֲשׂוֹת לָךְ אַחַת מֵאֵלֶּה לְחֻמְלָה
עָלָיִךְ וַתֻּשְׁלְכִי אֶל־פְּנֵי הַשָּׂדֶה בְּגֹעַל נַפְשֵׁךְ בְּיוֹם
הֻלֶּדֶת אֹתָךְ׃ וָאֶעֱבֹר עָלַיִךְ וָאֶרְאֵךְ מִתְבּוֹסֶסֶת ו

העולם

אִמֵּךְ חִתִּית אפשר לפרש ביטוי זה כמתייחס למוצא האתני של העם, אך יש מפרשים שהפסוק עוסק בעיר ירושלים, שלפני כיבושה על ידי דוד ישבו בה חתים. על פי עדות המקרא, ישבו חתים באזור ההר, כגון בחברון (בראשית כה,ט; במדבר יג,כט). בשמואל (א׳ כו,ו; ב׳ יא,ג) נזכרים אחימלך ואוריה החתים, ששירתו בצבאו של דוד המלך.

וְהָמְלֵחַ לֹא הֻמְלַחַתְּ המלחת יילודים הייתה מקובלת בעולם העתיק, והיא נזכרת גם במשנה ובתלמוד (שבת קכט ע״ב). יש עדויות למנהג זה גם באירופה של ימי הביניים ועד ימינו בקרב קהילות מצפון אפריקה. מרבית החוקרים טוענים כי פעולה זו באה מטעמים היגייניים, ויש הסוברים כי היא נועדה להגן מפני שדים ורוחות רעות.

ביאור | את ה׳ מתוך הכרה פנימית. פרק כט כב **לָכֵן כֹּה אָמַר ה׳ אֶל בֵּית**
יַעֲקֹב אֲשֶׁר פָּדָה אֶת אַבְרָהָם. יעקב וביתו הוא שהציל את אברהם
מבחינה היסטורית, בכך שמימש את דרכו. לולא משפחת יעקב לא
היה נשאר מסבו אברהם אלא זיכרון רחוק.[23] **לֹא עַתָּה,** בזמן הגאולה
יֵבוֹשׁ יַעֲקֹב, וְלֹא עַתָּה פָּנָיו יֶחֱוָרוּ, לא ילבינו פניו מבושה. כג **כִּי**
בִרְאֹתוֹ יְלָדָיו, שהם **מַעֲשֵׂה יָדַי בְּקִרְבּוֹ, יַקְדִּישׁוּ** את **שְׁמִי,** ולא יהיו
מעשיהם מן השפה ולחוץ כמקודם, **וְהִקְדִּישׁוּ אֶת קְדוֹשׁ יַעֲקֹב, וְאֶת**
אֱלֹהֵי יִשְׂרָאֵל יַעֲרִיצוּ.

התפתחותה של האומה במצרים

הפרק הארוך והקשה בנבואת יחזקאל העוסק בתועבות ירושלים, נקטע בקריאת ההפטרה בראשיתו, בשלב המרנין שלו. כאן מתוארת אומה שהייתה מוזנחת ומזוהמת בראשיתה, ושוקמה על ידי מי שעתיד להיות חתנה. מצילהּ של האסופית המפרפרת למוות נשבע לה ברית אמונים, ייפה אותה בשלמות ככלה והכשיר אותה למלוכה.

יחזקאל פרק טז א **וַיְהִי דְבַר-ה׳ אֵלַי לֵאמֹר:** ב **בֶּן-אָדָם, הוֹדַע, יַדַּע**
אֶת-יְרוּשָׁלַ͏ִם אֶת-תּוֹעֲבֹתֶיהָ. למרות שמדובר באומה כולה, הנבואה
מכוונת אל ירושלים מפני שממלכת ישראל כבר איננה. ג **וְאָמַרְתָּ:**
כֹּה-אָמַר אֲדֹנָי אֱלוֹהִים לִירוּשָׁלַ͏ִם: מְכֹרֹתַיִךְ וּמֹלְדֹתַיִךְ, מקורך ולידתך
מֵאֶרֶץ הַכְּנַעֲנִי. אָבִיךְ הָאֱמֹרִי וְאִמֵּךְ חִתִּית. ביטוי זה נכון עובדתית,
שהרי אבות האומה הראשונים באו מארים נהריים, מגזעים השייכים
לאמוריים, ואולי גם לחתיים[24] – אך הוא משמש כאן כהטחת עלבון,
כלומר גזעך ומוצאך זר ומוזר. ד **וּמוֹלְדוֹתַיִךְ,** וקורות לידתך, כאשר
נהיית לעם – **בְּיוֹם הוּלֶּדֶת אוֹתָךְ לֹא-כָרַּת** כורַת, נכרת **שָׁרֵּךְ,** טבורך
כהוגן – הפעולה הראשונה שעושים ביילוד, **וּבְמַיִם לֹא-רֻחַצְתְּ לְמִשְׁעִי,**
לניקיון והחלקה, **וְהָמְלֵחַ לֹא הֻמְלַחַתְּ.** נהגו לפזר מלח על עורם של
יילודים ולשפשפו. **וְהָחְתֵּל לֹא חֻתָּלְתְּ.** ישראל הפכו ממשפחה גדולה
לעם בגלות מצרים.[25] העם לא נולד מתוך מעלה מיוחדת או מצב
מרומם; הקבוצה גילתה את היותה עם כשבניה היו עבדים מושפלים
וחסרי כול, נטולי עבר ועתיד, והם חיו רק את חייהם הרופפים
בהווה. ה **לֹא-חָסָה עָלַיִךְ עַיִן לַעֲשׂוֹת לָךְ אַחַת מֵאֵלֶּה, לְחֻמְלָה,**
לרחם **עָלָיִךְ, וַתֻּשְׁלְכִי אֶל-פְּנֵי הַשָּׂדֶה בְּגֹעַל נַפְשֵׁךְ,** במיאוס גופך **בְּיוֹם**
הֻלֶּדֶת אֹתָךְ. ו **וָאֶעֱבֹר עָלַיִךְ,** לידך **וָאֶרְאֵךְ מִתְבּוֹסֶסֶת,** מתגוללת

בְּדָמַ֙יִךְ֙ וָאֹ֤מַר לָךְ֙ בְּדָמַ֣יִךְ חֲיִ֔י וָאֹ֥מַר לָ֖ךְ בְּדָמַ֥יִךְ
ז חֲיִֽי׃ רְבָבָ֞ה כְּצֶ֤מַח הַשָּׂדֶה֙ נְתַתִּ֔יךְ וַתִּרְבִּי֙ וַתִּגְדְּלִ֔י
וַתָּבֹ֖אִי בַּעֲדִ֣י עֲדָיִ֑ים שָׁדַ֤יִם נָכֹ֙נוּ֙ וּשְׂעָרֵ֣ךְ צִמֵּ֔חַ וְאַ֖תְּ
ח עֵרֹ֥ם וְעֶרְיָֽה׃ וָאֶעֱבֹ֨ר עָלַ֜יִךְ וָאֶרְאֵ֗ךְ וְהִנֵּ֤ה עִתֵּךְ֙ עֵ֣ת
דֹּדִ֔ים וָאֶפְרֹ֤שׂ כְּנָפִי֙ עָלַ֔יִךְ וָאֲכַסֶּ֖ה עֶרְוָתֵ֑ךְ וָאֶשָּׁ֣בַע
לָ֠ךְ וָאָב֨וֹא בִבְרִ֜ית אֹתָ֗ךְ נְאֻ֛ם אֲדֹנָ֥י יֱהֹוִ֖ה וַתִּֽהְיִי־לִֽי׃
ט וָאֶרְחָצֵ֣ךְ בַּמַּ֔יִם וָאֶשְׁטֹ֥ף דָּמַ֖יִךְ מֵעָלָ֑יִךְ וָאֲסֻכֵ֖ךְ בַּשָּֽׁמֶן׃
י וָאַלְבִּישֵׁ֣ךְ רִקְמָ֔ה וָאֶנְעֲלֵ֖ךְ תָּ֑חַשׁ וָאֶחְבְּשֵׁ֣ךְ בַּשֵּׁ֔שׁ
יא וַאֲכַסֵּ֖ךְ מֶֽשִׁי׃ וָאֶעְדֵּ֖ךְ עֶ֑דִי וָאֶתְּנָ֤ה צְמִידִים֙ עַל־יָדַ֔יִךְ
יב וְרָבִ֖יד עַל־גְּרוֹנֵֽךְ׃ וָאֶתֵּ֥ן נֶ֙זֶם֙ עַל־אַפֵּ֔ךְ וַעֲגִילִ֖ים עַל־
יג אָזְנָ֑יִךְ וַעֲטֶ֥רֶת תִּפְאֶ֖רֶת בְּרֹאשֵֽׁךְ׃ וַתַּעְדִּ֞י זָהָ֣ב וָכֶ֗סֶף
וּמַלְבּוּשֵׁךְ֙ ששי וָמֶ֙שִׁי֙ וְרִקְמָ֔ה סֹ֧לֶת וּדְבַ֛שׁ וָשֶׁ֖מֶן שֵׁ֤שׁ
יד אכלתי וַתִּ֙יפִי֙ בִּמְאֹ֣ד מְאֹ֔ד וַֽתִּצְלְחִ֖י לִמְלוּכָֽה׃ וַיֵּ֨צֵא אָכָ֑לְתְּ
לָ֥ךְ שֵׁ֛ם בַּגּוֹיִ֖ם בְּיָפְיֵ֑ךְ כִּ֣י ׀ כָּלִ֣יל ה֗וּא בַּהֲדָרִי֙ אֲשֶׁר־
שַׂ֣מְתִּי עָלַ֔יִךְ נְאֻ֖ם אֲדֹנָ֥י יֱהֹוִֽה׃

מימין:
אשה מצרית
עונדת צמידים ורביד
ציור
מהמאה ה-14לפנה"ס
תבי, מצרים

משמאל:
רביד

ביאור

בְּדָמָיִךְ נטושה ואומללה, וָאֹמַר לָךְ: בְּדָמַיִךְ חֲיִי, וָאֹמַר לָךְ: בְּדָמַיִךְ
חֲיִי. הדם שאת מלוכלכת בו אינו מבשר את סופך, הוא תחילתם
של חייך; ציוויתי עלייך את החיים כשסביבך נשפכו דמים. ז ואכן
אפשרתי את חייך בתנאים לא תנאים – רְבָבָה, ריבוי וגדילה כְּצֶמַח
הַשָּׂדֶה נְתַתִּיךְ, גדלת כצמח בר המתרבה בלא השקיה והשקעה,
וַתִּרְבִּי וַתִּגְדְּלִי וַתָּבֹאִי בַּעֲדִי עֲדָיִים, במבחר הקישוטים,[26] לא קישוטים
חיצוניים, אלא – שָׁדַיִם נָכֹנוּ וּשְׂעָרֵךְ צִמֵּחַ, ועם זאת אַתְּ עֵרֹם וְעֶרְיָה.
עדיין את חסרת כול, חייך נעדרי פשר ומשמעות. ח וָאֶעֱבֹר עָלַיִךְ
שוב כשהגעת לבשלות, וָאֶרְאֵךְ וְהִנֵּה עִתֵּךְ עֵת דֹּדִים, הגעת לעת
אהבים. באותה תקופה היו הבנות נישאות בנעוריהן. וָאֶפְרֹשׂ כְּנָפִי
עָלַיִךְ, הכנסתי אותך תחת חסותי והבטחתי לקחת אותך לאשה[27]
וָאֲכַסֶּה עֶרְוָתֵךְ וָאֶשָּׁבַע לָךְ וָאָבוֹא בִבְרִית אֹתָךְ, איתך, נְאֻם אֲדֹנָי
אֱלוֹהִים, וַתִּהְיִי-לִי לאשה. אותה תינוקת מוזנחת שלא היה לה
סיכוי לשרוד, גדלה והתפתחה, נעשתה מוגנת ומרוחמת, והנה
הפכה בת ברית לאדון הגדול החפץ ביקרה. ט החתן המשיך
לדאוג לכלתו ולפארה – וָאֶרְחָצֵךְ בַּמַּיִם וָאֶשְׁטֹף דָּמַיִךְ מֵעָלָיִךְ וָאֲסֻכֵךְ
בַּשָּׁמֶן י וָאַלְבִּישֵׁךְ רִקְמָה וָאֶנְעֲלֵךְ בעור מובחר של תָּחַשׁ וָאֶחְבְּשֵׁךְ
בכיסוי ראש העשוי שֵׁשׁ, פשתן וַאֲכַסֵּךְ בבגדי מֶשִׁי. מקצת החומרים
והבגדים רומזים אולי למשכן העדות, שבו גלומה הקרבה הגדולה
של עם ישראל לאלוקיו. יא וָאֶעְדֵּךְ עֶדִי וָאֶתְּנָה צְמִידִים עַל-יָדַיִךְ
וְרָבִיד, כעין שרשרת עַל-גְּרוֹנֵךְ. במצרים שימש רביד זהב קישוט לרמי
מעלה.[28] יב וָאֶתֵּן נֶזֶם עַל-אַפֵּךְ וַעֲגִילִים עַל-אָזְנָיִךְ וַעֲטֶרֶת, זֵר תִּפְאֶרֶת
בְּרֹאשֵׁךְ. יג וַתַּעְדִּי זָהָב וָכֶסֶף, וּמַלְבּוּשֵׁךְ שֵׁשׁ וָמֶשִׁי וְרִקְמָה, סֹלֶת
וּדְבַשׁ וָשֶׁמֶן אָכָלְתְּ, וַתִּיפִי בִּמְאֹד מְאֹד וַתִּצְלְחִי לִמְלוּכָה. התפתחותך
המתמדת הכשירה אותך לכונן מלוכה משלך. יד וַיֵּצֵא לָךְ שֵׁם בַּגּוֹיִם
בְּיָפְיֵךְ כִּי כָּלִיל, מושלם הוא, לא משום יופייך הטבעי בלבד אלא בַּהֲדָרִי
אֲשֶׁר-שַׂמְתִּי עָלַיִךְ, נְאֻם אֲדֹנָי אֱלוֹהִים.

הפטרת וארא

יחזקאל

התימנים מתחילים כאן

כח כד וְלֹא־יִהְיֶ֨ה ע֜וֹד לְבֵ֣ית יִשְׂרָאֵ֗ל סִלּ֣וֹן מַמְאִיר֙ וְק֣וֹץ
מַכְאִ֔ב מִכֹּל֙ סְבִ֣יבֹתָ֔ם הַשָּׁאטִ֖ים אוֹתָ֑ם וְיָ֣דְע֔וּ כִּ֥י

האשכנזים והספרדים מתחילים כאן

כה אֲנִ֖י אֲדֹנָ֥י יֱהֹוִֽה׃ ★כֹּה־אָמַר֮ אֲדֹנָ֣י יֱהֹוִה֒
בְּקַבְּצִ֣י ׀ אֶת־בֵּ֣ית יִשְׂרָאֵ֗ל מִן־הָֽעַמִּים֙ אֲשֶׁ֣ר נָפֹ֣צוּ
בָ֔ם וְנִקְדַּ֥שְׁתִּי בָ֖ם לְעֵינֵ֣י הַגּוֹיִ֑ם וְיָֽשְׁבוּ֙ עַל־אַ֣דְמָתָ֔ם
כו אֲשֶׁ֥ר נָתַ֖תִּי לְעַבְדִּ֥י לְיַעֲקֹֽב׃ וְיָשְׁב֣וּ עָלֶיהָ֮ לָבֶטַח֒
וּבָנ֤וּ בָתִּים֙ וְנָטְע֣וּ כְרָמִ֔ים וְיָשְׁב֖וּ לָבֶ֑טַח בַּעֲשׂוֹתִ֣י
שְׁפָטִ֗ים בְּכֹ֨ל הַשָּׁאטִ֤ים אֹתָם֙ מִסְּבִ֣יבוֹתָ֔ם וְיָ֣דְע֔וּ כִּ֛י
כט א אֲנִ֥י יְהוָ֖ה אֱלֹהֵיהֶֽם׃ בַּשָּׁנָה֙ הָעֲשִׂרִ֔ית
בָּעֲשִׂרִ֕י בִּשְׁנֵ֥ים עָשָׂ֖ר לַחֹ֑דֶשׁ הָיָ֥ה דְבַר־יְהוָ֖ה אֵלַ֥י
ב לֵאמֹֽר׃ בֶּן־אָדָ֕ם שִׂ֣ים פָּנֶ֔יךָ עַל־פַּרְעֹ֖ה מֶ֣לֶךְ מִצְרָ֑יִם
ג וְהִנָּבֵ֣א עָלָ֔יו וְעַל־מִצְרַ֖יִם כֻּלָּֽהּ׃ דַּבֵּ֨ר וְאָמַרְתָּ֜ כֹּה־
אָמַ֣ר ׀ אֲדֹנָ֣י יֱהֹוִ֗ה הִנְנִ֤י עָלֶ֙יךָ֙ פַּרְעֹ֣ה מֶֽלֶךְ־מִצְרַ֔יִם
הַתַּנִּים֙ הַגָּד֔וֹל הָרֹבֵ֖ץ בְּת֣וֹךְ יְאֹרָ֑יו אֲשֶׁ֥ר אָמַ֛ר לִ֥י

סילון קוצני

מלכות פרעה תושפל

כאמור בפרשה, מכות מצרים לא באו רק כעונש על מעשי רשע, אלא לְמַעַן סַפֵּר שְׁמִי בְּכָל הָאָרֶץ. השפלתה של גאות מצרים ושל פרעה, שנתפס בעיני עצמו ובעיני עמו כאל כול-יכול, תסלול את הדרך להכרה במלכותו של ה'. זהו הנושא המרכזי של ההפטרה, שהמלים וְיָדְעוּ כִּי אֲנִי ה' – המופיעות גם בפרשתנו בקשר למצרים – חוזרות ונשנות בה שש פעמים.

ביאור | סיום הנבואה על צור וצידון: יחזקאל פרק כח כד **וְלֹא-יִהְיֶה עוֹד**
לְבֵית יִשְׂרָאֵל סִלּוֹן, בן-שיח קוצני **מַמְאִיר**, פוגע, דוקר **וְקוֹץ מַכְאִב**
מִכֹּל היושבים **סְבִיבֹתָם הַשָּׁאטִים**, המואסים[29] **אוֹתָם**. לא מדובר כאן
בהתנכלות פעילה לישראל, אלא ביחסי בוז, שמחה לאיד וחוסר
התחשבות בה. אף שבאופן כללי הצידונים קיימו יחסי שלום עם
ישראל לצורכי מסחר, העוינות לא סרה מהם. וגם כשנוצרה לעתים
קִרבה, היא כנראה לא החזיקה מעמד זמן רב. **וְיָדְעוּ כִּי אֲנִי ה' אֱלוֹהִים.**
כה **כֹּה-אָמַר אֲדֹנָי אֱלוֹהִים: בְּקַבְּצִי אֶת-בֵּית יִשְׂרָאֵל מִן-הָעַמִּים אֲשֶׁר**
נָפֹצוּ בָם, בבוא היום, כשבני ישראל יחזרו לארצם, **וְנִקְדַּשְׁתִּי בָם**,
באמצעותם, על ידי תקומתם ומעלתם[30] **לְעֵינֵי הַגּוֹיִם, וְיָשְׁבוּ עַל-**
אַדְמָתָם אֲשֶׁר נָתַתִּי לְעַבְדִּי לְיַעֲקֹב.[31] כו **וְיָשְׁבוּ עָלֶיהָ לָבֶטַח, וּבָנוּ**
בָתִּים וְנָטְעוּ כְרָמִים וְיָשְׁבוּ לָבֶטַח בַּעֲשׂוֹתִי שְׁפָטִים, משפטים, עונשים
בְּכֹל אלו **הַשָּׁאטִים**, המתעבים **אֹתָם מִסְּבִיבוֹתָם** – **וְיָדְעוּ כִּי אֲנִי ה'**
אֱלֹהֵיהֶם, אלוקי ישראל.

עתה נפתחת נבואה על מצרים: פרק כט א **בַּשָּׁנָה הָעֲשִׂרִית** לגלות
יהויכין ולמלכות צדקיהו,[32] או לתחילת נבואת יחזקאל.[33] **בָּ**חודש
הָעֲשִׂרִי, הוא טבת, **בִּשְׁנֵים עָשָׂר לַחֹדֶשׁ הָיָה דְבַר-ה' אֵלַי לֵאמֹר:** ב **בֶּן-**
אָדָם, שִׂים פָּנֶיךָ עַל-פַּרְעֹה – שם תואר שמשמעו 'הבית הגדול' – **מֶלֶךְ**
מִצְרָיִם, וְהִנָּבֵא עָלָיו וְעַל-מִצְרַיִם כֻּלָּהּ. ג **דַּבֵּר וְאָמַרְתָּ: כֹּה-אָמַר ה'**
אֱלוֹהִים: הִנְנִי עָלֶיךָ, פַּרְעֹה מֶלֶךְ-מִצְרַיִם, הַתַּנִּים הַגָּדוֹל, קרוב לוודאי

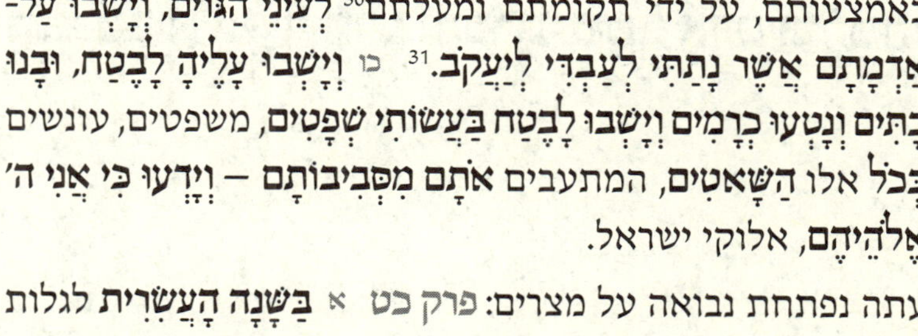

תנין היאור (תנים)

חַחִים יְאֹרִי וַאֲנִי עֲשִׂיתִנִי: וְנָתַתִּי חחיים בִּלְחָיֶיךָ וְהִדְבַּקְתִּי ד
דְגַת־יְאֹרֶיךָ בְּקַשְׂקְשֹׂתֶיךָ וְהַעֲלִיתִיךָ מִתּוֹךְ יְאֹרֶיךָ
וְאֵת כָּל־דְּגַת יְאֹרֶיךָ בְּקַשְׂקְשֹׂתֶיךָ תִּדְבָּק: וּנְטַשְׁתִּיךָ ה
הַמִּדְבָּרָה אוֹתְךָ וְאֵת כָּל־דְּגַת יְאֹרֶיךָ עַל־פְּנֵי
הַשָּׂדֶה תִּפּוֹל לֹא תֵאָסֵף וְלֹא תִקָּבֵץ לְחַיַּת הָאָרֶץ
וּלְעוֹף הַשָּׁמַיִם נְתַתִּיךָ לְאָכְלָה: וְיָדְעוּ כָּל־יֹשְׁבֵי ו
מִצְרַיִם כִּי אֲנִי יהוה יַעַן הֱיוֹתָם מִשְׁעֶנֶת קָנֶה לְבֵית
בַכַּף יִשְׂרָאֵל: בְּתָפְשָׂם בְּךָ בככפך תֵּרוֹץ וּבָקַעְתָּ לָהֶם ז
כָּל־כָּתֵף וּבְהִשָּׁעֲנָם עָלֶיךָ תִּשָּׁבֵר וְהַעֲמַדְתָּ לָהֶם
כָּל־מָתְנָיִם: לָכֵן כֹּה אָמַר אֲדֹנָי יֱהֹוִה ח
הִנְנִי מֵבִיא עָלַיִךְ חָרֶב וְהִכְרַתִּי מִמֵּךְ אָדָם וּבְהֵמָה:

קנה מצוי

העולם

קָנֶה צמח בר המזוהה עם אחד משלושת מיני הקנה, שהם צמחים בעלי גבעול חלול הגדלים בדרך כלל ליד מקורות מים, כמו הנילוס במצרים: הקנה המצוי (שם מדעי: hragmites communis), העבקנה (שם מדעי: Arundo donax) וקנה הסוכר המצרי (שם מדעי: Saccharum biflorum). הם מאפיינים את נופה של מצרים היושבת על הנילוס. בדברי הנביאים מופיע הקנה לא אחת כדימוי לממלכת מצרים ואופיה, כגון: עַתָּה הִנֵּה בָטַחְתָּ לְּךָ עַל מִשְׁעֶנֶת הַקָּנֶה הָרָצוּץ הַזֶּה עַל מִצְרַיִם אֲשֶׁר יִסָּמֵךְ אִישׁ עָלָיו וּבָא בְכַפּוֹ וּנְקָבָהּ כֵּן פַּרְעֹה מֶלֶךְ מִצְרַיִם לְכָל הַבֹּטְחִים עָלָיו (מלכים ב׳ יח,כא; ישעיה לו, ב).

ביאור | שהוא הקרוקודיל, הזוחל הענק המאיים[34] **הָרֹבֵץ בְּתוֹךְ יְאֹרָיו**, הנילוס
ושלוחותיו.[35] השרץ הטורף המצוי ביאור וניזון מדגתו, הוא דימוי
לשליט גדול, אכזר ושאנן, המזוהה עם יאורו ותלוי בו. **אֲשֶׁר אָמַר**,
כך תפס פרעה את עצמו וכך הכריז לכול: **לִי יְאֹרִי**, היאור שייך רק
לי, השליט הגדול, **וַאֲנִי עֲשִׂיתִנִי**. אני הוא שעשיתי את עצמי ואת
ממלכתי. הצהרה מתנשאת זו אינה רק פוליטית או משפטית;
יש לראות בה גם הכרזה תיאולוגית, שכן פרעה נחשב לאל בעיני
עצמו, ואף הוכר כך באופן רשמי. על כן תפס את עצמו כבעל
קיום נצחי שלא נברא על ידי מישהו זולתו, וכמי שאחראי אף על
תופעת טבע כמו היאור.[36] ד ראוי שאשליה זו תתנפץ - **וְנָתַתִּי
חַחִים**, טבעות ברזל, קרסים **בִּלְחָיֶיךָ**. אתה תילכד כדג ובהמה
שנתפסים בחח בלחייהם, ובדימוי יוצא דופן - **וְהִדְבַּקְתִּי** את **דְגַת-
יְאֹרֶיךָ בְּקַשְׂקְשֹׂתֶיךָ**, דגי היאור יידבקו בך, ובמצב זה - **וְהַעֲלִיתִיךָ
מִתּוֹךְ יְאֹרֶיךָ, וְאֵת כָּל-דְּגַת יְאֹרֶיךָ בְּקַשְׂקְשֹׂתֶיךָ תִּדְבָּק**, כשתילכד יהיו
דבוקים בך כל הדגים. כלומר, כשאתה, פרעה, תיתפס, ייפלו אתך כל
נתיני ממלכתך. ה **וּנְטַשְׁתִּיךָ**, אשליך אותך עזוב. או: אשטח אותך[37]
הַמִּדְבָּרָה, אוֹתְךָ וְאֵת כָּל-דְּגַת יְאֹרֶיךָ, עַל-פְּנֵי הַשָּׂדֶה תִּפּוֹל אל מותך.
לֹא תֵאָסֵף וְלֹא תִקָּבֵץ לקבורה,[38] **לְחַיַּת הָאָרֶץ וּלְעוֹף הַשָּׁמַיִם נְתַתִּיךָ
לְאָכְלָה**. ו באמצעות עונש זה - **וְיָדְעוּ כָּל-יֹשְׁבֵי מִצְרַיִם כִּי אֲנִי ה'**,
ואילו מלכם שלהם אינו אלוהים. חומרתו של העונש אינה נעוצה
רק בגאווה ובתפיסה המעוותת, אלא **יַעַן הֱיוֹתָם מִשְׁעֶנֶת קָנֶה**, שאינה
חזקה דיה להישען עליה, **לְבֵית יִשְׂרָאֵל**. ייתכן שהנבואה מדוברת
בזמן שהבטחת מצרים לסייע לממלכת יהודה מבחינה צבאית עדיין
עמדה בתוקפה. ז **בְּתָפְשָׂם בְּךָ בַכַּף**, כשישראל מחזיקים בך בכפם
כדי להישען עליך – **תֵּרוֹץ**, כפם תישבר, **וּבָקַעְתָּ**, הקצוות החדים
שלך, הקנה הרצוץ, יפצעו **לָהֶם כָּל-כָּתֵף, וּבְהִשָּׁעֲנָם עָלֶיךָ תִּשָּׁבֵר
וְהַעֲמַדְתָּ**, והמעדת[39] **לָהֶם כָּל-מָתְנָיִם**. אתה תכשיל את ישראל.
במשך דורות הכזיבה משענתם של המצרים. הם הבטיחו לישראל
הבטחות שמעולם לא כיבדו. ולא זו בלבד, המשענת של מצרים גם
פצעה את הנשען עליה; ביטחונם של ישראל במצרים נהפכה עליהם
לרועץ כאשר הבבלים פגעו קשות במורדיהם. ח **לָכֵן, כֹּה אָמַר ה'
אֱלֹהִים: הִנְנִי מֵבִיא עָלַיִךְ חָרֶב, וְהִכְרַתִּי מִמֵּךְ אָדָם וּבְהֵמָה**. ט **וְהָיְתָה**

וְהָיְתָ֣ה אֶֽרֶץ־מִצְרַ֗יִם לִשְׁמָמָה֙ וְחָרְבָּ֔ה וְיָדְע֖וּ כִּֽי־ ט
אֲנִ֣י יְהוָ֑ה יַ֗עַן אָמַ֛ר יְאֹ֥ר לִ֖י וַאֲנִ֥י עָשִֽׂיתִי׃ לָכֵ֛ן הִנְנִ֥י י
אֵלֶ֖יךָ וְאֶל־יְאֹרֶ֑יךָ וְנָתַתִּ֞י אֶת־אֶ֣רֶץ מִצְרַ֗יִם לְחָרְבוֹת֙
חֹ֣רֶב שְׁמָמָ֔ה מִמִּגְדֹּ֥ל סְוֵנֵ֖ה וְעַד־גְּב֥וּל כּֽוּשׁ׃ לֹ֤א יא
תַֽעֲבָר־בָּהּ֙ רֶ֣גֶל אָדָ֔ם וְרֶ֥גֶל בְּהֵמָ֖ה לֹ֣א תַעֲבָר־בָּ֑הּ
וְלֹ֥א תֵשֵׁ֖ב אַרְבָּעִ֥ים שָׁנָֽה׃ וְנָתַתִּ֣י אֶת־אֶ֣רֶץ מִ֠צְרַיִם יב
שְׁמָמָ֞ה בְּת֣וֹךְ ׀ אֲרָצ֣וֹת נְשַׁמּ֗וֹת וְעָרֶ֙יהָ֙ בְּת֨וֹךְ עָרִ֤ים
מָֽחֳרָבוֹת֙ תִּֽהְיֶ֣יןָ שְׁמָמָ֔ה אַרְבָּעִ֖ים שָׁנָ֑ה וַהֲפִצֹתִ֤י
אֶת־מִצְרַ֙יִם֙ בַּגּוֹיִ֔ם וְזֵרִיתִ֖ים בָּאֲרָצֽוֹת׃ כִּ֛י יג
כֹּ֥ה אָמַ֖ר אֲדֹנָ֣י יֱהֹוִ֑ה מִקֵּ֞ץ אַרְבָּעִ֤ים שָׁנָה֙ אֲקַבֵּ֣ץ
אֶת־מִצְרַ֔יִם מִן־הָעַמִּ֖ים אֲשֶׁר־נָפֹ֥צוּ שָֽׁמָּה׃ וְשַׁבְתִּי֙ יד
אֶת־שְׁב֣וּת מִצְרַ֔יִם וַהֲשִׁבֹתִ֤י אֹתָם֙ אֶ֣רֶץ פַּתְר֔וֹס
עַל־אֶ֖רֶץ מְכֽוּרָתָ֑ם וְהָ֥יוּ שָׁ֖ם מַמְלָכָ֥ה שְׁפָלָֽה׃ מִן־ טו
הַמַּמְלָכוֹת֙ תִּהְיֶ֣ה שְׁפָלָ֔ה וְלֹֽא־תִתְנַשֵּׂ֥א ע֖וֹד עַל־
הַגּוֹיִ֑ם וְהִ֨מְעַטְתִּ֔ים לְבִלְתִּ֖י רְד֥וֹת בַּגּוֹיִֽם׃ וְלֹ֣א יִֽהְיֶה־ טז
ע֠וֹד לְבֵ֨ית יִשְׂרָאֵ֤ל לְמִבְטָח֙ מַזְכִּ֣יר עָוֺ֔ן בִּפְנוֹתָ֖ם
אַחֲרֵיהֶ֑ם וְיָ֣דְע֔וּ כִּ֥י אֲנִ֖י אֲדֹנָ֥י יֱהֹוִֽה׃ וַֽיְהִ֗י יז
בְּעֶשְׂרִ֤ים וָשֶׁ֙בַע֙ שָׁנָ֔ה בָּרִאשׁ֖וֹן בְּאֶחָ֣ד לַחֹ֑דֶשׁ הָיָ֥ה
דְבַר־יְהוָ֖ה אֵלַ֥י לֵאמֹֽר׃ בֶּן־אָדָ֗ם נְבוּכַדְרֶאצַּ֤ר מֶֽלֶךְ־ יח

העולם

מִגְדֹּל סְוֵנֵה מגדול, ללא הצרוף סונה, מופיע בתנ"ך בכמה מקומות (שמות יד,ב; ירמיה מד,א; מו,יד), ולהבדיל, במקורות מצריים, כגון פפירוס אנאסטאסי מהמאה ה־13 לפנה"ס, כנקודת גבול צפונית־מזרחית של מצרים. ייתכן שהה"א בסוף המלה סונה היא ה"א המגמה, והכוונה למגדול של היישוב סון או סין המצוי בגבולה הדרומי של מצרים העליונה מול ארץ כוש, הוא אסואן של ימינו. (ואז יתפרש הביטוי מִמִּגְדֹּל סְוֵנֵה וְעַד גְּבוּל כּוּשׁ, כאומר:

ביאור

אֶרֶץ-מִצְרַיִם לִשְׁמָמָה וְחָרְבָּה, וְיָדְעוּ כִּי-אֲנִי ה׳, יַעַן אָמַר פַּרְעֹה: יְאֹר
לִי, וַאֲנִי עֲשִׂיתִי. חורבנה של מצרים במהותו בא באשמת פרעה,
שהחשיב את עצמו לאל שיצר את היאור ואת מצרים כולה. תחת
תחושת הקיום הנצחי יבוא חורבן, ותחת רוויית היאור וברכתו יבוא
יובש ושיממון – י **לָכֵן הִנְנִי אֵלֶיךָ וְאֶל-יְאֹרֶיךָ, וְנָתַתִּי אֶת-אֶרֶץ מִצְרַיִם**
לְחָרְבוֹת חֹרֶב, יובש **שְׁמָמָה מִמִּגְדֹּל סְוֵנֵה**, אולי עיר בצפון מצרים
וְעַד-גְּבוּל כּוּשׁ, גבולה הדרומי של מצרים. יא **לֹא תַעֲבָר-בָּהּ**, בארץ
מצרים **רֶגֶל אָדָם, וְרֶגֶל בְּהֵמָה לֹא תַעֲבָר-בָּהּ, וְלֹא תֵשֵׁב**, תהיה מדינה
מיושבת **אַרְבָּעִים שָׁנָה**. יב **וְנָתַתִּי אֶת-אֶרֶץ מִצְרַיִם שְׁמָמָה בְּתוֹךְ**, יחד
עם[40] **אֲרָצוֹת נְשַׁמּוֹת**, שוממות, **וְעָרֶיהָ בְּתוֹךְ עָרִים מָחֳרָבוֹת תִּהְיֶיןָ**
שְׁמָמָה אַרְבָּעִים שָׁנָה, וַהֲפִצֹתִי אֶת-מִצְרַיִם בַּגּוֹיִם וְזֵרִיתִים בָּאֲרָצוֹת.

לאחר פירוט אסונות מצרים, יחזקאל מודיע את סופה: יג **כִּי כֹּה**
אָמַר ה׳ אֱלוֹהִים: מִקֵּץ אַרְבָּעִים שָׁנָה אֲקַבֵּץ אֶת-מִצְרַיִם מִן-הָעַמִּים
אֲשֶׁר-נָפֹצוּ שָׁמָּה. שלא כמפלותיהם של עמים אחרים, שיחזקאל
מנבא על מוחלטותן, מפלת מצרים אינה נצחית. יד **וְשַׁבְתִּי אֶת-**
שְׁבוּת מִצְרַיִם וַהֲשִׁבֹתִי אֹתָם, את הגולים אל **אֶרֶץ פַּתְרוֹס**, מצרים
הדרומית **עַל**, אל **אֶרֶץ מְכוּרָתָם**, מקורם, או: מגוריהם,[41] **וְהָיוּ שָׁם**
מַמְלָכָה שְׁפָלָה. גאות מצרים תאבד. טו **מִן-הַמַּמְלָכוֹת תִּהְיֶה שְׁפָלָה**
וְלֹא-תִתְנַשֵּׂא עוֹד עַל-הַגּוֹיִם, וְהִמְעַטְתִּים לְבִלְתִּי רְדוֹת, כדי שלא
תשלוט עוד **בַּגּוֹיִם**. טז וְכך **לֹא יִהְיֶה-עוֹד** העם המצרי ומלכם **לְבֵית**
יִשְׂרָאֵל לְמִבְטָח, למשען **שמַזְכִּיר עָוֹן בִּפְנוֹתָם אַחֲרֵיהֶם, וְיָדְעוּ כִּי אֲנִי**
ה׳ אֱלוֹהִים.

יז מכאן לנבואה מאוחרת יותר הקשורה גם היא במצרים. **וַיְהִי**
בְּעֶשְׂרִים וָשֶׁבַע שָׁנָה למלוכת נבודראצר,[42] **בָּרִאשׁוֹן**, בחודש ניסן
בְּאֶחָד לַחֹדֶשׁ הָיָה דְבַר- ה׳ אֵלַי לֵאמֹר: יח **בֶּן-אָדָם, נְבוּכַדְרֶאצַּר**

העולם

פַּתְרוֹס הפתרוסים נזכרים כבני מצרים ברשימת העמים בספר בראשית (י,יג-יד). משמעותו של פתרוס היא 'פא תא רסי' – הארץ הדרומית. היא מזוהה עם מצרים העליונה או עם חלקה הדרומי.

במגדל סונה שליד גבול כוש). אחרים מסבירים שזוהי מגדול הסמוכה לסין, עיר בצפון-מזרח מצרים שנקראה על ידי היוונים פלוסיון (Πηλούσιον). היום: תל אל-פראמא.

בָּבֶ֜ל הֶעֱבִ֨יד אֶת־חֵיל֜וֹ עֲבֹדָ֤ה גְדוֹלָה֙ אֶל־צֹ֔ר כׇּל־רֹ֣אשׁ
מֻקְרָ֔ח וְכׇל־כָּתֵ֖ף מְרוּטָ֑ה וְשָׂכָ֞ר לֹא־הָ֨יָה ל֤וֹ וּלְחֵילוֹ֙
מִצֹּ֔ר עַל־הָעֲבֹדָ֖ה אֲשֶׁר־עָבַ֥ד עָלֶֽיהָ׃ לָכֵ֗ן יט
כֹּ֣ה אָמַר֮ אֲדֹנָ֣י יֱהֹוִה֒ הִנְנִ֥י נֹתֵ֛ן לִנְבוּכַדְרֶאצַּ֥ר מֶֽלֶךְ־
בָּבֶ֖ל אֶת־אֶ֣רֶץ מִצְרָ֑יִם וְנָשָׂ֨א הֲמֹנָ֜הּ וְשָׁלַ֤ל שְׁלָלָהּ֙
וּבָזַ֣ז בִּזָּ֔הּ וְהָיְתָ֥ה שָׂכָ֖ר לְחֵילֽוֹ׃ פְּעֻלָּתוֹ֙ אֲשֶׁר־עָ֣בַד בָּ֔הּ כ
נָתַ֥תִּי ל֖וֹ אֶת־אֶ֣רֶץ מִצְרָ֑יִם אֲשֶׁר֙ עָ֣שׂוּ לִ֔י נְאֻ֖ם אֲדֹנָ֥י
יֱהֹוִֽה׃ בַּיּ֣וֹם הַה֗וּא אַצְמִ֤יחַ קֶ֙רֶן֙ לְבֵ֣ית יִשְׂרָאֵ֔ל וּלְךָ֛ כא
אֶתֵּ֥ן פִּתְחֽוֹן־פֶּ֖ה בְּתוֹכָ֑ם וְיָדְע֖וּ כִּֽי־אֲנִ֥י יְהֹוָֽה׃

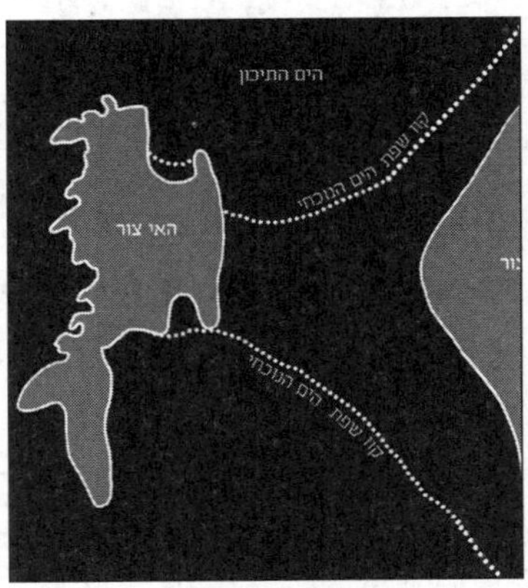

צור והאי צור
בימי קדם

העולם **המצור על צור** היה קשה מפני שבמקורה חלק ממנה היה אי וחלק אחר ממנה היה ביבשה אך פנה אל הים. גם אם ניסו לעצור את ספינותיה, היה קל יחסית להכניס לעיר אספקה ולהוציאה. (ראו ר"א מבלגנצי). לכן נמשך מצור נבוכדראצר על צור זמן כה רב, וכנראה כלל מהלך לקראת תקיפה.

ביאור | **מֶלֶךְ-בָּבֶל הֶעֱבִיד אֶת-חֵילוֹ עֲבֹדָה גְדוֹלָה**, היא בניית המצור **אֶל**
על העיר **צֹר**. המצור על צור נמשך שנים רבות, יש אומרים שלוש–
עשרה שנה. **כָּל-רֹאשׁ** מחייליו **מֻקְרָח וְכָל-כָּתֵף מְרוּטָה** הראש והכתף
ניזוקו מנשיאת החומרים העצומה לצורך בניית הדייק והסוללות.
וְעל אף תלישת השער והכתף **שָׂכָר לֹא-הָיָה לוֹ וּלְחֵילוֹ מִצֹּר עַל-**
הָעֲבֹדָה אֲשֶׁר-עָבַד עָלֶיהָ. חילות נבוכדראצר שסיימו את עבודת
המצור עייפים ופצועים, לא ראו פֵּרות מהעבודה המתישה. כנראה
שבמשך תקופת המצור אנשי צור בזבזו את כל רכושה וכילו את
אספקת העיר. ואולי אנשים הצליחו להבריח את רכושם מצור
למקומות שונים, והפכו את רעת צור לפריחת המושבות של צור
וצידון באפריקה, בקרתגו ועוד. ושמא האוצרות נפגעו בשיטפונות
וכדומה.[43] כך או כך, כשנבוכדראצר כבש את העיר התברר שלא
נשאר בה הרבה. יט **לָכֵן, כֹּה אָמַר ה' אֱלוֹהִים: הִנְנִי נֹתֵן לִנְבוּכַדְרֶאצַּר**
מֶלֶךְ-בָּבֶל אֶת-אֶרֶץ מִצְרָיִם, וְנָשָׂא הֲמֹנָהּ, הוא ייקח בשבי את אזרחי
מצרים לעבדים ושפחות, **וְשָׁלַל שְׁלָלָהּ וּבָזַז בִּזָּהּ, וְהָיְתָה שָׂכָר לְחֵילוֹ**.
כפיצוי על העבודה הסיזיפית בצור, ה' מעניק לנבוכדראצר את
השפע של מצרים. כ שכר **פְּעֻלָּתוֹ אֲשֶׁר-עָבַד בָּהּ נָתַתִּי לוֹ אֶת-אֶרֶץ**
מִצְרָיִם, אֲשֶׁר עָשׂוּ הבבלים **לִי**, בשליחותי בצור,[44] **נְאֻם ה' אֱלוֹהִים**.
הדימוי המליצי ממחיש שהמושל הגדול נבוכדראצר, על כיבושיו
הכבירים, אינו אלא פועל המבצע את המשימות שהטיל עליו
אדונו.[45]

כא **בַּיּוֹם הַהוּא**, לאחר שנבוכדראצר יכבוש את מצרים, **אַצְמִיחַ**
קֶרֶן לְבֵית יִשְׂרָאֵל, וּלְךָ, יחזקאל **אֶתֵּן פִּתְחוֹן-פֶּה**, יכולת דיבור
בְּתוֹכָם. מאז נאמרה הנבואה הראשונה, בשנה העשירית,[46] טענו
אנשים כנגד הנביא: הנה עבר זמן רב מנבואתך על אבדנה של
מצרים, ולא אירע לה מאום. בינתיים דווקא ממלכת יהודה
נחרבה. כעת ה' אומר ליחזקאל שבסופו של דבר תפרוץ מלחמה
נוספת, שבה נבוכדראצר וכל חילו יכבשו את מצרים, ואז יתחילו
להאמין ביחזקאל ובאלוקיו,[47] **וְיָדְעוּ** ישראל **כִּי-אֲנִי ה'**, המקיים את
דברו.

הפטרת בא

ירמיה

לאשכנזים ולספרדים

מו הַדָּבָר֙ אֲשֶׁ֣ר דִּבֶּ֣ר יהו֔ה אֶֽל־יִרְמְיָ֖הוּ הַנָּבִ֑יא לָב֗וֹא יג
נְבוּכַדְרֶאצַּר֙ מֶ֣לֶךְ בָּבֶ֔ל לְהַכּ֖וֹת אֶת־אֶ֥רֶץ מִצְרָֽיִם׃
הַגִּ֤ידוּ בְמִצְרַ֙יִם֙ וְהַשְׁמִ֣יעוּ בְמִגְדּ֔וֹל וְהַשְׁמִ֥יעוּ בְנֹ֖ף יד
וּבְתַחְפַּנְחֵ֑ס אִמְרוּ֙ הִתְיַצֵּ֤ב וְהָכֵן֙ לָ֔ךְ כִּֽי־אָכְלָ֥ה חֶ֖רֶב
סְבִיבֶֽיךָ׃ מַדּ֖וּעַ נִסְחַ֣ף אַבִּירֶ֑יךָ לֹ֣א עָמַ֔ד כִּ֥י יהו֖ה טו
הֲדָפֽוֹ׃ הִרְבָּ֖ה כּוֹשֵׁ֑ל גַּם־נָפַ֞ל אִ֣ישׁ אֶל־רֵעֵ֗הוּ וַיֹּאמְרוּ֙ טז
ק֣וּמָה ׀ וְנָשֻׁ֣בָה אֶל־עַמֵּ֗נוּ וְאֶל־אֶ֙רֶץ֙ מֽוֹלַדְתֵּ֔נוּ מִפְּנֵ֖י
חֶ֥רֶב הַיּוֹנָֽה׃ קָרְא֖וּ שָׁ֑ם פַּרְעֹ֤ה מֶ֣לֶךְ־מִצְרַ֙יִם֙ שָׁא֔וֹן יז
הֶעֱבִ֖יר הַמּוֹעֵֽד׃ חַי־אָ֙נִי֙ נְאֻם־הַמֶּ֔לֶךְ יהו֥ה צְבָא֖וֹת יח

ערי מצרים

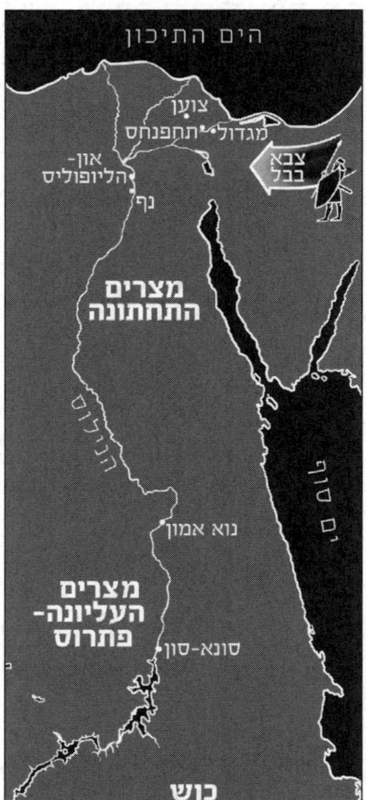

נפילת מצרים ביד בבל

מכות מצרים, מלכה ואלוהיה הן הנושא המשותף לפרשיות האחרונות ולהפטרה. ירמיהו מנבא על תבוסה קשה ומפתיעה שה' יביא על מצרים באמצעות הכשדים. בסופה של הנבואה פונה ירמיהו אל אנשי יהודה בדברי הרגעה, ומבטיח להם שלמרות שייעשה גם בהם משפט, ה' עמם לעולם, וסופם להיושע.

ביאור | ירמיה פרק מו יג **הַדָּבָר אֲשֶׁר דִּבֶּר ה' אֶל-יִרְמְיָהוּ הַנָּבִיא, לָבוֹא,** על בוא **נְבוּכַדְרֶאצַּר מֶלֶךְ בָּבֶל לְהַכּוֹת אֶת-אֶרֶץ מִצְרָיִם.** כוונתו המקורית של נבוכדנצר התממשה שנים רבות לאחר שקם למלוך. הוא לא רק ערך קרבות נגד המצרים, אלא הגיע אל מצרים וכבש אותה בפועל.[48] יד **הַגִּידוּ בְמִצְרַיִם וְהַשְׁמִיעוּ בְמִגְדּוֹל וְהַשְׁמִיעוּ בְנֹף וּבְתַחְפַּנְחֵס,** שלוש ערים מצריות, **אִמְרוּ** לצבא המצרי: **הִתְיַצֵּב וְהָכֵן לָךְ,** התכונן לקרב, **כִּי-אָכְלָה חֶרֶב סְבִיבֶיךָ.**[49] טו **מַדּוּעַ נִסְחַף אַבִּירֶיךָ,** נסחפו רוכבי הסוסים שלך?! **לֹא עָמַד – כִּי ה' הֲדָפוֹ.** משמים נגזרה עליכם מפלה. טז ה' **הִרְבָּה כּוֹשֵׁל, גַּם-נָפַל אִישׁ אֶל,** על **רֵעֵהוּ, וַיֹּאמְרוּ** אנשי הצבא המצריים, ובעיקר צבאות העזר הזרים: כיוון שהפסדנו במלחמה, אין לנו סיבה להישאר כאן. **קוּמָה וְנָשֻׁבָה אֶל-עַמֵּנוּ וְאֶל-אֶרֶץ מוֹלַדְתֵּנוּ מִפְּנֵי חֶרֶב הַיּוֹנָה,** החרב המצערת, הגורמת ייסורים וכאב.[50] היו שטענו שהיונה הייתה אחד מסמליה של הממלכה האשורית או הבבלית. מכל מקום, מדובר בחרבו של הצבא הבבלי.[51] יז **קָרְאוּ שָׁם** – באזור הקרבות על **פַּרְעֹה מֶלֶךְ-מִצְרַיִם,** כינוי גנאי: **שָׁאוֹן,** מרעיש, ואין בו ממש, **הֶעֱבִיר הַמּוֹעֵד,** איחר את הזמן שנקבע לקרב. למלחמות גדולות באותם הימים נדרשה אמנם טקטיקה בשדה הקרב, אבל הן לא היו כרוכות באסטרטגיה מיוחדת. משום כך, לעתים קרובות קבעו מראש תאריך שבו ייערך קרב מכריע.[52] במקרה זה ביזו את פרעה על כך שהוא אפילו לא הגיע בזמן.[53]

הרחבות | **'הַגִּידוּ בְמִצְרַיִם'** קשה לדעת אם המצרים שמעו את דברי הנבואה שהופנו אליהם. אמנם ירמיהו היה מפורסם בתור נביא עד שאפילו המלך נבוכדנצר שמע עליו והורה לשמור את חייו ולא להציק לו, ולכן ייתכן שגם עמים אחרים שמעו את דבריו. אפשר לשער כי גם המצרים שמעו את הנבואה הזו, גם אם לא במישרין ובלשונה המקורית.

שְׁמוֹ כִּי כְתָבוֹר בֶּהָרִים וּכְכַרְמֶל בַּיָּם יָבוֹא: כְּלֵי יט
גוֹלָה עֲשִׂי לָךְ יוֹשֶׁבֶת בַּת־מִצְרָיִם כִּי־נֹף לְשַׁמָּה
תִהְיֶה וְנִצְּתָה מֵאֵין יוֹשֵׁב: עֶגְלָה יְפֵה־ כ
פִיָּה מִצְרָיִם קֶרֶץ מִצָּפוֹן בָּא בָא: גַּם־שְׂכִרֶיהָ בְקִרְבָּהּ כא
כְּעֶגְלֵי מַרְבֵּק כִּי־גַם־הֵמָּה הִפְנוּ נָסוּ יַחְדָּיו לֹא עָמָדוּ
כִּי יוֹם אֵידָם בָּא עֲלֵיהֶם עֵת פְּקֻדָּתָם: קוֹלָהּ כַּנָּחָשׁ כב
יֵלֵךְ כִּי־בְחַיִל יֵלֵכוּ וּבְקַרְדֻּמּוֹת בָּאוּ לָהּ כְּחֹטְבֵי
עֵצִים: כָּרְתוּ יַעְרָהּ נְאֻם־יהוה כִּי לֹא יֵחָקֵר כִּי רַבּוּ כג
מֵאַרְבֶּה וְאֵין לָהֶם מִסְפָּר: הֹבִישָׁה בַּת־מִצְרָיִם נִתְּנָה כד
בְּיַד עַם־צָפוֹן: אָמַר יהוה צְבָאוֹת אֱלֹהֵי יִשְׂרָאֵל כה
הִנְנִי פוֹקֵד אֶל־אָמוֹן מִנֹּא וְעַל־פַּרְעֹה וְעַל־מִצְרַיִם
וְעַל־אֱלֹהֶיהָ וְעַל־מְלָכֶיהָ וְעַל־פַּרְעֹה וְעַל הַבֹּטְחִים

הר תבור

העולם

נֹף נקראת גם מֹף (הושע ט,ו), ושמה היווני ממפיס (Μέμφις). שוכנת על הגדה המערבית של הנילוס בקצה הדרומי של דלתת הנילוס, על הגבול שבין מצרים התחתונה לעליונה. נוף הייתה מרכז אדמיניסטרטיבי חשוב, ותקופות ארוכות בהיסטוריה המצרית שימשה עיר בירה.

נֹא אָמוֹן נקראה ביוונית תבי (Thēbai), עיר הבירה של מצרים החל מהשושלת ה־18 (המאה ה־16 לפנה"ס). העיר כללה את לוקסור ואת כרנך של ימינו.

ביאור

יח **חַי-אָנִי, נְאֻם-הַמֶּלֶךְ, ה' צְבָאוֹת שְׁמוֹ, כִּי** גורלכם ברור **כְּתָבוֹר**
בֶּהָרִים, כמו שהתבור בולט בין ההרים, שכן למרות שאינו הר גבוה,
הוא בולט בצורתו על רקע סביבתו, **וּכְכַרְמֶל בַּיָּם יָבוֹא**, הכרמל ניכר
בכך שהוא מגיע עד הים.[54] יט **כְּלֵי גוֹלָה עֲשִׂי לָךְ, יוֹשֶׁבֶת בַּת-מִצְרָיִם**,
העם המצרי היושב לבטח, הכן לעצמך כלי נודד. **כִּי** העיר החשובה
נֹף - לְשַׁמָּה, לשממה **תִהְיֶה. וְנִצְּתָה**, חרבה **מֵאֵין יוֹשֵׁב**.[55]

כ **עֶגְלָה יְפֵה-פִיָּה מִצְרָיִם, קֶרֶץ**, שחיטה, כיליון[56] **מִצָּפוֹן בָּא בָא**, בוא
יבוא. הגיע זמן שחיטתה של אותה עגלה יפהפיה.[57] כא ולא רק
הלוחמים המצריים, אלא **גַּם-שְׂכִרֶיהָ**, שכירי החרב[58] **שבְּקִרְבָּהּ**, שהיו
המשענת הנועזת של הצבא, **כְּעֶגְלֵי מַרְבֵּק**, עגלים מפוטמים, **כִּי-גַם-**
הֵמָּה הִפְנוּ נָסוּ יַחְדָּיו לֹא עָמָדוּ, כִּי יוֹם אֵידָם, שברם **בָּא עֲלֵיהֶם, עֵת**
פְּקֻדָּתָם. עונשה המכריע של מצרים הגיע. כב **קוֹלָהּ** של מצרים
כַּנָּחָשׁ יֵלֵךְ. אם משמיע הנחש קול, הריהו קול נשיפה. כך קולם
של המצרים לא יישמע אלא כנאקה ולחישת מרירות,[59] **כִּי** חיילי
האויב **בְחַיִל**, בכוח **יֵלֵכוּ, וּבְקַרְדֻּמּוֹת**, גרזנים **בָּאוּ לָהּ כְּחֹטְבֵי עֵצִים**.
בצבא הבבלי היו יחידות שבמקום חרבות השתמשו בנשק לא
קונבנציונלי.[60] כג **כָּרְתוּ** האויבים את **יַעְרָהּ, נְאֻם-ה', כִּי** צבא האויב
לֹא יֵחָקֵר, אי אפשר להתבונן בו ולבחון אותו, **כִּי רַבּוּ מֵאַרְבֶּה, וְאֵין**
לָהֶם מִסְפָּר. כד **הֹבִישָׁה**, אכזבה **בַּת-מִצְרָיִם**, משום **שנִתְּנָה בְּיַד עַם-**
צָפוֹן.

כה **אָמַר ה' צְבָאוֹת אֱלֹהֵי יִשְׂרָאֵל: הִנְנִי פוֹקֵד אֶל**, על האליל **אָמוֹן**
מִנֹּא. אמון היה במשך זמן האל הראשי של המצרים, ונוא היא עיר
גדולה שלפעמים נקראת נוא אמון, כלומר נוא של האל אמון. **וְעַל-**
פַּרְעֹה וְעַל-מִצְרַיִם וְעַל-אֱלֹהֶיהָ וְעַל-מְלָכֶיהָ וְעַל-פַּרְעֹה וְעַל הַבֹּטְחִים

הרחבות

'שכריה בקרבה כעגלי מרבק' המצרים השתמשו בשכירי חרב מעממים שונים, ביניהם פלשתים, נובים וסוריים, ובזמנים אחדים הם היו רוב מניינו ובניינו של הצבא. הדבר מעיד על בעיות פנים-מצריות. צבאות שכירים שימשו במקומות רבים בהיסטוריה, ובניגוד לצבא העם, שלוחמיו גויסו לרוב מבין האיכרים, צבא מקצועי בנוי על חוזה ועל תשלום, ושמו הטוב תלוי בהצלחותיו בשדה הקרב. לפיכך חיילים מקצועיים נוטים להילחם ביתר תקיפות. אף על פי כן מפלתה של מצרים תהיה כה קשה, שאפילו שכיריה המנוסים יהיו כעגלים המובלים לשחיטה. השימוש בדימוי לעגלים בא לבזות את צבא מצרים - אם בצבא רגיל רוכבים פרשים על סוסים, הצבא המצרי מורכב מגדודי עגלים, והוא אינו אלא צבא של פרות.

בּוֹ׃ וּנְתַתִּים בְּיַד מְבַקְשֵׁי נַפְשָׁם וּבְיַד נְבוּכַדְרֶאצַּר כו
מֶלֶךְ־בָּבֶל וּבְיַד עֲבָדָיו וְאַחֲרֵי־כֵן תִּשְׁכֹּן כִּימֵי־קֶדֶם
נְאֻם־יְהוָה׃ וְאַתָּה אַל־תִּירָא עַבְדִּי יַעֲקֹב כז
וְאַל־תֵּחַת יִשְׂרָאֵל כִּי הִנְנִי מוֹשִׁעֲךָ מֵרָחוֹק וְאֶת־
זַרְעֲךָ מֵאֶרֶץ שִׁבְיָם וְשָׁב יַעֲקוֹב וְשָׁקַט וְשַׁאֲנַן וְאֵין
מַחֲרִיד׃ אַתָּה אַל־תִּירָא עַבְדִּי יַעֲקֹב נְאֻם־יְהוָה כִּי כח
אִתְּךָ אָנִי כִּי אֶעֱשֶׂה כָלָה בְכָל־הַגּוֹיִם ׀ אֲשֶׁר הִדַּחְתִּיךָ
שָׁמָּה וְאֹתְךָ לֹא־אֶעֱשֶׂה כָלָה וְיִסַּרְתִּיךָ לַמִּשְׁפָּט וְנַקֵּה
לֹא אֲנַקֶּךָּ׃

ישעיה

לתימנים

יט א מַשָּׂא מִצְרָיִם הִנֵּה יְהוָה רֹכֵב עַל־עָב קַל וּבָא מִצְרַיִם
וְנָעוּ אֱלִילֵי מִצְרַיִם מִפָּנָיו וּלְבַב מִצְרַיִם יִמַּס בְּקִרְבּוֹ׃
ב וְסִכְסַכְתִּי מִצְרַיִם בְּמִצְרַיִם וְנִלְחֲמוּ אִישׁ בְּאָחִיו וְאִישׁ
בְּרֵעֵהוּ עִיר בְּעִיר מַמְלָכָה בְּמַמְלָכָה׃ וְנָבְקָה רוּחַ־ ג
מִצְרַיִם בְּקִרְבּוֹ וַעֲצָתוֹ אֲבַלֵּעַ וְדָרְשׁוּ אֶל־הָאֱלִילִים

הרחבות

'מצרים במצרים' מצרים הייתה מדינה כפולה. מבחינה גיאוגרפית היא כללה את מצרים עילית ומצרים תחתית, כמו שמורה גם שמה בעברית שצורתו – צורת זוגי. (בערבית שמה מצר). לא תמיד שרר שלום ביניהן. (ראו אברבנאל). אחת הסיבות העיקריות למאבקים הייתה תלותן במקור מים אחד, הנילוס. ניצול עודף של מי הנילוס על ידי מצרים האחת פגע ישירות במקור החיים של האחרת. סכסוכים ומתחים על רקע זה חזרו ונשנו.

ביאור | **בּוֹ**. עם כל אלה אני עתיד לבוא חשבון.[61] כו **וּנְתַתִּים בְּיַד מְבַקְשֵׁי**
נַפְשָׁם וּבְיַד נְבוּכַדְרֶאצַּר מֶלֶךְ-בָּבֶל וּבְיַד עֲבָדָיו. בכמה נבואות נאמר
שמצרים תיפול ביד הבבלים, והם ימשלו בה כמה דורות. אמנם
כעת אין להם תקנה, והם ינחלו תבוסה במלחמה מכרעת ויאבדו
את עצמאותם למשך שנים רבות, **וְ**אולם **אַחֲרֵי-כֵן**, באחרית הימים
תִּשְׁכֹּן כִּימֵי-קֶדֶם, תשוב מצרים להיות ממלכה בפני עצמה,[62] **נְאֻם-ה׳**.

כאן מופיעה הערה לישראל, החווים את התנגשות שתי האימפריות
הגדולות הללו: כז **וְאַתָּה אַל-תִּירָא, עַבְדִּי יַעֲקֹב, וְאַל-תֵּחַת**, תפחד
מכל המאורעות, **יִשְׂרָאֵל, כִּי הִנְנִי מוֹשִׁעֲךָ מֵרָחוֹק**, בגלותך הרחוקה
והממושכת,[63] **וְאֶת-זַרְעֲךָ** אושיע **מֵאֶרֶץ שִׁבְיָם, וְשָׁב יַעֲקוֹב** לבסוף
מגלויותיו **וְשָׁקַט וְשַׁאֲנַן** וישב בשלווה,[64] **וְאֵין מַחֲרִיד**. כח **אַתָּה אַל-**
תִּירָא, עַבְדִּי יַעֲקֹב, נְאֻם-ה׳, כִּי אִתְּךָ אָנִי, כִּי אֶעֱשֶׂה כָלָה בְּכָל-הַגּוֹיִם
אֲשֶׁר הִדַּחְתִּיךָ שָׁמָּה. אחריב את כל העמים שגליתם אליהם – גם
את מצרים וגם את בבל, שעתה היא בשיא גדולתה ותפארתה.[65]
וְאֹתְךָ לֹא-אֶעֱשֶׂה כָלָה. אתה לא תושמד, אך אין פירוש הדבר שלא
תיפגע כלל, שהרי **וְיִסַּרְתִּיךָ לַמִּשְׁפָּט**. תעמוד במשפט ותיענש, **וְנַקֵּה**
לֹא אֲנַקֶּךָּ. לא תהיו נקיים מן הדין. ועם זאת, בשעה שהעמים
האחרים יכלו ויאבדו, אתם תישארו קיימים.[66]

עתידה של מצרים

בנבואת ישעיהו שלפנינו נזכרות מפלות ופורענויות שיבואו על מצרים – אימה ומלחמה, חורבן כלכלי, אבדן חכמה ודרך. בצדן צופה הנביא למצרים גם עתיד מאושר – ריפוי מגפותיה ועזיבת אליליה. את הנבואה הזאת אפשר להבין על סמך הכרת תפיסתם העצמית של המצרים – במשך כל הדורות ראו המצרים בעצמם את מרכז העולם, כאילו הם בני התרבות העליונה ואנשי החכמה.

ישעיה פרק יט א **מַשָּׂא מִצְרָיִם. הִנֵּה ה׳ רֹכֵב עַל עָב**, **עָנָן קַל וּבָא**
לְמִצְרַיִם. הדבר שיתואר כאן יתרחש מהר. **וְנָעוּ**, ירעדו **אֱלִילֵי**
מִצְרַיִם מִפָּנָיו – מפני ה׳, **וּלְבַב מִצְרַיִם יִמַּס בְּקִרְבּוֹ**. ב ובהיבט
הפוליטי – **וְסִכְסַכְתִּי מִצְרַיִם בְּמִצְרַיִם, וְנִלְחֲמוּ אִישׁ בְּאָחִיו וְאִישׁ**
בְּרֵעֵהוּ, עִיר בְּעִיר, מַמְלָכָה בְּמַמְלָכָה. ג נוסף על כך: **וְנָבְקָה**, תישבר[67]
רוּחַ מִצְרַיִם בְּקִרְבּוֹ, וַעֲצָתוֹ אֲבַלֵּעַ, אקלקל, שלא תתגשם. **וְדָרְשׁוּ**

וְאֶל־הָאִטִּים וְאֶל־הָאֹבוֹת וְאֶל־הַיִּדְּעֹנִים׃ וְסִכַּרְתִּי ד
אֶת־מִצְרַיִם בְּיַד אֲדֹנִים קָשֶׁה וּמֶלֶךְ עַז יִמְשָׁל־בָּם
נְאֻם הָאָדוֹן יֱהוִה צְבָאוֹת׃ וְנִשְּׁתוּ־מַיִם מֵהַיָּם וְנָהָר ה
יֶחֱרַב וְיָבֵשׁ׃ וְהֶאֶזְנִיחוּ נְהָרוֹת דָּלְלוּ וְחָרְבוּ יְאֹרֵי מָצוֹר ו
קָנֶה וָסוּף קָמֵלוּ׃ עָרוֹת עַל־יְאוֹר עַל־פִּי יְאוֹר וְכֹל ז
מִזְרַע יְאוֹר יִבַשׁ נִדַּף וְאֵינֶנּוּ׃ וְאָנוּ הַדַּיָּגִים וְאָבְלוּ כָּל־ ח
מַשְׁלִיכֵי בַיְאוֹר חַכָּה וּפֹרְשֵׂי מִכְמֹרֶת עַל־פְּנֵי־מַיִם
אֻמְלָלוּ׃ וּבֹשׁוּ עֹבְדֵי פִשְׁתִּים שְׂרִיקוֹת וְאֹרְגִים חוֹרָי׃ ט
וְהָיוּ שָׁתֹתֶיהָ מְדֻכָּאִים כָּל־עֹשֵׂי שֶׂכֶר אַגְמֵי־נָפֶשׁ׃ י

סוף

הרחבות

החקלאות המצרית נשענת בעיקר על מי הנילוס המובלים לכל הארץ על ידי יאורים וברכות השקיה. מכיוון שהארץ מישורית, כדי לאגור את המים יש צורך בבניית סכרים ואגמים לאורך הדרך. נקל לשער את ההשלכות ההרסניות של התייבשות יאור מצרים, בסיסה הכלכלי של הארץ.

ביאור

המצרים **אֶל הָאֱלִילִים וְאֶל הָאִטִּים**, רוחות רפאים, או: כוחות כישוף
המדברים בלחש[68] **וְאֶל הָאֹבוֹת וְאֶל הַיִּדְּעֹנִים**, אך לא תימצא מהם
עצה. ד **וְסִכַּרְתִּי**, אסגיר, וגם: אצמצם ואכניס[69] **אֶת מִצְרַיִם בְּיַד**
אֲדֹנִים, ביטוי של כבוד, צורת 'ריבוי מלכותי' הנאמרת על אדון
יחיד,[70] **קָשֶׁה, וּמֶלֶךְ עַז** שאינו מהם **יִמְשָׁל בָּם, נְאֻם הָאָדוֹן ה' צְבָאוֹת.**

ה **וְנִשְּׁתוּ**, ייעלמו **מַיִם מֵהַיָּם** של מצרים, **וְנָהָר יֶחֱרַב וְיָבֵשׁ.** ו **וְהֶאֶזְנִיחוּ**,
יוזנחו, או: יתמעטו[71] **נְהָרוֹת, דָּלֲלוּ וְחָרְבוּ יְאֹרֵי מָצוֹר**, מצרים.[72] גם **קָנֶה**
וָסוּף הגדלים סביבם **קָמֵלוּ**, יתייבשו. ז **עָרוֹת** מתערער ומתרוקן[73]
הצומח **עַל יְאוֹר, וְעַל פִּי**, שפת **יְאוֹר, וְכֹל מִזְרַע יְאוֹר יִיבַשׁ. נִדַּף**
וְאֵינֶנּוּ. ח עם התייבשות היאור תיעלם הדגה - **וְאָנוּ**, ואבלו **הַדַּיָּגִים,**
וְאָבְלוּ כָּל מַשְׁלִיכֵי בַיְאוֹר חַכָּה, וּפֹרְשֵׂי מִכְמֹרֶת, רשת גדולה **עַל פְּנֵי מַיִם**
אֻמְלָלוּ. ט **וּבֹשׁוּ**, יתביישו, יתאכזבו **עֹבְדֵי פִשְׁתִּים**, מעבדי הפשתה,
שגם היא לא תצמח. ועושי **שְׂרִיקוֹת**, סורקי הפשתן **וְאֹרְגִים חוֹרָי**, מיני
בדים, ובכללם רשתות מחוררות לדייג.[74] י **וְהָיוּ שָׁתֹתֶיהָ**, יסודותיה
של מצרים **מְדֻכָּאִים**, שבורים ורצוצים,[75] **כָּל עֹשֵׂי שֶׂכֶר**, בוני הסכרים
וְאַגְמֵי נָפֶשׁ, יוצרי האגמים לצורך חיי הנפש.[76]

עובדי פשתים
ציור מהאלף השני לפנה"ס
דיר אל מדינה, מצרים

דייגים מצריים
פורשי מכמורת
ציור מהאלף השלישי לפנה"ס
סקרה, מצרים

יא אַךְ־אֱוִלִים שָׂרֵי צֹעַן חַכְמֵי יֹעֲצֵי פַרְעֹה עֵצָה נִבְעָרָה
אֵיךְ תֹּאמְרוּ אֶל־פַּרְעֹה בֶּן־חֲכָמִים אֲנִי בֶּן־מַלְכֵי־
יב קֶדֶם: אַיָּם אֵפוֹא חֲכָמֶיךָ וְיַגִּידוּ נָא לָךְ וְיֵדְעוּ מַה־
יג יָּעַץ יְהוָה צְבָאוֹת עַל־מִצְרָיִם: נוֹאֲלוּ שָׂרֵי צֹעַן נִשְּׁאוּ
יד שָׂרֵי נֹף הִתְעוּ אֶת־מִצְרַיִם פִּנַּת שְׁבָטֶיהָ: יְהוָה מָסַךְ
בְּקִרְבָּהּ רוּחַ עִוְעִים וְהִתְעוּ אֶת־מִצְרַיִם בְּכָל־מַעֲשֵׂהוּ
טו כְּהִתָּעוֹת שִׁכּוֹר בְּקִיאוֹ: וְלֹא־יִהְיֶה לְמִצְרַיִם מַעֲשֶׂה
טז אֲשֶׁר יַעֲשֶׂה רֹאשׁ וְזָנָב כִּפָּה וְאַגְמוֹן: בַּיּוֹם
הַהוּא יִהְיֶה מִצְרַיִם כַּנָּשִׁים וְחָרַד ׀ וּפָחַד מִפְּנֵי תְּנוּפַת
יז יַד־יְהוָה צְבָאוֹת אֲשֶׁר־הוּא מֵנִיף עָלָיו: וְהָיְתָה
אַדְמַת יְהוּדָה לְמִצְרַיִם לְחָגָּא כֹּל אֲשֶׁר יַזְכִּיר אֹתָהּ
אֵלָיו יִפְחָד מִפְּנֵי עֲצַת יְהוָה צְבָאוֹת אֲשֶׁר־הוּא
יח יוֹעֵץ עָלָיו: בַּיּוֹם הַהוּא יִהְיוּ חָמֵשׁ עָרִים
בְּאֶרֶץ מִצְרַיִם מְדַבְּרוֹת שְׂפַת כְּנַעַן וְנִשְׁבָּעוֹת לַיהוָה
יט צְבָאוֹת עִיר הַהֶרֶס יֵאָמֵר לְאֶחָת: בַּיּוֹם

ביאור | יא **אַךְ אֱוִלִים**, שוטים הם **שָׂרֵי צֹעַן**, בירת מצרים, **חַכְמֵי יֹעֲצֵי פַרְעֹה** יעצו **עֵצָה נִבְעָרָה**, עצת הבל. **אֵיךְ תֹּאמְרוּ אֶל פַּרְעֹה**, איך תלמדו אותו לומר: **בֶּן חֲכָמִים אֲנִי, בֶּן מַלְכֵי קֶדֶם**? פרעה לא ראה עצמו כמלך בלבד, אלא כמין אל – ובין השאר כאל החכמה – וכך ראתה אותו גם סביבתו.[77] יב אדרבה, אם פרעה ויועציו כה חכמים – **אַיָּם**, היכן הם **אֵפוֹא חֲכָמֶיךָ, וְיַגִּידוּ נָא לָךְ, וְיֵדְעוּ מַה יָּעַץ ה׳ צְבָאוֹת עַל** עתידה של **מִצְרָיִם**. יג **נוֹאֲלוּ**, ניטפשו **שָׂרֵי צֹעַן**, ואין בידם פתרונות. **נִשְּׁאוּ**, הוסתו, פותו **שָׂרֵי נֹף**, עיר ידועה נוספת במצרים. במקום לסייע למצרים – **הִתְעוּ אֶת מִצְרַיִם פִּנַּת שְׁבָטֶיהָ**, הקצינים הממונים על שבטי מצרים. יד כל זאת, כי **ה׳ מָסַךְ**, שפך **בְּקִרְבָּהּ רוּחַ עִוְעִים**, תעתועים, **וְ**אותם קצינים **הִתְעוּ אֶת מִצְרַיִם בְּכָל מַעֲשֵׂהוּ**, החכמה שהמצרים מייחסים לעצמם תיעלם, ובמקומה יפלו המצרים שוב ושוב בטעויותיהם הקודמות, **כְּהִתָּעוֹת שִׁכּוֹר בְּקִיאוֹ**, כשיכור השב ומדשדש בקיאו.[78] טו **וְלֹא יִהְיֶה לְמִצְרַיִם מַעֲשֶׂה אֲשֶׁר יַעֲשֶׂה רֹאשׁ וְזָנָב**, מעשה בעל התחלה וסוף, מעשה מתוכנן ובעל קיום.[79] לא תהיה במצרים **כִּפָּה**, צמרת עץ, **וְאַגְמוֹן**, גומא הצומח באגם. מלבד המשמעות המילולית, לא יבחינו במצרים בין עניין גדול לבין עניין פעוט.

טז **בַּיּוֹם הַהוּא יִהְיֶה מִצְרַיִם כַּנָּשִׁים**. הגברים, עושי המלחמה, יפחדו מן המפלה הבאה כנשים. **וְחָרַד וּפָחַד** העם **מִפְּנֵי תְּנוּפַת יַד ה׳ צְבָאוֹת, אֲשֶׁר הוּא מֵנִיף עָלָיו**. יז **וְהָיְתָה אַדְמַת יְהוּדָה לְמִצְרַיִם לְחָגָּא**, לאימה וזעזוע.[80] יהודה, שהיא כעת מדינה קטנה, תאיים על מצרים. **כֹּל אֲשֶׁר יַזְכִּיר אֹתָהּ** – את שם יהודה **אֵלָיו – יִפְחָד מִפְּנֵי עֲצַת ה׳ צְבָאוֹת** הקָשָׁה **אֲשֶׁר הוּא יוֹעֵץ עָלָיו** – על מצרים.

יח **בַּיּוֹם הַהוּא**, שבו מצרים תתמוטט, יחולו בה שינויים רבים – **יִהְיוּ חָמֵשׁ עָרִים בְּאֶרֶץ מִצְרַיִם מְדַבְּרוֹת שְׂפַת כְּנַעַן וְנִשְׁבָּעוֹת לַה׳ צְבָאוֹת**, אנשי הערים הללו ידברו עברית ויאמינו באלוקי ישראל כי ישראל יהיו השליטים והמשפיעים, והם אף יתיישבו בערים אלו.[81] **עִיר הַהֶרֶס**, החרס, השמש **יֵאָמֵר לְאֶחָת**, תיקרא אחת מהן. ואכן הייתה במצרים

הַה֗וּא יִהְיֶ֤ה מִזְבֵּ֙חַ֙ לַֽיהוָ֔ה בְּת֖וֹךְ אֶ֣רֶץ מִצְרָ֑יִם וּמַצֵּבָ֥ה
אֵֽצֶל־גְּבוּלָ֖הּ לַיהוָֽה׃ וְהָיָ֨ה לְא֥וֹת וּלְעֵ֛ד לַֽיהוָ֥ה כ
צְבָא֖וֹת בְּאֶ֣רֶץ מִצְרָ֑יִם כִּֽי־יִצְעֲק֤וּ אֶל־יְהוָה֙ מִפְּנֵ֣י
לֹֽחֲצִ֔ים וְיִשְׁלַ֥ח לָהֶ֛ם מוֹשִׁ֥יעַ וָרָ֖ב וְהִצִּילָֽם׃ וְנוֹדַ֤ע כא
יְהוָה֙ לְמִצְרַ֔יִם וְיָדְע֥וּ מִצְרַ֛יִם אֶת־יְהוָ֖ה בַּיּ֣וֹם הַה֑וּא
וְעָבְדוּ֙ זֶ֣בַח וּמִנְחָ֔ה וְנָֽדְרוּ־נֵ֥דֶר לַיהוָ֖ה וְשִׁלֵּֽמוּ׃ וְנָגַ֧ף כב
יְהוָ֛ה אֶת־מִצְרַ֖יִם נָגֹ֣ף וְרָפ֑וֹא וְשָׁ֙בוּ֙ עַד־יְהוָ֔ה וְנֶעְתַּ֥ר
לָהֶ֖ם וּרְפָאָֽם׃ בַּיּ֣וֹם הַה֗וּא תִּהְיֶ֨ה מְסִלָּ֤ה כג
מִמִּצְרַ֙יִם֙ אַשּׁ֔וּרָה וּבָֽא־אַשּׁ֥וּר בְּמִצְרַ֖יִם וּמִצְרַ֣יִם
בְּאַשּׁ֑וּר וְעָבְד֥וּ מִצְרַ֖יִם אֶת־אַשּֽׁוּר׃ בַּיּ֣וֹם כד
הַה֗וּא יִהְיֶ֤ה יִשְׂרָאֵל֙ שְׁלִישִׁיָּ֔ה לְמִצְרַ֖יִם וּלְאַשּׁ֑וּר
בְּרָכָ֖ה בְּקֶ֥רֶב הָאָֽרֶץ׃ אֲשֶׁ֧ר בֵּרְכ֛וֹ יְהוָ֥ה צְבָא֖וֹת כה
לֵאמֹ֑ר בָּר֤וּךְ עַמִּי֙ מִצְרַ֔יִם וּמַעֲשֵׂ֣ה יָדַ֔י אַשּׁ֖וּר וְנַחֲלָתִ֥י
יִשְׂרָאֵֽל׃

ביאור
עיר שכונתה כך.[82] יט **בַּיּוֹם הַהוּא יִהְיֶה מִזְבֵּחַ לַה׳ בְּתוֹךְ אֶרֶץ מִצְרָיִם**
וּמַצֵּבָה אֵצֶל גְּבוּלָהּ לַה׳. כ **וְהָיָה** אותו המזבח, או: הדבר שייאמר
בסמוך **לְאוֹת וּלְעֵד לַה׳ צְבָאוֹת בְּאֶרֶץ מִצְרָיִם; כִּי יִצְעֲקוּ אֶל ה׳ מִפְּנֵי**
לֹחֲצִים, אויבים, **וְיִשְׁלַח לָהֶם מוֹשִׁיעַ וָרָב**, אדם גדול, או: אדם שיריב
את ריבם **וְהִצִּילָם.** כא **וְנוֹדַע ה׳ לְמִצְרַיִם, וְיָדְעוּ מִצְרַיִם אֶת ה׳ בַּיּוֹם**
הַהוּא, וְעָבְדוּ לו **בְּזֶבַח וּמִנְחָה וְנָדְרוּ נֵדֶר לַה׳ וְשִׁלֵּמוּ.** כב **וְנָגַף**, יכה
ה׳ אֶת מִצְרַיִם נָגֹף וְרָפוֹא, מכות חוזרות ונשנות של תיקון, לא מכה
ניצחת.[83] **וְשָׁבוּ עַד ה׳, וְנֶעְתַּר לָהֶם וּרְפָאָם.** כג **בַּיּוֹם הַהוּא תִּהְיֶה**
מְסִלָּה, דרך **מִמִּצְרַיִם אַשּׁוּרָה, וּבָא אַשּׁוּר בְּמִצְרַיִם וּמִצְרַיִם בְּאַשּׁוּר**
וְעָבְדוּ מִצְרַיִם אֶת אַשּׁוּר.

כד **בַּיּוֹם הַהוּא**, לאחר שיכבשו האשורים את מצרים, ולאחר שמצרים
ואשור יקבלו עליהם את עול מלכות ה׳, **יִהְיֶה יִשְׂרָאֵל שְׁלִישִׁיָּה**
לְמִצְרַיִם וּלְאַשּׁוּר, ישראל ושתי הממלכות הללו ייחשבו לקבוצה
בת שלושה כוחות, להיות **בְּרָכָה בְּקֶרֶב הָאָרֶץ.** כה **אֲשֶׁר בֵּרְכוֹ ה׳**
צְבָאוֹת לֵאמֹר: בָּרוּךְ עַמִּי מִצְרַיִם, וּמַעֲשֵׂה יָדַי אַשּׁוּר, וְנַחֲלָתִי יִשְׂרָאֵל.
בעולם שיתחדש אז, ישכון שלום בין שלוש הממלכות.[84]

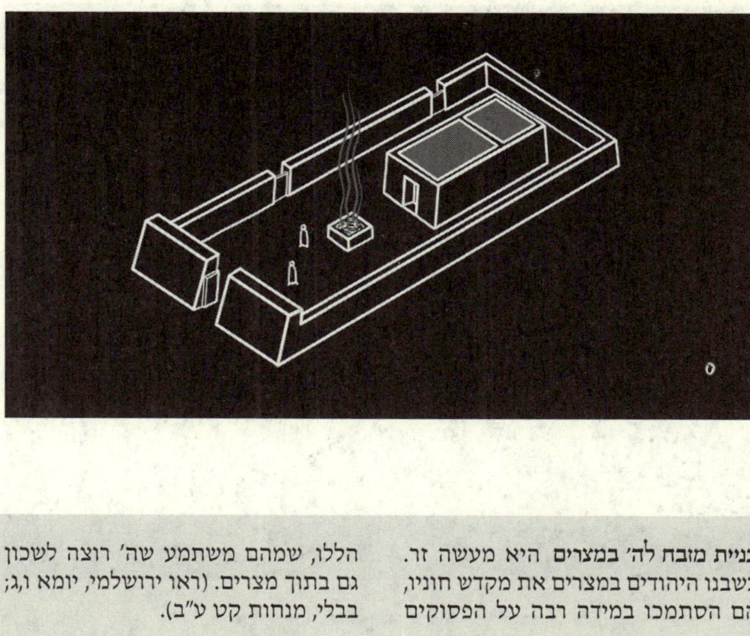

מקדש חוניו,
מקדש יהודי ובו מזבח
המאה ה-2 לפנה"ס
יב, מצרים
(על פי שחזור)

הרחבות

בניית מזבח לה׳ במצרים היא מעשה זר. כשבנו היהודים במצרים את מקדש חוניו, הם הסתמכו במידה רבה על הפסוקים הללו, שמהם משתמע שה׳ רוצה לשכון גם בתוך מצרים. (ראו ירושלמי, יומא ו,ג; בבלי, מנחות קט ע"ב).

הפטרת בשלח

שופטים

האשכנזים מתחילים כאן

ד ד וּדְבוֹרָה אִשָּׁה נְבִיאָה אֵשֶׁת לַפִּידוֹת הִיא שֹׁפְטָה
אֶת־יִשְׂרָאֵל בָּעֵת הַהִיא׃ וְהִיא יוֹשֶׁבֶת תַּחַת־תֹּמֶר ה
דְּבוֹרָה בֵּין הָרָמָה וּבֵין בֵּית־אֵל בְּהַר אֶפְרָיִם וַיַּעֲלוּ
אֵלֶיהָ בְּנֵי יִשְׂרָאֵל לַמִּשְׁפָּט׃ וַתִּשְׁלַח וַתִּקְרָא לְבָרָק ו
בֶּן־אֲבִינֹעַם מִקֶּדֶשׁ נַפְתָּלִי וַתֹּאמֶר אֵלָיו הֲלֹא־צִוָּה
יְהוָה אֱלֹהֵי־יִשְׂרָאֵל לֵךְ וּמָשַׁכְתָּ בְּהַר תָּבוֹר וְלָקַחְתָּ
עִמְּךָ עֲשֶׂרֶת אֲלָפִים אִישׁ מִבְּנֵי נַפְתָּלִי וּמִבְּנֵי זְבֻלוּן׃
וּמָשַׁכְתִּי אֵלֶיךָ אֶל־נַחַל קִישׁוֹן אֶת־סִיסְרָא שַׂר־ ז
צְבָא יָבִין וְאֶת־רִכְבּוֹ וְאֶת־הֲמוֹנוֹ וּנְתַתִּיהוּ בְּיָדֶךָ׃
וַיֹּאמֶר אֵלֶיהָ בָּרָק אִם־תֵּלְכִי עִמִּי וְהָלָכְתִּי וְאִם־ ח
לֹא תֵלְכִי עִמִּי לֹא אֵלֵךְ׃ וַתֹּאמֶר הָלֹךְ אֵלֵךְ עִמָּךְ ט

אתרים הנזכרים במלחמת ברק וסיסרא (לפי התאוריות השונות)

שירת דבורה

שירת דבורה, שהיא אחת השירות הגדולות במקרא, דומה לשירת הים מבחינת המקצב, התוכן וכמה ביטויי לשון. שתי השירות נאמרות לה׳ על תשועה גדולה מידי צבא מאיים המצויד במאות רבות של רכב וסוס. בשני המאורעות איתני הטבע מתגייסים להצלת ישראל, ים סוף ונחל קישון, רוח קדים עזה ומערכות שמים. שתי התשועות מלוות בביטויים משותפים של מהומה במחנה האויב - וַיָּהָם - ובהכחדתו - לֹא נִשְׁאַר בָּהֶם עַד אֶחָד.

ההשוואה בין שתי השירות מדגישה את ההבדל: שירת הים היא כללית. אין בה כמעט אזכורי אנשים פרטיים, וגם שמו של משה רבנו - השר אותה - אינו מופיע בה. שירת דבורה אישית הרבה יותר. נזכרים בה אנשים פרטיים לחיוב ולשלילה, ואף המשוררת עצמה מופיעה בה לא פעם.

שופטים פרק ד ד **וּדְבוֹרָה** הייתה **אִשָּׁה נְבִיאָה, אֵשֶׁת לַפִּידוֹת**, שמו | ביאור
או כינויו של בעלה,[85] **הִיא שֹׁפְטָה**, שופטת ומנהיגה **אֶת יִשְׂרָאֵל בָּעֵת
הַהִיא.** ה **וְהִיא יוֹשֶׁבֶת**, מקום מושבה הקבוע כשהנהיגה את העם היה **תַּחַת** עץ **תֹּמֶר**, שנקרא אחר כך על שמה - תומר **דְּבוֹרָה בֵּין הָרָמָה וּבֵין בֵּית אֵל בְּהַר אֶפְרָיִם.** בהיותה אשה, לא רצתה שיבואו רבים אל ביתה, ועל כן קבעה את מקום שבתה בחוץ תחת עץ התומר. המקום הבלתי פורמלי הזה לא פגע בהנהגתה ובשלטונה - **וַיַּעֲלוּ אֵלֶיהָ בְּנֵי יִשְׂרָאֵל לַמִּשְׁפָּט.** נוסף על הנהגת העם היא שפטה בין איש לחברו, כדרך שנהגו שאר ראשי ישראל.[86]

ו **וַתִּשְׁלַח וַתִּקְרָא לְבָרָק בֶּן אֲבִינֹעַם** מהעיר **קֶדֶשׁ נַפְתָּלִי, וַתֹּאמֶר אֵלָיו: הֲלֹא צִוָּה ה׳ אֱלֹהֵי יִשְׂרָאֵל: ״לֵךְ וּמָשַׁכְתָּ**, אסוף אנשים והובל אותם **בְּהַר תָּבוֹר וְלָקַחְתָּ עִמְּךָ עֲשֶׂרֶת אֲלָפִים אִישׁ מִבְּנֵי נַפְתָּלִי וּמִבְּנֵי זְבֻלוּן**, שבטי הצפון החיים תחת שלטונו של המלך יבין. לחץ האויב הופעל בעיקר על השבטים הסמוכים, וכאיש צבא משבט נפתלי, הצטווה ברק לגייס אנשים רבים משבטים אלה.[87]
ז **וּמָשַׁכְתִּי אֵלֶיךָ אֶל נַחַל קִישׁוֹן אֶת סִיסְרָא שַׂר צְבָא יָבִין וְאֶת רִכְבּוֹ וְאֶת הֲמוֹנוֹ**, צבאו הגדול, שיגיעו לשם כדי לערוך עמך מלחמה. אתה תרד מהתבור אל עבר נחל קישון, וסמוך לנחל תפתח בקרב עם סיסרא, **וּנְתַתִּיהוּ**, אתן אותו **בְּיָדֶךָ**״. ייתכן שמקום הקרב וזמנו נקבעו מראש בשטח המאפשר תמרון למרכבות ונוח גם לצבא רגלי.

ח **וַיֹּאמֶר אֵלֶיהָ בָּרָק: אִם תֵּלְכִי עִמִּי** למלחמה – **וְהָלָכְתִּי, וְאִם לֹא תֵלְכִי עִמִּי – לֹא אֵלֵךְ.** ברק לא הזדקק לה כלוחמת אלא נזקק לחיזוק שהעניקה לו נוכחותה של מנהיגת ישראל.[88]

אֶפֶס כִּי לֹא תִהְיֶה תִּפְאַרְתְּךָ עַל־הַדֶּרֶךְ אֲשֶׁר אַתָּה
הוֹלֵךְ כִּי בְיַד־אִשָּׁה יִמְכֹּר יְהוָה אֶת־סִיסְרָא וַתָּקָם
דְּבוֹרָה וַתֵּלֶךְ עִם־בָּרָק קֶדְשָׁה׃ וַיַּזְעֵק בָּרָק אֶת־ י
זְבוּלֻן וְאֶת־נַפְתָּלִי קֶדְשָׁה וַיַּעַל בְּרַגְלָיו עֲשֶׂרֶת אַלְפֵי
אִישׁ וַתַּעַל עִמּוֹ דְּבוֹרָה׃ וְחֶבֶר הַקֵּינִי נִפְרָד מִקַּיִן יא
בְּצַעֲנַנִּים מִבְּנֵי חֹבָב חֹתֵן מֹשֶׁה וַיֵּט אָהֳלוֹ עַד־אֵלוֹן בצענים
אֲשֶׁר אֶת־קֶדֶשׁ׃ וַיַּגִּדוּ לְסִיסְרָא כִּי עָלָה בָּרָק בֶּן־ יב
אֲבִינֹעַם הַר־תָּבוֹר׃ וַיַּזְעֵק סִיסְרָא אֶת־כָּל־רִכְבּוֹ יג
תְּשַׁע מֵאוֹת רֶכֶב בַּרְזֶל וְאֶת־כָּל־הָעָם אֲשֶׁר אִתּוֹ
מֵחֲרֹשֶׁת הַגּוֹיִם אֶל־נַחַל קִישׁוֹן׃ וַתֹּאמֶר דְּבֹרָה אֶל־ יד
בָּרָק קוּם כִּי זֶה הַיּוֹם אֲשֶׁר נָתַן יְהוָה אֶת־סִיסְרָא
בְּיָדֶךָ הֲלֹא יְהוָה יָצָא לְפָנֶיךָ וַיֵּרֶד בָּרָק מֵהַר תָּבוֹר
וַעֲשֶׂרֶת אֲלָפִים אִישׁ אַחֲרָיו׃ וַיָּהָם יְהוָה אֶת־סִיסְרָא טו
וְאֶת־כָּל־הָרֶכֶב וְאֶת־כָּל־הַמַּחֲנֶה לְפִי־חֶרֶב לִפְנֵי

הרחבות

'ויהם ה' את סיסרא ואת כל הרכב' נראה כי המרכבות חיכו למתקפה מכיוון אחד, ואילו ברק ירד מן האגפים. בתוך המהומה שנוצרה לא הייתה תועלת של ממש ברכבו של סיסרא. ספק אם היה לכנענים צורך במספר כזה של מרכבות מלכתחילה, ובמיוחד לאור התמקמותו של ברק באזור הררי–למחצה, שאפשר לו נתיב מילוט

ביאור

ט וַתֹּאמֶר לו דבורה: הָלֹךְ אֵלֵךְ עִמָּךְ כבקשתך, אֶפֶס כִּי, אך לֹא תִהְיֶה
תִּפְאַרְתְּךָ, לא תזכה לפאר וכבוד עַל הַדֶּרֶךְ אֲשֶׁר אַתָּה הוֹלֵךְ, כִּי בְיַד
אִשָּׁה יִמְכֹּר ה׳ אֶת סִיסְרָא. בסופו של דבר, ה׳ יגרום שסיסרא יומת
ביד אשה ולא בידך. לא תיחשב אחד הגיבורים הגדולים, שהרי
אתה מתנה את הליכתך למלחמה בהליכתי, וגם בפועל, לא אתה
או אחד מאנשיך יסיר את ראש אויבך.[89] וַתָּקָם דְּבוֹרָה וַתֵּלֶךְ עִם בָּרָק
קֶדְשָׁה, לקֶדש נפתלי.

י וַיַּזְעֵק בָּרָק אֶת שבט זְבוּלֻן וְאֶת שבט נַפְתָּלִי קֶדְשָׁה, וַיַּעַל בְּרַגְלָיו
ואתו עֲשֶׂרֶת אַלְפֵי אִישׁ, חיילי רגלים, וַתַּעַל עִמּוֹ דְּבוֹרָה.

פרט נוסף שיהיה חשוב לסיפור: יא וְחֶבֶר, שם איש ממשפחת
הַקֵּינִי נִפְרָד מִקַּיִן, מִבְּנֵי חֹבָב חֹתֵן מֹשֶׁה. הקֵינים, שהיו מבני חובב,
ישבו בין שבטי ישראל, אך לא הייתה להם נחלה מיוחדת בארץ.
תחילה ישבו באזור יריחו, ולאחר מכן חיו רובם במדבר יהודה, אך
אחד מהם, חֶבר, נפרד משאר בני שבטו ונדד צפונה.[90] וַיֵּט אָהֳלוֹ עַד
אֵלוֹן בְּצַעֲנַנִּים שבגבול נפתלי, אֲשֶׁר אֶת, ליד קֶדֶשׁ.

יב וַיַּגִּדוּ לְסִיסְרָא כִּי עָלָה בָּרָק בֶּן אֲבִינֹעַם אל הַר תָּבוֹר. יג וַיַּזְעֵק
סִיסְרָא אֶת כָּל רִכְבּוֹ, תְּשַׁע מֵאוֹת רֶכֶב בַּרְזֶל, וְאֶת כָּל הָעָם אֲשֶׁר
אִתּוֹ מֵחֲרֹשֶׁת הַגּוֹיִם אֶל נַחַל קִישׁוֹן. מרכבות סיסרא בוודאי הקנו
לו עדיפות קרבית. הוא הניח כי בעזרתן יוכל לנצח כל חיל רגלי
שיעמוד כנגדו.

יד וַתֹּאמֶר דְּבֹרָה אֶל בָּרָק: קוּם, פתח במלחמה, כִּי זֶה הַיּוֹם אֲשֶׁר
נָתַן ה׳ אֶת סִיסְרָא בְּיָדֶךָ. הֲלֹא ה׳ יָצָא לְפָנֶיךָ. דבורה, שעמדה על
ההר, הורתה לברק שהגיעה שעת הכושר להילחם. וַיֵּרֶד בָּרָק מֵהַר
תָּבוֹר וַעֲשֶׂרֶת אֲלָפִים אִישׁ אַחֲרָיו. טו וַיָּהָם, חולל מהומה, בלבל ה׳
אֶת סִיסְרָא וְאֶת כָּל הָרֶכֶב וְאֶת כָּל הַמַּחֲנֶה לְפִי חֶרֶב לִפְנֵי בָרָק. וַיֵּרֶד

הרחבות

שלא היה נגיש לרכב הכנעני. המקראות ומקורות נוספים רומזים כי באותה שעה ניתכו במפתיע גשמים עזים, והם ששיבשו את תנועת המרכבות בעמק הבוצי. (על פי יוספוס פבלביוס; דעת מקרא. ראו עוד להלן ה,כא).

בָּרָ֑ק וַיֵּ֧רֶד סִֽיסְרָ֛א מֵעַ֥ל הַמֶּרְכָּבָ֖ה וַיָּ֥נָס בְּרַגְלָֽיו׃ טז וּבָרָ֗ק
רָדַ֞ף אַחֲרֵ֤י הָרֶ֙כֶב֙ וְאַחֲרֵ֣י הַֽמַּחֲנֶ֔ה עַ֖ד חֲרֹ֣שֶׁת הַגּוֹיִ֑ם
וַיִּפֹּ֞ל כָּל־מַחֲנֵ֤ה סִֽיסְרָא֙ לְפִי־חֶ֔רֶב לֹ֥א נִשְׁאַ֖ר עַד־
אֶחָֽד׃ יז וְסִֽיסְרָא֙ נָ֣ס בְּרַגְלָ֔יו אֶל־אֹ֣הֶל יָעֵ֔ל אֵ֖שֶׁת חֶ֣בֶר
הַקֵּינִ֑י כִּ֣י שָׁל֗וֹם בֵּ֤ין יָבִין֙ מֶֽלֶךְ־חָצ֔וֹר וּבֵ֕ין בֵּ֖ית חֶ֥בֶר
הַקֵּינִֽי׃ יח וַתֵּצֵ֣א יָעֵל֮ לִקְרַ֣את סִֽיסְרָא֒ וַתֹּ֣אמֶר אֵלָ֗יו
ס֧וּרָה אֲדֹנִ֛י ס֥וּרָה אֵלַ֖י אַל־תִּירָ֑א וַיָּ֤סַר אֵלֶ֙יהָ֙ הָאֹ֔הֱלָה
וַתְּכַסֵּ֖הוּ בַּשְּׂמִיכָֽה׃ יט וַיֹּ֧אמֶר אֵלֶ֛יהָ הַשְׁקִֽינִי־נָ֥א מְעַט־
מַ֖יִם כִּ֣י צָמֵ֑אתִי וַתִּפְתַּ֞ח אֶת־נֹ֧אוד הֶחָלָ֛ב וַתַּשְׁקֵ֖הוּ

נאד

ביאור

סִיסְרָא מֵעַל הַמֶּרְכָּבָה, שכבר לא הועילה לו. השהות במרכבה לכודה
הגדילה את סיכויו להיהרג, כי הנהיגה הקשתה עליו להתגונן, ולא
היה בה כדי למנוע את הפגיעה בו. **וַיָּנָס בְּרַגְלָיו.** כיוון שכל אנשיו
ברחו, סיסרא לא יכול היה להישאר. מתוך דאגה לביטחונו ומכורח
הנסיבות ברח ברגליו כחייל פשוט. טז **וּבָרָק רָדַף אַחֲרֵי הָרֶכֶב וְאַחֲרֵי
הַמַּחֲנֶה עַד חֲרֹשֶׁת הַגּוֹיִם, וַיִּפֹּל כָּל מַחֲנֵה סִיסְרָא לְפִי חֶרֶב.** כולם נהרגו.
לֹא נִשְׁאַר עַד אֶחָד.

יז **וְסִיסְרָא נָס בְּרַגְלָיו אֶל אֹהֶל יָעֵל אֵשֶׁת חֶבֶר הַקֵּינִי.** לא ידוע מי
הייתה יעל, ואם הייתה מבנות הקינים או מאחד משבטי ישראל,
שהרי הקינים התערבו בפועל בישראל. סיסרא פנה אליה **כִּי שְׁרַר
שָׁלוֹם**, לכל הפחות שלום קר, מעין שביתת נשק **בֵּין יָבִין מֶלֶךְ חָצוֹר
וּבֵין בֵּית חֶבֶר הַקֵּינִי.**

יח **וַתֵּצֵא יָעֵל לִקְרַאת סִיסְרָא. וַתֹּאמֶר אֵלָיו: סוּרָה אֲדֹנִי, סוּרָה אֵלַי,
אַל תִּירָא.**

וַיָּסַר אֵלֶיהָ הָאֹהֱלָה, וַתְּכַסֵּהוּ בַּשְּׂמִיכָה, כדי שירגיש שהוא נמצא
במקום מבטחים.

יט **וַיֹּאמֶר אֵלֶיהָ: הַשְׁקִינִי נָא מְעַט מַיִם כִּי צָמֵאתִי.** אני צמא. הרי
סיסרא רץ ברגליו מרחק גדול אחרי הקרב. **וַתִּפְתַּח אֶת נֹאוד**, שק
עור **הֶחָלָב וַתַּשְׁקֵהוּ** חלב במקום מים. למרות שהחלב מרווה, הוא
גם מרדים, וכנראה לכך כיוונה.[91] **וַתְּכַסֵּהוּ** שוב בשמיכה.

הרחבות

סיסרא במחנה הקינים הריק נראה שהגברים יצאו לעמל יומם, ורק יעל, שבוודאי שמעה את הדי המלחמה מרחוק, יצאה לקראתו. כבר בשלב זה היא תכננה את צעדיה הבאים, ובאמצעות הפצרה ופיתוי ביקשה לוודא שסיסרא לא ייכנס לאוהל אחר. (כפי המשתמע מכפל הלשון סוּרָה, אֲדֹנִי, סוּרָה אֵלַי. ראו רמב"ן בראשית כג,יג). יעל יכלה להעניק לו מחסה, ואז להסגירו לברק, אך העדיפה להרוג אותו בעצמה בהזדמנות הראשונה. ייתכן שיעל נהגה כך, מפני שהייתה בעצמה בת ישראל, אולי משבט זבולון או נפתלי, ורצתה להינקם מאויב עמה. אולי אחוותם של הקינים לישראל היא שעוררה אותה לפעול. (ראו שמות רבה ד,ב). מכל מקום, יעל הייתה אשה פעילה שנענתה לאתגר מיזמתה.

וַתְּכַסֵּֽהוּ׃ וַיֹּ֣אמֶר אֵלֶ֔יהָ עֲמֹ֖ד פֶּ֣תַח הָאֹ֑הֶל וְהָיָ֡ה אִם־ כ
אִ֣ישׁ יָ֠בֹא וּשְׁאֵלֵ֨ךְ וְאָמַ֜ר הֲיֵֽשׁ־פֹּ֥ה אִ֛ישׁ וְאָמַ֥רְתְּ אָֽיִן׃
וַתִּקַּ֣ח יָעֵ֣ל אֵֽשֶׁת־חֶ֠בֶר אֶת־יְתַ֨ד הָאֹ֜הֶל וַתָּ֧שֶׂם אֶת־ כא
הַמַּקֶּ֣בֶת בְּיָדָ֗הּ וַתָּב֤וֹא אֵלָיו֙ בַּלָּ֔אט וַתִּתְקַ֤ע אֶת־
הַיָּתֵד֙ בְּרַקָּת֔וֹ וַתִּצְנַ֖ח בָּאָ֑רֶץ וְהֽוּא־נִרְדָּ֥ם וַיָּ֖עַף וַיָּמֹֽת׃
וְהִנֵּ֣ה בָרָק֮ רֹדֵ֣ף אֶת־סִֽיסְרָא֒ וַתֵּצֵ֤א יָעֵל֙ לִקְרָאת֔וֹ כב
וַתֹּ֣אמֶר ל֔וֹ לֵ֣ךְ וְאַרְאֶ֔ךָּ אֶת־הָאִ֖ישׁ אֲשֶׁר־אַתָּ֣ה
מְבַקֵּ֑שׁ וַיָּבֹ֣א אֵלֶ֔יהָ וְהִנֵּ֤ה סִֽיסְרָא֙ נֹפֵ֣ל מֵ֔ת וְהַיָּתֵ֖ד
בְּרַקָּתֽוֹ׃ * וַיַּכְנַ֣ע אֱלֹהִים֙ בַּיּ֣וֹם הַה֔וּא אֵ֖ת יָבִ֣ין מֶֽלֶךְ־ כג
התימנים מתחילים כאן
כְּנָ֑עַן לִפְנֵ֖י בְּנֵ֥י יִשְׂרָאֵֽל׃ וַתֵּ֨לֶךְ יַ֤ד בְּנֵֽי־יִשְׂרָאֵל֙ הָל֣וֹךְ כד
וְקָשָׁ֔ה עַ֖ל יָבִ֣ין מֶֽלֶךְ־כְּנָ֑עַן עַ֚ד אֲשֶׁ֣ר הִכְרִ֔יתוּ אֵ֖ת יָבִ֥ין
מֶֽלֶךְ־כְּנָֽעַן׃

פועל העובד במקבת

ביאור | כ **וַיֹּאמֶר אֵלֶיהָ עֲמֹד**, עמדי[92] **בְּפֶתַח הָאֹהֶל, וְהָיָה אִם אִישׁ יָבוֹא וּשְׁאֵלֵךְ וְאָמַר: "הֲיֵשׁ פֹּה**, בתוך האוהל **אִישׁ"? וְאָמַרְתְּ: "אָיִן"**.

כא וכאשר סיסרא היה מנומנם, ואולי כשנרדם לגמרי – **וַתִּקַּח יָעֵל אֵשֶׁת חֶבֶר אֶת יְתַד הָאֹהֶל**, שקצה אחד שלה מחודד, כדי שאפשר יהיה לתקעה באדמה. **וַתָּשֶׂם אֶת הַמַּקֶּבֶת**, פטיש גדול **בְּיָדָהּ. וַתָּבוֹא אֵלָיו בַּלָּאט**, בשקט, **וַתִּתְקַע** באמצעות המקבת **אֶת הַיָּתֵד בְּרַקָּתוֹ** שבצד המצח שליד האוזן. הרקה רכה יחסית, והיא סמוכה מאוד למוח, כך שהפגיעה בה ביתד קטלנית. **וַתִּצְנַח**, היתד ירדה והגיעה **בָּאָרֶץ, וְהוּא נִרְדָּם וַיָּעַף**, הוא התעייף ונחלש מהקרב, מהמנוסה ומהתבוסה, ולכן איבד את ערנותו ואת יכולתו להתגונן – **וַיָּמֹת**.

כב **וְהִנֵּה** בתוך כך **בָרָק רֹדֵף אֶת סִיסְרָא**. אולי סימנו לו לאיזה כיוון ברח סיסרא, **וַתֵּצֵא יָעֵל לִקְרָאתוֹ, וַתֹּאמֶר לוֹ: לֵךְ וְאַרְאֶךָּ אֶת הָאִישׁ אֲשֶׁר אַתָּה מְבַקֵּשׁ. וַיָּבֹא אֵלֶיהָ, וְהִנֵּה סִיסְרָא נֹפֵל**, מוטל **מֵת וְהַיָּתֵד בְּרַקָּתוֹ**.

כג **וַיַּכְנַע אֱלֹהִים בַּיּוֹם הַהוּא אֵת יָבִין מֶלֶךְ כְּנָעַן לִפְנֵי בְּנֵי יִשְׂרָאֵל**. צבאו
הוכה מכה אנושה. כל הרכב נלקח ופורק לחלקים בידי ישראל,[93]
וגם שר הצבא עצמו מת. כד **וַתֵּלֶךְ יַד בְּנֵי יִשְׂרָאֵל הָלוֹךְ וְקָשָׁה עַל יָבִין מֶלֶךְ כְּנָעַן, עַד אֲשֶׁר הִכְרִיתוּ אֵת יָבִין מֶלֶךְ כְּנָעַן**. אמנם במלחמה הם לא נלחמו נגד יבין אלא נגד שר הצבא שלו, אבל לאחר שכוחו נשבר, וסיסרא – שהיה כנראה גורם חשוב מאוד בממלכתו של יבין – נפל, נסללה הדרך להפלה המוחלטת של שלטונו. הריגת סיסרא בלמה את המשך בניית הממלכה, וכך בין שהרגו את יבין ובין שלקחוהו בשבי, הוא ירד ממעלתו החשובה.

הספרדים מתחילים כאן

★וַתָּשַׁר דְּבוֹרָה וּבָרָק בֶּן־אֲבִינֹעַם בַּיּוֹם הַהוּא א ה
לֵאמֹר: בִּפְרֹעַ פְּרָעוֹת בְּיִשְׂרָאֵל בְּהִתְנַדֵּב ב
עָם בָּרְכוּ יְהוָה: שִׁמְעוּ מְלָכִים הַאֲזִינוּ ג
רֹזְנִים אָנֹכִי לַיהוָה אָנֹכִי אָשִׁירָה אֲזַמֵּר
לַיהוָה אֱלֹהֵי יִשְׂרָאֵל: יְהוָה בְּצֵאתְךָ ד
מִשֵּׂעִיר בְּצַעְדְּךָ מִשְּׂדֵה אֱדוֹם אֶרֶץ
רָעָשָׁה גַּם־שָׁמַיִם נָטָפוּ גַּם־עָבִים נָטְפוּ
מָיִם: הָרִים נָזְלוּ מִפְּנֵי יְהוָה זֶה ה
סִינַי מִפְּנֵי יְהוָה אֱלֹהֵי יִשְׂרָאֵל: בִּימֵי שַׁמְגַּר בֶּן־ ו
עֲנָת בִּימֵי יָעֵל חָדְלוּ אֳרָחוֹת וְהֹלְכֵי
נְתִיבוֹת יֵלְכוּ אֳרָחוֹת עֲקַלְקַלּוֹת: חָדְלוּ פְרָזוֹן בְּיִשְׂרָאֵל ז
חָדֵלּוּ עַד שַׁקַּמְתִּי דְּבוֹרָה שַׁקַּמְתִּי
אֵם בְּיִשְׂרָאֵל: יִבְחַר אֱלֹהִים ח
חֲדָשִׁים אָז לָחֶם שְׁעָרִים מָגֵן
אִם־יֵרָאֶה וָרֹמַח בְּאַרְבָּעִים אֶלֶף
בְּיִשְׂרָאֵל: לִבִּי לְחוֹקְקֵי יִשְׂרָאֵל הַמִּתְנַדְּבִים ט
בָּעָם בָּרְכוּ יְהוָה: רֹכְבֵי אֲתֹנוֹת י
צְחֹרוֹת יֹשְׁבֵי עַל־מִדִּין וְהֹלְכֵי
עַל־דֶּרֶךְ שִׂיחוּ: מִקּוֹל מְחַצְצִים בֵּין יא

הרחבות

תיאור מעמד הר סיני אזכורים מעין זה מצויים גם במקומות אחרים, אך תיאור זה דומה במיוחד לפתיחת ברכת משה לישראל בסוף ימיו (דברים לג,ב. וראו שם ד,יא; חבקוק ג,ג; תהלים סח, ט).

'עד שקמתי דבורה שקמתי אם בישראל' התפארות כזו איננה שכיחה בשירות אחרות, וכבר העירו חכמים עליה (פסחים סו ע"ב; מגילה יד ע"ב). שלא כאישים אחרים, דבורה מתארת את עצמה כמעין דמות בכירה העומדת מעל המאורעות. ואף על פי שאלה דברי אמת כשלעצמם, לא תמיד ראוי לאדם לאמרם – ובמיוחד לא ביחס לעצמו.

פרק ה א **וַתָּשַׁר דְּבוֹרָה וּבָרָק בֶּן אֲבִינֹעַם בַּיּוֹם הַהוּא לֵאמֹר:** | ביאור

השירה פותחת באזכור הצרה ובהודאה על הטובות. ב **בִּפְרֹעַ פְּרָעוֹת**
בְּיִשְׂרָאֵל, בתקופה קשה של מהומות ולוחמה, **בְּהִתְנַדֵּב עָם**, כשהעם
התגייס מרצונו – **בָּרֲכוּ ה׳.** ג ומיד הקריאה: **שִׁמְעוּ, מְלָכִים; הַאֲזִינוּ,**
רֹזְנִים, שׂרים: **אָנֹכִי לַה׳, אָנֹכִי אָשִׁירָה, אֲזַמֵּר לַה׳ אֱלֹהֵי יִשְׂרָאֵל.**

ראשית השירה נקשרת באירוע מהעבר הרחוק - מעמד הר סיני,
שהיה שיאן של תולדות ישראל. ד **ה׳! בְּצֵאתְךָ מִשֵּׂעִיר, בְּצַעְדְּךָ**
מִשְּׂדֵה אֱדוֹם. כשהתגלית בסיני, הופעת מכל הכיוונים.[94] **אז אֶרֶץ**
רָעָשָׁה, רעדה, **גַּם שָׁמַיִם נָטָפוּ** מאימה,[95] **גַּם עָבִים נָטְפוּ מָיִם.** העולם
כולו רטט והתיירא. ה אפילו **הָרִים** מוצקים קשים **נָזְלוּ**, נראו כנמסים
מִפְּנֵי התגלות ה׳. **זֶה** הגילוי[96] שב**סִינַי – מִפְּנֵי ה׳ אֱלֹהֵי יִשְׂרָאֵל.**

דבורה חוזרת לעבר הקרוב ולהווה: ו **בִּימֵי שַׁמְגַּר בֶּן עֲנָת**, שכנראה
הושיע את ישראל חלקית,[97] **בִּימֵי יָעֵל**, שאולי הייתה אישיות חשובה,[98]
חָדְלוּ אֳרָחוֹת, שיירות, **וְהֹלְכֵי נְתִיבוֹת**, עוברי דרכים **יֵלְכוּ אֳרָחוֹת**, בדרכים
עֲקַלְקַלּוֹת, עקומות מחמת האויבים. ז **חָדְלוּ פְרָזוֹן**, יישובים שאינם
מבוצרים **בְּיִשְׂרָאֵל, חָדֵלּוּ.** הכול היה ממוגן וחסוי. הרגשת הביטחון
והנינוחות, המתבטאת בערי הפרזות, פסקה.[99] כך נמשך המצב **עַד**
שַׁקַּמְתִּי, שֶׁקמתי אני, **דְּבוֹרָה, שַׁקַּמְתִּי** והייתי כ**אֵם בְּיִשְׂרָאֵל.**

ח באותם ימים **יִבְחַר**, העם העדיף **אֱלֹהִים חֲדָשִׁים**, עבודה זרה, **אָז**
לָחֶם, מלחמה הייתה ב**שְׁעָרִים**, שערי הערים. אולם **מָגֵן אִם יֵרָאֶה**
וָרֹמַח, אי אפשר היה למצוא כלי נשק להגנה[100] אפילו **בְּאַרְבָּעִים אֶלֶף**
בְּיִשְׂרָאֵל. מספר זה כנראה איננו שרירותי. היחידה הצבאית הגדולה
ביותר - מעין אוגדה או גייס קטן - מנתה ארבעים אלף חיילים.[101]

ט **לִבִּי** פונה כעת **לְחוֹקְקֵי**, מחוקקי חוקים **בְּיִשְׂרָאֵל**, למנהיגים
הקובעים את החוק המקומי, **הַמִּתְנַדְּבִים בָּעָם**, לא פקידים בשכר
הממונים מטעם השלטון, אלא ראשי ישראל העוסקים בטובת
הציבור –[102] **בָּרֲכוּ ה׳.** י המכובדים והאמידים **רֹכְבֵי אֲתֹנוֹת צְחֹרוֹת**,
שאולי נבחרו או גודלו כגזע לעצמו, **יֹשְׁבֵי עַל מִדִּין**, היושבים במקום
הדין, הדיינים[103] **וְהֹלְכֵי עַל דֶּרֶךְ**, הולכי דרכים – **שִׂיחוּ**, שוחחו כולכם
על הישועה.[104] יא **מִקּוֹל מְחַצְצִים בֵּין מַשְׁאַבִּים**, בין קולות המים
הזורמים בחצץ, במקומות שאיבת המים שבהם נוהגים להתגודד

מַשְׁאַבִּים שָׁם יְתַנּוּ צִדְקוֹת יְהוָה צִדְקֹת
פִּרְזוֹנוֹ בְּיִשְׂרָאֵל אָז יָרְדוּ לַשְּׁעָרִים עַם־
יְהוָה׃ עוּרִי עוּרִי דְּבוֹרָה עוּרִי יב
עוּרִי דַּבְּרִי־שִׁיר קוּם בָּרָק וּשֲׁבֵה שֶׁבְיְךָ בֶּן־
אֲבִינֹעַם׃ אָז יְרַד שָׂרִיד לְאַדִּירִים עָם יְהוָה יג
יְרַד־לִי בַּגִּבּוֹרִים׃ מִנִּי אֶפְרַיִם שָׁרְשָׁם יד
בַּעֲמָלֵק אַחֲרֶיךָ בִנְיָמִין בַּעֲמָמֶיךָ מִנִּי
מָכִיר יָרְדוּ מְחֹקְקִים וּמִזְּבוּלֻן מֹשְׁכִים בְּשֵׁבֶט
סֹפֵר׃ וְשָׂרַי בְּיִשָּׂשכָר עִם־דְּבֹרָה וְיִשָּׂשכָר טו
כֵּן בָּרָק בָּעֵמֶק שֻׁלַּח
בְּרַגְלָיו בִּפְלַגּוֹת רְאוּבֵן גְּדֹלִים
חִקְקֵי־לֵב׃ לָמָּה יָשַׁבְתָּ בֵּין טז
הַמִּשְׁפְּתַיִם לִשְׁמֹעַ שְׁרִקוֹת עֲדָרִים לִפְלַגּוֹת
רְאוּבֵן גְּדוֹלִים חִקְרֵי־לֵב׃ גִּלְעָד בְּעֵבֶר הַיַּרְדֵּן יז
שָׁכֵן וְדָן לָמָּה יָגוּר אֳנִיּוֹת אָשֵׁר

וְדָן לָמָּה יָגוּר אֳנִיּוֹת
אנייה עתיקה

ביאור | ולשוחח - **שָׁם יְתַנּוּ**, יספרו את **צִדְקוֹת ה׳**, **צִדְקֹת פִּרְזֹנוֹ**, השחרור שעשה **בְּיִשְׂרָאֵל**. אנשים יספרו שה׳ הושיע את ישראל והעניק להם שלווה. **אָז יָרְדוּ לַשְּׁעָרִים**, שערי העיר, מקום אספות העם ומושב הזקנים[105] **עַם ה׳** לספר על התשועה ואולי גם לתכנן תכניות לעתיד.

עד כה פנתה המשוררת לאחרים, ועתה היא פונה לעצמה ולברק, אולי בשם העם המעורר את מנהיגיו לשיר. יב **עוּרִי עוּרִי, דְּבוֹרָה, עוּרִי עוּרִי, דַּבְּרִי שִׁיר!** קום, **בָּרָק!** וכמפקד המלחמה **שֲׁבֵה**, נהג את **שֶׁבְיְךָ, בֶּן אֲבִינֹעַם!** יג **אָז יְרַד**, ירד למערכה[106] או רָדה[107] **שָׂרִיד לְאַדִּירִים עָם**, מי שנשארו האמיצים והחזקים שבעם.[108] **ה׳ יְרַד לִי בַּגִּבּוֹרִים**.

השבטים העיקריים שהשתתפו במלחמה היו שבטי הצפון, נפתלי וזבולון, אבל נוספו עליהם גיבורים מתנדבים משבטים אחרים. יד **מִנִּי**, מתוך **אֶפְרַיִם שָׁרְשָׁם**, ששירשו ועקרו את אויביהם במלחמתם[109] **בַּעֲמָלֵק**; **אַחֲרֶיךָ בִנְיָמִין** יצא **בַּעֲמָמֶיךָ**, למרות המרחק הצטרפו גם משפחות מבנימין; **מִנִּי מָכִיר**, משפחה מחצי שבט מנשה שבבשן **יָרְדוּ** להשתתף במלחמה **מְחֹקְקִים**, אנשים חשובים; **וּמִזְּבוּלֻן** באו לא רק אנשי חיל פשוטים אלא **מֹשְׁכִים בְּשֵׁבֶט**, קולמוס **הַסֹּפֵר**, סופרים הבקיאים במלאכת הכתיבה;[110] טו **וְשָׂרַי**, והשרים **בְּיִשָּׂשכָר** הלכו **עִם דְּבֹרָה**. הם עמדו בבסיסו של הגוף הלוחם, **וְכִישָּׂשכָר כֵּן בָּרָק**, שנענה לקריאתה של דבורה ופתח במלחמה.[111] כל אחד מאלו הגיע ממקומו **וּבָעֵמֶק**, שבו התאספו כולם, **שֻׁלַּח** למלחמה **בְּרַגְלָיו**.

לעומת זאת, **בִּפְלַגּוֹת**, בחבורות, בהיבדלות,[112] ביובלי המים, או: בלבותיהם החצויים[113] של **רְאוּבֵן**, היושבים נבדלים בעבר הירדן, **גְּדֹלִים חִקְקֵי לֵב**, רבים השיקולים.[114] טז וכאן באה פנייה ישירה אל ראובן: **לָמָּה יָשַׁבְתָּ בֵּין הַמִּשְׁפְּתַיִם**, בתחומי המרעה **לִשְׁמֹעַ שְׁרִקוֹת עֲדָרִים?!** כשבט רועים היושב בארץ שאין נשמעות בה תרועות מלחמה, אתה רוצה לשמוע רק את השריקות לקיבוץ הצאן.[115] **לִפְלַגּוֹת**, לחבורות, ללב החלוק, או המופלג בחכמה של **רְאוּבֵן גְּדוֹלִים חִקְרֵי לֵב**, חקירות והתייעצויות מרובות. זהו לעג אירוני על החלטת בני ראובן לשבת במקומם ולשמור על ניטרליות.[116] יז גם איש **גִּלְעָד בְּעֵבֶר הַיַּרְדֵּן שָׁכֵן** לו במנוחה ולא השתתף במלחמה שאינה בשכנותו, **וְדָן לָמָּה יָגוּר אֳנִיּוֹת?!** בני שבט דן , יורדי הים, המשיכו לעסוק באניותיהם,

יָשַׁב לְחוֹף יַמִּים   וְעַל מִפְרָצָיו
יִשְׁכּוֹן: זְבֻלוּן עַם חֵרֵף נַפְשׁוֹ לָמוּת   וְנַפְתָּלִי יח
עַל מְרוֹמֵי שָׂדֶה: בָּאוּ מְלָכִים יט
נִלְחָמוּ   אָז נִלְחֲמוּ מַלְכֵי כְנַעַן   בְּתַעְנַךְ
עַל־מֵי מְגִדּוֹ   בֶּצַע כֶּסֶף לֹא
לָקָחוּ:   מִן־שָׁמַיִם נִלְחָמוּ   הַכּוֹכָבִים כ
מִמְּסִלּוֹתָם נִלְחֲמוּ עִם סִיסְרָא: נַחַל קִישׁוֹן כא
גְּרָפָם   נַחַל קְדוּמִים נַחַל קִישׁוֹן   תִּדְרְכִי
נַפְשִׁי עֹז: אָז הָלְמוּ עִקְּבֵי־ כב
סוּס   מִדַּהֲרוֹת דַּהֲרוֹת אַבִּירָיו: אוֹרוּ כג
מֵרוֹז אָמַר מַלְאַךְ יהוה   אֹרוּ אָרוֹר
יֹשְׁבֶיהָ   כִּי לֹא־בָאוּ לְעֶזְרַת יהוה   לְעֶזְרַת
יהוה בַּגִּבּוֹרִים: תְּבֹרַךְ מִנָּשִׁים כד
יָעֵל   אֵשֶׁת חֶבֶר הַקֵּינִי   מִנָּשִׁים
בָּאֹהֶל תְּבֹרָךְ:   מַיִם שָׁאַל חָלָב כה
נָתָנָה   בְּסֵפֶל אַדִּירִים הִקְרִיבָה חֶמְאָה: יָדָהּ כו

העולם | מֵרוֹז לפי הטוענים שהוא שם מקום, הועלו מספר זיהויים לגביו. מקובל לזהותו עם ח'רבית מזאר שעל הגלבוע, כ-13 ק"מ ממזרח לתענך.

הרחבות | **דבורה באה חשבון** עם השבטים השונים: היו שבטים שרוב אנשיהם התגייסו למלחמה. היו שבטים שלכל הפחות שלחו נציגים, והיו שישבו במקומם, היססו והמתינו או שחשבו שהדבר אינו נוגע להם. למעשה, הכול היו צריכים להשתתף בקרב, כי המלחמה עם יבין מלך חצור אינה סכסוך מקומי הנוגע לשבט אחד. ממספר המרכבות שעמדו לרשותו מתקבל הרושם שיבין, שהיה לו צבא חזק, תכנן מערכה גדולה לשם מחיצת שבטי ישראל.

ביאור | ולא השתתפו במלחמה.[117] גם **אָשֵׁר יָשַׁב לְחוֹף יַמִּים, וְעַל מִפְרָצָיו יִשְׁכּוֹן.** יח מנגד, **זְבֻלוּן** הוא **עַם שֶׁחֵרֵף נַפְשׁוֹ לָמוּת**, מסר את עצמו במלחמה,[118] **וְנַפְתָּלִי – עַל מְרוֹמֵי שָׂדֶה**, שדה הקרב.[119] הלוחמים באו בעיקר מזבולון ונפתלי.[120]

יט **בָּאוּ** עם יבין **מְלָכִים, נִלְחָמוּ, אָז נִלְחֲמוּ מַלְכֵי כְנַעַן בְּתַעְנַךְ עַל מֵי מְגִדּוֹ.** השלטון הכנעני המרכזי בחצור צירף אליו מלכים קטנים נוספים מהאזור. גם ממספר המרכבות נראה שלא כל הצבא הגיע רק מהעיר חצור. מלכים אלו **בֶּצַע כֶּסֶף לֹא לָקָחוּ**. כשבטי ישראל, גם מלכי כנען האחרים הצטרפו למלחמה כמתנדבים ולא כשכירי חרב.[121] לשני הצדדים היה ברור שזוהי מלחמה מכרעת על השליטה בצפון הארץ, והמאבק אינו בין יבין לבין ברק אלא בין כנען לבין ישראל.

כ גם **מִן שָׁמַיִם נִלְחָמוּ** במלחמה הזו. נראה כאילו[122] **הַכּוֹכָבִים מִמְּסִלּוֹתָם**, ממסלולם, **נִלְחֲמוּ עִם סִיסְרָא.** כא **נַחַל קִישׁוֹן גְּרָפָם.** נראה שבאותו זמן עלה הקישון על גדותיו וסחף חלק מחיל האויב. האדמה הפכה בוצית, המרכבות לא יכלו לתמרן כראוי, ויושביהן נפלו כטרף קל לפני חיילי זבולון ונפתלי. החיילים הרגליים נהנו אפוא מיתרון המהירות.[123] **נַחַל קְדוּמִים**, קדמון וחשוב **נַחַל קִישׁוֹן.** דבורה משבחת את הנחל שסייע כביכול בניצחון. הנחל הוצף, ונראה שגם השמים סערו. לכן – **תִּדְרְכִי נַפְשִׁי עֹז**, אנשי הצבא נדרשו להתאזר בגבורה כדי לצעוד אל תוך הסערה שאיימה על אויביהם. כב **אָז הָלְמוּ עִקְּבֵי סוּס**, אפשר היה לשמוע את רגלי הסוסים במנוסתם[124] **מִדַּהֲרוֹת דַּהֲרוֹת אַבִּירָיו.**

כג **אוֹרוּ**, קללו את **מֵרוֹז**! – עיר שלא השתתפה במלחמה, ואולי נקראה על שם ראשה.[125] **אָמַר מַלְאַךְ ה'**, הנביא.[126] **אֹרוּ אָרוֹר** את **יֹשְׁבֶיהָ, כִּי לֹא בָאוּ לְעֶזְרַת ה', לְעֶזְרַת ה' בַּגִּבּוֹרִים.** המלחמה אמנם הוכרעה בלעדיהם, אבל הם נזכרים לרעה כמי שלא נטלו בה חלק.

לאחר הקללה מגיעה הברכה: כד **תְּבֹרַךְ** יותר **מִנָּשִׁים** אחרות **יָעֵל אֵשֶׁת חֶבֶר הַקֵּינִי**, שהרגה את סיסרא. יותר משאר **נָשִׁים** היושבות **בָּאֹהֶל** ואינן יוצאות למלחמה היא **תְּבֹרָךְ**. וכאן תיאור פיוטי של מעשיה: כה **מַיִם שָׁאַל** סיסרא, והיא **חָלָב נָתָנָה. בְּסֵפֶל אַדִּירִים**, גדול מאוד **הִקְרִיבָה חֶמְאָה.** כו בצד הארוחה שהגישה – **יָדָהּ** השמאלית[127]

לַיָּתֵ֣ד תִּשְׁלַ֔חְנָה   וִֽימִינָ֖הּ לְהַלְמ֣וּת
עֲמֵלִ֑ים   וְהָלְמָ֤ה סִֽיסְרָא֙ מָחֲקָ֣ה רֹאשׁ֔וֹ   וּמָחֲצָ֥ה
וְחָלְפָ֖ה רַקָּתֽוֹ׃   בֵּ֣ין רַגְלֶ֗יהָ כָּרַ֛ע נָפַ֖ל כז
שָׁכָ֑ב   בֵּ֤ין רַגְלֶ֙יהָ֙ כָּרַ֣ע נָפָ֔ל   בַּאֲשֶׁ֣ר
כָּרַ֔ע שָׁ֖ם נָפַ֥ל שָׁדֽוּד׃   בְּעַד֩ הַחַלּ֨וֹן נִשְׁקְפָ֧ה כח
וַתְּיַבֵּ֛ב   אֵ֥ם סִֽיסְרָ֖א בְּעַ֣ד הָאֶשְׁנָ֑ב   מַדּ֗וּעַ
בֹּשֵׁ֤שׁ רִכְבּוֹ֙ לָב֔וֹא   מַדּ֣וּעַ אֶֽחֱר֔וּ פַּעֲמֵ֖י
מַרְכְּבוֹתָֽיו׃   חַכְמ֥וֹת שָׂרוֹתֶ֖יהָ תַּעֲנֶ֑ינָּה   אַף־ כט
הִ֕יא תָּשִׁ֥יב אֲמָרֶ֖יהָ לָֽהּ׃   הֲלֹ֨א יִמְצְא֜וּ יְחַלְּק֣וּ ל
שָׁלָ֗ל   רַ֚חַם רַחֲמָתַ֙יִם֙ לְרֹ֣אשׁ גֶּ֔בֶר   שְׁלַ֤ל
צְבָעִים֙ לְסִ֣יסְרָ֔א   שְׁלַ֥ל צְבָעִ֖ים
רִקְמָ֑ה   צֶ֥בַע רִקְמָתַ֖יִם לְצַוְּארֵ֥י שָׁלָֽל׃   כֵּ֠ן לא
יֹאבְד֤וּ כָל־אֽוֹיְבֶ֙יךָ֙ יְהוָ֔ה   וְאֹ֣הֲבָ֔יו כְּצֵ֥את הַשֶּׁ֖מֶשׁ
בִּגְבֻרָת֑וֹ   וַתִּשְׁקֹ֥ט הָאָ֖רֶץ   אַרְבָּעִ֥ים שָׁנָֽה׃

הרחבות

שיחת אם סיסרא ושרותיה מזווית ראייה לא שגרתית זו משתקפת אולי נשיותה של דבורה. בהתבוננותה באויב ובלעגה ליריב המובס היא בוחרת להפנות את מבטה אל הפן האישי והנשי של התבוסה. סיפורה של אם סיסרא החותם את השירה תואם את סגנונה האישי והנשי של שירת הניצחון הזה. אין זו שירת הלל להרג, לאלימות ולהתגברות על האויב, אלא הדגשה אירונית של הבכי, התדהמה והכאב שעשויים להיות מנת חלקו של העם המובס. אם סיסרא מציירת בעיני רוחה את הניצחון במלחמה – כיצד לוקחים החיילים את כל הבחורות השבויות ומביאים אותן עם בגדיהן היפים הביתה, בזמן שבפועל, סיסרא שוכב באוהלה של אשה, וגולגולתו מרוסקת.

ביאור | **לַיָּתֵד** של האוהל **תִּשְׁלַחְנָה** לאחוז בה מול רקתו של סיסרא, **וִימִינָהּ – לְהַלְמוּת עֲמֵלִים**, המקבת, הפטיש שעובדים בו, **וְהָלְמָה**, הכתה את **סִיסְרָא, מָחֲקָה**, הסירה את **רֹאשׁוֹ וּמָחֲצָה וְחָלְפָה** היתד את **רַקָּתוֹ**. כז **בֵּין רַגְלֶיהָ כָּרַע נָפַל שָׁכָב, בֵּין רַגְלֶיהָ כָּרַע נָפָל**. הוא התמוטט ונפל בין רגליה, שהרי היה עליה לכרוע על ברכיה כדי להכותו ביתד. **בַּאֲשֶׁר כָּרַע**, במקום שבו התמוטט, **שָׁם נָפַל שָׁדוּד**, הרוג.

בסוף השירה תיאור התבוסה מזווית ייחודית: כח **בְּעַד הַחַלּוֹן נִשְׁקְפָה וַתְּיַבֵּב**, ויללה[128] **אֵם סִיסְרָא, בְּעַד הָאֶשְׁנָב**, חלון המיועד לנשיבת רוח ולאוורור. כשהמתינה היא הסתכלה באשנב המשקיף למרחוק ובכתה: **מַדּוּעַ בֹּשֵׁשׁ רִכְבּוֹ לָבוֹא? מַדּוּעַ אֶחֱרוּ פַּעֲמֵי**, דפיקות **מַרְכְּבוֹתָיו**? אולי ירד הערב שאחרי הקרב, ורכבו של סיסרא טרם שב הביתה.

כט **חַכְמוֹת שָׂרוֹתֶיהָ תַּעֲנֶינָּה**. אמו של שר הצבא הייתה אשה חשובה, והקיפו אותה שָׂרות חכמות שניסו לחזק את לבה בדברים. **אַף הִיא תָּשִׁיב אֲמָרֶיהָ לָהּ**. כנגד האפשרות שהתעכבותו מבשרת רעה, היא ביקשה לעודד עצמה באפשרות החיובית: ל **הֲלֹא יִמְצְאוּ יְחַלְּקוּ שָׁלָל**. הם בוודאי ניצחו במלחמה, ועל כן אינם חוזרים מיד לביתם, שהרי עליהם לחלק תחילה את השלל. **רַחַם רַחֲמָתַיִם לְרֹאשׁ גֶּבֶר**, נקבה אחת או שתים לכל איש. ביטוי מגונה זה, מתאר את יחס הלוחמים הללו לשבויות. לאחר שהרגו את כל הגברים הם מחלקים ביניהם את הנשים. **שְׁלַל צְבָעִים לְסִיסְרָא, שְׁלַל צְבָעִים רִקְמָה**. בשלל יש גם בגדי הנשים, שלעתים הם רקומים. **צֶבַע רִקְמָתַיִם לְצַוְּארֵי שָׁלָל**, החיילים הבוזזים עוטפים בבגדי הנשים המעוטרים את צוואריהם.

סיום השירה: לא **כֵּן יֹאבְדוּ כָל אוֹיְבֶיךָ, ה'**! ראוי לכל אויבי ה' לנחול מפלה כזו. מות המנהיג ביד אשה לאחר מנוסתו משדה הקרב נתפס כביזיון כפול.[129] **וְאֹהֲבָיו** של ה' יתעלו בפאר והדר **כְּצֵאת**, כזריחת **הַשֶּׁמֶשׁ בִּגְבֻרָתוֹ**, בעצמתה ההולכת וגוברת.[130]

וַתִּשְׁקֹט הָאָרֶץ לאחר מכן **אַרְבָּעִים שָׁנָה**. גם אם מלך חצור לא נהרג ועירו נשארה עומדת, צבאו הושמד, והמלכים שעזרו לו התפזרו. חצור הפכה מקום שולי. ידם של ישראל הייתה על העליונה במשך עשרות שנים, ולפחות חלק זה של הארץ נותר בשלוותו.

הפטרת יתרו

ישעיה

ו א בִּשְׁנַת־מוֹת הַמֶּלֶךְ עֻזִּיָּהוּ וָאֶרְאֶה אֶת־אֲדֹנָי יֹשֵׁב
עַל־כִּסֵּא רָם וְנִשָּׂא וְשׁוּלָיו מְלֵאִים אֶת־הַהֵיכָל׃
ב שְׂרָפִים עֹמְדִים ׀ מִמַּעַל לוֹ שֵׁשׁ כְּנָפַיִם שֵׁשׁ כְּנָפַיִם
לְאֶחָד בִּשְׁתַּיִם ׀ יְכַסֶּה פָנָיו וּבִשְׁתַּיִם יְכַסֶּה רַגְלָיו
ג וּבִשְׁתַּיִם יְעוֹפֵף׃ וְקָרָא זֶה אֶל־זֶה וְאָמַר קָדוֹשׁ ׀
קָדוֹשׁ קָדוֹשׁ יהוה צְבָאוֹת מְלֹא כָל־הָאָרֶץ כְּבוֹדוֹ׃
ד וַיָּנֻעוּ אַמּוֹת הַסִּפִּים מִקּוֹל הַקּוֹרֵא וְהַבַּיִת יִמָּלֵא
ה עָשָׁן׃ וָאֹמַר אוֹי־לִי כִי־נִדְמֵיתִי כִּי אִישׁ טְמֵא־שְׂפָתַיִם
אָנֹכִי וּבְתוֹךְ עַם־טְמֵא שְׂפָתַיִם אָנֹכִי יֹשֵׁב כִּי אֶת־
ו הַמֶּלֶךְ יהוה צְבָאוֹת רָאוּ עֵינָי׃ וַיָּעָף אֵלַי אֶחָד מִן־
הַשְּׂרָפִים וּבְיָדוֹ רִצְפָּה בְּמֶלְקַחַיִם לָקַח מֵעַל הַמִּזְבֵּחַ׃
ז וַיַּגַּע עַל־פִּי וַיֹּאמֶר הִנֵּה נָגַע זֶה עַל־שְׂפָתֶיךָ וְסָר עֲוֺנֶךָ
ח וְחַטָּאתְךָ תְּכֻפָּר׃ וָאֶשְׁמַע אֶת־קוֹל אֲדֹנָי אֹמֵר אֶת־
ט מִי אֶשְׁלַח וּמִי יֵלֶךְ־לָנוּ וָאֹמַר הִנְנִי שְׁלָחֵנִי׃ וַיֹּאמֶר

הרחבות

המראה והקריאה המראה משקף את הקריאה קָדוֹשׁ קָדוֹשׁ קָדוֹשׁ ה׳ צְבָאוֹת, מְלֹא כָל הָאָרֶץ כְּבוֹדוֹ: הכיסא הרם מורה שמלכות ה׳ נשגבת מכל דבר, וכל שכן היושב על הכיסא עליון ונישא מכל תפיסה והגדרה. (ראו מורה נבוכים ח״א ט); ועם זאת, שולי המלכות ממלאים את ההיכל. הרי קדושה שאין למעלה הימנה עם נוכחות ומעורבות מלאה בארץ.

׳הנני שלחני׳ רוב הנביאים שידוע על הקדשתם לא רצו להיות נביאים, ובכללם אפילו משה רבנו, אדון הנביאים. (ראו שמות ג,ז–ד,יז). התנדבותו של ישעיהו לתפקיד מלמדת על אישיותו; מצד אחד הוא מודע לעובדת היותו טמא שפתיים, ועם זאת הוא מרגיש חזק ונכון להיות שליח עם כל הכרוך בכך. (ראו עוד להלן נ,ד–ח; פסיקתא דרב כהנא טז,ד; תנא דבי אליהו רבה סוף פרק טז).

התגלות ה׳ לישעיהו

הופעת ה׳ לישראל ביום כינונם לְמַמְלֶכֶת כֹּהֲנִים וְגוֹי קָדוֹשׁ, הייתה מלווה באש, בעשן עב, בקולות שהחרידו את ההר ובפחד מוות. דומה לכך התיאור שמתאר הנביא ישעיהו את מעמד הקדשתו לנביא. קולות המרעידים את אמות הסִּפִּים, עשן ממלא את הבית, פחד מהתאיינות מול המראה וגחלת אש הנשלחת אל שפתיו. המלים המסיימות את המעמד: זֶרַע קֹדֶשׁ מַצַּבְתָּהּ, מבטאות את נצחיותו של גוֹי קָדוֹשׁ השורד במבחניו הקשים.

בכמה קהילות קוראים פסוקים נוספים מנבואות ישעיהו, המתארים את קיומה הנצחי של ממלכת יהודה, את בשורת השלום שלה, משפטה וצדקתה.

ביאור

ישעיה פרק ו א **בִּשְׁנַת מוֹת הַמֶּלֶךְ עֻזִּיָּהוּ, וָאֶרְאֶה אֶת אֲדֹנָי יֹשֵׁב עַל**
כִּסֵּא רָם וְנִשָּׂא, וְשׁוּלָיו, שולי בגדו, כיסויו **מְלֵאִים אֶת הַהֵיכָל**. ייתכן
שישעיהו רואה את ה׳ יושב בתוך המקדש, או שבחזונו משמש ההיכל
חלק מהרקע, והכיסא מתנשא ממעל לו. ב **שְׂרָפִים עֹמְדִים מִמַּעַל**
לוֹ לשרתו,[131] **שֵׁשׁ כְּנָפַיִם שֵׁשׁ כְּנָפַיִם לְאֶחָד**, לכל אחד מהשרפים,
בִּשְׁתַּיִם יְכַסֶּה פָנָיו, כדי שלא לראות, **וּבִשְׁתַּיִם יְכַסֶּה רַגְלָיו**, שלא ייראו
וּבִשְׁתַּיִם יְעוֹפֵף לעשות שליחותו.[132] ג **וְקָרָא**, השרפים קוראים **זֶה**
אֶל זֶה, אחד אומר, והאחר אומר אחריו. **וְאָמַר: קָדוֹשׁ קָדוֹשׁ קָדוֹשׁ ה׳**
צְבָאוֹת, מְלֹא כָל הָאָרֶץ כְּבוֹדוֹ. כל אחד קורא באופן מיוחד לו, וכולם
יחד מצטרפים למעין מנגינה אחת.[133] ד **וַיָּנֻעוּ אַמּוֹת הַסִּפִּים מִקּוֹל**
הַקּוֹרֵא. ראיתי את העמודים שעל מפתני פתחי ההיכל מזדעזעים.
וְהַבַּיִת יִמָּלֵא עָשָׁן של קדושה, המייצג את הנוכחות האלוקית.[134]

ה **וָאֹמַר: אוֹי לִי כִי נִדְמֵיתִי**, נשתתקתי, או: הושמדתי,[135] **כִּי אִישׁ טְמֵא**
שְׂפָתַיִם אָנֹכִי וּבְתוֹךְ עַם טְמֵא שְׂפָתַיִם אָנֹכִי יוֹשֵׁב, כִּי אֶת הַמֶּלֶךְ ה׳
צְבָאוֹת רָאוּ עֵינָי. מי אני, שראיתי את דמות ה׳, הרי איני אלא טמא?!
דווקא מכיוון שהיה נביא, הוא הכיר בטומאת השפתיים, וחש כי אינו
ראוי אפילו לדבר על ה׳ או לדבר בשמו, על אחת כמה וכמה לראותו.

ו **וַיָּעָף**, התעופף **אֵלַי אֶחָד מִן הַשְּׂרָפִים, וּבְיָדוֹ רִצְפָּה**, גחלת[136]
ש**בְּמֶלְקַחַיִם לָקַח מֵעַל הַמִּזְבֵּחַ**. שהרי הדבר התרחש במקדש. ז **וַיַּגַּע**
נתן את הגחלת **עַל פִּי, וַיֹּאמֶר: הִנֵּה נָגַע זֶה עַל שְׂפָתֶיךָ** – וְעל ידי
הזיכוך של שפתיך באש **סָר עֲוֺנֶךָ וְחַטָּאתְךָ תְּכֻפָּר**.[137]

ח **וָאֶשְׁמַע אֶת קוֹל אֲדֹנָי אֹמֵר: אֶת מִי אֶשְׁלַח וּמִי יֵלֶךְ לָנוּ**, מי יהיה
השליח שיספר את דברי הנבואה?

וָאֹמַר: הִנְנִי, שְׁלָחֵנִי. אני כאן, מוכן לתפקיד.

לֵ֣ךְ וְאָמַרְתָּ֖ לָעָ֣ם הַזֶּ֑ה שִׁמְע֤וּ שָׁמוֹעַ֙ וְאַל־תָּבִ֔ינוּ וּרְא֥וּ
רָא֖וֹ וְאַל־תֵּדָֽעוּ׃ הַשְׁמֵן֙ לֵב־הָעָ֣ם הַזֶּ֔ה וְאׇזְנָ֥יו הַכְבֵּ֖ד י
וְעֵינָ֣יו הָשַׁ֑ע פֶּן־יִרְאֶ֨ה בְעֵינָ֜יו וּבְאׇזְנָ֣יו יִשְׁמָ֗ע וּלְבָב֥וֹ
יָבִ֛ין וָשָׁ֖ב וְרָ֥פָא לֽוֹ׃ וָאֹמַ֕ר עַד־מָתַ֖י אֲדֹנָ֑י וַיֹּ֗אמֶר עַ֠ד יא
אֲשֶׁ֨ר אִם־שָׁא֜וּ עָרִ֗ים מֵאֵ֥ין יוֹשֵׁב֙ וּבָתִּים֙ מֵאֵ֣ין אָדָ֔ם
וְהָאֲדָמָ֖ה תִּשָּׁאֶ֥ה שְׁמָמָֽה׃ וְרִחַ֥ק יְהֹוָ֖ה אֶת־הָאָדָ֑ם יב
וְרַבָּ֥ה הָעֲזוּבָ֖ה בְּקֶ֥רֶב הָאָֽרֶץ׃ וְע֥וֹד בָּהּ֙ עֲשִׂ֣רִיָּ֔ה יג
וְשָׁ֖בָה וְהָיְתָ֣ה לְבָעֵ֑ר כָּאֵלָ֣ה וְכָאַלּ֗וֹן אֲשֶׁ֤ר בְּשַׁלֶּ֨כֶת֙
מַצֶּ֣בֶת בָּ֔ם זֶ֥רַע קֹ֖דֶשׁ מַצַּבְתָּֽהּ׃* וַ֠יְהִ֠י א ז
בִּימֵ֨י אָחָ֜ז בֶּן־יוֹתָ֣ם בֶּן־עֻזִּיָּ֘הוּ מֶ֣לֶךְ יְהוּדָה֒ עָלָ֣ה רְצִ֣ין
מֶֽלֶךְ־אֲ֠רָ֠ם וּפֶ֨קַח בֶּן־רְמַלְיָ֤הוּ מֶֽלֶךְ־יִשְׂרָאֵל֙ יְר֣וּשָׁלַ֔ם

הספרדים מסיימים כאן

התימנים ממשיכים בפרק ט

עץ אלה בשלכת

ט **וַיֹּאמֶר: לֵךְ וְאָמַרְתָּ לָעָם הַזֶּה: שִׁמְעוּ שָׁמוֹעַ וְאַל תָּבִינוּ, וּרְאוּ רָאוֹ וְאַל** | ביאור
תֵּדָעוּ. אתם יכולים לשמוע – שהרי בין כה וכה לא תבינו; אתם
יכולים לראות, כי לא תדעו. גם אם לא תקשיבו, האזהרות ייאמרו
כדי שייזכרו לאחר זמן.[138] י **הַשְׁמֵן לֵב הָעָם הַזֶּה**, עם דיבורך אל
העם לבו יתעבה ולא יהיה רגיש להבחין בדקויות, **וְאָזְנָיו הַכְבֵּד**,
כך שהן לא יקלטו את הנאמר, **וְעֵינָיו הָשַׁע**, הסר אותן מלראות
נכוחה, **פֶּן יִרְאֶה בְעֵינָיו וּבְאָזְנָיו יִשְׁמָע וּלְבָבוֹ יָבִין**, ומתוך כך – **וָשָׁב**
וְרָפָא לוֹ. על מנת שלא הכול יתרפאו, יש לדאוג שהנבואה שתיאמר
לא תועיל להם.[139]

יא **וָאֹמַר: עַד מָתַי, אֲדֹנָי?** עד מתי יהא עלי להודיע את הדברים
הנוראים העתידים לקרות, בלא שתימצא אוזן קשבת?

וַיֹּאמֶר: עַד אֲשֶׁר אִם שָׁאוּ, ייחרבו **עָרִים מֵאֵין יוֹשֵׁב, וּבָתִּים מֵאֵין אָדָם**
בהם, **וְהָאֲדָמָה** עצמה **תִּשָּׁאֶה שְׁמָמָה**, תישאר שוממה. יב **וְרִחַק ה׳**
אֶת הָאָדָם ממקומו, **וְרַבָּה הָעֲזוּבָה**, ההפקר **בְּקֶרֶב הָאָרֶץ.** יג **וְ**אחרי
כל זה, **עוֹד** תישאר **בָּהּ** לפליטה **עֲשִׂרִיָּה**, קומץ אנשים הנכונים
לשמוע.[140] **וְשָׁבָה וְהָיְתָה לְבָעֵר**, גם העשירייה הזאת תיאכל שוב
ותישרף, **כָּאֵלָה וְכָאַלּוֹן אֲשֶׁר בְּשַׁלֶּכֶת**, האלה והאלון יכולים להיות
עצים אדירים ועבותים, אך הם נשירים, ואז תיוותר מהם רק **מַצֶּבֶת**
בָּם, שלדם הנשאר במערומיו. הנביא מסיים בהערה מעודדת: **זֶרַע**
קֹדֶשׁ מַצַּבְתָּהּ. מה שישרוד בסופו של דבר יהיה זרע קודש אשר
עבר את כל הנצרך לו, ולא תהיה לו כל ירידה נוספת.

פרק ז א **וַיְהִי בִּימֵי אָחָז בֶּן יוֹתָם בֶּן עֻזִּיָּהוּ מֶלֶךְ יְהוּדָה**, כאשר ישעיהו
כבר פעל כנביא במשך שנים – שהרי הנבואה הקודמת אירעה בשנת
מות המלך עֻזיה, וכאן התנבא בחיי נכדו. באותו זמן **עָלָה רְצִין מֶלֶךְ**
אֲרָם וּפֶקַח בֶּן רְמַלְיָהוּ מֶלֶךְ יִשְׂרָאֵל לִירוּשָׁלַםִ, לַמִּלְחָמָה עָלֶיהָ. פקח
בן רמליהו היה המלך התקיף האחרון של ממלכת ישראל. הוא
ניסה לשבור את מלכות בית דוד, ואף להחליף את שושלת המלוכה
ביהודה – מעשים שלא התרחשו במשך דורות רבים. לשם כך כרת

לַמִּלְחָמָה עָלֶיהָ וְלֹא יָכֹל לְהִלָּחֵם עָלֶיהָ: ב וַיֻּגַּד לְבֵית
דָּוִד לֵאמֹר נָחָה אֲרָם עַל־אֶפְרָיִם וַיָּנַע לְבָבוֹ וּלְבַב
ג עַמּוֹ כְּנוֹעַ עֲצֵי־יַעַר מִפְּנֵי־רוּחַ: וַיֹּאמֶר
יְהוָה אֶל־יְשַׁעְיָהוּ צֵא־נָא לִקְרַאת אָחָז אַתָּה וּשְׁאָר
יָשׁוּב בְּנֶךָ אֶל־קְצֵה תְּעָלַת הַבְּרֵכָה הָעֶלְיוֹנָה אֶל־
ד מְסִלַּת שְׂדֵה כוֹבֵס: וְאָמַרְתָּ אֵלָיו הִשָּׁמֵר וְהַשְׁקֵט
אַל־תִּירָא וּלְבָבְךָ אַל־יֵרַךְ מִשְּׁנֵי זַנְבוֹת הָאוּדִים
הָעֲשֵׁנִים הָאֵלֶּה בָּחֳרִי־אַף רְצִין וַאֲרָם וּבֶן־רְמַלְיָהוּ:
ה יַעַן כִּי־יָעַץ עָלֶיךָ אֲרָם רָעָה אֶפְרַיִם וּבֶן־רְמַלְיָהוּ
ו לֵאמֹר: נַעֲלֶה בִיהוּדָה וּנְקִיצֶנָּה וְנַבְקִעֶנָּה אֵלֵינוּ
וְנַמְלִיךְ מֶלֶךְ בְּתוֹכָהּ אֵת בֶּן־טָבְאַל:

ט ה כִּי־יֶלֶד יֻלַּד־לָנוּ בֵּן נִתַּן־לָנוּ וַתְּהִי הַמִּשְׂרָה עַל־
שִׁכְמוֹ וַיִּקְרָא שְׁמוֹ פֶּלֶא יוֹעֵץ אֵל גִּבּוֹר אֲבִי־עַד
לְמַרְבֵּה ו שַׂר־שָׁלוֹם: לסרבה הַמִּשְׂרָה וּלְשָׁלוֹם אֵין־קֵץ
עַל־כִּסֵּא דָוִד וְעַל־מַמְלַכְתּוֹ לְהָכִין אֹתָהּ וּלְסַעֲדָהּ
בְּמִשְׁפָּט וּבִצְדָקָה מֵעַתָּה וְעַד־עוֹלָם קִנְאַת יְהוָה
צְבָאוֹת תַּעֲשֶׂה־זֹּאת:

הרחבות

׳לסרבה המשרה ולשלום אין קץ על כסא דוד׳ מלשון הכתוב קשה לדעת במי מדובר, והאם כבר התקיימה הנבואה או שהיא עתידה לבוא.

ראוי לשים לב גם לצורת הכתיבה החריגה של המלה ׳למרבה׳ - זוהי הפעם היחידה במקרא שבה מופיעה מ׳ סופית באמצע מלה. היה מי שהציע, בקושי מסוים, לקרוא אותה כשתי מלים - לַם רבה המשרה, שמשמעותן היא להם רבה המשרה (מסורת אליהו לר׳ אליהו בחור, מאמר א). מכל מקום, עם כל העמימות, נראה כי מדובר כאן בתשועה עתידית ובמלך חדש שיקום לבית דוד. (ראו עוד סנהדרין צד ע״א).

ברית עם האויב הקבוע של ישראל, ארם. **וְלֹא יָכֹל לְהִלָּחֵם עָלֶיהָ.** לא ביאור
עלה בידו לכבוש את העיר, אולי מחוסר כוח צבאי. ב **וַיֻּגַּד לְבֵית דָּוִד**
לֵאמֹר: נָחָה אֲרָם עַל אֶפְרָיִם, ארם הצטרפה לאפרים. היה זה מאורע
חריג ומאיים, שכן ממלכת יהודה קטנה מממלכת ישראל בשטחה
ובמספר תושביה, ועתה נוסף גם הכוח הארמי הגדול. **וַיָּנַע לְבָבוֹ**
של אחז **וּלְבַב עַמּוֹ** כרעד מאימת האויבים **כְּנוֹעַ עֲצֵי יַעַר מִפְּנֵי רוּחַ.**

ג **וַיֹּאמֶר ה׳ אֶל יְשַׁעְיָהוּ: צֵא נָא לִקְרַאת אָחָז, אַתָּה וּשְׁאָר יָשׁוּב בְּנֶךָ.**
זה היה שם בנו הביולוגי של ישעיהו.[141] **אֶל קְצֵה תְּעָלַת הַבְּרֵכָה**
הָעֶלְיוֹנָה, אֶל מְסִלַּת שְׂדֵה כוֹבֵס, שאולי נקרא כך משום שאת הבגדים
היו מכבסים ליד הבְרֵכה.[142] ד **וְאָמַרְתָּ אֵלָיו** שם: **הִשָּׁמֵר וְהַשְׁקֵט.** היה
סמוך ובטוח שאתה שמור, ותוכל להיות שלֵו.[143] **אַל תִּירָא, וּלְבָבְךָ אַל**
יֵרַךְ מִשְּׁנֵי זַנְבוֹת הָאוּדִים, חתיכות העץ המשמשות לליבוי המדורה
או לחתיית האש,[144] **הָעֲשֵׁנִים הָאֵלֶּה, בָּחֳרִי אַף רְצִין וַאֲרָם וּבֶן רְמַלְיָהוּ.**
ייתכן שבזעמם הגדול הם נדמים בעיניך כלפידים, אך אין הם אלא
זנבות אוד העומדים לכבות, ועשן אפס לא יזיק. ה **יַעַן כִּי יָעַץ עָלֶיךָ**
אֲרָם רָעָה, עם **אֶפְרַיִם וּבֶן רְמַלְיָהוּ, לֵאמֹר:** ו **״נַעֲלֶה בִיהוּדָה וּנְקִיצֶנָּה,**
נקצץ אותה **וְנַבְקִעֶנָּה אֵלֵינוּ, וְנַמְלִיךְ מֶלֶךְ בְּתוֹכָהּ אֵת בֶּן טָבְאַל.** ייתכן
שזה היה שמו של אדם מסוים מבית המלוכה או ממשפחה אחרת,
או שהיה זה כינוי מעליב – טב אל, מתפרש כאַל טוב, לא טוב.[145]

מלכות דוד תיכון לעולם. פרק ט ה **כִּי יֶלֶד יֻלַּד לָנוּ, בֵּן נִתַּן לָנוּ.** זהותו
של הבן הזה אינה ברורה. ייתכן שזהו בן נוסף שעתיד להיוולד
לישעיהו הנביא, מלבד הבנים שהוזכרו בפרקים הקודמים – שאר
ישוב, עמנו אל ומהר שלל חש בז; אולי זו נבואה על ילד שנולד לבית
המלוכה באותו זמן;[146] ושמא מתייחסים הדברים לעתיד לבוא.[147]
וַתְּהִי הַמִּשְׂרָה עַל שִׁכְמוֹ, הוא יקבל את התפקיד, **וַיִּקְרָא שְׁמוֹ: פֶּלֶא**
יוֹעֵץ אֵל גִּבּוֹר אֲבִיעַד שַׂר שָׁלוֹם, זה שמו הארוך של אדם אחד,
שכולו תארי כבוד של מלך ומושיע. ו **לְםַרְבֵּה הַמִּשְׂרָה,** לגדולת
התפקיד **וּלְשָׁלוֹם אֵין קֵץ,** שיבואו כאשר ישב מלך חדש **עַל כִּסֵּא דָוִד**
וְעַל מַמְלַכְתּוֹ, לְהָכִין, לכונן **אֹתָהּ** – את הממלכה, **וּלְסַעֲדָהּ בְּמִשְׁפָּט**
וּבִצְדָקָה מֵעַתָּה וְעַד עוֹלָם. קִנְאַת ה׳ צְבָאוֹת תַּעֲשֶׂה זֹּאת.

הפטרת משפטים

ירמיה

לד הַדָּבָר אֲשֶׁר־הָיָה אֶל־יִרְמְיָהוּ מֵאֵת יְהוָה אַחֲרֵי כְּרֹת ח
הַמֶּלֶךְ צִדְקִיָּהוּ בְּרִית אֶת־כָּל־הָעָם אֲשֶׁר בִּירוּשָׁלִַם
לִקְרֹא לָהֶם דְּרוֹר׃ לְשַׁלַּח אִישׁ אֶת־עַבְדּוֹ וְאִישׁ אֶת־ ט
שִׁפְחָתוֹ הָעִבְרִי וְהָעִבְרִיָּה חָפְשִׁים לְבִלְתִּי עֲבָד־בָּם
בִּיהוּדִי אָחִיהוּ אִישׁ׃ וַיִּשְׁמְעוּ כָל־הַשָּׂרִים וְכָל־הָעָם י
אֲשֶׁר־בָּאוּ בַבְּרִית לְשַׁלַּח אִישׁ אֶת־עַבְדּוֹ וְאִישׁ
אֶת־שִׁפְחָתוֹ חָפְשִׁים לְבִלְתִּי עֲבָד־בָּם עוֹד וַיִּשְׁמְעוּ
וַיְשַׁלֵּחוּ׃ וַיָּשׁוּבוּ אַחֲרֵי־כֵן וַיָּשִׁבוּ אֶת־הָעֲבָדִים וְאֶת־ יא
הַשְּׁפָחוֹת אֲשֶׁר שִׁלְּחוּ חָפְשִׁים ויכבישום לַעֲבָדִים וַיִּכְבְּשׁוּם
וְלִשְׁפָחוֹת׃ וַיְהִי דְבַר־יְהוָה אֶל־יִרְמְיָהוּ יב

הרחבות | צדקיהו קורא לשחרור עבדים אולי נועד צעד זה בין השאר לצמצם את המועקה וההתמרמרות במדינה בזמן המצור או בסמוך לו. (ראו אברבנאל), ובכך למנוע את התקוממותם של העבדים נגד אדוניהם ואת הצטרפותם לשורות

קיום ברית

ההפטרה עוסקת בנאמנות לברית ובהפרתה – עניין שמדובר עליו בסוף הפרשה. הנביא ירמיהו מוכיח את ישראל על הפרת הברית שבאו בה בסיני ושחודשה בימיו, ועל השתעבדותם בעבדים ושפחות שלא כדין. שליטת איש באחיו ונטילת חירותו הן גם הנושא הפותח את דיני המשפטים בפרשה. נוטשי הברית יינטשו והם יימסרו בידיהם של האויב, הרעב והחולי.

כדי שלא לסיים בדבר רע, מוסיפים להפטרה פסוקים. בכמה קהילות נוהגים לקרוא שני פסוקים מנבואה אחרת של ירמיהו, שה' מבטיח בהם להנציח את בריתו עם בני ישראל ועם בית דוד. בקהילות אחרות נהגו להשלים בפרק הסמוך שבירמיה, העוסק גם הוא בשכרה של הנאמנות הבין-דורית לשמירת המצווה.

ביאור

ירמיה פרק לד ח **הַדָּבָר אֲשֶׁר-הָיָה אֶל-יִרְמְיָהוּ מֵאֵת ה', אַחֲרֵי כְּרֹת**
הַמֶּלֶךְ צִדְקִיָּהוּ בְּרִית אֶת, עם **כָּל-הָעָם אֲשֶׁר בִּירוּשָׁלִַם לִקְרֹא**, להכריז
לָהֶם: דְּרוֹר, חירות. ט כלומר, **לְשַׁלַּח אִישׁ אֶת-עַבְדּוֹ וְאִישׁ אֶת-שִׁפְחָתוֹ**
הָעִבְרִי וְהָעִבְרִיָּה להיות **חָפְשִׁים, לְבִלְתִּי עֲבָד-בָּם בִּיהוּדִי אָחִיהוּ אִישׁ**,
כדי שאיש לא יעבוד באחיו היהודי. חובת שחרור העבדים בבוא
העת היא מצווה מפורשת בתורה,[148] אבל נראה שהיא לא קוימה
כלל. ייתכן שהעבדים ידעו על זכותם הרשמית להשתחרר, אבל
לא הייתה לכך כל משמעות בפועל, ומי שנמכרו לעבדים השתעבדו
במשך שנים רבות. י **וַיִּשְׁמְעוּ**, נעתרו **כָל-הַשָּׂרִים וְכָל-הָעָם אֲשֶׁר-בָּאוּ**
בַבְּרִית שנערכה בטקס מרשים וברוב עם, והסכימו **לְשַׁלַּח אִישׁ**
אֶת-עַבְדּוֹ וְאִישׁ אֶת-שִׁפְחָתוֹ חָפְשִׁים לְבִלְתִּי עֲבָד-בָּם עוֹד. וַיִּשְׁמְעוּ
וַיְשַׁלֵּחוּ. יא הצעד הראשון נעשה בפומבי ובהפגנתיות, אבל יישומו
המלא דרש שינויים בכל מנגנון המדינה ובתבניות החיים. לאחר
שעבר רושמו של הטקס היפה – **וַיָּשׁוּבוּ אַחֲרֵי-כֵן וַיָּשִׁבוּ אֶת-הָעֲבָדִים**
וְאֶת-הַשְּׁפָחוֹת אֲשֶׁר שִׁלְּחוּ חָפְשִׁים, וַיִּכְבְּשׁוּם, השתלטו עליהם בכפייה
ושעבדו אותם **לַעֲבָדִים וְלִשְׁפָחוֹת.** עקרונית, העבדים המשוחררים
היו רשאים לפנות איש לשדהו ולאחוזתו, ככתוב בתורה, אך קשה
היה לממש זכות זאת. סביר להניח שביד האדונים היו כוח כפייה,
משרתים ואולי מעין משטרה שתמכה בהם. מכל מקום, הם דאגו
לכך שהעבדים ישובו למצבם הקודם.

לאחר תיאור הרקע לנבואה, חוזרת הכותרת הפותחת – יב **וַיְהִי**

הרחבות

האויב. (ראו מלבי"ם פס' יא). ושמא התכוון צדקיהו אף לאפשר לעבדים להצטרף למלחמה. שחרורם של עבדים כדי שיוכלו להילחם בצד אדוניהם לשעבר, מוכר מכמה מדינות, וארצות הברית בכללן.

מֵאֵ֥ת יְהוָ֖ה לֵאמֹֽר׃ כֹּֽה־אָמַ֥ר יְהוָ֖ה אֱלֹהֵ֣י יִשְׂרָאֵ֑ל יג
אָנֹכִ֗י כָּרַ֤תִּי בְרִית֙ אֶת־אֲב֣וֹתֵיכֶ֔ם בְּי֨וֹם הוֹצִאִ֤י אוֹתָם֙
מֵאֶ֣רֶץ מִצְרַ֔יִם מִבֵּ֥ית עֲבָדִ֖ים לֵאמֹֽר׃ מִקֵּ֣ץ שֶׁ֣בַע יד
שָׁנִ֡ים תְּֽשַׁלְּח֡וּ אִישׁ֩ אֶת־אָחִ֨יו הָעִבְרִ֜י אֲשֶׁר־יִמָּכֵ֣ר
לְךָ֗ וַעֲבָֽדְךָ֙ שֵׁ֣שׁ שָׁנִ֔ים וְשִׁלַּחְתּ֥וֹ חָפְשִׁ֖י מֵֽעִמָּ֑ךְ וְלֹא־
שָׁמְע֤וּ אֲבֽוֹתֵיכֶם֙ אֵלַ֔י וְלֹ֥א הִטּ֖וּ אֶת־אָזְנָֽם׃ וַתָּשֻׁ֨בוּ טו
אַתֶּ֜ם הַיּ֗וֹם וַתַּעֲשׂ֤וּ אֶת־הַיָּשָׁר֙ בְּעֵינַ֔י לִקְרֹ֥א דְר֖וֹר
אִ֣ישׁ לְרֵעֵ֑הוּ וַתִּכְרְת֤וּ בְרִית֙ לְפָנַ֔י בַּבַּ֕יִת אֲשֶׁר־
נִקְרָ֥א שְׁמִ֖י עָלָֽיו׃ וַתָּשֻׁ֗בוּ וַתְּחַלְּל֣וּ אֶת־שְׁמִ֔י וַתָּשִׁ֗בוּ טז
אִ֤ישׁ אֶת־עַבְדּוֹ֙ וְאִ֣ישׁ אֶת־שִׁפְחָת֔וֹ אֲשֶׁר־שִׁלַּחְתֶּ֥ם
חָפְשִׁ֖ים לְנַפְשָׁ֑ם וַתִּכְבְּשׁ֣וּ אֹתָ֔ם לִהְי֣וֹת לָכֶ֔ם לַעֲבָדִ֖ים
וְלִשְׁפָחֽוֹת׃ לָכֵ֞ן כֹּֽה־אָמַ֣ר יְהוָ֗ה אַתֶּם֙ יז
לֹא־שְׁמַעְתֶּ֣ם אֵלַ֔י לִקְרֹ֣א דְר֔וֹר אִ֥ישׁ לְאָחִ֖יו וְאִ֣ישׁ
לְרֵעֵ֑הוּ הִנְנִ֣י קֹרֵא֩ לָכֶ֨ם דְּר֜וֹר נְאֻם־יְהוָ֗ה אֶל־הַחֶ֙רֶב֙
לְזַֽעֲוָ֔ה אֶל־הַדֶּ֣בֶר וְאֶל־הָֽרָעָ֔ב וְנָתַתִּ֤י אֶתְכֶם֙ לזועה לְכֹ֖ל
מַמְלְכ֥וֹת הָאָֽרֶץ׃ וְנָתַתִּ֣י אֶת־הָאֲנָשִׁ֗ים הָעֹֽבְרִים֙ יח
אֶת־בְּרִתִ֔י אֲשֶׁ֤ר לֹא־הֵקִ֙ימוּ֙ אֶת־דִּבְרֵ֣י הַבְּרִ֔ית אֲשֶׁ֥ר
כָּרְת֖וּ לְפָנָ֑י הָעֵ֗גֶל אֲשֶׁ֤ר כָּרְתוּ֙ לִשְׁנַ֔יִם וַיַּעַבְר֖וּ בֵּ֥ין

ביאור | **דְּבַר-ה׳ אֶל-יִרְמְיָהוּ מֵאֵת ה׳ לֵאמֹר:** יג **כֹּה-אָמַר ה׳ אֱלֹהֵי יִשְׂרָאֵל:**
אָנֹכִי כָּרַתִּי בְרִית אֶת-אֲבוֹתֵיכֶם, זו ברית סיני האמורה בפרשת
משפטים,[149] **בְּיוֹם,** בתקופת[150] **הוֹצִאִי אוֹתָם מֵאֶרֶץ מִצְרַיִם מִבֵּית**
עֲבָדִים, לֵאמֹר: יד **"מִקֵּץ שֶׁבַע שָׁנִים,** כלומר בתחילת השנה
השביעית, בקצה הראשון שלה,[151] **תְּשַׁלְּחוּ אִישׁ אֶת-אָחִיו הָעִבְרִי**
אֲשֶׁר יִמָּכֵר לְךָ וַעֲבָדְךָ שֵׁשׁ שָׁנִים, וְשִׁלַּחְתּוֹ חָפְשִׁי מֵעִמָּךְ". וְלֹא-שָׁמְעוּ
אֲבוֹתֵיכֶם אֵלַי לקיים את המצווה, **וְלֹא הִטּוּ אֶת-אָזְנָם.** טו **וַתָּשֻׁבוּ**
אַתֶּם הַיּוֹם אלי **וַתַּעֲשׂוּ אֶת-הַיָּשָׁר בְּעֵינַי, לִקְרֹא דְרוֹר אִישׁ לְרֵעֵהוּ.**
ההחלטה הטובה הזו לא נעשתה בצנעה, באופן פרטי בין האדון
לעבדיו, אלא **וַתִּכְרְתוּ בְרִית לְפָנַי בַּבַּיִת אֲשֶׁר-נִקְרָא שְׁמִי עָלָיו.** הטקס
החגיגי נערך במקדש. מן הסתם השתתפו בו כל המשפחות העשירות
בעיר – בעלות האמצעים לקניית עבדים, שדרכן ליטול חלק בכל
הטקסים. טז **וַתָּשֻׁבוּ וַתְּחַלְּלוּ אֶת-שְׁמִי, וַתָּשִׁבוּ אִישׁ אֶת-עַבְדּוֹ וְאִישׁ**
אֶת-שִׁפְחָתוֹ אֲשֶׁר-שִׁלַּחְתֶּם חָפְשִׁים לְנַפְשָׁם, וַתִּכְבְּשׁוּ אֹתָם לִהְיוֹת לָכֶם
לַעֲבָדִים וְלִשְׁפָחוֹת. לא קיימתם את המצווה הישנה, ולא זו בלבד
אלא חיללתם גם את ההתחייבות שקיבלתם על עצמכם.

יז **לָכֵן כֹּה-אָמַר ה׳: אַתֶּם לֹא-שְׁמַעְתֶּם אֵלַי לִקְרֹא דְרוֹר אִישׁ לְאָחִיו**
וְאִישׁ לְרֵעֵהוּ – על כן **הִנְנִי קֹרֵא לָכֶם,** עבורכם **דְּרוֹר** ממין אחר,
נְאֻם-ה׳: אֶל-הַחֶרֶב, אֶל-הַדֶּבֶר, מגפה[152] **וְאֶל-הָרָעָב.** אתם אינכם
רוצים לתת חופש לעבדיכם, ואני אשחרר את עבדיי שלי, הפגעים
והמגפות, והם יבואו ויעשו בכם שַׁמּות. ירושלים שהייתה נצורה
במשך זמן ניכר, לא הייתה עיר גדולה במיוחד. קשה לדעת כמה
אינטנסיבי היה המצור, אבל מסתבר שתושבי העיר סבלו מרעב
וממגפות. **וְנָתַתִּי אֶתְכֶם לְזַעֲוָה,** זוועה, דגם של סיוט **לְכֹל מַמְלְכוֹת**
הָאָרֶץ. ערים אחרות שכבש המלך נבוכדנצר לא הושמדו כליל, אך
ירושלים נותרה כעיי חורבות.

יח **וְנָתַתִּי אֶת-הָאֲנָשִׁים הָעֹבְרִים אֶת,** על **בְּרִתִי** שכרתי עמם מאז,[153]
אֲשֶׁר כעת **לֹא-הֵקִימוּ אֶת-דִּבְרֵי הַבְּרִית אֲשֶׁר כָּרְתוּ לְפָנָי,** באמצעות
הָעֵגֶל אֲשֶׁר כָּרְתוּ לִשְׁנַיִם וַיַּעַבְרוּ בֵּין בְּתָרָיו. הם עשו זאת בנוסח הישן
של כריתת ברית, בביתור בעל חיים לשני חלקים ובמעבר ביניהם.

בְּתָרָיו׃ שָׂרֵי יְהוּדָה וְשָׂרֵי יְרוּשָׁלַםִ הַסָּרִסִים וְהַכֹּהֲנִים יט
וְכֹל עַם הָאָרֶץ הָעֹבְרִים בֵּין בִּתְרֵי הָעֵגֶל׃ וְנָתַתִּי כ
אוֹתָם בְּיַד אֹיְבֵיהֶם וּבְיַד מְבַקְשֵׁי נַפְשָׁם וְהָיְתָה
נִבְלָתָם לְמַאֲכָל לְעוֹף הַשָּׁמַיִם וּלְבֶהֱמַת הָאָרֶץ׃
וְאֶת־צִדְקִיָּהוּ מֶלֶךְ־יְהוּדָה וְאֶת־שָׂרָיו אֶתֵּן בְּיַד כא
אֹיְבֵיהֶם וּבְיַד מְבַקְשֵׁי נַפְשָׁם וּבְיַד חֵיל מֶלֶךְ בָּבֶל
הָעֹלִים מֵעֲלֵיכֶם׃ הִנְנִי מְצַוֶּה נְאֻם־יהוה וַהֲשִׁבֹתִים כב
אֶל־הָעִיר הַזֹּאת וְנִלְחֲמוּ עָלֶיהָ וּלְכָדוּהָ וּשְׂרָפֻהָ בָאֵשׁ
וְאֶת־עָרֵי יְהוּדָה אֶתֵּן שְׁמָמָה מֵאֵין יֹשֵׁב׃*

התימנים ממשיכים בפרק לה

כֹּה אָמַר יהוה אִם־לֹא בְרִיתִי יוֹמָם וָלָיְלָה חֻקּוֹת כה לג
שָׁמַיִם וָאָרֶץ לֹא־שָׂמְתִּי׃ גַּם־זֶרַע יַעֲקוֹב וְדָוִד כו
עַבְדִּי אֶמְאַס מִקַּחַת מִזַּרְעוֹ מֹשְׁלִים אֶל־זֶרַע
אַבְרָהָם יִשְׂחָק וְיַעֲקֹב כִּי־אשוב אֶת־שְׁבוּתָם אָשִׁיב
וְרִחַמְתִּים׃*

האשכנזים והספרדים מסיימים כאן

הַדָּבָר אֲשֶׁר־הָיָה אֶל־יִרְמְיָהוּ מֵאֵת יהוה בִּימֵי א לה
יְהוֹיָקִים בֶּן־יֹאשִׁיָּהוּ מֶלֶךְ יְהוּדָה לֵאמֹר׃ הָלוֹךְ אֶל־ ב

הרחבות

כריתת הברית והפרתה בכריתת הברית הצהירו צדקיהו ואנשי יהודה על שמירת מצוות ה׳ באופן רשמי ופומבי, על מנת לזכות בסיוע משמים. כאשר הבבלים התרחקו, נפתחה תקווה בלב תושבי העיר, ועם תחושת הרווחה חזרו האנשים לסורם ושבו לאמץ את העברות הישנות. לכן מבשר להם הנביא שגם תקוותם תתפוגג.

ביאור

זוהי ברית דמים דרמטית מאוד וחגיגית, וכיוצא בה מתוארת בתורה
ברית בין הבתרים שכורת ה' עם אברהם.[154] יט באותו מעמד נכחו
שָׂרֵי יְהוּדָה וְשָׂרֵי יְרוּשָׁלַםִ, הַסָּרִסִים, בעלי תפקידים בבית המלך,[155]
וְהַכֹּהֲנִים וְכֹל עַם הָאָרֶץ הָעֹבְרִים בֵּין בִּתְרֵי הָעֵגֶל. כולם השתתפו
בטקס באופן רשמי. כ **וְנָתַתִּי אוֹתָם בְּיַד אֹיְבֵיהֶם וּבְיַד מְבַקְשֵׁי
נַפְשָׁם, וְהָיְתָה נִבְלָתָם לְמַאֲכָל לְעוֹף הַשָּׁמַיִם וּלְבֶהֱמַת הָאָרֶץ**. העגל
הכרות, סימל בטקס את ההתקשרות והנאמנות ההדדית, אך עתה,
משנעשה על ידי האדונים העריצים מיצג חסר משמעות, הוא יבטא
את היעזבותם והפקרתם בידי המקרים וההזנחה. העוברים על
הברית ייראו כנבלת העגל העזובה לחיות הבר.[156] כא **וְאֶת-צִדְקִיָּהוּ
מֶלֶךְ-יְהוּדָה וְאֶת-שָׂרָיו אֶתֵּן בְּיַד אֹיְבֵיהֶם וּבְיַד מְבַקְשֵׁי נַפְשָׁם וּבְיַד חֵיל
מֶלֶךְ בָּבֶל הָעֹלִים**, המסתלקים **מֵעֲלֵיכֶם**. הצבא הבבלי סר מעל העיר
לפי שעה להילחם עם המצרים שיצאו כנגדו.[157] כב **הִנְנִי מְצַוֶּה** על
הבבלים, **נְאֻם-ה', וַהֲשִׁבֹתִים אֶל-הָעִיר הַזֹּאת וְנִלְחֲמוּ עָלֶיהָ, וּלְכָדוּהָ
וּשְׂרָפֻהָ בָאֵשׁ, וְאֶת-עָרֵי יְהוּדָה אֶתֵּן שְׁמָמָה מֵאֵין יֹשֵׁב.**

בצד נבואות ירמיהו על חורבן בשל נטישת הברית, הוא צופה גם
עתיד חדש ומקוים. פרק לג כה **כֹּה אָמַר ה': אִם-לֹא** תתקיים **בְרִיתִי**
שעם **יוֹמָם וָלָיְלָה**, החוק המתמיד כל ימי עולם של חזרתם הסדורה
של היום והלילה, ואילו **חֻקּוֹת שָׁמַיִם וָאָרֶץ לֹא-שָׂמְתִּי**, אילו אפשר
היה לבטל חוקי השמים והארץ -[158] כו **גַּם-זֶרַע יַעֲקוֹב וְדָוִד עַבְדִּי
אֶמְאַס, מִקַּחַת מִזַּרְעוֹ** של דוד **מֹשְׁלִים אֶל-זֶרַע אַבְרָהָם, יִשְׂחָק**, יצחק
וְיַעֲקֹב. שלא כפי שאתם סוברים, בית דוד לא נכרת, **כִּי-אָשִׁיב אֶת-
שְׁבוּתָם וְרִחַמְתִּים.**

הנבואה הבאה עוסקת לכאורה בעניין פרטי, אבל בעצם משמשת
מעין משל לנושאים רחבים יותר, ועשויה להתקשר לנאמנות לברית.
פרק לה א **הַדָּבָר אֲשֶׁר-הָיָה אֶל-יִרְמְיָהוּ מֵאֵת ה' בִּימֵי יְהוֹיָקִים בֶּן-
יֹאשִׁיָּהוּ מֶלֶךְ יְהוּדָה לֵאמֹר:** ב **הָלוֹךְ אֶל-בֵּית הָרֵכָבִים**, צאצאי יונדב

הרחבות

הניסיון הפומבי של יושבי יהודה וירושלים לחזור בתשובה התברר כהעמדת פנים בלבד, ולכן ירמיהו מדגיש את הבושה הגדולה שבמעשה. לא היה זה רק חטא נוסף המצטרף לרשימת החטאים הישנה. הפעם הם ערכו טקס גדול והתחייבו אישית, ולפיכך יש בנטישת הברית הפעם ביזיון וחילול ה'.

בֵּית הָרֵכָבִים וְדִבַּרְתָּ אוֹתָם וַהֲבִאוֹתָם בֵּית יְהוָה
אֶל־אַחַת הַלְּשָׁכוֹת וְהִשְׁקִיתָ אוֹתָם יָיִן: וָאֶקַּח אֶת־ ג
יַאֲזַנְיָה בֶן־יִרְמְיָהוּ בֶּן־חֲבַצִּנְיָה וְאֶת־אֶחָיו וְאֶת־
כָּל־בָּנָיו וְאֵת כָּל־בֵּית הָרֵכָבִים: וָאָבִא אֹתָם בֵּית ד
יְהוָה אֶל־לִשְׁכַּת בְּנֵי חָנָן בֶּן־יִגְדַּלְיָהוּ אִישׁ הָאֱלֹהִים
אֲשֶׁר־אֵצֶל לִשְׁכַּת הַשָּׂרִים אֲשֶׁר מִמַּעַל לְלִשְׁכַּת
מַעֲשֵׂיָהוּ בֶן־שַׁלֻּם שֹׁמֵר הַסַּף: וָאֶתֵּן לִפְנֵי ׀ בְּנֵי בֵית־ ה
הָרֵכָבִים גְּבִעִים מְלֵאִים יַיִן וְכֹסוֹת וָאֹמַר אֲלֵיהֶם
שְׁתוּ־יָיִן: וַיֹּאמְרוּ לֹא נִשְׁתֶּה־יָּיִן כִּי יוֹנָדָב בֶּן־רֵכָב ו
אָבִינוּ צִוָּה עָלֵינוּ לֵאמֹר לֹא תִשְׁתּוּ־יַיִן אַתֶּם וּבְנֵיכֶם
עַד־עוֹלָם: וּבַיִת לֹא־תִבְנוּ וְזֶרַע לֹא־תִזְרָעוּ וְכֶרֶם ז
לֹא־תִטָּעוּ וְלֹא יִהְיֶה לָכֶם כִּי בָּאֳהָלִים תֵּשְׁבוּ כָּל־
יְמֵיכֶם לְמַעַן תִּחְיוּ יָמִים רַבִּים עַל־פְּנֵי הָאֲדָמָה
אֲשֶׁר אַתֶּם גָּרִים שָׁם: וַנִּשְׁמַע בְּקוֹל יְהוֹנָדָב בֶּן־רֵכָב ח
אָבִינוּ לְכֹל אֲשֶׁר צִוָּנוּ לְבִלְתִּי שְׁתוֹת־יַיִן כָּל־יָמֵינוּ
אֲנַחְנוּ נָשֵׁינוּ בָּנֵינוּ וּבְנֹתֵינוּ: וּלְבִלְתִּי בְּנוֹת בָּתִּים ט
לְשִׁבְתֵּנוּ וְכֶרֶם וְשָׂדֶה וָזֶרַע לֹא יִהְיֶה־לָּנוּ: וַנֵּשֶׁב י

הרחבות | **הרֵכָבִים** מוזכרים כמה פעמים במקרא (ראו דברי הימים א׳ ב,נה), אבל זהותם נותרה חידה. היו שקשרו אותם לבני יתרו, (ראו רש״י ורד״ק על אתר; ספרי במדבר עח). מכל מקום, קבוצה זו חיה בתוך עם ישראל חיים יוצאי דופן. הם

ביאור

בן רֵכָב שהתמסר לעבודת ה׳. **וְדִבַּרְתָּ אוֹתָם**, אתם, **וַהֲבֵאוֹתָם** אל **בֵּית ה׳, אֶל-אַחַת הַלְּשָׁכוֹת** החדרים הסמוכים למקדש. ייתכן שעובדת היותו כהן היא שאפשרה לירמיהו לבצע זאת בקלות. **וְהִשְׁקִיתָ אוֹתָם**, הגש[159] להם שם **יָיִן**.

ג **וָאֶקַּח אֶת-יַאֲזַנְיָה בֶן-יִרְמְיָהוּ בֶּן-חֲבַצִּנְיָה**, שהיה כנראה הדמות
המרכזית במשפחה, **וְאֶת-אֶחָיו וְאֶת-כָּל-בָּנָיו וְאֵת כָּל-בֵּית**
הָרֵכָבִים. ד **וָאָבִא אֹתָם** אל **בֵּית ה׳, אֶל-לִשְׁכַּת בְּנֵי חָנָן בֶּן-יִגְדַּלְיָהוּ**
אִישׁ הָאֱלֹהִים, כנראה נביא או אדם שהיה ידוע כקדוש.[160] זוהי
הלשכה **אֲשֶׁר-אֵצֶל**, ליד **לִשְׁכַּת הַשָּׂרִים**, שאולי נועדה לשהייתם של
אנשים חשובים שהמתינו במקדש.[161] **אֲשֶׁר מִמַּעַל לְלִשְׁכַּת מַעֲשֵׂיָהוּ**
בֶן-שַׁלֻּם שֹׁמֵר הַסַּף, הממונה על שמירת המקדש. הלשכות הללו אינן
מופיעות בתיאור בית המקדש שבנה שלמה. יש להניח שבמשך
הדורות בנו במתחם חדרים נוספים ששימשו בעלי תפקידים שונים,
לאו דווקא תפקידי כהונה. ה **וָאֶתֵּן לִפְנֵי בְּנֵי בֵית-הָרֵכָבִים גְּבִעִים**
מְלֵאִים יַיִן וְכֹסוֹת, וָאֹמַר אֲלֵיהֶם: שְׁתוּ-יָיִן.

ו **וַיֹּאמְרוּ: לֹא נִשְׁתֶּה-יָּיִן, כִּי יוֹנָדָב בֶּן-רֵכָב אָבִינוּ**, ראש משפחתנו
צִוָּה עָלֵינוּ לֵאמֹר: "לֹא תִשְׁתּוּ-יַיִן אַתֶּם וּבְנֵיכֶם עַד-עוֹלָם. ז ולא זו
בלבד, גם **בַיִת לֹא-תִבְנוּ וְזֶרַע לֹא-תִזְרָעוּ וְכֶרֶם לֹא-תִטָּעוּ וְלֹא יִהְיֶה**
לָכֶם בית או כרם בכל דרך שהיא,[162] **כִּי בָּאֳהָלִים תֵּשְׁבוּ כָּל-יְמֵיכֶם.**
הוראותיו של יונדב נועדו למנוע מהם להפוך לתושבי קבע. מגוריהם
אינם קבועים, והם אינם עוסקים בחקלאות, וכך נמנע מהם הקשר
אל האדמה. מסתבר שהם חיו בשדה כנוודים רועי צאן, או עסקו
באומנויות כמו נפחות, נגרות וכיוצא באלה. **לְמַעַן תִּחְיוּ יָמִים רַבִּים**
עַל-פְּנֵי הָאֲדָמָה אֲשֶׁר אַתֶּם גָּרִים שָׁם. אם נקיים את הוראותיו, נישאר
על האדמה לאורך ימים ושנים." ח **וַנִּשְׁמַע בְּקוֹל יְהוֹנָדָב בֶּן-רֵכָב**
אָבִינוּ לְכֹל אֲשֶׁר צִוָּנוּ, לְבִלְתִּי שְׁתוֹת-יַיִן כָּל-יָמֵינוּ, אֲנַחְנוּ נָשֵׁינוּ בָּנֵינוּ
וּבְנֹתֵינוּ. ט **וּלְבִלְתִּי בְּנוֹת בָּתִּים לְשִׁבְתֵּנוּ, וְכֶרֶם וְשָׂדֶה וָזֶרַע לֹא יִהְיֶה-**

הרחבות

באו לארץ, אך לא התיישבו בה, ולמעשה נשארו נוודים כמו שהיו במדבר. בסיפור מרידת יהוא מסופר שאבי המשפחה, יונדב בן רכב, הציע את עזרתו הרוחנית והמוסרית למלך (ראו מלכים ב׳ י, טו).

בָּאֳהָלִים וַנִּשְׁמַע וַנַּעַשׂ כְּכֹל אֲשֶׁר־צִוָּנוּ יוֹנָדָב אָבִינוּ׃
יא וַיְהִי בַּעֲלוֹת נְבוּכַדְרֶאצַּר מֶלֶךְ־בָּבֶל אֶל־הָאָרֶץ
וַנֹּאמֶר בֹּאוּ וְנָבוֹא יְרוּשָׁלַםִ מִפְּנֵי חֵיל הַכַּשְׂדִּים
יב וּמִפְּנֵי חֵיל אֲרָם וַנֵּשֶׁב בִּירוּשָׁלָםִ׃ וַיְהִי דְּבַר־
יג יְהוָה אֶל־יִרְמְיָהוּ לֵאמֹר׃ כֹּה־אָמַר יְהוָה צְבָאוֹת
אֱלֹהֵי יִשְׂרָאֵל הָלֹךְ וְאָמַרְתָּ לְאִישׁ יְהוּדָה וּלְיוֹשְׁבֵי
יְרוּשָׁלָםִ הֲלוֹא תִקְחוּ מוּסָר לִשְׁמֹעַ אֶל־דְּבָרַי נְאֻם־
יד יְהוָה׃ הוּקַם אֶת־דִּבְרֵי יְהוֹנָדָב בֶּן־רֵכָב אֲשֶׁר־צִוָּה
אֶת־בָּנָיו לְבִלְתִּי שְׁתוֹת־יַיִן וְלֹא שָׁתוּ עַד־הַיּוֹם הַזֶּה
כִּי שָׁמְעוּ אֵת מִצְוַת אֲבִיהֶם וְאָנֹכִי דִּבַּרְתִּי אֲלֵיכֶם
טו הַשְׁכֵּם וְדַבֵּר וְלֹא שְׁמַעְתֶּם אֵלָי׃ וָאֶשְׁלַח אֲלֵיכֶם
אֶת־כָּל־עֲבָדַי הַנְּבִאִים ׀ הַשְׁכֵּם וְשָׁלֹחַ ׀ לֵאמֹר שֻׁבוּ־
נָא אִישׁ מִדַּרְכּוֹ הָרָעָה וְהֵיטִיבוּ מַעַלְלֵיכֶם וְאַל־
תֵּלְכוּ אַחֲרֵי אֱלֹהִים אֲחֵרִים לְעָבְדָם וּשְׁבוּ אֶל־
הָאֲדָמָה אֲשֶׁר־נָתַתִּי לָכֶם וְלַאֲבֹתֵיכֶם וְלֹא הִטִּיתֶם
טז אֶת־אָזְנְכֶם וְלֹא שְׁמַעְתֶּם אֵלָי׃ כִּי הֵקִימוּ בְּנֵי יְהוֹנָדָב
בֶּן־רֵכָב אֶת־מִצְוַת אֲבִיהֶם אֲשֶׁר צִוָּם וְהָעָם הַזֶּה
יז לֹא שָׁמְעוּ אֵלָי׃ לָכֵן כֹּה־אָמַר יְהוָה אֱלֹהֵי
צְבָאוֹת אֱלֹהֵי יִשְׂרָאֵל הִנְנִי מֵבִיא אֶל־יְהוּדָה וְאֶל
כָּל־יוֹשְׁבֵי יְרוּשָׁלַםִ אֵת כָּל־הָרָעָה אֲשֶׁר דִּבַּרְתִּי
עֲלֵיהֶם יַעַן דִּבַּרְתִּי אֲלֵיהֶם וְלֹא שָׁמֵעוּ וָאֶקְרָא לָהֶם
יח וְלֹא עָנוּ׃ וּלְבֵית הָרֵכָבִים אָמַר יִרְמְיָהוּ כֹּה־אָמַר

ביאור | לָנוּ. י וַנֵּשֶׁב בָּאֳהָלִים, וַנִּשְׁמַע וַנַּעַשׂ כְּכֹל אֲשֶׁר-צִוָּנוּ יוֹנָדָב אָבִינוּ. אנו
שומרים בהקפדה על המסורת המיוחדת של משפחתנו, ומקיימים
את הוראת אבי המשפחה. יא וַיְהִי בַּעֲלוֹת נְבוּכַדְרֶאצַּר מֶלֶךְ-בָּבֶל
אֶל-הָאָרֶץ, וַנֹּאמֶר: מכיוון שזה זמן מלחמה והאויב נמצא באזור,
בֹּאוּ וְנָבוֹא לִירוּשָׁלַ͏ִם מִפְּנֵי חֵיל הַכַּשְׂדִּים וּמִפְּנֵי חֵיל אֲרָם. נראה כי
הכשדים בעלותם על יהודה צירפו לצבאם צבאות עזר מעמים
אחרים. ואף על פי שאנחנו יושבי אוהלים, לעת עתה ניכנס לעיר
לשם ביטחוננו. וַנֵּשֶׁב בִּירוּשָׁלָ͏ִם.

יב וַיְהִי דְּבַר-ה׳ אֶל-יִרְמְיָהוּ לֵאמֹר: יג כֹּה-אָמַר ה׳ צְבָאוֹת אֱלֹהֵי
יִשְׂרָאֵל: הָלֹךְ וְאָמַרְתָּ לְאִישׁ יְהוּדָה וּלְיוֹשְׁבֵי יְרוּשָׁלָ͏ִם: הֲלוֹא תִקְחוּ מוּסָר
לִשְׁמֹעַ אֶל-דְּבָרַי, נְאֻם-ה׳. הרי לכם דוגמא ללמוד ממנה מוסר. סיפור
זה מזכיר כמה מקרים אחרים של עשייה סמלית, הנושאת משמעות
סמלית. פעולות כאלה משמשות לעתים סמל לרבים, ולעתים
המעורבים בהן אינם מתוודעים אל הערך הסמלי שלהן אלא לאחר
זמן.[163] יד הנה הוּקַם, התקיימו אֶת-דִּבְרֵי יְהוֹנָדָב בֶּן-רֵכָב אֲשֶׁר-צִוָּה
אֶת-בָּנָיו לְבִלְתִּי שְׁתוֹת-יַיִן – וְלֹא שָׁתוּ כמה דורות עַד-הַיּוֹם הַזֶּה, כִּי
שָׁמְעוּ אֵת מִצְוַת אֲבִיהֶם, ואילו אָנֹכִי דִּבַּרְתִּי אֲלֵיכֶם הַשְׁכֵּם וְדַבֵּר – וְלֹא
שְׁמַעְתֶּם אֵלָי. אותם בנים שמעו בקול אביהם, ואילו אתם אינכם
מקבלים את הנחיותי, אף שאני כמו אב להם. טו וָאֶשְׁלַח אֲלֵיכֶם
אֶת-כָּל-עֲבָדַי הַנְּבִאִים הַשְׁכֵּים וְשָׁלֹחַ, לֵאמֹר: שֻׁבוּ-נָא אִישׁ מִדַּרְכּוֹ
הָרָעָה וְהֵיטִיבוּ מַעַלְלֵיכֶם, וְאַל-תֵּלְכוּ אַחֲרֵי אֱלֹהִים אֲחֵרִים לְעָבְדָם,
ושכרכם על כך – שְׁבוּ אֶל, על הָאֲדָמָה אֲשֶׁר-נָתַתִּי לָכֶם וְלַאֲבֹתֵיכֶם.
את הצו הזה קיבלתם כבר משעת יציאתכם מצרים, אבל הנביאים
שבכל הדורות חיזקו אותו שוב ושוב, ובכל זאת לֹא הִטִּיתֶם אֶת-
אָזְנְכֶם וְלֹא שְׁמַעְתֶּם אֵלָי. טז על כן – כִּי הֵקִימוּ בְּנֵי יְהוֹנָדָב בֶּן-רֵכָב
אֶת-מִצְוַת אֲבִיהֶם אֲשֶׁר צִוָּם, המשפחה הזו שומרת על מסורתה
באדיקות וְאילו הָעָם הַזֶּה לֹא שָׁמְעוּ אֵלָי – יז לָכֵן כֹּה-אָמַר ה׳ אֱלֹהֵי
צְבָאוֹת אֱלֹהֵי יִשְׂרָאֵל: הִנְנִי מֵבִיא אֶל-יְהוּדָה וְאֶל כָּל-יוֹשְׁבֵי יְרוּשָׁלַ͏ִם
אֵת כָּל-הָרָעָה אֲשֶׁר דִּבַּרְתִּי עֲלֵיהֶם, יַעַן דִּבַּרְתִּי אֲלֵיהֶם וְלֹא שָׁמֵעוּ,
וָאֶקְרָא לָהֶם וְלֹא עָנוּ. יח וּלְבֵית הָרֵכָבִים אָמַר יִרְמְיָהוּ: כֹּה-אָמַר ה׳

יהוה צְבָאוֹת אֱלֹהֵי יִשְׂרָאֵל יַעַן אֲשֶׁר שְׁמַעְתֶּם
עַל־מִצְוַת יְהוֹנָדָב אֲבִיכֶם וַתִּשְׁמְרוּ אֶת־כָּל־מִצְוֹתָיו
וַתַּעֲשׂוּ כְּכֹל אֲשֶׁר־צִוָּה אֶתְכֶם: לָכֵן כֹּה אָמַר יהוה יט
צְבָאוֹת אֱלֹהֵי יִשְׂרָאֵל לֹא־יִכָּרֵת אִישׁ לְיוֹנָדָב בֶּן־
רֵכָב עֹמֵד לְפָנַי כָּל־הַיָּמִים:

ביאור | **צְבָאוֹת אֱלֹהֵי יִשְׂרָאֵל: יַעַן אֲשֶׁר שְׁמַעְתֶּם עַל**, אל **מִצְוַת יְהוֹנָדָב אֲבִיכֶם,**
וַתִּשְׁמְרוּ אֶת-כָּל-מִצְוֹתָיו, וַתַּעֲשׂוּ כְּכֹל אֲשֶׁר-צִוָּה אֶתְכֶם – יט **לָכֵן כֹּה**
אָמַר ה׳ צְבָאוֹת אֱלֹהֵי יִשְׂרָאֵל: לֹא-יִכָּרֵת אִישׁ לְיוֹנָדָב בֶּן-רֵכָב עֹמֵד לְפָנַי
בעבודת הקודש,[164] או: עומד תחת השגחתי **כָּל-הַיָּמִים**. מובטחים למשפחה הזו חיי נצח. ייתכן שמשפחה זו כבר אינה קיימת כיחידה מוגדרת מסיבות שונות, אבל שכרם על שמירת המסורת שלהם הוא התמדת קיומם בתוך ישראל לעולם. אין בכך כדי לצפות מכל זרעם לשבת באוהל ולהימנע משתיית יין, אבל אלה שקיבלו על עצמם את המנהגים הללו ושמרו אותם במשך דורות, ראויים לקבל את שכרם ולעמוד תמיד לפני ה׳.

שוכני אוהלים במדבר

הפטרת תרומה
מלכים א

ה כו וַיהוָה נָתַן חָכְמָה לִשְׁלֹמֹה כַּאֲשֶׁר דִּבֶּר־לוֹ וַיְהִי
שָׁלֹם בֵּין חִירָם וּבֵין שְׁלֹמֹה וַיִּכְרְתוּ בְרִית שְׁנֵיהֶם׃
כז וַיַּעַל הַמֶּלֶךְ שְׁלֹמֹה מַס מִכָּל־יִשְׂרָאֵל וַיְהִי הַמַּס
כח שְׁלֹשִׁים אֶלֶף אִישׁ׃ וַיִּשְׁלָחֵם לְבָנוֹנָה עֲשֶׂרֶת אֲלָפִים
בַּחֹדֶשׁ חֲלִיפוֹת חֹדֶשׁ יִהְיוּ בַלְּבָנוֹן שְׁנַיִם חֳדָשִׁים
כט בְּבֵיתוֹ וַאֲדֹנִירָם עַל־הַמַּס׃ וַיְהִי לִשְׁלֹמֹה
שִׁבְעִים אֶלֶף נֹשֵׂא סַבָּל וּשְׁמֹנִים אֶלֶף חֹצֵב בָּהָר׃
ל לְבַד מִשָּׂרֵי הַנִּצָּבִים לִשְׁלֹמֹה אֲשֶׁר עַל־הַמְּלָאכָה
שְׁלֹשֶׁת אֲלָפִים וּשְׁלֹשׁ מֵאוֹת הָרֹדִים בָּעָם הָעֹשִׂים
לא בַּמְּלָאכָה׃ וַיְצַו הַמֶּלֶךְ וַיַּסִּעוּ אֲבָנִים גְּדֹלוֹת אֲבָנִים
לב יְקָרוֹת לְיַסֵּד הַבָּיִת אַבְנֵי גָזִית׃ וַיִּפְסְלוּ בֹּנֵי שְׁלֹמֹה
וּבֹנֵי חִירוֹם וְהַגִּבְלִים וַיָּכִינוּ הָעֵצִים וְהָאֲבָנִים לִבְנוֹת

אבני גזית
תל חצור

בניין המקדש

לעומת משכן משה, שהוקם במוצהר באמצעות נדבת לב העם, מקדש שלמה נבנה מאוצרות הממלכה ובאמצעות מס עובד שהטיל המלך על ישראל.

ה׳ הבטיח לשלמה ששכינתו תתמיד בבית הזה כל עוד יציית שלמה למצוות ה׳ וילך בדרכיו. דברי ה׳ מסתיימים במלים וְשָׁכַנְתִּי בְּתוֹךְ בְּנֵי יִשְׂרָאֵל, וְלֹא אֶעֱזֹב אֶת-עַמִּי יִשְׂרָאֵל, בדומה לסיום הציווי על המשכן בפרשה: וְעָשׂוּ לִי מִקְדָּשׁ וְשָׁכַנְתִּי בְּתוֹכָם. המשכן והמקדש הם המנכיחים את שכינת ה׳ בקרב עמו, כל עוד העם מאפשר נוכחות זו.

ביאור | מלכים א׳ פרק ה כו **וַה׳ נָתַן חָכְמָה לִשְׁלֹמֹה כַּאֲשֶׁר דִּבֶּר**, הבטיח[165] **לוֹ**,
וַיְהִי שָׁלֹם בֵּין חִירָם וּבֵין שְׁלֹמֹה, וַיִּכְרְתוּ בְרִית שְׁנֵיהֶם. כנראה נפגשו
לכריתה טקסית של ברית שלום.

כז **וַיַּעַל**, גבה **הַמֶּלֶךְ שְׁלֹמֹה מַס מִכָּל-יִשְׂרָאֵל**. אולם לא היה זה
מס כספי, אלא – **וַיְהִי הַמַּס שְׁלֹשִׁים אֶלֶף אִישׁ** שנלקחו לעבודת
המלך. כח **וַיִּשְׁלָחֵם לְבָנוֹנָה**, ללבנון לסייע לעבדי חירם בבחירת
העצים ובנשיאתם, **עֲשֶׂרֶת אֲלָפִים** איש שלא נשלחו יחד, אלא – **בַּחֹדֶשׁ,
חֲלִיפוֹת**, לסירוגין. העובדים החליפו אלו את אלו, עשרת אלפים
מדי חודש. **חֹדֶשׁ יִהְיוּ** בשירות הממלכה **בַלְּבָנוֹן, וּשְׁנַיִם חֳדָשִׁים** כל
איש ישהה **בְּבֵיתוֹ**, וחוזר חלילה.[166] **וַאֲדֹנִירָם**, אחד משרי שלמה,
היה הממונה **עַל-הַמַּס**.[167]

למרות השימוש המסיבי בעצים שהובאו מלבנון, הבית היה בנוי
בעיקרו מאבנים. כט **וַיְהִי לִשְׁלֹמֹה** גם **שִׁבְעִים אֶלֶף נֹשֵׂא סַבָּל**
להובלת האבנים החצובות לאתר הבנייה[168] **וּשְׁמֹנִים אֶלֶף חֹצֵב
בָּהָר**. ל הפועלים הפשוטים הללו היו **לְבַד מִשָּׂרֵי הַנִּצָּבִים**, הממונים
שהיו **לִשְׁלֹמֹה, אֲשֶׁר** מופקדים **עַל-הַמְּלָאכָה**, שמניינם **שְׁלֹשֶׁת אֲלָפִים
וּשְׁלֹשׁ מֵאוֹת, הָרֹדִים**, מושלים **בָּעָם הָעֹשִׂים בַּמְּלָאכָה**, מנהלי העבודה
המפקחים על קצב ההתקדמות ועל איכות העבודה.[169] לא **וַיְצַו
הַמֶּלֶךְ וַיַּסִּעוּ אֲבָנִים גְּדֹלוֹת, אֲבָנִים יְקָרוֹת**, כבדות על מנת **לְיַסֵּד** את
הַבָּיִת, אַבְנֵי גָזִית, אבנים מסותתות ומעוצבות. בגלל קדושת המקדש
האבנים לא סותתו סמוך למקדש, ומסיבות טכניות סיתותן העיקרי
התבצע במקומות החציבה.[170] לב **וַיִּפְסְלוּ בֹּנֵי שְׁלֹמֹה וּבֹנֵי חִירוֹם
וְהַגִּבְלִים**, אנשי גְּבל, עיר שהייתה מפורסמת באומנותה, **וַיָּכִינוּ** את
הָעֵצִים וְהָאֲבָנִים לִבְנוֹת את **הַבָּיִת**. כל העבודה הזו נעשתה כהכנה
לבניין המקדש, שהיה מפעל כביר.

הַבָּֽיִת׃ וַיְהִ֣י בִשְׁמוֹנִ֣ים שָׁנָ֣ה וְאַרְבַּ֣ע א ו
מֵא֣וֹת שָׁנָ֡ה לְצֵ֣את בְּנֵֽי־יִשְׂרָאֵ֣ל מֵאֶֽרֶץ־מִצְרַ֠יִם
בַּשָּׁנָ֨ה הָרְבִיעִ֜ית בְּחֹ֣דֶשׁ זִ֗ו ה֚וּא הַחֹ֣דֶשׁ הַשֵּׁנִ֔י לִמְלֹ֥ךְ
שְׁלֹמֹ֖ה עַל־יִשְׂרָאֵ֑ל וַיִּ֥בֶן הַבַּ֖יִת לַיהוָֽה׃ וְהַבַּ֗יִת ב
אֲשֶׁ֨ר בָּנָ֜ה הַמֶּ֤לֶךְ שְׁלֹמֹה֙ לַֽיהוָ֔ה שִׁשִּֽׁים־אַמָּ֣ה אָרְכּ֔וֹ
וְעֶשְׂרִ֖ים רָחְבּ֑וֹ וּשְׁלֹשִׁ֥ים אַמָּ֖ה קוֹמָתֽוֹ׃ וְהָֽאוּלָ֗ם עַל־ ג
פְּנֵי֙ הֵיכַ֣ל הַבַּ֔יִת עֶשְׂרִ֤ים אַמָּה֙ אָרְכּ֔וֹ עַל־פְּנֵ֖י רֹ֣חַב
הַבָּ֑יִת עֶ֧שֶׂר בָּאַמָּ֛ה רָחְבּ֖וֹ עַל־פְּנֵ֥י הַבָּֽיִת׃ וַיַּ֣עַשׂ ד
לַבָּ֔יִת חַלּוֹנֵ֖י שְׁקֻפִ֥ים אֲטֻמִֽים׃ וַיִּבֶן֩ עַל־קִ֨יר הַבַּ֤יִת ה
יָצִ֙יעַ֙ יצוע סָבִ֔יב אֶת־קִיר֤וֹת הַבַּ֙יִת֙ סָבִ֔יב לַֽהֵיכָ֖ל וְלַדְּבִ֑יר
הַיָּצִ֨יעַ וַיַּ֥עַשׂ צְלָע֖וֹת סָבִֽיב׃ היצוע הַתַּחְתֹּנָ֗ה חָמֵ֤שׁ בָּֽאַמָּה֙ ו
רָחְבָּ֔הּ וְהַתִּֽיכֹנָה֙ שֵׁ֚שׁ בָּֽאַמָּה֙ רָחְבָּ֔הּ וְהַ֨שְּׁלִישִׁ֔ית שֶׁ֥בַע
בָּאַמָּ֖ה רָחְבָּ֑הּ כִּ֣י מִגְרָעוֹת֩ נָתַ֨ן לַבַּ֤יִת סָבִיב֙ ח֔וּצָה
לְבִלְתִּ֖י אֲחֹ֥ז בְּקִֽירוֹת הַבָּֽיִת׃ וְהַבַּ֙יִת֙ בְּהִבָּ֣נֹת֔וֹ אֶֽבֶן־ ז

בית ה׳

ביאור
פרק ו א **וַיְהִי בִשְׁמוֹנִים שָׁנָה וְאַרְבַּע מֵאוֹת שָׁנָה לְצֵאת בְּנֵי-יִשְׂרָאֵל**
מֵאֶרֶץ-מִצְרַיִם, ארבע מאות ושמונים שנה לאחר יציאת מצרים,
בַּשָּׁנָה הָרְבִיעִית למלכות שלמה, שכן התבססותו בשלטון וההכנות
לבניין המקדש ארכו מספר שנים. **בְּחֹדֶשׁ זִו**, אייר[171] **הוּא** גם **הַחֹדֶשׁ**
הַשֵּׁנִי הן למניין החודשים הן לשנות המלכות,[172] בשנה הרביעית
לִמְלֹךְ שְׁלֹמֹה עַל-יִשְׂרָאֵל – **וַיִּבֶן**, החל לבנות את **הַבַּיִת לַה׳**.

תחילה מופיע תיאור כללי של הבניין: ב **וְהַבַּיִת אֲשֶׁר בָּנָה הַמֶּלֶךְ**
שְׁלֹמֹה לַה׳, שִׁשִּׁים-אַמָּה אָרְכּוֹ וְעֶשְׂרִים רָחְבּוֹ וּשְׁלֹשִׁים אַמָּה
קוֹמָתוֹ. ג **וְהָאוּלָם עַל-פְּנֵי**, לפני **הֵיכַל הַבַּיִת, עֶשְׂרִים אַמָּה אָרְכּוֹ**
עַל-פְּנֵי רֹחַב הַבָּיִת, אורך האולם הוא רוחב הבית, **עֶשֶׂר בָּאַמָּה**
רָחְבּוֹ עַל-פְּנֵי, בחזית **הַבָּיִת**. האולם היה מבנה חיצוני ושימש מבוא
להיכל.[173] ד **וַיַּעַשׂ לַבָּיִת חַלּוֹנֵי שְׁקֻפִים אֲטֻמִים**. החלונות נבנו בצורה
אלכסונית – צרים בחוץ ורחבים בפנים. כך נכנס רק מעט מאור
השמש להאיר את פנים הבית.[174] פירוש אחר: חלונות שיש בהם
דלתות לסגירה.[175] ה **וַיִּבֶן עַל-קִיר הַבַּיִת יָצִיעַ**, אגף צדדי **מָסָבִיב: אֶת-**
קִירוֹת הַבַּיִת סָבִיב לַהֵיכָל, ׳הקודש׳ **וְלַדְּבִיר**, ׳קודש הקדשים׳, החלק
הפנימי ביותר במקדש. **וַיַּעַשׂ צְלָעוֹת**, חדרים צדדיים **סָבִיב**. היציע היה
מבנה בעל חדרים או תאים בשלוש קומות שהיו מקיפים וצמודים
לקירות הבית מחוצה לו.[176] ו קומת **הַיָּצִיעַ הַתַּחְתֹּנָה – חָמֵשׁ בָּאַמָּה**
רָחְבָּהּ, וְהַתִּיכֹנָה, הקומה האמצעית – **שֵׁשׁ בָּאַמָּה רָחְבָּהּ, וְהַשְּׁלִישִׁית**,
העליונה – **שֶׁבַע בָּאַמָּה רָחְבָּהּ**, שלא כמו בבניין רגיל, שחלקיו
הנמוכים רחבים מקומותיו הגבוהות, **כִּי מִגְרָעוֹת נָתַן לַבַּיִת סָבִיב**
חוּצָה, קירות ההיכל היו מדורגים פנימה, כדי שקורות היציע יונחו על
אותן מדרגות[177] **לְבִלְתִּי אֲחֹז** ראשי הקורות **בְּקִירוֹת הַבָּיִת**.[178] ז **וְהַבַּיִת**

הרחבות

זיו הוא אחד השמות העבריים המקוריים של חודשי השנה, שרק אחדים מהם נזכרים במקרא. מקורם ומובנם של כמה מן השמות הללו קשור להתפתחות הצמחים והפֵּרות באקלים הארצישראלי. שמות החודשים העבריים שבפינו הם בבליים (ירושלמי ראש השנה א,ב).

שְׁלֵמָה מַסָּע נִבְנָה וּמַקָּבוֹת וְהַגַּרְזֶן כָּל־כְּלִי בַרְזֶל
לֹא־נִשְׁמַע בַּבַּיִת בְּהִבָּנֹתוֹ׃ פֶּתַח הַצֵּלָע הַתִּיכֹנָה ח
אֶל־כֶּתֶף הַבַּיִת הַיְמָנִית וּבְלוּלִּים יַעֲלוּ עַל־הַתִּיכֹנָה
וּמִן־הַתִּיכֹנָה אֶל־הַשְּׁלִשִׁים׃ וַיִּבֶן אֶת־הַבַּיִת וַיְכַלֵּהוּ ט
וַיִּסְפֹּן אֶת־הַבַּיִת גֵּבִים וּשְׂדֵרֹת בָּאֲרָזִים׃ וַיִּבֶן אֶת־ י
היצוע עַל־כָּל־הַבַּיִת חָמֵשׁ אַמּוֹת קוֹמָתוֹ וַיֶּאֱחֹז (הַיָּצִיעַ)
אֶת־הַבַּיִת בַּעֲצֵי אֲרָזִים׃ וַיְהִי דְּבַר־יְהוָה יא
אֶל־שְׁלֹמֹה לֵאמֹר׃ הַבַּיִת הַזֶּה אֲשֶׁר־אַתָּה בֹנֶה אִם־ יב
תֵּלֵךְ בְּחֻקֹּתַי וְאֶת־מִשְׁפָּטַי תַּעֲשֶׂה וְשָׁמַרְתָּ אֶת־כָּל־
מִצְוֹתַי לָלֶכֶת בָּהֶם וַהֲקִמֹתִי אֶת־דְּבָרִי אִתָּךְ אֲשֶׁר
דִּבַּרְתִּי אֶל־דָּוִד אָבִיךָ׃ וְשָׁכַנְתִּי בְּתוֹךְ בְּנֵי יִשְׂרָאֵל יג
וְלֹא אֶעֱזֹב אֶת־עַמִּי יִשְׂרָאֵל׃

חרשי אבן
העובדים במקבות
וכלי ברזל,
ציור מהמאה
ה-15 לפנה"ס
תבי, מצרים

ביאור

בְּהִבָּנֹתוֹ, כאשר הוא נבנה – **אֶבֶן-שְׁלֵמָה מַסָּע נִבְנָה**. אבנים שלמות
הוסעו אל הבית, ומהן הוא נבנה בלא סיתות או חלוקה נוספות.[179]
וּמַקָּבוֹת, פטישים **וְהַגַּרְזֶן**, גרזנים, **כָּל-כְּלִי בַרְזֶל, לֹא-נִשְׁמַע בַּבַּיִת**
בְּהִבָּנֹתוֹ, שכן החציבה והסיתות נעשו הרחק משם. ח **פֶּתַח הַצֵּלָע**
הַתִּיכֹנָה, היציע האמצעי היה **אֶל-כֶּתֶף הַבַּיִת הַיְמָנִית**, בצדו הימני
של הבית. **וּבְלוּלִּים**, במדרגות לוליניות[180] **יַעֲלוּ עַל-הַתִּיכֹנָה**, אל
הקומה האמצעית, **וּמִן-הַתִּיכֹנָה אֶל-הַשְּׁלִשִׁים**, הקומה השלישית.

ט **וַיִּבֶן אֶת-הַבַּיִת וַיְכַלֵּהוּ**, סיים את בניית קירותיו **וַיִּסְפֹּן**, קירה **אֶת-**
הַבַּיִת, ואת תקרתו הפנימית חיפה **גֵּבִים**, בעיטורים ובחיתוכים
בדמות גבים, שהם חפירות באדמה או חורים[181] **וּשְׂדֵרֹת בָּאֲרָזִים**,
ושורות מסודרות של קורות ארז. י **וַיִּבֶן אֶת-הַיָּצִיעַ עַל** פני **כָּל-הַבַּיִת**
חָמֵשׁ אַמּוֹת קוֹמָתוֹ, וַיֶּאֱחֹז אֶת-הַבַּיִת בַּעֲצֵי אֲרָזִים, צדו הפנימי של
הבית צופה או קושט בארז.[182]

יא **וַיְהִי דְּבַר-ה׳ אֶל-שְׁלֹמֹה לֵאמֹר:** יב **הַבַּיִת הַזֶּה אֲשֶׁר-אַתָּה בֹנֶה,**
אִם-תֵּלֵךְ בְּחֻקֹּתַי וְאֶת-מִשְׁפָּטַי תַּעֲשֶׂה וְשָׁמַרְתָּ אֶת-כָּל-מִצְוֹתַי לָלֶכֶת
בָּהֶם – וַהֲקִמֹתִי אֶת-דְּבָרִי אִתָּךְ אֲשֶׁר דִּבַּרְתִּי אֶל-דָּוִד אָבִיךָ,[183] והבית
שבנית לשמי יעמוד ויתקיים לפני – יג **וְשָׁכַנְתִּי בְּתוֹךְ בְּנֵי יִשְׂרָאֵל, וְלֹא**
אֶעֱזֹב אֶת-עַמִּי יִשְׂרָאֵל. זוהי הנבואה הראשונה של שלמה המתייחסת
אל המקדש עצמו. נראה שה׳ דיבר אל שלמה ללא תיווכו של נביא.

ארז

הפטרת תצוה
יחזקאל

אַתָּה בֶן־אָדָם הַגֵּד אֶת־בֵּית־יִשְׂרָאֵל אֶת־הַבַּיִת י מג
וְיִכָּלְמוּ מֵעֲוֺנוֹתֵיהֶם וּמָדְדוּ אֶת־תָּכְנִית׃ וְאִם־נִכְלְמוּ יא
מִכֹּל אֲשֶׁר־עָשׂוּ צוּרַת הַבַּיִת וּתְכוּנָתוֹ וּמוֹצָאָיו
וּמוֹבָאָיו וְכָל־צוּרֹתָו וְאֵת כָּל־חֻקֹּתָיו וְכָל־צוּרֹתָו
וְכָל־תּוֹרֹתָו הוֹדַע אוֹתָם וּכְתֹב לְעֵינֵיהֶם וְיִשְׁמְרוּ
אֶת־כָּל־צוּרָתוֹ וְאֶת־כָּל־חֻקֹּתָיו וְעָשׂוּ אוֹתָם׃ זֹאת יב
תּוֹרַת הַבָּיִת עַל־רֹאשׁ הָהָר כָּל־גְּבֻלוֹ סָבִיב ׀ סָבִיב
קֹדֶשׁ קָדָשִׁים הִנֵּה־זֹאת תּוֹרַת הַבָּיִת׃ וְאֵלֶּה מִדּוֹת יג
הַמִּזְבֵּחַ בָּאַמּוֹת אַמָּה אַמָּה וָטֹפַח וְחֵיק הָאַמָּה
וְאַמָּה־רֹחַב וּגְבוּלָהּ אֶל־שְׂפָתָהּ סָבִיב זֶרֶת הָאֶחָד

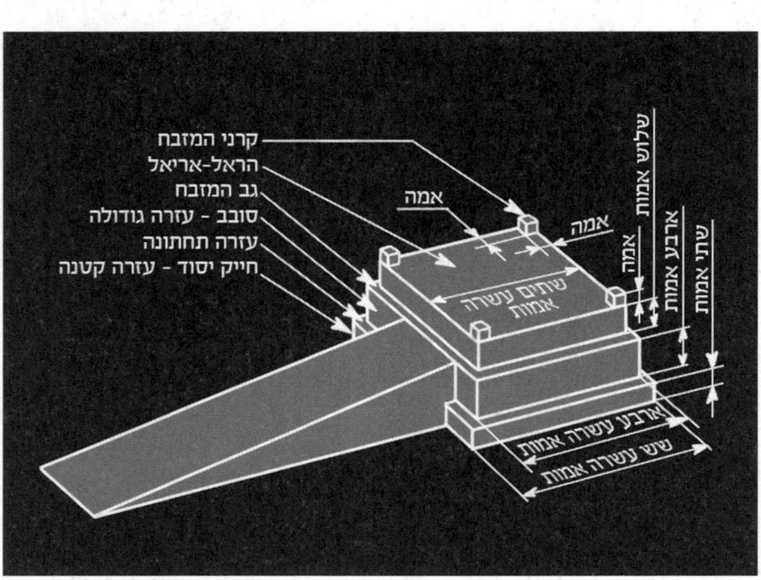

מזבח יחזקאל
(תרשים על פי הגר"א)

חנוכת המזבח בנבואת יחזקאל

תבנית המזבח וחנוכתו שלימד יחזקאל הנביא לבני הגולה שבבבל, יש בהן דמיון לתבנית המזבח שעשה משה ולסדר ימי המילואים במשכן, המפורשים בפרשת השבוע. אולם בפרטי הדברים קיימים הבדלים בין השניים. גם הבית השני שנבנה בימי עזרא לא נעשה ככל פרטי הבית העתידי שיחזקאל צייר קודם, אולי משום שהדברים בספר לא היו מבוארים דיים.[184]

ביאור | יחזקאל פרק מג י **אַתָּה, בֶן-אָדָם, הַגֵּד אֶת-בֵּית-יִשְׂרָאֵל אֶת** דבר
הַבַּיִת שהָראית בחזון, **וְיִכָּלְמוּ מֵעֲוֺנוֹתֵיהֶם**, שבגללם אין עכשיו
בית,[185] **וּמָדְדוּ**, ישערו בלבם, ידמו **אֶת הַתָּכְנִית**. יא **וְאִם-נִכְלְמוּ מִכֹּל**
אֲשֶׁר-עָשׂוּ – צוּרַת הַבַּיִת וּתְכוּנָתוֹ וּמוֹצָאָיו וּמוֹבָאָיו, מבואיו, כניסותיו
וְכָל-צוּרֹתָו וְאֵת כָּל-חֻקֹּתָיו, מידותיו, מתכונתו ונוהלי השימוש בו,
וְכָל-צוּרֹתָו וְכָל-תּוֹרֹתָו, הוֹדַע אוֹתָם וּכְתֹב אותם בספר - כפי שאכן
הדברים כתובים פה - כדי שהדברים יהיו **לְעֵינֵיהֶם, וְיִשְׁמְרוּ** בלבם
אֶת-כָּל-צוּרָתוֹ וְאֶת-כָּל-חֻקֹּתָיו – וְעָשׂוּ אוֹתָם בבוא הזמן. הגש להם
את הידע המפורט על הבית כדי שאפשר יהיה ללמוד אותו, להתפעל
ולהתרגש ולחשוב על הקמתו לעתיד לבוא.[186]

יב **זֹאת תּוֹרַת הַבָּיִת: עַל-רֹאשׁ הָהָר** ייבנה, **כָּל-גְּבֻלוֹ סָבִיב סָבִיב קֹדֶשׁ**
קָדָשִׁים, קדושתו יתרה על ירושלים עיר הקודש,[187] **הִנֵּה-זֹאת תּוֹרַת**
הַבָּיִת: יג הנביא פותח בתיאור מפורט של המזבח הגדול, שיעמוד
בעזרה, כיחידה נפרדת מההיכל, שאינה תלויה בו בהכרח. גם בתורה קדם הציווי על המזבח לציווי על עשיית המשכן.[188] **וְאֵלֶּה מִדּוֹת הַמִּזְבֵּחַ בָּאַמּוֹת:** ראשית, הערה כללית: **הָאַמָּה – אַמָּה וָטֹפַח.** האמות של גוף המזבח גדולות מאמה אחרת בטפח. חכמים מסרו שאמת המזבח מקבילה למידת שישה טפחים.[189] ועתה פירוט מבנה המזבח מלמטה למעלה, כסדר בנייתו: **וְחֵיק הָאַמָּה**, יסוד המזבח ייבנה בתוך שקע באדמה. ייתכן ש'אמה' זו מובנה תעלה,[190] או ציון מידה לעומק השקע. מכל מקום חכמים דרשו מהכתובים הללו שלעומת האמות שמדדו בהן את המזבח, שהן של שישה טפחים, אמת היסוד הייתה מצומצמת - בת חמישה טפחים.[191] **וְאַמָּה-רֹחַב**, רוחב החיק אמה, **וּגְבוּלָהּ**, האדמה הגובלת עם תחתית המזבח **אֶל-שְׂפָתָהּ** מ**סָּבִיב – זֶרֶת**, חצי אמה, בצד **הָאֶחָד**, וכך לכל צד. ייתכן שזו מידת רוחב רצועת הקרקע המוגבהת שתקיף את המבנה,[191] או

יד וְזֶה גַּב הַמִּזְבֵּחַ: וּמֵחֵיק הָאָרֶץ עַד־הָעֲזָרָה הַתַּחְתּוֹנָה
שְׁתַּיִם אַמּוֹת וְרֹחַב אַמָּה אֶחָת וּמֵהָעֲזָרָה הַקְּטַנָּה
עַד־הָעֲזָרָה הַגְּדוֹלָה אַרְבַּע אַמּוֹת וְרֹחַב הָאַמָּה:
טו וְהַהַרְאֵל אַרְבַּע אַמּוֹת וּמֵהָאֲרִאֵיל וּלְמַעְלָה הַקְּרָנוֹת
טז אַרְבַּע: וְהָאֲרִאֵיל שְׁתֵּים עֶשְׂרֵה אֹרֶךְ בִּשְׁתֵּים עֶשְׂרֵה
יז רֹחַב רָבוּעַ אֶל אַרְבַּעַת רְבָעָיו: וְהָעֲזָרָה אַרְבַּע
עֶשְׂרֵה אֹרֶךְ בְּאַרְבַּע עֶשְׂרֵה רֹחַב אֶל אַרְבַּעַת
רְבָעֶיהָ וְהַגְּבוּל סָבִיב אוֹתָהּ חֲצִי הָאַמָּה וְהַחֵיק־
יח לָהּ אַמָּה סָבִיב וּמַעֲלֹתֵהוּ פְּנוֹת קָדִים: וַיֹּאמֶר אֵלַי
בֶּן־אָדָם כֹּה אָמַר אֲדֹנָי יֱהֹוִה אֵלֶּה חֻקּוֹת הַמִּזְבֵּחַ
בְּיוֹם הֵעָשׂוֹתוֹ לְהַעֲלוֹת עָלָיו עוֹלָה וְלִזְרֹק עָלָיו דָּם:
יט וְנָתַתָּה אֶל־הַכֹּהֲנִים הַלְוִיִּם אֲשֶׁר הֵם מִזֶּרַע צָדוֹק
הַקְּרֹבִים אֵלַי נְאֻם אֲדֹנָי יֱהֹוִה לְשָׁרְתֵנִי פַּר בֶּן־בָּקָר
כ לְחַטָּאת: וְלָקַחְתָּ מִדָּמוֹ וְנָתַתָּה עַל־אַרְבַּע קַרְנֹתָיו
וְאֶל־אַרְבַּע פִּנּוֹת הָעֲזָרָה וְאֶל־הַגְּבוּל סָבִיב וְחִטֵּאתָ

הרחבות

'שתים עשרה אורך בשתים עשרה רחב, רָבוע אל ארבעת רבעיו' חכמים הבינו שאורכו ורוחבו של כל רבע מהמזבח היה של 12 אמה. (לפי זה המלה רְבָעָיו מתפרשת במובן השימושי כיום, חלקים של אחד מארבע). וכך בנו למעשה את המזבח בבית שני. השטח הכולל של גג המזבח היה אפוא 24 על 24 אמות. (ראו משנה מידות ג,א. וראו פירוש הגר"א שנקט כפשוטו של מקרא).

ביאור

מידת העומק שהחיק תחוב באדמה. **וְזֶה** תחילתו של **גַּב הַמִּזְבֵּחַ**. והנה
פירוט כל הגב: יד **וּמֵחֵיק הָאָרֶץ**, מרצפת השקע, בסיס היסוד, **עַד-**
הָעֲזָרָה הַתַּחְתּוֹנָה, המשטח הריבועי התחתון של המזבח[193] – גובה
שְׁתַּיִם אַמּוֹת וְרֹחַב בולט **אַמָּה אֶחָת**. זהו 'יסוד המזבח',[194] העשוי
כטבלה ריבועית שטוחה שהמזבח בנוי עליה, והיא בולטת מקירות
המזבח ברוחב אמה לכל צד, כעין מדרגה. **וּמֵהָעֲזָרָה הַקְּטַנָּה עַד-**
הָעֲזָרָה הַגְּדוֹלָה, מעין טבלה ריבועית נוספת שגובהה כפול מהעזרה
הקטנה – **אַרְבַּע אַמּוֹת**, **וְ**גם היא בולטת ממה שייבנה עליה **רֹחַב**
הָאַמָּה. אמה זו נקראת בלשון חכמים 'סובב'. ועליה הולכים הכהנים
המשמשים על המזבח.[195] טו **וְהַהַרְאֵל**, כינוי למבנה הריבועי העליון
של המזבח, שעליו הקרבנות נאכלים באש. חכמים דרשו שכינוי זה,
אשר צורתו המשנית הָאֲרִיאֵל, נגזר מלשון אריה או שהסבירו אותו
כסמל לקדושה עליונה.[196] גובהו **אַרְבַּע אַמּוֹת**, **וּמֵהָאֲרִאֵיל וּלְמַעְלָה**
בולטות **הַקְּרָנוֹת**, **אַרְבַּע**, בארבע פינות המזבח.[197] עד כאן תיאור
גב המזבח ומידותיו, ומכאן למידות המשטח האופקי, בסדר יורד
מלמעלה למטה – טז **וְהָאֲרִאֵיל שְׁתֵּים עֶשְׂרֵה אֹרֶךְ בִּשְׁתֵּים עֶשְׂרֵה**
רֹחַב, רָבוּעַ אֶל אַרְבַּעַת רְבָעָיו, עבריו, צדיו.[198] יז **וְהָעֲזָרָה** הגדולה,
שטחה **אַרְבַּע עֶשְׂרֵה אֹרֶךְ בְּאַרְבַּע עֶשְׂרֵה רֹחַב אֶל אַרְבַּעַת רְבָעֶיהָ,**
וְהַגְּבוּל, מעין מסגרת המשמשת מעקה או מעין מרפסת אופקית,[199]
סָבִיב אוֹתָהּ, לה – **חֲצִי הָאַמָּה, וְהַחֵיק-לָהּ אַמָּה סָבִיב**, הוא רוחב
העזרה הקטנה, כנזכר לעיל. **וּמַעֲלֹתֵהוּ**, הכבש[200] **פְּנוֹת קָדִים**, פונה
לצד מזרח,[201] או: ממנו פונים למזרח המזבח.[202]

יח **וַיֹּאמֶר אֵלַי: בֶּן-אָדָם, כֹּה אָמַר אֲדֹנָי אֱלוֹהִים: אֵלֶּה** הדברים שייאמרו
להלן, **חֻקּוֹת**, חובות **הַמִּזְבֵּחַ בְּיוֹם הֵעָשׂוֹתוֹ**, כדי לאפשר **לְהַעֲלוֹת**
עָלָיו קרבנות **הָעוֹלָה וְלִזְרֹק עָלָיו** את **דָּם** הקרבן. העולה הוא הקרבן
הקבוע והעיקרי, ועל שמו קרוי המזבח 'מזבח העולה'.[203] יט **וְנָתַתָּה**
אֶל-הַכֹּהֲנִים הַלְוִיִּם, שמשבט לוי, **אֲשֶׁר הֵם מִזֶּרַע צָדוֹק**, הכהן הגדול
שבמקדש שלמה,[204] **הַקְּרֹבִים אֵלַי, נְאֻם אֲדֹנָי אֱלוֹהִים, לְשָׁרְתֵנִי**.
הכהנים ממשפחה זו מסורים ונאמנים לי. להם תתן **פַּר בֶּן-בָּקָר**
לְחַטָּאת. כ **וְלָקַחְתָּ מִדָּמוֹ וְנָתַתָּה עַל-אַרְבַּע קַרְנֹתָיו וְאֶל-אַרְבַּע פִּנּוֹת**
הָעֲזָרָה הגדולה **וְאֶל-הַגְּבוּל** שביסוד המזבח **סָבִיב**. כאמור בתורה,
את הנשאר מן הדם הניתן על המזבח שופכים על יסוד המזבח.[205]

אוֹתוֹ וְכִפַּרְתָּהוּ׃ וְלָקַחְתָּ אֵת הַפָּר הַחַטָּאת וּשְׂרָפוֹ כא
בְּמִפְקַד הַבַּיִת מִחוּץ לַמִּקְדָּשׁ׃ וּבַיּוֹם הַשֵּׁנִי תַּקְרִיב כב
שְׂעִיר־עִזִּים תָּמִים לְחַטָּאת וְחִטְּאוּ אֶת־הַמִּזְבֵּחַ
כַּאֲשֶׁר חִטְּאוּ בַּפָּר׃ בְּכַלּוֹתְךָ מֵחַטֵּא תַּקְרִיב פַּר בֶּן־ כג
בָּקָר תָּמִים וְאַיִל מִן־הַצֹּאן תָּמִים׃ וְהִקְרַבְתָּם לִפְנֵי כד
יְהוָה וְהִשְׁלִיכוּ הַכֹּהֲנִים עֲלֵיהֶם מֶלַח וְהֶעֱלוּ אוֹתָם
עֹלָה לַיהוָה׃ שִׁבְעַת יָמִים תַּעֲשֶׂה שְׂעִיר־חַטָּאת כה
לַיּוֹם וּפַר בֶּן־בָּקָר וְאַיִל מִן־הַצֹּאן תְּמִימִים יַעֲשׂוּ׃
שִׁבְעַת יָמִים יְכַפְּרוּ אֶת־הַמִּזְבֵּחַ וְטִהֲרוּ אֹתוֹ וּמִלְאוּ כו
יָדָו׃ וִיכַלּוּ אֶת־הַיָּמִים וְהָיָה בַיּוֹם הַשְּׁמִינִי וָהָלְאָה כז
יַעֲשׂוּ הַכֹּהֲנִים עַל־הַמִּזְבֵּחַ אֶת־עוֹלוֹתֵיכֶם וְאֶת־
שַׁלְמֵיכֶם וְרָצָאתִי אֶתְכֶם נְאֻם אֲדֹנָי יְהוִה׃

ביאור | וְחִטֵּאתָ אוֹתוֹ וְכִפַּרְתָּהוּ. בנתינת דם החטאת על המזבח תטהר אותו,
וכך תכשיר אותו לעבודה. ביטויים אלו נאמרו גם על פר החטאת
שבחנוכת המשכן בימי משה.[206] כא וְלָקַחְתָּ אֵת הַפָּר הַחַטָּאת וּשְׂרָפוֹ
בְּמִפְקַד הַבַּיִת, במקום שהופקד עליו, שיועד לכך,[207] או: במקום שכלה
הבית,[208] כלומר מחוץ לַמִּקְדָּשׁ. כב וּבַיּוֹם הַשֵּׁנִי תַּקְרִיב שְׂעִיר-עִזִּים
תָּמִים לְחַטָּאת, וְחִטְּאוּ אֶת-הַמִּזְבֵּחַ כַּאֲשֶׁר חִטְּאוּ בַּפָּר. כג בְּכַלּוֹתְךָ
מֵחַטֵּא, כאשר תסיים לטהר בשעיר החטאת, תַּקְרִיב פַּר בֶּן-בָּקָר תָּמִים
וְאַיִל מִן-הַצֹּאן תָּמִים, כד וְהִקְרַבְתָּם לִפְנֵי ה׳. וְהִשְׁלִיכוּ הַכֹּהֲנִים עֲלֵיהֶם
מֶלַח, וְהֶעֱלוּ, ויעלו אוֹתָם עֹלָה לַה׳. כה שִׁבְעַת יָמִים תַּעֲשֶׂה כך:[209]
שְׂעִיר-חַטָּאת לַכל יּוֹם וּפַר בֶּן-בָּקָר וְאַיִל מִן-הַצֹּאן עולות. תְּמִימִים
יַעֲשׂוּ. כו שִׁבְעַת יָמִים יְכַפְּרוּ אֶת-הַמִּזְבֵּחַ, וְטִהֲרוּ אֹתוֹ וּמִלְאוּ יָדָו.
יכשירו אותו לתפקידו בהקרבת הקרבנות. כז וִיכַלּוּ, כאשר יסיימו
הכהנים אֶת-הַיָּמִים, וְהָיָה בַיּוֹם הַשְּׁמִינִי וָהָלְאָה יַעֲשׂוּ הַכֹּהֲנִים עַל-
הַמִּזְבֵּחַ אֶת-עוֹלוֹתֵיכֶם וְאֶת-שַׁלְמֵיכֶם, וְרָצֵאתִי, ארצה אֶתְכֶם, תהיו
רצויים לפני, נְאֻם אֲדֹנָי אֱלוֹהִים.

הפטרת כי תשא

מלכים א

האשכנזים והתימנים מתחילים כאן

יח א וַיְהִי֙ יָמִ֣ים רַבִּ֔ים וּדְבַר־יְהֹוָ֗ה הָיָה֙ אֶל־אֵ֣לִיָּ֔הוּ בַּשָּׁנָ֥ה
הַשְּׁלִישִׁ֖ית לֵאמֹ֑ר לֵ֚ךְ הֵרָאֵ֣ה אֶל־אַחְאָ֔ב וְאֶתְּנָ֥ה
ב מָטָ֖ר עַל־פְּנֵ֥י הָאֲדָמָֽה׃ וַיֵּ֙לֶךְ֙ אֵֽלִיָּ֔הוּ לְהֵרָא֖וֹת אֶל־
ג אַחְאָ֑ב וְהָרָעָ֖ב חָזָ֥ק בְּשֹׁמְרֽוֹן׃ וַיִּקְרָ֣א אַחְאָ֔ב אֶל־
עֹבַדְיָ֖הוּ אֲשֶׁ֣ר עַל־הַבָּ֑יִת וְעֹבַדְיָ֗הוּ הָיָ֥ה יָרֵ֛א אֶת־
ד יְהֹוָ֖ה מְאֹֽד׃ וַיְהִ֗י בְּהַכְרִ֣ית אִיזֶ֔בֶל אֵ֖ת נְבִיאֵ֣י יְהֹוָ֑ה
וַיִּקַּ֨ח עֹֽבַדְיָ֜הוּ מֵאָ֣ה נְבִאִ֗ים וַֽיַּחְבִּיאֵ֞ם חֲמִשִּׁ֥ים אִישׁ֙
ה בַּמְּעָרָ֔ה וְכִלְכְּלָ֖ם לֶ֥חֶם וָמָֽיִם׃ וַיֹּ֤אמֶר אַחְאָב֙ אֶל־
עֹ֣בַדְיָ֔הוּ לֵ֤ךְ בָּאָ֙רֶץ֙ אֶל־כָּל־מַעְיְנֵ֣י הַמַּ֔יִם וְאֶ֖ל כָּל־
הַנְּחָלִ֑ים אוּלַ֣י ׀ נִמְצָ֣א חָצִ֗יר וּנְחַיֶּה֙ ס֣וּס וָפֶ֔רֶד וְל֥וֹא
ו נַכְרִ֖ית מֵהַבְּהֵמָֽה׃ וַיְחַלְּק֥וּ לָהֶ֛ם אֶת־הָאָ֖רֶץ לַעֲבָר־
בָּ֑הּ אַחְאָ֞ב הָלַ֨ךְ בְּדֶ֤רֶךְ אֶחָד֙ לְבַדּ֔וֹ וְעֹבַדְיָ֛הוּ הָלַ֥ךְ
ז בְּדֶֽרֶךְ־אֶחָ֖ד לְבַדּֽוֹ׃ וַיְהִ֤י עֹבַדְיָ֙הוּ֙ בַּדֶּ֔רֶךְ וְהִנֵּ֥ה אֵלִיָּ֖הוּ
לִקְרָאת֑וֹ וַיַּכִּרֵ֙הוּ֙ וַיִּפֹּ֣ל עַל־פָּנָ֔יו וַיֹּ֕אמֶר הַאַתָּ֥ה זֶ֖ה

וּנְחַיֶּה סוּס וָפֶרֶד

אליהו ונביאי הבעל

ההיגררות אחר התרבות הסביבתית ואמונותיה הייתה הבעיה הרוחנית המרכזית של ישראל מאז היותו לעם, ועליה התריעו משה וכל הנביאים במשך שנים רבות. הנטייה שרווחה בעולם האלילי לעבוד לאל מוחשי ומאופיין, היא שהמיטה על ישראל את מעשה העגל ואת הפורענויות שבעקבותיו. מבחינה זו תקופת המלך אחאב ואשתו הצידונית נחשבת כשפל עמוק. אחאב ואיזבל השתיתו את ממלכתם על פולחן מכוון לאל זר. בהפטרה מסופר על פעולתו של אליהו הנביא להשיב לעם את אמונתו בה׳.

מלכים א׳ פרק יח א **וַיְהִי יָמִים רַבִּים**, עבר זמן, **וּדְבַר-ה׳ הָיָה אֶל-** | ביאור
אֵלִיָּהוּ בַּשָּׁנָה הַשְּׁלִישִׁית לֵאמֹר: עברו שנתיים ללא גשם כפי שאמרת
לאחאב, וכעת **לֵךְ הֵרָאֵה אֶל-אַחְאָב**, פגוש אותו, **וְאֶתְּנָה מָטָר עַל-פְּנֵי
הָאֲדָמָה**. אני מורה לך להחזיר את הגשם לארץ, שהרי הכרזת שלא
יבוא מטר אלא על פי דברך.[210]

ב **וַיֵּלֶךְ אֵלִיָּהוּ לְהֵרָאוֹת אֶל-אַחְאָב**. ובינתיים, כיוון שלא ירד גשם
ודבר לא צמח, היה **הָרָעָב חָזָק בְּשֹׁמְרוֹן**. ג **וַיִּקְרָא אַחְאָב אֶל-עֹבַדְיָהוּ
אֲשֶׁר עַל-הַבָּיִת**, הממונה על כל ענייניו.

ובמאמר מוסגר – **וְעֹבַדְיָהוּ הָיָה יָרֵא אֶת-ה׳ מְאֹד**. ד אולם עובדיהו
לא היה רק חריג בחצר איזבל בדבקותו ברצון ה׳ – **וַיְהִי בְּהַכְרִית
אִיזֶבֶל אֵת נְבִיאֵי ה׳**. איזבל העמידה את פולחן הבעל בבסיס
מלכותה, ועל כן הורתה להרוג את כל נביאי ה׳. **וַיִּקַּח עֹבַדְיָהוּ מֵאָה
נְבִאִים, וַיַּחְבִּיאֵם חֲמִשִּׁים אִישׁ בַּמְּעָרָה, וְכִלְכְּלָם לֶחֶם וָמָיִם**. הוא
דאג להאכילם ולהשקותם. הסתרת מאה נביאים שהיו מבוקשים על
ידי השלטונות, והזנתם בעת רעב הייתה משימה מורכבת ביותר.[211]

ה **וַיֹּאמֶר אַחְאָב אֶל-עֹבַדְיָהוּ: לֵךְ** וסייר **בָּאָרֶץ אֶל-כָּל-מַעְיְנֵי הַמַּיִם
וְאֶל כָּל-הַנְּחָלִים**. בדוק היכן מצויים מים. **אוּלַי נִמְצָא חָצִיר** למרות
המחסור בגשם, **וּנְחַיֶּה סוּס וָפֶרֶד, וְלוֹא נַכְרִית מֵהַבְּהֵמָה**, ולא יושמדו
כל הבהמות.[212]

ו **וַיְחַלְּקוּ לָהֶם אֶת-הָאָרֶץ לַעֲבָר-בָּהּ**. הם חילקו את האזור, שאותו
הכירו, לגזרות – **אַחְאָב הָלַךְ בְּדֶרֶךְ אֶחָד לְבַדּוֹ**, לסייר בחלק אחד
של הארץ, **וְעֹבַדְיָהוּ הָלַךְ בְּדֶרֶךְ-אֶחָד לְבַדּוֹ**.

ז **וַיְהִי עֹבַדְיָהוּ בַּדֶּרֶךְ, וְהִנֵּה אֵלִיָּהוּ לִקְרָאתוֹ**. אליהו הגיע כדי לפגוש
את אחאב, כפי שהצטווה. **וַיַּכִּרֵהוּ, וַיִּפֹּל עַל-פָּנָיו וַיֹּאמֶר: הַאַתָּה זֶה,**

אֲדֹנִי אֵלִיָּהוּ׃ וַיֹּאמֶר לוֹ אֲנִי לֵךְ אֱמֹר לַאדֹנֶיךָ הִנֵּה ח
אֵלִיָּהוּ׃ וַיֹּאמֶר מֶה חָטָאתִי כִּי־אַתָּה נֹתֵן אֶת־עַבְדְּךָ ט
בְּיַד־אַחְאָב לַהֲמִיתֵנִי׃ חַי ׀ יְהוָה אֱלֹהֶיךָ אִם־יֶשׁ־ י
גּוֹי וּמַמְלָכָה אֲשֶׁר לֹא־שָׁלַח אֲדֹנִי שָׁם לְבַקֶּשְׁךָ
וְאָמְרוּ אָיִן וְהִשְׁבִּיעַ אֶת־הַמַּמְלָכָה וְאֶת־הַגּוֹי כִּי לֹא
יִמְצָאֶכָּה׃ וְעַתָּה אַתָּה אֹמֵר לֵךְ אֱמֹר לַאדֹנֶיךָ הִנֵּה יא
אֵלִיָּהוּ׃ וְהָיָה אֲנִי ׀ אֵלֵךְ מֵאִתָּךְ וְרוּחַ יְהוָה ׀ יִשָּׂאֲךָ עַל יב
אֲשֶׁר לֹא־אֵדָע וּבָאתִי לְהַגִּיד לְאַחְאָב וְלֹא יִמְצָאֲךָ
וַהֲרָגָנִי וְעַבְדְּךָ יָרֵא אֶת־יְהוָה מִנְּעֻרָי׃ הֲלֹא־הֻגַּד יג
לַאדֹנִי אֵת אֲשֶׁר־עָשִׂיתִי בַּהֲרֹג אִיזֶבֶל אֵת נְבִיאֵי
יְהוָה וָאַחְבִּא מִנְּבִיאֵי יְהוָה מֵאָה אִישׁ חֲמִשִּׁים
חֲמִשִּׁים אִישׁ בַּמְּעָרָה וָאֲכַלְכְּלֵם לֶחֶם וָמָיִם׃ וְעַתָּה יד
אַתָּה אֹמֵר לֵךְ אֱמֹר לַאדֹנֶיךָ הִנֵּה אֵלִיָּהוּ וַהֲרָגָנִי׃
וַיֹּאמֶר אֵלִיָּהוּ חַי יְהוָה צְבָאוֹת אֲשֶׁר עָמַדְתִּי לְפָנָיו טו
כִּי הַיּוֹם אֵרָאֶה אֵלָיו׃ וַיֵּלֶךְ עֹבַדְיָהוּ לִקְרַאת אַחְאָב טז
וַיַּגֶּד־לוֹ וַיֵּלֶךְ אַחְאָב לִקְרַאת אֵלִיָּהוּ׃ וַיְהִי כִּרְאוֹת יז
אַחְאָב אֶת־אֵלִיָּהוּ וַיֹּאמֶר אַחְאָב אֵלָיו הַאַתָּה זֶה
עֹכֵר יִשְׂרָאֵל׃ וַיֹּאמֶר לֹא עָכַרְתִּי אֶת־יִשְׂרָאֵל כִּי יח
אִם־אַתָּה וּבֵית אָבִיךָ בַּעֲזָבְכֶם אֶת־מִצְוֹת יְהוָה
וַתֵּלֶךְ אַחֲרֵי הַבְּעָלִים׃ וְעַתָּה שְׁלַח קְבֹץ אֵלַי אֶת־ יט

ביאור

אֲדֹנִי אֵלִיָּהוּ?

ח וַיֹּאמֶר לוֹ אליהו: אָנִי הוא. לֵךְ אֱמֹר לַאדֹנֶיךָ אחאב: ״הִנֵּה אֵלִיָּהוּ״.

ט וַיֹּאמֶר עובדיהו: מֶה חָטָאתִי כִּי-אַתָּה נֹתֵן אֶת-עַבְדְּךָ בְּיַד-אַחְאָב
לַהֲמִיתֵנִי?! מה פשעי שיצדיק את הריגתי בידי אחאב?! י חַי ה׳
אֱלֹהֶיךָ אִם-יֶשׁ-גּוֹי וּמַמְלָכָה אֲשֶׁר לֹא-שָׁלַח אֲדֹנִי אחאב שָׁם לְבַקֶּשְׁךָ.
כבר זמן רב הוא מחפש אותך בכל מקום, וְאָמְרוּ: ״אָיִן״. איש לא
ידע היכן אתה. וְהִשְׁבִּיעַ אחאב אֶת-הַמַּמְלָכָה וְאֶת-הַגּוֹי שיגלו לו את
מקומך, כִּי לֹא יִמְצָאֶכָּה, מצא אותך. אחאב ידע שהבצורת תלויה
בגזרתך, ואף הפסקתה תלויה בדברך. על כן הוא חיפש אותך בכל
מקום כדי שתתחדש ירידת הגשמים. יא וְעַתָּה אַתָּה אֹמֵר: ״לֵךְ אֱמֹר
לַאדֹנֶיךָ הִנֵּה אֵלִיָּהוּ״. יב וְהָיָה אֲנִי אֵלֵךְ מֵאִתָּךְ, וְרוּחַ ה׳ יִשָּׂאֲךָ עַל, אל
אֲשֶׁר לֹא-אֵדָע. הרי אינך הולך ממקום למקום ככל האדם. אתה
נישא ברוח ה׳, ולכן אתה עלול להיעלם שוב בהיעדרי. וּבָאתִי לְהַגִּיד
לְאַחְאָב, ואם לֹא יִמְצָאֲךָ – וַהֲרָגָנִי. והרי עַבְדְּךָ יָרֵא אֶת-ה׳ מִנְּעֻרָי,
ולא ראוי שתגרום למותי. יג הֲלֹא-הֻגַּד לַאדֹנִי, לך אֵת אֲשֶׁר-עָשִׂיתִי
בַּהֲרֹג אִיזֶבֶל אֵת נְבִיאֵי ה׳, וָאַחְבִּא מִנְּבִיאֵי ה׳ מֵאָה אִישׁ – חֲמִשִּׁים
חֲמִשִּׁים אִישׁ בַּמְּעָרָה, וָאֲכַלְכְּלֵם לֶחֶם וָמָיִם. יד וְעַתָּה אַתָּה אֹמֵר
״לֵךְ אֱמֹר לַאדֹנֶיךָ הִנֵּה אֵלִיָּהוּ״, ובסופו של דבר – וַהֲרָגָנִי, ומה יעלה
בגורלם של מאת הנביאים?!

טו וַיֹּאמֶר אֵלִיָּהוּ: חַי ה׳ צְבָאוֹת אֲשֶׁר עָמַדְתִּי לְפָנָיו לשרתו, כִּי הַיּוֹם
אֵרָאֶה אֵלָיו, אל אחאב. כדי להרגיע את דאגתו של עובדיהו הוא
נשבע לו שהפעם לא ייעלם.

טז וַיֵּלֶךְ עֹבַדְיָהוּ לִקְרַאת אַחְאָב וַיַּגֶּד-לוֹ, וַיֵּלֶךְ אַחְאָב לִקְרַאת אֵלִיָּהוּ,
שכן עתה ידע את מקומו.

יז וַיְהִי כִּרְאוֹת אַחְאָב אֶת-אֵלִיָּהוּ, וַיֹּאמֶר אַחְאָב אֵלָיו: הַאַתָּה זֶה עֹכֵר,
מסכסך, מזהם וממיט צרות על יִשְׂרָאֵל, בכך שאתה גורם למניעת
הגשם?!

יח וַיֹּאמֶר: לֹא עָכַרְתִּי אֶת-יִשְׂרָאֵל, כִּי אִם-אַתָּה וּבֵית אָבִיךָ עכרתם
את ישראל בַּעֲזָבְכֶם אֶת-מִצְוֹת ה׳ וַתֵּלֶךְ אַחֲרֵי הַבְּעָלִים. יט וְעַתָּה

כָּל־יִשְׂרָאֵל אֶל־הַר הַכַּרְמֶל וְאֶת־נְבִיאֵי הַבַּעַל
אַרְבַּע מֵאוֹת וַחֲמִשִּׁים וּנְבִיאֵי הָאֲשֵׁרָה אַרְבַּע
מֵאוֹת אֹכְלֵי שֻׁלְחַן אִיזָבֶל: *וַיִּשְׁלַח אַחְאָב בְּכָל־בְּנֵי כ
הספרדים מתחילים כאן
יִשְׂרָאֵל וַיִּקְבֹּץ אֶת־הַנְּבִיאִים אֶל־הַר הַכַּרְמֶל: וַיִּגַּשׁ כא
אֵלִיָּהוּ אֶל־כָּל־הָעָם וַיֹּאמֶר עַד־מָתַי אַתֶּם פֹּסְחִים
עַל־שְׁתֵּי הַסְּעִפִּים אִם־יהוה הָאֱלֹהִים לְכוּ אַחֲרָיו
וְאִם־הַבַּעַל לְכוּ אַחֲרָיו וְלֹא־עָנוּ הָעָם אֹתוֹ דָּבָר:
וַיֹּאמֶר אֵלִיָּהוּ אֶל־הָעָם אֲנִי נוֹתַרְתִּי נָבִיא לַיהוה כב
לְבַדִּי וּנְבִיאֵי הַבַּעַל אַרְבַּע־מֵאוֹת וַחֲמִשִּׁים אִישׁ:
וְיִתְּנוּ־לָנוּ שְׁנַיִם פָּרִים וְיִבְחֲרוּ לָהֶם הַפָּר הָאֶחָד כג
וִינַתְּחֻהוּ וְיָשִׂימוּ עַל־הָעֵצִים וְאֵשׁ לֹא יָשִׂימוּ וַאֲנִי
אֶעֱשֶׂה | אֶת־הַפָּר הָאֶחָד וְנָתַתִּי עַל־הָעֵצִים וְאֵשׁ
לֹא אָשִׂים: וּקְרָאתֶם בְּשֵׁם אֱלֹהֵיכֶם וַאֲנִי אֶקְרָא כד
בְשֵׁם־יהוה וְהָיָה הָאֱלֹהִים אֲשֶׁר־יַעֲנֶה בָאֵשׁ הוּא
הָאֱלֹהִים וַיַּעַן כָּל־הָעָם וַיֹּאמְרוּ טוֹב הַדָּבָר: וַיֹּאמֶר כה
אֵלִיָּהוּ לִנְבִיאֵי הַבַּעַל בַּחֲרוּ לָכֶם הַפָּר הָאֶחָד וַעֲשׂוּ

ביאור | שְׁלַח קְבֹץ, כנס אֵלַי אֶת-כָּל-יִשְׂרָאֵל אֶל-הַר הַכַּרְמֶל, וְהזמן גם אֶת-נְבִיאֵי הַבַּעַל – אַרְבַּע מֵאוֹת וַחֲמִשִּׁים, וּנְבִיאֵי הָאֲשֵׁרָה – אַרְבַּע מֵאוֹת איש, שכולם היו אֹכְלֵי שֻׁלְחַן אִיזָבֶל. איזבל טיפחה אותם ודאגה לפרנסתם מחשבון בית המלוכה.

כ וַיִּשְׁלַח אַחְאָב בְּכָל-בְּנֵי יִשְׂרָאֵל, וַיִּקְבֹּץ אֶת-הַנְּבִיאִים אֶל-
הַר הַכַּרְמֶל. כא וַיִּגַּשׁ אֵלִיָּהוּ אֶל-כָּל-הָעָם, וַיֹּאמֶר: עַד-מָתַי אַתֶּם
פֹּסְחִים, מדלגים עַל-שְׁתֵּי הַסְּעִפִּים, בין שני הענפים,[213] או: בין שתי המחשבות,[214] או: בין שתי הבליטות?![215] עד מתי תהססו ותתלבטו בלא להכריע?! העם לא עבר לדת או לאמונה אחרת. תודעתו הייתה סינקרטיסטית, כלומר הוא חי בתערובת של תורת ישראל עם פולחנים אחרים, בלא לראות סתירה בין היסודות השונים של דתם. עתה דורש מהם הנביא להחליט - אִם-ה' הָאֱלֹהִים – לְכוּ אַחֲרָיו, וְאִם-הַבַּעַל – לְכוּ אַחֲרָיו. אל לכם להחזיק בשתי האמונות בבת אחת.

וְלֹא-עָנוּ הָעָם אֹתוֹ דָּבָר, משום שלא הבינו כלל את עקרון הבלעדיות. הם היו בטוחים שיוכלו להחזיק בפולחן אלילי בצד האמונה בה' ועבודתו.[216]

כב וַיֹּאמֶר אֵלִיָּהוּ אֶל-הָעָם: ידוע לכם כי אֲנִי נוֹתַרְתִּי נָבִיא לַה' לְבַדִּי.
אמנם אליהו ידע על הנביאים המוחבאים, אבל לא ראה בהם נביאים שחייהם בטוחים, שהרי נעלמו עקב פסק דין מוות שגזרה עליהם
איזבל. וּנְבִיאֵי הַבַּעַל – אַרְבַּע-מֵאוֹת וַחֲמִשִּׁים אִישׁ. כג וְיִתְּנוּ-לָנוּ
שְׁנַיִם פָּרִים, להם ולי. וְיִבְחֲרוּ לָהֶם הַפָּר הָאֶחָד וִינַתְּחֻהוּ וְיָשִׂימוּ אותו עַל-הָעֵצִים של המזבח, וְאֵשׁ לֹא יָשִׂימוּ; וַאֲנִי אֶעֱשֶׂה אֶת-הַפָּר הָאֶחָד וְנָתַתִּי אותו עַל-הָעֵצִים וְאֵשׁ לֹא אָשִׂים. נכין שני קרבנות פר בשני
מזבחות נבדלים. כד וּקְרָאתֶם בְּשֵׁם אֱלֹהֵיכֶם, וַאֲנִי אֶקְרָא בְשֵׁם-ה'.
וְהָיָה הָאֱלֹהִים אֲשֶׁר-יַעֲנֶה בהורדת אֵשׁ שתשרוף את קרבנו - הוּא הָאֱלֹהִים האמתי.

וַיַּעַן כָּל-הָעָם וַיֹּאמְרוּ: טוֹב הַדָּבָר. זוהי הוכחה ניצחת.

כה וַיֹּאמֶר אֵלִיָּהוּ לִנְבִיאֵי הַבַּעַל: בַּחֲרוּ לָכֶם הַפָּר הָאֶחָד וַעֲשׂוּ רִאשֹׁנָה,

רִאשֹׁנָה כִּי אַתֶּם הָרַבִּים וְקִרְאוּ בְּשֵׁם אֱלֹהֵיכֶם וְאֵשׁ
כו לֹא תָשִׂימוּ׃ וַיִּקְחוּ אֶת־הַפָּר אֲשֶׁר־נָתַן לָהֶם וַיַּעֲשׂוּ
וַיִּקְרְאוּ בְשֵׁם־הַבַּעַל מֵהַבֹּקֶר וְעַד־הַצָּהֳרַיִם לֵאמֹר
הַבַּעַל עֲנֵנוּ וְאֵין קוֹל וְאֵין עֹנֶה וַיְפַסְּחוּ עַל־הַמִּזְבֵּחַ
כז אֲשֶׁר עָשָׂה׃ וַיְהִי בַצָּהֳרַיִם וַיְהַתֵּל בָּהֶם אֵלִיָּהוּ וַיֹּאמֶר
קִרְאוּ בְקוֹל־גָּדוֹל כִּי־אֱלֹהִים הוּא כִּי־שִׂיחַ וְכִי־שִׂיג
כח לוֹ וְכִי־דֶרֶךְ לוֹ אוּלַי יָשֵׁן הוּא וְיִקָץ׃ וַיִּקְרְאוּ בְּקוֹל
גָּדוֹל וַיִּתְגֹּדְדוּ כְּמִשְׁפָּטָם בַּחֲרָבוֹת וּבָרְמָחִים עַד־
כט שְׁפָךְ־דָּם עֲלֵיהֶם׃ וַיְהִי כַּעֲבֹר הַצָּהֳרַיִם וַיִּתְנַבְּאוּ
עַד לַעֲלוֹת הַמִּנְחָה וְאֵין־קוֹל וְאֵין־עֹנֶה וְאֵין קָשֶׁב׃
ל וַיֹּאמֶר אֵלִיָּהוּ לְכָל־הָעָם גְּשׁוּ אֵלַי וַיִּגְּשׁוּ כָל־הָעָם
לא אֵלָיו וַיְרַפֵּא אֶת־מִזְבַּח יְהוָה הֶהָרוּס׃ וַיִּקַּח אֵלִיָּהוּ
שְׁתֵּים עֶשְׂרֵה אֲבָנִים כְּמִסְפַּר שִׁבְטֵי בְנֵי־יַעֲקֹב אֲשֶׁר
הָיָה דְבַר־יְהוָה אֵלָיו לֵאמֹר יִשְׂרָאֵל יִהְיֶה שְׁמֶךָ׃

אליהו בהר הכרמל
תמשיח מבית-הכנסת
בדורא-אירופוס
המאה ה-3 לפנה"ס

ביאור | **כִּי אַתֶּם הָרַבִּים. וְקִרְאוּ בְּשֵׁם אֱלֹהֵיכֶם, וְאֵשׁ לֹא תָשִׂימוּ.** הוא חזר
והבהיר את התנאים. אליהו הציע שהם יבחרו את הפר, משום
שרצה למנוע מהם את הטענה שבחירתו בפר המסוים היא שגרמה.

כו **וַיִּקְחוּ אֶת-הַפָּר אֲשֶׁר-נָתַן לָהֶם וַיַּעֲשׂוּ, וַיִּקְרְאוּ בְשֵׁם-הַבַּעַל מֵהַבֹּקֶר
וְעַד-הַצָּהֳרַיִם לֵאמֹר: הַבַּעַל, עֲנֵנוּ!**

וְאֵין קוֹל וְאֵין עֹנֶה.

וַיְפַסְּחוּ, דילגו **מעַל-הַמִּזְבֵּחַ אֲשֶׁר עָשָׂה.** הקפיצות והריקודים נהגו
בפולחנים אליליים שונים.[217] הטקסט הנלהב שלהם נמשך זמן
מה. כז **וַיְהִי בַצָּהֳרַיִם וַיְהַתֵּל בָּהֶם אֵלִיָּהוּ וַיֹּאמֶר: קִרְאוּ בְקוֹל-גָּדוֹל,**
קולכם שקט מדי, **כִּי-אֱלֹהִים הוּא**, לדעתכם, **כִּי-שִׂיחַ וְכִי-שִׂיג לוֹ**, אולי
הוא עסוק עתה בשיחה או עוסק בבעיה כלשהי, **וְכִי-דֶרֶךְ לוֹ**, אולי
יצא לדרך ואיננו שומע, או: אולי הוא עושה את צרכיו.[218] **אוּלַי יָשֵׁן
הוּא** – ואם תצעקו חזק יותר – **יִקָץ**, יתעורר.

כח נביאי הבעל לא התייחסו לאירוניה שבדבריו. **וַיִּקְרְאוּ בְּקוֹל גָּדוֹל,
וַיִּתְגֹּדְדוּ**, חתכו את בשרם **כְּמִשְׁפָּטָם**, כמנהגם **בַּחֲרָבוֹת וּבָרְמָחִים עַד-
שְׁפָךְ-דָּם עֲלֵיהֶם** מתוך אקסטזה.[219] כט **וַיְהִי כַּעֲבֹר** שעת **הַצָּהֳרַיִם,
וַיִּתְנַבְּאוּ**, אמרו שלפי נבואתם יש להמתין **עַד לַעֲלוֹת הַמִּנְחָה**, הזמן
שבו מעלים את קרבן המנחה. **וְאֵין-קוֹל וְאֵין-עֹנֶה וְאֵין קָשֶׁב.** לא
היה מי שהקשיב להם, ולכן לא זכו לקול ולמענה.

ל **וַיֹּאמֶר אֵלִיָּהוּ לְכָל-הָעָם: גְּשׁוּ אֵלָי.**

וַיִּגְּשׁוּ כָל-הָעָם אֵלָיו, וַיְרַפֵּא, תיקן **אֶת-מִזְבַּח ה׳ הֶהָרוּס.** המזבח
העתיק לה׳ שנותר במקום מן התקופה שהיה מותר לעבוד לה׳
בבמות.[220] לחלופין, זה היה המזבח שבנה אליהו, שהרסו כהני הבעל
בקפיצותיהם האקסטטיות, ואולי עשו כך כדי לבזותו.[221] לא **וַיִּקַּח
אֵלִיָּהוּ** לשם שיקום המזבח **שְׁתֵּים עֶשְׂרֵה אֲבָנִים כְּמִסְפַּר שִׁבְטֵי בְנֵי-
יַעֲקֹב, אֲשֶׁר הָיָה דְבַר-ה׳ אֵלָיו**, אל יעקב **לֵאמֹר: יִשְׂרָאֵל יִהְיֶה שְׁמֶךָ.**
יעקב נקרא ישראל.[222] הואיל וכל ישראל נקראים על שם יעקב, הוא

לב וַיִּבְנֶה אֶת־הָאֲבָנִים מִזְבֵּחַ בְּשֵׁם יְהוָה וַיַּעַשׂ תְּעָלָה
לג כְּבֵית סָאתַיִם זֶרַע סָבִיב לַמִּזְבֵּחַ׃ וַיַּעֲרֹךְ אֶת־הָעֵצִים
לד וַיְנַתַּח אֶת־הַפָּר וַיָּשֶׂם עַל־הָעֵצִים׃ וַיֹּאמֶר מִלְאוּ
אַרְבָּעָה כַדִּים מַיִם וְיִצְקוּ עַל־הָעֹלָה וְעַל־הָעֵצִים
לה וַיֹּאמֶר שְׁנוּ וַיִּשְׁנוּ וַיֹּאמֶר שַׁלֵּשׁוּ וַיְשַׁלֵּשׁוּ׃ וַיֵּלְכוּ
הַמַּיִם סָבִיב לַמִּזְבֵּחַ וְגַם אֶת־הַתְּעָלָה מִלֵּא־מָיִם׃
לו וַיְהִי ׀ בַּעֲלוֹת הַמִּנְחָה וַיִּגַּשׁ אֵלִיָּהוּ הַנָּבִיא וַיֹּאמַר
יְהוָה אֱלֹהֵי אַבְרָהָם יִצְחָק וְיִשְׂרָאֵל הַיּוֹם יִוָּדַע כִּי־
אַתָּה אֱלֹהִים בְּיִשְׂרָאֵל וַאֲנִי עַבְדֶּךָ ובדבריך עָשִׂיתִי וּבִדְבָרְךָ
לז אֵת כָּל־הַדְּבָרִים הָאֵלֶּה׃ עֲנֵנִי יְהוָה עֲנֵנִי וְיֵדְעוּ
הָעָם הַזֶּה כִּי־אַתָּה יְהוָה הָאֱלֹהִים וְאַתָּה הֲסִבֹּתָ
לח אֶת־לִבָּם אֲחֹרַנִּית׃ וַתִּפֹּל אֵשׁ־יְהוָה וַתֹּאכַל אֶת־
הָעֹלָה וְאֶת־הָעֵצִים וְאֶת־הָאֲבָנִים וְאֶת־הֶעָפָר וְאֶת־
לט הַמַּיִם אֲשֶׁר־בַּתְּעָלָה לִחֵכָה׃ וַיַּרְא כָּל־הָעָם וַיִּפְּלוּ
עַל־פְּנֵיהֶם וַיֹּאמְרוּ יְהוָה הוּא הָאֱלֹהִים יְהוָה הוּא
הָאֱלֹהִים׃*

האשכנזים והספרדים מסיימים כאן

ביאור

בנה מזבח הבנוי מאבנים כמניין בני יעקב, שבטי ישראל. לב **וַיִּבְנֶה**
אֶת-הָאֲבָנִים מִזְבֵּחַ בְּשֵׁם ה׳, וַיַּעַשׂ תְּעָלָה ששטחה **כְּבֵית סָאתַיִם זֶרַע**
סָבִיב לַמִּזְבֵּחַ. שטח שבו אפשר לזרוע סאתיים זרעים - למעלה
מדונם.[223] לג **וַיַּעֲרֹךְ אֶת-הָעֵצִים, וַיְנַתַּח אֶת-הַפָּר וַיָּשֶׂם** אותו **עַל-**
הָעֵצִים. לד **וַיֹּאמֶר: מִלְאוּ,** מלאו **אַרְבָּעָה כַדִּים מַיִם וְיִצְקוּ,** וישפכו
אותם **עַל-הָעֹלָה וְעַל-הָעֵצִים** שתחתיה.

וַיֹּאמֶר: שְׁנוּ, שפכו פעם נוספת – **וַיִּשְׁנוּ.**

וַיֹּאמֶר: שַׁלֵּשׁוּ, שפכו פעם שלישית – **וַיְשַׁלֵּשׁוּ.**

לה **וַיֵּלְכוּ הַמַּיִם סָבִיב לַמִּזְבֵּחַ, וְגַם אֶת-הַתְּעָלָה מִלֵּא-מָיִם.**

לו **וַיְהִי בַּעֲלוֹת הַמִּנְחָה,** כשהגיע זמן הקרבת קרבן המנחה,[224] **וַיִּגַּשׁ**
אֵלִיָּהוּ הַנָּבִיא וַיֹּאמַר: ה׳ אֱלֹהֵי אַבְרָהָם יִצְחָק וְיִשְׂרָאֵל, הַיּוֹם יִוָּדַע
לכול **כִּי-אַתָּה אֱלֹהִים בְּיִשְׂרָאֵל, וַאֲנִי עַבְדֶּךָ, וּבִדְבָרְךָ עָשִׂיתִי אֵת**
כָּל-הַדְּבָרִים הָאֵלֶּה. לז **עֲנֵנִי, ה׳, עֲנֵנִי, וְיֵדְעוּ הָעָם הַזֶּה כִּי-אַתָּה ה׳**
הָאֱלֹהִים, וְאַתָּה הוא **שֶׁהֲסִבֹּתָ אֶת-לִבָּם אֲחֹרַנִּית.** היה ראוי שישראל
יראו נסים ומופתים ויכירו את מעשיך בעולם בכל שעה, אך אתה
אינך מראה להם את אותותיך תמיד. מנגד מושכת את לבם עבודת
הבעל, שהיא צבעונית ומרשימה הרבה יותר. כך אתה בעקיפין
מסובב את לבם ומטה אותו הלאה ממך.[225] אליהו לא חסך בדברים
גם כלפי אלוקים, ובכך הוא לימד זכות על ישראל.[226]

לח **וַתִּפֹּל אֵשׁ-ה׳ וַתֹּאכַל אֶת-הָעֹלָה וְאֶת-הָעֵצִים וְאֶת-הָאֲבָנִים וְאֶת-**
הֶעָפָר, ואפילו **אֶת-הַמַּיִם אֲשֶׁר-בַּתְּעָלָה** מסביב **לִחֵכָה,** ליקקה, והם
התייבשו.[227]

לט **וַיַּרְא כָּל-הָעָם וַיִּפְּלוּ עַל-פְּנֵיהֶם** בהשתאות, **וַיֹּאמְרוּ: ה׳ הוּא**
הָאֱלֹהִים! ה׳ הוּא הָאֱלֹהִים! זו האמת.

וַיֹּאמֶר֩ אֵלִיָּ֨הוּ לָהֶ֜ם תִּפְשׂ֣וּ ׀ אֶת־נְבִיאֵ֣י הַבַּ֗עַל אִ֛ישׁ מ
אַל־יִמָּלֵ֥ט מֵהֶ֖ם וַֽיִּתְפְּשׂ֑וּם וַיּוֹרִדֵ֤ם אֵלִיָּ֙הוּ֙ אֶל־נַ֣חַל
קִישׁ֔וֹן וַיִּשְׁחָטֵ֖ם שָֽׁם׃ וַיֹּ֤אמֶר אֵלִיָּ֙הוּ֙ לְאַחְאָ֔ב עֲלֵ֖ה מא
אֱכֹ֣ל וּשְׁתֵ֑ה כִּי־ק֖וֹל הֲמ֥וֹן הַגָּֽשֶׁם׃ וַיַּעֲלֶ֥ה אַחְאָ֖ב מב
לֶאֱכֹ֣ל וְלִשְׁתּ֑וֹת וְאֵ֨לִיָּ֜הוּ עָלָ֨ה אֶל־רֹ֤אשׁ הַכַּרְמֶל֙
וַיִּגְהַ֣ר אַ֔רְצָה וַיָּ֥שֶׂם פָּנָ֖יו בֵּ֥ין בִּרְכָּֽו׃ וַיֹּ֣אמֶר אֶל־נַעֲר֗וֹ מג
עֲלֵה־נָא֙ הַבֵּ֣ט דֶּרֶךְ־יָ֔ם וַיַּ֨עַל֙ וַיַּבֵּ֔ט וַיֹּ֖אמֶר אֵ֣ין מְא֑וּמָה
וַיֹּ֕אמֶר שֻׁ֖ב שֶׁ֥בַע פְּעָמִֽים׃ וַיְהִי֙ בַּשְּׁבִעִ֔ית וַיֹּ֕אמֶר הִנֵּה־ מד
עָ֛ב קְטַנָּ֥ה כְּכַף־אִ֖ישׁ עֹלָ֣ה מִיָּ֑ם וַיֹּ֗אמֶר עֲלֵ֨ה אֱמֹ֤ר
אֶל־אַחְאָב֙ אֱסֹ֣ר וָרֵ֔ד וְלֹ֥א יַעַצָרְכָ֖ה הַגָּֽשֶׁם׃ וַיְהִ֣י ׀ מה
עַד־כֹּ֣ה וְעַד־כֹּ֗ה וְהַשָּׁמַ֙יִם֙ הִתְקַדְּרוּ֙ עָבִ֣ים וְר֔וּחַ וַיְהִ֖י
גֶּ֣שֶׁם גָּד֑וֹל וַיִּרְכַּ֥ב אַחְאָ֖ב וַיֵּ֥לֶךְ יִזְרְעֶֽאלָה׃

הר הכרמל
ונחל קישון
למרגלותיו

ביאור

מ **וַיֹּאמֶר אֵלִיָּהוּ לָהֶם**: עכשיו, כשנוכחתם לדעת מה עניינם של נביאי
הבעל, **תִּפְשׂוּ אֶת-נְבִיאֵי הַבַּעַל, אִישׁ אַל-יִמָּלֵט מֵהֶם. וַיִּתְפְּשׂוּם, וַיּוֹרִדֵם
אֵלִיָּהוּ אֶל-נַחַל** קִישׁוֹן, שאיננו רחוק מהר הכרמל, **וַיִּשְׁחָטֵם שָׁם.**

מא **וַיֹּאמֶר אֵלִיָּהוּ לְאַחְאָב**, שנכח בטקס, אף על פי שלא עשה דבר:
עֲלֵה אֱכֹל וּשְׁתֵה, כעת יכול אתה לעלות לביתך ולשמוח, **כִּי** אני
שומע את **קוֹל הֲמוֹן**, המיית[228] **הַגָּשֶׁם.**

מב **וַיַּעֲלֶה אַחְאָב לֶאֱכֹל וְלִשְׁתּוֹת. וְאֵלִיָּהוּ עָלָה אֶל-רֹאשׁ הַכַּרְמֶל וַיִּגְהַר**,
התכופף, כרע[229] **אַרְצָה, וַיָּשֶׂם פָּנָיו בֵּין בִּרְכָּו.** תנוחה זו שימשה לריכוז
בתפילה.[230] מג לאחר זמן מה – **וַיֹּאמֶר אֶל-נַעֲרוֹ: עֲלֵה-נָא** גבוה יותר
בהר **וְהַבֵּט דֶּרֶךְ-יָם**, בדרך הפונה אל הים.

וַיַּעַל וַיַּבֵּט, וַיֹּאמֶר: אֵין מְאוּמָה. אינני רואה דבר.

וַיֹּאמֶר: שֻׁב, הסתכל שוב אם מגיע ענן כלשהו מהים, וכך **שֶׁבַע פְּעָמִים.**

מד **וַיְהִי בַּפַּעַם הַשְּׁבִעִית, וַיֹּאמֶר** הנער: **הִנֵּה-עָב**, ענן **קְטַנָּה כְּכַף** ידו
של **אִישׁ עֹלָה מִיָּם.**

וַיֹּאמֶר אליהו: **עֲלֵה אֱמֹר אֶל-אַחְאָב: "אֱסֹר**, קשור את הסוסים
למרכבה **וָרֵד, וְלֹא יַעַצָרְכָה הַגָּשֶׁם.** וסע מהר כדי שהגשם לא יעכב
אותך בדרך".

מה **וַיְהִי עַד-כֹּה וְעַד-כֹּה**, עד שהספיקו לרתום את הסוסים,[231] **וְהַשָּׁמַיִם
הִתְקַדְּרוּ עָבִים**, עננים **וְרוּחַ, וַיְהִי גֶּשֶׁם גָּדוֹל.** זה היה קץ הבצורת.
וַיִּרְכַּב אַחְאָב וַיֵּלֶךְ יִזְרְעֶאלָה. ביזרעאל, שהיה מקום קטן משומרון,
שכן ארמון החורף של מלכי ישראל.[232]

הפטרת ויקהל

מלכים א

לספרדים ולתימנים

ז יג יד וַיִּשְׁלַח הַמֶּלֶךְ שְׁלֹמֹה וַיִּקַּח אֶת־חִירָם מִצֹּר׃ בֶּן־
אִשָּׁה אַלְמָנָה הוּא מִמַּטֵּה נַפְתָּלִי וְאָבִיו אִישׁ־צֹרִי
חֹרֵשׁ נְחֹשֶׁת וַיִּמָּלֵא אֶת־הַחָכְמָה וְאֶת־הַתְּבוּנָה
וְאֶת־הַדַּעַת לַעֲשׂוֹת כָּל־מְלָאכָה בַּנְּחֹשֶׁת וַיָּבוֹא אֶל־
טו הַמֶּלֶךְ שְׁלֹמֹה וַיַּעַשׂ אֶת־כָּל־מְלַאכְתּוֹ׃ וַיָּצַר אֶת־שְׁנֵי
הָעַמּוּדִים נְחֹשֶׁת שְׁמֹנֶה עֶשְׂרֵה אַמָּה קוֹמַת הָעַמּוּד
הָאֶחָד וְחוּט שְׁתֵּים־עֶשְׂרֵה אַמָּה יָסֹב אֶת־הָעַמּוּד
טז הַשֵּׁנִי׃ וּשְׁתֵּי כֹתָרֹת עָשָׂה לָתֵת עַל־רָאשֵׁי הָעַמּוּדִים
מֻצַק נְחֹשֶׁת חָמֵשׁ אַמּוֹת קוֹמַת הַכֹּתֶרֶת הָאֶחָת
יז וְחָמֵשׁ אַמּוֹת קוֹמַת הַכֹּתֶרֶת הַשֵּׁנִית׃ שְׂבָכִים מַעֲשֵׂה
שְׂבָכָה גְּדִלִים מַעֲשֵׂה שַׁרְשְׁרוֹת לַכֹּתָרֹת אֲשֶׁר עַל־
רֹאשׁ הָעַמּוּדִים שִׁבְעָה לַכֹּתֶרֶת הָאֶחָת וְשִׁבְעָה

הרחבות | **ייחוסו של חירם** בדברי הימים (ב׳ ב,יג) נאמר שאמו באה משבט דן. רד״ק יישב את המקראות ואמר שאביו בן שבט נפתלי שהתגורר בצור.

עמודי המקדש וכליו

הן התיאור של בניין המשכן כליו ועבודתו בתורה הן התיאור של בניין שלמה בספר מלכים מופיעים בפירוט רב וחזרות - אולי משום חיבת הקודש ומשום חשיבות הדיוק בו.

ביאור | מלכים א׳ פרק ז יג וַיִּשְׁלַח הַמֶּלֶךְ שְׁלֹמֹה, וַיִּקַּח אֶת-חִירָם מִצֹּר. לא
היה זה המלך, אלא בעל מלאכה בעל שם זהה. יד בֶּן-אִשָּׁה אַלְמָנָה
הוּא מִמַּטֵּה נַפְתָּלִי וְאָבִיו אִישׁ-צֹרִי, אדם שחי בעיר צור והיה חֹרֵשׁ
נְחֹשֶׁת. וַיִּמָּלֵא חירם אֶת-הַחָכְמָה וְאֶת-הַתְּבוּנָה וְאֶת-הַדַּעַת לַעֲשׂוֹת
כָּל-מְלָאכָה, ובמיוחד בַּנְּחֹשֶׁת. וַיָּבוֹא אֶל-הַמֶּלֶךְ שְׁלֹמֹה, וַיַּעַשׂ אֶת-
כָּל-מְלַאכְתּוֹ. חירם היה רב האומנים של שלמה, והוא האדריכל
שיצר בעבורו את התבניות המסובכות ביותר.

טו וַיָּצַר חירם אֶת-שְׁנֵי הָעַמּוּדִים שנועדו לקישוט בלבד - מנְחֹשֶׁת,
שְׁמֹנֶה עֶשְׂרֵה אַמָּה קוֹמַת הָעַמּוּד הָאֶחָד, וכן לעמוד השני. וְחוּט מידה
שְׁתֵּים-עֶשְׂרֵה אַמָּה יָסֹב אֶת-הָעַמּוּד הַשֵּׁנִי, וכן את הראשון. היקף
העמודים היה 12 אמה, כלומר קוטרם היה בערך ארבע אמות,
כשני מטר.[236] טז וּשְׁתֵּי כֹתָרֹת עָשָׂה לָתֵת עַל-רָאשֵׁי הָעַמּוּדִים מֻצַק,
יציקת נְחֹשֶׁת, חָמֵשׁ אַמּוֹת קוֹמַת הַכֹּתֶרֶת הָאֶחָת, וְחָמֵשׁ אַמּוֹת
קוֹמַת הַכֹּתֶרֶת הַשֵּׁנִית. יז שְׂבָכִים, רשתות, מעין עלים או ענפים
היו לכותרות, מַעֲשֵׂה שְׂבָכָה, רשת, גְּדִלִים, מקושטים מעין מקלעת
מַעֲשֵׂה שַׁרְשְׁרוֹת לַכֹּתָרֹת אֲשֶׁר עַל-רֹאשׁ הָעַמּוּדִים, שִׁבְעָה לַכֹּתֶרֶת

עמודי הנחושת
יכין ובעז

לַכֹּתֶרֶת הַשֵּׁנִית׃ וַיַּעַשׂ אֶת־הָעַמּוּדִים וּשְׁנֵי טוּרִים יח
סָבִיב עַל־הַשְּׂבָכָה הָאֶחָת לְכַסּוֹת אֶת־הַכֹּתָרֹת
אֲשֶׁר עַל־רֹאשׁ הָרִמֹּנִים וְכֵן עָשָׂה לַכֹּתֶרֶת הַשֵּׁנִית׃
וְכֹתָרֹת אֲשֶׁר עַל־רֹאשׁ הָעַמּוּדִים מַעֲשֵׂה שׁוּשַׁן יט
בָּאוּלָם אַרְבַּע אַמּוֹת׃ וְכֹתָרֹת עַל־שְׁנֵי הָעַמּוּדִים גַּם־ כ
הַשְּׂבָכָה מִמַּעַל מִלְּעֻמַּת הַבֶּטֶן אֲשֶׁר לְעֵבֶר שבכה וְהָרִמּוֹנִים
מָאתַיִם טֻרִים סָבִיב עַל הַכֹּתֶרֶת הַשֵּׁנִית׃ וַיָּקֶם אֶת־ כא
הָעַמֻּדִים לְאֻלָם הַהֵיכָל וַיָּקֶם אֶת־הָעַמּוּד הַיְמָנִי
וַיִּקְרָא אֶת־שְׁמוֹ יָכִין וַיָּקֶם אֶת־הָעַמּוּד הַשְּׂמָאלִי
וַיִּקְרָא אֶת־שְׁמוֹ בֹּעַז׃ וְעַל רֹאשׁ הָעַמּוּדִים מַעֲשֵׂה כב
התימנים מסיימים כאן שׁוּשָׁן וַתִּתֹּם מְלֶאכֶת הָעַמּוּדִים׃* וַיַּעַשׂ כג
אֶת־הַיָּם מוּצָק עֶשֶׂר בָּאַמָּה מִשְּׂפָתוֹ עַד־שְׂפָתוֹ
וְקָו עָגֹל ׀ סָבִיב וְחָמֵשׁ בָּאַמָּה קוֹמָתוֹ וקוה שְׁלֹשִׁים
בָּאַמָּה יָסֹב אֹתוֹ סָבִיב׃ וּפְקָעִים מִתַּחַת לִשְׂפָתוֹ ׀ כד
סָבִיב סֹבְבִים אֹתוֹ עֶשֶׂר בָּאַמָּה מַקִּפִים אֶת־הַיָּם

הים

ביאור | **הָאֶחָת וְשִׁבְעָה לַכֹּתֶרֶת הַשֵּׁנִית.** כותרות העמודים עוטרו ברשתות
ופתילי שרשרות. יח **וַיַּעַשׂ,** שכלל **אֶת-הָעַמּוּדִים, וּשְׁנֵי טוּרִים סָבִיב
עַל-הַשְּׂבָכָה הָאֶחָת** המשמשת **לְכַסּוֹת אֶת-הַכֹּתָרֹת, אֲשֶׁר עַל-רֹאשׁ**
תבנית **הָרִמֹּנִים.** הכותרות קושטו בשני טורים של דגמי רימונים על
גבי השבכה.[237] **וְכֵן עָשָׂה לַכֹּתֶרֶת הַשֵּׁנִית.** יט **וְהַכֹּתָרֹת אֲשֶׁר עַל-רֹאשׁ
הָעַמּוּדִים** היו מעוטרות **מַעֲשֵׂה שׁוּשַׁן,** כנראה בצורת השושן הצחור,
בעל שישה עלי כותרת, ששימש בתקופות אחדות כסמל המלוכה
בישראל, **בָּאוּלָם,** כלפי תקרת האולם, **אַרְבַּע אַמּוֹת.**[238] כ **וְכֹתָרֹת
שֶׁעַל-שְׁנֵי הָעַמּוּדִים** לא היו חשופות אלא כיסו אותם **גַּם-מִמַּעַל
מִלְּעֻמַּת הַבֶּטֶן** כנגד המרכז[239] **אֲשֶׁר לְעֵבֶר הַשְּׂבָכָה. וְהָרִמּוֹנִים**
היו **מָאתַיִם** במספר, מסודרים בשני **טֻרִים סָבִיב** גם **עַל הַכֹּתֶרֶת
הַשֵּׁנִית.**[240]

כא **וַיָּקֶם אֶת-הָעַמֻּדִים** בכניסה **לְאֻלָם הַהֵיכָל. וַיָּקֶם אֶת-הָעַמּוּד
הַיְמָנִי – וַיִּקְרָא אֶת-שְׁמוֹ יָכִין,** שפירושו: יציב, עומד, מבוסס. **וַיָּקֶם
אֶת-הָעַמּוּד הַשְּׂמָאלִי – וַיִּקְרָא אֶת-שְׁמוֹ בֹּעַז,** שמשמעו: 'בו עוז',[241]
או שנקרא על שם סב סבו של שלמה, מאבות שושלת המלוכה.[242]
העמודים היו כה גדולים, מפוארים ומרשימים, שלכל אחד מהם
הוענק שם. כב **וְעַל רֹאשׁ הָעַמּוּדִים מַעֲשֵׂה שׁוֹשָׁן. וַתִּתֹּם,** הסתיימה
מְלֶאכֶת הָעַמּוּדִים. העמודים לא היו ממלאכת הבית עצמו, אלא
קישוטים שהוסיף שלמה מדעתו כדי לייפות את בית המקדש, וכל
אחד מהם היה יצירה בפני עצמה.

כג **וַיַּעַשׂ אֶת-הַיָּם,** כלי קיבול גדול למים, **מוּצָק,** יצוק. קוטרו **עֶשֶׂר
בָּאַמָּה מִשְּׂפָתוֹ עַד-שְׂפָתוֹ** והוא **עָגֹל סָבִיב, וְחָמֵשׁ בָּאַמָּה קוֹמָתוֹ. וְקָו,**
חוט מדידה באורך **שְׁלֹשִׁים בָּאַמָּה יָסֹב אֹתוֹ סָבִיב.** כד **וּפְקָעִים,** צורת
פקעות **מִתַּחַת לִשְׂפָתוֹ סָבִיב סֹבְבִים אֹתוֹ** לקישוט, **עֶשֶׂר** מהם **בָּאַמָּה**

הרחבות | היקף הים וקוטרו אם קוטר הים היה עשר אמות – היקפו אינו 30 אמה אלא יותר מ-31 אמה. אמנם היה כלל מעוגל שקבע שהיקף העיגול הוא פי שלוש מקוטרו, אבל כאן אין מדובר בכלי קטן ובשיעור זניח, אלא בסטייה ממשית. היו שניסו לתרץ זאת בכך שההיקף האמור כאן נמדד מבפנים, ואילו הקוטר נמדד מבחוץ. כלומר, מקור הסטייה נעוץ בעובי הדפנות, שלא הובא בחשבון. (ראו רש"י ורלב"ג על אתר; עירובין יד ע"א).

פתרון אחר, שהולם פחות את לשון הכתובים: הים לא היה עגול אלא משושה, שהרי להלן ייאמר ששפתו עוצבה בדוגמת פרח השושן.

כה סָבִיב שְׁנֵי טוּרִים הַפְּקָעִים יְצֻקִים בִּיצֻקָתוֹ׃ עֹמֵד
עַל־שְׁנֵי עָשָׂר בָּקָר שְׁלֹשָׁה פֹנִים ׀ צָפוֹנָה וּשְׁלֹשָׁה
פֹנִים ׀ יָמָּה וּשְׁלֹשָׁה ׀ פֹּנִים נֶגְבָּה וּשְׁלֹשָׁה פֹּנִים
מִזְרָחָה וְהַיָּם עֲלֵיהֶם מִלְמָעְלָה וְכָל־אֲחֹרֵיהֶם
כו בָּיְתָה׃ וְעָבְיוֹ טֶפַח וּשְׂפָתוֹ כְּמַעֲשֵׂה שְׂפַת־כּוֹס
פֶּרַח שׁוֹשָׁן אַלְפַּיִם בַּת יָכִיל׃

ז מ וַיַּעַשׂ חִירוֹם אֶת־הַכִּיֹּרוֹת וְאֶת־הַיָּעִים וְאֶת־ לאשכנזים
הַמִּזְרָקוֹת וַיְכַל חִירָם לַעֲשׂוֹת אֶת־כָּל־הַמְּלָאכָה
מא אֲשֶׁר עָשָׂה לַמֶּלֶךְ שְׁלֹמֹה בֵּית יְהוָה׃ עַמֻּדִים שְׁנַיִם
וְגֻלֹּת הַכֹּתָרֹת אֲשֶׁר־עַל־רֹאשׁ הָעַמֻּדִים שְׁתָּיִם
וְהַשְּׂבָכוֹת שְׁתַּיִם לְכַסּוֹת אֶת־שְׁתֵּי גֻּלּוֹת הַכֹּתָרֹת
מב אֲשֶׁר עַל־רֹאשׁ הָעַמּוּדִים׃ וְאֶת־הָרִמֹּנִים אַרְבַּע
מֵאוֹת לִשְׁתֵּי הַשְּׂבָכוֹת שְׁנֵי־טוּרִים רִמֹּנִים לַשְּׂבָכָה
הָאֶחָת לְכַסּוֹת אֶת־שְׁתֵּי גֻּלֹּת הַכֹּתָרֹת אֲשֶׁר עַל־
מג פְּנֵי הָעַמּוּדִים׃ וְאֶת־הַמְּכֹנוֹת עָשֶׂר וְאֶת־הַכִּיֹּרֹת
מד עֲשָׂרָה עַל־הַמְּכֹנוֹת׃ וְאֶת־הַיָּם הָאֶחָד וְאֶת־הַבָּקָר
מה שְׁנֵים־עָשָׂר תַּחַת הַיָּם׃ וְאֶת־הַסִּירוֹת וְאֶת־הַיָּעִים
וְאֶת־הַמִּזְרָקוֹת וְאֵת כָּל־הַכֵּלִים האהל אֲשֶׁר עָשָׂה הָאֵלֶּה
חִירָם לַמֶּלֶךְ שְׁלֹמֹה בֵּית יְהוָה נְחֹשֶׁת מְמֹרָט׃
מו בְּכִכַּר הַיַּרְדֵּן יְצָקָם הַמֶּלֶךְ בְּמַעֲבֵה הָאֲדָמָה בֵּין

מַקִּפִים אֶת-הַיָּם סָבִיב. שְׁנֵי טוּרִים הַפְּקָעִים יְצֻקִים בִּיצֻקָתוֹ. שתי שורות | ביאור
של פקעות עגולות נוצקו עם הים ועיטרו את שפתו. כה הים, שהיה
מכל מים גדול, היה עֹמֵד עַל-שְׁנֵי עָשָׂר צורות בָּקָר עשויות נחושת
כמו הים.[243] שְׁלֹשָׁה פֹנִים צָפוֹנָה, וּשְׁלֹשָׁה פֹנִים יָמָּה, מערבה, וּשְׁלֹשָׁה
פֹּנִים נֶגְבָּה, דרומה, וּשְׁלֹשָׁה פֹּנִים מִזְרָחָה, וְהַיָּם עֲלֵיהֶם מִלְמָעְלָה, וְכָל-
אֲחֹרֵיהֶם בָּיְתָה. השוורים הללו פנו כלפי חוץ, ואחוריהם הוסתרו
פנימה. כו וְעָבְיוֹ של הים טֶפַח, וּשְׂפָתוֹ מרודדת ודקה כְּמַעֲשֵׂה
שְׂפַת-כּוֹס, המעוטרת פֶּרַח שׁוֹשָׁן, כפי שקישטו את הכוסות בריקוע
זר שושנים. אמנם נאמר שעובי הדופן היה טפח, אבל אולי היא
הלכה ונעשתה צרה מלמעלה.[244] אַלְפַּיִם בַּת, מידת נפח לנוזלים,
כ־22–24 ליטר, מידה המקבילה לאיפה במוצק,[245] יָכִיל. יציקת כלי
כה עצום מנחושת מקשה אחת היא מלאכה מורכבת ומסובכת
מאוד, שהצריכה את המומחה הגדול.

מ וַיַּעַשׂ חִירוֹם אֶת-הַכִּיֹּרוֹת, כלי קיבול לדֶשן המזבח, וְאֶת-הַיָּעִים,
המגרפות וְאֶת-הַמִּזְרָקוֹת, הספלים, כלי קיבול לדם הקרבנות לזרוק
ממנו על קיר המזבח. וַיְכַל חִירָם לַעֲשׂוֹת אֶת-כָּל-הַמְּלָאכָה אֲשֶׁר עָשָׂה
לַמֶּלֶךְ שְׁלֹמֹה עבור בֵּית ה׳. מא עַמֻּדִים שְׁנַיִם, וְגֻלֹּת, כדורי הַכֹּתָרֹת
אֲשֶׁר-עַל-רֹאשׁ הָעַמּוּדִים שְׁתָּיִם, וְהַשְּׂבָכוֹת, הרשתות שְׁתַּיִם שנועדו
לְכַסּוֹת אֶת-שְׁתֵּי גֻּלּוֹת הַכֹּתָרֹת אֲשֶׁר עַל-רֹאשׁ הָעַמּוּדִים. מב וְאֶת-
הָרִמֹּנִים שהיו אַרְבַּע מֵאוֹת לִשְׁתֵּי הַשְּׂבָכוֹת, שְׁנֵי-טוּרִים רִמֹּנִים לַשְּׂבָכָה
הָאֶחָת לְכַסּוֹת אֶת-שְׁתֵּי גֻּלֹּת הַכֹּתָרֹת אֲשֶׁר עַל-פְּנֵי הָעַמּוּדִים. מג וְאֶת-
הַמְּכֹנוֹת עֶשֶׂר, וְאֶת-הַכִּיֹּרֹת עֲשָׂרָה עַל-הַמְּכֹנוֹת. מד וְאֶת-הַיָּם הָאֶחָד,
וְאֶת-הַבָּקָר שְׁנֵים-עָשָׂר שהוצבו תַּחַת הַיָּם. מה וְאֶת-הַסִּירוֹת, סירים,
דוודים[246] וְאֶת-הַיָּעִים וְאֶת-הַמִּזְרָקוֹת, וְאֵת כָּל-הַכֵּלִים הָאֵלֶּה אֲשֶׁר
עָשָׂה חִירָם לַמֶּלֶךְ שְׁלֹמֹה בֵּית ה׳ מִנְחֹשֶׁת מְמֹרָט, מבריקה.[247] רוב כלי
המקדש נעשו בתבנית הכתובה בספר שמות, ולשם כך לא היה
צורך באדריכל מומחה. ואולם העמודים, הים וכיוצא בהם לא היו
במשכן, ובנייתם הייתה תהליך מורכב ודרשה תכנון ומיומנויות
מיוחדות שהיו לחירם.

כאן מופיעה הערה טכנית: מו בְּכִכַּר הַיַּרְדֵּן יְצָקָם הַמֶּלֶךְ, בְּמַעֲבֵה

סֻכּ֖וֹת וּבֵ֣ין צָרְתָֽן׃ וַיַּנַּ֤ח שְׁלֹמֹה֙ אֶת־כׇּל־הַכֵּלִ֔ים מֵרֹ֖ב מז
מְאֹ֣ד מְאֹ֑ד לֹ֥א נֶחְקַ֖ר מִשְׁקַ֥ל הַנְּחֹֽשֶׁת׃ וַיַּ֣עַשׂ שְׁלֹמֹ֔ה מח
אֵ֚ת כׇּל־הַכֵּלִ֔ים אֲשֶׁ֖ר בֵּ֣ית יְהֹוָ֑ה אֵ֚ת מִזְבַּ֣ח הַזָּהָ֔ב
וְאֶת־הַשֻּׁלְחָ֗ן אֲשֶׁ֥ר עָלָ֛יו לֶ֥חֶם הַפָּנִ֖ים זָהָֽב׃ וְאֶת־ מט
הַֽמְּנֹר֡וֹת חָמֵשׁ֩ מִיָּמִ֨ין וְחָמֵ֧שׁ מִשְּׂמֹ֛אל לִפְנֵ֥י הַדְּבִ֖יר
זָהָ֣ב סָג֑וּר וְהַפֶּ֧רַח וְהַנֵּרֹ֛ת וְהַמֶּלְקַחַ֖יִם זָהָֽב׃ וְֽהַסִּפּ֣וֹת נ
וְהַֽמְזַמְּר֧וֹת וְהַמִּזְרָק֛וֹת וְהַכַּפּ֥וֹת וְהַמַּחְתּ֖וֹת זָהָ֣ב סָג֑וּר
וְהַפֹּת֡וֹת לְדַלְתוֹת֩ הַבַּ֨יִת הַפְּנִימִ֜י לְקֹ֣דֶשׁ הַקֳּדָשִׁ֗ים
לְדַלְתֵ֥י הַבַּ֛יִת לַהֵיכָ֖ל זָהָֽב׃

הכלים אשר בתוך בית ה׳

הרחבות

'והפֹּתוֹת... זהב' את הפותות - השקעים שבהם מסתובבים צירי הדלת - עשו בדרך כלל מאבן קשה, אבל במקדש שלמה מילאו אותם בזהב. אולי בגלל משקלן העצום של הדלתות העדיפו זהב, שהיא מתכת רכה יחסית. ושמא סיפק הזהב מעין סיכה מתמדת לצירי הדלתות. (ראו רד"ק ורלב"ג). עם זאת יש לציין כי כל מה שהיה

ביאור | **הָאֲדָמָה בֵּין סֻכּוֹת וּבֵין צָרְתָן.** יציקות נחושת קטנות יחסית נעשות
בבתי מלאכה גדולים, אבל יציקות גדולות, כפי שנדרשו כאן, דורשות
תנאים מיוחדים. עד היום יוצקים את המתכת בתבניות שאותן
מניחים בתוך אדמה רטובה. משום כך הכין שלמה את יציקותיו
במעבה האדמה, והוא בחר בכיכר הירדן, משום שרק שם הקרקע
לחה דיה לעיצוב תבניות כה מורכבות.[248] מז **וַיַּנַּח**, חדל מלשקול
שְׁלֹמֹה אֶת-כָּל-הַכֵּלִים מֵרֹב מְאֹד מְאֹד. לֹא נֶחְקַר מִשְׁקַל הַנְּחֹשֶׁת.
הנחושת ששימשה לכל הכלים הללו הייתה כה רבה, שלא בדקו
את כמויותיה.[249]

מח **וַיַּעַשׂ שְׁלֹמֹה אֵת כָּל-הַכֵּלִים אֲשֶׁר** בתוך **בֵּית ה׳ – אֵת מִזְבַּח
הַזָּהָב וְאֶת-הַשֻּׁלְחָן אֲשֶׁר עָלָיו לֶחֶם הַפָּנִים** ואף הוא מצופה **זָהָב**,
ככתוב.[250] מט **וְאֶת-הַמְּנֹרוֹת** הציב **חָמֵשׁ מִיָּמִין וְחָמֵשׁ מִשְּׂמֹאול לִפְנֵי
הַדְּבִיר**, כולן עשויות **זָהָב סָגוּר**, זהב מיוחד יקר ביותר,[251] **וְ**גם **הַפֶּרַח**
של המנורה **וְהַנֵּרֹת וְהַמֶּלְקָחַיִם** עשויים **זָהָב**. מלבד המנורה העתיקה
של משה רבנו, שעמדה במרכז, העמיד שלמה עוד עשר מנורות
משני צדיה.[252] נ **וְהַסִּפּוֹת**, מעין כדים או סוג כלי זמר[253] **וְהַמְזַמְּרוֹת**,
כלי זמר **וְהַמִּזְרָקוֹת וְהַכַּפּוֹת וְהַמַּחְתּוֹת** – כולם **מִזָּהָב סָגוּר, וְהַפֹּתוֹת**,
שקעים שבתוכם נכנסים צירי הדלת[254] **לְדַלְתוֹת הַבַּיִת הַפְּנִימִי, לְקֹדֶשׁ
הַקֳּדָשִׁים**, וכן **לְדַלְתֵי הַבַּיִת, לַהֵיכָל – זָהָב.**

הרחבות | בדביר ובהיכל היה עשוי זהב או מצופה זהב (אברבנאל). לעומת זאת, רש"י פירש 'פותות' – מפתחות, אולי משום שמעשה הדלתות כבר תואר למעלה (פרק ו), או מפני שהזהב אינו חזק דיו לשמש לשקעים לציר הדלת.

הפטרת פקודי

מלכים א

הספרדים והתימנים מתחילים כאן

וַיַּעַשׂ חִירוֹם אֶת־הַכִּיֹּרוֹת וְאֶת־הַיָּעִים וְאֶת־ מ ז
הַמִּזְרָקוֹת וַיְכַל חִירָם לַעֲשׂוֹת אֶת־כָּל־הַמְּלָאכָה
אֲשֶׁר עָשָׂה לַמֶּלֶךְ שְׁלֹמֹה בֵּית יְהוָה׃ עַמֻּדִים מא
שְׁנַיִם וְגֻלֹּת הַכֹּתָרֹת אֲשֶׁר־עַל־רֹאשׁ הָעַמֻּדִים
שְׁתָּיִם וְהַשְּׂבָכוֹת שְׁתַּיִם לְכַסּוֹת אֶת־שְׁתֵּי גֻּלּוֹת
הַכֹּתָרֹת אֲשֶׁר עַל־רֹאשׁ הָעַמּוּדִים׃ וְאֶת־הָרִמֹּנִים מב
אַרְבַּע מֵאוֹת לִשְׁתֵּי הַשְּׂבָכוֹת שְׁנֵי־טוּרִים רִמֹּנִים
לַשְּׂבָכָה הָאֶחָת לְכַסּוֹת אֶת־שְׁתֵּי גֻּלּוֹת הַכֹּתָרֹת
אֲשֶׁר עַל־פְּנֵי הָעַמּוּדִים׃ וְאֶת־הַמְּכֹנוֹת עֶשֶׂר וְאֶת־ מג
הַכִּיֹּרֹת עֲשָׂרָה עַל־הַמְּכֹנוֹת׃ וְאֶת־הַיָּם הָאֶחָד מד
וְאֶת־הַבָּקָר שְׁנֵים־עָשָׂר תַּחַת הַיָּם׃ וְאֶת־הַסִּירוֹת מה
וְאֶת־הַיָּעִים וְאֶת־הַמִּזְרָקוֹת וְאֵת כָּל־הַכֵּלִים
האהל אֲשֶׁר עָשָׂה חִירָם לַמֶּלֶךְ שְׁלֹמֹה בֵּית יְהוָה הָאֵלֶּה
נְחֹשֶׁת מְמֹרָט׃ בְּכִכַּר הַיַּרְדֵּן יְצָקָם הַמֶּלֶךְ בְּמַעֲבֵה מו
הָאֲדָמָה בֵּין סֻכּוֹת וּבֵין צָרְתָן׃ וַיַּנַּח שְׁלֹמֹה אֶת־ מז
כָּל־הַכֵּלִים מֵרֹב מְאֹד מְאֹד לֹא נֶחְקַר מִשְׁקַל
הַנְּחֹשֶׁת׃ וַיַּעַשׂ שְׁלֹמֹה אֵת כָּל־הַכֵּלִים אֲשֶׁר בֵּית מח
יְהוָה אֵת מִזְבַּח הַזָּהָב וְאֶת־הַשֻּׁלְחָן אֲשֶׁר עָלָיו
לֶחֶם הַפָּנִים זָהָב׃ וְאֶת־הַמְּנֹרוֹת חָמֵשׁ מִיָּמִין וְחָמֵשׁ מט

עשיית כלי המקדש

ביאור
מלכים א׳ פרק ז מ וַיַּעַשׂ חִירוֹם אֶת-הַכִּיֹּרוֹת, כלי קיבול לדֶשן המזבח,
וְאֶת-הַיָּעִים, המגרפות וְאֶת-הַמִּזְרָקוֹת, הספלים, כלי קיבול לדם
הקרבנות לזרוק ממנו על קיר המזבח. וַיְכַל חִירָם לַעֲשׂוֹת אֶת-כָּל-
הַמְּלָאכָה אֲשֶׁר עָשָׂה לַמֶּלֶךְ שְׁלֹמֹה עבור בֵּית ה׳. מא עַמֻּדִים שְׁנַיִם,
וְגֻלֹּת, כדורי הַכֹּתָרֹת אֲשֶׁר-עַל-רֹאשׁ הָעַמֻּדִים שְׁתָּיִם, וְהַשְּׂבָכוֹת,
הרשתות שְׁתַּיִם שנועדו לְכַסּוֹת אֶת-שְׁתֵּי גֻּלּוֹת הַכֹּתָרֹת אֲשֶׁר עַל-
רֹאשׁ הָעַמּוּדִים. מב וְאֶת-הָרִמֹּנִים שהיו אַרְבַּע מֵאוֹת לִשְׁתֵּי הַשְּׂבָכוֹת,
שְׁנֵי-טוּרִים רִמֹּנִים לַשְּׂבָכָה הָאֶחָת לְכַסּוֹת אֶת-שְׁתֵּי גֻּלֹּת הַכֹּתָרֹת אֲשֶׁר
עַל-פְּנֵי הָעַמּוּדִים. מג וְאֶת-הַמְּכֹנוֹת עֶשֶׂר, וְאֶת-הַכִּיֹּרֹת עֲשָׂרָה עַל-
הַמְּכֹנוֹת. מד וְאֶת-הַיָּם הָאֶחָד, וְאֶת-הַבָּקָר שְׁנֵים-עָשָׂר שהוצבו תַּחַת
הַיָּם. מה וְאֶת-הַסִּירוֹת, סירים, דוודים[255] וְאֶת-הַיָּעִים וְאֶת-הַמִּזְרָקוֹת,
וְאֵת כָּל-הַכֵּלִים הָאֵלֶּה אֲשֶׁר עָשָׂה חִירָם לַמֶּלֶךְ שְׁלֹמֹה בֵּית ה׳ מִנְחֹשֶׁת
מְמֹרָט, מבריקה.[256] רוב כלי המקדש נעשו בתבנית הכתובה בספר
שמות, ולשם כך לא היה צורך באדריכל מומחה. ואולם העמודים,
הים וכיוצא בהם לא היו במשכן, ובנייתם הייתה תהליך מורכב
ודרשה תכנון ומיומנויות מיוחדות שהיו לחירם.

כאן מופיעה הערה טכנית: מו בְּכִכַּר הַיַּרְדֵּן יְצָקָם הַמֶּלֶךְ, בְּמַעֲבֵה
הָאֲדָמָה בֵּין סֻכּוֹת וּבֵין צָרְתָן. יציקות נחושת קטנות יחסית נעשות
בבתי מלאכה גדולים, אבל יציקות גדולות, כפי שנדרשו כאן, דורשות
תנאים מיוחדים. עד היום יוצקים את המתכת בתבניות שאותן
מניחים בתוך אדמה רטובה. משום כך הכין שלמה את יציקותיו
במעבה האדמה, והוא בחר בכיכר הירדן, משום שרק שם הקרקע
לחה דיה לעיצוב תבניות כה מורכבות.[257] מז וַיַּנַּח, חדל מלשקול
שְׁלֹמֹה אֶת-כָּל-הַכֵּלִים מֵרֹב מְאֹד מְאֹד. לֹא נֶחְקַר מִשְׁקַל הַנְּחֹשֶׁת.
הנחושת ששימשה לכל הכלים הללו הייתה כה רבה, שלא בדקו
את כמויותיה.[258]

מח וַיַּעַשׂ שְׁלֹמֹה אֵת כָּל-הַכֵּלִים אֲשֶׁר בתוך בֵּית ה׳ – אֵת מִזְבַּח
הַזָּהָב וְאֶת-הַשֻּׁלְחָן אֲשֶׁר עָלָיו לֶחֶם הַפָּנִים ואף הוא מצופה זָהָב,
ככתוב.[259] מט וְאֶת-הַמְּנֹרוֹת הציב חָמֵשׁ מִיָּמִין וְחָמֵשׁ מִשְּׂמֹאל לִפְנֵי

מִשְּׂמֹאול לִפְנֵי הַדְּבִיר זָהָב סָגוּר וְהַפֶּרַח וְהַנֵּרֹת
נ וְהַמֶּלְקַחַיִם זָהָב: וְהַסִּפּוֹת וְהַמְזַמְּרוֹת וְהַמִּזְרָקוֹת
וְהַכַּפּוֹת וְהַמַּחְתּוֹת זָהָב סָגוּר וְהַפֹּתוֹת לְדַלְתוֹת
הַבַּיִת הַפְּנִימִי לְקֹדֶשׁ הַקֳּדָשִׁים לְדַלְתֵי הַבַּיִת לַהֵיכָל
נא זָהָב:★ וַתִּשְׁלַם כָּל־הַמְּלָאכָה אֲשֶׁר עָשָׂה
הַמֶּלֶךְ שְׁלֹמֹה בֵּית יְהוָה וַיָּבֵא שְׁלֹמֹה אֶת־קָדְשֵׁי ו
דָּוִד אָבִיו אֶת־הַכֶּסֶף וְאֶת־הַזָּהָב וְאֶת־הַכֵּלִים נָתַן
ח א בְּאֹצְרוֹת בֵּית יְהוָה: אָז יַקְהֵל שְׁלֹמֹה
אֶת־זִקְנֵי יִשְׂרָאֵל אֶת־כָּל־רָאשֵׁי הַמַּטּוֹת נְשִׂיאֵי
הָאָבוֹת לִבְנֵי יִשְׂרָאֵל אֶל־הַמֶּלֶךְ שְׁלֹמֹה יְרוּשָׁלָם
לְהַעֲלוֹת אֶת־אֲרוֹן בְּרִית־יְהוָה מֵעִיר דָּוִד הִיא צִיּוֹן:
ב וַיִּקָּהֲלוּ אֶל־הַמֶּלֶךְ שְׁלֹמֹה כָּל־אִישׁ יִשְׂרָאֵל בְּיֶרַח
ג הָאֵתָנִים בֶּחָג הוּא הַחֹדֶשׁ הַשְּׁבִיעִי: וַיָּבֹאוּ כֹּל זִקְנֵי
ד יִשְׂרָאֵל וַיִּשְׂאוּ הַכֹּהֲנִים אֶת־הָאָרוֹן: וַיַּעֲלוּ אֶת־אֲרוֹן
יְהוָה וְאֶת־אֹהֶל מוֹעֵד וְאֶת־כָּל־כְּלֵי הַקֹּדֶשׁ אֲשֶׁר

★ הספרדים והתימנים מסיימים כאן האשכנזים מתחילים כאן

ביאור **הַדְּבִיר**, כולן עשויות **זָהָב סָגוּר**, זהב מיוחד יקר ביותר,[260] **וְגַם הַפֶּרַח**
של המנורה **וְהַנֵּרֹת וְהַמֶּלְקָחַיִם** עשויים **זָהָב**. מלבד המנורה העתיקה
של משה רבנו, שעמדה במרכז, העמיד שלמה עוד עשר מנורות
משני צדיה.[261] נ **וְהַסִּפּוֹת**, מעין כדים או סוג כלי זמר[262] **וְהַמְזַמְּרוֹת**,
כלי זמר **וְהַמִּזְרָקוֹת וְהַכַּפּוֹת וְהַמַּחְתּוֹת** – כולם **מִזָּהָב סָגוּר**, **וְהַפֹּתוֹת**,
שקעים שבתוכם נכנסים צירי הדלת[263] **לְדַלְתוֹת הַבַּיִת הַפְּנִימִי, לְקֹדֶשׁ
הַקֳּדָשִׁים**, וכן **לְדַלְתֵי הַבַּיִת, לַהֵיכָל – זָהָב**.

חנוכת הבית וּברכות שלמה

הפטרת פקודי היא המשכה של הפטרת ויקהל. המקדש הופך לבית ה׳ עם הכנסת הארון לתוכו. הארון הובא בתהלוכה חגיגית להר המוריה, ועם השכנתו בדביר הופיע האישור האלוקי בדמות ענן – בדומה למתואר במשכן בסוף פרשת השבוע. ברגע שיא זה שבו ירד כבוד ה׳ לשכון בבית הקבע שלו, בירושלים, שלמה מדבר הן אל אלוקים הן אל העם הרב שהתאסף. דבריו המובאים כאן כוללים דברי תודה ושבח על מילוי ההבטחה שהבטיח ה׳ לדוד אביו, ועל רוממותו של המעמד של בניית בית של קבע לה׳ כמעט חמש מאות שנה מאז הפכו ישראל לעם ויצאו ממצרים.

מלכים א׳ פרק ז נא **וַתִּשְׁלַם כָּל־הַמְּלָאכָה אֲשֶׁר עָשָׂה הַמֶּלֶךְ שְׁלֹמֹה
לְבֵית ה׳. וַיָּבֵא שְׁלֹמֹה אֶת־קָדְשֵׁי**, הקדשות **דָּוִד אָבִיו, אֶת־הַכֶּסֶף
וְאֶת־הַזָּהָב וְאֶת־הַכֵּלִים** שלא השתמשו בהם **נָתַן בְּאֹצְרוֹת בֵּית ה׳**.
אוצר המקדש הכיל את כל עודפי הכסף והזהב שהכין דוד לצורך
בניין הבית. אוצרות אלו היו בגדר הקדש, ומצד שני הם היו האוצר
הלאומי של הממלכה.[264] מפעם לפעם בשעת הדחק השתמשו בהם
מלכי יהודה.

פרק ח א **אָז יַקְהֵל**, כינס **שְׁלֹמֹה אֶת זִקְנֵי יִשְׂרָאֵל, אֶת כָּל רָאשֵׁי
הַמַּטּוֹת**, השבטים **נְשִׂיאֵי הָאָבוֹת לִבְנֵי יִשְׂרָאֵל אֶל הַמֶּלֶךְ שְׁלֹמֹה
יְרוּשָׁלָםִ**, כדי **לְהַעֲלוֹת אֶת אֲרוֹן בְּרִית ה׳ מֵעִיר דָּוִד, הִיא צִיּוֹן**, שבה
הוחזק עד אז, אל הר המוריה. ב **וַיִּקָּהֲלוּ אֶל הַמֶּלֶךְ שְׁלֹמֹה כָּל אִישׁ
יִשְׂרָאֵל בְּיֶרַח הָאֵתָנִים, בֶּחָג** הסוכות, **הוּא הַחֹדֶשׁ הַשְּׁבִיעִי**, הקרוי בפינו
בשם הבבלי תשרי.[265] ג **וַיָּבֹאוּ כֹּל זִקְנֵי יִשְׂרָאֵל, וַיִּשְׂאוּ הַכֹּהֲנִים אֶת
הָאָרוֹן** על כתפיהם, כמצווה. ד **וַיַּעֲלוּ אֶת אֲרוֹן ה׳ וְאֶת** חלקי המבנה
של **אֹהֶל מוֹעֵד** שעשה משה **וְאֶת כָּל כְּלֵי הַקֹּדֶשׁ אֲשֶׁר בָּאֹהֶל, וַיַּעֲלוּ**

בָּאֹהֶל וַיַּעֲלוּ אֹתָם הַכֹּהֲנִים וְהַלְוִיִּם׃ וְהַמֶּלֶךְ שְׁלֹמֹה ה
וְכָל־עֲדַת יִשְׂרָאֵל הַנּוֹעָדִים עָלָיו אִתּוֹ לִפְנֵי הָאָרוֹן
מְזַבְּחִים צֹאן וּבָקָר אֲשֶׁר לֹא־יִסָּפְרוּ וְלֹא יִמָּנוּ מֵרֹב׃
וַיָּבִאוּ הַכֹּהֲנִים אֶת־אֲרוֹן בְּרִית־יְהוָה אֶל־מְקוֹמוֹ ו
אֶל־דְּבִיר הַבַּיִת אֶל־קֹדֶשׁ הַקֳּדָשִׁים אֶל־תַּחַת
כַּנְפֵי הַכְּרוּבִים׃ כִּי הַכְּרוּבִים פֹּרְשִׂים כְּנָפַיִם אֶל־ ז
מְקוֹם הָאָרוֹן וַיָּסֹכּוּ הַכְּרֻבִים עַל־הָאָרוֹן וְעַל־בַּדָּיו
מִלְמָעְלָה׃ וַיַּאֲרִכוּ הַבַּדִּים וַיֵּרָאוּ רָאשֵׁי הַבַּדִּים מִן־ ח
הַקֹּדֶשׁ עַל־פְּנֵי הַדְּבִיר וְלֹא יֵרָאוּ הַחוּצָה וַיִּהְיוּ שָׁם
עַד הַיּוֹם הַזֶּה׃ אֵין בָּאָרוֹן רַק שְׁנֵי לֻחוֹת הָאֲבָנִים ט
אֲשֶׁר הִנִּחַ שָׁם מֹשֶׁה בְּחֹרֵב אֲשֶׁר כָּרַת יְהוָה עִם־
בְּנֵי יִשְׂרָאֵל בְּצֵאתָם מֵאֶרֶץ מִצְרָיִם׃ וַיְהִי בְּצֵאת י
הַכֹּהֲנִים מִן־הַקֹּדֶשׁ וְהֶעָנָן מָלֵא אֶת־בֵּית יְהוָה׃
וְלֹא־יָכְלוּ הַכֹּהֲנִים לַעֲמֹד לְשָׁרֵת מִפְּנֵי הֶעָנָן כִּי־ יא
מָלֵא כְבוֹד־יְהוָה אֶת־בֵּית יְהוָה׃ אָז אָמַר יב
שְׁלֹמֹה יְהוָה אָמַר לִשְׁכֹּן בָּעֲרָפֶל׃ בָּנֹה בָנִיתִי בֵּית יג
זְבֻל לָךְ מָכוֹן לְשִׁבְתְּךָ עוֹלָמִים׃ וַיַּסֵּב הַמֶּלֶךְ אֶת־ יד
פָּנָיו וַיְבָרֶךְ אֵת כָּל־קְהַל יִשְׂרָאֵל וְכָל־קְהַל יִשְׂרָאֵל
עֹמֵד׃ וַיֹּאמֶר בָּרוּךְ יְהוָה אֱלֹהֵי יִשְׂרָאֵל אֲשֶׁר דִּבֶּר טו
בְּפִיו אֵת דָּוִד אָבִי וּבְיָדוֹ מִלֵּא לֵאמֹר׃ מִן־הַיּוֹם אֲשֶׁר טז
הוֹצֵאתִי אֶת־עַמִּי אֶת־יִשְׂרָאֵל מִמִּצְרַיִם לֹא־בָחַרְתִּי

ביאור

אֹתָם הַכֹּהֲנִים וְהַלְוִיִּם. ה **וְהַמֶּלֶךְ שְׁלֹמֹה וְכָל עֲדַת יִשְׂרָאֵל הַנּוֹעָדִים**
עָלָיו, שנאספו אליו[266] הולכים **אִתּוֹ לִפְנֵי הָאָרוֹן, מְזַבְּחִים צֹאן וּבָקָר**
אֲשֶׁר לֹא יִסָּפְרוּ וְלֹא יִמָּנוּ מֵרֹב. בתהלוכה זו הקריבו קרבנות לכבוד
מעמד העלאת הארון לבית ה׳.

ו **וַיָּבִאוּ הַכֹּהֲנִים אֶת אֲרוֹן בְּרִית ה׳ אֶל מְקוֹמוֹ, אֶל דְּבִיר הַבַּיִת, אֶל**
קֹדֶשׁ הַקֳּדָשִׁים, אֶל תַּחַת כַּנְפֵי הַכְּרוּבִים שעשה שלמה,[267] שהיו גדולים
הרבה יותר מן הכרובים שעשה משה למשכן.[268] ז **כִּי הַכְּרוּבִים**
פֹּרְשִׂים כְּנָפַיִם אֶל מְקוֹם הָאָרוֹן, והואיל והיו גבוהים מאוד – **וַיָּסֹכּוּ**,
סוככו **הַכְּרֻבִים עַל הָאָרוֹן וְעַל בַּדָּיו**, מוטותיו **מִלְמָעְלָה.** ח **וַיַּאֲרִכוּ**
הַבַּדִּים, היו ארוכים ביחס למקום שבו הונח הארון,[269] או: התארכו
בדרך נס,[270] **וַיֵּרָאוּ רָאשֵׁי**, קצות **הַבַּדִּים מִן הַקֹּדֶשׁ עַל פְּנֵי הַדְּבִיר, וְלֹא**
יֵרָאוּ הַחוּצָה. בפתח הדביר הייתה פרוסה פרוכת, וראשי הבדים בלטו
קצת מבעד לה, כך שהיה ניכר שהם שם, אף שלא נראו בגלוי.[271]
וַיִּהְיוּ שָׁם עַד הַיּוֹם הַזֶּה. ט **אֵין בָּאָרוֹן** דבר, **אלא רַק שְׁנֵי לֻחוֹת הָאֲבָנִים**
אֲשֶׁר הִנִּחַ שָׁם מֹשֶׁה בְּחֹרֵב, שעליהם כתובים דברי הברית[272] **אֲשֶׁר**
כָּרַת ה׳ עִם בְּנֵי יִשְׂרָאֵל בְּצֵאתָם מֵאֶרֶץ מִצְרָיִם.

י **וַיְהִי בְּצֵאת הַכֹּהֲנִים מִן הַקֹּדֶשׁ**, אחרי שהניחו את הארון במקומו,
וְהֶעָנָן מָלֵא אֶת בֵּית ה׳. הענן מסמל את שכינת ה׳. רק משעה שהארון
שכן בקודש הקודשים, הייתה משמעות למקדש כולו. יא **וְלֹא יָכְלוּ**
הַכֹּהֲנִים לַעֲמֹד לְשָׁרֵת מִפְּנֵי הֶעָנָן, כִּי מָלֵא כְבוֹד ה׳ אֶת בֵּית ה׳.

יב **אָז אָמַר שְׁלֹמֹה: ה׳ אָמַר**, רצה **לִשְׁכֹּן בָּעֲרָפֶל.** מן הערפל ניכר שהוא
שוכן כאן אתנו.[273] יג **בָּנֹה בָנִיתִי בֵּית זְבֻל**, דירה **לָךְ, מָכוֹן**, מקום
קבוע ומבוסס **לְשִׁבְתְּךָ**, כדי שתשב בו **עוֹלָמִים.**

כששלמה דיבר ישירות אל ה׳, הוא פנה אל הקודש, כמו כל העם.
לאחר מכן פנה אל העם ואמר באוזניו ואליו דברי הקדמה ותודה
לה׳: יד **וַיַּסֵּב הַמֶּלֶךְ אֶת פָּנָיו** אל העם, **וַיְבָרֶךְ אֵת כָּל קְהַל יִשְׂרָאֵל,**
וְכָל קְהַל יִשְׂרָאֵל עֹמֵד בעזרות שבמקדש. טו **וַיֹּאמַר: בָּרוּךְ ה׳ אֱלֹהֵי**
יִשְׂרָאֵל אֲשֶׁר דִּבֶּר בְּפִיו אֵת, עם **דָּוִד אָבִי, וּבְיָדוֹ**, ובשלטונו[274] **מִלֵּא**
את הבטחתו **לֵאמֹר:** טז **״מִן הַיּוֹם אֲשֶׁר הוֹצֵאתִי אֶת עַמִּי אֶת**

בְּעִיר מִכֹּל שִׁבְטֵי יִשְׂרָאֵל לִבְנוֹת בַּיִת לִהְיוֹת שְׁמִי
יז שָׁם וָאֶבְחַר בְּדָוִד לִהְיוֹת עַל־עַמִּי יִשְׂרָאֵל׃ וַיְהִי עִם־
לְבַב דָּוִד אָבִי לִבְנוֹת בַּיִת לְשֵׁם יהוה אֱלֹהֵי יִשְׂרָאֵל׃
יח וַיֹּאמֶר יהוה אֶל־דָּוִד אָבִי יַעַן אֲשֶׁר הָיָה עִם־לְבָבְךָ
יט לִבְנוֹת בַּיִת לִשְׁמִי הֱטִיבֹתָ כִּי הָיָה עִם־לְבָבֶךָ׃ רַק
אַתָּה לֹא תִבְנֶה הַבָּיִת כִּי אִם־בִּנְךָ הַיֹּצֵא מֵחֲלָצֶיךָ
כ הוּא־יִבְנֶה הַבַּיִת לִשְׁמִי׃ וַיָּקֶם יהוה אֶת־דְּבָרוֹ אֲשֶׁר
דִּבֵּר וָאָקֻם תַּחַת דָּוִד אָבִי וָאֵשֵׁב ׀ עַל־כִּסֵּא יִשְׂרָאֵל
כַּאֲשֶׁר דִּבֶּר יהוה וָאֶבְנֶה הַבַּיִת לְשֵׁם יהוה אֱלֹהֵי
כא יִשְׂרָאֵל׃ וָאָשִׂם שָׁם מָקוֹם לָאָרוֹן אֲשֶׁר־שָׁם בְּרִית
יהוה אֲשֶׁר כָּרַת עִם־אֲבֹתֵינוּ בְּהוֹצִיאוֹ אֹתָם מֵאֶרֶץ
מִצְרָיִם׃

ביאור | **יִשְׂרָאֵל מִמִּצְרַיִם לֹא בָחַרְתִּי בְעִיר מִכֹּל שִׁבְטֵי יִשְׂרָאֵל לִבְנוֹת** בה **בַּיִת**
לִהְיוֹת שְׁמִי שָׁם. גם כאשר ישראל נכנסו לארצם לא נבנה בית אבן
שלם וקבוע לה', אלא משכנות עראי. משכנות אלו קורו ביריעות
המשכן שליווה את ישראל במדבר.[275] **וָאֶבְחַר בְּדָוִד לִהְיוֹת** מלך **עַל**
עַמִּי יִשְׂרָאֵל." יז **וַיְהִי עִם לְבַב דָּוִד אָבִי לִבְנוֹת בַּיִת לְשֵׁם ה' אֱלֹהֵי**
יִשְׂרָאֵל. כיוון שהייתה בידו המלוכה - עלה בלבו שהגיע הזמן
לבנות בית לה'. יח **וַיֹּאמֶר ה' אֶל דָּוִד אָבִי** ביד הנביאים: **יַעַן אֲשֶׁר**
הָיָה עִם לְבָבְךָ לִבְנוֹת בַּיִת לִשְׁמִי – הֱטִיבֹתָ כִּי הָיָה עִם לְבָבֶךָ. רצון
זה כשלעצמו - טוב הוא; יט **רַק אַתָּה לֹא תִבְנֶה הַבָּיִת, כִּי אִם בִּנְךָ**
הַיֹּצֵא מֵחֲלָצֶיךָ הוּא יִבְנֶה את **הַבַּיִת לִשְׁמִי.** סיבת הגזרה אינה מובאת
כאן, אלא במקום אחר: דוד היה איש מלחמות ושפך דם רב, ועל כן
לא היה ראוי שייבנה על ידו בית ה'. הבית ייבנה על ידי בנו, שלמה,
שהוא איש מנוחה ושלום.[276] כ **וַיָּקֶם,** קיים **ה' אֶת דְּבָרוֹ אֲשֶׁר דִּבֵּר,**
וָאָקֻם תַּחַת דָּוִד אָבִי וָאֵשֵׁב עַל כִּסֵּא יִשְׂרָאֵל, מלכתי **כַּאֲשֶׁר דִּבֶּר ה',**
וָאֶבְנֶה הַבַּיִת לְשֵׁם ה' אֱלֹהֵי יִשְׂרָאֵל. כא **וָאָשִׂם שָׁם מָקוֹם לָאָרוֹן**
אֲשֶׁר שָׁם הלוחות[277] שבהם **בְּרִית ה' אֲשֶׁר כָּרַת עִם אֲבֹתֵינוּ בְּהוֹצִיאוֹ**
אֹתָם מֵאֶרֶץ מִצְרָיִם. בלוחות כתובים עשרת הדיברות, שאפשר
לראות בהם את תמצית התורה[278] ואת ה'כתובה' שנתן ה' לעמו
בסיני,[279] כלומר את השטר שבו מפורטת הברית שכרת ה' עם בני
ישראל - 'לוחות הברית'.

הפטרת שבת ערב ראש חדש

שמואל א

וַיֹּאמֶר־לוֹ יְהוֹנָתָן מָחָר חֹדֶשׁ וְנִפְקַדְתָּ כִּי יִפָּקֵד יח כ
מוֹשָׁבֶךָ׃ וְשִׁלַּשְׁתָּ תֵּרֵד מְאֹד וּבָאתָ אֶל־הַמָּקוֹם יט
אֲשֶׁר־נִסְתַּרְתָּ שָּׁם בְּיוֹם הַמַּעֲשֶׂה וְיָשַׁבְתָּ אֵצֶל הָאֶבֶן
הָאָזֶל׃ וַאֲנִי שְׁלֹשֶׁת הַחִצִּים צִדָּה אוֹרֶה לְשַׁלַּח־לִי כ
לְמַטָּרָה׃ וְהִנֵּה אֶשְׁלַח אֶת־הַנַּעַר לֵךְ מְצָא אֶת־ כא
הַחִצִּים אִם־אָמֹר אֹמַר לַנַּעַר הִנֵּה הַחִצִּים ׀ מִמְּךָ
וָהֵנָּה קָחֶנּוּ וָבֹאָה כִּי־שָׁלוֹם לְךָ וְאֵין דָּבָר חַי־יְהוָה׃
וְאִם־כֹּה אֹמַר לָעֶלֶם הִנֵּה הַחִצִּים מִמְּךָ וָהָלְאָה לֵךְ כב
כִּי שִׁלַּחֲךָ יְהוָה׃ וְהַדָּבָר אֲשֶׁר דִּבַּרְנוּ אֲנִי וָאָתָּה כג
הִנֵּה יְהוָה בֵּינִי וּבֵינְךָ עַד־עוֹלָם׃ וַיִּסָּתֵר כד
דָּוִד בַּשָּׂדֶה וַיְהִי הַחֹדֶשׁ וַיֵּשֶׁב הַמֶּלֶךְ עַל־הַלֶּחֶם אֶל־
לֶאֱכוֹל׃ וַיֵּשֶׁב הַמֶּלֶךְ עַל־מוֹשָׁבוֹ כְּפַעַם ׀ בְּפַעַם אֶל־ כה

הרחבות

ראש חודש באותם זמנים היה יום זה נחוג כחג של ממש. ממועד זה לא נותר הרבה בימינו, אם כי גם כיום מצווה להרבות בו בסעודה, והנשים נוהגות להימנע בו ממלאכה גמורה. (ירושלמי פסחים ד,א; רד"ק ואברבנאל להלן פס' יט; ספר הרוקח

בריחת דוד האחרונה מבית שאול ופרדתו מיהונתן

מלבד פתיחתה של ההפטרה, המציינת את ראש החודש שיחול מחר, ייתכן שגם נושא ההפטרה קשור לעניין ראשי חדשים. הסתתרויותיו הזמניות הרבות של דוד וברית קיומו הנצחית מרמזים על ייחודיותו של ישראל כעם נצחי על כל התלאות, הגלויות וההסתרות שהוא עובר. ייחודיות זו מתבטאת גם בכך שישראל קובעים את תאריכיהם וחגיהם לפי הלבנה המסתתרת ונגלית חליפות, הַחֹדֶשׁ הַזֶּה – לָכֶם.

ביאור | שמואל א׳ פרק כ יח **וַיֹּאמֶר לוֹ יְהוֹנָתָן: מָחָר** ראש **הַחֹדֶשׁ, וְנִפְקַדְתָּ,**
אתה תיזכר **כִּי יִפָּקֵד,** ייחסר **מוֹשָׁבֶךָ.** כיסאך בסעודת ראש החודש
יהיה ריק, וכך יבחינו בהיעדרך.[280] יט **וְשִׁלַּשְׁתָּ,** המתן עד היום
השלישי, **וְתֵרֵד מְאֹד,** העמק להתחבא היטב,[281] **וּבָאתָ אֶל הַמָּקוֹם**
אֲשֶׁר נִסְתַּרְתָּ שָּׁם בְּיוֹם הַמַּעֲשֶׂה, כשנסתרת בפעם הקודמת, אולי
ביום הניצחון על הפלשתים.[282] פירושים אחרים: ביום חול, בניגוד
לראש חודש שנמנעו בו מעשיית מלאכה; ביום המיועד או ביום
שבו תכננו לעשות את המעשה שלנו. **וְיָשַׁבְתָּ אֵצֶל הָאֶבֶן הָאָזֶל.** כך
היה שמה של אבן מסוימת. כ **וַאֲנִי** אצא לשדה עם **שְׁלֹשֶׁת הַחִצִּים**
שבצִדָּה של האבן[283] **אוֹרֶה,** אירה **לְשַׁלַּח לִי לְמַטָּרָה.** אעמיד פנים שאני
מתאמן בירייה בקשת.[284] כא **וְהִנֵּה אֶשְׁלַח אֶת הַנַּעַר** שאקח אתי
ואומר לו: **״לֵךְ מְצָא אֶת הַחִצִּים״. אִם אָמֹר אֹמַר לַנַּעַר: ״הִנֵּה הַחִצִּים**
מִמְּךָ וָהֵנָּה, הם קרובים ואינך צריך להתרחק״ – **קָחֶנּוּ וָבֹאָה,** תוכל
אתה לצאת ממחבואך ולהביא אלי בעצמך את החץ,[285] **כִּי שָׁלוֹם לְךָ**
וְאֵין דָּבָר, אין כל חשש, **חַי ה׳.** כב **וְאִם כֹּה אֹמַר לָעֶלֶם: ״הִנֵּה הַחִצִּים**
מִמְּךָ וָהָלְאָה״ – לֵךְ, כִּי שִׁלַּחֲךָ ה׳. כך תקבל את המסר ותוכל להמשיך
להיסתר בלי שאיש כלשהו, אם יהיה במקום, יבין. כג מכיוון שייתכן
שהם לא יתראו יותר, הוסיף יהונתן: **וְהַדָּבָר,** הברית **אֲשֶׁר דִּבַּרְנוּ אֲנִי**
וָאָתָּה – הִנֵּה ה׳ מעיד עליה[286] **בֵּינִי וּבֵינְךָ עַד עוֹלָם.**

כד **וַיִּסָּתֵר דָּוִד בַּשָּׂדֶה. וַיְהִי הַחֹדֶשׁ, וַיֵּשֶׁב הַמֶּלֶךְ אֶל הַלֶּחֶם,** הסעודה
הגדולה **לֶאֱכוֹל.** כה **וַיֵּשֶׁב הַמֶּלֶךְ עַל מוֹשָׁבוֹ** הרגיל **כְּפַעַם בְּפַעַם**

הרחבות | רכח; שולחן ערוך, אורח חיים תיז,א). מהמספר כאן עולה שראש החודש היה לעתים יומיים, ואף ידעו על כך מראש, כמו שקורה גם כיום בחלק מחודשי השנה. (ראו ירושלמי תענית ד,ג; ר״י מטראני על אתר).

מוֹשַׁב֙ הַקִּ֔יר וַיָּ֙קָם֙ יְה֣וֹנָתָ֔ן וַיֵּ֥שֶׁב אַבְנֵ֖ר מִצַּ֣ד שָׁא֑וּל
כו וַיִּפָּקֵ֖ד מְק֥וֹם דָּוִֽד׃ וְלֹֽא־דִבֶּ֥ר שָׁא֛וּל מְא֖וּמָה בַּיּ֣וֹם
הַה֑וּא כִּ֤י אָמַר֙ מִקְרֶ֣ה ה֔וּא בִּלְתִּ֥י טָה֛וֹר ה֖וּא כִּֽי־לֹ֥א
כז טָהֽוֹר׃ וַיְהִ֗י מִֽמָּחֳרַ֤ת הַחֹ֙דֶשׁ֙ הַשֵּׁנִ֔י וַיִּפָּקֵ֖ד
מְק֣וֹם דָּוִ֑ד וַיֹּ֤אמֶר שָׁאוּל֙ אֶל־יְהוֹנָתָ֣ן בְּנ֔וֹ מַדּ֜וּעַ לֹא־
כח בָ֧א בֶן־יִשַׁ֛י גַּם־תְּמ֥וֹל גַּם־הַיּ֖וֹם אֶל־הַלָּֽחֶם׃ וַיַּ֥עַן
יְהוֹנָתָ֖ן אֶת־שָׁא֑וּל נִשְׁאֹ֨ל נִשְׁאַ֥ל דָּוִ֛ד מֵעִמָּדִ֖י עַד־
כט בֵּ֥ית לָֽחֶם׃ וַיֹּ֡אמֶר שַׁלְּחֵ֣נִי נָ֡א כִּ֣י זֶבַח֩ מִשְׁפָּחָ֨ה לָ֜נוּ
בָּעִ֗יר וְה֤וּא צִוָּה־לִי֙ אָחִ֔י וְעַתָּ֗ה אִם־מָצָ֤אתִי חֵן֙
בְּעֵינֶ֔יךָ אִמָּ֥לְטָה נָּ֖א וְאֶרְאֶ֣ה אֶת־אֶחָ֑י עַל־כֵּ֣ן לֹא־
ל בָ֔א אֶל־שֻׁלְחַ֖ן הַמֶּֽלֶךְ׃ וַיִּֽחַר־אַ֤ף שָׁאוּל֙
בִּיה֣וֹנָתָ֔ן וַיֹּ֣אמֶר ל֔וֹ בֶּֽן־נַעֲוַ֖ת הַמַּרְדּ֑וּת הֲל֣וֹא יָדַ֗עְתִּי
כִּֽי־בֹחֵ֤ר אַתָּה֙ לְבֶן־יִשַׁ֔י לְבָ֨שְׁתְּךָ֔ וּלְבֹ֖שֶׁת עֶרְוַ֥ת
לא אִמֶּֽךָ׃ כִּ֣י כָל־הַיָּמִ֗ים אֲשֶׁ֤ר בֶּן־יִשַׁי֙ חַ֣י עַל־הָאֲדָמָ֔ה
לֹ֥א תִכּ֖וֹן אַתָּ֣ה וּמַלְכוּתֶ֑ךָ וְעַתָּ֗ה שְׁלַ֨ח וְקַ֤ח אֹתוֹ֙ אֵלַ֔י
לב כִּ֥י בֶן־מָ֖וֶת הֽוּא׃ וַיַּ֙עַן֙ יְה֣וֹנָתָ֔ן אֶת־שָׁא֖וּל
לג אָבִ֑יו וַיֹּ֧אמֶר אֵלָ֛יו לָ֥מָּה יוּמַ֖ת מֶ֥ה עָשָֽׂה׃ וַיָּ֨טֶל שָׁא֧וּל
אֶֽת־הַחֲנִ֛ית עָלָ֖יו לְהַכֹּת֑וֹ וַיֵּ֙דַע֙ יְה֣וֹנָתָ֔ן כִּֽי־כָ֥לָה
לד הִ֛יא מֵעִ֥ם אָבִ֖יו לְהָמִ֥ית אֶת־דָּוִֽד׃ וַיָּ֧קָם

ביאור | אֶל הַמּוֹשָׁב שגבו צמוד אל הַקִּיר, מטעמי נוחות או מִשום שחשש
לביטחונו.[287] וַיָּקָם יְהוֹנָתָן מצד אביו[288] וַיֵּשֶׁב אַבְנֵר שר הצבא מִצַּד
שָׁאוּל וַיִּפָּקֵד, חסר מְקוֹם דָּוִד. כו וְלֹא דִבֶּר שָׁאוּל מְאוּמָה על כך
בַּיּוֹם הַהוּא, כִּי אָמַר בלבו: מִקְרֶה הוּא, בִּלְתִּי טָהוֹר הוּא. דוד טמא
מחמת קרי לילה וכדומה, ולא בא אל סעודת הזבח המקודשת,
כִּי לֹא טָהוֹר. טומאה קלה ושכיחה מעין זו, שיכולה לקרות לאדם
בעצמו או מתוך יחסיו עם אשתו, היא ההסבר הפשוט ביותר
להיעדרות שאינה צפויה. מן הסתם יבוא למחרת, לאחר שיטבול
בלילה ויטהר.[289]

כז וַיְהִי מִמָּחֳרַת, שהוא יום הַחֹדֶשׁ הַשֵּׁנִי,[290] וַיִּפָּקֵד שוב מְקוֹם דָּוִד.
וַיֹּאמֶר שָׁאוּל אֶל יְהוֹנָתָן בְּנוֹ, חברו של דוד: מַדּוּעַ לֹא בָא בֶן יִשַׁי גַּם
תְּמוֹל, אתמול גַּם הַיּוֹם אֶל הַלָּחֶם?

כח וַיַּעַן יְהוֹנָתָן אֶת שָׁאוּל: נִשְׁאֹל נִשְׁאַל, ביקש דָּוִד מֵעִמָּדִי רשות ללכת
עַד בֵּית לָחֶם. כט וַיֹּאמֶר: "שַׁלְּחֵנִי נָא, כִּי זֶבַח מִשְׁפָּחָה לָנוּ בָּעִיר, וְהוּא
צִוָּה לִי לבוא, אָחִי הגדול.[291] וְעַתָּה אִם מָצָאתִי חֵן בְּעֵינֶיךָ – אִמָּלְטָה,
אשתחרר וארוץ נָּא וְאֶרְאֶה אֶת אֶחָי", עַל כֵּן לֹא בָא דוד אֶל שֻׁלְחַן
הַמֶּלֶךְ. אין בהיעלמותו פגיעה בכבודך, שהרי ביקש את רשותי.

ל וַיִּחַר אַף, כעס שָׁאוּל בִּיהוֹנָתָן, וַיֹּאמֶר לוֹ: בֶּן נַעֲוַת הַמַּרְדּוּת, אשה
מעוותת ומרדנית! שאול מקלל את אם יהונתן ומבזה אותה. והוא
מחריף את התבטאותו:[292] הֲלוֹא יָדַעְתִּי כִּי בֹחֵר אַתָּה לְבֶן, בבן יִשַׁי,
אתה מעדיף שדוד יהיה המלך,[293] לְבָשְׁתְּךָ וּלְבֹשֶׁת עֶרְוַת אִמֶּךָ. לא כִּי
כָל הַיָּמִים אֲשֶׁר בֶּן יִשַׁי חַי עַל הָאֲדָמָה לֹא תִכּוֹן, תתקיים אַתָּה
וּמַלְכוּתֶךָ, וְעַתָּה שְׁלַח אנשים וְקַח אֹתוֹ אֵלַי כִּי בֶן מָוֶת הוּא. הוא
חייב מיתה.

לב וַיַּעַן יְהוֹנָתָן אֶת שָׁאוּל אָבִיו, וַיֹּאמֶר אֵלָיו: לָמָּה יוּמַת? מֶה עָשָׂה?

לג וַיָּטֶל שָׁאוּל אֶת הַחֲנִית עָלָיו לְהַכֹּתוֹ, לא כדי להרוג את בנו, אלא
לבטא את זעמו.

וַיֵּדַע יְהוֹנָתָן כִּי כָלָה הִיא, מנוי וגמור מֵעִם אָבִיו לְהָמִית אֶת דָּוִד.
שאול לא הצניע את הדבר אלא גילה את רצונו ברבים פעם אחר

יְהוֹנָתָן מֵעִם הַשֻּׁלְחָן בָּחֳרִי־אָף וְלֹא־אָכַל בְּיוֹם־
הַחֹדֶשׁ הַשֵּׁנִי לָחֶם כִּי נֶעְצַב אֶל־דָּוִד כִּי הִכְלִמוֹ
לה אָבִיו׃ וַיְהִי בַבֹּקֶר וַיֵּצֵא יְהוֹנָתָן הַשָּׂדֶה
לו לְמוֹעֵד דָּוִד וְנַעַר קָטֹן עִמּוֹ׃ וַיֹּאמֶר לְנַעֲרוֹ רֻץ מְצָא־
נָא אֶת־הַחִצִּים אֲשֶׁר אָנֹכִי מוֹרֶה הַנַּעַר רָץ וְהוּא־
לז יָרָה הַחֵצִי לְהַעֲבִרוֹ׃ וַיָּבֹא הַנַּעַר עַד־מְקוֹם הַחֵצִי
אֲשֶׁר יָרָה יְהוֹנָתָן וַיִּקְרָא יְהוֹנָתָן אַחֲרֵי הַנַּעַר וַיֹּאמֶר
לח הֲלוֹא הַחֵצִי מִמְּךָ וָהָלְאָה׃ וַיִּקְרָא יְהוֹנָתָן אַחֲרֵי
הַנַּעַר מְהֵרָה חוּשָׁה אַל־תַּעֲמֹד וַיְלַקֵּט נַעַר יְהוֹנָתָן
לט אֶת־הַחִצִּי וַיָּבֹא אֶל־אֲדֹנָיו׃ וְהַנַּעַר לֹא־יָדַע מְאוּמָה הַחִצִּים
מ אַךְ יְהוֹנָתָן וְדָוִד יָדְעוּ אֶת־הַדָּבָר׃ וַיִּתֵּן יְהוֹנָתָן אֶת־
כֵּלָיו אֶל־הַנַּעַר אֲשֶׁר־לוֹ וַיֹּאמֶר לוֹ לֵךְ הָבֵיא הָעִיר׃
מא הַנַּעַר בָּא וְדָוִד קָם מֵאֵצֶל הַנֶּגֶב וַיִּפֹּל לְאַפָּיו אַרְצָה
וַיִּשְׁתַּחוּ שָׁלֹשׁ פְּעָמִים וַיִּשְּׁקוּ ׀ אִישׁ אֶת־רֵעֵהוּ וַיִּבְכּוּ
מב אִישׁ אֶת־רֵעֵהוּ עַד־דָּוִד הִגְדִּיל׃ וַיֹּאמֶר יְהוֹנָתָן לְדָוִד
לֵךְ לְשָׁלוֹם אֲשֶׁר נִשְׁבַּעְנוּ שְׁנֵינוּ אֲנַחְנוּ בְּשֵׁם יְהוָה
לֵאמֹר יְהוָה יִהְיֶה ׀ בֵּינִי וּבֵינֶךָ וּבֵין זַרְעִי וּבֵין זַרְעֲךָ
עַד־עוֹלָם׃

ביאור | פעם, שהרי שריו ומקורביו של שאול בוודאי נכחו בסעודה החגיגית. יתרה מזו, לראשונה הוא גם העליב את יהונתן וגם ניסה לפגוע בו. ליונתן לא נותר כל ספק באשר לכוונותיו.
לד **וַיָּקָם יְהוֹנָתָן מֵעִם הַשֻּׁלְחָן בָּחֳרִי אָף**, בכעס **וְלֹא אָכַל בְּיוֹם הַחֹדֶשׁ הַשֵּׁנִי לֶחֶם, כִּי נֶעְצַב אֶל דָּוִד וכִּי הִכְלִמוֹ**, ביישו **אָבִיו**. יונתן חש זעם, עצב ובושה גם יחד.

לה **וַיְהִי בַבֹּקֶר, וַיֵּצֵא יְהוֹנָתָן הַשָּׂדֶה לְמוֹעֵד**, לזמן שקבע עם **דָּוִד, וְנַעַר קָטֹן**, שלא יבין ויחשוד בדבר[294] **עִמּוֹ**.

לו **וַיֹּאמֶר לְנַעֲרוֹ: רֻץ מְצָא נָא אֶת הַחִצִּים אֲשֶׁר אָנֹכִי מוֹרֶה**, יורה.

הַנַּעַר רָץ, וְהוּא יָרָה הַחֵצִי, את החץ[295] **לְהַעֲבִרוֹ**, כדי שהחץ יעבור את הנער.
לז **וַיָּבֹא הַנַּעַר עַד מְקוֹם הַחֵצִי אֲשֶׁר יָרָה יְהוֹנָתָן**. התברר שיהונתן ירה מעבר למטרה היעודה,[296] **וַיִּקְרָא יְהוֹנָתָן אַחֲרֵי הַנַּעַר וַיֹּאמֶר: הֲלוֹא הַחֵצִי מִמְּךָ וָהָלְאָה.**
לח **וַיִּקְרָא יְהוֹנָתָן אַחֲרֵי הַנַּעַר: מְהֵרָה חוּשָׁה**, הזדרז, **אַל תַּעֲמֹד.**

וַיְלַקֵּט נַעַר יְהוֹנָתָן אֶת הַחִצִּים, וַיָּבֹא אֶל אֲדֹנָיו, כדי שיהונתן יניח אותם באשפת החצים.
לט **וְהַנַּעַר לֹא יָדַע מְאוּמָה, אַךְ יְהוֹנָתָן וְדָוִד יָדְעוּ אֶת הַדָּבָר.**

מ **וַיִּתֵּן יְהוֹנָתָן אֶת כֵּלָיו**, הקשת ואשפת החצים,[297] **אֶל הַנַּעַר אֲשֶׁר לוֹ, וַיֹּאמֶר לוֹ: לֵךְ הָבֵיא** אותם אל **הָעִיר.**

מא **הַנַּעַר בָּא**, פנה לדרכו, וכאשר לא היה איש בשדה, **דָּוִד קָם מֵאֵצֶל הַנֶּגֶב**, מן הצד הדרומי של השדה או של האבן האזל, **וַיִּפֹּל לְאַפָּיו**, לפני יהונתן **אַרְצָה וַיִּשְׁתַּחוּ**, השתחווה לו **שָׁלֹשׁ פְּעָמִים** כאות תודה.[298] **וַיִּשְּׁקוּ אִישׁ אֶת רֵעֵהוּ וַיִּבְכּוּ אִישׁ אֶת רֵעֵהוּ**, כי ידעו שמן הסתם לא ייפגשו עוד, **עַד** ש**דָּוִד הִגְדִּיל**, הרבה לבכות מיהונתן. אף על פי שיונתן אהב אותו לא פחות. דוד ידע שמעתה הוא נידון לחיי קושי, רדיפות וסבל.[299]

מב **וַיֹּאמֶר יְהוֹנָתָן לְדָוִד: לֵךְ לְשָׁלוֹם**, והוא שב והזכיר לו: **אֲשֶׁר נִשְׁבַּעְנוּ שְׁנֵינוּ אֲנַחְנוּ בְּשֵׁם ה׳ לֵאמֹר: "ה׳ יִהְיֶה בֵּינִי וּבֵינֶךָ וּבֵין זַרְעִי וּבֵין זַרְעֲךָ עַד עוֹלָם".**

הפטרת שבת ראש חודש

ישעיה

כֹּה אָמַר יְהוָה הַשָּׁמַיִם כִּסְאִי וְהָאָרֶץ הֲדֹם רַגְלָי א סו
אֵי־זֶה בַיִת אֲשֶׁר תִּבְנוּ־לִי וְאֵי־זֶה מָקוֹם מְנוּחָתִי׃
וְאֶת־כָּל־אֵלֶּה יָדִי עָשָׂתָה וַיִּהְיוּ כָל־אֵלֶּה נְאֻם־יְהוָה ב
וְאֶל־זֶה אַבִּיט אֶל־עָנִי וּנְכֵה־רוּחַ וְחָרֵד עַל־דְּבָרִי׃
שׁוֹחֵט הַשּׁוֹר מַכֵּה־אִישׁ זוֹבֵחַ הַשֶּׂה עֹרֵף כֶּלֶב מַעֲלֵה ג
מִנְחָה דַּם־חֲזִיר מַזְכִּיר לְבֹנָה מְבָרֵךְ אָוֶן גַּם־הֵמָּה
בָּחֲרוּ בְּדַרְכֵיהֶם וּבְשִׁקּוּצֵיהֶם נַפְשָׁם חָפֵצָה׃ גַּם־ ד
אֲנִי אֶבְחַר בְּתַעֲלוּלֵיהֶם וּמְגוּרֹתָם אָבִיא לָהֶם יַעַן
קָרָאתִי וְאֵין עוֹנֶה דִּבַּרְתִּי וְלֹא שָׁמֵעוּ וַיַּעֲשׂוּ הָרַע
בְּעֵינַי וּבַאֲשֶׁר לֹא־חָפַצְתִּי בָּחָרוּ׃ שִׁמְעוּ ה
דְּבַר־יְהוָה הַחֲרֵדִים אֶל־דְּבָרוֹ אָמְרוּ אֲחֵיכֶם שֹׂנְאֵיכֶם

העולם | לְבֹנָה שרף ריחני שצבעו לבן־צהבהב המופק מעצים המכונים גם היום לבונה (שם מדעי: Boswellia) ממשפחת הבשמיים, Burseraceae. זהו עץ קטן ממדים, העשוי להגיע עד גובה של 7 מטרים. עליו צרים ופרחיו לבנים־ורודים חיוורים. העץ גדל באיזור סומליה, אתיופיה ודרום חצי־האי ערב. את השרף מפיקים באמצעות חריצת קליפת העץ ואיסוף השרף המטפטף בכלי. משתמשים בגרגירים המתגבשים מן השרף הנוזלי המתקשה במשך הזמן.

הגמול העתיד לבוא

בצד דברי תוכחה לנוהגים שלא כהוגן המתרחקים מה׳, מתארת חתימת ספר ישעיה את התגלותו של ה׳. הגאולה העתידית אינה מצטיירת כרצף של מתנות, ישועות ונחמות בלבד, אלא כעת של גמול. על כן כוללת הנבואה הן את השכר המיועד להולכים בדרך הטוב והן את הפורענות שתגיע לעושי רע. ההפטרה מסיימת בנבואה שלעתיד לבוא יעלו הכול למקדש בשבתות ובראשי חדשים.

ביאור | ישעיה פרק סו א **כֹּה אָמַר ה׳: הַשָּׁמַיִם** הם **כִּסְאִי, וְהָאָרֶץ** היא **הֲדֹם,**
שרפרף להנחת **רַגְלָי.** על כן - **אֵי זֶה בַיִת אֲשֶׁר תִּבְנוּ לִי, וְאֵי זֶה מָקוֹם**
מְנוּחָתִי?! בניית בית לה׳ אינה אמורה להיות אפשרית.[300] ב **וְאֶת**
כָּל אֵלֶּה, השמים והארץ, כיסאי והדומי, **יָדִי עָשָׂתָה, וַיִּהְיוּ,** ונתקיימו
כָל אֵלֶּה מאז, **נְאֻם ה׳.** אין דבר שיכיל אותי, ואין דבר שלא נברא על
ידי, **וְ**למרות רוממותי על הכול[301] **אֶל זֶה אַבִּיט – אֶל עָנִי וּנְכֵה רוּחַ,**
מדוכדך **וְ**הוא **חָרֵד עַל דְּבָרִי,** לעשותו. בניגוד למחשבותיהם של אנשים,
כאילו יוכלו לשמח את לבו של ה׳ בניסיונותיהם לבנות לו בתים
וארמונות ובמעשיהם החיצוניים - כל אלה אינם חשובים בעיניו.
העני שרוחו עצובה עליו, ועם זאת הוא דואג לדבר ה׳ שייעשה, הוא
היקר בעיני ה׳.[302] ג לעומת זה - מי **שׁוֹחֵט** את **הַשּׁוֹר** לצורך קרבן,
דומה **לְמַכֵּה,** להורג **אִישׁ. זוֹבֵחַ הַשֶּׂה** דומה בעיני **לְעֹרֵף כֶּלֶב,** שאין בו
קדושה או מעלה. **מַעֲלֵה מִנְחָה** על המזבח - כאילו הביא **דַּם חֲזִיר.**
מַזְכִּיר, מקטיר[303] **לְבֹנָה** אינו אלא **מְבָרֵךְ אָוֶן,** מעלה מתנת מרמה שאין
בה כל תועלת.[304] **גַּם הֵמָּה,** אותם מקריבי קרבנות **בָּחֲרוּ בְּדַרְכֵיהֶם**
הרעות, **וּבְשִׁקּוּצֵיהֶם נַפְשָׁם חָפֵצָה.** הם חושבים שמעשי הפולחן
פוטרים אותם מכל חובה אחרת, ולכן המעשים הללו משוקצים
בעיני. לא מפני שיש פסול בהקרבת הקרבנות כשלעצמה, אלא משום
שמקריבי הקרבנות ממשיכים ללכת בדרכיהם הרעות.[305] ד לפיכך
גַּם אֲנִי אֶבְחַר בְּתַעֲלֻלֵיהֶם, אתמקד במעשיהם השליליים,[306] ואת
מְגוּרֹתָם, פחדיהם, הדברים שהם חוששים מפניהם,[307] **אָבִיא לָהֶם,**
יַעַן קָרָאתִי – וְאֵין עוֹנֶה, נעתר לקריאתי, **דִּבַּרְתִּי – וְלֹא שָׁמֵעוּ,** קיבלו,
וַיַּעֲשׂוּ הָרַע בְּעֵינַי, וּבַאֲשֶׁר לֹא חָפַצְתִּי בָּחָרוּ. זה יהיה עונשם של הפונים
לעניינים חיצוניים ומתעלמים מן הנושאים החשובים.

ה **שִׁמְעוּ דְּבַר ה׳, הַחֲרֵדִים אֶל דְּבָרוֹ** והמקשיבים לו באמת: **אָמְרוּ**
אֲחֵיכֶם שהם לפעמים **שֹׂנְאֵיכֶם** ולפעמים **מְנַדֵּיכֶם,** המחרימים אתכם

מְנַדֵּיכֶם לְמַעַן שְׁמִי יִכְבַּד יְהוָה וְנִרְאֶה בְשִׂמְחַתְכֶם
וְהֵם יֵבֹשׁוּ׃ קוֹל שָׁאוֹן מֵעִיר קוֹל מֵהֵיכָל קוֹל יְהוָה ו
מְשַׁלֵּם גְּמוּל לְאֹיְבָיו׃ בְּטֶרֶם תָּחִיל יָלָדָה בְּטֶרֶם ז
יָבוֹא חֵבֶל לָהּ וְהִמְלִיטָה זָכָר׃ מִי־שָׁמַע כָּזֹאת מִי ח
רָאָה כָּאֵלֶּה הֲיוּחַל אֶרֶץ בְּיוֹם אֶחָד אִם־יִוָּלֵד גּוֹי
פַּעַם אֶחָת כִּי־חָלָה גַּם־יָלְדָה צִיּוֹן אֶת־בָּנֶיהָ׃ הַאֲנִי ט
אַשְׁבִּיר וְלֹא אוֹלִיד יֹאמַר יְהוָה אִם־אֲנִי הַמּוֹלִיד
וְעָצַרְתִּי אָמַר אֱלֹהָיִךְ׃ שִׂמְחוּ אֶת־ י
יְרוּשָׁלִַם וְגִילוּ בָהּ כָּל־אֹהֲבֶיהָ שִׂישׂוּ אִתָּהּ מָשׂוֹשׂ
כָּל־הַמִּתְאַבְּלִים עָלֶיהָ׃ לְמַעַן תִּינְקוּ וּשְׂבַעְתֶּם יא
מִשֹּׁד תַּנְחֻמֶיהָ לְמַעַן תָּמֹצּוּ וְהִתְעַנַּגְתֶּם מִזִּיז
כְּבוֹדָהּ׃ כִּי־כֹה ׀ אָמַר יְהוָה הִנְנִי נֹטֶה־ יב
אֵלֶיהָ כְּנָהָר שָׁלוֹם וּכְנַחַל שׁוֹטֵף כְּבוֹד גּוֹיִם וִינַקְתֶּם
עַל־צַד תִּנָּשֵׂאוּ וְעַל־בִּרְכַּיִם תְּשָׁעֳשָׁעוּ׃ כְּאִישׁ אֲשֶׁר יג

כְּנָהָר שָׁלוֹם
וּכְנַחַל שׁוֹטֵף
שטף זרימת נהר

ביאור | ואינם מעוניינים לשתף אתכם עמם:[308] "**לְמַעַן שְׁמִי**, בגללנו, בזכותנו
יִכְבַּד, יכובד ה'".[309] הם חושבים שבהם ובקרבנותיהם הכול תלוי,
ומגנים את זולתם על מעשיהם ועל מחדליהם. וְאולם לבסוף **נִרְאָה
בְשִׂמְחַתְכֶם**, אתם תזכו לשמחה וְאילו **הֵם יֵבֹשׁוּ**, יתביישו.[310] ו כך
יקרה, כאשר **קוֹל שָׁאוֹן**, רעש, **יֵצא מֵעִיר**, מציון.[311] **קוֹל יֵצא מֵהֵיכָל**. זהו
קוֹל ה' מְשַׁלֵּם גְּמוּל לְאֹיְבָיו. השילום בזמן הגאולה יבוא ברעש גדול.

ז כדימוי לתהליך הגאולה – **בְּטֶרֶם תָּחִיל**, לפני שחשה ציון
צירים – **יָלָדָה**, הלידה כבר תהיה מאחוריה. **בְּטֶרֶם יָבוֹא חֵבֶל**, ציר
לָהּ – והנה כבר **הִמְלִיטָה זָכָר**. הגאולה תבוא במהירות ובמפתיע,
כלידה שלא קדמו לה סימני הלידה. ח **מִי שָׁמַע** גאולה פלאית
כָּזֹאת?! **מִי רָאָה** אירועים **כָּאֵלֶּה**?! **הֲיוּחַל אֶרֶץ בְּיוֹם אֶחָד**?! האם
ייתכן שארץ שלמה תיהרה ותיוולד[312] ביום אחד, **אִם יִוָּלֵד גּוֹי**, עַם
בְּפַעַם אֶחָת?! הרי לידתו של עם היא תהליך ממושך. **כִּי**, הנה **חָלָה**,
הרתה וכאבה **וְגַם יָלְדָה צִיּוֹן אֶת בָּנֶיהָ** בבת אחת. ט **הַאֲנִי אַשְׁבִּיר**,
אושיב את ציון על המשבר, מקום הלידה, **וְלֹא אוֹלִיד**, לא אסייע
לה ללדת?! **יֹאמַר ה'. אִם אֲנִי הַמּוֹלִיד** את הכול, **וְעָצַרְתִּי** את ציון
מללדת?! **אָמַר אֱלֹהָיִךְ**. אני הדואג לכל התהליכים הללו מתחילתם,
ועל כן אביאם לידי גמר.[313]

י לאחר הלידה – **שִׂמְחוּ אֶת**, עִם **יְרוּשָׁלַםִ** הנפקדת, **וְגִילוּ בָהּ, כָּל
אֹהֲבֶיהָ**, הכואבים עתה את עליבותה. **שִׂישׂוּ אִתָּהּ מָשׂוֹשׂ, כָּל
הַמִּתְאַבְּלִים עָלֶיהָ** בחורבנה. השתתפו בשמחתה – יא **לְמַעַן תִּינְקוּ
וּשְׂבַעְתֶּם מִשֹּׁד**, מִשַּׁד **תַּנְחֻמֶיהָ**. בני ירושלים יינקו ממנה את תנחומיה,
יתנחמו יירגעו ויתענגו. והדימוי הסמלי ממשיך – **לְמַעַן תָּמֹצּוּ**, תמצצו,
וְהִתְעַנַּגְתֶּם מִזִּיז, מזיו[314] **כְּבוֹדָהּ**. ולפי הדימוי רומז לפטמות שדיה.[315]

יב בהמשך לדימוי לידת ציון את בניה – **כִּי כֹה אָמַר ה': הִנְנִי נֹטֶה**,
מַפנה **אֵלֶיהָ** – אל ירושלים **כְּנָהָר** – **שָׁלוֹם**, את הברכה המושלמת,
וּכְנַחַל שׁוֹטֵף אביא **כְּבוֹד**, חשיבות או הון **גּוֹיִם, וִינַקְתֶּם** שפע זה.
עַל צַד תִּנָּשֵׂאוּ, יישאו אתכם כמו שנושאים תינוקות קטנים על צד
הגוף. **וְעַל בִּרְכַּיִם תְּשָׁעֳשָׁעוּ**, כדרך שמחזיקים ומשעשעים פעוטות.
תשובו לציון כילדים קטנים, בהתחדשות גמורה ובשמחה תמה,

אִמּ֖וֹ תְּנַחֲמֶ֑נּוּ כֵּ֤ן אָנֹכִי֙ אֲנַ֣חֶמְכֶ֔ם וּבִירוּשָׁלַ֖͏ִם תְּנֻחָֽמוּ׃
יד וּרְאִיתֶם֙ וְשָׂ֣שׂ לִבְּכֶ֔ם וְעַצְמוֹתֵיכֶ֖ם כַּדֶּ֣שֶׁא תִפְרַ֑חְנָה
טו וְנוֹדְעָ֤ה יַד־יהוה֙ אֶת־עֲבָדָ֔יו וְזָעַ֖ם אֶת־אֹיְבָֽיו׃ כִּֽי־
הִנֵּ֤ה יהוה֙ בָּאֵ֣שׁ יָב֔וֹא וְכַסּוּפָ֖ה מַרְכְּבֹתָ֑יו לְהָשִׁ֤יב
טז בְּחֵמָה֙ אַפּ֔וֹ וְגַעֲרָת֖וֹ בְּלַהֲבֵי־אֵֽשׁ׃ כִּ֤י בָאֵשׁ֙ יְהוָ֣ה
נִשְׁפָּ֔ט וּבְחַרְבּ֖וֹ אֶת־כָּל־בָּשָׂ֑ר וְרַבּ֖וּ חַֽלְלֵ֥י יְהוָֽה׃
יז הַמִּתְקַדְּשִׁ֨ים וְהַמִּֽטַּהֲרִ֜ים אֶל־הַגַּנּ֗וֹת אַחַ֤ר אחד אַחַת֙
בַּתָּ֔וֶךְ אֹֽכְלֵי֙ בְּשַׂ֣ר הַחֲזִ֔יר וְהַשֶּׁ֖קֶץ וְהָֽעַכְבָּ֑ר יַחְדָּ֥ו
יח יָסֻ֖פוּ נְאֻם־יְהוָֽה׃ וְאָנֹכִ֗י מַעֲשֵׂיהֶם֙ וּמַחְשְׁבֹ֣תֵיהֶ֔ם
בָּ֕אָה לְקַבֵּ֥ץ אֶת־כָּל־הַגּוֹיִ֖ם וְהַלְּשֹׁנ֑וֹת וּבָ֖אוּ וְרָא֥וּ
יט אֶת־כְּבוֹדִֽי׃ וְשַׂמְתִּ֨י בָהֶ֜ם א֗וֹת וְשִׁלַּחְתִּ֣י מֵהֶ֣ם ׀
פְּלֵיטִ֗ים אֶל־הַגּוֹיִ֡ם תַּרְשִׁ֞ישׁ פּ֥וּל וְל֛וּד מֹ֥שְׁכֵי קֶ֖שֶׁת

הרחבות

'אֹכלי בשר החזיר והשקץ והעכבר' לשון בלתי עדינה זו מתייחסת אף לאוכלים במסעדות גורמה, שבהן לא נאכלים השקצים כמות שהם אלא הם מתובלים בטוב טעם ומקושטים יפה. העונש יחול בשווה על החוטאים בפשעים חמורים כמו עבודה זרה, העשויה לכלול גם פולחן אינטלקטואלי, גילוי עריות ושפיכות דמים, המרומזים גם הם בפרשה זו, ועל מי שחטאו באכילתו של מזון שאינו כשר.

'ואנכי מעשיהם ומחשבֹתיהם באה לקבץ את כל הגוים' ייתכן שלכך מכוונים הדברים לעיל (פס' ד): גַּם אֲנִי אֶבְחַר בְּתַעֲלֻלֵיהֶם. ויש מי שמפרש כנגד מחשבות האחים השונאים באמרם: לְמַעַן שְׁמִי יִכְבַּד ה' - יבואו הגויים ויראו את כבודי. ויש מפרשים: באה כל אחת ואחת ממחשבותיהם; באה רעת מעשיהם ומחשבותיהם לפני; לנוכח מעשיהם ומחשבותיהם באה העת לקבץ.

גם בנבואות אחרות של אחרית הימים מופיע הרעיון שלא רק ישראל אלא כל בני העולם יעריצו את ה' ויבואו לעבדו. (ראו לעיל ב,ב; נו,ו–ז; ירמיה ג,יז; זכריה יד,ב טז).

ביאור

בלי טרדות וייסורים. יג כְּאִישׁ אֲשֶׁר אִמּוֹ תְּנַחֲמֶנּוּ מצרה שעברה
עליו, אולי מעזיבתה אותו,[316] בדברים רכים היוצאים מלב רחמן,[317]
כֵּן אָנֹכִי אֲנַחֶמְכֶם, וּבִירוּשָׁלַםִ שהתאבלתם עליה, על ידה ובה
תְּנֻחָמוּ. יד וּרְאִיתֶם את הגאולה וְשָׂשׂ לִבְּכֶם, וְעַצְמוֹתֵיכֶם כַּדֶּשֶׁא
תִפְרַחְנָה, דימוי העצמות המתרעננות והמתרחבות מבטא חידוש
נעורים ושמחה, והוא עומד כנגד הגוף המצטמק, המשתופף והנראה
יבש בתהליכי זקנה.[318] וְנוֹדְעָה, תתגלה יַד ה' אֶת, אצל עֲבָדָיו, בכך
שהיא תתמוך בהם ותנקום נקמתם,[319] ומצד אחר – וְזָעַם אֶת אֹיְבָיו.
ה' יכעס על אלה שעמדו כנגדו.

טו כִּי הִנֵּה באחרית הימים ה' בָּאֵשׁ יָבוֹא, יתגלה, וְכַסּוּפָה ידהרו
מַרְכְּבֹתָיו לְהָשִׁיב לשכך,[320] או: להחזיר[321] בְּחֵמָה את אַפּוֹ, כעסו, וְאת
גַּעֲרָתוֹ ישיב בְּלַהֲבֵי, בלהבות אֵשׁ. טז כִּי בָאֵשׁ ה' נִשְׁפָּט, יתדיין, וּבְחַרְבּוֹ
יבוא במשפט אֶת, עם כָּל בָּשָׂר – וְרַבּוּ חַלְלֵי ה'. יז הַמִּתְקַדְּשִׁים,
המכינים עצמם לפולחן וְהַמִּטַּהֲרִים בפנותם אֶל הַגַּנּוֹת לעבודה זרה
שהייתה נעשית בהן,[322] אַחַר אַחַת בַּתָּוֶךְ. קבוצה אחר קבוצה היו
עובדים לדמות שניצבה במרכז.[323] אֹכְלֵי בְּשַׂר הַחֲזִיר וְהַשֶּׁקֶץ וְהָעַכְבָּר.
אוכלי טרפות ונבלות, כל אלה יַחְדָּו יָסֻפוּ, יאבדו, נְאֻם ה'.

יח וה' אומר: וְאָנֹכִי כך אפעל: מַעֲשֵׂיהֶם וּמַחְשְׁבֹתֵיהֶם, תוכניתם של
עובדי האלילים להיוועד על ירושלים[324] בָּאָה, תתממש – לְקַבֵּץ אֶת
כָּל הַגּוֹיִם וְהַלְּשֹׁנוֹת, ואז – וּבָאוּ וְרָאוּ אֶת כְּבוֹדִי – יט וְשַׂמְתִּי בָהֶם,
בגויים שייאספו אוֹת, סימן שאני הוא העומד מאחורי גאולה זו.
וְשִׁלַּחְתִּי מֵהֶם פְּלֵיטִים, שיבואו כשליחים אֶל הַגּוֹיִם, תַּרְשִׁישׁ פּוּל

העולם

תַּרְשִׁישׁ מזוהה עם תרסוס שבדרום־מזרח אסיה הקטנה (תורכיה של היום) או עם תרתיסוס (Tartessos) שבדרום־מערב חצי־האי האיברי.

פּוּל יש המזהים אותו עם בני פוט, המוזכרים כבעלי ברית של המצרים והיו אנשי מלחמה המומחים בהגנה: "כּוּשׁ וּפוּט אִתָּם כֻּלָּם מָגֵן וְכוֹבָע" (יחזקאל לח,ה, וראו ירמיה מו,ט; נחום ג,ט). יש חוקרים שזיהו אותו עם שבט ששכן בלוב, ואחרים שיערו שהוא 'ארץ פונט' שמדרום למצרים, הנזכרת בתעודות מצריות עתיקות.

לוּד בלוח העמים בפרשת נח הלודיים סמוכים לעמי כוש ופוט, ששכנו סמוך למצרים (ישעיה סו,יט; יחזקאל כז,י). הם נזכרים בנביאים כעם שכירי חרב בשירות הצורים, הצידונים והמצרים. בתעודות היסטוריות נזכר לוד כעם שישב לחופי מערב אסיה הקטנה (Lydia), ועל כן היה מי ששיער כי מדובר בעם נודד שמקורו מצרי.

תֻּבַ֣ל וְיָוָ֑ן הָאִיִּ֣ים הָרְחֹקִ֗ים אֲשֶׁ֨ר לֹא־שָׁמְע֤וּ אֶת־
שִׁמְעִי֙ וְלֹא־רָא֣וּ אֶת־כְּבוֹדִ֔י וְהִגִּ֥ידוּ אֶת־כְּבוֹדִ֖י בַּגּוֹיִֽם׃
וְהֵבִ֣יאוּ אֶת־כָּל־אֲחֵיכֶ֣ם ׀ מִכָּל־הַגּוֹיִ֣ם ׀ מִנְחָ֣ה ׀ כ
לַֽיהוָ֡ה בַּסּוּסִים֩ וּבָרֶ֨כֶב וּבַצַּבִּ֜ים וּבַפְּרָדִ֗ים וּבַכִּרְכָּר֛וֹת
עַ֣ל הַ֥ר קָדְשִׁ֛י יְרוּשָׁלִַ֖ם אָמַ֣ר יְהוָ֑ה כַּאֲשֶׁ֣ר יָבִ֣יאוּ בְנֵי֩
יִשְׂרָאֵ֧ל אֶת־הַמִּנְחָ֛ה בִּכְלִ֥י טָה֖וֹר בֵּ֥ית יְהוָֽה׃ וְגַם־ כא
מֵהֶ֥ם אֶקַּ֛ח לַכֹּהֲנִ֥ים לַלְוִיִּ֖ם אָמַ֥ר יְהוָֽה׃ כִּ֣י כַאֲשֶׁ֣ר כב
הַשָּׁמַ֣יִם הַחֲדָשִׁ֡ים וְהָאָ֨רֶץ הַחֲדָשָׁ֜ה אֲשֶׁ֨ר אֲנִ֥י עֹשֶׂ֛ה
עֹמְדִ֥ים לְפָנַ֖י נְאֻם־יְהוָ֑ה כֵּ֛ן יַעֲמֹ֥ד זַרְעֲכֶ֖ם וְשִׁמְכֶֽם׃
וְהָיָ֗ה מִֽדֵּי־חֹ֙דֶשׁ֙ בְּחָדְשׁ֔וֹ וּמִדֵּ֥י שַׁבָּ֖ת בְּשַׁבַּתּ֑וֹ יָב֧וֹא כג
כָל־בָּשָׂ֛ר לְהִשְׁתַּחֲוֹ֥ת לְפָנַ֖י אָמַ֥ר יְהוָֽה׃ וְיָצְא֣וּ וְרָא֔וּ כד
בְּפִגְרֵי֙ הָאֲנָשִׁ֔ים הַפֹּשְׁעִ֖ים בִּ֑י כִּ֣י תוֹלַעְתָּ֞ם לֹ֣א תָמ֗וּת
וְאִשָּׁם֙ לֹ֣א תִכְבֶּ֔ה וְהָי֥וּ דֵרָא֖וֹן לְכָל־בָּשָֽׂר׃

והיה מדי־חדש בחדשו ומדי שבת בשבתו יבוא כל־בשר להשתחות
לפני אמר יהוה׃

ביאור | **וְלוּד**, שחלקם שוכנים בקצוות שונים של הים התיכון, והם **מֹשְׁכֵי**
קֶשֶׁת, אנשי מלחמה המפורסמים כקשתים, וגם אל **תֻּבַל וְיָוָן, הָאִיִּים**
הָרְחֹקִים מארץ ישראל. בזמנים שבהם ההפלגות נעשו באניות מפרש
בלתי אמינות, האיים שאחרי יוון נחשבו רחוקים. **אֲשֶׁר לֹא שָׁמְעוּ**
אֶת שִׁמְעִי, וְלֹא רָאוּ אֶת כְּבוֹדִי. וְהִגִּידוּ השליחים הללו **אֶת כְּבוֹדִי**
בַּגּוֹיִם. כ **וְהֵבִיאוּ** הגויים שיעלו לרגל לציון **אֶת כָּל אֲחֵיכֶם** שבגלות
מִכָּל הַגּוֹיִם אחיכם יובאו על ידי הגויים בתור **מִנְחָה**, מתנה **לַה'**, בכל
כלי הרכב האפשריים: **בַּסּוּסִים וּבָרֶכֶב וּבַצַּבִּים**, עגלות מטוקסות,
ערוכות ומסודרות **וּבַפְּרָדִים וּבַכִּרְכָּרוֹת עַל**, אל **הַר קָדְשִׁי יְרוּשָׁלִַם,**
אָמַר ה', כַּאֲשֶׁר יָבִיאוּ בְנֵי יִשְׂרָאֵל אֶת הַמִּנְחָה בִּכְלִי טָהוֹר לְבֵית ה'.
נדחי ישראל בכל האומות יובאו במהירות ובכבוד, כמו שמביאים
לה' קרבן מכובד ונאה בטהרה ובשמחת לב. כא **וְגַם מֵהֶם**, מאותם
הגולים שישובו ויתגלו,[325] **אֶקַּח לַכֹּהֲנִים לַלְוִיִּם, אָמַר ה'.**

כב **כִּי כַאֲשֶׁר הַשָּׁמַיִם הַחֲדָשִׁים וְהָאָרֶץ הַחֲדָשָׁה אֲשֶׁר אֲנִי עֹשֶׂה** – כמו
שהוזכר כבר[326] – **עֹמְדִים לְפָנַי, נְאֻם ה', כֵּן יַעֲמֹד זַרְעֲכֶם וְשִׁמְכֶם.** גם
אתם תישארו לנצח. כג **וְהָיָה מִדֵּי חֹדֶשׁ בְּחָדְשׁוֹ וּמִדֵּי שַׁבָּת בְּשַׁבַּתּוֹ**
יָבוֹא כָל בָּשָׂר, כל יצורי עולם, **לְהִשְׁתַּחֲוֹת לְפָנַי, אָמַר ה'.** בכל חודש
ושבת יבואו אנשים אחרים, ולאו דווקא בבת אחת.[327] העולם יכבד
את אלוקי ישראל. כד כאשר הם יגיעו – **וְיָצְאוּ וְרָאוּ בְּפִגְרֵי הָאֲנָשִׁים**
הַפֹּשְׁעִים, שפשעו **בִּי, כִּי תוֹלַעְתָּם** האוכלת את הפגרים הללו **לֹא**
תָמוּת, וְאִשָּׁם, האש היוקדת בהם **לֹא תִכְבֶּה, וְהָיוּ דֵרָאוֹן**, חרפה **לְכָל**
בָּשָׂר. עונשם של הפושעים וביזיונם יהיו אות עולם לעיני כול.[328]

כדי שלא לסיים את הספר בדבר שלילי, נהוג מזה דורות רבים לחזור שנית על קריאת הפסוק שלפני האחרון: וְהָיָה מִדֵּי חֹדֶשׁ בְּחָדְשׁוֹ וּמִדֵּי שַׁבָּת בְּשַׁבַּתּוֹ יָבוֹא כָל בָּשָׂר לְהִשְׁתַּחֲוֹת לְפָנַי, אָמַר ה'.

הפטרת פרשת שקלים

מלכים ב

הספרדים מתחילים כאן

וַיִּכְרֹת יְהוֹיָדָע אֶת־הַבְּרִית בֵּין יהוה וּבֵין הַמֶּלֶךְ יז יא
וּבֵין הָעָם לִהְיוֹת לְעָם לַיהוה וּבֵין הַמֶּלֶךְ וּבֵין
הָעָם: וַיָּבֹאוּ כָל־עַם הָאָרֶץ בֵּית־הַבַּעַל וַיִּתְּצֻהוּ יח
אֶת־מִזְבְּחֹתָו וְאֶת־צְלָמָיו שִׁבְּרוּ הֵיטֵב וְאֵת מַתָּן
כֹּהֵן הַבַּעַל הָרְגוּ לִפְנֵי הַמִּזְבְּחוֹת וַיָּשֶׂם הַכֹּהֵן פְּקֻדֹּת
עַל־בֵּית יהוה: וַיִּקַּח אֶת־שָׂרֵי הַמֵּאוֹת וְאֶת־הַכָּרִי יט
וְאֶת־הָרָצִים וְאֵת ׀ כָּל־עַם הָאָרֶץ וַיֹּרִידוּ אֶת־הַמֶּלֶךְ
מִבֵּית יהוה וַיָּבוֹאוּ דֶּרֶךְ־שַׁעַר הָרָצִים בֵּית הַמֶּלֶךְ
וַיֵּשֶׁב עַל־כִּסֵּא הַמְּלָכִים: וַיִּשְׂמַח כָּל־עַם־הָאָרֶץ כ
וְהָעִיר שָׁקָטָה וְאֶת־עֲתַלְיָהוּ הֵמִיתוּ בַחֶרֶב בֵּית
מלך: *בֶּן־שֶׁבַע שָׁנִים יְהוֹאָשׁ בְּמָלְכוֹ: א יב
בִּשְׁנַת־שֶׁבַע לְיֵהוּא מָלַךְ יְהוֹאָשׁ וְאַרְבָּעִים שָׁנָה ב
מָלַךְ בִּירוּשָׁלָםִ וְשֵׁם אִמּוֹ צִבְיָה מִבְּאֵר שָׁבַע: וַיַּעַשׂ ג

הַמֶּלֶךְ: האשכנזים והתימנים מתחילים כאן

מזבח קרנים
המאה ה-8 לפנה"ס
תל שבע

יהואש מלך יהודה

יהואש, שהוחבא בילדותו בבית ה׳, דואג גם בבגרותו לבדק הבית הזה ולאישושו. הוא מנחה להפריד בין כספי מחצית השקל וכספי הנדרים והנדבות, שיבואו ישירות לקופת המקדש וישמשו לצורכי הבניין שהוזנח, לבין כספים המוקדשים לקרבנות, שייתנו לכהנים עבור המזבח.

יהוידע הכהן הביא להריגת עתליה בת איזבל, שכבשה בזרוע את כס המלוכה ביהודה, והמליך את המלך הראוי, את יואש.

ביאור | מלכים ב׳ פרק יא יז יהוידע לא הסתפק בכך - **וַיִּכְרֹת יְהוֹיָדָע אֶת-**
הַבְּרִית בֵּין ה׳ וּבֵין הַמֶּלֶךְ וּבֵין הָעָם. הוא ביקש להשיב את מלכות
בית דוד אל ייעודה, **לִהְיוֹת לְעָם לַה׳**, וכרת גם ברית **בֵּין הַמֶּלֶךְ**
וּבֵין הָעָם. יח **וַיָּבֹאוּ כָל-עַם הָאָרֶץ** אל **בֵּית-הַבַּעַל וַיִּתְּצֻהוּ**, שברו
אותו. מלכי יהודה הקודמים היו ידידיו של בית אחאב, ולא זו
בלבד - עתליה עצמה באה מביתם של עובדי הבעל ובנתה היכל
לבעל. **אֶת-מִזְבְּחֹתָו וְאֶת-צְלָמָיו שִׁבְּרוּ הֵיטֵב, וְאֵת מַתָּן כֹּהֵן הַבַּעַל הָרְגוּ**
לִפְנֵי הַמִּזְבְּחוֹת שלו. **וַיָּשֶׂם** יהוידע **הַכֹּהֵן פְּקֻדֹּת**, מינויים[329] **עַל-בֵּית**
ה׳. יט **וַיִּקַּח אֶת-שָׂרֵי הַמֵּאוֹת וְאֶת-הַכָּרִי**, שמה של יחידה צבאית,
אולי קיצור של ׳הכרתי׳. **וְאֶת-הָרָצִים וְאֵת כָּל-עַם הָאָרֶץ, וַיֹּרִידוּ**
בתהלוכה חגיגית **אֶת-הַמֶּלֶךְ מִבֵּית ה׳, וַיָּבוֹאוּ דֶּרֶךְ-שַׁעַר הָרָצִים**,
שחיבר בין המקדש לבית המלך, אל **בֵּית הַמֶּלֶךְ, וַיֵּשֶׁב** יואש **עַל-כִּסֵּא**
הַמְּלָכִים. כ **וַיִּשְׂמַח כָּל-עַם-הָאָרֶץ** על החזרתו של מלך מבית דוד
לכס השלטון, **וְהָעִיר שָׁקָטָה** ממהומות, הואיל **וְאֶת-עֲתַלְיָהוּ הֵמִיתוּ**
בַחֶרֶב בתוך **בֵּית הַמֶּלֶךְ**, ולא היו לה נאמנים שנלחמו למען שמה
וכבודה לאחר שנהרגה.[330]

פרק יב א **בֶּן-שֶׁבַע שָׁנִים** היה **יְהוֹאָשׁ בְּמָלְכוֹ.** יהואש הוא שמו
המלא של יואש, ובו נקרא במשך מלכותו. ב **בִּשְׁנַת-שֶׁבַע לְיֵהוּא**
מָלַךְ יְהוֹאָשׁ. יהוא הרג את אביו של יואש כאשר עלה לשלטון
שבע שנים קודם לכן, ובמשך מרבית השנים הללו מלכה עתליה
סבתו,[331] **וְאַרְבָּעִים שָׁנָה מָלַךְ בִּירוּשָׁלָם, וְשֵׁם אִמּוֹ** היה **צִבְיָה מִבְּאֵר**

יְהוֹאָשׁ הַיָּשָׁר בְּעֵינֵי יְהוָה כָּל־יָמָיו אֲשֶׁר הוֹרָהוּ
יְהוֹיָדָע הַכֹּהֵן׃ רַק הַבָּמוֹת לֹא־סָרוּ עוֹד הָעָם מְזַבְּחִים ד
וּמְקַטְּרִים בַּבָּמוֹת׃ וַיֹּאמֶר יְהוֹאָשׁ אֶל־הַכֹּהֲנִים ה
כֹּל כֶּסֶף הַקֳּדָשִׁים אֲשֶׁר יוּבָא בֵית־יְהוָה כֶּסֶף עוֹבֵר
אִישׁ כֶּסֶף נַפְשׁוֹת עֶרְכּוֹ כָּל־כֶּסֶף אֲשֶׁר יַעֲלֶה עַל
לֶב־אִישׁ לְהָבִיא בֵּית יְהוָה׃ יִקְחוּ לָהֶם הַכֹּהֲנִים אִישׁ ו
מֵאֵת מַכָּרוֹ וְהֵם יְחַזְּקוּ אֶת־בֶּדֶק הַבַּיִת לְכֹל אֲשֶׁר־
יִמָּצֵא שָׁם בָּדֶק׃ וַיְהִי בִּשְׁנַת עֶשְׂרִים וְשָׁלֹשׁ ז
שָׁנָה לַמֶּלֶךְ יְהוֹאָשׁ לֹא־חִזְּקוּ הַכֹּהֲנִים אֶת־בֶּדֶק
הַבָּיִת׃ וַיִּקְרָא הַמֶּלֶךְ יְהוֹאָשׁ לִיהוֹיָדָע הַכֹּהֵן וְלַכֹּהֲנִים ח
וַיֹּאמֶר אֲלֵהֶם מַדּוּעַ אֵינְכֶם מְחַזְּקִים אֶת־בֶּדֶק הַבָּיִת
וְעַתָּה אַל־תִּקְחוּ־כֶסֶף מֵאֵת מַכָּרֵיכֶם כִּי־לְבֶדֶק
הַבַּיִת תִּתְּנֻהוּ׃ וַיֵּאֹתוּ הַכֹּהֲנִים לְבִלְתִּי קְחַת־כֶּסֶף ט
מֵאֵת הָעָם וּלְבִלְתִּי חַזֵּק אֶת־בֶּדֶק הַבָּיִת׃ וַיִּקַּח י
יְהוֹיָדָע הַכֹּהֵן אֲרוֹן אֶחָד וַיִּקֹּב חֹר בְּדַלְתּוֹ וַיִּתֵּן אֹתוֹ
אֵצֶל הַמִּזְבֵּחַ בימין בְּבוֹא־אִישׁ בֵּית יְהוָה וְנָתְנוּ־ מִיָּמִין
שָׁמָּה הַכֹּהֲנִים שֹׁמְרֵי הַסַּף אֶת־כָּל־הַכֶּסֶף הַמּוּבָא
בֵית־יְהוָה׃ וַיְהִי כִּרְאוֹתָם כִּי־רַב הַכֶּסֶף בָּאָרוֹן וַיַּעַל יא
סֹפֵר הַמֶּלֶךְ וְהַכֹּהֵן הַגָּדוֹל וַיָּצֻרוּ וַיִּמְנוּ אֶת־הַכֶּסֶף

ביאור | **שָׁבַע.** ג **וַיַּעַשׂ יְהוֹאָשׁ הַיָּשָׁר בְּעֵינֵי ה׳ כָּל-יָמָיו**, בכל הימים **אֲשֶׁר**
הוֹרָהוּ יְהוֹיָדָע הַכֹּהֵן. בימים שיהוידע הנחה אותו, הוא ציית לו.
מאוחר יותר סטה מעט מדרך הישר.[332] ד **רַק הַבָּמוֹת לֹא-סָרוּ. עוֹד**
הָעָם מְזַבְּחִים וּמְקַטְּרִים בַּבָּמוֹת. גם בזמן המקדש הקרבת קרבנות
לשם ה׳ בבמות פרטיות הייתה פופולרית מאוד, אף שמעשה זה
נאסר באיסור חמור.[333]

ה לאחר זמן – **וַיֹּאמֶר יְהוֹאָשׁ אֶל-הַכֹּהֲנִים:** את **כֹּל כֶּסֶף הַקֳּדָשִׁים אֲשֶׁר**
יוּבָא בֵית-ה׳ – כֶּסֶף עוֹבֵר אִישׁ, מחצית השקל שכל איש הָעֹבֵר עַל
הַפְּקֻדִים[334] תורם, **כֶּסֶף נַפְשׁוֹת עֶרְכּוֹ**, הכסף שאנשים נודרים למקדש
כערך עצמם[335] וכן **כָּל-כֶּסֶף אֲשֶׁר יַעֲלֶה עַל לֶב-אִישׁ לְהָבִיא** כנדבה
אל **בֵּית ה׳** – ו **יִקְחוּ לָהֶם הַכֹּהֲנִים אִישׁ מֵאֵת מַכָּרוֹ, וְהֵם יְחַזְּקוּ אֶת-**
בֶּדֶק הַבַּיִת, ויתקנו אותו **לְכֹל אֲשֶׁר-יִמָּצֵא שָׁם בָּדֶק**, לכל תיקון דרוש.
במקום להטיל מס מיוחד לשיפוץ המקדש יקבלו הכהנים הממונים
על הבית את כספי התרומות, והם ישאו באחריות על תחזוקתו.[336]

ז **וַיְהִי בִּשְׁנַת עֶשְׂרִים וְשָׁלֹשׁ שָׁנָה לַמֶּלֶךְ יְהוֹאָשׁ לֹא-חִזְּקוּ הַכֹּהֲנִים אֶת-**
בֶּדֶק הַבָּיִת. מכיוון שלא הייתה גבייה אחידה, ואיש לא השגיח על
התנהלות התחזוקה, לא נערכו השיפוצים כראוי. ח **וַיִּקְרָא הַמֶּלֶךְ**
יְהוֹאָשׁ לִיהוֹיָדָע הַכֹּהֵן וְלַכֹּהֲנִים האחרים, **וַיֹּאמֶר אֲלֵהֶם: מַדּוּעַ אֵינְכֶם**
מְחַזְּקִים אֶת-בֶּדֶק הַבָּיִת?! וְעַתָּה אַל-תִּקְחוּ-כֶסֶף מֵאֵת מַכָּרֵיכֶם כרגיל
כִּי אם לקופת[337] **בֶּדֶק הַבַּיִת תִּתְּנֻהוּ.**

ט **וַיֵּאֹתוּ**, הסכימו **הַכֹּהֲנִים לְבִלְתִּי קְחַת**, שלא יקחו **כֶּסֶף מֵאֵת הָעָם**,
ושהכסף יובא ישירות לקופת המקדש, **וּלְבִלְתִּי חַזֵּק אֶת-בֶּדֶק הַבָּיִת**
בעצמם.[338]

י **וַיִּקַּח יְהוֹיָדָע הַכֹּהֵן אֲרוֹן אֶחָד וַיִּקֹּב חֹר בְּדַלְתּוֹ, וַיִּתֵּן**, ושם **אֹתוֹ אֵצֶל**,
ליד **הַמִּזְבֵּחַ מִיָּמִין בְּבוֹא-אִישׁ**, לימין כניסת האנשים[339] אל **בֵּית ה׳.**
וְנָתְנוּ-שָׁמָּה הַכֹּהֲנִים שֹׁמְרֵי הַסַּף אֶת-כָּל-הַכֶּסֶף הַמּוּבָא בֵית-ה׳. ארון
זה היה לקופת כספי המקדש. מעתה כל מי שרצה לתת מתנת כסף
למקדש, שלשל אותה ישירות לארון. יא **וַיְהִי כִּרְאוֹתָם כִּי-רַב הַכֶּסֶף**
בָּאָרוֹן, וַיַּעַל סֹפֵר הַמֶּלֶךְ, שהיה ממונה על כתיבת מסמכים רשמיים,
וְהַכֹּהֵן הַגָּדוֹל, וַיָּצֻרוּ, שניהם יחד אספו את המטבעות בצרורות[340]

הַנִּמְצָא בֵית־יְהוָה׃ וְנָתְנוּ אֶת־הַכֶּסֶף הַמְתֻכָּן עַל־יַד יב
עֹשֵׂי הַמְּלָאכָה הפקדים בֵּית יְהוָה וַיּוֹצִיאֻהוּ לְחָרָשֵׁי   הַמֻּפְקָדִים
הָעֵץ וְלַבֹּנִים הָעֹשִׂים בֵּית יְהוָה׃ וְלַגֹּדְרִים וּלְחֹצְבֵי יג
הָאֶבֶן וְלִקְנוֹת עֵצִים וְאַבְנֵי מַחְצֵב לְחַזֵּק אֶת־בֶּדֶק
בֵּית־יְהוָה וּלְכֹל אֲשֶׁר־יֵצֵא עַל־הַבַּיִת לְחָזְקָה׃ אַךְ יד
לֹא יֵעָשֶׂה בֵּית יְהוָה סִפּוֹת כֶּסֶף מְזַמְּרוֹת מִזְרָקוֹת
חֲצֹצְרוֹת כָּל־כְּלִי זָהָב וּכְלִי־כָסֶף מִן־הַכֶּסֶף הַמּוּבָא
בֵית־יְהוָה׃ כִּי־לְעֹשֵׂי הַמְּלָאכָה יִתְּנֻהוּ וְחִזְּקוּ־בוֹ טו
אֶת־בֵּית יְהוָה׃ וְלֹא יְחַשְּׁבוּ אֶת־הָאֲנָשִׁים אֲשֶׁר טז
יִתְּנוּ אֶת־הַכֶּסֶף עַל־יָדָם לָתֵת לְעֹשֵׂי הַמְּלָאכָה כִּי
בֶאֱמֻנָה הֵם עֹשִׂים׃ כֶּסֶף אָשָׁם וְכֶסֶף חַטָּאוֹת לֹא יז
יוּבָא בֵּית יְהוָה לַכֹּהֲנִים יִהְיוּ׃

ביאור

וַיִּמְנוּ אֶת-הַכֶּסֶף הַנִּמְצָא בְבֵית-ה׳. יב וְנָתְנוּ אֶת-הַכֶּסֶף הַמְתֻכָּן,
המנוי[341] עַל-יְדֵי, לידי עֹשֵׂי הַמְּלָאכָה הַמֻּפְקָדִים על תחזוקת בֵּית ה׳,
וַיּוֹצִיאֻהוּ לשלם לְחָרָשֵׁי הָעֵץ וְלַבֹּנִים הָעֹשִׂים מלאכות תיקון בתוך בֵּית
ה׳ יג וְלַגֹּדְרִים, בוני הגדרות והקירות[342] וּלְחֹצְבֵי הָאֶבֶן וְלִקְנוֹת עֵצִים
וְאַבְנֵי מַחְצֵב לְחַזֵּק אֶת-בֶּדֶק בֵּית-ה׳ וּלְכֹל אֲשֶׁר-יֵצֵא, לכל ההוצאות
הדרושות עַל-הַבַּיִת לְחָזְקָה, כדי לחזקו.[343] יד אַךְ לֹא יֵעָשֶׂה לעת
עתה לשם בֵּית ה׳ סִפּוֹת, ספלי כֶּסֶף, מְזַמְּרוֹת, כלי נגינה, מִזְרָקוֹת,
כלים גדולים לקבלת הדם וזריקתו וַחֲצֹצְרוֹת – כָּל-כְּלִי זָהָב וּכְלִי-
כָסֶף – מִן-הַכֶּסֶף הַמּוּבָא בֵית-ה׳. טו כִּי-לְעֹשֵׂי הַמְּלָאכָה יִתְּנֻהוּ, וְחִזְּקוּ-
בוֹ אֶת-בֵּית ה׳. לקחו אותו רק לצרכי שיפוץ הבית גופו. אם נשארו
כספים, אולי השתמשו בהם גם להכנת כלים.[344] טז וְלֹא יְחַשְּׁבוּ אֶת,
לא ערכו חשבונות עם הָאֲנָשִׁים אֲשֶׁר יִתְּנוּ אֶת-הַכֶּסֶף עַל-יָדָם לָתֵת
לְעֹשֵׂי הַמְּלָאכָה, כִּי בֶאֱמֻנָה הֵם עֹשִׂים. נתנו אמון באנשי הוועד
הממונה על בית ה׳, ולא היה צורך לעמוד על גביהם.[345] יז ואולם
כֶּסֶף אָשָׁם וְכֶסֶף חַטָּאוֹת, הכסף שישראל יביאו בעבור קרבנות אשם
או קרבנות החטאת לסוגיה[346] לֹא יוּבָא אל בֵּית ה׳, משום שאינו
שייך לקדשי בדק הבית, אלא לקדשי המזבח. על כן, כספים אלו
לַכֹּהֲנִים יִהְיוּ. הכהנים ישתמשו בהם להביא בהמות לקרבנות אלה
ולקחת את חלקי בשר הקרבנות.[347]

אבני מחצב
לבדק הבית

הפטרת פרשת זכור
שמואל א

התימנים מתחילים כאן

יד נב וַתְּהִי הַמִּלְחָמָה חֲזָקָה עַל־פְּלִשְׁתִּים כֹּל יְמֵי שָׁאוּל
וְרָאָה שָׁאוּל כָּל־אִישׁ גִּבּוֹר וְכָל־בֶּן־חַיִל וַיַּאַסְפֵהוּ

הספרדים מתחילים כאן

טו א אֵלָיו: *וַיֹּאמֶר שְׁמוּאֵל אֶל־שָׁאוּל אֹתִי
שָׁלַח יהוה לִמְשָׁחֳךָ לְמֶלֶךְ עַל־עַמּוֹ עַל־יִשְׂרָאֵל

האשכנזים מתחילים כאן

ב וְעַתָּה שְׁמַע לְקוֹל דִּבְרֵי יהוה: *כֹּה
אָמַר יהוה צְבָאוֹת פָּקַדְתִּי אֵת אֲשֶׁר־עָשָׂה עֲמָלֵק
לְיִשְׂרָאֵל אֲשֶׁר־שָׂם לוֹ בַּדֶּרֶךְ בַּעֲלֹתוֹ מִמִּצְרָיִם:
ג עַתָּה לֵךְ וְהִכִּיתָה אֶת־עֲמָלֵק וְהַחֲרַמְתֶּם אֶת־כָּל־
אֲשֶׁר־לוֹ וְלֹא תַחְמֹל עָלָיו וְהֵמַתָּה מֵאִישׁ עַד־
אִשָּׁה מֵעֹלֵל וְעַד־יוֹנֵק מִשּׁוֹר וְעַד־שֶׂה מִגָּמָל וְעַד־
ד חֲמוֹר: וַיְשַׁמַּע שָׁאוּל אֶת־הָעָם וַיִּפְקְדֵם
בַּטְּלָאִים מָאתַיִם אֶלֶף רַגְלִי וַעֲשֶׂרֶת אֲלָפִים אֶת־
ה אִישׁ יְהוּדָה: וַיָּבֹא שָׁאוּל עַד־עִיר עֲמָלֵק וַיָּרֶב בַּנָּחַל:
ו וַיֹּאמֶר שָׁאוּל אֶל־הַקֵּינִי לְכוּ סֻּרוּ רְדוּ מִתּוֹךְ עֲמָלֵקִי

הרחבות

׳עשרת אלפים את איש יהודה׳ שבט יהודה היה מבחינות רבות מעין יחידה פוליטית בפני עצמה. (ראו שמואל א׳ יא,ח). את מספרם המפתיע בקוטנו של בני השבט אפשר לייחס דווקא למיקומה של המלחמה. שלא כשבטים האחרים, שיצאו למסע המלחמה באופן מאורגן, ייתכן שרבים מאנשי יהודה הצטרפו למלחמה ממקומם ללא מסדר ומשמעת. (ראו עוד ר״י מטראני).

מלחמת שאול בעמלק

שאול נשלח על ידי שמואל הנביא להחרים את עמלק. הוא ניצח במלחמה, אך משיקולים
שונים חמל על מלך עמלק וחס על מיטב בהמותיו. ה׳ מודיע לשמואל כי שאול כבר
אינו רצוי לפניו כמלך ישראל.

ביאור | שמואל א׳ פרק יד נג **וַתְּהִי הַמִּלְחָמָה חֲזָקָה עַל פְּלִשְׁתִּים כֹּל יְמֵי**
שָׁאוּל, ובינתיים – **וְרָאָה**, כשהיה רואה **שָׁאוּל כָּל אִישׁ גִּבּוֹר וְכָל בֶּן**
חַיִל – **וַיַּאַסְפֵהוּ אֵלָיו**, לצבא הקבע שלו. הוא דאג לכך שאנשיו יהיו
הטובים ביותר מבין אנשי ישראל.

פרק טו א **וַיֹּאמֶר שְׁמוּאֵל אֶל שָׁאוּל: אֹתִי שָׁלַח ה׳ לִמְשָׁחֳךָ לְמֶלֶךְ עַל**
עַמּוֹ, עַל יִשְׂרָאֵל. אינך מולך מכוח עצמך, אלא כשליח שנשלח על
ידי בשם ה׳, וְלכן, **עַתָּה שְׁמַע לְקוֹל דִּבְרֵי ה׳**.[348]

ב **כֹּה אָמַר ה׳ צְבָאוֹת: פָּקַדְתִּי**, אני זוכר **אֵת אֲשֶׁר עָשָׂה עֲמָלֵק לְיִשְׂרָאֵל,**
אֲשֶׁר שָׂם לוֹ מארב ונלחם בו **בַּדֶּרֶךְ בַּעֲלֹתוֹ מִמִּצְרָיִם**.[349] זיכרון נצחי
זה מופיע גם בתורה.[350] ג **עַתָּה לֵךְ וְהִכִּיתָה**, והכית, הכה **אֶת עֲמָלֵק,**
וְהַחֲרַמְתֶּם, אַבדו **אֶת כָּל אֲשֶׁר לוֹ, וְלֹא תַחְמֹל עָלָיו. וְהֵמַתָּה**, המת
מֵאִישׁ עַד אִשָּׁה, מֵעֹלֵל, מתינוק שזה עתה נולד[351] **וְעַד יוֹנֵק, מִשּׁוֹר**
וְעַד שֶׂה, מִגָּמָל וְעַד חֲמוֹר. אין להשאיר דבר מכל אשר לעמלק, כלשון
הציווי תִּמְחֶה אֶת זֵכֶר עֲמָלֵק.[352]

ד **וַיְשַׁמַּע**, הכריז, הקהיל[353] **שָׁאוּל אֶת הָעָם, וַיִּפְקְדֵם**, ספר אותם
בַּטְּלָאִים, באמצעות טלאים. כל איש מאנשיו נתן טלה, כדי שיספרו
את הטלאים במקום לספור את בני האדם,[354] ונמצאו **מָאתַיִם אֶלֶף**
רַגְלִי, חיילים הנעים ברגלם משאר השבטים, **וַעֲשֶׂרֶת אֲלָפִים אֶת**
אִישׁ יְהוּדָה.

ה **וַיָּבֹא שָׁאוּל עַד עִיר עֲמָלֵק**, העיר הראשית של עמלק. **וַיָּרֶב בַּנָּחַל**.
שאול פתח בפעולות איבה ומריבה בנחל הסמוך לעיר.[355]

ו **וַיֹּאמֶר שָׁאוּל אֶל הַקֵּינִי**, שבט בני יתרו: **לְכוּ סֻּרוּ רְדוּ**, היפרדו

הרחבות

׳הקיני׳ הקינים לא קיבלו נחלה או שלא
רצו להתיישב במקום קבוע, אלא נשארו
נוודים במשך כל הדורות (ראו שופטים
א,טז). מבחינה דתית שבט זה השתייך
לישראל, אבל מבחינה מדינית ולאומית
אולי ראה בעצמו יחידה נבדלת. באותה
שעה הקינים הנודדים שכנו סמוך לעמלק.
(ראו שופטים ד,יז; שמואל א׳ כז,ח-י).

פֶּן־אֹֽסִפְךָ֙ עִמּ֔וֹ וְאַתָּ֞ה עָשִׂ֤יתָה חֶ֙סֶד֙ עִם־כָּל־בְּנֵ֣י
יִשְׂרָאֵ֔ל בַּעֲלוֹתָ֖ם מִמִּצְרָ֑יִם וַיָּ֥סַר קֵינִ֖י מִתּ֥וֹךְ עֲמָלֵֽק׃
וַיַּ֥ךְ שָׁא֖וּל אֶת־עֲמָלֵ֑ק מֵֽחֲוִילָה֙ בּוֹאֲךָ֣ שׁ֔וּר אֲשֶׁ֖ר עַל־ ז
פְּנֵ֥י מִצְרָֽיִם׃ וַיִּתְפֹּ֛שׂ אֶת־אֲגַ֥ג מֶֽלֶךְ־עֲמָלֵ֖ק חָ֑י וְאֶת־ ח
כָּל־הָעָ֖ם הֶחֱרִ֥ים לְפִי־חָֽרֶב׃ וַיַּחְמֹל֩ שָׁא֨וּל וְהָעָ֜ם עַל־ ט
אֲגָ֗ג וְעַל־מֵיטַ֣ב הַצֹּאן֩ וְהַבָּקָ֨ר וְהַמִּשְׁנִ֤ים וְעַל־הַכָּרִים֙
וְעַל־כָּל־הַטּ֔וֹב וְלֹ֥א אָב֖וּ הַחֲרִימָ֑ם וְכָל־הַמְּלָאכָ֛ה
נְמִבְזָ֥ה וְנָמֵ֖ס אֹתָ֥הּ הֶחֱרִֽימוּ׃ וַֽיְהִי֙ דְּבַר־ י
יְהוָ֔ה אֶל־שְׁמוּאֵ֖ל לֵאמֹֽר׃ נִחַ֗מְתִּי כִּֽי־הִמְלַ֤כְתִּי אֶת־ יא
שָׁאוּל֙ לְמֶ֔לֶךְ כִּֽי־שָׁב֙ מֵאַֽחֲרַ֔י וְאֶת־דְּבָרַ֖י לֹ֣א הֵקִ֑ים
וַיִּ֙חַר֙ לִשְׁמוּאֵ֔ל וַיִּזְעַ֥ק אֶל־יְהוָ֖ה כָּל־הַלָּֽיְלָה׃ וַיַּשְׁכֵּ֧ם יב
שְׁמוּאֵ֛ל לִקְרַ֥את שָׁא֖וּל בַּבֹּ֑קֶר וַיֻּגַּ֨ד לִשְׁמוּאֵ֜ל לֵאמֹ֗ר
בָּֽא־שָׁא֤וּל הַכַּרְמֶ֙לָה֙ וְהִנֵּ֨ה מַצִּ֥יב לוֹ֙ יָ֔ד וַיִּסֹּב֙ וַֽיַּעֲבֹ֔ר

הרחבות

'ויחר לשמואל' קשה היה לשמואל להלום את החלטתו של ה' להסיר את שאול ממלכותו, היות ששאול לא פעל מתוך כוונות רעות. חטאו היה בכך שלא היה חזק ותקיף דיו ונכנע ללחצים. אמנם שמואל חזר וגער בשאול בתקיפות פעם אחר פעם, אבל שאול נשאר גם בן טיפוחיו. חרה לו אפוא שה' פסל את מי שהוא גידל וטיפח. (ראו תענית ה ע"ב; רות רבה ז,יג; אברבנאל על אתר).

ביאור | והתרחקו מִתּוֹךְ הָעֲמָלֵקִי. פֶּן, שמא אֹסִפְךָ, אכלה אותך עִמּוֹ במהלך הקרב, ואיני רוצה בכך, והרי אַתָּה, כלומר אביך הראשון, עָשִׂיתָה חֶסֶד עִם כָּל בְּנֵי יִשְׂרָאֵל בַּעֲלוֹתָם מִמִּצְרָיִם.

ואכן – וַיָּסַר קֵינִי מִתּוֹךְ עֲמָלֵק.

ז וַיַּךְ שָׁאוּל אֶת עֲמָלֵק מֵחֲוִילָה עד בּוֹאֲךָ שׁוּר אֲשֶׁר עַל פְּנֵי, לפני
מִצְרָיִם. נראה שבתקופה זו נעשה עמלק עם גדול, ועל כל פנים
היה מפוזר באזורים נרחבים בדרום הנגב, אולי גם בעבר הירדן
הדרומי. ח וַיִּתְפֹּשׂ בשבי אֶת אֲגַג מֶלֶךְ עֲמָלֵק חָי, וְאֶת כָּל הָעָם הֶחֱרִים
לְפִי חָרֶב, כפי שציווהו שמואל. ט וַיַּחְמֹל שָׁאוּל וְהָעָם עַל אֲגָג. לא
ידוע אם אגג היה אדם בולט או שעשה רושם על אנשי שאול
כגיבור מלחמה, מכל מקום לא הרגו אותו יחד עם כולם. וְנוסף על
כך הם חסו עַל מֵיטַב, החלק המובחר ביותר של הַצֹּאן וְהַבָּקָר וְעַל
הַמִּשְׁנִים, השניים להם,[356] וְעַל הַכָּרִים, אילים או כבשים מפוטמים,
וְעַל כָּל הַטּוֹב, וְלֹא אָבוּ, רצו הַחֲרִימָם, למרות שנאמר להם להשמיד
הכול. וְכָל הַמְּלָאכָה, המקנה, הרכוש או: התוצרת, שהיא נְמִבְזָה,
בזויה וְנָמֵס, ומאוסה – אֹתָהּ הֶחֱרִימוּ. הם איבדו רק דברים קטני
ערך וחסרי חשיבות.[357]

י וַיְהִי דְּבַר ה׳ אֶל שְׁמוּאֵל לֵאמֹר: יא נִחַמְתִּי, התחרטתי כביכול[358]
כִּי הִמְלַכְתִּי אֶת שָׁאוּל לְמֶלֶךְ, כִּי שָׁב מֵאַחֲרַי, נטש את דרכי, וְאֶת
דְּבָרַי לֹא הֵקִים.

וַיִּחַר, היה קשה לִשְׁמוּאֵל, וַיִּזְעַק אֶל ה׳ כָּל הַלָּיְלָה בתחנונים, בטענה
ובבכייה.

יב אף על פי כן, וַיַּשְׁכֵּם שְׁמוּאֵל לִקְרַאת שָׁאוּל בַּבֹּקֶר, וכנראה לא
גילה דבר מרגשותיו ומזעקותיו, אלא הזדרז לבצע את תפקידו. וַיֻּגַּד
לִשְׁמוּאֵל לֵאמֹר: בָּא שָׁאוּל הַכַּרְמֶלָה, מקום בדרום נחלת יהודה.[359]
וְהִנֵּה מַצִּיב לוֹ יָד, מצבת זיכרון לניצחון הגדול על עמלק.[360] וַיִּסֹּב

הרחבות | **שאול מציב לו יד** לניצחון על עמלק יש גם משמעות היסטורית וגם משמעות אישית. אמנם לא הייתה זו השמדה גמורה של העמלקים, והם יחזרו ויופיעו בהמשך (ראו שמואל א׳ כז,ח; ל,א; שמואל ב׳ א,ח; דברי הימים א׳ ד,מג. גם המן צורר היהודים הוא מזרע אגג – אסתר ג,א), אבל הייתה זו מלחמה גדולה בעם שקשה לנצחו, משום שאין הוא מרוכז במקום אחד, אלא בניו יכולים לשרוד בפינות שונות במדבר.

וַיֵּרֶד הַגִּלְגָּל׃ וַיָּבֹא שְׁמוּאֵל אֶל־שָׁאוּל וַיֹּאמֶר לוֹ יג
שָׁאוּל בָּרוּךְ אַתָּה לַיהוָה הֲקִימֹתִי אֶת־דְּבַר יְהוָה׃
וַיֹּאמֶר שְׁמוּאֵל וּמֶה קוֹל־הַצֹּאן הַזֶּה בְּאָזְנָי וְקוֹל יד
הַבָּקָר אֲשֶׁר אָנֹכִי שֹׁמֵעַ׃ וַיֹּאמֶר שָׁאוּל מֵעֲמָלֵקִי טו
הֱבִיאוּם אֲשֶׁר חָמַל הָעָם עַל־מֵיטַב הַצֹּאן
וְהַבָּקָר לְמַעַן זְבֹחַ לַיהוָה אֱלֹהֶיךָ וְאֶת־הַיּוֹתֵר
הֶחֱרַמְנוּ׃ וַיֹּאמֶר שְׁמוּאֵל אֶל־שָׁאוּל הֶרֶף טז
וַיֹּאמֶר וְאַגִּידָה לְּךָ אֵת אֲשֶׁר דִּבֶּר יְהוָה אֵלַי הַלָּיְלָה ויאמרו
לוֹ דַּבֵּר׃ וַיֹּאמֶר שְׁמוּאֵל הֲלוֹא אִם־קָטֹן יז
אַתָּה בְּעֵינֶיךָ רֹאשׁ שִׁבְטֵי יִשְׂרָאֵל אָתָּה וַיִּמְשָׁחֲךָ
יְהוָה לְמֶלֶךְ עַל־יִשְׂרָאֵל׃ וַיִּשְׁלָחֲךָ יְהוָה בְּדָרֶךְ יח
וַיֹּאמֶר לֵךְ וְהַחֲרַמְתָּה אֶת־הַחַטָּאִים אֶת־עֲמָלֵק
וְנִלְחַמְתָּ בוֹ עַד־כַּלּוֹתָם אֹתָם׃ וְלָמָּה לֹא־שָׁמַעְתָּ יט
בְּקוֹל יְהוָה וַתַּעַט אֶל־הַשָּׁלָל וַתַּעַשׂ הָרַע בְּעֵינֵי
יְהוָה׃ וַיֹּאמֶר שָׁאוּל אֶל־שְׁמוּאֵל אֲשֶׁר כ
שָׁמַעְתִּי בְּקוֹל יְהוָה וָאֵלֵךְ בַּדֶּרֶךְ אֲשֶׁר־שְׁלָחַנִי יְהוָה
וָאָבִיא אֶת־אֲגַג מֶלֶךְ עֲמָלֵק וְאֶת־עֲמָלֵק הֶחֱרַמְתִּי׃

ביאור

וַיַּעֲבֹר וַיֵּרֶד אל הַגִּלְגָּל. יג **וַיָּבֹא שְׁמוּאֵל אֶל שָׁאוּל.**
וַיֹּאמֶר לוֹ שָׁאוּל: בָּרוּךְ אַתָּה לַה'! ברוך הבא![361] **הֲקִימֹתִי אֶת דְּבַר ה'.**
נלחמתי בעמלק וניצחתיו.

יד **וַיֹּאמֶר שְׁמוּאֵל: וּמֶה קוֹל הַצֹּאן הַזֶּה בְּאָזְנָי, וְקוֹל הַבָּקָר אֲשֶׁר אָנֹכִי שֹׁמֵעַ?** מאין באו הבהמות הללו שאני שומע את קולן?

טו **וַיֹּאמֶר שָׁאוּל: מֵעֲמָלֵקִי הֱבִיאוּם, אֲשֶׁר חָמַל הָעָם עַל מֵיטַב הַצֹּאן וְהַבָּקָר**, אבל לא חמד בהם כשלל אישי, חלילה, אלא **לְמַעַן זְבֹחַ לַה' אֱלֹהֶיךָ**. הבאנו מקצת הבהמות, משום שהעם לא רצה להרגן סתם, והעדיף להשתמש בהן לצורך קרבנות. **וְאֶת הַיּוֹתֵר**, השאר **הֶחֱרַמְנוּ.** שאול מתנצל ומסביר שגם אם הם לא מילאו את פרטי ההוראות במלואן, הם התכוונו רק לשם שמים.

טז **וַיֹּאמֶר שְׁמוּאֵל אֶל שָׁאוּל: הֶרֶף**, הנח לי, וגם: הפסק להתנצל ולתרץ,[362] **וְאַגִּידָה לְּךָ אֵת אֲשֶׁר דִּבֶּר ה' אֵלַי הַלָּיְלָה.**
וַיֹּאמֶר לוֹ שאול: **דַּבֵּר.**

יז **וַיֹּאמֶר שְׁמוּאֵל: הֲלוֹא אִם קָטֹן אַתָּה בְּעֵינֶיךָ**, ולכן אינך תקיף די
הצורך – עדיין **רֹאשׁ שִׁבְטֵי יִשְׂרָאֵל אָתָּה, וַיִּמְשָׁחֲךָ ה' לְמֶלֶךְ עַל יִשְׂרָאֵל.**
גם לפי דבריך, שלא אתה יזמת את המעשה אלא נכנעת ללחצי
העם, הרי אתה המנהיג ואתה אחראי כלפי המשימה שהוטלה עליך.
אל לך להצדיק את התנהגותך ברצונם של אחרים.[363] יח **וַיִּשְׁלָחֲךָ**
ה' בְּדָרֶךְ, במגמה מסוימת **וַיֹּאמֶר: "לֵךְ וְהַחֲרַמְתָּה אֶת הַחַטָּאִים,**
אנשי החטא, **אֶת עֲמָלֵק, וְנִלְחַמְתָּ בוֹ עַד כַּלּוֹתָם**, שבני ישראל יכלו
אֹתָם". יט **וְלָמָּה לֹא שָׁמַעְתָּ בְּקוֹל ה', וַתַּעַט**, התנפלת **אֶל הַשָּׁלָל.**
וַתַּעַשׂ הָרַע בְּעֵינֵי ה'?!

כ שאול מתרעם מיד[364] – **וַיֹּאמֶר שָׁאוּל אֶל שְׁמוּאֵל: אֲשֶׁר**, אכן **שָׁמַעְתִּי בְּקוֹל ה', וָאֵלֵךְ בַּדֶּרֶךְ אֲשֶׁר שְׁלָחַנִי ה'.** עמלק אינו מאיים עתה על ישראל, ובכל זאת יצאתי למלחמה יזומה זו, מפני שאני עושה את דבר ה', **וָאָבִיא אֶת אֲגַג מֶלֶךְ עֲמָלֵק** שבוי, **וְאֶת עֲמָלֵק הֶחֱרַמְתִּי**, כמו

הרחבות

'לה' אלהיך' על פי הפשט ביטוי זה אין בו משמעות שלילית. מופיע בכמה מקומות במקרא בעיקר כלפי כהן או אישיות חשובה. (ראו רד"ק).

כא וַיִּקַּח הָעָם מֵהַשָּׁלָל צֹאן וּבָקָר רֵאשִׁית הַחֵרֶם לִזְבֹּחַ
כב לַיהוָה אֱלֹהֶיךָ בַּגִּלְגָּל׃ וַיֹּאמֶר שְׁמוּאֵל
הַחֵפֶץ לַיהוָה בְּעֹלוֹת וּזְבָחִים כִּשְׁמֹעַ בְּקוֹל יְהוָה
כג הִנֵּה שְׁמֹעַ מִזֶּבַח טוֹב לְהַקְשִׁיב מֵחֵלֶב אֵילִים׃ כִּי
חַטַּאת־קֶסֶם מֶרִי וְאָוֶן וּתְרָפִים הַפְצַר יַעַן מָאַסְתָּ
כד אֶת־דְּבַר יְהוָה וַיִּמְאָסְךָ מִמֶּלֶךְ׃ וַיֹּאמֶר
שָׁאוּל אֶל־שְׁמוּאֵל חָטָאתִי כִּי־עָבַרְתִּי אֶת־פִּי־יְהוָה
וְאֶת־דְּבָרֶיךָ כִּי יָרֵאתִי אֶת־הָעָם וָאֶשְׁמַע בְּקוֹלָם׃
כה וְעַתָּה שָׂא נָא אֶת־חַטָּאתִי וְשׁוּב עִמִּי וְאֶשְׁתַּחֲוֶה
כו לַיהוָה׃ וַיֹּאמֶר שְׁמוּאֵל אֶל־שָׁאוּל לֹא אָשׁוּב עִמָּךְ
כִּי מָאַסְתָּה אֶת־דְּבַר יְהוָה וַיִּמְאָסְךָ יְהוָה מִהְיוֹת
כז מֶלֶךְ עַל־יִשְׂרָאֵל׃ וַיִּסֹּב שְׁמוּאֵל לָלֶכֶת וַיַּחֲזֵק בִּכְנַף־
כח מְעִילוֹ וַיִּקָּרַע׃ וַיֹּאמֶר אֵלָיו שְׁמוּאֵל קָרַע יְהוָה אֶת־
מַמְלְכוּת יִשְׂרָאֵל מֵעָלֶיךָ הַיּוֹם וּנְתָנָהּ לְרֵעֲךָ הַטּוֹב
כט מִמֶּךָּ׃ וְגַם נֵצַח יִשְׂרָאֵל לֹא יְשַׁקֵּר וְלֹא יִנָּחֵם כִּי לֹא
ל אָדָם הוּא לְהִנָּחֵם׃ וַיֹּאמֶר חָטָאתִי עַתָּה כַּבְּדֵנִי נָא

ביאור
שאמרת. זהו ניצחון מוחלט. כא וַיִּקַּח הָעָם מֵהַשָּׁלָל צֹאן וּבָקָר,
רֵאשִׁית, מיטב[365] הַחֵרֶם, השלל כדי לִזְבֹּחַ לַה' אֱלֹהֶיךָ בַּגִּלְגָּל. הרי
מילאנו את השליחות – ניצחנו במלחמה, השמדנו והרגנו את העם
כולו, אלא שאנשים חשבו שעדיף להפיק תועלת מן הבהמות הללו.

כב וַיֹּאמֶר שְׁמוּאֵל: הַחֵפֶץ לַה', האם ה' רוצה בְּעֹלוֹת וּזְבָחִים, כִּשְׁמֹעַ,
יותר מאשר את השמיעה בְּקוֹל ה'?! ציוויו של ה' מחייב, והקרבנות
אינם מעלים ואינם מורידים לעניין זה. אין הם תכלית בפני עצמה,
ואין ה' זקוק להם.[366] הִנֵּה שְׁמֹעַ, ציות – מִזֶּבַח טוֹב, עדיף מהקרבת
זבח; לְהַקְשִׁיב לה' עדיף מֵחֵלֶב אֵילִים. כג כִּי חַטַּאת קֶסֶם, חטא
הכישוף והניחוש הוא הַמֶּרִי, המרידה. החטא שבקסם אינו המעשה
כשלעצמו אלא אי-הציות, וְאָוֶן, הבל או חטא וּתְרָפִים, אלילי-
בית – הַפְצַר, התעקשות. ההפצרה וההצטדקות שאינן במקומן הן
החטא החמור.[367] יַעַן, מכיוון שֶׁמָּאַסְתָּ, דחית אֶת דְּבַר ה', המרית את
פיו והלכת אחר רצון העם או רצונות לבך, וַיִּמְאָסְךָ מִמֶּלֶךְ. בעיני ה'
הפסקת להיות המלך הנבחר. למרות שאתה בעמדת שלטון, מעתה
אתה כשאר האדם.

כד וַיֹּאמֶר שָׁאוּל אֶל שְׁמוּאֵל: חָטָאתִי כִּי עָבַרְתִּי אֶת פִּי ה' וְאֶת דְּבָרֶיךָ,
כִּי יָרֵאתִי אֶת הָעָם וָאֶשְׁמַע בְּקוֹלָם. לולא כן הייתי עושה בדיוק
מה שאמרת לי.[368] כה וְעַתָּה שָׂא, סלח נָא אֶת חַטָּאתִי, וְשׁוּב עִמִּי
וְאֶשְׁתַּחֲוֶה לַה' אתך, כדי שיראו שאתה עדיין תומך בי ועומד לצדי.

כו וַיֹּאמֶר שְׁמוּאֵל אֶל שָׁאוּל: לֹא אָשׁוּב עִמָּךְ, כִּי מָאַסְתָּה אֶת דְּבַר ה',
וַיִּמְאָסְךָ ה' מִהְיוֹת מֶלֶךְ עַל יִשְׂרָאֵל.

כז וַיִּסֹּב שְׁמוּאֵל לָלֶכֶת, וַיַּחֲזֵק שאול בִּכְנַף מְעִילוֹ של שמואל כדי
לעכבו, וַיִּקָּרַע המעיל מפני משיכתו.[369]

כח וַיֹּאמֶר אֵלָיו שְׁמוּאֵל: הקריעה הזו היא סמל – קָרַע ה' אֶת מַמְלְכוּת
יִשְׂרָאֵל מֵעָלֶיךָ הַיּוֹם וּנְתָנָהּ לְרֵעֲךָ הַטּוֹב מִמֶּךָּ. כט וְגַם נֵצַח יִשְׂרָאֵל,
ה'[370] לֹא יְשַׁקֵּר וְלֹא יִנָּחֵם, יתחרט, לאחר שאמר לך שאיבדת את
מעמדך. אינך יכול לפייס אותו ולבקש שישוב מדבריו, כִּי לֹא אָדָם
הוּא לְהִנָּחֵם.

ל וַיֹּאמֶר שאול שוב: חָטָאתִי. אני מקבל את דברי התוכחה והגזרה.

נֶגֶד זִקְנֵי־עַמִּי וְנֶגֶד יִשְׂרָאֵל וְשׁוּב עִמִּי וְהִשְׁתַּחֲוֵיתִי
לא לַיהוָה אֱלֹהֶיךָ׃ וַיָּשָׁב שְׁמוּאֵל אַחֲרֵי שָׁאוּל וַיִּשְׁתַּחוּ
לב שָׁאוּל לַיהוָה׃ וַיֹּאמֶר שְׁמוּאֵל הַגִּישׁוּ אֵלַי
אֶת־אֲגַג מֶלֶךְ עֲמָלֵק וַיֵּלֶךְ אֵלָיו אֲגַג מַעֲדַנֹּת וַיֹּאמֶר
לג אֲגָג אָכֵן סָר מַר־הַמָּוֶת׃ וַיֹּאמֶר שְׁמוּאֵל כַּאֲשֶׁר
שִׁכְּלָה נָשִׁים חַרְבֶּךָ כֵּן־תִּשְׁכַּל מִנָּשִׁים אִמֶּךָ וַיְשַׁסֵּף
לד שְׁמוּאֵל אֶת־אֲגָג לִפְנֵי יְהוָה בַּגִּלְגָּל׃* וַיֵּלֶךְ
שְׁמוּאֵל הָרָמָתָה וְשָׁאוּל עָלָה אֶל־בֵּיתוֹ גִּבְעַת שָׁאוּל׃

התימנים מסיימים כאן

ביאור | **עַתָּה כַּבְּדֵנִי נָא נֶגֶד זִקְנֵי עַמִּי וְנֶגֶד יִשְׂרָאֵל, וְשׁוּב עִמִּי, וְהִשְׁתַּחֲוֵיתִי לַה׳ אֱלֹהֶיךָ.** בבקשה בוא אתי להתפלל ולזבוח, כדי שלכל הפחות לא ייראה בפומבי שאתה זונח אותי. הנבואה הפרטית שהשמעת באוזניי תיתפס על ידי הקהל כמאורע טרגי.

לא למרות ששמואל פנה ללכת לדרכו, הוא נענה להפצרתו של שאול. **וַיָּשָׁב שְׁמוּאֵל אַחֲרֵי שָׁאוּל, וַיִּשְׁתַּחוּ שָׁאוּל לַה׳.** הוא לא חזר בו, אבל הואיל ושאול ביקש בקשה טכנית-פוליטית, שמואל הסכים למנוע ממנו את הביזיון והמהומה האפשריים.

לב **וַיֹּאמֶר שְׁמוּאֵל: הַגִּישׁוּ אֵלַי אֶת אֲגַג מֶלֶךְ עֲמָלֵק,** שכן רצה להביא לסיומו של העניין.

וַיֵּלֶךְ אֵלָיו אֲגַג מַעֲדַנֹּת, הולך ומועד,[371] או: באופן מהודר ובגאון,[372] או: קשור.[373] **וַיֹּאמֶר אֲגָג: אָכֵן סָר** הגיע אלי **מַר,** מרירות **הַמָּוֶת,**[374] שכן הבין ששמואל מתכוון להרגו מיד.

לג **וַיֹּאמֶר שְׁמוּאֵל: כַּאֲשֶׁר** כשם ש**שִׁכְּלָה נָשִׁים חַרְבֶּךָ, כֵּן תִּשְׁכַּל מִנָּשִׁים אִמֶּךָ.** לא תוכל לטעון לחסות או להגנה כלשהן. **וַיְשַׁסֵּף,** ביקע, חתך[375] **שְׁמוּאֵל אֶת אֲגָג לִפְנֵי ה׳ בַּגִּלְגָּל.** שמואל לא הרג את אגג בדרך מכובדת, אלא באופן שמשמידים בעלי חיים שאינם נאכלים.

לד **וַיֵּלֶךְ שְׁמוּאֵל הָרָמָתָה,** אל הרמה, מקומו, **וְשָׁאוּל עָלָה אֶל בֵּיתוֹ גִּבְעַת שָׁאוּל.**

הפטרת פרשת פרה

יחזקאל

לו טז יז וַיְהִי דְבַר־יְהוָה אֵלַי לֵאמֹר׃ בֶּן־אָדָם בֵּית יִשְׂרָאֵל יֹשְׁבִים
עַל־אַדְמָתָם וַיְטַמְּאוּ אוֹתָהּ בְּדַרְכָּם וּבַעֲלִילוֹתָם
יח כְּטֻמְאַת הַנִּדָּה הָיְתָה דַרְכָּם לְפָנָי׃ וָאֶשְׁפֹּךְ חֲמָתִי
עֲלֵיהֶם עַל־הַדָּם אֲשֶׁר־שָׁפְכוּ עַל־הָאָרֶץ וּבְגִלּוּלֵיהֶם
יט טִמְּאוּהָ׃ וָאָפִיץ אֹתָם בַּגּוֹיִם וַיִּזָּרוּ בָּאֲרָצוֹת כְּדַרְכָּם
כ וְכַעֲלִילוֹתָם שְׁפַטְתִּים׃ וַיָּבוֹא אֶל־הַגּוֹיִם אֲשֶׁר־בָּאוּ
שָׁם וַיְחַלְּלוּ אֶת־שֵׁם קָדְשִׁי בֶּאֱמֹר לָהֶם עַם־יְהוָה אֵלֶּה
כא וּמֵאַרְצוֹ יָצָאוּ׃ וָאֶחְמֹל עַל־שֵׁם קָדְשִׁי אֲשֶׁר חִלְּלֻהוּ
כב בֵּית יִשְׂרָאֵל בַּגּוֹיִם אֲשֶׁר־בָּאוּ שָׁמָּה׃ לָכֵן
אֱמֹר לְבֵית־יִשְׂרָאֵל כֹּה אָמַר אֲדֹנָי יֱהוִה לֹא לְמַעַנְכֶם
אֲנִי עֹשֶׂה בֵּית יִשְׂרָאֵל כִּי אִם־לְשֵׁם־קָדְשִׁי אֲשֶׁר
כג חִלַּלְתֶּם בַּגּוֹיִם אֲשֶׁר־בָּאתֶם שָׁם׃ וְקִדַּשְׁתִּי אֶת־שְׁמִי
הַגָּדוֹל הַמְחֻלָּל בַּגּוֹיִם אֲשֶׁר חִלַּלְתֶּם בְּתוֹכָם וְיָדְעוּ
הַגּוֹיִם כִּי־אֲנִי יְהוָה נְאֻם אֲדֹנָי יֱהוִה בְּהִקָּדְשִׁי בָכֶם
כד לְעֵינֵיהֶם׃ וְלָקַחְתִּי אֶתְכֶם מִן־הַגּוֹיִם וְקִבַּצְתִּי אֶתְכֶם
כה מִכָּל־הָאֲרָצוֹת וְהֵבֵאתִי אֶתְכֶם אֶל־אַדְמַתְכֶם׃ וְזָרַקְתִּי
עֲלֵיכֶם מַיִם טְהוֹרִים וּטְהַרְתֶּם מִכֹּל טֻמְאוֹתֵיכֶם
כו וּמִכָּל־גִּלּוּלֵיכֶם אֲטַהֵר אֶתְכֶם׃ וְנָתַתִּי לָכֶם לֵב
חָדָשׁ וְרוּחַ חֲדָשָׁה אֶתֵּן בְּקִרְבְּכֶם וַהֲסִרֹתִי אֶת־לֵב
כז הָאֶבֶן מִבְּשַׂרְכֶם וְנָתַתִּי לָכֶם לֵב בָּשָׂר׃ וְאֶת־רוּחִי
אֶתֵּן בְּקִרְבְּכֶם וְעָשִׂיתִי אֵת אֲשֶׁר־בְּחֻקַּי תֵּלֵכוּ

נבואת טהרה ותקומה לישראל

טהרת המים החיים מטומאת המת, הנקראת לקראת הפסח, חג החירות, משמשת בנבואת יחזקאל כדימוי לטהרת עוונות והתחדשות רוחנית של העם השב לארצו. תקומת העם והארץ מודגשת בהפטרה כמעשה ה׳ הפועל למען שמו ולא בגלל צדקתם של ישראל. אף רגשות הבושה והחרטה המתלוים אל הידיעה הזו, חשובים לתהליך התקומה עצמו.

ביאור | יחזקאל פרק לו טז וַיְהִי דְבַר-ה׳ אֵלַי לֵאמֹר: תחילה סקירה
היסטורית - יז בֶּן-אָדָם, בֵּית יִשְׂרָאֵל היו יֹשְׁבִים עַל-אַדְמָתָם וַיְטַמְּאוּ
אוֹתָהּ בְּדַרְכָּם, באורח חייהם וּבַעֲלִילוֹתָם, ובמעשיהם. כְּטֻמְאַת הַנִּדָּה,
המרחיקה אותה מבעלה, כך הָיְתָה דַרְכָּם לְפָנָי. יח וָאֶשְׁפֹּךְ חֲמָתִי
עֲלֵיהֶם - על בית ישראל עַל-הַדָּם אֲשֶׁר-שָׁפְכוּ עַל-הָאָרֶץ, ברציחות.[376]
או שמא זהו המשך הדימוי לדם הנידה הנשפך על הארץ ומטמא
אחרים,[377] וּבְגִלּוּלֵיהֶם, ובעבודתם הזרה טִמְּאוּהָ. יט וָאָפִיץ אֹתָם
בַּגּוֹיִם וַיִּזָּרוּ, התפזרו בָּאֲרָצוֹת. כְּדַרְכָּם וְכַעֲלִילוֹתָם שְׁפַטְתִּים. בני
ישראל לא נענשו מתוך רשעות, אלא היו ראויים לעונשים אלה
בשל חומרת מעשיהם. כ וַיָּבוֹא בית ישראל אֶל-הַגּוֹיִם אֲשֶׁר-בָּאוּ
שָׁם - וַיְחַלְּלוּ אֶת-שֵׁם קָדְשִׁי, בֶּאֱמֹר לָהֶם, עליהם: הנה עַם-ה׳ אֵלֶּה,
וּמֵאַרְצוֹ יָצָאוּ. בן לעם ישראל הנמצא בגולה גורם לחילול ה׳, שהרי
ידוע שהוא שייך לעם ה׳, ועם זאת אין הוא נמצא בארצו של ה׳.
כשהגויים רואים אותו בארצם, הם תמהים מדוע אין ה׳ דואג לו
ומשיבו לארצו. כא וָאֶחְמֹל, אני חס עַל-שֵׁם קָדְשִׁי אֲשֶׁר חִלְּלֻהוּ בֵּית
יִשְׂרָאֵל בַּגּוֹיִם אֲשֶׁר-בָּאוּ שָׁמָּה. כב לָכֵן אֱמֹר לְבֵית-יִשְׂרָאֵל: כֹּה אָמַר
ה׳ אֱלוֹהִים: את מה שאני עתיד לעשות לֹא לְמַעַנְכֶם אֲנִי עֹשֶׂה, בֵּית
יִשְׂרָאֵל, כִּי אִם-לְמַעַן שֵׁם-קָדְשִׁי אֲשֶׁר חִלַּלְתֶּם בַּגּוֹיִם אֲשֶׁר-בָּאתֶם
שָׁם. כג וְקִדַּשְׁתִּי אֶת-שְׁמִי הַגָּדוֹל הַמְחֻלָּל בַּגּוֹיִם, אֲשֶׁר חִלַּלְתֶּם בְּתוֹכָם,
וְיָדְעוּ הַגּוֹיִם כִּי-אֲנִי ה׳, נְאֻם ה׳ אֱלוֹהִים, בְּהִקָּדְשִׁי בָכֶם, באמצעותם
לְעֵינֵיהֶם. כך יתקדש שם ה׳ מחדש לעיני כל העמים: כד וְלָקַחְתִּי
אֶתְכֶם מִן-הַגּוֹיִם, וְקִבַּצְתִּי אֶתְכֶם מִכָּל-הָאֲרָצוֹת, וְהֵבֵאתִי אֶתְכֶם
אֶל-אַדְמַתְכֶם. כה ושם, בארץ ישראל - וְזָרַקְתִּי עֲלֵיכֶם מַיִם טְהוֹרִים,
וּטְהַרְתֶּם מִכֹּל טֻמְאוֹתֵיכֶם, וּמִכָּל-גִּלּוּלֵיכֶם אֲטַהֵר אֶתְכֶם. כו יתר על
כן - וְנָתַתִּי לָכֶם לֵב, יצר חָדָשׁ, וְרוּחַ חֲדָשָׁה אֶתֵּן בְּקִרְבְּכֶם, וַהֲסִרֹתִי אֶת-
לֵב הָאֶבֶן מִבְּשַׂרְכֶם וְנָתַתִּי לָכֶם לֵב בָּשָׂר. לבכם הקשה ייעקר ויוחלף
בלב רך ומרגיש. גם רוחכם הישנה תוחלף - כז וְאֶת-רוּחִי, רוח ה׳ אֶתֵּן

וּמִשְׁפָּטַ֥י תִּשְׁמְר֖וּ וַעֲשִׂיתֶֽם׃ וִישַׁבְתֶּ֣ם בָּאָ֔רֶץ אֲשֶׁ֥ר כח
נָתַ֖תִּי לַאֲבֹתֵיכֶ֑ם וִהְיִ֤יתֶם לִי֙ לְעָ֔ם וְאָ֣נֹכִ֔י אֶהְיֶ֥ה
לָכֶ֖ם לֵאלֹהִֽים׃ וְהוֹשַׁעְתִּ֣י אֶתְכֶ֔ם מִכֹּ֖ל טֻמְאֽוֹתֵיכֶ֑ם כט
וְקָרָ֤אתִי אֶל־הַדָּגָן֙ וְהִרְבֵּיתִ֣י אֹת֔וֹ וְלֹא־אֶתֵּ֥ן עֲלֵיכֶ֖ם
רָעָֽב׃ וְהִרְבֵּיתִי֙ אֶת־פְּרִ֣י הָעֵ֔ץ וּתְנוּבַ֖ת הַשָּׂדֶ֑ה לְמַ֗עַן ל
אֲשֶׁ֨ר לֹ֧א תִקְח֛וּ ע֖וֹד חֶרְפַּ֥ת רָעָ֖ב בַּגּוֹיִֽם׃ וּזְכַרְתֶּם֙ לא
אֶת־דַּרְכֵיכֶ֣ם הָרָעִ֔ים וּמַעַלְלֵיכֶ֖ם אֲשֶׁ֣ר לֹא־טוֹבִ֑ים
וּנְקֹֽטֹתֶם֙ בִּפְנֵיכֶ֔ם עַ֚ל עֲוֺנֹ֣תֵיכֶ֔ם וְעַ֖ל תּוֹעֲבוֹתֵיכֶֽם׃ לֹ֧א לב
לְמַעַנְכֶ֣ם אֲנִי־עֹשֶׂ֗ה נְאֻם֙ אֲדֹנָ֣י יֱהֹוִ֔ה יִוָּדַ֖ע לָכֶ֑ם בּ֧וֹשׁוּ
וְהִכָּלְמ֛וּ מִדַּרְכֵיכֶ֖ם בֵּ֥ית יִשְׂרָאֵֽל׃
כֹּ֤ה אָמַר֙ אֲדֹנָ֣י יֱהֹוִ֔ה בְּיוֹם֙ טַהֲרִ֣י אֶתְכֶ֔ם מִכֹּ֖ל לג
עֲוֺנֽוֹתֵיכֶ֑ם וְהוֹשַׁבְתִּי֙ אֶת־הֶ֣עָרִ֔ים וְנִבְנ֖וּ הֶחֳרָבֽוֹת׃
וְהָאָ֥רֶץ הַנְּשַׁמָּ֖ה תֵּעָבֵ֑ד תַּ֚חַת אֲשֶׁ֣ר הָיְתָ֣ה שְׁמָמָ֔ה לד
לְעֵינֵ֖י כָּל־עוֹבֵֽר׃ וְאָמְר֗וּ הָאָ֤רֶץ הַלֵּ֙זוּ֙ הַנְּשַׁמָּ֔ה הָיְתָ֖ה לה
כְּגַן־עֵ֑דֶן וְהֶעָרִ֧ים הֶחֳרֵב֛וֹת וְהַנְשַׁמּ֥וֹת וְהַנֶּהֱרָס֖וֹת
בְּצוּר֥וֹת יָשָֽׁבוּ׃ וְיָדְע֣וּ הַגּוֹיִ֗ם אֲשֶׁ֣ר יִֽשָּׁאֲרוּ֮ סְבִיבֽוֹתֵיכֶם֒ לו
כִּ֣י ׀ אֲנִ֣י יְהוָ֗ה בָּנִ֙יתִי֙ הַנֶּ֣הֱרָס֔וֹת נָטַ֖עְתִּי הַנְּשַׁמָּ֑ה
אֲנִ֥י יְהוָ֖ה דִּבַּ֥רְתִּי וְעָשִֽׂיתִי׃* כֹּ֤ה אָמַר֙ לז
הספרדים והתימנים מסיימים כאן
אֲדֹנָ֣י יֱהֹוִ֔ה ע֗וֹד זֹ֛את אִדָּרֵ֥שׁ לְבֵית־יִשְׂרָאֵ֖ל לַעֲשׂ֣וֹת
לָהֶ֑ם אַרְבֶּ֥ה אֹתָ֛ם כַּצֹּ֖אן אָדָֽם׃ כְּצֹ֣אן קָֽדָשִׁ֗ים כְּצֹ֤אן לח
יְרוּשָׁלַ֙͏ִם֙ בְּמ֣וֹעֲדֶ֔יהָ כֵּ֤ן תִּהְיֶ֙ינָה֙ הֶעָרִ֣ים הֶחֳרֵב֔וֹת
מְלֵא֖וֹת צֹ֣אן אָדָ֑ם וְיָדְע֖וּ כִּֽי־אֲנִ֥י יְהוָֽה׃

ביאור

בְּקִרְבְּכֶם, וְעָשִׂיתִי, ובכך אעשה אֵת אֲשֶׁר-בְּחֻקַּי תֵּלֵכוּ וּמִשְׁפָּטַי תִּשְׁמְרוּ
וַעֲשִׂיתֶם. כח אז ישוב הכול למקומו, וִישַׁבְתֶּם בָּאָרֶץ אֲשֶׁר נָתַתִּי
לַאֲבֹתֵיכֶם וִהְיִיתֶם לִי לְעָם, וְאָנֹכִי אֶהְיֶה לָכֶם לֵאלֹהִים. כט וְהוֹשַׁעְתִּי
אֶתְכֶם מִכֹּל טֻמְאוֹתֵיכֶם. טומאותיכם, עוונותיכם וכל הכרוך בהם
יסתלקו מכם. וְקָרָאתִי אֶל-הַדָּגָן וְהִרְבֵּיתִי אֹתוֹ, אצווה שהדגן יפרה
וירבה, וְלֹא-אֶתֵּן עֲלֵיכֶם רָעָב. ל וְהִרְבֵּיתִי אֶת-פְּרִי הָעֵץ וּתְנוּבַת הַשָּׂדֶה
בארצכם, לְמַעַן אֲשֶׁר לֹא תִקְחוּ עוֹד חֶרְפַּת רָעָב בַּגּוֹיִם, הרעב שבגללו
אתם מבקשים נדבות מאחרים. לא וּזְכַרְתֶּם, אז תזכרו אֶת-דַּרְכֵיכֶם
הָרָעִים מהעבר וּמַעַלְלֵיכֶם אֲשֶׁר לֹא-טוֹבִים, וּנְקֹטֹתֶם בִּפְנֵיכֶם. לאחר
שתיטהרו ועולמכם ייהפך טוב יותר, תוכלו להסתכל על עצמכם
בעבר ברגשי חרטה ובוז עַל עֲוֹנֹתֵיכֶם וְעַל תּוֹעֲבוֹתֵיכֶם. לב ושוב – לֹא
לְמַעַנְכֶם אֲנִי-עֹשֶׂה, נְאֻם ה׳ אֱלוֹהִים. יִוָּדַע לָכֶם דבר זה. בּוֹשׁוּ וְהִכָּלְמוּ
מִדַּרְכֵיכֶם בֵּית יִשְׂרָאֵל. הידיעה שגאולתכם והיטהרותכם היא מעשה
ידי ולמעני, תמיט עליכם בושה וכלימה.

לג כֹּה אָמַר ה׳ אֱלוֹהִים: בְּיוֹם טַהֲרִי אֶתְכֶם מִכֹּל עֲוֹנוֹתֵיכֶם, וְהוֹשַׁבְתִּי
אֶת-הֶעָרִים השוממות וְנִבְנוּ הֶחֳרָבוֹת. לד וְהָאָרֶץ הַנְּשַׁמָּה, השוממה
תֵּעָבֵד, תַּחַת אֲשֶׁר הָיְתָה שְׁמָמָה לְעֵינֵי כָּל-עוֹבֵר. לה וְאָמְרוּ זה לזה
מי שיראו זאת: הָאָרֶץ הַלֵּזוּ, ההיא הַנְּשַׁמָּה, השוממה הָיְתָה כְּגַן-עֵדֶן
וְהֶעָרִים הֶחֳרֵבוֹת וְהַנְשַׁמּוֹת וְהַנֶּהֱרָסוֹת – בְּצוּרוֹת יָשָׁבוּ, הן נעשו
מיושבות כערים מבוצרות. לו וְיָדְעוּ הַגּוֹיִם אֲשֶׁר יִשָּׁאֲרוּ סְבִיבוֹתֵיכֶם,
כשייראו את שיקום הארץ ועַמה, כִּי אֲנִי ה׳ בָּנִיתִי הַנֶּהֱרָסוֹת, נָטַעְתִּי
הַנְּשַׁמָּה, אֲנִי הוא ה׳ שדִּבַּרְתִּי וְעָשִׂיתִי הן את הרעות שהתקיימו, הן
את הטובות.

לז כֹּה אָמַר ה׳ אֱלוֹהִים: עוֹד זֹאת אִדָּרֵשׁ, איענה[378] לְבֵית-יִשְׂרָאֵל
לַעֲשׂוֹת לָהֶם: אַרְבֶּה אֹתָם כַּצֹּאן-אָדָם, הם יתרבו כצאן, ועם זאת יהיו
בני אדם. לח כְּצֹאן קָדָשִׁים, כְּצֹאן יְרוּשָׁלַםִ בְּמוֹעֲדֶיהָ, כעדרי הצאן
הגדולים שהיו מובאים להקרבה בבית המקדש, בעיקר במועדים, כֵּן
תִּהְיֶינָה הֶעָרִים הֶחֳרֵבוֹת מְלֵאוֹת צֹאן אָדָם, וְיָדְעוּ כִּי-אֲנִי ה׳.

הפטרת פרשת החודש

יחזקאל

התימנים מתחילים כאן

כֹּה־אָמַר אֲדֹנָי יְהוִה רַב־לָכֶם נְשִׂיאֵי יִשְׂרָאֵל חָמָס וָשֹׁד ט מה
הָסִירוּ וּמִשְׁפָּט וּצְדָקָה עֲשׂוּ הָרִימוּ גְרֻשֹׁתֵיכֶם מֵעַל
עַמִּי נְאֻם אֲדֹנָי יְהוִה׃ מֹאזְנֵי־צֶדֶק וְאֵיפַת־צֶדֶק וּבַת־ י
צֶדֶק יְהִי לָכֶם׃ הָאֵיפָה וְהַבַּת תֹּכֶן אֶחָד יִהְיֶה לָשֵׂאת יא
מַעְשַׂר הַחֹמֶר הַבָּת וַעֲשִׂירִת הַחֹמֶר הָאֵיפָה אֶל־
הַחֹמֶר יִהְיֶה מַתְכֻּנְתּוֹ׃ וְהַשֶּׁקֶל עֶשְׂרִים גֵּרָה עֶשְׂרִים יב
שְׁקָלִים חֲמִשָּׁה וְעֶשְׂרִים שְׁקָלִים עֲשָׂרָה וַחֲמִשָּׁה שֶׁקֶל
הַמָּנֶה יִהְיֶה לָכֶם׃ זֹאת הַתְּרוּמָה אֲשֶׁר תָּרִימוּ שִׁשִּׁית יג

מאזניים
ציור
המאה ה-14 לפנה"ס
קבר נבמון
תבי, מצרים

חוקי תרומה, קרבנות ונחלות הקשורים בנשיא ובבניין הבית

משכן משה נחנך ביום הראשון בחודש הראשון, באחד בניסן, ובו ביום ייחנך אף הבית העתיד שבנבואת יחזקאל. יום זה מבטא ראשוניות וחידוש בכל הנוגע לעבודת הקודש ולמלכות ישראל. במרכז הנבואה עומד הנשיא, שהוא הדמות העליונה בעם. (מתוך הדברים לא ברור אם מדובר על המנהיג המדיני העליון, כמו המלך, או על הכהן הגדול). הנביא מדבר על הסדרת היחסים בינו לבין העם בתחומים שונים: סדרי שלטון תקינים מבחינה משפטית וממונית, מימונם ואחריות הבאתם של קרבנות הציבור, ואופיים של ביקורי הנשיא והעם במקדש.

ביאור | **יחזקאל פרק מה** ט הנבואה פותחת בקריאה לראש העם להגינות
שלטונית. **כֹּה-אָמַר אֲדֹנָי אֱלוֹהִים: רַב**, די **לָכֶם, נְשִׂיאֵי יִשְׂרָאֵל! חָמָס
וָשֹׁד** שנהגו בהם מלכים עד עתה, **הָסִירוּ, וּמִשְׁפָּט וּצְדָקָה עֲשׂוּ**. התנהגו
ביושר וברחמים עם העם, **הָרִימוּ גְרֻשֹׁתֵיכֶם**, הסירו גירוש **מֵעַל עַמִּי**.
היו מלכים בישראל שנישלו אנשים פרטיים מאדמותיהם בעלילות
או באמצעות הטלים כבדים. עליכם להילחם בתופעות אלו, **נְאֻם
אֲדֹנָי אֱלוֹהִים**.

על נשיאי ישראל לדאוג לתקינות התנהלות המסחר במדינה:
י **מֹאזְנֵי-צֶדֶק**, מאזניים מכוונות **וְאֵיפַת**, מידת-נפח יבש (שהיא
למעלה מ-21 ליטר) של **צֶדֶק, וּבַת**, מידת-נפח לח של **צֶדֶק יְהִי
לָכֶם**. יא **הָאֵיפָה וְהַבַּת – תֹּכֶן**, חשבון **אֶחָד יִהְיֶה**, נפח שווה לשניהם,
לָשֵׂאת, להכיל, או ליטול[379] **מַעְשַׂר הַחֹמֶר – הַבָּת**. מידת הבת, שבה
מודדים נוזלים, תהיה מכוונת לעשירית החומר, ובמקביל – **עֲשִׂירִת
הַחֹמֶר**, שהיא מידת **הָאֵיפָה**, ביבש – **אֶל-הַחֹמֶר יִהְיֶה מַתְכֻּנְתּוֹ**,
חשבונו. השגיחו שכלי המידה, הבת והאיפה, יהיו מכוונים לפי
חשבון נפח החומר הידוע. יב ובמשקל - **וְהַשֶּׁקֶל**, יחידת משקל
הקרובה ל-10 גרם - שווה **לְעֶשְׂרִים גֵּרָה**, גרעין, כפי שכבר נאמר
בתורה,[380] **עֶשְׂרִים שְׁקָלִים** ועוד **חֲמִשָּׁה וְעֶשְׂרִים שְׁקָלִים**, ועוד **עֲשָׂרָה
וַחֲמִשָּׁה**, חמישה-עשר **שֶׁקֶל**, סך הכול שישים שקלים – **הַמָּנֶה יִהְיֶה
לָכֶם**. הכסף, שבאותה תקופה לא היה מצוי במטבעות, היה נשקל
ביחידות משקל אלו. יחס המשקולות יהיה מדויק: המנה יהיה משקל
שישים שקלים והשקל - עשרים גרה, שהיא נקראת גם 'מעה' כסף.
אולי נבעה החלוקה לקבוצות השקלים הללו: 20, 25, ו-15 - מכך
שאלו היו יחידות משקל מצויות.[381]

הָאֵיפָה מֵחֹמֶר הַחִטִּים וְשִׁשִּׁיתֶם הָאֵיפָה מֵחֹמֶר
יד הַשְּׂעֹרִים׃ וְחֹק הַשֶּׁמֶן הַבַּת הַשֶּׁמֶן מַעְשַׂר הַבַּת מִן־
הַכֹּר עֲשֶׂרֶת הַבַּתִּים חֹמֶר כִּי־עֲשֶׂרֶת הַבַּתִּים חֹמֶר׃
טו וְשֶׂה־אַחַת מִן־הַצֹּאן מִן־הַמָּאתַיִם מִמַּשְׁקֵה יִשְׂרָאֵל
לְמִנְחָה וּלְעוֹלָה וְלִשְׁלָמִים לְכַפֵּר עֲלֵיהֶם נְאֻם אֲדֹנָי
טז יְהוִה׃ ★כֹּל הָעָם הָאָרֶץ יִהְיוּ אֶל־הַתְּרוּמָה (האשכנזים מתחילים כאן)
יז הַזֹּאת לַנָּשִׂיא בְּיִשְׂרָאֵל׃ וְעַל־הַנָּשִׂיא יִהְיֶה הָעוֹלוֹת
וְהַמִּנְחָה וְהַנֵּסֶךְ בַּחַגִּים וּבֶחֳדָשִׁים וּבַשַּׁבָּתוֹת בְּכָל־
מוֹעֲדֵי בֵּית יִשְׂרָאֵל הוּא־יַעֲשֶׂה אֶת־הַחַטָּאת
וְאֶת־הַמִּנְחָה וְאֶת־הָעוֹלָה וְאֶת־הַשְּׁלָמִים לְכַפֵּר
יח בְּעַד בֵּית־יִשְׂרָאֵל׃ ★ כֹּה־אָמַר אֲדֹנָי (הספרדים מתחילים כאן)
יְהוִה בָּרִאשׁוֹן בְּאֶחָד לַחֹדֶשׁ תִּקַּח פַּר־בֶּן־בָּקָר
יט תָּמִים וְחִטֵּאתָ אֶת־הַמִּקְדָּשׁ׃ וְלָקַח הַכֹּהֵן מִדַּם
הַחַטָּאת וְנָתַן אֶל־מְזוּזַת הַבַּיִת וְאֶל־אַרְבַּע פִּנּוֹת
הָעֲזָרָה לַמִּזְבֵּחַ וְעַל־מְזוּזַת שַׁעַר הֶחָצֵר הַפְּנִימִית׃
כ וְכֵן תַּעֲשֶׂה בְּשִׁבְעָה בַחֹדֶשׁ מֵאִישׁ שֹׁגֶה וּמִפֶּתִי
כא וְכִפַּרְתֶּם אֶת־הַבָּיִת׃ בָּרִאשׁוֹן בְּאַרְבָּעָה עָשָׂר יוֹם
לַחֹדֶשׁ יִהְיֶה לָכֶם הַפָּסַח חָג שְׁבֻעוֹת יָמִים מַצּוֹת
כב יֵאָכֵל׃ וְעָשָׂה הַנָּשִׂיא בַּיּוֹם הַהוּא בַּעֲדוֹ וּבְעַד כָּל־עַם

ביאור
יג **זֹאת הַתְּרוּמָה אֲשֶׁר תָּרִימוּ** לקרבנות הציבור שיקריב הנשיא: **שִׁשִּׁית
הָאֵיפָה**, אחד משישים **מֵחֹמֶר הַחִטִּים**, שהרי האיפה היא עשירית
החומר כאמור. **וְשִׁשִּׁיתֶם**, ושישית **הָאֵיפָה מֵחֹמֶר הַשְּׂעֹרִים**. יד **וְחֹק**,
וקצבת **הַשֶּׁמֶן** לתרומה – **הַבַּת** היא כלי מידת **הַשֶּׁמֶן** – **מַעְשַׂר הַבַּת
מִן-הַכֹּר**. כור הוא שם מידת נפח מקבילה לחומר. הבת היא אפוא
עשירית מכור, שהרי **עֲשֶׂרֶת הַבַּתִּים** מכיל **הַחֹמֶר, כִּי** עליכם להקפיד
על יחס זה גם לעתיד[382] – **עֲשֶׂרֶת הַבַּתִּים חֹמֶר**. טו ומתרומת הצומח
לבעלי החיים: **וְשֶׂה-אַחַת מִן-הַצֹּאן מִן-הַמָּאתַיִם**, מכל מאתיים צאן
תורם בהמה אחת **מִמַּשְׁקֵה**, ממקום המרעה הרווי[383] של **יִשְׂרָאֵל**.
תרומות אלו של הדגן, השמן והצאן מיועדות **לְמִנְחָה וּלְעוֹלָה
וְלִשְׁלָמִים לְכַפֵּר עֲלֵיהֶם** – על ישראל, **נְאֻם אֲדֹנָי אֱלוֹהִים**.

טז **כֹּל הָעָם**, עם **הָאָרֶץ יִהְיוּ** שייכים **אֶל-הַתְּרוּמָה הַזֹּאת**, שפורטה,
המיועדת **לַנָּשִׂיא בְּיִשְׂרָאֵל**, המנהיג העליון של העם או הכהן
הגדול.[384] יז **וְעַל-הַנָּשִׂיא יִהְיֶה** מוטל להביא מתרומת כל הציבור את
הָעוֹלוֹת וְהַמִּנְחָה וְהַנֵּסֶךְ, היין ששופכים על המזבח עם הקרבנות,[385]
בַּחַגִּים וּבֶחֳדָשִׁים, בראשי החודשים **וּבַשַּׁבָּתוֹת בְּכָל-מוֹעֲדֵי בֵּית
יִשְׂרָאֵל. הוּא-יַעֲשֶׂה**, יביא **אֶת-הַחַטָּאת וְאֶת-הַמִּנְחָה וְאֶת-הָעוֹלָה
וְאֶת-הַשְּׁלָמִים לְכַפֵּר בְּעַד בֵּית-יִשְׂרָאֵל**.

פירוט הקרבנות שיביא הנשיא בחנוכת הבית שייבנה.[386] יח **כֹּה-אָמַר
אֲדֹנָי אֱלוֹהִים**: בחודש **הָרִאשׁוֹן**, הוא ניסן, **בְּאֶחָד לַחֹדֶשׁ תִּקַּח פַּר-בֶּן-
בָּקָר תָּמִים וְחִטֵּאתָ**, טהר בו **אֶת-הַמִּקְדָּשׁ**, כנראה פר החטאת הקרב
בחנוכת הבית, כאמור בנבואת יחזקאל.[387] יט **וְלָקַח הַכֹּהֵן מִדַּם
הַחַטָּאת וְנָתַן אֶל-מְזוּזַת**, דופן סף **הַבַּיִת וְאֶל-אַרְבַּע פִּנּוֹת הָעֲזָרָה לַמִּזְבֵּחַ**,
הריבוע הגדול הסובב את המזבח,[388] **וְעַל-מְזוּזַת שַׁעַר הֶחָצֵר הַפְּנִימִית**,
העזרה הסמוכה לאולם, שבה ניצב המזבח. כ **וְכֵן תַּעֲשֶׂה בְּשִׁבְעָה
בַחֹדֶשׁ**, ביום השביעי או בשבעת ימי החודש הראשון,[389] לחטא **מֵאִישׁ
שֹׁגֶה וּמִפֶּתִי**, שטימא את הבית בשגגה או מחוסר ידיעה, **וְכִפַּרְתֶּם**,
תנקו מכל חטא **אֶת-הַבָּיִת**.

כא **בחודש הָרִאשׁוֹן, בְּאַרְבָּעָה עָשָׂר יוֹם לַחֹדֶשׁ יִהְיֶה לָכֶם** קרבן
הַפָּסַח, הוא תחילתו של **חַג שְׁבֻעוֹת**, שבעת **יָמִים** – **מַצּוֹת** ולא חמץ
יֵאָכֵל. כב **וְעָשָׂה הַנָּשִׂיא בַּיּוֹם הַהוּא**, יום י"ד בניסן **בַּעֲדוֹ וּבְעַד כָּל-**

הָאָרֶץ פַּר חַטָּאת׃ וְשִׁבְעַת יְמֵי־הֶחָג יַעֲשֶׂה עוֹלָה כג
לַיהוָה שִׁבְעַת פָּרִים וְשִׁבְעַת אֵילִים תְּמִימִם לַיּוֹם
שִׁבְעַת הַיָּמִים וְחַטָּאת שְׂעִיר עִזִּים לַיּוֹם׃ וּמִנְחָה כד
אֵיפָה לַפָּר וְאֵיפָה לָאַיִל יַעֲשֶׂה וְשֶׁמֶן הִין לָאֵיפָה׃
בַּשְּׁבִיעִי בַּחֲמִשָּׁה עָשָׂר יוֹם לַחֹדֶשׁ בֶּחָג יַעֲשֶׂה כה
כָאֵלֶּה שִׁבְעַת הַיָּמִים כַּחַטָּאת כָּעֹלָה וְכַמִּנְחָה
וְכַשָּׁמֶן׃ כֹּה־אָמַר אֲדֹנָי יֱהוִה שַׁעַר הֶחָצֵר א מו
הַפְּנִימִית הַפֹּנֶה קָדִים יִהְיֶה סָגוּר שֵׁשֶׁת יְמֵי הַמַּעֲשֶׂה
וּבְיוֹם הַשַּׁבָּת יִפָּתֵחַ וּבְיוֹם הַחֹדֶשׁ יִפָּתֵחַ׃ וּבָא הַנָּשִׂיא ב
דֶּרֶךְ אוּלָם הַשַּׁעַר מִחוּץ וְעָמַד עַל־מְזוּזַת הַשַּׁעַר
וְעָשׂוּ הַכֹּהֲנִים אֶת־עוֹלָתוֹ וְאֶת־שְׁלָמָיו וְהִשְׁתַּחֲוָה
עַל־מִפְתַּן הַשַּׁעַר וְיָצָא וְהַשַּׁעַר לֹא־יִסָּגֵר עַד־
הָעָרֶב׃ וְהִשְׁתַּחֲווּ עַם־הָאָרֶץ פֶּתַח הַשַּׁעַר הַהוּא ג
בַּשַּׁבָּתוֹת וּבֶחֳדָשִׁים לִפְנֵי יְהוָה׃ וְהָעֹלָה אֲשֶׁר־יַקְרִב ד
הַנָּשִׂיא לַיהוָה בְּיוֹם הַשַּׁבָּת שִׁשָּׁה כְבָשִׂים תְּמִימִם
וְאַיִל תָּמִים׃ וּמִנְחָה אֵיפָה לָאַיִל וְלַכְּבָשִׂים מִנְחָה ה
מַתַּת יָדוֹ וְשֶׁמֶן הִין לָאֵיפָה׃ וּבְיוֹם הַחֹדֶשׁ פַּר בֶּן־ ו
בָּקָר תְּמִימִם וְשֵׁשֶׁת כְּבָשִׂים וָאַיִל תְּמִימִם יִהְיוּ׃
וְאֵיפָה לַפָּר וְאֵיפָה לָאַיִל יַעֲשֶׂה מִנְחָה וְלַכְּבָשִׂים ז
כַּאֲשֶׁר תַּשִּׂיג יָדוֹ וְשֶׁמֶן הִין לָאֵיפָה׃ וּבְבוֹא הַנָּשִׂיא ח
דֶּרֶךְ אוּלָם הַשַּׁעַר יָבוֹא וּבְדַרְכּוֹ יֵצֵא׃ וּבְבוֹא עַם־ ט
הָאָרֶץ לִפְנֵי יְהוָה בַּמּוֹעֲדִים הַבָּא דֶּרֶךְ שַׁעַר צָפוֹן

ביאור | עַם הָאָרֶץ פַּר חַטָּאת. כג וּבְשִׁבְעַת יְמֵי-הֶחָג יַעֲשֶׂה עוֹלָה לַה': שִׁבְעַת
פָּרִים וְשִׁבְעַת אֵילִים תְּמִימִם, לַיּוֹם - כך יעשה במשך שִׁבְעַת הַיָּמִים,
וְחַטָּאת שְׂעִיר עִזִּים לַיּוֹם. כד וּמִנְחָה – אֵיפָה סולת לַפָּר וְאֵיפָה סולת
לָאַיִל יַעֲשֶׂה, וְשֶׁמֶן – הִין, מידת נוזלים שהיא שישית הבת, לָאֵיפָה
לאיפת הסולת. שיעורי המנחה המצוינים בתורה שונים מאלו. ייתכן
שכאן מדובר בהקרבה חד-פעמית ששיעוריה שונים.[390]

כה בַּחֹדֶשׁ הַשְּׁבִיעִי, תשרי, בַּחֲמִשָּׁה עָשָׂר יוֹם לַחֹדֶשׁ, בֶּחָג, חג הסוכות,
הקרוי 'החג' סתם,[391] יַעֲשֶׂה כָאֵלֶּה שִׁבְעַת הַיָּמִים, כַּחַטָּאת כָּעֹלָה
וְכַמִּנְחָה וְכַשָּׁמֶן.

פרק מו א כֹּה-אָמַר אֲדֹנָי אֱלוֹהִים: שַׁעַר הֶחָצֵר הַפְּנִימִית הַפֹּנֶה קָדִים,
השער המזרחי של עזרת הכהנים יִהְיֶה סָגוּר שֵׁשֶׁת יְמֵי הַמַּעֲשֶׂה,
ימי החול שבו נעשית מלאכה, וּבְיוֹם הַשַּׁבָּת יִפָּתֵחַ וכן בְּיוֹם ראש
הַחֹדֶשׁ יִפָּתֵחַ. ב וּבָא הַנָּשִׂיא דֶּרֶךְ אוּלָם הַשַּׁעַר מִחוּץ וְעָמַד עַל-מְזוּזַת
הַשַּׁעַר הפתוח. הנשיא לא נכנס לתוך העזרה אלא עומד בחלל
השער לנוכח המזבח, וְעָשׂוּ הַכֹּהֲנִים לעיניו אֶת-עוֹלָתוֹ וְאֶת-שְׁלָמָיו,
ולאחר מכן וְהִשְׁתַּחֲוָה עַל-מִפְתַּן הַשַּׁעַר כנגד הקודש וְיָצָא. וְהַשַּׁעַר
לֹא-יִסָּגֵר עַד-הָעָרֶב, ג השער יישאר פתוח כל היום לקהל הרחב
הבא למקדש בימי שבת וראש חודש[392] – וְהִשְׁתַּחֲווּ עַם-הָאָרֶץ פֶּתַח
הַשַּׁעַר הַהוּא בַּשַּׁבָּתוֹת וּבֶחֳדָשִׁים לִפְנֵי ה'.

ד וְהָעֹלָה אֲשֶׁר-יַקְרִב הַנָּשִׂיא לַה' בְּיוֹם הַשַּׁבָּת: שִׁשָּׁה כְבָשִׂים תְּמִימִם
וְאַיִל תָּמִים, ה וּמִנְחָה – אֵיפָה לָאַיִל, וְלַכְּבָשִׂים – מִנְחָה מַתַּת, כפי
מתנת יָדוֹ.[393] או: כשיעור התרומה הקצוב לו למעלה,[394] שישית
האיפה[395] וְשֶׁמֶן – הִין לָאֵיפָה. ו ועולת הנשיא בְּיוֹם ראש הַחֹדֶשׁ: פַּר
בֶּן-בָּקָר תְּמִימִם, תמים וְשֵׁשֶׁת כְּבָשִׂים וָאַיִל, תְּמִימִם יִהְיוּ. ז וְאֵיפָה
לַפָּר וְאֵיפָה לָאַיִל יַעֲשֶׂה מִנְחָה, וְלַכְּבָשִׂים כַּאֲשֶׁר תַּשִּׂיג יָדוֹ, וְשֶׁמֶן – הִין
לָאֵיפָה.

ח וּבְבוֹא הַנָּשִׂיא בשבת וביום ראש החודש לעמוד על קרבנו – דֶּרֶךְ
אוּלָם הַשַּׁעַר המזרחי יָבוֹא וּבְדַרְכּוֹ, באותה דרך שנכנס הוא גם יֵצֵא.

ט וּבְבוֹא עַם-הָאָרֶץ לִפְנֵי ה' בַּמּוֹעֲדִים, בחגים העם בא בהמוניו
להיראות בעזרה, סדרי הכניסה והיציאה שונים – הַבָּא דֶּרֶךְ שַׁעַר

לְהִשְׁתַּחֲוֺת יֵצֵא דֶּרֶךְ־שַׁעַר נֶגֶב וְהַבָּא דֶּרֶךְ־שַׁעַר
נֶגֶב יֵצֵא דֶּרֶךְ־שַׁעַר צָפוֹנָה לֹא יָשׁוּב דֶּרֶךְ הַשַּׁעַר
יֵצֵא אֲשֶׁר־בָּא בוֹ כִּי נִכְחוֹ יצאו׃ וְהַנָּשִׂיא בְּתוֹכָם בְּבוֹאָם י
יָבוֹא וּבְצֵאתָם יֵצֵאוּ׃ וּבַחַגִּים וּבַמּוֹעֲדִים תִּהְיֶה יא
הַמִּנְחָה אֵיפָה לַפָּר וְאֵיפָה לָאַיִל וְלַכְּבָשִׂים מַתַּת
התימנים מסיימים כאן יָדוֹ וְשֶׁמֶן הִין לָאֵיפָה׃* וְכִי־יַעֲשֶׂה הַנָּשִׂיא יב
נְדָבָה עוֹלָה אוֹ־שְׁלָמִים נְדָבָה לַיהוה וּפָתַח לוֹ אֶת־
הַשַּׁעַר הַפֹּנֶה קָדִים וְעָשָׂה אֶת־עֹלָתוֹ וְאֶת־שְׁלָמָיו
כַּאֲשֶׁר יַעֲשֶׂה בְּיוֹם הַשַּׁבָּת וְיָצָא וְסָגַר אֶת־הַשַּׁעַר
אַחֲרֵי צֵאתוֹ׃ וְכֶבֶשׂ בֶּן־שְׁנָתוֹ תָּמִים תַּעֲשֶׂה עוֹלָה יג
לַיּוֹם לַיהוה בַּבֹּקֶר בַּבֹּקֶר תַּעֲשֶׂה אֹתוֹ׃ וּמִנְחָה יד
תַעֲשֶׂה עָלָיו בַּבֹּקֶר בַּבֹּקֶר שִׁשִּׁית הָאֵיפָה וְשֶׁמֶן
שְׁלִישִׁית הַהִין לָרֹס אֶת־הַסֹּלֶת מִנְחָה לַיהוה חֻקּוֹת
יַעֲשׂוּ עוֹלָם תָּמִיד׃ ועשו אֶת־הַכֶּבֶשׂ וְאֶת־הַמִּנְחָה וְאֶת־ טו
הספרדים מסיימים כאן הַשֶּׁמֶן בַּבֹּקֶר בַּבֹּקֶר עוֹלַת תָּמִיד׃* כֹּה־ טז
אָמַר אֲדֹנָי יֱהוִה כִּי־יִתֵּן הַנָּשִׂיא מַתָּנָה לְאִישׁ מִבָּנָיו
נַחֲלָתוֹ הִיא לְבָנָיו תִּהְיֶה אֲחֻזָּתָם הִיא בְּנַחֲלָה׃ וְכִי־ יז
יִתֵּן מַתָּנָה מִנַּחֲלָתוֹ לְאַחַד מֵעֲבָדָיו וְהָיְתָה לּוֹ עַד־
שְׁנַת הַדְּרוֹר וְשָׁבַת לַנָּשִׂיא אַךְ נַחֲלָתוֹ בָּנָיו לָהֶם
תִּהְיֶה׃ וְלֹא־יִקַּח הַנָּשִׂיא מִנַּחֲלַת הָעָם לְהוֹנֹתָם יח
מֵאֲחֻזָּתָם מֵאֲחֻזָּתוֹ יַנְחִל אֶת־בָּנָיו לְמַעַן אֲשֶׁר לֹא־
יָפֻצוּ עַמִּי אִישׁ מֵאֲחֻזָּתוֹ׃

ביאור
צָפוֹן לְהִשְׁתַּחֲוֹת, יֵצֵא דֶּרֶךְ־שַׁעַר נֶגֶב, השער הדרומי, וְהַבָּא דֶּרֶךְ־שַׁעַר
נֶגֶב יֵצֵא דֶּרֶךְ־שַׁעַר צָפוֹנָה. לֹא יָשׁוּב אדם דֶּרֶךְ הַשַּׁעַר אֲשֶׁר־בָּא בוֹ כִּי
נִכְחוֹ, אלא כנגדו יֵצֵא. י וְכֵן הַנָּשִׂיא הבא במועדים בְּתוֹכָם, בתוך
כל העם – בְּבוֹאָם יָבוֹא וּבְצֵאתָם יֵצֵאוּ, יצא גם הוא עם העם בשער
נגדי לזה שנכנס בו, ככל העם. ההיראות בעזרה במועדים מתבצעת
אפוא תוך כדי תנועה רבתי מצדה האחד של העזרה לצדה השני.

יא וּבַחַגִּים וּבַמּוֹעֲדִים תִּהְיֶה הַמִּנְחָה – אֵיפָה לַפָּר וְאֵיפָה לָאַיִל,
וְלַכְּבָשִׂים מַתַּת יָדוֹ, וְשֶׁמֶן הִין לָאֵיפָה.

יב וְכִי־יַעֲשֶׂה הַנָּשִׂיא נְדָבָה ביום חול, עוֹלָה אוֹ־שְׁלָמִים הבאים נְדָבָה
לַה׳, וּפָתַח, יפתחו לוֹ אֶת־הַשַּׁעַר הַפֹּנֶה קָדִים, הסגור בימי חול, כאמור,
וְעָשָׂה, יביא אֶת־עֹלָתוֹ וְאֶת־שְׁלָמָיו כַּאֲשֶׁר יַעֲשֶׂה בְּיוֹם הַשַּׁבָּת, באותה
דרך שהתפרשה לעיל – הנשיא עומד בחלל השער המזרחי, שממול
המזבח. אלא שבחול השער סגור ולא נפתח אלא לצורך כניסת
הנשיא, לכן – וְיָצָא וְסָגַר אֶת־הַשַּׁעַר אַחֲרֵי צֵאתוֹ, שלא כמו בשבת
וראש חודש, שבהם השער נשאר פתוח עד הערב.

יג וְכֶבֶשׂ בֶּן־שְׁנָתוֹ תָּמִים תַּעֲשֶׂה עוֹלָה לַיּוֹם לַה׳ בַּבֹּקֶר בַּבֹּקֶר תַּעֲשֶׂה
אֹתוֹ. זו עולת התמיד האמורה בתורה.[396] יד וּמִנְחָה תַעֲשֶׂה עָלָיו
בַּבֹּקֶר בַּבֹּקֶר: שִׁשִּׁית הָאֵיפָה, וְשֶׁמֶן שְׁלִישִׁית הַהִין לָרֹס, לזלף, להרטיב
אֶת־הַסֹּלֶת, מִנְחָה לַה׳, חֻקּוֹת עוֹלָם תָּמִיד טו יַעֲשׂוּ אֶת־הַכֶּבֶשׂ וְאֶת־
הַמִּנְחָה וְאֶת־הַשֶּׁמֶן בַּבֹּקֶר בַּבֹּקֶר – עוֹלַת תָּמִיד.

מחוקי קרבנות הנשיא עוברת הנבואה למשפט מקרקעיו: טז כֹּה־
אָמַר אֲדֹנָי אֱלוֹהִים: כִּי־יִתֵּן הַנָּשִׂיא מַתָּנָה לְאִישׁ אחד מִבָּנָיו – נַחֲלָתוֹ,
קניינו המוחלט של אותו בן הִיא, ולכן לְבָנָיו תִּהְיֶה, הבן שקיבל את
המתנה יוריש את המתנה לזרעו, שהרי אֲחֻזָּתָם של בני הנשיא הִיא
בְּנַחֲלָה, בירושה. יז וְאולם כִּי־יִתֵּן הנשיא מַתָּנָה מִנַּחֲלָתוֹ לְאַחַד
מֵעֲבָדָיו – וְהָיְתָה לּוֹ לעבד עַד־שְׁנַת הַדְּרוֹר, היובל, וְשָׁבַת, ושבה
ביובל לַנָּשִׂיא, אַךְ נַחֲלָתוֹ לבָנָיו, לָהֶם תִּהְיֶה.

יח וְלֹא־יִקַּח הַנָּשִׂיא מִנַּחֲלַת הָעָם לְהוֹנֹתָם, לנשל אותם מֵאֲחֻזָּתָם, כי
רק מֵאֲחֻזָּתוֹ יַנְחִל אֶת־בָּנָיו, לְמַעַן אֲשֶׁר לֹא־יָפֻצוּ, יתפרדו עַמִּי אִישׁ
מֵאֲחֻזָּתוֹ. כדי שהעם לא ינושל מאדמותיו.

מקורות והערות

מקורות והערות

מקורות והערות לפרשת שמות

1. ר"י בכור שור ואדרת אליהו על אתר; רשב"ם וראב"ע בראשית מו,כז. אם מדייקים בביטוי 'יוצאי ירך יעקב', ייתכן שזהו עיגול משישים ותשע. ראו שופטים ט,ה ורד"ק שם; רא"ש פסחים פ"י מ.
2. שמות רבה א,ח; רש"י וראב"ע על אתר.
3. ראו להלן ג,כב; העמק דבר על אתר.
4. רש"ר הירש.
5. השורש י,ד,ע אינו מבטא רק הכרה, אלא גם קרבת נפש. ראו בראשית ד,א; להלן לג,יב-יג ועוד; העמק דבר על אתר.
6. ראו רמב"ן, ר"י בכור שור ועקדת יצחק.
7. סוטה יא ע"א; רש"י על אתר.
8. סוטה יא ע"ב.
9. שם.
10. ראו ר"י בכור שור וראב"ע בפירוש הקצר.
11. ראו ראב"ע פס' ג.
12. ראו סוטה יב ע"א.
13. שם.
14. להלן טו,כ יסופר כי שמה מרים.
15. רוב המפרשים הראשונים.
16. אולי כונה נער משום שנראה או נשמע מבוגר מגילו. ראו סוטה יב ע"ב; וראו עוד רמב"ן ור"י החסיד על אתר.
17. ראו רבנו בחיי ורמב"ן.
18. משה נשמר במלוא כוחותיו מאה ועשרים שנה. ראו דברים לד,ז. וראו עוד מורה נבוכים ח"ב מה.
19. ראו מורה נבוכים ח"ב מה.
20. הכתב והקבלה.
21. אונקלוס.
22. ראו צרור המור.
23. ר"י בכור שור.
24. ר"י בכור שור.
25. כך מתפרש פועל זה במקומות רבים במקרא. ראו למשל בראשית ד,א – וְהָאָדָם יָדַע אֶת חַוָּה אִשְׁתּוֹ וַתַּהַר.
26. מראה אש אופייני גם לחזיונות אחרים: ראו במדבר ט,טו-טז; יחזקאל א,כז; ח,ב.
27. גינוני הכבוד והקדושה שנהגו גם כלפי בית המקדש, כללו את הכניסה אל שטח ההר שלו ללא נעליים. ראו משנה סוף ברכות.
28. כמו במלכים א' יט,יג ובישעיה ו,ב; ר"י בכור שור.
29. ראו ראב"ע. במקרים דומים אנשים פחדו וחשבו שכל התגלות של מלאך היא ההתגלות האחרונה שהם זוכים לה, ואחריה לא יחיו עוד. בבראשית לב,ל ושופטים ו,כב-כג; יג,כב מעוררת התגלותו של מלאך פחד בלב הרואה אותו, שמא חייו יסתיימו מיד.
30. שמות רבה ג,ו.
31. ברכות ט ע"ב; רש"י על אתר.
32. רשב"ם; וראו אונקלוס.
33. הכתב והקבלה. פירושים אחרים: ולא בשל ידו החזקה ימנע מכם ללכת כי ידו תחלש; ואפילו כשאחזק את ידי עליו עדיין לא ישלח עד שאחליט שישלח. או: וגם לא בידכם החזקה תוכלו ללכת כי אם באמצעות שליחת ידי.
34. ראו ראב"ע וספורנו.
35. רשב"ם. השאלה יכולה להיות גם לשון מכובדת לנתינה.
36. בראשית טו,יד.
37. רס"ג; שד"ל; הכתב והקבלה.
38. רמב"ן.
39. ראו רש"י, ראב"ע ורבנו בחיי.
40. ראו אונקלוס – קיצור של 'בעי' בארמית.
41. נדרים לא ע"ב; רש"י על אתר.
42. יונתן.
43. ראו ירושלמי נדרים ג,ט.
44. נדרים לא ע"ב - לב ע"א; וראו רש"י, ראב"ע ורשב"ם על אתר.
45. על פי ראב"ע ורמב"ן. וראו ר"י בכור שור.
46. כך אמרו חכמים על פרעה במדרש תנחומא וארא ה: "באותה שעה הוציא דפתרא [=ספר] של אלוהות. התחיל קורא: 'אלוהי אדום', 'אלוהי מואב', 'אלוהי צידון' וכן כולם. אמר להם: הרי קראתי כל כתבַי, ואין שם שמו של אלוהיכם".
47. רש"י וראב"ע.
48. ראו במדבר יא,טז ורש"י שם; שמות רבה ה,כ.
49. ראו הרחבה לירמיה יב,א.
50. רשב"ם.

מקורות והערות לפרשת וארא

1. ה' התוודע לאברהם בכינוי 'אל שדי'

בבראשית יז,א, וליעקב נודע בשם זה בבראשית לה,יא. יצחק כינה באותו שם את ה' בדבריו ליעקב בבראשית כח,ג, ויעקב כינה אותו כך בדבריו לבניו בבראשית מג,יד, בדבריו אל יוסף בבראשית מח,ג ובברכתו בבראשית מט,כה.

2. ראו ראב"ע, רמב"ן, ספורנו ואדרת אליהו.
3. ראו אור החיים.
4. בעבר היו נשבעים תוך מחוות הרמת יד. כאן, כמובן, לא רלוונטית משמעותו המילולית המקורית. ראו אונקלוס, רש"י וראב"ע (הארוך) על אתר; וראו עוד דברים לב,מ; ישעיה סב,ח; יחזקאל כ,טו מב; נחמיה ט,טו.
5. ראו רמב"ן פס' יב.
6. הרשימה חופפת בחלקה לרשימת תולדות יעקב שבבראשית מו,ח-יא.
7. בראשית נ,כו.
8. ראו במדבר טז.
9. ראו ויקרא י,ד; במדבר ג,ל.
10. ראו במדבר א,ז; ב,ג; ז,יב-יז.
11. בבמדבר כו,יא מסופר כי למרות מיתתו המשונה והבזויה של קרח נותרו בניו בחיים והמשיכו את משפחות הקרחי. ואכן ידוע על לויים ששוררו במקדש ממשפחה זו. ראו למשל תהלים מב,א; דברי הימים ב' כ,יט.
12. סוטה מג ע"א; בבא בתרא קט ע"ב - קי ע"א ורש"י על אתר.
13. במדבר כה; לא.
14. לעיל פס' יא-יב.
15. ראו רש"י ור"י בכור שור.
16. ראב"ע.
17. כמובא בתפילת משה עצמו שבתהלים צ,י: יְמֵי שְׁנוֹתֵינוּ בָהֶם שִׁבְעִים שָׁנָה וְאִם בִּגְבוּרֹת שְׁמוֹנִים שָׁנָה. וראו ר"י בכור שור על אתר.
18. על פי הכתב והקבלה.
19. ראב"ע ורמב"ן.
20. בשמות רבה ט,ז, ובעקבותיו ברש"י על אתר, דויק מלשון הכתוב - מַטֵּה... מַטֹּתָם, שהדבר אירע לאחר שהמטה חדל להיות תנין ושב והיה למטה.
21. ראו רש"י, ר"י בכור שור ויונתן.
22. על פי ראב"ע.
23. שמות רבה ט,יא; אונקלוס ורש"י על אתר.
24. אולי מים שהוציאו מתוך האדמה שלא נהפכו לדם, כדלהלן, על פי ראב"ע. או שמכת הדם הייתה זמנית, ולאחר שחלפה הותירה מים באושים בגלל הדגה שמתה בהם. ר"י בכור שור.
25. יונתן, רש"י, רשב"ם וראב"ע.
26. כפועל בהווה. ראו אונקלוס.
27. כשם תואר. ראו רש"י וראב"ע.
28. ראו רש"י.
29. על פי רש"י ור"י בכור שור.
30. רשב"ם וראב"ע; וראו יונתן.
31. כמו במכת דם לעיל ז,טו.
32. ראו יונתן ורש"י.
33. רש"י.
34. אונקלוס. ראב"ע ורשב"ם כורכים את שני הפירושים זה בזה: המעלה היתרה היא המביאה לישועה.
35. כדי שלא לקרוא לאלילי מצרים בשמותיהם או לכבדם כאלוהים, הם מכונים במקרא פעמים רבות בשמות גנאי, כגון 'תועבה' 'אלילים' 'גילולים' ו'שיקוץ'. ראו דברים כט,טז; מלכים ב' כג,יג; יחזקאל ז,כ ועוד.
36. לעיל פס' ד ופס' יא.
37. כסימניו הידועים של רבי יהודה המובאים בהגדה של פסח, המארגנים את המכות במבנה שיש לו משמעויות נוספות באמצעות ראשי התיבות: דצ"ך עד"ש באח"ב. ראו רשב"ם ז,כו, ר"י בכור שור ח,ו ורמב"ן ח,טו.
38. ראו רמב"ם הלכות תשובה ו,ג.
39. ראו תשובות הגאונים, אסף, עמ' 245.
40. ראו בראשית כה,כא; שופטים יג,ח; איוב לג,כו ועוד.

מקורות והערות לפרשת בא

1. לעיל ט,לב.
2. ראו יונתן וראב"ע.
3. יונתן ורש"י.
4. רבי משה הכהן המובא בפירוש ראב"ע.
5. אור החיים.
6. רבנו בחיי.
7. אונקלוס וראב"ע.
8. ראו כלי יקר.
9. שמות רבה יד,א; וראו רש"י וראב"ע על אתר. גם בימינו מוכר חושך הכולל חומרים הניתנים כמעט למישוש, כגון ערפיח, העלול גם לכבות אורות. יש מי ששיער לפי המחקר ההיסטורי, שמקורו של חושך מצרים בהתפרצות געשית של אחד מאיי ים התיכון. ענן הפיח והאפר שלו נישא למצרים ואפף

אותה במשך כמה ימים. ראו מלכים וחרסים, שאול הון.

10. ואמרו חכמים שהאור ליווה את בני ישראל בכל מקום שאליו הלכו. ראו שמות רבה יד,ג ורשב"ם על אתר.
11. אונקלוס ורשב"ם.
12. מורה נבוכים ח"א כח.
13. לעיל ד,ז: וְלֹא יִשְׁמַע אֲלֵכֶם פַּרְעֹה. על פי ר"י בכור שור על אתר.
14. ראש השנה כב ע"א; רבינו בחיי על אתר.
15. ראו פסחים סא ע"א; רש"י על אתר.
16. על פי פסחים פו ע"א.
17. מִקְרָא במשמע קריאה להתאספות לצורך מעשה שבקדושה, ראו ישעיה א,יג ורש"י שם; וראו רמב"ן ויקרא כג,ב והרחבה שם.
18. המכונות בפי חכמים צורכי 'אוכל נפש'. ראו מגילה ז ע"ב; ירושלמי ביצה ה,ב ועוד.
19. על פי מכילתא. ראו רש"י ור"י בכור שור.
20. ראו פסחים מג ע"א.
21. ראו אונקלוס ורש"י.
22. ראו רש"י.
23. מכילתא דרשב"י יב,לג; רש"י על אתר.
24. העמק דבר.
25. ראו ספורנו על אתר. שמירה כהמתנה ראו גם רש"י בראשית לז,יא.
26. ראו רש"י ורמב"ן.
27. שכן בסופן מספר הכתוב כי ישראל אכן נהגו לפיהם. ראו רש"י ורמב"ן.
28. ראו מכילתא מחלוקת תנאים האם המלים יֹאכַל בּוֹ מתייחסות לעבד או לאדונו.
29. ראו רש"י.
30. ראו ספר החינוך טז.
31. רש"י ורמב"ן.
32. פירוש ר"מ בן שמעון ירמיה לא,ה.
33. ראו שמות כג,טו; דברים טז,א.
34. ראו פסחים צא ע"ב; קכ ע"א.
35. כדעת רבי עקיבא בפירוש הכתוב – ראו מנחות לו ע"ב.
36. ראו סנהדרין ד ע"ב; ר"י בכור שור ורמב"ן על אתר.

מקורות והערות לפרשת בשלח

1. ראב"ע וחזקוני.
2. ראו רשב"ם ורמב"ן.
3. ראו בראשית נ,כד-כה.
4. ראו רש"י, רשב"ם, רמב"ן וחזקוני על אתר ור"י בכור שור להלן יד,יט. ה' מתבטא באמצעות מלאכו, שליחו. להלן יד,יט מסופר על תנועתו של עמוד זה, ושם מדובר במלאך ה'.
5. ראו דברים א,לג; מנחות צה ע"א.
6. פס' ה: מַה זֹּאת עָשִׂינוּ – כסגנון שאלת התם בהגדה של פסח.
7. רש"י.
8. ראו יונתן. לפי כמה דעות הפועל וַיָּאֶר כאן מתפרש הפוך מן הרגיל, ומשמעו: החשיך. על פי מנחם בן סרוק, מחברת מנחם 'אר', ר"י בן ג'אנח, ספר השורשים 'אור'; ר"י בכור שור וראב"ע בשם מרינוס על אתר; רש"י תהלים קלט,יא. וראו עוד יהושע כד,ז.
9. שם זה קשור לזמן עמידתם של השומרים על משמרם בלילה. ראו רש"י וראב"ע (הקצר); ברכות ג ע"ב.
10. רש"י.
11. ראו צורות מאורכות כאלה בנאום בהקשר של פרוזה: בבראשית לא,לט. ובהקשרי שירה: בירמיה מט,טז; תהלים קיג,ה-ט; איכה א,א.
12. כמו בתהלים קמ,ט; איוב כז,כג ובמקומות נוספים במקרא.
13. בצד דעה זו מופיעות בתלמוד דעות נוספות לגבי דרך התנהלותה של השירה. ראו סוטה ל ע"ב.
14. השורש ר,מ,י במשמע השלכה או זריקה שכיח בארמית יותר מאשר בעברית, והוא מופיע גם במקרא, כגון בצירוף רוֹמֵי קָשֶׁת (תהלים עח,ט), שמשמעו זורקי החצים בקשת. וראו רש"י שם.
15. ישעיה יב,ב; תהלים קיח,יד.
16. ראו רש"י ורשב"ם.
17. ראו ראב"ע (הארוך) ואדרת אליהו.
18. מלשון נוי, נאה. ראו רש"י על אתר. מתוך ההקשר פירוש זה הולם יותר, אך היו שפירשו מלשון נווה: אשכין אותו אצלי. ראו אונקלוס וראב"ע (הארוך) על אתר וכן בפס' יג בהמשך השירה.
19. ראו רש"י.
20. רשב"ם.
21. למשל דברים לב,כב; ירמיה טו,יד.
22. יד,כא לעיל.
23. ראו יונתן, רש"י, רשב"ם וראב"ע, ופירוש זה הולם את ההקשר. אחרים

פירשו פועל זה מלשון ערמה – המים החכימו כביכול ולמדו לחרוג מהרגלם. ראו אונקלוס.

24. אונקלוס, רש"י וראב"ע.
25. הפועל 'להוריש' מופיע במשמעות כזאת במקומות רבים בתנ"ך. ראו למשל במדבר לג,נב.
26. ראו להלן לד,י; דברים י,כא; מלאכי א,יד ועוד.
27. ראו אונקלוס, רש"י ורשב"ם.
28. זוהי לשון הרבים של אַיִל. המנהיג מכונה איל משום שהאיל הוא המוביל את הצאן, ודומה לכך כינוי מנהיגיהם של אדום בצלע המקבילה, אַלּוּפֵי אֱדוֹם – אלוף במקורו הוא שור או פר. פירוש אחר: מלשון אֱיָל, שמשמעו כוח, עוז או אומץ, כמו הפנייה לה': אֱיָלוּתִי, לְעֶזְרָתִי חוּשָׁה (תהלים כב,כ).
29. ראו בראשית ד,א; יד,יט; תהלים עח,נד.
30. ראו שופטים יא,לד; שמואל א' כט,ה; תהלים קנ,ד.
31. ענייה אינה חייבת לבוא כתגובה לשאלה או אפילו לדיבור. היא יכולה להיות פתיחה של שירה או של שיחה. ראו דברים כא,ז; כו,ה; כז,יד ועוד.
32. בראשית טז,ז.
33. מכילתא ויסע א; סנהדרין נו ע"ב; וראו רש"י על אתר; להלן טז,כג.
34. ראו הרחבה לעיל יב,ו.
35. ראו יומא עה ע"ב.
36. על פי מכילתא, רשב"ם ור"י בכור שור.
37. רש"י, רס"ג.
38. רד"ק, ספר השורשים מ,נ,ה.
39. ראו רמב"ן.
40. ראו ספורנו פס' טז.
41. ראו רס"ג.
42. המפרשים פירשו על פי המכילתא, הוא אֲשֶׁר דִּבֶּר אלי ה', שביום השביעי לא ירד ובשישי תלקטו כפול. ומשה לא מסר את הדברים לבני ישראל עד עתה. ראו רש"י ורשב"ם.
43. ראו שבת קיח ע"ב.
44. תנחומא תולדות טז ורש"י פס' ח.
45. ראו במדבר א.
46. ר"י בכור שור וחזקוני.
47. ראב"ע ור"י בכור שור.
48. אונקלוס ורש"י.
49. ראו למשל בראשית יד,כב; לעיל ו,ח.
50. ראו דרשת חז"ל שאברהם נשבע באחיזת המילה. שבועות לח ע"ב ורש"י שם ובבראשית כד,ב.

מקורות והערות לפרשת יתרו

1. רס"ג ורש"י פס' א.
2. זבחים קטז ע"א.
3. להלן יט,ב.
4. להלן פס' ה.
5. ראו רמב"ן פס' א.
6. ראב"ע (הארוך) פס' א.
7. השמועה עשתה לה כנפיים והגיעה אף למקומות רחוקים יותר. ראו יהושע ב,ט-יא; שמואל א' ד,ז-ח.
8. רש"י על פי מכילתא. פירוש חלופי ראו ר"י בכור שור.
9. ר"י בכור שור ב,כב.
10. ר"י בכור שור.
11. ראו רש"י ור"י בכור שור על אתר; מכילתא דרשב"י יח,ו.
12. מלשון חדווה.
13. לעיל א,כב.
14. אונקלוס; סוטה יא ע"א.
15. ראו ר"י בכור שור.
16. ראו בבא מציעא ל ע"ב; יונתן על אתר.
17. כדברי רבי יהושע במכילתא; רשב"ם ור"י בכור שור.
18. ראו שמות רבה ל,י; רש"י דברים א,טו.
19. חזקוני.
20. הצירוף בַּיּוֹם הַזֶּה בפסוק מלמד שאת המלה חֹדֶשׁ שבתחילתו יש לפרש לא רק במובנה הרגיל – יֶרַח, שלושים יום, אלא גם במובן של ראש החודש, כמו בביטוי 'יום החודש' להלן מ,ב; שמואל א' כ,לד; יחזקאל מו,א-ו; וראו מלכים ב' ד,כג. ראו עוד ר"י בכור שור על אתר; שבת פו ע"ב; הרחבה לשמות יב,ב.
21. לעיל ג,יב.
22. ויקרא יט,ב.
23. ראו מורה נבוכים ח"א יח.
24. מכילתא מסכתא דבחדש ב ורש"י על אתר.
25. על פי רס"ג ורש"י.
26. ראו רש"י.
27. אונקלוס, רש"י, רשב"ם ור"י בכור שור.
28. ראו רשב"ם, ר"י בכור שור וראב"ע (הארוך).
29. ראו ראב"ע פס' יז.
30. ראו להלן כ,יז.

מקורות והערות

31. ראו דברים ה,ה.
32. להלן לד,כח; דברים ד,יג.
33. ראו חזקוני, רמב"ן וספורנו פס' יא.
34. להלן פס' טו-יח ודברים ה,יט-כד. וראו ר"י בכור שור.
35. ר' חסדאי קרשקש, בתחילת אור ה' ואברבנאל.
36. ספר המצוות לרמב"ם, עשה א.
37. כמו שמתואר בהרחבה בספר יחזקאל פרק יח. וראו ברכות ז ע"א. יש אומרים שהנהגה זו אמורה רק בחטא החמור של עבודה זרה, שעובדיה מוגדרים כאן שֹׂנְאָי. ראו מורה נבוכים ח"א נד.
38. כמו שנאמר בדברים ז,ט: שֹׁמֵר הַבְּרִית וְהַחֶסֶד לְאֹהֲבָיו וּלְשֹׁמְרֵי מִצְוֹתָו לְאֶלֶף דּוֹר.
39. ראו יומא פו ע"א. וכבר אמרו שאם יש תיקון כלשהו לחילול ה', הרי הוא בנקיטת דרך הפוכה - להרבות בקידוש ה'. ראו שערי תשובה לר' יונה גירונדי חלק ג, קנח; חלק ד, טז.
40. לעיל טז,כג-ל.
41. ראו פסחים קו ע"א.
42. ראו מכילתא דרשב"י כ,ח; שבת קיט; קיג.
43. בראשית ב,א-ג.
44. ראו בראשית ב,ג.
45. ראו רמב"ן.
46. ראו ר"י בכור שור.
47. ראו רש"י.
48. ראו רס"ג וראב"ע הפירוש הארוך. אכן חכמים פירשו, על פי ההקשר, שהדיבר הזה עוסק בחטיפת נפש, ואילו גנבת הממון נתפרשה בויקרא יט,יא. ראו סנהדרין פו ע"א. וראו עוד שמות כא,טז.
49. ראו אור החיים.
50. רש"י. וראו מורה נבוכים ח"ג כד.
51. ראו ר"י בכור שור; ספורנו ורי"ש ריג'יו.
52. באופנים אחרים הדבר קשור גם לאמירה "כל בי עשרה שכינתא שריא" [על כל עשרה מישראל שורה השכינה] (סנהדרין לט ע"א).
53. ככתוב (דברים כז,ה) מִזְבַּח אֲבָנִים, לֹא תָנִיף עֲלֵיהֶם בַּרְזֶל.
54. משנה מידות ג,ד.

מקורות והערות לפרשת משפטים

1. ראו ראב"ע (הקצר) ורמב"ן פס' א.
2. להלן כד,טו-יח.
3. ראו רמב"ן.
4. ראו להלן כב,ב. חכמים קיבלו שפרשתנו מדברת בנמכר על ידי בית דין בגנבתו, ולא במוכר את עצמו. ראו רש"י ורשב"ם. אכן פשט הכתוב יכול להתייחס לשני האופנים. ראו ראב"ע.
5. בדברים טו,יב-טו אף נאמר שהאדון מחויב להעניק לו מתנות כאשר הוא משתחרר.
6. ראו ר"י בכור שור.
7. ראו מכילתא מסכתא דנזיקין ב; רש"י, ראב"ע ורמב"ן על אתר.
8. ראו קדושין כא ע"ב.
9. ראו ויקרא כה,לט-מא; קדושין כא ע"ב. המלה 'עולם' במקרא, משמעה זמן ארוך מאוד, לאו דווקא נצחי. ראו עוד ספר העיקרים ג,טז; רלב"ג דברי הימים א' י,יא. וראו עוד אדרת אליהו.
10. קדושין יד ע"ב; רש"י על אתר.
11. ראו הכתב והקבלה; שד"ל. וראו עוד אברבנאל לשמואל ב' יד,יג.
12. אדרת אליהו.
13. קדושין יח ע"ב - יט ע"א.
14. ראו יונתן, רש"י ורשב"ם על אתר; ועיינו כתובות מז ע"ב.
15. מכילתא מסכתא דנזיקין ג; יונתן, רש"י ורשב"ם על אתר.
16. ראו אדרת אליהו.
17. במדבר לה,ו-כט; דברים ד,מא-מג.
18. ראו מלכים א' ב,כח-לד.
19. מורה נבוכים ח"ג לט; אדרת אליהו על אתר.
20. ראו רס"ג.
21. ראו סנהדרין פו ע"א; רש"י שמות כ,יב.
22. במקרא כל ביטוי של גנאי וזלזול יכול להיקרא קללה. ראו שמואל א' ג,יג; שמואל ב' טז,ה-יג; ירמיה כו,ו ועוד. אכן כאן מדובר בגידוף קשה, הבעת רצון שיאבד ישעו של אדם ותבוא עליו רעה. אין זה זלזול גרידא, שעליו יוחדה אזהרה נפרדת: אָרוּר מַקְלֶה אָבִיו וְאִמּוֹ. דברים כז,טז.
23. יונתן ורמב"ן.
24. אונקלוס, רש"י וראב"ע.
25. ראו יונתן, רש"י וראב"ע (הארוך).
26. ראו בבא בתרא נ; רש"י פס' כ.
27. שנדון בפס' יב לעיל.
28. אָסוֹן שהוא מוות, ראו בראשית מב,ד; לח.
29. ראו סנהדרין עט ע"א; רש"י וראב"ע (הארוך) על אתר.

30. ראו בבא קמא מא ע"א.
31. שם.
32. ראו יונתן, רש"י, ר"י בכור שור, רמב"ן ואדרת אליהו. ראו עוד הרחבה לויקרא כד,כא.
33. ראו מכילתא ורש"י.
34. בבא קמא נד ע"ב.
35. בבא קמא מט ע"ב - נ ע"א; רש"י וראב"ע על אתר.
36. כך מתפרש פשוטו של מקרא. אדרת אליהו.
37. רש"י.
38. ראו רש"י ויקרא כו,מא.
39. ראו בבא קמא כג ע"ב; יבמות סד ע"ב-סה ע"א.
40. להלן פס' ג.
41. סנהדרין עב ע"א; רש"י על אתר.
42. כפירוש הראב"ד, הלכות גנבה ט,ח; רס"ג, רשב"ם, ראב"ע והגר"א על אתר.
43. ר"י בכור שור.
44. לעיל כא,ב-ד.
45. ולהלן מתברר שדין זה כולל לא רק בעלי חיים אלא כל גנבה.
46. רש"י, רשב"ם וראב"ע.
47. ראו בבא קמא ו ע"ב-ז ע"א; רש"י על אתר.
48. רשב"ם.
49. אונקלוס ויונתן, רש"י ורשב"ם.
50. אדרת אליהו.
51. רשב"ם, ר"י בכור שור, ראב"ע ואדרת אליהו.
52. ר"י בכור שור ואדרת אליהו.
53. ראו יונתן; רס"ג וראב"ע.
54. ראו רש"י ורמב"ן.
55. כמו בבראשית כג,טז; רס"ג על אתר.
56. מורה נבוכים ח"ג לז.
57. בויקרא יח,כג נאמר מפורשות שגם עונשה של אשה ששכבה עם בעל חיים הוא מוות; וראו סנהדרין נד ע"ב.
58. ראו אדרת אליהו.
59. ראו רש"י ורמב"ן ואדרת אליהו.
60. רמייה או הולכת שולל אינה אלא מקרה פרטי של הונאה, שבאופן בסיסי משמעה גרימת צער. ראו את הופעותיו של השורש י,נ,ה במשמעות זו בישעיה מט,כו; יחזקאל יח,ז. ראו עוד בבא מציעא נח ע"ב.
61. תהלים סח,ו.
62. ראו רש"י ור"י בכור שור.
63. ראו רשב"ם.
64. ראו ויקרא יט,יד.
65. ראו ספר החינוך סט.
66. ראו ספר המצוות לרמב"ם, לא תעשה שטז.
67. ראו חזקוני וספורנו.
68. לעיל יג,ב; יג. אך ראו עוד ספורנו.
69. יונתן.
70. ראו רש"י על אתר; פסחים קיח ע"א.
71. ראו סנהדרין כז ע"א ובמפרשים על אתר.
72. לעיל כ,יב. ראו עוד מכילתא על אתר.
73. ראו רש"י ור"י בכור שור.
74. ראו דברים לב,לו; נחמיה ג,ח.
75. לעיל פס' ג.
76. ובמכילתא על אתר פירשו: אף על פי ששני אלו אינם מבני ישראל (גֵר הוא 'גר תושב', נכרי השומר שבע מצוות ויושב בארץ), שלא כעבד ואמה שהם מחויבים במצוות.
77. גם המלה 'פעם' נגזרת מן המשמעות של רגל או צעד. ראו למשל ישעיה כו,ו.
78. לעיל יב,טו.
79. פרטי דעות התנאים בעניין זה - בפסחים סג ע"א - סד ע"א.
80. ראו פסחים נט ע"ב; עא ע"א; רש"י ורשב"ם על אתר.
81. ראו רש"י, יונתן וספורנו.
82. מצוות הבאת הביכורים לבית ה' תפורט עוד בדברים כו,א-טו.
83. ראו רשב"ם ור"י בכור שור על אתר; ר"י בכור שור לד,כו; רמב"ן דברים יד,כא. ראו עוד הרחבה לשמות לד,כו.
84. ראו חולין קיג ע"א - קיד ע"א; ספר המצוות לרמב"ם, לא תעשה קפו-קפז.
85. ראו ראב"ע (הארוך).
86. על פי רשב"ם, ראב"ע ורמב"ן. ונחלקו חכמים במכילתא על אתר ובתלמוד אם הפרשיות מתפרשות כפי סדר כתיבתן או פרשה זו מתארת את הדברים שקדמו למתן תורה. ראו יומא ד ע"א ורש"י על אתר.
87. מאוחר יותר יתמסד עניין זה. ראו במדבר יא,טז; משנה סנהדרין א,ו.
88. רשב"ם, חזקוני.
89. ראב"ע (הארוך) וחזקוני; וראו רמב"ן.
90. הם כונו כך משום שמילאו תפקידי כהונה ושירות. אונקלוס, יונתן ורש"י; וראו פירוש הרא"ש.
91. ראו ויקרא יז,יא; דברים יב,כג.
92. להלן כז,ג; לח,ג; וראו גם שיר השירים ז,ג.

93. לעיל ט,ח וכן בפסוק ג בפרק זה.
94. ראו רשב"ם וראב"ע (הקצר).
95. ראו אונקלוס וראב"ע (הקצר).
96. רס"ג ורשב"ם על אתר.
97. יונתן ורש"י על אתר; וראו ירושלמי סוכה ד,ג.
98. באיכה ד,ז נראה אולי שצבעו של הספיר לבן או נוטה לו. ויש אומרים כעין תכלת או נוטה לאדום; ראו ראב"ע ור"י בכור שור על אתר. ראב"ע שיר השירים ה,יד.
99. ראו מנחות מג ע"ב.
100. 'אציל' הוא מי שנבדל מזולתו, אך איננו כרות ומנותק ממנו. ככינוי לבני אדם נבחרים ונבדלים, ראו גם ישעיה מא,ט. השורש משמש גם בפועל 'להאציל' בבמדבר יא,יז; קהלת ב,י.
101. רשב"ם, ראב"ע ורמב"ן. ומצינו בכמה מקומות שאת כריתת הברית מלווה סעודה משותפת של בעלי הברית, כמו אצל אברהם ואבימלך, יעקב ולבן. ייתכן שהמשתה נערך לרגל קבלת התורה. ראו רמב"ן על אתר ובתחילת הדרשה לקהלת.
102. ראו תנחומא אחרי מות ז; רש"י על אתר; מורה נבוכים ח"א ה.
103. אונקלוס ויונתן.
104. אחרי רצף הפעולות <u>וַיָּקָם</u>, <u>וַיַּעַל</u>, נאמר <u>וְאֶל הַזְּקֵנִים אָמַר</u>, והדבר כמובן אירע קודם שמשה קם ועלה, שכן צורת העבר הפשוט על רקע של ביטויי עבר המורכבים מ-ו' ההיפוך, מציינת עבר לעבר.
105. ראו יומא ד ע"ב; רש"י וראב"ע על אתר.

מקורות והערות לפרשת תרומה

1. להלן כה,מ.
2. ראו מלכים ב' ד,י.
3. ראו ר"י בכור שור פס' ב ולהלן ל,א; רש"י מלכים ב' יא,ב.
4. ראו רמב"ן לעיל ו,י.
5. למרות שדיבור ואמירה הן נרדפות, השורש ד,ב,ר נושא הוראה תקיפה יותר מאשר השורש א,מ,ר. ראו בראשית רבה מד,ו; רש"י במדבר יב,א.
6. ראו במדבר רבה ד,ה; רש"י על אתר.
7. ראו במדבר לא,כב.
8. ראו תוספתא מנחות ט,ז. המלה 'שש' מקורה מצרי. וראו יחזקאל כז,ז.
9. ראו יחזקאל טז,י.
10. רש"י.
11. ראו להלן פרקים לז-לח; ר"י בכור שור לו,ו.
12. יומא עב ע"ב.
13. ראו להלן פס' כג.
14. רש"י.
15. ראב"ע.
16. ראו יחזקאל י.
17. ראו רש"י.
18. רמב"ן פס' כד ופס' ל; ספורנו פס' לא.
19. שמות רבה לד,ב; רש"י פס' כד; וראו ספורנו פס' כג.
20. לעיל פס' יא.
21. לעיל פס' יד-טו; במדבר ד,ח.
22. ויקרא כד,ז; אונקלוס על אתר; מנחות צז ע"א.
23. רש"י. ויש מפרשים: כלים שונים להכנת הלחם. ראו ר"י בכור שור.
24. רש"י. ויש מפרשים: כלי ניקוי התנור.
25. רש"י.
26. לעיל פס' יח.
27. למרות שזו אינה התבנית המופיעה בשער טיטוס. ראו מנחות כח ע"ב.
28. ראו רש"י וראב"ע (הארוך) שמות כה,לג.
29. ראו רש"י, ר"י בכור שור וראב"ע (הארוך).
30. זו אפשרות קריאה אחת. וייתכן לקרוא: גְּבִעִים מְשֻׁקָּדִים, כַּפְתֹּרֶיהָ וּפְרָחֶיהָ. וכבר אמרו חכמים שזה אחד מהמקראות שאין להם הכרע. ראו יומא נב.
31. על פי אונקלוס ורס"ג. וראו רש"י במדבר ח,ב.
32. ראו רש"י על אתר; מגילה כא ע"ב.
33. ראו שו"ת הריב"ש תי. וראו במדבר ח,ב.
34. ראו להלן פרקים לו-לח; ברכות נה ע"א; רש"י שמות לח,כב.
35. ראו יבמות ד ע"ב; ראב"ע שמות כה,ד.
36. ראו ירושלמי שקלים ח,ב; בבלי יומא עב ע"ב; רש"י וראב"ע על אתר.
37. רשב"ם. האפשרות לפרש את המלה 'משכן' כמתייחסת למכסה הראשון של המבנה נתמכת גם בפסוק הבא ובפסוקים נוספים. וראו ספורנו מ,יח.
38. ראו להלן פס' יב.
39. רש"י.
40. כך על פי הפשט. ראו אדרת אליהו פקודי.
41. ראו מחלוקת התנאים, שבת כח ע"א ורש"י על אתר.

מקורות והערות

42. ראו יונתן וראב"ע (הארוך); שבת צח ע"ב וחידושי הר"ן שם; רבנו גרשום חולין יז ע"ב.
43. יונתן על אתר; סוכה מה ע"ב.
44. ראו יונתן ופסיקתא.
45. על פי רבי נחמיה בברייתא של מלאכת המשכן, כפי שפירש הרמב"ן. ויש מפרשים שמדובר בבליטות בתחתית הקרש שייכנסו לאדנים, כפי שייאמר בהמשך.
46. לעתים מצוינות רוחות העולם בשני שמות, כמו בביטוי 'קדמה מזרחה'. ראו להלן כז,יג; במדבר ב,ג; יהושע יט,יג.
47. ראו רש"י.
48. רש"י; וראו רמב"ן.
49. ראו רשב"ם.
50. ראו רש"י על אתר ובהערה לעיל פס' א.
51. פס' ו.
52. ראו זבחים נט ע"ב. לפי דעה זו גובה המזבח היה עשר אמות. ייתכן שהמידה שלוש אמות מורה על השיעור המינימלי למזבח כלשהו. ראו רמב"ם הלכות בית הבחירה ב,ה, המגדיר גובה זה כ'מקום המערכה'; חידושי הגרי"ז זבחים נט ע"ב.
53. זבחים נד ע"א ועוד.
54. ראו רש"י ורשב"ם.
55. ראו יונתן בן עוזיאל. ונקראה בלשון חכמים 'סובב'. ולפי דעה אחרת הכרכוב הוא תבליט מכויר לנוי. ראו זבחים סב ע"א.
56. על פי רש"י על אתר וזבחים סב ע"א.
57. ספורנו.
58. על כן הוא נקרא גם 'מזבח אדמה'. ראו לעיל כ,כא.
59. לפי המסורת, חבלים אלו נשזרו משישה חוטים דקים. יומא עא ע"ב ורש"י; רמב"ם הלכות כלי המקדש ח,יד.
60. המלה חָצֵר בלשון הקודש משמשת כזכר וכנקבה.
61. ראו רש"י וראב"ע.

מקורות והערות לפרשת תצוה

1. לעיל כה,ו.
2. ראו מנחות פו ע"א.
3. ראו לעיל יג,ב; כב,כח וספורנו שם; משנה זבחים יד,ד וגמרא שם קטו ע"ב.
4. רש"י שמות לב,כו; וראו יומא סו ע"ב.
5. תנחומא תרומה ח; וראו תנחומא פקודי ו; שמות רבה נא,ד; רש"י לא,יח; ספורנו כד,יח.
6. ראב"ע.
7. רש"י.
8. כפי שנראה מאונקלוס וכמו שפירש רש"י.
9. ראו רש"י.
10. ראו יונתן ורשב"ם.
11. לעיל כד,י.
12. לעיל פס' יד.
13. לעומת 'שרשרת' שיכולה להיות עשויה חוליות חוליות, ושנוצרה אולי מן המלה 'שֵׁיר', שמשמעה טבעת או אצעדה (ראו משנה שבת ה,א), מקורה של שַׁרְשׁוֹת, שאף היא משמשת לחיבור, הוא כנראה 'שורש', שהרי אין היא עשויה טבעות טבעות אלא קלועה. ראו רש"י.
14. ראו רש"י וחזקוני.
15. ראו ספר המצוות לרמב"ם, לא תעשה פו; וראו רמב"ם הלכות בית המקדש ט,י.
16. ראו יונתן ורש"י. ראב"ע פס' ו פירש שאלו הם מכשירים למדידות אסטרולוגיות. ור"י בכור שור פירש שהיו מצוינים בהם תחומי כל שבט ושבט ועריו.
17. רשב"ם על אתר ור"י בכור שור פס' ו.
18. על פי רמב"ן על אתר; רמב"ם הלכות כלי המקדש ט,ג.
19. ראו זבחים פח ע"א. וראו עוד ראב"ע על אתר.
20. ראו אונקלוס.
21. אונקלוס.
22. רש"י על פי יומא עב ע"א.
23. יונתן.
24. ראו רמב"ן פס' לא.
25. זבחים פח ע"ב; וראו אונקלוס ורש"י פס' לג; רמב"ן פס' לא.
26. הציץ נקרא גם נֵזֶר הַקֹּדֶשׁ (להלן כט,ו; לט,ל; ויקרא ח,ט) ובדברי חכמים 'כתר כהונה'. ראו קדושין סו ע"א.
27. פסיקתא זוטרתא; וראו ראב"ע (הארוך) על אתר.
28. רש"י.
29. ראו שבועות ט ע"ב; זבחים כג; מנחות כה ע"א.
30. ירושלמי יומא ז,ג.
31. להלן לט,כט.
32. ראו ראב"ע.

33. ראו להלן כט,כא.
34. רש"י מצביע על אפשרות של קשר בין הביטוי הזה לבין הטקס שנהג בתקופה מאוחרת באירופה, שלפיו העניקו כפפה בעת מינוי לתפקיד שיש עמו שררה. וראו עוד רש"י דברי הימים א' כט,ה.
35. ראו רשב"ם פס' ד. וכן להלן בסדר לבישת הבגדים על ידי משה לא הוזכרו המכנסיים.
36. רש"י.
37. רמב"ן פס' לה. וראו משך חכמה על אתר.
38. הבנת הביטוי הזה כהגדרת גיל נשענת על כך, שמצד אחד אין הוא עגל, אלא פר, ומצד שני הוא עדיין בן בקר, ולא בקר זקן. ראו ספרא, דיבורא דחובה ב,ג; ראש השנה י ע"א.
39. המומים הפוסלים את הקרבנות יפורטו בויקרא כב,יז-כה.
40. ראו מנחות עח ע"א. והוא הנקרא חַלַּת לֶחֶם שֶׁמֶן (ויקרא ח,כו), כי שמנו מרובה יותר מהחלות והרקיקים. ראו רשב"ם.
41. ראו ראב"ע.
42. ראו יונתן ורש"י; מלכים ב' ה,י יד.
43. ראב"ע.
44. ראו רמב"ן.
45. ראו חגיגה טז ע"ב.
46. ראו תמיד ל ע"ב; זבחים נג ע"ב; רש"י על אתר; וראו ויקרא א,ה.
47. שמספרם ופרטיהם מבוארים בעיקר בדברי חכמים. ראו תמיד לא ע"א.
48. ביטוי זה מופיע כבר בבראשית ח,כא; וראו עוד ההרחבה לויקרא א,ט.
49. ראו ספרא מצורע ג,ה; פירוש המשנה לרמב"ם נגעים יד,ט; רש"י וראב"ע על אתר; ר"י בן ג'אנח ורד"ק בספרי השורשים שלהם.
50. פס' ב.
51. או להיפך. ראו רש"י; וראו עוד ויקרא ח,כו, בביצוע האמור כאן: וּמִסַּל הַמַּצּוֹת אֲשֶׁר לִפְנֵי ה' לָקַח חַלַּת מַצָּה אַחַת וְחַלַּת לֶחֶם שֶׁמֶן אַחַת וְרָקִיק אֶחָד.
52. רש"י; וראו רס"ג וראב"ע.
53. השימוש במלים שונות למושג אחד נעשה לצחות הלשון. ר"י בכור שור. וייתכן שרק השוק נקראת 'תרומה' מפני שהיא ניטלת ראשונה, כתרומת פרות הניטלת ראשונה, ואילו החזה הורם לאחריה ואינו 'תרומה'. ראו להלן כט,כב-כו. שו"ת פאר הדור, נב.
54. לעיל פס' כב; כה.
55. רש"י.
56. רש"י.
57. ראו יומא ה ע"א.
58. ראו רש"י.
59. ראו למשל לגבי קרבן פסח לעיל יב,י ולגבי קרבן תודה ויקרא ז,טו.
60. אונקלוס. וראו הרחבה לויקרא ו,יט.
61. לעיל פס' יב.
62. ראו ר"י בכור שור ואדרת אליהו.
63. ראו רש"י שמות יב,ה.
64. ראו לעיל כז,כ.
65. מנחות פט ע"א. במושגינו - כל לוג מכיל כארבע כוסות מינימליות של קידוש. כך רביעית ההין, שהיא שלושה לוגים, היא בערך פי שנים-עשר מכוס קטנה של קידוש.
66. להלן ל,יז-כא.
67. ראו ברייתא דמלאכת המשכן, רמב"ם, הלכות בית הבחירה א,ז.
68. פסחים נט ע"א.
69. ראב"ע; וראו רש"י.
70. ויקרא טז,יח-יט.

מקורות והערות לפרשת כי תשא

1. ראו רש"י פס' טו. ויש אומרים שלא היה מפקד באותה עת אלא זוהי הוראה לעתיד. ראו ר"י בכור שור לח,כה; אדרת אליהו על אתר.
2. ראו בכורות ה ע"א.
3. ראב"ע הארוך.
4. על פי רש"י.
5. להלן לח,כז.
6. ראו זבחים כ ע"ב; ר"י בכור שור.
7. דומה למשמעות הביטוי 'ראשי בשמים' בשיר השירים ד,יד; וראו רשב"ם על אתר.
8. ראו רמב"ן.
9. ראו כריתות ה ע"א; רש"י על אתר. ושמא ניסוח זה מתייחס לכמות מעט גדולה יותר, שכן בחלוקתו של החומר לשתי שקילות תיתכן תוספת בכמות הבושם.
10. ראו לעיל כט,מ.
11. ראו ראב"ע (הארוך).
12. רשב"ם. אפשרות נוספת - לפרש כביטוי הזהה שנאמר במזבח (לעיל כח,לז): כלי השרת מקדשים את הנכנס אל תוכם כקרבן. ראו זבחים פג ע"ב ורש"י על אתר.

13. ראו בראשית מג,יא; יחזקאל כז,יז.
14. ראו יומא לט ע"א.
15. כריתות ו ע"א.
16. ראו ירושלמי יומא ד,ה.
17. כריתות ו ע"ב. תעשיית הבשמים לדורותיה הייתה בנויה על תרכובות עדינות של חומרים שונים. גם בימינו לעתים מכניסים לבשמים גם חומרים שריחם אינו ערב כשהוא לעצמו משום תרומתם למכלול הריח הרצוי.
18. ראו אונקלוס, רש"י ורשב"ם.
19. ראו ראב"ע ורמב"ן.
20. ראו רס"ג וספורנו. להלן לג,יז מופיע ביטוי דומה: וָאֵדָעֲךָ בְשֵׁם, וגם שם משמעו נתינת כבוד.
21. ראו גם דברי הימים א' ב,כ.
22. ראו לעיל יז,י; כד,יד.
23. פרקי דרבי אליעזר מד.
24. כמו בביטוי שיופיע להלן לה,לג – 'מלאכת מחשבת'.
25. שכן מלאכת המשכן לא כללה כל עבודת אדריכלות באבנים, אלא מלאכת החיתוך והשיבוץ של האבנים היקרות בלבד.
26. ראו להלן לה,לד-לה.
27. ראו במדבר ד,ו-טו. ראו רש"י וראב"ע כאן ולהלן לט,א.
28. רש"י, רשב"ם וראב"ע.
29. בבמדבר טו,לב-לו מסופר על ביצועו של עונש זה.
30. ראו יונתן וראב"ע (הקצר).
31. ראו ירושלמי פאה ב,ד.
32. רשב"ם לעיל כה,טז.
33. ראו שבת פט ע"א; רש"י על אתר.
34. לעיל ז,א וראו ההפניות משמואל א' ב,כז.
35. רש"י. ראו עוד ישעיה ח,א. ייתכן שאהרן רצה להרוויח זמן בעיסוק בחריטה ובעיצוב הזהב, אולי בתוך כך יהיה סיפק בידי משה להגיע.
36. ראו ראב"ע.
37. ראו בראשית רבה נג,יא; רש"י על אתר.
38. כפי שדרש ר' אלעזר בברכות לב ע"א. ראו יונתן ורש"י על אתר.
39. ראו ברכות לב ע"א.
40. לעיל כד,יג.
41. אברבנאל.
42. ראו רמב"ן ור"י בכור שור.
43. ראו רש"י.
44. ראו רמב"ן.
45. ראו ספורנו.
46. ראו תנחומא כי תשא יט; רש"י פס' ד.
47. רש"י; פירוש המשנה לרמב"ם כלים כא,א.
48. ראו רשב"ם וראב"ע; ר"י קרא יחזקאל כד,יד
49. ראו משך חכמה ומנחה בלולה; ר"י קרא יחזקאל כד,יד.
50. ראו גם תהלים סט,כט; קלט,טז; ישעיה ד,ג ודניאל יב,א. ביטוי מעורפל זה הוא כנראה המקור לרעיון של ספרי החיים וספרי המתים הפתוחים לפני אלוקים. ראו ראש השנה טז ע"ב; רמב"ן על אתר; מורה נבוכים ח"ב מז.
51. שמות רבה מז,ט; רש"י.
52. כמו שנזכר על אומות אחרות בדניאל י,כ. וראו ההרחבה לפס' ב בפרק הבא.
53. ראו ראב"ע.
54. ראו סנהדרין קב ע"א; רש"י על אתר.
55. רש"י.
56. ראו פס' ו להלן. ובדברי אגדה נאמר שה' הוא שקישטם בעדיים שונים, כתרים, קישוט או סמל. ראו שבת פח ע"א; תנחומא שלח יג; שמות רבה נא,ח; יונתן ורש"י על אתר; ראב"ע (הארוך) פס' ו.
57. על פי עקדת יצחק.
58. ראו רש"י, ראב"ע ור"י בכור שור.
59. רש"י.
60. ראו במדבר ג,לח.
61. ראו בראשית טו,יב; איוב ד,יב-טז; דניאל י,ח.
62. ראו במדבר ח,ט; יב,ו-ח.
63. ראו ראב"ע ורמב"ן על אתר; מורה נבוכים ח"ב לב.
64. ראו למשל את ביטויי הבחירה במשה לעיל בפרקים ג ד, וכן לב,י.
65. מורה נבוכים ח"א נד.
66. כמו ה'פנים' הנזכרים בברכת כהנים: יָאֵר ה' פָּנָיו אֵלֶיךָ וִיחֻנֶּךָּ. יִשָּׂא ה' פָּנָיו אֵלֶיךָ (במדבר ו,כה-כו). ראו רש"י, רשב"ם, ר"י בכור שור ורמב"ן.
67. ראו רש"י.
68. על פי רש"י.
69. ראו דרשות הר"ן, ד; העמק דבר.
70. ראו רש"י, ראב"ע ורמב"ן על אתר; רמב"ם הלכות יסודי התורה א,י ומורה נבוכים ח"א נד.
71. ראו ספרא ויקרא א,ה; במדבר רבה יד,כב.
72. ראו מורה נבוכים ח"א לז, לח, נד.
73. לעיל לב,טז.

74. ראו ברכות ז ע"א. וראו עוד רד"ק ירמיה לא,כח ור"י בכור שור על אתר ולעיל כ,ה.
75. ראו דעת זקנים והעמק דבר.
76. לעיל לג,ד. ראו ר"י בכור שור על אתר; דרשות הר"ן ד ד"ה ומכל מקום.
77. לעיל יב,טו-כ; יג,ג-ד; יג,ו-ז; כג,טו.
78. ראו בעניין זה ההרחבה לעיל יג,ד.
79. ראב"ע.
80. לעיל יג,ב; יג,יב.
81. לעיל יג,יג.
82. כלעיל יג,ב; יג,טו.
83. רשב"ם וראב"ע.
84. ראו פסחים סג-צד; רס"ג על אתר.
85. לפי האמור לעיל יב,י, את הנותר ממנו יש לשרוף.
86. מצווה זו תורחב בדברים כו,א-יא.
87. לעיל כג,יט.
88. רשב"ם וחזקוני.
89. ראו לעיל לד,א; דברים י,ב-ד.
90. רש"י.
91. ראו רמב"ן והעמק דבר.
92. רמב"ן.

מקורות והערות לפרשת ויקהל

1. לעיל לא,יב.
2. ראו רש"י ורמב"ן פס' ב.
3. ראו ההרחבה לעיל לא,טו.
4. כפי שיהיה בישבם על אדמתם – בעת שיוקם בית המקדש, יפנו לגורמים חיצוניים לרכישת חומרים. ראו מלכים א' ה,טו-לב.
5. ראו ההרחבה לעיל כה,ב.
6. ראו יחזקאל טז,י; ר"י בכור שור.
7. ראו לעיל כו,א ועוד.
8. לעיל כו,ז ולהלן לו,יד.
9. לעיל כו,יד ולהלן לו,יט.
10. המלה חָצֵר בלשון הקודש – משמשת כזכר וכנקבה.
11. ראו במדבר ד,ד-יד.
12. פרקים כו-לא לעיל.
13. ראו להלן מ,לד-לח; ויקרא ט,כג-כד.
14. ויקרא י,א-ז.
15. ראו מלכים ב' יט,כח: וְשַׂמְתִּי חַחִי בְּאַפֶּךָ. וביחזקאל (כט,ד): נָתַתִּי חַחִים בִּלְחָיֶיךָ. כנראה החח הוא טבעת שהיו מחברים אותה לאף או ללחיים.
16. ראו רמב"ן.
17. ראב"ע.
18. לעיל לא,ב.
19. במדבר רבה יב,טז. כיוצא בזה ראו שמואל ב' יג,ד וישעיה כח,יט.
20. ראו רש"י.
21. ראו לעיל כו,ט; יב-יג.
22. ראו ברכות נה ע"א.
23. האפשרות לפרש את המלה 'משכן' כמתייחסת למכסה הראשון של המבנה נתמכת גם בפסוק הבא.
24. ראו שבת כח ע"א; רש"י על אתר.
25. ראו יונתן וראב"ע (הארוך); שבת צח ע"ב וחידושי הר"ן.
26. סוכה מה ע"ב; יונתן על אתר.
27. על פי רבי נחמיה בברייתא של מלאכת המשכן, כפי שפירש הרמב"ן. ויש מפרשים שהמדובר על בליטות בתחתית הקרש שנכנסות לאדנים, כפי שייאמר בהמשך.
28. ראו רש"י.
29. לעיל כה,י-כב.
30. ראו יומא עב ע"ב.
31. רש"י.
32. ראב"ע.
33. ראו יחזקאל י. על מראה הכרובים ראו הרחבה לעיל כה,כ.
34. ראו רש"י.
35. לעיל כה,כג-ל.
36. ראו רש"י ורשב"ם לעיל כה,כה-כז.
37. לעיל כה,לא-לט.
38. ראו רש"י וראב"ע (הארוך) שמות כה,לג.
39. ראו רש"י וראב"ע (הארוך).
40. לעיל ל,א-י; ל,כב-לז.
41. ראו זבחים נד ע"א ועוד.
42. ראו ראב"ע (הארוך) שמות ל,כה.
43. ראו ספורנו.
44. וראו לעיל כז,א.
45. זבחים נד ע"א ועוד.
46. פס' כ.
47. ראו ספורנו שמות כז,י; ר"י בכור שור כז,יז.
48. אולי צורת הרבים ננקטה כדי להשוותה עם הביטויים המקבילים בפסוקים הסמוכים. וראו עוד מאמרו המאלף של מאיר בן אורי, 'העמודים של חצר המשכן', בית מקרא פה.

מקורות והערות לפרשת פקודי

1. ראו רמב"ן.

מקורות והערות

2. ראו לעיל לז,א: וַיַּעַשׂ בְּצַלְאֵל אֶת הָאָרֹן; זוהר ח"ב ריד,ב.
3. ראו לעיל לה,כב.
4. ראו בכורות ה ע"א.
5. בירושלמי שקלים א,ג קשרו את הביטוי לְכֹל הָעֹבֵר עַל הַפְּקֻדִים לעוברים בים סוף. על פי הפשט ייתכן שהביטוי משקף את צורת ספירת אנשים או בעלי חיים העוברים בפתח צר (ראו ויקרא כז,לב). הרי שכל אחד ואחד עובר ויוצא מהקבוצה שעדיין לא נמנו אל הפקודים. ר"י בכור שור ל,יג.
6. ראו רמב"ן.
7. ראו רש"י שמות לא,י.
8. ראו רמב"ן.
9. ראו לעיל כח,ל, רש"י ראב"ע ורמב"ן שם.
10. ראו ספר המצוות לרמב"ם, לא תעשה פו; וראו רמב"ם הלכות בית המקדש ט,י.
11. אונקלוס.
12. ספר המצוות לרמב"ם, לא תעשה פח.
13. ראו רמב"ן שמות כח,לא.
14. ראו אונקלוס ורש"י שמות כח,לג.
15. לעיל כח,לה.
16. ראו יומא יב; רמב"ם הלכות כלי המקדש ח,א ובסוף הלכות כלאים.
17. ראב"ע וחזקוני.
18. לעיל פרקים כה-כח.
19. לעיל לא,א-יא.
20. לעיל לה,ד-יט.
21. לעיל לו,ח-לט,לא.
22. לעיל לט,לג-מג.
23. ראו ויקרא פרקים א ג; ד,כז-לה; שמות כט וויקרא ח; במדבר פרקים ג ד ז כט; ראו עוד תנחומא במדבר, יז.
24. לעיל יב,ב.
25. ראו במדבר רבה יב,טו.
26. ראו שמות רבה נב,ד וספורנו על אתר.
27. ראו ויקרא א,א ורש"י שם; רמב"ן על אתר.
28. ראו לעיל יג,כא-כב.

מקורות והערות להפטרות

1. ראו פסיקתא דרב כהנא, יג.
2. ראו מלבי"ם ב,א.
3. ראו רש"י ורד"ק. הפועל 'לדעת' כולל מוטיב אינטימי. ראו הרחבה על בראשית ג,ה.
4. ראו עוד אברבנאל ירמיה יז,יג.
5. ראו מצודת דוד.
6. ראו אלשיך. ודומה לכך ראו ירמיה כד,ג.
7. ראו מצודת דוד.
8. כמו הכינויים 'ציון' ו'בת ציון' המשמשת בדברי ירמיהו וישעיהו גם לעיר ירושלים ולתושביה וגם לאומה בכללה.
9. ראו ויקרא כב,י-טז; במדבר יח,יא-יג.
10. לשון קצרה דומה יש סמוך לכאן (להלן כח,ב): הִנֵּה חָזָק וְאַמִּץ - יום חזק ואמיץ.
11. מלבי"ם.
12. חכמים דרשו את המלה סַאסְאָה - סאה סאה. בזמן שהמכה משתלחת בריב, היא באה מידה כנגד מידה. ראו סוטה ח ע"ב; יונתן ורש"י על אתר. בסוטה ה ע"א מופיעה 'סאסא' ככינוי לשֵׂער שבראש השיבולים. לפי פירוש זה, המכה מדודה ופוגעת בכל הראויים לה, ואפילו הקצוות הקטנים והשוליים יטוהרו וינוקו.
13. על פי ר"י מטראני. יש פירושים רבים אחרים לפסוק זה.
14. ראו תהלים סט,טז. ככל הנראה מדובר בנהר החידקל שמאופיין בזרימתו החזקה.
15. ראו ר"א מבלגנצי ור"י קרא.
16. רד"ק ומצודת דוד.
17. ראו עוד ברכות יז ע"א; ראש השנה ח ע"ב.
18. ראו רד"ק. ויש מפרשים גֵּיא שְׁמָנִים - שמו של חבל ארץ פורה. ופירוש אחר: שמנים - שיכורים.
19. רד"ק.
20. רד"ק.
21. ראו עוד רד"ק שופטים ז,ג ומפרשי המשנה כלים טז,ג.
22. ראו רד"ק ומלבי"ם.
23. לפי זה אֲשֶׁר פָּדָה אֶת אַבְרָהָם מתייחס ליעקב המוזכר בסמוך. וכן דרשה הגמרא (סנהדרין יט ע"ב) לפי דרכה. הראשונים על אתר פירשו שה', הנזכר בראש הפסוק הוא אשר פדה את אברהם בהצילו אותו מאור כשדים וממלחמת המלכים.
24. ראו סנהדרין מד ע"ב.
25. ראו שמות א,ט.
26. ר"מ בן שמעון.
27. ראו רות ג,ט; מורה נבוכים ח"א מג.
28. ראו בראשית מא,מב.

מקורות והערות

29. ר"י מטראני ור"מ בן שמעון.
30. ראו יחזקאל לו,כא-כד.
31. בראשית כח,יד.
32. ראו רד"ק.
33. ראו דעת מקרא
34. ראו שד"ל. השערה זו מתחזקת לאור אזכור הקשקשת בסמוך.
35. כיוצא בזה בשמות ז,יט ועוד.
36. ראו שמות רבה ח,ב.
37. רש"י על אתר ובמדבר יא,לא.
38. יונתן.
39. ר"י מטראני ועוד. והרבה פירשו עמידה כמשמעה - על ידי ריצוץ המשענת, המתניים מייצבות את עצמן.
40. כיוצא בזה בירמיה יב,טז.
41. ראו יונתן.
42. סדר עולם, רש"י ועוד.
43. ראו רש"י, ר"י קרא ורד"ק.
44. ראו ר"מ בן שמעון.
45. ראו אברבנאל פס' יח. כיוצא בזה בירמיה מג,י: מֶלֶךְ בָּבֶל עַבְדִּי. ראו עוד ישעיה יג,ה והרחבה שם מז,ז.
46. פס' א.
47. ראו עוד יחזקאל לג,ל-לג.
48. ראו רש"י על אתר; יחזקאל כט,יז-כ. לפי מקורות חיצוניים מאורע זה התרחש כעשרים שנה לאחר חורבן הבית הראשון.
49. ראו מצודת דוד.
50. ראו רד"ק ואברבנאל.
51. ראו מאור עיניים, כא; פירוש ר"מ בן שמעון ומלבי"ם בפירוש המלות על אתר. וראו עוד הרחבה לירמיה כה,לח.
52. אברבנאל פס' יד. וראו למשל שמואל א' ד,א.
53. ראו רש"י, רד"ק ומצודת דוד.
54. ראו יונתן.
55. ראו רד"ק ומצודת דוד.
56. דורות רבים מאוחר יותר משמש הפועל ק,ר,ץ במשמעות שחיטה. ראו יומא ג,ד.
57. ראו רש"י ומלבי"ם.
58. רד"ק.
59. ראו שד"ל.
60. ראו מצודת דוד.
61. ראו מלבי"ם.
62. ראו ישעיה יט,יח-כה; יחזקאל כט,א-טז.
63. אברבנאל.
64. ראו רד"ק.
65. בכל זאת בפרק נ יצפה הנביא גם בסופה.
66. ראו מלבי"ם על אתר; רד"ק לפס' כז.
67. ר"י בן כספי. ייתכן שיש קשר בין פועל זה לבין בּוֹקֵק (ישעיה כד,א; הושע י,א) וכיוצא בזה. רבים אחרים פירשו מלשון ריקנות: רוח מצרים תתרוקן. או: מטרותיה ורצונותיה יפוצו לכל עבר. מורה נבוכים ח"א מ.
68. ראו ר"י מטראני וראב"ע.
69. על פי רש"י, יונתן ואברבנאל.
70. ראו אברבנאל.
71. ראו ראב"ע ור"א מבלגנצי.
72. רד"ק.
73. על פי ר"י קרא ור"י בן כספי על אתר; רשב"ם בראשית מב,ט.
74. ראו רש"י, ראב"ע ורד"ק; רשב"ם בראשית מ,טז.
75. זו משמעות השורש ד,כ,א בכמה מקומות במקרא, ולאו דווקא במובן הנפשי. ראו מצודת ציון.
76. ראו יונתן. יש מפרשים אגמים מושבתים או אגמים שבתוכם נפש חיה, ויש מפרשים עגומי נפש.
77. ראו ר"י מטראני ודעת מקרא.
78. ראו מלבי"ם.
79. ראו אברבנאל.
80. ראו רש"י.
81. ראו מנחות קט ע"ב; סדר עולם רבה כג; וראו עוד הושע ט,ג ואילך.
82. ראו 'העולם'. ויש מפרשים הֶרֶס כמשמעו. ראו יונתן רש"י וראב"ע.
83. ראו מלבי"ם.
84. ראו רד"ק ואברבנאל.
85. ראו רד"ק ורלב"ג; תנא דבי אליהו רבה ט.
86. ראו רד"ק ומלבי"ם; שמות יח,יג; מלכים א' ג,טז-כז.
87. ראו רד"ק ורלב"ג.
88. ראו רלב"ג. וראו עוד פני יהושע בבא קמא צג ע"ב.
89. ראו מצודת דוד ורלב"ג.
90. ראו רד"ק; שופטים א,טז.
91. רש"י ורד"ק.
92. ראו יונתן.
93. ראו עוד יהושע יא,ו.
94. על פי יונתן ועוד; עבודה זרה ב ע"ב.
95. ראו יונתן ומצודת דוד.
96. ראו יונתן, רש"י ורלב"ג.

97. ראו שופטים ג,לא.
98. ראו רש"י, רד"ק ורלב"ג.
99. ראו רש"י ורד"ק.
100. על פי רלב"ג.
101. ראו יהושע ד,יג.
102. ראו רש"י ורלב"ג.
103. ראו רש"י. אולי המלה מִדִּין קשורה למדון, מריבה. יש מפרשים שמדובר בדיינים הנעים ברכיבה ממקום למקום לדון ולהדריך.
104. ראו רש"י, רד"ק ומלבי"ם.
105. ראו ההפניות מישעיה כט,כא.
106. על פי יונתן.
107. רש"י ועוד.
108. ראו יונתן.
109. על פי ר"י בן ג'אנח ומלבי"ם. וראו שופטים ג,יג כז. ורבים פירשו, על פי המדרש: שָׁרְשָׁם - יסודם, והכוונה ליהושע בן נון שנלחם לראשונה בעמלק וחלש עליו. שמות יז,ח-יג.
110. רד"ק. וראו רש"י במדבר ג,לח.
111. לעיל ד,ו.
112. על פי רד"ק.
113. על פי רש"י.
114. ראו רש"י.
115. ראו רד"ק.
116. ראו יונתן.
117. ראו מלבי"ם. נראה שבאותו זמן שבט דן, או חלק ממנו, עדיין ישב בנחלתו המקורית בדרום, ונחלה זו הגיעה עד לחוף הים. ראו יהושע יט,מו. ולפי יונתן ואחרים הפסוק מתייחס לירדן ולא לים התיכון.
118. ראו רד"ק על אתר; רשב"ם ויקרא יז,כ.
119. ראו מלבי"ם.
120. לעיל ד,י.
121. ראו רש"י ורלב"ג.
122. רד"ק ומצודת דוד.
123. ראו רלב"ג; רד"ק פס' כ.
124. ראו ר"י בן ג'אנח.
125. ראו יונתן, מועד קטן טז ע"א; רש"י ורלב"ג.
126. על פי יונתן ורד"ק. וראו חגי א,יג; דברי הימים ב' לו,טז; תנחומא ויקרא א; במדבר כ,טז ורש"י שם.
127. כמו בכמה מקומות, מופיעה 'יד' סתם בסמוך ל'ימין', ומשמעה יד שמאל - ראו ישעיה מח,יג ורד"ק שם; תהלים כא,ט; עד,יא; מנחות לו ע"ב.
128. ראש השנה לג ע"ב.
129. ראו שופטים ט,נד.
130. ראו רד"ק.
131. כיוצא בזה נאמר על אברהם המשרת את המלאכים: וְהוּא עֹמֵד עֲלֵיהֶם (בראשית יח,ח). ראו יונתן ורש"י כאן; וראו עוד מלכים א' יז,א; רשב"ם בראשית יח,ח.
132. יונתן.
133. ראו מצודת דוד. פירוש זה על דרך מדרש מסכת היכלות.
134. ראו אלשיך על אתר; וראו עוד ישעיה ד,ה.
135. ראו רש"י ושאר ראשונים; שו"ת הרשב"א ח"א רמט.
136. קרוב לרשף, גחלת אש. וכן עֻגַת רְצָפִים (מלכים א' יט,ו).
137. ראו עוד מדרש תנחומא וישלח ב; שיר השירים רבה א,ו; פרי צדיק פקודי ד.
138. כיוצא בזה נאמר לנביא יחזקאל בשעת מינויו. ראו יחזקאל ב,ה.
139. על פי רמב"ם, הלכות תשובה ו,ג; וראו עוד האמונות והדעות לרס"ג ד,ו; גבורות ה' ו.
140. יש הרואים בדברים אלו נבואה על מצבה של יהודה בימי חזקיהו. באותם ימים כבש סנחריב את כל ערי יהודה מלבד ירושלים, ויותר מתשעים אחוז מתושבי יהודה כלו.
141. אין זה כינוי לתלמידו. על פי רד"ק ומצודת דוד, והשוו יונתן ורש"י.
142. ראו רד"ק.
143. ראו יונתן.
144. ראו רש"י ורד"ק.
145. ראו רש"י ורד"ק.
146. ראו סנהדרין צד ע"א ובמפרשים הראשונים על אתר.
147. ראו דברים רבה א,כ ואיגרת תימן לרמב"ם.
148. ראו שמות כא,ב; דברים טו,יב.
149. ראו שמות כא,ב; כד,א-יא.
150. כמו בשמות יג,ד; ירמיה ז,כב ועוד. ראו הפניות מישעיה מג,יג.
151. ראו ר"מ בן שמעון ור"י מטראני.
152. ראו 'העולם' שמות ט,ג.
153. מלבי"ם.
154. בראשית טו,ז-כא. וראו רש"י, רד"ק ור"י מטראני על אתר. וראו הרחבה לשמות כד,ח.
155. ראו עוד הרחבה לישעיה נו,ה.
156. ראו מלבי"ם.

157. ירמיה לז,ה; רש"י ורד"ק על אתר.
158. רש"י.
159. אברבנאל. וראו ירמיה כה,יז כז.
160. ראו יונתן.
161. ראו מצודות.
162. אברבנאל.
163. ראו למשל מלכים א' יא,כט-לט; ירמיה יג,א-יא; יחזקאל ד,א-ג; הושע א,ב-ט.
164. ראו יונתן ורד"ק על אתר; סוטה יא ע"א.
165. מלכים א' ג,יב.
166. רש"י ומצודת דוד.
167. כפי שכבר הוזכר במלכים א' ד,ו.
168. רד"ק.
169. מצודות דוד וציון.
170. רש"י, רלב"ג ואברבנאל. ראו סוטה מח ע"ב.
171. ראו רש"י ורד"ק.
172. לפי מסורת ישראל מתחילים לחשב את שנות המלך ממלכי ישראל בחודש ניסן, הראשון לחודשי השנה (ראש השנה ב ע"ב). הרי שהחודש השני בשנה הוא החודש השני במניין השנים למלכות שלמה. ראו ר"י קרא.
173. ראו רד"ק.
174. ראו יונתן ורלב"ג על אתר; מנחות פו ע"ב.
175. הגר"א.
176. רש"י.
177. ראו רש"י ומצודת דוד.
178. פירוש אחר: דפנותיו החיצוניות נעשות צרות יותר ויותר כלפי מטה, כדי שיהיה קשה לטפס עליו ולהתקיף אותו במלחמה. המבנה נועד אפוא להגנת הבית.
179. רש"י.
180. ראו יונתן ורש"י.
181. יונתן ורד"ק.
182. ראו יונתן ורש"י.
183. ראו שמואל ב' ז,ה-יז.
184. ראו מנחות מה ע"א; רמב"ם הלכות בית הבחירה א,ד; רד"ק ואברבנאל על אתר.
185. רד"ק.
186. ראו אברבנאל.
187. רד"ק.
188. ראו הרחבה לשמות כ,כ.
189. ראו מנחות צח ע"א.
190. ר"א מבלגנצי.
191. ראו משנה כלים יז,י; מנחות צח ע"א.
192. ר"א מבלגנצי.
193. עזרה היא שטח מגודר. ייתכן שהשימוש במינוח זה ביחס לתבניות המסובבות את היחידה העליונה של המזבח, ה'הראל' שבפסוק הבא, משקף את תפיסת התבניות כעזרות-חצרות המקיפות את הקודש.
194. ראו שמות כט,יב.
195. ראו עוד שמות כז,ה.
196. ראו יומא כא ע"ב; הרחבה לישעיה כט,ב. ויש מפרשים מלשון הר ומבצר.
197. כאמור בשמות כז,ב.
198. ראו יונתן על אתר; יחזקאל א,ח.
199. ראו רד"ק והגר"א.
200. למרות שנאסר לעלות במעלות על המזבח (שמות כ,כב), אולי היו על הכבש בליטות כעין מעלות. ראו רד"ק ואברבנאל. ושמא משמעות 'מעלות' מעלֶה, בדומה לצורות הרבים בספר יחזקאל: 'לעומות' (מה,ז) - לעומת; 'גרושותיכם' (שם ט) - גירושכם; 'שבועות' (שם כא) - שבוע; 'תמימים' (מו,ו) - תמים.
201. לפי המסורת הכבש בנוי בדרום המזבח. ייתכן שתחתיתו או חלקו העליון פונה מזרחה. ראו ר"א מבלגנצי ודעת מקרא.
202. ראו זבחים סב ע"ב.
203. שמות ל,כח ועוד. כל שאר הקרבנות קרבים עַל הָעֹלָה. ראו ויקרא ג,ה, וראו עוד דברים לג,י; מצודת דוד דברי הימים א' כב,א.
204. ראו מלכים א' ב,לה.
205. ראו ויקרא ד,ל לה ועוד; ר"א מבלגנצי על אתר.
206. ראו שמות כט,לו; ויקרא ח,טו.
207. ראו יונתן; רד"ק ודעת מקרא.
208. על פי רש"י ור"א מבלגנצי. ושמא מִפְקָד הוא שם בית או שטח. ראו נחמיה ג,לא: שַׁעַר הַמִּפְקָד.
209. ר"א מבלגנצי. ואולי הדברים מתייחסים גם לפר החטאת האמור לעיל. כך נראה מרש"י יחזקאל מה,כ.
210. ראו אברבנאל ומצודת דוד.
211. ראו רש"י ורד"ק.
212. ראו רש"י.
213. ראו יחזקאל לא,ו; ח וכן פס' ה' - 'סרעפות'.
214. ראו תהלים קיט,קיג וכן 'שעפים' - איוב ד,יג; כ,ב; 'שרעפים' - תהלים צד,יט.
215. ראו שופטים טו,ח; ישעיה ב,כא.

מקורות והערות

216. רד"ק.
217. רש"י.
218. רש"י.
219. רש"י ורד"ק.
220. ראו רש"י ורד"ק.
221. מלבי"ם על אתר ולפס' כו.
222. בראשית לב,כח.
223. ראו רש"י ומצודת דוד.
224. מצודת דוד.
225. ראו רש"י, רד"ק ומלבי"ם.
226. ראו ברכות לא ע"ב - לב ע"א, נועם אלימלך, בלק ד"ה בד"א.
227. ראו רד"ק.
228. ראו מלבי"ם.
229. ראו יונתן.
230. ראו רש"י ואברבנאל.
231. ראו רד"ק.
232. ראו מלכים א' כא,א; מלכים ב' ח,כט.
233. אברבנאל.
234. רד"ק, מצודת דוד.
235. ראו זבחים קב ע"א.
236. ראו יונתן ורד"ק.
237. ראו מצודת דוד ומלבי"ם.
238. רד"ק ומצודת דוד.
239. ראו רש"י.
240. ראו מצודת דוד.
241. רד"ק.
242. ראו רות ד,כא-כב.
243. להלן פס' מד.
244. רש"י ועוד.
245. יחזקאל מה,יא.
246. יונתן.
247. רד"ק ומצודת ציון.
248. ראו רד"ק ורלב"ג.
249. ראו רש"י. וראו שמואל ב' ח,ז-יב; דברי הימים א' כט,א-ט.
250. שמות כה,כג-כד.
251. ראו יונתן, ר"י מטראני מצודת ציון; יומא מה ע"א.
252. ראו רש"י ורלב"ג.
253. ראו רש"י ורלב"ג.
254. ראו פירוש הרמב"ם לכלים פי"א מ"ב; רלב"ג על אתר.
255. ראו רש"י ורד"ק.
256. ראו רש"י ורד"ק על אתר; ראש השנה יא ע"א; ירושלמי ראש השנה א,ב.
257. מצודת ציון.
258. מלכים א' ו,כג-כח.
259. ראו שמות כה,יח-כ.
260. ראו ר"י קרא ורלב"ג.
261. ראו יומא נד ע"א.
262. יומא שם.
263. יונתן. ראו דברים י,ה.
264. ראו שמות כ,יח; ויקרא טז,ב; ישעיה ד,ה. ראו רש"י על אתר.
265. יונתן.
266. ראו זבחים קיח ע"א.
267. דברי הימים א' כב,ז-י.
268. מצודת דוד.
269. ראו רש"י שמות כד,יב.
270. ראו שמות רבה מו,א.
271. ראו יונתן, רש"י ורד"ק.
272. ראו רש"י, רד"ק ורלב"ג.
273. ראו שמואל א' יח,ל-יט,ב.
274. רד"ק.
275. ראו רש"י ורד"ק.
276. רש"י.
277. על פי רש"י.
278. על פי ר"י אייבשיץ, מובא בדעת מקרא.
279. רד"ק ור"י מטראני.
280. ראו דברים כג,יא: כִּי יִהְיֶה בְךָ אִישׁ אֲשֶׁר לֹא יִהְיֶה טָהוֹר מִקְּרֵה לָיְלָה וְיָצָא אֶל מִחוּץ לַמַּחֲנֶה... וּכְבֹא הַשֶּׁמֶשׁ יָבֹא אֶל תּוֹךְ הַמַּחֲנֶה. ראו רש"י, רלב"ג , אברבנאל ומלבי"ם על אתר.
281. ראו יונתן, ר"י בן ג'אנח ורד"ק.
282. רש"י ור"י מטראני.
283. ראו רד"ק ומצודת דוד.
284. רלב"ג.
285. ר"י כספי.
286. כיוצא בזה במלכים ב' ט,כד.
287. ראו רלב"ג.
288. רד"ק.
289. על פי רלב"ג.
290. על פי רלב"ג.
291. כדברי שלמה בתפילתו בשעת חנוכת המקדש: הַאֻמְנָם יֵשֵׁב אֱלֹקִים עַל הָאָרֶץ?! הִנֵּה הַשָּׁמַיִם וּשְׁמֵי הַשָּׁמַיִם לֹא יְכַלְכְּלוּךָ, אַף כִּי הַבַּיִת הַזֶּה אֲשֶׁר בָּנִיתִי (מלכים א' ח,כז).
292. ראו רד"ק, ראב"ע ומצודת דוד.
293. ראו רד"ק ומלבי"ם. ויש מי שמפרש: המקדש והגאולה אינם צורך ה' כלל. אין הוא עושה אותם אלא בשביל ישראל, עם עני ונכה רוח.
294. הלבונה המוקטרת נקראת בתורה אַזְכָּרָה (ראו ויקרא ב,ב; כד,ז). על כן המקטיר אותה מכונה 'מזכיר'. על פי

רש"י ורד"ק על אתר.

295. ראו רש"י ורד"ק.

296. ראו ראב"ע ורד"ק. ויש מפרשים את כל הפרשה על עובדי עבודה זרה - ראו אברבנאל.

297. ראו רד"ק.

298. רש"י.

299. כדוגמת האמור בישעיה סה,ה: הָאֹמְרִים קְרַב אֵלֶיךָ, אַל תִּגַּשׁ בִּי כִּי קְדַשְׁתִּיךָ.

300. על פי רש"י ור"י קרא ומלבי"ם; וראו עוד ר"א מבלגנצי ור"י מטראני.

301. ראו רש"י על אתר; וראו עוד בבא מציעא לג ע"ב.

302. ראב"ע.

303. ראו בהערה על ישעיה מה,י.

304. ראו רש"י.

305. רד"ק.

306. ראו ר"א מבלגנצי ומלבי"ם.

307. ראו מלבי"ם.

308. ראו ראב"ע ורד"ק.

309. ראו רד"ק.

310. ראו יונתן, רש"י ורד"ק.

311. ר"א מבלגנצי.

312. רש"י, ראב"ע ורד"ק.

313. כמוזכר בישעיה סה,ג.

314. על פי יונתן ורש"י; מצודת דוד.

315. ראו ראב"ע ור"י מטראני ומלבי"ם על אתר, על פי תהלים ב.

316. על פי רש"י רד"ק ומלבי"ם ממדרש תהלים. ויש מפרשים: מהגויים, או מכלי הרכיבה, אקח לסייע לכהנים.

317. ישעיה סה,יז.

318. מלבי"ם; וראו פסיקתא רבתי: והיה מדי חדש.

319. ראו יונתן ושד"ל.

320. ראו רש"י ורד"ק.

321. מצודת דוד.

322. ראו מלכים ב' ט,כז; יא,ג.

323. ראו רד"ק.

324. ראו דברים יב,ח-יד; ויקרא יז,ג-ט.

325. ראו שמות ל,יב-טו; רש"י על אתר. ייתכן שהביטוי משקף את צורתה של ספירת אנשים או בעלי חיים העוברים בפתח צר (ראו ויקרא כז,לב). כל פרט שנמנה עובר ויוצא מהקבוצה שעדיין לא נמנו אל קבוצת הפקודים. ר"י בכור שור שמות ל,יג.

326. ראו ויקרא כז,א-ח.

327. רש"י ורד"ק.

328. ראו רלב"ג.

329. רד"ק.

330. רש"י.

331. רלב"ג.

332. רש"י.

333. רלב"ג.

334. מצודת דוד.

335. ראו רד"ק פס' יד.

336. רש"י.

337. ראו ויקרא ד-ה.

338. רלב"ג על אתר. וראו זבחים קא ע"א.

339. על פי רד"ק.

340. ראו יונתן ורד"ק.

341. ראו שמות יז,יד-טז.

342. ראו דעת מקרא על פי איוב ג,טז.

343. דברים כה,יט; פסיקתא זוטרתא, מובא ברש"י דברים כה,יט.

344. ראו רד"ק ור"י מטראני.

345. ראו יונתן, רש"י ורד"ק. ויש מפרשים טְלָאִים - שם מקום או אזור. ראו יהושע טו,כד.

346. ראו רלב"ג ומלבי"ם.

347. על פי מלבי"ם. ויש מפרשים מִשְׁנִים - שניים לבטן, שמנים, או: כפולים.

348. ראו רד"ק.

349. ראו מצודת ציון ומלבי"ם.

350. המקום נזכר גם ביהושע טו,נה; שמואל א' כה,ב.

351. מלבי"ם.

352. ראו ר"י קרא.

353. ראו רש"י, מצודת דוד ומלבי"ם.

354. על פי רד"ק ור"י קרא.

355. ראו רד"ק.

356. רש"י ורד"ק.

357. מורה נבוכים ח"ג לג. ראו ההפניות מירמיה ז,כב.

358. ראו עוד ספר העיקרים ד,כו. יש מפרשים כאילו חסרה כ' הדמיון: כמו הקסם וכמו השאלה בתרפים - כן המרי וההפצר. עניינם המשותף הוא חוסר תמימות עם ה'. ראו דברים יח,י-יג; יונתן, רד"ק, ר"י מטראני, אברבנאל ומצודת דוד על אתר. סגנון הפסוק מזכיר את המופיע בנבואות הסדורות שבספרי הנביאים הגדולים. במקום שיהיו מנוסחים בפרוזה, משפטי הנבואה קצובים, והם כוללים מלים לא רגילות.

359. דבר דומה קרה לו גם בעבר. ראו שמואל א' יג,יד; י,כז.

360. ראו רש"י ורד"ק; רות רבה ז,יג.

361. ראו רש"י ורלב"ג.
362. ראו דעת מקרא על פי תרגום השבעים.
363. יונתן.
364. חילופי השורש ע,ד,ן עם ע,נ,ד. ראו איוב לח,לא; פירוש הרמב"ם למשנה כלים כ,ח; רלב"ג על אתר.
365. ראו יונתן, רש"י ורד"ק.
366. ראו רלב"ג ור"י מטראני.
367. ר"י קרא.
368. אברבנאל.
369. ראו רש"י.
370. ראו רש"י. לפי זה המעשר המוזכר יכול להתפרש על מצוות המעשר הניתן ללויים. או שמא מדובר על המס מהיבול שיוזכר בהמשך, שניתן לנשיא. ראו רד"ק ור"א מבלגנצי.
371. שמות ל,יג ועוד.
372. ראו רש"י, רד"ק ומלבי"ם על אתר; בבא בתרא צ. לחלופין, ייתכן שסכומים אלו הם סוגים שונים של יחידות המָּנֶה - מנה בינוני בן 20 שקלים, מנה מצומצם בן 15 וגדול של 25. ראו ר"א מבלגנצי.
373. רד"ק.
374. ראו בראשית יג,י; ר"א מבלגנצי על אתר.
375. ראו רש"י פס' יז.
376. ראו במדבר טו,א-יג; כח-כט. יצוין שהיין לא נמנה בתרומות עם הארץ. יש מי שסובר שלעתיד לא יביאו יין לקרבנות מלבד בימי שבת ומועד, מפני שהיין היה מקור חטאם וגלותם של ישראל. ראו ר"א מבלגנצי פס' יד.
377. על פי רמב"ם הלכות מעשה הקרבנות ב,יד. ויש סוברים שהקרבנות המפורטים בהמשך יהיו במקדש העתיד דרך קבע. ראו רד"ק מה,כב; מו,ד ו.
378. יחזקאל מג,יח-כא.
379. יחזקאל מג,כ.
380. ראו רש"י.
381. על פי רמב"ם הלכות מעשה הקרבנות ב,יד.
382. ראו למשל מלכים א' ח,ב סה; יב,לה; נחמיה ח,יד. גם בלשון חכמים סתם 'חג' הוא חג הסוכות.
383. ראו ישעיה סו,כג.
384. רד"ק.
385. מה,יג.
386. מלבי"ם, וכלהלן פס' יד.
387. שמות כט,לח-מו; במדבר כח,א-ח.
388. ראו במדבר רבה יב,טו.
389. ראו שמות רבה נב,ד וספורנו על אתר.
390. ראו ויקרא א,א ורש"י שם; רמב"ן על אתר.
391. ראו לעיל יג,כא-כב.

כל הזכויות על התמונות שמורות להוצאת קורן ירושלים ולרב עדין אבן-ישראל (שטיינזלץ) מלבד הזכויות על התמונות הבאות:

עמ' 16: עשיית לבנים – Travelers in the Middle East Archive TIMEA

עמ' 22: גומא – Pjt 56

עמ' 35: פטל – Michael_Westhoff

עמ' 51: אבן צור – Muséum de Toulouse

עמ' 57: לבנים ובהן תבן – Whiteghost.ink

עמ' 63: ענישת עבד במצרים – Artuller

עמ' 81: כינה – Kosta Mumcuoglu at the English language Wikipedia

עמ' 95: ברד – Raysonho

עמ' 97: ארבה – Library of Congress

עמ' 111: נתינת הדם על המזוזות והמשקוף - באדיבות מכון המקדש

עמ' 119: אזוב מצוי – Benjamin Shafir

עמ' 151: חציית ים סוף, תמשיח מבית-הכנסת בדורא-אירופוס – Vissarion

עמ' 157: מרכבת הזהב של תות ענח' אמון – Traumrune

עמ' 171: שלו – Ján Svetlík

עמ' 177: כוסבר זרע גד – Liftarn

עמ' 261: צרעה מזרחית - גדעון פיזנטי (Gideon Pisanty)

עמ' 270: ארגמון קהה-קוצים – Luis Fernández García

עמ' 270: ארגמון חד-קוצים – Llez

עמ' 273: איל – Volker.G

עמ' 273: שיטת הנילוס – JMK

עמ' 311-279: ארון העדות, השולחן, כף - בזיך לבונה, המנורה, יריעות המשכן, ידות אדנים, מבנה המשכן, קרש ובריחים, הפרוכת והמסך, מזבח העולה, קלעי החצר - באדיבות 'והראנו בבניינו' - לימודי המקדש והקדשים (הרב מנחם מקובר)

עמ' 335-319: חזית האפוד, אבן שוהם, החושן, החושן וחשב האפוד, פעמון ורימון, שפה כפי תחרא, המעיל, המצנפת, הציץ, אבנט, מכנסיים, בגדי כהן הדיוט - באדיבות מכון המקדש

עמ' 351: מזבח הקטורת - באדיבות 'והראנו בבניינו' - לימודי המקדש והקדשים (הרב מנחם מקובר)

עמ' 355: מחצית השקל - פרוייקט סינון העפר מהר הבית

עמ' 357: הכיור - באדיבות 'והראנו בבניינו' - לימודי המקדש והקדשים (הרב מנחם מקובר)

עמ' 358: קינמון – Living Shadow

עמ' 359: אירוס 69 – Alessandra perugi

עמ' 363: חלבנה – Tigerente

עמ' 363: עץ לבונה – Mauro Raffaelli

עמ' 379: עגל מסכה – Walters Art Museum Baltimore/Maryland/USA

עמ' 421: יריעות המשכן - באדיבות 'והראנו בבניינו' - לימודי המקדש והקדשים (הרב מנחם מקובר)

עמ' 424: המשכן והחצר - באדיבות 'והראנו בבניינו' - לימודי המקדש והקדשים (הרב מנחם מקובר)
עמ' 430: מחתה ומלקחיים - באדיבות מכון המקדש
עמ' 431: פסיפס בית-הכנסת שבסוסיא - יד בן צבי
עמ' 431: כתב ידו של הרמב"ם בפירושו למשניות - Zsero
עמ' 432: מזרק - באדיבות מכון המקדש
עמ' 435: יחסי הגדלים בין כלי המשכן - באדיבות 'והראנו בבניינו' - לימודי המקדש והקדשים (הרב מנחם מקובר)
עמ' 447: בגדי הכהן הגדול מאחור - באדיבות מכון המקדש
עמ' 443: בגדי הכהן הגדול מלפנים - באדיבות מכון המקדש
עמ' 457: הקודש - באדיבות 'והראנו בבניינו' - לימודי המקדש והקדשים (הרב מנחם מקובר)
עמ' 464: מקל שקד - Ignasitort
עמ' 470: תאנה שביכרה - יהונתן אליאב
עמ' 476: רביד מימין - British Museum
עמ' 476: רביד משמאל - Captmondo
עמ' 478: סילון קוצני - Rachid H
עמ' 479: תנין היאור - Steve Slater
עמ' 480: קנה מצוי - MPF
עמ' 488: הר תבור - אלי זהבי 2006
עמ' 494: אגמון - Pjt 56
עמ' 502: נאד - GFDL
עמ' 508: אנייה קדומה - Elie plus at English Wikipedia
עמ' 516: עץ אלה בשלכת - Eitan f
עמ' 531: שוכני אוהלים במדבר - Etan J. Tal
עמ' 532: אבני גזית תל חצור - Magnus Manske
עמ' 534: בית ה' - באדיבות מכון המקדש
עמ' 537: ארז - Patche99z
עמ' 544: ונחיה סוס ופרד - Montanabw
עמ' 550: אליהו בהר הכרמל, תמשיח מבית-הכנסת בדורא-אירופוס - becklectic
עמ' 554: הר הכרמל ונחל קישון - Hanay
עמ' 557: עמודי נחושת יכין ובעז - באדיבות מכון המקדש
עמ' 558: הים - באדיבות מכון המקדש
עמ' 562: הכלים אשר בתוך בית ה' - באדיבות מכון המקדש
עמ' 580: כנהר שלום וכנחל שוטף, נהר הירדן - ד"ר אבישי טייכר
עמ' 586: מזבח קרנים מתל שבע - Gugganij
עמ' 591: אבני מחצב לבדק הבית - יוחנן בן יעקב